생명과학 II

정답과 해설 PDF 파일은 EBS*i* 사이트(www.ebsi.co.kr)에서 다운로드 받으실 수 있습니다.

EBS*i* 사이트에서 본 교재의 문항별 해설 강의 검색 서비스를 제공하고 있습니다.

교재 내용 문의 교재 및 강의 내용 문의는 EBS*i* 사이트 (www.ebs*i*.co.kr)의 학습 Q&A 서비스를 활용하시기 바랍니다.

교재 정오표 공지 발행 이후 발견된 정오 사항을 EBS*i* 사이트 정오표 코너에서 알려 드립니다. **교재 ▶ 교재 자료실 ▶ 교재 정오표**

교재 정정 신청 공지된 정오 내용 외에 발견된 정오 사항이 있다면 EBS*i* 사이트를 통해 알려 주세요. **교재 ▶ 교재 정정 신청**

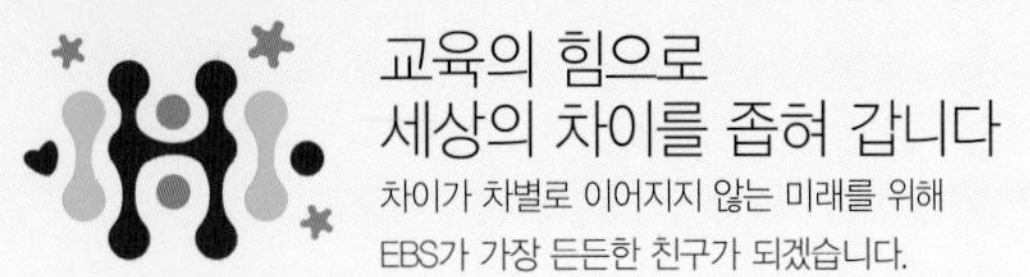

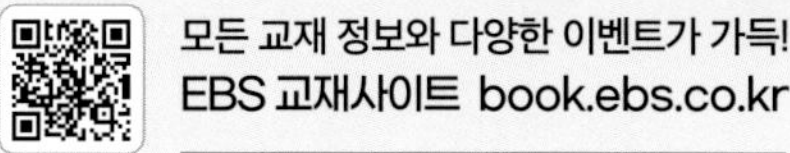

기획 및 개발

권현지 강유진 심미연 오희경(프리랜서)

집필 및 검토

김현미(강원과학고등학교)
강원대학교 생물교육과
한국교원대학교 대학원(교육학 석사)
EBS FINAL 실전모의고사 생명 과학 Ⅰ(2019) 집필
EBS 수능특강 생명과학 Ⅰ, Ⅱ(2020),
EBS 수능완성 생명 과학 Ⅱ(2019) 검토

문태주(양재고등학교)
서울대학교 생물교육과
서울대학교 대학원(교육학 석사)
2015 개정 교육과정 과학1, 과학2, 생명과학 Ⅰ 교과서 집필
EBS 수능특강 생명과학 Ⅰ(2020),
EBS 수능특강 생명 과학 Ⅰ(2019), 생명 과학 Ⅱ(2018),
EBS 수능완성 생명 과학 Ⅰ(2019),
EBS FINAL 실전모의고사 생명 과학 Ⅰ(2018),
EBS 개념완성 생명과학 Ⅰ(2018), 개념완성 문항편 생명과학 Ⅰ(2019),
EBS 기출의 미래 생명 과학 Ⅰ(2018, 2019),
EBS 수능특강 사용설명서 생명과학 Ⅰ(2019, 2020),
EBS 3주특강 고난도·신유형 생명 과학 Ⅰ(2019) 집필

이승후(숭의여자고등학교)
공주대학교 생물교육과
고려대학교 대학원(교육학 석사)
EBS 수능특강 생명 과학 Ⅰ(2019),
EBS 수능특강 생명 과학 Ⅱ(2018),
EBS 수능특강 사용설명서 생명 과학 Ⅰ(2019),
EBS 3주특강 고난도·신유형 생명 과학 Ⅰ(2019) 집필

정진희(함현고등학교)
단국대학교 생물교육과
공주대학교 대학원(교육학 석사)
EBS 수능특강 생명 과학 Ⅰ(2018, 2019),
EBS 수능완성 생명 과학 Ⅰ(2018),
EBS 수능완성 생명 과학 Ⅱ(2019) 검토

주희영(대전과학고등학교)
이화여자대학교 생물교육과
한국교원대학교 대학원(교육학 박사)
EBS 수능특강 생명과학 Ⅰ(2020),
EBS 수능특강 생명 과학 Ⅰ(2018),
EBS 수능특강 생명 과학 Ⅱ(2019),
EBS 수능완성 생명 과학 Ⅰ(2018) 집필

최승규(중경고등학교)
서울대학교 생물교육과
서울대학교 대학원(교육학 석사)
2015 개정 교육과정 생명과학 Ⅰ 교과서 집필
EBS 수능특강 생명과학 Ⅰ(2020),
EBS 수능특강 생명 과학 Ⅰ(2018),
EBS 수능완성 생명 과학 Ⅱ(2019),
EBS 개념완성 생명과학 Ⅰ(2018), 개념완성 문항편 생명과학 Ⅰ(2019),
EBS FINAL 실전모의고사 생명 과학 Ⅰ(2019) 집필

검토

김태영(신정고)
신현우(서문여고)
안지혜(인천과학고)
염혜민(안양여고)
오혜경(보평고)
이효구(지산고)
정경섭(상동고)
정태업(함현고)
최병현(낙생고)
하미라(동안고)
현원석(마포고)

편집 검토

박재영

본 교재의 강의는 TV와 모바일, EBS*i* 사이트(www.ebsi.co.kr)에서 무료로 제공됩니다.

발행일 2020. 3. 1. **7쇄 인쇄일** 2024. 12. 5. **신고번호** 제2017-000193호 **펴낸곳** 한국교육방송공사 경기도 고양시 일산동구 한류월드로 281
표지디자인 디자인싹 **인쇄** ㈜테라북스 **내지디자인** 다우 **내지조판** 다우 **사진** 북앤포토
인쇄 과정 중 잘못된 교재는 구입하신 곳에서 교환하여 드립니다. 신규 사업 및 교재 광고 문의 pub@ebs.co.kr

생명과학 Ⅱ

CONTENTS

차례와 우리 학교 교과서 비교

구성과 특징

1 교과서 내용 정리

교과서의 내용을 반드시 알아야 하는 개념 중심으로 이해하기 쉽게 상세히 정리하였습니다. 개념을 다지고 핵심 용어를 익힐 수 있습니다.

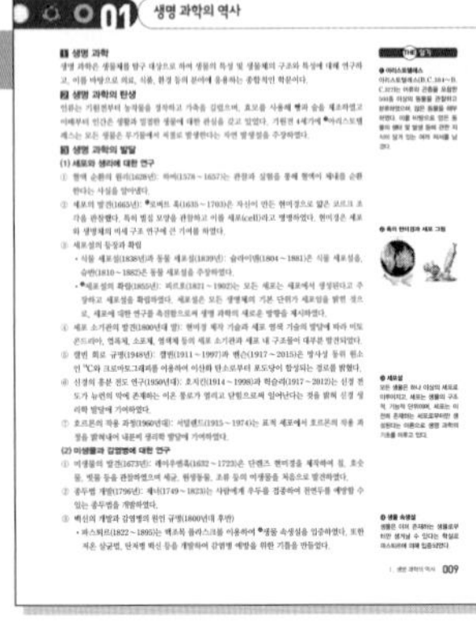

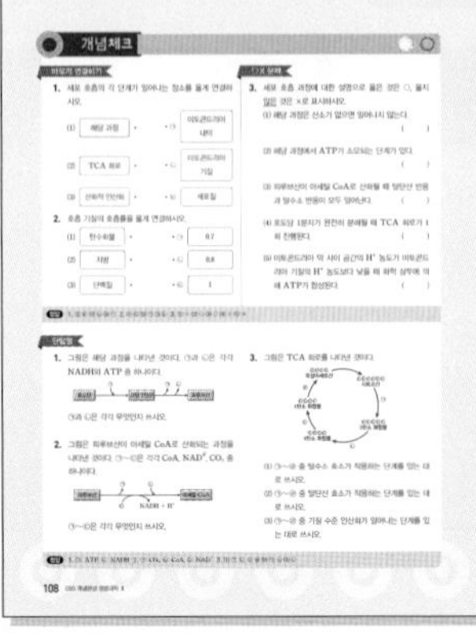

2 개념 체크

내용을 학습하면서 간단한 문제로 개념을 확인할 수 있도록 하였습니다.

3 탐구 활동

교과서에 수록된 여러 가지 탐구 활동 중에 중요한 주제를 선별하여 과정, 결과 정리 및 해석, 탐구 분석 순서로 정리하였습니다.

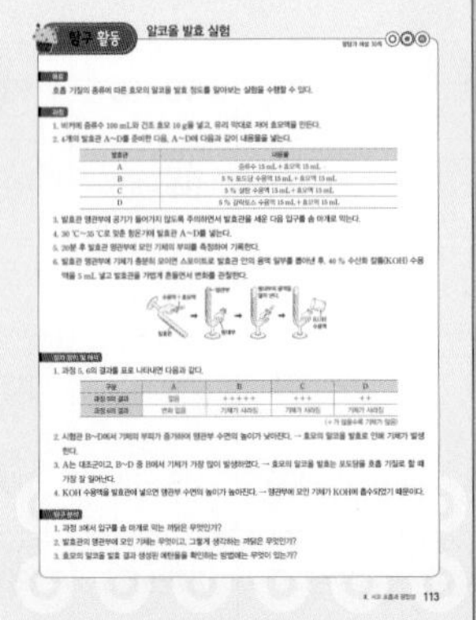

4 내신 기초 문제

기초 실력 연마에 도움이 되는 문제 위주로 수록하여 학교 시험에 대비할 수 있도록 하였습니다.

5 실력 향상 문제

난이도 있는 문제를 수록하여 문제에 대한 응용력을 기를 수 있도록 하였습니다.

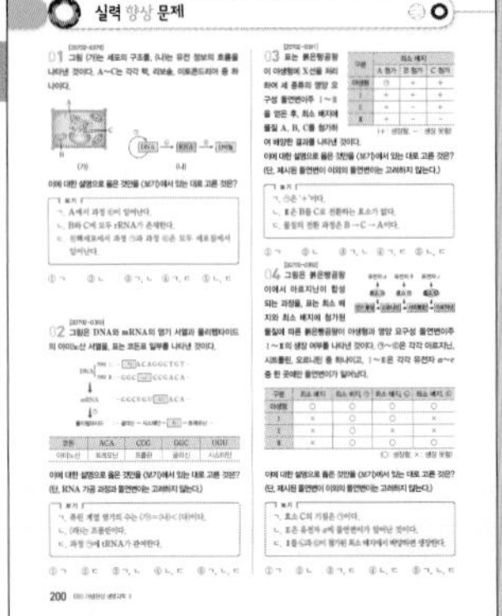

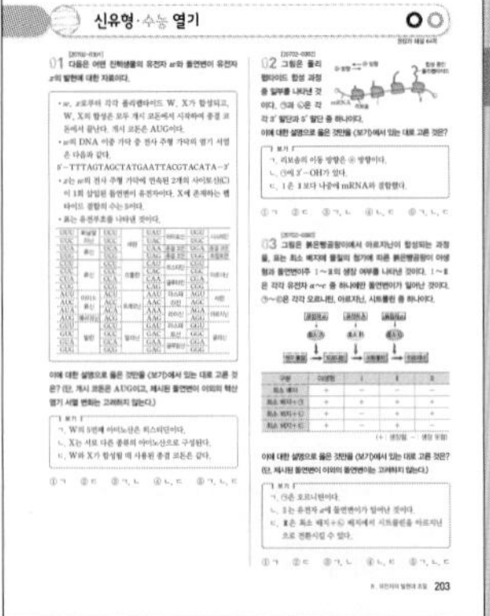

6 신유형 · 수능 열기

수능형 문항으로 수능의 감(感)을 잡을 수 있도록 하였습니다.

7 단원 정리

단원 학습이 끝나면 단원 정리를 통해 학습 내용을 정리해 볼 수 있습니다.

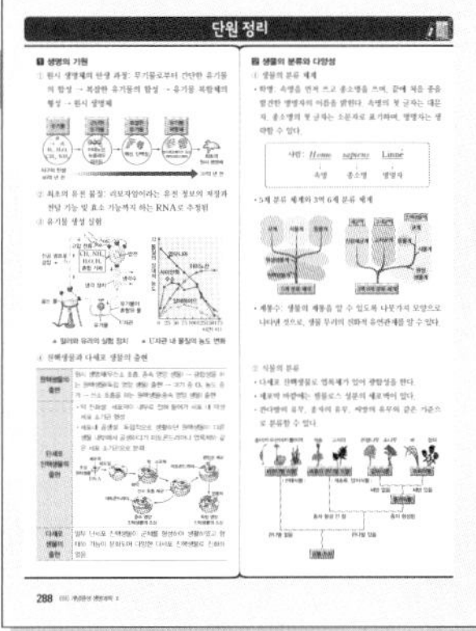

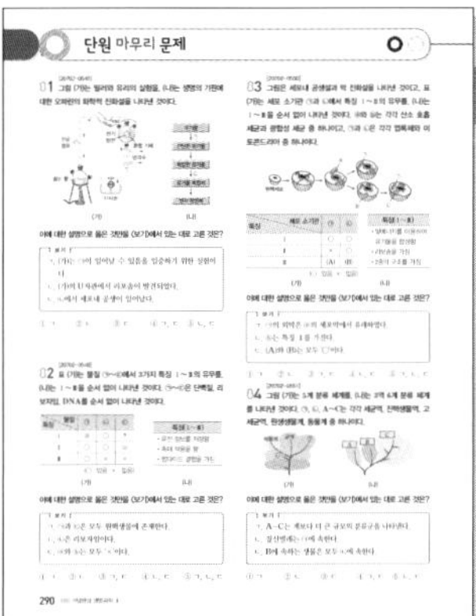

8 단원 마무리 문제

앞에서 학습한 내용을 최종 마무리 할 수 있도록 단원간 통합형 문제로 출제하였습니다.

I 생명 과학의 역사

1 생명 과학의 역사

1 생명 과학의 역사

- 생명 과학의 역사와 발달 과정 이해하기
- 생명 과학의 주요 발견들을 시기에 따라 나열하고 설명하기
- 생명 과학의 주요 발견들에 사용된 연구 방법을 이해하기

한눈에 단원 파악, 이것이 핵심!

생명 과학은 어떻게 발달해 왔을까?

인간의 생명체에 대한 관심으로부터 시작되었으며, 현재 DNA와 같은 분자 수준의 연구부터 생태계에 대한 연구까지 다양하게 진행되고 있다.

세포와 생리에 대한 연구	미생물과 감염병에 대한 연구	유전학과 분자 생물학 분야의 연구	생물의 분류와 진화에 대한 연구
• 혈액 순환의 원리 • 세포의 발견 • 세포설	• 미생물의 발견 • 종두법 개발 • 백신 개발 • 항생 물질 발견	• 유전의 기본 원리 발견 • DNA 구조 규명 • 유전자 재조합 기술 개발	• 생물의 분류 체계 정립 • 용불용설 • 자연 선택설 등장

생명 과학의 연구 방법에는 무엇이 있을까?

생명 과학은 관찰과 실험, 도구와 기술의 발달과 함께 발전해왔으며, 오늘날 다양한 생명 공학 기술이 개발되면서 빠르게 발전하고 있다.

관찰과 실험	정보 수집과 분석, 도구의 사용	생명 공학 기술
• 플레밍의 페니실린 발견 • 파스퇴르의 탄저병 백신 실험	• 왓슨과 크릭의 DNA 구조 규명 • 현미경 발명	• 유전자 재조합 • 중합 효소 연쇄 반응(PCR)

01 생명 과학의 역사

1 생명 과학

생명 과학은 생물체를 탐구 대상으로 하여 생물의 특성 및 생물체의 구조와 특성에 대해 연구하고, 이를 바탕으로 의료, 식품, 환경 등의 분야에 응용하는 종합적인 학문이다.

2 생명 과학의 탄생

인류는 기원전부터 농작물을 경작하고 가축을 길렀으며, 효모를 사용해 빵과 술을 제조하였고 이때부터 인간은 생활과 밀접한 생물에 대한 관심을 갖고 있었다. 기원전 4세기에 ❶아리스토텔레스는 모든 생물은 무기물에서 저절로 발생한다는 자연 발생설을 주장하였다.

3 생명 과학의 발달

(1) 세포와 생리에 대한 연구

① 혈액 순환의 원리(1628년): 하비(1578～1657)는 관찰과 실험을 통해 혈액이 체내를 순환한다는 사실을 알아냈다.

② 세포의 발견(1665년): ❷로버트 훅(1635～1703)은 자신이 만든 현미경으로 얇은 코르크 조각을 관찰했다. 특히 벌집 모양을 관찰하고 이를 세포(cell)라고 명명하였다. 현미경은 세포와 생명체의 미세 구조 연구에 큰 기여를 하였다.

③ 세포설의 등장과 확립

- 식물 세포설(1838년)과 동물 세포설(1839년): 슐라이덴(1804～1881)은 식물 세포설을, 슈반(1810～1882)은 동물 세포설을 주장하였다.
- ❸세포설의 확립(1855년): 피르호(1821～1902)는 모든 세포는 세포에서 생성된다고 주장하고 세포설을 확립하였다. 세포설은 모든 생명체의 기본 단위가 세포임을 밝힌 것으로, 세포에 대한 연구를 촉진함으로써 생명 과학의 새로운 방향을 제시하였다.

④ 세포 소기관의 발견(1800년대 말): 현미경 제작 기술과 세포 염색 기술의 발달에 따라 미토콘드리아, 엽록체, 소포체, 염색체 등의 세포 소기관과 세포 내 구조물이 대부분 발견되었다.

⑤ 캘빈 회로 규명(1948년): 캘빈(1911～1997)과 벤슨(1917～2015)은 방사성 동위 원소인 ^{14}C와 크로마토그래피를 이용하여 이산화 탄소로부터 포도당이 합성되는 경로를 밝혔다.

⑥ 신경의 흥분 전도 연구(1950년대): 호지킨(1914～1998)과 헉슬리(1917～2012)는 신경 전도가 뉴런의 막에 존재하는 이온 통로가 열리고 닫힘으로써 일어난다는 것을 밝혀 신경 생리학 발달에 기여하였다.

⑦ 호르몬의 작용 과정(1960년대): 서덜랜드(1915～1974)는 표적 세포에서 호르몬의 작용 과정을 밝혀내어 내분비 생리학 발달에 기여하였다.

(2) 미생물과 감염병에 대한 연구

① 미생물의 발견(1673년): 레이우엔훅(1632～1723)은 단렌즈 현미경을 제작하여 침, 호숫물, 빗물 등을 관찰하였으며 세균, 원생동물, 조류 등의 미생물을 처음으로 발견하였다.

② 종두법 개발(1796년): 제너(1749～1823)는 사람에게 우두를 접종하여 천연두를 예방할 수 있는 종두법을 개발하였다.

③ 백신의 개발과 감염병의 원인 규명(1800년대 후반)

- 파스퇴르(1822～1895)는 백조목 플라스크를 이용하여 ❹생물 속생설을 입증하였다. 또한 저온 살균법, 탄저병 백신 등을 개발하여 감염병 예방을 위한 기틀을 만들었다.

THE 알기

❶ 아리스토텔레스
아리스토텔레스(B.C.384～B.C.322)는 어류와 곤충을 포함한 500종 이상의 동물을 관찰하고 분류하였으며, 많은 동물을 해부하였다. 이를 바탕으로 얻은 동물의 생태 및 발생 등에 관한 지식이 담겨 있는 여러 저서를 남겼다.

❷ 훅의 현미경과 세포 그림

❸ 세포설
모든 생물은 하나 이상의 세포로 이루어지고, 세포는 생물의 구조적, 기능적 단위이며, 세포는 이전에 존재하는 세포로부터만 생성된다는 이론으로 생명 과학의 기초를 이루고 있다.

❹ 생물 속생설
생물은 이미 존재하는 생물로부터만 생겨날 수 있다는 학설로 파스퇴르에 의해 입증되었다.

THE 알기

❶ 항생제
세균에 의한 질환을 치료하는 데 사용하는 물질로 세균을 죽이거나 증식을 억제한다.

• 코흐(1843～1910)는 세균을 배양하고 연구하는 방법을 고안하여 감염병의 원인을 규명하는 과정을 정립하였고 탄저균, 결핵균, 콜레라균 등을 발견하였다.

④ 항생 물질 발견(1928년): 플레밍(1881～1955)은 푸른곰팡이가 항균 작용을 한다는 것을 우연히 발견하면서 최초의 ❶항생제인 페니실린을 발견하였다. 이후 페니실린의 대량 생산이 가능해지면서 항생제로 쓰여 많은 사람들의 생명을 구했다.

(3) 유전학과 분자 생물학 분야의 연구

① 유전의 기본 원리 발견(1865년): 멘델(1822～1884)은 완두의 교배 실험 결과를 분석하여 부모의 형질은 입자인 유전 인자의 형태로 자손에게 전달된다는 것을 알아냈다. 당시 멘델의 유전 원리는 인정받지 못했으나 1900년 무렵 재발견되면서 유전학이 발달할 수 있었다.

② 유전자설 발표(1926년): 모건(1866～1945)에 의해 각각의 유전자는 염색체의 일정한 위치에 존재한다(유전자설)는 것이 밝혀졌다.

③ 유전자의 기능 규명(1941년): 비들(1903～1989)과 테이텀(1909～1975)은 돌연변이 붉은빵곰팡이 생장을 연구하여 1유전자 1효소설을 발표하였다.

④ 유전 물질의 본체 규명(1944년): 에이버리(1877～1955)는 폐렴 쌍구균의 형질 전환 실험을 통해 DNA가 유전 물질임을 입증하였다.

⑤ DNA 구조 규명(1953년): 왓슨(1928~)과 크릭(1916～2004)은 DNA 염기 조성의 특징과 X선 회절 사진 등을 종합하여 DNA의 구조를 알아냈다. 이후 DNA에 관한 연구가 진행되면서 분자 생물학이 급속히 발달하였다.

▲ 왓슨과 크릭

⑥ 유전자 발현의 조절 과정 제시(1961년): 자코브(1920～2013)와 모노(1910～1976)는 대장균에서 유전자 발현이 조절되는 과정을 밝혔다(오페론설).

❷ 유전부호
아미노산은 연속된 3개의 염기에 의해 지정되는데, 이를 유전부호라고 한다.

⑦ ❷유전부호 해독(1960년대): 니런버그(1927～2010)와 마테이(1929~)는 인공적으로 합성된 RNA로부터 단백질을 합성하는 실험을 통해 유전부호를 해독하였다.

❸ 중합 효소 연쇄 반응(PCR)
DNA를 복제하는 효소를 이용해 DNA의 특정 부위를 복제·증폭시키는 반응이다.

⑧ 유전자 재조합 기술 개발(1973년): 코헨(1935~)과 보이어(1936~)는 제한 효소와 DNA 연결 효소를 이용하여 DNA를 재조합하는 기술을 개발하였다.

⑨ DNA 증폭 기술 개발(1983년): 멀리스(1944~)는 DNA 증폭 기술인 ❸중합 효소 연쇄 반응(PCR)을 개발하였다.

❹ 유전체
한 개체가 갖는 전체 유전 정보를 의미한다. DNA 전체의 염기 서열로 이루어지며 게놈(Genome)이라고도 한다.

⑩ 사람 ❹유전체 사업 완료(2003년): 사람 유전체를 구성하는 DNA 염기 서열을 밝히는 것을 목적으로 한 사업으로 이를 통해 사람 유전자의 DNA 상의 위치와 염기 서열을 알게 되었으며 이에 따라 유전자 기능의 연구와 생명체의 유전 정보 분석의 기틀이 마련되었다.

(4) 생물의 분류와 진화에 대한 연구

① 생물의 분류 체계 정립(1753년): 린네(1707～1778)는 분류의 기본 단위인 종의 개념을 명확히 하였으며, 종의 학술 명칭(학명)의 표기법인 이명법을 제시하였다.

② 용불용설(1809년): 라마르크(1744～1829)는 사용하는 형질은 발달하고 사용하지 않는 형질은 퇴화한다는 용불용설을 주장하였다.

▲ 다윈

③ 자연 선택설의 등장(1859년): 다윈(1809～1882)은 생물 개체 사이에 변이가 있고 환경에 잘 적응한 개체만이 살아남으며, 이러한 변이가 누적되어 새로운 종으로 진화가 일어난다고 주장하였다. 이는 생명 과학뿐만 아니라 정치와 사회적으로 큰 영향을 주었다.

개념체크

빈칸 완성

1. (　　　)은 생물체를 탐구 대상으로 하여 생물의 특성 및 생물체의 구조와 특성에 대해 연구하는 학문이다.

2. 아리스토텔레스는 모든 생물은 무기물에서 저절로 발생한다는 (　　　)을 주장하였다.

3. (　　　)는 관찰과 실험을 통해 혈액이 체내를 순환한다는 사실을 알아냈다.

4. 로버트 훅은 자신이 만든 (　　　)으로 얇은 코르크 조각이 벌집 모양으로 되어 있는 것을 관찰하고, 이를 세포라고 명명하였다.

5. (　　　)는 백조목 플라스크를 이용하여 생물 속생설을 입증하였다.

6. 플레밍은 푸른곰팡이가 항균 작용을 한다는 것을 우연히 발견하면서 최초의 항생제인 (　　　)을 발견하였다.

7. (　　　)과 (　　　)은 DNA 염기 조성의 특징과 X선 회절 사진 등을 종합하여 DNA의 구조를 알아냈다.

8. 멀리스는 DNA 증폭 기술인 (　　　)을 개발하였다.

9. (　　　)는 분류의 기본 단위인 종의 개념을 명확히 하였다.

정답 **1.** 생명 과학 **2.** 자연 발생설 **3.** 하비 **4.** 현미경 **5.** 파스퇴르 **6.** 페니실린 **7.** 왓슨, 크릭 **8.** 중합 효소 연쇄 반응(PCR) **9.** 린네

○X 문제

1. 생명 과학의 역사에 대한 설명으로 옳은 것은 ○, 옳지 않은 것은 ×로 표시하시오.

(1) 슐라이덴은 동물체도 식물체와 마찬가지로 세포로 이루어져 있다는 동물 세포설을 주장하였다. (　　)

(2) 레이우엔훅은 세균, 원생동물, 조류 등의 미생물을 처음으로 발견하였다. (　　)

(3) 코흐는 세균을 배양하고 연구하는 방법을 고안하여 감염병의 원인을 규명하는 과정을 정립하였다. (　　)

(4) 멘델은 각각의 유전자는 염색체의 일정한 위치에 존재한다는 유전자설을 주장하였다. (　　)

(5) 인공적으로 합성된 RNA로부터 단백질을 합성하는 실험을 통해 유전부호를 해독한 후 비들과 테이텀에 의해 유전자의 기능이 규명되었다. (　　)

(6) 유전자 재조합 기술이 개발된 후 DNA 증폭 기술이 개발되었다. (　　)

바르게 연결하기

2. 생명 과학자들과 그들의 연구 업적을 옳게 연결하시오.

	과학자		업적
(1)	피르호	㉠	종두법 개발
(2)	제너	㉡	자연 선택설 주장
(3)	코흐	㉢	세포설 확립
(4)	에이버리	㉣	DNA 증폭 기술 개발
(5)	멀리스	㉤	탄저균, 결핵균 발견
(6)	다윈	㉥	DNA가 유전 물질임을 증명

단답형 문제

3. 방사성 동위 원소인 ^{14}C와 크로마토그래피를 이용하여 이산화 탄소로부터 포도당이 합성되는 경로를 밝힌 두 명의 생명 과학자를 모두 쓰시오.

정답 **1.** (1) × (2) ○ (3) ○ (4) × (5) × (6) ○ **2.** (1) ㉢ (2) ㉠ (3) ㉤ (4) ㉥ (5) ㉣ (6) ㉡ **3.** 캘빈, 벤슨

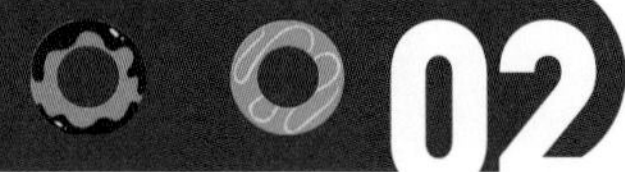

02 생명 과학의 연구 방법과 사례

THE 알기

❶ 천연두
두창 또는 마마라고도 하며 천연두 바이러스에 의해 발병하는 전염병이다.

❷ 변인
실험에 영향을 줄 수 있는 독립변인과 독립변인에 영향을 받아 변할 수 있는 종속변인이 있다.

❸ 탄저병
소, 양, 염소 등이 탄저균에 오염된 풀이나 사료를 먹음으로써 발생하는 전염병이다.

❹ 폐렴 쌍구균
폐렴 쌍구균에는 병을 일으키지 않는 R형 균과 병을 일으키는 S형 균이 있다.

❺ 형질 전환
한 개체의 형질이 외부에서 도입된 유전 물질에 의해 변하는 현상이다.

1 관찰: 생명 과학의 연구에 사용된 탐구 과정에서 가장 중요한 것 중 하나는 생명 현상의 관찰이다.

(1) 제너의 종두법(1796년): 제너는 우두가 사람에게 전염되면 약간의 붉은 상처가 생기지만 시간이 지나면 나아지고, ❶천연두에 걸리지 않는다는 것을 관찰하였다. 제너는 한 소년에게 우두에 걸린 여성에게서 채취한 고름을 접종하였는데, 소년은 열이 나고 팔에 상처가 생겼으나 곧 회복하였다. 그 후 소년에게 천연두 바이러스를 접종하였는데, 천연두 증상이 나타나지 않아 천연두 예방에 성공하게 되었다. 우두를 이용한 종두법은 유럽을 비롯한 세계 각지로 즉시 퍼져갔으며, 인류를 천연두의 공포에서 벗어나게 해주었다.

(2) 플레밍의 페니실린 발견(1928년): 플레밍은 푸른곰팡이 주변에서 세균이 생장하지 못하는 것을 관찰하고, 푸른곰팡이로부터 세균을 죽일 수 있는 물질인 페니실린을 추출하였다. 이후 페니실린이 대량 생산되면서 많은 사람들의 생명을 구할 수 있었다.

2 실험: 과학자는 실험을 통해 자신의 가설을 검증할 수 있으며, 실험을 수행하기 위해서는 각 ❷변인들을 엄밀하게 통제해야 한다.

(1) 파스퇴르의 ❸탄저병 백신 실험(1881년): 파스퇴르는 탄저병을 일으키는 탄저균의 독성을 약화해 탄저병 백신을 만들었다. 그러나 많은 의사와 수의사들이 오히려 많은 양들을 죽일 수 있다는 이유를 들어 탄저병 백신의 사용을 반대하자, 실험을 통해 탄저병 백신의 효능을 입증하였다. 그 후 백신이 보급되면서 탄저병에 의한 가축 피해가 크게 줄어들었다.

(2) 그리피스의 실험(1928년): 그리피스(1879～1941)는 ❹폐렴 쌍구균(S형 균, R형 균)을 생쥐에 주입하는 실험을 통해 S형 균의 어떤 물질에 의해 R형 균이 S형 균으로 ❺형질 전환된다는 것을 밝혀냈다. 그 후 에이버리가 후속 연구에서 열처리한 S형 균 추출물을 여러 분해 효소로 처리한 후 R형 균과 섞어 배양하는 실험을 했다. 그중 DNA 분해 효소를 처리했을 때 R형 균이 S형 균으로 형질 전환되지 않는 것을 확인하고, DNA가 유전 물질이라는 것을 증명하였다.

THE 들여다보기 파스퇴르의 탄저병 백신 실험

[과정]
(가) 건강한 양 50마리를 25마리는 집단 A로, 나머지 25마리는 집단 B로 구분한다.
(나) A와 B를 표와 같이 처리한다.

시간	1일차	13일차	27일차
A	탄저병 백신 접종 안 함	탄저병 백신 접종 안 함	강한 탄저균 주입
B	탄저병 백신 접종함	탄저병 백신 접종함	강한 탄저균 주입

(다) 강한 탄저균 주입 2일 후에 양의 상태를 확인한다.
[결과] A의 양 중 21마리는 죽고 나머지 4마리도 좋지 않은 상태였으나 B의 양은 모두 건강하였다.
[영향] 파스퇴르의 탄저병 백신 개발 기술은 감염병에 대한 여러 백신 개발을 가능하게 하였다.
[point] 실험 대상을 대조군 A와 실험군 B로 구성하고, 탄저병 백신 접종 여부를 제외한 나머지 변인들(탄저균 주입 등)을 일치시킴으로써 결과의 신뢰성을 높였다.

3 정보 수집과 분석

- **왓슨과 크릭의 DNA 구조 규명(1953년)**: 왓슨과 크릭은 ❶샤가프의 법칙과 ❷프랭클린(1920~1958)이 찍은 DNA의 X선 회절 사진 등을 종합 분석하여 DNA의 분자 구조를 규명하였다.

4 적절한 실험 기구의 사용

(1) **현미경**: 광학 현미경이 발명되어 세포의 존재를 확인하고, 세포 염색법의 개발로 많은 세포 소기관이 발견되었다. 20세기 중반에 개발된 전자 현미경은 광학 현미경으로 관찰할 수 없었던 세포의 초미세 구조와 바이러스 연구에 핵심적인 역할을 하였다.

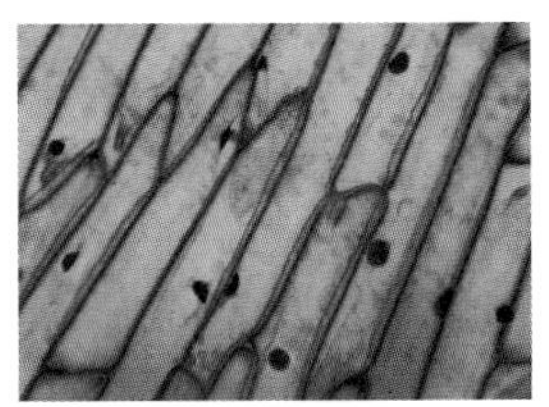

▲ 식물 세포 광학 현미경 사진

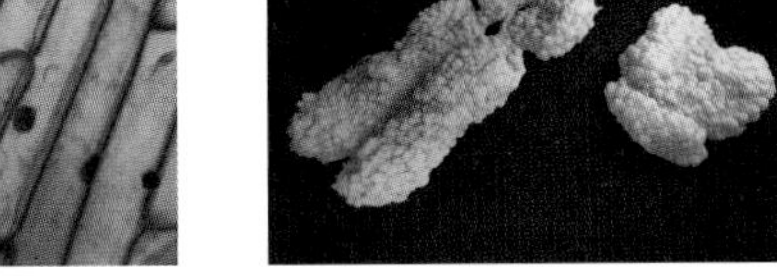

▲ 염색체 전자 현미경 사진

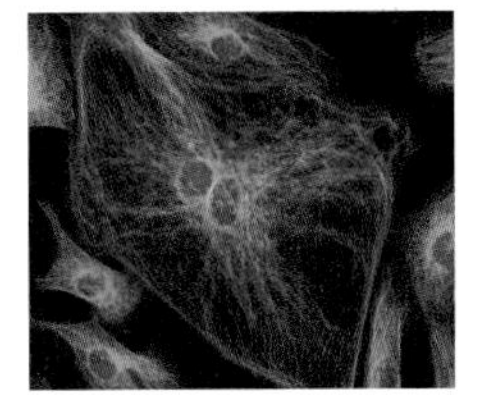

▲ 세포 분열 형광 현미경 사진

(2) 현대에는 중합 효소 연쇄 반응(PCR) 기기와 자동 DNA 염기 서열 분석기 등 다양한 장비들이 발명되어 생명 과학 연구에 활용되고 있다.

5 창의적 발상

(1) **유전자 재조합 기술(1973년)**: 코헨과 보이어는 ❸플라스미드, ❹제한 효소, ❺DNA 연결 효소를 사용하면 원하는 유전자를 다른 생물의 DNA에 삽입할 수 있을 것이라 생각하고, 이를 실현시켜 유전자 재조합 기술을 개발하였다. 유전자 재조합 기술은 인슐린과 같은 의약품을 만들거나 해충에 저항성이 있는 작물을 만드는 데 활용되고 있다.

(2) **중합 효소 연쇄 반응(PCR)(1983년)**: 멀리스는 DNA 복제에 필요한 물질들만 잘 갖추어진다면 시험관에서도 DNA를 복제시킬 수 있을 것이라 생각하고, 이를 연구하여 중합 효소 연쇄 반응으로 실현시켰다. 이 기술은 분자 생물학을 획기적으로 발전시키는 계기가 되었으며, 바이러스 또는 세균의 감염 진단, 법의학 등의 다양한 분야에 활용되고 있다.

THE 알기

❶ **샤가프**
DNA 염기 조성 비율이 아데닌은 타이민과, 구아닌은 사이토신과 서로 같음을 밝혔다.

❷ **프랭클린**
DNA의 X선 회절 사진을 촬영하여 DNA 입체 구조를 규명할 수 있는 단서를 제공하였다.

❸ **플라스미드**
세균의 부염색체로 원형이다.

❹ **제한 효소**
DNA의 특정 부위를 절단할 수 있는 효소이다.

❺ **DNA 연결 효소**
DNA를 연결할 수 있는 효소이다.

THE 들여다보기 생명 과학 연표

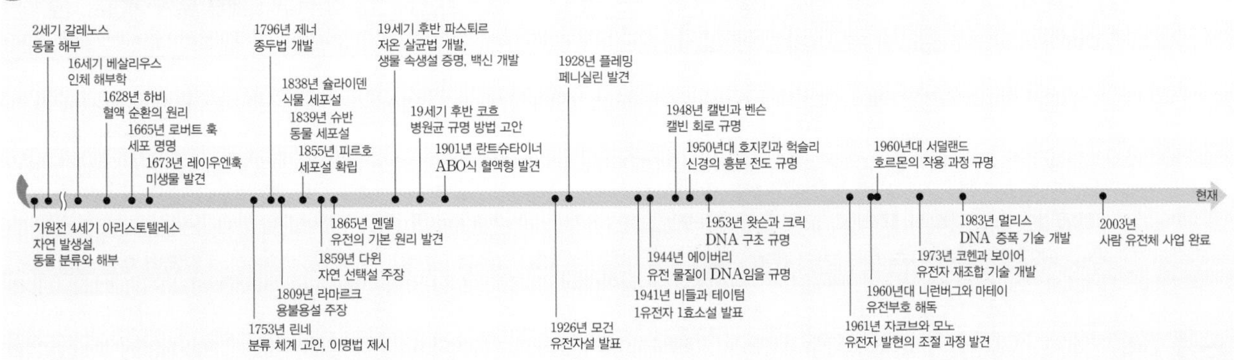

개념체크

빈칸 완성

1. 제너는 (   )가 사람에게 전염되면 약간의 붉은 상처가 생기지만 시간이 지나면 나아지고, (   )에 걸리지 않는다는 것을 관찰했다.

2. 과학자는 실험을 통해 자신의 (   )을 검증할 수 있으며, 실험을 수행하기 위해서는 각 (   )들을 엄밀하게 통제해야 한다.

3. (   )는 폐렴 쌍구균을 생쥐에 주입하는 실험을 통해 S형 균의 어떤 물질에 의해 R형 균이 S형 균으로 (   )된다는 것을 밝혀냈다.

4. 왓슨과 크릭은 (   )이 찍은 DNA의 X선 회절 사진을 분석하여 DNA의 분자 구조를 규명하였다.

5. (   ) 현미경이 발명되어 세포의 존재를 확인할 수 있었고, 20세기 중반에 개발된 (   ) 현미경은 세포의 초미세 구조와 바이러스 연구에 핵심적인 역할을 하였다.

6. 코헨과 보이어는 (   ), (   ), (   )를 사용하면 원하는 유전자를 다른 생물의 DNA에 삽입할 수 있을 것이라 생각하고, 이를 실현시켜 유전자 재조합 기술을 개발하였다.

7. DNA를 빠르게 복제하여 다량의 DNA를 얻어내는 데 (   )이 활용된다.

정답 **1.** 우두, 천연두 **2.** 가설, 변인 **3.** 그리피스, 형질 전환 **4.** 프랭클린 **5.** 광학, 전자 **6.** 플라스미드, 제한 효소, DNA 연결 효소 **7.** 중합 효소 연쇄 반응(PCR)

○X 문제

1. 생명 과학의 연구 방법과 사례에 대한 설명으로 옳은 것은 ○, 옳지 않은 것은 ×로 표시하시오.

(1) 플레밍의 페니실린 발견은 파스퇴르의 탄저병 백신 실험보다 먼저 일어났다. (   )

(2) DNA의 구조는 샤가프의 법칙이 알려지기 전에 먼저 규명되었다. (   )

(3) 바이러스는 세균보다 먼저 관찰되었다. (   )

2. 다음은 파스퇴르가 탄저병 백신의 효과를 입증하기 위해 수행한 실험 과정이다. 이에 대한 설명으로 옳은 것은 ○, 옳지 않은 것은 ×로 표시하시오.

> (가) 건강한 50마리의 양 중 ㉠ 25마리에는 탄저병 백신을 접종하고, ㉡ 나머지 25마리에는 탄저병 백신을 접종하지 않았다.
>
> (나) 일정 시간 후 (가)의 50마리 양 모두에게 탄저균을 주입하였다. 이틀 후, 백신을 접종하지 않은 양 중 21마리는 죽고 나머지 4마리도 좋지 않은 상태였으나 백신을 접종한 양은 모두 건강하였다.

(1) 이 실험에서 ㉠은 대조군, ㉡은 실험군이다. (   )

(2) 이 실험을 통해 탄저병 백신이 탄저병 예방에 도움을 준다는 것을 알 수 있다. (   )

바르게 연결하기

3. 생명 과학자들과 그들의 연구 사례를 옳게 연결하시오.

(1)	그리피스 •	• ㉠	폐렴 쌍구균 형질 전환 실험
(2)	파스퇴르 •	• ㉡	DNA 구조 규명
(3)	왓슨, 크릭 •	• ㉢	탄저병 백신 실험

정답 **1.** (1) × (2) × (3) × **2.** (1) × (2) ○ **3.** (1) ㉠ (2) ㉢ (3) ㉡

탐구 활동 인류의 복지에 기여한 생명 과학의 발견 사례

정답과 해설 02쪽

목표

여러 생명 과학의 발견 사례가 인류의 복지에 크게 기여했음을 알 수 있다.

과정

1. 다음은 인류의 복지에 기여한 생명 과학의 발견 사례이다. 제시한 사례에서 발견 과정과 그 과정에서 사용한 연구 방법을 알아보자.
2. 두 사례가 인류 복지에 기여한 점에 대해 생각해보자.

파스퇴르는 건강한 양을 두 집단 A와 B로 나누어 집단 A에만 탄저병 백신을 주사한 후, 집단 A와 B에 모두 탄저균을 주사하였더니 집단 B에만 탄저병이 발병하였다. 이를 통해 탄저병 백신이 탄저병을 예방하는 데 효과가 있다는 것을 알아냈다.

혈액 순환의 원리를 발견한 이후 혈액 연구 과정에서 수혈의 부작용이 나타났지만, 그 이유를 알 수 없어 수혈이 거의 이루어지지 않았다. 란트슈타이너(1868~1943)는 다양한 사람의 혈액을 섞은 후 응집 반응을 확인하여 ABO식 혈액형의 종류를 밝혀냈다.

결과 정리 및 해석

1. 두 가지 사례에서 주로 사용한 연구 방법은 실험이다.
2. 두 가지 사례가 인류 복지에 미친 영향은 다음과 같다.
   - 파스퇴르의 백신 연구는 감염병에 대한 여러 백신 개발을 가능하게 하였다.
   - 란트슈타이너의 혈액형 연구는 수혈 부작용을 줄여 안전하게 수혈할 수 있도록 하였다.

탐구 분석

1. 파스퇴르의 연구에서 세운 가설은 무엇인가?
2. 파스퇴르의 연구에서 집단 A와 집단 B는 각각 대조군과 실험군 중 무엇에 해당하는가?

내신 기초 문제

[20702-0001]

01 생명 과학의 역사에 대한 설명으로 옳은 것만을 <보기>에서 있는 대로 고른 것은?

보기

ㄱ. 인류는 기원전부터 인간의 생활과 밀접한 생물에 대한 관심을 갖고 있었다.
ㄴ. 아리스토텔레스는 자연 발생설을 주장하였다.
ㄷ. 생명 과학은 생명 현상의 특성 및 생명체의 구조와 특성에 대해 연구하는 학문이다.

① ㄱ ② ㄷ ③ ㄱ, ㄴ ④ ㄴ, ㄷ ⑤ ㄱ, ㄴ, ㄷ

[20702-0002]

02 생명 과학자와 그 업적을 옳게 짝 지은 것은?

① 벤슨 - 세포설 확립
② 레이우엔훅 - 미생물 발견
③ 슐라이덴 - 탄저병 백신 개발
④ 니런버그 - 자연 발생설 주장
⑤ 코흐 - 혈액 순환의 원리 발견

[20702-0003]

03 세포에 대한 연구와 발달 과정에 대한 설명으로 옳은 것만을 <보기>에서 있는 대로 고른 것은?

보기

ㄱ. 훅은 현미경을 만들어 세포를 발견하였다.
ㄴ. 슈반은 동물 세포설을 주장하였다.
ㄷ. 피르호는 모든 세포는 세포에서 생성된다고 주장하였다.

① ㄱ ② ㄷ ③ ㄱ, ㄴ ④ ㄴ, ㄷ ⑤ ㄱ, ㄴ, ㄷ

[20702-0004]

04 다음은 학자 A에 대한 자료이다.

- 백조목 플라스크(S자형의 플라스크)를 이용하여 생물은 이미 존재하는 생물로부터만 생겨날 수 있음을 입증하였다.
- 광견병 백신 등을 개발하여 감염병 예방을 위한 기틀을 마련하였다.

A에 대한 설명으로 옳은 것만을 <보기>에서 있는 대로 고른 것은?

보기

ㄱ. 파스퇴르이다.
ㄴ. 탄저균과 결핵균을 발견하였다.
ㄷ. 백조목 플라스크 실험으로 자연 발생설을 확립하였다.

① ㄱ ② ㄷ ③ ㄱ, ㄴ ④ ㄴ, ㄷ ⑤ ㄱ, ㄴ, ㄷ

[20702-0005]

05 다음은 유전학과 분자 생물학 분야의 발달 과정에서 주요 연구 (가)~(마)를 순서 없이 나열한 것이다.

(가) DNA 구조 규명
(나) 모건의 유전자설 발표
(다) 유전부호 해독
(라) DNA 증폭 기술 개발
(마) 유전자 재조합 기술 개발

순서대로 옳게 나열한 것은?

① (가) - (나) - (다) - (라) - (마)
② (가) - (다) - (나) - (라) - (마)
③ (나) - (가) - (다) - (라) - (마)
④ (나) - (가) - (다) - (마) - (라)
⑤ (나) - (다) - (가) - (마) - (라)

[20702-0006]
06 사람 유전체 사업에 대한 설명으로 옳은 것만을 〈보기〉에서 있는 대로 고른 것은?

보기
ㄱ. 2000년대 초반에 완료되었다.
ㄴ. 사람의 유전체를 구성하는 DNA 염기 서열을 밝히는 사업이다.
ㄷ. 사람 유전체 사업으로 유전 정보 분석의 기틀이 마련되었다.

① ㄱ ② ㄷ ③ ㄱ, ㄴ ④ ㄴ, ㄷ ⑤ ㄱ, ㄴ, ㄷ

[20702-0007]
07 생물의 분류와 진화에 대한 연구 및 발달 과정에 대한 설명으로 옳은 것만을 〈보기〉에서 있는 대로 고른 것은?

보기
ㄱ. 린네는 학명 표기법인 이명법을 제시하였다.
ㄴ. 라마르크는 사용하는 형질은 발달하고 사용하지 않는 형질은 퇴화한다는 용불용설을 주장하였다.
ㄷ. 다윈의 자연 선택설은 당시 생명 과학에는 큰 영향을 주었으나 정치와 사회적으로는 영향을 주지 않았다.

① ㄱ ② ㄷ ③ ㄱ, ㄴ ④ ㄴ, ㄷ ⑤ ㄱ, ㄴ, ㄷ

[20702-0008]
08 다음은 학자 X의 종두법 개발 과정에 대한 내용이다.

X는 우두가 사람에게 전염되면 약간의 붉은 상처가 생기지만 시간이 지나면 나아지고, 천연두에 걸리지 않는다는 것을 발견했다. 그 후 X는 한 소년에게 우두에 걸린 여성에게서 채취한 고름을 접종하였는데, 소년은 열이 나고 팔에 상처가 생겼으나 곧 회복하였다.

이에 대한 설명으로 옳은 것만을 〈보기〉에서 있는 대로 고른 것은?

보기
ㄱ. X는 제너이다.
ㄴ. 이 과정에서 X는 관찰을 수행하였다.
ㄷ. 종두법으로 천연두를 예방할 수 있다.

① ㄱ ② ㄴ ③ ㄷ ④ ㄱ, ㄷ ⑤ ㄱ, ㄴ, ㄷ

[20702-0009]
09 다음은 플레밍의 항생 물질 발견에 대한 내용이다.

플레밍은 세균을 배양하던 중 푸른곰팡이 균체가 형성된 포도상구균 배지에서 세균의 생장이 억제되는 것을 발견하였다. 이후 항생 물질 A가 추출, 정제되고 대량 생산되었다.

이에 대한 설명으로 옳은 것만을 〈보기〉에서 있는 대로 고른 것은?

보기
ㄱ. A는 페니실린이다.
ㄴ. A가 항생제로 쓰여 많은 사람들의 생명을 구했다.
ㄷ. 플레밍의 항생 물질 발견이 파스퇴르의 탄저병 백신 실험보다 먼저 일어났다.

① ㄱ ② ㄷ ③ ㄱ, ㄴ ④ ㄴ, ㄷ ⑤ ㄱ, ㄴ, ㄷ

[20702-0010]
10 다음은 생명 과학 연구 방법 및 실험 기기에 대한 학생 A~C의 대화 내용이다.

- 학생 A: 세포를 염색액으로 처리하는 기술이 개발되면서 많은 세포 소기관을 발견할 수 있었어.
- 학생 B: 전자 현미경은 바이러스의 발견과 그에 대한 연구를 가능하게 했어.
- 학생 C: PCR 기기가 개발되면서 유전자 재조합 기술이 개발될 수 있었어.

대화 내용이 옳은 학생만을 있는 대로 고른 것은?

① A ② B ③ C ④ A, B ⑤ B, C

[20702-0011]
11 코헨과 보이어는 원하는 유전자를 다른 생물의 DNA에 삽입할 수 있을 것이라 생각하고, 이를 실현시켜 유전자 재조합 기술을 개발하였다. 이 기술의 개발에 사용한 효소 2가지를 쓰시오.

실력 향상 문제

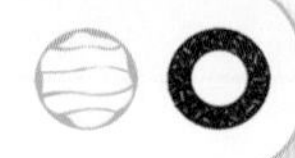

[20702-0012]

01 **세포와 생리에 대한 연구와 발달 과정에 대한 설명으로 옳은 것은?**

① 세포를 처음 발견한 사람은 하비이다.
② 벤슨은 신경의 흥분 전도에 대해 연구하였다.
③ 슐라이덴은 모든 세포는 세포로부터 생성된다고 주장하였다.
④ 현미경 제작 기술과 세포 염색 기술의 발달에 따라 세포 소기관이 발견되었다.
⑤ 서덜랜드는 이산화 탄소로부터 포도당이 합성되는 경로를 밝혔다.

[20702-0013]

02 **다음은 미생물과 감염병에 대한 연구와 관련된 자료이다.**

(가) 레이우엔훅은 조류, 원생동물, 세균 등의 미생물을 처음으로 발견하였다.
(나) 코흐는 감염병의 원인을 규명하는 과정을 정립하고 탄저균 등을 발견하였다.
(다) 플레밍은 세균의 증식을 억제하는 항생 물질을 발견하였다.

이 자료에 대한 설명으로 옳은 것만을 〈보기〉에서 있는 대로 고른 것은?

보기

ㄱ. (가)에서 현미경이 이용되었다.
ㄴ. (다)의 항생 물질은 백신으로 사용될 수 있다.
ㄷ. 각 연구를 시간 순서대로 나열하면 (가) → (나) → (다)이다.

① ㄱ ② ㄴ ③ ㄱ, ㄷ ④ ㄴ, ㄷ ⑤ ㄱ, ㄴ, ㄷ

[20702-0014]

03 **멘델(1822~1884)의 업적에 대한 설명으로 옳은 것만을 〈보기〉에서 있는 대로 고른 것은?**

보기

ㄱ. 완두의 교배 실험으로 유전 현상을 연구하였다.
ㄴ. 부모의 형질은 입자인 유전 인자의 형태로 자손에게 전달된다는 것을 알아냈다.
ㄷ. 당시의 과학자들이 크게 주목하여 멘델 법칙으로 불리게 되었다.

① ㄱ ② ㄷ ③ ㄱ, ㄴ ④ ㄴ, ㄷ ⑤ ㄱ, ㄴ, ㄷ

[20702-0015]

04 **그림은 파스퇴르의 백조목 플라스크를 이용한 실험을 나타낸 것이다.**

고기즙
고기즙을 플라스크에 넣는다.
열처리를 하여 플라스크의 목 부분을 S자형으로 구부린다.
고기즙을 끓인다.
고기즙을 식혀서 방치해도 미생물이 생기지 않는다.

이에 대한 설명으로 옳은 것만을 〈보기〉에서 있는 대로 고른 것은?

보기

ㄱ. 이 실험의 결과로 자연 발생설이 부정되었다.
ㄴ. 고기즙을 끓이는 이유는 미생물을 멸균하기 위해서이다.
ㄷ. 고기즙에 미생물이 생기지 않은 것은 공기 중의 미생물이 플라스크 안으로 들어가지 못했기 때문이다.

① ㄱ ② ㄴ ③ ㄱ, ㄷ ④ ㄴ, ㄷ ⑤ ㄱ, ㄴ, ㄷ

[20702-0016]

05 **다음은 분자 생물학의 발달 과정에 관한 설명이다.**

(㉠)과(와) 마테이는 인공 합성된 RNA를 사용하여 유전부호를 해독하였으며 이를 통해 DNA 염기 서열과 단백질의 아미노산 서열 사이의 관계를 알 수 있게 되었다. 이후 (㉡)과(와) 보이어는 여러 효소를 이용하여 DNA를 재조합하는 기술을 개발하였고, (㉢)은(는) 중합 효소 연쇄 반응(PCR)을 이용하여 DNA를 짧은 시간에 다량으로 복제하는 기술을 개발하였다.

㉠~㉢에 들어갈 생명 과학자를 옳게 짝 지은 것은?

	㉠	㉡	㉢
①	자코브	니런버그	코헨
②	니런버그	코헨	멀리스
③	코헨	자코브	멀리스
④	코헨	니런버그	멀리스
⑤	멀리스	코헨	니런버그

[20702-0017]
06 표는 생물의 진화에 대한 주장 (가)와 (나)를 나타낸 것이다. (가)와 (나)는 각각 용불용설과 자연 선택설 중 하나이다.

구분	내용
(가)	생물 개체 사이에 변이가 있고 환경에 잘 적응한 개체만이 살아남으며, 이러한 변이가 누적되어 진화가 일어난다.
(나)	세대를 거듭할수록 사용하는 형질은 발달하고 사용하지 않는 형질은 퇴화함으로써 진화가 일어난다.

이에 대한 설명으로 옳은 것만을 <보기>에서 있는 대로 고른 것은?

보기
ㄱ. (가)는 자연 선택설이다.
ㄴ. (나)를 주장한 학자는 라마르크이다.
ㄷ. (가)가 (나)보다 먼저 등장하였다.

① ㄱ ② ㄷ ③ ㄱ, ㄴ ④ ㄴ, ㄷ ⑤ ㄱ, ㄴ, ㄷ

[20702-0018]
07 다음은 그리피스와 에이버리의 연구 내용 중 일부이다. ㉠은 DNA와 RNA 중 하나이다.

그리피스는 폐렴 쌍구균(S형 균, R형 균)을 생쥐에 주입하는 실험을 통해 S형 균의 어떤 물질에 의해 R형 균이 S형 균으로 형질 전환된다는 것을 밝혀냈다. 그 후 에이버리의 후속 연구에서 형질 전환의 원인 물질, 즉 (㉠)가(이) 유전 물질이라는 것을 증명했다.

이에 대한 설명으로 옳은 것만을 <보기>에서 있는 대로 고른 것은?

보기
ㄱ. ㉠은 DNA이다.
ㄴ. 두 연구 모두 DNA 구조 규명보다 앞선 실험이다.
ㄷ. 두 연구 모두 실험을 통해 이루어졌다.

① ㄱ ② ㄷ ③ ㄱ, ㄴ ④ ㄴ, ㄷ ⑤ ㄱ, ㄴ, ㄷ

[20702-0019]
08 다음은 DNA의 분자 구조를 규명한 연구 내용이다.

(㉠)은(는) DNA 염기 조성 특징과 DNA X선 회절 사진 등을 분석하여 DNA 분자 구조를 규명하였다.

㉠에 대한 설명으로 옳은 것만을 <보기>에서 있는 대로 고른 것은?

보기
ㄱ. 코헨과 보이어이다.
ㄴ. DNA가 이중 나선 구조임을 밝혔다.
ㄷ. 세포에서 DNA를 처음으로 발견하였다.

① ㄱ ② ㄴ ③ ㄱ, ㄴ ④ ㄱ, ㄷ ⑤ ㄱ, ㄴ, ㄷ

서술형
[20702-0020]
09 다음은 파스퇴르가 수행한 실험에 관한 내용이다.

(가) 건강한 50마리의 양 중 25마리에는 탄저병 백신을 접종하고, 나머지 25마리에는 탄저병 백신을 접종하지 않았다.
(나) 일정 시간 후 (가)의 50마리 양 모두에게 독성이 강한 탄저균을 주입하였다. 이틀 후, 탄저병 백신을 접종하지 않은 양 중 21마리는 죽고 나머지 4마리도 좋지 않은 상태였으나 탄저병 백신을 접종한 양은 모두 건강하였다.

파스퇴르가 이 실험을 통해 입증하고자 한 가설을 서술하시오.

정답과 해설 04쪽

[20702-0021]
01 다음은 생명 과학의 주요 주장 (가)~(다)의 내용이다. (가)~(다)는 각각 생물 속생설, 세포설, 자연 선택설 중 하나이다.

> (가) 모든 세포는 세포에서 생성된다.
> (나) 생존에 유리한 형질을 가진 개체는 자연에 의해 선택된다.
> (다) 생물은 이미 존재하는 생물로부터만 생겨날 수 있다.

이에 대한 설명으로 옳은 것만을 〈보기〉에서 있는 대로 고른 것은?

> 보기
> ㄱ. (가)는 훅에 의해 확립되었다.
> ㄴ. (나)는 자연 선택설이다.
> ㄷ. (다)는 백조목 플라스크 실험을 통해 입증되었다.

① ㄱ ② ㄷ ③ ㄱ, ㄴ ④ ㄴ, ㄷ ⑤ ㄱ, ㄴ, ㄷ

[20702-0022]
02 다음은 분자 생물학 분야에서 이루어진 주요 성과 (가)~(라)이다.

> (가) 유전부호 해독
> (나) 유전자 재조합 기술 개발
> (다) DNA 분자 구조 규명
> (라) 사람 유전체 사업 완료

이 자료에 대한 설명으로 옳은 것만을 〈보기〉에서 있는 대로 고른 것은?

> 보기
> ㄱ. (가)에 의해 DNA 염기 서열과 단백질의 아미노산 서열 사이의 관계를 알 수 있게 되었다.
> ㄴ. 멀리스가 (나)에 기여하였다.
> ㄷ. 주요 성과를 시간 순서대로 나열하면 (가) → (다) → (나) → (라)이다.

① ㄱ ② ㄴ ③ ㄱ, ㄴ ④ ㄱ, ㄷ ⑤ ㄴ, ㄷ

[20702-0023]
03 다음은 인류의 복지에 기여한 생명 과학의 발견 사례 (가)와 (나)에 대한 자료이다.

> (가) 파스퇴르는 오랜 기간 방치하여 독성이 약화된 콜레라균을 닭에게 주사하고 일정 시간이 지난 후 독성이 강한 콜레라균을 주사하면 닭이 콜레라균에 저항성을 가진다는 것을 발견하고 약화시킨 병원체를 (㉠)이라고 명명하였다.
> (나) (㉡)는 다양한 사람의 혈액을 섞은 후 응집 반응을 확인하여 ABO식 혈액형의 종류를 밝혀냈다.

이에 대한 설명으로 옳은 것만을 〈보기〉에서 있는 대로 고른 것은?

> 보기
> ㄱ. 백신은 ㉠에 해당한다.
> ㄴ. ㉡은 란트슈타이너이다.
> ㄷ. (가)와 (나)에서 모두 실험을 통한 연구가 이루어졌다.

① ㄱ ② ㄴ ③ ㄷ ④ ㄱ, ㄷ ⑤ ㄱ, ㄴ, ㄷ

[20702-0024]
04 다음은 생명 과학의 연구 사례 (가)와 (나)에 대한 자료이다.

> (가) 플라스미드, 제한 효소, DNA 연결 효소를 이용하면 원하는 유전자를 다른 생물의 DNA에 삽입할 수 있을 것이라 생각하고, 이를 실현시켰다.
> (나) DNA 복제에 필요한 물질들만 잘 갖추어진다면 시험관에서도 DNA를 복제시킬 수 있을 것이라 생각하고 이를 연구하여 실현시켰다.

이에 대한 설명으로 옳은 것만을 〈보기〉에서 있는 대로 고른 것은?

> 보기
> ㄱ. (가)에 코흐가 기여하였다.
> ㄴ. (가)는 인슐린과 같은 의약품을 만드는 데 활용된다.
> ㄷ. (나)는 감염 진단 및 법의학 등의 분야에 활용된다.

① ㄱ ② ㄷ ③ ㄱ, ㄴ ④ ㄴ, ㄷ ⑤ ㄱ, ㄴ, ㄷ

1 생명 과학의 역사

① 생명 과학: 생물체를 탐구 대상으로 하여 생물의 특성 및 생물체의 구조와 특성에 대해 연구하고, 이를 바탕으로 의료, 식품, 환경 등의 분야에 응용하는 종합적인 학문

② 생명 과학의 탄생

- 인류는 기원전부터 인간 생활과 밀접한 생물에 대한 관심을 갖고 있었음
- 기원전 4세기에 아리스토텔레스는 모든 생물은 무기물에서 저절로 발생한다는 자연 발생설을 주장

③ 생명 과학의 발달: 생명 과학은 인간의 생명체에 대한 관심으로부터 시작되었으며, 현재 DNA와 같은 분자 수준의 연구부터 생태계에 대한 연구까지 다양하게 진행되고 있음

- 세포와 생리에 대한 연구

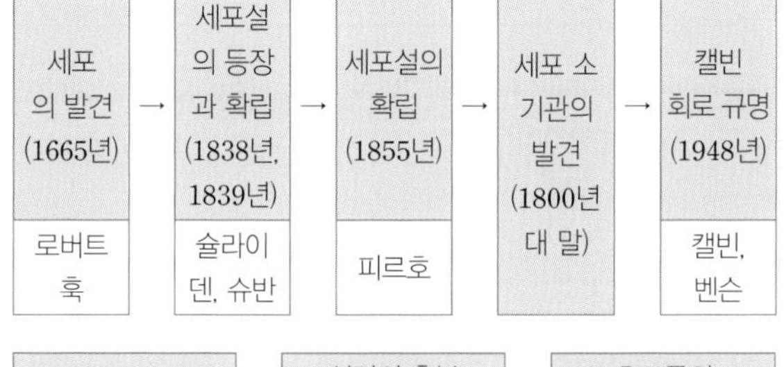

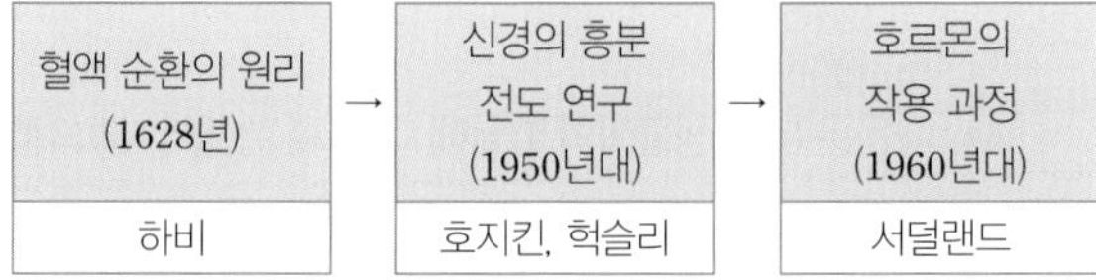

- 미생물과 감염병에 대한 연구

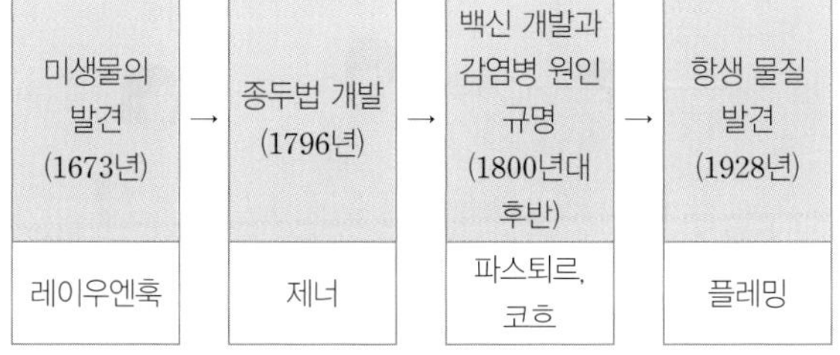

- 생물의 분류와 진화에 대한 연구

- 유전학과 분자 생물학 분야의 연구

유전의 기본 원리 발견 (1865년) / 멘델 → 유전자설 발표 (1926년) / 모건 → 유전자의 기능 규명 (1941년) / 비들, 테이텀 → 유전 물질의 본체 규명 (1944년) / 에이버리 → DNA 구조 규명 (1953년) / 왓슨, 크릭 → 유전자 발현의 조절 과정 제시(1961년) / 자코브, 모노 → 유전부호 해독 (1960년대) / 니런버그, 마테이 → 유전자 재조합 기술 개발 (1973년) / 코헨, 보이어 → DNA 증폭 기술 개발 (1983년) / 멀리스 → 사람 유전체 사업 완료 (2003년)

2 생명 과학의 연구 방법과 사례

구분	사례
관찰	제너의 종두법(1796년): 우두에 걸린 사람이 천연두에 걸리지 않는 것을 관찰한 후 종두법 개발
	플레밍의 페니실린 발견(1928년): 푸른곰팡이 주변에 세균이 자라지 못하는 것을 관찰한 후 페니실린 추출
실험	파스퇴르의 탄저병 백신 실험(1881년): 탄저병 백신의 효능을 증명하기 위해 양 50마리를 대상으로 실험
	그리피스의 실험(1928년): 폐렴 쌍구균 실험을 통해 세균의 형질 전환 확인
정보 수집과 분석	왓슨과 크릭의 DNA 구조 규명(1953년): DNA 염기 조성의 특징과 X선 회절 사진을 분석하여 DNA 분자 구조 규명
적절한 실험 기구의 사용	현미경: 광학 현미경 발명으로 세포 발견, 전자 현미경 개발로 세포의 미세 구조와 바이러스 연구 가능
	PCR 기기, 자동 염기 서열 분석기 등
창의적 발상	유전자 재조합 기술(1973년) 개발
	중합 효소 연쇄 반응(PCR)(1983년) 개발

단원 마무리 문제

[20702-0025]

01 다음은 세포에 대한 연구와 발달 과정 (가)~(다)의 내용이다.

> (가) 세포를 처음으로 명명하였다.
> (나) 다양한 식물을 관찰하여 식물체가 세포로 이루어져 있다고 주장하였다.
> (다) 모든 생명체의 기본 단위는 세포임을 밝혔다.

이에 대한 설명으로 옳은 것만을 〈보기〉에서 있는 대로 고른 것은?

> 보기
> ㄱ. (가)는 현미경 발명 이전에 이루어졌다.
> ㄴ. (나)는 슐라이덴이 주장한 내용이다.
> ㄷ. (다)는 미생물 발견 이후에 이루어졌다.

① ㄱ ② ㄴ ③ ㄷ ④ ㄱ, ㄴ ⑤ ㄴ, ㄷ

[20702-0026]

02 표는 미생물과 감염병 연구에 대한 학생 A~C의 발표 내용이다.

학생	발표 내용
A	제너는 사람에 우두를 접종하여 천연두를 예방할 수 있는 종두법을 개발한 과학자이다.
B	파스퇴르는 세균을 배양하고 연구하는 방법을 고안하여 탄저균을 발견한 과학자이다.
C	플레밍은 단렌즈 현미경을 제작하여 미생물을 처음으로 발견한 과학자이다.

발표 내용이 옳은 학생만을 있는 대로 고른 것은?

① A ② B ③ C ④ A, C ⑤ A, B, C

[20702-0027]

03 그림은 생명 과학의 주요 성과를 시간 순서에 따라 나타낸 것이다. A와 B는 주요 성과 중 하나이다.

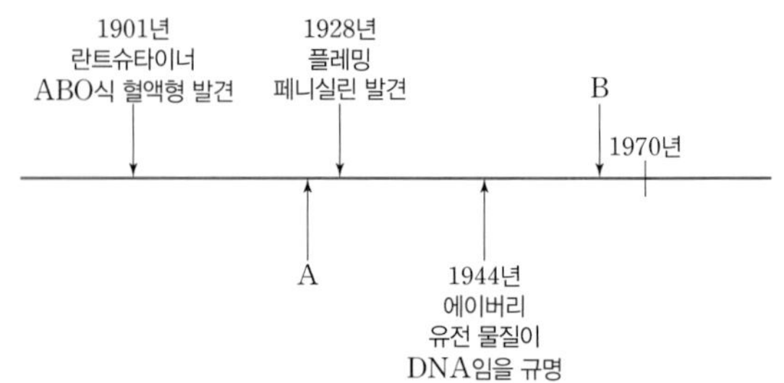

이에 대한 설명으로 옳은 것만을 〈보기〉에서 있는 대로 고른 것은?

> 보기
> ㄱ. 모건의 유전자설 발표는 A에 해당한다.
> ㄴ. DNA 분자 구조 규명은 유전 물질이 DNA임을 규명하기 이전에 이루어졌다.
> ㄷ. 서덜랜드의 호르몬 작용 과정 규명은 B에 해당한다.

① ㄱ ② ㄴ ③ ㄷ ④ ㄱ, ㄷ ⑤ ㄴ, ㄷ

[20702-0028]

04 다음은 분자 생물학의 발달에 대한 세 학생의 대화이다.

이에 대한 설명으로 옳은 것만을 〈보기〉에서 있는 대로 고른 것은?

> 보기
> ㄱ. 학생 A의 설명은 옳다.
> ㄴ. 유전자 재조합 기술은 ㉠에 해당한다.
> ㄷ. ㉡은 멀리스이다.

① ㄱ ② ㄴ ③ ㄷ ④ ㄱ, ㄷ ⑤ ㄴ, ㄷ

[20702-0029]
05 다음은 생물 분류 및 진화와 관련된 연구에 대한 자료이다.

- (㉠)는(은) 생물을 체계적으로 분류하는 방법을 제안하였다.
- 라마르크는 동물을 분류하였으며, 생물의 진화에 관해 (㉡)라는 주장을 하였다.
- 다윈은 오랜 연구를 통해 ㉢『종의 기원』이란 책을 출판하였다.

이에 대한 설명으로 옳은 것만을 <보기>에서 있는 대로 고른 것은?

보기
ㄱ. ㉠은 린네이다.
ㄴ. '사용하는 형질은 발달하고 사용하지 않는 형질은 퇴화한다.'는 ㉡에 해당한다.
ㄷ. ㉢에는 자연 발생설에 대한 내용이 들어 있다.

① ㄱ ② ㄴ ③ ㄷ ④ ㄱ, ㄴ ⑤ ㄴ, ㄷ

[20702-0030]
06 그림은 그리피스가 수행한 폐렴 쌍구균 실험을 나타낸 것이다.

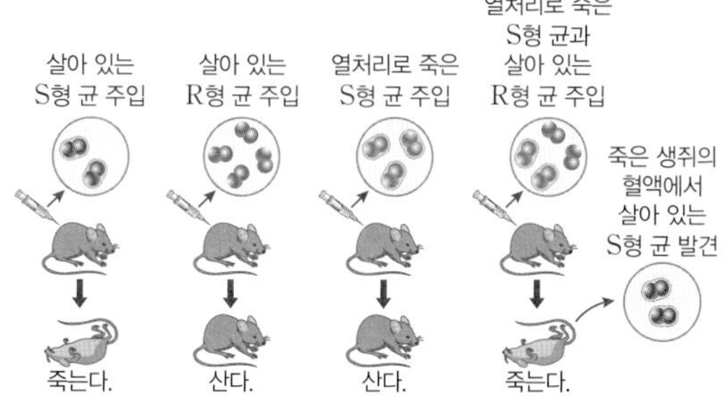

이에 대한 설명으로 옳은 것만을 <보기>에서 있는 대로 고른 것은?

보기
ㄱ. 이 실험을 통해 세균의 형질 전환을 확인하였다.
ㄴ. S형 균을 열처리해도 S형 균의 유전 물질이 파괴되지 않는다.
ㄷ. 이 실험으로 유전 물질이 DNA임이 밝혀졌다.

① ㄱ ② ㄴ ③ ㄱ, ㄴ ④ ㄱ, ㄷ ⑤ ㄴ, ㄷ

[20702-0031]
07 그림은 생물 속생설을 입증한 파스퇴르의 실험을 나타낸 것이다. A는 실험 결과이다.

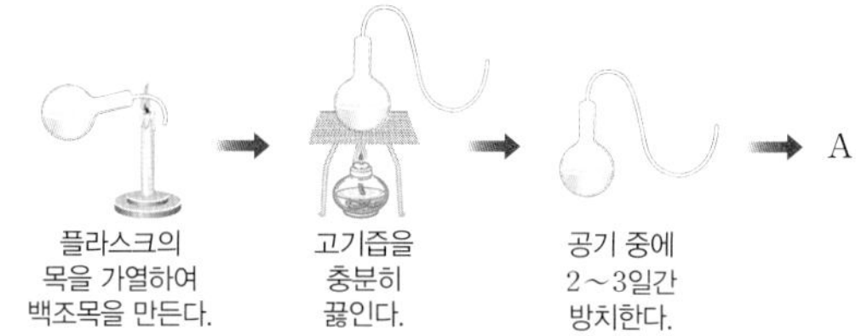

A
플라스크의 목을 가열하여 백조목을 만든다.
고기즙을 충분히 끓인다.
공기 중에 2~3일간 방치한다.

이에 대한 설명으로 옳은 것만을 <보기>에서 있는 대로 고른 것은?

보기
ㄱ. '미생물이 생기지 않는다.'는 A에 해당한다.
ㄴ. 이 실험을 통해 자연 발생설이 부정되었다.
ㄷ. '미생물은 이전의 미생물로부터 생길 것이다.'는 이 실험의 가설에 해당한다.

① ㄱ ② ㄴ ③ ㄷ ④ ㄱ, ㄷ ⑤ ㄱ, ㄴ, ㄷ

[20702-0032]
08 다음은 생명 과학의 주요 연구 사례 (가)와 (나)를 나타낸 것이다.

(가) 왓슨과 크릭은 DNA의 분자 구조를 규명하였다.
(나) 파스퇴르는 자신이 개발한 탄저병 백신의 예방 효과를 입증하였다.

이에 대한 설명으로 옳은 것만을 <보기>에서 있는 대로 고른 것은?

보기
ㄱ. (나)의 주된 연구 방법은 실험이다.
ㄴ. (가)의 연구 이후에 샤가프의 법칙이 밝혀졌다.
ㄷ. (나)의 연구에서 대조군과 실험군을 구성하였다.

① ㄱ ② ㄴ ③ ㄷ ④ ㄱ, ㄷ ⑤ ㄴ, ㄷ

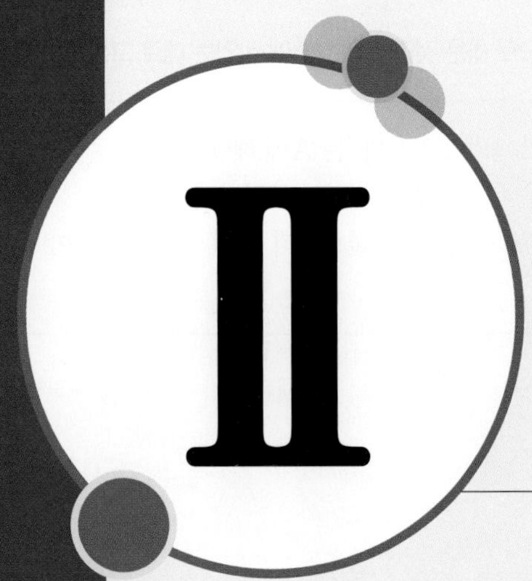

Ⅱ 세포의 특성

2 생명체의 구성 물질

- 동물과 식물의 유기적 구성 비교하기
- 탄수화물, 지질, 단백질, 핵산의 기본 구조와 기능 설명하기

한눈에 단원 파악, 이것이 핵심!

생명체는 어떻게 구성되어 있을까?

동물은 세포－조직－기관－기관계－개체 순으로 구성되어 있고, 식물은 세포－조직－조직계－기관－개체 순으로 구성되어 있다.

동물의 유기적 구성	식물의 유기적 구성
조직의 예 • 상피 조직 • 결합 조직 • 근육 조직 • 신경 조직 기관과 기관계의 예 • 위－소화계 • 심장－순환계	조직의 예 • 분열 조직 • 영구 조직 조직계의 예 • 표피 조직계 • 관다발 조직계 • 기본 조직계

생명체는 어떤 물질로 이루어져 있을까?

생명체를 구성하는 화합물에는 탄수화물, 지질, 단백질, 핵산과 같은 유기물이 있다.

탄수화물	지질	단백질	핵산
• C, H, O • 에너지원 • 식물 세포벽 • 종류: 단당류, 이당류, 다당류	• C, H, O • 에너지원 • 세포막, 성호르몬 • 종류: 중성 지방, 인지질, 스테로이드	• C, H, O, N • 효소, 호르몬 • 물질대사 및 생리 작용 조절 • 아미노산	• C, H, O, N, P • 유전 정보 저장 및 전달 • 뉴클레오타이드 • 종류: DNA, RNA

01 생명체의 유기적 구성

1 생명체의 구성

다세포 생물은 구조적, 기능적 기본 단위인 세포로 이루어져 있으며, 이 세포들은 서로 유기적으로 결합하여 정교한 체제를 이룬다. 다세포 생물에서는 형태와 기능이 비슷한 세포들이 모여 조직을 이루고, 여러 조직이 모여 특정 기능을 하는 기관을 형성한다. 그리고 여러 기관이 모여 하나의 독립적인 생명체인 개체가 된다.

▲ 생명체의 구성 단계

(1) 동물의 유기적 구성: 동물은 세포가 모여 조직을, 여러 조직이 모여 기관을, 연관된 기능을 하는 여러 기관이 모여 기관계를, 서로 기능이 다른 여러 기관계가 모여 동물 개체를 이룬다.

① 동물의 조직

- 상피 조직: 몸 바깥을 덮고, 몸 안의 기관과 [❶]내강을 덮고 있는 조직이다. 예 피부, 침샘, 소장 내벽 등
- 결합 조직: 몸의 조직이나 기관을 서로 결합시키거나 지지하는 기능을 하는 조직이다. 예 뼈, 연골, 혈액, 힘줄, 지방 조직 등
- 근육 조직: 근육 세포로 구성되며, 몸의 근육과 내장을 구성하는 조직이다. 예 심장근, 골격근, 내장근 등
- 신경 조직: 신경 세포로 구성되며, 자극을 받아들이고 신호를 전달하는 기능을 하는 조직이다. 예 감각 신경, 운동 신경 등

② 동물의 기관과 기관계

- 기관: 여러 조직이 모여 특정 기능을 하는 기관을 이룬다. 예 뇌, 심장, 콩팥, 간, 폐, 이자 등
- [❷]기관계: 동물에서만 볼 수 있는 구성 단계로, 여러 기관이 모여 구성된다. 예 소화계, 순환계, 호흡계, 배설계, 내분비계, 신경계, 생식계 등

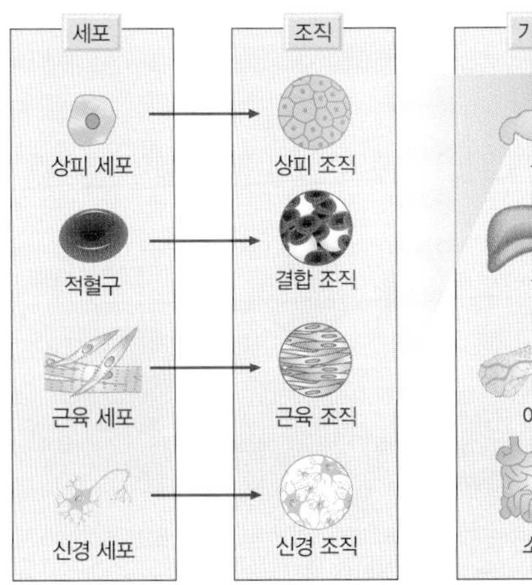

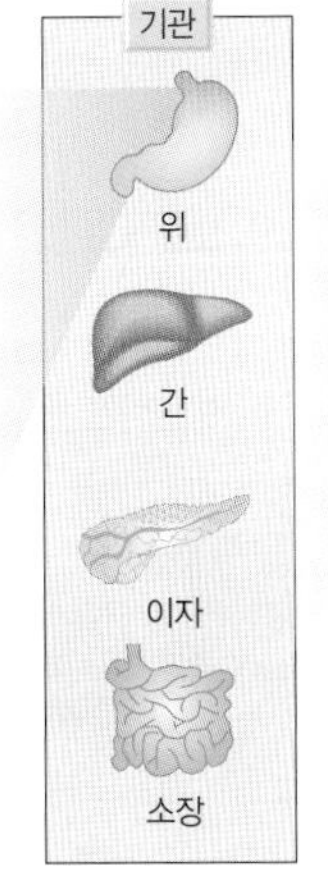

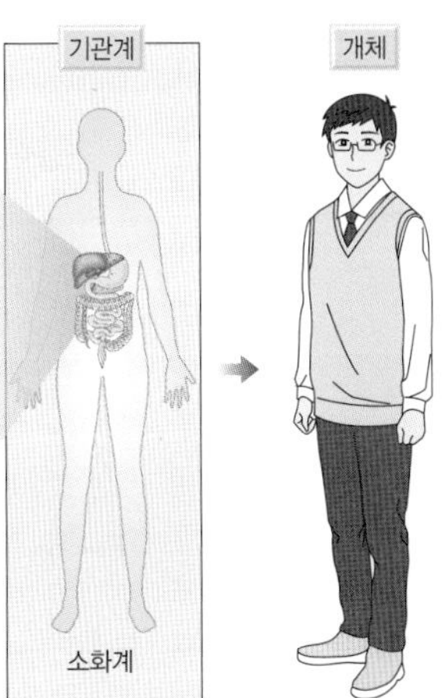

▲ 동물의 구성 단계

THE 알기

❶ 내강
몸 안의 비어 있는 부분

❷ 사람의 기관계

기관계	기관
소화계	위, 간, 이자, 소장, 대장 등
순환계	심장, 혈관 등
호흡계	폐, 기관, 기관지 등
배설계	콩팥, 방광 등
내분비계	뇌하수체, 갑상샘, 이자 등
신경계	뇌, 척수 등
생식계	난소, 정소 등

THE 알기

❶ 유조직
광합성, 세포 호흡, 물질 저장, 분비 등이 활발하게 일어나는 조직이며, 울타리 조직, 해면 조직 등이 속한다.

(2) 식물의 유기적 구성: 식물은 세포가 모여 조직을, 조직이 모여 조직계를, 조직계가 모여 기관을, 기관이 모여 하나의 식물 개체를 이룬다.

① 식물의 조직

- 분열 조직: 세포 분열이 왕성하게 일어나는 조직이다. 예 생장점, 형성층
- 영구 조직: 분열 조직에서 만들어진 세포들이 분화되어 분열 능력이 없는 조직이다.
  예 표피 조직, ❶유조직, 통도 조직 등

② 식물의 조직계

- 표피 조직계: 식물체의 표면을 덮어 내부를 보호하고 수분 출입을 조절하는 기능을 하며, 표피, 공변세포, 큐티클층, 뿌리털 등으로 구성된다.
- 관다발 조직계: 물질의 이동 통로 및 지지 기능을 하며, 물관부, 체관부, 형성층 등으로 구성된다.
- 기본 조직계: 양분의 합성과 저장, 지지 기능을 하며 울타리 조직, 해면 조직 등으로 구성된다.

③ 식물의 기관: 뿌리, 줄기, 잎과 같은 영양 기관과 꽃, 열매와 같은 생식 기관이 있다.

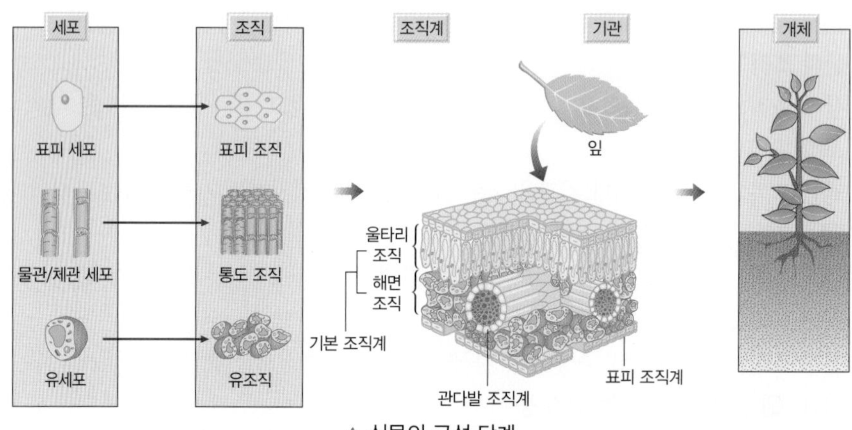

▲ 식물의 구성 단계

THE 들여다보기 **생장점과 형성층**

[생장점]
식물의 줄기와 뿌리의 끝에 있으며 길이 생장이 일어난다.

생장점

▲ 줄기 끝

생장점

▲ 뿌리 끝

[형성층]
물관부와 체관부 사이에 있는 세포층으로 부피 생장이 일어나며, 쌍떡잎식물에만 존재한다.

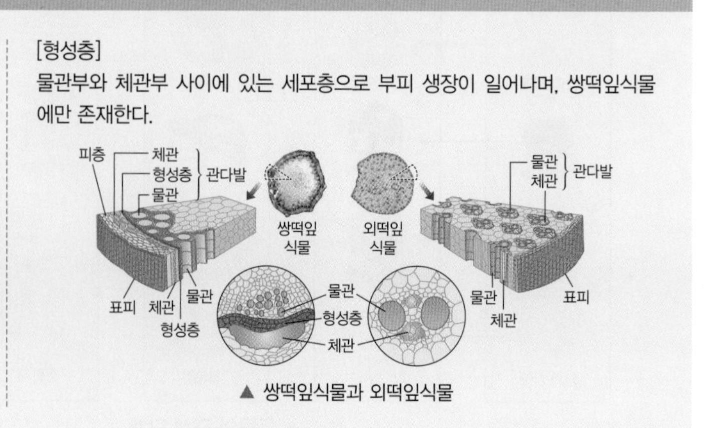

▲ 쌍떡잎식물과 외떡잎식물

개념체크

빈칸 완성

1. 동물은 세포가 모여 (　　　)을, 여러 조직이 모여 (　　　)을, 연관된 기능을 하는 여러 기관이 모여 (　　　)를, 서로 기능이 다른 여러 기관계가 모여 (　　　)를 이룬다.

2. 동물체의 몸 바깥을 덮고, 몸 안의 기관과 내강을 덮고 있는 조직은 (　　　)이다.

3. 동물체의 몸의 조직이나 기관을 서로 결합시키거나 지지하는 기능을 하는 조직은 (　　　)이다.

4. 동물의 기관 중 간과 이자는 기관계 중 (　　　)에 속한다.

5. (　　　)는 식물의 구성 단계에는 없고, 동물의 구성 단계에만 있다.

6. 식물은 세포가 모여 (　　　)을, 조직이 모여 (　　　)를, 조직계가 모여 (　　　)을, 기관이 모여 하나의 식물 (　　　)를 이룬다.

7. 식물의 조직은 세포 분열이 일어나는 (　　　)과 이로부터 만들어진 세포들이 분화한 (　　　)으로 구분된다.

8. 식물의 조직계 중 표면을 덮어 내부를 보호하고 수분 출입을 조절하는 기능을 하는 것은 (　　　)이다.

9. 식물의 기관에는 뿌리, 줄기, 잎과 같은 (　　　)과 꽃, 열매와 같은 (　　　)이 있다.

정답 **1.** 조직, 기관, 기관계, 개체 **2.** 상피 조직 **3.** 결합 조직 **4.** 소화계 **5.** 기관계 **6.** 조직, 조직계, 기관, 개체 **7.** 분열 조직, 영구 조직 **8.** 표피 조직계 **9.** 영양 기관, 생식 기관

○X 문제

1. 동물의 구성 단계에 대한 설명으로 옳은 것은 ○, 옳지 않은 것은 ×로 표시하시오.

(1) 기관은 동물에만 있고, 식물에는 없는 구성 단계이다. (　　)

(2) 신경 조직은 동물에만 있다. (　　)

(3) 대장은 배설계에 속하는 기관이다. (　　)

2. 식물의 구성 단계에 대한 설명으로 옳은 것은 ○, 옳지 않은 것은 ×로 표시하시오.

(1) 생장점은 세포 분열이 일어나는 분열 조직이다. (　　)

(2) 유조직은 광합성과 세포 호흡이 활발하게 일어나는 조직이다. (　　)

(3) 관다발 조직계에는 울타리 조직과 해면 조직이 있다. (　　)

(4) 표피 조직계는 양분의 합성 및 저장과 지지 기능을 한다. (　　)

3. 그림에 대한 설명으로 옳은 것은 ○, 옳지 않은 것은 ×로 표시하시오.

(가) 세포 → A → 기관 → B → 개체

(나) 세포 → C → 조직계 → 기관 → 개체

(1) (가)는 식물의 구성 단계이다. (　　)

(2) A의 예로 형성층이 있다. (　　)

(3) B는 동물에만 있는 구성 단계이다. (　　)

(4) C의 예로 결합 조직이 있다. (　　)

바르게 연결하기

4. 동물과 식물의 각 구성 단계와 그 예를 옳게 연결하시오.

(1)	분열 조직 •	• ㉠	물관
(2)	영구 조직 •	• ㉡	형성층
(3)	결합 조직 •	• ㉢	혈액

정답 **1.** (1) × (2) ○ (3) × **2.** (1) ○ (2) ○ (3) × (4) × **3.** (1) × (2) × (3) ○ (4) × **4.** (1) ㉡ (2) ㉠ (3) ㉢

02 생명체를 구성하는 기본 물질

THE 알기

❶ 탄소 화합물
탄소가 다른 원소와 결합하여 이루어진 화합물이다.

❷ 생체막
세포나 핵, 미토콘드리아 등 세포 소기관을 둘러싸는 막으로, 인지질과 단백질이 주성분이다.

1 생명체를 구성하는 기본 물질

생명체는 주로 물과 ❶탄소 화합물로 이루어져 있으며, 탄소 화합물에는 탄수화물, 단백질, 지질, 핵산이 있다. 생명체를 구성하는 탄소 화합물은 그 종류에 따라 구성 비율이 다르며 생명 활동에 중요한 역할을 한다.

(1) 탄수화물

① 구성 원소는 탄소(C), 수소(H), 산소(O)이다.

② 생명 활동에 필요한 주요 에너지원(4 kcal/g)이며, 식물에서는 세포벽을 구성하는 성분이 된다.

③ 종류에는 단당류, 이당류, 다당류가 있다.

- 단당류: 탄소의 수에 따라 구분하며 포도당, 과당, 갈락토스는 6탄당, 핵산의 구성 성분인 리보스와 디옥시리보스는 5탄당이다.
- 이당류: 단당류 두 분자가 결합한 것으로 엿당, 젖당, 설탕 등이 있다.
- 다당류: 단당류가 수백 개에서 수천 개가 결합하여 긴 사슬을 이룬 것으로 녹말, 글리코젠, 셀룰로스 등이 있다. 녹말은 식물에서 에너지 저장 물질, 글리코젠은 동물에서 에너지 저장 물질이며, 셀룰로스는 식물의 세포벽을 구성한다.

▲ 단당류 ▲ 이당류 ▲ 다당류

(2) 지질

① 구성 원소는 탄소(C), 수소(H), 산소(O)이다.

② 에너지원(9 kcal/g)으로 이용되며, 세포막과 성호르몬의 구성 성분이 된다.

③ 물에 잘 녹지 않고 유기 용매에 잘 녹는다.

④ 종류에는 구조와 성분에 따라 중성 지방, 인지질, 스테로이드가 있다.

- 중성 지방: 1분자의 글리세롤과 3분자의 지방산이 결합된 화합물로, 에너지 저장과 체온 유지에 중요한 역할을 한다.
- 인지질: 중성 지방에서 지방산 1분자 대신 인산기를 포함한 화합물이 결합한 것으로, 세포막이나 핵막 등 ❷생체막의 주요 성분이다. 인산기를 가지고 있는 머리 부분은 친수성을 띠고, 지방산으로 이루어진 꼬리 부분은 소수성을 띤다.
- 스테로이드: 4개의 탄소 고리로 이루어진 화합물로, 성호르몬, 부신 겉질 호르몬 등의 구성 성분이다. 대표적인 예로 콜레스테롤이 있으며, 콜레스테롤은 인지질과 함께 동물 세포막을 구성한다.

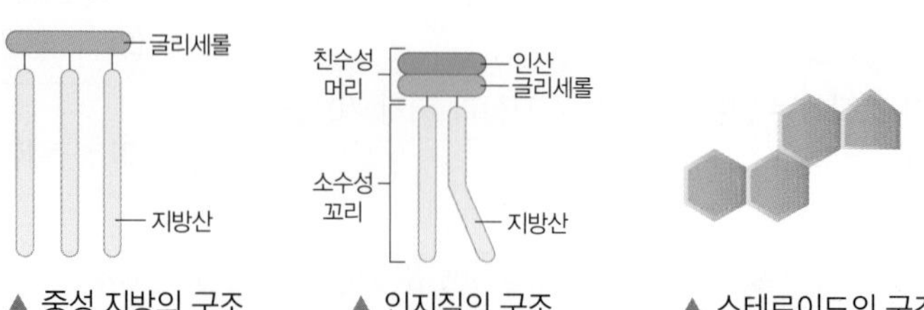

▲ 중성 지방의 구조 ▲ 인지질의 구조 ▲ 스테로이드의 구조

(3) 단백질

① 주요 구성 원소는 탄소(C), 수소(H), 산소(O), 질소(N)이며 황(S)이 포함된 것도 있다.

② 효소, 호르몬, 항체의 주성분으로, 물질대사와 생리 작용을 조절하고 방어 작용에 관여한다.

③ 열이나 산 등에 의해 단백질의 입체 구조가 쉽게 파괴되는데, 이를 단백질의 변성이라고 한다. 단백질이 변성되면 원래의 기능을 상실한다.

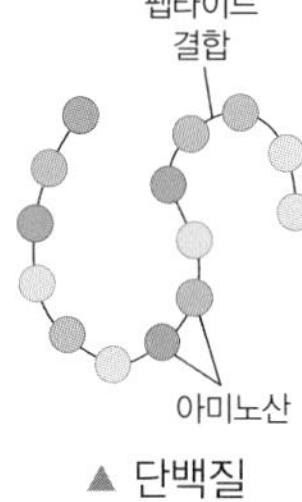

▲ 단백질

④ 기본 단위는 아미노산이며, 아미노산은 탄소 원자에 아미노기($-NH_2$), 카복실기($-COOH$), 수소 원자, 곁사슬($-R$)이 결합된 구조로, 곁사슬의 종류에 따라 20종으로 구분된다. 단백질은 여러 종류의 아미노산이 펩타이드 결합으로 연결된 화합물이다.

(4) 핵산

① 구성 원소는 탄소(C), 수소(H), 산소(O), 질소(N), 인(P)이다.

② 유전 정보를 저장 및 전달하고 단백질 합성에 관여한다.

③ 기본 단위는 인산, 당, 염기가 1 : 1 : 1로 결합된 뉴클레오타이드이며, 핵산은 많은 수의 뉴클레오타이드가 결합하여 형성된 폴리뉴클레오타이드이다.

④ 종류에는 [1]DNA와 RNA가 있다.

DNA의 뉴클레오타이드 — DNA, 염기: 아데닌(A), 구아닌(G), 사이토신(C), 타이민(T), 인산, H, 당(디옥시리보스)

RNA의 뉴클레오타이드 — RNA, 염기: 아데닌(A), 구아닌(G), 사이토신(C), 유라실(U), 인산, OH, 당(리보스)

구분	DNA	RNA
당	디옥시리보스	리보스
염기	A, G, C, T	A, G, C, U
구조	이중 나선	단일 가닥
기능	유전 정보 저장	단백질 합성 관여

THE 알기

[1] **DNA, RNA**
DNA는 deoxyribonucleic acid의 약자이며, RNA는 ribonucleic acid의 약자이다.

THE 들여다보기 아미노산의 구조와 펩타이드 결합

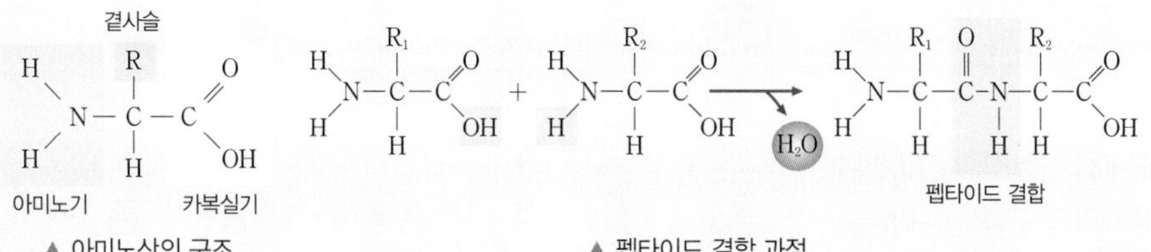

▲ 아미노산의 구조 ▲ 펩타이드 결합 과정

- 두 개의 아미노산이 펩타이드 결합으로 연결될 때 물이 형성된다.
- 단백질을 구성하는 아미노산의 종류와 수, 배열 순서에 따라 단백질의 구조가 결정되고, 구조에 따라 기능이 결정된다.

개념체크

빈칸 완성

1. 탄수화물은 생명체 내에서 주된 (   )으로 이용된다.

2. 단당류가 수백 개에서 수천 개가 결합하여 긴 사슬을 이룬 것을 (   )라 한다.

3. (   )은 식물에서 에너지 저장 물질, (   )은 동물에서 에너지 저장 물질이다.

4. 중성 지방은 1분자의 (   )과 3분자의 (   )이 결합된 화합물이다.

5. 인지질의 인산기가 있는 머리 부분은 (   )을 띠고, 지방산으로 이루어진 꼬리 부분은 (   )을 띤다.

6. 열이나 산 등에 의해 단백질의 입체 구조가 쉽게 파괴되는데, 이를 단백질의 (   )이라고 한다.

7. 단백질은 여러 종류의 아미노산이 (   )으로 연결된 화합물이다.

8. 핵산의 기본 단위는 인산, 당, 염기가 1 : 1 : 1로 결합된 (   )이다.

9. DNA를 구성하는 당은 (   ), RNA를 구성하는 당은 (   )이다.

정답 **1.** 에너지원 **2.** 다당류 **3.** 녹말, 글리코젠 **4.** 글리세롤, 지방산 **5.** 친수성, 소수성 **6.** 변성 **7.** 펩타이드 결합 **8.** 뉴클레오타이드 **9.** 디옥시리보스, 리보스

○X 문제

1. 탄수화물에 대한 설명으로 옳은 것은 ○, 옳지 않은 것은 ×로 표시하시오.

(1) 단당류의 예로 젖당과 설탕이 있다. (   )

(2) 셀룰로스는 식물의 에너지 저장 물질이다. (   )

(3) 구성 원소는 탄소, 수소, 산소이다. (   )

2. 그림 (가)~(다)는 지질의 세 종류를 나타낸 것이다. 그림에 대한 설명으로 옳은 것은 ○, 옳지 않은 것은 ×로 표시하시오.

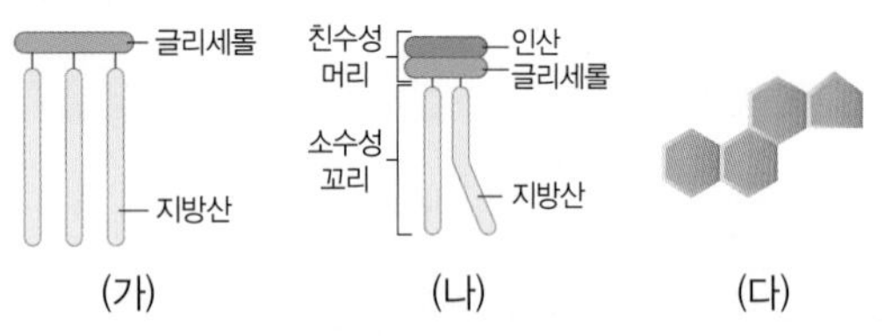

(1) (가)는 성호르몬의 구성 성분이다. (   )

(2) (나)는 생체막의 구성 성분이다. (   )

(3) 콜레스테롤은 (다)에 속한다. (   )

3. 그림 (가)~(다)는 녹말, 단백질, 인지질을 각각 나타낸 것이다. 그림에 대한 설명으로 옳은 것은 ○, 옳지 않은 것은 ×로 표시하시오.

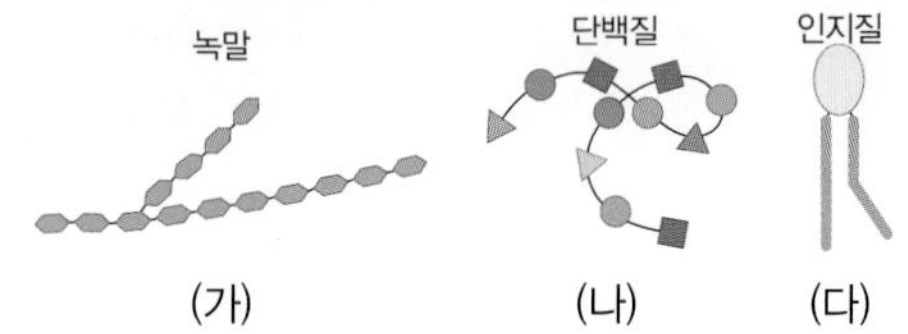

(1) (가)와 (나)는 모두 에너지원으로 이용된다. (   )

(2) (나)의 기본 단위는 당이다. (   )

(3) (가)~(다)에는 모두 탄소(C)가 포함된다. (   )

단답형 문제

4. 핵산의 구성 원소를 모두 쓰시오.

5. DNA와 RNA에 공통적으로 존재하는 염기를 모두 쓰시오.

정답 **1.** (1) × (2) × (3) ○ **2.** (1) × (2) ○ (3) ○ **3.** (1) ○ (2) × (3) ○ **4.** 탄소(C), 수소(H), 산소(O), 질소(N), 인(P) **5.** A(아데닌), G(구아닌), C(사이토신)

생명체를 구성하는 기본 물질

정답과 해설 06쪽

목표

탄수화물, 지질, 단백질, 핵산의 구조와 기능을 비교하여 설명할 수 있다.

과정

1. 그림은 생명체를 구성하는 기본 물질을 구분하는 과정을 나타낸 것이다.
2. A~C에 해당하는 물질과 (가)에 해당하는 기준이 무엇일지 생각해보자. A~C는 DNA, 단백질, 셀룰로스를 순서 없이 나타낸 것이다.

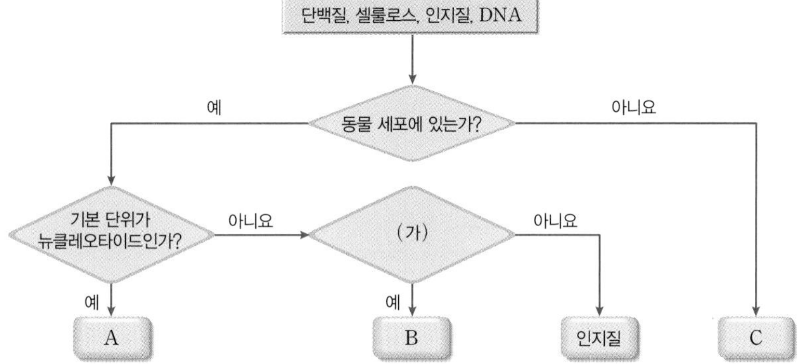

결과 정리 및 해석

1. A는 DNA, B는 단백질, C는 셀룰로스이다.
2. (가)에 해당하는 기준에는 '펩타이드 결합이 존재하는가?', '항체의 주성분인가?', '기본 단위가 아미노산인가?' 등이 가능하다.

탐구 분석

1. DNA, 단백질, 인지질, 셀룰로스가 생명체에서 어떤 역할을 하는지 정리해보자.

내신 기초 문제

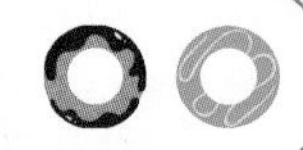

[20702-0033]

01 그림 (가)와 (나)는 각각 식물과 동물의 구성 단계 중 하나를 나타낸 것이다.

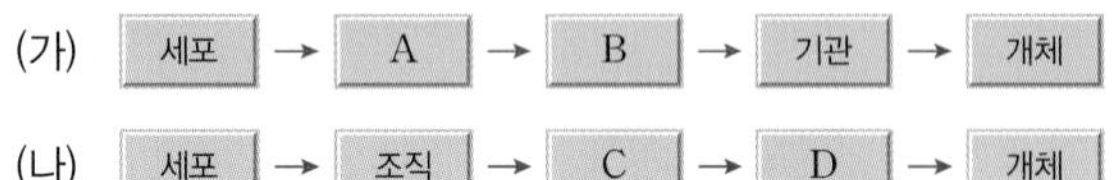

A~D에 각각 해당하는 구성 단계의 명칭을 쓰시오.

[20702-0034]

02 표는 동물 조직 A~C의 예를 나타낸 것이다. A~C는 각각 상피 조직, 결합 조직, 신경 조직 중 하나이다.

조직	A	B	C
조직의 예			

이에 대한 설명으로 옳은 것만을 〈보기〉에서 있는 대로 고른 것은?

보기
ㄱ. A는 결합 조직이다.
ㄴ. B는 자극을 받아들이고 신호를 전달하는 기능을 하는 조직이다.
ㄷ. 소화 기관인 위에는 A~C가 모두 있다.

① ㄴ ② ㄷ ③ ㄱ, ㄴ ④ ㄱ, ㄷ ⑤ ㄱ, ㄴ, ㄷ

[20702-0035]

03 다음은 사람의 몸을 구성하는 기관계 X에 대한 설명이다.

X는 ㉠ 심장, 혈관 등으로 구성되며, 혈관을 따라 ㉡ 혈액이 온몸을 순환한다.

이에 대한 설명으로 옳은 것만을 〈보기〉에서 있는 대로 고른 것은?

보기
ㄱ. X는 호흡계이다.
ㄴ. ㉠은 식물에서 잎과 같은 구성 단계에 속한다.
ㄷ. ㉡은 구성 단계 중 조직에 해당한다.

① ㄴ ② ㄷ ③ ㄱ, ㄴ ④ ㄱ, ㄷ ⑤ ㄴ, ㄷ

[20702-0036]

04 그림은 식물 잎의 단면을 나타낸 것이다. ㉠~㉣은 각각 물관부, 표피 조직, 해면 조직, 울타리 조직 중 하나이다.

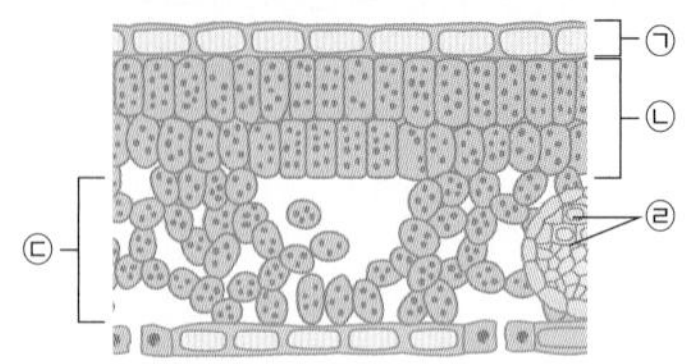

이에 대한 설명으로 옳은 것만을 〈보기〉에서 있는 대로 고른 것은?

보기
ㄱ. ㉠과 공변세포는 같은 조직계에 속한다.
ㄴ. ㉡과 ㉢에서 모두 광합성이 일어난다.
ㄷ. ㉣은 분열 조직에 해당한다.

① ㄴ ② ㄷ ③ ㄱ, ㄴ ④ ㄱ, ㄷ ⑤ ㄱ, ㄴ, ㄷ

[20702-0037]

05 그림은 인체를 구성하는 물질 (가)~(다)를 나타낸 것이다. (가)~(다)는 각각 단백질, 중성 지방, 탄수화물 중 하나이다.

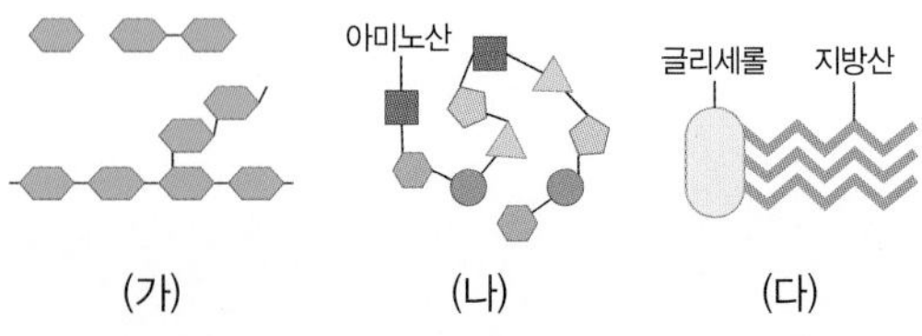

(1) (가)~(다)가 각각 무엇인지 쓰고, (2) (가)~(다)를 구성하는 원소 중 (가)와 (다)에는 없고 (나)에만 있는 것을 쓰시오. (단, 황(S)은 제외한다.)

[20702-0038]

06 생명체를 구성하는 물질에 대한 설명으로 옳지 않은 것은?

① 탄수화물은 주요 에너지원으로 사용된다.
② 단백질은 물질대사와 생리 작용을 조절한다.
③ 셀룰로스는 식물에서 에너지 저장 물질이다.
④ 중성 지방, 인지질, 스테로이드는 모두 지질에 속한다.
⑤ 핵산은 유전 정보 저장 및 단백질 합성에 관여하는 기능을 한다.

[20702-0039]

07 표는 생명체를 구성하는 물질 (가)~(다)의 예를 나타낸 것이다. (가)~(다)는 각각 지질, 탄수화물, 핵산 중 하나이다.

물질	(가)	(나)	(다)
예			

이에 대한 설명으로 옳은 것만을 〈보기〉에서 있는 대로 고른 것은?

보기
ㄱ. 콜레스테롤은 (가)에 속한다.
ㄴ. (나)의 구성 원소에는 인(P)이 있다.
ㄷ. (다)의 기본 단위는 아미노산이다.

① ㄴ ② ㄷ ③ ㄱ, ㄴ ④ ㄱ, ㄷ ⑤ ㄱ, ㄴ, ㄷ

[20702-0040]

08 표는 생명체를 구성하는 물질 A~C의 특징을 나타낸 것이다.

물질	특징
A	단당류, 이당류, 다당류로 구분된다.
B	기본 단위는 뉴클레오타이드이다.
C	유기 용매에 잘 녹는다.

이에 대한 설명으로 옳은 것만을 〈보기〉에서 있는 대로 고른 것은?

보기
ㄱ. 엿당은 A에 속한다.
ㄴ. B는 생체막의 주요 구성 성분이다.
ㄷ. 글리코젠은 C에 속한다.

① ㄱ ② ㄴ ③ ㄱ, ㄷ ④ ㄴ, ㄷ ⑤ ㄱ, ㄴ, ㄷ

[20702-0041]

09 표는 DNA와 RNA를 비교하여 나타낸 것이다.

구분	DNA	RNA
당	디옥시리보스	(가)
염기	(나)	A, G, C, U
구조	이중 나선	(다)

이에 대한 설명으로 옳은 것만을 〈보기〉에서 있는 대로 고른 것은?

보기
ㄱ. (가)는 리보스이다.
ㄴ. (나)는 A, G, C, T이다.
ㄷ. (다)는 단일 가닥이다.

① ㄱ ② ㄴ ③ ㄱ, ㄷ ④ ㄴ, ㄷ ⑤ ㄱ, ㄴ, ㄷ

[20702-0042]

10 그림은 생명체에 있는 물질 중 중성 지방, 단백질, 설탕을 구분하는 과정으로, A~C는 중성 지방, 단백질, 설탕을 순서 없이 나타낸 것이다.

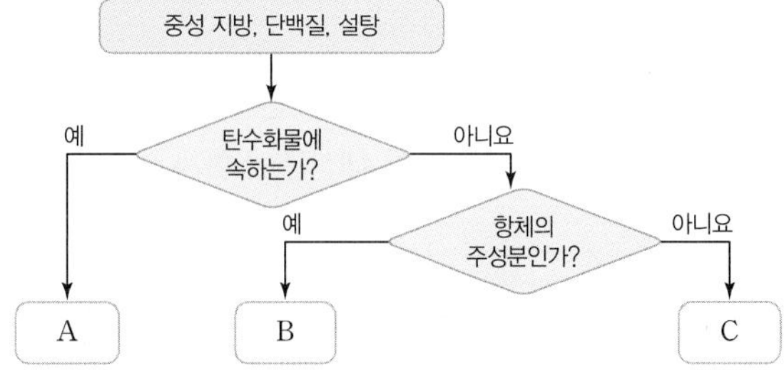

이에 대한 설명으로 옳은 것만을 〈보기〉에서 있는 대로 고른 것은?

보기
ㄱ. A는 이당류에 속한다.
ㄴ. B의 구성 원소에는 질소(N)가 있다.
ㄷ. C는 성호르몬의 구성 성분이다.

① ㄱ ② ㄷ ③ ㄱ, ㄴ ④ ㄴ, ㄷ ⑤ ㄱ, ㄴ, ㄷ

실력 향상 문제

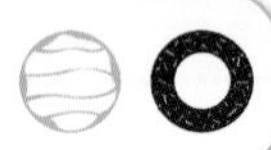

[20702-0043]

01 그림 (가)~(다)는 어떤 동물의 구성 단계 중 일부를 나타낸 것이다. (가)의 A~C는 각각 결합 조직, 상피 조직, 근육 조직 중 하나이다.

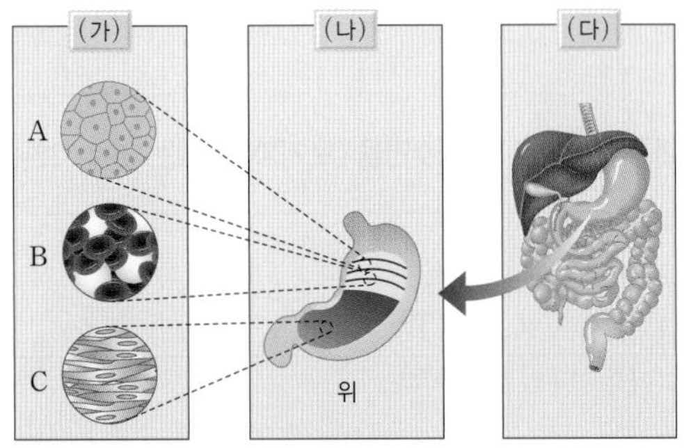

이에 대한 설명으로 옳은 것만을 〈보기〉에서 있는 대로 고른 것은?

보기

ㄱ. A~C 중 몸의 조직이나 기관을 서로 결합시키거나 지지하는 기능을 하는 것은 B이다.

ㄴ. 구성 단계 (다)는 식물에는 없고 동물에서만 나타난다.

ㄷ. 위는 동물의 구성 단계 중 기관에 해당한다.

① ㄱ ② ㄷ ③ ㄱ, ㄴ ④ ㄴ, ㄷ ⑤ ㄱ, ㄴ, ㄷ

[20702-0044]

02 그림은 동물과 식물을 구성하는 단계의 예를 나타낸 것이다. A~C는 각각 표피 조직계, 내장근, 소화계 중 하나이다.

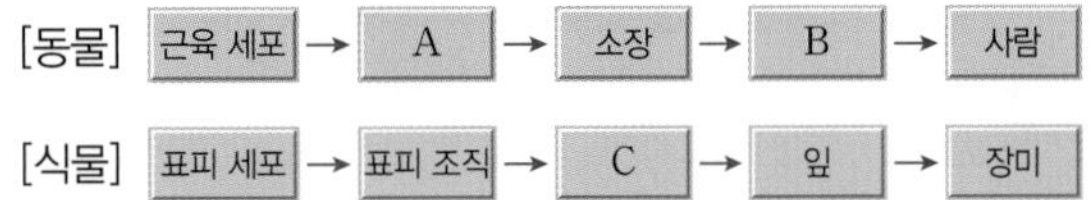

이에 대한 설명으로 옳은 것만을 〈보기〉에서 있는 대로 고른 것은?

보기

ㄱ. 뼈는 A와 구성 단계가 같다.

ㄴ. 간은 B에 속하는 기관이다.

ㄷ. 공변세포는 C에 속한다.

① ㄱ ② ㄴ ③ ㄱ, ㄷ ④ ㄴ, ㄷ ⑤ ㄱ, ㄴ, ㄷ

[20702-0045]

03 그림은 식물의 줄기 구조 일부를 나타낸 것이다. A와 B는 각각 물관부와 형성층 중 하나이다.

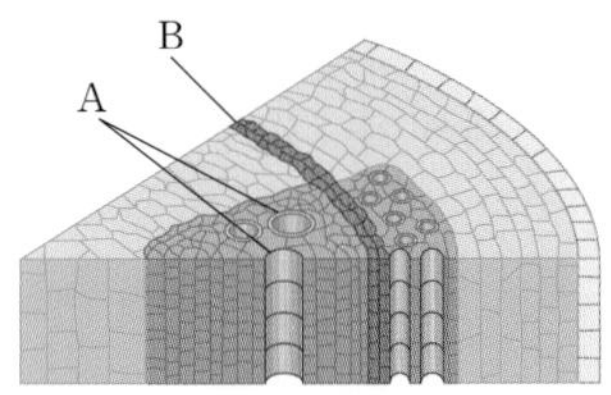

이에 대한 설명으로 옳은 것만을 〈보기〉에서 있는 대로 고른 것은?

보기

ㄱ. A는 영구 조직에 해당한다.

ㄴ. B는 기본 조직계에 속한다.

ㄷ. 줄기는 영양 기관에 해당한다.

① ㄱ ② ㄴ ③ ㄱ, ㄷ ④ ㄴ, ㄷ ⑤ ㄱ, ㄴ, ㄷ

서술형

[20702-0046]

04 그림은 단백질, 지질, 핵산의 공통점과 차이점을 나타낸 것이다.

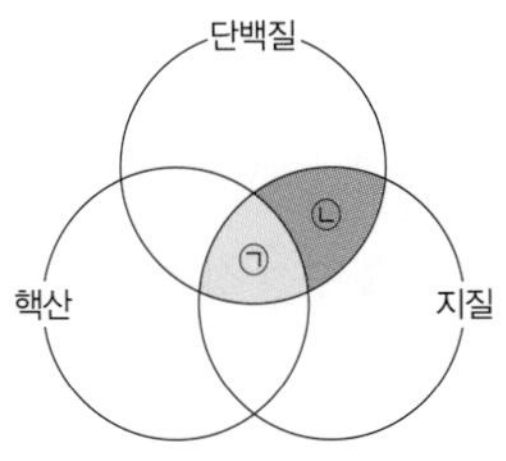

㉠과 ㉡에 들어갈 수 있는 특징을 각각 1가지만 서술하시오.

[20702-0047]

05 그림은 탄수화물의 종류를 나타낸 것이다. (가)~(다)는 각각 녹말, 포도당, 엿당 중 하나이다.

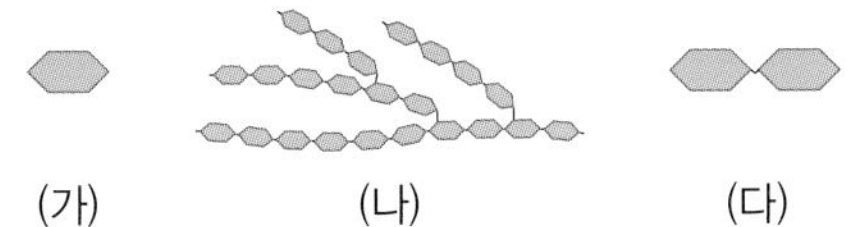

이에 대한 설명으로 옳은 것만을 〈보기〉에서 있는 대로 고른 것은?

> 보기
> ㄱ. (가)는 단당류이다.
> ㄴ. (나)는 식물의 세포벽을 구성한다.
> ㄷ. (다)는 소장에서 융털의 모세 혈관으로 흡수될 수 있다.

① ㄱ ② ㄷ ③ ㄱ, ㄴ ④ ㄴ, ㄷ ⑤ ㄱ, ㄴ, ㄷ

[20702-0048]

06 그림은 2개의 아미노산이 결합하는 과정을 나타낸 것이다.

$H_2N-C(R_1)(H)-C(=O)-OH$ + $H_2N-C(R_2)(H)-C(=O)-OH$

↓ (가)

$H_2N-C(R_1)(H)-\underbrace{C(=O)-N(H)}_{(나)}-C(R_2)(H)-C(=O)OH$

이에 대한 설명으로 옳은 것만을 〈보기〉에서 있는 대로 고른 것은?

> 보기
> ㄱ. (가) 과정에서 물 한 분자가 방출된다.
> ㄴ. (나)는 펩타이드 결합이다.
> ㄷ. 이 과정은 리보솜에서 일어날 수 있다.

① ㄱ ② ㄴ ③ ㄷ ④ ㄱ, ㄴ ⑤ ㄱ, ㄴ, ㄷ

[20702-0049]

07 표 (가)는 동물에 있는 물질 A~C에서 특징 ㉠~㉢의 유무를 나타낸 것이고, (나)는 ㉠~㉢을 순서 없이 나타낸 것이다. A~C는 단백질, 글리코젠, DNA를 순서 없이 나타낸 것이다.

물질	㉠	㉡	㉢
A	?	○	×
B	×	?	○
C	?	?	?

(○: 있음, ×: 없음)

(가)

특징(㉠~㉢)
• 탄소 화합물이다.
• 질소(N)를 포함한다.
• 펩타이드 결합이 존재한다.

(나)

이에 대한 설명으로 옳은 것만을 〈보기〉에서 있는 대로 고른 것은?

> 보기
> ㄱ. ㉠은 '질소(N)를 포함한다.'이다.
> ㄴ. A는 동물에서 에너지 저장 물질이다.
> ㄷ. B의 기본 단위는 뉴클레오솜이다.

① ㄱ ② ㄴ ③ ㄱ, ㄷ ④ ㄴ, ㄷ ⑤ ㄱ, ㄴ, ㄷ

[20702-0050]

08 그림은 지질의 종류를 나타낸 것이다. (가)~(다)는 각각 스테로이드, 인지질, 중성 지방 중 하나이다.

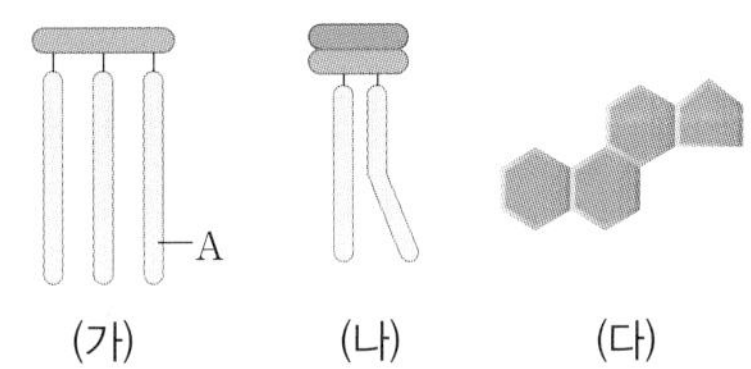

이에 대한 설명으로 옳은 것만을 〈보기〉에서 있는 대로 고른 것은?

> 보기
> ㄱ. (가)의 A는 글리세롤이다.
> ㄴ. (나)의 구성 원소에는 인(P)이 포함된다.
> ㄷ. (다)는 부신 겉질 호르몬의 구성 성분이다.

① ㄱ ② ㄴ ③ ㄱ, ㄷ ④ ㄴ, ㄷ ⑤ ㄱ, ㄴ, ㄷ

서술형

[20702-0051]

09 핵산의 두 종류인 DNA와 RNA를 구성하는 당과 염기의 차이점을 각각 서술하시오.

[20702-0052]

01 그림은 (가)와 (나)의 공통점과 차이점을 나타낸 것이다. (가)와 (나)는 각각 벼와 사람 중 하나이고, ㉠과 ㉡ 중 하나는 '조직계가 있다.'이다.

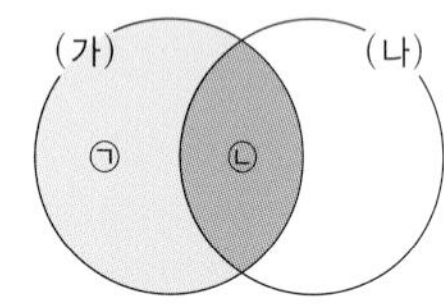

이에 대한 설명으로 옳은 것만을 <보기>에서 있는 대로 고른 것은?

보기
ㄱ. (가)는 벼이다.
ㄴ. '기관이 있다.'는 ㉡에 해당한다.
ㄷ. 사람의 동맥과 벼의 물관부는 생명체의 구성 단계 중 같은 단계에 해당한다.

① ㄱ ② ㄷ ③ ㄱ, ㄴ ④ ㄴ, ㄷ ⑤ ㄱ, ㄴ, ㄷ

[20702-0053]

02 표 (가)는 식물에서 관찰되는 조직 A~C에서 특징 ㉠~㉢의 유무를 나타낸 것이고, (나)는 ㉠~㉢을 순서 없이 나타낸 것이다. A~C는 각각 형성층, 표피 조직, 울타리 조직 중 하나이다.

특징	조직		
	A	B	C
㉠	×	○	×
㉡	?	?	○
㉢	○	?	○

(○: 있음, ×: 없음)

(가)

특징(㉠~㉢)
• 기본 조직계에 속한다. • 세포 분열이 일어난다. • 영구 조직이다.

(나)

이에 대한 설명으로 옳은 것만을 <보기>에서 있는 대로 고른 것은?

보기
ㄱ. A는 형성층이다.
ㄴ. B는 공변세포와 함께 표피 조직계를 구성한다.
ㄷ. C는 유조직에 해당한다.

① ㄱ ② ㄷ ③ ㄱ, ㄴ ④ ㄴ, ㄷ ⑤ ㄱ, ㄴ, ㄷ

[20702-0054]

03 표는 물질에 따른 구성 원소의 포함 유무를 나타낸 것이다. ⓐ~ⓓ는 각각 수소(H), 산소(O), 질소(N), 인(P) 중 하나이다.

물질	구성 원소			
	ⓐ	ⓑ	ⓒ	ⓓ
단백질	○	?	×	○
녹말	×	○	?	○
DNA	?	○	?	?

(○: 있음, ×: 없음)

이에 대한 설명으로 옳은 것만을 <보기>에서 있는 대로 고른 것은?

보기
ㄱ. ⓐ는 질소(N)이다.
ㄴ. 단백질을 구성하는 아미노산이 세포 호흡을 통해 분해될 때 ⓑ와 ⓓ로 구성된 물질이 생성된다.
ㄷ. DNA는 ⓒ를 포함한다.

① ㄱ ② ㄷ ③ ㄱ, ㄴ ④ ㄴ, ㄷ ⑤ ㄱ, ㄴ, ㄷ

[20702-0055]

04 그림은 생명체를 구성하는 4가지 물질을 구분하는 과정을 나타낸 것이다. ㉠~㉢은 DNA, 중성 지방, 셀룰로스를 순서 없이 나타낸 것이다.

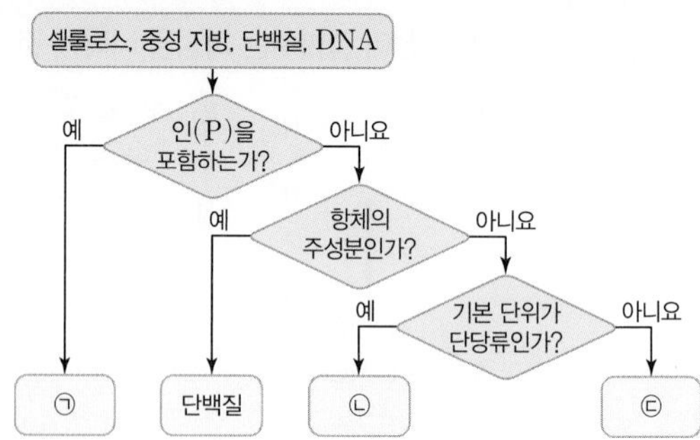

이에 대한 설명으로 옳은 것만을 <보기>에서 있는 대로 고른 것은?

보기
ㄱ. ㉠을 구성하는 당은 단당류이다.
ㄴ. ㉡은 식물에서 에너지 저장 물질이다.
ㄷ. ㉢은 4개의 고리가 연결된 구조를 갖는다.

① ㄱ ② ㄷ ③ ㄱ, ㄴ ④ ㄴ, ㄷ ⑤ ㄱ, ㄴ, ㄷ

3 세포의 특성

- 세포의 연구 방법 구분하기
- 세포 소기관의 구조와 특징 이해하기
- 원핵세포와 진핵세포의 공통점과 차이점 구분하기

한눈에 단원 파악, 이것이 핵심!

진핵세포의 세포 분획법에 의해 세포 소기관이 어떤 순서로 분획될까?

세포 분획법을 거치면 크기와 밀도가 큰 순서대로 세포 소기관이 분획된다.

① 동물 세포: 핵 → 미토콘드리아 → 소포체 → 리보솜의 순서로 분리된다.

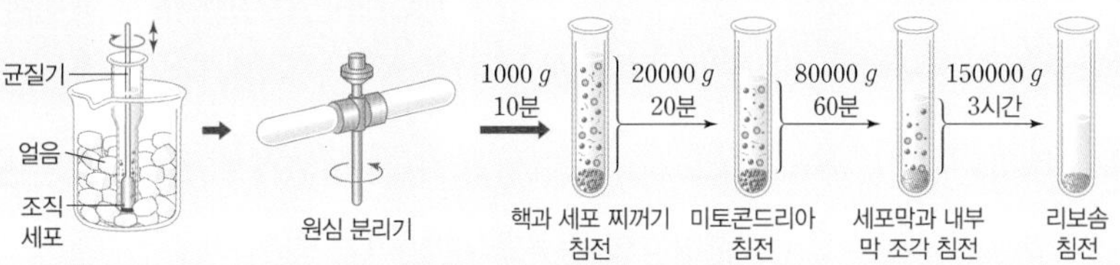

② 식물 세포: 핵 → 엽록체 → 미토콘드리아 → 소포체 → 리보솜의 순서로 분리된다.

원핵세포와 진핵세포는 어떻게 다를까?

구분	유전 물질	핵막	세포벽	리보솜	막성 세포 소기관
원핵세포	원형 DNA	없음	있음	있음	없음
진핵세포(동물 세포)	선형 DNA	있음	없음	있음	있음

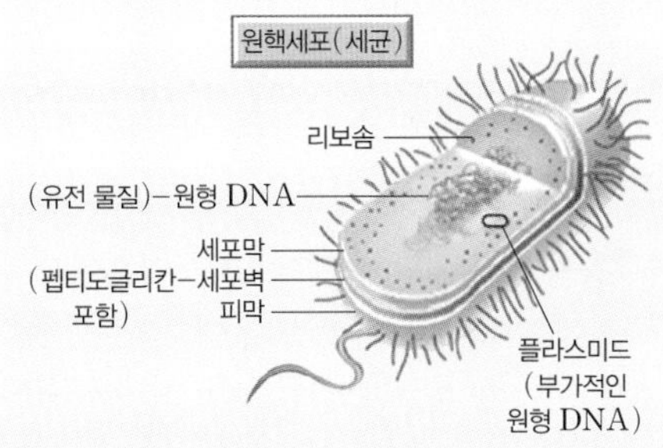

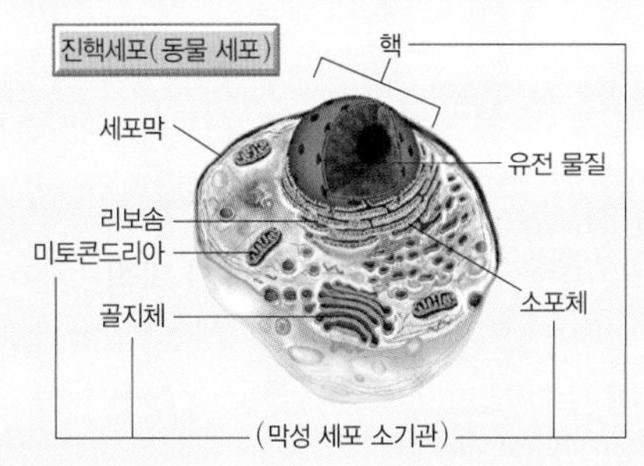

01 세포의 연구 방법

1 현미경

(1) [1]광학 현미경과 전자 현미경의 비교

구분	광학 현미경	전자 현미경	
		투과 전자 현미경(TEM)	주사 전자 현미경(SEM)
광원	가시광선	전자선	
해상력	0.2 μm	0.0002 μm	0.005 μm
원리	눈, 접안렌즈, 대물렌즈, 표본, 집광렌즈, 가시광선 광원	전자총, 집광렌즈, 표본, 대물렌즈, 전자선, 눈, 투사렌즈, 형광 스크린	전자총, 전자선, 집광렌즈, 주사용 코일, 모니터, 대물 렌즈, 표본, 증폭기, 전자 검출기, 2차 전자
특징	살아 있는 세포를 관찰	시료의 단면 구조 및 세포 소기관 관찰 용이	시료의 입체 구조 관찰 용이
관찰 결과의 예 (짚신벌레)			

(2) 현미경의 종류와 관찰 가능 범위

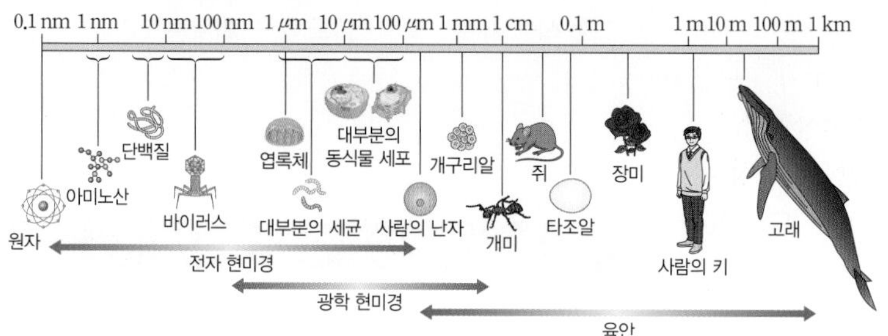

2 세포 분획법

(1) 세포의 물질 조성이나 세포 소기관의 기능을 연구하는 방법: 세포를 균질기로 부순 후 [2]원심 분리기를 이용해 세포 소기관을 크기와 밀도에 따라 분리 및 침전시킨다.

(2) 과정: 세포를 [3]등장액인 설탕 용액에 넣고 저온에서 균질기로 부수어 [4]세포 파쇄액을 얻는다. → 세포 파쇄액을 원심 분리기에 넣고 속도와 시간을 다르게 하여 회전시킨다. → 느린 회전 속도에서는 비교적 크고 무거운 세포 소기관이 가라앉아 분리되고, 회전 속도를 증가시킬수록 점차 작고 가벼운 세포 소기관이 가라앉아 분리된다.

THE 알기

[1] 광학 현미경
광학 현미경은 일반적인 광학 현미경, 위상차 현미경, 형광 현미경 등으로 구분한다. 위상차 현미경은 빛의 굴절률 차이에 의한 명암으로 세포의 구조를 관찰할 수 있다. 형광 현미경은 형광 염색액으로 세포를 염색한 후 특정 파장의 빛을 쪼여 나타나는 형광 색깔로 세포의 구조를 관찰할 수 있다.

[2] 원심 분리기
혼합된 용액을 고속으로 회전시켜 발생하는 원심력을 이용해 물질을 분리하는 기계이다.

[3] 등장액
세포를 설탕 등장액에서 파쇄하는 것은 세포와 같은 삼투압을 유지하여 세포 소기관의 모양을 유지하기 위해서이다.

[4] 세포 파쇄액
세포를 파쇄하여 세포 소기관이 섞인 혼합물이다.

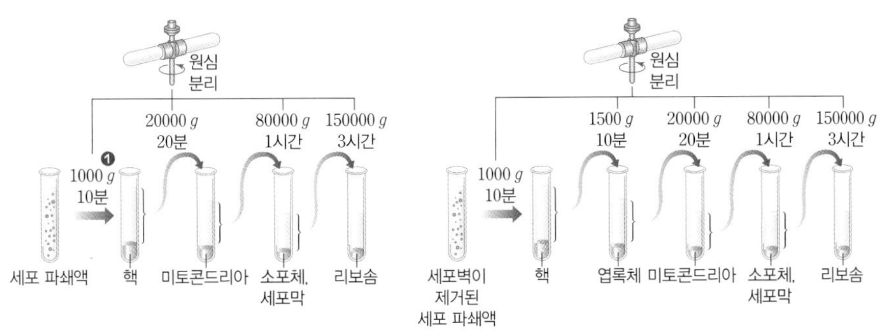

▲ 동물 세포의 세포 분획　　▲ 식물 세포의 세포 분획

THE 알기

❶ 원심 분리기 속도 g
원심 분리기의 속도는 중력 가속도(g)를 기준으로 나타낸다. 즉, 1000 g는 중력 가속도의 1000배에 해당하는 힘이다.

3 자기 방사법

세포 내 물질의 위치와 이동 경로를 알아보기 위한 방법이다.

(1) 원리: ❷방사성 동위 원소가 포함된 물질을 세포나 조직에 넣어준 후, 방사성 동위 원소에서 방출되는 방사선을 추적한다. 현재는 위험 때문에 방사성 동위 원소보다 형광 물질을 사용하고 있다.

❷ 방사성 동위 원소
원자핵이 스스로 붕괴되면서 방사선을 방출하는 동위 원소이다.

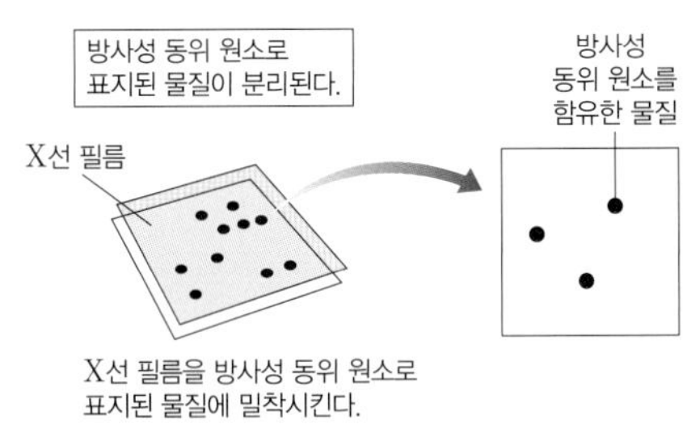

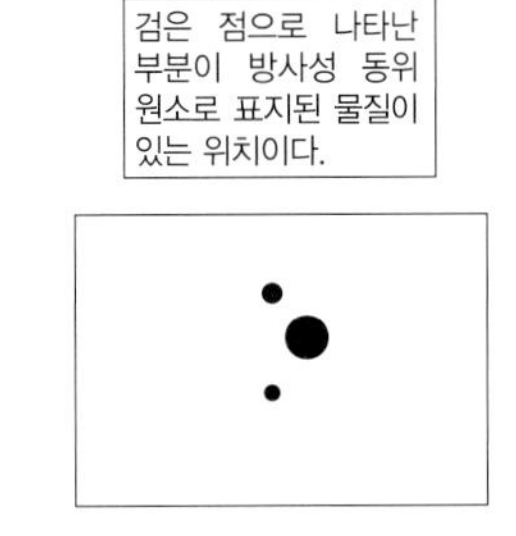

검은 점으로 나타난 부분이 방사성 동위 원소로 표지된 물질이 있는 위치이다.

▲ 자기 방사법

(2) 이용의 예

① 단백질의 합성과 이동 경로 파악: ^{35}S이나 ^{14}C로 표지된 아미노산을 세포에 주입하고, 시간 경과에 따라 방사선을 방출하는 세포 소기관을 조사한다.

② 핵에서 DNA 합성 관찰: DNA 구성 물질인 타이민(T)을 방사성 동위 원소 ^{3}H로 표지하여 세포에 주입한 후 관찰하면 방사선이 핵에서 집중되어 방출된다.

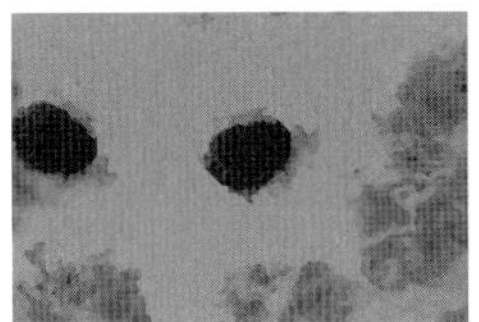

▲ 핵에서 DNA 합성 관찰

THE 들여다보기 세포의 크기 측정

1. 현미경의 접안렌즈에 접안 마이크로미터를 끼우고 눈금 1칸이 10 μm인 대물 마이크로미터를 재물대 위에 놓는다.
2. 현미경의 배율을 맞추고 접안 마이크로미터의 눈금이 대물 마이크로미터의 눈금과 겹치게 한 후, 겹친 두 지점 사이에서 눈금 칸 수를 세어 접안 마이크로미터 눈금 1칸의 크기를 구한다.
   접안 마이크로미터 눈금 1칸의 크기=
   $$\frac{\text{겹친 두 지점 사이의 대물 마이크로미터 눈금의 칸 수}}{\text{겹친 두 지점 사이의 접안 마이크로미터 눈금의 칸 수}} \times 10\ \mu\text{m}$$
3. 재물대 위의 대물 마이크로미터를 제거한 후, 준비한 현미경 표본을 올려놓고 세포를 관찰하면서 접안 마이크로미터의 눈금을 이용하여 세포의 크기를 측정한다.

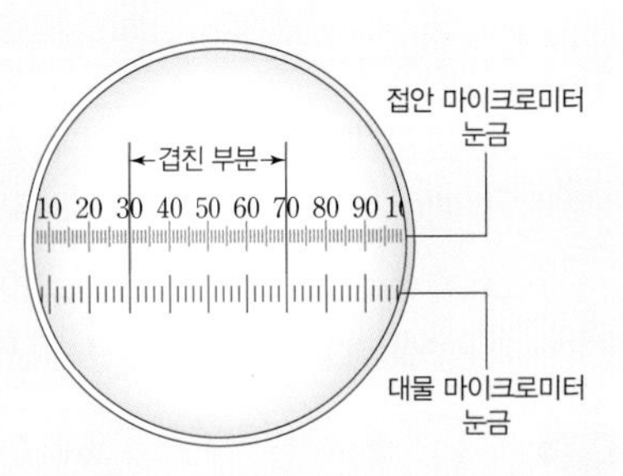

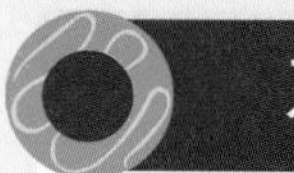

개념체크

빈칸 완성

1. 전자 현미경 중 시료의 입체 구조를 관찰하는 데 적합한 현미경은 (　　　) 현미경이다.

2. 전자 현미경 중 시료의 단면 구조를 관찰하는 데 적합한 현미경은 (　　　) 현미경이다.

3. 광학 현미경은 광원으로 (　　　)광선을 사용한다.

4. 리보솜 등 상대적으로 작은 세포 소기관을 세밀하게 관찰하기에 좋은 현미경은 (　　　) 현미경이다.

5. 동물 세포를 세포 분획법으로 분리하면 세포 소기관 중 가장 먼저 (　　　)이 분리된다.

6. 동물 세포를 세포 분획법으로 분리할 때, 점차 크기가 작은 세포 소기관을 분리하려면 회전 속도를 (　　　) 시켜야 한다.

7. 세포 내 물질의 이동 과정을 연구할 때는 세포의 연구 방법 중 방사성 동위 원소를 이용한 (　　　)이 사용된다.

8. 방사성 동위 원소로 표지된 (　　　)을 세포에 주입하면 단백질의 합성과 이동 경로를 조사할 수 있다.

정답 **1.** 주사 전자 **2.** 투과 전자 **3.** 가시 **4.** 투과 전자 **5.** 핵 **6.** 증가 **7.** 자기 방사법 **8.** 아미노산

○X 문제

1. 현미경에 대한 설명으로 옳은 것은 ○, 옳지 않은 것은 ×로 표시하시오.

(1) 주사 전자 현미경은 전자선을 이용해 시료를 관찰한다. (　　)

(2) 투과 전자 현미경은 시료의 단면 구조를 관찰하는 데 적합하다. (　　)

(3) 광학 현미경으로 시료의 색깔 구분이 가능하다. (　　)

(4) 주사 전자 현미경은 살아 있는 상태로 세포를 관찰하기에 적합한 현미경이다. (　　)

(5) 주사 전자 현미경은 광학 현미경보다 최대 해상력이 우수하다. (　　)

(6) 형광 현미경은 광학 현미경의 일종이다. (　　)

2. 세포 분획법에 대한 설명으로 옳은 것은 ○, 옳지 않은 것은 ×로 표시하시오.

(1) 원심 분리기의 회전 속도와 회전 시간을 증가시킬수록 점차 크고 무거운 세포 소기관이 가라앉아 분리된다. (　　)

(2) 균질기에 넣어주는 설탕 용액은 조직 세포와 삼투압이 같아야 한다. (　　)

(3) 원심 분리 결과 미토콘드리아는 리보솜보다 먼저 분획된다. (　　)

3. 자기 방사법에 대한 설명으로 옳은 것은 ○, 옳지 않은 것은 ×로 표시하시오.

(1) 세포 내 특정 물질의 위치를 파악하는 데 사용된다. (　　)

(2) DNA 구성 물질인 타이민(T)을 방사성 동위 원소로 표지하면 DNA 합성 위치를 추적할 수 있다. (　　)

(3) 자기 방사법 실험 전 동물 세포를 균질기로 파쇄한 세포 파쇄액을 준비해야 한다. (　　)

(4) 실험 후 전자 현미경을 이용해 결과를 얻는다. (　　)

바르게 연결하기

4. 현미경의 종류와 특징을 옳게 연결하시오.

(1)	광학 현미경	• ㉠	단면 구조 관찰
(2)	투과 전자 현미경	• ㉡	시료의 입체 구조 관찰
(3)	주사 전자 현미경	• ㉢	가시광선 사용

정답 **1.** (1) ○ (2) ○ (3) ○ (4) × (5) ○ (6) ○ **2.** (1) × (2) ○ (3) ○ **3.** (1) ○ (2) ○ (3) × (4) × **4.** (1) ㉢ (2) ㉠ (3) ㉡

02 세포의 구조와 기능

1 생명 활동의 중심 – 핵

(1) 유전 물질(DNA)이 있어 세포의 생명 활동을 조절하고, 세포의 구조와 기능을 결정한다. 핵막으로 세포질과 분리되며, 염색질과 인이 존재한다.

(2) 핵막: 외막과 내막으로 된 2중막 구조로 외막의 일부는 소포체와 연결된다. 핵공은 핵과 세포질 사이에서 RNA와 단백질 등 물질의 이동 통로가 된다.

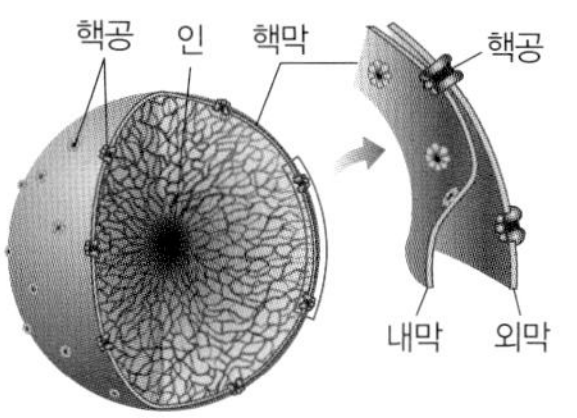

▲ 핵의 구조

(3) 염색질: DNA가 ❶히스톤 단백질 등과 결합한 구조이며, 기본 단위는 뉴클레오솜이다.

(4) 인: 단백질과 RNA가 많이 모여 있는 부분이며, 막 구조가 없다. 리보솜을 구성하는 rRNA가 합성되는 장소이다.

2 물질의 합성과 수송

(1) 리보솜

① 리보솜 RNA(rRNA)와 단백질로 이루어진 2개의 단위체(대단위체와 소단위체)로 이루어져 있으며, 막으로 둘러싸여 있지 않다.

② 거친면 소포체에 붙어 있거나 세포질에 존재한다.

③ mRNA에 의해 전달되는 유전 정보에 따라 단백질을 합성한다.

④ 단백질 합성이 활발한 세포에서 많이 발달한다. 예 이자 세포

대단위체

소단위체

▲ 리보솜

(2) ❷소포체

① 단일막으로 된 납작한 주머니와 관 모양의 막이 연결된 형태이다.

② 막의 일부가 핵막과 연결되어 있으며, 소포체 내부는 서로 연결된다.

③ 물질의 합성과 물질 수송의 통로 역할을 한다.

- 거친면 소포체: 표면에 리보솜이 붙어 있어 리보솜에서 합성한 단백질을 가공하고 이후 골지체로 운반하는 과정에 관여한다.
- 매끈면 소포체: 표면에 리보솜이 붙어 있지 않다. 인지질, 스테로이드 같은 지질을 합성하고, 독성 물질을 해독하며, Ca^{2+}을 저장한다.

(3) ❸골지체

① 단일막으로 된 납작한 주머니 모양의 ❹시스터나가 층층이 쌓인 형태이며 내부가 서로 연결되어 있지 않다.

② 소포체에서 이동해 온 단백질이나 지질을 변형하고 포장하여, 세포 밖으로 분비하거나 세포의 다른 부위로 이동시킨다.

③ 소화샘 세포, 내분비샘 세포와 같은 분비 작용이 활발한 세포에 발달한다.

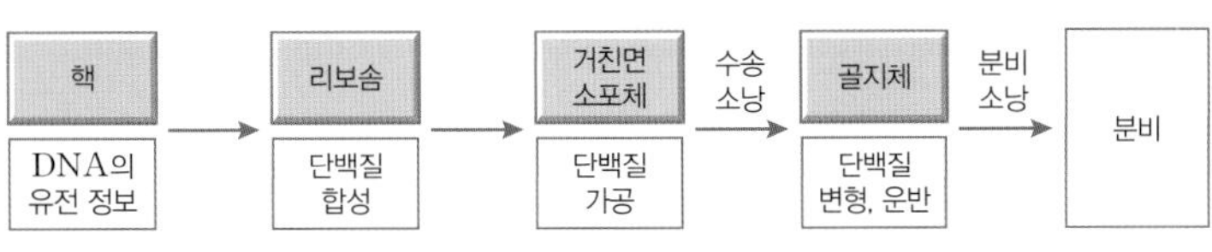

▲ 단백질의 합성과 분비

THE 알기

❶ 히스톤 단백질
염색질을 구성하는 단백질로, DNA가 감기는 축 역할을 하여 DNA의 응축을 도우며 유전자 발현 조절에 기여한다.

❷ 소포체
소포체는 세포에서 물질 수송의 통로 역할을 한다.

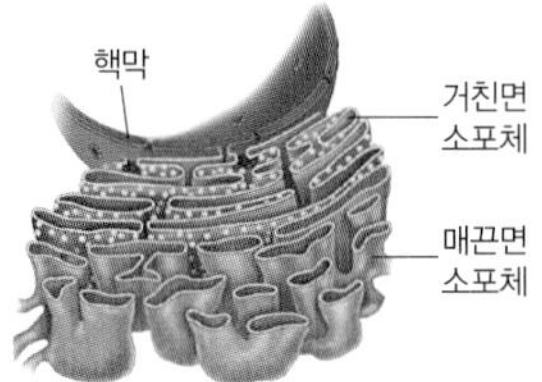

❸ 골지체
골지체는 물질의 가공과 분비를 담당한다.

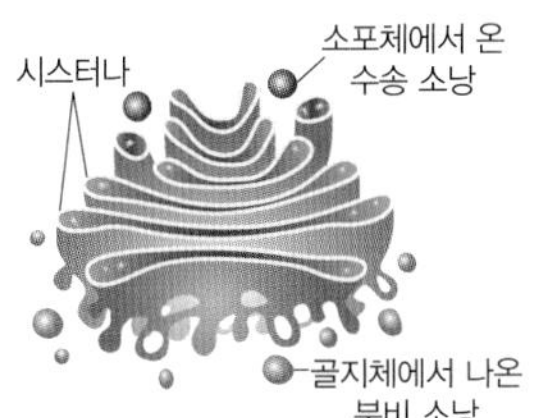

❹ 시스터나
골지체나 소포체의 일부에서 볼 수 있는 납작한 주머니 모양의 구조물이다.

THE 알기

3 에너지 전환

(1) 엽록체

① 광합성을 하는 식물과 조류에서 관찰된다.

② 광합성이 일어나는 장소로 빛에너지를 화학 에너지로 전환하여 포도당을 합성한다. 외막과 내막의 2중막으로 둘러싸여 있다.

③ 틸라코이드: 내막 안에 있는 동전 모양의 소낭이며, 쌓여 그라나를 이룬다. 틸라코이드 막에는 광합성 색소와 단백질이 있다.

④ 스트로마: 틸라코이드와 내막 사이의 기질이며 포도당 합성에 필요한 효소가 들어 있다. DNA와 리보솜이 있어 스스로 복제와 증식을 할 수 있다.

(2) 미토콘드리아

① 세포 호흡을 통해 유기물에 저장된 화학 에너지가 ATP에 화학 에너지로 저장된다.

② 외막과 내막의 2중막 구조로 되어 있고, 내막은 ❶크리스타를 형성한다.

③ 기질: 내막 안쪽 공간으로, DNA와 리보솜이 있어 스스로 복제와 증식을 할 수 있다.

④ 간세포와 근육 세포 등과 같이 에너지를 많이 필요로 하는 세포에 다수 분포한다.

❶ **크리스타**
미토콘드리아 내막이 안쪽으로 접혀 주름 모양으로 되어 있는 구조이다.

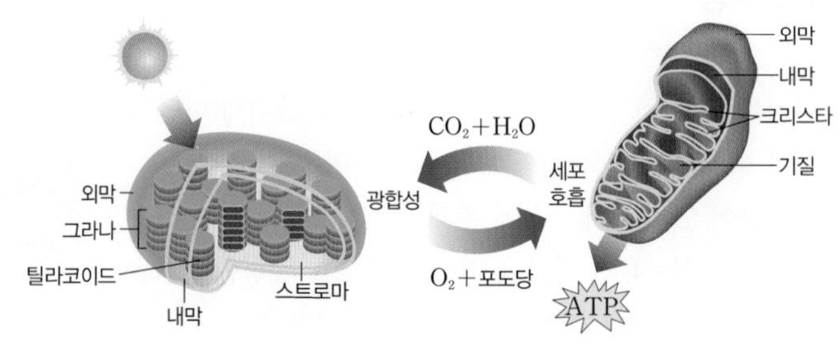

▲ 엽록체와 미토콘드리아

4 물질의 분해와 저장

(1) 리소좀

① 단일막으로 둘러싸여 있는 작은 주머니 모양으로 골지체의 일부가 떨어져 나와 만들어진다.

② 가수 분해 효소가 들어 있어 단백질, 탄수화물, 지질, 핵산 등을 분해하는 다양한 ❷세포내 소화를 담당한다.

③ 세포 내부로 들어온 세균과 같은 이물질, 손상된 세포 소기관과 노폐물을 분해한다.

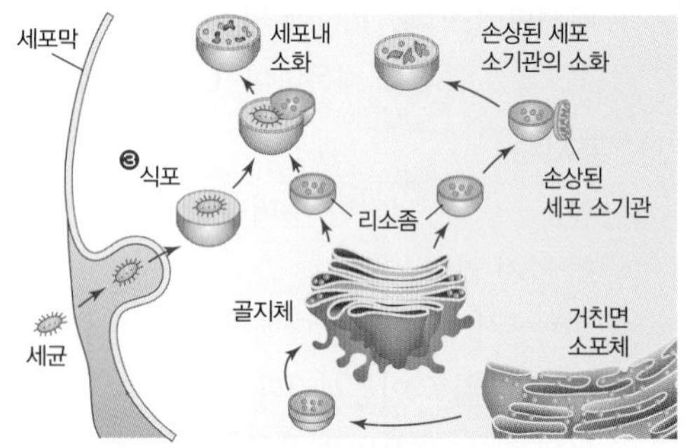

▲ 리소좀의 세포내 소화 작용

(2) 액포

① 단일막으로 둘러싸여 있는 주머니 모양의 세포 소기관으로, 식물 세포에 주로 존재한다.

② 세포 내부의 수분량과 삼투압을 조절한다.

③ 영양소나 노폐물을 저장하며, 세포가 성숙해짐에 따라 발달한다.

❷ **세포내 소화**
세포 내에서 유기물을 분해하는 작용이다.

❸ **식포**
세포 밖의 먹이나 이물질을 세포막으로 둘러싸서 일시적으로 형성된 주머니이다.

5 세포의 형태 유지와 운동

(1) 세포 골격

① 단백질 섬유가 그물처럼 얽혀 있는 구조이다.
② 세포 소기관의 위치와 세포의 형태를 결정짓는 역할을 한다.
③ 세포 골격의 종류에는 미세 소관, 중간 섬유, 미세 섬유가 있다.

소포체 / 미세 소관 25 nm / 중간 섬유 8 nm ~12 nm / 미세 섬유 7 nm

▲ 세포 골격

(2) [1]섬모와 편모

① 미세 소관으로 이루어진 세포의 운동 기관이다.
② 섬모는 길이가 짧고 수가 많으며, 편모는 길이가 길고 수가 적다.

(3) 중심체와 중심립

① 핵 근처에 위치하며, 동물 세포의 중심체는 직각으로 배열된 중심립 2개로 구성된다.
② 중심립은 미세 소관으로 이루어져 있으며, 세포 분열 시 방추사가 뻗어 나와 염색체를 끌어 당긴다.

▲ 중심체

(4) 세포벽

① 식물 세포에서 세포 보호 및 형태 유지, 식물체 지지 등의 기능을 한다.
② 물과 용질을 모두 통과시키는 [2]전투과성으로 물질 출입을 조절하지 못한다.
③ 식물 세포의 세포막 바깥쪽에 형성되는 두껍고 단단한 벽으로 주성분은 셀룰로스이다.
- 1차 세포벽: 어린 식물 세포에 있는 얇고 유연한 세포벽
- 2차 세포벽: 식물 세포가 성숙하면서 세포막과 1차 세포벽 사이에 만들어지는 두껍고 단단한 세포벽

액포 / 1차 세포벽 / 2차 세포벽 / 세포막 / 핵 / 세포질

▲ 식물의 세포벽

(5) [3]세포막

① 세포질 바깥쪽을 둘러싸고 있는 막으로, 주성분은 인지질과 단백질이다.
② 세포의 형태를 유지하고, 세포 안팎으로의 물질 출입을 조절한다.

THE 알기

❶ 섬모
짚신벌레의 섬모와 같이 일반적으로 섬모는 길이가 짧고 수가 많다.

짚신벌레 / 섬모 / 섬모의 단면 / 9+2 구조

❷ 전투과성
물과 용질을 모두 통과시키는 성질을 말한다.

❸ 세포막

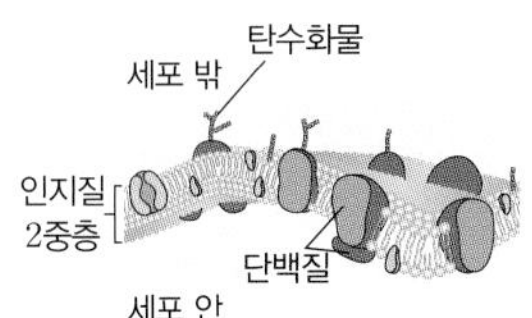

THE 들여다보기 동물 세포와 식물 세포의 비교

1. 2중막이 있는 세포 소기관에는 핵, 엽록체, 미토콘드리아가 있다.
2. 막이 없는 세포 소기관에는 리보솜, 중심체(립)가 있다.
3. 단일막 구조로 된 세포 소기관에는 소포체, 골지체, 액포, 리소좀, 수송 소낭 등이 있다.
4. 식물 세포에만 있는 세포 소기관은 엽록체, 세포벽이 있다.

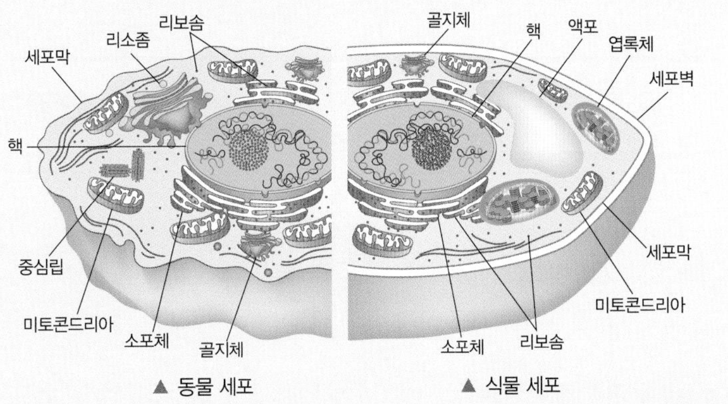

▲ 동물 세포 ▲ 식물 세포

개념체크

빈칸 완성

1. 유전 물질이 있어 세포의 생명 활동을 조절하는 세포 소기관은 (　　　)이다.

2. 단백질을 합성하는 세포 소기관인 (　　　)은 2개의 단위체로 구성되어 있다.

3. 소포체 중에서 표면에 리보솜이 붙어 있는 것을 (　　　) 소포체라고 한다.

4. 소포체에서 이동해 온 단백질이나 지질을 변형하여 세포 밖으로 분비하는 세포 소기관은 (　　　)이다.

5. 광합성을 담당하는 (　　　)는 동물 세포에서는 관찰되지 않고 식물 세포에서 관찰된다.

6. 엽록체에서 틸라코이드가 쌓여 (　　　)를 이룬다. 틸라코이드와 내막 사이의 기질을 (　　　)라고 한다.

7. 미토콘드리아는 세포 호흡을 통해 유기물에 저장된 화학 에너지를 (　　　)에 저장한다.

8. 세포내 소화를 담당하는 리소좀에는 (　　　) 효소가 들어 있다.

9. 식물 세포에서 세포벽은 세포 보호 및 형태 유지를 하며 주성분은 (　　　)이다.

10. 세포막은 주성분이 (　　　)과 단백질이다.

정답 **1.** 핵 **2.** 리보솜 **3.** 거친면 **4.** 골지체 **5.** 엽록체 **6.** 그라나, 스트로마 **7.** ATP **8.** 가수 분해 **9.** 셀룰로스 **10.** 인지질

○X 문제

1. 세포 소기관의 특징에 대한 설명으로 옳은 것은 ○, 옳지 않은 것은 ×로 표시하시오.

(1) 핵과 미토콘드리아는 모두 단일막 구조를 가진다. (　　)

(2) 리보솜은 단일막으로 둘러싸여 있다. (　　)

(3) 엽록체와 미토콘드리아는 모두 자체 DNA를 가지는 세포 소기관이다. (　　)

(4) 식물 세포의 액포는 삼투압을 조절할 수 있다. (　　)

(5) 소화샘 세포와 같이 분비가 활발한 세포에는 골지체가 발달해 있다. (　　)

2. 세포의 형태 유지에 관여하는 세포 소기관에 대한 설명으로 옳은 것은 ○, 옳지 않은 것은 ×로 표시하시오.

(1) 동물 세포의 중심립은 미세 소관으로 이루어져 있다. (　　)

(2) 어린 식물 세포에 있는 얇고 유연한 세포벽은 1차 세포벽이다. (　　)

(3) 중간 섬유는 세포 골격의 하나이다. (　　)

둘 중에 고르기

3. 핵공은 핵과 세포질 사이에서 RNA와 (단백질 , DNA) 등 물질의 이동 통로가 된다.

4. 인지질, 스테로이드 같은 지질을 합성하는 소포체는 (거친면 , 매끈면) 소포체이다.

5. 골지체는 (단일막 , 2중막)으로 구성되어 있다.

6. 엽록체에서 광합성 색소가 있는 부분은 (그라나 , 스트로마)이다.

7. 미토콘드리아에서 리보솜과 DNA가 있는 부분은 (내막 , 기질)이다.

8. 세포내 소화를 담당하는 세포 소기관은 (리보솜 , 리소좀)이다.

9. 세포벽은 물과 용질을 모두 통과시키는 (전투과성 , 반투과성)을 가진다.

바르게 연결하기

10. 세포 소기관과 특징을 옳게 연결하시오.

(1) 미토콘드리아 • 　　　　• ㉠ 광합성

(2) 엽록체 • 　　　　• ㉡ 세포 호흡

정답 **1.** (1) × (2) × (3) ○ (4) ○ (5) ○ **2.** (1) ○ (2) ○ (3) ○ **3.** 단백질 **4.** 매끈면 **5.** 단일막 **6.** 그라나 **7.** 기질 **8.** 리소좀 **9.** 전투과성 **10.** (1) ㉡ (2) ㉠

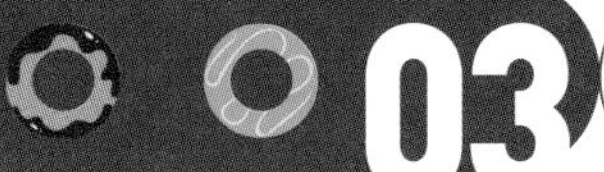

원핵세포와 진핵세포

1 원핵세포와 진핵세포의 구분

구분	유전 물질	핵막	세포벽(성분)	리보솜	막성 세포 소기관
원핵세포	원형 DNA	없음	있음(세균－❶펩티도글리칸)	있음	없음
진핵세포	선형 DNA	있음	식물－있음(셀룰로스) 균류(곰팡이 등)－있음(키틴) 동물－없음	있음	있음

2 원핵세포의 구조

(1) 원핵세포의 리보솜은 진핵세포의 리보솜과 비교하여 크기가 작고, 구성하는 단백질과 RNA의 종류가 다르다.

(2) 원핵세포 중 일부는 세포벽 바깥에 ❷피막을 가진다.

3 원핵세포, 동물 세포, 식물 세포의 구조

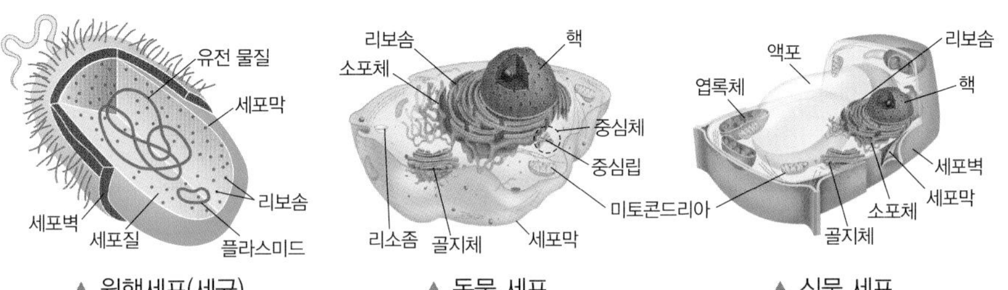

▲ 원핵세포(세균) ▲ 동물 세포 ▲ 식물 세포

THE 알기

❶ **펩티도글리칸**
당과 아미노산이 규칙적으로 배열된 당단백질이다.

❷ **피막**
외부를 둘러싼 막이다.

개념체크

둘 중에 고르기

1. 원핵세포는 (원형 , 선형)의 DNA를 가진다.
2. 원핵세포 중 세균의 세포벽의 주요 성분은 (펩티도글리칸 , 셀룰로스)이다.
3. 진핵세포인 균류가 가지는 세포벽의 주요 성분은 (키틴 , 셀룰로스)이다.
4. 원핵세포와 진핵세포는 모두 단백질을 만드는 (리보솜 , 소포체)을 가진다.
5. 원핵세포는 핵막이 (있다 , 없다).

○X 문제

6. 원핵세포와 진핵세포에 대한 설명으로 옳은 것은 ○, 옳지 않은 것은 ×로 표시하시오.
(1) 원핵세포는 유전 물질을 가지지 않는다. ( )
(2) 원핵세포 중 일부는 세포벽 바깥에 피막을 가진다. ( )
(3) 원핵세포와 진핵세포의 리보솜은 크기와 무게가 같다. ( )
(4) 원핵세포는 DNA를 세포질에 가지고 있다. ( )
(5) 모든 진핵세포는 세포벽을 가지고 있다. ( )

정답 1. 원형 2. 펩티도글리칸 3. 키틴 4. 리보솜 5. 없다 6. (1) × (2) ○ (3) × (4) ○ (5) ×

세포 내 단백질의 이동 경로 추적

정답과 해설 09쪽

목표

방사성 동위 원소를 이용한 실험 결과 해석을 통해 자기 방사법을 이해할 수 있다.

과정

〈실험 1〉

1. 쥐의 이자 세포에 방사성 동위 원소 ^{14}C로 표지된 아미노산을 3분 동안 공급한다.
2. 시간에 따라 거친면 소포체, 분비 소낭, 골지체에서 검출되는 단백질의 방사선량을 측정한다.
3. 실험 결과를 통해 합성된 단백질의 이동 경로를 파악한다. 그림 (가)는 정상 세포에 방사성 동위 원소로 표지한 아미노산을 일정 시간 동안 공급한 후 시간에 따라 방출되는 방사선량을, (나)는 단백질이 합성되어 분비되기까지의 과정을 나타낸 것이다.

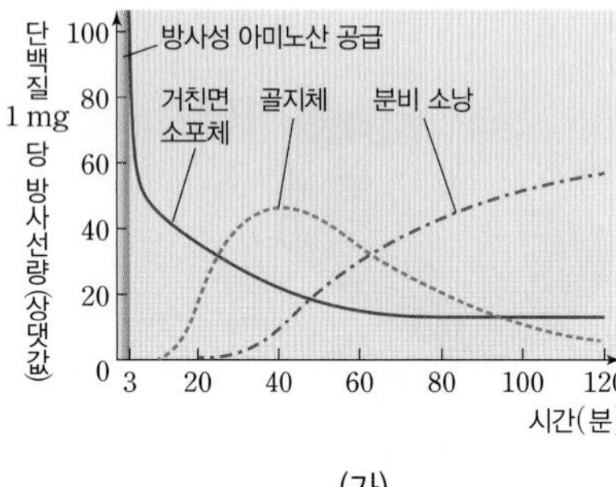

(가)

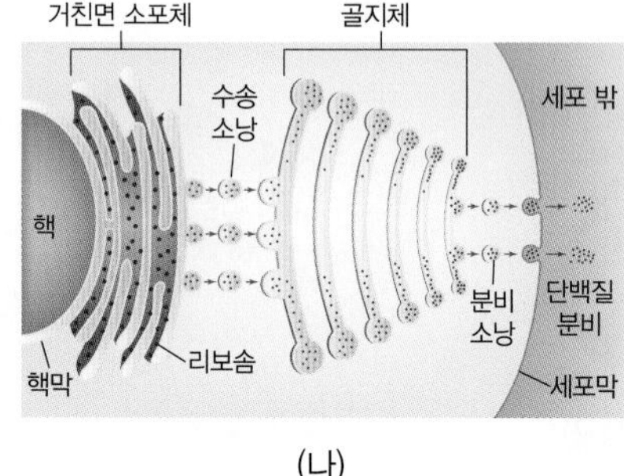

(나)

〈실험 2〉

1. 간세포를 배양하고 있는 배양 배지에 타이민(T)을 방사성 동위 원소 ^{3}H로 표지하여 공급한다.
2. X선 필름을 배지에 밀착시킨 후 현상시켜 사진을 얻는다. A는 핵, B는 세포질이다.
3. 현상된 사진을 통해 DNA의 합성이 활발하게 일어나고 있는 장소를 파악한다. 사진에서 세포 소기관에 방사성 동위 원소로 표지된 타이민이 많이 분포할수록 색이 짙어진다.

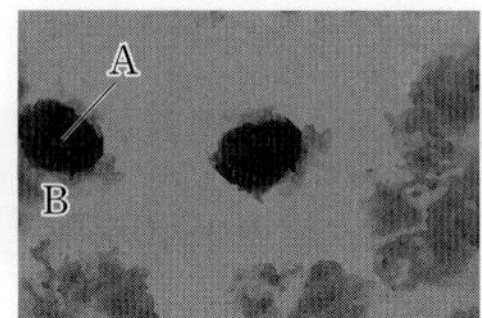

결과 정리 및 해석

1. 합성된 단백질은 거친면 소포체 → 골지체 → 분비 소낭의 경로로 이동한다. 거친면 소포체의 리보솜에서 단백질이 합성되어 이동한다. 소포체에서 단백질을 싸고 있는 수송 소낭이 떨어져 나와 골지체와 융합하고, 골지체에서 분리된 분비 소낭에 의해 단백질이 세포막으로 이동한다. 이후 분비 소낭의 막과 세포막이 융합하고, 단백질이 세포 밖으로 분비된다.
2. 방사성 타이민(T)을 배양 중인 세포에 공급하면 타이민은 DNA가 합성되는 장소에 분포하게 된다. 합성된 DNA는 색이 짙은 곳에 존재한다. 따라서 DNA는 핵에서 합성되고 있다.

탐구 분석

1. 이 실험을 통해 알 수 있는 자기 방사법의 장점을 현미경과 비교하여 말해보자.
2. 자기 방사법이 다른 분야에서는 어떻게 사용되는지 예를 들어보자.

내신 기초 문제

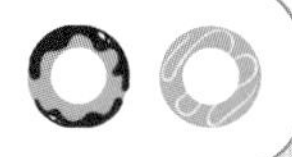

정답과 해설 09쪽

[20702-0056]

01 현미경에 대한 설명으로 옳은 것은?

① 해상력은 광학 현미경이 주사 전자 현미경보다 높다.
② 투과 전자 현미경은 시료의 단면 구조를 관찰하기에 적합하다.
③ 바이러스의 미세 구조를 관찰하기 위해서는 광학 현미경이 적합하다.
④ 형광 현미경은 시료의 표면을 입체로 관찰하기에 용이하다.
⑤ 세포 소기관의 미세 구조를 관찰하기 위해 광원으로 가시광선이 전자선보다 적합하다.

[20702-0057]

02 세포 분획법에 대한 설명으로 옳은 것은?

① 세포를 저장액에 넣고 균질기로 파쇄한다.
② 세포 소기관을 균질기로 부순 후 관찰한다.
③ 미토콘드리아는 핵보다 먼저 분리된다.
④ 세포 분획을 위해 원심 분리기의 속도는 증가시키고 원심 분리 시간은 감소시킨다.
⑤ 세포 분획을 위해 회전 속도를 증가시킬수록 점차 작고 가벼운 세포 소기관이 분리된다.

[20702-0058]

03 자기 방사법에 대한 설명으로 옳은 것만을 〈보기〉에서 있는 대로 고른 것은?

보기
ㄱ. 세포 소기관의 기능을 연구하기 위한 방법 중 하나이다.
ㄴ. 세포 소기관을 크기에 따라 분획하기 위한 방법이다.
ㄷ. 방사성 동위 원소를 넣은 후 항상 원심 분리기를 이용하는 단계가 있다.

① ㄱ ② ㄴ ③ ㄷ ④ ㄱ, ㄴ ⑤ ㄴ, ㄷ

[20702-0059]

04 세포 소기관에 대한 설명으로 옳은 것은?

① 리보솜은 단백질을 골지체로 운반한다.
② 골지체는 2중막으로 구성된 주머니이다.
③ 미토콘드리아에서 세포내 소화가 일어난다.
④ 매끈면 소포체에서는 지질의 합성이 일어난다.
⑤ 핵에서는 빛에너지가 화학 에너지로 전환된다.

[20702-0060]

05 그림은 동물 세포의 구조를 나타낸 것이다. A~E는 서로 다른 세포 소기관이다.

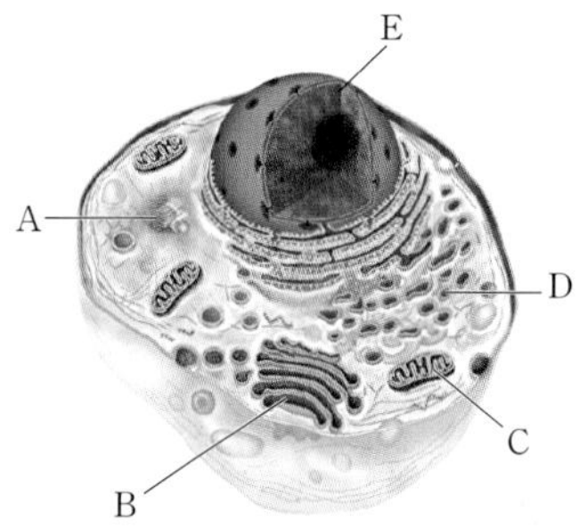

(1) A, B, C, D, E의 이름을 쓰시오.

(2) A~E 중 세포 분열시 미세 소관을 만드는 세포 소기관의 기호를 쓰시오.

[20702-0061]

06 그림은 단백질의 분비 과정과 이에 관여하는 세포 소기관의 기능을 나타낸 것이다. (가)와 (나)에 해당하는 세포 소기관의 이름을 쓰시오.

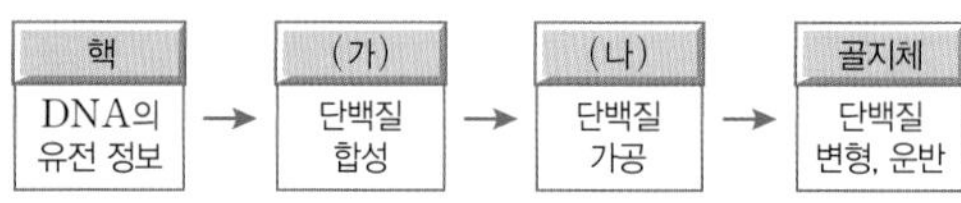

[20702-0062]
07 미토콘드리아와 엽록체에 대한 설명으로 옳은 것은?

① 식물 세포에는 미토콘드리아가 없다.
② 미토콘드리아에서는 빛에너지가 화학 에너지로 전환된다.
③ 엽록체에서는 유기물의 화학 에너지가 ATP의 화학 에너지로 전환된다.
④ 간세포나 근육 세포와 같이 에너지 소비가 큰 세포에는 엽록체가 특히 많이 들어 있다.
⑤ 미토콘드리아와 엽록체에는 모두 자체 DNA와 리보솜이 있어 스스로 복제하고 증식할 수 있다.

[20702-0063]
08 리보솜에 대한 설명으로 옳은 것은?

① 2중막 구조를 가진다.
② 1개의 단위체로 구성된다.
③ 매끈면 소포체에 붙어 있다.
④ mRNA의 유전 정보에 따라 단백질을 합성한다.
⑤ 세포 내 단백질 합성이 활발할수록 개수가 감소한다.

[20702-0064]
09 소포체와 골지체에 대한 설명으로 옳은 것만을 〈보기〉에서 있는 대로 고른 것은?

보기
ㄱ. 소포체와 골지체는 모두 단일막으로 된 주머니 모양이다.
ㄴ. 모든 소포체와 골지체는 단백질의 가공과 이동에 관여한다.
ㄷ. 소포체와 골지체는 서로 하나의 통로로 직접 연결되어 있다.

① ㄱ ② ㄴ ③ ㄷ ④ ㄱ, ㄷ ⑤ ㄴ, ㄷ

[20702-0065]
10 엽록체에 대한 설명으로 옳지 않은 것은?

① 2중막 구조로 되어 있다.
② 광합성을 하는 식물에서 관찰된다.
③ 빛에너지를 화학 에너지로 전환한다.
④ 포도당을 분해하여 ATP에 에너지를 저장한다.
⑤ 스트로마에는 포도당 합성에 필요한 효소가 있다.

[20702-0066]
11 미토콘드리아에 대한 설명으로 옳지 않은 것은?

① 스스로 증식할 수 없다.
② 내부에 DNA를 가진다.
③ 외막과 내막을 모두 가진다.
④ 내막이 크리스타를 형성한다.
⑤ 에너지를 많이 필요로 하는 세포에 다수 분포한다.

[20702-0067]
12 리소좀과 액포에 대한 설명으로 옳은 것만을 〈보기〉에서 있는 대로 고른 것은?

보기
ㄱ. 식물의 액포는 수분량과 삼투압을 조절한다.
ㄴ. 리소좀은 세포로 들어온 이물질을 분해한다.
ㄷ. 리소좀과 액포는 모두 2중막 구조를 가진다.

① ㄱ ② ㄷ ③ ㄱ, ㄴ ④ ㄴ, ㄷ ⑤ ㄱ, ㄴ, ㄷ

[20702-0068]
13 세포 소기관에 대한 설명으로 옳은 것은?

① 세포벽은 반투과성이다.
② 섬모는 편모보다 길이가 짧다.
③ 섬모는 미세 섬유로 이루어진다.
④ 중심립은 미세 섬유로 이루어진다.
⑤ 동물 세포의 중심체는 중심립 1개로 구성된다.

[20702-0069]
14 식물 세포의 세포 소기관에 대한 설명으로 옳은 것만을 〈보기〉에서 있는 대로 고른 것은?

보기
ㄱ. 엽록체와 세포벽이 있다.
ㄴ. 리보솜은 막이 없는 세포 소기관이다.
ㄷ. 2중막이 있는 세포 소기관은 핵, 엽록체, 미토콘드리아이다.

① ㄱ ② ㄷ ③ ㄱ, ㄴ ④ ㄴ, ㄷ ⑤ ㄱ, ㄴ, ㄷ

[20702-0070]
15 동물 세포의 세포 소기관 중 단일막 구조로 된 세포 소기관을 3가지 이상 쓰시오.

[20702-0071]
16 원핵세포에 대한 설명으로 옳은 것은?

① 핵막이 없다.
② 리보솜이 없다.
③ 선형 DNA를 가진다.
④ 세포질을 가지지 않는다.
⑤ 셀룰로스 성분의 세포벽을 가진다.

[20702-0072]
17 세포 소기관과 그 기능을 옳게 짝 지은 것은?

	세포 소기관	기능
①	리보솜	세포내 소화
②	리소좀	단백질 합성
③	골지체	단백질 운반 및 분비
④	매끈면 소포체	단백질 합성
⑤	미토콘드리아	세포 내 삼투압 조절

[20702-0073]
18 원핵세포와 진핵세포에 대한 설명으로 옳은 것은?

① 모두 리보솜을 가진다.
② 진핵세포는 핵막이 없다.
③ 모두 선형 DNA를 가진다.
④ 식물의 세포벽은 키틴이 주성분이다.
⑤ 모두 단일막을 가진 세포 소기관을 가진다.

[20702-0074]
19 식물 세포의 세포 소기관 중 2중막 구조로 된 세포 소기관을 3가지 쓰시오.

[20702-0075]
20 진핵세포의 핵에 대한 설명으로 옳은 것은?

① 내막은 소포체와 연결된다.
② 인은 단일막 구조를 가진다.
③ rRNA는 뉴클레오솜의 구성 물질이다.
④ 핵공을 통해 세포질로 DNA가 이동한다.
⑤ 염색질은 DNA가 히스톤 단백질과 결합한 구조이다.

실력 향상 문제

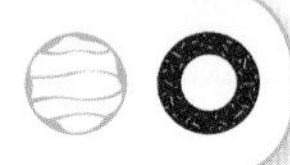

[20702-0076]

01 표는 현미경 (가)~(다)의 최대 해상력과 각 현미경으로 짚신벌레를 관찰한 결과를 나타낸 것이다. (가)~(다)는 주사 전자 현미경, 광학 현미경, 투과 전자 현미경을 순서 없이 나타낸 것이다.

현미경	(가)	(나)	(다)
최대 해상력	0.2 nm	5 nm	0.2 μm
관찰 결과			

이에 대한 설명으로 옳은 것만을 〈보기〉에서 있는 대로 고른 것은?

보기
ㄱ. (가)는 (다)보다 리보솜을 관찰하기에 적합하다.
ㄴ. (나)와 (다)는 광원이 같다.
ㄷ. (나)는 시료의 입체 구조를 관찰하기에 적합하다.

① ㄱ ② ㄴ ③ ㄱ, ㄷ ④ ㄴ, ㄷ ⑤ ㄱ, ㄴ, ㄷ

[20702-0077]

02 그림은 동물 세포를 파쇄한 후 원심 분리기를 이용하여 세포 소기관을 분리하는 과정을 나타낸 것이다. A~D는 핵, 리보솜, 소포체, 미토콘드리아를 순서 없이 나타낸 것이다.

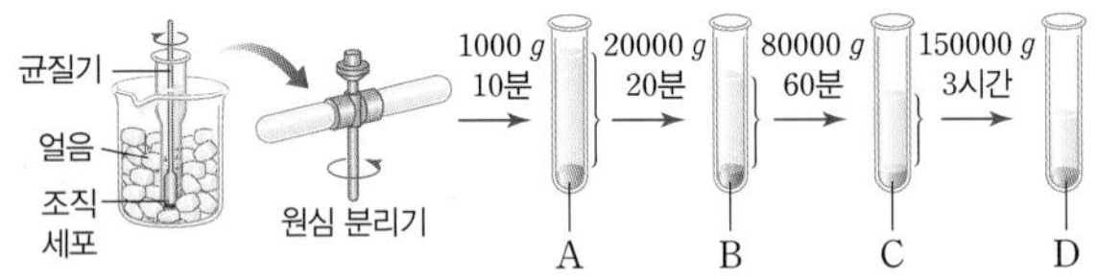

이에 대한 설명으로 옳은 것만을 〈보기〉에서 있는 대로 고른 것은?

보기
ㄱ. A는 D보다 크기가 크다.
ㄴ. B에서 세포 호흡이 일어난다.
ㄷ. A~D는 모두 막 구조를 가진다.

① ㄱ ② ㄴ ③ ㄷ ④ ㄱ, ㄴ ⑤ ㄴ, ㄷ

[20702-0078]

03 다음은 세포의 구조와 기능을 연구하는 방법에 대한 세 학생들의 의견이다.

제시한 의견이 옳은 학생만을 있는 대로 고른 것은?

① B ② C ③ A, B ④ A, C ⑤ A, B, C

[20702-0079]

04 그림은 두 종류의 현미경 A, B로 관찰 가능한 바이러스와 생물체의 크기 범위를 나타낸 것이다. A의 광원은 전자선이고, B의 광원은 가시광선이다.

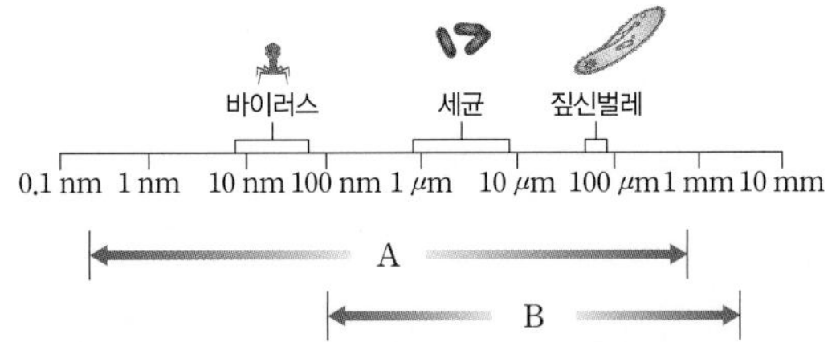

이에 대한 설명으로 옳은 것만을 〈보기〉에서 있는 대로 고른 것은?

보기
ㄱ. A는 전자 현미경이다.
ㄴ. B는 살아 있는 짚신벌레를 관찰할 수 있다.
ㄷ. A는 세균의 미세 구조를 관찰하기에 적합하다.

① ㄱ ② ㄷ ③ ㄱ, ㄴ ④ ㄴ, ㄷ ⑤ ㄱ, ㄴ, ㄷ

서술형

[20702-0080]

05 다음은 어떤 생물의 세포를 파쇄한 후 세포 분획법을 통해 얻은 세포 소기관의 특징이다.

DNA가 있고, 산소 소모량이 많다.

이 세포 소기관의 이름을 쓰고, 세포 내에서의 주요 기능을 1가지 서술하시오.

[20702-0081]
06 그림 (가)와 (나)는 식물 세포와 대장균을 순서 없이 나타낸 것이다.

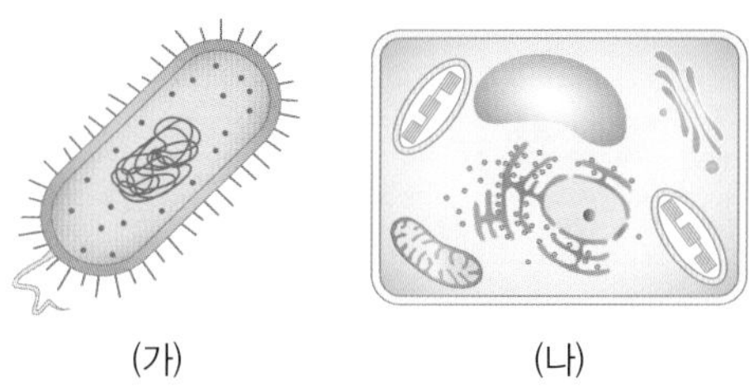

이에 대한 설명으로 옳은 것만을 〈보기〉에서 있는 대로 고른 것은?

보기
ㄱ. (가)는 세포막이 있다.
ㄴ. (나)에서는 세포 호흡이 일어나지 않는다.
ㄷ. (가)와 (나)는 세포벽의 주요 구성 성분이 같다.

① ㄱ ② ㄴ ③ ㄷ ④ ㄱ, ㄴ ⑤ ㄴ, ㄷ

[20702-0082]
07 표는 어떤 세포의 세포 소기관을 세 그룹 (가)~(다)로 분류한 것이다.

(가)	(나)	(다)
미토콘드리아 엽록체	소포체 골지체 리소좀	세포 골격 중심체 리보솜

이에 대한 설명으로 옳은 것은?

① (가)와 (나)는 모두 스스로 분열할 수 있다.
② (다)의 세포 소기관은 모두 핵산을 포함하고 있다.
③ (다)는 모두 (나)의 세포 소기관에 의해 합성된다.
④ '막의 유무'는 (나)와 (다)를 분류하는 기준에 해당한다.
⑤ 노화된 (가)는 (다)에 포함된 세포 소기관에 의해 분해된다.

서술형
[20702-0083]
08 그림은 식물 세포의 구조를 나타낸 것이다.

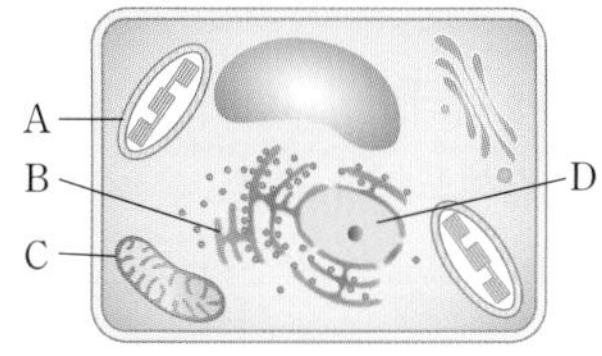

세포 소기관 A~D의 공통점을 1가지 서술하시오.

[20702-0084]
09 그림은 어떤 동물 세포에서 내부로 들어온 병원체를 분해하는 과정을 나타낸 것이다. A~D는 식포, 리소좀, 골지체, 거친면 소포체를 순서 없이 나타낸 것이다.

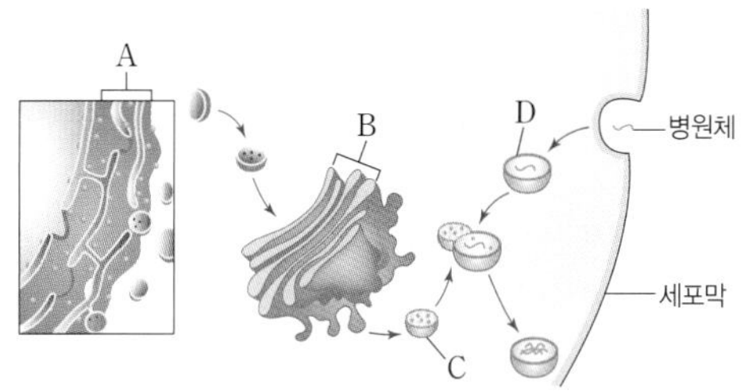

이에 대한 설명으로 옳은 것은?

① A는 지질이 합성되는 장소이다.
② B의 표면에는 리보솜이 붙어 있다.
③ A~D는 모두 2중막 구조를 갖는다.
④ C에 있는 효소는 A에 부착된 세포 소기관에서 합성된 것이다.
⑤ D의 주기능은 생명 활동 결과 생성된 노폐물을 저장하는 것이다.

[20702-0085]
10 그림은 사람의 정자와 체세포를 나타낸 것이다. A~C는 중심체, 핵, 미토콘드리아를 순서 없이 나타낸 것이다.

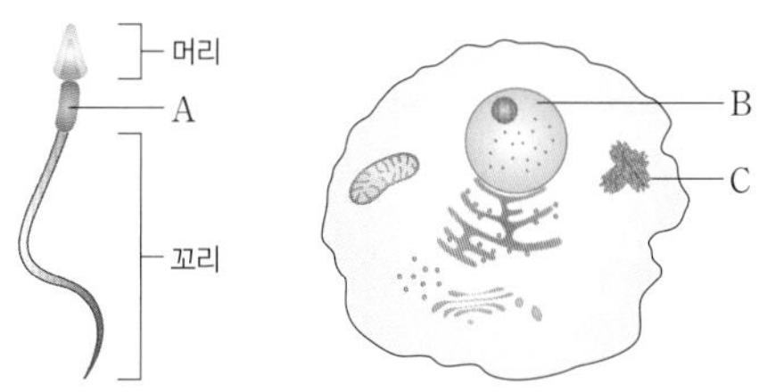

이에 대한 설명으로 옳은 것만을 〈보기〉에서 있는 대로 고른 것은?

보기
ㄱ. A에서 ATP가 생성된다.
ㄴ. 정자 머리와 B에는 모두 유전 물질이 있다.
ㄷ. 정자 꼬리와 C는 모두 미세 소관으로 구성되어 있다.

① ㄱ ② ㄷ ③ ㄱ, ㄴ ④ ㄴ, ㄷ ⑤ ㄱ, ㄴ, ㄷ

정답과 해설 11쪽

[20702-0086]
11 그림은 어떤 식물의 조직을 나타낸 것이다. A~C는 각각 세포막, 1차 세포벽, 2차 세포벽 중 하나이다.

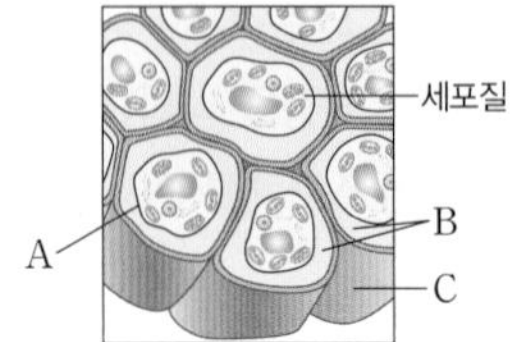

이에 대한 설명으로 옳은 것만을 〈보기〉에서 있는 대로 고른 것은?

보기
ㄱ. A는 세포막이다.
ㄴ. B는 C보다 먼저 만들어졌다.
ㄷ. C는 셀룰로스로 구성된다.

① ㄱ ② ㄴ ③ ㄱ, ㄷ ④ ㄴ, ㄷ ⑤ ㄱ, ㄴ, ㄷ

[20702-0087]
12 그림은 세포 골격을 구성하는 세 가지 구조물을 나타낸 것이다. ㉠과 ㉡은 각각 미세 소관과 미세 섬유 중 하나이다.

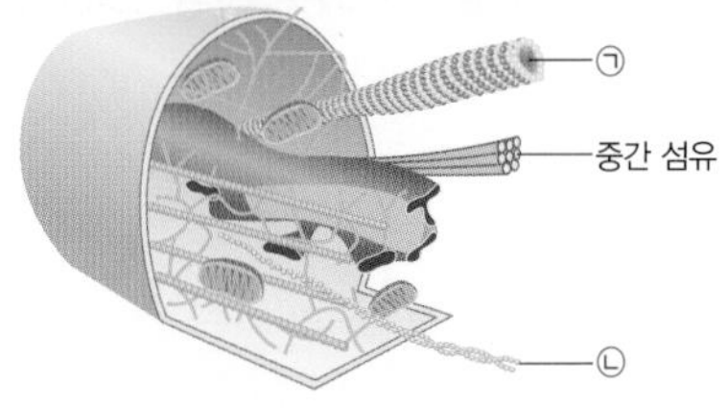

이에 대한 설명으로 옳은 것은?

① ㉠은 세포 분열 시 염색체 이동에 관여한다.
② ㉡은 동물 세포에서 중심체를 구성한다.
③ 중간 섬유는 섬모와 편모를 구성한다.
④ 세 가지 구조물 중에서 ㉡이 가장 두껍다.
⑤ 미세 섬유의 주요 구성 성분은 탄수화물이다.

서술형
[20702-0088]
13 그림은 핵의 구조를 나타낸 것이다.

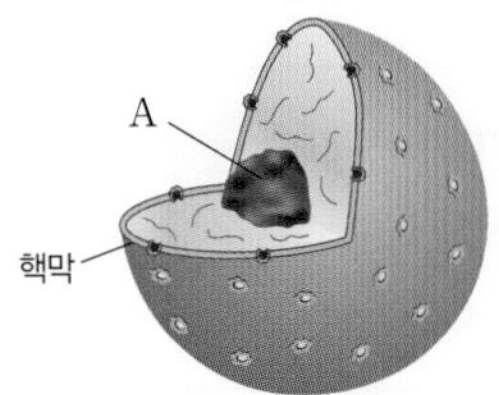

A의 이름과 기능을 한 문장으로 서술하시오.

[20702-0089]
14 그림 (가)와 (나)는 세균과 동물 세포를 순서 없이 나타낸 것이다.

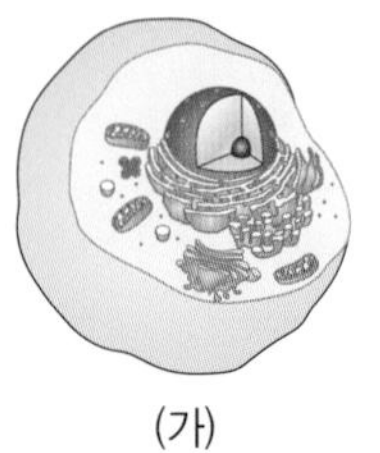
(가)

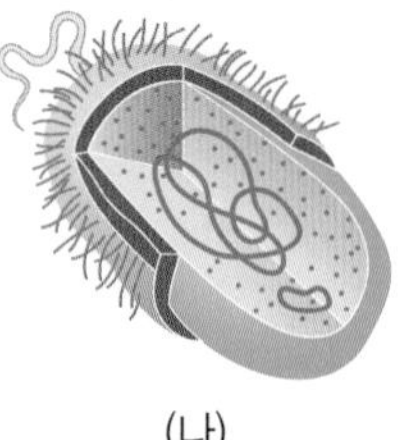
(나)

이에 대한 설명으로 옳은 것은?

① (가)의 핵막은 단일막 구조를 가진다.
② (가)에서 세포 호흡이 일어난다.
③ (나)에는 선형의 DNA가 있다.
④ (가)와 (나)는 모두 골지체를 갖는다.
⑤ (가)와 (나)는 모두 세포벽을 갖는다.

[20702-0090]
15 표는 세포 A~C에서 특징의 유무를 나타낸 것이다. A~C는 각각 사람의 간세포, 시금치의 공변세포, 대장균 중 하나이다.

구분	핵막	미토콘드리아	세포벽
A	×	×	○
B	○	○	×
C	○	○	○

(○: 있음, ×: 없음)

이에 대한 설명으로 옳은 것만을 〈보기〉에서 있는 대로 고른 것은?

보기
ㄱ. A의 세포벽에 펩티도글리칸이 있다.
ㄴ. B는 사람의 간세포이다.
ㄷ. A~C는 모두 리보솜을 가진다.

① ㄱ ② ㄷ ③ ㄱ, ㄴ ④ ㄴ, ㄷ ⑤ ㄱ, ㄴ, ㄷ

신유형·수능 열기

정답과 해설 14쪽

[20702-0091]

01 다음은 분비 단백질의 합성 및 이동 경로에 대한 실험이다.

[실험 과정 및 결과]

(가) 방사성 동위 원소로 표지한 아미노산을 쥐의 이자 세포에 일정량 공급한다.

(나) 분비 소낭, 골지체, 거친면 소포체, 골지체 말단에서 나타나는 단백질 1 mg당 방사선량을 측정한다.

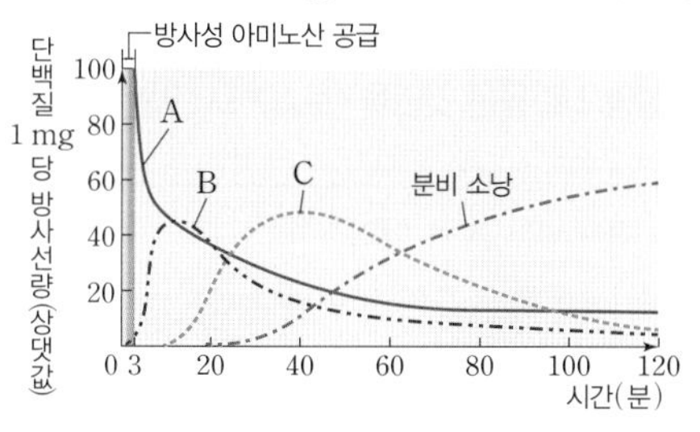

이에 대한 설명으로 옳은 것만을 〈보기〉에서 있는 대로 고른 것은?

보기

ㄱ. (가)에서 자기 방사법이 이용되었다.

ㄴ. B는 납작한 주머니의 내부가 서로 연결되어 있다.

ㄷ. C에는 리보솜이 결합되어 있다.

① ㄱ ② ㄷ ③ ㄱ, ㄴ ④ ㄴ, ㄷ ⑤ ㄱ, ㄴ, ㄷ

[20702-0092]

02 표 (가)는 세포 소기관 A~C에서 특징 ㉠~㉢의 유무를, (나)는 ㉠~㉢을 순서 없이 나타낸 것이다. A~C는 각각 엽록체, 미토콘드리아, 리보솜 중 하나이다.

구분	㉠	㉡	㉢
A	○	○	○
B	○	○	×
C	○	×	×

(○: 있음, ×: 없음)

(가)

특징(㉠~㉢)
• 단백질이 있다.
• 2중막 구조를 가진다.
• 스트로마 구조를 가진다.

(나)

이에 대한 설명으로 옳은 것만을 〈보기〉에서 있는 대로 고른 것은?

보기

ㄱ. A에는 포도당 합성에 관여하는 효소가 있다.

ㄴ. B는 화학 에너지를 빛에너지로 전환한다.

ㄷ. C는 세포내 소화를 담당한다.

① ㄱ ② ㄴ ③ ㄷ ④ ㄱ, ㄴ ⑤ ㄴ, ㄷ

[20702-0093]

03 그림 (가)는 세포벽을 제거한 식물 세포를 파쇄한 후 원심 분리기를 이용하여 세포 소기관을 분리하는 과정을, (나)는 분리된 세포 소기관 A~C의 DNA 함량, CO_2 소비량, ATP 생성량을 나타낸 것이다. A~C는 각각 미토콘드리아, 엽록체, 핵 중 하나이다.

(가)

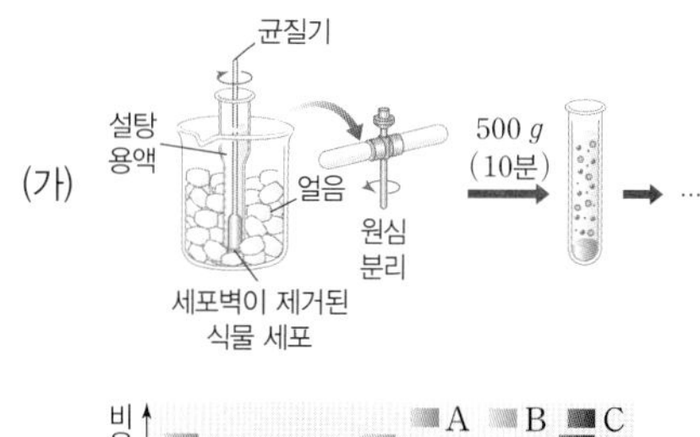

(나)

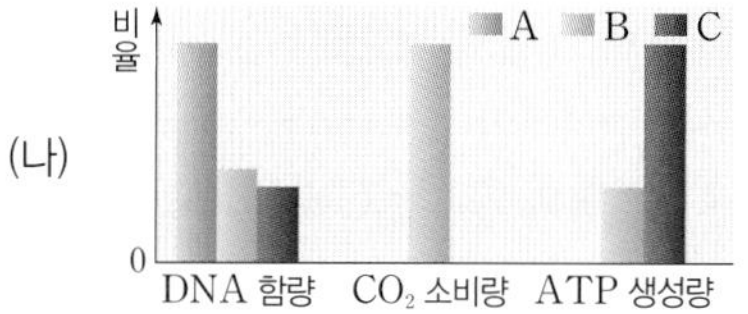

이에 대한 설명으로 옳은 것만을 〈보기〉에서 있는 대로 고른 것은?

보기

ㄱ. B는 크리스타 구조를 가진다.

ㄴ. C는 O_2를 소모할 수 있다.

ㄷ. A~C는 모두 2중막으로 되어 있다.

① ㄱ ② ㄷ ③ ㄱ, ㄴ ④ ㄴ, ㄷ ⑤ ㄱ, ㄴ, ㄷ

[20702-0094]

04 그림은 어떤 세포에서 합성되는 두 종류의 단백질 ㉠과 ㉡의 이동 경로를 나타낸 것이다. A~C는 각각 골지체, 리소좀, 리보솜 중 하나이다.

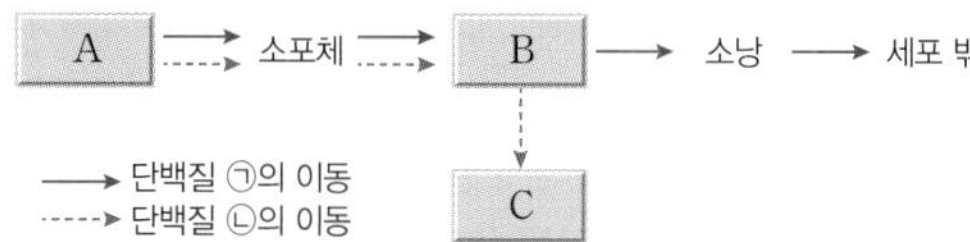

이에 대한 설명으로 옳은 것만을 〈보기〉에서 있는 대로 고른 것은?

보기

ㄱ. A는 매끈면 소포체에 결합한다.

ㄴ. B의 일부는 핵과 막이 연결되어 있다.

ㄷ. C는 단일막을 갖는다.

① ㄱ ② ㄴ ③ ㄷ ④ ㄱ, ㄴ ⑤ ㄴ, ㄷ

정답과 해설 14쪽

[20702-0095]

05 그림 (가)와 (나)는 각각 대장균과 사람의 세포에서 관찰되는 구조를 나타낸 것이다. A~D는 골지체, 핵막, 세포벽, 거친면 소포체를 순서 없이 나타낸 것이다.

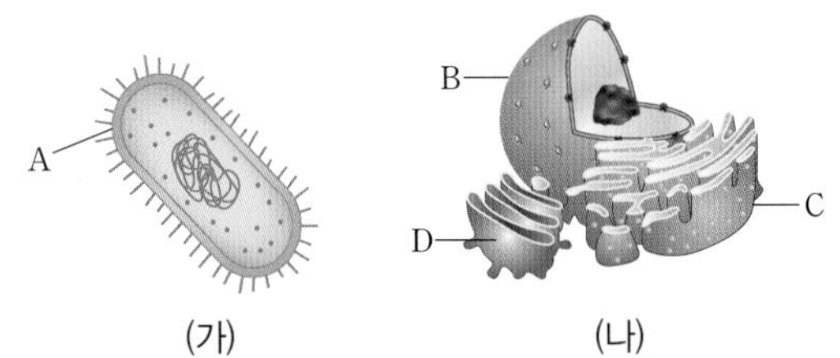

이에 대한 설명으로 옳은 것만을 〈보기〉에서 있는 대로 고른 것은?

보기
ㄱ. (가)에서 D가 관찰된다.
ㄴ. A와 B는 주성분이 서로 같다.
ㄷ. 합성된 단백질의 일부는 C에서 D로 이동한다.

① ㄱ ② ㄷ ③ ㄱ, ㄴ ④ ㄴ, ㄷ ⑤ ㄱ, ㄴ, ㄷ

[20702-0096]

06 그림은 대장균, 사람의 간세포, 시금치의 공변세포를 특징에 따라 구분하는 과정을 나타낸 것이다.

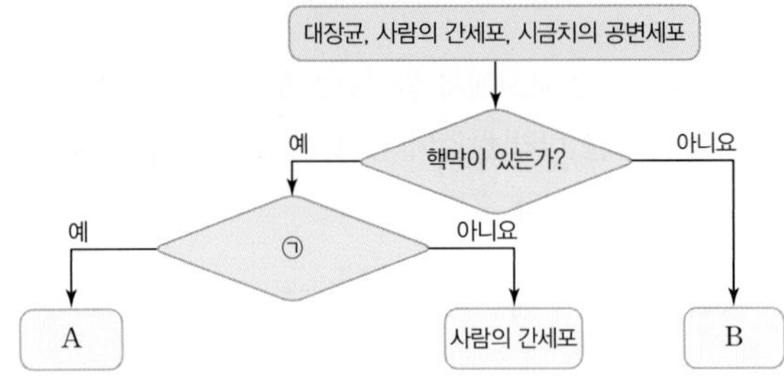

이에 대한 설명으로 옳은 것만을 〈보기〉에서 있는 대로 고른 것은?

보기
ㄱ. A와 B는 모두 리보솜을 가진다.
ㄴ. B에는 세포막과 세포벽이 모두 있다.
ㄷ. '빛에너지를 화학 에너지로 전환하는가?'는 ㉠에 해당한다.

① ㄱ ② ㄴ ③ ㄱ, ㄷ ④ ㄴ, ㄷ ⑤ ㄱ, ㄴ, ㄷ

[20702-0097]

07 표는 동물 세포에 있는 세포 소기관 A~C의 특징을 나타낸 것이다. A~C는 각각 골지체, 리소좀, 미토콘드리아 중 하나이다.

세포 소기관	특징
A	세포 호흡이 일어나는 장소이다.
B	세포내 소화를 담당한다.
C	소포체로부터 전달된 물질을 운반한다.

이에 대한 설명으로 옳은 것만을 〈보기〉에서 있는 대로 고른 것은?

보기
ㄱ. 식물 세포에는 A가 없다.
ㄴ. B에서는 이화 작용이 일어난다.
ㄷ. B와 C는 모두 단일막 구조를 가진다.

① ㄱ ② ㄷ ③ ㄱ, ㄴ ④ ㄴ, ㄷ ⑤ ㄱ, ㄴ, ㄷ

[20702-0098]

08 다음은 어떤 현미경을 이용한 세포 크기 측정 실험이다.

[실험 과정 및 결과]
(가) 100배의 현미경 배율에서 1눈금의 길이가 10 μm인 대물 마이크로미터를 재물대에 놓고 접안 마이크로미터 1눈금의 크기를 구한다.
(나) 대물 마이크로미터를 제거한 후 재물대에 세포 A가 있는 표본을 올려놓고 관찰한다.
(다) 대물렌즈의 배율만을 변화시켜 현미경 배율을 400배로 높인 후 A를 관찰한 결과와 측정한 A의 크기는 그림과 같았다.

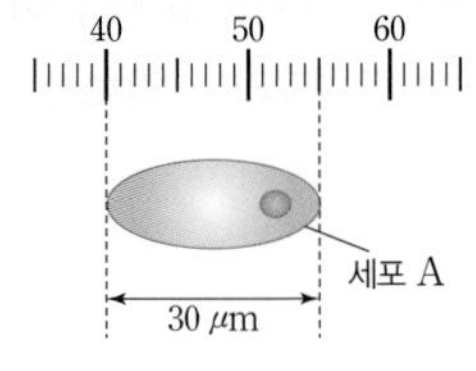

이에 대한 설명으로 옳은 것만을 〈보기〉에서 있는 대로 고른 것은?

보기
ㄱ. 이 현미경은 전자선을 이용한다.
ㄴ. (가)에서 접안 마이크로미터 1눈금의 길이는 0.5 μm이다.
ㄷ. (다)에서 접안 마이크로미터 5눈금은 대물 마이크로미터 1눈금에 해당한다.

① ㄱ ② ㄷ ③ ㄱ, ㄴ ④ ㄴ, ㄷ ⑤ ㄱ, ㄴ, ㄷ

세포막

- 세포막의 구조와 선택적 투과성 이해하기
- 세포막을 통한 물질의 출입 구분하기

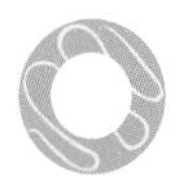

한눈에 단원 파악, 이것이 핵심!

세포막의 구조는 어떻게 구성되어 있을까?

세포막은 인지질과 단백질로 구성되어 있으며, 인지질은 머리 부분은 친수성이고 꼬리 부분은 소수성이다. 따라서 세포 안과 밖을 향해 머리가 배열되고 세포막 내부에 꼬리가 배열되면서 2중층을 형성한다.

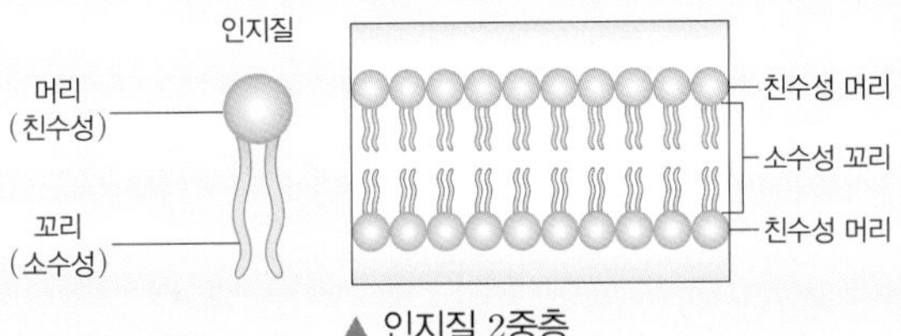

▲ 인지질 2중층

세포막을 통한 물질의 이동은 어떤 방식으로 이루어질까?

크기가 작은 분자나 소수성 물질은 인지질 2중층을 직접 통과한다. 크기가 큰 분자나 이온과 같은 극성 물질은 막단백질(운반체 단백질, 통로 단백질)을 통해 이동한다. 단백질과 같이 크기가 큰 물질은 세포내 섭취와 세포외 배출을 통해 이동한다.

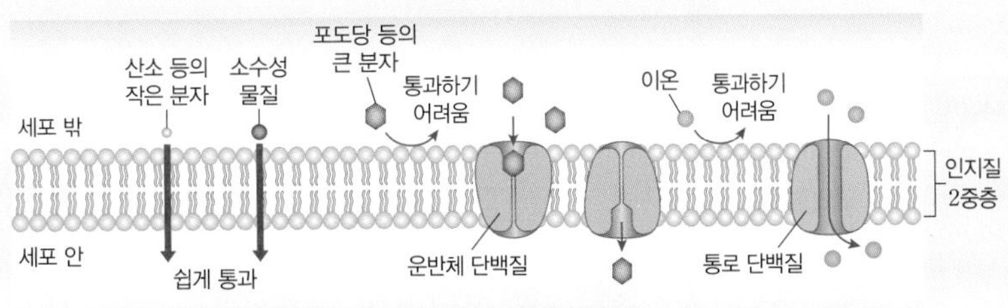

▲ 세포막을 통한 물질의 이동

01 세포막의 구조와 선택적 투과성

THE 알기

1 세포막

(1) 세포막: 생명 활동이 일어나고 있는 세포질의 바깥쪽을 둘러싸고 있는 막이다.

(2) 세포막의 특징

① 세포의 형태를 유지하고, 세포를 보호한다.

② 세포와 세포 외부 환경 사이의 물질 출입을 선택적으로 조절한다.

③ 세포 밖의 환경에서 오는 신호를 세포 안으로 전달한다.

(3) 세포막의 주성분

① 인지질: 인산을 포함하는 머리 부분은 ❶친수성이고, 2개의 지방산으로 이루어진 꼬리 부분은 ❷소수성이다. 세포 안과 밖은 모두 수용성 환경이므로 친수성 머리는 양쪽 바깥으로 배열되고 소수성 꼬리는 서로 마주보며 배열되어 2중층을 형성한다.

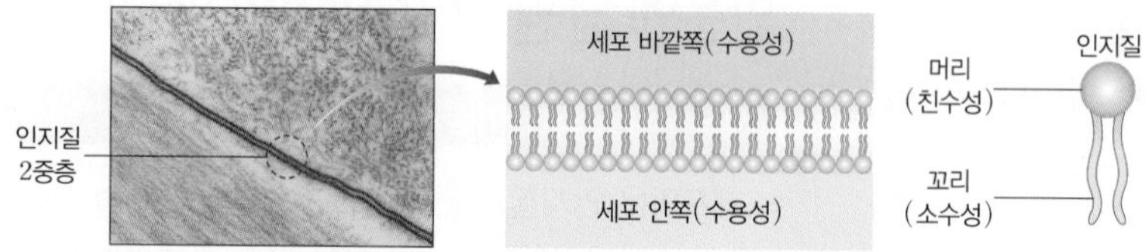

▲ 인지질 2중층

② 단백질: 대부분 친수성과 소수성 부분을 함께 가지고 있어서 인지질 2중층에 파묻혀 있거나 관통하거나 표면에 붙어 있다. 일부 단백질은 당 분자가 첨가되어 당단백질로 되어 있다.

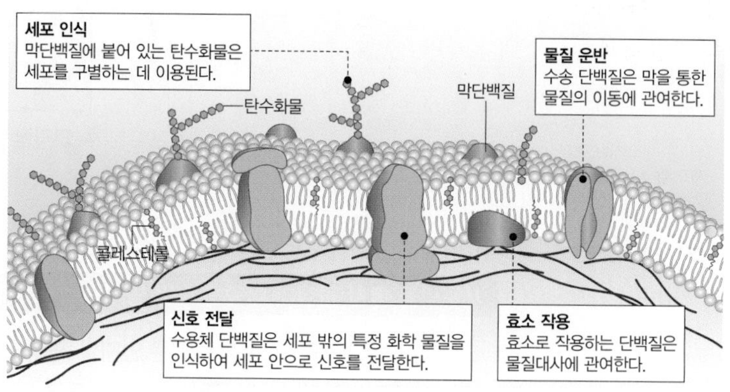

▲ 세포막의 구조 및 막단백질의 종류와 기능

2 세포막의 ❸유동성

(1) 세포 융합 실험: 사람 세포와 생쥐 세포의 ❹막단백질을 서로 다른 색깔의 형광 물질로 표지하고 세포를 융합한 후 막단백질의 분포를 관찰하면 표지된 막단백질들이 1시간 후 고르게 섞여 분포해 있다. 이는 막단백질이 세포막에서 자유롭게 이동하기 때문이다.

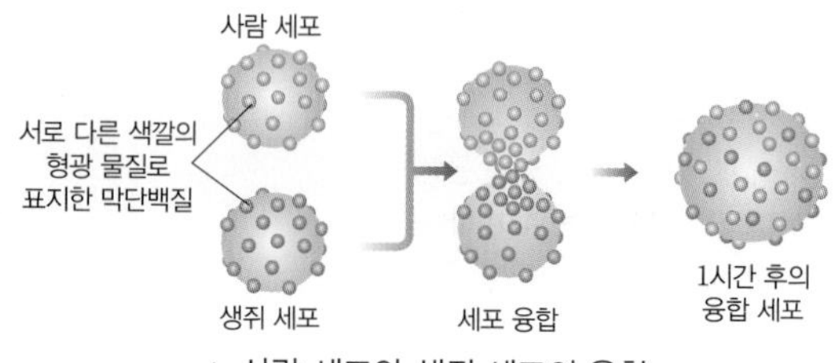

▲ 사람 세포와 생쥐 세포의 융합

---

❶ 친수성
극성 물질에서 나타나며 물에 대한 친화력이 강한 성질이다.

❷ 소수성
비극성 물질에서 나타나며 물과 화합하지 않는 성질이다.

❸ 세포막 기능과 유동성
세포막의 유동성은 막의 기능에 필수적이다. 유동성이 적으면 막을 통한 물질의 투과성이 변해, 막의 효소 단백질이 불활성화되기도 한다. 반면 유동성이 과도하면 막단백질의 기능이 불안정해진다.

❹ 막단백질
세포막의 인지질 2중층에 박혀 있는 단백질이다.

(2) 유동 모자이크막: 세포막 구조는 인지질로 구성된 2중층에 단백질이 모자이크 모양으로 분포하며, 단백질이 특정 위치에 고정되지 않고 유동성을 가져 인지질 층을 떠다니고 있다. 이러한 특성으로 세포막의 구조를 나타낸 것을 유동 모자이크막 모델이라 한다.

(3) ❶리포솜: 리포솜은 인지질 2중층으로 이루어진 구형 또는 타원형의 인공 구조물로 속이 비어 있다. 리포솜의 막은 세포막과 같이 유동성이 있으며, 인지질로 이루어진 다른 막과 쉽게 융합할 수 있다.

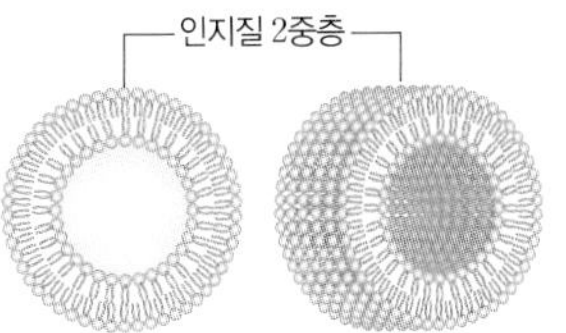

▲ 리포솜의 단면 구조

3 세포막의 선택적 투과성

(1) 세포막의 ❷투과성

① 세포막은 기본적으로 반투과성 막과 유사한 투과성을 나타낸다.

② 반투과성 막: 미세한 구멍이 뚫려 있는 막으로, 막의 구멍보다 크기가 작은 용매나 용질은 통과할 수 있지만, 크기가 큰 물질은 통과할 수 없는 막이다. 예 세포막, 셀로판 막 등

(2) 선택적 투과성

① 다양한 막단백질이 물질 수송에 관여하므로 세포의 종류와 환경 조건에 따라 막 투과성이 달라진다.

② 세포막을 통한 물질 이동은 물질의 종류와 특성에 따라 선택적으로 일어나며, 이를 선택적 투과성이라고 한다.

- 산소와 이산화 탄소 등 크기가 작은 기체 분자나 지질과 같이 극성이 없는 물질은 인지질 2중층을 직접 통과한다.
- 포도당이나 아미노산과 같이 크기가 큰 분자나 이온과 같이 극성이 있는 물질은 인지질 2중층을 직접 통과하기 어려워 막단백질을 통해 이동한다.

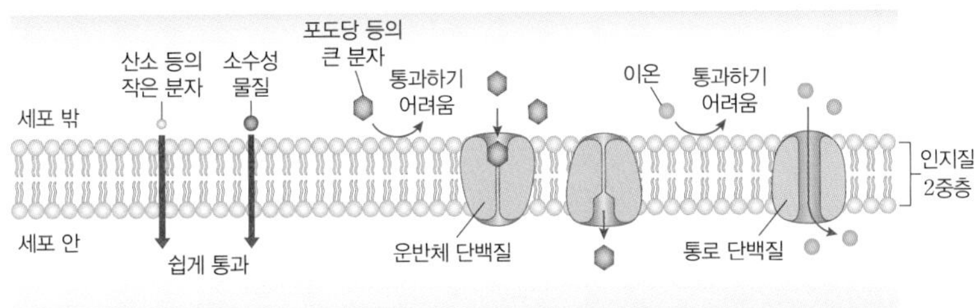

▲ 세포막을 통한 물질의 이동

THE 알기

❶ 리포솜의 활용
- 리포솜 내부에 수용성 약물, 영양소, DNA 등을 담을 수 있고, 또 인지질 2중층 막에 지용성 약물, 영양소를 삽입시킬 수 있어 물질을 세포로 운반해주는 운반체로 이용될 수 있다.
- 항암제 등의 약물을 치료 대상이 되는 세포에만 선택적으로 전달할 수 있다.
- 미용 성분을 담아 피부 깊숙이 있는 진피층까지 전달되게 한다.

❷ 투과성에 따른 막의 종류
- 전투과성 막: 용매와 용질 모두 통과할 수 있는 막
- 불투과성 막: 용매와 용질 모두 통과할 수 없는 막
- 반투과성 막: 용매와 크기가 작은 용질은 통과하지만 상대적으로 큰 용질은 통과할 수 없는 막

THE 들여다보기 세포막의 유동성

세포 표면에 분포한 막단백질에 형광 물질을 균일하게 부착하고, 그중 일정 부위에 레이저를 쏘아 형광 물질을 제거하면 시간에 따라 형광 제거 부위에서 형광의 세기가 회복된다. 이를 통해 세포막을 구성하는 인지질과 막단백질은 특정 위치에 고정되어 있는 것이 아니라 유동성이 있어 수평으로 이동할 수 있다는 것을 알 수 있다.

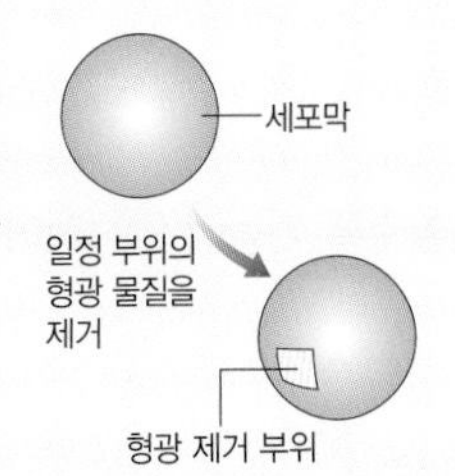

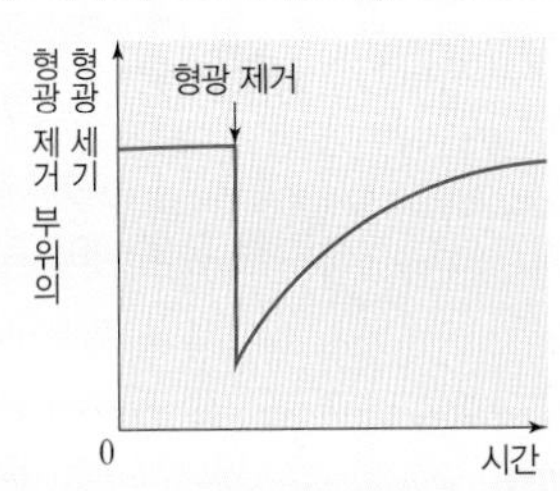

개념체크

빈칸 완성

1. 세포질의 바깥쪽을 둘러싸고 있는 막을 (　　　)이라고 한다.

2. 세포막의 주성분은 (　　　)과 단백질이다.

3. 인지질에서 머리 부분은 친수성이고 꼬리 부분은 (　　　)성이다.

4. 인지질은 꼬리가 서로 마주보며 배열되어 (　　　)층을 형성한다.

5. 막단백질 중 일부 단백질은 당 분자가 첨가된 (　　　)이다.

6. 세포막에서 인지질 2중층에 단백질이 유동성을 가지고 떠다니고 있다는 모델을 (　　　)이라고 한다.

7. 인지질 2중층으로 이루어진 구형의 인공 구조물을 (　　　)이라고 한다.

8. 세포막을 통한 물질 이동은 물질의 종류와 특성에 따라 선택적으로 일어나며, 이를 (　　　)이라고 한다.

9. 포도당은 인지질 2중층을 직접 통과하기 어려워 (　　　)을 통해 이동한다.

10. 반투과성 막은 크기가 작은 용질과 (　　　)는 통과할 수 있지만 크기가 큰 물질은 통과할 수 없다.

정답 **1.** 세포막 **2.** 인지질 **3.** 소수 **4.** 2중 **5.** 당단백질 **6.** 유동 모자이크막 모델 **7.** 리포솜 **8.** 선택적 투과성 **9.** 막단백질(운반체 단백질) **10.** 용매

○X 문제

1. 세포막의 특성에 대한 설명으로 옳은 것은 ○, 옳지 않은 것은 ×로 표시하시오.

(1) 세포와 외부 환경 사이의 물질 출입을 선택적으로 조절한다. (　　)

(2) 세포막에서 인지질의 머리 부분은 바깥으로 배열된다. (　　)

(3) 세포막을 구성하는 단백질은 효소 기능을 가지지 않는다. (　　)

2. 세포막의 유동성에 대한 설명으로 옳은 것은 ○, 옳지 않은 것은 ×로 표시하시오.

(1) 서로 다른 색깔의 형광 물질로 표지한 사람의 세포와 생쥐의 세포를 융합하면 상온에서 충분한 시간 후 색은 섞이지 않는다. (　　)

(2) 유동 모자이크막 모델에 따르면 단백질은 특정 위치에 고정되어 있다. (　　)

(3) 리포솜을 이용하면 물질을 세포로 운반할 수 있다. (　　)

(4) 세포막은 유동성이 증가할수록 기능이 안정적이다. (　　)

3. 세포막의 선택적 투과성에 대한 설명으로 옳은 것은 ○, 옳지 않은 것은 ×로 표시하시오.

(1) 세포막은 반투과성 막과 유사한 투과성을 나타낸다. (　　)

(2) 반투과성 막은 크기가 작은 물질보다 크기가 큰 물질이 통과할 수 있도록 구멍이 뚫려 있다. (　　)

(3) 세포막의 막단백질은 물질 수송에 관여한다. (　　)

(4) 산소와 이산화 탄소는 인지질 2중층을 직접 통과한다. (　　)

(5) 지질과 같이 극성이 없는 물질은 막단백질을 통해서만 이동한다. (　　)

(6) 이온과 같이 극성이 있는 물질은 인지질 2중층을 직접 통과한다. (　　)

(7) 아미노산은 세포막의 운반체 단백질을 통해 이동한다. (　　)

정답 **1.** (1) ○ (2) ○ (3) × **2.** (1) × (2) × (3) ○ (4) × **3.** (1) ○ (2) × (3) ○ (4) ○ (5) × (6) × (7) ○

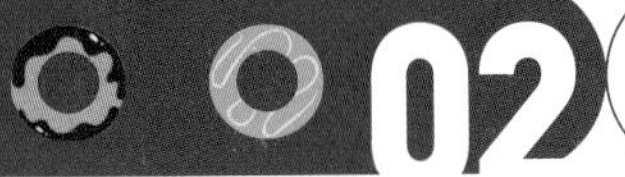

세포막을 통한 물질 출입

• 세포막을 통한 물질 출입

(1) 세포막은 인지질 2중층으로 되어 있으므로, 일반적으로 물질의 지질에 대한 용해도가 클수록, 분자의 크기가 작을수록 막 투과성이 커진다.

(2) 세포막은 반투과성 막과 유사한 물질 투과성을 나타낸다.

1 확산

(1) 물질이 농도 기울기를 따라 농도가 높은 쪽에서 낮은 쪽으로 이동하는 방식으로, 양쪽의 농도가 같아질 때까지 일어난다. 분자 운동에 의해 일어나므로 에너지(ATP)가 소모되지 않는다.

(2) 확산의 종류

① ❶단순 확산

- 물질이 농도 기울기를 따라 인지질 2중층을 직접 통과하여 이동하는 물질 이동 방식이다.
  예 폐포와 모세 혈관 사이에서 일어나는 O_2와 CO_2의 기체 교환, 지용성 물질의 이동 등
- 일반적으로 분자 크기가 작을수록, 온도가 높을수록, 농도 차가 클수록 확산 속도가 빠르다.
- 일반적으로 ❷극성이 없고, 지질 용해도가 크며, 분자량이 작은 물질이 단순 확산을 통해 잘 이동한다.

② 촉진 확산

- 물질이 인지질 2중층을 직접 통과하지 않고, 세포막의 수송 단백질을 통해 이동하는 물질 이동 방식이다.

단순 확산	촉진 확산
고농도, 저농도, O_2	Na^+, 고농도, 통로 단백질, 저농도 / 포도당, 고농도, 운반체 단백질, 저농도 → 포도당, 고농도, 저농도

예 신경 세포의 흥분 전도에 따른 세포막을 통한 이온(Na^+, K^+)의 확산, 인슐린 작용에 따른 세포막을 통한 혈중 포도당의 확산 등

- 수송 단백질에는 ❸통로 단백질과 운반체 단백질이 있다. 통로 단백질은 특정 물질이 인지질 2중층을 통과할 수 있도록 통로 역할을 하고, 운반체 단백질은 특정 물질이 결합 부위에 결합한 후 단백질의 구조 변화를 통해 운반하는 역할을 한다.
- 수송 단백질의 수는 한정되어 있어 물질의 농도 차가 일정 수준 이상이면 단백질이 포화되므로 촉진 확산 속도는 더 이상 증가하지 않고 일정해진다.

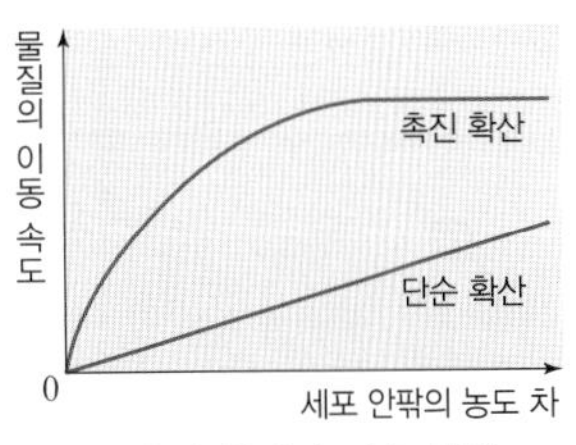

▲ 촉진 확산과 단순 확산

THE 알기

❶ 단순 확산

물이 담긴 비커에 잉크 방울을 떨어뜨리면 잉크가 퍼져나가는 것은 단순 확산이다.

❷ 극성

분자에서 양(+)전하를 띠는 부분과 음(−)전하를 띠는 부분이 나뉘어져 있는 것이다.

❸ 물의 통로 단백질

물은 극성 분자이지만 크기가 매우 작아 인지질 2중층을 직접 통과할 수 있다. 하지만 세포막에 물의 통로 단백질인 아쿠아포린이 존재하면 촉진 확산이 일어나 단순 확산보다 이동 속도가 훨씬 빨라진다.

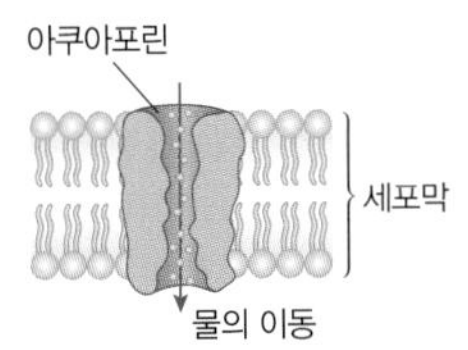

2 삼투

(1) 삼투의 특징

① ❶반투과성 막을 사이에 두고 서로 다른 농도의 용액이 있을 때, 용매의 농도가 높은 쪽에서 낮은 쪽으로, 용질의 농도가 낮은 쪽에서 높은 쪽으로 용매가 확산되는 물질 이동 방식이다.

② 삼투는 용매의 확산에 의해 일어나므로 에너지(ATP)가 소모되지 않는다.

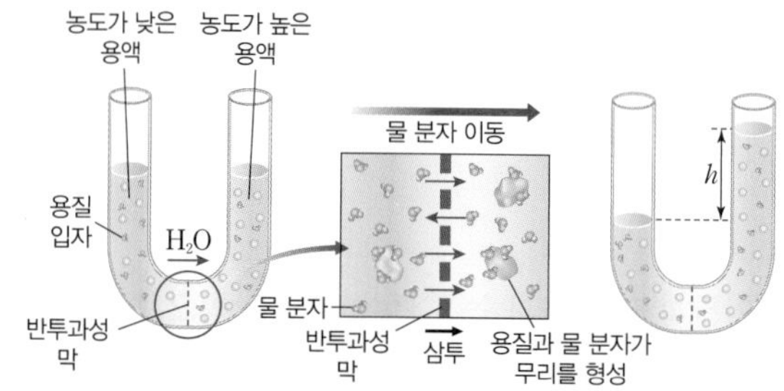

▲ 반투과성 막에서의 삼투 과정

THE 알기

❶ 반투과성 막
막에 미세한 구멍이 뚫려 있어, 막의 구멍보다 크기가 작은 용매나 용질은 통과할 수 있지만, 크기가 큰 물질은 통과할 수 없다.

③ ❷삼투압: 삼투로 인하여 반투과성 막이 받는 압력

$P=CRT$	• P: 삼투압	• C: 용액의 몰농도
	• R: 기체 상수(0.082)	• T: 절대 온도(273+섭씨 온도)

• 삼투압은 용액의 농도가 높을수록, 온도가 높을수록 크다.

• 생물체 내에서 기체 상수와 온도는 거의 일정하므로 삼투압은 용액의 농도에 따라 결정된다.

❷ 삼투압
U자관에서 양쪽 용액의 높이가 더 이상 변하지 않을 때 반투과성 막이 양쪽 용액으로부터 받는 압력의 차이가 삼투압이며, 용액 기둥의 높이 차이가 만드는 압력과 같다.

(2) 동물 세포와 식물 세포에서 일어나는 삼투

① 동물 세포에는 세포벽이 없고, 식물 세포에는 세포벽이 있다.

② 세포벽의 유무로 인해 동물 세포와 식물 세포에서 삼투에 의해 일어나는 현상이 달라진다.

구분	저장액	등장액	고장액
동물 세포 (적혈구)	용혈 현상 유입되는 물의 양이 더 많아 부피가 증가하고, 세포막이 터지는 용혈 현상이 일어날 수 있음	변화 없다 부피와 농도 변화 없이 정상적인 형태를 유지	쭈그러든다 유출되는 물의 양이 더 많아 적혈구가 쭈그러듦
식물 세포 (양파 세포)	팽윤 상태 유입되는 물의 양이 더 많아 세포 부피가 커져 ❸팽윤 상태가 됨	변화 없다 부피와 농도 변화 없이 정상적인 형태를 유지	원형질 분리 유출되는 물의 양이 더 많아 세포막과 세포벽이 분리되는 원형질 분리가 일어남

❸ 최대 팽윤 상태에서 물의 이동
외관상 물의 출입은 없지만 막을 통한 물의 이동은 양방향으로 계속 일어난다.

(3) 원형질 분리가 일어난 어떤 식물 세포를 저장액에 넣었을 때 세포 부피에 따른 삼투압, ❶팽압, 흡수력의 변화

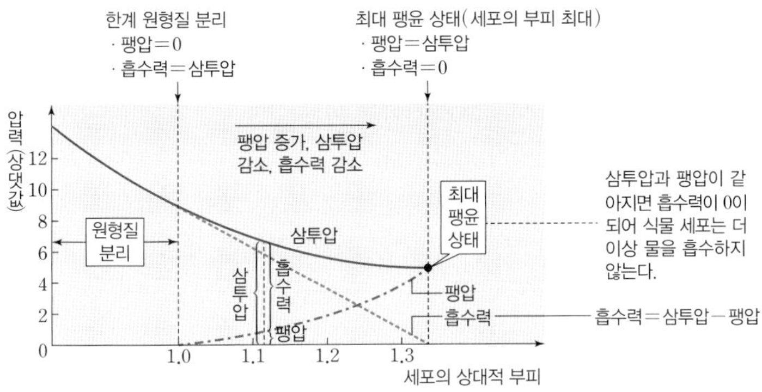

▲ 세포 부피에 따른 삼투압, 팽압, 흡수력의 변화

① 삼투압 변화: ❷원형질 분리가 일어난 식물 세포를 저장액에 넣으면 식물 세포 내부로 물이 유입되므로 세포 내액의 농도가 낮아지게 되며, 이에 따라 식물 세포의 삼투압이 감소한다.

② 팽압 변화: 세포의 부피가 한계 원형질 분리 상태보다 커지면 세포벽을 미는 힘인 팽압이 나타나기 시작하고, 세포 내부로 물이 유입되는 양이 증가하면서 팽압도 증가한다.

③ 흡수력 변화: 식물 세포 내부로 물이 들어옴에 따라 삼투압은 감소하고 팽압은 증가하므로, 흡수력은 점차 감소한다.

④ ❸원형질 분리가 일어난 식물 세포를 증류수와 같은 저장액에 넣는 경우, 식물 세포의 삼투압은 점차 감소하고 팽압은 점차 증가하여 결국 두 값이 같아져 흡수력은 0이 된다. 이때, 식물 세포는 부피가 최대인 최대 팽윤 상태이다.

THE 알기

❶ 팽압, 최대 팽윤 상태, 흡수력
- 팽압: 세포 내부에서 세포벽을 미는 압력
- 최대 팽윤 상태: 팽압이 최대가 된 상태
- 흡수력: 흡수하는 힘

❷ 원형질
세포에서 생명 활동과 직접적인 관련이 있는 부분으로, 핵, 미토콘드리아, 엽록체, 리보솜, 소포체, 골지체, 세포막 등이 해당한다.

❸ 원형질 복귀
원형질 분리가 일어난 세포를 저장액에 넣은 후 물이 세포 안으로 들어와 원래의 모습으로 바뀌는 현상이다.

3 능동 수송

(1) 능동 수송의 특징

① 세포막의 인지질 2중층을 사이에 두고 ❹물질의 농도가 낮은 쪽에서 농도가 높은 쪽으로 에너지를 이용하여 물질이 이동하는 방식이다.

예 Na^+-K^+ 펌프에 의한 이온 이동, 세뇨관에서 일어나는 포도당의 재흡수, 해조류의 아이오딘(I) 흡수, 소장에서 일어나는 일부 양분 흡수, 뿌리털의 무기염류 흡수 등

② 세포막의 운반체 단백질에 의해 일어나며 선택적 투과성이 있다.

③ 특정 물질의 농도가 세포 안과 밖에서 서로 다르게 유지될 때 이용된다.

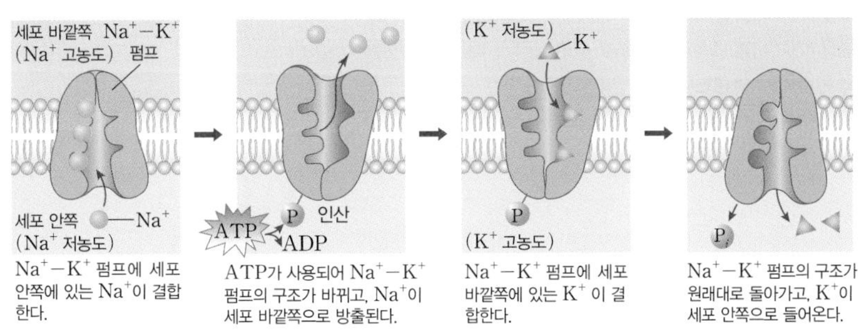

▲ Na^+-K^+ 펌프의 작동 과정

❹ 능동 수송과 농도

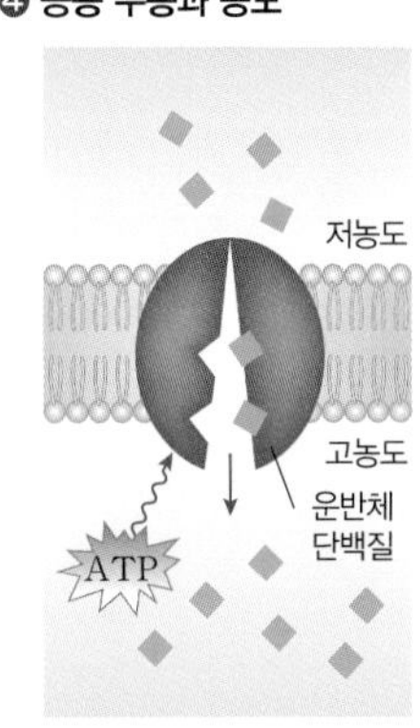

THE 알기

4 세포내 섭취와 세포외 배출

(1) 세포내 섭취의 특징

① 세포막을 통과할 수 없는 단백질과 같은 세포 밖의 큰 물질을 세포막으로 감싸서 소낭을 만들어 세포 안으로 끌어들이는 물질 이동 방식이다.

예 백혈구가 세균이나 감염된 세포를 제거하는 식균 작용

② 세포내 섭취가 일어날 때 에너지가 소모된다.

③ 세포내 섭취에는 미생물이나 세포 조각 같은 크기가 큰 고형 물질을 세포막으로 감싸서 세포 안으로 이동시키는 [1]식세포 작용과, 액체 상태의 물질을 세포막으로 감싸서 세포 안으로 이동시키는 음세포 작용이 있다.

❶ 식세포 작용(식균 작용)과 음세포 작용

식세포 작용은 세포가 고형 물질을 세포막으로 감싸 식포를 형성하여 잡아먹는 것이다. 음세포 작용은 세포가 액체 물질을 세포막으로 감싸 세포 내로 받아들이는 것이다.

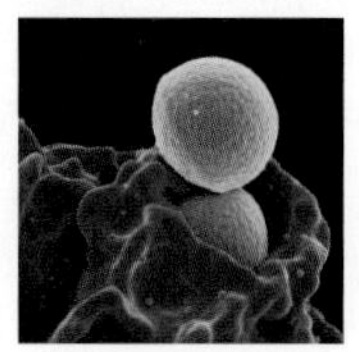

▲ 식세포 작용으로 세균을 끌어들이는 백혈구

(2) 세포외 배출의 특징

① 세포 안에 있는 분비 소낭이 세포막과 융합하면서 소낭 속의 물질(세포 안에서 생성된 효소, 호르몬, 노폐물 등)을 세포 밖으로 내보내는 물질 이동 방식이다.

예 이자 세포에서 인슐린과 글루카곤의 분비, 뉴런의 축삭 돌기 말단에서 신경 전달 물질 분비

② 세포외 배출이 일어날 때는 에너지가 소모된다.

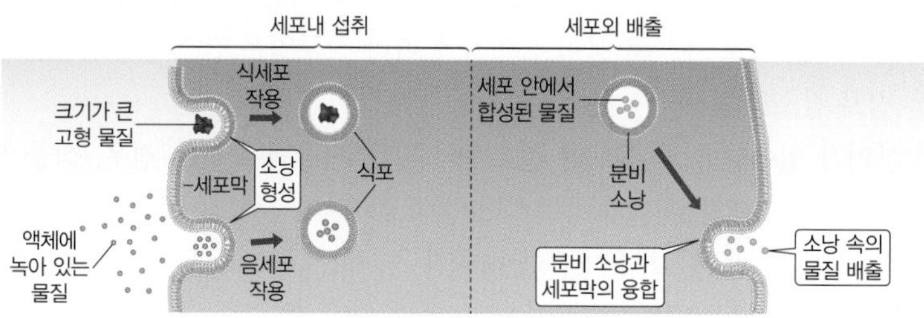

▲ 세포내 섭취와 세포외 배출

THE 들여다보기 **적혈구과 해조류에서 세포 안팎의 이온 분포**

그림 (가)는 정상적인 사람 혈액의 혈장과 적혈구 속의 여러 가지 이온의 농도를, (나)는 살아 있는 파래의 세포질과 바닷물의 여러 가지 이온의 농도를 비교하여 나타낸 것이다.

- 혈장과 적혈구에서 이온의 농도 차이가 유지되는 것은 적혈구의 세포막에서 에너지를 소비하면서 Na^+, Cl^-, Ca^{2+}은 혈장으로, K^+은 적혈구 내부로 능동 수송을 통해 이동시키기 때문이다.
- 에너지(ATP)가 공급되지 않으면 능동 수송이 일어나지 못하고 확산에 의해 이온이 이동한다. 따라서 적혈구와 혈장의 이온 농도는 거의 같아질 것이다.
- 살아 있는 파래에서도 K^+과 Cl^-은 농도가 낮은 바닷물에서 농도가 높은 세포질로, Na^+은 농도가 낮은 세포질에서 농도가 높은 바닷물로 에너지를 소비하여 능동 수송시키기 때문에 바닷물과 세포질 사이에 K^+, Na^+, Cl^-의 농도 기울기가 형성된다.
- 파래가 죽으면 세포 호흡이 일어나지 않아 에너지가 공급되지 않으므로, 바닷물과 세포질 사이의 이온 농도는 거의 같아진다.

(가)

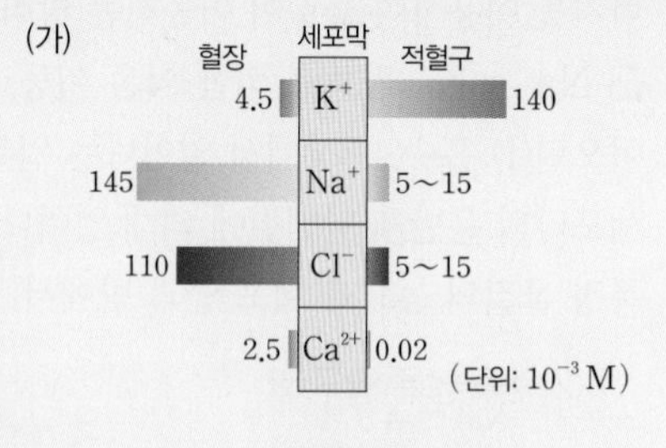

(나)

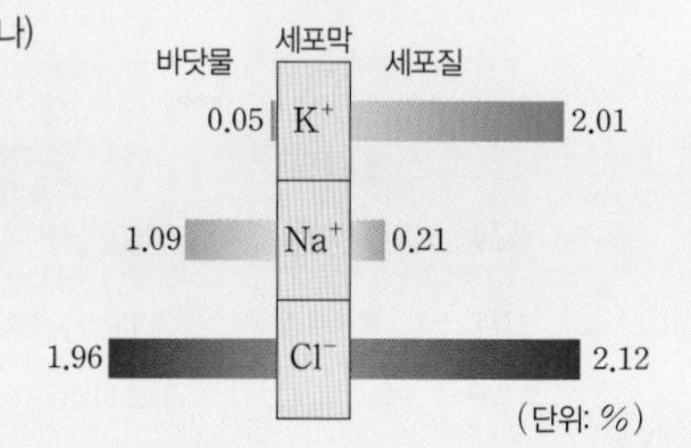

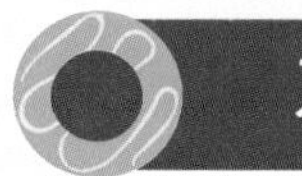

개념체크

빈칸 완성

1. 물질이 농도 기울기를 따라 에너지를 소모하지 않고 농도가 높은 쪽에서 (　　　) 쪽으로 이동하는 방식을 확산이라 한다.

2. 세포막에서 단순 확산은 물질이 농도 기울기를 따라 (　　　) 2중층을 직접 통과하는 이동 방식이다.

3. 폐포와 모세 혈관 사이에서 일어나는 기체 교환 방식은 (　　　)의 일종이다.

4. 촉진 확산은 물질이 인지질 2중층을 직접 통과하지 않고, 세포막의 (　　　)을 통해 이동하는 물질 이동 방식이다.

5. 세포막의 수송 단백질에는 통로 단백질과 (　　　) 단백질이 있다.

6. 반투과성 막을 사이에 두고 서로 다른 농도의 용액이 있을 때, 용매의 농도가 높은 쪽에서 낮은 쪽으로 용매가 확산되는 물질 이동 방식을 (　　　)라고 한다.

7. 양파 세포를 저장액에 넣으면 유입되는 물의 양이 많아 세포 부피가 증가한 (　　　) 상태가 된다.

8. 능동 수송은 세포막에서 물질의 농도가 낮은 쪽에서 농도가 높은 쪽으로 (　　　)를 소모하여 물질이 이동하는 방식이다.

9. 능동 수송에서는 세포막의 운반체 단백질에 의해 특정 물질만을 이동시키는 (　　　) 투과성이 나타난다.

정답 **1.** 낮은 **2.** 인지질 **3.** 단순 확산 **4.** 수송 단백질 **5.** 운반체 **6.** 삼투 **7.** 팽윤 **8.** 에너지 **9.** 선택적

○X 문제

1. 세포막에 대한 설명으로 옳은 것은 ○, 옳지 않은 것은 ×로 표시하시오.

(1) 인지질 2중층으로 되어 있다. (　　)

(2) 지질에 대한 용해도가 클수록 막 투과성이 커진다. (　　)

(3) 비극성 분자에서 분자의 크기가 작을수록 막 투과성이 낮아진다. (　　)

2. 세포막에서 물질의 이동에 대한 설명으로 옳은 것은 ○, 옳지 않은 것은 ×로 표시하시오.

(1) 수송 단백질을 통한 물질 이동 속도는 세포 안팎의 농도 차가 증가하면 계속 증가한다. (　　)

(2) 삼투압은 삼투로 인해 반투과성 막이 받는 압력이다. (　　)

(3) 적혈구에서는 세포벽 때문에 저장액에 넣었을 때 용혈 현상이 일어나지 않는다. (　　)

(4) 고장액에 넣은 양파 세포에서는 원형질 분리가 일어난다. (　　)

3. 원형질 분리가 일어난 양파 세포를 저장액에 넣었을 때 일어나는 현상에 대해 옳은 것은 ○, 옳지 않은 것은 ×로 표시하시오.

(1) 한계 원형질 분리 지점에서 팽압과 삼투압은 같다. (　　)

(2) 양파 세포의 흡수력은 삼투압과 팽압의 차이에 해당한다. (　　)

4. 세포막에서 에너지를 사용하는 물질의 운반에 대한 설명으로 옳은 것은 ○, 옳지 않은 것은 ×로 표시하시오.

(1) Na^+-K^+ 펌프에 의한 이온 이동은 능동 수송의 한 형태이다. (　　)

(2) 백혈구가 세균을 제거하는 식균 작용은 세포내 섭취의 한 종류이다. (　　)

(3) 능동 수송에서는 항상 세포막 단백질이 관여한다. (　　)

정답 **1.** (1) ○ (2) ○ (3) × **2.** (1) × (2) ○ (3) × (4) ○ **3.** (1) × (2) ○ **4.** (1) ○ (2) ○ (3) ○

감자 세포의 등장액 측정하기

정답과 해설 16쪽

목표

감자를 이용하여 다양한 농도의 용액에서 일어나는 삼투를 관찰할 수 있다.

문제 인식

다양한 농도의 용액에 담근 감자의 무게 변화를 이용해 감자 세포의 등장액을 결정할 수 있을까?

과정

1. 5개의 비커를 준비하여 증류수, 0.1 M, 0.3 M, 0.5 M, 1.0 M의 포도당 용액을 같은 양으로 각각 넣는다.
2. 질량이 같고, 한 변이 1 cm인 정육면체 모양의 감자 조각을 비커당 1개씩 준비하여 각 비커에 넣는다.
3. 일정 시간 후 각 비커의 감자 조각을 꺼내어 질량의 변화를 측정한다.

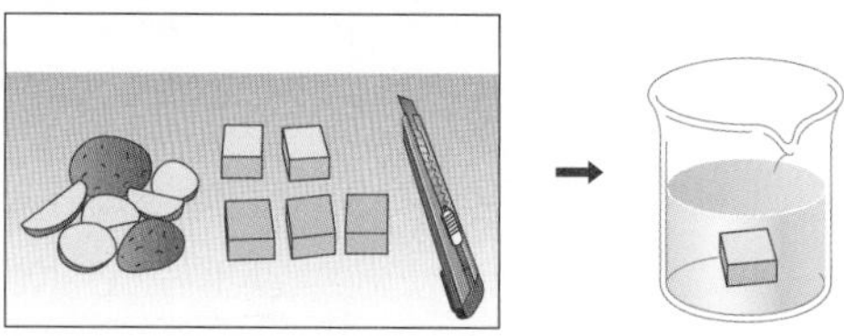

탐구 결과

구분	증류수	포도당 용액			
		0.1 M	0.3 M	0.5 M	1.0 M
감자 질량 변화	0.08 g 증가	0.04 g 증가	변화 없음	0.07 g 감소	0.14 g 감소

탐구 분석

1. 감자의 질량이 증가하거나 감소한 까닭은 무엇인가?
2. 감자의 질량 변화를 통해 볼 때 감자의 삼투압에 대해 저장액, 등장액, 고장액인 용액은 무엇인가?
3. 포도당 대신 소금을 사용하려면 어떻게 해야 하는가?

내신 기초 문제

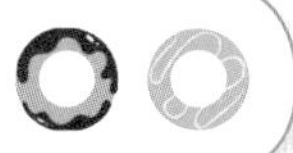

정답과 해설 16쪽

[20702-0099]

01 세포막에 대한 설명으로 옳은 것만을 〈보기〉에서 있는 대로 고른 것은?

보기

ㄱ. 세포 내부와 외부 환경 사이의 물질 출입이 일어난다.
ㄴ. 인지질과 단백질은 모두 세포막의 주성분이다.
ㄷ. 세포 밖에서 오는 신호를 세포 안으로 전달한다.

① ㄱ ② ㄴ ③ ㄱ, ㄷ ④ ㄴ, ㄷ ⑤ ㄱ, ㄴ, ㄷ

[20702-0100]

02 세포막 구성 성분에 대한 설명으로 옳은 것만을 〈보기〉에서 있는 대로 고른 것은?

보기

ㄱ. 단백질은 모두 인지질 2중층을 관통하고 있다.
ㄴ. 인지질은 인산이 포함된 머리 부분이 친수성이다.
ㄷ. 인지질 2중층의 내부는 소수성 물질로 구성되어 있다.

① ㄱ ② ㄴ ③ ㄷ ④ ㄱ, ㄷ ⑤ ㄴ, ㄷ

[20702-0101]

03 세포막의 유동성을 설명하기 위한 모델로 인지질로 구성된 2중층에 단백질이 고정되지 않고 유동성을 가지고 떠다니고 있다는 모델의 이름을 쓰시오.

[20702-0102]

04 세포막의 선택적 투과성에 대한 설명으로 옳은 것은?

① 이온은 인지질 2중층을 통해 이동한다.
② 막단백질은 물질 이동에 선택적으로 관여한다.
③ 막단백질이 전투과성을 가지기 때문에 나타난다.
④ 포도당은 주로 인지질 2중층을 직접 통과하여 이동한다.
⑤ 세포막은 크기가 작은 물질보다 큰 물질을 더 잘 통과시킨다.

[20702-0103]

05 세포막을 통한 물질의 확산에 대한 설명으로 옳은 것만을 〈보기〉에서 있는 대로 고른 것은?

보기

ㄱ. 확산은 에너지를 소모하지 않는다.
ㄴ. 촉진 확산은 막단백질이 관여한다.
ㄷ. 세포 안팎의 농도 차가 일정 수준 이상 커지면 촉진 확산의 속도는 더 이상 증가하지 않는다.

① ㄱ ② ㄷ ③ ㄱ, ㄴ ④ ㄴ, ㄷ ⑤ ㄱ, ㄴ, ㄷ

[20702-0104]

06 세포막에서의 삼투에 대한 설명으로 옳은 것만을 〈보기〉에서 있는 대로 고른 것은?

보기

ㄱ. 에너지를 소모하지 않는다.
ㄴ. 용액의 농도가 낮은 쪽에서 높은 쪽으로 용질이 이동한다.
ㄷ. 삼투로 인해 반투과성 막이 받는 압력은 용액의 농도 차가 클수록 감소한다.

① ㄱ ② ㄷ ③ ㄱ, ㄴ ④ ㄴ, ㄷ ⑤ ㄱ, ㄴ, ㄷ

[20702-0105]
07 그림은 적혈구를 용액 A에 넣었을 때 나타나는 현상이다.

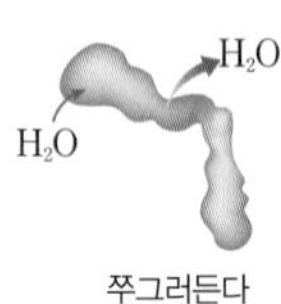

이에 대한 설명으로 옳은 것만을 〈보기〉에서 있는 대로 고른 것은?

보기
ㄱ. A는 혈장보다 농도가 높다.
ㄴ. 원형질 분리가 일어난 모습이다.
ㄷ. 유입되는 물의 양보다 유출되는 물의 양이 더 많다.

① ㄱ ② ㄴ ③ ㄷ ④ ㄱ, ㄷ ⑤ ㄴ, ㄷ

[20702-0106]
08 그림은 원형질 분리가 일어난 어떤 식물 세포를 저장액에 넣었을 때 세포의 상대적 부피에 따른 압력을 나타낸 것이다.

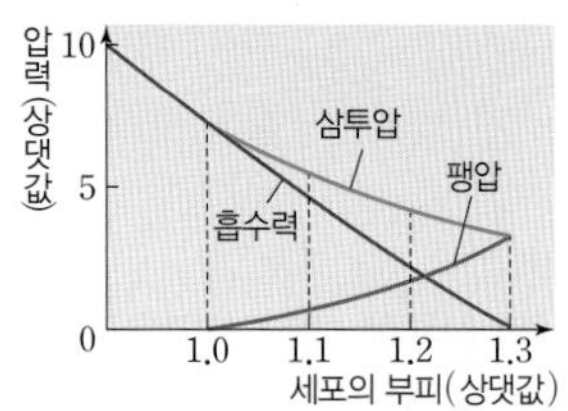

각 세포의 부피에 해당하는 상태에 대한 설명으로 옳은 것만을 〈보기〉에서 있는 대로 고른 것은?

보기
ㄱ. 1.3은 최대 팽윤 상태이다.
ㄴ. 1.1은 팽압이 삼투압보다 크다.
ㄷ. 1.0 미만은 원형질 분리가 일어난 상태이다.

① ㄱ ② ㄴ ③ ㄱ, ㄷ ④ ㄴ, ㄷ ⑤ ㄱ, ㄴ, ㄷ

[20702-0107]
09 능동 수송에 대한 설명으로 옳은 것은?

① 물질의 이동에 ATP를 소모한다.
② 선택적 투과성은 나타나지 않는다.
③ 세포막의 통로 단백질에 의해 일어난다.
④ 폐포와 모세 혈관 사이에서 기체의 이동이 대표적인 예이다.
⑤ 물질을 농도가 높은 쪽에서 낮은 쪽으로 이동시키는 것만 의미한다.

[20702-0108]
10 세포내 섭취와 세포외 배출에 대한 설명으로 옳은 것만을 〈보기〉에서 있는 대로 고른 것은?

보기
ㄱ. 식균 작용은 세포외 배출의 예이다.
ㄴ. 세포내 섭취가 일어날 때 식포를 형성한다.
ㄷ. 세포내 섭취가 일어날 때는 에너지가 소모되지 않는다.

① ㄱ ② ㄴ ③ ㄷ ④ ㄱ, ㄷ ⑤ ㄴ, ㄷ

[20702-0109]
11 최대 팽윤 상태의 양파 세포를 고장액에 넣었을 때 시간에 따라 일어나는 현상에 대한 설명으로 옳은 것만을 〈보기〉에서 있는 대로 고른 것은?

보기
ㄱ. 세포의 팽압은 증가한다.
ㄴ. 세포 내 삼투압은 감소한다.
ㄷ. 충분한 시간이 지나면 원형질 분리가 일어난다.

① ㄱ ② ㄴ ③ ㄷ ④ ㄱ, ㄷ ⑤ ㄴ, ㄷ

[20702-0110]
12 에너지를 소모하는 물질 이동 방식의 예로 옳지 않은 것은?

① 세포외 배출로 물질을 내보냄
② 식세포 작용으로 물질을 흡수함
③ 음세포 작용으로 물질을 흡수함
④ 물이 저장액에서 고장액으로 삼투를 통해 이동함
⑤ 용질이 막단백질을 통해 저농도에서 고농도로 이동함

[20702-0111]
13 그림은 세포막의 구조를 모식적으로 나타낸 것이다.

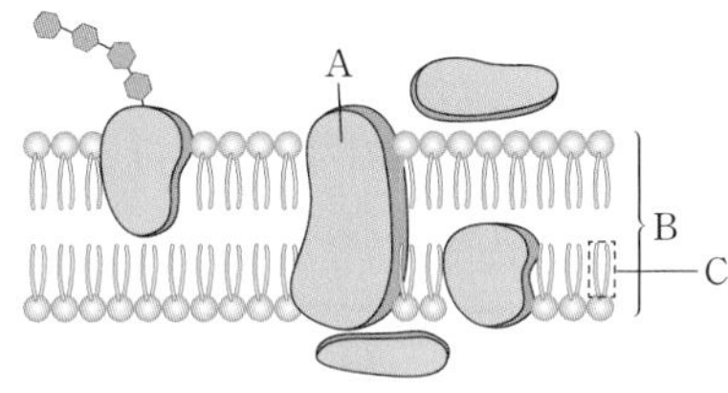

이에 대한 설명으로 옳은 것만을 <보기>에서 있는 대로 고른 것은?

보기
ㄱ. A는 인지질을 따라 자유롭게 이동한다.
ㄴ. A는 B를 직접 통과할 수 없는 물질을 이동시킬 수 있다.
ㄷ. C는 소수성이다.

① ㄱ ② ㄷ ③ ㄱ, ㄴ ④ ㄴ, ㄷ ⑤ ㄱ, ㄴ, ㄷ

[20702-0112]
14 그림은 물질의 이동 방식 A~D를 나타낸 것이다. A와 C 중 하나는 확산의 일종이다.

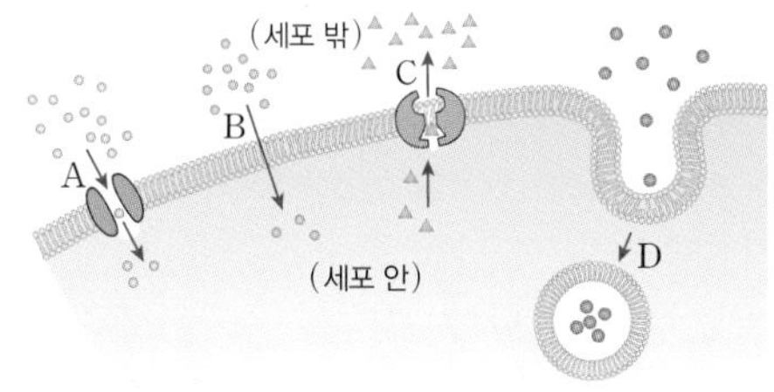

A~D 중 에너지를 소모하는 이동 방식의 기호와 이름을 쓰시오.

[20702-0113]
15 그림은 쥐 세포와 사람 세포의 막단백질을 각각 다른 형광색으로 표지한 후 융합 세포를 얻는 과정이다.

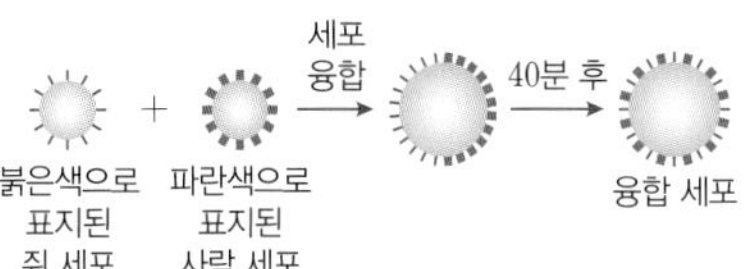

이에 대한 설명으로 옳은 것만을 <보기>에서 있는 대로 고른 것은?

보기
ㄱ. 세포막의 유동성을 알 수 있다.
ㄴ. 40분 후 막단백질은 고르게 섞여 분포한다.
ㄷ. 반투과성 막으로서의 특징을 이용한 것이다.

① ㄱ ② ㄷ ③ ㄱ, ㄴ ④ ㄴ, ㄷ ⑤ ㄱ, ㄴ, ㄷ

[20702-0114]
16 그림은 리포솜을 나타낸 것이다.

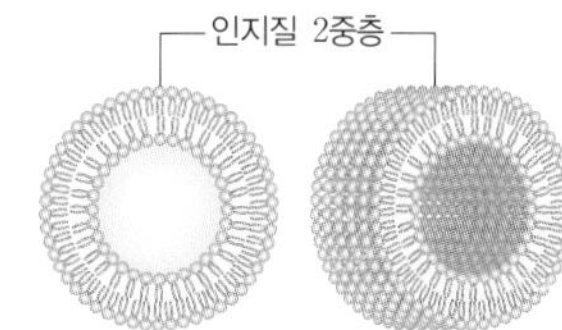

이에 대한 설명으로 옳지 않은 것은?

① 내부에 수용성 약물을 담을 수 있다.
② 세포막과 달리 인지질의 유동성이 없다.
③ 리포솜의 막은 세포막과 융합될 수 있다.
④ 인지질 2중층으로 이루어진 인공 구조물이다.
⑤ 미용 성분을 피부 진피층에 전달하는 데 사용될 수 있다.

[20702-0115]
17 식물 세포를 고장액에 넣었을 때, 유입되는 물의 양보다 유출되는 물의 양이 많아 세포막과 세포벽이 분리되는 현상을 무엇이라 하는지 쓰시오.

실력 향상 문제

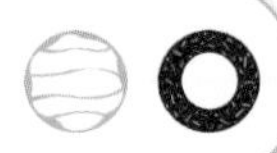

[20702-0116]

01 그림은 세포막의 구조를 나타낸 것이다.

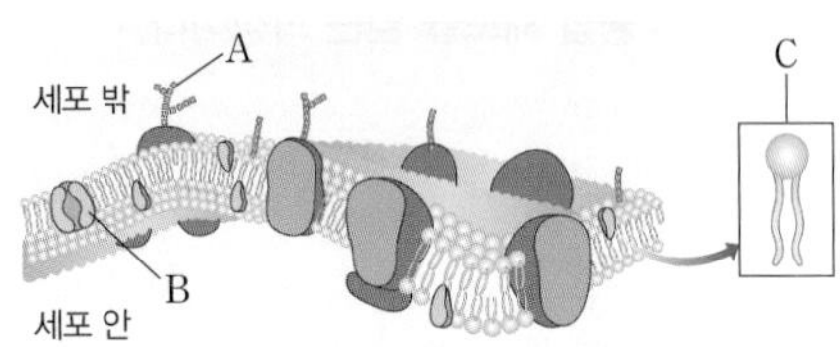

이에 대한 설명으로 옳은 것만을 <보기>에서 있는 대로 고른 것은?

보기
ㄱ. A는 탄수화물이다.
ㄴ. B는 세포막에서 자유롭게 이동한다.
ㄷ. C는 지방산 3개로 이루어져 있다.

① ㄱ ② ㄷ ③ ㄱ, ㄴ ④ ㄴ, ㄷ ⑤ ㄱ, ㄴ, ㄷ

[20702-0117]

02 양파 세포를 그림 (가)는 소금물 A에, (나)는 소금물 B에 넣고 충분한 시간이 지난 후 세포의 상태를 나타낸 것이다.

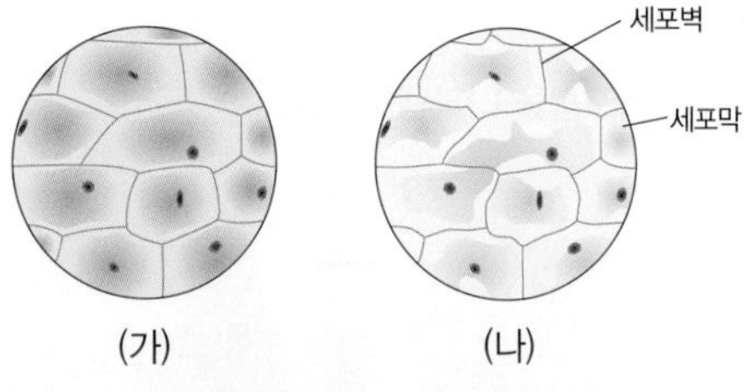

이에 대한 설명으로 옳은 것만을 <보기>에서 있는 대로 고른 것은?

보기
ㄱ. A는 B보다 농도가 높다.
ㄴ. (나)에서 원형질 분리가 일어났다.
ㄷ. 유출된 물의 양은 (가)에서가 (나)에서보다 많다.

① ㄱ ② ㄴ ③ ㄷ ④ ㄱ, ㄴ ⑤ ㄴ, ㄷ

서술형

[20702-0118]

03 그림은 고장액에 있던 식물 세포를 저장액에 넣었을 때 식물 세포의 상대적 부피에 따른 삼투압과 팽압의 변화를 나타낸 것이다. 세포의 상대적 부피가 1.4일 때의 흡수력을 구하시오. (단, 계산식과 답을 모두 쓰시오.)

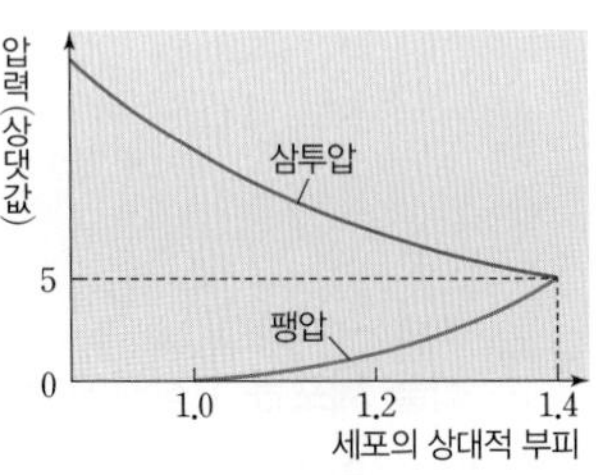

[20702-0119]

04 그림 (가)는 세포막을 통한 물질 A와 물질 B의 이동 방식을, (나)는 세포막을 사이에 두고 물질 ㉠과 ㉡의 세포 안팎의 농도 차에 따른 이동 속도를 나타낸 것이다. ㉠과 ㉡은 A와 B를, A와 B는 촉진 확산과 단순 확산을 순서 없이 나타낸 것이다.

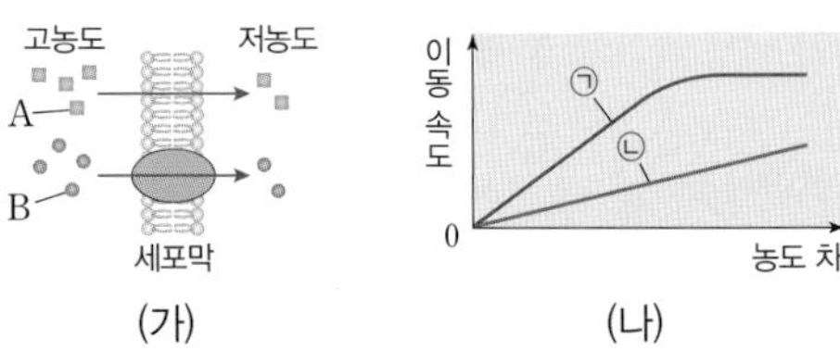

이에 대한 설명으로 옳은 것만을 <보기>에서 있는 대로 고른 것은?

보기
ㄱ. ㉠은 A이다.
ㄴ. B의 이동 방식에는 에너지가 사용된다.
ㄷ. 폐포에서 세포막을 통한 O_2의 이동은 A의 이동 방식에 해당한다.

① ㄱ ② ㄷ ③ ㄱ, ㄴ ④ ㄱ, ㄷ ⑤ ㄴ, ㄷ

[20702-0120]

05 그림 (가)는 어떤 동물의 같은 조직에서 채취한 세포 X와 Y를 농도가 다른 두 용액 A와 B에 각각 넣은 것을, (나)는 (가)에서 시간에 따라 X와 Y에서 세포액의 삼투압 변화를 나타낸 것이다.

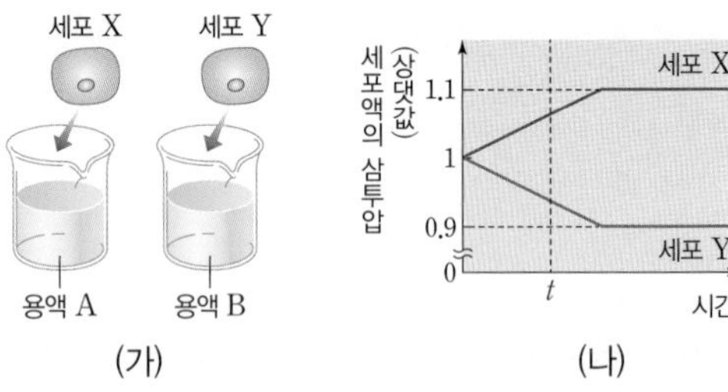

이에 대한 설명으로 옳은 것만을 <보기>에서 있는 대로 고른 것은?

보기
ㄱ. B는 t 시점에 Y의 세포액보다 저장액이다.
ㄴ. t 시점에 X는 부피가 감소하고 있다.
ㄷ. t 시점에 Y의 세포막을 통해 유출되는 물의 양이 유입되는 물의 양보다 많다.

① ㄱ ② ㄴ ③ ㄷ ④ ㄱ, ㄴ ⑤ ㄴ, ㄷ

[20702-0121]
06 표는 세포막을 통한 물질의 이동 방식 (가)~(다)의 특징을 나타낸 것이다. (가)~(다)는 단순 확산, 촉진 확산, 능동 수송을 순서 없이 나타낸 것이다.

구분	물질의 농도 차이에 따른 물질의 이동 방향	세포막 단백질
(가)	고농도 → 저농도	사용함
(나)	저농도 → 고농도	사용함
(다)	㉠	사용 안 함

이에 대한 설명으로 옳은 것만을 <보기>에서 있는 대로 고른 것은?

보기
ㄱ. (가)는 촉진 확산이다.
ㄴ. ㉠은 '저농도 → 고농도'이다.
ㄷ. (나)에서 물질 이동은 에너지가 사용되지 않는다.

① ㄱ ② ㄷ ③ ㄱ, ㄴ ④ ㄴ, ㄷ ⑤ ㄱ, ㄴ, ㄷ

[20702-0122]
07 그림 (가)는 사람의 세포에서 세포막의 구조를, (나)는 막단백질을 서로 다른 색의 형광 물질로 표지한 사람 세포와 생쥐 세포를 융합한 후 융합된 세포막에서 형광색의 분포를 관찰한 실험 결과를 나타낸 것이다.

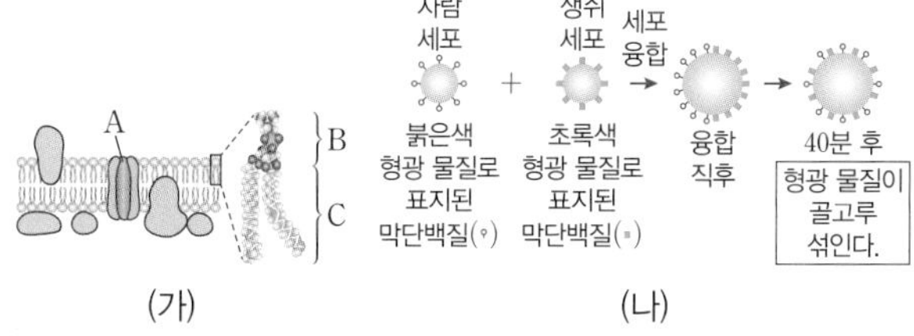

이에 대한 설명으로 옳은 것만을 <보기>에서 있는 대로 고른 것은?

보기
ㄱ. A는 막단백질이다.
ㄴ. B는 친수성을 가진다.
ㄷ. (나)에서 A는 유동성이 있다는 것을 알 수 있다.

① ㄱ ② ㄷ ③ ㄱ, ㄴ ④ ㄴ, ㄷ ⑤ ㄱ, ㄴ, ㄷ

[20702-0123]
08 그림은 어떤 세포에서 물질 A~C가 농도에 따라 세포막을 통해 이동하는 양을 나타낸 것이다. A~C는 각각 단순 확산, 촉진 확산, 능동 수송 중 하나의 방식으로 이동하며, KCN은 세포 호흡 저해제로서 ATP 생성을 저해한다.

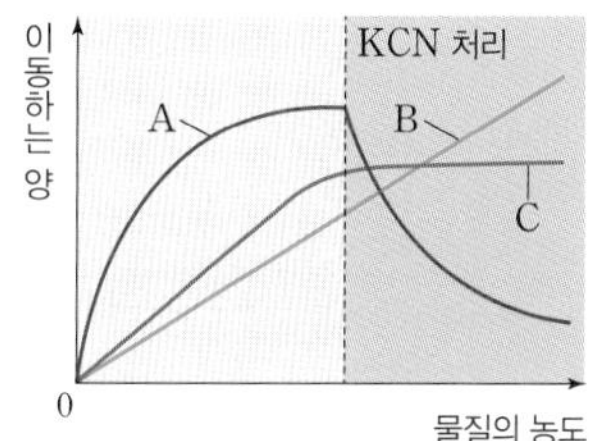

이에 대한 설명으로 옳은 것만을 <보기>에서 있는 대로 고른 것은?

보기
ㄱ. A는 능동 수송에 의해 이동한다.
ㄴ. B는 막단백질을 통해 이동한다.
ㄷ. 포도당은 B보다 C와 같은 방식으로 이동한다.

① ㄱ ② ㄷ ③ ㄱ, ㄴ ④ ㄱ, ㄷ ⑤ ㄴ, ㄷ

[20702-0124]
09 그림은 어떤 세포의 막단백질을 통해 물질 ㉠이 이동하는 두 가지 방식 (가)와 (나)를 나타낸 것이다. (가)와 (나)는 각각 능동 수송과 촉진 확산 중 하나이며, ㉠은 능동 수송을 통해 세포 내부에서 외부로 이동한다.

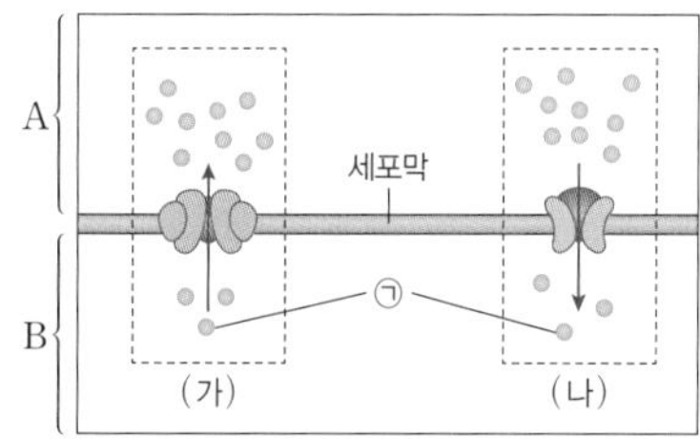

이에 대한 설명으로 옳은 것만을 <보기>에서 있는 대로 고른 것은?

보기
ㄱ. A는 세포 내부이다.
ㄴ. 세포막에서 이산화 탄소의 이동 방식은 (가)이다.
ㄷ. $\frac{\text{B에서 ㉠의 농도}}{\text{A에서 ㉠의 농도}}$의 값이 1이면 (나)를 통해 세포 안과 밖으로 이동하는 ㉠의 양은 서로 같다.

① ㄱ ② ㄷ ③ ㄱ, ㄴ ④ ㄴ, ㄷ ⑤ ㄱ, ㄴ, ㄷ

정답과 해설 18쪽

[20702-0125]

10 그림 (가)는 어떤 식물 세포를 소금물 ㉠에 넣고 충분한 시간이 지난 후의 상태를, (나)는 (가)의 식물 세포를 소금물 ㉡에 옮긴 후 세포의 부피에 따른 흡수력과 팽압을 나타낸 것이다. A와 B는 각각 흡수력과 팽압 중 하나이다.

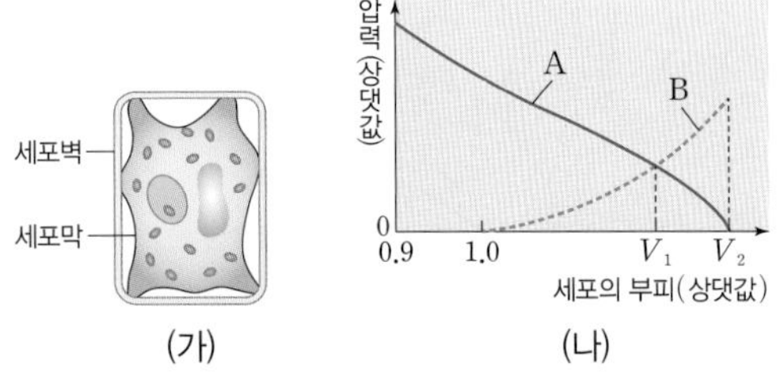

이에 대한 설명으로 옳은 것만을 <보기>에서 있는 대로 고른 것은?

보기

ㄱ. 소금물의 농도는 ㉠>㉡이다.
ㄴ. V_1일 때 이 세포의 농도는 ㉠보다 작다.
ㄷ. V_2일 때 세포 안과 밖으로 이동하는 물의 양은 서로 같다.

① ㄱ ② ㄷ ③ ㄱ, ㄴ ④ ㄴ, ㄷ ⑤ ㄱ, ㄴ, ㄷ

[20702-0126]

11 그림은 세포막을 통한 물질의 이동 방식 (가)~(다)를 나타낸 것이다. (가)~(다)는 능동 수송, 촉진 확산, 세포내 섭취를 순서 없이 나타낸 것이다.

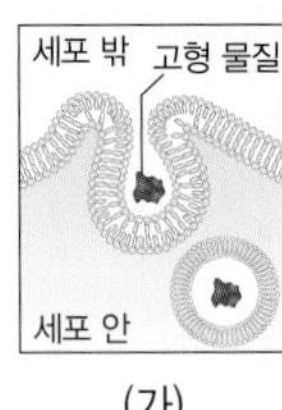

(가)

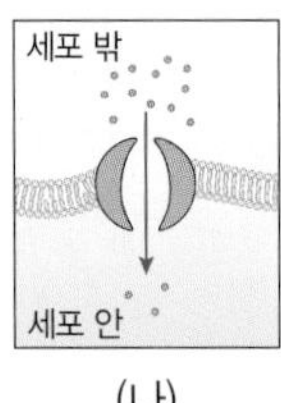

(나)

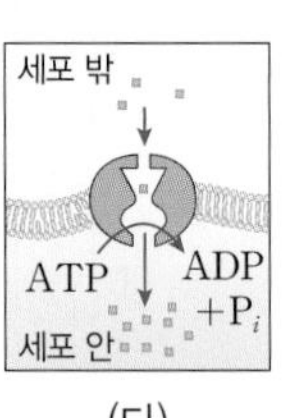

(다)

이에 대한 설명으로 옳은 것만을 <보기>에서 있는 대로 고른 것은?

보기

ㄱ. 백혈구의 식균 작용은 (가)에 해당한다.
ㄴ. (나)와 (다)는 모두 에너지를 소모한다.
ㄷ. 신경 세포에서 Na^+-K^+ 펌프에 의한 이온의 이동 방식은 (다)에 해당한다.

① ㄱ ② ㄴ ③ ㄱ, ㄷ ④ ㄴ, ㄷ ⑤ ㄱ, ㄴ, ㄷ

서술형

[20702-0127]

12 그림은 구분 기준 A와 B에 따라 능동 수송, 촉진 확산, 단순 확산을 구분하는 과정을 나타낸 것이다.

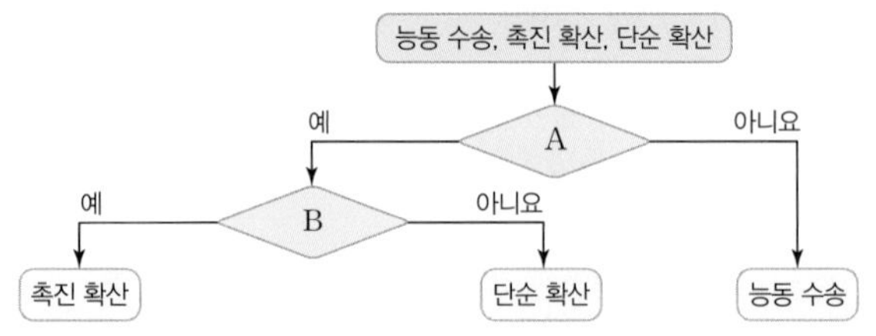

A와 B에 해당하는 구분 기준을 각각 서술하시오.

[20702-0128]

13 그림 (가)~(다)는 동일한 양파 뿌리 세포를 농도가 다른 설탕 용액 A, B, C에 넣은 후 충분한 시간이 지난 후의 모습을 순서대로 나타낸 것이다.

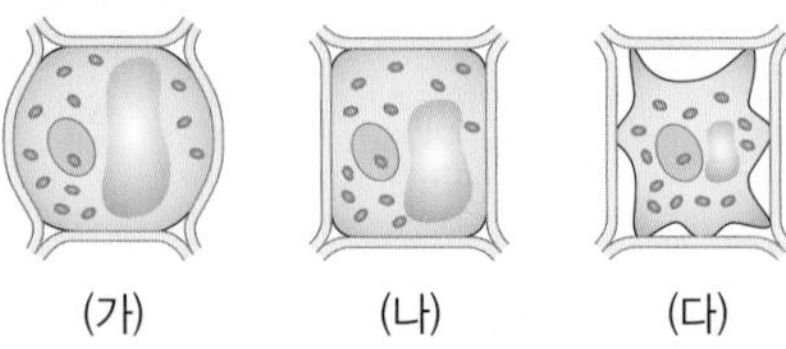

이에 대한 설명으로 옳은 것만을 <보기>에서 있는 대로 고른 것은?

보기

ㄱ. (가)는 팽윤 상태이다.
ㄴ. A~C 중 A의 농도가 가장 낮다.
ㄷ. 세포의 흡수력이 가장 큰 것은 (나)이다.

① ㄱ ② ㄷ ③ ㄱ, ㄴ ④ ㄴ, ㄷ ⑤ ㄱ, ㄴ, ㄷ

[20702-0129]

01 그림은 물질 ㉠과 ㉡이 각각 들어 있는 배양액에 세포를 넣은 후 시간에 따른 각 물질의 세포 안 농도를 나타낸 것이다. ㉠과 ㉡의 이동 방식은 각각 촉진 확산과 능동 수송 중 하나이다. C_1은 ㉠의 세포 안과 밖의 농도가 같아졌을 때, C_2는 ㉡의 세포 안과 밖의 농도가 같아졌을 때 각 물질의 세포 밖 농도이다.

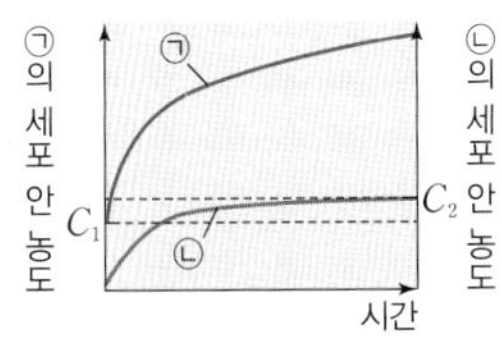

이에 대한 설명으로 옳은 것만을 <보기>에서 있는 대로 고른 것은?

> 보기
> ㄱ. ㉠의 이동에는 막단백질이 이용된다.
> ㄴ. ㉡의 이동에는 에너지가 소모된다.
> ㄷ. 폐포와 모세 혈관 사이의 기체 교환 방식은 ㉠이다.

① ㄱ　② ㄴ　③ ㄱ, ㄴ　④ ㄱ, ㄷ　⑤ ㄴ, ㄷ

[20702-0130]

02 표 (가)는 세포막을 통한 물질의 이동 방식 A~C에서 특징 ㉠~㉢의 유무를, (나)는 ㉠~㉢을 순서 없이 나타낸 것이다. A~C는 각각 단순 확산, 촉진 확산, 능동 수송 중 하나이다.

구분	㉠	㉡	㉢
A	○	○	×
B	○	×	○
C	×	×	○

(○: 있음, ×: 없음)

(가)

특징(㉠~㉢)
• ATP를 소모한다.
• 막단백질을 이용한다.
• 막 사이에 농도 차가 없으면 물질의 순이동이 없다.

(나)

이에 대한 설명으로 옳은 것만을 <보기>에서 있는 대로 고른 것은?

> 보기
> ㄱ. A는 촉진 확산이다.
> ㄴ. ㉠은 '막단백질을 이용한다.'이다.
> ㄷ. 폐포와 모세 혈관 사이에서 일어나는 O_2의 이동 방식은 C에 해당한다.

① ㄱ　② ㄴ　③ ㄱ, ㄷ　④ ㄴ, ㄷ　⑤ ㄱ, ㄴ, ㄷ

[20702-0131]

03 표는 4개의 비커 Ⅰ~Ⅳ에 증류수 및 농도가 서로 다른 포도당 용액과 크기와 무게가 같은 정육면체 감자 조각을 넣고 일정 시간 후 감자의 질량 변화를 측정한 것이다.

구분	Ⅰ	Ⅱ	Ⅲ	Ⅳ
포도당 용액	증류수	0.1 M	0.3 M	1.0 M
감자 질량 변화	0.8 g 증가	0.04 g 증가	변화 없음	0.14 g 감소

이에 대한 설명으로 옳은 것만을 <보기>에서 있는 대로 고른 것은? (단, 변인 통제는 바르게 이루어졌다.)

> 보기
> ㄱ. Ⅳ에서는 원형질 분리가 일어난다.
> ㄴ. 삼투압은 감자에서와 0.3 M 포도당 용액에서가 같다.
> ㄷ. Ⅱ에 있는 감자를 Ⅲ로 옮기면 세포 내액의 농도가 높아질 것이다.

① ㄱ　② ㄷ　③ ㄱ, ㄴ　④ ㄴ, ㄷ　⑤ ㄱ, ㄴ, ㄷ

[20702-0132]

04 그림은 설탕 용액 X에 담겨 있던 식물 세포 A를 설탕 용액 Y에 옮긴 후 세포의 부피에 따른 삼투압과 흡수력을 나타낸 것이다. ㉠과 ㉡은 각각 흡수력과 삼투압 중 하나이며, X에 담겨 있는 A의 부피는 0.9(상댓값)이다.

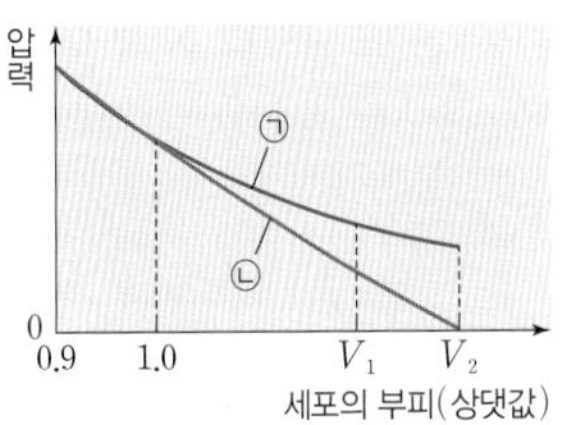

이에 대한 설명으로 옳은 것만을 <보기>에서 있는 대로 고른 것은?

> 보기
> ㄱ. 설탕 용액의 농도는 Y가 X보다 높다.
> ㄴ. V_1일 때 A는 원형질 분리가 일어난 상태이다.
> ㄷ. A의 $\frac{\text{팽압}}{\text{삼투압}}$은 V_1일 때가 V_2일 때보다 작다.

① ㄱ　② ㄷ　③ ㄱ, ㄴ　④ ㄴ, ㄷ　⑤ ㄱ, ㄴ, ㄷ

[20702-0133]

05 다음은 세포막의 특성을 알아보기 위해 수행한 실험이다.

[실험 Ⅰ] (가) 사람 세포의 막과 쥐 세포의 ㉠ 세포막 단백질을 각각 다른 색의 형광 물질로 염색 후 두 세포를 융합시켜 배양 접시를 4 ℃와 37 ℃에 보관하였다.

(나) 37 ℃에서 배양한 세포만 표면에 형광 물질이 골고루 섞였다.

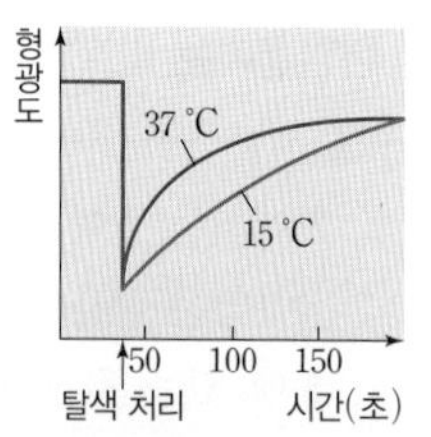

[실험 Ⅱ] 형광 물질로 표지된 세포막 단백질을 부분 탈색 후 15 ℃와 37 ℃에서 시간에 따라 탈색된 구역을 관찰한 결과 ㉡ 형광도가 증가하였다.

이에 대한 설명으로 옳은 것만을 <보기>에서 있는 대로 고른 것은?

보기

ㄱ. ㉠의 이동 속도는 37 ℃에서가 15 ℃에서보다 높다.

ㄴ. ㉡은 형광 물질이 추가되었기 때문이다.

ㄷ. Ⅰ과 Ⅱ는 모두 ㉠의 유동성을 알아보았다.

① ㄱ ② ㄴ ③ ㄱ, ㄷ ④ ㄴ, ㄷ ⑤ ㄱ, ㄴ, ㄷ

[20702-0134]

06 그림은 어떤 동물의 적혈구를 용액 A, 용액 B, 등장액에 각각 같은 수로 넣고, 일정 시간이 지난 후 적혈구 부피에 따른 적혈구 수를 각 용액에 따라 나타낸 것이다.

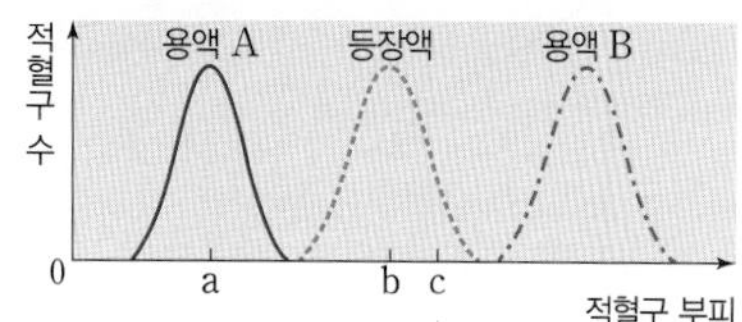

이에 대한 설명으로 옳은 것만을 <보기>에서 있는 대로 고른 것은? (단, A, B에서 적혈구의 용혈이 일어나지 않는다.)

보기

ㄱ. 용액 A는 용액 B보다 농도가 높다.

ㄴ. 부피가 a인 적혈구는 정상 적혈구보다 부피가 작다.

ㄷ. 부피가 b인 적혈구는 c인 적혈구보다 삼투압이 크다.

① ㄱ ② ㄴ ③ ㄷ ④ ㄱ, ㄴ ⑤ ㄴ, ㄷ

[20702-0135]

07 다음은 인공적으로 만든 리포솜에 대한 자료이다.

그림 (가)는 리포솜 내부의 물과 인지질 2중층 막에 서로 다른 약물을 삽입시킨 것이고, (나)는 약물을 넣은 다중층 리포솜을 나타낸 것이다. A와 B는 각각 인지질 2중층과 리포솜 내부 중 하나이다.

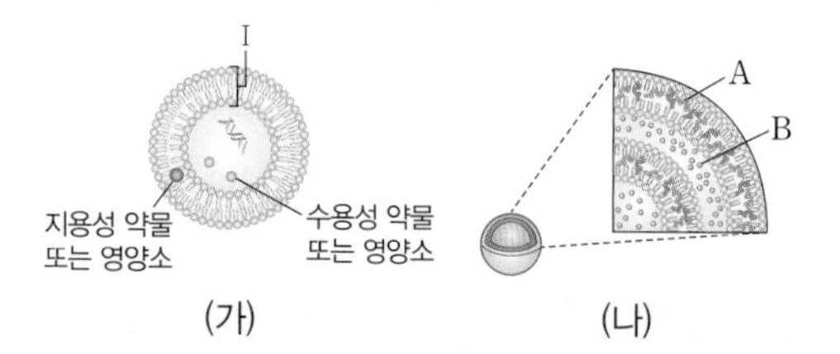

이에 대한 설명으로 옳은 것만을 <보기>에서 있는 대로 고른 것은?

보기

ㄱ. Ⅰ 부분은 유동성이 있다.

ㄴ. A에 지용성 성분을 넣을 수 있다.

ㄷ. B에 수용성 약물을 포함시켜 세포에 융합시키면 세포 내에 효과적으로 전달할 수 있다.

① ㄱ ② ㄴ ③ ㄱ, ㄷ ④ ㄴ, ㄷ ⑤ ㄱ, ㄴ, ㄷ

[20702-0136]

08 그림은 반투과성 막이 장치된 U자관을, 표는 U자관 Ⅰ, Ⅱ의 A와 B에 각각 농도가 ㉠~㉢인 설탕 용액을 같은 양으로 넣고 일정 시간 후 용액의 높이 변화가 없을 때 A와 B 용액의 높이 차(d)(H_A-H_B)를 나타낸 것이다. 반투과성 막을 통해 단당류는 이동할 수 있지만 설탕은 이동하지 못한다.

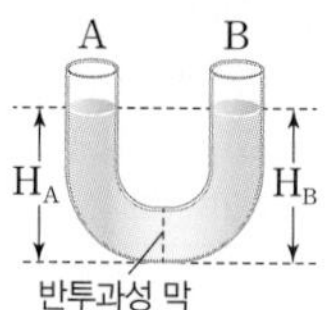

U자관	설탕 용액		높이 차(d)
	A	B	(H_A-H_B)(mm)
Ⅰ	㉠	㉡	20
Ⅱ	㉡	㉢	−15

이에 대한 설명으로 옳은 것만을 <보기>에서 있는 대로 고른 것은? (단, 변인 통제는 바르게 이루어졌다.)

보기

ㄱ. ㉠>㉢이다.

ㄴ. Ⅱ에서 물의 이동은 A에서 B 방향으로 일어났다.

ㄷ. ㉠에 설탕 분해 효소를 넣으면 d는 20보다 커진다.

① ㄱ ② ㄷ ③ ㄱ, ㄴ ④ ㄴ, ㄷ ⑤ ㄱ, ㄴ, ㄷ

5 효소

- 효소의 기능과 특성 설명하기
- 효소의 구조와 종류 구분하기
- 효소의 활성에 영향을 미치는 요인 분석하기

한눈에 단원 파악, 이것이 핵심!

효소에 의해 활성화 에너지는 어떻게 달라질까?

- 효소는 활성화 에너지를 낮춰 반응 속도를 빠르게 한다.
- 효소는 반응열의 크기에 영향을 주지 않는다.

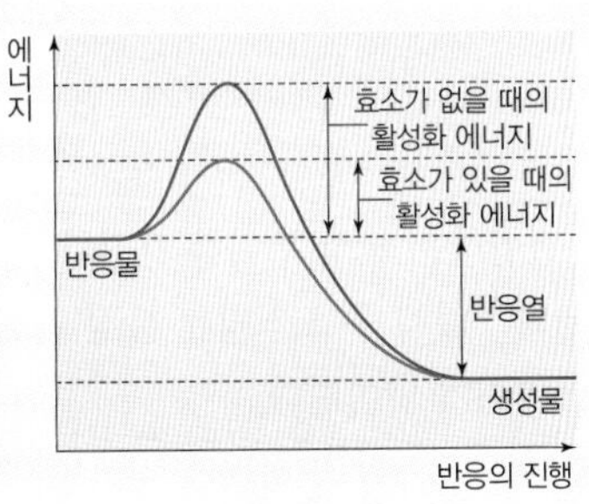

▲ 발열 반응

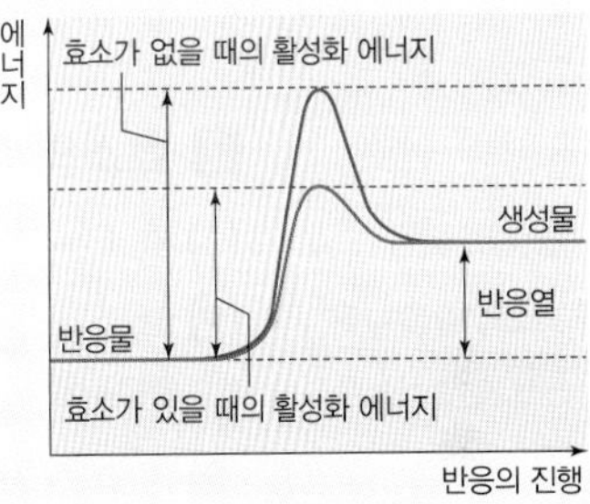

▲ 흡열 반응

저해제의 종류에는 무엇이 있을까?

- 일정한 범위 내에서 기질 농도가 증가함에 따라 초기 반응 속도가 비례하여 증가한다.
- 기질의 농도가 높아지면 저해 효과가 감소하는 것은 경쟁적 저해제, 기질의 농도가 높아지더라도 저해 효과가 감소하지 않는 것은 비경쟁적 저해제이다.

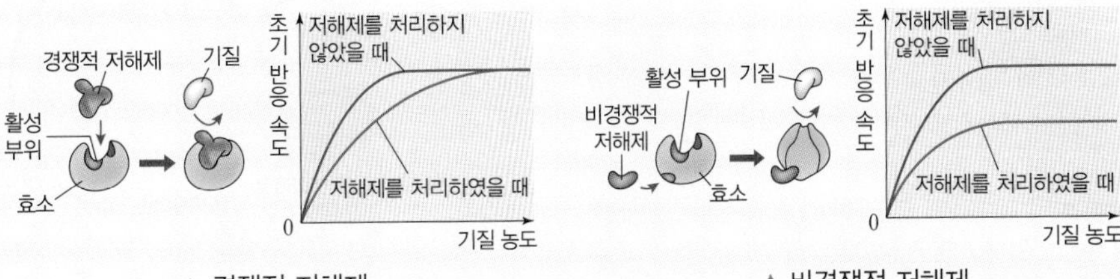

▲ 경쟁적 저해제 ▲ 비경쟁적 저해제

01 효소의 기능과 특성

THE 알기

1 효소의 기능과 활성화 에너지

(1) **활성화 에너지**: 어떤 물질이 화학 반응을 일으키기 위해 필요한 최소한의 에너지이다. 반응물이 활성화 에너지 이상의 충분한 에너지를 가지고 있어야만 화학 반응이 일어난다.

(2) **효소와 반응을 일으키는 분자 수**: 효소에 의해 활성화 에너지가 낮아지면 반응을 일으킬 수 있는 분자 수가 많아져 반응 속도가 빨라진다.

(3) **생체[1]촉매**: 효소는 반응물인 기질과 결합하여 활성화 에너지를 낮춤으로써 물질대사의 속도를 빠르게 한다.

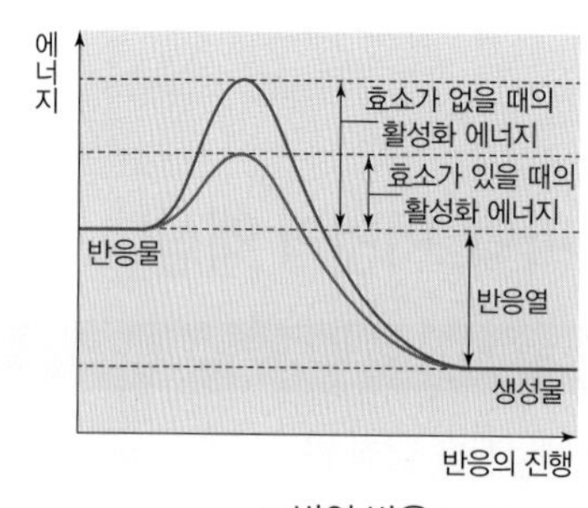

▲ 발열 반응

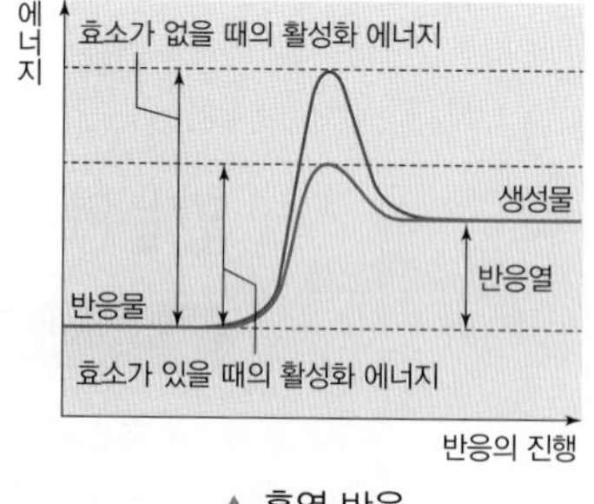

▲ 흡열 반응

2 효소의 특성

(1) 효소는 [2]기질과 결합하는 활성 부위를 가진다.

(2) 효소가 활성 부위와 [3]입체 구조가 맞는 특정 기질과 결합하여 효소·기질 복합체를 형성하면 반응의 활성화 에너지가 낮아진다.

(3) 효소는 반응에서 소모되거나 변형되지 않으며, 반응이 끝난 후 생성물과 분리된 효소는 새로운 기질과 결합하여 다시 반응에 이용된다.

(4) 효소는 [4]반응열의 크기에 영향을 주지 않는다.

(5) 효소가 활성 부위와 입체 구조가 맞는 특정 기질에만 결합하여 작용하는 특성을 기질 특이성이라고 한다.

예 수크레이스는 설탕은 분해하지만 같은 이당류인 엿당은 분해하지 못한다. 즉, 수크레이스의 활성 부위에 설탕은 결합하지만 엿당은 결합하지 못한다.

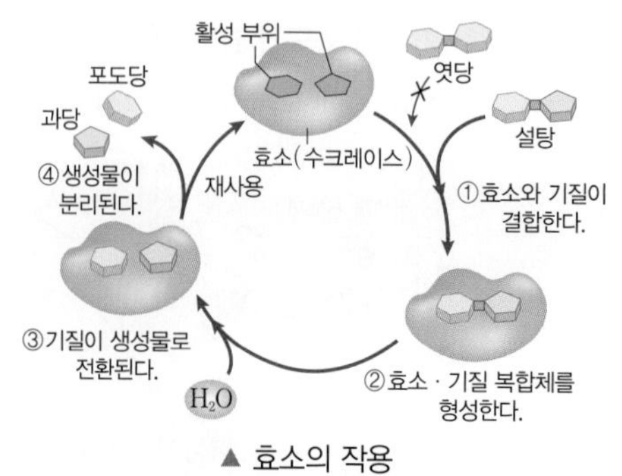

▲ 효소의 작용

❶ **촉매**
화학 반응 전후에 자신은 변하지 않고, 활성화 에너지를 높이거나 낮추어 반응 속도를 변하게 하는 물질이다.

❷ **기질**
효소 반응에서 효소의 활성 부위에 결합하는 반응물이다.

❸ **효소와 기질의 결합**
효소는 기질이 활성 부위에 결합하면 활성 부위의 입체 구조가 기질과 일치하도록 변한다.

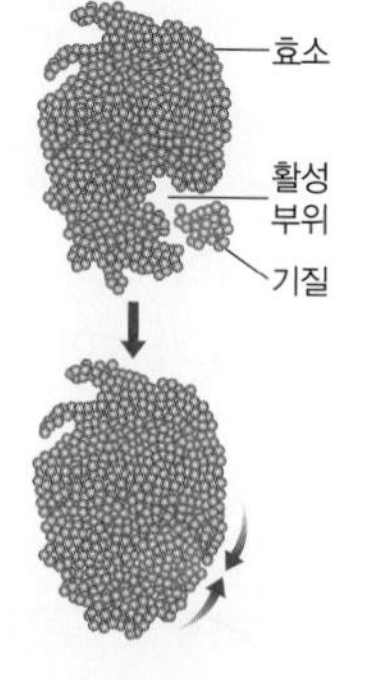

❹ **반응열**
화학 반응이 일어날 때 흡수되거나 방출되는 열이다.

3 효소의 구조와 종류

(1) 효소의 구조: 효소 중에는 단백질로만 이루어져 활성을 나타내는 효소와 단백질과 함께 비단백질 성분인 보조 인자가 있어야 활성을 나타내는 효소가 있다.

① 단백질로만 구성된 효소: 아밀레이스, 펩신과 같은 소화 효소는 단백질 성분으로만 활성을 나타낸다.

② [1]전효소: 대부분의 효소는 단백질만으로는 활성을 나타내지 못하고, 비단백질 성분이 함께 있어야 활성을 나타낸다. 이때 단백질 성분을 주효소, 비단백질 성분을 보조 인자, 이들이 결합하여 완전한 활성을 가지는 효소를 전효소라 한다.

- 주효소: 효소의 단백질 부분으로 입체 구조가 온도와 pH의 영향을 받아 변형된다.
- 보조 인자: 효소의 비단백질 부분으로 온도와 pH의 영향을 적게 받는다. 보조 인자에는 조효소와 금속 이온이 있다.
  - ㉠ 조효소: 보조 인자가 [2]비타민과 같은 유기 화합물인 경우로, 일반적으로 반응이 끝나면 주효소로부터 분리된다. 한 종류의 조효소가 여러 종류의 주효소와 결합하여 이용될 수 있다.
    예 NAD^+, $NADP^+$, FAD 등
  - ㉡ 금속 이온: 일반적으로 주효소와 강하게 결합하고 있어 반응이 끝나도 주효소로부터 분리되지 않는다.
    예 철, 구리, 아연, 마그네슘 등의 금속 이온

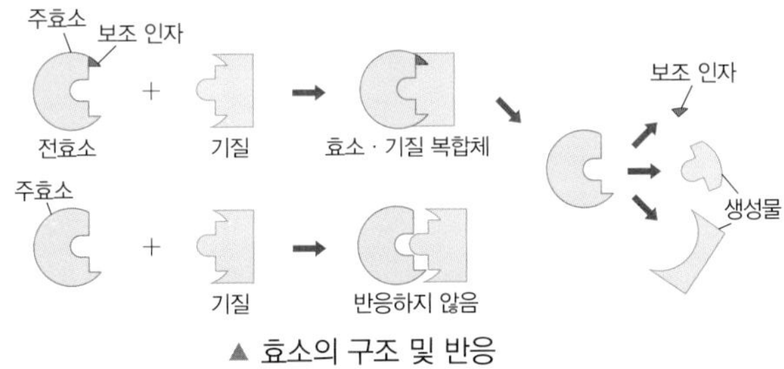

▲ 효소의 구조 및 반응

(2) 효소의 종류: 생물체 내에서 일어나는 물질대사의 종류가 다양한 만큼 이에 관여하는 효소의 종류도 매우 다양하다. 효소는 작용하는 반응의 종류에 따라 6가지로 분류된다.

종류	작용	
산화 환원 효소	[3]수소(H)나 산소(O) 원자 또는 전자를 다른 분자에 전달함	◎—H_2 → ◎ + H_2
전이 효소	특정 기질의 작용기를 떼어 다른 분자에 전달함	◎—NH_2+◉ → ◎+◉—NH_2
가수 분해 효소	물 분자를 첨가하여 기질을 분해함	◎◉+H_2O → ◎—H+◉—OH
제거 부가 효소	가수 분해나 산화에 의하지 않고 기질에서 작용기를 제거하여 이중 결합을 형성하거나 기질에 작용기를 부가하여 단일 결합을 형성함	◉○ → ◉ + ○(작용기)
이성질화 효소	기질 내의 원자 배열을 바꾸어 [4]이성질체로 전환시킴	▣ → ◈
연결 효소	에너지를 사용하여 2개의 기질을 연결함	◎ + ◉ → ◎◉ (ATP → ADP+P_i)

THE 알기

[1] **전효소**
전효소=주효소+보조 인자(조효소 또는 금속 이온)

[2] **비타민**
대부분의 비타민이 조효소 또는 조효소의 전구 물질로 작용한다.

[3] **산화 반응, 환원 반응**
산소를 얻거나 수소나 전자를 잃는 반응을 산화 반응, 산소를 잃거나 수소나 전자를 얻는 반응을 환원 반응이라고 한다.

[4] **이성질체**
분자식은 같으나 분자 내에 있는 원자의 연결 방식이나 공간 배열이 달라 화학 구조가 다른 화합물이다.

THE 알기

❶ 변성
단백질이나 핵산 등이 온도나 pH 등의 변화로 인해 고유한 입체 구조를 잃는 것을 변성이라고 한다.

❷ 반응 속도
단위 시간에 따른 반응 물질의 농도 변화량, 혹은 시간에 따른 생성 물질의 농도 변화량이다.

❸ 초기 반응 속도 측정
반응물과 효소가 섞이자마자 나타나는 생성물의 생성 속도를 측정한 것이다. 기질 농도에 따른 반응 속도를 측정할 때 반응 시간이 지남에 따라 기질의 양이 줄어 반응 속도가 감소하므로 초기 반응 속도를 측정하여 비교한다.

4 효소의 활성에 영향을 미치는 요인

(1) 온도와 pH: 효소마다 활성이 최대가 되는 온도와 pH를 각각 최적 온도와 최적 pH라고 한다.

① 온도에 따른 효소 활성

- 최적 온도보다 온도가 낮을 때: 온도가 높아지면 기질과 효소 활성 부위의 충돌 횟수가 증가하여 효소·기질 복합체가 더 많이 형성되므로 반응 속도가 빨라진다.
- 최적 온도보다 온도가 높을 때: 효소 활성 부위의 입체 구조가 ❶변성되어 효소·기질 복합체의 형성이 어려워져 반응 속도가 급격히 낮아진다.
- 변성 이후: 고온에서 효소 활성 부위의 입체 구조가 변성되어 기능을 잃은 경우 대부분의 효소는 온도를 낮추어도 기능이 회복되지 않는다.

② pH에 따른 효소 활성

- 최적 pH에서 ❷반응 속도가 가장 빠르고, 최적 pH를 벗어나면 반응 속도는 느려진다.
- 효소 활성이 나타나는 pH 범위를 벗어나면 효소·기질 복합체의 형성이 어려워져 반응 속도가 급격히 느려진다.

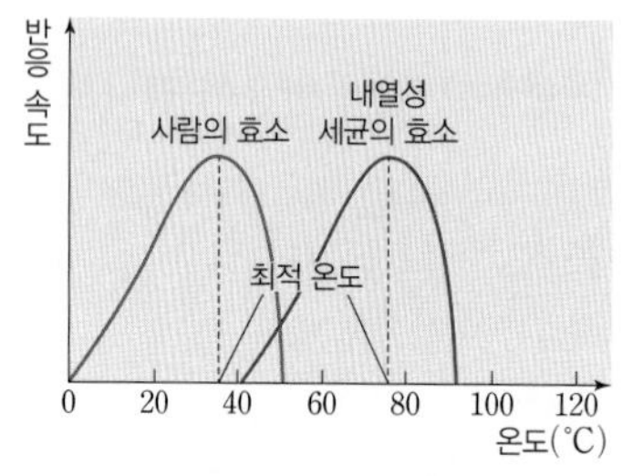

▲ 온도에 따른 효소 활성

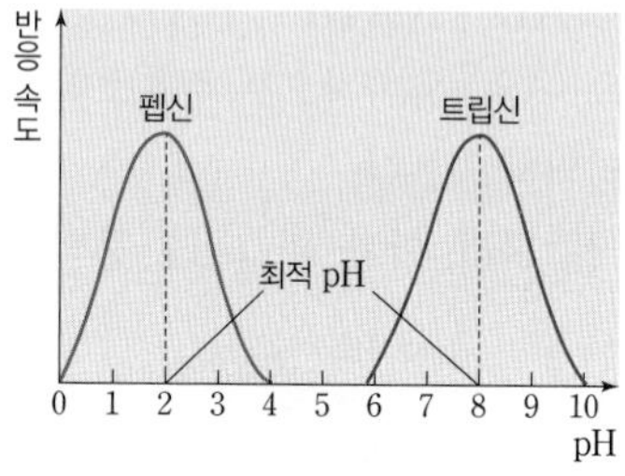

▲ pH에 따른 효소 활성

(2) 기질의 농도

① 효소의 농도가 일정할 때 ❸초기 반응 속도

- 일정한 범위 내에서 기질 농도가 증가함에 따라 비례하여 증가한다.
- 일정 수준 이상에서는 초기 반응 속도가 증가하지 않고 유지된다.

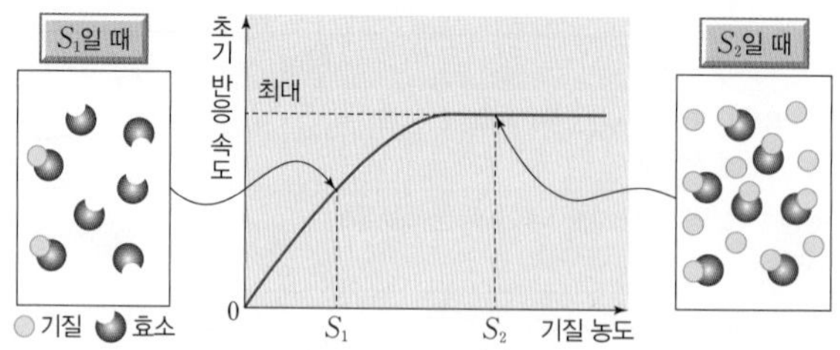

▲ 효소의 농도가 일정할 때 기질의 농도에 따른 초기 반응 속도

㉠ S_1일 때: 기질과 결합하지 않은 효소가 존재하므로 기질의 농도가 증가하면 효소·기질 복합체의 농도가 증가하여 초기 반응 속도가 증가한다.

㉡ S_2일 때(효소와 기질의 결합이 포화 상태에 도달했을 때): 모든 효소가 기질과 결합하여 기질의 농도가 증가해도 초기 반응 속도는 더 이상 증가하지 않는다. 효소의 농도를 증가시키면 초기 반응 속도가 다시 증가한다.

② ❶효소의 농도가 다를 경우: 효소의 농도에 비례하여 효소·기질 복합체의 수가 증가하므로 초기 반응 속도도 증가한 효소의 농도만큼 빨라진다. S_2 이상에서 효소를 첨가하면 초기 반응 속도가 증가한다.

③ 효소의 농도가 일정할 때 물질의 농도

- 화학 반응이 진행되면 반응 물질의 농도는 감소하고, 생성 물질의 농도는 증가한다.
- 시간에 따라 반응물인 기질의 양은 감소하고, 기질과 결합하지 않은 효소는 감소 후 증가하며, 효소 · 기질 복합체는 증가 후 감소한다.

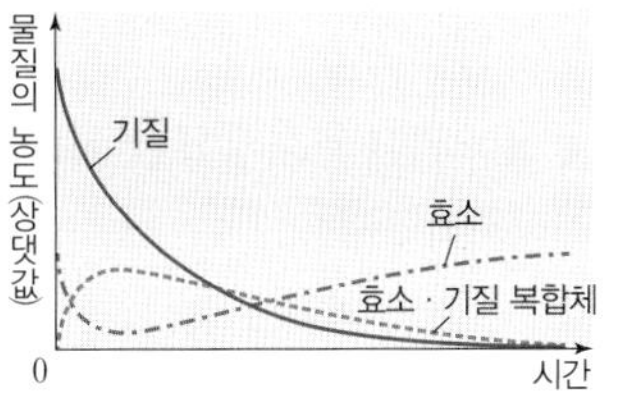

▲ 시간에 따른 기질, 효소, 효소·기질 복합체의 농도

(3) 저해제: 효소와 결합하여 효소·기질 복합체의 형성을 저해함으로써 효소의 촉매 작용을 방해하는 물질이다.

① 경쟁적 저해제: 저해제의 입체 구조가 기질과 유사하여 효소의 활성 부위에 기질과 경쟁적으로 결합하여 효소의 작용을 저해한다. 기질의 농도가 높아지면 저해 효과가 감소한다.

② 비경쟁적 저해제: 활성 부위가 아닌 효소의 다른 부위에 결합, 활성 부위의 구조를 변형시켜 기질이 결합하지 못하게 한다. 기질의 농도가 높아지더라도 저해 효과는 줄어들지 않는다.

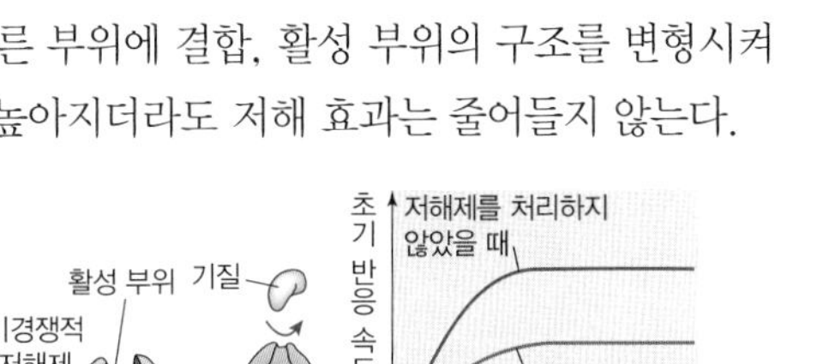

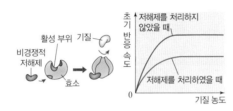

▲ 경쟁적 저해제 ▲ 비경쟁적 저해제

5 생활 속에서 효소의 이용

(1) 식품: 고기 연화제 및 식혜, 치즈, 김치, 된장 등 발효 식품에서 효소가 사용된다.

(2) 생활용품: 효소 세탁 세제, 효소 화장품, 효소 치약 등에 효소가 사용된다.

(3) 의료 및 생명 공학: 소화제, 요검사지, 혈당 검사지, 유전자 재조합에 효소가 사용된다.

(4) 산업: 오염 물질 정화, 에탄올 생산, 면제품 가공 등에 사용된다.

THE 알기

❶ 효소 농도가 다를 때

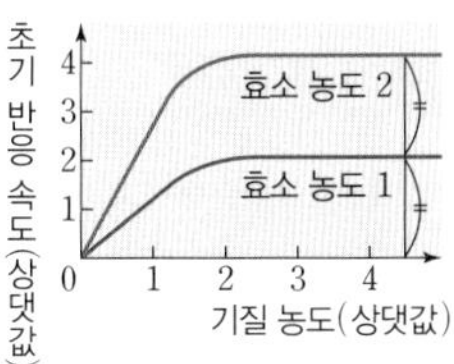

▲ 효소 농도가 다를 때 기질 농도에 따른 초기 반응 속도

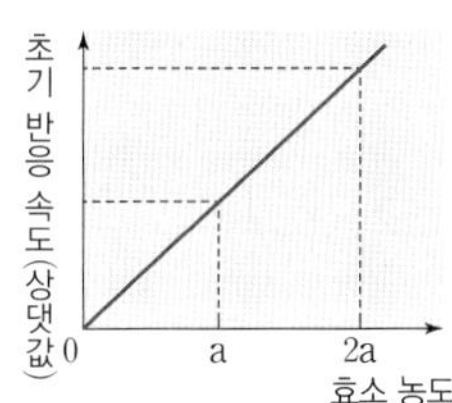

▲ 효소 농도에 따른 초기 반응 속도

THE 들여다보기 효소와 활성화 에너지

그림은 효소의 유무와 에너지양에 따른 분자 수를 나타낸 것이다.
활성화 에너지보다 높은 에너지를 가진 분자가 반응에 참여하므로 효소가 작용할 때 반응에 참여하는 분자 수는 효소가 작용하지 않을 때 반응에 참여하는 분자 수보다 많다. 따라서 효소가 있으면 효소가 없을 때보다 반응 속도가 빨라진다.

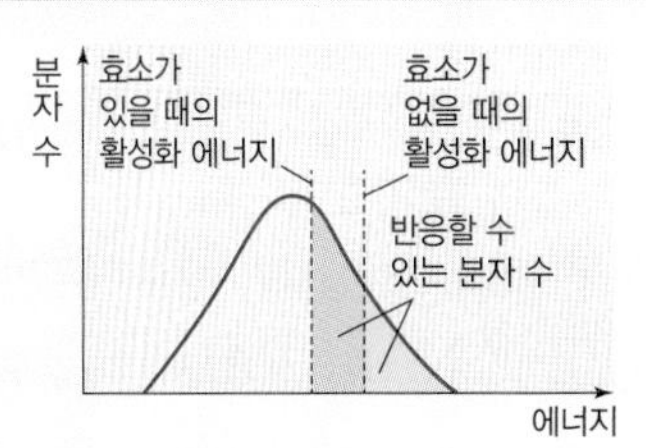

▲ 효소가 있을 때와 없을 때의 활성화 에너지에 따른 반응 분자 수

개념체크

빈칸 완성

1. 어떤 물질이 화학 반응을 일으키기 위해 필요한 최소한의 에너지를 (   ) 에너지라고 한다.

2. 효소는 기질과 결합하는 (   ) 부위를 가진다.

3. 효소가 활성 부위와 입체 구조가 맞는 특정 기질에만 결합하여 작용하는 특성을 (   )이라고 한다.

4. 전효소에서 (   ) 성분을 주효소라 하고, 비단백질 성분을 (   ) 인자라고 한다.

5. 보조 인자가 비타민과 같은 유기 화합물인 경우를 (   )라고 한다.

6. 수소나 산소 원자 또는 전자를 다른 분자에 전달하는 효소를 (   ) 효소라고 한다.

7. 효소 활성이 최대가 되는 온도를 (   ) 온도라고 한다.

8. 저해제의 입체 구조가 기질과 유사하여 효소의 활성 부위에 결합하는 저해제를 (   ) 저해제라고 한다.

9. 비경쟁적 저해제는 효소의 활성 부위가 아닌 다른 부위에 결합하여 (   )의 구조를 변형시켜 기질이 결합하지 못하게 한다.

10. 효소가 반응물과 처음 반응을 시작할 때 측정한 반응 속도를 (   )라고 한다.

정답 **1.** 활성화 **2.** 활성 **3.** 기질 특이성 **4.** 단백질, 보조 **5.** 조효소 **6.** 산화 환원 **7.** 최적 **8.** 경쟁적 **9.** 활성 부위 **10.** 초기 반응 속도

○X 문제

1. 효소에 대한 설명으로 옳은 것은 ○, 옳지 않은 것은 ×로 표시하시오.

(1) 효소에 의해 활성화 에너지가 낮아지면 반응을 할 수 있는 분자 수가 많아진다. (   )

(2) 효소는 반응열을 증가시킨다. (   )

(3) 효소는 반응 이후 소모되어 반응물과 함께 다시 첨가해야 한다. (   )

(4) 기질의 농도가 일정할 때, 일정 범위까지는 효소의 농도에 비례하여 효소·기질 복합체의 수가 증가한다. (   )

2. 효소의 구조에 대한 설명으로 옳은 것은 ○, 옳지 않은 것은 ×로 표시하시오.

(1) 효소를 가열하면 전효소의 구성 요소 중 단백질 부분이 변성된다. (   )

(2) 보조 인자가 금속 이온인 경우는 없다. (   )

(3) NAD^+, FAD 등은 조효소의 일종이다. (   )

(4) 단백질로만 구성된 효소는 없다. (   )

3. 효소 활성에 대한 설명으로 옳은 것은 ○, 옳지 않은 것은 ×로 표시하시오.

(1) 효소 활성이 나타나는 pH 범위를 벗어나면 효소·기질 복합체의 형성이 어려워져 반응 속도가 급격히 느려진다. (   )

(2) 경쟁적 저해제에서는 기질의 농도가 높아지면 저해 효과가 감소한다. (   )

바르게 연결하기

4. 효소의 종류와 특징을 옳게 연결하시오.

(1)	전이 효소	㉠	에너지를 사용해 기질을 연결
(2)	가수 분해 효소	㉡	물 분자를 첨가해 기질을 분해
(3)	이성질화 효소	㉢	작용기를 다른 분자에 전달
(4)	연결 효소	㉣	기질 내의 원자 배열을 바꿈

정답 **1.** (1) ○ (2) × (3) × (4) ○ **2.** (1) ○ (2) × (3) ○ (4) × **3.** (1) ○ (2) ○ **4.** (1) ㉢ (2) ㉡ (3) ㉣ (4) ㉠

효소의 작용에 영향을 미치는 요인

정답과 해설 21쪽

목표

효소의 작용을 알아보는 실험을 설계·수행하여 온도와 pH에 따라 효소의 활성이 달라지는 것을 설명할 수 있다.

가설 설정

온도와 pH에 따라 아밀레이스의 활성이 어떻게 달라질까?

과정

1. 6개의 시험관을 준비하여 A부터 F까지 표시한다.
2. 시험관 A~F에 다음과 같이 용액을 넣는다.

첨가액 \ 시험관	A	B	C	D	E	F
2 % 녹말 용액+아이오딘 용액	○	○	○	○	○	○
pH 용액	pH 7	pH 7	pH 7	pH 3	pH 7	pH 10
아밀레이스 용액	×	○	○	○	○	○
온도	35 ℃	90 ℃	0 ℃ 얼음물	35 ℃	35 ℃	35 ℃

(○: 첨가함, ×: 첨가하지 않음)

3. 충분한 시간 동안 시험관 용액의 색 변화를 관찰한다.

결과 정리 및 해석

시험관 용액의 색 변화는 표와 같다.

시험관	A	B	C	D	E	F
색의 변화	−	−	−	−	+++	−

(−: 변화 없음, +++: 많이 변화함)

1. A는 아밀레이스 첨가에 대한 대조 실험이다. A와 함께 B, C, E를 비교하면 온도에 따른 효소 활성을 알아볼 수 있고, A와 함께 D, E, F를 비교하면 pH에 따른 효소 활성을 알아볼 수 있다.
2. 시험관 A, B, C, E에서 온도 조건 35 ℃는 0 ℃나 90 ℃보다 아밀레이스의 최적 온도에 가깝다는 것을 알 수 있고, 시험관 A, D, E, F를 통해 pH는 중성(pH 7)이 산성(pH 3) 또는 염기성(pH 10)보다 아밀레이스의 최적 pH에 가깝다는 것을 알 수 있다.

탐구 분석

1. 식혜를 만들 때 엿기름에 포함된 아밀레이스를 이용한다. 밥알이 삭은 후 식혜물을 끓이는 까닭은 무엇인가?
2. 감자의 카탈레이스가 과산화 수소수를 분해하는 현상을 이용해 온도와 pH가 효소 활성에 미치는 영향을 알아보고자 한다. 조작 변인과 종속변인은 무엇인지 구분해보자.

내신 기초 문제

[20702-0137]
01 그림은 세포에서 일어나는 어떤 화학 반응에서 효소 X가 있을 때와 없을 때의 에너지 변화를 나타낸 것이다. X가 있으면 화학 반응 속도가 없을 때보다 빨라진다.

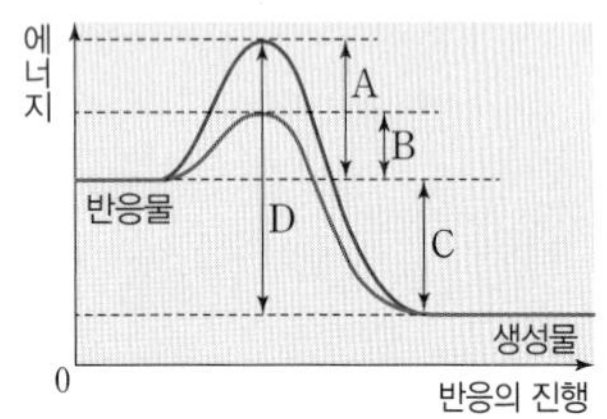

(1) X가 없을 때의 활성화 에너지와 X가 있을 때의 활성화 에너지의 차이를 기호를 이용하여 쓰시오.

(2) A～D 중 X가 있을 때 반응열의 크기와 없을 때 반응열의 크기를 각각 기호로 쓰시오.

[20702-0138]
02 효소에 대한 설명으로 옳지 않은 것은?

① 기질 특이성을 갖는다.
② 1회의 화학 반응 후 소모된다.
③ 반응열의 크기에 영향을 주지 않는다.
④ 기질과 결합하는 활성 부위를 가진다.
⑤ 활성 부위와 입체 구조가 맞는 기질과만 결합한다.

[20702-0139]
03 효소 X가 관여하는 반응에 대한 설명으로 옳은 것만을 〈보기〉에서 있는 대로 고른 것은? (단, 효소 X는 반응 속도를 빠르게 한다.)

보기
ㄱ. X는 생체에서 촉매 역할을 한다.
ㄴ. X가 있으면 반응의 활성화 에너지가 낮아진다.
ㄷ. X가 있으면 반응을 일으키는 분자 수가 많아진다.

① ㄱ ② ㄷ ③ ㄱ, ㄴ ④ ㄴ, ㄷ ⑤ ㄱ, ㄴ, ㄷ

[20702-0140]
04 그림은 효소가 작용하는 과정을 나타낸 것이다.

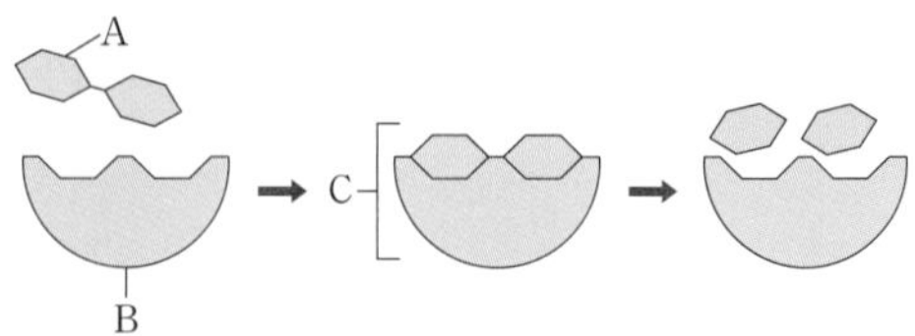

이에 대한 설명으로 옳지 않은 것은?

① A는 B의 기질이다.
② B는 단백질이 주성분이다.
③ B는 기질 특이성을 가진다.
④ C는 효소·기질 복합체이다.
⑤ C가 증가하면 반응 속도가 감소한다.

[20702-0141]
05 그림은 어떤 효소의 작용에서 주효소, 기질, 보조 인자, 효소·기질 복합체, 생성물을 나타낸 것이다.

'⊏'이 나타내는 것은 무엇인지 쓰시오.

[20702-0142]
06 효소의 구조에 대한 설명으로 옳은 것만을 〈보기〉에서 있는 대로 고른 것은?

보기
ㄱ. 보조 인자에는 조효소와 금속 이온이 있다.
ㄴ. 전효소는 보조 인자 없이 단백질로만 구성된 부분이다.
ㄷ. 한 종류의 조효소는 항상 한 종류의 주효소에만 결합한다.

① ㄱ ② ㄴ ③ ㄷ ④ ㄱ, ㄷ ⑤ ㄴ, ㄷ

[20702-0143]

07 **효소의 종류에 대한 설명으로 옳은 것은?**

① 이성질화 효소는 기질에 작용기를 부가한다.
② 전이 효소는 기질을 이성질체로 전환시킨다.
③ 산화 환원 효소는 기질을 가수 분해하는 효소이다.
④ 연결 효소는 에너지를 사용하여 2개의 기질을 연결한다.
⑤ 가수 분해 효소는 특정 기질의 작용기를 떼어 다른 분자에 전달한다.

[20702-0144]

08 **효소의 활성에 영향을 미치는 요인에 대한 설명으로 옳은 것은?**

① 최적 pH는 효소의 반응 속도가 가장 느린 pH이다.
② 경쟁적 저해제는 효소·기질 복합체의 형성을 저해한다.
③ 효소·기질 복합체의 형성이 저해되면 반응 속도가 증가한다.
④ 비경쟁적 저해제는 효소 활성에 영향을 미치는 요인이 아니다.
⑤ 최적 온도보다 온도가 올라가면 효소의 반응 속도도 증가한다.

[20702-0145]

09 **효소의 농도가 일정할 때 기질 농도에 따른 초기 반응 속도에 대한 설명으로 옳은 것만을 〈보기〉에서 있는 대로 고른 것은?**

보기
ㄱ. 초기 반응 속도가 최대가 되기 전까지는 기질 농도가 증가할수록 초기 반응 속도도 증가한다.
ㄴ. 초기 반응 속도가 최대가 되면 기질 농도가 증가해도 초기 반응 속도가 더 이상 증가하지 않는다.
ㄷ. 효소가 기질에 의해 포화되면 기질 농도가 증가해도 초기 반응 속도가 더 이상 증가하지 않는다.

① ㄱ ② ㄷ ③ ㄱ, ㄴ ④ ㄴ, ㄷ ⑤ ㄱ, ㄴ, ㄷ

[20702-0146]

10 **그림은 효소 농도가 A와 B일 때 기질 농도에 따른 초기 반응 속도를 나타낸 것이다.**

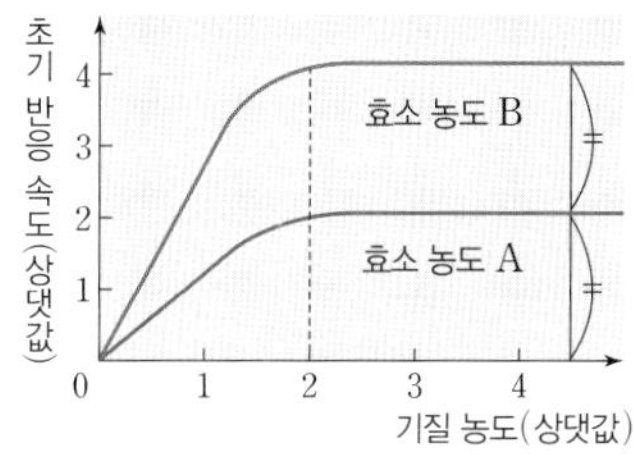

이에 대한 설명으로 옳은 것만을 〈보기〉에서 있는 대로 고른 것은? (단, 제시된 조건 이외의 다른 조건은 동일하다.)

보기
ㄱ. 기질 농도가 1일 때, 효소 농도 A에서가 B에서보다 초기 반응 속도가 높다.
ㄴ. 효소 농도가 B일 때, 기질 농도가 1에서 2로 증가하면 효소·기질 복합체의 수가 감소한다.
ㄷ. 기질 농도가 3일 때, 초기 반응 속도는 효소 농도 B에서가 효소 농도 A에서의 2배이다.

① ㄱ ② ㄴ ③ ㄷ ④ ㄱ, ㄷ ⑤ ㄴ, ㄷ

[20702-0147]

11 **그림은 사람의 소화 효소 A~C의 pH에 따른 반응 속도를 나타낸 것이다.**

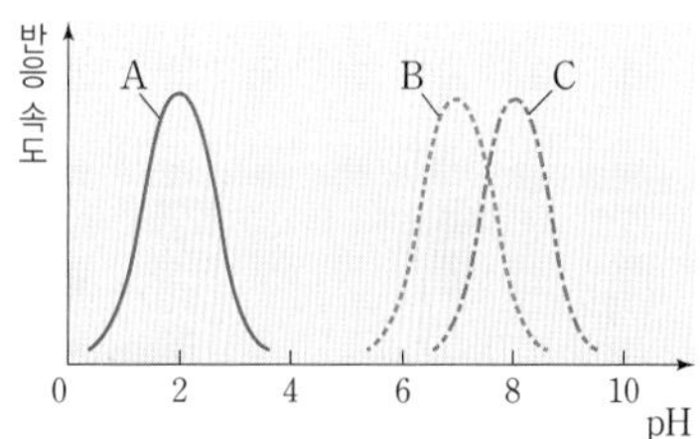

이에 대한 설명으로 옳은 것만을 〈보기〉에서 있는 대로 고른 것은? (단, 제시된 조건 이외의 다른 조건은 동일하다.)

보기
ㄱ. A와 B가 함께 작용하는 pH가 있다.
ㄴ. C의 최적 pH는 B의 최적 pH보다 중성에 가깝다.
ㄷ. A의 효소·기질 복합체의 형성 속도는 pH 2에서가 pH 7에서보다 빠르다.

① ㄱ ② ㄴ ③ ㄷ ④ ㄱ, ㄷ ⑤ ㄴ, ㄷ

정답과 해설 21쪽

[20702-0148]

12 그림은 효소 X의 반응에서 시간에 따른 기질, 효소, 효소·기질 복합체의 농도를 나타낸 것이다.

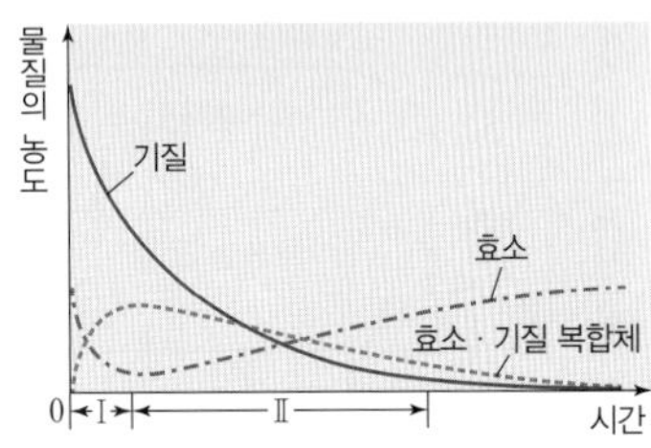

이에 대한 설명으로 옳은 것만을 〈보기〉에서 있는 대로 고른 것은?

보기
ㄱ. 구간 Ⅰ에서 효소·기질 복합체는 시간에 따라 증가한다.
ㄴ. 구간 Ⅱ에서 반응 속도는 시간에 따라 감소한다.
ㄷ. 구간 Ⅱ에서 시간에 따라 생성물의 농도가 증가한다.

① ㄱ ② ㄷ ③ ㄱ, ㄴ ④ ㄴ, ㄷ ⑤ ㄱ, ㄴ, ㄷ

[20702-0149]

13 활성 부위가 아닌 효소의 다른 부위에 결합하는 저해제를 무엇이라 하는지 쓰시오.

[20702-0150]

14 그림은 저해제 A가 효소 반응에 미치는 영향을 나타낸 것이다. A는 경쟁적 저해제와 비경쟁적 저해제 중 하나이다.

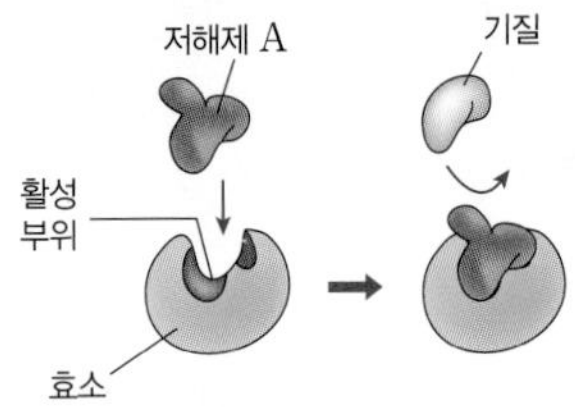

이에 대한 설명으로 옳은 것만을 〈보기〉에서 있는 대로 고른 것은?

보기
ㄱ. A는 경쟁적 저해제이다.
ㄴ. A는 효소의 활성 부위에 결합한다.
ㄷ. 기질의 농도가 높아져도 A의 저해 효과는 감소하지 않는다.

① ㄱ ② ㄷ ③ ㄱ, ㄴ ④ ㄴ, ㄷ ⑤ ㄱ, ㄴ, ㄷ

[20702-0151]

15 그림은 수크레이스(효소)의 반응을 나타낸 것이다.

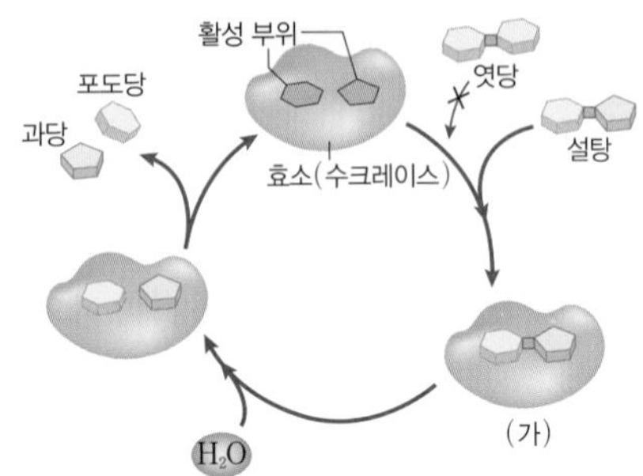

이에 대한 설명으로 옳은 것은?

① 수크레이스는 연결 효소이다.
② (가)는 효소·기질 복합체이다.
③ 설탕은 이 반응의 생성물이다.
④ 엿당은 설탕의 비경쟁적 저해제이다.
⑤ 엿당은 수크레이스에 대해 기질로 작용한다.

[20702-0152]

16 생활 속 효소의 이용에 대한 설명으로 옳지 않은 것은?

① 발효 식품의 제조에 이용된다.
② 소화제와 요검사지에는 효소가 이용된다.
③ 오염 물질 정화에 분해 효소가 이용된다.
④ 유전 공학은 효소의 이용 분야가 아니다.
⑤ 효소 세제는 효소를 생활용품에 사용한 예이다.

[20702-0153]

17 그림은 효소 X의 작용을 나타낸 것이다.

효소 X는 어떤 종류의 효소인지 쓰시오.

[20702-0154]

18 다음 빈칸에 들어갈 알맞은 말을 쓰시오.

전효소 = [　　　　] + 보조 인자

실력 향상 문제

정답과 해설 23쪽

[20702-0155]

01 그림 (가)와 (나)는 각각 효소 A와 B의 작용을 나타낸 것이다.

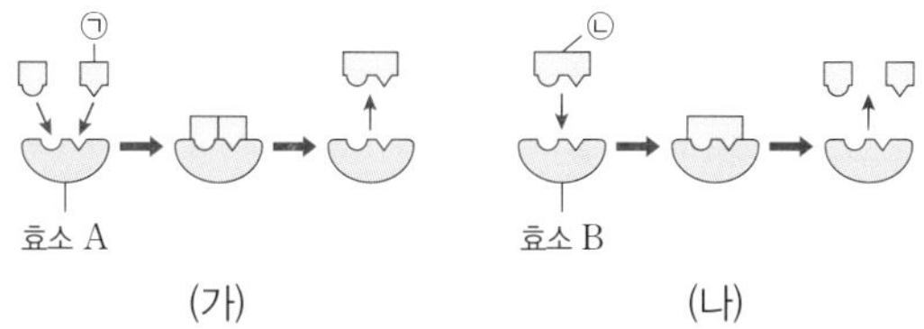

(가) (나)

이에 대한 설명으로 옳은 것만을 〈보기〉에서 있는 대로 고른 것은?

> 보기
> ㄱ. A는 동화 작용을 촉매한다.
> ㄴ. B는 ㉡과 효소·기질 복합체를 형성한다.
> ㄷ. (나)에서 반응열이 흡수된다.

① ㄱ ② ㄴ ③ ㄷ ④ ㄱ, ㄴ ⑤ ㄴ, ㄷ

서술형

[20702-0156]

02 그림은 어떤 효소의 반응을 나타낸 것이다. ㉡은 비타민으로 구성된 물질이다.

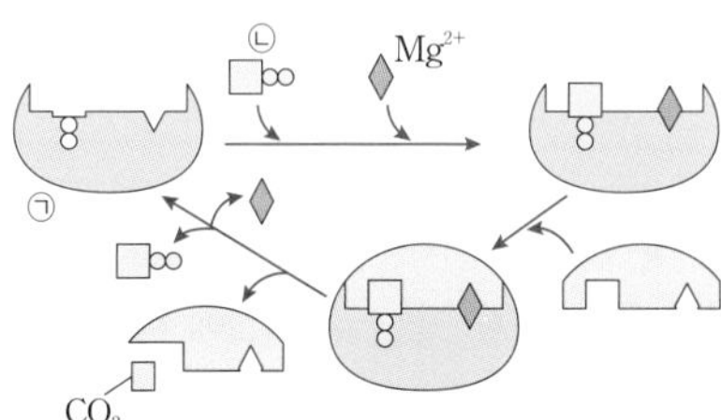

㉠과 ㉡이 무엇인지 쓰고, 그렇게 추론한 까닭을 서술하시오.

[20702-0157]

03 그림은 어떤 효소와 물질 ㉠, ㉡의 작용을 나타낸 것이다. 동일한 농도의 ㉠, ㉡이 포함된 용액에 일정량의 효소를 첨가할 때에 대한 설명으로 옳은 것만을 〈보기〉에서 있는 대로 고른 것은?

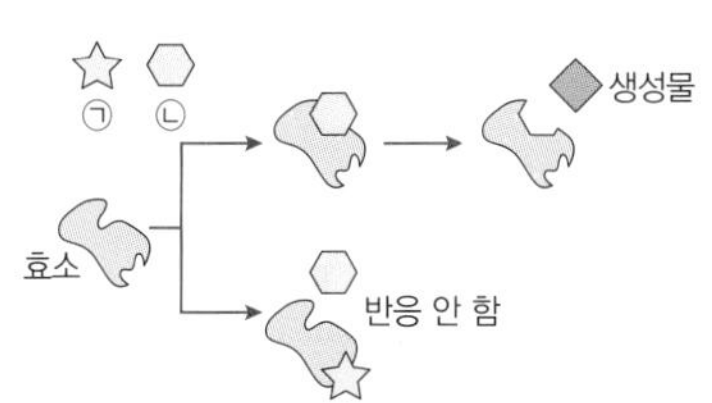

> 보기
> ㄱ. ㉠과 ㉡은 모두 효소의 활성 부위에 결합한다.
> ㄴ. ㉡의 농도가 증가하면 초기 반응 속도는 항상 증가한다.
> ㄷ. 효소가 첨가되면 활성화 에너지는 감소한다.

① ㄱ ② ㄴ ③ ㄷ ④ ㄱ, ㄴ ⑤ ㄴ, ㄷ

[20702-0158]

04 그림 (가)는 효소 A와 B의 pH에 따른 반응 속도를, (나)는 A와 B 중 한 효소를 pH 4와 pH 7에서 일정량의 기질과 반응시켰을 때 시간에 따른 생성물의 농도를 나타낸 것이다.

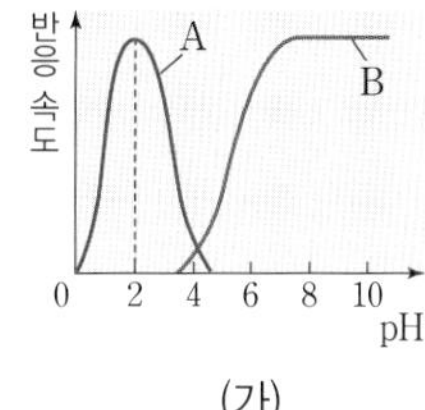

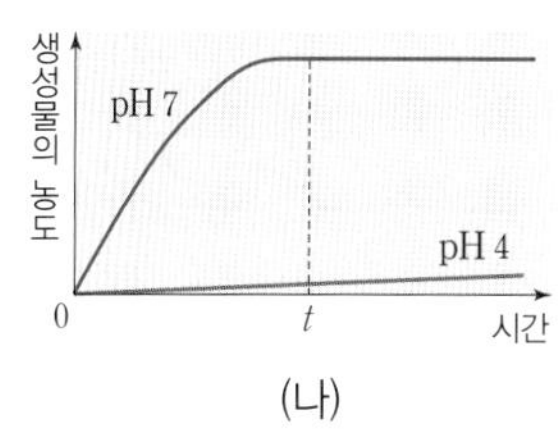

(가) (나)

이에 대한 설명으로 옳은 것만을 〈보기〉에서 있는 대로 고른 것은? (단, pH 외의 조건은 모두 효소 반응의 최적 조건이다.)

> 보기
> ㄱ. A의 최적 pH는 pH 2이다.
> ㄴ. (나)의 반응에 사용된 효소는 B이다.
> ㄷ. (나)에서 t일 때 기질의 농도는 pH 4일 때가 pH 7일 때보다 높다.

① ㄱ ② ㄷ ③ ㄱ, ㄴ ④ ㄴ, ㄷ ⑤ ㄱ, ㄴ, ㄷ

[20702-0159]

05 그림 (가)는 효소의 농도가 일정할 때 기질의 농도에 따른 초기 반응 속도를, (나)는 기질의 농도가 각각 A일 때와 B일 때의 효소와 기질의 상대량을 나타낸 것이다. A와 B는 각각 S_1과 S_2 중 하나이고, ㉠은 효소와 기질 중 하나이다.

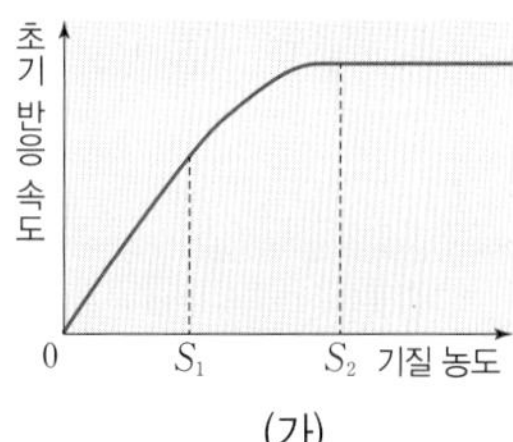

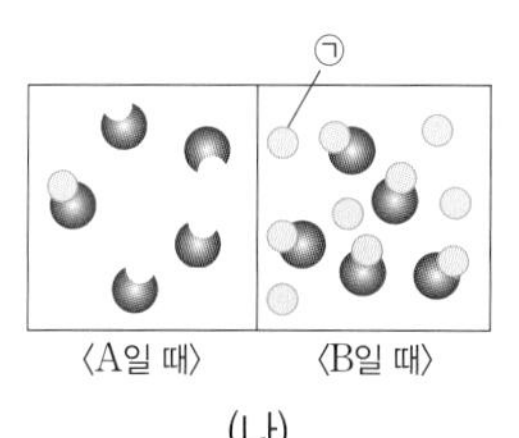

(가) (나)

이에 대한 설명으로 옳은 것만을 〈보기〉에서 있는 대로 고른 것은? (단, 제시된 조건 이외의 다른 조건은 동일하다.)

> 보기
> ㄱ. A는 S_1이다.
> ㄴ. $\frac{\text{기질과 결합한 효소의 수}}{\text{효소의 총 수}}$는 $S_1 > S_2$이다.
> ㄷ. S_2일 때 ㉠의 양을 증가시키면 초기 반응 속도가 증가한다.

① ㄱ ② ㄴ ③ ㄷ ④ ㄱ, ㄴ ⑤ ㄴ, ㄷ

서술형

[20702-0160]

06 그림은 어떤 효소가 관여하는 반응에서 저해제의 처리 유무와 기질 농도에 따른 초기 반응 속도를 나타낸 것이다. 저해제의 유무 이외의 조건은 동일하다.

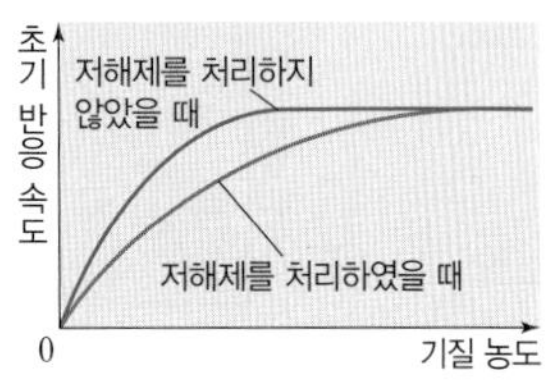

처리한 저해제가 어떤 저해제인지 쓰고, 그 까닭을 서술하시오.

[20702-0161]

07 그림은 어떤 효소가 관여하는 반응에서 시간에 따른 반응액 내 물질 A~D의 농도를 나타낸 것이다. A~D는 각각 효소, 기질, 효소·기질 복합체, 생성물 중 하나이다.

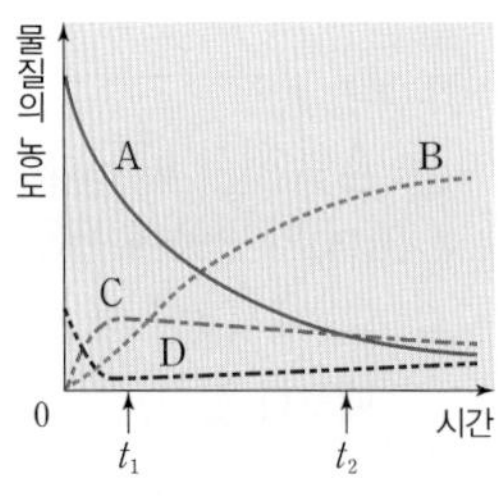

이에 대한 설명으로 옳은 것만을 〈보기〉에서 있는 대로 고른 것은?

보기
ㄱ. C는 효소·기질 복합체이다.
ㄴ. t_2일 때 B는 D와 결합하여 A가 된다.
ㄷ. 반응 속도는 t_1에서가 t_2에서보다 빠르다.

① ㄱ ② ㄴ ③ ㄱ, ㄴ ④ ㄱ, ㄷ ⑤ ㄴ, ㄷ

[20702-0162]

08 그림은 효소 X가 관여하는 반응에서 온도 조건 A와 B일 때 시간에 따른 반응물의 양을 나타낸 것이다. A와 B 중 하나는 X의 최적 온도이다.

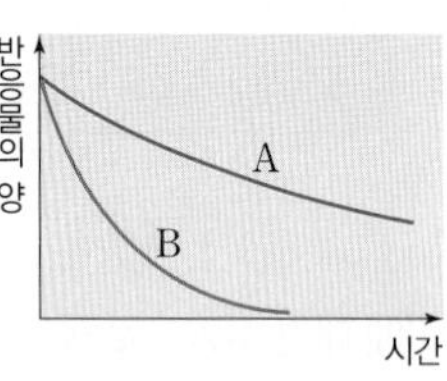

이에 대한 설명으로 옳은 것만을 〈보기〉에서 있는 대로 고른 것은? (단, 제시된 조건 이외의 다른 조건은 동일하다.)

보기
ㄱ. A는 X의 최적 온도이다.
ㄴ. 초기 반응 속도는 B에서가 A에서보다 빠르다.
ㄷ. B에서는 효소 활성 부위가 변성되었다.

① ㄱ ② ㄴ ③ ㄱ, ㄷ ④ ㄴ, ㄷ ⑤ ㄱ, ㄴ, ㄷ

[20702-0163]

09 그림은 효소 E가 관여하는 반응에서 E의 농도가 각각 A와 B일 때 기질 농도에 따른 초기 반응 속도를 나타낸 것이다.

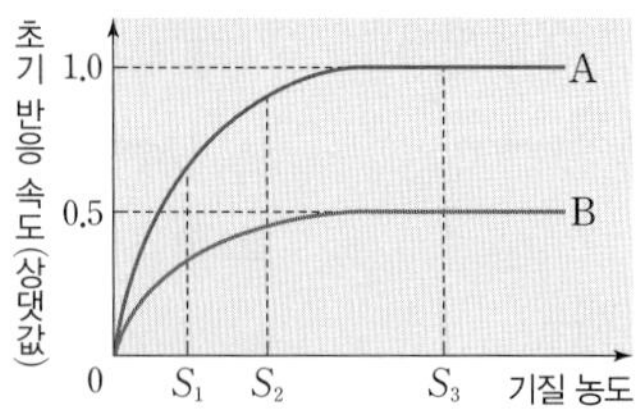

이에 관한 설명으로 옳은 것만을 〈보기〉에서 있는 대로 고른 것은? (단, 제시된 조건 이외의 다른 조건은 동일하다.)

보기
ㄱ. 효소의 활성화 에너지는 A에서가 B에서보다 크다.
ㄴ. B일 때 효소·기질 복합체의 수는 S_1에서가 S_3에서보다 많다.
ㄷ. S_2일 때 효소·기질 복합체의 수는 A에서가 B에서보다 많다.

① ㄱ ② ㄴ ③ ㄷ ④ ㄱ, ㄴ ⑤ ㄴ, ㄷ

[20702-0164]

10 표는 4개의 시험관 Ⅰ~Ⅳ에 들어 있는 물질을, 그림은 Ⅰ~Ⅳ에 각각 효소 X를 넣은 후 시간에 따른 생성물의 양을 나타낸 것이다. A~C는 각각 기질, 저해제, 기질이 아닌 물질 중 하나이다.

시험관	물질
Ⅰ	A
Ⅱ	A+B
Ⅲ	A+C
Ⅳ	B+C

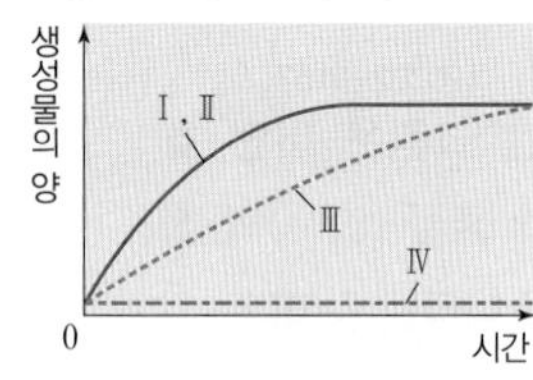

이에 대한 설명으로 옳은 것만을 〈보기〉에서 있는 대로 고른 것은? (단, 첨가한 물질의 종류를 제외한 다른 조건은 모두 동일하며, 기질이 첨가된 경우 기질의 양은 동일하다.)

보기
ㄱ. C는 X의 저해제이다.
ㄴ. B는 X의 활성 부위에 결합한다.
ㄷ. A는 X와 C의 결합을 촉진한다.

① ㄱ ② ㄷ ③ ㄱ, ㄴ ④ ㄴ, ㄷ ⑤ ㄱ, ㄴ, ㄷ

[20702-0165]
11 그림 (가)는 효소 A의 작용을, (나)는 A에 의한 반응에서 시간에 따른 기질의 농도를 나타낸 것이다. Ⅰ과 Ⅱ는 각각 경쟁적 저해제가 있을 때와 경쟁적 저해제가 없을 때 중 하나이다.

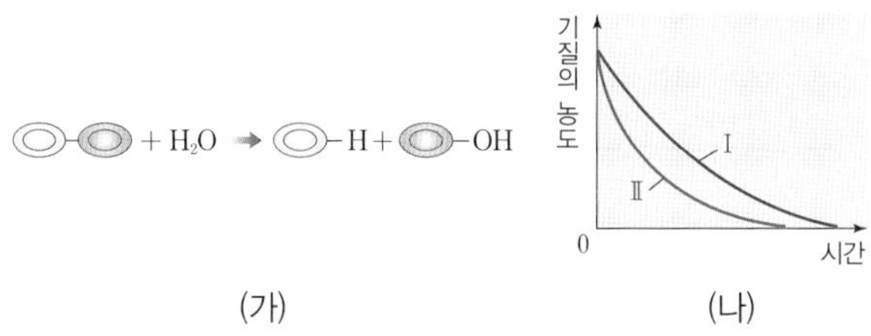

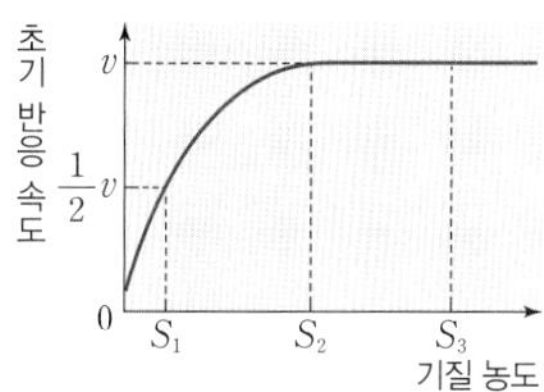

(가) (나)

이에 대한 설명으로 옳은 것만을 〈보기〉에서 있는 대로 고른 것은? (단, (나)에서 경쟁적 저해제 이외의 조건은 동일하다.)

보기
ㄱ. A는 연결 효소이다.
ㄴ. Ⅱ는 경쟁적 저해제가 없을 때이다.
ㄷ. 효소 반응의 활성화 에너지는 Ⅰ과 Ⅱ에서 같다.

① ㄱ ② ㄷ ③ ㄱ, ㄴ ④ ㄴ, ㄷ ⑤ ㄱ, ㄴ, ㄷ

[20702-0166]
12 그림 (가)는 효소 X가 관여하는 반응을, (나)는 이 반응의 진행에 따른 에너지를 나타낸 것이다.

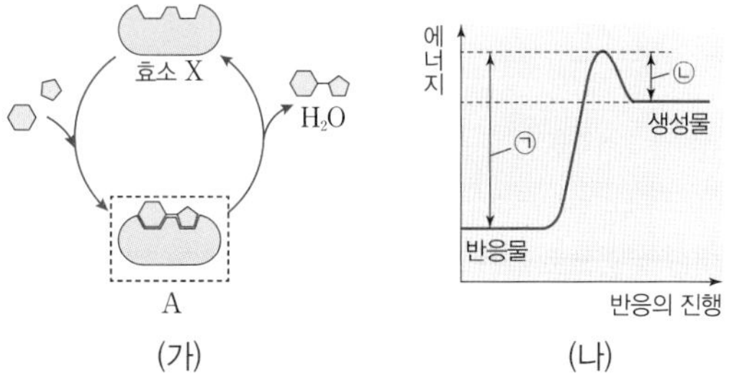

(가) (나)

이에 대한 설명으로 옳은 것만을 〈보기〉에서 있는 대로 고른 것은?

보기
ㄱ. X는 이성질화 효소이다.
ㄴ. (가)의 활성화 에너지는 '㉠－㉡'이다.
ㄷ. (가)에서 A는 효소·기질 복합체이다.

① ㄱ ② ㄷ ③ ㄱ, ㄴ ④ ㄴ, ㄷ ⑤ ㄱ, ㄴ, ㄷ

[20702-0167]
13 그림은 말테이스에 의한 반응과 말테이스의 농도가 일정할 때 기질 농도에 따른 초기 반응 속도를 나타낸 것이다.

엿당＋물 $\xrightarrow{\text{말테이스}}$ 포도당＋포도당

초기 반응 속도 (v, $\frac{1}{2}v$) / 기질 농도 (S_1, S_2, S_3)

이에 대한 설명으로 옳은 것만을 〈보기〉에서 있는 대로 고른 것은? (단, 제시된 조건 이외의 다른 조건은 동일하다.)

보기
ㄱ. 말테이스는 가수 분해 효소이다.
ㄴ. 효소·기질 복합체의 농도는 S_2에서와 S_3에서가 같다.
ㄷ. 반응물의 감소 속도는 S_1일 때가 S_2일 때보다 빠르다.

① ㄱ ② ㄷ ③ ㄱ, ㄴ ④ ㄴ, ㄷ ⑤ ㄱ, ㄴ, ㄷ

[20702-0168]
14 그림 (가)는 어떤 효소 반응에서 효소의 농도가 일정할 때 시간에 따른 ㉠과 ㉡의 농도를, (나)는 이 반응의 진행에 따른 에너지를 나타낸 것이다. ㉠과 ㉡은 각각 반응물과 생성물 중 하나이다.

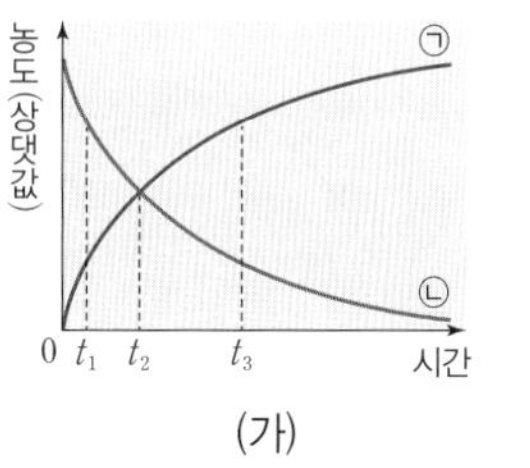

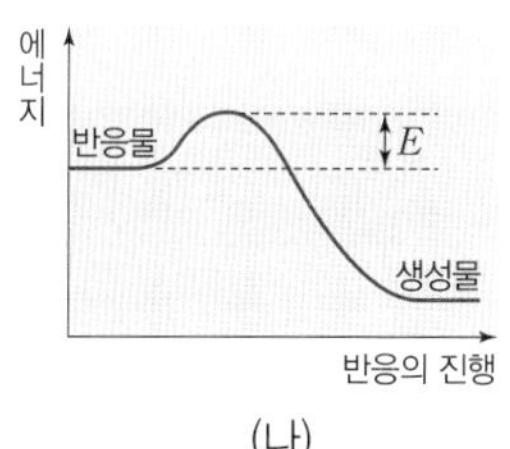

(가) (나)

이에 대한 설명으로 옳은 것만을 〈보기〉에서 있는 대로 고른 것은? (단, 제시된 조건 이외의 다른 조건은 동일하다.)

보기
ㄱ. ㉡은 반응물이다.
ㄴ. t_1에서 t_2로 진행하면서 E는 증가한다.
ㄷ. 반응 속도는 t_2일 때가 t_3일 때보다 빠르다.

① ㄱ ② ㄴ ③ ㄷ ④ ㄱ, ㄴ ⑤ ㄱ, ㄷ

신유형·수능 열기

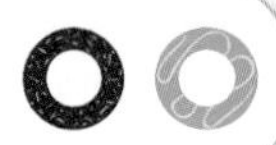

[20702-0169]

01 그림은 효소 X의 작용을, 표는 저해제 Y의 유무와 기질 농도에 따른 X의 초기 반응 속도를 나타낸 것이다. (가)와 (나)는 각각 Y가 있을 때와 Y가 없을 때 중 하나이며, Y는 경쟁적 저해제와 비경쟁적 저해제 중 하나이다.

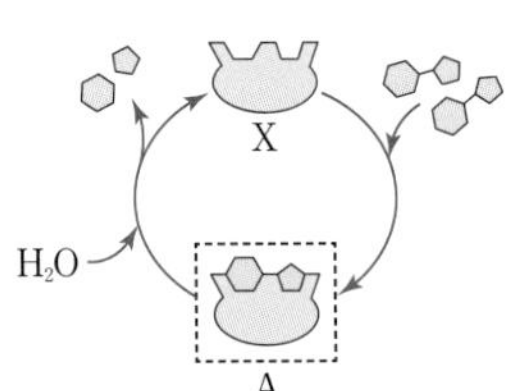

기질 농도 (상댓값)	초기 반응 속도(상댓값)	
	(가)	(나)
1	1.0	0.5
㉠ 4	2.4	1.2
8	3.0	1.5
32	3.2	1.5

이에 대한 설명으로 옳은 것만을 〈보기〉에서 있는 대로 고른 것은? (단, 제시된 조건 이외의 다른 조건은 동일하다.)

보기

ㄱ. X는 전이 효소이다.

ㄴ. Y는 경쟁적 저해제이다.

ㄷ. ㉠일 때 A의 농도는 (가)에서가 (나)에서보다 높다.

① ㄱ ② ㄴ ③ ㄷ ④ ㄱ, ㄴ ⑤ ㄱ, ㄷ

[20702-0170]

02 표는 효소 X에 의한 반응에서 실험 Ⅰ~Ⅲ의 조건을, 그림은 Ⅰ~Ⅲ에서 기질 농도에 따른 초기 반응 속도를 나타낸 것이다. ㉠~㉢은 각각 Ⅰ~Ⅲ의 결과 중 하나이고, 저해제는 경쟁적 저해제와 비경쟁적 저해제 중 하나이다.

조건 \ 실험	Ⅰ	Ⅱ	Ⅲ
X의 농도 (상댓값)	1	1	2
저해제	있음	없음	없음

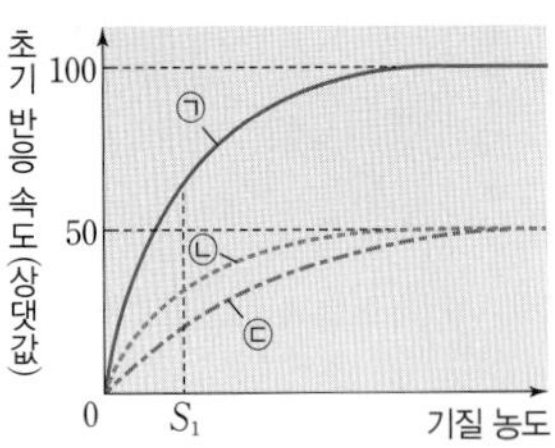

이에 대한 설명으로 옳은 것만을 〈보기〉에서 있는 대로 고른 것은? (단, 제시된 조건 이외의 다른 조건은 동일하다.)

보기

ㄱ. Ⅰ의 결과는 ㉢이다.

ㄴ. Ⅰ의 저해제는 비경쟁적 저해제이다.

ㄷ. S_1일 때 효소·기질 복합체의 농도는 Ⅲ > Ⅱ이다.

① ㄱ ② ㄴ ③ ㄷ ④ ㄱ, ㄴ ⑤ ㄱ, ㄷ

[20702-0171]

03 표는 효소 X에 의한 반응에서 실험 Ⅰ~Ⅳ의 조건을, 그림은 Ⅰ~Ⅳ에서 기질 농도에 따른 초기 반응 속도를 나타낸 것이다. 저해제 a와 b는 각각 비경쟁적 저해제와 경쟁적 저해제 중 하나이고, A, B, C는 각각 Ⅰ, Ⅱ, Ⅳ 중 하나이다.

조건 \ 실험	Ⅰ	Ⅱ	Ⅲ	Ⅳ
X의 농도 (상댓값)	1	1	1	2
저해제 a	없음	있음	없음	없음
저해제 b	없음	없음	있음	없음

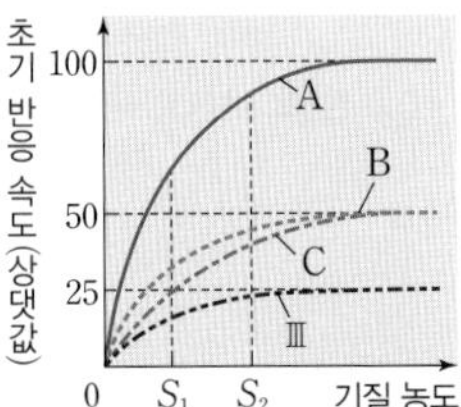

이에 대한 설명으로 옳은 것만을 〈보기〉에서 있는 대로 고른 것은? (단, 제시된 조건 이외의 다른 조건은 동일하다.)

보기

ㄱ. b는 비경쟁적 저해제이다.

ㄴ. 기질 농도가 S_2일 때 효소·기질 복합체의 농도는 Ⅰ에서가 Ⅱ에서보다 높다.

ㄷ. Ⅳ에서 $\frac{\text{기질과 결합하지 않은 X의 수}}{\text{기질과 결합한 X의 수}}$는 S_1에서가 S_2에서보다 크다.

① ㄱ ② ㄷ ③ ㄱ, ㄴ ④ ㄴ, ㄷ ⑤ ㄱ, ㄴ, ㄷ

[20702-0172]

04 그림은 효소 ㉠~㉢의 작용을 나타낸 것이다. 물질 A~D는 각각 효소 ㉠~㉢이 관여하는 반응의 반응물, 생성물, 저해제 중 하나이다.

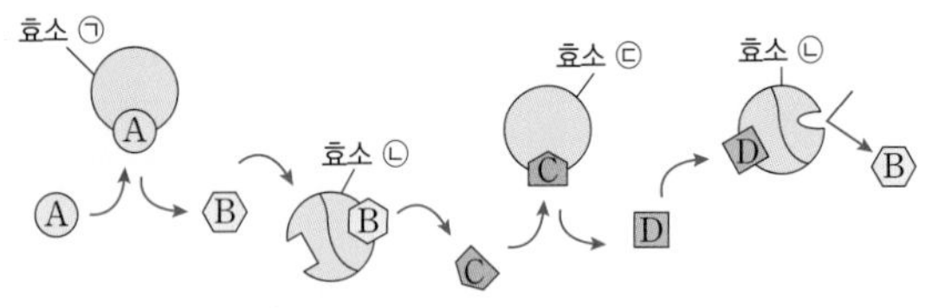

이에 대한 설명으로 옳은 것만을 〈보기〉에서 있는 대로 고른 것은? (단, 제시된 조건 이외의 다른 조건은 동일하며, 온도와 pH는 최적 조건이다.)

보기

ㄱ. ㉠에 의한 생성물은 ㉡의 기질이다.

ㄴ. D는 ㉡의 경쟁적 저해제이다.

ㄷ. A, ㉠, ㉡만 한 시험관에 넣고 반응시킬 경우 C의 생성이 저해된다.

① ㄱ ② ㄴ ③ ㄷ ④ ㄱ, ㄴ ⑤ ㄱ, ㄷ

[20702-0173]

05 그림 (가)는 효소 E에 의한 반응을, (나)는 일정량의 E와 에탄올에 대해 시간에 따른 에탄올의 농도를 나타낸 것이다. ㉠은 아무 것도 처리하지 않은 때를, ⓐ와 ⓑ는 메탄올이 있을 때와 고온에 의해 단백질이 변성된 때를 순서 없이 나타낸 것이다.

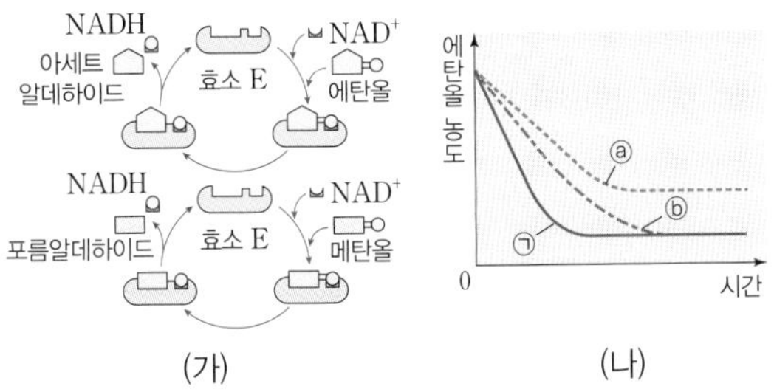

(가) (나)

이에 대한 설명으로 옳은 것만을 〈보기〉에서 있는 대로 고른 것은? (단, 제시된 조건 이외의 다른 조건은 동일하며, NAD^+는 충분히 공급되었다.)

보기
ㄱ. E는 산화 환원 효소이다.
ㄴ. ⓑ는 메탄올이 있을 때이다.
ㄷ. NAD^+는 E의 보조 인자이다.

① ㄱ ② ㄷ ③ ㄱ, ㄴ ④ ㄴ, ㄷ ⑤ ㄱ, ㄴ, ㄷ

[20702-0174]

06 그림 (가)는 어떤 효소 반응에서 효소의 농도가 일정할 때 물질 ㉠~㉢의 농도 변화를, (나)는 (가)에서 t_1과 t_2 시점의 효소와 기질 상태를 순서 없이 나타낸 것이다. ㉠~㉢은 효소, 효소·기질 복합체, 생성물을 순서 없이 나타낸 것이며, A와 B는 각각 t_1과 t_2 시점의 상태를 순서 없이 나타낸 것이다.

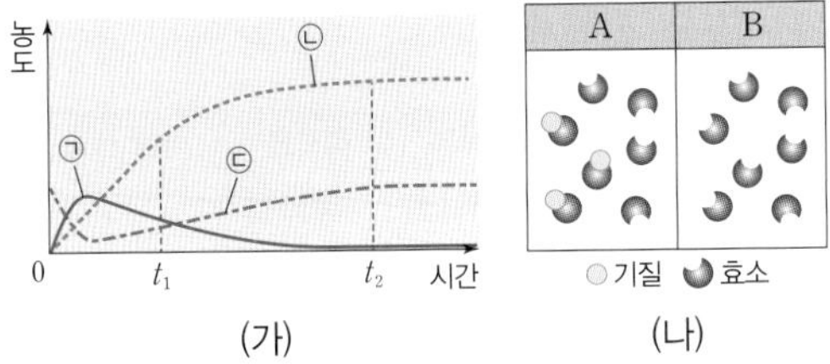

(가) (나)

이에 대한 설명으로 옳은 것만을 〈보기〉에서 있는 대로 고른 것은?

보기
ㄱ. A는 t_1 시점의 상태이다.
ㄴ. ㉡은 효소·기질 복합체이다.
ㄷ. 반응 속도는 t_2일 때가 t_1일 때보다 빠르다.

① ㄱ ② ㄴ ③ ㄷ ④ ㄱ, ㄴ ⑤ ㄱ, ㄷ

[20702-0175]

07 그림 (가)는 효소 X에 의한 반응에서 경쟁적 저해제가 있을 때와 없을 때 기질 농도에 따른 초기 반응 속도를, (나)는 X에 의한 반응에서 생성물의 총량을 시간에 따라 나타낸 것이다. t_2 시점에 물질 A를 추가하였으며, A는 X와 기질 중 하나이다.

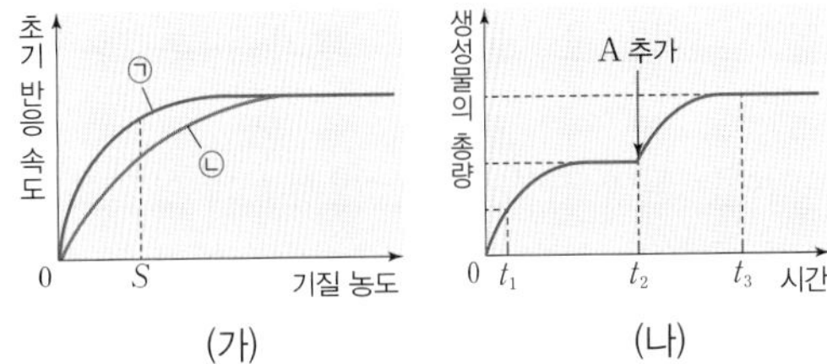

(가) (나)

이에 대한 설명으로 옳은 것만을 〈보기〉에서 있는 대로 고른 것은? (단, 제시된 조건 이외의 다른 조건은 동일하다.)

보기
ㄱ. A는 기질이다.
ㄴ. (가)에서 S일 때 충분한 시간이 지나면 생성물의 총량은 ㉠과 ㉡에서 같다.
ㄷ. (나)에서 기질과 결합한 효소의 농도는 t_3에서가 t_1에서보다 높다.

① ㄱ ② ㄷ ③ ㄱ, ㄴ ④ ㄱ, ㄷ ⑤ ㄴ, ㄷ

[20702-0176]

08 표 (가)는 시험관 A~C에 녹말, 아밀레이스, 아이오딘 용액을 모두 일정량 넣은 후 pH 조건을 각각 달리한 것을, (나)는 시점 t에서 시험관 용액의 색 변화를 나타낸 것이다.

시험관	A	B	C
pH	3	7	10

(가)

구분	A	B	C
색 변화	없음	연해짐	없음

(나)

이에 대한 설명으로 옳은 것만을 〈보기〉에서 있는 대로 고른 것은? (단, 변인 통제는 바르게 이루어졌으며, pH 외의 조건은 모두 효소 반응의 최적 조건이다.)

보기
ㄱ. A~C 중 아밀레이스의 최적 pH에 가장 가까운 것은 B이다.
ㄴ. pH 3에서 A의 기질 농도는 반응 후에 증가한다.
ㄷ. B에서 효소 반응의 활성화 에너지는 시간에 따라 감소한다.

① ㄱ ② ㄷ ③ ㄱ, ㄴ ④ ㄴ, ㄷ ⑤ ㄱ, ㄴ, ㄷ

단원 정리

1 생명체의 유기적 구성

① 동물의 유기적 구성: 세포 → 조직 → 기관 → 기관계 → 개체

- 조직에는 상피 조직, 근육 조직, 신경 조직, 결합 조직이 있다. 연관된 기능을 하는 기관이 모여 기관계를 이룬다.

② 식물의 유기적 구성: 세포 → 조직 → 조직계 → 기관 → 개체

- 조직에는 분열 조직(생장점, 형성층)과 영구 조직(표피 조직, 유조직, 통도 조직)이 있으며, 여러 조직이 모여 조직계(표피 조직계, 기본 조직계, 관다발 조직계)를 이룬다.

2 생명체를 구성하는 기본 물질

구분	특성
탄수화물	주요 에너지원. 단당류, 이당류, 다당류로 구분
지질	유기 용매에 녹음. 중성 지방, 스테로이드, 인지질로 구분
단백질	세포의 주된 구성 성분. 20종류의 아미노산이 펩타이드 결합으로 단백질을 구성함. 효소와 항체의 주성분
핵산	뉴클레오타이드가 기본 단위이며 DNA와 RNA가 있음. 유전 정보 저장과 전달 기능

3 세포의 연구 방법

① 현미경: 가시광선을 이용하는 광학 현미경과 전자선을 이용하는 주사 전자 현미경과 투과 전자 현미경이 있다.

- 해상력: 투과 전자 현미경 > 주사 전자 현미경 > 광학 현미경
- 광학 현미경은 살아 있는 세포를 관찰할 수 있다. 전자 현미경은 살아 있는 세포를 관찰할 수 없고 색을 구별할 수 없다.

② 세포 분획법: 원심 분리기를 이용해 크기와 밀도에 따라 세포 소기관을 분리한다.

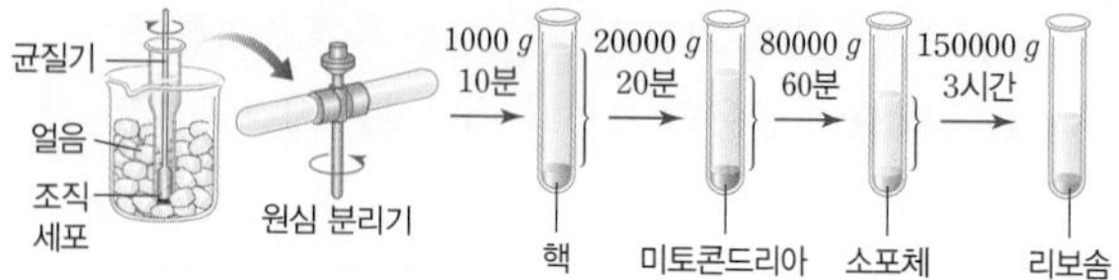

- 핵 → 엽록체(식물 세포의 경우) → 미토콘드리아 → 소포체 → 리보솜의 순서로 분리된다.

③ 자기 방사법: 방사성 물질을 이용하여 물질의 이동 경로와 물질의 전환을 알아보는 방법이다.

- 방사성 아미노산을 세포에 주입하면 방사선은 소포체 → 골지체 → 분비 소낭 → 세포 밖 순으로 검출된다. 이 경로를 따라 단백질이 이동한다.

4 세포의 구조와 기능

구분	특성
핵	세포 생명 활동의 중심, 핵막이 있음
리보솜	rRNA와 단백질로 구성. 단백질 합성
소포체	거친면 소포체, 매끈면 소포체가 있음
골지체	소포체에서 운반된 물질의 운반과 분비
미토콘드리아	세포 호흡으로 ATP 합성. 외막과 내막이 있고 내막은 크리스타를 형성
엽록체	광합성 장소. 틸라코이드 막에 광합성 색소와 단백질이 있음. 스트로마에 포도당 합성 효소가 있음
리소좀	가수 분해 효소가 있음. 단일막 구조
액포	식물 세포에서 물질 저장 및 삼투압 조절
세포벽	셀룰로스로 구성. 식물 세포 보호
세포 골격	세포 형태 유지, 염색체 이동에 관여함 미세 소관, 중간 섬유, 미세 섬유가 있음

- 2중막을 가지고 자체 DNA를 가지는 세포 소기관: 핵, 미토콘드리아, 엽록체

5 원핵세포와 진핵세포

구분	핵막	세포벽	리보솜	막성 세포 소기관
원핵세포	없음	있음	있음	없음
진핵세포 (동물 세포)	있음	없음	있음	있음

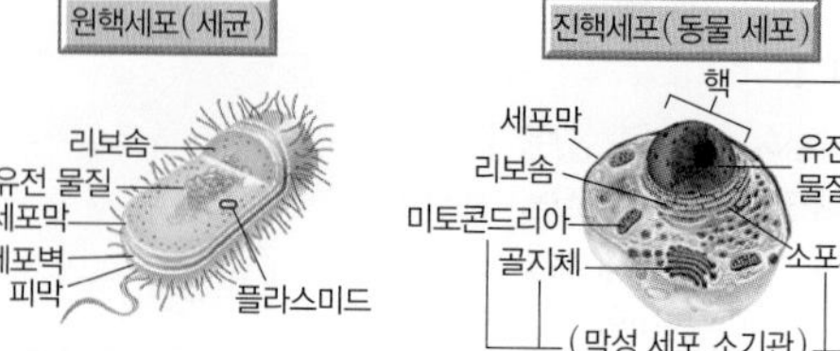

단원 정리

6 세포막의 구조와 선택적 투과성

① 주성분은 인지질과 단백질이다.
- 인지질은 친수성 머리와 소수성 꼬리로 이루어져 있다.
- 세포막에서 인지질은 친수성 머리가 막의 양쪽 바깥을 향하여 물과 접하는 2중층 구조를 만든다.
- 막단백질은 인지질 2중층을 관통하거나 표면에 붙어 물질의 수송, 신호 전달, 효소 등의 기능을 한다.
- 인지질과 막단백질의 특징으로 인해 선택적 투과성이 나타난다.

② 유동 모자이크막: 세포막에서 인지질과 막단백질은 유동성이 있다.

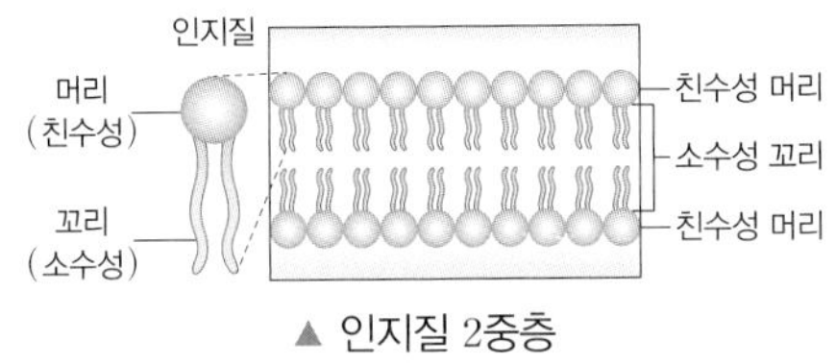

▲ 인지질 2중층

7 세포막을 통한 물질 출입

구분	특성
확산	• 고농도 → 저농도로 물질 이동, 에너지 소모 없음 • 단순 확산: 막단백질 이용하지 않음, 농도 차에 따라 물질 이동 속도 증가함 • 촉진 확산: 막단백질 이용함, 일정 수준 이상의 농도 차에 도달하면 단백질이 포화되어 속도가 더 이상 증가하지 않음
삼투	• 반투과성 막을 경계로 저농도 → 고농도로 용매가 이동, 에너지 소모 없음 • 식물 세포는 저장액에서 팽윤 상태가 되고, 고장액에서 원형질 분리가 일어남
능동 수송	• 에너지(ATP) 소모, 운반체 단백질 이용 • 저농도 → 고농도로 물질 이동 • 세포 호흡 저해제를 처리하면 능동 수송이 중단됨 예 Na^+-K^+ 펌프
세포내 섭취와 세포외 배출	• 에너지 소모함, 막의 형태를 변화시켜 물질을 세포 안으로 이동 또는 외부로 배출 • 식세포 작용: 세포 안으로 큰 고형 물질 이동 • 음세포 작용: 세포 안으로 액체 상태 물질 이동 • 세포외 배출: 분비 소낭이 세포막과 융합하여 물질을 분비함

8 효소의 기능

생체 촉매로서 화학 반응의 활성화 에너지를 낮춘다. 반응열의 크기에는 영향을 주지 않는다.

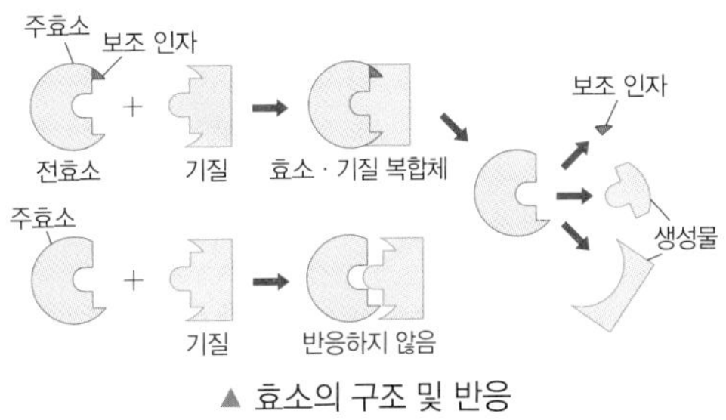

▲ 효소의 구조 및 반응

9 효소의 특성

① 기질과 결합하는 활성 부위를 가진다.

② 한 가지 효소는 활성 부위와 입체 구조가 맞는 특정 기질과만 작용하는 기질 특이성을 가진다.

10 효소의 구성

① 전효소=주효소+보조 인자(조효소 또는 금속 이온)

② 종류: 산화 환원 효소, 가수 분해 효소, 전이 효소, 연결 효소, 이성질화 효소, 제거 부가 효소가 있다.

③ 효소의 작용은 온도, pH, 기질 농도, 저해제의 영향을 받는다. 따라서 효소는 최적 온도, 최적 pH가 나타난다.

④ 저해제
- 경쟁적 저해제: 기질과 구조가 유사함, 기질과 경쟁하여 효소의 활성 부위에 결합함, 기질의 농도를 충분히 높이면 저해 효과가 없어짐
- 비경쟁적 저해제: 효소의 활성 부위가 아닌 다른 부위에 결합하여 효소의 활성 부위를 변형시킴, 기질의 농도가 증가해도 저해 효과는 없어지지 않음

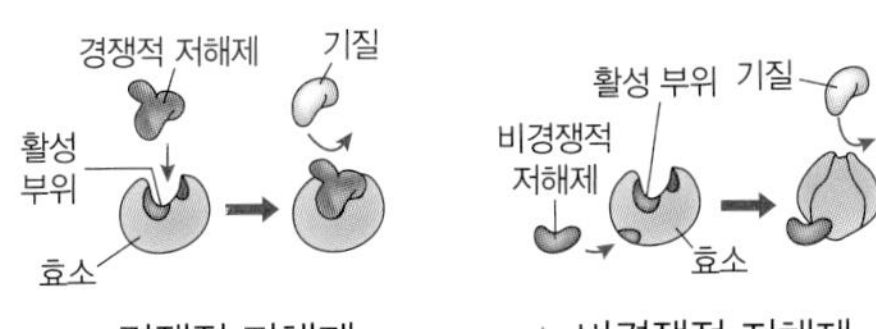

▲ 경쟁적 저해제 ▲ 비경쟁적 저해제

단원 마무리 문제

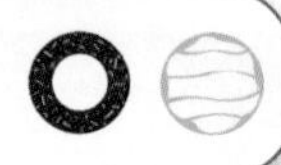

[20702-0177]

01 그림 (가)는 식물의 잎을, (나)는 동물의 심장을 나타낸 것이다. A와 B는 각각 근육 조직과 표피 조직 중 하나이다.

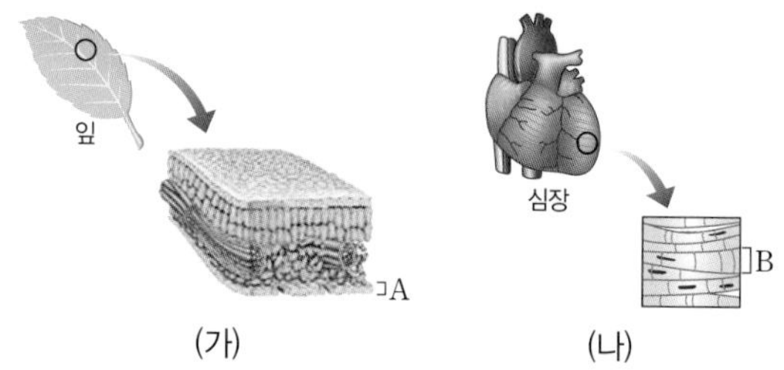

이에 대한 설명으로 옳은 것만을 〈보기〉에서 있는 대로 고른 것은?

보기

ㄱ. A는 표피 조직계에 속한다.
ㄴ. B의 세포는 미토콘드리아가 발달한다.
ㄷ. 심장과 잎은 생명체의 구성 단계 중 같은 구성 단계에 해당한다.

① ㄱ ② ㄴ ③ ㄱ, ㄷ ④ ㄴ, ㄷ ⑤ ㄱ, ㄴ, ㄷ

[20702-0178]

02 표 (가)는 사람 세포를 구성하는 물질 A~C에서 특징 ㉠~㉢의 유무를, (나)는 ㉠~㉢을 순서 없이 나타낸 것이다. A~C는 각각 DNA, 단백질, 인지질 중 하나이다.

물질 \ 특징	㉠	㉡	㉢
A	○	○	○
B	×	×	○
C	○	×	○

(○: 있음, ×: 없음)

(가)

특징(㉠~㉢)
• 펩타이드 결합이 있다.
• 뉴클레오솜의 구성 성분이다.
• 핵의 구성 물질이다.

(나)

이에 대한 설명으로 옳은 것만을 〈보기〉에서 있는 대로 고른 것은?

보기

ㄱ. A는 항체의 주성분이다.
ㄴ. B는 리보솜의 구성 성분이다.
ㄷ. 대장균이 가진 C는 선형이다.

① ㄱ ② ㄷ ③ ㄱ, ㄴ ④ ㄴ, ㄷ ⑤ ㄱ, ㄴ, ㄷ

[20702-0179]

03 그림은 사람을 구성하는 물질의 일부를 나타낸 것이다. (가)~(다)는 DNA, 인지질, 글리코젠을 순서 없이 나타낸 것이다.

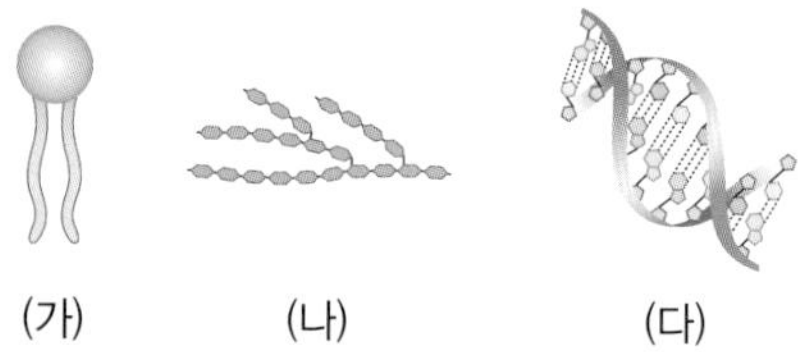

이에 대한 설명으로 옳은 것만을 〈보기〉에서 있는 대로 고른 것은?

보기

ㄱ. (가)는 세포막을 구성한다.
ㄴ. (나)는 다당류에 속한다.
ㄷ. (다)는 아미노산이 기본 단위이다.

① ㄱ ② ㄷ ③ ㄱ, ㄴ ④ ㄴ, ㄷ ⑤ ㄱ, ㄴ, ㄷ

[20702-0180]

04 그림 (가)는 동물의, (나)는 식물의 구성 단계를 예로 나타낸 것이다. A~C는 각각 결합 조직, 관다발 조직계, 순환계 중 하나이다.

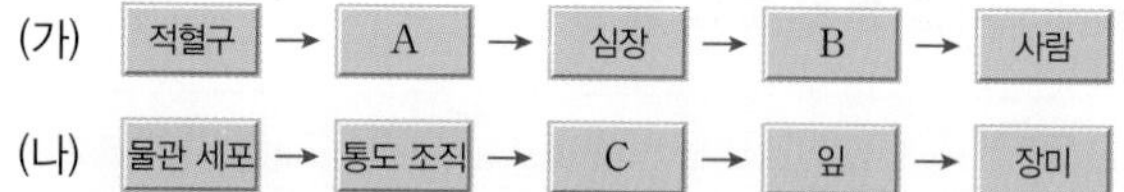

이에 대한 설명으로 옳은 것만을 〈보기〉에서 있는 대로 고른 것은?

보기

ㄱ. A는 결합 조직이다.
ㄴ. B와 C는 같은 구성 단계에 해당한다.
ㄷ. 꽃은 C 단계에 해당한다.

① ㄱ ② ㄴ ③ ㄷ ④ ㄱ, ㄷ ⑤ ㄴ, ㄷ

[20702-0181]

05 대장균, 백혈구, 효모에 대한 설명으로 옳은 것만을 〈보기〉에서 있는 대로 고른 것은?

보기

ㄱ. 백혈구와 효모는 모두 세포막을 가진다.
ㄴ. 대장균과 백혈구는 모두 리보솜을 가진다.
ㄷ. 대장균과 효모는 모두 셀룰로스로 된 세포벽을 가진다.

① ㄱ ② ㄷ ③ ㄱ, ㄴ ④ ㄴ, ㄷ ⑤ ㄱ, ㄴ, ㄷ

[20702-0182]

06 그림은 간세포를, 표는 세포 연구에 이용하는 실험 방법 (가)~(다)를 나타낸 것이다. A~C는 골지체, 미토콘드리아, 소포체를 순서 없이 나타낸 것이다.

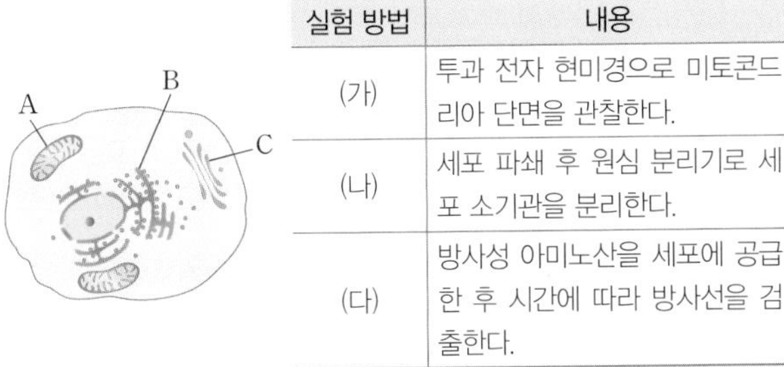

실험 방법	내용
(가)	투과 전자 현미경으로 미토콘드리아 단면을 관찰한다.
(나)	세포 파쇄 후 원심 분리기로 세포 소기관을 분리한다.
(다)	방사성 아미노산을 세포에 공급한 후 시간에 따라 방사선을 검출한다.

이에 대한 설명으로 옳은 것만을 <보기>에서 있는 대로 고른 것은?

보기
ㄱ. (가)를 통해 A에서 틸라코이드를 관찰할 수 있다.
ㄴ. (나)를 이용하면 핵보다 A를 먼저 분리할 수 있다.
ㄷ. (다)에서 단백질을 추적하면 B에서 C로 이동한다.

① ㄱ ② ㄷ ③ ㄱ, ㄴ ④ ㄱ, ㄷ ⑤ ㄴ, ㄷ

[20702-0183]

07 표는 정상 세포, 돌연변이 세포 A~C를 각각 배양하고 있는 배지에 방사성 동위 원소로 표지된 아미노산을 일정량 첨가한 후, (가)~(다)와 세포 밖에서의 방사선 검출 여부를 나타낸 것이다. (가)~(다)는 골지체, 분비 소낭, 거친면 소포체를 순서 없이 나타낸 것이며, A~C는 각각 (가)~(다) 중 서로 다른 하나의 기능에 이상이 있는 세포이다.

구분	(가)	(나)	(다)	세포 밖
정상 세포	+	+	+	+
세포 A	−	+	−	−
세포 B	−	+	+	−
세포 C	+	+	+	−

(+: 검출됨, −: 검출 안 됨)

이에 대한 설명으로 옳은 것만을 <보기>에서 있는 대로 고른 것은? (단, 제시된 돌연변이 이외는 고려하지 않는다.)

보기
ㄱ. (가)는 세포외 배출에 관여한다.
ㄴ. (나)는 내부에 자체 DNA를 가진다.
ㄷ. (다)는 거친면 소포체이다.

① ㄱ ② ㄴ ③ ㄷ ④ ㄱ, ㄷ ⑤ ㄴ, ㄷ

[20702-0184]

08 그림은 원심 분리기를 이용해 식물 세포 파쇄액으로부터 세포 소기관을 분리하는 과정을 나타낸 것이다.

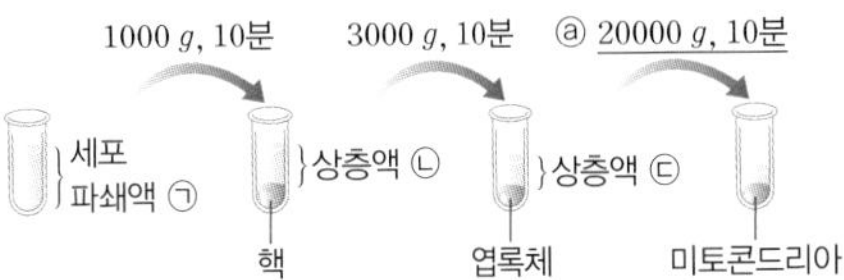

이에 대한 설명으로 옳은 것만을 <보기>에서 있는 대로 고른 것은?

보기
ㄱ. 이 과정은 자기 방사법이다.
ㄴ. ㉠~㉢에는 모두 리보솜이 있다.
ㄷ. ㉠이 ⓐ를 거치면 상층액에 소포체가 있다.

① ㄱ ② ㄴ ③ ㄷ ④ ㄱ, ㄷ ⑤ ㄴ, ㄷ

[20702-0185]

09 다음은 동물 세포에 있는 어떤 세포 소기관의 특징이다.

• DNA와 RNA가 있다. • 2중막 구조를 가진다.

위의 특징을 모두 갖는 세포 소기관만을 <보기>에서 있는 대로 고른 것은?

보기
ㄱ. 핵 ㄴ. 소포체 ㄷ. 미토콘드리아

① ㄱ ② ㄴ ③ ㄱ, ㄷ ④ ㄴ, ㄷ ⑤ ㄱ, ㄴ, ㄷ

[20702-0186]

10 표는 서로 다른 세 종류의 현미경 (가)~(다)를 이용하여 세포를 관찰한 결과와 이들 현미경의 광원을 나타낸 것이다.

구분	(가)	(나)	(다)
관찰 결과			
광원	전자선	전자선	가시광선

이에 대한 설명으로 옳은 것만을 <보기>에서 있는 대로 고른 것은?

보기
ㄱ. (가)~(다) 중 해상력이 가장 우수한 현미경은 (가)이다.
ㄴ. (가)는 살아 있는 세포를 관찰할 수 없다.
ㄷ. (나)는 시료의 색을 구분할 수 있다.

① ㄱ ② ㄴ ③ ㄷ ④ ㄱ, ㄴ ⑤ ㄴ, ㄷ

[20702-0187]

11 그림은 세포의 핵 구조를 나타낸 것이다. A~C는 각각 핵공, 인, 핵막 중 하나이다.

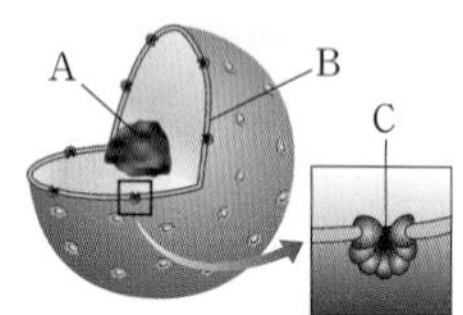

이에 대한 설명으로 옳은 것만을 〈보기〉에서 있는 대로 고른 것은?

> 보기
> ㄱ. A에서 리보솜 RNA가 합성된다.
> ㄴ. B는 2중막 구조로 되어 있다.
> ㄷ. C를 통해 단백질이 이동할 수 있다.

① ㄱ ② ㄷ ③ ㄱ, ㄴ ④ ㄴ, ㄷ ⑤ ㄱ, ㄴ, ㄷ

[20702-0188]

12 표는 세포막을 통한 물질 이동 방식 Ⅰ~Ⅲ에서 특징의 유무를 나타낸 것이다. Ⅰ~Ⅲ은 단순 확산, 촉진 확산, 능동 수송을 순서 없이 나타낸 것이다.

특징 \ 이동 방식	Ⅰ	Ⅱ	Ⅲ
ATP를 사용한다.	없음	없음	있음
(가)	있음	없음	있음
저농도에서 고농도로 물질이 이동한다.	㉠	없음	있음

이에 대한 설명으로 옳은 것만을 〈보기〉에서 있는 대로 고른 것은?

> 보기
> ㄱ. '막단백질을 이용한다.'는 (가)에 해당한다.
> ㄴ. ㉠은 '있음'이다.
> ㄷ. 신경 세포에서 탈분극 시기에 Na^+이 축삭 내로 이동하는 방식은 Ⅱ이다.

① ㄱ ② ㄴ ③ ㄷ ④ ㄱ, ㄴ ⑤ ㄱ, ㄷ

[20702-0189]

13 표는 세포막을 통한 물질의 이동 방식 Ⅰ과 Ⅱ의 예를 나타낸 것이다. Ⅰ과 Ⅱ는 각각 단순 확산과 능동 수송 중 하나이다.

이동 방식	예
Ⅰ	모세 혈관과 조직 세포 사이의 산소 기체 교환
Ⅱ	Na^+-K^+ 펌프를 통한 Na^+의 이동

이에 대한 설명으로 옳은 것만을 〈보기〉에서 있는 대로 고른 것은?

> 보기
> ㄱ. Ⅰ에 의해 물질이 저농도에서 고농도로 이동한다.
> ㄴ. Ⅱ에서는 물질의 이동에 ATP가 사용된다.
> ㄷ. Ⅰ과 Ⅱ에서 모두 막단백질이 이용된다.

① ㄱ ② ㄴ ③ ㄱ, ㄷ ④ ㄴ, ㄷ ⑤ ㄱ, ㄴ, ㄷ

[20702-0190]

14 그림 (가)는 고장액에 있던 어떤 식물 세포를 저장액에 넣었을 때 세포의 부피에 따른 팽압과 삼투압을, (나)는 이 세포의 부피가 V_1일 때와 V_2일 때 중 하나의 상태를 나타낸 것이다. A와 B는 각각 팽압과 삼투압 중 하나이다.

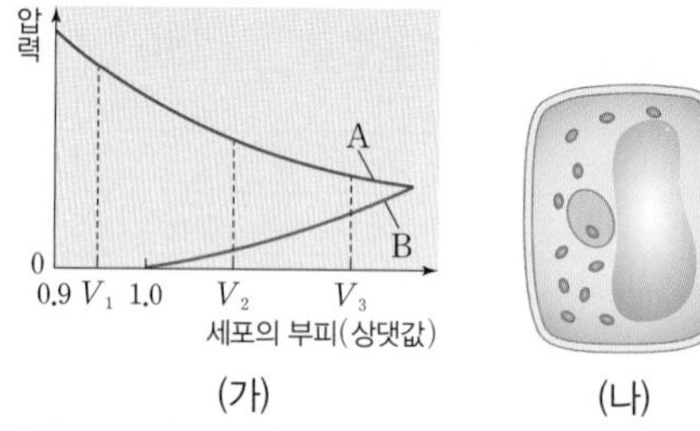

(가) (나)

이에 대한 설명으로 옳은 것만을 〈보기〉에서 있는 대로 고른 것은?

> 보기
> ㄱ. A는 팽압이다.
> ㄴ. (가)에서 V_2일 때의 삼투압은 V_3일 때의 팽압보다 크다.
> ㄷ. (나)는 V_1일 때의 상태이다.

① ㄱ ② ㄴ ③ ㄷ ④ ㄱ, ㄴ ⑤ ㄴ, ㄷ

[20702-0191]
15 다음은 리포솜과 막단백질을 이용한 실험이다.

[실험 과정 및 결과]
(가) 막에 ATP를 소모하여 능동 수송에 관여하는 막단백질 ㉠이 있는 리포솜을 준비한다. ㉠은 물질 X와 Y 중 하나의 수송에만 관여한다.

(나) 리포솜 내부에 ATP를 넣는다.
(다) 리포솜과 용액에 물질 X와 Y를 서로 다른 농도로 넣고 t_1 시간이 지난 후 ATP 제거 물질을 처리한다.
(라) 그림은 시간에 따른 리포솜 내부의 X와 Y 농도 변화를 나타낸 것이다.

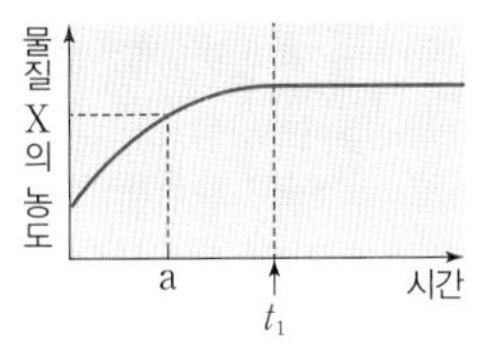

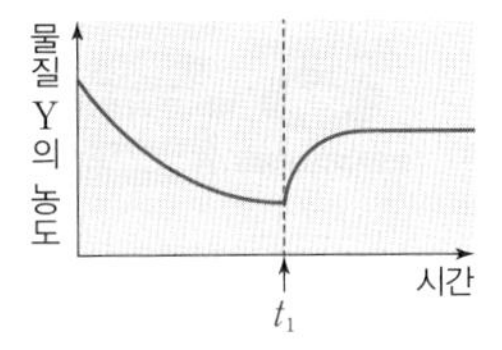

이에 대한 설명으로 옳은 것만을 〈보기〉에서 있는 대로 고른 것은?

보기
ㄱ. ㉠은 Y의 이동에 관여한다.
ㄴ. a 시점에서 $\frac{\text{리포솜 외부 X의 농도}}{\text{리포솜 내부 X의 농도}}>1$이다.
ㄷ. t_1 이전 Y는 리포솜 내부에서 외부로 이동하였다.

① ㄱ ② ㄷ ③ ㄱ, ㄴ ④ ㄴ, ㄷ ⑤ ㄱ, ㄴ, ㄷ

[20702-0192]
16 그림은 동물 세포의 식세포 작용을 나타낸 것이다.
A~E에 대한 설명으로 옳지 <u>않은</u> 것은?

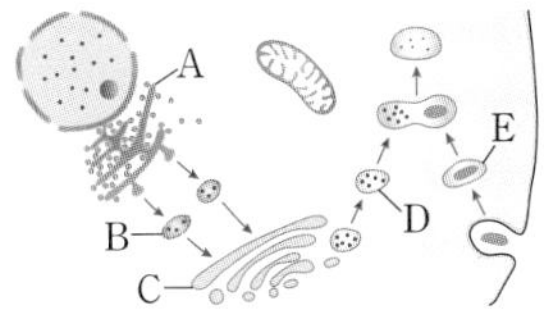

① A는 거친면 소포체이다.
② B는 수송 소낭이다.
③ A~C를 구성하는 막의 주성분은 인지질과 단백질이다.
④ D에는 가수 분해 효소가 들어 있다.
⑤ E는 세포막이 변형되어 세포외 배출에 의해 형성된다.

[20702-0193]
17 그림은 어떤 효소가 관여하는 반응에서 시간에 따른 반응액 내 물질 ㉠~㉢의 농도를 나타낸 것이다. ㉠~㉢은 효소, 기질, 효소·기질 복합체를 순서 없이 나타낸 것이다.

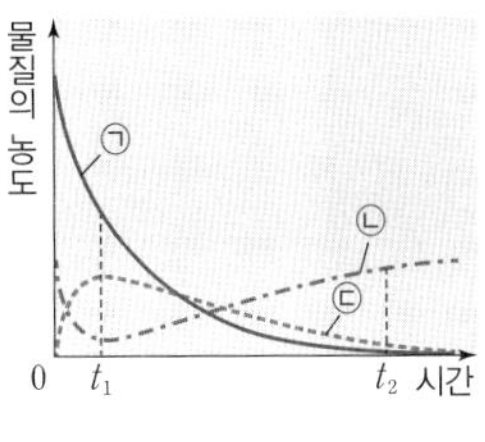

이에 대한 설명으로 옳은 것만을 〈보기〉에서 있는 대로 고른 것은?

보기
ㄱ. ㉢은 효소·기질 복합체이다.
ㄴ. $t_1 \rightarrow t_2$로 진행 시 반응 속도는 감소한다.
ㄷ. $t_1 \rightarrow t_2$로 진행 시 효소 반응의 활성화 에너지는 증가한다.

① ㄱ ② ㄴ ③ ㄷ ④ ㄱ, ㄴ ⑤ ㄴ, ㄷ

[20702-0194]
18 표는 주효소가 들어 있는 시험관 Ⅰ~Ⅳ에 물질 ㉠~㉢의 첨가 여부를, 그림은 Ⅰ~Ⅳ에서 기질의 농도에 따른 초기 반응 속도를 나타낸 것이다. ㉠~㉢은 각각 경쟁적 저해제, 비경쟁적 저해제, 보조 인자 중 하나이다.

시험관 \ 물질	㉠	㉡	㉢
Ⅰ	×	×	×
Ⅱ	○	×	×
Ⅲ	○	○	×
Ⅳ	○	×	○

(○: 첨가함, ×: 첨가하지 않음)

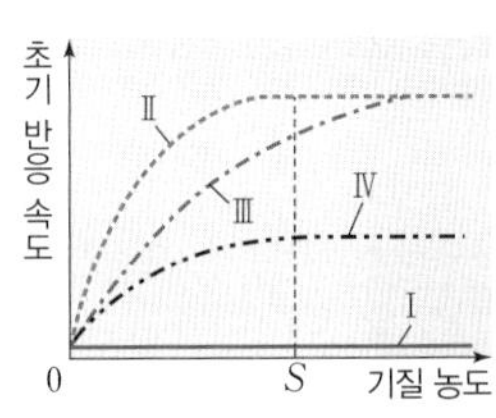

이에 대한 설명으로 옳은 것만을 〈보기〉에서 있는 대로 고른 것은? (단, 제시된 조건 이외의 다른 조건은 동일하다.)

보기
ㄱ. ㉠은 전효소의 비단백질 부분이다.
ㄴ. ㉢은 경쟁적 저해제이다.
ㄷ. 기질 농도가 S일 때 $\frac{\text{기질과 결합하지 않은 효소의 수}}{\text{기질과 결합한 효소의 수}}$는 Ⅲ에서가 Ⅳ에서보다 크다.

① ㄱ ② ㄴ ③ ㄷ ④ ㄱ, ㄴ ⑤ ㄱ, ㄷ

Ⅲ 세포 호흡과 광합성

6 세포 호흡과 발효

- 미토콘드리아와 엽록체의 구조적 차이점 이해하기
- 세포 호흡의 과정 이해하기
- 알코올 발효와 젖산 발효의 차이점 이해하기

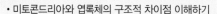

한눈에 단원 파악, 이것이 핵심!

미토콘드리아와 엽록체의 구조는 어떠한가?

- 미토콘드리아와 엽록체는 모두 내막과 외막의 2중막 구조이다.
- 미토콘드리아 내막과 엽록체 틸라코이드 막에 전자 전달계가 있으며, 미토콘드리아 기질과 엽록체 스트로마에 DNA와 리보솜이 있다.

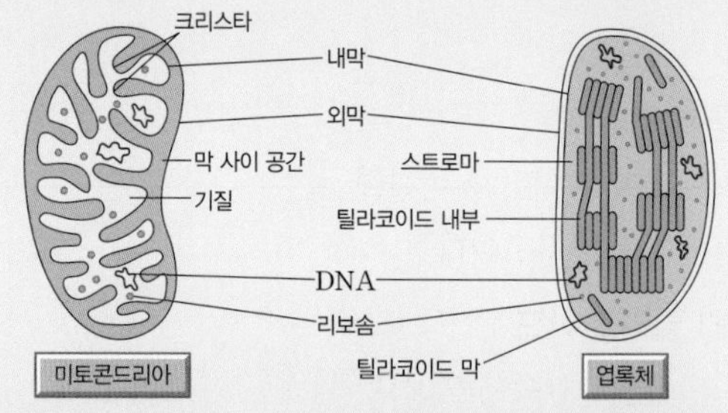

세포 호흡의 과정은 어떠한가?

세포 호흡 과정은 해당 과정, 피루브산의 산화와 TCA 회로, 산화적 인산화의 3단계로 이루어진다.

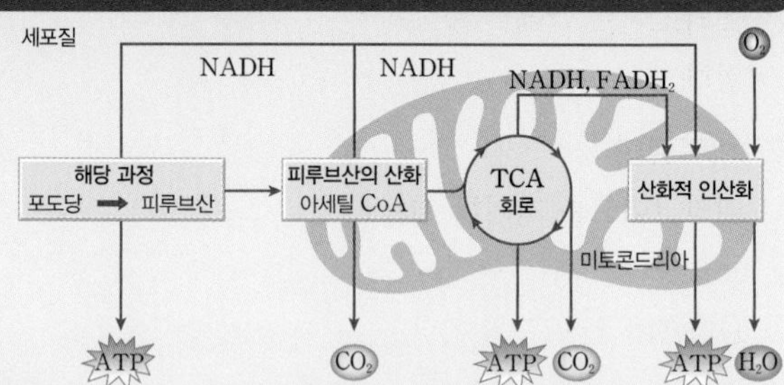

알코올 발효와 젖산 발효의 공통점과 차이점은 무엇인가?

$C_6H_{12}O_6$ (포도당) → ($2NAD^+$ → $2NADH + 2H^+$, $2ADP$ → $2ATP$) → $2C_3H_4O_3$ (피루브산) → ($2CO_2$) → $2CH_3CHO$ (아세트알데하이드) → ($2NADH + 2H^+$ → $2NAD^+$) → $2C_2H_5OH$ (에탄올)

▲ 알코올 발효

$C_6H_{12}O_6$ (포도당) → ($2NAD^+$ → $2NADH + 2H^+$, $2ADP$ → $2ATP$) → $2C_3H_4O_3$ (피루브산) → ($2NADH + 2H^+$ → $2NAD^+$) → $2C_3H_6O_3$ (젖산)

▲ 젖산 발효

01 미토콘드리아와 엽록체

1 ❶미토콘드리아

유기물에 저장된 화학 에너지를 생명 활동에 사용되는 에너지 형태인 ATP로 전환하는 세포 소기관이다. 외막과 내막의 2중막 구조이다. 외막과 내막 사이의 공간을 막 사이 공간이라고 한다.

(1) 내막

① 전자 전달에 관여하는 효소가 있는 전자 전달계가 있으며, ATP 합성 효소가 분포한다.

② 내막은 주름진 구조이며, 크리스타라고 한다. 크리스타의 주름진 구조로 인하여 내막의 표면적이 넓어지므로 세포 호흡 과정에서 에너지 생성(ATP 합성)이 효율적으로 일어날 수 있다.

(2) 기질

① 내막 안쪽에 액체로 차 있는 부분이다.

② 세포 호흡에 관여하는 여러 종류의 효소가 있어 피루브산의 산화와 TCA 회로가 진행된다.

③ DNA와 리보솜이 있다.

THE 알기

❶ 미토콘드리아

- 크기: 0.2 μm~3 μm 정도
- 기능: 유기물에 저장된 화학 에너지를 생명 활동에 사용되는 에너지 형태인 ATP로 전환한다.
- 분포: 근육 세포 등 수축이나 운동을 하는 세포와 같이 물질대사가 활발히 일어나는 세포일수록 많이 들어 있다.

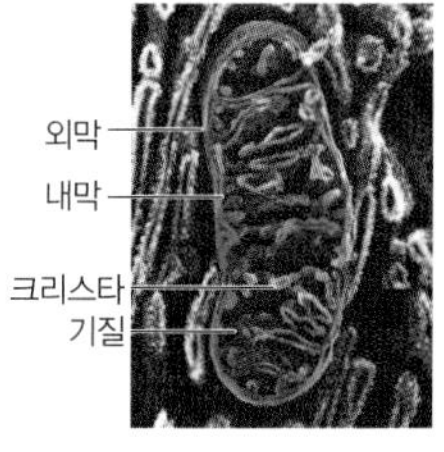

2 ❷엽록체

빛에너지를 이용해 이산화 탄소와 물을 포도당으로 합성하는 세포 소기관이다. 미토콘드리아와 같이 2중막 구조이다.

(1) 틸라코이드

① 내막의 안쪽에 있으며, 납작한 주머니 모양이다.

② 틸라코이드가 동전을 쌓아 놓은 것 같이 겹겹이 쌓여 있는 것을 그라나라고 한다.

③ 틸라코이드 막에는 빛에너지를 흡수하는 광합성 색소와 전자 전달계, ATP 합성 효소 등이 있다.

(2) 스트로마

① 틸라코이드를 제외한 액체로 차 있는 나머지 공간이다.

② 포도당 합성에 관여하는 여러 종류의 효소가 있어 탄소 고정 반응이 진행된다.

③ DNA와 리보솜이 있다.

❷ 엽록체

- 크기: 3 μm~6 μm 정도
- 기능: 빛에너지를 이용해 이산화 탄소와 물을 포도당으로 합성한다.
- 분포: 식물 세포나 조류 등에 분포한다.

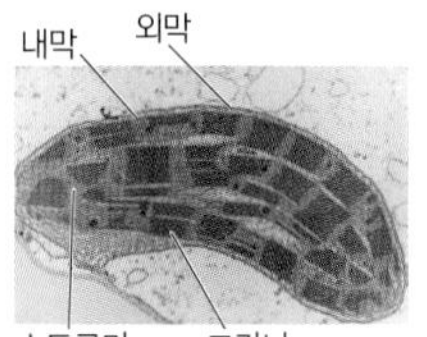

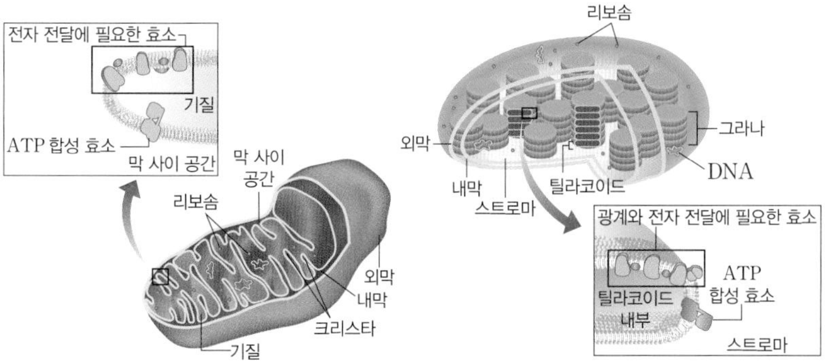

▲ 미토콘드리아와 엽록체의 구조

개념체크

빈칸 완성

1. 유기물에 저장된 화학 에너지를 생명 활동에 사용되는 에너지 형태인 ATP로 전환하는 세포 소기관은 (   )이다.

2. 미토콘드리아 내막과 외막 사이의 공간을 (   )이라고 한다.

3. (   ): 미토콘드리아 내막의 주름진 구조

4. 빛에너지를 이용해 이산화 탄소와 물을 포도당으로 합성하는 세포 소기관은 (   )이다.

5. (   ): 틸라코이드가 동전을 쌓아 놓은 것 같이 겹겹이 쌓여 있는 구조

6. 그림의 빈칸에 해당하는 명칭을 쓰시오.

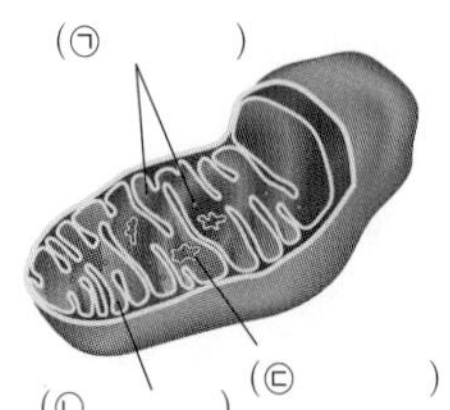

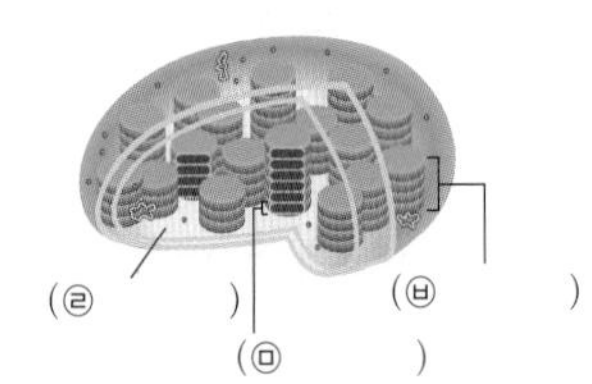

정답 1. 미토콘드리아 2. 막 사이 공간 3. 크리스타 4. 엽록체 5. 그라나 6. ㉠: 리보솜, ㉡: 기질, ㉢: DNA, ㉣: 스트로마, ㉤: 틸라코이드, ㉥: 그라나

○X 문제

1. 미토콘드리아에 대한 설명으로 옳은 것은 ○, 옳지 않은 것은 ×로 표시하시오.

(1) 단일막 구조이다. (   )

(2) 내막에는 전자 전달계가 있다. (   )

(3) 외막에는 ATP 합성 효소가 있다. (   )

(4) 크리스타 구조에 의해서 내막의 표면적이 넓다. (   )

(5) 기질은 내막 안쪽에 액체로 차 있는 부분이다. (   )

(6) 기질에는 세포 호흡에 관여하는 효소가 있다. (   )

(7) 막 사이 공간에는 DNA와 리보솜이 있다. (   )

(8) 근육 세포와 같이 물질대사가 활발히 일어나는 세포일수록 미토콘드리아가 많이 들어 있다. (   )

2. 엽록체에 대한 설명으로 옳은 것은 ○, 옳지 않은 것은 ×로 표시하시오.

(1) 외막과 내막이 있다. (   )

(2) 내막과 외막 사이에 틸라코이드가 있다. (   )

(3) 틸라코이드 막에 광합성 색소가 있다. (   )

(4) 내막에 전자 전달계가 있다. (   )

(5) 그라나에서 탄소 고정 반응이 진행된다. (   )

(6) 스트로마에 포도당 합성에 관여하는 효소가 있다. (   )

(7) 식물이나 조류에 있다. (   )

정답 1. (1) × (2) ○ (3) × (4) ○ (5) ○ (6) ○ (7) × (8) ○ 2. (1) ○ (2) × (3) ○ (4) × (5) × (6) ○ (7) ○

02 세포 호흡

1 세포 호흡 과정

(1) 세포가 포도당과 같은 유기물(호흡 기질)을 분해(산화)시켜 생명 활동에 필요한 에너지(ATP)를 얻는 과정이다.

(2) (호흡 기질이 포도당인 산소 호흡의 경우) 세포 호흡은 포도당이 산화되어 이산화 탄소가 되고, 산소가 환원되어 물이 되는 ❶산화 환원 반응이다.

(3) 세포 호흡의 전체 반응식(호흡 기질이 포도당인 산소 호흡의 경우)

$$C_6H_{12}O_6(\text{포도당}) + 6O_2 + 6H_2O \longrightarrow 6CO_2 + 12H_2O + \text{에너지(최대 32ATP + 열에너지)}$$

(4) 세포 호흡 과정은 해당 과정, 피루브산의 산화와 TCA 회로, 산화적 인산화의 3단계로 이루어진다.

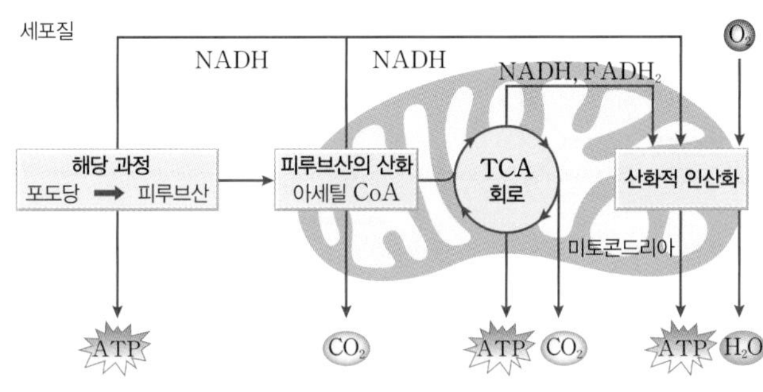

▲ 세포 호흡의 전체 과정

THE 알기

❶ 산화 환원
- 산화: 어떤 물질이 산소(O)를 얻거나, 수소(H) 또는 전자(e^-)를 잃는 것
- 환원: 어떤 물질이 산소(O)를 잃거나, 수소(H) 또는 전자(e^-)를 얻는 것

❷ NAD^+(Nicotinamide Adenine Dinucleotide)
탈수소 효소의 조효소로, 전자 운반체로 작용한다. NAD^+는 산화형, NADH는 환원형이다.

❸ FAD(Flavin Adenine Dinucleotide)
탈수소 효소의 조효소로, 전자 운반체로 작용한다. FAD는 산화형, $FADH_2$는 환원형이다.

THE 들여다보기 호흡 효소

- 탈탄산 효소: 호흡 기질의 카복실기(−COOH)에 작용하여 이산화 탄소(CO_2)를 이탈시키는 효소이다. 이에 따라 탈탄산 효소가 작용하면 호흡 기질의 탄소가 1개 줄어든다.

●−●−COO^- —탈탄산 효소→ ●−● + CO_2

- 탈수소 효소: 호흡 기질로부터 수소(2H)를 이탈시키는 효소이다. 탈수소 효소에 의해 기질에서 떨어져 나온 수소 원자는 ❷NAD^+나 ❸FAD와 같은 조효소에 전달된다.

H−●−O−H —탈수소 효소 (산화)→ ●=O + 2H ⋯→ 2H + NAD^+ —환원→ NADH + H^+ (2H → $2H^+ + 2e^-$)

- 전자 전달 효소: 전자 전달계를 구성하는 전자 운반체로 NADH나 $FADH_2$로부터 전자를 받아 에너지를 방출하고 다른 전자 운반체에 전자를 전달한다. 사이토크롬계 효소가 있으며, 사이토크롬에는 철 이온이 있어 2가와 3가 상태를 오가면서 전자를 전달한다.

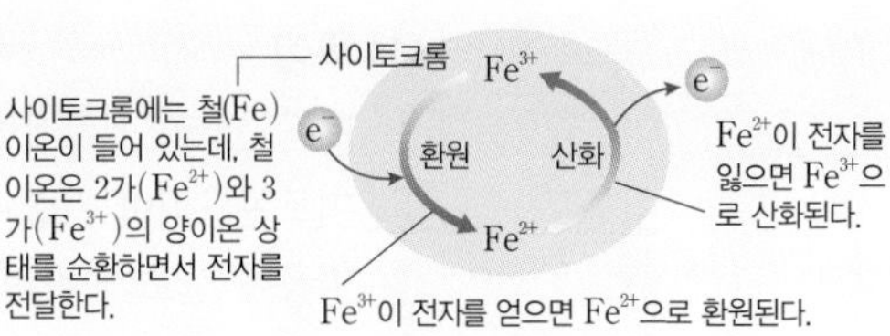

THE 알기

❶ 해당 과정에서 물질과 에너지의 변화

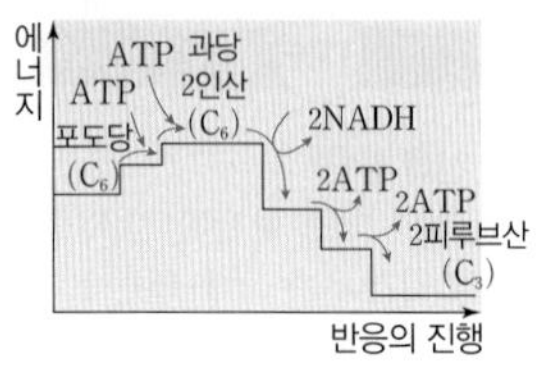

해당 과정에서 2ATP가 소모되고, 4ATP가 생성되어 최종적으로 2ATP가 순생성된다.

❷ 기질 수준 인산화

효소의 작용에 의해 기질에 결합해 있던 인산기가 ADP로 직접 전달되어 ATP가 합성되는 과정이다.

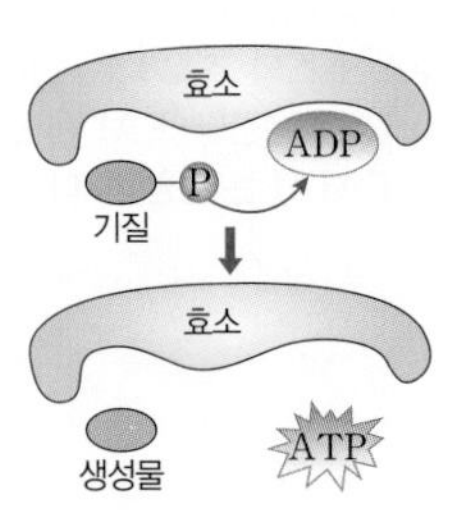

2 ❶해당 과정

1분자의 포도당이 여러 단계의 화학 반응을 거쳐 2분자의 피루브산으로 분해되는 과정이다.

(1) 특징

① 세포질에서 일어난다.

② 산소가 없어도 진행될 수 있으나, 지속적으로 NAD^+가 공급되어야 한다.

(2) 반응 경로

① ATP 소모 단계: 포도당(C_6)이 과당 2인산(C_6)으로 전환되는 과정에서 2ATP를 소모한다.

② ATP 생성 단계: 과당 2인산(C_6)이 여러 단계를 거쳐 2분자의 피루브산(C_3)으로 분해되는 과정에서 ❷기질 수준 인산화로 4ATP가, 탈수소 효소의 작용에 의해 2NADH가 생성된다.

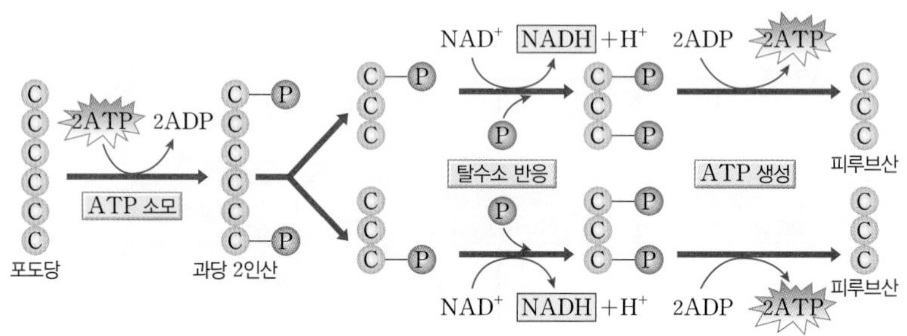

▲ 해당 과정

③ 전체 반응: 1분자의 포도당(C_6)이 2분자의 피루브산(C_3)으로 분해되는 과정에서 2ATP와 2NADH가 순생성된다. 이때 포도당은 피루브산으로 산화되고, NAD^+는 NADH로 환원된다.

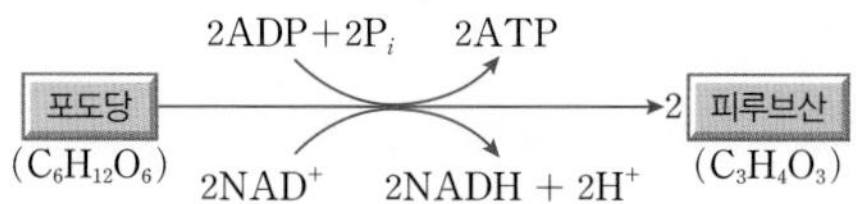

3 피루브산의 산화와 TCA 회로

피루브산이 산소가 있을 때 미토콘드리아 기질로 이동하여 산화되는 과정이다.

(1) 특징

① 미토콘드리아 기질에서 일어난다.

② 미토콘드리아 기질과 내막에 있는 여러 종류의 효소에 의해 일어난다.

③ 반응에 산소가 직접 사용되지는 않지만 산소가 필요한 산화적 인산화 과정과 맞물려 있다. 그러므로 산소가 없으면 피루브산의 산화와 TCA 회로도 억제된다.

(2) 반응 경로

① [1]피루브산의 산화

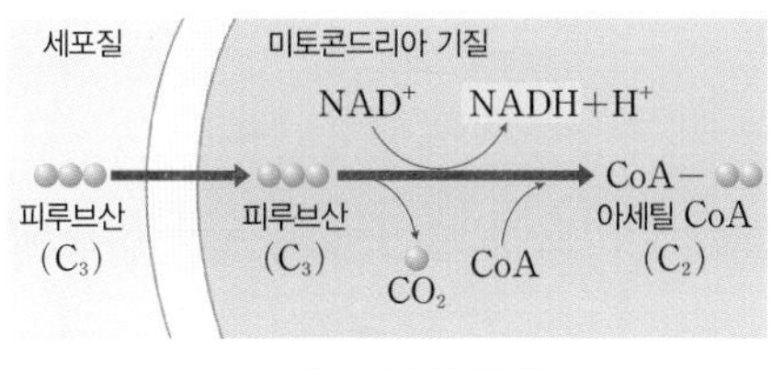

▲ 피루브산의 산화

- 세포질에서 생성된 피루브산(C_3)이 미토콘드리아 기질로 들어가 아세틸 CoA(C_2)로 산화되는 과정이다.
- 피루브산은 탈탄산 효소의 작용에 의해 CO_2가 방출되고, 탈수소 효소의 작용에 의해 NAD^+가 NADH로 환원된 후 조효소 A(CoA)가 결합하여 아세틸 CoA로 전환된다. → 피루브산 1분자당 $1CO_2$, 1NADH가 생성된다.

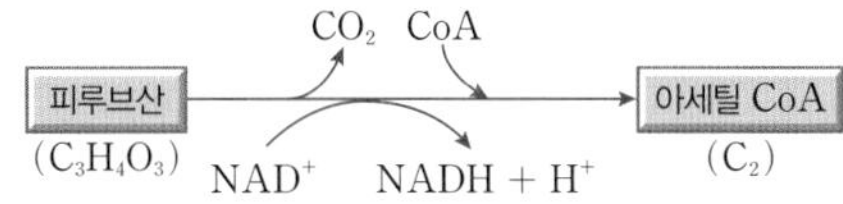

② [2]TCA 회로

- 아세틸 CoA(C_2)는 옥살아세트산(C_4)과 결합하여 시트르산(C_6)이 되며, 이 과정에서 조효소 A가 방출된다.
- 시트르산(C_6)이 5탄소 화합물(C_5)로 산화되는 과정에서 탈수소 효소의 작용에 의해 NAD^+가 NADH로 환원되고, 탈탄산 효소의 작용에 의해 CO_2가 방출된다.
- 5탄소 화합물(C_5)이 4탄소 화합물(C_4)로 산화되는 과정에서 탈수소 효소의 작용에 의해 NAD^+가 NADH로 환원되고, 탈탄산 효소의 작용에 의해 CO_2가 방출된다. 또한 기질 수준 인산화로 ATP가 생성된다.
- 4탄소 화합물(C_4)이 산화되는 과정에서 탈수소 효소의 작용에 의해 FAD가 $FADH_2$로 환원된다.
- 4탄소 화합물(C_4)이 옥살아세트산(C_4)으로 산화되는 과정에서 탈수소 효소의 작용에 의해 NAD^+가 NADH로 환원된다.

→ 1분자의 아세틸 CoA가 TCA 회로를 거치면서 완전 분해될 때 $2CO_2$, 3NADH, $1FADH_2$, 1ATP가 생성된다.

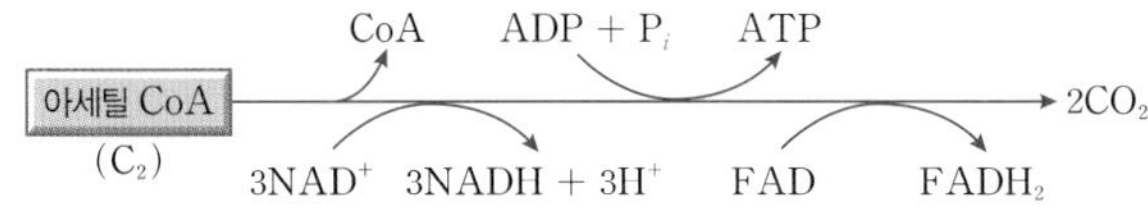

③ 전체 반응

- 피루브산은 CO_2로 산화되고, [3]NAD^+는 NADH로, FAD는 $FADH_2$로 환원된다.
- 1분자의 피루브산이 피루브산의 산화와 TCA 회로를 거치면서 완전히 분해될 때 $3CO_2$, 4NADH, $1FADH_2$, 1ATP가 생성된다.

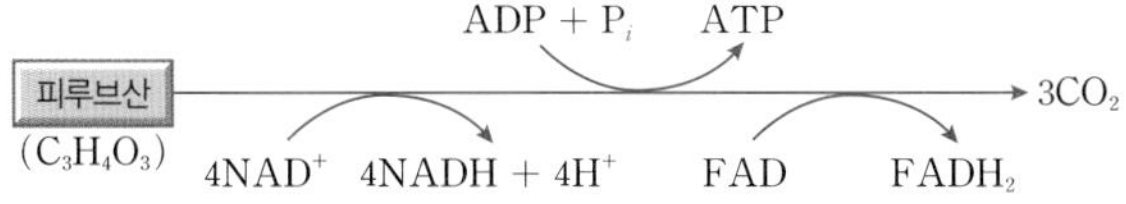

THE 알기

❶ 피루브산의 산화
피루브산은 미토콘드리아 내막에 있는 운반체 단백질에 의해 미토콘드리아 기질로 이동하고 피루브산 탈수소 효소 복합체에 의해 산화된다.

❷ TCA 회로
TCA는 Tricarboxylic Acid의 약자이다. 회로에서 처음 만들어지는 시트르산이 3개의 카복실기(−COOH)를 갖고 있어 붙여진 이름으로 시트르산 회로라고도 하며, 이 회로를 발견한 과학자 크레브스의 이름을 따서 크레브스 회로라고도 한다.

❸ NAD^+와 FAD
NAD^+와 FAD는 탈수소 효소의 조효소로 전자 운반체 역할을 한다. 탈수소 효소가 호흡 기질로부터 2개의 수소 원자($2H \rightleftarrows 2H^+ + 2e^-$)를 이탈시키면 NAD^+는 2개의 전자(e^-)와 1개의 수소 이온(H^+)을 수용하여 NADH로 환원된다.
FAD는 2개의 전자(e^-)와 2개의 수소 이온(H^+)을 수용하여 $FADH_2$로 환원된다.

$$NAD^+ + \underbrace{2H}_{2H^+ + 2e^-} \rightarrow NADH + H^+$$

$$FAD + \underbrace{2H}_{2H^+ + 2e^-} \rightarrow FADH_2$$

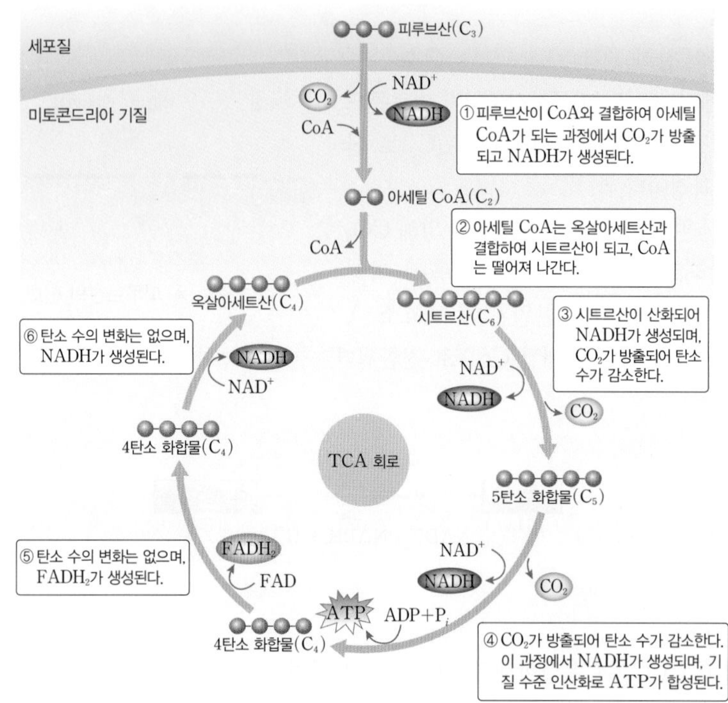

▲ 피루브산의 산화와 TCA 회로

THE 알기

• TCA 회로의 중간 산물
시트르산으로부터 생성되는 5탄소 화합물은 α 케토글루타르산이다. 5탄소 화합물로부터 생성되는 4탄소 화합물은 석신산이다. 석신산으로부터 생성되는 4탄소 화합물은 말산이다

❶ 산화적 인산화
미토콘드리아 기질과 막 사이 공간 사이에 형성된 H$^+$의 농도 기울기는 산화 환원 반응으로 형성된 것이므로, 미토콘드리아 내막에서 일어나는 전자 전달과 화학 삼투로 일어나는 ATP 합성을 산화적 인산화라고 한다.

❷ 전자 전달계
전자 전달계는 전자 전달 효소 복합체와 이들 사이에서 전자를 운반하는 전자 운반체로 이루어져 있다.

• 전자 전달계에서 전자가 전달될 수 있는 까닭
전자 전달계에서 전자의 전달이 일어날 수 있는 까닭은 산소가 강하게 마지막 전자 전달 물질의 전자를 빼앗아가기 때문이다. 전자를 잃은 마지막 전자 전달 물질이 바로 전 단계의 물질에서 전자를 빼앗는 일련의 과정이 연결되어 연속적인 전자의 전달이 일어난다.

4 ❶산화적 인산화

전자 전달과 화학 삼투를 통한 ATP 합성 과정이다.

(1) 특징

① 미토콘드리아 내막에 있는 ❷전자 전달계와 ATP 합성 효소에 의해 일어난다.

② 전자 전달계를 통한 산화 환원 반응의 최종 전자 수용체로 산소가 사용된다.

(2) 반응 경로

① 전자 전달과 H$^+$ 농도 기울기 형성

- 해당 과정, 피루브산의 산화와 TCA 회로에서 생성된 NADH와 $FADH_2$는 전자 전달계에 고에너지 전자를 전달하고, 각각 NAD$^+$와 FAD로 산화된다.
- 고에너지 전자는 미토콘드리아 내막에 있는 일련의 전자 전달 효소 복합체와 전자 운반체의 산화 환원 반응에 의해 차례로 전달되며, 최종적으로 O_2가 전자를 받는다. O_2는 전자와 H$^+$을 받아 H_2O로 환원된다.
- 고에너지 전자가 전자 운반체에 차례로 전달되는 과정에서 단계적으로 방출되는 에너지를 이용해 미토콘드리아 기질에서 미토콘드리아 막 사이 공간으로 H$^+$이 능동 수송된다. 이에 따라 미토콘드리아 막 사이 공간의 H$^+$ 농도가 미토콘드리아 기질보다 높아져 내막을 경계로 H$^+$의 농도 기울기(pH 기울기)가 형성된다.

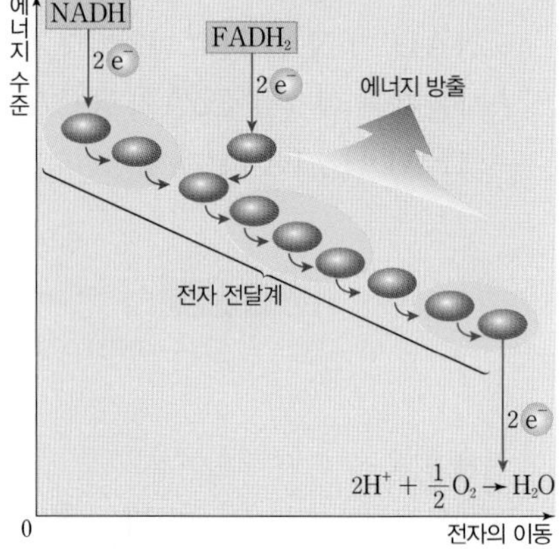

▲ 전자 전달계에서 에너지 수준의 변화

② [1]화학 삼투와 ATP 합성

• 미토콘드리아 내막을 경계로 형성된 H^+ 농도 기울기에 의해 H^+이 ATP 합성 효소를 통해 막 사이 공간(높은 H^+ 농도)에서 미토콘드리아 기질(낮은 H^+ 농도)로 확산되며(화학 삼투), 이때 ATP 합성 효소가 미토콘드리아 기질 쪽에서 ATP를 합성한다.

• NADH와 $FADH_2$가 산화적 인산화를 거치면 NADH 1분자로부터 약 2.5분자의 ATP가, $FADH_2$ 1분자로부터 약 1.5분자의 ATP가 생성된다.

③ 전체 반응

$$10NADH + 10H^+ + 2FADH_2 + 6O_2 \xrightarrow[28ADP \rightarrow 28ATP]{\text{빛에너지}} 10NAD^+ + 2FAD + 12H_2O$$

• 산화적 인산화에서 산화되는 물질은 NADH와 $FADH_2$이고, 환원되는 물질은 O_2이다.

• NADH와 $FADH_2$ 1분자당 방출되는 전자는 $2e^-$이며, $2e^-$가 $\frac{1}{2}O_2$에 최종적으로 전달되어 H_2O을 형성한다.

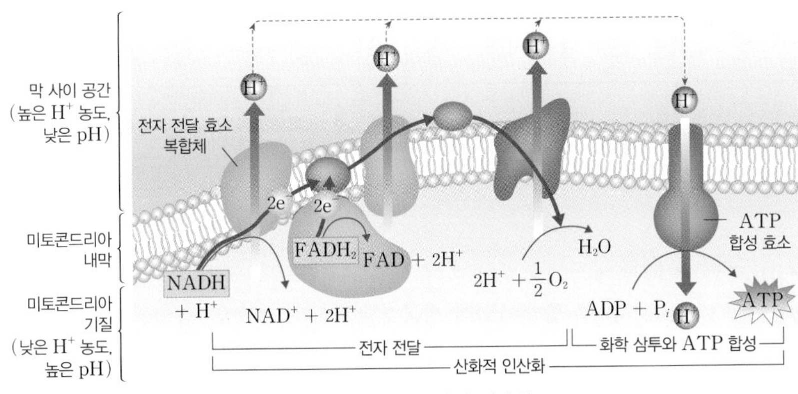

▲ 산화적 인산화

5 세포 호흡의 에너지 생산량

(1) 세포 호흡의 ATP 생성량(1분자의 포도당이 분해될 때)

① 1분자의 포도당이 해당 과정, 피루브산의 산화와 TCA 회로를 거치면 10NADH와 $2FADH_2$가 생성된다.

② 1분자의 포도당이 해당 과정, 피루브산의 산화와 TCA 회로를 거치면 기질 수준 인산화로 4ATP가, 산화적 인산화로 28ATP가 생성되어 총 32ATP가 생성된다.

THE 알기

1 화학 삼투
미토콘드리아와 엽록체에서 H^+의 전기 화학적 기울기에 의한 확산과 ATP 합성이 일어난다는 것이다.

• 산화적 인산화 반응에서의 ATP 생성 비율
NADH와 $FADH_2$ 각각의 분자로부터 산화에 의해 생성되는 ATP 분자 비율은 산화 환원 반응과 인산화 반응이 직접 연결되지 않아 정해진 정수가 아니다. 따라서 대략적인 값 혹은 최대 생성 값으로 1분자의 NADH와 $FADH_2$로부터 각각 약 2.5ATP와 약 1.5ATP가 생성되는 것으로 설명한다.

THE 들여다보기 화학 삼투와 ATP 합성

[실험 과정 및 결과]
미토콘드리아를 pH 8인 용액에 충분한 시간 동안 담근 후 미토콘드리아를 꺼내 pH 4의 용액으로 옮겨 넣자 미토콘드리아 기질에서 ATP가 합성되었다.

[실험 분석]
내막을 경계로 미토콘드리아 막 사이 공간과 기질의 농도 기울기가 형성되어 막 사이 공간의 H^+이 내막의 ATP 합성 효소를 통해 기질로 이동하면서 ATP가 합성된다.

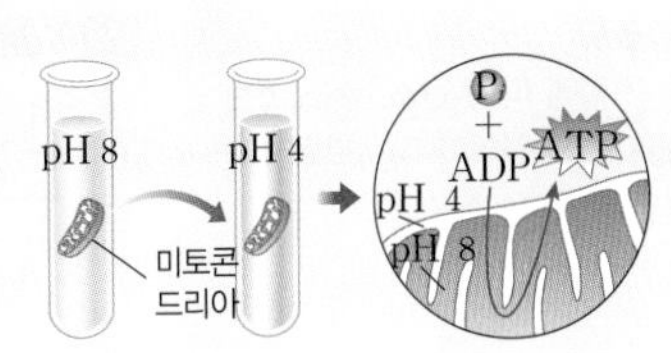

THE 알기

• ATP 합성 방해 물질
세포 호흡 저해제에 해당하며, 전자 전달을 저해하는 물질, ATP 합성 효소의 작용을 저해하는 물질, 미토콘드리아 내막에 작용하여 H^+의 농도 기울기를 감소시키는 물질 등이 있다.

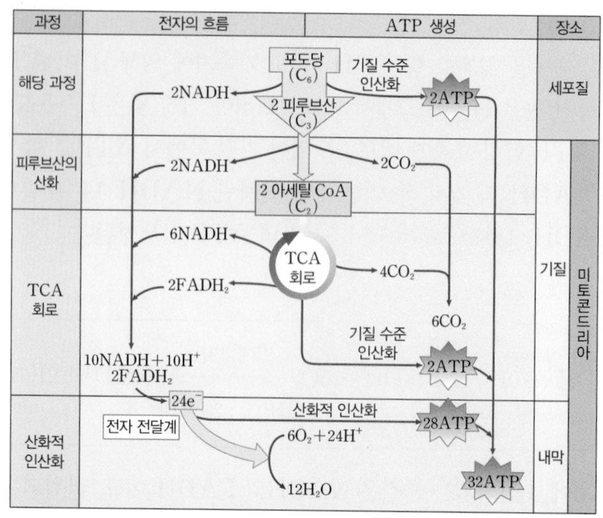

▲ 세포 호흡으로 포도당 1분자가 분해될 때 생성되는 ATP의 양

❶ 세포 호흡의 에너지 효율
자동차 엔진 같은 내연 기관의 에너지 효율은 15~30 %이다. 자동차 엔진과 비교하면 세포 호흡의 에너지 효율이 34 %라는 것은 상당히 높은 수치이다.

(2) **❶세포 호흡의 에너지 효율**: 1몰(mol)의 포도당이 완전 분해되면 686 kcal의 에너지가 방출되며, 1몰의 ADP가 1몰의 ATP로 합성될 때 약 7.3 kcal의 에너지가 필요하다. 세포 호흡의 에너지 효율은 약 34 %이며, 나머지 66 %는 열에너지로 방출된다.

$$\text{세포 호흡의 에너지 효율} = \frac{32 \times 7.3\ \text{kcal}}{686\ \text{kcal}} \times 100 \fallingdotseq 34\ \%$$

6 호흡 기질과 호흡률

(1) **호흡 기질**: 세포 호흡을 통해 분해되어 에너지를 방출할 수 있는 유기물이다.

호흡 기질	세포 호흡 경로
탄수화물	단당류로 분해된 후 해당 과정을 거쳐 세포 호흡에 이용된다.
지방	지방산과 글리세롤로 가수 분해되어 호흡 기질로 쓰인다. • 지방산: 아세틸 CoA로 된 다음 TCA 회로로 들어가 산화된다. • 글리세롤: 해당 과정의 중간 단계로 들어가 피루브산으로 전환된 후, 피루브산의 산화와 TCA 회로를 거쳐 산화된다.
단백질	아미노산으로 가수 분해되어 호흡 기질로 쓰인다. 아미노산은 아미노기($-NH_2$)가 떨어져 나가는 탈아미노 반응을 거쳐 피루브산이나 아세틸 CoA, TCA 회로의 중간 산물 등으로 전환되어 피루브산의 산화 단계나 TCA 회로로 들어가 산화된다.

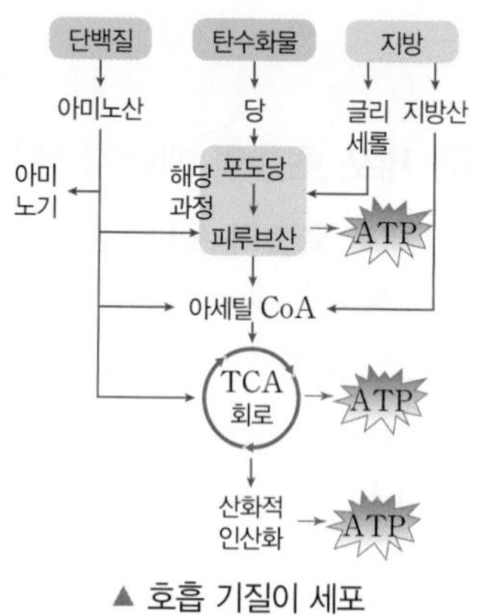

▲ 호흡 기질이 세포 호흡에 이용되는 경로

❷ 호흡률
호흡 기질에 따라 탄소, 수소, 산소 원자의 구성비가 다르므로 호흡률이 다르다.

(2) **❷호흡률**: 호흡 기질이 세포 호흡을 통해 분해될 때 소비된 산소(O_2)의 부피에 대해 발생한 이산화 탄소(CO_2)의 부피비로, 탄수화물이 1, 지방이 약 0.7, 단백질이 약 0.8이다.

$$\text{호흡률}(RQ) = \frac{\text{발생한 } CO_2\text{의 부피}(CO_2 \text{ 방출량})}{\text{소비된 } O_2\text{의 부피}(O_2 \text{ 흡수량})}$$

개념체크

빈칸 완성

1. 세포 호흡 과정은 (　　　) 과정, 피루브산의 산화와 (　　　) 회로, (　　　) 인산화의 3단계로 이루어진다.
2. (　　　) 효소: 호흡 기질의 카복실기(−COOH)에 작용하여 이산화 탄소(CO_2)를 이탈시키는 효소
3. (　　　) 효소: 호흡 기질로부터 수소(2H)를 이탈시키는 효소
4. (　　　) 효소: 전자 전달계를 구성하는 전자 운반체로, 다른 전자 수용체에 전자를 전달하는 효소
5. 해당 과정에서 1분자의 포도당이 2분자의 (　　　)으로 분해된다.
6. TCA 회로에서 아세틸 CoA와 옥살아세트산이 결합하여 CoA가 방출되고 (　　　)이 생성된다.
7. TCA 회로에서 5탄소 화합물이 4탄소 화합물로 전환될 때 기질 수준 인산화에 의해 (　　　)가 합성된다.
8. 1분자의 피루브산이 피루브산의 산화와 TCA 회로를 거치면서 완전히 분해될 때 (　　　)분자의 CO_2, (　　　)분자의 NADH, (　　　)분자의 $FADH_2$, (　　　)분자의 ATP가 생성된다.
9. 세포 호흡의 산화적 인산화에서 전자 전달계를 통한 산화 환원 반응의 최종 전자 수용체는 (　　　)이다.
10. (　　　): 미토콘드리아 내막을 경계로 형성된 H^+ 농도 기울기에 의해 H^+이 ATP 합성 효소를 통해 막 사이 공간에서 미토콘드리아 기질로 확산되는 현상
11. (　　　): 세포 호흡을 통해 분해되어 에너지를 방출할 수 있는 유기물
12. (　　　): 호흡 기질이 세포 호흡을 통해 분해될 때 소비된 O_2의 부피에 대해 발생한 CO_2의 부피비

정답 1. 해당, TCA, 산화적 2. 탈탄산 3. 탈수소 4. 전자 전달 5. 피루브산 6. 시트르산 7. ATP 8. 3, 4, 1, 1 9. 산소(O_2) 10. 화학 삼투 11. 호흡 기질 12. 호흡률

둘 중 하나 고르기

1. 세포 호흡은 유기물을 (산화 , 환원)시켜 생명 활동에 필요한 에너지를 얻는 과정이다.
2. 해당 과정에서 (탈수소 , 탈탄산) 반응에 의해 NADH가 합성된다.
3. 해당 과정에서 (기질 수준 , 산화적) 인산화에 의해 ATP가 합성된다.
4. 해당 과정에서 포도당 1분자당 (2 , 4)분자의 ATP가 순생성된다.
5. 옥살아세트산의 탄소 수는 (6 , 4)이다.
6. TCA 회로에서 시트르산이 5탄소 화합물로 전환될 때 (NADH , $FADH_2$)가 생성된다.
7. 산화적 인산화에서 1분자의 NADH로부터 생성되는 ATP 분자 수는 1분자의 $FADH_2$로부터 생성되는 ATP 분자 수보다 (많다 , 적다).
8. 고에너지 전자가 전자 운반체에 차례로 전달되는 과정에서 미토콘드리아 기질에서 미토콘드리아 막 사이 공간으로 H^+이 (촉진 확산 , 능동 수송)된다.
9. 세포 호흡이 활발히 일어나는 미토콘드리아의 기질은 미토콘드리아 막 사이 공간보다 pH가 (낮다 , 높다).
10. 1분자의 포도당이 해당 과정, 피루브산의 산화와 TCA 회로, 산화적 인산화를 거치면 총 최대 (28 , 32) 분자의 ATP가 생성된다.

정답 1. 산화 2. 탈수소 3. 기질 수준 4. 2 5. 4 6. NADH 7. 많다 8. 능동 수송 9. 높다 10. 32

개념체크

바르게 연결하기

1. 세포 호흡의 각 단계가 일어나는 장소를 옳게 연결하시오.

(1) 해당 과정 •   • ㉠ 미토콘드리아 내막

(2) TCA 회로 •   • ㉡ 미토콘드리아 기질

(3) 산화적 인산화 •   • ㉢ 세포질

2. 호흡 기질의 호흡률을 옳게 연결하시오.

(1) 탄수화물 •   • ㉠ 0.7

(2) 지방 •   • ㉡ 0.8

(3) 단백질 •   • ㉢ 1

○X 문제

3. 세포 호흡 과정에 대한 설명으로 옳은 것은 ○, 옳지 않은 것은 ×로 표시하시오.

(1) 해당 과정은 산소가 없으면 일어나지 않는다. ( )

(2) 해당 과정에서 ATP가 소모되는 단계가 있다. ( )

(3) 피루브산이 아세틸 CoA로 산화될 때 탈탄산 반응과 탈수소 반응이 모두 일어난다. ( )

(4) 포도당 1분자가 완전히 분해될 때 TCA 회로가 1회 진행된다. ( )

(5) 미토콘드리아 막 사이 공간의 H^+ 농도가 미토콘드리아 기질의 H^+ 농도보다 낮을 때 화학 삼투에 의해 ATP가 합성된다. ( )

정답 1. (1) ㉢ (2) ㉡ (3) ㉠ 2. (1) ㉢ (2) ㉠ (3) ㉡ 3. (1) × (2) ○ (3) ○ (4) × (5) ×

단답형 문제

1. 그림은 해당 과정을 나타낸 것이다. ㉠과 ㉡은 각각 NADH와 ATP 중 하나이다.

㉠과 ㉡은 각각 무엇인지 쓰시오.

2. 그림은 피루브산이 아세틸 CoA로 산화되는 과정을 나타낸 것이다. ㉠~㉢은 각각 CoA, NAD^+, CO_2 중 하나이다.

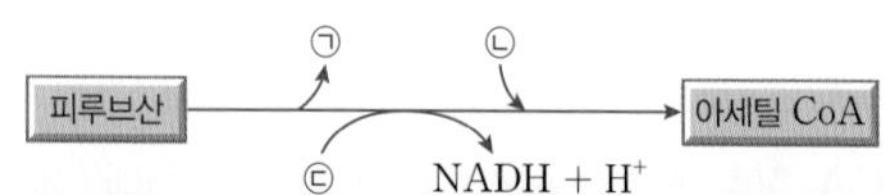

㉠~㉢은 각각 무엇인지 쓰시오.

3. 그림은 TCA 회로를 나타낸 것이다.

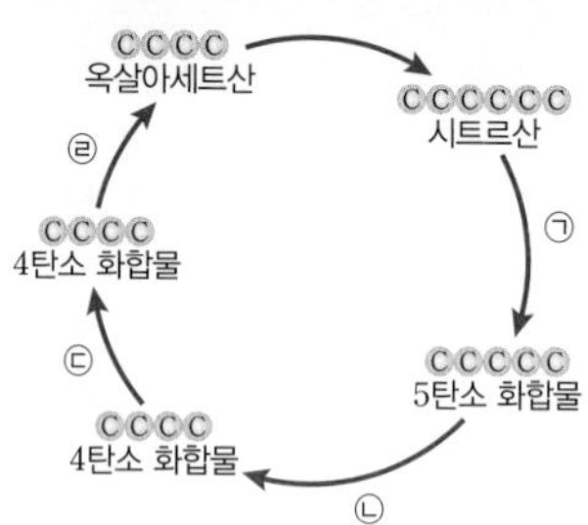

(1) ㉠~㉣ 중 탈수소 효소가 작용하는 단계를 있는 대로 쓰시오.

(2) ㉠~㉣ 중 탈탄산 효소가 작용하는 단계를 있는 대로 쓰시오.

(3) ㉠~㉣ 중 기질 수준 인산화가 일어나는 단계를 있는 대로 쓰시오.

정답 1. ㉠: ATP, ㉡: NADH 2. ㉠: CO_2, ㉡: CoA, ㉢: NAD^+ 3. (1) ㉠, ㉡, ㉢, ㉣ (2) ㉠, ㉡ (3) ㉡

발효

1 산소 호흡과 발효

(1) 산소 호흡

① 산소가 사용되는 세포 호흡이며, 산소를 이용하는 산화적 인산화가 진행된다.

② 호흡 기질이 이산화 탄소와 물로 완전히 분해되므로 많은 양의 에너지가 방출되어 다량의 ATP가 합성된다.

(2) 발효

① 산소와 전자 전달계를 사용하지 않아 중간 단계의 유기물까지만 분해되는 과정이다. 해당 과정을 통해서 소량의 ATP가 합성된다.

② 해당 과정을 통해 생성된 피루브산이 산소가 없거나 부족할 때 세포질에서 중간 단계까지만 불완전하게 분해되며, ❶분해 산물로 에탄올, 젖산 등의 물질이 생성된다.

③ 여러 미생물에 의해 일어나며, 산소의 공급이 부족할 때 사람의 근육에서도 일어난다.

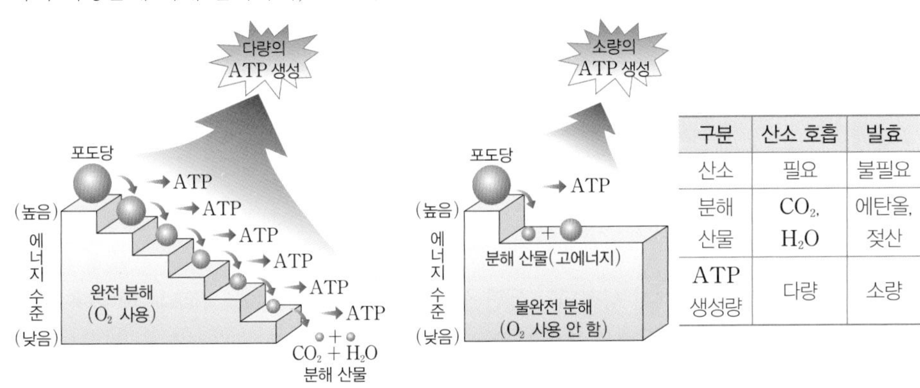

구분	산소 호흡	발효
산소	필요	불필요
분해 산물	CO_2, H_2O	에탄올, 젖산
ATP 생성량	다량	소량

▲ 산소 호흡　　▲ 발효

(3) 발효의 의의

① 산소 호흡 단계 중 산화적 인산화에서 최종 전자 수용체인 산소가 없으면, NADH가 NAD^+로, $FADH_2$가 FAD로 산화되지 못한다. 이에 따라 NAD^+와 FAD가 고갈되어 TCA 회로가 중단되며, 해당 과정도 중단될 수 있다.

② 산소가 없더라도 세포질에서 발효가 일어나 피루브산이 에탄올이나 젖산으로 환원되는 과정에서 NADH가 NAD^+로 산화되면 NAD^+가 해당 과정에 공급되므로 생물은 산소가 없는 조건에서도 해당 과정을 통해 ATP를 지속적으로 합성할 수 있다.

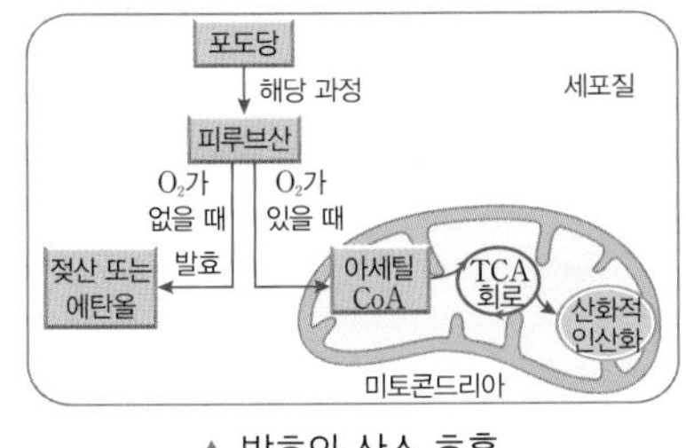

▲ 발효와 산소 호흡

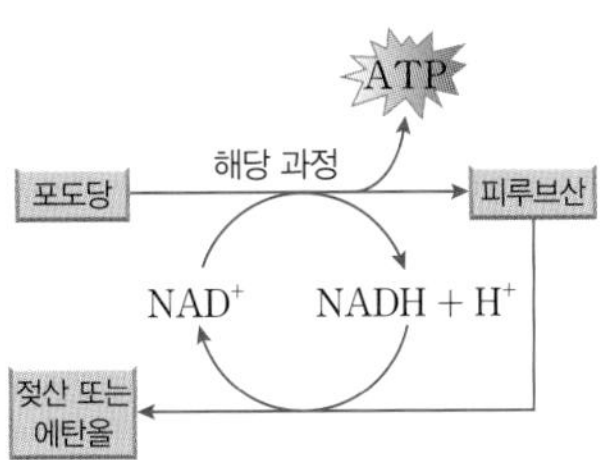

▲ 발효 과정

THE 알기

• **발효와 부패**
산소가 없는 조건에서 미생물이 에너지를 얻기 위해 유기물을 분해할 때 생성된 최종 산물이 인간에게 유용한 경우는 발효, 인간에게 해로운 경우는 부패로 구분하기도 한다.

❶ **분해 산물**
발효에서 최종 분해 산물은 산소 호흡에 이용될 경우 완전히 분해된다. 따라서 에탄올, 젖산과 같은 발효의 최종 분해 산물을 중간 산물이라고 부르기도 한다.

THE 알기

2 알코올 발효

(1) 과정: 1분자의 포도당이 2분자의 에탄올로 분해된다. 이 과정에서 $2CO_2$가 방출되고, 2ATP가 순합성된다.

$$C_6H_{12}O_6(\text{포도당}) \longrightarrow 2C_2H_5OH(\text{에탄올})+2CO_2+2ATP$$

① 1분자의 포도당이 2분자의 피루브산으로 분해되며, 이 과정에서 2ATP와 2NADH가 순생성된다.

② 2분자의 피루브산은 탈탄산 효소의 작용에 의해 2분자의 CO_2를 방출하고, 2분자의 아세트알데하이드가 된다.

③ 2분자의 아세트알데하이드는 2NADH로부터 수소를 받아 2분자의 에탄올로 환원된다. 이때 2NADH는 $2NAD^+$로 산화되며, $2NAD^+$는 해당 과정에 다시 사용된다.

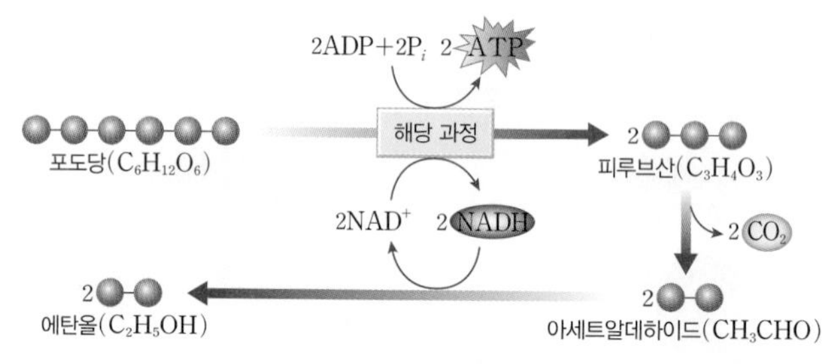

▲ 알코올 발효

(2) 이용

① [1]효모의 알코올 발효에서 생성되는 에탄올은 술(막걸리, 포도주)을 만드는 데 이용된다.

② 이산화 탄소는 밀가루 반죽을 부풀려 빵을 만드는 데 이용된다.

❶ 효모

효모에서 알코올 발효가 일어난다. 효모는 단세포 진핵생물로 균계에 속한다.

효모는 산소가 있으면 산소 호흡을 하여 에너지를 얻고, 산소가 없으면 알코올 발효를 하여 에너지를 얻는다.

3 젖산 발효

(1) 과정: 1분자의 포도당이 2분자의 젖산으로 분해된다. 이 과정에서 2ATP가 순합성된다.

$$C_6H_{12}O_6(\text{포도당}) \longrightarrow 2C_3H_6O_3(\text{젖산})+2ATP$$

① 1분자의 포도당이 2분자의 피루브산으로 분해되며, 이 과정에서 2ATP와 2NADH가 순생성된다.

② 2분자의 피루브산은 2NADH로부터 수소를 받아 2분자의 젖산으로 환원된다. 이때 2NADH는 $2NAD^+$로 산화되며, $2NAD^+$는 해당 과정에 다시 사용된다.

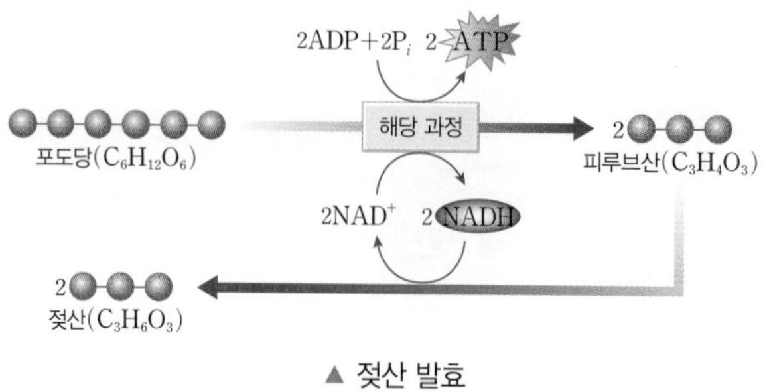

▲ 젖산 발효

(2) 이용: ❶젖산균의 젖산 발효는 김치, 요구르트, 치즈를 만드는 데 이용된다.

(3) 사람 근육에서의 젖산 발효

① 과도한 운동으로 인해 근육 세포에 산소 공급이 부족해지면 젖산 발효를 통해 ATP가 합성된다.

② 근육 세포에 축적된 젖산은 혈액을 통해 간으로 운반된 후 피루브산으로 전환되어 산소 호흡에 이용되거나 포도당으로 전환된다.

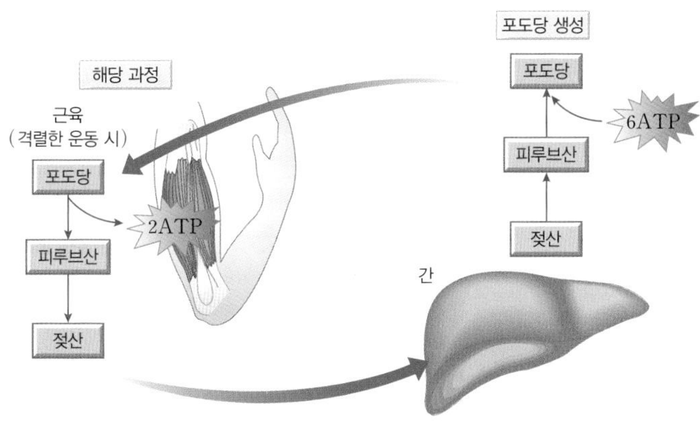

▲ 근육에서의 젖산 생성과 간에서의 포도당 생성

THE 알기

❶ 젖산균

젖산균에서 젖산 발효가 일어난다. 젖산균은 단세포 원핵생물로 진정세균계에 속하며, 유산균이라고도 한다. 젖산 발효에 의해 생성되는 젖산에 의해 병원균 또는 유해 세균의 생육이 저지되므로 김치, 유제품 등의 식품 제조에 이용된다.

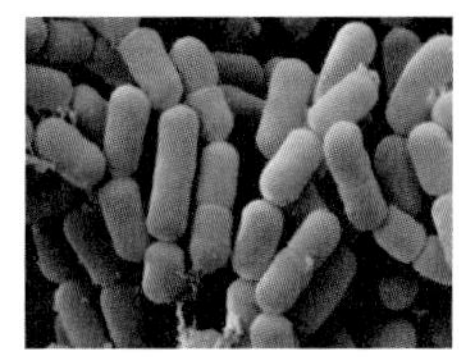

4 발효의 이용

발효는 식품 산업, 화장품, 염색약, 바이오 에너지 분야 등에 이용된다.

THE 들여다보기 산소 호흡과 발효의 비교

구분	산소 호흡	발효	
		알코올 발효	젖산 발효
장소	세포질, 미토콘드리아	세포질	세포질
산소의 필요	필요함	필요하지 않음	필요하지 않음
해당 과정	일어남	일어남	일어남
탈탄산 반응	일어남	일어남	일어나지 않음
CO_2 생성	생성됨	생성됨	생성 안 됨
탈수소 반응	일어남	일어남	일어남
탈수소 반응의 조효소	NAD^+, FAD	NAD^+	NAD^+
전자 전달계	관여함	관여하지 않음	관여하지 않음
최종 전자 수용체	산소	아세트알데하이드	피루브산
기질 수준 인산화	일어남	해당 과정에서 일어남	해당 과정에서 일어남
산화적 인산화	일어남	일어나지 않음	일어나지 않음
포도당 1분자당 ATP 합성량	최대 32ATP	2ATP (해당 과정에서 합성됨)	2ATP (해당 과정에서 합성됨)

개념체크

빈칸 완성

1. (　　　) 호흡: 산소를 이용해 유기물을 물과 이산화탄소로 완전히 분해하여 생명 활동에 필요한 에너지를 얻는 과정

2. (　　　): 산소와 전자 전달계를 사용하지 않아 중간 단계의 유기물까지만 분해되는 과정

3. 알코올 발효 과정에서 1분자의 포도당이 2분자의 (　　　)로 최종 분해된다.

4. (　　　)는 산소가 있으면 산소 호흡을 하여 에너지를 얻고, 산소가 없으면 알코올 발효를 하여 에너지를 얻는다.

5. 젖산 발효 과정에서 1분자의 포도당이 2분자의 (　　　)으로 최종 분해된다.

6. 그림은 알코올 발효 과정을 나타낸 것이다. 빈칸을 완성하시오.

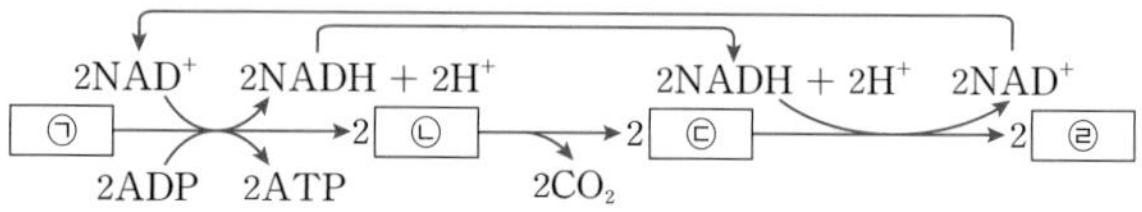

7. 그림은 젖산 발효 과정을 나타낸 것이다. 빈칸을 완성하시오.

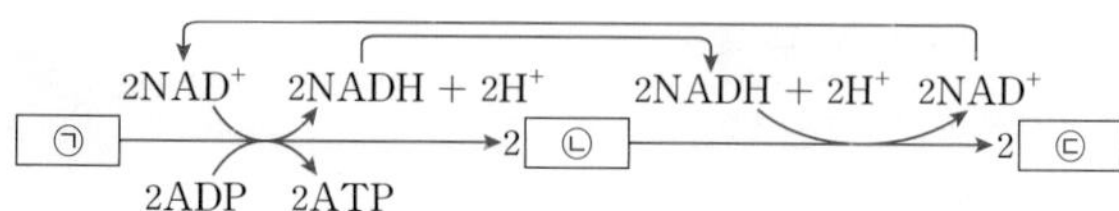

정답 1. 산소 2. 발효 3. 에탄올 4. 효모 5. 젖산 6. ㉠: 포도당, ㉡: 피루브산, ㉢: 아세트알데하이드, ㉣: 에탄올 7. ㉠: 포도당, ㉡: 피루브산, ㉢: 젖산

둘 중 하나 고르기

1. 발효는 (미토콘드리아 , 세포질)에서 일어난다.

2. (알코올 발효 , 젖산 발효) 과정에서 탈탄산 반응이 일어난다.

3. 알코올 발효에서 (NADH , $FADH_2$)가 생성된다.

4. 알코올 발효에서 포도당 1분자당 최대 (34 , 2)분자의 ATP가 생성된다.

5. 효모의 알코올 발효에서 생성되는 에탄올은 (술 , 요구르트)을 만드는 데 이용된다.

6. 젖산 발효에서 최종 전자 수용체는 (산소 , 피루브산)이다.

7. 젖산 발효에서 ATP는 (기질 수준 , 산화적) 인산화에 의해 생성된다.

○X 문제

8. 발효에 대한 설명으로 옳은 것은 ○, 옳지 않은 것은 ×로 표시하시오.

(1) 발효가 일어날 때 생성된 NAD^+는 해당 과정에 공급될 수 있다. (　　)

(2) 지속적인 발효가 일어나면 산소가 없는 조건에서도 해당 과정이 일어날 수 있다. (　　)

(3) 아세트알데하이드가 에탄올로 환원될 때 NAD^+가 생성된다. (　　)

(4) 알코올 발효 과정에 전자 전달계가 관여한다. (　　)

(5) 젖산 발효에서 2분자의 CO_2가 생성된다. (　　)

(6) 과도한 운동으로 인해 근육 세포에 산소 공급이 부족해지면 근육 세포에서 젖산 발효가 일어난다. (　　)

(7) 발효는 식품 산업, 화장품, 염색약, 바이오 에너지 분야 등에 이용된다. (　　)

정답 1. 세포질 2. 알코올 발효 3. NADH 4. 2 5. 술 6. 피루브산 7. 기질 수준 8. (1) ○ (2) ○ (3) ○ (4) × (5) × (6) ○ (7) ○

알코올 발효 실험

정답과 해설 30쪽

목표

호흡 기질의 종류에 따른 효모의 알코올 발효 정도를 알아보는 실험을 수행할 수 있다.

과정

1. 비커에 증류수 100 mL와 건조 효모 10 g을 넣고, 유리 막대로 저어 효모액을 만든다.
2. 4개의 발효관 A~D를 준비한 다음, A~D에 다음과 같이 내용물을 넣는다.

발효관	내용물
A	증류수 15 mL+효모액 15 mL
B	5 % 포도당 수용액 15 mL+효모액 15 mL
C	5 % 설탕 수용액 15 mL+효모액 15 mL
D	5 % 갈락토스 수용액 15 mL+효모액 15 mL

3. 발효관 맹관부에 공기가 들어가지 않도록 주의하면서 발효관을 세운 다음 입구를 솜 마개로 막는다.
4. 30 ℃~35 ℃로 맞춘 항온기에 발효관 A~D를 넣는다.
5. 20분 후 발효관 맹관부에 모인 기체의 부피를 측정하여 기록한다.
6. 발효관 맹관부에 기체가 충분히 모이면 스포이트로 발효관 안의 용액 일부를 뽑아낸 후, 40 % 수산화 칼륨(KOH) 수용액을 5 mL 넣고 발효관을 가볍게 흔들면서 변화를 관찰한다.

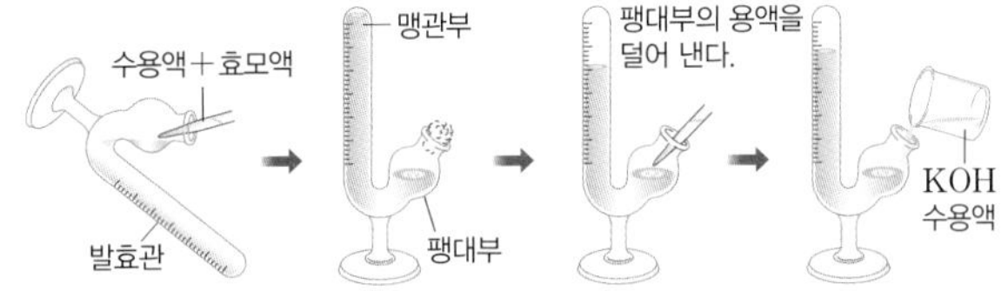

결과 정리 및 해석

1. 과정 5, 6의 결과를 표로 나타내면 다음과 같다.

구분	A	B	C	D
과정 5의 결과	없음	+++++	+++	++
과정 6의 결과	변화 없음	기체가 사라짐	기체가 사라짐	기체가 사라짐

(+가 많을수록 기체가 많음)

2. 시험관 B~D에서 기체의 부피가 증가하여 맹관부 수면의 높이가 낮아진다. → 효모의 알코올 발효로 인해 기체가 발생한다.
3. A는 대조군이고, B~D 중 B에서 기체가 가장 많이 발생하였다. → 효모의 알코올 발효는 포도당을 호흡 기질로 할 때 가장 잘 일어난다.
4. KOH 수용액을 발효관에 넣으면 맹관부 수면의 높이가 높아진다. → 맹관부에 모인 기체가 KOH에 흡수되었기 때문이다.

탐구 분석

1. 과정 3에서 입구를 솜 마개로 막는 까닭은 무엇인가?
2. 발효관의 맹관부에 모인 기체는 무엇이고, 그렇게 생각하는 까닭은 무엇인가?
3. 효모의 알코올 발효 결과 생성된 에탄올을 확인하는 방법에는 무엇이 있는가?

내신 기초 문제

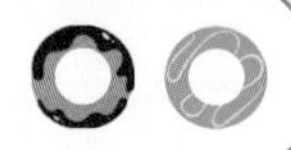

[20702-0195]
01 그림은 미토콘드리아의 구조를 나타낸 것이다. A~C는 각각 미토콘드리아의 기질, 내막, 막 사이 공간 중 하나이다.

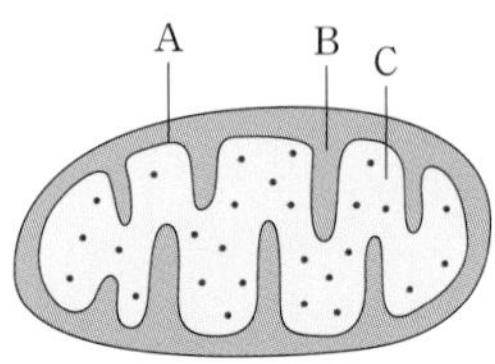

이에 대한 설명으로 옳은 것은?

① A는 미토콘드리아 기질이다.
② A에서 전자의 전달이 일어난다.
③ B에 DNA가 있다.
④ B에서 TCA 회로가 일어난다.
⑤ C에서 해당 과정이 일어난다.

[20702-0196]
02 그림은 엽록체의 구조를 나타낸 것이다. A~C는 각각 그라나, 틸라코이드, 스트로마 중 하나이다.

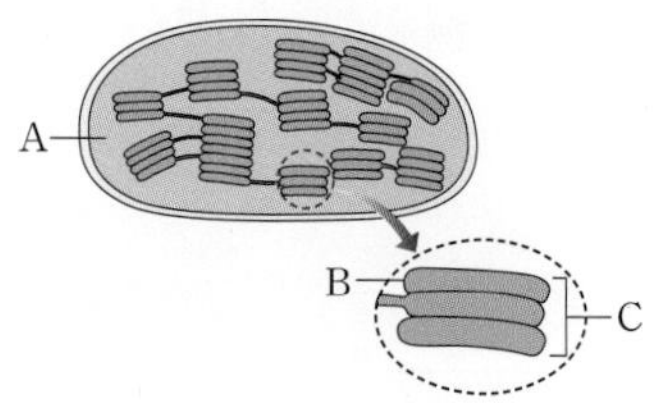

A~C의 명칭을 쓰고, A~C 중 DNA가 있는 장소를 쓰시오.

[20702-0197]
03 미토콘드리아와 엽록체의 공통점에 대한 설명으로 옳은 것만을 〈보기〉에서 있는 대로 고른 것은?

보기
ㄱ. 2중막 구조이다.
ㄴ. 리보솜이 있다.
ㄷ. 물질대사가 일어난다.
ㄹ. 전자 전달계가 있다.

① ㄱ, ㄴ ② ㄴ, ㄷ ③ ㄱ, ㄴ, ㄷ
④ ㄴ, ㄷ, ㄹ ⑤ ㄱ, ㄴ, ㄷ, ㄹ

[20702-0198]
04 그림은 세포 호흡을 나타낸 것이다. ㉠과 ㉡은 각각 O_2와 CO_2 중 하나이고, (가)~(다)는 TCA 회로, 해당 과정, 산화적 인산화를 순서 없이 나타낸 것이다.

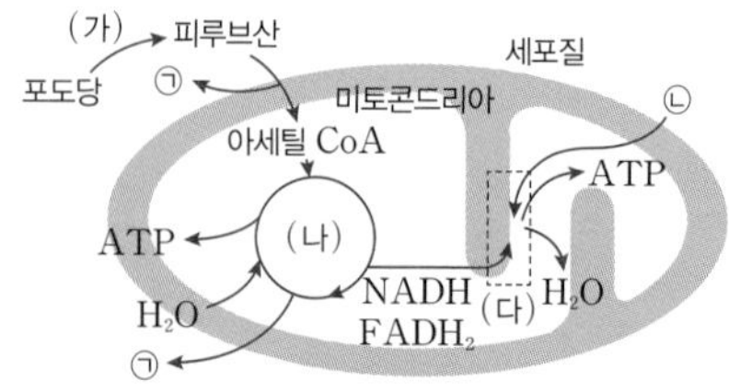

이에 대한 설명으로 옳지 않은 것은?

① ㉠은 CO_2이다.
② (가)는 산소가 없을 때에도 진행된다.
③ (나)에서 탈수소 반응과 탈탄산 반응이 일어난다.
④ (다)에서 ㉡은 전자를 제공한다.
⑤ (다)는 미토콘드리아 내막에서 일어난다.

[20702-0199]
05 그림은 기질 수준 인산화 반응을 나타낸 것이다.

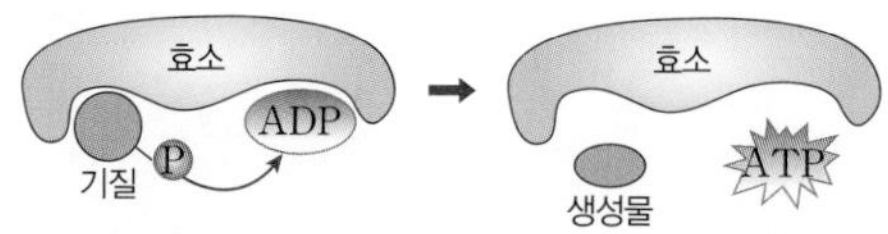

세포 호흡 과정의 해당 과정, TCA 회로, 산화적 인산화 중 이 반응이 일어나는 단계를 모두 쓰시오.

[20702-0200]
06 그림은 해당 과정을 나타낸 것이다.

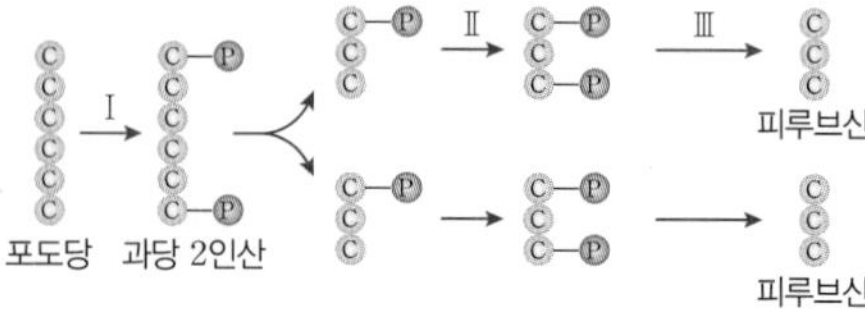

이에 대한 설명으로 옳은 것만을 〈보기〉에서 있는 대로 고른 것은?

보기
ㄱ. 과정 Ⅰ과 Ⅲ에서 모두 ATP가 생성된다.
ㄴ. 과정 Ⅱ에서 NADH가 생성된다.
ㄷ. 과정 Ⅲ은 미토콘드리아 기질에서 일어난다.

① ㄱ ② ㄴ ③ ㄷ ④ ㄱ, ㄴ ⑤ ㄴ, ㄷ

[20702-0201]

07 그림은 해당 과정에서 에너지의 변화를 나타낸 것이다.

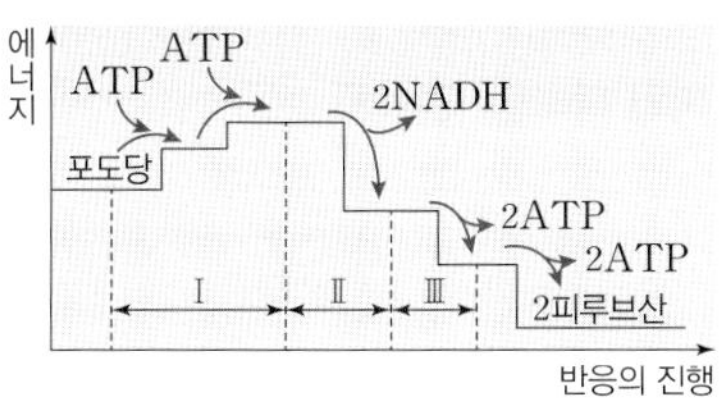

이에 대한 설명으로 옳지 않은 것은?

① 과정 Ⅰ에서 ATP가 소모된다.
② 과정 Ⅱ에서 탈수소 효소가 관여한다.
③ 과정 Ⅲ에서 기질 수준 인산화가 일어난다.
④ 1분자당 탄소 수는 포도당이 피루브산의 2배이다.
⑤ 1분자의 포도당이 2분자의 피루브산으로 분해될 때 최종적으로 4분자의 ATP가 순생성된다.

[20702-0202]

08 표는 피루브산 1분자가 산화되고, TCA 회로를 통해 분해되는 반응에서 생성되는 물질을 나타낸 것이다. ㉠~㉢은 각각 CO_2, ATP, NADH 중 하나이다.

반응	생성되는 물질
피루브산 → 아세틸 CoA	㉠, ㉡
시트르산 → 5탄소 화합물	㉠, ㉡
5탄소 화합물 → 4탄소 화합물	㉠, ㉡, ㉢
4탄소 화합물 → 옥살아세트산	㉠

㉠~㉢은 각각 무엇인지 쓰시오.

[20702-0203]

09 그림은 피루브산의 산화와 TCA 회로를 나타낸 것이다. 과정 (가)~(마)에 대한 설명으로 옳지 않은 것은? (단, ⓒ는 탄소를 나타낸다.)

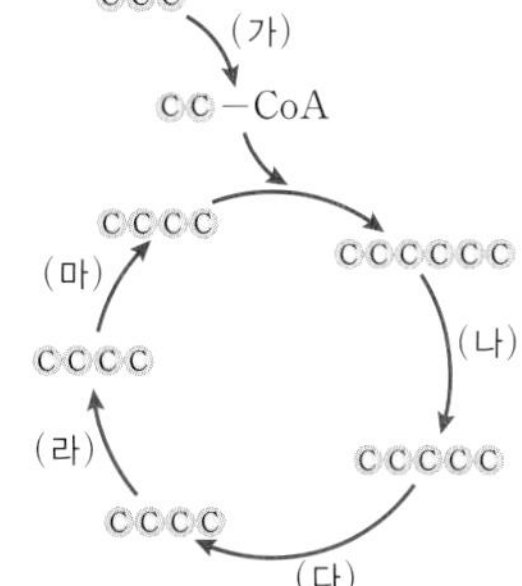

① (가)에서 NADH가 생성된다.
② (나)에서 CO_2가 생성된다.
③ (다)에서 NADH가 생성된다.
④ (다)와 (라)에서 모두 ATP가 생성된다.
⑤ (마)에서 탈수소 반응이 일어난다.

[20702-0204]

10 그림은 미토콘드리아에서 일어나는 물질대사의 일부를 나타낸 것이다. (가)와 (나)는 각각 산화적 인산화와 TCA 회로 중 하나이며, ⓐ와 ⓑ는 각각 O_2와 CO_2 중 하나이다.

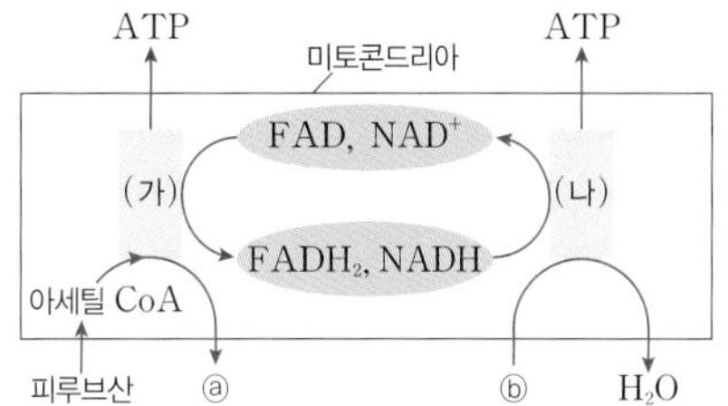

이에 대한 설명으로 옳은 것만을 〈보기〉에서 있는 대로 고른 것은?

보기
ㄱ. (가)에서 탈탄산 효소가 관여한다.
ㄴ. (나)에서 NADH와 $FADH_2$의 산화가 일어난다.
ㄷ. (가)와 (나)는 모두 미토콘드리아 기질에서 일어난다.

① ㄱ ② ㄷ ③ ㄱ, ㄴ ④ ㄴ, ㄷ ⑤ ㄱ, ㄴ, ㄷ

[20702-0205]

11 그림은 전자 전달이 일어나고 있는 미토콘드리아의 전자 전달계를 나타낸 것이다. (가)와 (나)는 각각 미토콘드리아 기질과 미토콘드리아 막 사이 공간 중 하나이고, ⓐ~ⓒ는 각각 H_2O, $FADH_2$, NADH 중 하나이다.

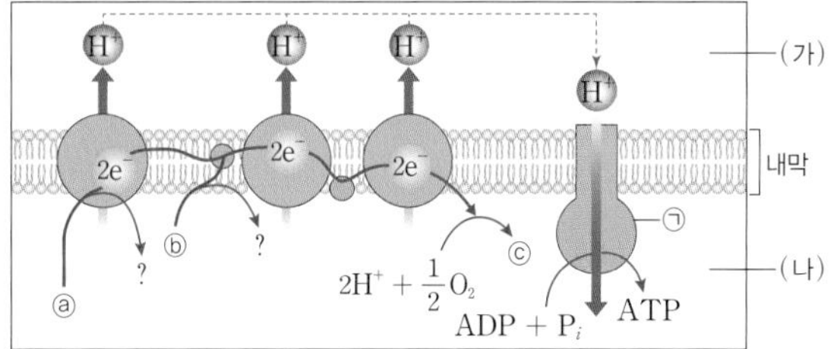

이에 대한 설명으로 옳지 않은 것은? (단, 전자의 전달은 정상적으로 일어났다.)

① ⓐ는 NADH, ⓑ는 $FADH_2$이다.
② (가)는 미토콘드리아 막 사이 공간이다.
③ 세포 호흡이 활발히 일어날 때 H^+ 농도는 (가)에서가 (나)에서보다 높다.
④ H^+이 ㉠을 통해 (가)에서 (나)로 이동하는 원리는 능동 수송이다.
⑤ 1분자의 ⓐ로부터 생성되는 ⓒ의 분자 수와 1분자의 ⓑ로부터 생성되는 ⓒ의 분자 수는 같다.

[20702-0206]
12 표는 저해제 X와 Y의 작용을, 그림은 저해제 ㉠과 ㉡을 미토콘드리아에 차례로 처리했을 때 시간에 따른 총 산소 소비량을 나타낸 것이다. ㉠과 ㉡은 각각 X와 Y 중 하나이다.

저해제	작용
X	미토콘드리아 내막에 있는 인지질을 통해 H^+을 새어 나가게 한다.
Y	미토콘드리아 내막의 ATP 합성 효소에서 H^+의 이동을 차단한다.

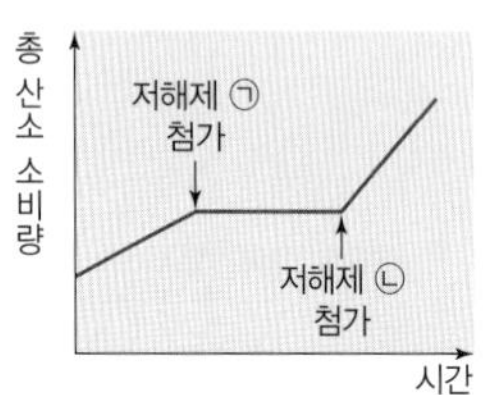

㉠과 ㉡은 각각 X와 Y 중 어떤 것인지 쓰시오.

[20702-0207]
13 그림은 미토콘드리아에서 일어나는 세포 호흡 과정의 일부를 나타낸 것이다. ㉠과 ㉡은 각각 $FADH_2$와 NADH 중 하나이다.

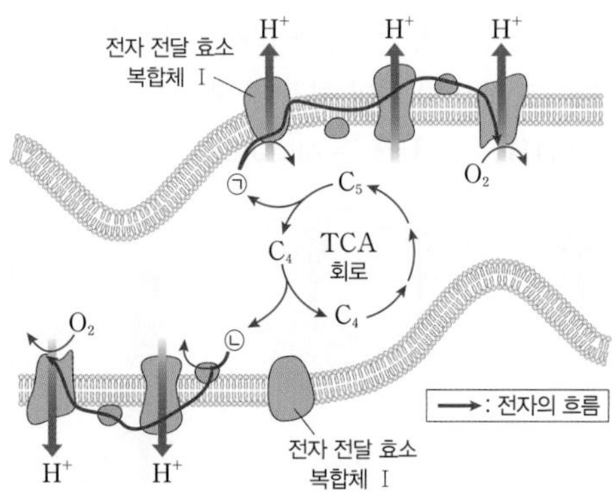

이에 대한 설명으로 옳은 것만을 〈보기〉에서 있는 대로 고른 것은? (단, 전자의 전달은 정상적으로 일어났다.)

> 보기
> ㄱ. ㉠은 NADH이다.
> ㄴ. 산화적 인산화에서 1분자의 ㉠으로부터 합성되는 ATP 분자 수는 1분자의 ㉡으로부터 합성되는 ATP 분자 수보다 많다.
> ㄷ. 1분자의 ㉠으로부터 O_2에 공급되는 전자의 수는 1분자의 ㉡으로부터 O_2에 공급되는 전자의 수보다 많다.

① ㄱ ② ㄴ ③ ㄱ, ㄴ ④ ㄱ, ㄷ ⑤ ㄴ, ㄷ

[20702-0208]
14 표는 간세포에서 1분자의 포도당이 세포 호흡을 통해 완전 분해되어 순생성되는 ATP, NADH, $FADH_2$의 분자 수를 반응 종류에 따라 나타낸 것이다.

구분	기질 수준 인산화	산화적 인산화	NADH	$FADH_2$
해당 과정	㉠ATP	−	2NADH	?
피루브산의 산화와 TCA 회로	2ATP	−	㉡NADH	㉢$FADH_2$
전자 전달계	?	㉣ATP	−	−

이에 대한 설명으로 옳은 것은? (단, 산화적 인산화를 통해 1분자의 NADH로부터 2.5분자의 ATP가, 1분자의 $FADH_2$로부터 1.5분자의 ATP가 생성된다.)

① ㉠은 1이다.
② ㉡과 ㉢은 같다.
③ ㉣은 28이다.
④ 해당 과정에서 $FADH_2$가 생성된다.
⑤ 전자 전달계에서 기질 수준 인산화가 일어난다.

[20702-0209]
15 그림은 호흡 기질이 세포 호흡에 이용되는 과정을 나타낸 것이다. ㉠과 ㉡은 각각 지방산과 아미노산 중 하나이다.

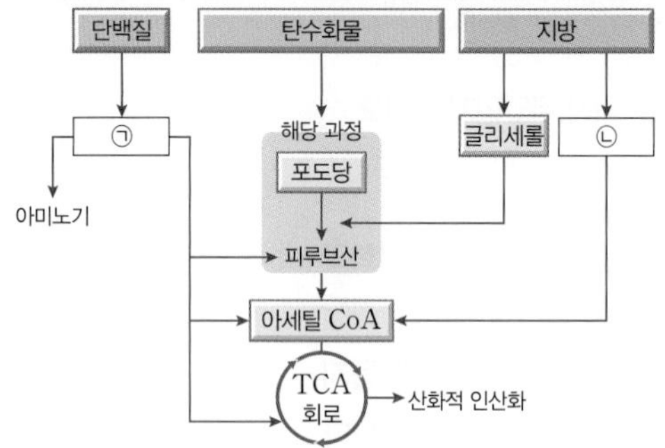

이에 대한 설명으로 옳은 것만을 〈보기〉에서 있는 대로 고른 것은?

> 보기
> ㄱ. ㉠은 아미노산이다.
> ㄴ. ㉠에서 제거된 아미노기는 호흡 기질로 이용된다.
> ㄷ. ㉡은 세포 호흡에 이용될 때 해당 과정을 거치지 않는다.

① ㄱ ② ㄴ ③ ㄱ, ㄴ ④ ㄱ, ㄷ ⑤ ㄴ, ㄷ

[20702-0210]

16 그림 (가)와 (나)는 산소 호흡과 발효를 순서 없이 나타낸 것이다. ㉠과 ㉡은 각각 젖산과 H_2O 중 하나이다.

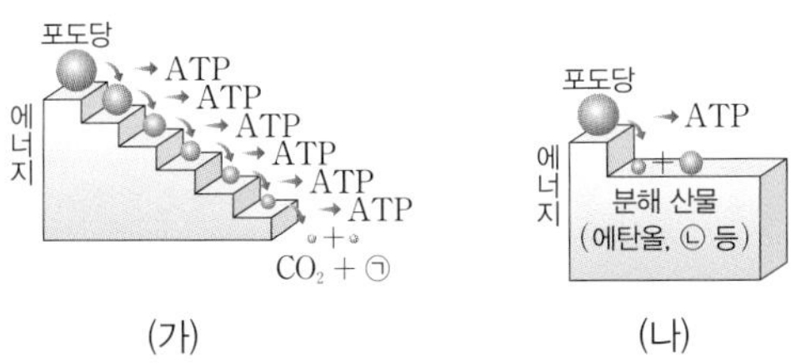

이에 대한 설명으로 옳은 것만을 <보기>에서 있는 대로 고른 것은?

보기

ㄱ. (가)는 산소 호흡이다.
ㄴ. ㉠은 젖산이다.
ㄷ. 1분자의 포도당으로부터 합성되는 ATP의 양은 (가)에서가 (나)에서보다 많다.

① ㄱ ② ㄷ ③ ㄱ, ㄴ ④ ㄱ, ㄷ ⑤ ㄴ, ㄷ

[20702-0211]

17 그림은 세포 내에서 포도당 1분자로부터 에탄올 2분자가 생성되는 과정 (가)~(다)를 나타낸 것이다.

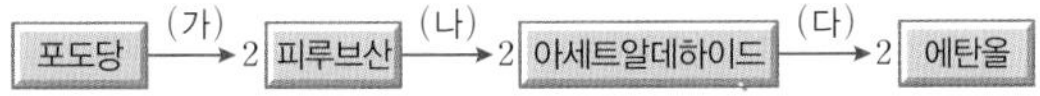

(가)~(다) 중 NAD^+가 생성되는 과정을 쓰시오.

[20702-0212]

18 그림은 발효에서 포도당이 피루브산을 거쳐 물질 ㉠으로 전환되는 과정을 나타낸 것이다. ㉠은 젖산과 에탄올 중 하나이다.

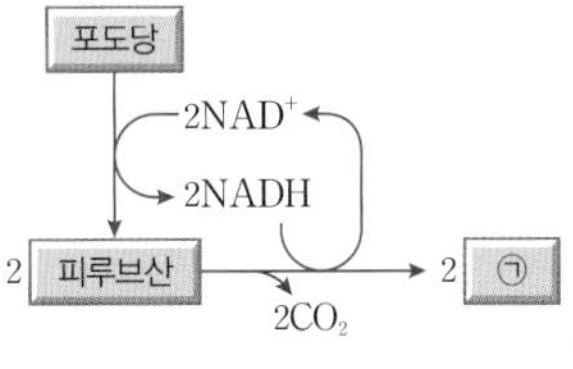

이에 대한 설명으로 옳은 것만을 <보기>에서 있는 대로 고른 것은?

보기

ㄱ. ㉠은 에탄올이다.
ㄴ. 1분자당 탄소 수는 피루브산이 ㉠보다 많다.
ㄷ. 효모에서 O_2가 없을 때 피루브산이 ㉠으로 전환되는 과정은 일어나지 않는다.

① ㄱ ② ㄴ ③ ㄱ, ㄴ ④ ㄱ, ㄷ ⑤ ㄴ, ㄷ

[20702-0213]

19 그림은 사람의 근육 세포에서 일어나는 세포 호흡과 발효 과정을 나타낸 것이다. (가)~(라)는 젖산, 포도당, 피루브산, 아세틸 CoA를 순서 없이 나타낸 것이다.

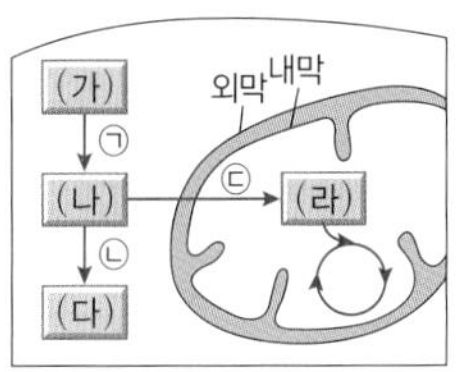

이에 대한 설명으로 옳은 것만을 <보기>에서 있는 대로 고른 것은? (단, CoA의 탄소 수는 고려하지 않는다.)

보기

ㄱ. (라)는 아세틸 CoA이다.
ㄴ. 과정 ㉠, ㉡, ㉢은 모두 O_2가 없으면 일어나지 않는다.
ㄷ. 1분자당 $\frac{수소 수}{탄소 수}$는 (가)>(나)>(다)이다.

① ㄱ ② ㄴ ③ ㄱ, ㄴ ④ ㄱ, ㄷ ⑤ ㄴ, ㄷ

[20702-0214]

20 표는 세포 내에서 일어나는 발효 ㉠과 ㉡에서 3가지 특징의 유무를 나타낸 것이다. ㉠과 ㉡은 각각 알코올 발효와 젖산 발효 중 하나이다.

특징 \ 발효	㉠	㉡
O_2가 이용된다.	ⓐ	없음
CO_2가 발생된다.	없음	있음
ATP가 생성된다.	있음	ⓑ

㉠과 ㉡은 각각 무엇인지 쓰고, ⓐ와 ⓑ는 각각 '있음'과 '없음' 중 무엇인지 쓰시오.

[20702-0215]

21 그림 (가)~(다)는 세포 호흡과 발효에서 피루브산이 물질 A~C로 전환되는 과정을 나타낸 것이다. A~C는 각각 아세틸 CoA, 에탄올, 젖산 중 하나이다.

(가) 피루브산 → A (CO_2, CoA)
(나) 피루브산 → B
(다) 피루브산 → C (CO_2)

이에 대한 설명으로 옳지 않은 것은? (단, CoA의 탄소 수는 고려하지 않는다.)

① A는 아세틸 CoA이다.
② C는 에탄올이다.
③ (나)에서 ATP가 생성된다.
④ 1분자당 탄소 수는 A와 C가 같다.
⑤ 1분자당 수소 수는 B와 C가 같다.

실력 향상 문제

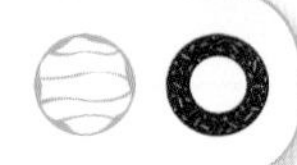

[20702-0216]

01 그림은 포도당이 세포 호흡을 통해 분해되는 과정을 나타낸 것이다. (가)~(다)는 각각 TCA 회로, 산화적 인산화, 해당 과정 중 하나이다.

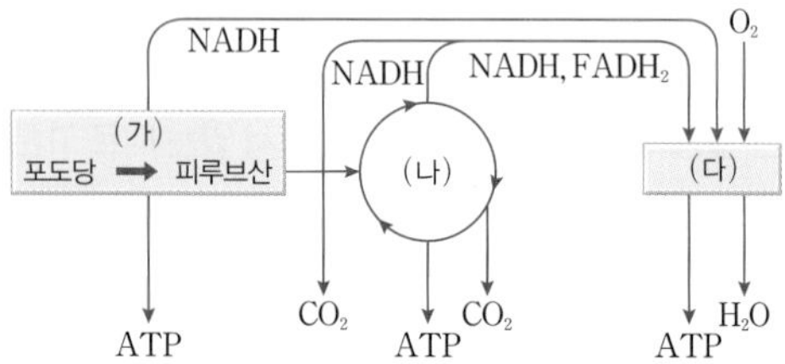

이에 대한 설명으로 옳은 것만을 <보기>에서 있는 대로 고른 것은?

보기
ㄱ. (가)와 (나)는 모두 세포질에서 일어난다.
ㄴ. 피루브산 1분자가 완전히 분해될 때 (나)에서 생성되는 $\frac{FADH_2 \text{ 분자 수}}{NADH \text{ 분자 수}}$는 1보다 작다.
ㄷ. (다)에서 O_2는 최종 전자 수용체이다.

① ㄱ ② ㄴ ③ ㄱ, ㄷ ④ ㄴ, ㄷ ⑤ ㄱ, ㄴ, ㄷ

[20702-0217]

02 그림 (가)는 미토콘드리아의 구조를, (나)는 1분자의 포도당이 2분자의 피루브산으로 분해되는 과정을 나타낸 것이다. ㉠과 ㉡은 각각 미토콘드리아 기질과 세포질 중 하나이다.

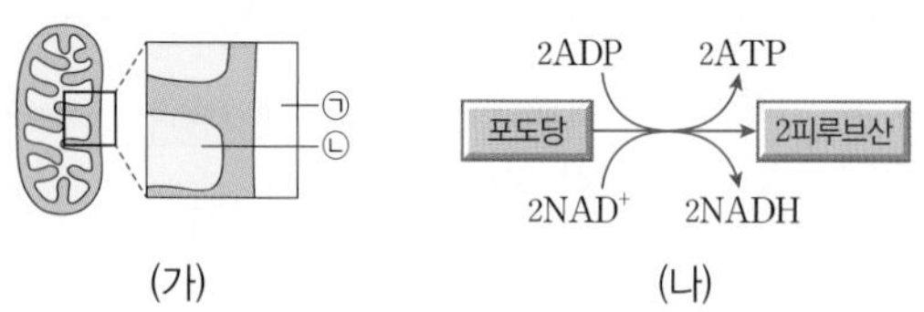

(가) (나)

이에 대한 설명으로 옳은 것만을 <보기>에서 있는 대로 고른 것은?

보기
ㄱ. (나)는 ㉠에서 일어난다.
ㄴ. (나)에서 기질 수준 인산화가 일어난다.
ㄷ. (나)에서 탈탄산 반응이 일어난다.

① ㄱ ② ㄷ ③ ㄱ, ㄴ ④ ㄴ, ㄷ ⑤ ㄱ, ㄴ, ㄷ

[20702-0218]

03 표는 해당 과정에 필요한 효소, 조효소, 포도당, ADP, 무기 인산(P_i)이 포함된 수용액이 들어 있는 시험관 Ⅰ~Ⅲ에 첨가한 물질을 달리했을 때 반응이 완료된 후 각 시험관에 들어 있는 포도당, 피루브산, ATP의 농도를 나타낸 것이다.

시험관	첨가한 물질	반응 후 물질의 농도(상댓값)		
		포도당	피루브산	ATP
Ⅰ	없음	1	0	0
Ⅱ	ATP	0	2	4
Ⅲ	과당 2인산	0	4	6

이에 대한 설명으로 옳은 것만을 <보기>에서 있는 대로 고른 것은? (단, 첨가한 물질 이외의 조건은 동일하다.)

보기
ㄱ. Ⅱ에서 포도당이 과당 2인산으로 전환된다.
ㄴ. Ⅲ에서 산화적 인산화가 일어난다.
ㄷ. 수용액 속에 남아 있는 무기 인산(P_i)의 농도는 Ⅰ > Ⅱ > Ⅲ이다.

① ㄱ ② ㄴ ③ ㄷ ④ ㄱ, ㄷ ⑤ ㄴ, ㄷ

[20702-0219]

04 그림은 TCA 회로에서 물질 전환 과정의 일부를, 표는 과정 Ⅰ과 Ⅱ에서 NADH와 CO_2의 생성 여부를 나타낸 것이다. ㉠~㉢은 옥살아세트산, 4탄소 화합물, 5탄소 화합물을 순서 없이, (가)와 (나)는 Ⅰ과 Ⅱ를 순서 없이 나타낸 것이다.

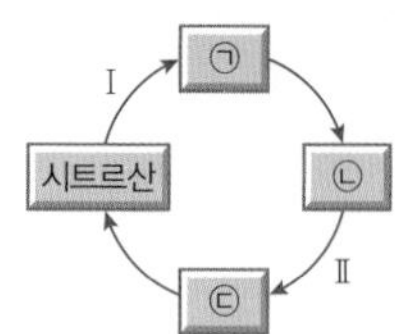

구분	NADH	CO_2
(가)	○	×
(나)	ⓐ	○

(○: 생성됨, ×: 생성되지 않음)

이에 대한 설명으로 옳은 것만을 <보기>에서 있는 대로 고른 것은? (단, 과정 Ⅱ에서 두 종류의 탈수소 효소의 조효소가 환원된다.)

보기
ㄱ. (가)는 Ⅱ이다.
ㄴ. ⓐ는 '○'이다.
ㄷ. ㉠이 ㉡으로 전환되는 과정에서 ATP가 생성된다.

① ㄴ ② ㄷ ③ ㄱ, ㄴ ④ ㄱ, ㄷ ⑤ ㄱ, ㄴ, ㄷ

[20702-0220]

05 그림은 ^{14}C로 이루어진 포도당을 배양 중인 동물 세포에 공급한 후 순차적으로 나타나는 방사선을 띠는 물질 ㉠~㉢의 탄소 수를 나타낸 것이다. A~C는 각각 세포 호흡 과정의 일부이며, ㉠~㉢은 각각 아세틸 CoA, 시트르산, 피루브산 중 하나이다.

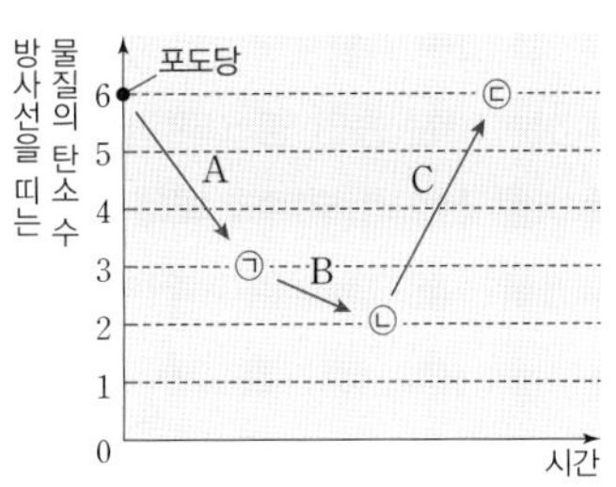

이에 대한 설명으로 옳은 것만을 〈보기〉에서 있는 대로 고른 것은? (단, CoA의 탄소 수는 고려하지 않는다.)

보기
ㄱ. ㉠은 피루브산이다.
ㄴ. A와 B에서 모두 CO_2가 생성된다.
ㄷ. C에서 탈수소 효소가 관여한다.

① ㄱ ② ㄴ ③ ㄱ, ㄴ ④ ㄱ, ㄷ ⑤ ㄴ, ㄷ

[20702-0221]

06 그림은 1분자의 포도당이 세포 호흡을 통해 완전 산화될 때 합성되는 ATP 분자 수를 나타낸 것이다.

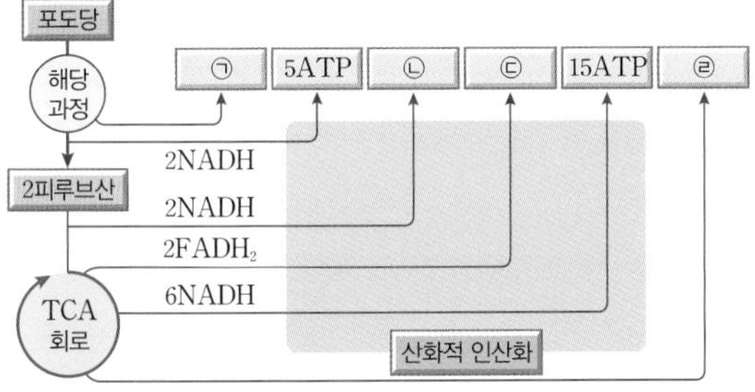

이에 대한 설명으로 옳은 것만을 〈보기〉에서 있는 대로 고른 것은? (단, 산화적 인산화를 통해 1분자의 NADH로부터 2.5분자의 ATP가, 1분자의 $FADH_2$로부터 1.5분자의 ATP가 생성된다.)

보기
ㄱ. ㉠과 ㉣은 모두 기질 수준 인산화에 의해 합성된다.
ㄴ. ㉡+㉢=8ATP이다.
ㄷ. 포도당 1분자가 완전 산화될 때 산화적 인산화에 의해 순합성되는 ATP 분자 수는 최대 28이다.

① ㄱ ② ㄴ ③ ㄱ, ㄷ ④ ㄴ, ㄷ ⑤ ㄱ, ㄴ, ㄷ

[20702-0222]

07 그림 (가)는 세포 호흡이 일어나고 있는 어떤 세포의 미토콘드리아에서 일어나는 산화적 인산화 과정의 일부를 나타낸 것이다. Ⅰ과 Ⅱ는 각각 미토콘드리아 기질과 미토콘드리아 막 사이 공간 중 하나이다.

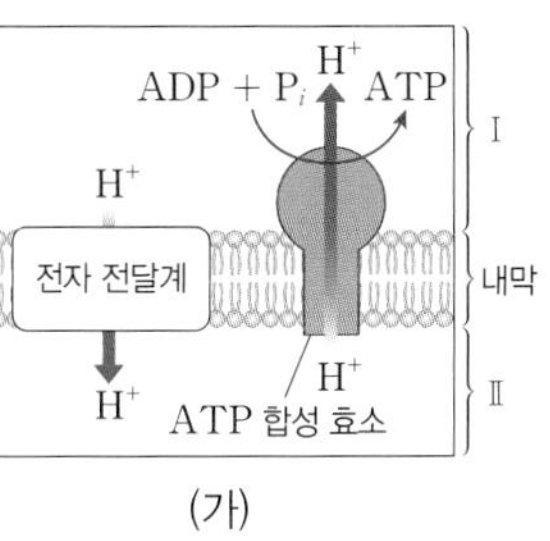

(가)

이에 대한 설명으로 옳은 것만을 〈보기〉에서 있는 대로 고른 것은?

보기
ㄱ. Ⅰ에서 TCA 회로가 일어난다.
ㄴ. (가)에서 화학 삼투가 일어난다.
ㄷ. $\frac{\text{Ⅱ에서의 pH}}{\text{Ⅰ에서의 pH}}$는 1보다 크다.

① ㄱ ② ㄴ ③ ㄱ, ㄴ ④ ㄱ, ㄷ ⑤ ㄴ, ㄷ

[20702-0223]

08 그림은 세포 호흡이 일어나고 있는 미토콘드리아의 전자 전달계를 나타낸 것이다. ⓐ~ⓒ는 각각 H_2O, NADH, $FADH_2$ 중 하나이다.

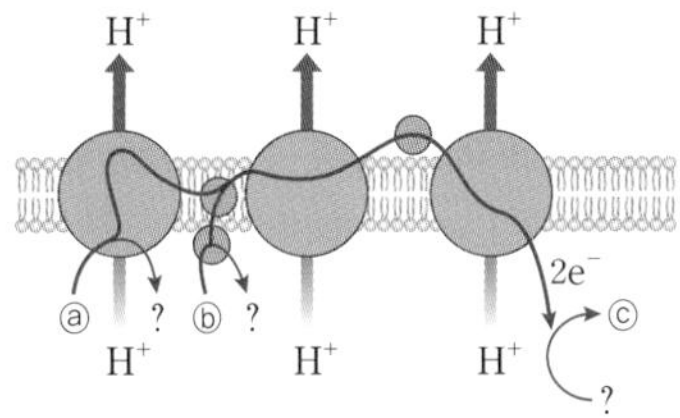

이에 대한 설명으로 옳은 것만을 〈보기〉에서 있는 대로 고른 것은? (단, 전자의 전달은 정상적으로 일어났다.)

보기
ㄱ. 이 전자 전달계에서 ⓒ는 최종 전자 수용체이다.
ㄴ. 1분자의 피루브산이 피루브산의 산화와 TCA 회로를 통해 분해될 때 생성되는 ⓐ의 분자 수와 ⓑ의 분자 수는 같다.
ㄷ. 1분자의 ⓐ로부터 생성되는 ⓒ의 분자 수와 1분자의 ⓑ로부터 생성되는 ⓒ의 분자 수는 같다.

① ㄱ ② ㄷ ③ ㄱ, ㄴ ④ ㄱ, ㄷ ⑤ ㄴ, ㄷ

[20702-0224]

09 그림은 어떤 세포의 미토콘드리아 내막에서 일어나는 과정을 나타낸 것이다. 물질 X는 사이토크롬 a로 전달된 전자가 이동하는 것은 차단하고, ㉠과 ㉡은 각각 O_2와 H_2O 중 하나이다. 사이토크롬은 미토콘드리아 내막에서 전자 전달에 관여하는 단백질이다.

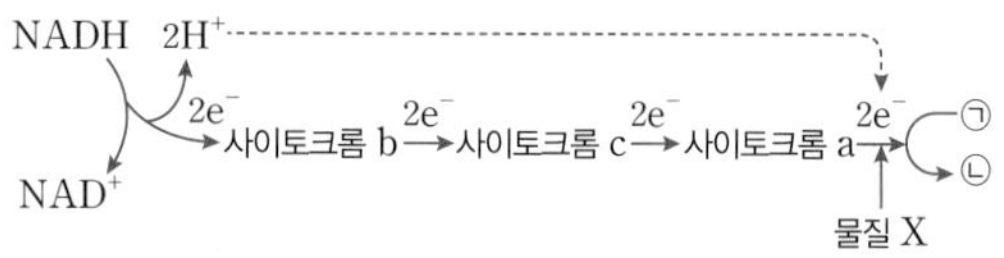

이에 대한 설명으로 옳은 것만을 〈보기〉에서 있는 대로 고른 것은?

보기
ㄱ. ㉡은 O_2이다.
ㄴ. 이 세포에 X를 처리하면 처리하기 전보다 미토콘드리아 기질의 H^+ 농도가 증가한다.
ㄷ. 이 세포에 X를 처리하면 처리하기 전보다 산화되는 NADH의 분자 수가 증가한다.

① ㄱ ② ㄴ ③ ㄱ, ㄴ ④ ㄱ, ㄷ ⑤ ㄴ, ㄷ

[20702-0225]

10 그림은 동물 세포에서 지방, 탄수화물, 단백질이 세포 호흡에 이용되는 과정을 나타낸 것이다. ㉠~㉢은 각각 지방산, 글리세롤, 아미노산 중 하나이다.

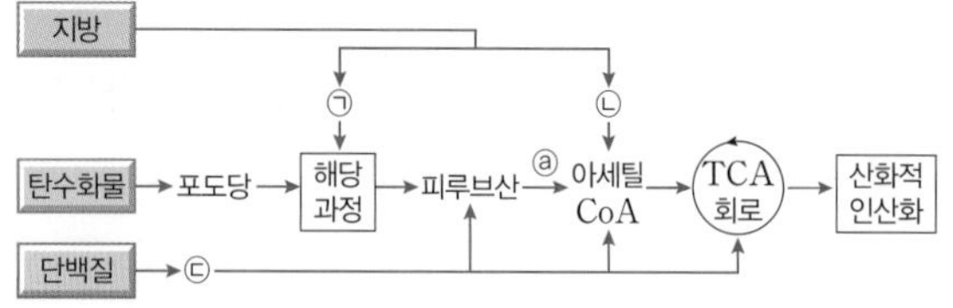

이에 대한 설명으로 옳은 것만을 〈보기〉에서 있는 대로 고른 것은?

보기
ㄱ. ㉠과 ㉡은 모두 해당 과정을 거친다.
ㄴ. ㉢은 아미노기가 제거된 후 세포 호흡에 이용된다.
ㄷ. 세포질에서 과정 ⓐ가 일어난다.

① ㄱ ② ㄴ ③ ㄷ ④ ㄱ, ㄴ ⑤ ㄴ, ㄷ

서술형

[20702-0226]

11 그림 (가)는 싹튼 콩의 호흡률을 구하는 실험 장치를, (나)는 10분 동안 잉크의 이동 거리를 나타낸 것이다. 호흡률은 소비된 산소의 부피에 대해 발생한 이산화 탄소의 부피비이다. 호흡률은 탄수화물이 1, 단백질이 약 0.8, 지방이 약 0.7이다.

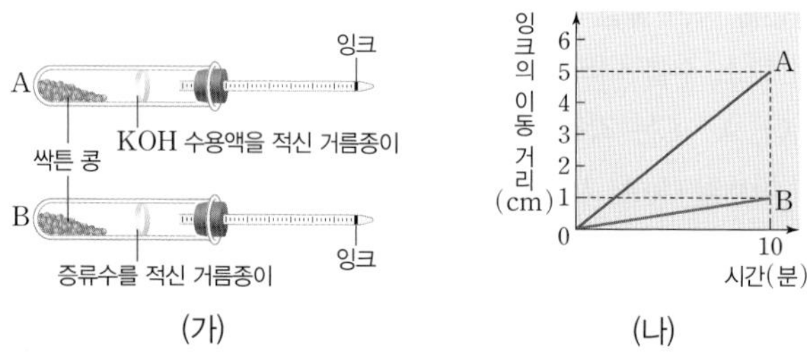

(가) (나)

(가)에서 싹튼 콩의 호흡 기질이 무엇인지 쓰고, 그 까닭을 서술하시오. (단, 호흡 기질은 탄수화물, 단백질, 지방 중 1가지만 이용되었다.)

[20702-0227]

12 그림 (가)는 산소와 포도당이 포함된 배양액에 효모를 넣고 밀폐시킨 것을, (나)는 (가)의 배양액에서 포도당과 에탄올의 양을 시간에 따라 나타낸 것이다.

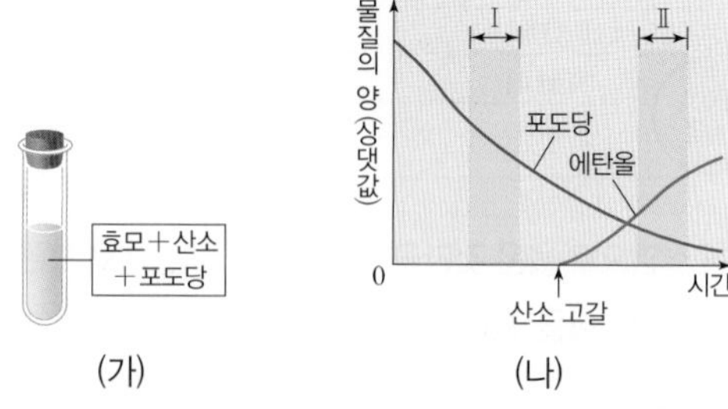

(가) (나)

이에 대한 설명으로 옳은 것만을 〈보기〉에서 있는 대로 고른 것은?

보기
ㄱ. 구간 Ⅰ에서 산화적 인산화가 일어난다.
ㄴ. 구간 Ⅱ에서 기질 수준 인산화가 일어난다.
ㄷ. 구간 Ⅰ과 구간 Ⅱ에서 모두 NAD^+가 생성된다.

① ㄴ ② ㄷ ③ ㄱ, ㄴ ④ ㄱ, ㄷ ⑤ ㄱ, ㄴ, ㄷ

[20702-0228]

13 그림 (가)와 (나)는 근육 세포에서 일어나는 포도당 대사의 2가지 경로를 나타낸 것이다. ㉠과 ㉡은 각각 아세틸 CoA와 젖산 중 하나이다.

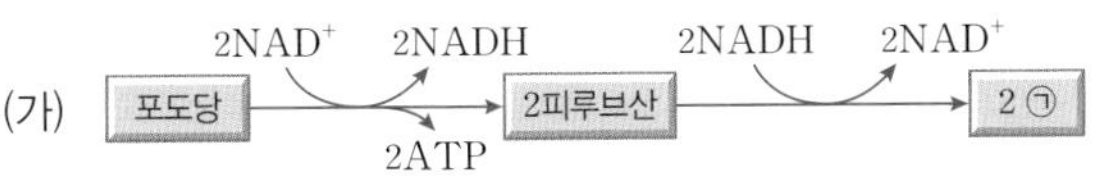

(나) 포도당 —($2NAD^+$ → 2NADH, 2ATP)→ 2피루브산 —($2NAD^+$ → 2NADH, $2CO_2$, 2CoA)→ 2 ㉡

이에 대한 설명으로 옳은 것만을 〈보기〉에서 있는 대로 고른 것은? (단, CoA의 탄소 수는 고려하지 않는다.)

보기
ㄱ. ㉠은 젖산이다. ㄴ. 1분자당 탄소 수는 ㉠과 ㉡이 같다. ㄷ. (가)와 (나)에서 모두 피루브산은 산화된다.

① ㄱ ② ㄷ ③ ㄱ, ㄴ ④ ㄱ, ㄷ ⑤ ㄴ, ㄷ

[20702-0229]

14 그림 (가)~(다)는 효모에서 일어나는 세포 호흡과 발효 과정 중 일부를, 표는 물질 ㉠~㉣을 순서 없이 나타낸 것이다. C_n은 n개의 탄소로 이루어진 유기 화합물이다.

(가) C_6 —(㉠ → ㉡)→ $2C_3+2ATP$

(나) C_3 —(㉠ → ㉡, ㉢ → ㉣)→ $3CO_2+ATP$

(다) C_3 —(㉡ → ㉠)→ C_2+CO_2

㉠~㉣
NAD^+, NADH, FAD, $FADH_2$

이에 대한 설명으로 옳은 것만을 〈보기〉에서 있는 대로 고른 것은?

보기
ㄱ. ㉠은 NAD^+, ㉣은 $FADH_2$이다. ㄴ. 해당 과정은 (나)에 해당한다. ㄷ. 산소가 없을 때 세포질에서 (가)와 (다)가 일어난다.

① ㄱ ② ㄴ ③ ㄱ, ㄷ ④ ㄴ, ㄷ ⑤ ㄱ, ㄴ, ㄷ

[20702-0230]

15 그림은 어떤 생물에서 일어나는 알코올 발효 과정을 나타낸 것이다. ㉠과 ㉡은 각각 NADH와 NAD^+ 중 하나이다.

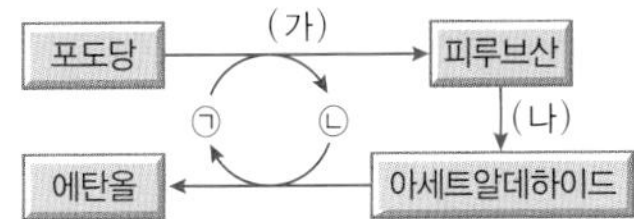

이에 대한 설명으로 옳은 것만을 〈보기〉에서 있는 대로 고른 것은?

보기
ㄱ. ㉠은 NADH이다. ㄴ. 과정 (가)는 O_2가 없으면 일어나지 않는다. ㄷ. 과정 (나)에서 탈탄산 반응이 일어난다.

① ㄱ ② ㄷ ③ ㄱ, ㄴ ④ ㄱ, ㄷ ⑤ ㄴ, ㄷ

[16~17] 다음은 효모의 발효 실험이다.

(가) 표와 같이 발효관 Ⅰ~Ⅲ에 조성이 서로 다른 용액을 넣고, 그림과 같이 맹관부에 기포가 들어가지 않도록 세운 다음 입구를 솜 마개로 막는다.

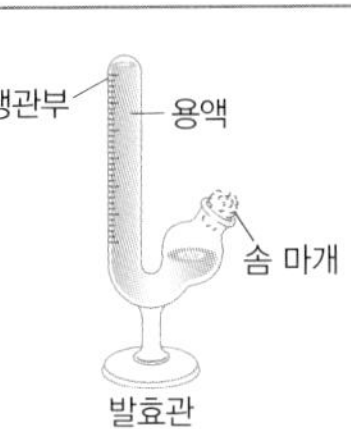

구분	Ⅰ	Ⅱ	Ⅲ
용액	5 % 포도당 용액 20 mL, 물 15 mL	5 % 포도당 용액 20 mL, 효모액 15 mL	10 % 포도당 용액 20 mL, 효모액 15 mL

(나) 37 ℃에서 맹관부의 수위에 더 이상 변화가 나타나지 않을 때까지 방치한 후 맹관부에 모인 기체의 부피를 측정한 결과는 표와 같다.

구분	Ⅰ	Ⅱ	Ⅲ
기체의 부피(mL)	ⓐ	ⓑ	ⓒ

(다) Ⅲ의 맹관부에 기체가 모이면 용액의 일부를 뽑아내고, KOH 수용액 15 mL를 넣는다.

서술형 [20702-0231]

16 ⓐ, ⓑ, ⓒ를 부등호로 나타내고, 그 까닭을 서술하시오. (단, 제시된 조건 이외 다른 조건은 고려하지 않는다.)

서술형 [20702-0232]

17 (다)는 무엇을 알아보기 위한 과정인지 서술하시오.

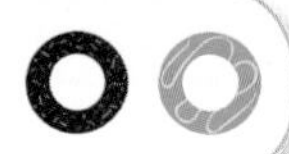

[20702-0233]

01 그림 (가)는 1분자의 포도당이 2분자의 피루브산으로 분해될 때의 에너지 변화를, (나)는 어떤 효소의 반응을 나타낸 것이다.

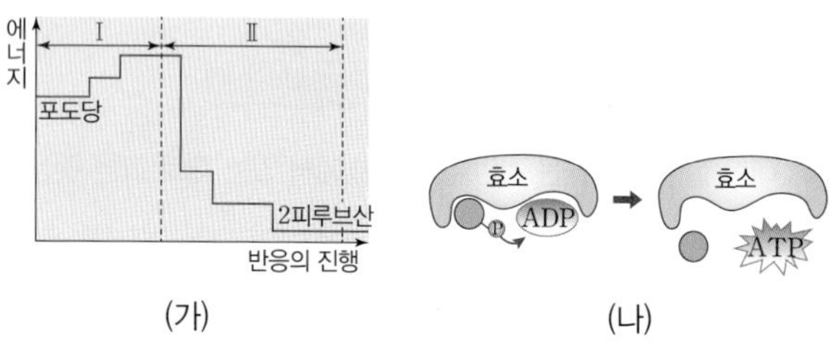

이에 대한 설명으로 옳은 것만을 <보기>에서 있는 대로 고른 것은?

보기

ㄱ. 구간 Ⅰ에서 (나)가 일어난다.
ㄴ. 구간 Ⅱ에서 탈수소 반응이 일어난다.
ㄷ. 1분자당 에너지양은 포도당이 피루브산보다 많다.

① ㄱ ② ㄴ ③ ㄱ, ㄷ ④ ㄴ, ㄷ ⑤ ㄱ, ㄴ, ㄷ

[20702-0234]

02 그림은 미토콘드리아에서 일어나는 세포 호흡 과정의 일부를 나타낸 것이고, 표는 물질 (가)~(라)를 순서 없이 나타낸 것이다. ㉠~㉢은 NAD^+, CO_2, CoA를 순서 없이 나타낸 것이다.

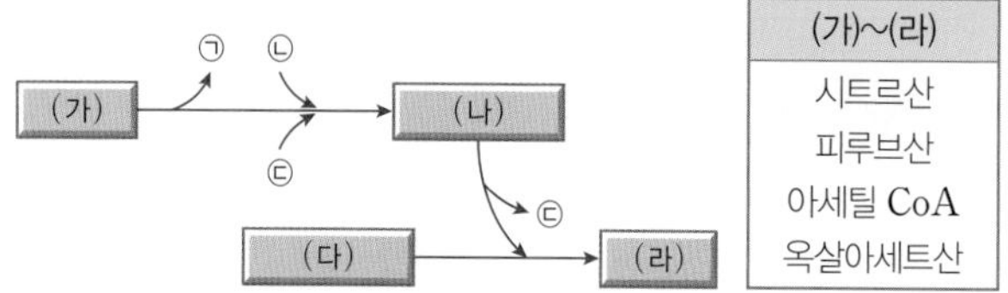

(가)~(라)
시트르산
피루브산
아세틸 CoA
옥살아세트산

이에 대한 설명으로 옳은 것만을 <보기>에서 있는 대로 고른 것은?

보기

ㄱ. ㉠은 CO_2이다.
ㄴ. (가)가 (나)로 전환되는 과정은 세포질에서 일어난다.
ㄷ. 1분자당 탄소 수는 (다)가 (라)보다 많다.

① ㄱ ② ㄴ ③ ㄷ ④ ㄱ, ㄴ ⑤ ㄱ, ㄷ

[20702-0235]

03 그림은 TCA 회로에서 물질 전환 과정의 일부를, 표는 과정 Ⅰ~Ⅲ에서 물질 ㉠과 ㉡의 환원 여부를 나타낸 것이다. 1분자당 탄소 수는 A+B+C=15이다. ㉠과 ㉡은 각각 FAD와 NAD^+ 중 하나이고, A~D는 옥살아세트산, 시트르산, 5탄소 화합물, 4탄소 화합물을 순서 없이 나타낸 것이다.

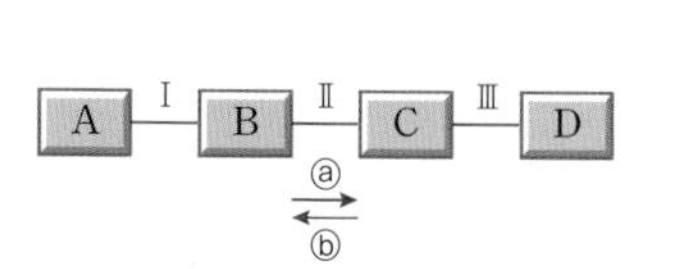

구분	㉠	㉡
Ⅰ	×	×
Ⅱ	○	×
Ⅲ	○	○

(○: 환원됨, ×: 환원 안 됨)

이에 대한 설명으로 옳은 것만을 <보기>에서 있는 대로 고른 것은? (단, TCA 회로 반응의 방향은 나타내지 않았다.)

보기

ㄱ. 회로 반응의 방향은 ⓐ이다.
ㄴ. ㉠은 FAD이다.
ㄷ. Ⅱ와 Ⅲ에서 모두 탈탄산 반응이 일어난다.

① ㄱ ② ㄴ ③ ㄱ, ㄷ ④ ㄴ, ㄷ ⑤ ㄱ, ㄴ, ㄷ

[20702-0236]

04 그림은 세포 호흡이 활발한 미토콘드리아에서 일어나는 산화적 인산화 과정의 일부를, 표는 산화적 인산화에서 일어나는 반응 (가)와 (나)를 나타낸 것이다. Ⅰ과 Ⅱ는 각각 미토콘드리아 기질과 미토콘드리아 막 사이 공간 중 하나이고, ㉠과 ㉡은 분자 수이다.

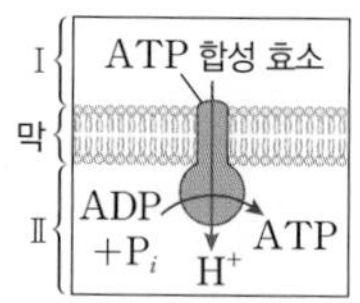

구분	반응
(가)	$FADH_2 \rightarrow FAD + ㉠H^+ + 2e^-$
(나)	$2H^+ + ㉡O_2 + 2e^- \rightarrow H_2O$

이에 대한 설명으로 옳은 것만을 <보기>에서 있는 대로 고른 것은?

보기

ㄱ. Ⅰ은 미토콘드리아 막 사이 공간이다.
ㄴ. (가)는 Ⅰ에서, (나)는 Ⅱ에서 일어난다.
ㄷ. ㉠+㉡=2.5이다.

① ㄱ ② ㄴ ③ ㄱ, ㄷ ④ ㄴ, ㄷ ⑤ ㄱ, ㄴ, ㄷ

[20702-0237]

05 그림은 미토콘드리아에 4탄소 화합물, ADP와 P_i, 물질 X, Y를 순차적으로 첨가하면서 소비된 O_2의 총량과 생성된 ATP의 총량을 시간에 따라 나타낸 것이다. X는 ATP 합성 효소를 통한 H^+의 이동을 차단하고, Y는 미토콘드리아 내막에 있는 인지질을 통해 H^+을 새어 나가게 한다. 이에 대한 설명으로 옳은 것만을 〈보기〉에서 있는 대로 고른 것은? (단, 4탄소 화합물, ADP, P_i은 충분히 첨가되었다.)

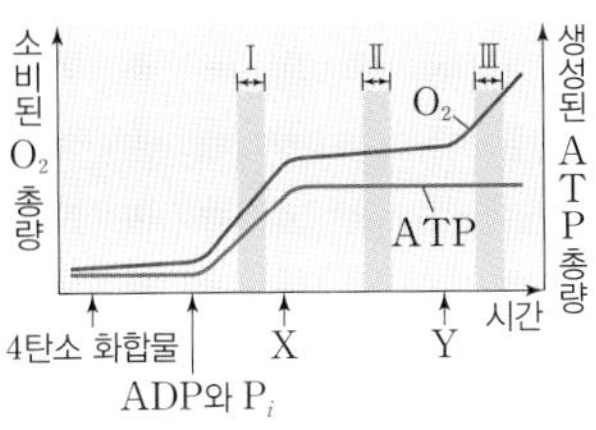

보기

ㄱ. 단위 시간당 세포 호흡에 의해 생성되는 H_2O 분자 수는 구간 Ⅰ에서가 구간 Ⅱ에서보다 많다.

ㄴ. 단위 시간당 전자 전달계를 통해 이동하는 전자의 수는 구간 Ⅱ에서가 구간 Ⅲ에서보다 적다.

ㄷ. 미토콘드리아 막 사이 공간에서의 pH는 구간 Ⅱ에서가 구간 Ⅲ에서보다 높다.

① ㄱ ② ㄷ ③ ㄱ, ㄴ ④ ㄴ, ㄷ ⑤ ㄱ, ㄴ, ㄷ

[20702-0238]

06 그림은 세포 호흡과 발효에서 피루브산이 물질 A~C로 전환되는 과정 Ⅰ~Ⅲ을, 표는 Ⅰ~Ⅲ에서 물질 ㉠~㉢의 생성 여부를 나타낸 것이다. A~C는 각각 젖산, 에탄올, 아세틸 CoA 중 하나이고, ㉠~㉢은 각각 CO_2, NAD^+, NADH 중 하나이다.

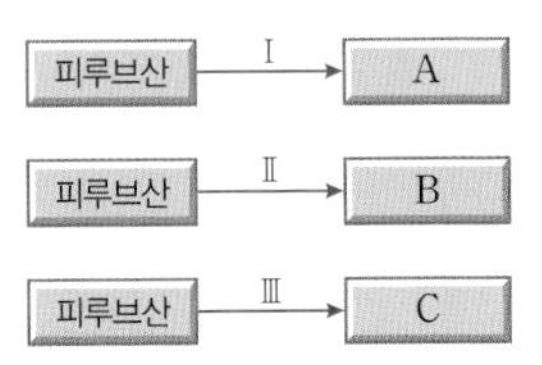

구분	㉠	㉡	㉢
Ⅰ	×	○	○
Ⅱ	○	×	○
Ⅲ	○	×	×

(○: 생성됨, ×: 생성 안 됨)

이에 대한 설명으로 옳은 것만을 〈보기〉에서 있는 대로 고른 것은? (단, CoA의 탄소 수는 고려하지 않는다.)

보기

ㄱ. ㉠은 NAD^+이다.

ㄴ. A는 아세틸 CoA이다.

ㄷ. 1분자당 $\frac{\text{수소 수}}{\text{탄소 수}}$는 B가 C보다 작다.

① ㄱ ② ㄷ ③ ㄱ, ㄴ ④ ㄴ, ㄷ ⑤ ㄱ, ㄴ, ㄷ

[20702-0239]

07 다음은 효모의 알코올 발효와 세포 호흡에 대한 실험이다.

[실험 과정 및 결과]

(가) 포도당이 포함된 배지와 효모를 여러 개의 시험관에 동일한 양으로 나누어 넣고, 각 시험관을 밀폐시킨 후 산소가 없는 조건으로 만든다.

(나) (가)의 각 시험관에 있는 산소 주입구를 통해 시험관마다 서로 다른 양의 산소를 주입한다.

(다) (나)를 일정 시간 배양한 후 각 시험관에서의 에탄올 생성 속도와 효모의 수를 측정한 결과는 그림과 같다.

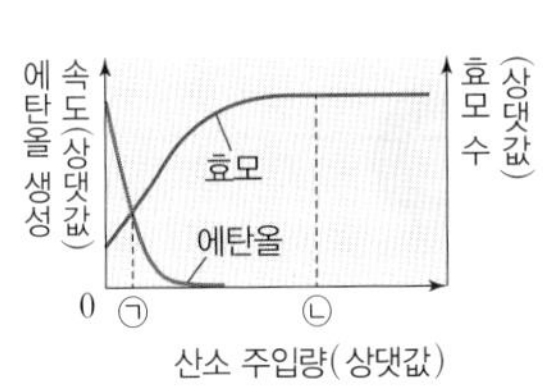

이에 대한 설명으로 옳은 것만을 〈보기〉에서 있는 대로 고른 것은? (단, 산소 주입량 이외의 조건은 동일하다.)

보기

ㄱ. ㉠에서 알코올 발효를 하는 효모가 있다.

ㄴ. ㉠과 ㉡에서 모두 CO_2가 생성된다.

ㄷ. ㉠과 ㉡에서 모두 기질 수준 인산화가 일어난다.

① ㄱ ② ㄴ ③ ㄱ, ㄷ ④ ㄴ, ㄷ ⑤ ㄱ, ㄴ, ㄷ

[20702-0240]

08 그림은 정상인을 대상으로 에너지 소모량(운동 강도)에 따른 산소 소비량과 젖산 축적량을 나타낸 것이다.

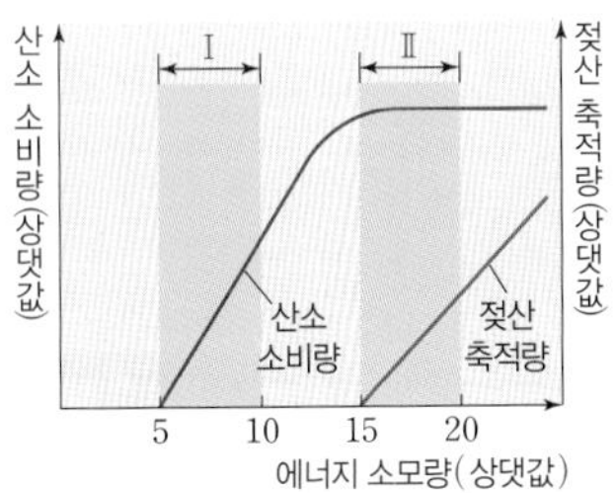

이에 대한 설명으로 옳은 것만을 〈보기〉에서 있는 대로 고른 것은?

보기

ㄱ. 구간 Ⅰ에서 H_2O이 생성된다.

ㄴ. 구간 Ⅱ에서 젖산 발효가 일어난다.

ㄷ. 구간 Ⅱ에서 NADH와 NAD^+가 모두 생성된다.

① ㄱ ② ㄴ ③ ㄱ, ㄷ ④ ㄴ, ㄷ ⑤ ㄱ, ㄴ, ㄷ

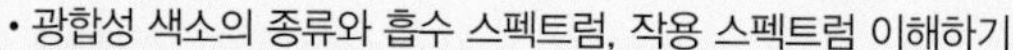

7 광합성

- 광합성 색소의 종류와 흡수 스펙트럼, 작용 스펙트럼 이해하기
- 광합성의 과정에서 명반응과 탄소 고정 반응 이해하기
- 광합성과 세포 호흡의 공통점과 차이점 이해하기

한눈에 단원 파악, 이것이 핵심!

빛의 파장과 광합성 색소의 관계는 어떠한가?

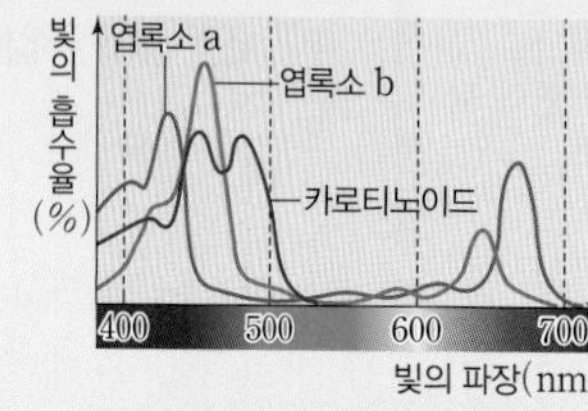

▲ 흡수 스펙트럼

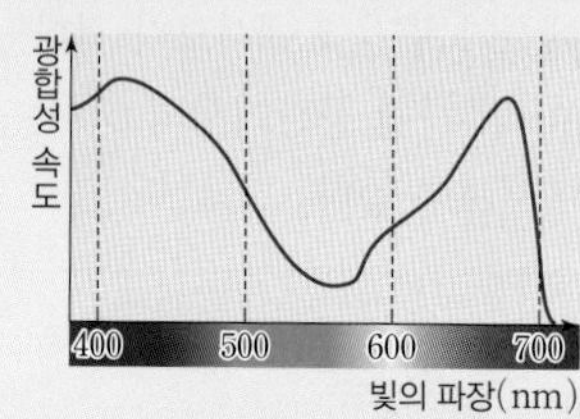

▲ 작용 스펙트럼

광합성의 과정은 어떠한가?

광합성의 과정은 명반응과 탄소 고정 반응의 2단계로 이루어진다.

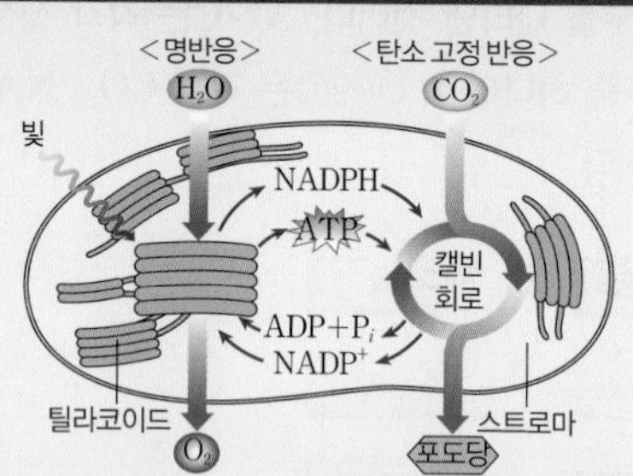

광합성과 세포 호흡의 관계는 어떠한가?

광합성 산물인 O_2와 포도당은 세포 호흡의 원료로 사용되고, 세포 호흡의 산물인 CO_2와 H_2O은 광합성의 원료로 사용된다.

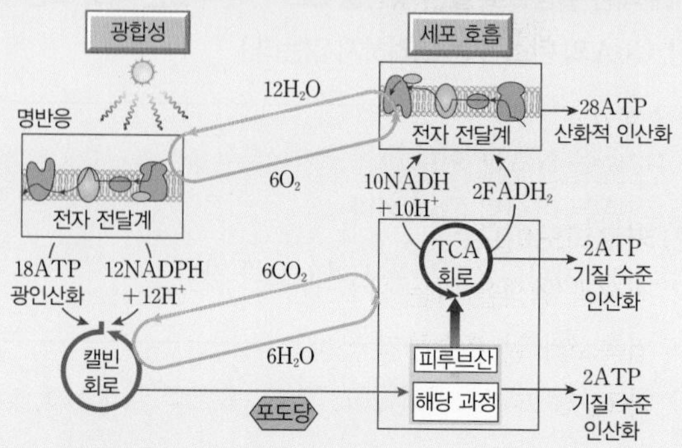

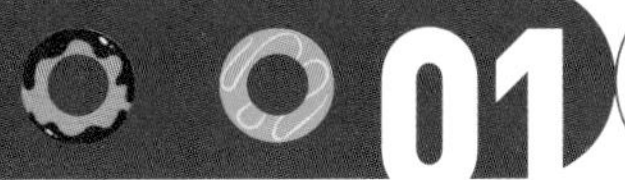

01 엽록체와 광합성

1 엽록체

광합성이 일어나는 장소로, 외막과 내막으로 이루어진 2중막 구조이다. 내부에는 틸라코이드가 겹겹이 쌓여 있는 그라나와 기질 부분인 스트로마로 구성되어 있다.

(1) **틸라코이드 막**: 틸라코이드를 이루는 막으로, 광합성 색소들이 결합된 단백질 복합체인 광계와 전자 전달 효소, ATP 합성 효소 등이 있어 빛에너지가 화학 에너지로 전환되는 명반응이 일어나는 장소이다.

(2) **그라나**: 동전을 쌓아 놓은 것과 같이 틸라코이드가 쌓여져 만들어진 구조물이다.

(3) **스트로마**: 엽록체의 기질 부분으로, 여러 가지 효소들이 있어 CO_2를 이용해 포도당이 합성되는 탄소 고정 반응이 일어나는 장소이다. 또한 리보솜, DNA, RNA가 있다.

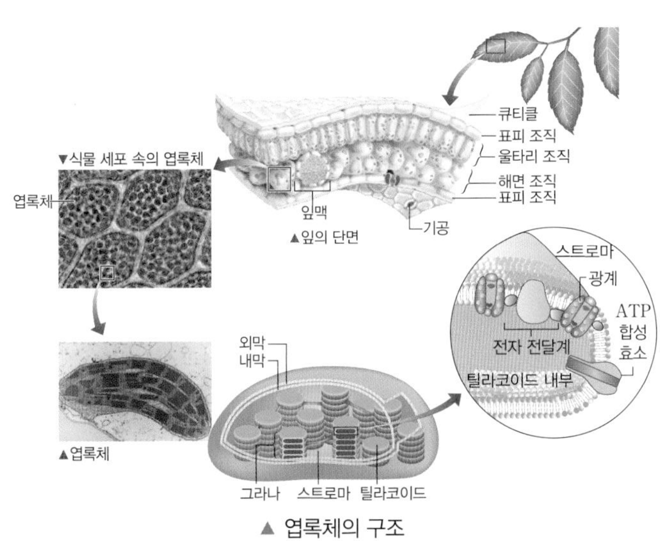

▲ 엽록체의 구조

THE 알기

❶ 광합성 생물의 광합성 색소
- 식물, 녹조류: 엽록소 a, b, 카로티노이드
- 갈조류: 엽록소 a, c, 갈조소
- 홍조류: 엽록소 a, d, 홍조소, 남조소

❷ 엽록소의 구조
엽록소 분자는 C, H, O, N로 이루어진 고리 구조 가운데에 Mg 원자가 1개 있고, 여기에 긴 탄화수소 꼬리가 붙은 구조이다.

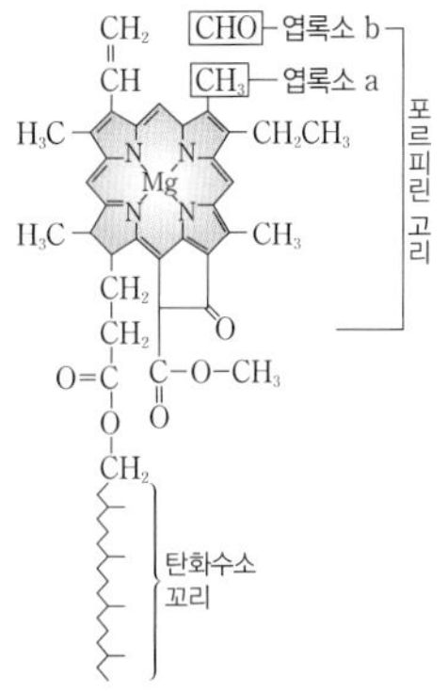

2 [1]광합성 색소

광합성에 필요한 빛에너지를 흡수하는 색소이다. 엽록체의 틸라코이드 막에 있으며, 광합성 색소에는 엽록소와 카로티노이드가 있다.

(1) [2]**엽록소**: 엽록소 a, b, c, d 등이 있다.

엽록소 a	• 광합성을 하는 모든 식물에서 공통으로 존재한다. • 광합성에서 중심적인 역할을 하는 색소이다. → 광계의 [3]반응 중심 색소는 2개의 엽록소 a로 되어 있다.
엽록소 b, c, d	• 광합성 생물의 종류에 따라 다르게 존재한다. • 빛에너지를 흡수하여 반응 중심 색소에 전달하는 [4]보조 색소의 역할을 한다.

(2) **카로티노이드**

① 적색과 황색을 띠는 색소로 카로틴, 잔토필 등이 있으며, 식물과 녹조류에서 발견된다.

② 엽록소가 잘 흡수하지 못하는 파장의 빛을 흡수하여 엽록소로 전달하는 보조 색소의 역할을 하고, 빛을 분산시켜 과도한 빛에 의해 엽록소가 손상되는 것을 막아 준다.

❸ 반응 중심 색소
광합성 과정에서 중심적인 역할을 하는 색소로, 엽록소 a이다.

❹ 보조 색소
반응 중심 색소 주변에 분포해 있으면서 빛에너지를 흡수하여 반응 중심 색소에 전달해주는 안테나 역할을 한다. 따라서 보조 색소를 안테나 색소라고도 한다.

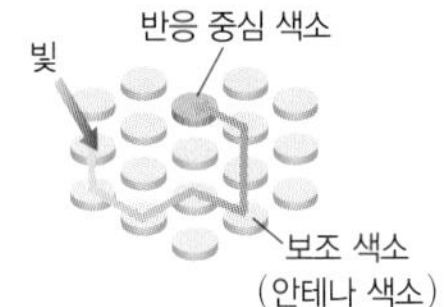

THE 알기

❶ **TLC(Thin Layer Chromatography)**
얇은 판 크로마토그래피로, 실리카 젤이 흡착된 얇은 판(TLC 판)을 사용하여 여러 가지 유기 용매로 혼합물을 분리하는 방법이다.

(3) 광합성 색소의 분리: 색소의 특성에 따라 전개율이 다르므로 전개액을 이용한 종이 크로마토그래피나 얇은 막 크로마토그래피(❶TLC)를 통해 광합성 색소를 분리할 수 있다.

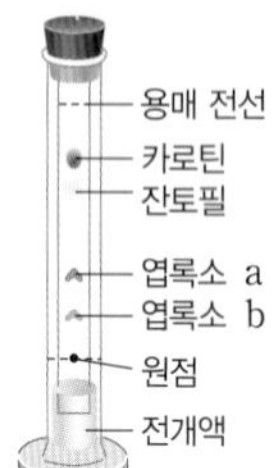

- 전개율(Rf)$=\dfrac{\text{원점에서 색소까지의 거리}}{\text{원점에서 용매 전선까지의 거리}}$
- 전개율 비교: 카로틴 > 잔토필 > 엽록소 a > 엽록소 b

3 빛의 파장과 광합성 색소

광합성 색소는 주로 가시광선을 흡수한다. 가시광선은 파장 범위가 약 380 nm~750 nm인 빛으로, 파장에 따라 다양한 색깔로 보인다.

❷ **흡수 스펙트럼**
식물의 잎에서 추출한 광합성 색소가 들어 있는 용액에 프리즘으로 분광시킨 빛을 비추어 빛의 파장에 따른 광합성 색소의 빛 흡수율을 조사한 결과를 그래프로 나타낸 것이다.

❸ **작용 스펙트럼**
식물의 잎에 프리즘으로 분광시킨 빛을 비추어 빛의 파장에 따른 광합성 속도를 조사한 결과를 그래프로 나타낸 것이다.

(1) ❷흡수 스펙트럼: 빛의 파장에 따른 광합성 색소의 빛 흡수율을 그래프로 나타낸 것이다.

① 엽록소는 청자색광과 적색광을 주로 흡수하고 녹색광을 거의 흡수하지 않으며 반사하거나 통과시킨다. 이에 따라 식물의 잎이 초록색으로 보인다.

② 카로티노이드는 청자색광과 녹색광을 흡수하여 광합성을 돕는다.

(2) ❸작용 스펙트럼: 빛의 파장에 따른 광합성 속도를 그래프로 나타낸 것이다.

① 작용 스펙트럼을 보면 엽록소 a와 b가 주로 흡수하는 청자색광과 적색광에서 광합성이 가장 활발하게 일어난다. → 엽록소의 흡수 스펙트럼과 식물의 작용 스펙트럼이 거의 일치하는 것으로 보아, 식물은 엽록소가 가장 잘 흡수하는 청자색광과 적색광을 주로 이용하여 광합성을 한다는 것을 알 수 있다.

② 작용 스펙트럼을 보면 흡수 스펙트럼에서 엽록소 a, b가 거의 흡수하지 않는 파장의 빛에서도 광합성이 일어나는데, 그 까닭은 카로티노이드가 흡수한 빛을 광합성에 이용하기 때문이다.

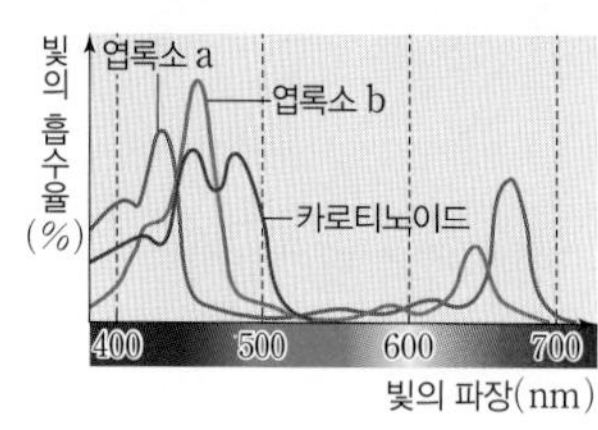

▲ 흡수 스펙트럼

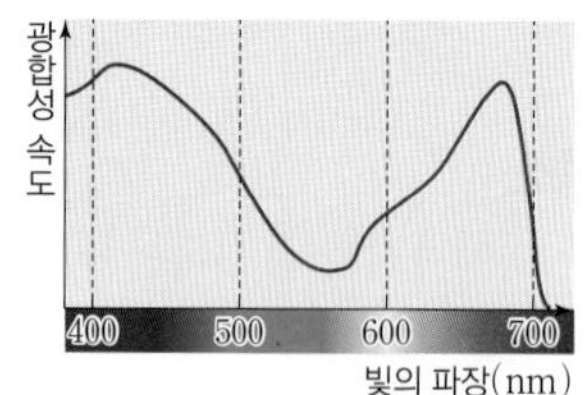

▲ 작용 스펙트럼

THE 들여다보기 엥겔만의 실험

[실험 과정]
엥겔만은 프리즘을 통해 분광된 서로 다른 파장의 빛을 해캄에 비춘 후 해캄 주위에 모여든 호기성 세균의 분포를 관찰하여 어떤 파장의 빛에서 해캄의 광합성이 활발하게 일어나는지를 확인하였다.
[실험 결과 및 분석]
호기성 세균은 청자색과 적색의 빛이 비치는 부위에 많이 모였다. → 청자색광과 적색광에서 해캄의 광합성이 활발하게 일어나 산소가 많이 발생했기 때문이다.

개념체크

빈칸 완성

1. ( ): 광합성에 필요한 빛에너지를 흡수하는 색소

2. ( ): a, b, c, d 등이 있고, 광합성에서 중심적인 역할을 하는 색소이다.

3. ( ): 적색과 황색을 띠는 색소로 카로틴, 잔토필 등이 있으며, 식물과 녹조류에서 발견되는 색소

4. ( ): 빛의 파장에 따른 광합성 색소의 빛 흡수율을 그래프로 나타낸 것

5. ( ): 빛의 파장에 따른 광합성 속도를 그래프로 나타낸 것

6. 그림은 시금치 잎의 색소를 크로마토그래피로 분리한 결과를 나타낸 것이다. 빈칸에 들어갈 색소를 쓰시오.

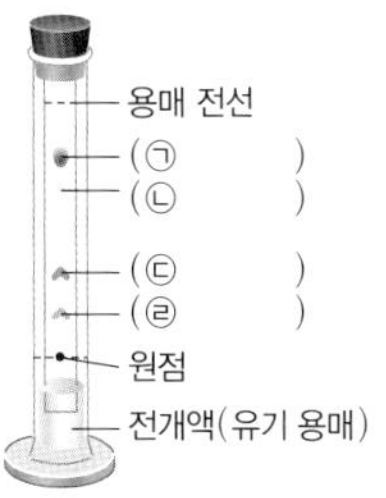

정답 1. 광합성 색소 2. 엽록소 3. 카로티노이드 4. 흡수 스펙트럼 5. 작용 스펙트럼 6. ㉠: 카로틴, ㉡: 잔토필, ㉢: 엽록소 a, ㉣: 엽록소 b

○X 문제

1. 엽록체와 광합성 색소에 대한 설명으로 옳은 것은 ○, 옳지 않은 것은 ×로 표시하시오.

(1) 엽록소는 엽록체의 스트로마에 있다. ( )

(2) 엽록소 a와 b는 모두 반응 중심 색소이다. ( )

(3) 엽록소 a는 광합성을 하는 모든 식물에서 공통으로 존재한다. ( )

(4) 카로티노이드는 보조 색소이다. ( )

(5) 카로티노이드는 빛을 분산시켜 과도한 빛에 의해 엽록소가 손상되는 것을 막아 준다. ( )

(6) 얇은 막 크로마토그래피에서 TLC 판에 대한 흡착력이 강할수록 전개율이 크다. ( )

둘 중에 고르기

2. 그림은 어떤 식물의 흡수 스펙트럼과 작용 스펙트럼을 나타낸 것이다.

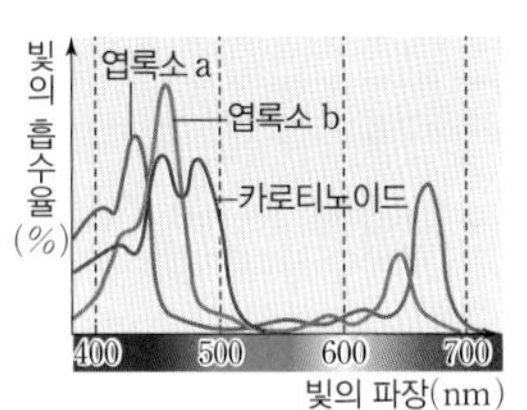

▲ 흡수 스펙트럼

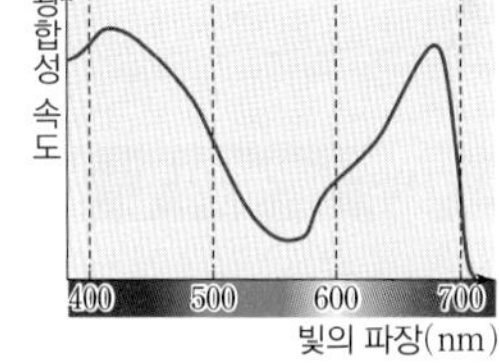

▲ 작용 스펙트럼

(1) 엽록소가 잘 흡수하여 광합성에 주로 사용되는 파장의 빛은 (녹색광 , 적색광)이다.

(2) 엽록소의 흡수 스펙트럼과 식물의 작용 스펙트럼은 거의 (일치한다 , 일치하지 않는다).

(3) 카로티노이드가 흡수한 빛은 광합성에 (이용된다 , 이용되지 않는다).

정답 1. (1) × (2) × (3) ○ (4) ○ (5) ○ (6) × 2. (1) 적색광 (2) 일치한다 (3) 이용된다

02 광합성 과정의 개요

THE 알기

• 식물의 잎이 녹색으로 보이는 까닭
잎에 다량 존재하는 엽록소는 녹색광을 거의 흡수하지 않고 주로 반사하거나 투과한다. 이에 따라 엽록소를 투과하거나 엽록소에서 반사된 녹색광이 우리 눈에 들어오기 때문에 식물의 잎이 녹색으로 보이는 것이다.

• 가을에 은행잎이 노랗게 변하는 까닭
식물의 잎이 녹색을 띠는 것은 카로티노이드보다 녹색을 띠는 엽록소가 더 많아서 카로티노이드의 색깔이 드러나지 않기 때문이다. 은행잎은 가을이 되면 저온에 민감한 엽록소가 파괴되어 카로티노이드의 색깔이 드러나기 때문에 노랗게 변한다.

1 광합성 과정의 개요

광합성은 빛에너지를 이용하여 이산화 탄소와 물을 포도당($C_6H_{12}O_6$)으로 합성하는 과정이며, 산소가 발생한다. 광합성은 명반응과 탄소 고정 반응의 두 단계로 구분된다.

$$6CO_2 + 12H_2O \xrightarrow{\text{빛에너지}} C_6H_{12}O_6 + 6O_2 + 6H_2O$$

(1) 명반응: 빛에너지를 화학 에너지(ATP, NADPH)로 전환하는 단계이다.

① 엽록체의 그라나(틸라코이드 막)에서 일어난다.

② 틸라코이드 막의 광합성 색소에서 흡수한 빛에너지를 ATP와 NADPH에 화학 에너지 형태로 저장하며, 이 과정에서 물이 분해되어 산소가 발생한다.

(2) 탄소 고정 반응: 이산화 탄소를 환원시켜 포도당을 합성하는 단계이다.

① 엽록체의 스트로마에서 일어난다.

② 명반응에서 만들어진 ATP, NADPH를 이용하여 이산화 탄소를 포도당으로 환원시키는 연속적인 반응이 일어난다.

(3) 명반응과 탄소 고정 반응의 관계: 명반응이 일어나지 않으면 ATP와 NADPH가 공급되지 않아 탄소 고정 반응은 정지된다. 반대로 탄소 고정 반응이 일어나지 않으면 ADP와 $NADP^+$가 공급되지 않아 명반응은 정지된다. 따라서 명반응과 탄소 고정 반응은 함께 일어나야 광합성이 지속될 수 있다.

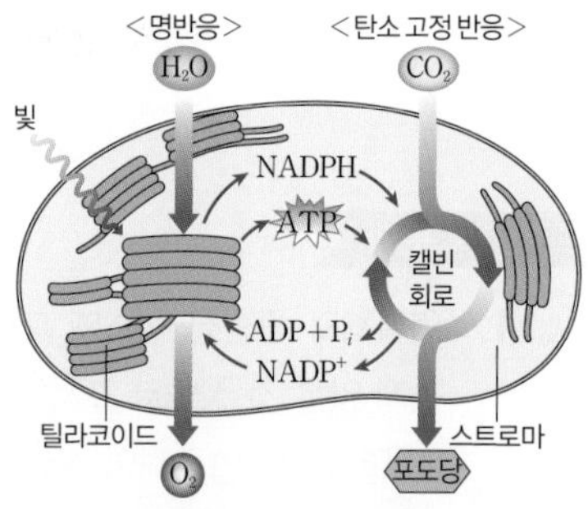

▲ 광합성의 전 과정

THE 들여다보기 벤슨의 실험

[실험 과정 및 결과]
하루 동안 암실에 놓아둔 식물에 빛과 CO_2를 따로 주거나 함께 주면서 광합성 속도(단위 시간당 포도당 합성량)를 측정하여 그림과 같은 결과를 얻었다.

[해석 및 결론]

• A 구간에서와 C 구간에서 광합성 속도가 다르게 나타난 까닭: A의 이전 구간에는 빛이 없어 명반응이 일어나지 않았으나, C의 이전 구간(B)에는 빛이 있어 명반응이 일어났기 때문이다. 그 결과 B 구간에서 합성된 산물(ATP, NADPH)이 C 구간에서 사용되면서 탄소 고정 반응이 일어나 CO_2가 환원되어 포도당이 합성되었다.
→ 광합성은 빛이 필요한 단계(명반응)와 CO_2가 필요한 단계(탄소 고정 반응)로 구분됨을 알 수 있다.

• C 구간과 달리 F 구간에서는 빛을 계속 비추면서 CO_2를 계속 공급하기 때문에 광합성이 계속 일어났다.
→ 광합성이 지속되기 위해서는 빛과 CO_2가 모두 필요함을 알 수 있다.

2 명반응

엽록체의 그라나(틸라코이드 막)에서 일어나며, H_2O이 분해되어 O_2가 발생하고, ATP와 NADPH가 생성된다.

THE 알기

❶ 광계의 반응 중심 색소
광계에서 고에너지 전자를 방출시키는 한 쌍의 엽록소 a이다. 광계 Ⅰ은 P_{700}, 광계 Ⅱ는 P_{680}이다.

(1) 광계: 광합성 색소(엽록소, 카로티노이드)와 단백질로 이루어진 복합체로 틸라코이드 막에 존재한다.

① 종류: ❶반응 중심 색소(엽록소 a)가 가장 잘 흡수하는 빛의 파장에 따라 광계 Ⅰ과 광계 Ⅱ로 구분한다.

광계 Ⅰ	❷P_{700}(700 nm의 빛을 가장 잘 흡수하는 엽록소 a)을 반응 중심 색소로 갖는다.
광계 Ⅱ	P_{680}(680 nm의 빛을 가장 잘 흡수하는 엽록소 a)을 반응 중심 색소로 갖는다.

❷ P_{700}과 P_{680}

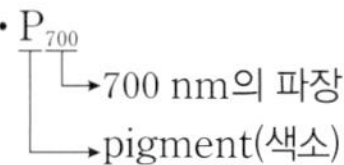

• P_{680}
680 nm의 파장
pigment(색소)

② 기능: 빛에너지를 흡수하여 고에너지 전자를 방출한다.

- 광계에 존재하는 보조 색소(엽록소와 카로티노이드)는 빛에너지를 흡수한 후 반응 중심 색소(엽록소 a)로 전달한다.
- 빛에너지를 전달받은 반응 중심 색소(엽록소 a)에서 고에너지 전자(e^-)가 방출된다.
- 방출된 고에너지 전자는 1차 전자 수용체와 결합한 후 전자 전달계를 거치면서 에너지를 방출한다.

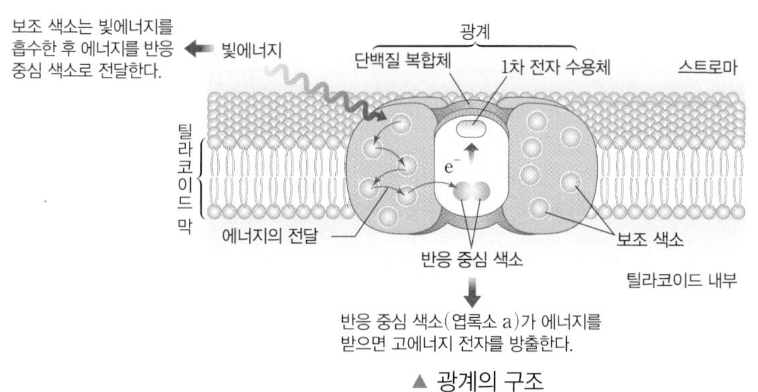

▲ 광계의 구조

(2) ❸물의 광분해: 명반응 과정에서 물이 분해되는 과정이다.

① 빛이 있을 때 광계 Ⅱ의 틸라코이드 내부 쪽에서 H_2O이 $2H^+$, 전자($2e^-$), 산소($\frac{1}{2}O_2$)로 분해(산화)된다.

$$H_2O \longrightarrow 2H^+ + 2e^- + \frac{1}{2}O_2$$

② 전자의 공급: H_2O에서 방출된 전자($2e^-$)는 광계 Ⅱ의 반응 중심 색소(P_{680})를 환원시키므로 H_2O은 전자 공여체의 역할을 한다.

③ O_2의 발생: H_2O의 산화로 발생한 O_2는 외부로 방출되거나 세포 호흡에 이용된다.

❸ 물의 광분해
물의 광분해는 빛에너지가 직접 물을 분해하는 것은 아니다. 명반응에서 물은 효소에 의해 분해된다.

THE 들여다보기 명반응을 밝힌 실험

1. 힐의 실험(1939년)

[실험 과정]

질경이 잎에서 얻은 엽록체가 함유된 추출액에 옥살산 철(Ⅲ)을 넣고 이산화 탄소를 포함한 공기를 뺀 후 빛을 비추었다.

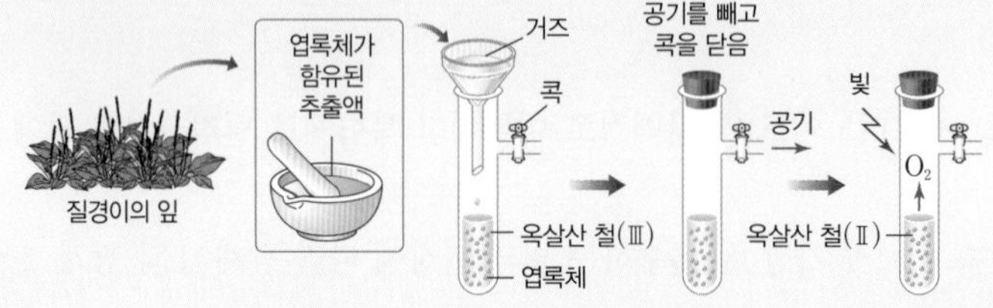

[실험 결과]

O_2가 방출되고, 옥살산 철(Ⅲ)이 옥살산 철(Ⅱ)로 환원되었다.

[해석 및 결론]

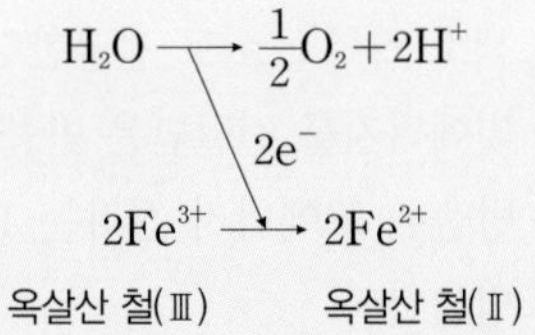

- 옥살산 철(Ⅲ)이 옥살산 철(Ⅱ)로 환원되었다. → 엽록체 내에 명반응에서 전자를 받아 환원되는 물질이 있다.
- 공기(CO_2)를 뺀 상태에서 O_2가 발생하였다. → 명반응에서 발생한 O_2는 CO_2가 아니라 H_2O에서 기원한 것임을 알 수 있다.
- 실제 엽록체에서 옥살산 철(Ⅲ)처럼 환원되는 물질은 $NADP^+$이다.

$$H_2O \rightarrow \frac{1}{2}O_2 + 2H^+$$

$$2e^-$$

$$2Fe^{3+} \rightarrow 2Fe^{2+}$$

옥살산 철(Ⅲ) 옥살산 철(Ⅱ)

2. 루벤의 실험(1941년)

[실험 과정]

실험 Ⅰ은 클로렐라의 배양액에 동위 원소 ^{18}O로 표지된 물($H_2{}^{18}O$)과 CO_2를 주고 빛을 비추어 발생하는 기체를 분석하였다.

실험 Ⅱ는 물(H_2O)과 $C^{18}O_2$를 주고 빛을 비추어 발생하는 기체를 분석하였다.

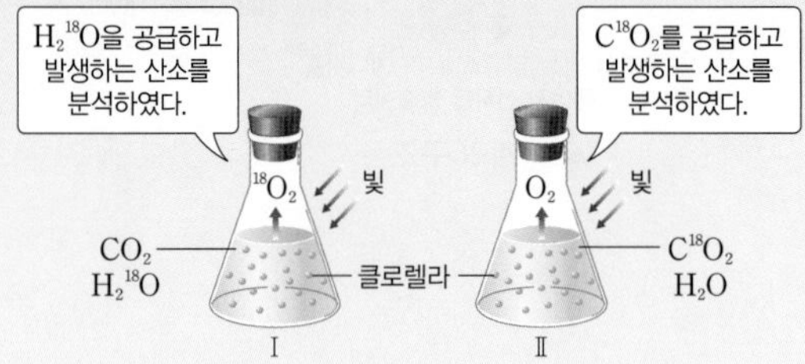

[실험 결과]

실험 Ⅰ에서는 $^{18}O_2$가, 실험 Ⅱ에서는 O_2가 발생하였다.

[해석 및 결론]

- 실험 Ⅰ에서는 $^{18}O_2$가 발생하였으므로 $H_2{}^{18}O$이 분해되었다
- 실험 Ⅱ에서는 O_2가 발생하였으므로 H_2O이 분해되었다.

→ 발생한 O_2는 CO_2가 아니라 H_2O에서 기원한 것임을 알 수 있다.

(3) ❶**광인산화**: 틸라코이드 막에서 빛에너지에 의한 전자의 이동으로 생성된 H^+ 농도 기울기에 의해 ATP가 합성되는 과정이다. 비순환적 전자 흐름(비순환적 광인산화)과 순환적 전자 흐름(순환적 광인산화)이 있다.

① 비순환적 전자 흐름(비순환적 광인산화): 광계 Ⅰ과 광계 Ⅱ가 모두 관여하며, H_2O에서 방출된 전자가 최종 전자 수용체인 ❷$NADP^+$에 전달된다. 비순환적 전자 흐름 결과 O_2, NADPH, ATP가 생성된다.

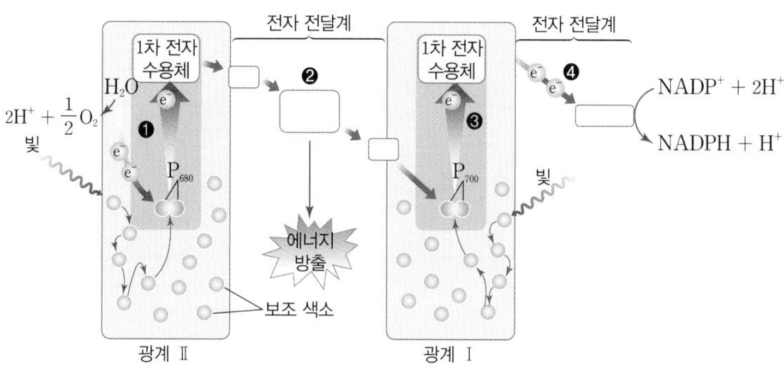

▲ 비순환적 전자 흐름 과정

❶ 광계 Ⅱ가 빛을 흡수한 후, P_{680}에서 고에너지 전자가 방출되어 전자 수용체에 전달된다. 산화된 P_{680}은 물의 광분해로 방출된 전자에 의해 다시 환원된다.

❷ 방출된 전자는 전자 전달계를 통해 산화 환원 반응을 거치며 이동한다. 이때 전자로부터 방출된 에너지에 의해 틸라코이드 막을 경계로 한 H^+ 농도 기울기가 형성되고 ATP를 합성한다.

❸ 광계 Ⅰ에서 빛을 흡수한 후, P_{700}에서 전자가 방출된다. 산화된 P_{700}은 P_{680}에서 방출된 전자에 의해 다시 환원된다.

❹ P_{700}에서 방출된 전자는 전자 전달계를 거쳐 $NADP^+$에 전달되어 NADPH가 생성된다.

② ❸순환적 전자 흐름(순환적 광인산화): 광계 Ⅰ만 관여하며, P_{700}에서 방출된 전자가 다시 P_{700}으로 되돌아온다. 순환적 전자 흐름 결과 ATP만 생성된다.

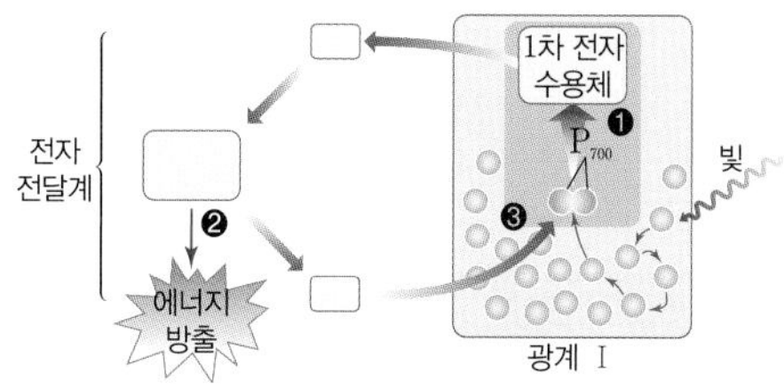

▲ 순환적 전자 흐름 과정

❶ 광계 Ⅰ이 빛을 흡수한 후, P_{700}에서 고에너지 전자가 방출되어 전자 수용체에 전달된다.

❷ 방출된 전자는 전자 전달계를 통해 산화 환원 반응을 거치며 이동한다. 이때 전자로부터 방출된 에너지에 의해 틸라코이드 막을 경계로 한 H^+ 농도 기울기가 형성되고 ATP를 합성한다.

❸ 전자 전달계를 거쳐 광계 Ⅰ로 되돌아온 전자에 의해 P_{700}이 다시 환원된다.

THE 알기

❶ 광인산화에서 광계의 역할
틸라코이드 막의 전자는 에너지 수준이 낮기 때문에 에너지 수준이 높은 전자 전달계로 고에너지 전자를 공급하려면 에너지가 필요하다. 광계는 빛에너지를 흡수하여 전자의 에너지 수준을 높여 고에너지 전자를 방출하는 역할을 한다.

❷ $NADP^+$(nicotinamide adenine dinucleotide phosphate)
NAD^+와 같은 탈수소 효소의 조효소로서, 명반응에서 전자를 수용하는 전자 수용체 역할을 한다.
$NADP^+ + 2H^+ + 2e^- \rightarrow NADPH + H^+$

❸ 순환적 전자 흐름의 의의
비순환적 전자 흐름만으로 탄소 고정 반응에 필요한 ATP를 모두 공급할 수 없기 때문에 이를 보충하기 위해서 순환적 전자 흐름이 일어난다.

THE 알기

❶ **인산화**
인산기가 결합하는 반응으로 ADP에 무기 인산(P_i)이 결합해 ATP가 합성되는 반응이다.

③ [❶]화학 삼투에 의한 ATP 합성: 고에너지 전자의 에너지를 이용해 틸라코이드 막을 경계로 H^+의 농도 기울기가 형성되고, 이를 이용해 ATP가 합성된다.

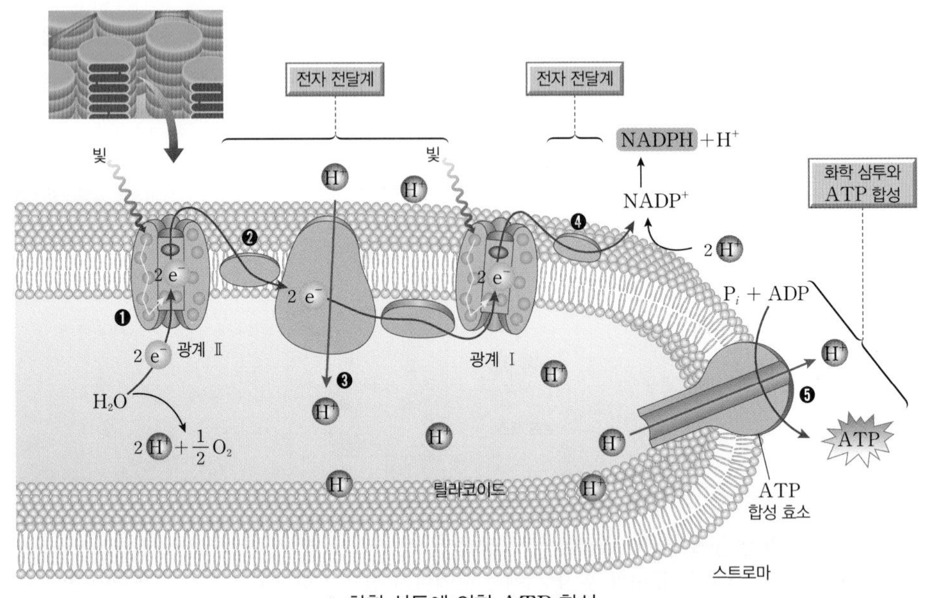

▲ 화학 삼투에 의한 ATP 합성

• **명반응에서 생성된 NADPH와 ATP**
NADPH와 ATP는 스트로마 쪽에서 생성되어 스트로마에서 일어나는 탄소 고정 반응에 투입된다. ATP와 NADPH는 탄소 고정 반응에 이용된 후 ADP와 $NADP^+$가 되어 다시 명반응 과정에 공급된다.

❶ 광계 Ⅱ가 빛을 흡수하여 P_{680}에서 고에너지 전자가 방출되고, 물이 분해되어 O_2가 발생한다.
❷ 광계 Ⅱ에서 방출된 전자가 전자 전달계를 거쳐 광계 Ⅰ에 전달된다.
❸ 전자가 전자 전달계를 이동하는 과정에서 방출된 에너지를 이용하여 H^+이 스트로마에서 틸라코이드 내부로 능동 수송된다.
❹ 광계 Ⅰ에서 빛을 흡수하여 P_{700}에서 고에너지 전자가 방출되고, 이 전자는 $NADP^+$에 전달되어 NADPH를 생성한다.
❺ 틸라코이드 내부의 H^+이 농도 기울기에 따라 ATP 합성 효소를 통해 스트로마로 확산되면서 ATP가 합성된다.

THE 들여다보기 **비순환적 전자 흐름과 순환적 전자 흐름의 비교**

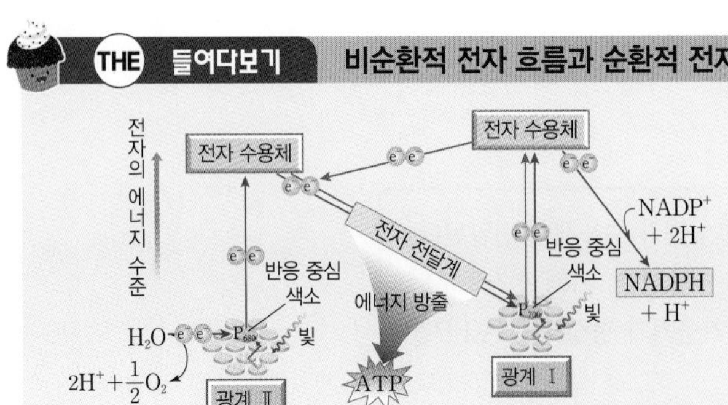

구분	비순환적 전자 흐름	순환적 전자 흐름
관여하는 광계	광계 Ⅰ, 광계 Ⅱ	광계 Ⅰ
반응 중심 색소	P_{700}, P_{680}	P_{700}
전자의 이동	$H_2O \rightarrow P_{680} \rightarrow P_{700} \rightarrow NADP^+$	$P_{700} \rightarrow P_{700}$
물의 광분해 여부	일어남	일어나지 않음
생성 물질	ATP, NADPH, O_2	ATP

3 탄소 고정 반응

엽록체의 스트로마에서 일어나며, 명반응의 산물인 ATP, NADPH를 이용하여 CO_2로부터 포도당을 합성하는 과정이다.

(1) [1]**캘빈 회로**: 탄소 고정 → 3PG 환원 → RuBP 재생 세 단계가 반복해서 일어난다.

① [2]탄소 고정: CO_2가 탄소 고정 반응에 투입되어 RuBP(C_5)와 결합하여 6탄소 화합물을 형성한 다음 3PG(C_3) 2분자로 나누어진다. 이때 CO_2 3분자가 투입되면 3PG 6분자가 생성된다.

② 3PG 환원: 3PG(C_3)가 PGAL(C_3)로 환원될 때 ATP와 NADPH가 사용된다. 생성된 6분자의 PGAL 중 1분자는 탄소 고정 반응을 빠져나와 다른 탄소 고정 반응에서 빠져나온 PGAL 1분자와 결합하여 포도당(C_6)을 형성하고, 나머지 5분자의 PGAL은 이어지는 RuBP의 재생에 쓰인다.

③ RuBP 재생: 5분자의 PGAL(C_3)은 탄소가 재배열되고, 3분자의 ATP로부터 인산기를 받는 일련의 반응을 거쳐 3분자의 RuBP(C_5)로 재생된다. 재생된 RuBP는 다시 탄소 고정에 쓰여 탄소 고정 반응이 반복된다.

(2) **탄소 고정 반응의 전체 과정**: 탄소 고정 반응을 통해 포도당 1분자가 합성될 때 $6CO_2$가 고정되고, 18ATP와 12NADPH가 사용된다.

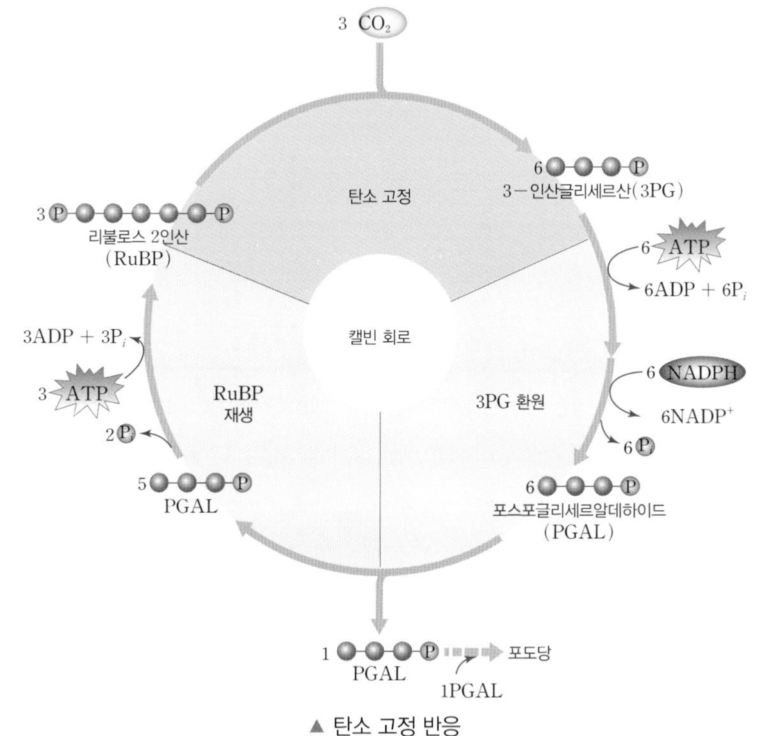

▲ 탄소 고정 반응

THE 알기

1 캘빈 회로 물질의 이름

약자	이름
RuBP	리불로스 2인산 Ribulose-1,5-bisphosphate
3PG	3-인산글리세르산 3-Phosphoglyceric acid
PGAL	포스포글리세르알데하이드 phosphoglyceral-dehyde

• 캘빈 회로 물질의 탄소 수, 인산기 수

물질	탄소 수	인산기 수
RuBP	5	2
3PG	3	1
PGAL	3	1

• 최초의 CO_2 수용체와 CO_2 고정 산물

최초의 CO_2 수용체는 RuBP이고, 최초의 CO_2 고정 산물은 3PG이다.

2 탄소 고정

1탄소 화합물과 5탄소 화합물이 합쳐지면 6탄소 화합물이 된다.

● + ●●●●●
CO_2 RuBP
→ ●●●●●●

이때 H_2O이 첨가되면서 3탄소 화합물 두 분자로 분해된다.

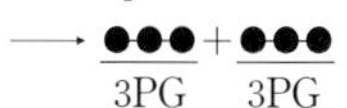

THE 알기

4 광합성의 전 과정

(1) 명반응: 비순환적 전자 흐름의 경우 빛에너지를 이용한 물의 광분해와 광인산화가 일어나 NADPH와 ATP가 생성되어 암반응에 공급되고 O_2가 방출된다.

$$12H_2O + 12NADP^+ \xrightarrow[18ADP \quad 18ATP]{\text{빛에너지}} 6O_2 + 12NADPH + 12H^+$$

(2) 탄소 고정 반응: 명반응으로부터 얻은 NADPH와 ATP를 이용하여 CO_2를 고정시켜 포도당을 합성한다.

$$6CO_2 + 12NADPH + 12H^+ \xrightarrow{18ATP \quad 18ADP} C_6H_{12}O_6 + 6H_2O + 12NADP^+$$

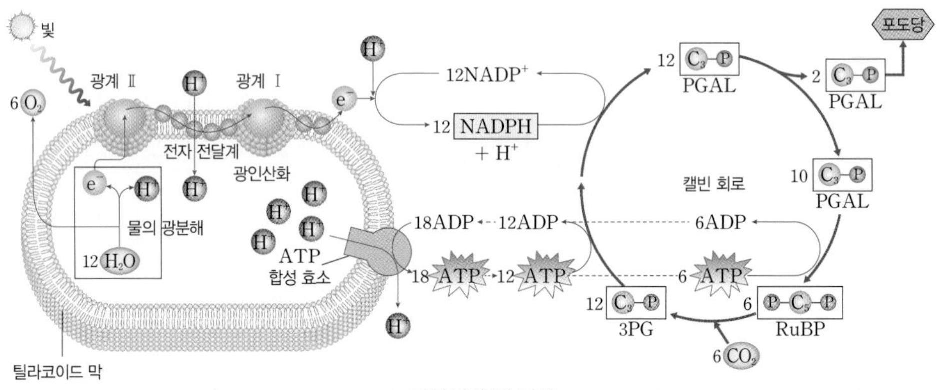

▲ 광합성의 전 과정

❶ **2차원 종이 크로마토그래피**
1차 전개 후 전개 방향을 바꾸어 2차 전개를 하는 크로마토그래피이다. 혼합물의 분리 효율을 높일 수 있으며 1차 전개와 2차 전개에서 서로 다른 전개액을 사용한다.

THE 들여다보기 **캘빈 회로의 발견(캘빈의 실험)**

캘빈은 클로렐라를 $^{14}CO_2$에 노출시킨 다음, 시간 경과에 따라 ^{14}C로 표지되는 생성물을 확인하여 CO_2로부터 포도당이 합성되기까지의 경로를 알아내었다.

[실험 과정]

① 클로렐라 배양액에 방사성 동위 원소 ^{14}C로 표지된 $^{14}CO_2$를 계속 공급하면서 빛을 비춘다.

② 5초, 90초, 5분 후에 각각 광합성을 중지시킨 클로렐라를 일부 채취하여 세포 추출물을 준비한다.

③ 세포 추출물을 ❶크로마토그래피법으로 1차 전개한 후 90도 회전하여 2차 전개한다.

④ 전개한 용지를 X선 필름에 감광시킨다.

[실험 결과]

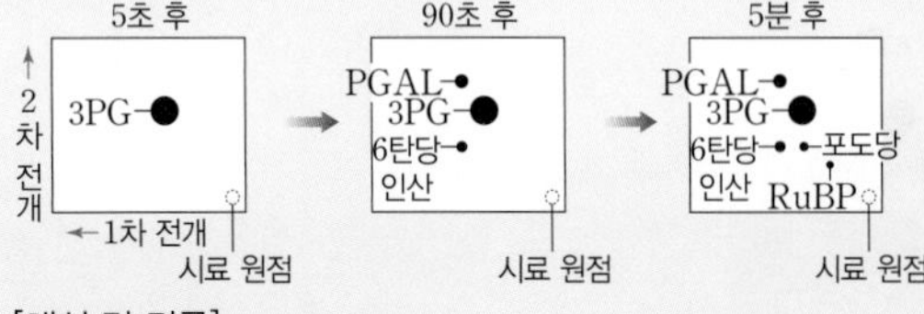

[해석 및 결론]

- $^{14}CO_2$에 5초간 노출되었을 때 3PG만 ^{14}C로 표지되었다. → 탄소 고정 반응에서 CO_2가 고정되어 최초로 생성되는 물질은 3PG이다.
- 시간 경과에 따라 3PG, PGAL, 포도당의 순서로 방사선이 검출되었다. → 광합성에서 포도당 합성 과정은 3PG → PGAL → 포도당의 순서로 진행됨을 알 수 있다.

개념체크

단답형 문제

1. 그림은 광합성 과정을 나타낸 것이다. ㉠~㉣은 각각 포도당, H_2O, CO_2, O_2 중 하나이다.

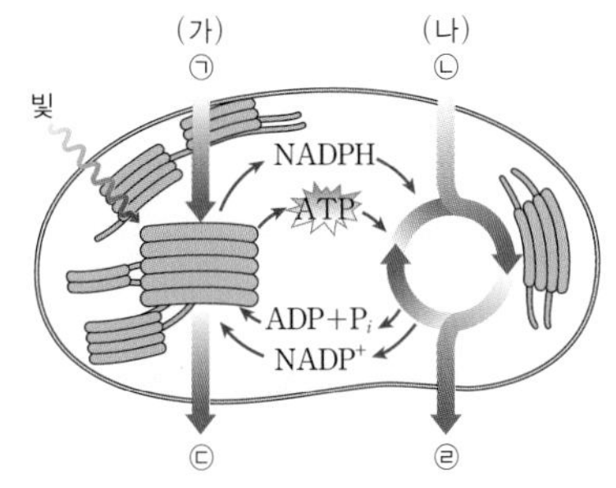

(1) 반응 (가)와 (나)의 이름을 각각 쓰시오.

(2) (가)와 (나)가 일어나는 장소를 쓰시오..

(3) ㉠~㉣을 각각 쓰시오.

2. 그림은 캘빈 회로를 나타낸 것이다.

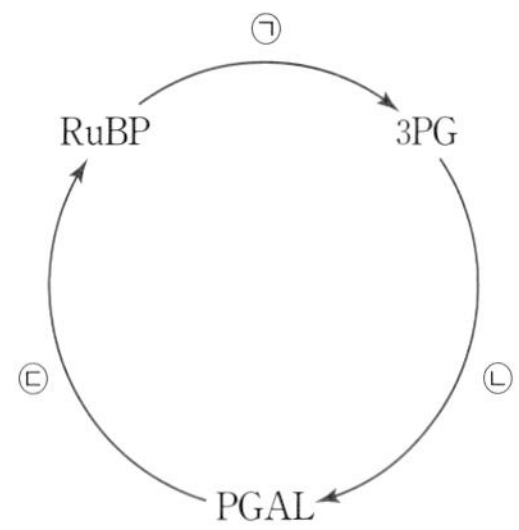

(1) ㉠~㉢ 중 CO_2가 고정되는 단계를 있는 대로 쓰시오.

(2) ㉠~㉢ 중 ATP가 소비되는 단계를 있는 대로 쓰시오.

(3) ㉠~㉢ 중 NADPH가 소비되는 단계를 있는 대로 쓰시오.

정답 1. (1) (가) 명반응, (나) 탄소 고정 반응 (2) (가) 그라나(틸라코이드 막), (나) 스트로마 (3) ㉠: H_2O, ㉡: CO_2, ㉢: O_2 ㉣: 포도당 2. (1) ㉠ (2) ㉡, ㉢ (3) ㉡

빈칸 완성

1. 광합성은 빛에너지를 이용하여 CO_2와 H_2O를 원료로 (　　　)을 합성하는 반응이다.

2. 명반응이 일어나지 않으면 NADPH와 (　　　)가 공급되지 않아 탄소 고정 반응(캘빈 회로)이 일어나지 않는다.

3. 명반응에서 (　　　)이 분해되어 O_2가 발생한다.

4. (　　　): 광합성 색소와 단백질로 이루어진 복합체로 틸라코이드 막에 존재한다.

5. 광계 Ⅰ은 (　　　) nm의 빛을 가장 잘 흡수하는 엽록소 a를 갖고, 광계 Ⅱ는 (　　　) nm의 빛을 가장 잘 흡수하는 엽록소 a를 갖는다.

6. 표는 비순환적 전자 흐름과 순환적 전자 흐름의 특징을 나타낸 것이다. ㉠~㉣에 들어갈 알맞은 말을 쓰시오.

구분	비순환적 전자 흐름	순환적 전자 흐름
관여하는 광계	㉠	㉡
생성 물질	㉢	㉣

7. 캘빈 회로에서 CO_2가 (　　　)와 결합한 후 둘로 나누어져 (　　　)가 된다.

8. 1분자당 RuBP의 탄소 수는 (　　　), 3PG의 탄소 수는 (　　　), PGAL의 탄소 수는 (　　　)이다.

9. 탄소 고정 반응을 통해 포도당 1분자가 합성될 때 (　　　)분자의 CO_2가 고정되고, (　　　)분자의 ATP와 (　　　)분자의 NADPH가 이용된다.

정답 1. 포도당 2. ATP 3. 물(H_2O) 4. 광계 5. 700, 680 6. ㉠: 광계 Ⅰ, 광계 Ⅱ, ㉡: 광계 Ⅰ, ㉢: ATP, NADPH, O_2, ㉣: ATP 7. RuBP, 3PG 8. 5, 3, 3 9. 6, 18, 12

개념체크

○X 문제

1. 그림은 벤슨의 실험에서 어떤 식물에 ㉠과 ㉡의 조건을 달리했을 때의 시간에 따른 광합성 속도를 나타낸 것이다. ㉠과 ㉡은 각각 빛과 CO_2 중 하나이다. 이에 대한 설명으로 옳은 것은 ○, 옳지 않은 것은 ×로 표시하시오.

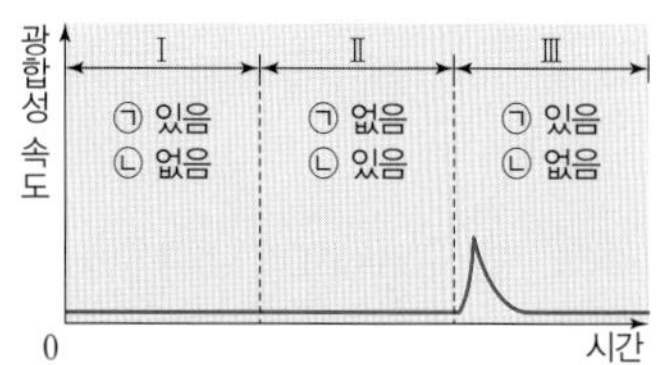

(1) ㉠은 빛, ㉡은 CO_2이다. ( )

(2) Ⅰ에서 명반응이 일어난다. ( )

(3) Ⅱ에서 NADPH가 합성된다. ( )

(4) Ⅱ에서 ATP가 합성된다. ( )

(5) Ⅲ에서 탄소 고정 반응이 일어난다. ( )

2. 그림 (가)는 힐의 실험을, (나)는 루벤의 실험을 나타낸 것이다. ㉠~㉢은 광합성의 명반응 결과 생성된 기체이다. 이에 대한 설명으로 옳은 것은 ○, 옳지 않은 것은 ×로 표시하시오.

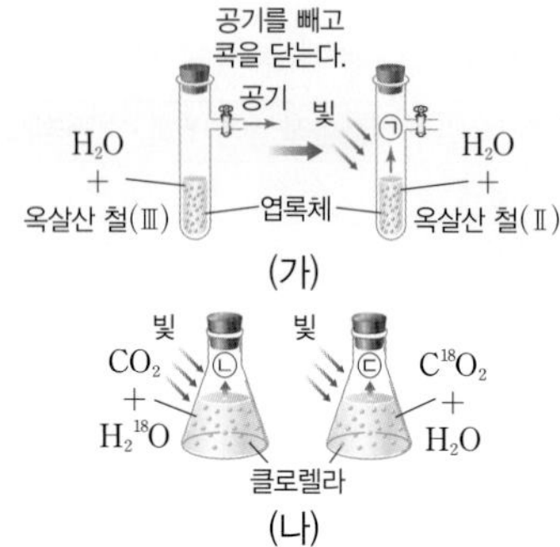

(1) ㉠은 H_2O이 분해되어 생성된 것이다. ( )

(2) (가)에서 옥살산 철(Ⅲ)은 전자 공여체의 역할을 하였다. ( )

(3) 광합성에서 옥살산 철(Ⅲ)과 같은 역할을 하는 것은 $NADP^+$이다. ( )

(4) ㉡과 ㉢은 모두 $^{18}O_2$이다. ( )

(5) (나)에서 ㉡은 순환적 전자 흐름의 산물이다. ( )

3. 그림은 광합성이 활발한 어떤 식물의 엽록체에서 일어나는 명반응 과정을 나타낸 것이다. 경로 (가)와 (나)는 각각 비순환적 전자 흐름과 순환적 전자 흐름 중 하나이고, X와 Y는 각각 광계 Ⅰ과 광계 Ⅱ 중 하나이다. 이에 대한 설명으로 옳은 것은 ○, 옳지 않은 것은 ×로 표시하시오.

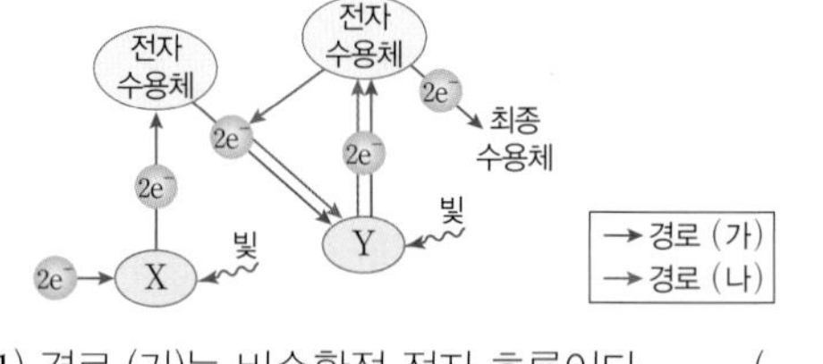

(1) 경로 (가)는 비순환적 전자 흐름이다. ( )

(2) X는 광계 Ⅱ이다. ( )

(3) Y의 반응 중심은 P_{680}이다. ( )

(4) X에서 물의 광분해가 일어난다. ( )

(5) 전자의 최종 수용체는 $NADP^+$이다. ( )

4. 그림은 엽록체의 틸라코이드 막에서 전자가 이동하는 과정의 일부를 나타낸 것이다. A와 B는 각각 틸라코이드 내부와 스트로마 중 하나이다. 이에 대한 설명으로 옳은 것은 ○, 옳지 않은 것은 ×로 표시하시오.

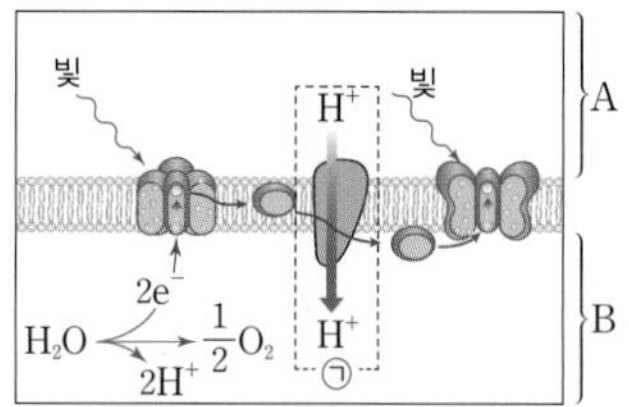

(1) A는 틸라코이드 내부이다. ( )

(2) B에는 리보솜이 있다. ( )

(3) B에서 ATP가 합성된다. ( )

(4) ㉠에서 H^+은 능동 수송으로 이동한다. ( )

(5) 광합성이 일어나는 동안 pH는 A가 B보다 높다. ( )

정답 **1.** (1) × (2) × (3) ○ (4) ○ (5) ○ **2.** (1) ○ (2) × (3) ○ (4) × (5) × **3.** (1) ○ (2) ○ (3) × (4) ○ (5) ○ **4.** (1) × (2) × (3) × (4) ○ (5) ○

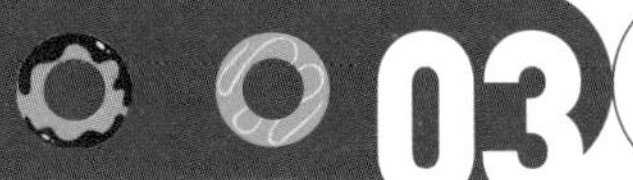

03 광합성과 세포 호흡의 비교

1 ❶광합성과 세포 호흡의 비교

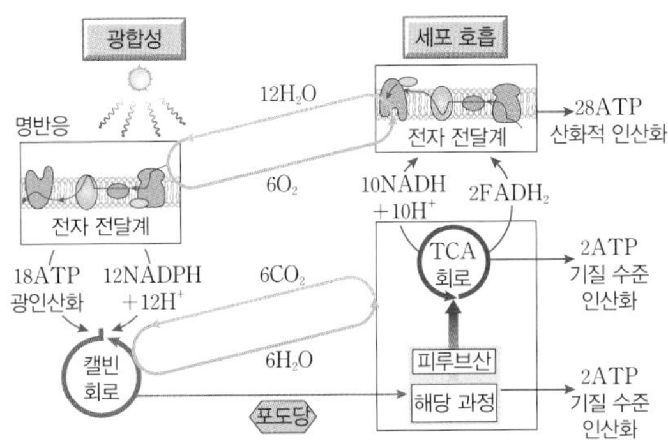

구분	광합성	세포 호흡
에너지 전환	빛에너지 → 화학 에너지(포도당)	화학 에너지(포도당) → 화학 에너지(ATP), 열에너지
단계	명반응 → 탄소 고정 반응	해당 과정 → TCA 회로 → 산화적 인산화
장소	• 명반응: 엽록체의 그라나(틸라코이드 막) • 탄소 고정 반응: 엽록체의 스트로마	• 해당 과정: 세포질 • TCA 회로: 미토콘드리아의 기질 • 산화적 인산화: 미토콘드리아의 내막
물질대사 종류	동화 작용	이화 작용
합성된 ATP의 이용	주로 탄소 고정 반응에 이용	다양한 세포 내 생명 활동에 이용
ATP 생성	광인산화	기질 수준 인산화, 산화적 인산화
탄소 수 변화와 효소의 이용	탄소 고정 반응과 TCA 회로는 효소로 조절되는 단계적이고 순환하는 형태의 화학 반응으로, 회로가 진행됨에 따라 반응물의 탄소 수가 점차 변화함	

2 ❷엽록체와 미토콘드리아의 ATP 합성

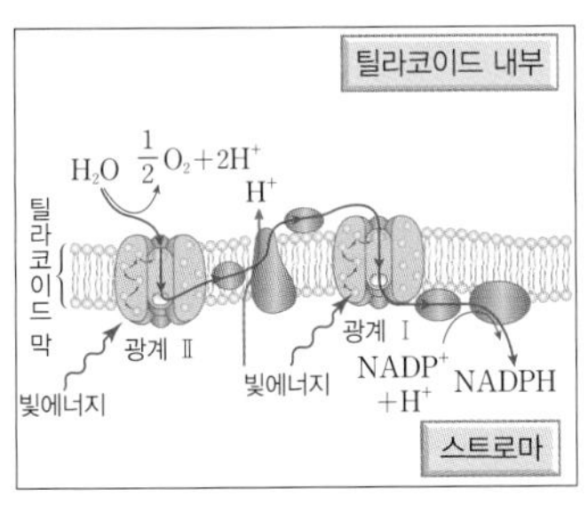

▲ 엽록체에서 전자의 이동

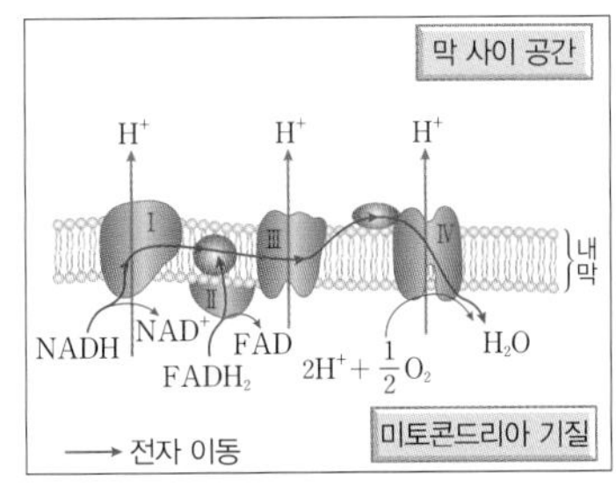

▲ 미토콘드리아에서 전자의 이동

구분	엽록체에서 ATP 합성	미토콘드리아에서 ATP 합성
전자 공여체	H_2O	NADH, $FADH_2$
최종 전자 수용체	$NADP^+$	O_2
전자의 흐름	순환적, 비순환적으로 흐름	한 방향으로 흐름
전자 전달 과정에서 H^+의 이동 방향	스트로마 → 틸라코이드 내부	기질 → 막 사이 공간
ATP 합성 과정에서 H^+의 이동 방향	틸라코이드 내부 → 스트로마	막 사이 공간 → 기질

THE 알기

• **광합성의 의의**

① 유기물 생성을 통해 생물 몸의 구성 성분과 에너지원을 공급한다.

② 생물의 호흡에 필요한 산소를 공급한다.

③ 대기 중의 이산화 탄소를 흡수하여 온실 효과에 의한 지구 온난화를 방지한다.

❶ 광합성과 세포 호흡의 관계

광합성 산물인 O_2와 포도당은 세포 호흡의 원료로 사용되고, 세포 호흡의 산물인 CO_2와 H_2O은 광합성의 원료로 사용된다.

❷ 엽록체와 미토콘드리아의 ATP 합성

엽록체의 틸라코이드 막과 미토콘드리아의 내막에서 전자 전달계를 통해 전자가 전달되는 과정에서 막을 경계로 H^+ 농도 기울기가 형성되며, H^+이 ATP 합성 효소를 통해 확산되면서 ATP가 합성된다.

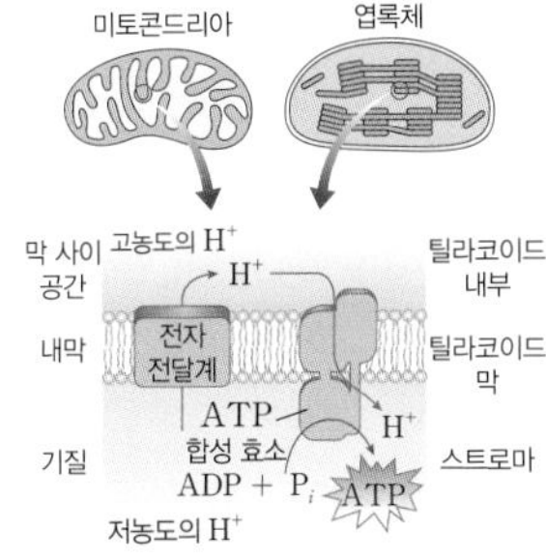

개념체크

둘 중 고르기

1. (광합성 , 세포 호흡)에서 빛에너지가 화학 에너지로 전환된다.

2. 세포 호흡은 (동화 작용 , 이화 작용)에 해당한다.

3. 엽록체에서 ATP가 합성될 때 전자 공여체는 (NADPH , H_2O)이다.

4. (엽록체 , 미토콘드리아)에서 ATP 합성 효소를 통해 H^+은 틸라코이드 내부에서 스트로마로 이동한다.

단답형 문제

5. 그림은 광합성과 세포 호흡의 과정을 나타낸 것이다. ⓐ~ⓓ는 각각 포도당, H_2O, O_2, CO_2 중 하나이다.

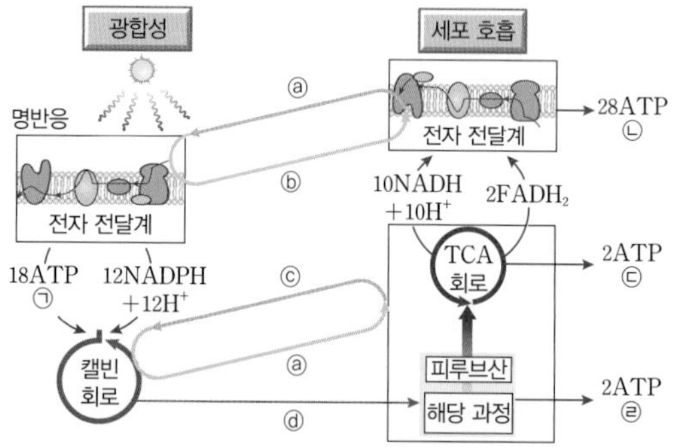

(1) ⓐ~ⓓ를 각각 쓰시오.

(2) ㉠~㉣ 각각에 해당하는 인산화 과정을 쓰시오.

정답 1. 광합성 2. 이화 작용 3. H_2O 4. 엽록체
5. (1) ⓐ: H_2O, ⓑ: O_2, ⓒ: CO_2, ⓓ: 포도당 (2) ㉠: 광인산화, ㉡: 산화적 인산화, ㉢: 기질 수준 인산화, ㉣: 기질 수준 인산화

○X 문제

1. 광합성과 세포 호흡에 대한 설명으로 옳은 것은 ○, 옳지 않은 것은 ×로 표시하시오.

(1) TCA 회로는 광합성 과정에 해당한다. ( )

(2) 광합성의 명반응과 세포 호흡의 해당 과정은 모두 세포질에서 일어난다. ( )

(3) 광합성에서 합성된 ATP는 주로 세포 호흡에 이용된다. ( )

(4) 광합성의 탄소 고정 반응은 효소로 조절되는 단계적인 화학 반응이다. ( )

(5) 광합성과 세포 호흡에서 모두 전자 전달계가 관여한다. ( )

2. 그림은 미토콘드리아와 엽록체에 일어나는 ATP 합성 과정을 나타낸 것이다. (가)와 (나)는 각각 틸라코이드 막과 미토콘드리아 내막 중 하나이고, ㉠~㉣은 각각 틸라코이드 내부, 스트로마, 미토콘드리아 기질, 미토콘드리아 막 사이 공간 중 하나이다. 이에 대한 설명으로 옳은 것은 ○, 옳지 않은 것은 ×로 표시하시오.

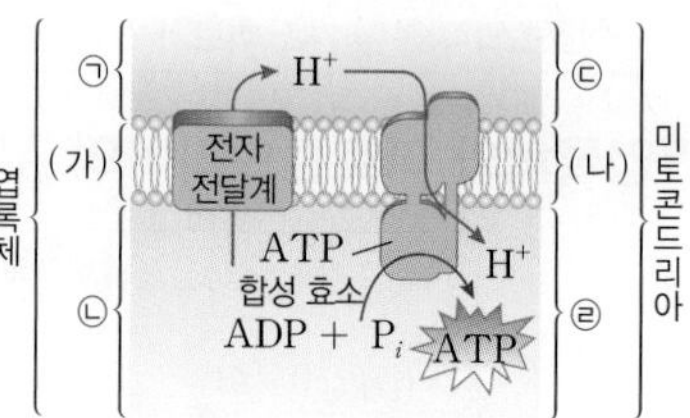

(1) 엽록체에서 (가)는 틸라코이드 막이다. ( )

(2) ㉠은 틸라코이드 내부, ㉣은 미토콘드리아 막 사이 공간이다. ( )

(3) 엽록체에서 pH는 ㉠에서가 ㉡에서보다 낮다. ( )

정답 1. (1) × (2) × (3) × (4) ○ (5) ○ 2. (1) ○ (2) × (3) ○

잎의 색소 분리

정답과 해설 38쪽

목표

크로마토그래피로 식물의 잎에서 광합성 색소를 분리할 수 있다.

과정

1. 시금치 잎을 잘게 잘라 막자사발에 넣고 잘 으깬 다음, 메탄올과 아세톤의 3 : 1 혼합액 5 mL를 넣어 잎의 색소를 추출한다.
2. TLC 판을 가로 1.5 cm, 세로 10 cm 크기로 자른 후 한쪽 끝에서 2 cm 떨어진 위치에 연필로 선을 긋고 중앙에 원점을 표시한다.
3. 과정 1에서 얻은 색소 추출액을 모세관으로 TLC 판의 원점에 찍고 말리는 과정을 20여회 반복한다.
4. 시험관에 전개액을 1 mL~2 mL 넣는다.
5. 원점이 전개액에 잠기지 않도록 주의하면서 TLC 판을 시험관에 세워 넣고, 시험관 입구를 고무마개로 막는다.
6. 전개액이 TLC 판의 상단 가까이 올라가면, TLC 판을 꺼내어 전개액이 상승한 상단(용매 전선)과 분리된 색소의 위치를 연필로 표시한다.
7. 원점에서 용매 전선까지의 거리와 원점에서 각 색소까지의 거리를 측정한다.

결과 정리 및 해석

1. 시금치 잎에서 분리된 색소는 4종류이며, 분리된 색소는 카로틴, 잔토필, 엽록소 a, 엽록소 b이다.
2. 색소를 분리시킨 결과가 그림과 같을 때, 각 색소의 전개율은 다음과 같다.

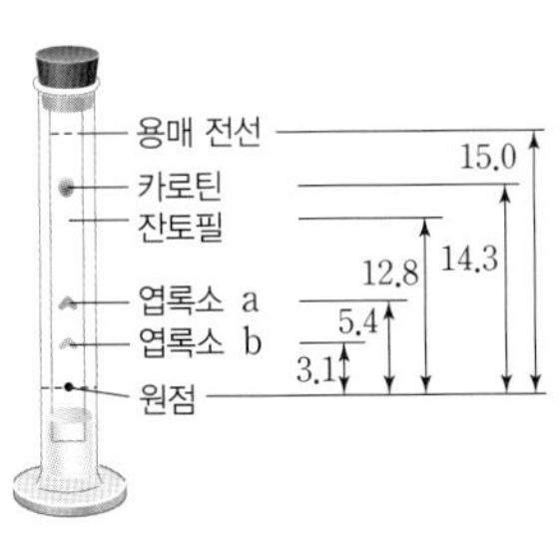

색소	전개율
카로틴	$\frac{14.3}{15.0} ≒ 0.95$
잔토필	$\frac{12.8}{15.0} ≒ 0.85$
엽록소 a	$\frac{5.4}{15.0} ≒ 0.36$
엽록소 b	$\frac{3.1}{15.0} ≒ 0.21$

3. 색소의 전개율은 카로틴 > 잔토필 > 엽록소 a > 엽록소 b 순이다.

탐구 분석

1. 색소의 전개율이 다른 까닭은 무엇 때문인가?
2. 시금치 잎에서 분리된 색소는 각각 어떤 색을 띠는가?

내신 기초 문제

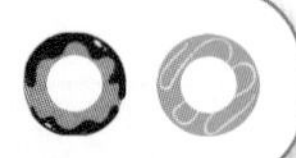

[20702-0241]

01 그림은 엽록체의 구조를 나타낸 것이다. A~D는 각각 스트로마, 엽록체 외막, 틸라코이드 막, 틸라코이드 내부 중 하나이다.

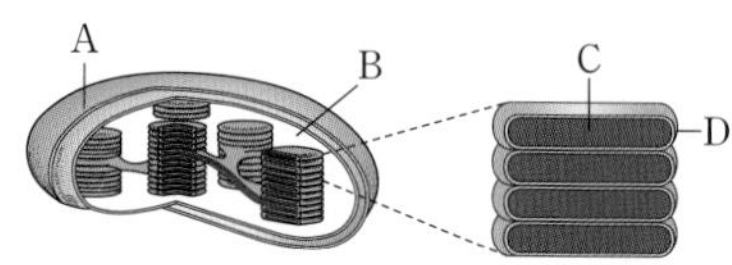

이에 대한 설명으로 옳지 않은 것은?

① A는 인지질 2중층 구조이다.
② B에는 DNA가 존재한다.
③ B에서 탄소 고정 반응이 일어난다.
④ 빛을 비추면 pH는 B에서가 C에서보다 낮아진다.
⑤ D에는 엽록소가 존재한다.

[20702-0242]

02 광합성 색소에 대한 설명으로 옳은 것만을 〈보기〉에서 있는 대로 고른 것은?

> 보기
> ㄱ. 엽록체의 틸라코이드 막에 존재한다.
> ㄴ. 보조 색소에는 카로틴과 잔토필이 있다.
> ㄷ. 광합성 식물에서 엽록소 a가 발견된다.

① ㄱ ② ㄴ ③ ㄱ, ㄷ ④ ㄴ, ㄷ ⑤ ㄱ, ㄴ, ㄷ

[20702-0243]

03 그림은 광합성에 대한 힐의 실험을 나타낸 것이다. ㉠은 광합성 결과 발생한 기체이다.

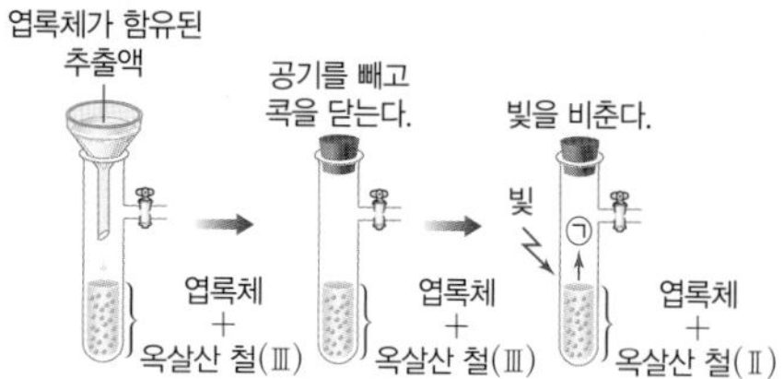

이에 대한 설명으로 옳은 것만을 〈보기〉에서 있는 대로 고른 것은?

> 보기
> ㄱ. ㉠은 CO_2이다.
> ㄴ. 옥살산 철(Ⅲ)은 전자 수용체로 작용한다.
> ㄷ. 엽록체에서 옥살산 철(Ⅱ)과 같은 역할을 하는 물질은 NADPH이다.

① ㄱ ② ㄴ ③ ㄱ, ㄷ ④ ㄴ, ㄷ ⑤ ㄱ, ㄴ, ㄷ

[20702-0244]

04 그림 (가)는 어떤 녹색 식물의 작용 스펙트럼을, (나)는 이 식물 엽록소 a, b의 흡수 스펙트럼을 나타낸 것이다. X와 Y는 각각 엽록소 a와 엽록소 b 중 하나이다.

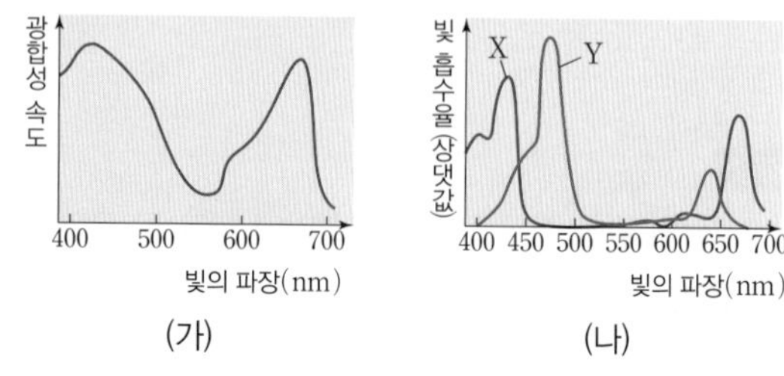

이 식물에 대한 설명으로 옳지 않은 것은?

① Y는 엽록소 b이다.
② X는 광계 Ⅰ의 반응 중심 색소이다.
③ 450 nm에서 빛 흡수율은 엽록소 a가 엽록소 b보다 낮다.
④ 잎이 녹색인 까닭은 적색광보다 녹색광을 잘 흡수하기 때문이다.
⑤ 빛의 파장이 450 nm에서가 550 nm에서보다 광합성이 활발히 일어난다.

[20702-0245]

05 그림은 시금치 잎의 광합성 색소를 전개액으로 전개시킨 종이 크로마토그래피의 결과를 나타낸 것이다.
이 결과에서 잔토필과 엽록소 b의 전개율을 각각 구하시오.

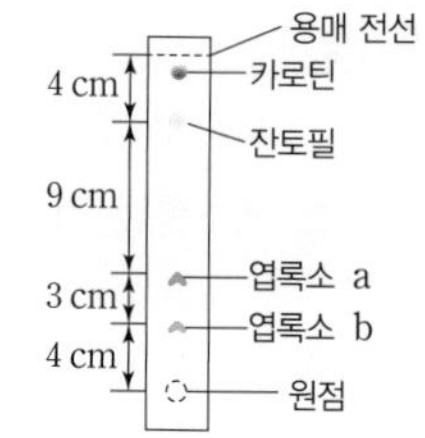

[20702-0246]

06 그림은 어떤 식물 잎에 있는 광계 X를 나타낸 것이다. ㉠과 ㉡은 각각 엽록소 a와 엽록소 b 중 하나이고, ㉡은 반응 중심 색소이다.

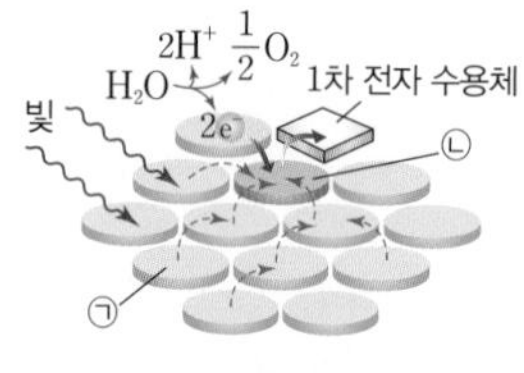

이에 대한 설명으로 옳은 것만을 〈보기〉에서 있는 대로 고른 것은?

> 보기
> ㄱ. 광계 X는 광계 Ⅱ이다.
> ㄴ. ㉠은 엽록소 a이다.
> ㄷ. ㉡은 적색광보다 녹색광을 잘 흡수한다.

① ㄱ ② ㄴ ③ ㄷ ④ ㄱ, ㄴ ⑤ ㄱ, ㄷ

[20702-0247]
07 그림 (가)는 엥겔만의 실험을, (나)는 루벤의 실험을 나타낸 것이다. ㉠과 ㉡은 광합성 결과 발생한 기체이다.

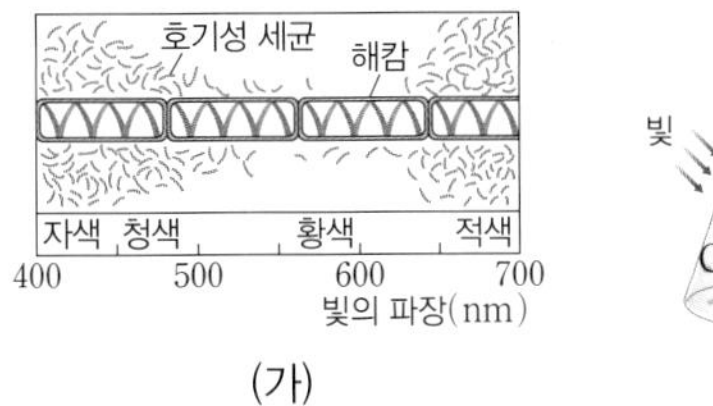

(가)

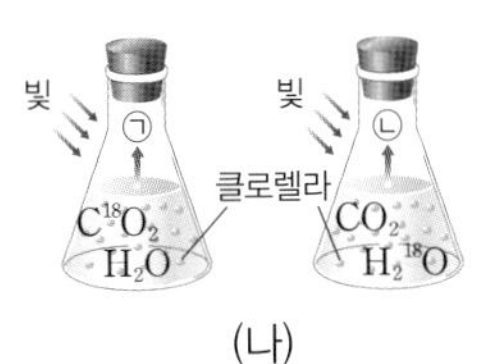

(나)

이에 대한 설명으로 옳은 것은?

① ㉠은 $^{18}O_2$이다.
② (가)의 해캄은 적색광보다 황색광에서 광합성이 활발히 일어난다.
③ (가)의 호기성 세균은 O_2가 있는 곳에서 생존하지 못한다.
④ (나)의 클로렐라에서 물의 광분해가 일어난다.
⑤ 루벤의 실험은 광합성에서 발생하는 O_2의 기원은 CO_2라는 것을 증명하였다.

[20702-0248]
08 그림은 어떤 식물에 ㉠과 ㉡의 조건을 달리했을 때의 시간에 따른 광합성 속도를 나타낸 것이다. ㉠과 ㉡은 각각 빛과 CO_2 중 하나이다.

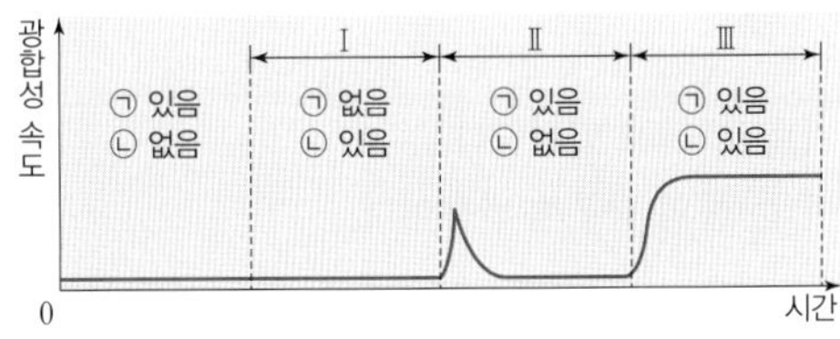

이에 대한 설명으로 옳은 것만을 <보기>에서 있는 대로 고른 것은? (단, 빛과 CO_2 이외의 다른 조건은 동일하다.)

보기
ㄱ. ㉠은 빛이다.
ㄴ. 구간 Ⅰ에서 명반응이 일어난다.
ㄷ. 생성된 포도당의 양은 구간 Ⅱ에서와 구간 Ⅲ에서가 같다.

① ㄱ ② ㄴ ③ ㄷ ④ ㄱ, ㄴ ⑤ ㄴ, ㄷ

[20702-0249]
09 그림은 엽록체에서 광합성 반응 Ⅰ과 Ⅱ가 진행되는 동안 물질과 에너지 수준의 변화를 나타낸 것이다. Ⅰ과 Ⅱ는 각각 탄소 고정 반응과 명반응 중 하나이다.

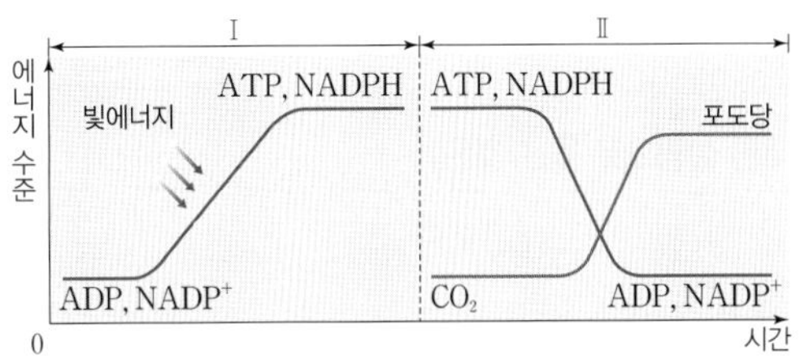

이에 대한 설명으로 옳은 것만을 <보기>에서 있는 대로 고른 것은?

보기
ㄱ. Ⅰ은 엽록체의 내막에서 일어난다.
ㄴ. Ⅱ는 탄소 고정 반응이다.
ㄷ. Ⅰ에서 생성된 물질은 Ⅱ에서 소비되지 않는다.

① ㄱ ② ㄴ ③ ㄱ, ㄴ ④ ㄱ, ㄷ ⑤ ㄴ, ㄷ

[20702-0250]
10 그림은 광합성이 활발하게 일어나는 어떤 식물의 명반응 과정을 나타낸 것이다. 경로 (가)와 (나)는 각각 순환적 전자 흐름과 비순환적 전자 흐름 중 하나이다.

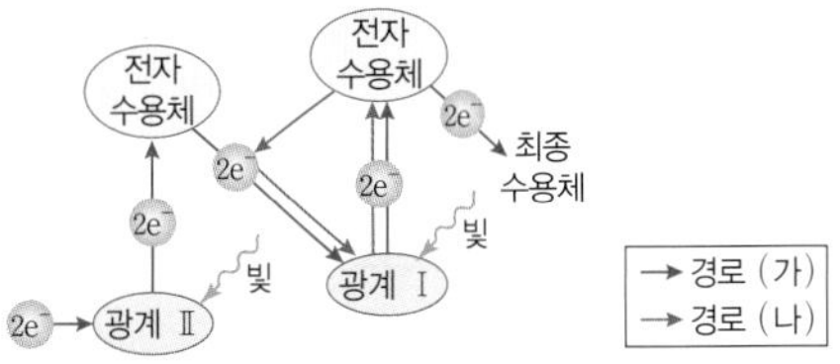

이에 대한 설명으로 옳은 것은?

① (가)는 순환적 전자 흐름이다.
② (나)에서 NADPH가 생성된다.
③ (나)에서 물의 광분해가 일어난다.
④ (가)와 (나)에서 모두 ATP가 생성된다.
⑤ 광계 Ⅱ의 반응 중심 색소는 P_{700}이다.

[20702-0251]
11 그림은 어떤 식물의 틸라코이드 막에 존재하는 광계 X에서 일어나는 명반응 과정의 일부를 나타낸 것이다. ㉠과 ㉡은 각각 틸라코이드 내부와 스트로마 중 하나이다.

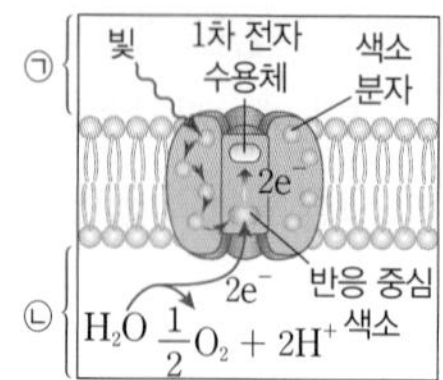

이에 대한 설명으로 옳은 것은?

① ㉠은 틸라코이드 내부이다.
② ㉡에 리보솜이 있다.
③ 광계 X는 광계 Ⅰ이다.
④ ㉡에서 $NADP^+$의 환원이 일어난다.
⑤ 광계 X의 반응 중심 색소에서 방출된 전자는 전자 전달계를 거쳐 P_{700}으로 전달된다.

[20702-0252]
12 표는 명반응에서 순환적 전자 흐름과 비순환적 전자 흐름의 특징을 나타낸 것이다. 표를 '○' 또는 '×'로 완성하시오.

구분	순환적 전자 흐름	비순환적 전자 흐름
O_2가 생성된다.		
NADPH가 생성된다.		
ATP가 합성된다.		

(○: 있음, ×: 없음)

[20702-0253]
13 그림은 광합성이 활발한 어떤 식물에서 엽록체의 틸라코이드 막에 있는 전자 전달계를 나타낸 것이다. (가)와 (나)는 각각 스트로마와 틸라코이드 내부 중 하나이며, ㉠~㉢은 각각 O_2, H_2O, NADPH 중 하나이다.

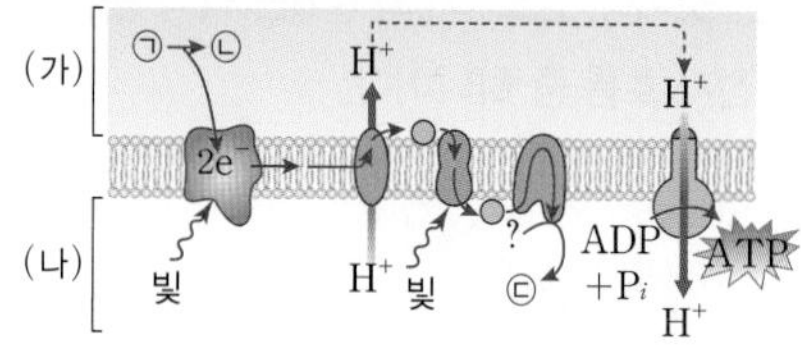

이에 대한 설명으로 옳은 것만을 <보기>에서 있는 대로 고른 것은? (단, 전자의 전달은 정상적으로 일어났다.)

> 보기
> ㄱ. ㉡은 O_2이다.
> ㄴ. pH는 (가)에서가 (나)에서보다 낮다.
> ㄷ. 1분자의 ㉠이 소모될 때 합성되는 ㉢의 분자 수는 1이다.

① ㄱ ② ㄴ ③ ㄱ, ㄷ ④ ㄴ, ㄷ ⑤ ㄱ, ㄴ, ㄷ

[20702-0254]
14 그림은 어떤 식물에 빛과 CO_2 조건을 달리하였을 때 시간에 따른 ㉠의 pH를 나타낸 것이다. ㉠은 스트로마와 틸라코이드 내부 중 하나이다.

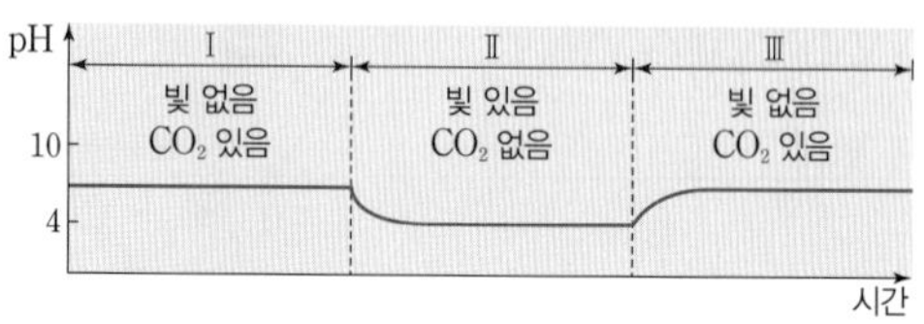

이에 대한 설명으로 옳은 것만을 <보기>에서 있는 대로 고른 것은?

> 보기
> ㄱ. ㉠은 틸라코이드 내부이다.
> ㄴ. 틸라코이드 내부로 유입되는 H^+의 양은 구간 Ⅰ에서가 구간 Ⅱ에서보다 많다.
> ㄷ. 구간 Ⅲ에서 포도당이 합성된다.

① ㄱ ② ㄷ ③ ㄱ, ㄴ ④ ㄱ, ㄷ ⑤ ㄴ, ㄷ

[20702-0255]
15 그림은 어떤 식물의 엽록체 구조를, 표는 이 식물의 광합성 과정에서 일어나는 반응 (가)와 (나)를 나타낸 것이다. ㉠과 ㉡은 각각 틸라코이드 내부와 스트로마 중 하나이다.

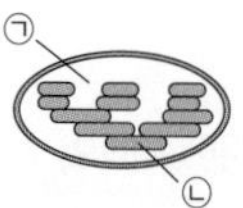

(가)	$NADPH+H^+ \rightarrow NADP^+ +2H^+ +2e^-$
(나)	$H_2O \rightarrow 2H^+ +2e^- +\frac{1}{2}O_2$

이에 대한 설명으로 옳은 것만을 <보기>에서 있는 대로 고른 것은?

> 보기
> ㄱ. ㉠에서 탄소 고정 반응이 일어난다.
> ㄴ. (가)는 ㉡에서 일어난다.
> ㄷ. (나)는 물의 광분해 반응이다.

① ㄱ ② ㄴ ③ ㄱ, ㄷ ④ ㄴ, ㄷ ⑤ ㄱ, ㄴ, ㄷ

[20702-0256]
16 그림은 캘빈 회로에서 3분자의 CO_2가 고정될 때 물질 전환 과정의 일부를 나타낸 것이다. X~Z는 PGAL, RuBP, 3PG를 순서 없이 나타낸 것이며, ㉠~㉣은 분자 수이다.

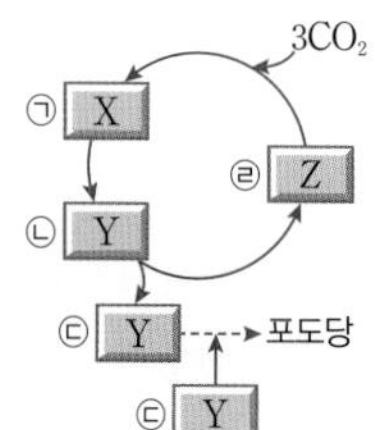

(1) X~Z는 각각 무엇인지 쓰시오.

(2) ㉠~㉣을 각각 쓰시오.

[20702-0257]

17 그림은 클로렐라 배양액에 $^{14}CO_2$를 공급하고 빛을 비춘 후, 5초, 90초, 5분 각 시점에서 얻은 세포 추출물을 각각 크로마토그래피법으로 전개한 결과를 나타낸 것이다. ㉠~㉢은 각각 RuBP, 3PG, PGAL 중 하나이다.

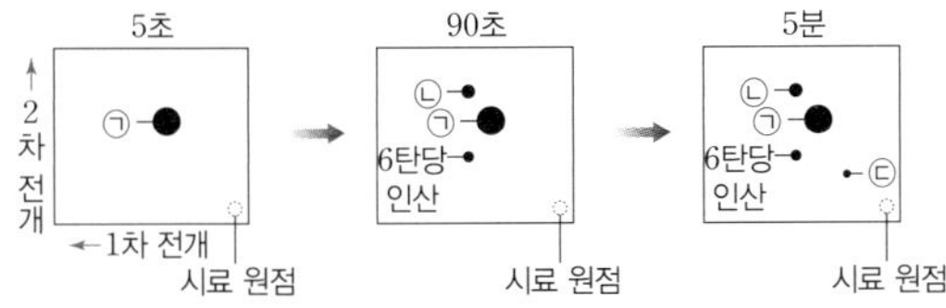

이에 대한 설명으로 옳지 않은 것은?

① ㉠은 PGAL이다.
② 1분자당 탄소 수는 ㉢이 ㉡보다 많다.
③ 90초 결과에서 1차 전개 시 ㉡이 ㉠보다 더 멀리 전개되었다.
④ 캘빈 회로에서 ㉡이 ㉢으로 전환될 때 ATP가 사용된다.
⑤ 캘빈 회로에서 ㉠이 ㉡으로 전환될 때 NADPH의 산화가 일어난다.

[20702-0258]

18 그림은 광합성이 일어나고 있는 어떤 식물에 빛을 차단한 후 시간에 따른 물질 X와 Y의 농도를 나타낸 것이다. X와 Y는 각각 3PG와 RuBP 중 하나이다.

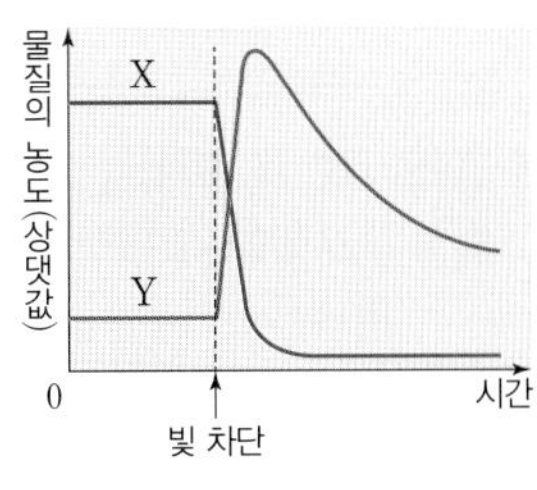

이에 대한 설명으로 옳은 것만을 〈보기〉에서 있는 대로 고른 것은?

보기
ㄱ. X는 RuBP이다.
ㄴ. 1분자당 탄소 수는 X가 Y보다 많다.
ㄷ. X가 Y로 전환될 때 $NADP^+$가 생성된다.

① ㄱ ② ㄴ ③ ㄱ, ㄴ ④ ㄱ, ㄷ ⑤ ㄴ, ㄷ

[20702-0259]

19 그림은 광합성과 세포 호흡 과정의 일부를 나타낸 것이다. (가)~(라)는 명반응, 탄소 고정 반응, 피루브산의 산화와 TCA 회로, 산화적 인산화를 순서 없이 나타낸 것이고, ㉠~㉢은 각각 O_2, CO_2, H_2O 중 하나이다.

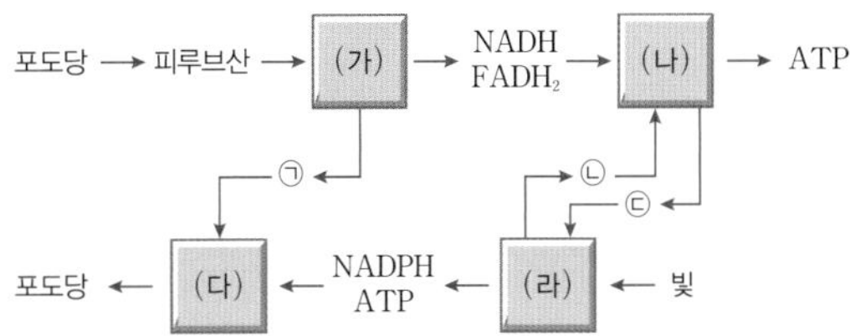

이에 대한 설명으로 옳지 않은 것은?

① ㉡은 H_2O이다.
② (가)는 피루브산의 산화와 TCA 회로이다.
③ (나)는 미토콘드리아 내막에서 일어난다.
④ (라)에서 ㉢은 전자 공여체로 작용한다.
⑤ (다)에서 ㉠이 고정되어 생성된 최초의 탄소 고정 산물은 3PG이다.

[20702-0260]

20 그림 (가)는 엽록체에서 일어나는 명반응 과정을, (나)는 미토콘드리아에서 일어나는 산화적 인산화 과정을 나타낸 것이다.

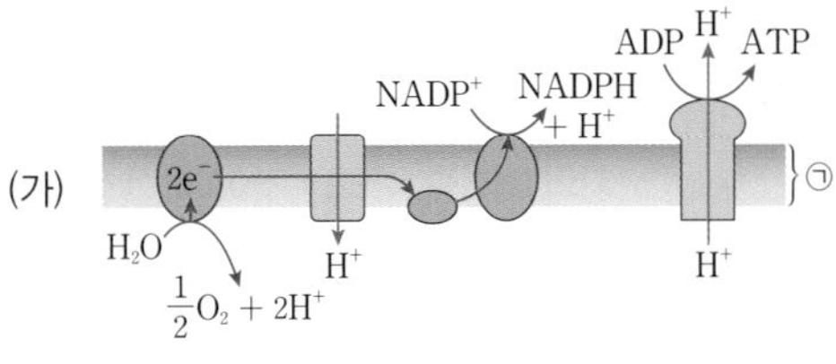

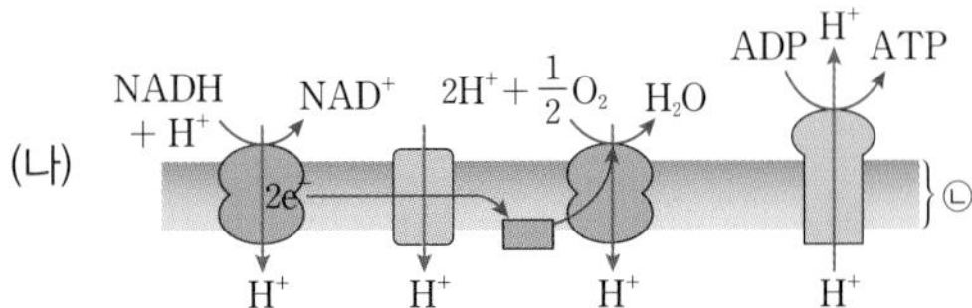

이에 대한 설명으로 옳은 것만을 〈보기〉에서 있는 대로 고른 것은?

보기
ㄱ. ㉠은 틸라코이드 막이고, ㉡은 미토콘드리아 내막이다.
ㄴ. (가)에서 생성된 O_2는 (나)에서 전자 수용체로 사용된다.
ㄷ. (나)에서 생성된 H_2O은 (가)에서 전자 공여체로 사용된다.

① ㄱ ② ㄴ ③ ㄱ, ㄷ ④ ㄴ, ㄷ ⑤ ㄱ, ㄴ, ㄷ

실력 향상 문제

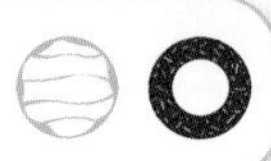

[20702-0261]

01 그림은 엽록체의 구조를 나타낸 것이다. A~C는 각각 틸라코이드 막, 스트로마, 틸라코이드 내부 중 하나이다.

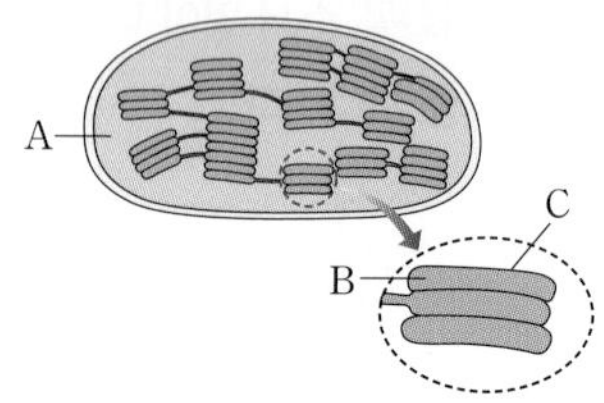

이에 대한 설명으로 옳은 것만을 〈보기〉에서 있는 대로 고른 것은?

보기
ㄱ. A에서 $NADP^+$가 생성된다.
ㄴ. B에서 O_2가 생성된다.
ㄷ. C에서 빛에너지가 화학 에너지로 전환된다.

① ㄱ ② ㄴ ③ ㄱ, ㄷ ④ ㄴ, ㄷ ⑤ ㄱ, ㄴ, ㄷ

[20702-0262]

02 그림은 어떤 식물 잎의 광합성 색소를 전개액으로 전개시킨 종이 크로마토그래피의 결과를, 표는 색소 원점에서 용매 전선 및 색소 ㉠~㉣까지의 거리를 나타낸 것이다. ㉠~㉣은 엽록소 a, 엽록소 b, 카로틴, 잔토필을 순서 없이 나타낸 것이다.

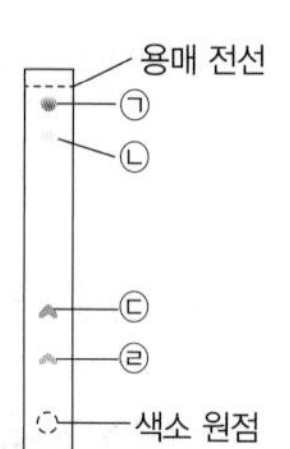

구분	거리(cm)
용매 전선	20
㉠	18
㉡	16
㉢	7
㉣	4

이에 대한 설명으로 옳은 것만을 〈보기〉에서 있는 대로 고른 것은?

보기
ㄱ. ㉠은 잔토필이다.
ㄴ. ㉣의 전개율은 0.2이다.
ㄷ. 광계 Ⅰ의 반응 중심 색소는 ㉢이다.

① ㄱ ② ㄴ ③ ㄱ, ㄴ ④ ㄱ, ㄷ ⑤ ㄴ, ㄷ

[20702-0263]

03 그림 (가)는 어떤 식물의 엽록체 구조를, (나)는 이 식물에서 빛과 CO_2 조건을 달리했을 때의 시간에 따른 광합성 속도를 나타낸 것이다. ㉠과 ㉡은 각각 스트로마와 틸라코이드 내부 중 하나이다.

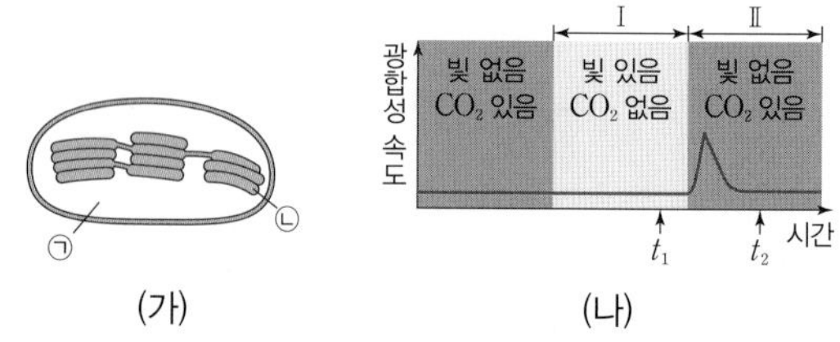

(가) (나)

이에 대한 설명으로 옳은 것만을 〈보기〉에서 있는 대로 고른 것은?

보기
ㄱ. ㉠에서 NADPH의 농도는 t_1일 때가 t_2일 때보다 높다.
ㄴ. ㉡의 pH는 구간 Ⅰ에서가 구간 Ⅱ에서보다 낮다.
ㄷ. 이 실험에서 광합성 속도는 O_2의 발생량으로 측정한 것이다.

① ㄱ ② ㄷ ③ ㄱ, ㄴ ④ ㄴ, ㄷ ⑤ ㄱ, ㄴ, ㄷ

서술형

[20702-0264]

04 다음은 광합성에서 발생하는 산소 기체의 기원을 알아보기 위한 루벤의 실험이다.

[실험 과정 및 결과]

(가) 클로렐라 배양액이 들어 있는 플라스크 A와 B를 준비한다.

(나) 표와 같이 A와 B에 각각 H_2O과 CO_2를 다른 비율로 넣고 빛을 비춘 후 발생한 O_2 중 $^{18}O_2$의 비율을 조사하여 표와 같은 결과를 얻었다.

구분	A	B
전체 CO_2 중 $C^{18}O_2$의 비율(%)	0.20	0.68
전체 H_2O 중 $H_2{}^{18}O$의 비율(%)	0.85	0.20
발생한 O_2 중 $^{18}O_2$의 비율(%)	0.85	0.20

이 실험 결과를 통해서 알 수 있는 결론을 서술하시오.

[20702-0265]

05 그림은 광합성이 일어나는 어떤 식물의 엽록체에서의 전자 전달 과정을 나타낸 것이다. 물질 X는 ㉠에서 전자 전달을 차단하는 물질이고, (가)와 (나)는 각각 광계 Ⅰ과 광계 Ⅱ 중 하나이다.

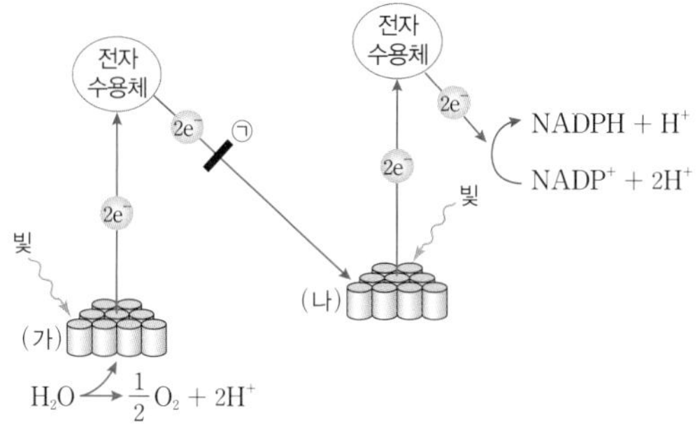

이에 대한 설명으로 옳은 것만을 〈보기〉에서 있는 대로 고른 것은?

보기
ㄱ. (나)의 반응 중심 색소는 P_{680}이다.
ㄴ. (가)는 순환적 전자 흐름과 비순환적 전자 흐름에 모두 관여한다.
ㄷ. 이 식물에 X를 처리하면 처리하기 전보다 $\frac{\text{틸라코이드 내부의 pH}}{\text{스트로마의 pH}}$가 증가한다.

① ㄱ ② ㄷ ③ ㄱ, ㄴ ④ ㄱ, ㄷ ⑤ ㄴ, ㄷ

서술형 [20702-0266]

06 다음은 엽록체의 틸라코이드를 이용한 ATP 합성 실험이다.

[실험 과정 및 결과]
(가) 엽록체의 틸라코이드를 분리하여 pH ㉠ 인 수용액이 들어 있는 플라스크에 넣고, 틸라코이드 내부의 pH가 수용액의 pH와 같아질 때까지 담가 둔다.
(나) (가)의 틸라코이드를 pH ㉡ 인 수용액이 들어 있는 플라스크로 옮긴다.
(다) (나)의 플라스크를 암실로 옮기고 ADP와 P_i을 첨가하였더니 수용액에서 ATP가 검출되었다.

㉠과 ㉡ 중 숫자가 작은 것을 쓰고, 그 까닭을 서술하시오.

[20702-0267]

07 그림은 어떤 식물에서 일어나는 순환적 전자 흐름 과정의 일부를 나타낸 것이다. ⓐ는 광계 Ⅰ과 광계 Ⅱ 중 하나이고, ㉠과 ㉡은 각각 틸라코이드 내부와 스트로마 중 하나이다.

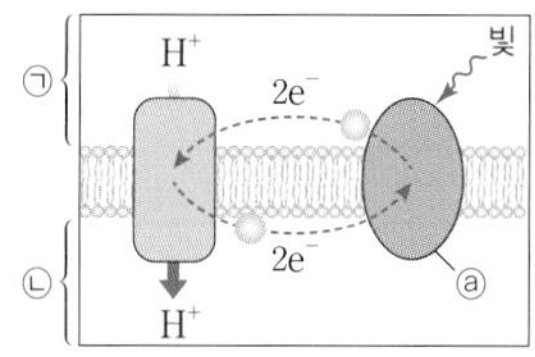

이에 대한 설명으로 옳은 것만을 〈보기〉에서 있는 대로 고른 것은?

보기
ㄱ. ⓐ는 광계 Ⅰ이다.
ㄴ. ㉡에 리보솜이 있다.
ㄷ. 이 과정에서 NADPH가 생성된다.

① ㄱ ② ㄴ ③ ㄷ ④ ㄱ, ㄴ ⑤ ㄱ, ㄷ

[20702-0268]

08 그림 (가)는 광합성이 활발하게 일어나는 어떤 식물의 명반응에서 전자가 이동하는 경로를, (나)는 이 식물에서 엽록소 a와 엽록소 b의 흡수 스펙트럼을 나타낸 것이다. ⓐ와 ⓑ는 광계 Ⅰ과 광계 Ⅱ를 순서 없이 나타낸 것이고, ㉠과 ㉡은 각각 엽록소 a와 엽록소 b 중 하나이다.

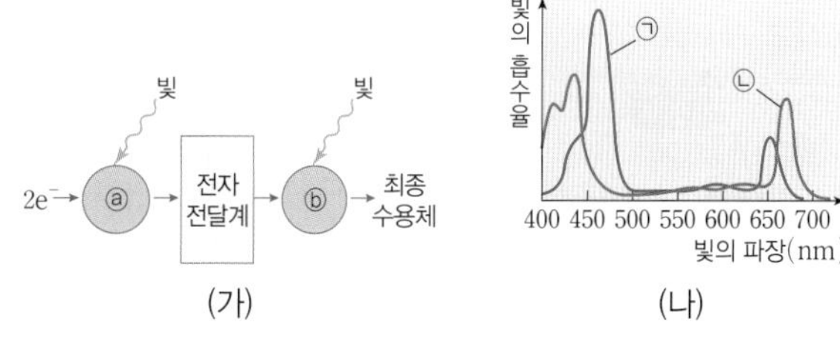

(가) (나)

이에 대한 설명으로 옳은 것만을 〈보기〉에서 있는 대로 고른 것은?

보기
ㄱ. ⓐ는 광계 Ⅰ이다.
ㄴ. ⓑ의 반응 중심 색소는 ㉡이다.
ㄷ. 틸라코이드 내부의 pH는 파장이 450 nm인 빛에서가 550 nm인 빛에서보다 낮다.

① ㄱ ② ㄴ ③ ㄱ, ㄷ ④ ㄴ, ㄷ ⑤ ㄱ, ㄴ, ㄷ

[20702-0269]

09 표는 광합성 과정에서 일어나는 반응 (가)~(다)를 나타낸 것이다. ㉠~㉢은 분자 수이다.

구분	반응
(가)	$H_2O \rightarrow 2H^+ + 2e^- + ㉠O_2$
(나)	$NADP^+ + ㉡H^+ + 2e^- \rightarrow NADPH + H^+$
(다)	$ATP \rightarrow ㉢ADP + P_i$

이에 대한 설명으로 옳은 것만을 <보기>에서 있는 대로 고른 것은? (단, 전자의 전달은 정상적으로 진행되었고, 순환적 전자 흐름은 고려하지 않는다.)

보기

ㄱ. ㉠+㉡+㉢은 4보다 작다.

ㄴ. (가)에서 1분자의 H_2O이 분해될 때 (나)에서 1분자의 NADPH가 생성된다.

ㄷ. (다)는 틸라코이드에서 일어난다.

① ㄱ ② ㄴ ③ ㄱ, ㄴ ④ ㄱ, ㄷ ⑤ ㄴ, ㄷ

[20702-0270]

10 그림 (가)는 어떤 식물의 캘빈 회로에서 물질 전환 과정의 일부를, (나)는 이 식물에 빛의 조건을 변화시켰을 때 시간에 따른 스트로마의 pH를 나타낸 것이다. X~Z는 PGAL, RuBP, 3PG를 순서 없이 나타낸 것이며, X와 Y의 1분자당 탄소 수는 같다. ㉠과 ㉡은 각각 '빛 공급'과 '빛 차단' 중 하나이다.

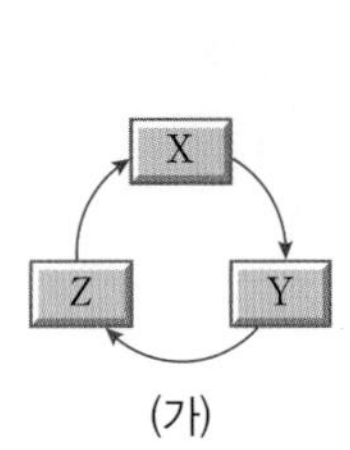

(가)

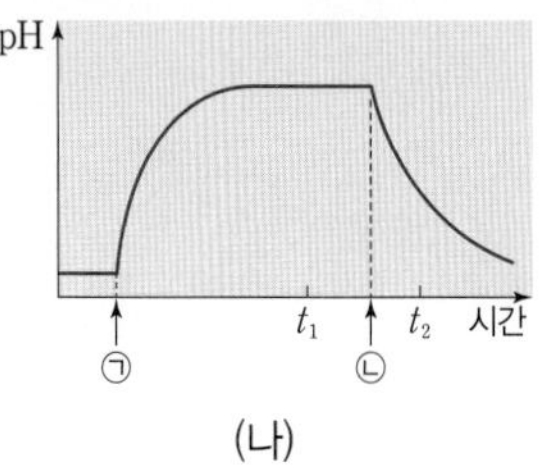

(나)

이에 대한 설명으로 옳은 것만을 <보기>에서 있는 대로 고른 것은? (단, 빛 이외의 다른 조건은 일정하다.)

보기

ㄱ. Z는 RuBP이다.

ㄴ. ㉠은 '빛 공급'이다.

ㄷ. Y의 농도는 t_1일 때가 t_2일 때보다 높다.

① ㄱ ② ㄴ ③ ㄱ, ㄷ ④ ㄴ, ㄷ ⑤ ㄱ, ㄴ, ㄷ

[20702-0271]

11 그림은 엽록체에서 탄소 고정 반응이 진행될 때 생성되는 물질 A~D의 1분자당 탄소 수를 나타낸 것이다. A~D는 RuBP, 3PG, 포도당, PGAL을 순서 없이 나타낸 것이다.

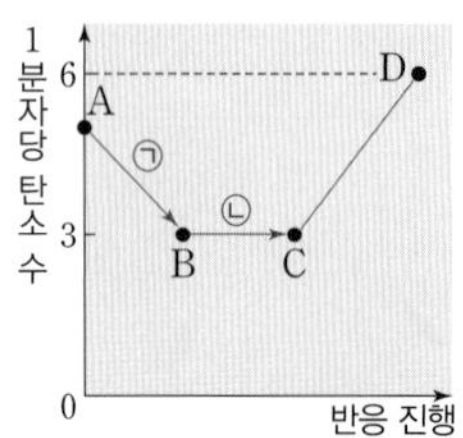

이에 대한 설명으로 옳은 것만을 <보기>에서 있는 대로 고른 것은?

보기

ㄱ. D는 포도당이다.

ㄴ. B는 CO_2가 고정되어 생성된 최초의 물질이다.

ㄷ. ㉠과 ㉡에서 모두 ATP가 소모된다.

① ㄱ ② ㄷ ③ ㄱ, ㄴ ④ ㄴ, ㄷ ⑤ ㄱ, ㄴ, ㄷ

[20702-0272]

12 그림은 식물에서 일어나는 탄소 고정 반응의 일부를 나타낸 것이다. X~Z는 각각 PGAL, 3PG, RuBP 중 하나이고, ㉠~㉢은 각각 $NADP^+$, ATP, ADP 중 하나이다.

5 X →(? ㉠) 3 Y →(?) 6 Z →(㉡ ? ? ㉢, (가)) 6 X

이에 대한 설명으로 옳은 것만을 <보기>에서 있는 대로 고른 것은?

보기

ㄱ. X는 PGAL이다.

ㄴ. ㉠는 ATP이다.

ㄷ. 광합성이 활발히 일어날 때 (가)에서 생성된 ㉢은 순환적 전자 흐름에 이용된다.

① ㄱ ② ㄴ ③ ㄷ ④ ㄱ, ㄴ ⑤ ㄴ, ㄷ

[20702-0273]
13 그림은 광합성이 일어나고 있는 어떤 녹조류에 CO_2 농도를 변화시켰을 때 시간에 따른 물질 ㉠의 농도를 나타낸 것이다. ㉠은 이 녹조류의 엽록체 내에 존재하는 RuBP와 3PG 중 하나이다.

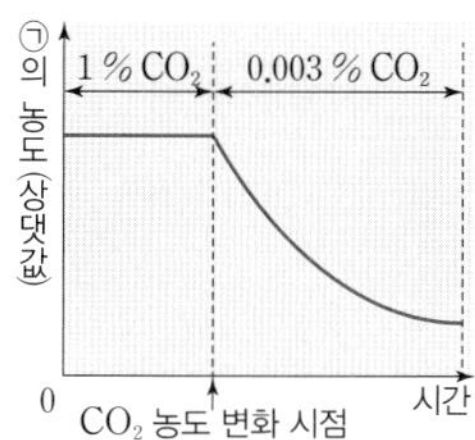

이에 대한 설명으로 옳은 것만을 〈보기〉에서 있는 대로 고른 것은?

보기
ㄱ. ㉠은 RuBP이다.
ㄴ. 1분자당 ㉠의 $\frac{\text{탄소 수}}{\text{인산기 수}}$는 3이다.
ㄷ. ㉠은 캘빈 회로에서 최초의 CO_2 고정 산물이다.

① ㄱ ② ㄴ ③ ㄱ, ㄴ ④ ㄱ, ㄷ ⑤ ㄴ, ㄷ

[20702-0274]
14 그림은 미토콘드리아와 엽록체에서 관찰되는 현상을 나타낸 것이다. ㉠과 ㉡은 각각 틸라코이드 내부와 스트로마 중 하나이고, ⓐ와 ⓑ는 막단백질이다.

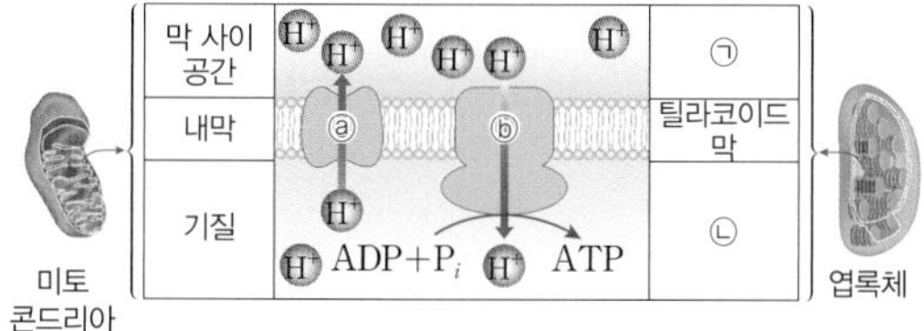

이에 대한 설명으로 옳은 것만을 〈보기〉에서 있는 대로 고른 것은?

보기
ㄱ. ㉠은 틸라코이드 내부이다.
ㄴ. 엽록체에서 ㉠의 pH가 ㉡의 pH보다 높을 때 ⓑ에서 ATP가 합성된다.
ㄷ. ⓐ를 통한 H^+의 이동 방식과 ⓑ를 통한 H^+의 이동 방식은 같다.

① ㄱ ② ㄴ ③ ㄷ ④ ㄱ, ㄴ ⑤ ㄱ, ㄷ

[20702-0275]
15 그림 (가)는 어떤 식물의 엽록체 구조를, (나)는 이 식물의 광합성 과정을 나타낸 것이다. Ⅰ과 Ⅱ는 각각 스트로마와 틸라코이드 내부 중 하나이고, ㉠과 ㉡은 분자 수이다.

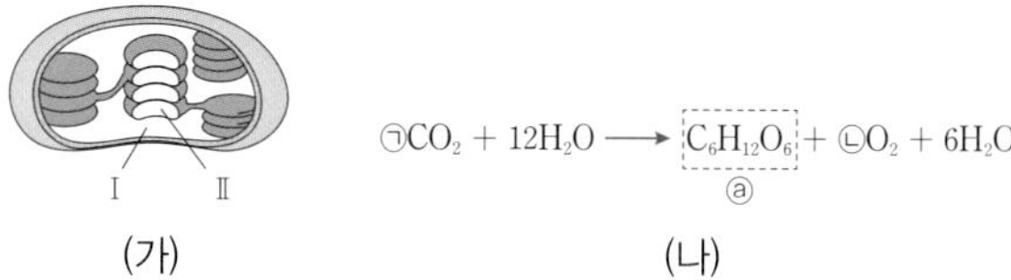

이에 대한 설명으로 옳은 것만을 〈보기〉에서 있는 대로 고른 것은?

보기
ㄱ. ⓐ는 Ⅰ에서 합성된다.
ㄴ. ㉠+㉡=12이다.
ㄷ. (나)가 활발히 일어날 때 pH는 Ⅰ에서가 Ⅱ에서보다 높다.

① ㄱ ② ㄴ ③ ㄱ, ㄷ ④ ㄴ, ㄷ ⑤ ㄱ, ㄴ, ㄷ

[20702-0276]
16 그림은 엽록체에서 일어나는 광합성과 미토콘드리아에서 일어나는 세포 호흡의 관계를 나타낸 것이다. X와 Y는 각각 NADH와 $FADH_2$ 중 하나이며, ㉠~㉢은 각각 NADPH, O_2, H_2O 중 하나이다.

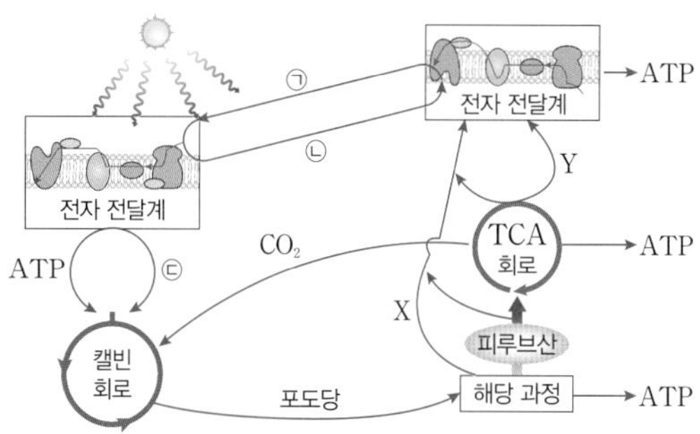

이에 대한 설명으로 옳은 것만을 〈보기〉에서 있는 대로 고른 것은? (단, 전자의 전달은 정상적으로 진행되었다.)

보기
ㄱ. Y는 $FADH_2$이다.
ㄴ. ㉡은 O_2이다.
ㄷ. 1분자의 X가 산화될 때 생성되는 ㉠의 분자 수는 1이다.

① ㄱ ② ㄴ ③ ㄱ, ㄷ ④ ㄴ, ㄷ ⑤ ㄱ, ㄴ, ㄷ

신유형·수능 열기

[20702-0277]

01 그림 (가)는 어떤 식물 잎의 광합성 색소를 전개액으로 전개시킨 종이 크로마토그래피의 결과를, (나)는 이 식물의 작용 스펙트럼과 X와 Y의 흡수 스펙트럼을 나타낸 것이다. ㉠과 ㉡은 각각 엽록소 a와 엽록소 b 중 하나이며, X와 Y는 각각 ㉠과 ㉡ 중 하나이다.

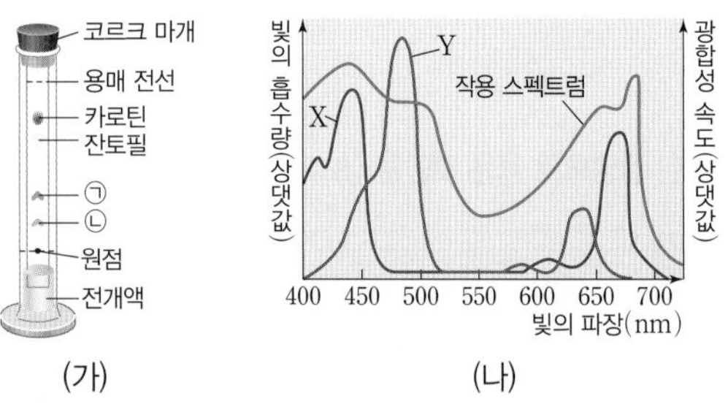

(가) (나)

이에 대한 설명으로 옳은 것만을 〈보기〉에서 있는 대로 고른 것은?

보기
ㄱ. ㉠은 엽록소 a이다.
ㄴ. X는 ㉡이다.
ㄷ. 이 식물에서 NADPH의 생성량은 450 nm인 빛에서가 550 nm인 빛에서보다 많다.

① ㄱ ② ㄷ ③ ㄱ, ㄴ ④ ㄱ, ㄷ ⑤ ㄴ, ㄷ

[20702-0278]

02 그림은 어떤 식물의 엽록체 구조를, 표는 이 식물의 광합성 과정에서 일어나는 반응 (가)~(다)를 나타낸 것이다. ㉠과 ㉡은 각각 틸라코이드 내부와 스트로마 중 하나이다.

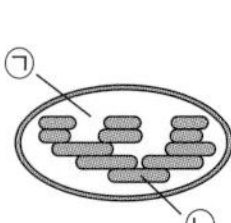

구분	반응
(가)	$H_2O \rightarrow 2H^+ + 2e^- + \frac{1}{2}O_2$
(나)	$NADPH + H^+ \rightarrow NADP^+ + 2H^+ + 2e^-$
(다)	$ADP + P_i \rightarrow ATP$

이에 대한 설명으로 옳은 것만을 〈보기〉에서 있는 대로 고른 것은?

보기
ㄱ. (가)의 O_2는 광계 Ⅰ에서 생성된다.
ㄴ. (나)는 ㉠에서 일어난다.
ㄷ. (다)는 ㉡에서 일어난다.

① ㄱ ② ㄴ ③ ㄱ, ㄴ ④ ㄱ, ㄷ ⑤ ㄴ, ㄷ

[20702-0279]

03 그림 (가)는 식물의 엽록체에 존재하는 광계 X에서 방출된 전자의 전달 과정을, (나)는 빛의 조건에 따른 스트로마의 pH 변화를 나타낸 것이다. ㉠과 ㉡은 서로 다른 전자의 이동 경로이다.

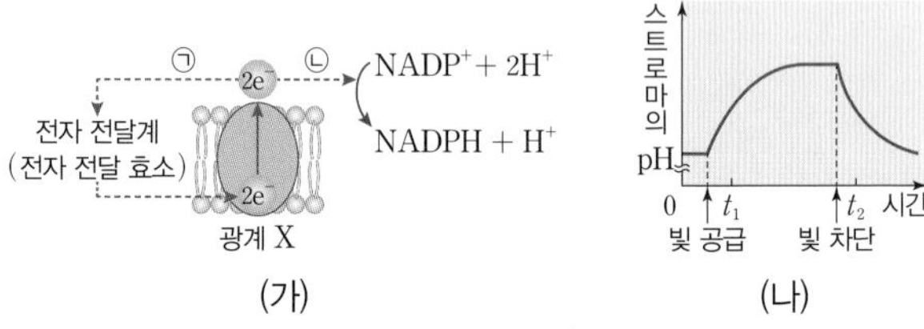

(가) (나)

이에 대한 설명으로 옳은 것만을 〈보기〉에서 있는 대로 고른 것은?

보기
ㄱ. X의 반응 중심 색소는 P_{700}이다.
ㄴ. ㉠은 순환적 전자 흐름에 의한 전자의 이동 경로이다.
ㄷ. ㉡은 t_1일 때가 t_2일 때보다 활발하게 일어난다.

① ㄱ ② ㄴ ③ ㄱ, ㄷ ④ ㄴ, ㄷ ⑤ ㄱ, ㄴ, ㄷ

[20702-0280]

04 다음은 광합성이 활발하게 일어나는 어떤 식물의 명반응에 대한 자료이다.

• 이 식물에서 비순환적 전자 흐름 과정은 그림과 같다. ㉠과 ㉡은 광계 Ⅰ과 광계 Ⅱ를 순서 없이 나타낸 것이다.

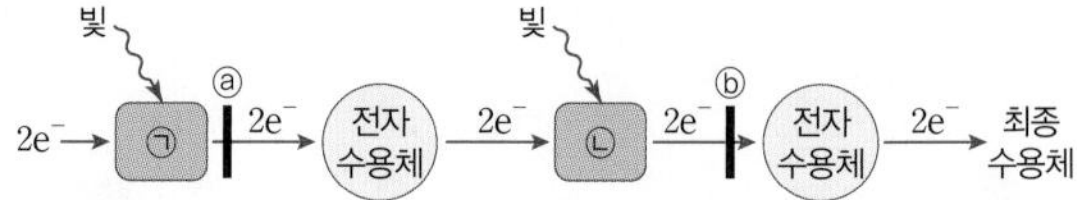

• 물질 X는 ⓐ에서 전자 전달을 차단하고, 물질 Y는 ⓑ에서 전자를 가로채 산소를 환원시킨다.

이에 대한 설명으로 옳은 것만을 〈보기〉에서 있는 대로 고른 것은?

보기
ㄱ. ㉠은 광계 Ⅱ이다.
ㄴ. X를 처리하면 처리하기 전보다 틸라코이드 내부의 pH가 감소한다.
ㄷ. Y를 처리하면 처리하기 전보다 스트로마에서 NADPH의 농도가 증가한다.

① ㄱ ② ㄴ ③ ㄷ ④ ㄱ, ㄴ ⑤ ㄱ, ㄷ

[20702-0281]

05 다음은 틸라코이드를 이용한 ATP 합성 실험이다.

(가) 틸라코이드를 pH 4인 용액과 pH 8인 용액에 각각 넣어 틸라코이드 내부가 pH 4와 pH 8이 되게 한다.
(나) ADP와 P_i이 첨가된 pH 4 또는 pH 8인 용액이 들어 있는 플라스크 A~D를 준비한다.
(다) 암실에서 A와 B에는 pH 4인 틸라코이드를, C와 D에는 pH 8인 틸라코이드를 각각 넣는다.
(라) 일정 시간이 지난 후 A~D 중 하나에서만 ㉠ ATP가 합성되었다.

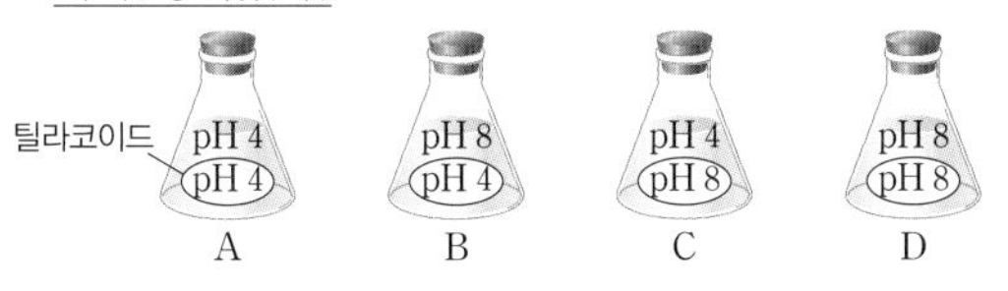

이에 대한 설명으로 옳은 것만을 <보기>에서 있는 대로 고른 것은? (단, 제시된 조건 이외의 다른 조건은 동일하다.)

보기
ㄱ. ATP가 합성된 플라스크는 C이다.
ㄴ. B에서 H^+이 ATP 합성 효소를 통해 틸라코이드 내부에서 외부로 이동한다.
ㄷ. ㉠은 화학 삼투에 의한 인산화를 통해 일어난 것이다.

① ㄱ ② ㄴ ③ ㄱ, ㄷ ④ ㄴ, ㄷ ⑤ ㄱ, ㄴ, ㄷ

[20702-0282]

06 그림은 6분자의 CO_2가 고정될 때의 탄소 고정 반응을, 표는 이 탄소 고정 반응에서 물질 A~C의 분자 수, 1분자당 $\frac{\text{탄소 수}}{\text{인산기 수}}$를 나타낸 것이다. X~Z는 각각 RuBP, 3PG, PGAL 중 하나이고, A~C는 X, Y, Z를 순서 없이 나타낸 것이다.

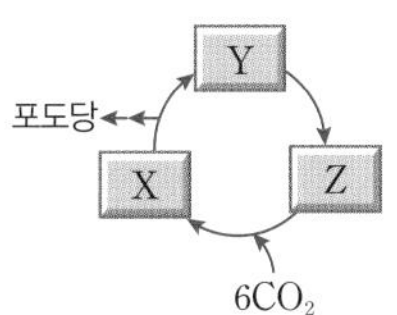

구분	A	B	C
분자 수	10	㉠	6
1분자당 $\frac{\text{탄소 수}}{\text{인산기 수}}$	㉡	㉢	?

이에 대한 설명으로 옳은 것만을 <보기>에서 있는 대로 고른 것은?

보기
ㄱ. A는 Y이다.
ㄴ. ㉠은 12이다.
ㄷ. ㉡과 ㉢은 같다.

① ㄱ ② ㄴ ③ ㄱ, ㄴ ④ ㄱ, ㄷ ⑤ ㄱ, ㄴ, ㄷ

[20702-0283]

07 다음은 광합성의 탄소 고정 반응 과정을 알아보기 위한 캘빈의 실험이다.

(가) 클로렐라 배양액에 $^{14}CO_2$를 공급하고 빛을 비춘다.
(나) 각 시점 2초, 5초, 8초, 26초에 클로렐라에서 ^{14}C가 포함된 유기물의 생성량을 측정한 결과는 표와 같다. ㉠과 ㉡은 각각 RuBP와 3PG 중 하나이다.

유기물 \ 시간	2초	5초	8초	26초
㉠	0.06	0.23	0.45	1.70
㉡	0	0.01	0.03	0.17
포도당	0	0	0	0.03

(단위: 몰/mL)

이에 대한 설명으로 옳은 것만을 <보기>에서 있는 대로 고른 것은?

보기
ㄱ. ㉠은 3PG이다.
ㄴ. 1분자당 탄소 수는 포도당>㉡>㉠이다.
ㄷ. 1분자당 인산기 수는 ㉠이 ㉡보다 많다.

① ㄱ ② ㄴ ③ ㄱ, ㄴ ④ ㄱ, ㄷ ⑤ ㄴ, ㄷ

[20702-0284]

08 그림은 미토콘드리아와 엽록체에서의 화학 삼투를 비교하여 나타낸 것이다. ㉠~㉣은 각각 스트로마, 미토콘드리아 막 사이 공간, 틸라코이드 내부, 미토콘드리아 기질 중 하나이다.

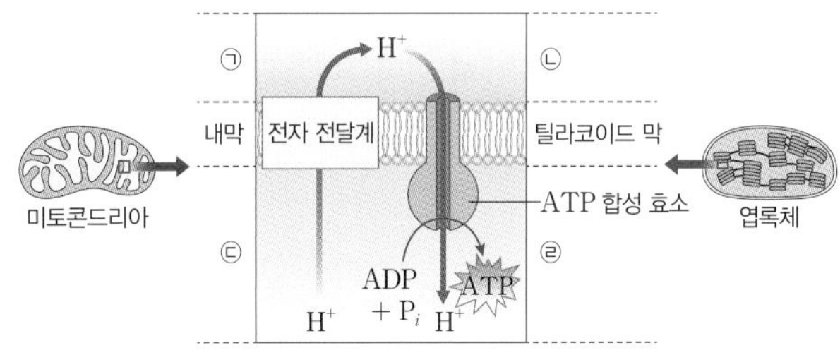

이에 대한 설명으로 옳은 것만을 <보기>에서 있는 대로 고른 것은?

보기
ㄱ. ㉠은 미토콘드리아 막 사이 공간이다.
ㄴ. ATP가 합성될 때 pH는 ㉠이 ㉢보다 낮다.
ㄷ. ATP 합성 효소를 통해 ㉡에서 ㉣로 H^+이 이동하는 방식은 능동 수송이다.

① ㄱ ② ㄴ ③ ㄱ, ㄴ ④ ㄱ, ㄷ ⑤ ㄴ, ㄷ

단원 정리

1 미토콘드리아와 엽록체

① 미토콘드리아

내막	• 전자 전달계, ATP 합성 효소가 있음 • 크리스타 구조
기질	• 피루브산의 산화와 TCA 회로가 일어남 • DNA와 리보솜이 있음

② 엽록체

틸라코이드	틸라코이드 막에는 광합성 색소, 전자 전달계, ATP 합성 효소가 있음
스트로마	• 포도당 합성에 관여하는 여러 종류의 효소가 있어 탄소 고정 반응이 일어남 • DNA와 리보솜이 있음

2 세포 호흡

① 세포 호흡 과정: 해당 과정, 피루브산의 산화와 TCA 회로, 산화적 인산화로 진행된다.

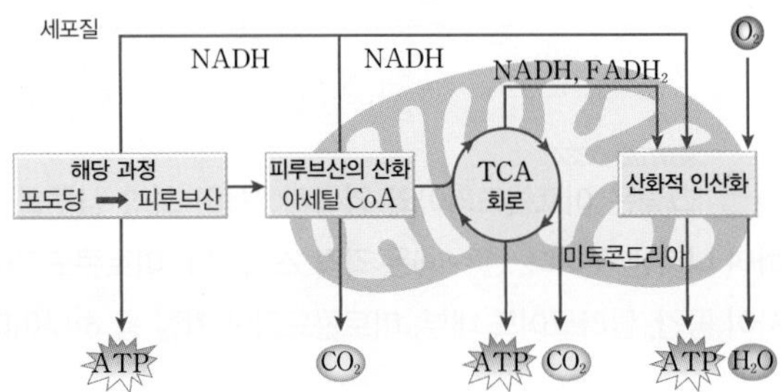

② 해당 과정: 세포질에서 일어나며 1분자의 포도당이 2분자의 피루브산으로 분해되면서 2NADH와 2ATP가 순생성됨

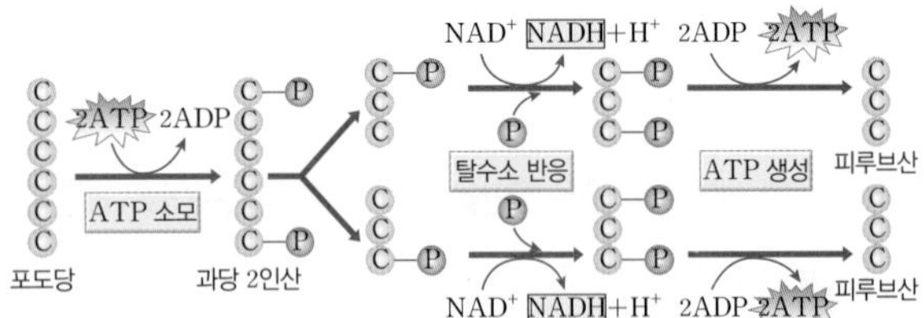

③ 피루브산의 산화와 TCA 회로: 미토콘드리아 기질에서 일어나며, 1분자의 피루브산이 피루브산의 산화와 TCA 회로를 거치면서 완전히 분해될 때 $3CO_2$, 4NADH, $1FADH_2$, 1ATP가 생성됨

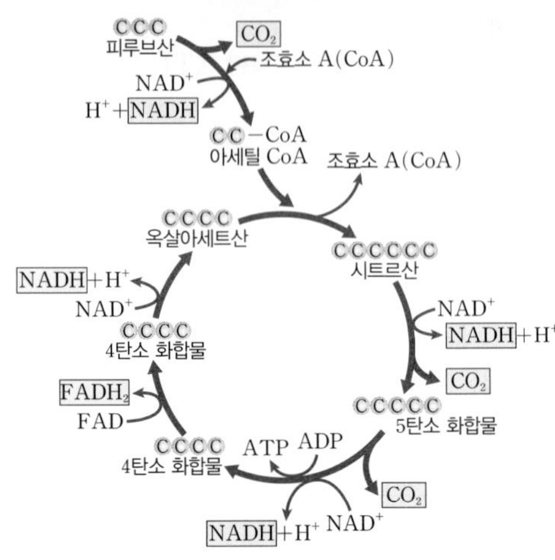

④ 산화적 인산화: 미토콘드리아 내막에서 일어나며, NADH와 $FADH_2$에서 방출된 고에너지 전자에 의해 H^+ 농도 기울기가 형성됨 → 화학 삼투에 의해 ATP가 합성됨, 전자 전달계를 이동한 전자는 최종적으로 O_2에 전달되어 H_2O이 생성됨

⑤ 세포 호흡의 에너지 생성량(포도당 1분자당): 해당 과정에 2ATP(기질 수준 인산화), 피루브산의 산화와 TCA 회로에서 2ATP(기질 수준 인산화)가 생성되고, 산화적 인산화에서 28ATP가 생성된다.

⑥ 호흡 기질과 호흡률

• 호흡 기질이 세포 호흡에 이용되는 경로

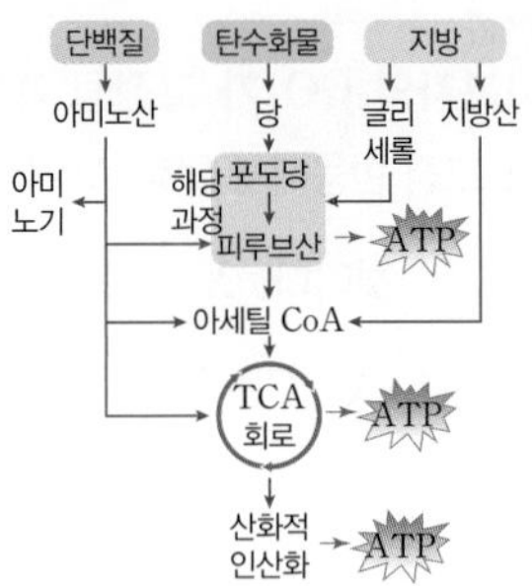

• 호흡률은 탄수화물이 1, 지방이 약 0.7, 단백질이 약 0.8이다.

3 발효

① 알코올 발효

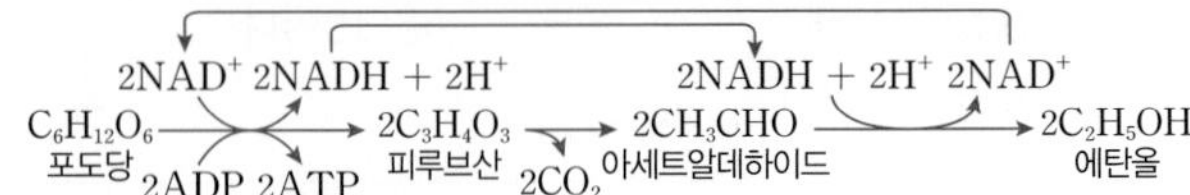

② 젖산 발효

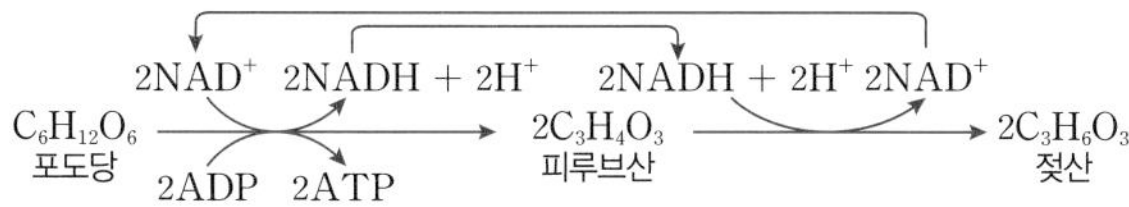

4 엽록체와 광합성

① 광합성 색소

- 엽록소 a: 반응 중심 색소
- 엽록소 b, c, d: 보조 색소
- 카로티노이드(카로틴, 잔토필): 보조 색소
- 색소의 전개율: 카로틴>잔토필>엽록소 a>엽록소 b

② 빛의 파장과 광합성 색소

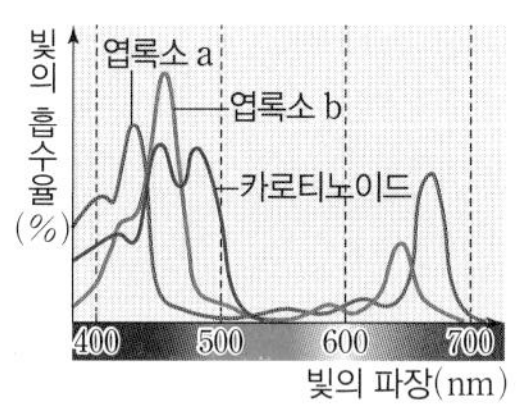

▲ 흡수 스펙트럼

광합성 속도
400 500 600 700
빛의 파장(nm)

▲ 작용 스펙트럼

5 광합성 과정

① 광합성 과정의 개요: 명반응, 탄소 고정 반응으로 진행된다.

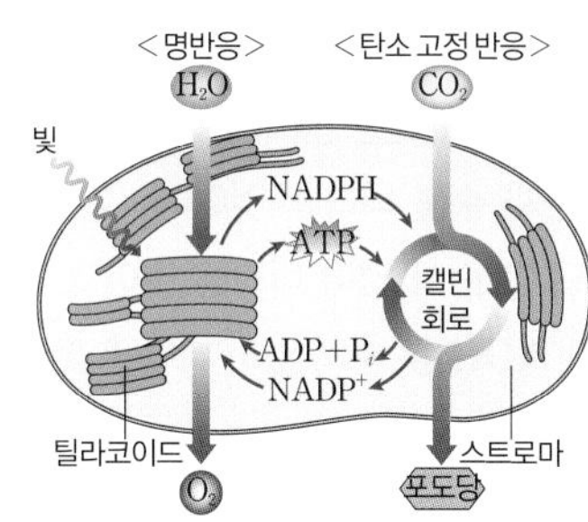

② 명반응: 엽록체의 그라나(틸라코이드 막)에서 일어나며, H_2O이 분해되어 O_2가 발생하고, ATP와 NADPH가 생성됨

구분	비순환적 전자 흐름	순환적 전자 흐름
관여하는 광계	광계 Ⅰ, 광계 Ⅱ	광계 Ⅰ
전자의 이동	$H_2O \rightarrow P_{680} \rightarrow P_{700} \rightarrow NADP^+$	$P_{700} \rightarrow P_{700}$
생성 물질	ATP, NADPH, O_2	ATP

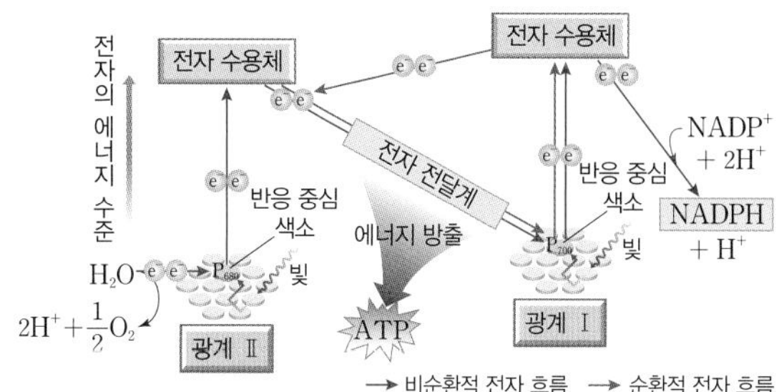

③ 탄소 고정 반응: 엽록체의 스트로마에서 일어나며, 명반응의 산물인 ATP, NADPH를 이용하여 CO_2로부터 포도당을 합성하는 과정

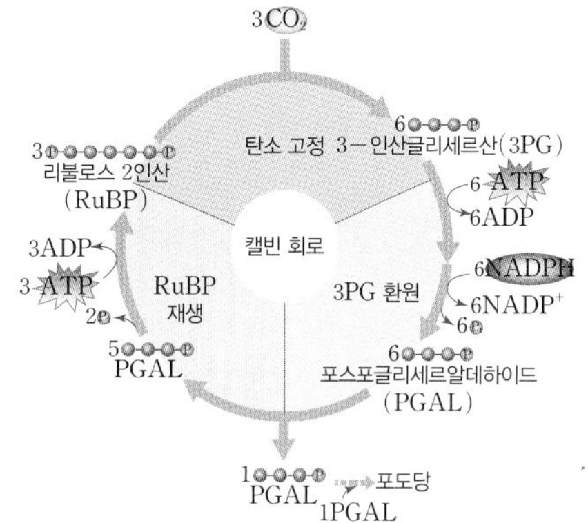

6 광합성과 세포 호흡의 비교

① 광합성과 세포 호흡의 비교

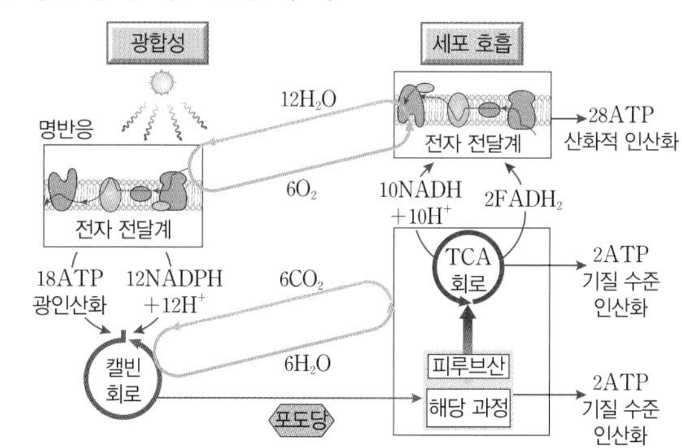

② 엽록체와 미토콘드리아의 ATP 합성

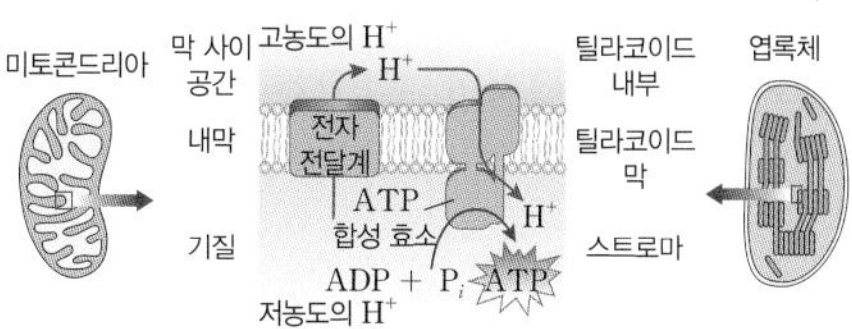

단원 마무리 문제

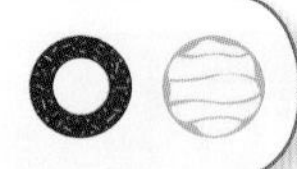

[20702-0285]

01 그림은 해당 과정, TCA 회로, 산화적 인산화를 구분하는 과정을 나타낸 것이다.

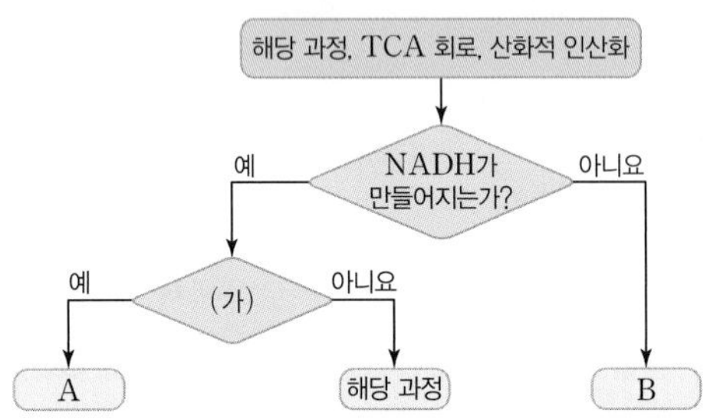

이에 대한 설명으로 옳은 것만을 〈보기〉에서 있는 대로 고른 것은?

> 보기
> ㄱ. '탈탄산 반응이 일어나는가?'는 (가)에 해당한다.
> ㄴ. A에서 $FADH_2$가 만들어진다.
> ㄷ. B는 미토콘드리아 외막에서 일어난다.

① ㄱ ② ㄴ ③ ㄱ, ㄴ ④ ㄱ, ㄷ ⑤ ㄴ, ㄷ

[20702-0286]

02 그림은 ATP를 제외한 해당 과정에 필요한 물질이 포함된 수용액에 ATP를 첨가한 후 물질 ㉠과 ㉡의 농도 변화를 나타낸 것이다. ㉠과 ㉡은 각각 포도당과 피루브산 중 하나이다.

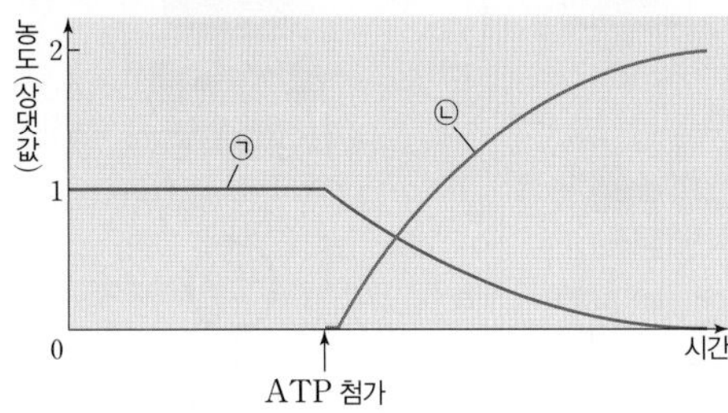

이에 대한 설명으로 옳은 것만을 〈보기〉에서 있는 대로 고른 것은?

> 보기
> ㄱ. ㉠은 포도당이다.
> ㄴ. 해당 과정이 일어나려면 ATP가 필요하다.
> ㄷ. 1분자당 $\frac{\text{수소 수}}{\text{탄소 수}}$는 ㉠이 ㉡보다 크다.

① ㄱ ② ㄴ ③ ㄱ, ㄷ ④ ㄴ, ㄷ ⑤ ㄱ, ㄴ, ㄷ

[20702-0287]

03 그림은 TCA 회로의 과정 ㉠~㉢에서 물질의 탄소 수 변화를, 표는 ㉠~㉢에서 반응 ⓐ~ⓒ가 일어나는지의 여부를 나타낸 것이다. Ⅰ~Ⅲ은 각각 ㉠~㉢ 중 하나이며, ⓐ~ⓒ는 탈탄산 반응, 탈수소 반응, 기질 수준 인산화를 순서 없이 나타낸 것이다.

C_6 —㉠→ C_5 —㉡→ C_4 —㉢→ C_6

구분	ⓐ	ⓑ	ⓒ
Ⅰ	○	○	○
Ⅱ	○	○	×
Ⅲ	○	?	?

(○: 일어남, ×: 일어나지 않음)

이에 대한 설명으로 옳은 것만을 〈보기〉에서 있는 대로 고른 것은?

> 보기
> ㄱ. Ⅰ은 ㉡이다.
> ㄴ. ⓐ는 탈수소 반응이다.
> ㄷ. Ⅲ에서 NADH가 생성된다.

① ㄱ ② ㄴ ③ ㄱ, ㄷ ④ ㄴ, ㄷ ⑤ ㄱ, ㄴ, ㄷ

[20702-0288]

04 표는 1분자의 물질 (가)와 (나)가 피루브산의 산화와 TCA 회로, 산화적 인산화를 통해 완전히 분해될 때 생성되는 물질 ㉠~㉣의 분자 수를 나타낸 것이다. (가)와 (나)는 피루브산과 아세틸 CoA를 순서 없이 나타낸 것이고, ㉠~㉣은 CO_2, H_2O, NADH, $FADH_2$를 순서 없이 나타낸 것이다.

물질	㉠	㉡	㉢	㉣
(가)	ⓐ	4	ⓑ	5
(나)	1	3	2	ⓒ

이에 대한 설명으로 옳은 것만을 〈보기〉에서 있는 대로 고른 것은? (단, CoA의 탄소 수는 고려하지 않는다.)

> 보기
> ㄱ. (가)는 아세틸 CoA이다.
> ㄴ. ㉡은 $FADH_2$이다.
> ㄷ. $\frac{ⓐ+ⓑ}{ⓒ}=1$이다.

① ㄱ ② ㄴ ③ ㄷ ④ ㄱ, ㄷ ⑤ ㄴ, ㄷ

[20702-0289]
05 그림은 전자 전달이 활발하게 일어나고 있는 미토콘드리아에서 전자 전달계와 저해제 X의 작용 부위를 나타낸 것이다. 저해제 X는 전자 전달계에서 전자의 이동을 차단한다. (가)와 (나)는 각각 미토콘드리아 기질과 미토콘드리아 막 사이 공간 중 하나이고, ⓐ와 ⓑ는 각각 ATP 합성 효소와 전자 전달 효소 복합체 중 하나이다.

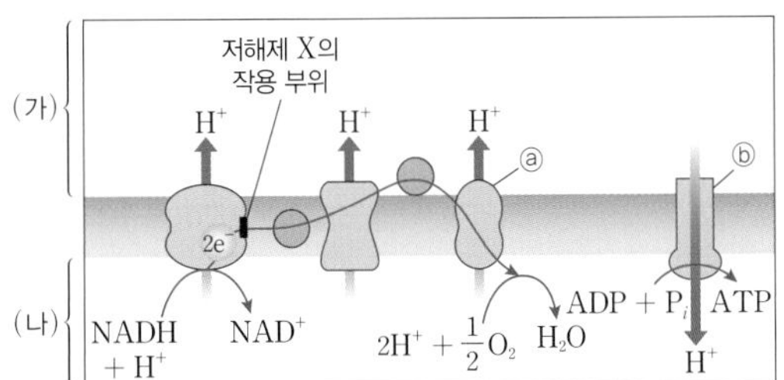

이에 대한 설명으로 옳은 것만을 〈보기〉에서 있는 대로 고른 것은?

보기
ㄱ. (가)는 미토콘드리아 막 사이 공간이다.
ㄴ. ⓐ를 통한 H^+의 이동 방식과 ⓑ를 통한 H^+의 이동 방식은 같다.
ㄷ. X를 처리하면 처리하기 전보다 ⓑ에 의해 합성되는 ATP의 양이 증가한다.

① ㄱ ② ㄴ ③ ㄷ ④ ㄱ, ㄴ ⑤ ㄱ, ㄷ

[20702-0290]
06 그림 (가)와 (나)는 발효에서 1분자의 포도당이 물질 ㉠과 ㉡으로 전환되는 과정 Ⅰ과 Ⅱ를 나타낸 것이다. ㉠과 ㉡은 각각 에탄올과 젖산 중 하나이고, ⓐ~ⓒ는 분자 수이다.

(가) 포도당 $\xrightarrow{\text{Ⅰ}}$ ⓐ ㉠ + ⓑATP

(나) 포도당 $\xrightarrow{\text{Ⅱ}}$ ⓐ ㉡ + ⓑATP + ⓒCO_2

이에 대한 설명으로 옳은 것만을 〈보기〉에서 있는 대로 고른 것은?

보기
ㄱ. Ⅰ과 Ⅱ에서 모두 NADH의 산화가 일어난다.
ㄴ. 1분자당 수소 수는 ㉠과 ㉡이 같다.
ㄷ. ⓐ+ⓑ+ⓒ=6이다.

① ㄱ ② ㄴ ③ ㄱ, ㄷ ④ ㄴ, ㄷ ⑤ ㄱ, ㄴ, ㄷ

[20702-0291]
07 다음은 효모를 이용한 발효 실험 과정이다.

(가) 비커에 10 % 포도당 수용액 15 mL와 효모 수용액 15 mL를 넣어 유리 막대로 섞어준다.
(나) (가)의 수용액을 발효관에 넣고 입구를 솜 마개로 막아 30 ℃ 항온기에 넣는다.
(다) 맹관부 수면 높이가 h가 되는 데 걸린 시간을 측정한다.

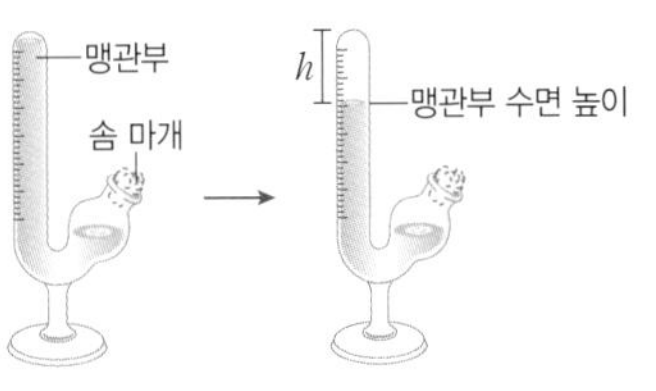

이에 대한 설명으로 옳은 것만을 〈보기〉에서 있는 대로 고른 것은?

보기
ㄱ. (다)에서 맹관부에 모인 기체는 O_2이다.
ㄴ. (다)의 발효관에 에탄올이 있다.
ㄷ. (다) 이후 발효관에 KOH 수용액을 넣으면 맹관부에 모인 기체의 부피가 작아진다.

① ㄱ ② ㄴ ③ ㄱ, ㄴ ④ ㄱ, ㄷ ⑤ ㄴ, ㄷ

[20702-0292]
08 그림은 O_2와 포도당이 모두 포함된 배양액에 미생물 X를 넣고 밀폐한 후, 시간에 따른 배양액 내 물질의 농도를 나타낸 것이다. ㉠과 ㉡은 각각 젖산과 포도당 중 하나이다.

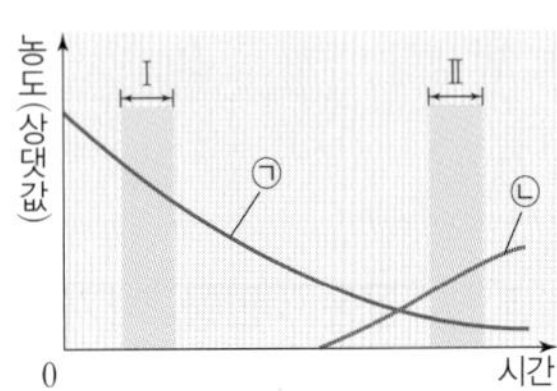

이에 대한 설명으로 옳은 것만을 〈보기〉에서 있는 대로 고른 것은?

보기
ㄱ. 젖산균은 X에 해당한다.
ㄴ. ㉠은 아세틸 CoA를 거쳐 ㉡으로 전환된다.
ㄷ. 구간 Ⅰ과 구간 Ⅱ에서 모두 ATP가 생성된다.

① ㄱ ② ㄷ ③ ㄱ, ㄴ ④ ㄱ, ㄷ ⑤ ㄴ, ㄷ

[20702-0293]
09 그림은 식물의 엽록체에서 일어나는 광합성 과정을 나타낸 것이다. (가)와 (나)는 각각 탄소 고정 반응과 명반응 중 하나이며, ㉠과 ㉡은 각각 NADPH와 CO_2 중 하나이다.

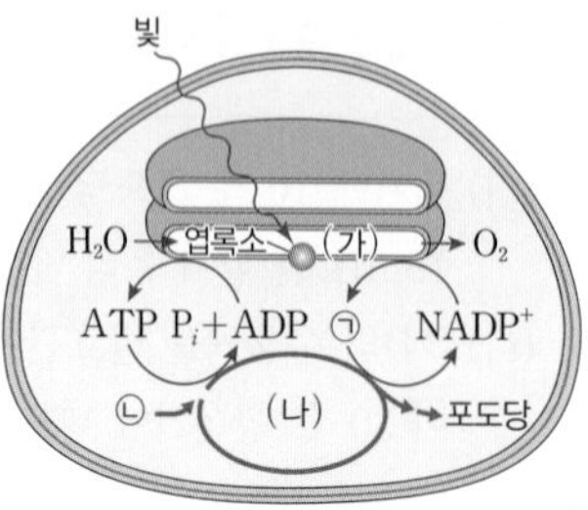

이에 대한 설명으로 옳은 것만을 〈보기〉에서 있는 대로 고른 것은?

보기
ㄱ. (가)는 명반응이다.
ㄴ. (나)에서 ㉡은 3PG와 결합한다.
ㄷ. (나)에서 포도당 1분자가 합성될 때 소비되는 ㉠의 분자 수와 ㉡의 분자 수는 같다.

① ㄱ ② ㄴ ③ ㄷ ④ ㄱ, ㄴ ⑤ ㄱ, ㄷ

[20702-0294]
10 다음은 식물에서 분리한 엽록체를 이용하여 O_2 발생량을 측정한 실험이다.

[실험 과정 및 결과]
(가) 시험관 A와 B에 엽록체 현탁액을 넣어 일정 시간 암실에 둔다.
(나) B에 옥살산 철(Ⅲ)을 첨가한 후, A와 B에서 공기를 제거한다.
(다) (나)의 A와 B에 빛을 비춘 후, 각 시험관의 O_2 발생량을 측정한다.

시험관	O_2 발생량
A	+
B	++++

(+ 개수가 많을수록 발생량이 많음)

이 실험에 대한 설명으로 옳은 것만을 〈보기〉에서 있는 대로 고른 것은? (단, B에 첨가한 옥살산 철(Ⅲ) 이외의 다른 실험 조건은 동일하다.)

보기
ㄱ. B에서 옥살산 철(Ⅱ)이 생성되었다.
ㄴ. B에서 물의 광분해가 일어났다.
ㄷ. B에서 발생한 O_2는 H_2O로부터 유래되었다.

① ㄱ ② ㄴ ③ ㄱ, ㄷ ④ ㄴ, ㄷ ⑤ ㄱ, ㄴ, ㄷ

[20702-0295]
11 그림은 엽록체의 틸라코이드 막에서 전자가 이동하는 과정의 일부를 나타낸 것이다. A와 B는 각각 틸라코이드 내부와 스트로마 중 하나이다.

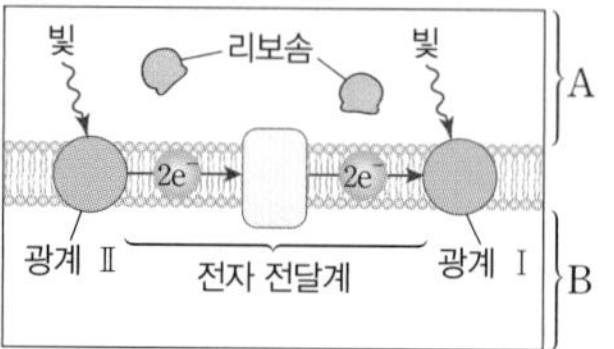

이에 대한 설명으로 옳은 것만을 〈보기〉에서 있는 대로 고른 것은?

보기
ㄱ. A는 스트로마이다.
ㄴ. B에서 $NADP^+$의 환원이 일어난다.
ㄷ. 전자가 전자 전달계를 거치는 동안 H^+은 A에서 B로 확산된다.

① ㄱ ② ㄷ ③ ㄱ, ㄴ ④ ㄱ, ㄷ ⑤ ㄴ, ㄷ

[20702-0296]
12 그림 (가)는 광합성이 활발한 어떤 식물의 명반응에서 전자가 이동하는 경로를, (나)는 이 식물을 하루 동안 암실에 둔 후 빛을 비추었을 때 시간에 따른 스트로마의 pH를 나타낸 것이다. 물질 X는 ㉠에서 전자 전달을 차단한다.

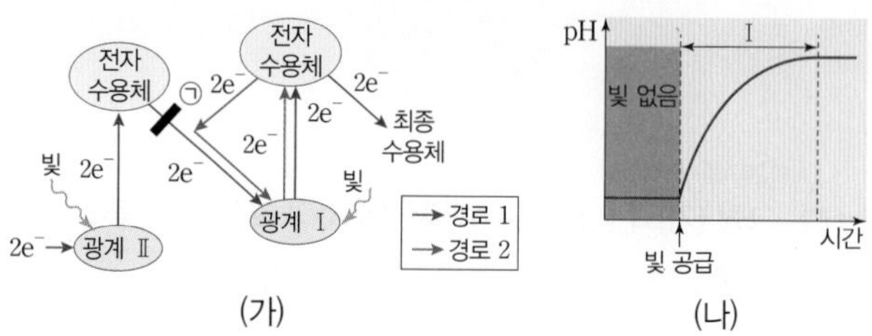

(가) (나)

이에 대한 설명으로 옳은 것만을 〈보기〉에서 있는 대로 고른 것은? (단, CO_2 농도는 일정하다.)

보기
ㄱ. H_2O에서 방출된 전자는 경로 1을 따라서 최종적으로 $NADP^+$에 전달된다.
ㄴ. (가)에서 X를 처리하면 처리하기 전보다 스트로마의 ATP 농도가 감소한다.
ㄷ. 구간 Ⅰ에서 경로 2를 통해 O_2가 생성된다.

① ㄱ ② ㄷ ③ ㄱ, ㄴ ④ ㄴ, ㄷ ⑤ ㄱ, ㄴ, ㄷ

[20702-0297]
13 다음은 엽록체의 ATP 합성 실험이다.

[실험 과정 및 결과]
(가) 분리된 pH 7인 엽록체를 암실에서 pH ㉠인 용액에 넣어 틸라코이드 내부 공간이 pH ㉠이 되도록 하였다.
(나) 암실에서 (가)의 엽록체를 pH ㉡인 용액으로 옮기고, ADP와 P_i을 첨가하자 ATP가 생성되었다.

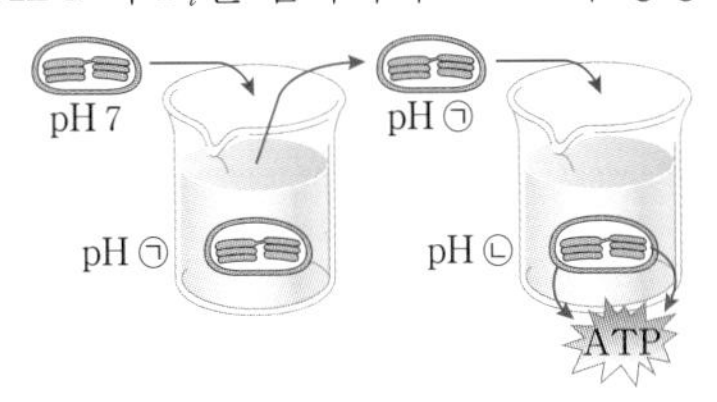

이에 대한 설명으로 옳은 것만을 <보기>에서 있는 대로 고른 것은?

보기
ㄱ. ㉠은 ㉡보다 작다.
ㄴ. (나)의 엽록체의 틸라코이드 막에서 전자의 전달이 일어난다.
ㄷ. (나)에서 화학 삼투가 일어난다.

① ㄱ ② ㄴ ③ ㄱ, ㄷ ④ ㄴ, ㄷ ⑤ ㄱ, ㄴ, ㄷ

[20702-0298]
14 그림은 3분자의 CO_2가 고정될 때 캘빈 회로에서 물질 전환 과정 일부를 나타낸 것이다. Ⅰ과 Ⅱ에서 모두 ATP가 사용되며, 사용되는 ATP의 분자 수는 Ⅰ에서가 Ⅱ에서보다 많다. A~C는 각각 3PG, RuBP, PGAL 중 하나이다.

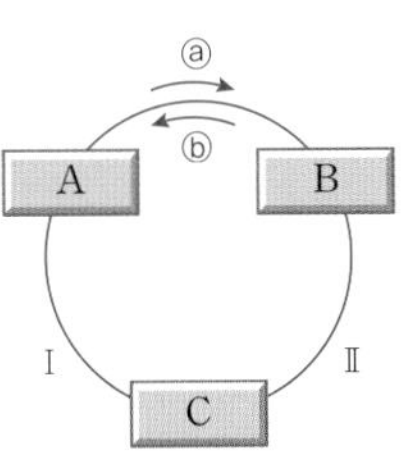

이에 대한 설명으로 옳은 것만을 <보기>에서 있는 대로 고른 것은?

보기
ㄱ. B는 RuBP이다.
ㄴ. 회로의 진행 방향은 ⓑ이다.
ㄷ. $\frac{\text{Ⅱ에서 사용되는 ATP의 분자 수}}{\text{Ⅰ에서 사용되는 NADPH의 분자 수}}$는 $\frac{1}{2}$이다.

① ㄱ ② ㄴ ③ ㄱ, ㄷ ④ ㄴ, ㄷ ⑤ ㄱ, ㄴ, ㄷ

[20702-0299]
15 표는 광합성이 일어나고 있는 클로렐라 배양액에 빛을 차단했을 때 시간에 따른 물질 Ⅰ과 Ⅱ의 농도를 상댓값으로 나타낸 것이다. Ⅰ과 Ⅱ는 각각 3PG와 RuBP 중 하나이다.

시간(초)	Ⅰ	Ⅱ
0	1.8	0.3
20	0.2	2.2
40	0.2	2.1
60	0.1	2.1

이에 대한 설명으로 옳은 것만을 <보기>에서 있는 대로 고른 것은?

보기
ㄱ. Ⅰ은 RuBP이다.
ㄴ. 캘빈 회로에서 Ⅰ이 Ⅱ로 전환되는 과정에서 CO_2가 고정된다.
ㄷ. 1분자당 $\frac{\text{탄소 수}}{\text{인산기 수}}$는 Ⅰ이 Ⅱ보다 크다.

① ㄱ ② ㄷ ③ ㄱ, ㄴ ④ ㄴ, ㄷ ⑤ ㄱ, ㄴ, ㄷ

[20702-0300]
16 그림은 식물 세포에서 일어나는 2가지 물질대사 과정을 나타낸 것이다. (가)와 (나)는 각각 광합성의 명반응과 세포 호흡의 산화적 인산화 중 하나이며, ㉠과 ㉡은 각각 O_2와 CO_2 중 하나이다.

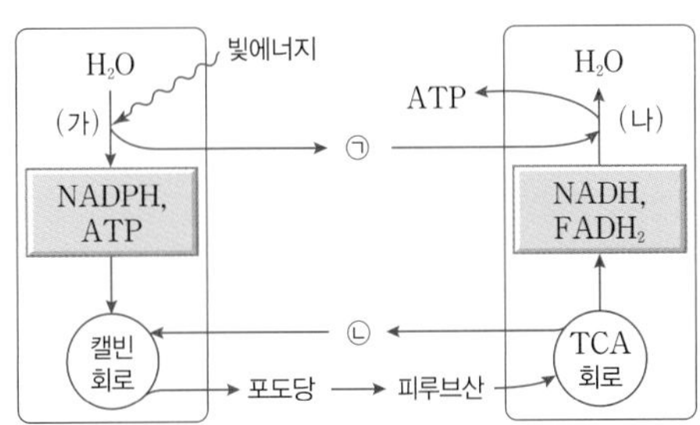

이에 대한 설명으로 옳은 것만을 <보기>에서 있는 대로 고른 것은?

보기
ㄱ. ㉠은 (나)에서 전자 공여체로 사용된다.
ㄴ. (가)에서 ATP는 기질 수준 인산화에 의해 생성된다.
ㄷ. TCA 회로에서 생성된 CO_2는 캘빈 회로에서 사용된다.

① ㄱ ② ㄷ ③ ㄱ, ㄴ ④ ㄱ, ㄷ ⑤ ㄴ, ㄷ

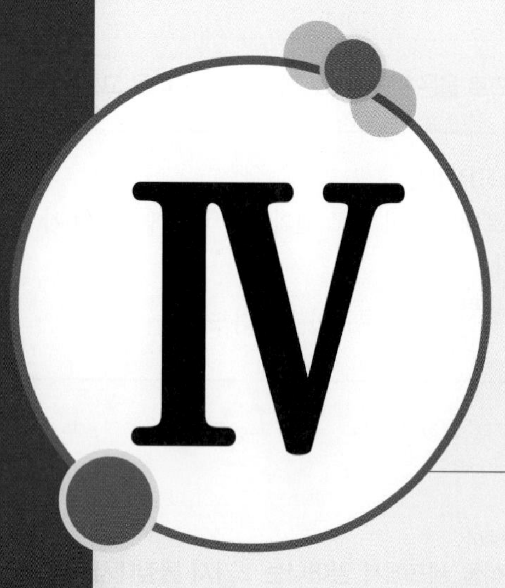

유전자의 발현과 조절

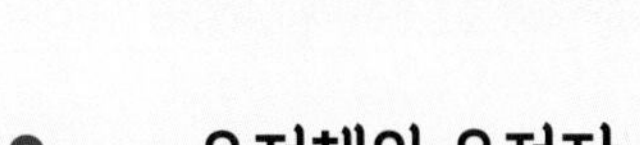

8 유전체와 유전자

• 원핵세포와 진핵세포의 유전체 구성의 차이 비교하기
• DNA의 구조 파악하기

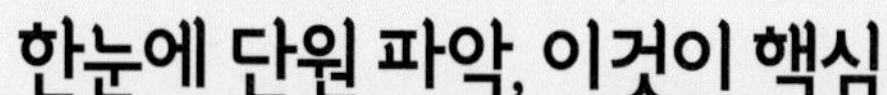

한눈에 단원 파악, 이것이 핵심!

원핵세포와 진핵세포 유전체의 차이점에는 무엇이 있을까?

① 원핵세포의 염색체 모양은 원형이지만, 진핵세포의 염색체 모양은 선형이다.

② 일반적으로 진핵세포는 원핵세포보다 유전체 크기가 크고, 유전자 수가 많다.

생물	유전체 크기(100만 염기쌍)	유전자 수(추정치)
대장균	4.6	4200
사람	3200	20000

③ 일반적으로 원핵세포의 유전자는 단백질을 암호화하는 부위로만 이루어진 반면, 진핵세포의 유전자에는 단백질을 암호화하는 부위(엑손)뿐 아니라 단백질을 암호화하지 않는 부위(인트론)도 있다.

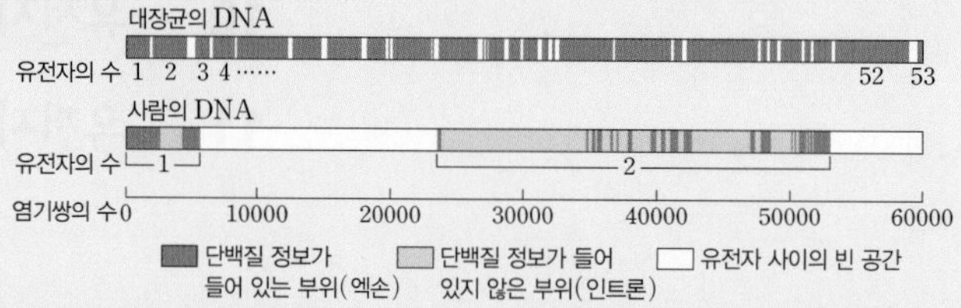

DNA 이중 나선 구조의 특징에는 무엇이 있을까?

DNA 단일 가닥에서 인산기가 있는 끝을 5′ 말단, 수산기가 있는 끝을 3′ 말단이라고 한다.

구아닌(G)과 사이토신(C) 사이에는 3개의 수소 결합이, 아데닌(A)과 타이민(T) 사이에는 2개의 수소 결합이 있다.

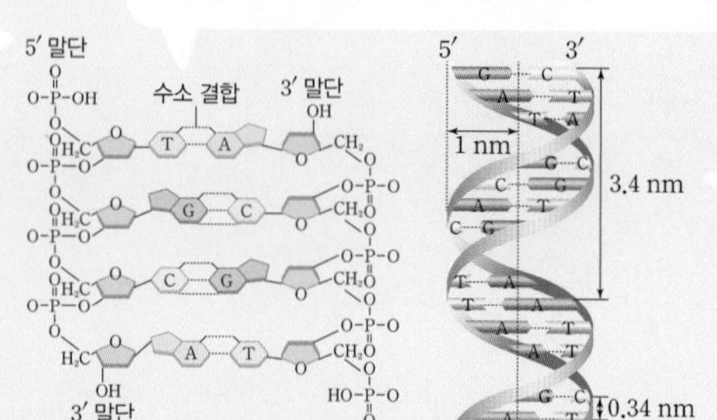

DNA 이중 나선은 약 10개의 염기쌍마다 한 바퀴를 도는 구조이며, 한 바퀴의 염기쌍이 차지하는 길이는 3.4 nm이다.

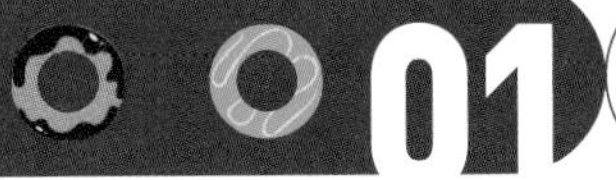

01 원핵세포와 진핵세포의 유전체 구성

1 원핵세포의 유전체와 유전자

원핵세포는 핵막과 막으로 싸인 세포 소기관이 없는 세포로 세균이 있다.

(1) 원핵세포 유전체의 특징

① ❶유전체가 원형 DNA 1개로 구성되어 크기가 비교적 작다.

② 유전체가 핵막으로 둘러싸여 있지 않고 세포질에 퍼져 있다.

③ ❷플라스미드라는 작은 원형 DNA가 있는 경우가 있다.

④ 유전체 DNA가 히스톤 단백질과 결합되어 있지 않고, 일부 고세균에는 히스톤 단백질이 있다.

(2) 원핵세포 유전자의 특징

① ❸유전자의 85 % 이상이 RNA와 단백질을 형성하는 유전자이고, 비암호화 부위인 ❹인트론이 없다. 일부 고세균에는 인트론이 있다.

② 유전자 발현 조절이 오페론 단위로 이루어지며, 여러 유전자의 전사가 한꺼번에 조절된다. 전사와 번역이 모두 세포질에서 일어난다.

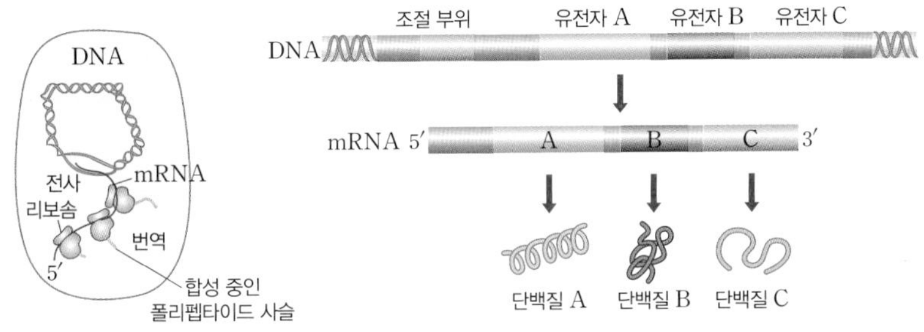

▲ 원핵세포의 유전체 발현 및 유전자 구조

THE 알기

❶ 유전체
한 개체의 유전 정보가 저장되어 있는 DNA 전체이다.

❷ 플라스미드
세균 내 주염색체와는 별도로 존재하면서 독자적으로 증식할 수 있는 원형의 DNA이다.

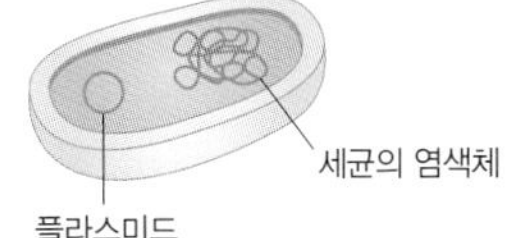

❸ 유전자
생물의 특정 형질에 대한 유전 정보를 담고 있는 DNA의 특정 부위이다.

❹ 인트론
DNA와 처음 만들어진 RNA에서 단백질을 암호화하지 않는 부위이다.

2 진핵생물의 유전체와 유전자

진핵세포는 핵막과 막으로 싸인 세포 소기관이 있는 세포로 동물, 식물, 곰팡이의 세포 등이 있다.

(1) 진핵세포 유전체의 특징

① 유전체가 선형 DNA 여러 개로 구성되어 원핵세포의 유전체보다 크고, 핵막으로 둘러싸여 있다.

② 유전체 DNA가 히스톤 단백질과 결합되어 있어 뉴클레오솜 구조를 형성한다.

③ 세포 분열 시기에 응축되어 염색체를 형성한다.

(2) 진핵세포 유전자의 특징

① 일정 길이의 DNA당 유전자 수가 적고, 비암호화 부위가 많다. 비암호화 DNA 부위의 대부분은 인트론이다.

② 원핵세포에서 발견되는 오페론 구조가 없다. 유전자의 발현이 각각 독립적으로 조절된다. 전사는 핵에서, 번역은 세포질에서 일어난다.

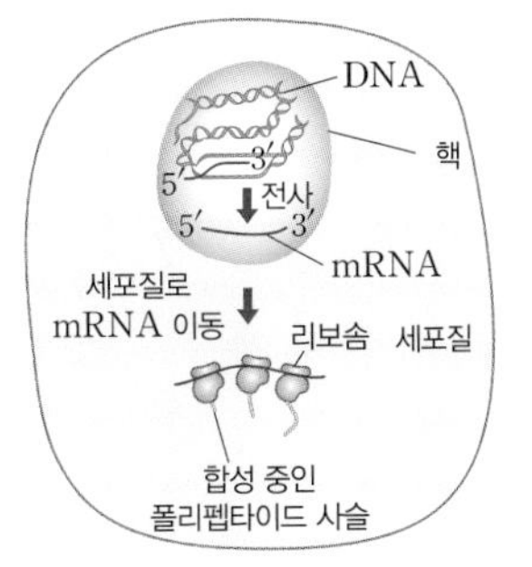

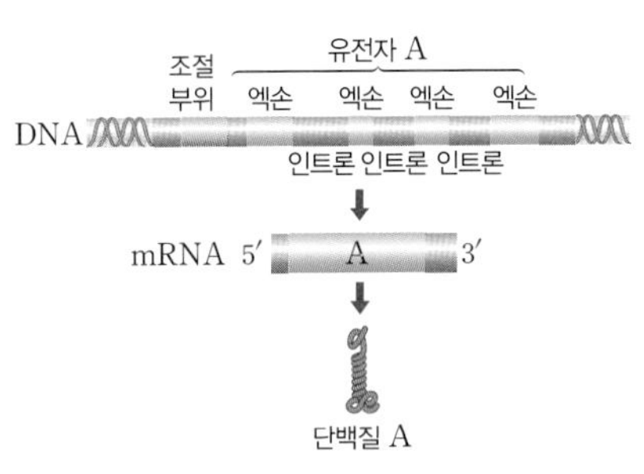

▲ 진핵세포의 유전체 발현 및 유전자 구조

개념체크

빈칸 완성

1. 원핵세포의 유전체는 (　　　) DNA 1개로 구성되고, 진핵세포의 유전체는 선형 DNA 여러 개로 구성된다.

2. 원핵세포의 유전체에는 (　　　)라는 작은 원형 DNA가 있는 경우가 있다.

3. 진핵세포의 유전체는 (　　　) 단백질과 결합되어 있다.

4. DNA와 처음 만들어진 RNA에서 단백질을 암호화하는 부위는 (　　　)이고, 단백질을 암호화하지 않는 부위는 (　　　)이다.

5. 진핵세포의 유전체 DNA는 히스톤 단백질과 결합하여 (　　　) 구조를 형성한다.

○X 문제

6. 원핵세포의 유전체에 대한 설명으로 옳은 것은 ○, 옳지 않은 것은 ×로 표시하시오.

(1) 모든 세포의 유전체는 히스톤 단백질과 결합되어 있다. (　　)

(2) 모든 세포에는 인트론이 존재한다. (　　)

7. 진핵세포의 유전체에 대한 설명으로 옳은 것은 ○, 옳지 않은 것은 ×로 표시하시오.

(1) 선형으로 존재한다. (　　)

(2) 유전자 발현 조절이 오페론 단위로 이루어진다. (　　)

(3) 엑손과 인트론을 모두 갖는다. (　　)

정답 1. 원형 2. 플라스미드 3. 히스톤 4. 엑손, 인트론 5. 뉴클레오솜 6. (1) × (2) × 7. (1) ○ (2) × (3) ○

둘 중에 고르기

1. 동일한 길이의 DNA에 포함된 유전자의 밀도는 진핵세포에서가 원핵세포에서보다 (높 , 낮)다.

2. 일부 고세균을 제외한 원핵세포에는 인트론이 ①(있 , 없)고, 진핵세포에는 인트론이 ②(있 , 없)다.

3. 원핵세포에서 전사와 번역은 모두 (핵 , 세포질)에서 일어난다.

4. 진핵세포에서 전사는 ①(핵 , 세포질)에서 일어나고, 번역은 ②(핵 , 세포질)에서 일어난다.

선다형 문항

5. 원핵세포의 유전체에 대한 설명으로 옳은 것만을 〈보기〉에서 있는 대로 고른 것은?

> **보기**
> ㄱ. 세포질에 존재한다.
> ㄴ. 원형 구조를 갖는다.
> ㄷ. 1개의 DNA에 1개의 유전자가 있다.

① ㄱ　② ㄷ　③ ㄱ, ㄴ　④ ㄴ, ㄷ　⑤ ㄱ, ㄴ, ㄷ

6. 원핵세포와 진핵세포의 유전체에 대한 설명으로 옳은 것만을 〈보기〉에서 있는 대로 고른 것은?

> **보기**
> ㄱ. 진핵세포의 유전체에는 오페론만 존재한다.
> ㄴ. 원핵세포에서 각각의 유전자 발현은 독립적으로 조절된다.
> ㄷ. 원핵세포와 진핵세포 모두 비유전자 부위가 있다.

① ㄱ　② ㄷ　③ ㄱ, ㄴ　④ ㄴ, ㄷ　⑤ ㄱ, ㄴ, ㄷ

정답 1. 낮 2. ① 없, ② 있 3. 세포질 4. ① 핵, ② 세포질 5. ③ 6. ②

02 유전 물질의 확인

1 ❶유전 물질에 대한 초기 연구

유전자가 단백질과 DNA로 이루어진 염색체에 존재한다는 사실이 알려져 있었고, 단백질이 DNA보다 구조가 복잡하고 기능도 다양했기 때문에 유전 정보를 저장하기에 적절하다고 여겼다.

2 DNA가 유전 물질임을 증명한 실험

(1) 그리피스의 폐렴 쌍구균 ❷형질 전환 실험(1928년): 그리피스는 폐렴을 유발하는 ❸S형 균과 폐렴을 유발하지 않는 ❹R형 균을 이용해 형질 전환 현상을 발견했다.

① 살아 있는 S형 균을 주사한 쥐는 죽었고, 살아 있는 R형 균 또는 열처리로 죽은 S형 균을 주사한 쥐는 죽지 않았다.

② 열처리로 죽은 S형 균과 살아 있는 R형 균의 혼합물을 주사한 쥐는 폐렴에 걸려 죽었고, 죽은 쥐의 혈액에서 살아 있는 S형 균이 발견되었다.

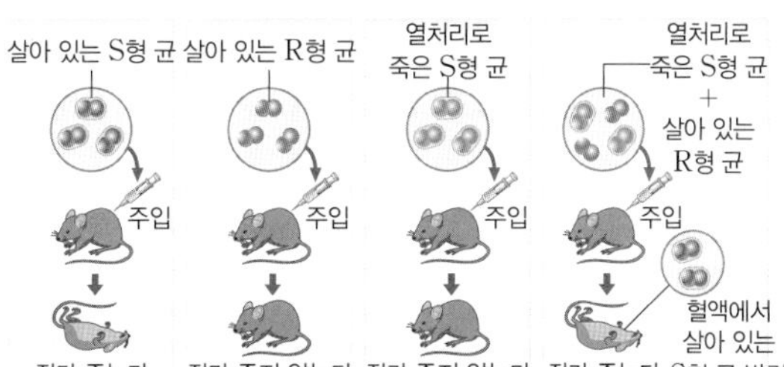

③ 죽은 S형 균에 있던 유전 정보를 가진 형질 전환 물질이 R형 균 안으로 이동하였고, 이 물질이 유전 물질이라고 결론내렸다.

(2) 에이버리의 폐렴 쌍구균 형질 전환 실험(1944년): 그리피스의 실험을 발전시켜 어떤 물질이 형질 전환을 일으키는지 알아보았다.

① 죽은 S형 균의 추출물에 단백질 분해 효소, RNA 분해 효소, DNA 분해 효소를 각각 처리한 후 살아 있는 R형 균과 함께 배양하여 형질 전환이 일어나는지 알아보았다.

② DNA 분해 효소를 처리한 S형 균 추출물은 형질 전환을 일으키지 못하였으므로, 열처리로 죽은 S형 균의 추출물 중 DNA가 형질 전환을 일으킨다. 따라서 유전 물질이 DNA라고 결론내렸다.

(3) 허시와 체이스의 박테리오파지 증식 실험(1952년): 허시와 체이스는 단백질과 DNA로 구성된 박테리오파지를 이용하여 박테리오파지의 증식에 필요한 유전 정보가 DNA에 있음을 밝혀냈다.

① 파지의 ❺DNA를 ^{32}P으로 표지한 경우 시험관의 침전물(대장균 존재)에서 방사선이 검출된다. → 대장균 내부로 들어간 파지의 유전 물질은 DNA이다.

② 파지의 단백질을 ^{35}S으로 표지한 경우 시험관의 상층액(파지의 단백질 껍질 존재)에서 방사선이 검출된다. → 파지의 단백질은 대장균 내부로 들어가지 않으므로 단백질은 유전 물질이 아니다.

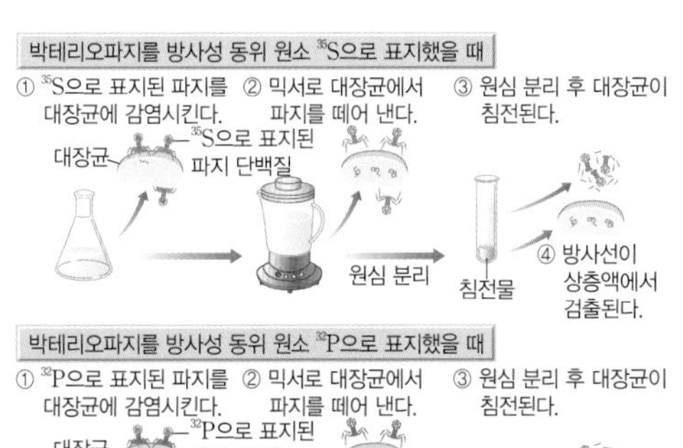

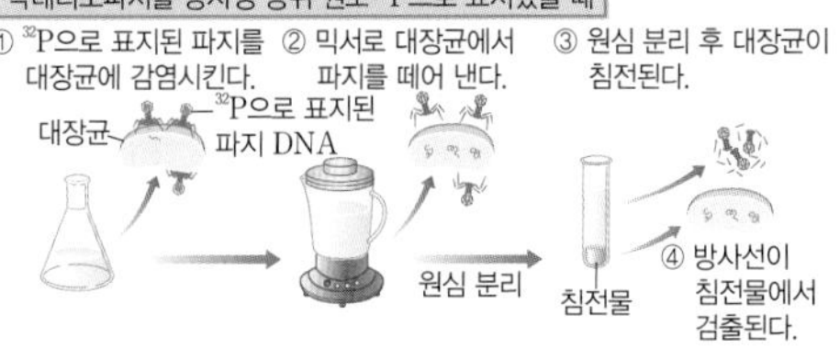

THE 알기

❶ 유전 물질
- 세포와 개체의 생명 활동에 필요한 정보를 저장하고 있다.
- 세포 분열 동안 복제된 후 다음 세대로 전달된다.
- 돌연변이가 일어나 적응과 진화에 필요한 유전적 다양성을 제공한다.

❷ 형질 전환
한 생물의 유전 형질이 외부로부터 도입된 유전 물질에 의하여 형질이 바뀌는 현상이다.

❸ S형 균
피막이 있어 숙주의 면역 작용으로부터 자신을 보호하고 생쥐에 폐렴을 유발한다.

❹ R형 균
피막이 없어 숙주의 면역 작용으로 제거된다.

❺ DNA를 ^{32}P으로 표지
DNA를 구성하는 원소는 탄소(C), 수소(H), 산소(O), 질소(N), 인(P)이고, 단백질을 구성하는 원소는 탄소(C), 수소(H), 산소(O), 질소(N), 황(S)이다. 단백질과 DNA 중 단백질에만 있는 황(S)과 DNA에만 있는 인(P)의 방사성 동위 원소를 이용하여 단백질과 DNA 중 대장균 속으로 들어가 다음 세대 파지를 만드는 유전 물질을 확인할 수 있다.

THE 알기

❶ 인산, 당, 염기

- 인산: 인(P)을 포함하여, DNA가 수용액에서 음(−)전하를 띠게 한다.
- 당: 5탄당인 디옥시리보스이다.
- 염기: 질소(N)를 포함하며, 아데닌(A), 구아닌(G), 사이토신(C), 타이민(T)의 4가지가 있다.

❷ DNA의 X선 회절 사진

윌킨스와 프랭클린은 DNA의 X선 회절 사진을 분석하여 특정 구조가 반복되어 있다는 것을 확인하였다.

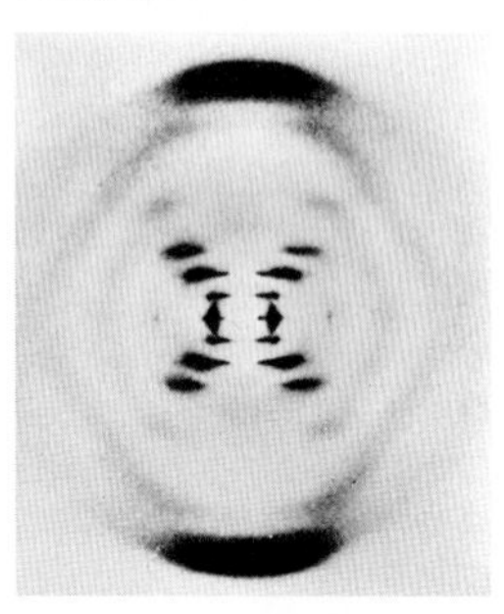

❸ 이중 나선

이중 나선이 1회전할 때 10개의 염기쌍이 나타나며, 그 길이는 3.4 nm이다. 인접한 두 염기쌍 사이의 거리는 0.34 nm이다.

❹ 5′ 말단, 3′ 말단

DNA 혹은 RNA를 구성하는 5탄당은 1~5까지 탄소 번호를 갖는다. DNA와 RNA에서 5번 탄소가 노출된 말단을 5′ 말단, 3번 탄소가 노출된 말단을 3′ 말단이라고 한다.

3 DNA의 구성

(1) 뉴클레오타이드: DNA의 단위체로, ❶인산, 당, 염기로 구성된다.

(2) 핵산의 염기

① 아데닌(A)과 구아닌(G)을 퓨린 계열 염기, 사이토신(C), 타이민(T), 유라실(U)을 피리미딘 계열 염기라고 한다.

② 아데닌(A), 구아닌(G), 사이토신(C)은 DNA와 RNA에 공통적으로 존재하지만, 타이민(T)은 DNA에만, 유라실(U)은 RNA에만 존재한다.

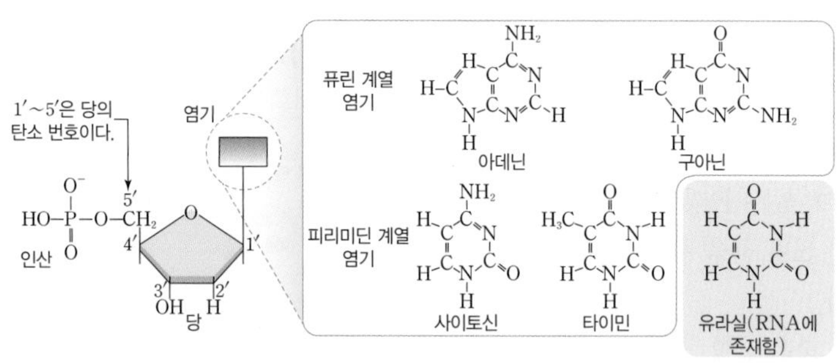

▲ DNA 뉴클레오타이드

4 DNA 분자 구조를 밝히기 위한 노력

(1) 샤가프의 법칙: 1950년대 샤가프에 의해 밝혀졌다.

① DNA를 구성하는 A, T, G, C의 비율은 생물종에 따라 다르다.

② 각 생물의 DNA에서 A과 T의 비율이 같고, G과 C의 비율이 같다. 즉, DNA에서 퓨린 계열 염기(A+G)의 비율과 피리미딘 계열 염기(T+C)의 비율이 같다.

> 조성 비율: A=T, G=C, A+G=T+C=50 %

(2) ❷DNA의 X선 회절 사진: 1952년 윌킨스와 프랭클린에 의해 연구되었다. DNA 시료에 X선을 쪼여 얻은 회절 사진으로부터 DNA의 이중 나선 구조를 밝히는 결정적 단서를 얻었다.

(3) 왓슨과 크릭의 DNA 이중 나선 구조: 1953년 왓슨과 크릭은 샤가프의 법칙과 DNA의 X선 회절 사진을 토대로 DNA의 입체 구조를 밝혀냈다.

① DNA는 두 가닥의 폴리뉴클레오타이드가 역평행으로 결합해 오른 나사 방향으로 꼬여 있는 ❸이중 나선 구조이다.

② 5탄당에서 인산기가 노출된 한쪽 끝을 ❹5′ 말단, 수산기(−OH)가 노출된 다른 쪽 끝을 3′ 말단이라고 한다.

③ 바깥쪽에 당-인산 결합이 있고, 안쪽으로는 양쪽 가닥의 염기가 수소 결합으로 연결되어 있다. A은 T과 결합하여 2개의 수소 결합을 형성하고, G은 C과 결합하여 3개의 수소 결합을 형성한다. DNA에서 G과 C의 쌍이 많을수록 DNA의 두 가닥을 분리시키기 위한 온도가 증가한다.

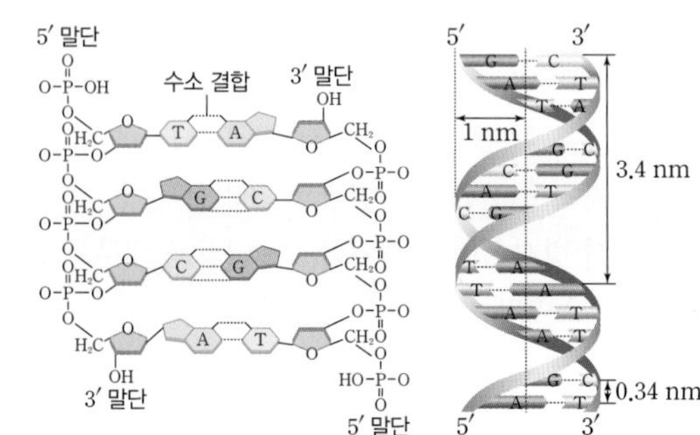

▲ DNA 이중 나선 구조의 특징

개념체크

빈칸 완성

1. 디옥시리보 핵산(deoxyribonucleic acid)의 약자로, 개체의 유전 형질에 대한 정보를 저장하고 다음 세대로 전달하는 유전 물질을 (　　　)라고 한다.

2. 허시와 체이스의 실험에서 DNA를 구성하는 원소 중 단백질에 없는 (　　　)의 방사성 동위 원소가 이용되었다.

3. DNA를 구성하는 5탄당은 (　　　)이다.

4. 한 생물의 유전 형질이 외부로부터 도입된 유전 물질에 의하여 바뀌는 현상을 (　　　)이라고 한다.

5. DNA 이중 나선을 구성하는 염기쌍 중 AT 염기쌍 사이에는 (　　　)개의 수소 결합이 형성된다.

○X 문제

6. DNA의 단위체에 대한 설명으로 옳은 것은 ○, 옳지 않은 것은 ×로 표시하시오.

(1) 인(P)을 포함한다. (　　)

(2) 염기의 종류는 5종류이다. (　　)

(3) DNA의 단위체는 포도당이다. (　　)

7. DNA의 구조 및 특성에 대한 설명으로 옳은 것은 ○, 옳지 않은 것은 ×로 표시하시오.

(1) 한 개체의 DNA에서 퓨린 계열 염기의 수는 피리미딘 계열 염기의 수보다 크다. (　　)

(2) DNA를 구성하는 폴리뉴클레오타이드는 방향성을 갖는다. (　　)

(3) DNA를 구성하는 염기 중 G과 C의 쌍이 많을수록 두 가닥이 잘 분리된다. (　　)

정답 1. DNA 2. P(인) 3. 디옥시리보스 4. 형질 전환 5. 2 6. (1) ○ (2) × (3) × 7. (1) × (2) ○ (3) ×

둘 중에 고르기

1. A과 G을 ①(퓨린 , 피리미딘) 계열 염기라 하고, T과 C을 ②(퓨린 , 피리미딘) 계열 염기라고 한다.

2. DNA 이중 나선이 1회전할 때 ①(10 , 20)개의 염기쌍이 나타나며, 그 길이는 3.4 nm이다. 따라서 인접한 두 염기쌍 사이의 거리는 ②(0.34 , 0.17) nm이다.

3. DNA 이중 나선에서 5′ 말단에는 (인산기 , 수산기)가 있다.

4. DNA 이중 나선에서 A은 항상 ①(T , C)과 결합하고, G은 항상 ②(T , C)과 결합한다.

선다형 문항

5. DNA를 구성하는 염기 중 A의 비율이 20 %인 DNA에 대한 설명으로 옳은 것만을 〈보기〉에서 있는 대로 고른 것은?

보기
ㄱ. G의 비율은 30 %이다.
ㄴ. 이중 나선 구조이다.
ㄷ. 리보스가 존재한다.

① ㄱ　② ㄷ　③ ㄱ, ㄴ　④ ㄴ, ㄷ　⑤ ㄱ, ㄴ, ㄷ

6. 그림은 생명체를 구성하는 물질 X를 나타낸 것이다.

X에 대한 설명으로 옳은 것만을 〈보기〉에서 있는 대로 고른 것은?

보기
ㄱ. DNA이다.
ㄴ. 염기 간 수소 결합이 존재한다.
ㄷ. 유전 정보가 저장되어 있다.

① ㄱ　② ㄷ　③ ㄱ, ㄴ　④ ㄴ, ㄷ　⑤ ㄱ, ㄴ, ㄷ

정답 1. ① 퓨린, ② 피리미딘 2. ① 10, ② 0.34 3. 인산기 4. ① T, ② C 5. ③ 6. ⑤

탐구 활동 DNA를 추출하여 관찰하기

정답과 해설 47쪽

목표

브로콜리에서 DNA를 추출하여 관찰할 수 있다.

준비물

증류수, 주방용 세제, 소금, 브로콜리, 막자와 막자사발, 가위, 체, 비커, 유리 막대, 에탄올, 실험복, 보안경, 실험용 장갑

과정

1. 브로콜리 약 50 g을 가위로 잘라 막자사발에 넣고 막자로 곱게 간다.
2. 증류수 150 mL에 소금 2 g과 세제 7 mL를 넣고, 소금이 완전히 녹을 때까지 잘 섞어 소금 · 세제 용액을 만든다.
3. 소금 · 세제 용액 100 mL를 곱게 갈린 브로콜리가 들어 있는 막자사발에 넣고 잘 섞은 후 10분 동안 둔다.
4. 간 브로콜리를 구멍이 좁은 체나 거즈에 걸러 브로콜리 추출액을 비커에 담는다.
5. 유리 막대를 비커 벽에 대고 추출액 부피의 2배에 해당하는 차가운 에탄올을 조심스럽게 부어 넣는다.
6. 가는 실 모양으로 추출되는 DNA를 관찰한다.

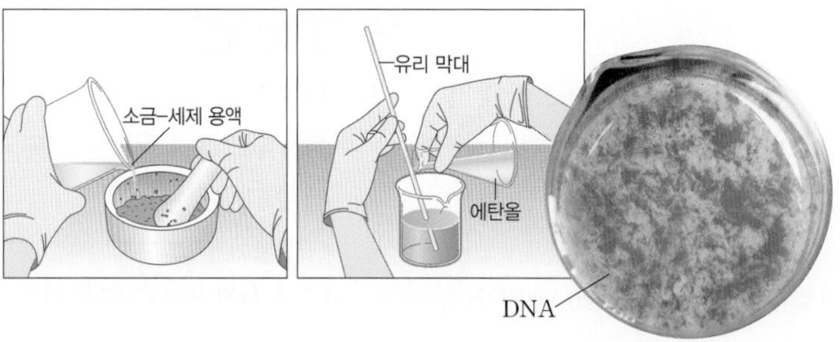

결과 정리 및 해석

1. 브로콜리 추출액과 에탄올이 만나는 경계 부분에 흰색의 가는 실 모양의 물질이 생긴다.
2. 추출된 흰 물질을 핵산 염색 용액인 아세트산카민 용액, 아세트올세인 용액, 메틸렌블루 용액과 같은 염색액으로 염색해 보면 흰 물질의 핵산 여부를 확인할 수 있다.

탐구 분석

1. 이 실험에서 세제를 넣어 주는 까닭은 무엇인가?
2. 이 실험에서 에탄올을 넣어 주는 까닭은 무엇인가?
3. 추출된 흰색 물질이 DNA와 단백질의 복합체라면 이 단백질을 제거하는 방법으로 무엇이 있을지 생활 속에서 찾아보자.

내신 기초 문제

정답과 해설 47쪽

[20702-0301]

01 원핵세포의 유전체에 대한 설명으로 옳은 것만을 〈보기〉에서 있는 대로 고른 것은?

보기
ㄱ. 선형 DNA 1개로 구성된다.
ㄴ. 모든 원핵생물의 유전체는 히스톤 단백질과 결합되어 있다.
ㄷ. 플라스미드라는 작은 원형 DNA가 있는 경우도 있다.

① ㄱ ② ㄴ ③ ㄷ ④ ㄴ, ㄷ ⑤ ㄱ, ㄴ, ㄷ

[20702-0302]

02 그림은 어떤 세포의 유전체를 나타낸 것이다. ㉠과 ㉡은 각각 핵과 DNA 중 하나이다.

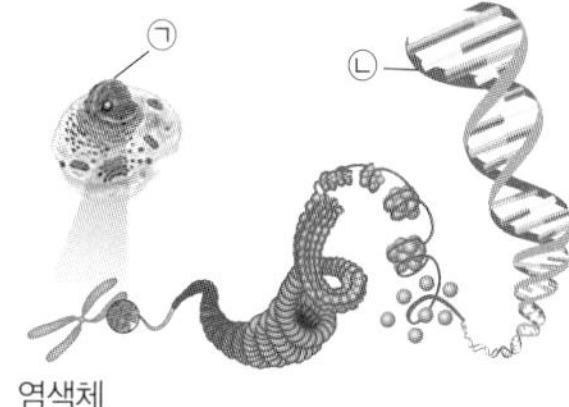

이에 대한 설명으로 옳은 것만을 〈보기〉에서 있는 대로 고른 것은?

보기
ㄱ. 원핵세포는 ㉠을 갖는다.
ㄴ. 유전 정보를 저장하고 있는 ㉡의 특정 부위를 유전자라고 한다.
ㄷ. ㉡에 유라실(U) 염기가 존재한다.

① ㄱ ② ㄴ ③ ㄱ, ㄷ ④ ㄴ, ㄷ ⑤ ㄱ, ㄴ, ㄷ

[20702-0303]

03 표는 2종류의 생물 ㉠과 ㉡에 대한 자료이다. ㉠과 ㉡은 각각 사람과 대장균을 순서 없이 나타낸 것이다.

생물	유전체 크기(상댓값)	유전자 수(상댓값)
㉠	4.6	4200
㉡	3200	20000

이에 대한 설명으로 옳은 것만을 〈보기〉에서 있는 대로 고른 것은?

보기
ㄱ. ㉠은 원형의 DNA를 갖는다.
ㄴ. ㉡의 세포는 진핵세포에 속한다.
ㄷ. ㉠과 ㉡은 모두 인트론을 갖는다.

① ㄱ ② ㄷ ③ ㄱ, ㄴ ④ ㄱ, ㄷ ⑤ ㄴ, ㄷ

[20702-0304]

04 다음은 어떤 세포 X에 대한 자료이다.

X는 유전체가 원형 DNA 1개로 구성되어 크기가 비교적 작다. 유전체는 핵막으로 둘러싸여 있지 않고 세포질에 퍼져 있으며, 작은 원형 DNA인 (㉠   )가 있는 경우도 있다.

이에 대한 설명으로 옳은 것만을 〈보기〉에서 있는 대로 고른 것은?

보기
ㄱ. X는 진핵세포에 속한다.
ㄴ. 플라스미드는 ㉠에 해당한다.
ㄷ. X의 유전자 발현은 오페론 단위로 이루어진다.

① ㄱ ② ㄷ ③ ㄱ, ㄴ ④ ㄱ, ㄷ ⑤ ㄴ, ㄷ

[20702-0305]

05 그림은 DNA 구조의 일부를 나타낸 것이다. ㉠~㉣은 각각 서로 다른 염기이다.

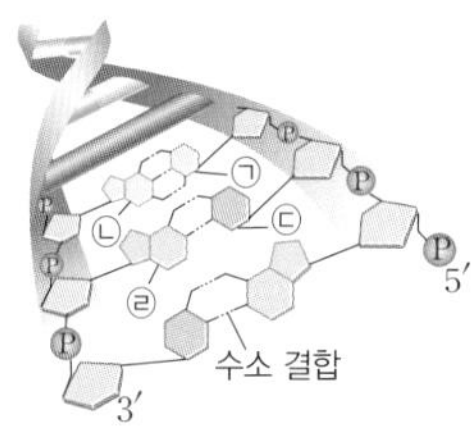

이에 대한 설명으로 옳은 것만을 〈보기〉에서 있는 대로 고른 것은?

보기
ㄱ. ㉢은 RNA에도 존재한다.
ㄴ. ㉡과 ㉣은 모두 퓨린 계열 염기이다.
ㄷ. ㉠은 사이토신(C)이다.

① ㄱ ② ㄷ ③ ㄱ, ㄴ ④ ㄱ, ㄷ ⑤ ㄴ, ㄷ

[20702-0306]

06 DNA에 대한 설명으로 옳은 것만을 〈보기〉에서 있는 대로 고른 것은?

보기
ㄱ. 단위체는 뉴클레오타이드이다.
ㄴ. DNA를 구성하는 당은 리보스이다.
ㄷ. DNA를 구성하는 폴리뉴클레오타이드 각 가닥은 서로 같은 방향을 향한다.

① ㄱ ② ㄷ ③ ㄱ, ㄴ ④ ㄴ, ㄷ ⑤ ㄱ, ㄴ, ㄷ

[20702-0307]
07 다음은 DNA X에 대한 자료이다.

> X는 100쌍의 염기로 구성되고, AT 염기쌍의 비율이 전체의 40 %를 차지한다.

이에 대한 설명으로 옳은 것만을 〈보기〉에서 있는 대로 고른 것은?

보기
ㄱ. (A+T)÷(G+C)=1이다.
ㄴ. X에서 G을 포함하는 뉴클레오타이드의 수는 30이다.
ㄷ. X에서 염기 사이의 수소 결합의 총개수는 260개이다.

① ㄱ ② ㄷ ③ ㄱ, ㄴ ④ ㄴ, ㄷ ⑤ ㄱ, ㄴ, ㄷ

[20702-0308]
08 표는 이중 나선 DNA의 염기 서열 일부를 나타낸 것이다. ㉠~㉤은 모두 염기이고, (가)는 3′ 말단과 5′ 말단 중 하나이다.

?−A㉠GT㉡ATC−3′
?−㉢G㉣AA?㉤?−(가)

이에 대한 설명으로 옳은 것만을 〈보기〉에서 있는 대로 고른 것은? (단, 돌연변이는 고려하지 않는다.)

보기
ㄱ. (가)는 5′ 말단이다.
ㄴ. ㉠~㉤ 중 A의 수는 1이다.
ㄷ. ㉢에서 고리 구조는 2개이다.

① ㄱ ② ㄷ ③ ㄱ, ㄴ ④ ㄴ, ㄷ ⑤ ㄱ, ㄴ, ㄷ

[20702-0309]
09 표는 폴리뉴클레오타이드 사슬 Ⅰ과 Ⅱ로 이루어진 DNA의 염기 수를 나타낸 것이다.

구분	A	T	G	C	합
Ⅰ	16	24	㉠	?	100
Ⅱ	㉡	?	30	?	100

이에 대한 설명으로 옳은 것만을 〈보기〉에서 있는 대로 고른 것은? (단, 돌연변이는 고려하지 않는다.)

보기
ㄱ. ㉠+㉡=54이다.
ㄴ. Ⅱ에서 피리미딘 계열 염기의 수는 46이다.
ㄷ. 이 DNA는 200개의 염기쌍으로 구성된다.

① ㄱ ② ㄷ ③ ㄱ, ㄴ ④ ㄴ, ㄷ ⑤ ㄱ, ㄴ, ㄷ

[20702-0310]
10 그림은 에이버리의 실험 일부를 나타낸 것이다. ㉠과 ㉡은 각각 R형 균과 S형 균 중 하나이고, 효소 A는 단백질 분해 효소와 DNA 분해 효소 중 하나이다.

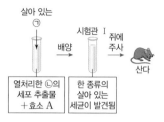

살아 있는 ㉠
열처리한 ㉡의 세포 추출물 +효소 A
배양
시험관 Ⅰ
한 종류의 살아 있는 세균이 발견됨
쥐에 주사
산다

이에 대한 설명으로 옳은 것만을 〈보기〉에서 있는 대로 고른 것은?

보기
ㄱ. ㉠은 피막을 갖는다.
ㄴ. A의 기질은 DNA이다.
ㄷ. 시험관 Ⅰ에 있는 세균은 ㉡이다.

① ㄴ ② ㄷ ③ ㄱ, ㄴ ④ ㄱ, ㄷ ⑤ ㄱ, ㄴ, ㄷ

[20702-0311]
11 그림은 허시와 체이스의 실험 일부를 나타낸 것이다. 실험 결과 A와 B 중 한 곳에서만 방사선이 검출되었다.

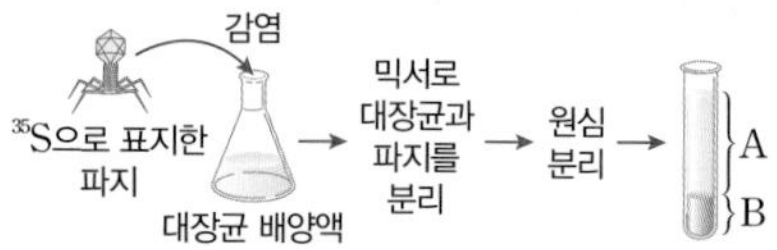

이에 대한 설명으로 옳은 것만을 〈보기〉에서 있는 대로 고른 것은?

보기
ㄱ. ^{35}S은 단백질을 표지하기 위함이다.
ㄴ. A에 대장균이 존재한다.
ㄷ. B에서 방사선이 검출된다.

① ㄱ ② ㄴ ③ ㄱ, ㄷ ④ ㄴ, ㄷ ⑤ ㄱ, ㄴ, ㄷ

[20702-0312]
12 그림은 그리피스의 실험 일부를 나타낸 것이다. ㉠과 ㉡은 각각 R형 균과 S형 균 중 하나이다.

열처리로 죽은 ㉠의 추출물 + 살아 있는 ㉡ → 쥐에 주사 → 쥐가 죽는다 → 살아 있는 ㉠이 관찰됨

이에 대한 설명으로 옳은 것만을 〈보기〉에서 있는 대로 고른 것은?

보기
ㄱ. ㉡이 ㉠으로 형질 전환되었다.
ㄴ. 이 실험을 통해 유전 물질이 무엇인지 알 수 있다.
ㄷ. 병원성은 살아 있는 ㉠이 살아 있는 ㉡보다 강하다.

① ㄱ ② ㄴ ③ ㄱ, ㄷ ④ ㄴ, ㄷ ⑤ ㄱ, ㄴ, ㄷ

[20702-0313]
13 DNA가 유전 물질이라는 증거에 해당하는 것만을 〈보기〉에서 있는 대로 고른 것은?

보기
ㄱ. DNA는 구성 원소로 인(P)을 갖는다.
ㄴ. DNA의 단위체는 뉴클레오타이드이다.
ㄷ. DNA 염기 서열에 이상이 생기면 형질 이상이 나타날 수 있다.

① ㄱ ② ㄷ ③ ㄱ, ㄴ ④ ㄴ, ㄷ ⑤ ㄱ, ㄴ, ㄷ

[20702-0314]
14 다음은 허시와 체이스의 실험에 대한 자료이다.

허시와 체이스는 박테리오파지 (가)를 대장균에 감염시켜 대장균 속에서 새로 만들어진 파지의 (나)에서 방사선이 검출되는 것을 확인했다.

(가)와 (나)를 옳게 짝 지은 것은?

	(가)	(나)
①	^{32}P으로 표지한 박테리오파지	DNA
②	^{32}P으로 표지한 박테리오파지	단백질 껍질
③	^{35}S으로 표지한 박테리오파지	DNA
④	^{35}S으로 표지한 박테리오파지	단백질 껍질
⑤	^{35}S으로 표지한 박테리오파지	DNA와 단백질 껍질

[20702-0315]
15 50쌍의 염기로 구성된 DNA X에서 $\frac{A+T}{G+C}=\frac{1}{4}$이다. X에 대한 설명으로 옳은 것만을 〈보기〉에서 있는 대로 고른 것은?

보기
ㄱ. 염기 사이의 수소 결합의 총개수는 140개이다.
ㄴ. G의 수는 40이다.
ㄷ. U의 수는 10이다.

① ㄱ ② ㄴ ③ ㄷ ④ ㄱ, ㄴ ⑤ ㄴ, ㄷ

[20702-0316]
16 표는 어떤 생물의 DNA 염기 조성을 분석한 결과이다. ㉠~㉢은 각각 서로 다른 염기이고, ㉢은 RNA에서 발견되지 않는다.

$\frac{㉠}{사이토신(C)}$	$\frac{㉡}{㉢}$	$\frac{㉢}{사이토신(C)}$
1	?	4

이에 대한 설명으로 옳은 것만을 〈보기〉에서 있는 대로 고른 것은?

보기
ㄱ. ㉡은 아데닌(A)이다.
ㄴ. 이 DNA에서 ㉠의 비율은 10 %이다.
ㄷ. 구아닌(G)은 ㉢과 결합한다.

① ㄱ ② ㄴ ③ ㄷ ④ ㄱ, ㄴ ⑤ ㄴ, ㄷ

[20702-0317]
17 다음은 S형 균과 R형 균을 이용한 실험이다.

(가) 살아 있는 S형 균을 쥐에게 주사하였더니 쥐가 죽었다.
(나) 살아 있는 R형 균을 쥐에게 주사하였더니 쥐가 죽지 않았다.
(다) 열처리한 S형 균을 쥐에게 주사하였더니 쥐가 죽지 않았다.
(라) 열처리한 S형 균과 살아 있는 R형 균을 섞어 쥐에게 주사하였더니 쥐가 죽었다.

(가)~(라) 중 형질 전환이 일어난 실험을 모두 쓰시오.

[20702-0318]
18 그림은 허시와 체이스가 사용한 박테리오파지의 구조를 나타낸 것이다. A와 B는 각각 DNA와 단백질 중 하나이다.
이에 대한 설명으로 옳은 것만을 〈보기〉에서 있는 대로 고른 것은?

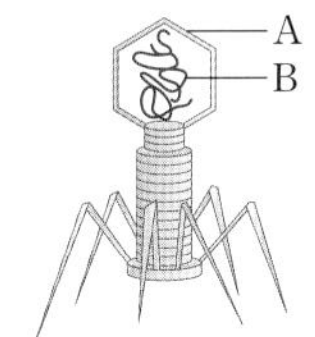

보기
ㄱ. A는 대장균 안으로 들어가 새로운 파지를 만드는 데 관여한다.
ㄴ. B의 단위체는 뉴클레오타이드이다.
ㄷ. 파지는 물질대사에 필요한 효소를 갖는다.

① ㄱ ② ㄴ ③ ㄷ ④ ㄱ, ㄴ ⑤ ㄴ, ㄷ

실력 향상 문제

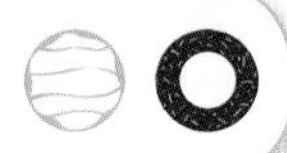

[20702-0319]

01 표는 원핵생물에 해당하는 개체 A와 진핵생물에 해당하는 개체 B에서의 유전체를 비교한 것이다. ㉠과 ㉡은 각각 '있음'과 '없음' 중 하나이다.

구분	A	B
오페론 구조	㉠	㉡
유전체를 구성하는 DNA 구조	?	선형
인트론 유무	㉡	㉠

이에 대한 설명으로 옳은 것만을 <보기>에서 있는 대로 고른 것은?

보기

ㄱ. ㉡은 '없음'이다.

ㄴ. A의 유전체는 원형 구조이다.

ㄷ. B의 유전체에는 단백질을 암호화하지 않는 부위가 있다.

① ㄱ ② ㄷ ③ ㄱ, ㄴ ④ ㄴ, ㄷ ⑤ ㄱ, ㄴ, ㄷ

[20702-0320]

02 그림은 원핵세포 X의 유전자가 발현되는 과정을 나타낸 것이다. ㉠과 ㉡은 각각 DNA와 mRNA 중 하나이다.

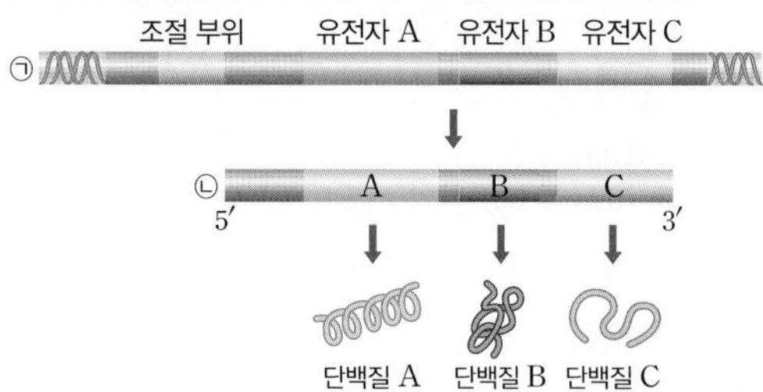

이 자료에 대한 설명으로 옳은 것만을 <보기>에서 있는 대로 고른 것은?

보기

ㄱ. ㉠에 디옥시리보스가 존재한다.

ㄴ. X는 오페론 구조를 갖는다.

ㄷ. 유전자 A는 여러 종류의 단백질을 암호화한다.

① ㄱ ② ㄷ ③ ㄱ, ㄴ ④ ㄴ, ㄷ ⑤ ㄱ, ㄴ, ㄷ

[20702-0321]

03 다음은 브로콜리에서 핵산을 추출하여 확인하는 실험이다.

(가) 막자사발에 브로콜리를 넣고 갈아 브로콜리액을 만든다.

(나) 비커에 소금, 증류수, ㉠ 주방용 세제를 섞은 혼합 용액을 준비한다.

(다) (가)의 브로콜리액과 (나)의 혼합 용액을 잘 섞은 후, 일정 시간 동안 두었다가 거름종이로 거른다.

(라) (다)의 여과액에 적당량의 ㉡ 차가운 에탄올을 천천히 넣어 DNA를 추출한다.

이에 대한 설명으로 옳은 것만을 <보기>에서 있는 대로 고른 것은?

보기

ㄱ. ㉠은 세포막과 핵막의 지질 성분을 분해한다.

ㄴ. ㉡은 DNA를 분해시킨다.

ㄷ. (라)의 결과 DNA는 서로 분리된 상태로 추출된다.

① ㄱ ② ㄷ ③ ㄱ, ㄴ ④ ㄱ, ㄷ ⑤ ㄴ, ㄷ

[20702-0322]

04 표 (가)는 세포 A~C에서 특징 ㉠~㉢의 유무를, (나)는 ㉠~㉢을 순서 없이 나타낸 것이다. A~C 중 1개는 원핵세포, 나머지 2개는 진핵세포이다.

구분	㉠	㉡	㉢
A	○	?	×
B	×	×	○
C	×	×	?

(○: 있음, ×: 없음)

(가)

특징(㉠~㉢)
• 핵막을 갖는다.
• 유전체가 원형 DNA로 구성된다.
• ⓐ

(나)

이에 대한 설명으로 옳은 것만을 <보기>에서 있는 대로 고른 것은?

보기

ㄱ. '유전자 발현이 오페론으로 조절된다.'는 ⓐ에 해당한다.

ㄴ. A는 막으로 된 세포 소기관을 갖는다.

ㄷ. B와 C의 유전체에는 모두 인트론이 있다.

① ㄱ ② ㄷ ③ ㄱ, ㄴ ④ ㄱ, ㄷ ⑤ ㄴ, ㄷ

[20702-0323]
05 그림은 형질 전환 실험의 일부를 나타낸 것이다. ㉠과 ㉡은 각각 R형 균과 S형 균 중 하나이고, (가)와 (나)는 각각 단백질 분해 효소와 DNA 분해 효소 중 하나이며, 살아 있는 ㉡은 피막을 갖는다.

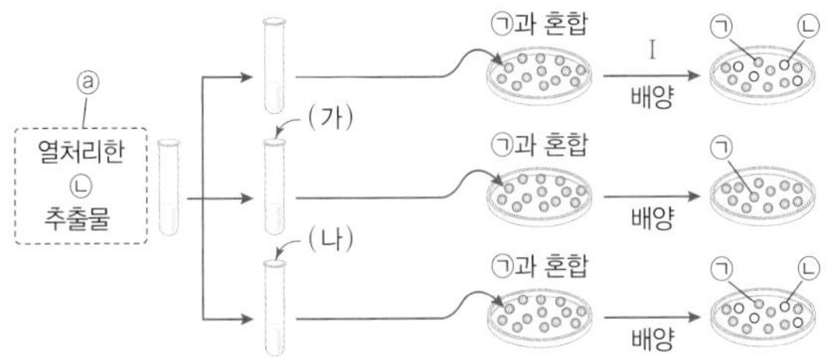

이에 대한 설명으로 옳은 것만을 〈보기〉에서 있는 대로 고른 것은?

보기
ㄱ. 과정 Ⅰ에서 R형 균으로부터 S형 균으로의 형질 전환이 일어났다.
ㄴ. ⓐ에는 피막 합성 유전자가 존재한다.
ㄷ. (나)의 기질은 단백질이다.

① ㄱ ② ㄷ ③ ㄱ, ㄴ ④ ㄴ, ㄷ ⑤ ㄱ, ㄴ, ㄷ

[20702-0324]
06 그림 (가)와 (나)는 허시와 체이스의 실험을 나타낸 것이다. ㉠~㉣은 각각 상층액과 침전물 중 하나이고, ㉠~㉣ 중 방사선이 검출되는 곳은 2곳이다.

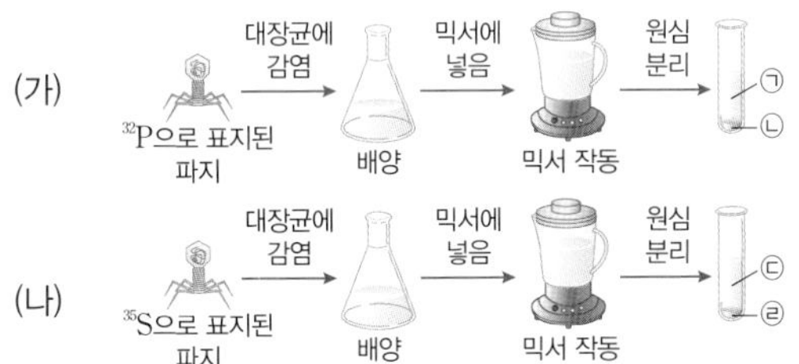

이에 대한 설명으로 옳은 것만을 〈보기〉에서 있는 대로 고른 것은?

보기
ㄱ. ㉠에서 방사선이 검출된다.
ㄴ. (가)에서 믹서 작동은 대장균에서 파지를 떼어 내기 위함이다.
ㄷ. ㉢에는 파지의 단백질이 있다.

① ㄱ ② ㄴ ③ ㄱ, ㄴ ④ ㄱ, ㄷ ⑤ ㄴ, ㄷ

[20702-0325]
07 그림은 그리피스가 수행한 실험의 일부를 나타낸 것이다. ㉠과 ㉡은 각각 S형 균과 R형 균 중 하나이다.

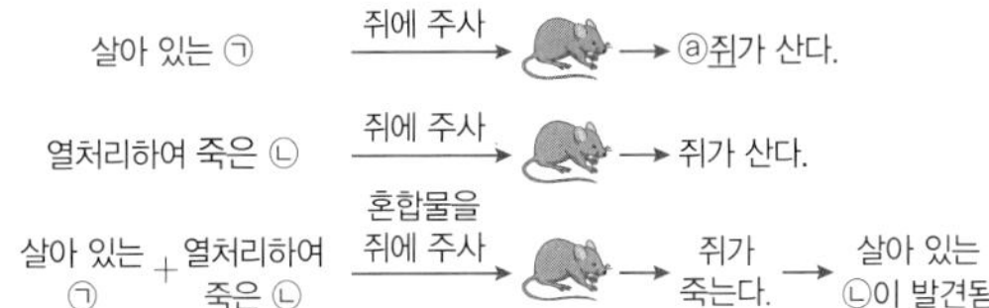

이에 대한 설명으로 옳은 것만을 〈보기〉에서 있는 대로 고른 것은?

보기
ㄱ. 살아 있는 ㉡을 쥐에 주사하면 쥐가 죽는다.
ㄴ. ⓐ에는 피막을 갖는 세균이 있다.
ㄷ. 이 실험은 DNA가 유전 물질임을 증명한 실험이다.

① ㄱ ② ㄷ ③ ㄱ, ㄴ ④ ㄴ, ㄷ ⑤ ㄱ, ㄴ, ㄷ

[20702-0326]
08 다음은 폐렴 쌍구균을 이용한 실험이다.

(가) 열처리하여 죽은 S형 균의 세포 추출물을 시험관 Ⅰ~Ⅳ에 나누어 담은 후, 각 시험관에 효소 ㉠~㉢을 표와 같이 첨가하여 충분한 시간 동안 둔다. ㉠~㉢은 다당류 분해 효소, RNA 분해 효소, DNA 분해 효소를 순서 없이 나타낸 것이다.
(나) (가)의 Ⅰ~Ⅳ에 살아 있는 R형 균을 첨가하여 배양한 후, 관찰된 폐렴 쌍구균의 종류를 조사하였다. ⓐ와 ⓑ는 R형 균과 S형 균을 순서 없이 나타낸 것이다.

시험관	Ⅰ	Ⅱ	Ⅲ	Ⅳ
첨가한 효소	㉠, ㉡	㉠, ㉢	㉡, ㉢	?
관찰된 폐렴 쌍구균	ⓐ	ⓐ, ⓑ	?	ⓐ, ⓑ

이에 대한 설명으로 옳은 것만을 〈보기〉에서 있는 대로 고른 것은? (단, ㉠~㉢은 다른 효소의 작용에 영향을 미치지 않으며, 돌연변이는 고려하지 않는다.)

보기
ㄱ. Ⅳ에 첨가한 효소에는 ㉡이 없다.
ㄴ. Ⅱ에서 ⓑ는 ⓐ가 형질 전환되어 생성된 것이다.
ㄷ. ㉢의 작용에 의해 형질 전환을 일으키는 물질이 분해된다.

① ㄱ ② ㄴ ③ ㄷ ④ ㄱ, ㄴ ⑤ ㄱ, ㄴ, ㄷ

[09~10] 그림은 100개의 염기쌍으로 구성된 이중 가닥 DNA X의 일부를 나타낸 것이다. X에 포함된 염기 간 수소 결합의 총개수는 275개이다.

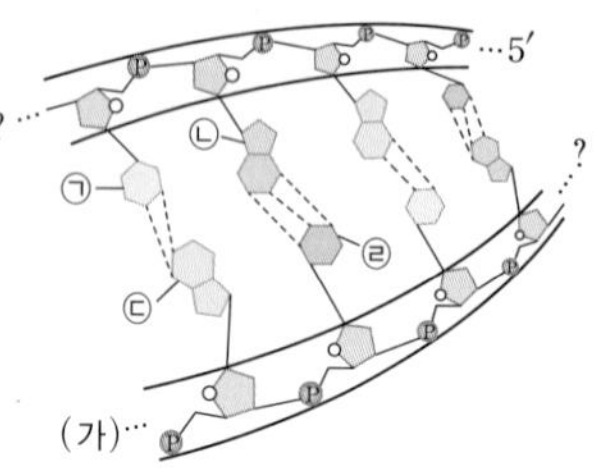

[20702-0327]

09 이에 대한 설명으로 옳은 것만을 <보기>에서 있는 대로 고른 것은? (단, 돌연변이는 고려하지 않는다.)

보기
ㄱ. (가)는 3′ 말단이다.
ㄴ. RNA에 ㉠이 존재한다.
ㄷ. ㉡과 ㉢은 모두 퓨린 계열 염기이다.

① ㄴ ② ㄷ ③ ㄱ, ㄴ ④ ㄱ, ㄷ ⑤ ㄱ, ㄴ, ㄷ

서술형

[20702-0328]

10 X를 구성하는 염기의 종류와 각 염기의 수를 쓰시오.

[20702-0329]

11 표는 100개의 염기쌍으로 구성된 이중 가닥 DNA (가)와 (나)를 구성하는 염기들 사이의 비율과 염기 간 수소 결합의 총개수를, 그림은 DNA의 뉴클레오타이드 중 1가지를 나타낸 것이다. ㉠~㉣은 각각 서로 다른 염기이고, ⓐ는 당이다.

구분	$\frac{㉠+㉡}{㉢+㉣}$	염기 간 수소 결합 총개수(개)
(가)	0.25	280
(나)	?	240

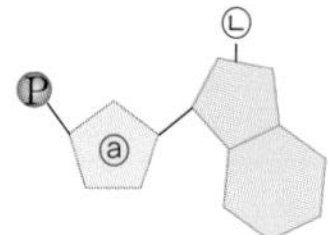

이에 대한 설명으로 옳은 것만을 <보기>에서 있는 대로 고른 것은? (단, 돌연변이는 고려하지 않는다.)

보기
ㄱ. (가)에서 $\frac{㉡의\ 수}{ⓐ의\ 수}$=0.2이다.
ㄴ. (나)에서 $\frac{㉠+㉡}{㉢+㉣}$=1.25이다.
ㄷ. $\frac{㉠+㉢}{㉡+㉣}$의 값은 (가)와 (나)에서 같다.

① ㄱ ② ㄷ ③ ㄱ, ㄴ ④ ㄴ, ㄷ ⑤ ㄱ, ㄴ, ㄷ

[20702-0330]

12 다음은 어떤 이중 가닥 DNA를 구성하는 단일 가닥 Ⅰ과 Ⅱ의 염기 서열을 나타낸 것이다. ㉠은 11개의 염기로 구성된 염기 서열이다.

DNA	염기 서열
가닥 Ⅰ	5′−ATTGCTACATC−?
가닥 Ⅱ	3′−(㉠)−ⓐ

이에 대한 설명으로 옳은 것만을 <보기>에서 있는 대로 고른 것은? (단, 돌연변이는 고려하지 않는다.)

보기
ㄱ. ㉠에 존재하는 A의 수는 5이다.
ㄴ. ⓐ는 3′ 말단이다.
ㄷ. 이 DNA에서 퓨린 계열 염기 수와 피리미딘 계열 염기 수가 같다.

① ㄴ ② ㄷ ③ ㄱ, ㄴ ④ ㄱ, ㄷ ⑤ ㄴ, ㄷ

[20702-0331]

13 그림은 이중 가닥 DNA의 구조를, 표는 이중 가닥 DNA Ⅰ~Ⅲ의 염기 조성을 나타낸 것이다. DNA Ⅰ~Ⅲ은 각각 100개의 뉴클레오타이드로 구성되어 있다.

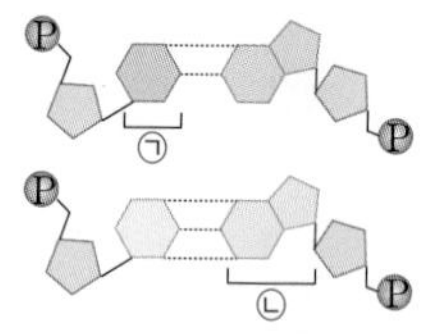

DNA	염기 조성
Ⅰ	$\frac{A+T}{G+C}=\frac{2}{3}$
Ⅱ	㉡의 수 30
Ⅲ	㉠의 수 40

이에 대한 설명으로 옳은 것만을 <보기>에서 있는 대로 고른 것은? (단, 돌연변이는 고려하지 않는다.)

보기
ㄱ. Ⅰ에서 $\frac{㉠의\ 수}{㉡의\ 수}=\frac{3}{2}$이다.
ㄴ. $\frac{Ⅱ에서\ C의\ 수}{Ⅲ에서\ A의\ 수}$<1이다.
ㄷ. Ⅲ에서 염기 간 수소 결합의 총개수는 100개이다.

① ㄴ ② ㄷ ③ ㄱ, ㄴ ④ ㄱ, ㄷ ⑤ ㄴ, ㄷ

신유형·수능 열기

정답과 해설 52쪽

[20702-0332]

01 다음은 브로콜리를 이용하여 핵산을 추출하는 실험이다.

(가) 브로콜리를 막자사발에 넣고 갈다가 소금물과 ㉠ 세제 용액을 넣어 다시 갈아 준다.
(나) 브로콜리 혼합 용액을 체에 거른다.
(다) 여과액이 들어 있는 시험관에 에탄올을 유리 막대를 따라 천천히 흘려 넣고, ㉡ 에탄올과 혼합 용액이 만나는 경계 부분에서 어떤 변화가 나타나는지 관찰한다.

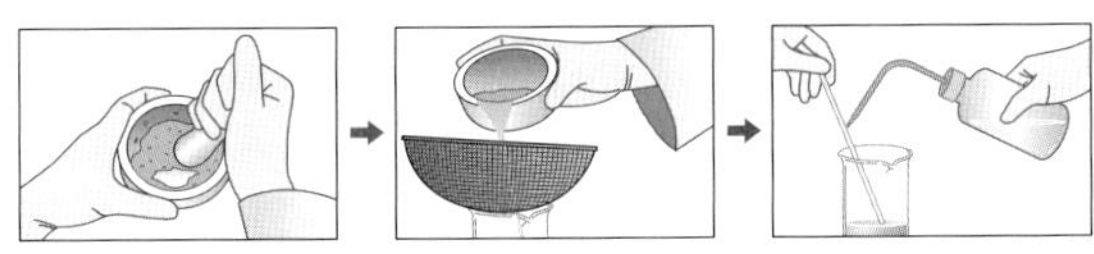

(라) (다)의 ㉡에서 생성된 물질을 아세트산카민 용액으로 염색했더니 붉게 염색되었다.

이에 대한 설명으로 옳은 것만을 <보기>에서 있는 대로 고른 것은?

보기
ㄱ. ㉠은 세포막과 핵막을 보호하는 기능을 한다.
ㄴ. ㉡에서 핵산이 나타난다.
ㄷ. 이 실험을 통해 DNA 이중 나선 구조를 확인할 수 있다.

① ㄱ ② ㄴ ③ ㄱ, ㄷ ④ ㄴ, ㄷ ⑤ ㄱ, ㄴ, ㄷ

[20702-0333]

02 그림은 에이버리가 수행한 형질 전환 실험의 일부를 나타낸 것이다. ㉠과 ㉡은 R형 균과 S형 균을 순서 없이 나타낸 것이고, A와 B는 단백질 분해 효소와 DNA 분해 효소를 순서 없이 나타낸 것이다.

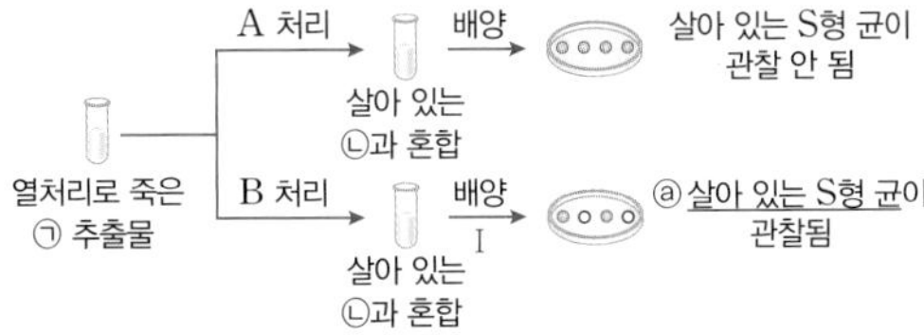

이에 대한 설명으로 옳은 것만을 <보기>에서 있는 대로 고른 것은?

보기
ㄱ. A의 기질에 수소 결합이 존재한다.
ㄴ. ⓐ에서 피막 합성 유전자의 발현이 있었다.
ㄷ. 과정 Ⅰ에서 ㉡이 ㉠으로 형질 전환되었다.

① ㄱ ② ㄷ ③ ㄱ, ㄴ ④ ㄴ, ㄷ ⑤ ㄱ, ㄴ, ㄷ

[20702-0334]

03 다음은 DNA가 유전 물질임을 확인하기 위해 허시와 체이스가 수행한 실험의 일부이다. ㉠과 ㉡은 ^{32}P과 ^{35}S을 순서 없이 나타낸 것이다.

[실험 과정]
(가) ㉠으로 표지한 박테리오파지를 대장균과 함께 배양액에 넣은 후 배양한다.
(나) (가)의 배양액을 믹서에 넣고 파지와 ⓐ 대장균을 분리시킨다.
(다) (나)의 믹서에서 처리된 배양액을 원심 분리한 후 침전물에서 방사선 검출 여부를 확인한다.
(라) ㉠ 대신 ㉡으로 표지한 파지를 이용하여 (가)~(다)의 실험을 반복한다.

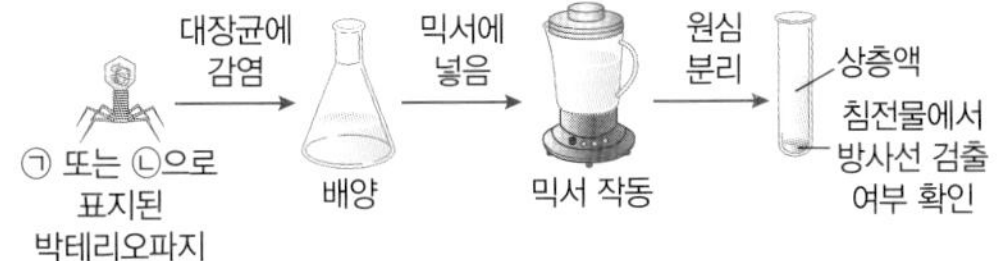

[실험 결과]
㉠으로 표지된 파지를 이용한 실험의 침전물에서는 방사선이 검출되지 않았다.

이에 대한 설명으로 옳은 것만을 <보기>에서 있는 대로 고른 것은? (단, 제시된 조건 이외의 다른 조건은 동일하다.)

보기
ㄱ. ㉠에 의해 파지의 DNA가 표지된다.
ㄴ. ⓐ에는 파지의 DNA가 들어 있는 대장균이 있다.
ㄷ. ㉡으로 표지된 파지를 이용한 실험의 침전물에서 방사선이 검출된다.

① ㄱ ② ㄴ ③ ㄱ, ㄷ ④ ㄴ, ㄷ ⑤ ㄱ, ㄴ, ㄷ

정답과 해설 52쪽

[20702-0335]

04 그림 (가)는 DNA를 구성하는 두 쌍의 뉴클레오타이드를, (나)는 길이가 동일한 이중 가닥 DNA Ⅰ, Ⅱ, Ⅲ이 있는 용액의 온도를 높였을 때 단일 가닥으로 완전히 분리된 비율을 나타낸 것이다. 이중 가닥 DNA는 염기 간 수소 결합 수가 많을수록 안정하여 더 높은 온도에서 단일 가닥으로 완전히 분리된다.

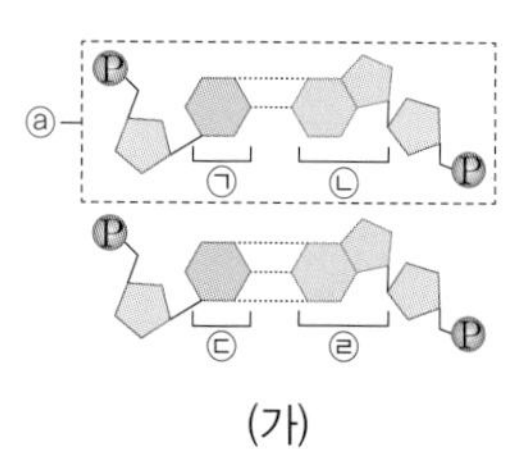

(가)

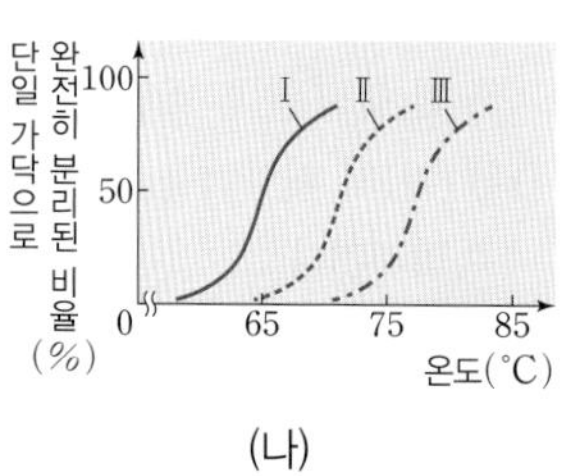

(나)

이에 대한 설명으로 옳은 것만을 〈보기〉에서 있는 대로 고른 것은? (단, 돌연변이는 고려하지 않는다.)

보기

ㄱ. Ⅰ~Ⅲ 중 ⓐ의 비율이 가장 높은 것은 Ⅰ이다.

ㄴ. DNA와 RNA를 구성하는 공통 염기로 ㉡이 있다.

ㄷ. 단일 가닥으로 완전히 분리된 비율이 50 %일 때의 온도는 Ⅱ에서가 Ⅲ에서보다 높다.

① ㄱ ② ㄴ ③ ㄷ ④ ㄱ, ㄴ ⑤ ㄱ, ㄴ, ㄷ

[20702-0336]

05 그림은 200개의 염기쌍으로 구성된 이중 가닥 DNA (가)를 구성하는 단일 가닥 Ⅰ과 Ⅱ의 염기 일부를, 표는 (가)에 대한 자료이다. A, T, G, C과 A^*, T^*, G^*, C^*는 각각 가닥 Ⅰ과 Ⅱ를 구성하는 염기이다.

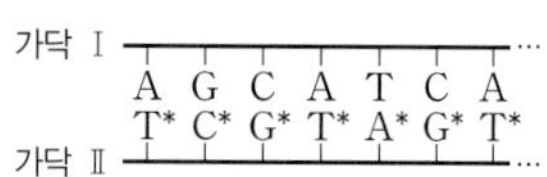

염기 구성
• (가)를 구성하는 염기 중 A^*+T^*의 비율은 26 %이다. • Ⅰ을 구성하는 염기 중 C의 비율은 22 %이다.

이에 대한 설명으로 옳은 것만을 〈보기〉에서 있는 대로 고른 것은? (단, 돌연변이는 고려하지 않는다.)

보기

ㄱ. (가)를 구성하는 염기 중 G^*의 수는 44이다.

ㄴ. (가)를 구성하는 염기 중 $C+G^*$의 비율은 26 %이다.

ㄷ. (가)에서 염기 사이의 수소 결합의 총개수는 404개이다.

① ㄱ ② ㄷ ③ ㄱ, ㄴ ④ ㄴ, ㄷ ⑤ ㄱ, ㄴ, ㄷ

[20702-0337]

06 그림은 가닥 Ⅰ과 Ⅱ로 구성된 어떤 이중 가닥 DNA를, 표는 Ⅰ과 Ⅱ의 염기 조성 비율을 나타낸 것이다. ㉠~㉣은 DNA를 구성하는 염기이고, Ⅰ과 Ⅱ는 각각 100개의 뉴클레오타이드로 구성된다.

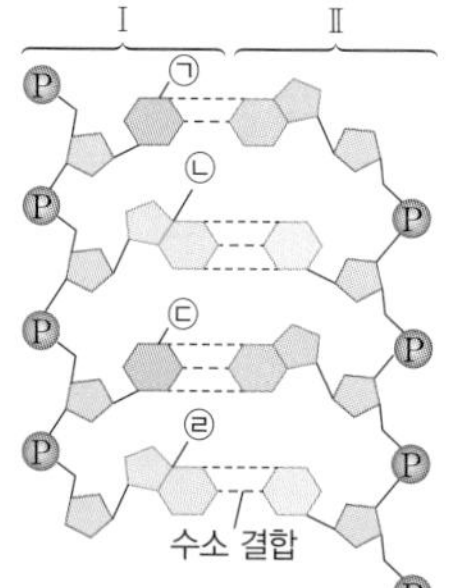

구분	염기 조성 비율(%)				
	㉠	㉡	㉢	㉣	계
가닥 Ⅰ	20	?	?	35	100
가닥 Ⅱ	?	?	25	?	100

이에 대한 설명으로 옳은 것만을 〈보기〉에서 있는 대로 고른 것은?

보기

ㄱ. $\frac{\text{Ⅰ에서 ㉠의 수}}{\text{Ⅱ에서 ㉡의 수}}=\frac{1}{2}$이다.

ㄴ. 이중 가닥 DNA에서 디옥시리보스의 수는 200이다.

ㄷ. 피리미딘 계열 염기의 수는 Ⅰ에서가 Ⅱ에서보다 많다.

① ㄴ ② ㄷ ③ ㄱ, ㄴ ④ ㄱ, ㄷ ⑤ ㄱ, ㄴ, ㄷ

[20702-0338]

07 그림은 이중 가닥 DNA X에서 염기 ㉠~㉣을 구분하는 과정을 나타낸 것이다. ㉠~㉣은 아데닌(A), 타이민(T), 구아닌(G), 사이토신(C)을 순서 없이 나타낸 것이다.

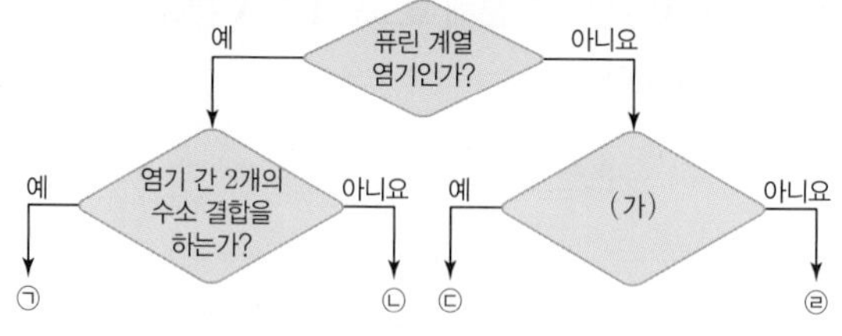

이에 대한 설명으로 옳은 것만을 〈보기〉에서 있는 대로 고른 것은? (단, 돌연변이는 고려하지 않는다.)

보기

ㄱ. ㉠은 아데닌(A)이다.

ㄴ. 사람의 간세포에서 $\frac{\text{㉠의 개수}+\text{㉡의 개수}}{\text{㉢의 개수}+\text{㉣의 개수}}=1$이다.

ㄷ. '고리 구조가 2개인가?'는 (가)에 해당한다.

① ㄱ ② ㄷ ③ ㄱ, ㄴ ④ ㄴ, ㄷ ⑤ ㄱ, ㄴ, ㄷ

9 DNA의 복제

- DNA의 복제 가설 이해하기
- DNA의 반보존적 복제 과정 이해하기

한눈에 단원 파악, 이것이 핵심!

DNA의 복제 가설에는 무엇이 있을까?

DNA의 이중 나선 구조가 규명된 후 DNA 복제에 관한 세 가지 가설인 보존적 복제 모델, 반보존적 복제 모델, 분산적 복제 모델이 제기되었다.

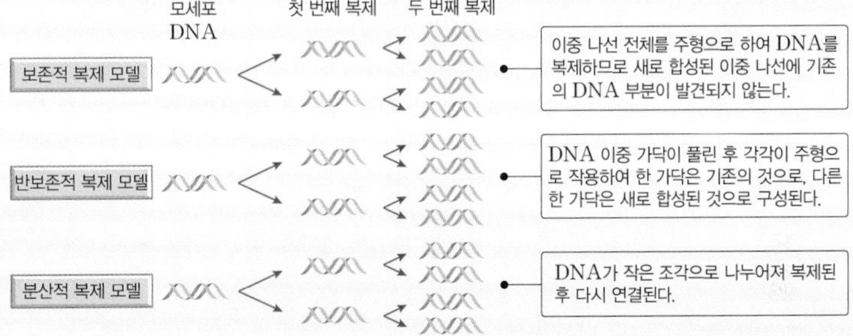

모세포 DNA
첫 번째 복제
두 번째 복제
보존적 복제 모델
이중 나선 전체를 주형으로 하여 DNA를 복제하므로 새로 합성된 이중 나선에 기존의 DNA 부분이 발견되지 않는다.
반보존적 복제 모델
DNA 이중 가닥이 풀린 후 각각이 주형으로 작용하여 한 가닥은 기존의 것으로, 다른 한 가닥은 새로 합성된 것으로 구성된다.
분산적 복제 모델
DNA가 작은 조각으로 나누어져 복제된 후 다시 연결된다.

DNA의 반보존적 복제 과정은 어떻게 일어날까?

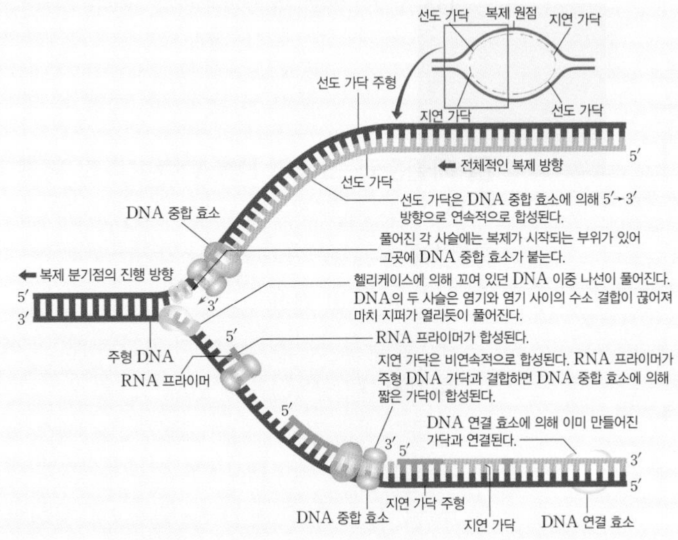

선도 가닥
복제 원점
지연 가닥
선도 가닥 주형
지연 가닥
선도 가닥
5′
전체적인 복제 방향
선도 가닥
선도 가닥은 DNA 중합 효소에 의해 5′→3′ 방향으로 연속적으로 합성된다.
DNA 중합 효소
풀어진 각 사슬에는 복제가 시작되는 부위가 있어 그곳에 DNA 중합 효소가 붙는다.
복제 분기점의 진행 방향
5′
3′
3′
헬리케이스에 의해 꼬여 있던 DNA 이중 나선이 풀어진다. DNA의 두 사슬은 염기와 염기 사이의 수소 결합이 끊어져 마치 지퍼가 열리듯이 풀어진다.
5′
RNA 프라이머가 합성된다.
주형 DNA
RNA 프라이머
지연 가닥은 비연속적으로 합성된다. RNA 프라이머가 주형 DNA 가닥과 결합하면 DNA 중합 효소에 의해 짧은 가닥이 합성된다.
5′
DNA 연결 효소에 의해 이미 만들어진 가닥과 연결된다.
3′
5′
3′
5′
DNA 중합 효소
지연 가닥 주형
지연 가닥
DNA 연결 효소

01 DNA의 복제

THE 알기

❶ DNA 복제 가설
복제 과정을 설명하기 위해 이론적으로 제시된 복제 방법들이다.

❷ DNA 염기의 구성 원소
DNA를 구성하는 염기의 공통 구성 원소로는 질소(N)가 있다.

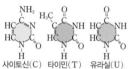

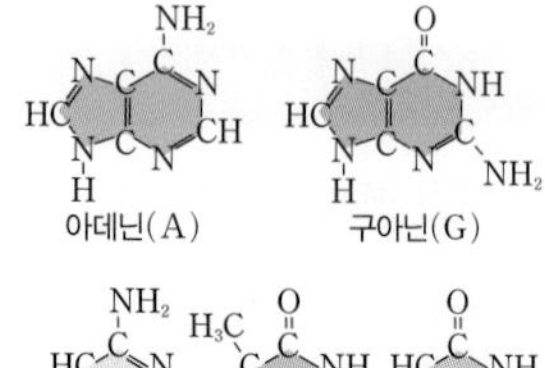

❸ 원심 분리 기술
^{15}N는 ^{14}N보다 상대적으로 무거워 ^{15}N로 DNA를 표지하면 무게의 차이로 구별할 수 있다.

1 ❶DNA 복제 방식에 대한 세 가지 가설

(1) 보존적 복제: 원래의 DNA 두 가닥은 모두 보존되며, 복제된 DNA에는 원래의 가닥이 포함되어 있지 않다.

(2) 반보존적 복제

① 원래의 DNA 두 가닥은 분리되며, 복제된 DNA는 원래의 DNA 한 가닥과 새로 합성된 한 가닥으로 구성된다.

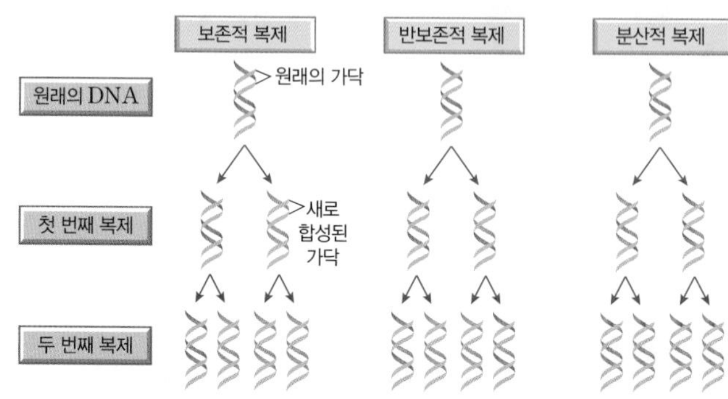

▲ DNA 복제 방식에 대한 세 가지 모델

② 메셀슨과 스탈의 실험에 의해 반보존적 복제가 옳다고 증명되었다.

③ 반보존적 복제 모델에 따르면 먼저 DNA를 구성하는 두 가닥의 사슬이 분리되어 분리된 각 사슬이 각각 주형이 되고, 상보적인 염기를 가진 뉴클레오타이드가 주형 가닥을 따라 첨가되어 새로운 DNA 가닥이 만들어진다.

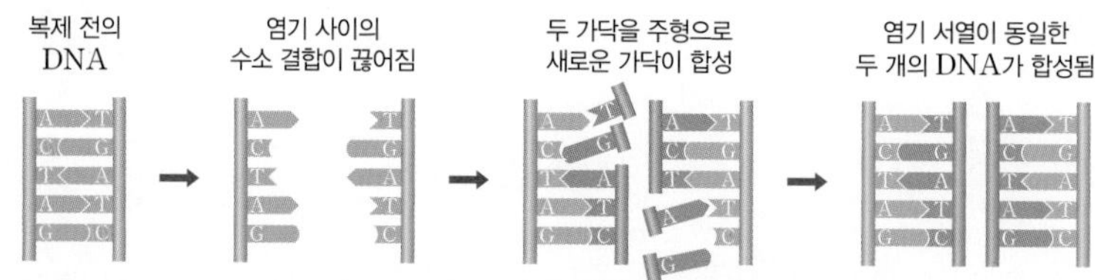

▲ 반보존적 복제 모델에 따른 DNA 복제 과정

(3) 분산적 복제: 원래의 DNA는 작은 조각들로 나뉘며, 복제된 DNA 두 가닥은 모두 원래의 DNA 조각들과 새로 합성된 조각들로 구성된다.

2 메셀슨과 스탈의 DNA 반보존적 복제 증명 실험(1958년)

❷DNA 염기의 구성 원소 중 하나인 질소(N)의 동위 원소 표지 기술과 ❸원심 분리 기술을 이용하여 DNA의 반보존적 복제를 확인하였다.

(1) 실험 과정 및 결과

① 대장균을 무거운 질소(^{15}N)가 포함된 배양액에서 여러 세대 배양하여 ^{15}N으로 표지된 DNA를 가진 대장균(G_0)을 얻었다.

② G_0를 가벼운 질소(^{14}N)가 포함된 배양액으로 옮겨 첫 번째 분열(G_1)과 두 번째 분열(G_2) 후 각각의 대장균에서 DNA를 추출하였다.

③ 추출한 G_0, G_1, G_2의 DNA를 초원심 분리기로 밀도에 따라 분리하였다.

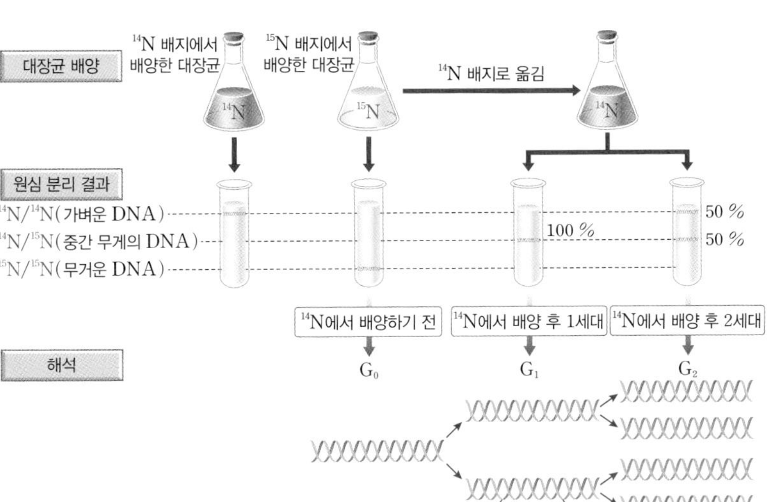

▲ 메셀슨과 스탈의 실험

(2) 결과 해석 및 결론

① G_1의 DNA를 원심 분리하면 중간 무게의 DNA($^{14}N-^{15}N$) 띠가 형성된다. 이 결과로 보존적 복제 가설이 옳지 않음을 알 수 있다.

② G_2의 DNA를 원심 분리하면 가벼운 DNA($^{14}N-^{14}N$) 띠와 중간 무게의 DNA($^{14}N-^{15}N$) 띠가 1 : 1 비율로 만들어진다. 이 결과로 분산적 복제 가설이 옳지 않음을 알 수 있다.
➡ DNA는 반보존적으로 복제된다.

3 DNA의 복제 과정

DNA의 복제는 ❶복제 원점이라고 하는 특정 염기 서열에서 시작된다. 복제 원점에서 DNA는 양방향으로 이중 나선이 풀려 Y자형의 ❷복제 분기점을 형성하고, DNA 복제는 완전히 DNA가 복제될 때까지 양방향으로 동시에 진행된다.

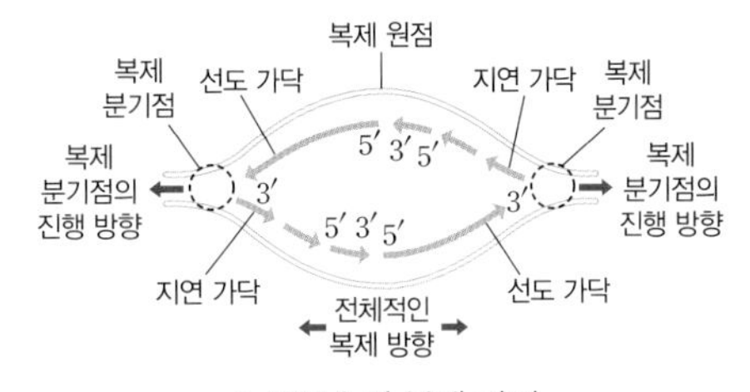

▲ DNA의 복제 과정

(1) DNA 이중 나선의 풀림과 RNA 프라이머 합성

① DNA 이중 나선의 풀림: 복제가 시작되는 지점(복제 원점)에서 ❸헬리케이스는 DNA 염기 서열 사이의 수소 결합을 끊어 이중 나선을 단일 가닥으로 풀어준다.

② RNA 프라이머 합성: 효소에 의해 합성된 RNA ❹프라이머는 새로 첨가되는 뉴클레오타이드가 DNA 중합 효소의 작용으로 당-인산 결합을 형성할 수 있도록 3′ 말단의 수산기(—OH)를 제공한다.

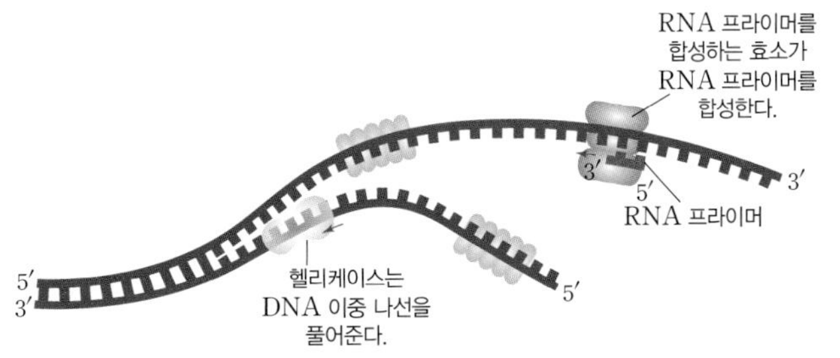

▲ 이중 나선의 풀림과 프라이머 합성

THE 알기

❶ 복제 원점
DNA가 복제되기 위해 이중 나선을 구성하고 있던 폴리뉴클레오타이드가 서로 분리되기 시작하는 특정 지점이다.

❷ 복제 분기점
DNA 이중 나선이 복제 원점에서부터 풀려 Y자형을 나타내는 부분이다.

❸ 헬리케이스
DNA 이중 나선을 단일 가닥으로 풀어주는 효소이다.

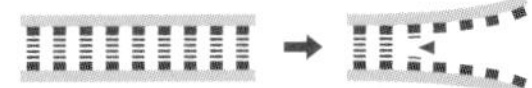

❹ 프라이머
DNA 복제 시 주형 가닥에 결합하여 3′ 말단을 제공하는 DNA 혹은 RNA로 구성된 짧은 뉴클레오타이드 사슬이다.

THE 알기

❶ DNA 중합 효소
주형 DNA 가닥을 따라 DNA 뉴클레오타이드의 중합을 촉매하여 DNA를 복제하는 효소이다.

(2) 새로운 가닥의 합성

① [❶]DNA 중합 효소에 의한 DNA 합성

- DNA 중합 효소가 주형 가닥과 상보적인 염기를 갖는 뉴클레오타이드를 결합시키면서 새로운 가닥이 합성된다.
- 합성 중인 가닥의 3′ 말단 수산기(−OH)에 새로 첨가되는 뉴클레오타이드의 5′ 말단 인산기가 결합하므로 새로운 가닥은 5′ → 3′ 방향으로만 합성된다.

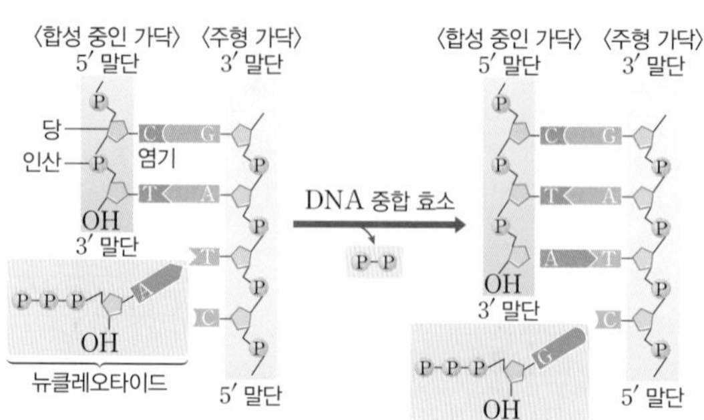

▲ DNA 중합 효소의 작용

- 주형 가닥과 새로운 가닥은 방향이 서로 반대이므로 DNA 중합 효소는 주형 가닥을 따라 3′ → 5′ 방향으로 이동한다.
- 새로 합성되는 두 가닥은 DNA 합성 방향이 서로 반대인데, 복제는 두 가닥에서 동시에 진행된다.

② 선도 가닥의 합성

- 복제 분기점의 진행 방향과 같은 방향으로 끊임없이 연속적으로 합성되는 가닥을 선도 가닥이라고 한다.
- 복제 분기점의 진행 방향이 주형 가닥의 3′ → 5′ 방향일 때 선도 가닥이 5′ → 3′ 방향으로 합성된다.

③ 지연 가닥의 합성

- 복제 분기점의 진행 방향과 반대 방향으로 짧은 가닥이 불연속적으로 합성되는 가닥을 지연 가닥이라고 한다.
- 불연속적으로 합성된 각각의 짧은 가닥에서 RNA 프라이머는 DNA 뉴클레오타이드로 교체된 후 [❷]DNA 연결 효소에 의해 연결된다.
- 복제 분기점의 진행 방향이 주형 가닥의 5′ → 3′ 방향일 때 지연 가닥이 합성되며, 불연속적으로 합성되는 각각의 짧은 가닥은 5′ → 3′ 방향으로 합성된다.

❷ DNA 연결 효소
합성된 DNA 가닥의 중간에서 뉴클레오타이드와 뉴클레오타이드의 당과 인산을 결합시켜 DNA 조각의 끊어진 부분을 연결시켜 주는 효소이다.

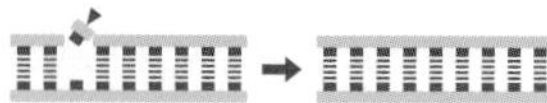

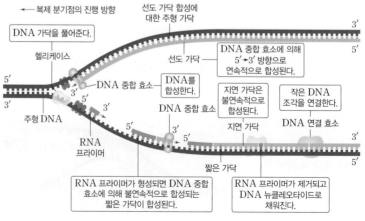

← 복제 분기점의 진행 방향
선도 가닥 합성에 대한 주형 가닥
DNA 가닥을 풀어준다.
헬리케이스
선도 가닥
DNA 중합 효소에 의해 5′→3′ 방향으로 연속적으로 합성된다.
DNA 중합 효소
DNA를 합성한다.
지연 가닥은 불연속적으로 합성된다.
작은 DNA 조각을 연결한다.
DNA 중합 효소
지연 가닥
DNA 연결 효소
주형 DNA
RNA 프라이머
짧은 가닥
RNA 프라이머가 형성되면 DNA 중합 효소에 의해 불연속적으로 합성되는 짧은 가닥이 합성된다.
RNA 프라이머가 제거되고 DNA 뉴클레오타이드로 채워진다.

▲ DNA의 복제

개념체크

빈칸 완성

1. DNA 복제가 시작될 때 헬리케이스의 작용으로 DNA 이중 나선 사이의 (　　　) 결합이 끊어진다.

2. DNA의 두 가닥이 풀려 각 가닥을 주형으로 상보적인 가닥이 합성된다는 가설이 (　　　) 복제 가설이다.

3. (　　　)는 새로 첨가되는 뉴클레오타이드가 DNA 중합 효소의 작용으로 당-인산 결합을 형성할 수 있도록 3′ 말단의 수산기(−OH)를 제공한다.

4. (　　　)은 복제 진행 방향(복제 분기점의 진행 방향)과 같은 방향으로 끊임없이 연속적으로 합성되는 가닥이다.

○X 문제

5. DNA 중합 효소에 대한 설명으로 옳은 것은 ○, 옳지 않은 것은 ×로 표시하시오.

(1) 새로 합성되는 DNA 가닥은 3′→5′ 방향으로 합성된다. (　　)

(2) 이미 만들어져 있는 폴리뉴클레오타이드의 3′−OH와 새로운 뉴클레오타이드의 인산기를 결합시킨다. (　　)

6. DNA 복제에 대한 설명으로 옳은 것은 ○, 옳지 않은 것은 ×로 표시하시오.

(1) 주형 가닥의 DNA 염기 서열이 AT이면, 새로 합성되는 가닥의 DNA 염기 서열은 GC이다. (　　)

(2) 선도 가닥의 합성과 지연 가닥의 합성은 동시에 진행된다. (　　)

정답 1. 수소 2. 반보존적 3. 프라이머 4. 선도 가닥 5. (1) × (2) ○ 6. (1) × (2) ○

둘 중에 고르기

1. 그림은 메셀슨과 스탈이 실시한 DNA 복제 실험이다.

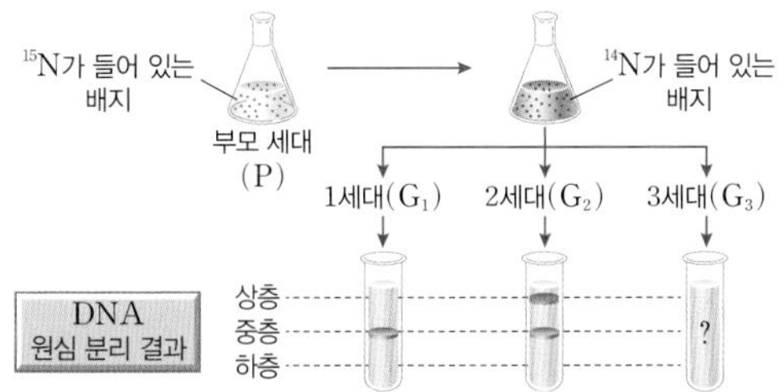

(1) 부모 세대(P)의 DNA 이중 나선 두 가닥은 모두 (^{15}N , ^{14}N)를 포함한 염기로 되어 있다.

(2) 1세대(G_1)의 DNA 이중 나선 가닥은 (^{15}N−^{15}N , ^{15}N−^{14}N)를 포함한 염기로 되어 있다.

(3) 2세대(G_2)의 DNA 원심 분리 결과 상층과 중층에 존재하는 DNA양은 (같다 , 다르다).

(4) 3세대(G_3)의 DNA 원심 분리 결과 하층에 DNA가 존재 (한다 , 안 한다).

선다형 문항

2. 반보존적 복제 가설에 따른 DNA 복제 방식에 대한 설명으로 옳은 것만을 〈보기〉에서 있는 대로 고른 것은?

> 보기
> ㄱ. 복제 과정 중 염기 사이의 수소 결합은 끊어지지 않는다.
> ㄴ. 복제된 DNA에서 한 가닥은 주형 가닥, 나머지 한 가닥은 새로 합성된 가닥이다.
> ㄷ. 상보적인 염기를 가진 뉴클레오타이드가 주형 가닥을 따라 첨가되어 새로운 DNA 가닥이 만들어진다.

① ㄱ　② ㄴ　③ ㄱ, ㄴ　④ ㄱ, ㄷ　⑤ ㄴ, ㄷ

3. DNA 복제에 대한 설명으로 옳은 것만을 〈보기〉에서 있는 대로 고른 것은?

> 보기
> ㄱ. 세포 주기 중 간기에 일어난다.
> ㄴ. DNA의 합성은 5′→3′ 방향으로만 일어난다.
> ㄷ. DNA 이중 나선 중 한 가닥만 주형으로 작용한다.

① ㄱ　② ㄷ　③ ㄱ, ㄴ　④ ㄴ, ㄷ　⑤ ㄱ, ㄴ, ㄷ

정답 1. (1) ^{15}N (2) ^{15}N−^{14}N (3) 같다 (4) 안 한다 2. ⑤ 3. ③

DNA 모형으로 반보존적 복제 모의실험하기

정답과 해설 54쪽

목표

DNA의 반보존적 복제 과정을 이해하고, 모형을 이용하여 복제 과정을 설명할 수 있다.

준비물

가위, 풀, 뉴클레오타이드 모형

과정

1. 모둠을 구성한 후 뉴클레오타이드 모형을 컬러복사기로 여러 장 복사하여 각 뉴클레오타이드 모형을 가위로 오려 낸다.
2. 모둠별로 20쌍으로 된 DNA의 염기 순서를 임의로 결정한다.
3. 과정 2에서 결정한 DNA 가닥을 만든다. 이때 한 뉴클레오타이드의 인산 2개를 떼어 내고 남아 있는 인산 부분을 다른 뉴클레오타이드의 3′−OH와 결합시킨다.
4. 뉴클레오타이드 쌍의 당–인산 골격을 연결하여 이중 가닥 DNA 모형을 완성하고, 완성된 DNA 모형의 염기 서열을 기록한다.
5. 완성된 이중 가닥 DNA를 분리하고 각각을 주형으로 DNA를 복제시킨다.
6. 이중 가닥 DNA 모형을 2개 완성한다.

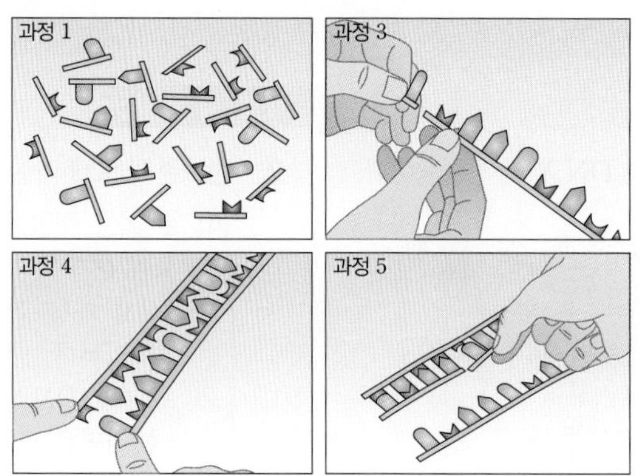

결과 정리 및 해석

1. DNA 이중 가닥이 단일 가닥으로 풀리기 위해서는 DNA 염기 사이의 수소 결합이 끊어져야 한다.
2. 반보존적 복제 모델에 따르면 먼저 DNA를 구성하는 두 가닥의 사슬이 분리되어 분리된 각 사슬이 주형이 되고, 상보적인 염기를 가진 뉴클레오타이드가 주형 가닥을 따라 합성되어 새로운 DNA 가닥이 만들어진다.
3. 합성된 이중 가닥 DNA의 염기 서열은 복제되기 전의 DNA 염기 서열과 같다.

탐구 분석

1. 각 모둠이 임의로 만든 이중 가닥 DNA의 염기 서열을 적어보자.
2. DNA 반보존적 복제를 간단하게 설명해보자.
3. 모의실험과 DNA 반보존적 복제의 차이점은 무엇인가?

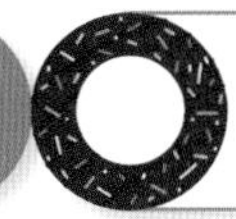

내신 기초 문제

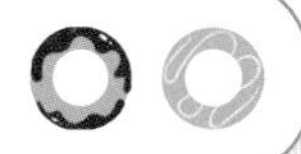

정답과 해설 54쪽

[20702-0339]

01 DNA 복제 가설에 대한 설명으로 옳은 것만을 〈보기〉에서 있는 대로 고른 것은?

보기

ㄱ. 보존적 복제 가설에 따르면 복제된 DNA에는 원래의 가닥이 포함되어 있지 않다.

ㄴ. 반보존적 복제 가설에 따르면 복제 전 DNA를 구성하는 두 가닥의 사슬이 각각 주형으로 작용한다.

ㄷ. 분산적 복제 가설에 따르면 복제된 DNA의 두 가닥에서 원래의 DNA 가닥이 포함되어 있지 않다.

① ㄱ ② ㄷ ③ ㄱ, ㄴ ④ ㄴ, ㄷ ⑤ ㄱ, ㄴ, ㄷ

[20702-0340]

02 그림은 DNA 복제 과정의 일부를 나타낸 것이다.

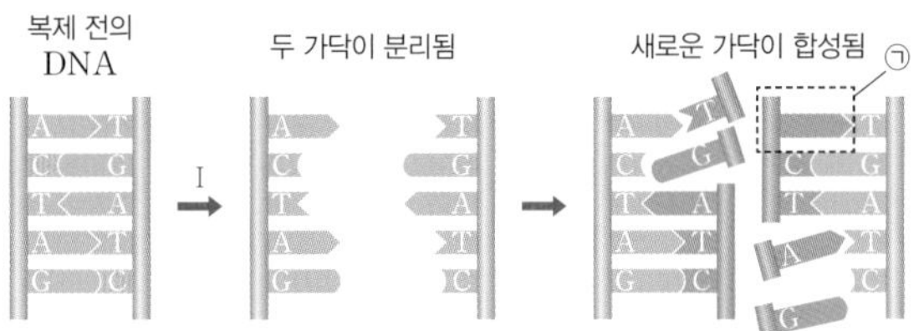

이에 대한 설명으로 옳은 것만을 〈보기〉에서 있는 대로 고른 것은? (단, 돌연변이는 고려하지 않는다.)

보기

ㄱ. 과정 I에서 염기 사이의 수소 결합이 끊어진다.

ㄴ. ㉠에는 구아닌(G)이 있다.

ㄷ. DNA 복제 방식 중 분산적 복제 가설을 나타낸 것이다.

① ㄱ ② ㄴ ③ ㄱ, ㄷ ④ ㄴ, ㄷ ⑤ ㄱ, ㄴ, ㄷ

[20702-0341]

03 다음에서 설명하는 효소는 무엇인가?

주형 가닥에 대해 새로운 뉴클레오타이드를 첨가하여 주형 가닥에 상보적인 서열의 새로운 가닥을 합성한다.

① 헬리케이스 ② ATP 합성 효소
③ DNA 연결 효소 ④ DNA 중합 효소
⑤ RNA 중합 효소

[20702-0342]

04 진핵세포의 DNA 복제에 대한 설명으로 옳은 것만을 〈보기〉에서 있는 대로 고른 것은? (단, 돌연변이는 고려하지 않는다.)

보기

ㄱ. 세포질에서 일어난다.

ㄴ. 세포 주기 중 S기에 일어난다.

ㄷ. 새로 만들어진 가닥은 주형 가닥에 상보적인 염기 서열을 갖는다.

① ㄱ ② ㄴ ③ ㄱ, ㄷ ④ ㄴ, ㄷ ⑤ ㄱ, ㄴ, ㄷ

[20702-0343]

05 다음은 진핵세포의 DNA 복제 과정 일부를 순서 없이 나타낸 것이다.

(가) DNA 이중 나선이 단일 가닥으로 풀린다.
(나) RNA 프라이머가 합성된다.
(다) 염기 사이의 수소 결합이 끊어진다.
(라) DNA 중합 효소에 의해 DNA가 합성된다.

DNA 복제 과정을 순서대로 나열하시오. (단, 돌연변이는 고려하지 않는다.)

[20702-0344]

06 그림은 DNA 복제 가설 중 하나를 나타낸 것이다.

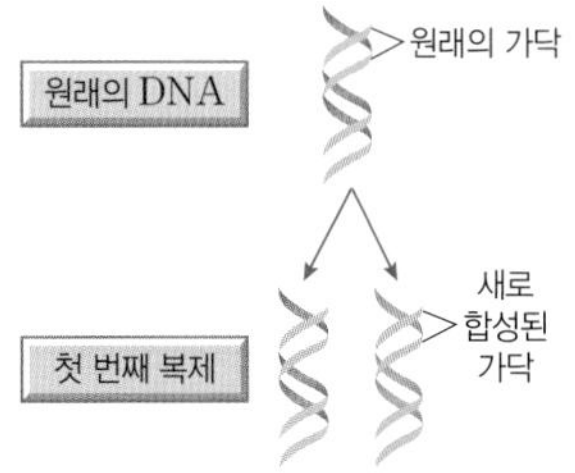

이에 대한 설명으로 옳은 것만을 〈보기〉에서 있는 대로 고른 것은?

보기

ㄱ. 보존적 복제 모델을 나타낸 것이다.

ㄴ. 새로 합성된 가닥에는 유라실(U)이 있다.

ㄷ. 두 번째 복제 후 이중 가닥 DNA의 수는 8이다.

① ㄱ ② ㄴ ③ ㄱ, ㄷ ④ ㄴ, ㄷ ⑤ ㄱ, ㄴ, ㄷ

정답과 해설 54쪽

[20702-0345]
07 그림은 DNA 복제 방식을 알아보기 위한 실험이다. ㉠과 ㉡은 각각 ^{14}N와 ^{15}N 중 하나이다.

[실험 과정]
(가) ㉠을 포함한 배지에서 대장균을 배양한다.
(나) 이 대장균의 일부를 ㉡이 포함된 배지로 옮긴 후 배양한다. 1세대, 2세대 대장균의 DNA를 추출한 다음 각각 원심 분리하였다.
[실험 결과]
• 1세대: DNA가 B 부분에만 있다.
• 2세대: DNA가 A와 B 부분에 있다.

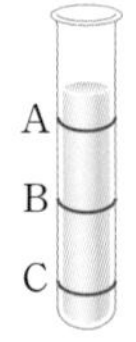

이에 대한 설명으로 옳은 것만을 〈보기〉에서 있는 대로 고른 것은?

보기
ㄱ. ㉠은 ^{15}N이다.
ㄴ. 1세대 대장균의 DNA가 복제될 때 ^{15}N를 포함하는 DNA 가닥이 주형으로 작용한다.
ㄷ. 2세대 대장균의 DNA 원심 분리 결과 A와 B에 존재하는 DNA의 양은 같다.

① ㄱ ② ㄴ ③ ㄱ, ㄷ ④ ㄴ, ㄷ ⑤ ㄱ, ㄴ, ㄷ

[20702-0346]
08 그림은 DNA 복제가 완료되었을 때의 DNA를 나타낸 것이다. ㉠과 ㉡은 새로 합성된 DNA 가닥이다.

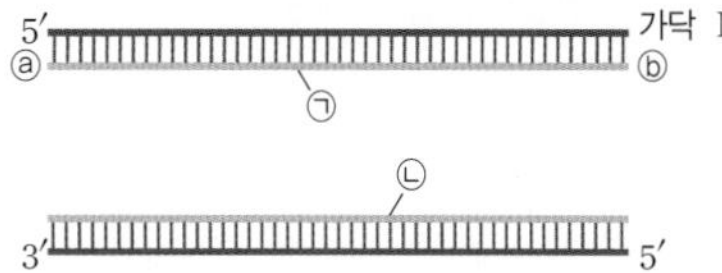

이에 대한 설명으로 옳은 것만을 〈보기〉에서 있는 대로 고른 것은? (단, 돌연변이는 고려하지 않는다.)

보기
ㄱ. ㉠의 합성은 ⓑ에서 ⓐ 방향으로 일어났다.
ㄴ. ㉠에서 A의 수와 ㉡에서 T의 수는 같다.
ㄷ. 가닥 Ⅰ의 염기 서열과 ㉡의 염기 서열은 같다.

① ㄱ ② ㄴ ③ ㄱ, ㄷ ④ ㄴ, ㄷ ⑤ ㄱ, ㄴ, ㄷ

[20702-0347]
09 세포 주기가 2시간인 세포들을 ^{15}N 배지에서 배양하면서 세포 주기를 G_1기로 일치시켰다. 이 세포들을 ^{14}N 배지로 옮겨 6시간 동안 배양하고 DNA를 추출하여 원심 분리한 후 하층($^{15}N-^{15}N$), 중층($^{14}N-^{15}N$), 상층($^{14}N-^{14}N$)의 DNA 상대량을 옳게 나타낸 것은?

	하층($^{15}N-^{15}N$)	중층($^{14}N-^{15}N$)	상층($^{14}N-^{14}N$)
①	0	1	0
②	0	1	1
③	0	1	3
④	0	1	7
⑤	0	3	1

[20702-0348]
10 DNA 복제 과정 중 선도 가닥의 합성과 지연 가닥의 합성에 대한 설명으로 옳은 것만을 〈보기〉에서 있는 대로 고른 것은?

보기
ㄱ. 지연 가닥의 연결에 DNA 연결 효소가 관여한다.
ㄴ. 선도 가닥의 복제는 지연 가닥의 복제가 완료된 후 일어난다.
ㄷ. 지연 가닥과 선도 가닥의 합성에 필요한 RNA 프라이머의 수는 지연 가닥에서가 선도 가닥에서보다 많다.

① ㄱ ② ㄴ ③ ㄷ ④ ㄱ, ㄷ ⑤ ㄴ, ㄷ

[20702-0349]
11 그림은 이중 가닥 DNA X가 복제되는 과정을 나타낸 것이다. Ⅰ, Ⅱ, Ⅲ은 각각 새로 합성된 가닥이다.

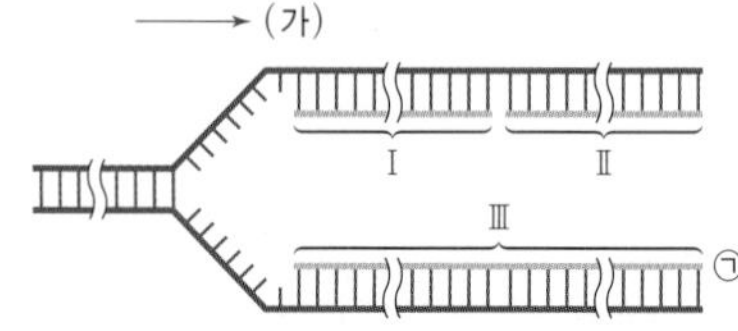

이에 대한 설명으로 옳은 것만을 〈보기〉에서 있는 대로 고른 것은?

보기
ㄱ. ㉠은 5′ 말단이다.
ㄴ. Ⅰ과 Ⅱ는 모두 지연 가닥을 구성한다.
ㄷ. 복제 분기점의 진행 방향은 (가)이다.

① ㄱ ② ㄷ ③ ㄱ, ㄴ ④ ㄴ, ㄷ ⑤ ㄱ, ㄴ, ㄷ

실력 향상 문제

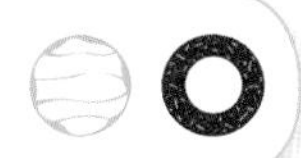

정답과 해설 56쪽

[20702-0350]

01 다음은 DNA 복제 방식을 알아본 실험이다. ㉠과 ㉡은 각각 ^{15}N와 ^{14}N 중 하나이다.

[실험 과정]

(가) 대장균을 ㉠이 포함된 배지에서 배양하였다.

(나) 대장균을 분리하여 ㉡이 포함된 배지로 옮긴 후 3세대까지 배양하였다.

(다) (가)와 (나) 과정에서 얻은 각 세대의 대장균에서 DNA를 추출하여 원심 분리한 후, 무게에 따라 나타나는 DNA양을 분석하였다.

[실험 결과]

그림은 (나)의 3세대 대장균에서 무게에 따른 DNA양을 나타낸 것이다.

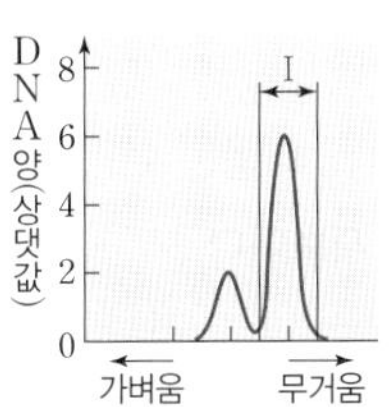

이에 대한 설명으로 옳은 것만을 <보기>에서 있는 대로 고른 것은?

보기

ㄱ. ㉠은 ^{14}N이다.

ㄴ. 실험 결과는 분산적 복제 모델을 지지한다.

ㄷ. 구간 Ⅰ에 해당하는 DNA양은 1세대 대장균에서가 2세대 대장균에서보다 많다.

① ㄱ ② ㄷ ③ ㄱ, ㄴ ④ ㄴ, ㄷ ⑤ ㄱ, ㄴ, ㄷ

[20702-0351]

02 다음은 DNA의 반보존적 복제를 증명하는 실험 과정이다.

(가) 모든 DNA가 ^{14}N를 갖는 대장균(G_0)을 ^{15}N가 들어 있는 배지로 옮겨 배양하면서 1세대(G_1), 2세대(G_2), 3세대(G_3), 4세대(G_4) 대장균의 DNA를 추출한다.

(나) (가)에서 추출한 각 세대의 DNA를 각각 원심 분리하여 상층, 중층, 하층에 존재하는 DNA양의 상댓값을 조사한다.

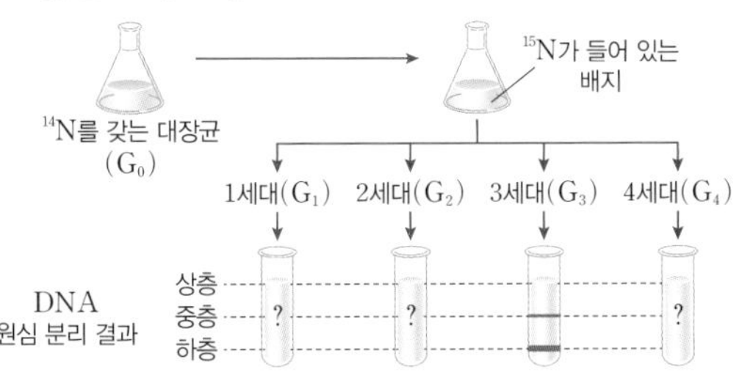

이에 대한 설명으로 옳은 것만을 <보기>에서 있는 대로 고른 것은?

보기

ㄱ. G_1에서 ^{15}N는 DNA의 구성 성분 중 5탄당에 존재한다.

ㄴ. G_2에서 DNA양의 비는 중층 : 하층=1 : 1이다.

ㄷ. G_4에서 전체 이중 가닥 DNA 중 ^{14}N가 존재하는 이중 가닥 DNA의 비율은 $\frac{1}{8}$이다.

① ㄱ ② ㄷ ③ ㄱ, ㄴ ④ ㄴ, ㄷ ⑤ ㄱ, ㄴ, ㄷ

[03~04] 그림은 DNA 복제 과정을 나타낸 것이다. ㉠~㉢은 각각 DNA 중합 효소, DNA 연결 효소, 헬리케이스 중 하나이고, Ⅰ~Ⅲ은 새로 합성된 가닥이다.

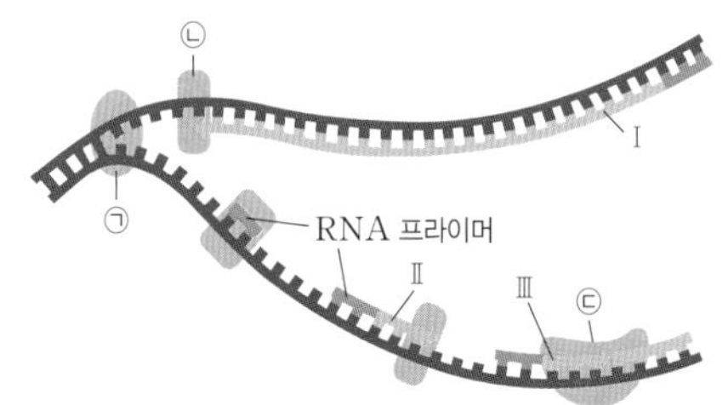

[20702-0352]

03 이에 대한 설명으로 옳은 것만을 <보기>에서 있는 대로 고른 것은? (단, 돌연변이는 고려하지 않는다.)

보기

ㄱ. Ⅱ가 Ⅲ보다 먼저 합성되었다.

ㄴ. ㉢은 DNA 연결 효소이다.

ㄷ. Ⅰ이 합성될 때 ㉡이 ㉠보다 먼저 작용한다.

① ㄱ ② ㄴ ③ ㄷ ④ ㄱ, ㄷ ⑤ ㄱ, ㄴ, ㄷ

[20702-0353]

04 RNA 프라이머의 역할은 무엇인지 서술하시오.

[20702-0354]

05 다음은 복제 중인 이중 가닥 DNA에 대한 자료이다.

- (가)와 (나)는 복제 주형 가닥이고, 서로 상보적이다.
- Ⅰ~Ⅲ은 새로 합성된 가닥이다.
- (가)를 구성하는 염기의 종류 수는 2이며, 퓨린 계열 염기 1종류와 피리미딘 계열 염기 1종류로 구성된다.
- Ⅱ는 프라이머 X를, Ⅲ은 프라이머 Y를 갖고, X와 Y는 각각 5개의 염기로 구성된다.
- Ⅱ와 (나) 사이에 형성된 염기쌍의 수와 Ⅲ과 (나) 사이에 형성된 염기쌍의 수는 같다.
- Ⅱ를 구성하는 염기의 종류 수는 2이다.
- $\frac{\text{Ⅱ와 (나) 사이의 염기 간 수소 결합의 총개수}}{\text{Ⅲ과 (나) 사이의 염기 간 수소 결합의 총개수}}=\frac{2}{3}$이다.

이에 대한 설명으로 옳은 것만을 <보기>에서 있는 대로 고른 것은? (단, 돌연변이는 고려하지 않는다.)

보기

ㄱ. X의 염기 서열은 5′−UUUUU−3′이다.

ㄴ. (가)를 구성하는 염기에 A이 있다.

ㄷ. Y와 (나) 사이의 염기 간 수소 결합의 총개수는 15개이다.

① ㄱ ② ㄴ ③ ㄱ, ㄴ ④ ㄱ, ㄷ ⑤ ㄴ, ㄷ

[20702-0355]

06 다음은 DNA 복제 실험에 대한 자료이다.

- 대장균 집단 G_0에는 $^{15}N-^{15}N$ DNA만 있다.
- 대장균 집단 G_n은 G_{n-1}을 한 세대 배양하여 얻었으며, G_1~G_4를 얻을 때 사용된 배지에는 각각 ^{14}N 또는 ^{15}N 중 한 종류의 질소만 포함되어 있다.
- 표는 대장균 집단 G_0~G_4에서 ⓐ~ⓒ의 유무를 나타낸 것이다. ⓐ~ⓒ는 각각 $^{14}N-^{14}N$ DNA, $^{14}N-^{15}N$ DNA, $^{15}N-^{15}N$ DNA 중 하나이다.

구분	G_0	G_1	G_2	G_3	G_4
ⓐ	?	○	○	?	○
ⓑ	○	?	×	○	×
ⓒ	×	×	㉠	×	㉡

(○: 있음, ×: 없음)

이에 대한 설명으로 옳은 것만을 <보기>에서 있는 대로 고른 것은? (단, 돌연변이는 고려하지 않는다.)

보기

ㄱ. ㉠과 ㉡은 모두 '×'이다.

ㄴ. G_2의 DNA에서 $\frac{^{15}\text{N 단일 가닥의 양}}{^{14}\text{N 단일 가닥의 양}}=\frac{1}{3}$이다.

ㄷ. G_4를 ^{15}N 배지에서 한 세대 배양하여 얻은 G_5에서는 ⓐ와 ⓑ가 모두 존재한다.

① ㄱ ② ㄷ ③ ㄱ, ㄴ ④ ㄴ, ㄷ ⑤ ㄱ, ㄴ, ㄷ

[20702-0356]

07 다음은 어떤 세포에서 일어나는 DNA X의 복제에 대한 자료이다.

- 그림은 X가 복제되는 과정의 일부를 나타낸 것이다. Ⅰ과 Ⅱ는 주형 가닥이고, ㉠~㉢은 새로 합성된 가닥이다.

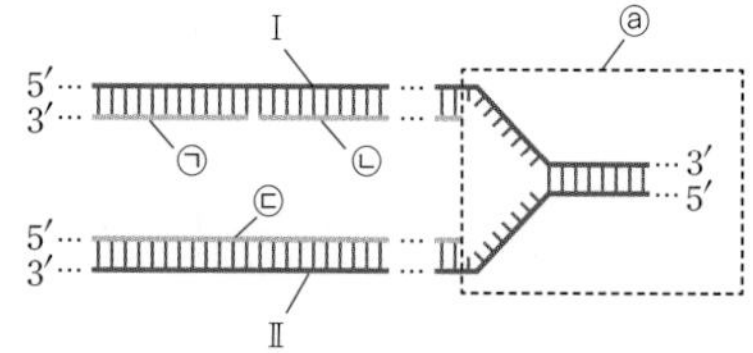

- Ⅰ, Ⅱ, ㉠, ㉡, ㉢에서 염기 수의 합은 480이고, 그중 유라실(U)의 수는 5이다.
- 복제되지 않은 ⓐ에서 염기는 복제되기 전 X의 염기 수의 40 %이다.
- ㉠의 염기 수와 ㉡의 염기 수는 같고, ㉠의 염기 수와 ㉡의 염기 수 합은 ㉢의 염기 수와 같다.
- ㉠과 Ⅰ 사이에서 염기 간 수소 결합의 총개수는 133개이고, AT 염기쌍의 수와 AU 염기쌍의 수는 같다.

이에 대한 설명으로 옳은 것만을 <보기>에서 있는 대로 고른 것은? (단, 돌연변이는 고려하지 않는다.)

보기

ㄱ. ㉠과 ㉡은 지연 가닥을 구성한다.

ㄴ. ㉢의 염기 수는 90이다.

ㄷ. ㉡과 ㉢에 존재하는 유라실(U)의 수는 4이다.

① ㄱ ② ㄷ ③ ㄱ, ㄴ ④ ㄴ, ㄷ ⑤ ㄱ, ㄴ, ㄷ

신유형·수능 열기

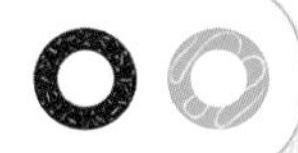

정답과 해설 58쪽

[20702-0357]

01 그림은 어떤 세포에서 일어나는 DNA 복제 과정의 일부를 나타낸 것이다. Ⅰ~Ⅲ은 각각 프라이머, 주형 가닥, 새로 합성된 가닥 중 하나이고, ㉠과 ㉡은 효소이다.

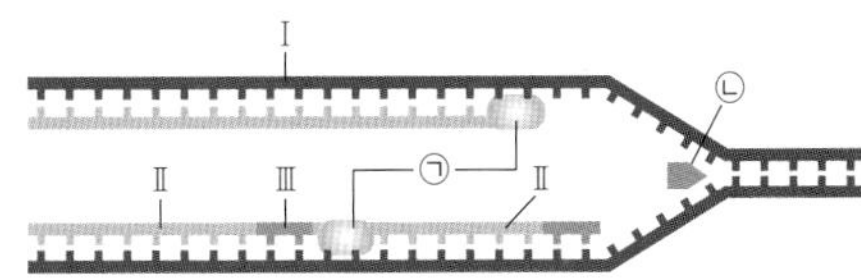

이에 대한 설명으로 옳은 것만을 〈보기〉에서 있는 대로 고른 것은? (단, 돌연변이는 고려하지 않는다.)

보기

ㄱ. Ⅰ에는 Ⅱ에 상보적인 염기 서열이 존재한다.
ㄴ. Ⅲ은 프라이머이다.
ㄷ. DNA 복제 과정에서 ㉡은 ㉠보다 먼저 DNA에 결합한다.

① ㄱ ② ㄷ ③ ㄱ, ㄴ ④ ㄴ, ㄷ ⑤ ㄱ, ㄴ, ㄷ

[20702-0358]

02 다음은 어떤 세포에서 복제 중인 이중 가닥 DNA에 대한 자료이다.

• 그림은 복제 중인 DNA를 나타낸 것이다.

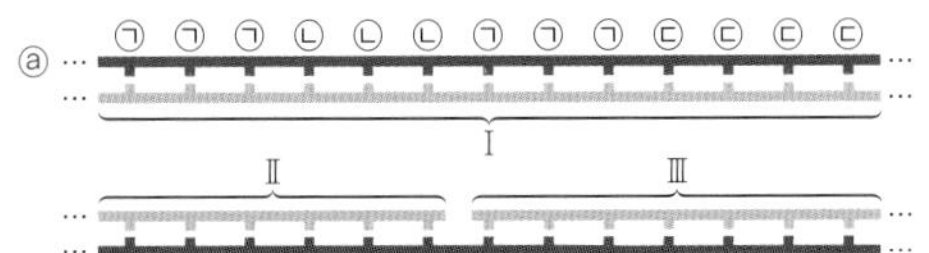

• Ⅰ~Ⅲ은 새로 합성된 가닥이다.
• Ⅰ은 4종류의, Ⅱ와 Ⅲ은 각각 2종류의 염기를 포함한다.
• Ⅰ~Ⅲ에는 동일한 3개의 염기로 구성된 프라이머 X가 공통으로 존재한다.
• ㉠~㉢은 각각 서로 다른 염기이다.

이에 대한 설명으로 옳은 것만을 〈보기〉에서 있는 대로 고른 것은? (단, 돌연변이는 고려하지 않는다.)

보기

ㄱ. 프라이머 X의 염기 서열은 5′−UUU−3′이다.
ㄴ. ⓐ는 3′ 방향이다.
ㄷ. Ⅰ과 주형 가닥 사이의 염기 간 수소 결합의 총개수는 29개이다.

① ㄱ ② ㄴ ③ ㄱ, ㄷ ④ ㄴ, ㄷ ⑤ ㄱ, ㄴ, ㄷ

[20702-0359]

03 그림은 ^{15}N가 들어 있는 배지에서 배양한 대장균을 ^{14}N가 들어 있는 배지로 옮겨 배양하면서 1세대(G_1)~4세대(G_4) 대장균의 DNA를 추출한 후 각각 원심 분리한 과정을, 표는 각 세대의 원심 분리 결과 상층, 중층, 하층에서 DNA 존재 유무를 나타낸 것이다. A~C는 각각 상층, 중층, 하층 중 하나이다.

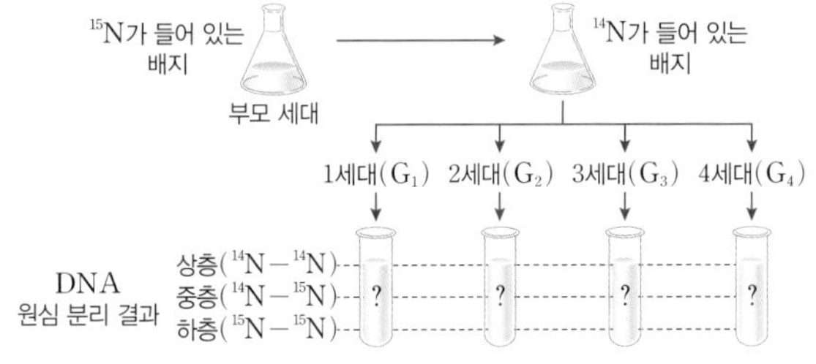

구분	G_1	G_2	G_3	G_4
A	×	?	○	?
B	?	×	×	×
C	○	○	?	○

(○: 있음, ×: 없음)

이에 대한 설명으로 옳은 것만을 〈보기〉에서 있는 대로 고른 것은?

보기

ㄱ. G_1~G_4 모두 $^{14}N-^{14}N$ DNA를 갖는다.
ㄴ. 부모 세대의 대장균에서 DNA를 추출한 후 원심 분리하면 B에 DNA가 존재한다.
ㄷ. G_4의 DNA를 원심 분리한 결과 DNA 상대량 비는 A : C=7 : 1이다.

① ㄱ ② ㄷ ③ ㄱ, ㄴ ④ ㄴ, ㄷ ⑤ ㄱ, ㄴ, ㄷ

10 유전자 발현

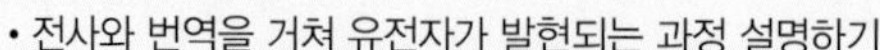

- 전사와 번역을 거쳐 유전자가 발현되는 과정 설명하기
- 유전부호와 유전 정보의 번역 설명하기

한눈에 단원 파악, 이것이 핵심!

DNA에 저장된 유전 정보는 어떤 과정을 거쳐 발현될까?

세포 안 DNA의 유전 정보는 mRNA를 거쳐 폴리펩타이드 합성에 이용되고, 1956년에 크릭은 이를 중심 원리(central dogma)라고 불렀다. 중심 원리에서 전사는 핵에서 일어나고, 번역은 세포질에서 일어난다.

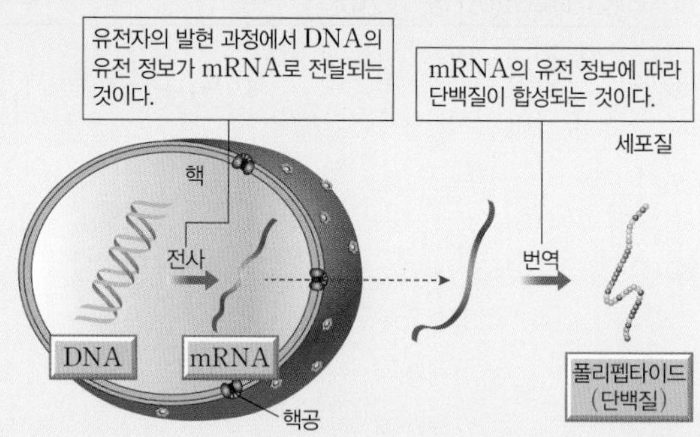

DNA의 유전 정보는 어떻게 해독될까?

유전부호는 세 자리의 연속된 염기로 구성된 부호(3염기 조합)이다. mRNA에서 하나의 아미노산을 지정하는 유전부호를 코돈이라 하고, 5′ → 3′ 방향으로 쓴다. mRNA에서 단백질 정보가 저장된 부위는 항상 개시 코돈(AUG)에서 시작하여 종결 코돈(UAA, UAG, UGA)에서 끝나며, 번역 또한 개시 코돈에서 시작하여 종결 코돈에서 끝난다.

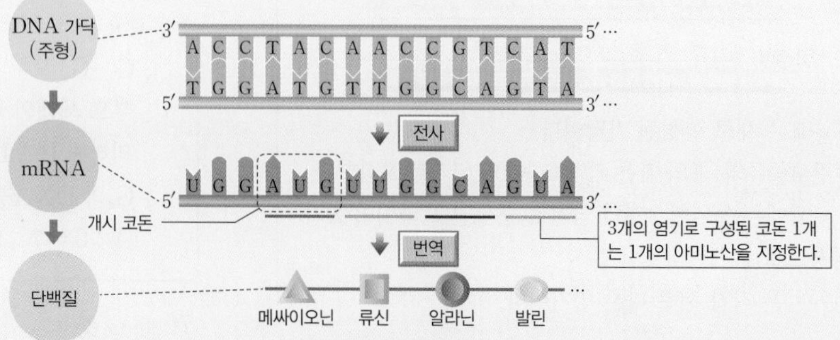

유전자와 단백질

1 유전자의 기능

(1) 유전자와 유전자 발현

유전자	DNA에서 유전 정보가 있는 특정 부분
유전자 발현	유전자로부터 유전 형질이 나타나기까지의 과정

(2) 유전자와 효소의 관련성

① 1900년대 초 의학자 개로드는 ❶알캅톤뇨증 환자의 경우 알캅톤을 분해하는 효소를 만드는 능력을 물려받지 못한 것이 원인이며, 알캅톤뇨증은 유전병이라고 생각했다.

② 유전자가 화학 반응의 촉매 역할을 하는 효소를 만들어냄으로써 유전 형질을 나타낼 것이라는 가설을 처음으로 제안하였다.

2 비들과 테이텀의 ❷붉은빵곰팡이 실험

(1) 야생형과 영양 요구성 돌연변이

① 야생형 붉은빵곰팡이는 ❸최소 배지에서 필요한 물질을 스스로 합성하여 자랄 수 있다.

② 붉은빵곰팡이의 포자에 X선을 쪼여 ❹완전 배지에서는 자라지만 최소 배지에서는 자라지 않는 돌연변이주를 얻었다. 돌연변이주는 최소 배지에 아미노산이나 비타민과 같은 특정 물질을 공급하지 않으면 자라지 않는데, 이러한 돌연변이를 ❺영양 요구성 돌연변이주라고 한다.

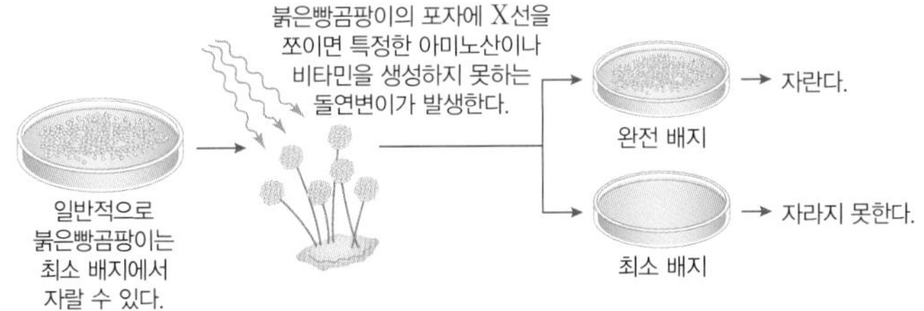

▲ 영양 요구성 돌연변이주의 발견

(2) 실험 과정 및 결과

① 최소 배지에서 자라는 야생형의 붉은빵곰팡이 포자에 X선을 쪼여 최소 배지에서 자라지 못하고, 최소 배지에 아르지닌이 첨가되면 자라는 돌연변이주 Ⅰ~Ⅲ형을 얻었다.

② 최소 배지에 오르니틴, 시트룰린, 아르지닌 중 한 가지를 첨가한 후 각 배지에서 야생형과 돌연변이주 Ⅰ~Ⅲ형의 생장을 관찰하였다.

형 \ 배지		최소 배지	최소 배지+오르니틴	최소 배지+시트룰린	최소 배지+아르지닌
야생형		자란다	자란다	자란다	자란다
돌연변이주	Ⅰ형	자라지 못한다	자란다	자란다	자란다
	Ⅱ형	자라지 못한다	자라지 못한다	자란다	자란다
	Ⅲ형	자라지 못한다	자라지 못한다	자라지 못한다	자란다

▲ 야생형과 돌연변이주의 특징

THE 알기

❶ **알캅톤뇨증**
타이로신(tyrosine)의 분해에 결함이 생겨서 알캅톤(alkaptone)을 소변으로 배출시키는 질환이다.

❷ **붉은빵곰팡이**
자낭균류에 속하는 곰팡이로, 주황색의 포자를 만든다. 균사체 대부분의 핵상이 n이어서 돌연변이가 일어나면 유전자가 열성이라도 바로 형질이 나타나므로 돌연변이와 형질의 관계를 쉽게 확인할 수 있다.

❸ **최소 배지**
생물이 살아가는 데 필요한 최소한의 영양 물질(당, 무기염류, 비타민 등)만 포함된 배지이다. 최소 배지에서 자라기 위해서는 이 영양 물질을 이용해 다른 필요한 모든 물질(아미노산, 핵산 등)을 스스로 합성해야 한다.

❹ **완전 배지**
한 생물체 또는 그 생물체의 세포가 생장과 증식을 하는 데 필요한 모든 영양 물질을 포함한 배지이다.

❺ **영양 요구성 돌연변이주**
특정 물질을 합성하지 못하기 때문에 그 물질을 최소 배지에 넣어 주어야만 살 수 있는 돌연변이주이다.

THE 알기

- 야생형은 최소 배지와 최소 배지에 오르니틴, 시트룰린, 아르지닌이 각각 첨가된 배지에서 자랐다.
- 돌연변이주 Ⅰ형은 최소 배지에 오르니틴, 시트룰린, 아르지닌이 각각 첨가된 배지에서 자랐다.
- 돌연변이주 Ⅱ형은 최소 배지에 시트룰린, 아르지닌이 각각 첨가된 배지에서 자랐다.
- 돌연변이주 Ⅲ형은 최소 배지에 아르지닌이 첨가된 배지에서 자랐다.

3 유전자와 단백질

(1) 1유전자 1효소설

① 비들과 테이텀은 실험에 사용된 각 돌연변이주에서 ❶전구 물질로부터 ❷아르지닌 합성 과정에 관여하는 하나의 효소를 암호화하는 유전자에 돌연변이가 일어났다고 가정하여, 한 가지 유전자는 한 가지 효소 합성에 관한 정보를 갖는다는 '1유전자 1효소설'을 주장하였다.

❶ 전구 물질
생체 내에서 일어나는 어떤 물질의 생성 과정에서 그것에 도달하기 전의 물질이다.

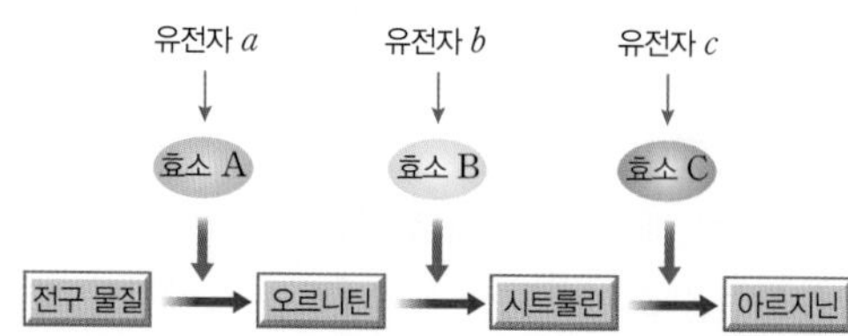

▲ 아르지닌 합성에 관여하는 유전자와 효소의 관계

❷ 아르지닌
단백질을 구성하는 아미노산 20종류 중 한 종류이다.

② 비들과 테이텀의 실험에서 돌연변이주 Ⅰ형은 유전자 a에, 돌연변이주 Ⅱ형은 유전자 b에, 돌연변이주 Ⅲ형은 유전자 c에 돌연변이가 생겨 각각 오르니틴, 시트룰린, 아르지닌을 합성하는 단계에 이상이 생긴 것이다.

	야생형	돌연변이주 Ⅰ형	돌연변이주 Ⅱ형	돌연변이주 Ⅲ형
	전구 물질	전구 물질	전구 물질	전구 물질
유전자 a →	효소 A↓	효소 A✕	효소 A↓	효소 A↓
	오르니틴	오르니틴	오르니틴	오르니틴
유전자 b →	효소 B↓	효소 B↓	효소 B✕	효소 B↓
	시트룰린	시트룰린	시트룰린	시트룰린
유전자 c →	효소 C↓	효소 C↓	효소 C↓	효소 C✕
	아르지닌	아르지닌	아르지닌	아르지닌

▲ 비들과 테이텀 실험의 돌연변이주 Ⅰ~Ⅲ형에서 돌연변이가 일어난 유전자

(2) 1유전자 1단백질설

① 유전자가 효소 이외에 머리카락의 케라틴이나 호르몬인 인슐린과 같은 단백질을 만드는 데도 관여한다는 사실이 발견되었다.

② 케라틴이나 인슐린은 효소가 아니므로 '1유전자 1효소설'은 '1유전자 1단백질설'로 발전하였다.

❸ 헤모글로빈
적혈구에 존재하는 단백질로 산소와 이산화 탄소 운반에 관여하며, α 사슬 폴리펩타이드 2개와 β 사슬 폴리펩타이드 2개로 구성된다.

(3) 1유전자 1폴리펩타이드설

① 적혈구 속의 ❸헤모글로빈은 α 사슬 2개, β 사슬 2개의 총 4개 사슬로 구성되어 있고, α 사슬과 β 사슬은 각각 다른 유전자에 의해 합성된다는 사실이 발견되었다.

② 2개의 유전자가 2종류의 폴리펩타이드를 형성하도록 함에 따라 한 가지 유전자는 한 가지 폴리펩타이드 합성에 관여한다는 '1유전자 1폴리펩타이드설'로 발전하였다.

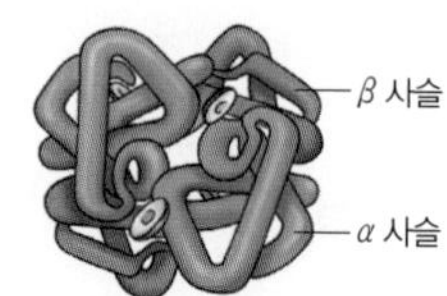

▲ 헤모글로빈의 구조

❹ 1유전자 1폴리펩타이드설의 수정
하나의 유전자에서 합성된 RNA가 다르게 가공되어 여러 종류의 폴리펩타이드가 만들어질 수 있다. 또한 rRNA나 tRNA의 유전자와 같이 유전자의 최종 산물이 단백질이 아니라 RNA인 경우도 있다.

(4) ❹1유전자 1폴리펩티이드설의 수정

① 현재는 1유전자 1폴리펩타이드설로 설명할 수 없는 단백질이 발견되고 있다.

② 유전자가 단백질의 생산을 결정하는 것은 분명하며, 유전자가 단백질의 합성을 통해 생명체의 형질을 결정한다.

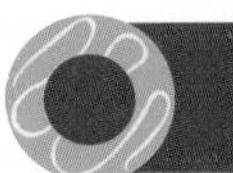

개념체크

빈칸 완성

1. 개로드는 (　　　)가 유전 형질을 나타낼 것이라는 가설을 제안하였다.

2. 비들과 테이텀은 영양 요구성 돌연변이주를 얻기 위해 (　　　)의 포자에 X선 또는 자외선을 처리하였다.

3. 붉은빵곰팡이의 아르지닌 합성 경로는 전구 물질 → (　　　) → (　　　) → 아르지닌이다.

4. 유전자는 유전 정보가 들어 있는 (　　　)의 특정 부분이다.

5. 한 가지 특정 유전자는 한 가지 효소 합성에 관여한다는 가설은 (　　　)이다.

6. 한 가지 특정 유전자는 한 가지 특정 단백질 합성에 관여한다는 가설은 (　　　)이다.

7. 한 가지 특정 유전자는 한 가지 폴리펩타이드 합성에 관여한다는 가설은 (　　　)이다.

8. 생물이 살아가는 데 필요한 최소한의 영양 물질(당, 무기염류, 비타민 등)만 포함된 배지는 (　　　)이다.

9. 한 생물체 또는 그 생물체의 세포가 생장과 증식을 하는 데 필요한 모든 영양 물질을 포함한 배지는 (　　　)이다.

정답 1. 유전자 2. 붉은빵곰팡이 3. 오르니틴, 시트룰린 4. DNA 5. 1유전자 1효소설 6. 1유전자 1단백질설 7. 1유전자 1폴리펩타이드설 8. 최소 배지 9. 완전 배지

○X 문제

1. 비들과 테이텀의 붉은빵곰팡이 실험에 대한 설명으로 옳은 것은 ○, 옳지 않은 것은 ×로 표시하시오.

(1) 각 영양 요구성 돌연변이주는 하나의 유전자에 이상이 생겨 나타난 돌연변이주이다. (　　)

(2) 실험의 결과는 '1유전자 1효소설'을 지지한다. (　　)

(3) 모든 영양 요구성 돌연변이주는 최소 배지에서 생장할 수 있다. (　　)

(4) 붉은빵곰팡이의 생장에 반드시 필요한 물질은 오르니틴이다. (　　)

(5) 붉은빵곰팡이의 포자에 X선이나 자외선을 처리하면 돌연변이주가 나타날 수 있다. (　　)

(6) 돌연변이주는 효소 합성 유전자에 돌연변이가 일어난 것이다. (　　)

선다형 문항

2. 유전자와 유전자 발현에 대한 설명으로 옳은 것만을 〈보기〉에서 있는 대로 고른 것은?

> **보기**
> ㄱ. 유전자는 돌연변이가 일어나지 않는다.
> ㄴ. 모든 유전자는 1개의 효소를 암호화한다.
> ㄷ. 유전자 발현은 유전자로부터 유전 형질이 나타나기까지의 과정이다.

① ㄱ　② ㄴ　③ ㄷ　④ ㄴ, ㄷ　⑤ ㄱ, ㄴ, ㄷ

3. 그림은 야생형 붉은빵곰팡이가 아르지닌을 합성하는 과정을 나타낸 것이다.

전구 물질 → 오르니틴 → 시트룰린 → 아르지닌

이에 대한 설명으로 옳은 것만을 〈보기〉에서 있는 대로 고른 것은?

> **보기**
> ㄱ. 시트룰린이 없으면 아르지닌이 합성되지 않는다.
> ㄴ. 붉은빵곰팡이는 아르지닌이 없으면 자라지 못한다.
> ㄷ. 오르니틴이 시트룰린으로 전환되는 과정에 효소가 관여한다.

① ㄱ　② ㄷ　③ ㄱ, ㄴ　④ ㄴ, ㄷ　⑤ ㄱ, ㄴ, ㄷ

정답 1. (1) ○ (2) ○ (3) × (4) × (5) ○ (6) ○ 2. ③ 3. ⑤

02 유전 정보의 흐름

1 유전부호

(1) 3염기 조합

① DNA의 염기는 A, G, C, T의 4종류인데 비해 단백질을 구성하는 ❶아미노산은 20종류이다. 각각의 아미노산을 암호화하는 데 염기가 2개씩 사용되어 AA, AG, AC, ……같은 유전부호를 만들면 16(=4^2)종류의 암호만 가능해 최대 16종류의 아미노산만을 지정할 수 있다.

② DNA의 염기가 3개씩 사용되어 TTT, TTG, TTC, ……같은 유전부호를 만들면 모두 64(=4^3)종류의 암호가 가능해 20종류의 아미노산을 지정하기에 충분하다.

③ 실제로 3개의 염기가 한 조가 되어 하나의 아미노산을 지정하는 DNA의 유전부호를 말하며, 이들의 종류와 배열 순서에 따라 폴리펩타이드의 아미노산 서열이 결정된다.

(2) ❷코돈

① DNA의 3염기 조합에서 전사된 mRNA상의 3개의 염기로 이루어진 유전부호이다. DNA의 3염기 조합에 대해 상보적인 염기 서열로 되어 있다.

② 코돈의 염기 서열은 5′ 말단부터 3개의 염기씩 특정 아미노산을 암호화한다.

③ 코돈의 종류는 64종류이며, 이 중 61종류는 아미노산을 암호화한다. 나머지 3종류(UAA, UAG, UGA)는 종결 코돈이다.

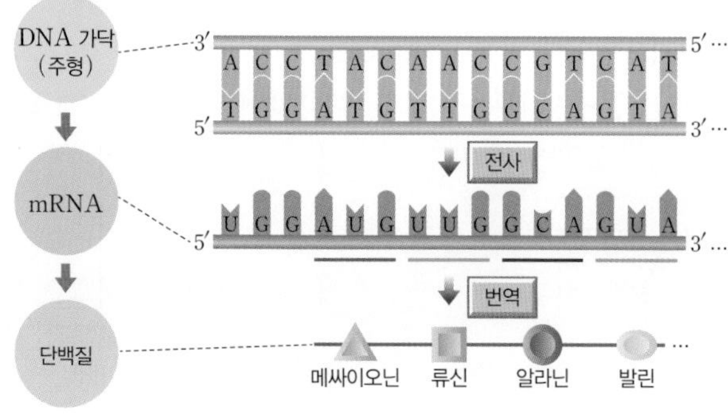

▲ 유전부호와 아미노산

2 중심 원리

(1) 중심 원리(central dogma)

① 유전자 발현 과정에서 DNA에 저장된 염기 서열 정보는 RNA로 전달되고, RNA의 염기 서열 정보가 단백질 합성 과정에 사용된다.

② DNA의 유전 정보는 DNA → RNA → 단백질의 순서로 전달되는데, 크릭은 1956년에 이를 중심 원리라고 불렀다.

(2) 전사와 번역

① DNA의 유전 정보가 mRNA로 전달되는 것을 전사라고 한다. 진핵세포에서는 ❸핵에서, 원핵세포에서는 ❹세포질에서 일어난다.

② mRNA의 유전 정보에 따라 단백질이 합성되는 과정을 번역이라고 한다. 진핵세포와 원핵세포 모두 세포질에서 일어난다.

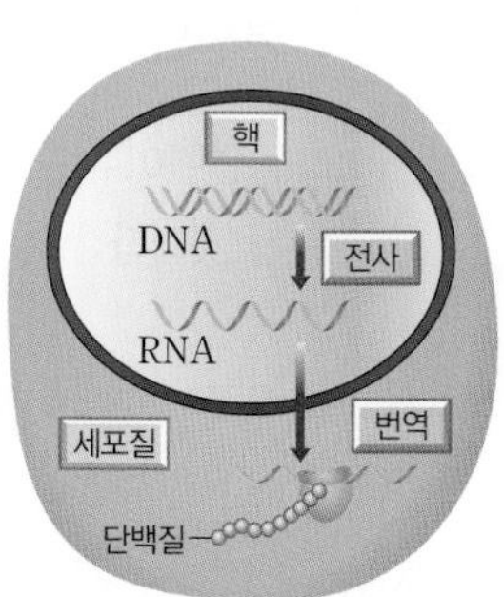

▲ 중심 원리

THE 알기

❶ 아미노산
단백질의 단위체로 탄소 원자에 아미노기($-NH_2$), 카복실기($-COOH$), 수소 원자, 결사슬($-R$)이 결합된 구조이다.

H, R, O, N−C−C, H, H, OH
아미노기 카복실기
▲ 아미노산의 분자 구조

❷ 코돈
코돈은 mRNA에 있는 특정 아미노산을 지정하는 세 자리 유전부호를 가리키는 말이지만, 때로는 DNA의 비주형 가닥에 있는 세 자리 유전부호 서열을 지칭하는 말로 사용되기도 한다.

❸ 핵
세포의 모든 생명 활동을 조절하는 세포 내 기관으로 유전 물질인 DNA와 RNA가 있다. 핵 내부는 2겹의 막으로 둘러싸여 주변의 세포질과 분리된다.

❹ 세포질
핵과 세포막을 제외한 세포의 모든 부위를 포함하여, 세포 소기관이 존재하는 장소이다.

3 전사

(1) 유전 정보의 전사: 형질 발현의 첫 단계로 DNA에 저장되어 있던 유전 정보가 ❶RNA로 옮겨지는 과정이다.

(2) 과정

① 개시: ❷RNA 중합 효소가 DNA의 특이 염기 서열인 ❸프로모터에 결합한다. RNA 중합 효소는 DNA 염기 사이의 수소 결합이 끊어지고 DNA의 이중 가닥이 풀어지면 한쪽 가닥을 주형으로 전사를 시작한다. DNA 복제와 달리 전사는 프라이머를 필요로 하지 않는다.

② 신장: RNA 중합 효소는 두 가닥의 DNA 사슬 중 한 가닥을 주형으로 하여 주형 가닥의 $3' \rightarrow 5'$ 방향으로 이동하면서 주형 DNA 가닥에 상보적인 염기를 가진 리보뉴클레오타이드를 하나씩 결합하여 RNA를 합성한다. 염기 T 대신에 U이 A과 결합한다는 것을 제외하고는 DNA 복제와 같은 원리이다. 합성되는 RNA는 3′ 말단에 새로운 리보뉴클레오타이드가 첨가되면서 $5' \rightarrow 3'$ 방향으로 신장된다.

③ 종결: RNA 중합 효소가 DNA의 특정 염기 서열인 종결 자리에 도달하면 더 이상 RNA를 합성하지 못하고 RNA가 DNA로부터 분리되며, 전사가 종결된다.

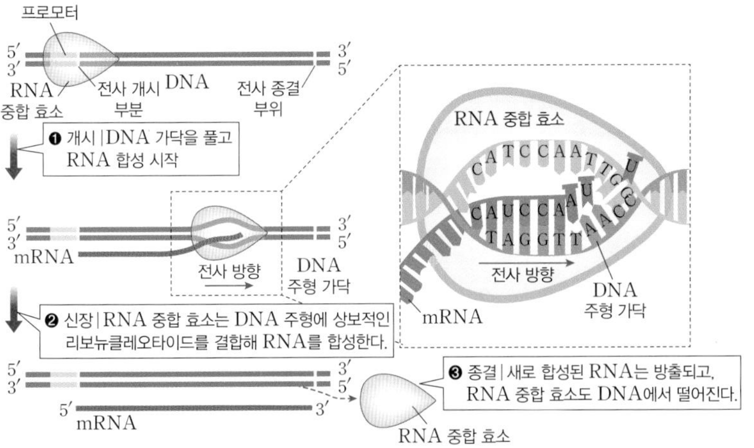

▲ DNA에서 RNA가 전사되는 원리

(3) mRNA 가공

① 진핵세포에서는 전사의 결과로 생성된 RNA의 유전자 영역에서 많은 부분이 절단되어 제거되는데, 이를 가공 과정이라고 한다.

② 하나의 유전자 안에는 단백질 정보가 들어 있는 부위인 ❹엑손과 단백질 정보가 들어 있지 않은 부위인 ❺인트론이 있어 하나의 유전자가 여러 개의 DNA 부분으로 구성되는 경우가 많다.

③ 인트론은 처음 만들어진 RNA의 가공 과정에서 잘려 나가고, 인트론이 잘려 나가 엑손만으로 구성된 mRNA가 최종적으로 단백질로 번역되는 부분을 포함한다.

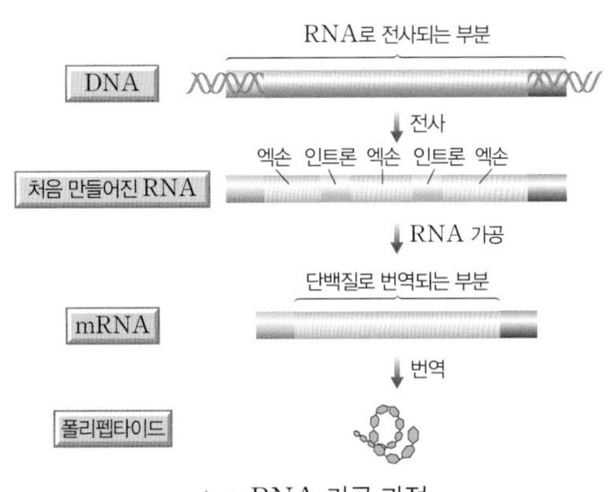

▲ mRNA 가공 과정

THE 알기

❶ RNA의 종류
- mRNA: DNA의 유전 정보를 전달하며, mRNA의 코돈은 아미노산을 암호화한다.
- rRNA: 단백질과 함께 리보솜을 구성한다.
- tRNA: 단백질 합성 시 아미노산을 리보솜으로 전달해 주는 역할을 한다.

❷ RNA 중합 효소
RNA 합성을 촉매하는 효소이다.

❸ 프로모터
RNA 중합 효소가 결합하여 전사가 시작되는 DNA의 특정 염기 서열이다.

❹ 엑손
진핵생물의 유전자 중 최종 단백질 산물을 만들어내는 부분, 혹은 전사 이후에 일어나는 RNA 가공 과정 후에도 RNA에 구조적으로 남아 있는 부분이다.

❺ 인트론
진핵생물의 유전자 중 최종 단백질 산물을 만들어내지 못하는 부분, 혹은 전사 후 일어나는 RNA 가공 과정에서 제거되는 부분이다.

개념체크

빈칸 완성

1. DNA의 유전 정보는 연속된 (   )개의 염기가 1개의 유전부호로 작용한다.

2. 만약 염기 2개가 한 조를 이루어 각각의 아미노산을 암호화한다면 모두 (   )종류의 서로 다른 암호가 가능하다.

3. 아미노산을 암호화하는 데 사용되는 유전부호의 종류는 (   )종류이고, 단백질 합성에 이용되는 아미노산의 종류는 (   )종류이다.

4. 유전 정보의 중심 원리에 의하면 DNA의 유전 정보는 (   )로 전달된다.

5. mRNA의 유전 정보에 따라 단백질이 합성되는 것을 (   )이라고 한다.

6. 3개의 염기가 한 조가 되어 하나의 아미노산을 지정하는 DNA의 유전부호를 (   )이라고 한다.

7. DNA의 3염기 조합에서 전사된 mRNA 상의 3개의 염기로 이루어진 유전부호를 (   )이라고 한다.

8. 형질 발현의 첫 단계로 DNA에 저장되어 있던 유전 정보가 RNA로 옮겨지는 과정을 (   )라고 한다.

9. 전사에서 RNA는 (   )→(   ) 방향으로 신장된다.

정답 **1.** 3 **2.** 16 **3.** 61, 20 **4.** RNA **5.** 번역 **6.** 3염기 조합 **7.** 코돈 **8.** 전사 **9.** 5′, 3′

○X 문제

1. 유전 정보의 중심 원리에 대한 설명으로 옳은 것은 ○, 옳지 <u>않은</u> 것은 ×로 표시하시오.

(1) 복제는 DNA로부터 DNA가 합성되는 과정이다. (   )

(2) 전사는 진핵세포의 세포질에서 일어난다. (   )

(3) 전사에 효소가 관여한다. (   )

(4) RNA의 종류는 mRNA 한 종류이다. (   )

(5) 진핵세포에서 전사되어 처음 만들어진 RNA는 가공 과정을 거치지 않는다. (   )

(6) DNA의 3염기 조합 CCC와 mRNA의 코돈 GGG는 서로 상보적이다. (   )

선다형 문항

2. 진핵세포에서의 유전 정보 흐름에 대한 설명으로 옳은 것만을 〈보기〉에서 있는 대로 고른 것은?

> **보기**
> ㄱ. DNA 복제는 핵에서 일어난다.
> ㄴ. 전사에 RNA 중합 효소가 관여한다.
> ㄷ. 리보솜은 번역에 관여한다.

① ㄱ ② ㄷ ③ ㄱ, ㄴ ④ ㄴ, ㄷ ⑤ ㄱ, ㄴ, ㄷ

3. RNA 중합 효소에 대한 설명으로 옳은 것만을 〈보기〉에서 있는 대로 고른 것은?

> **보기**
> ㄱ. 주형 가닥의 3′→5′ 방향으로 이동한다.
> ㄴ. 프라이머를 필요로 한다.
> ㄷ. DNA로부터 RNA를 합성한다.

① ㄱ ② ㄴ ③ ㄱ, ㄴ ④ ㄱ, ㄷ ⑤ ㄴ, ㄷ

정답 **1.** (1) ○ (2) × (3) ○ (4) × (5) × (6) ○ **2.** ⑤ **3.** ④

번역

1 유전부호 해독

(1) 1961년 니런버그의 유전부호 해독 실험

① 대장균으로부터 mRNA 이외에 단백질 합성에 필요한 물질(❶단백질 합성계)을 추출한다.

② 단백질 합성계에 유라실(U)로만 이루어진 합성 mRNA(5′−UUUUUUUUU−3′), 아데닌(A)으로만 이루어진 합성 mRNA(5′−AAAAAAAAA−3′), 사이토신(C)으로만 이루어진 합성 mRNA(5′−CCCCCCCCC−3′)를 각각 넣고 합성되는 폴리펩타이드를 조사한다.

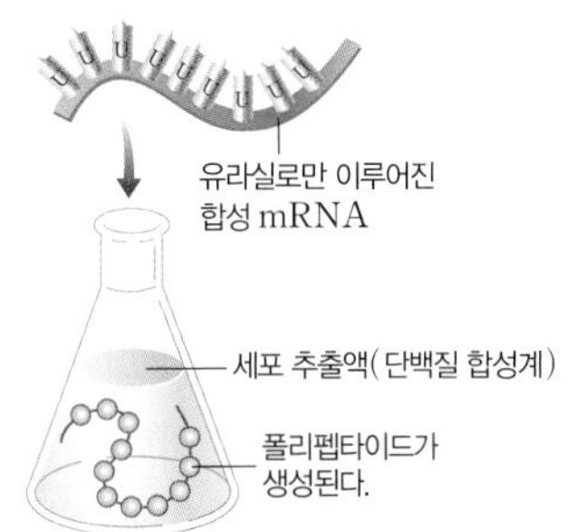

③ 염기 서열이 5′−UUUUUUUUU−3′인 mRNA를 넣었을 때는 페닐알라닌으로만, 5′−AAAAAAAAA−3′인 mRNA를 넣었을 때는 라이신으로만, 5′−CCCCCCCCC−3′인 mRNA를 넣었을 때는 프롤린으로만 이루어진 폴리펩타이드가 만들어졌다.

④ UUU는 페닐알라닌, AAA는 라이신, CCC는 프롤린을 지정함을 알 수 있다.

(2) 유전부호 해독

① 니런버그와 그의 동료들은 2종류 또는 3종류의 다른 염기 조합을 이용하여 무작위적으로 합성된 RNA로부터 만들어진 폴리펩타이드의 유전부호를 추론하였다. 또한, mRNA의 코돈에 리보솜과 아미노산−tRNA 복합체가 상보적으로 붙는 것을 확인하였다.

② 64종류의 코돈 가운데 61종류는 특정 아미노산을 지정하는데, 그중 AUG는 메싸이오닌을 지정하며, ❷개시 코돈 역할도 한다. 나머지 3종류(UAA, UAG, UGA)는 종결 코돈이며, 아미노산을 지정하지 않는다.

③ 코돈 하나는 아미노산 하나만을 지정하지만, 하나의 아미노산을 지정하는 코돈은 하나 이상 존재한다.

(3) ❸코돈표: 3개의 염기는 하나의 아미노산을 지정하며, 종결 코돈(UAA, UAG, UGA)은 아미노산을 지정하지 않는다. 코돈표의 유전부호는 세균에서 사람에 이르기까지 지구상의 거의 모든 생명체에서 동일하게 사용된다.

첫 번째 염기 \ 두 번째 염기	U	C	A	G	세 번째 염기
U	UUU UUC 페닐알라닌 UUA UUG 류신	UCU UCC UCA UCG 세린	UAU UAC 타이로신 UAA 종결 코돈 UAG 종결 코돈	UGU UGC 시스테인 UGA 종결 코돈 UGG 트립토판	U C A G
C	CUU CUC CUA CUG 류신	CCU CCC CCA CCG 프롤린	CAU CAC 히스티딘 CAA CAG 글루타민	CGU CGC CGA CGG 아르지닌	U C A G
A	AUU AUC AUA 아이소류신 AUG 메싸이오닌(개시 코돈)	ACU ACC ACA ACG 트레오닌	AAU AAC 아스파라진 AAA AAG 라이신	AGU AGC 세린 AGA AGG 아르지닌	U C A G
G	GUU GUC GUA GUG 발린	GCU GCC GCA GCG 알라닌	GAU GAC 아스파트산 GAA GAG 글루탐산	GGU GGC GGA GGG 글리신	U C A G

▲ 코돈표

THE 알기

❶ 단백질 합성계
단백질 합성에 필요한 효소, 리보솜, ATP, 20종의 아미노산, tRNA 등이 모두 있는 것으로 mRNA가 있으면 폴리펩타이드가 합성된다.

❷ 개시 코돈
코돈 AUG는 개시 코돈으로 작용하기도 하고, 단백질 중간에 있는 아미노산 메싸이오닌을 지정하기도 한다. 리보솜은 mRNA의 AUG로부터 번역을 시작하므로 번역 직후 합성된 폴리펩타이드의 첫 번째 아미노산은 메싸이오닌이다. 번역 후 폴리펩타이드의 가공 과정을 거쳐 첫 번째 아미노산인 메싸이오닌이 제거되기도 한다.

❸ 코돈표 읽기
mRNA의 코돈은 5′ → 3′ 방향으로 읽는다. 예를 들어 코돈 5′−AUG−3′는 코돈표에서 첫 번째 염기 A, 두 번째 염기 U, 세 번째 염기 G에 해당하는 메싸이오닌을 지정한다고 해석한다.

THE 알기

2 폴리펩타이드 합성 기구

(1) mRNA

① 폴리펩타이드 합성 시 리보솜과 결합하여 mRNA–리보솜 복합체를 형성한다.

② mRNA의 5′ 말단으로부터 개시 코돈은 메싸이오닌을 지정하고, 이후 3개의 염기가 한 조가 되어 하나의 아미노산을 지정한다.

③ 종결 코돈은 아미노산을 지정하지 않으며, 종결 코돈에서 번역이 끝난다.

(2) ❶tRNA

① 3개의 염기로 된 ❷안티코돈이 있어 mRNA의 코돈과 서로 상보적으로 대응한다.

② 안티코돈에 따라 특정 아미노산이 tRNA 3′ 말단의 아미노산 결합 부위에 결합된다.

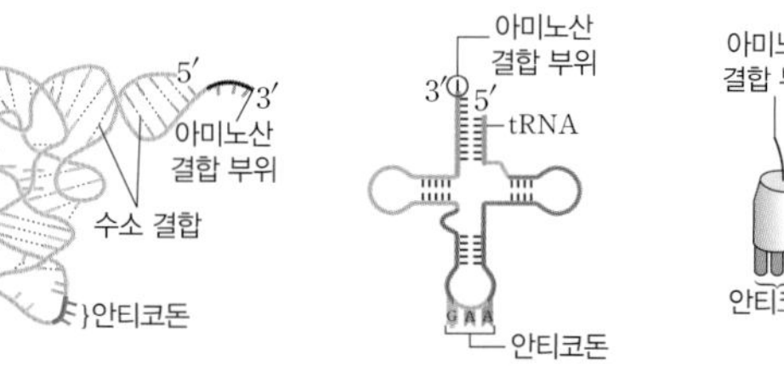

▲ tRNA 3차 구조 ▲ tRNA 평면 구조 ▲ tRNA 모식도

(3) 리보솜

① rRNA(리보솜 RNA)와 단백질로 이루어져 있으며, mRNA에 저장되어 있는 유전 정보에 따라 폴리펩타이드를 합성한다.

② rRNA는 대부분 핵 속의 인에서 전사되며, 단백질과 결합하여 리보솜의 각 단위체(대단위체와 소단위체)가 만들어진 후 세포질로 이동한다.

③ 리보솜의 소단위체에는 mRNA 결합 부위가 있다.

④ ❸리보솜의 대단위체에는 아미노산이 붙어 있는 tRNA 결합 자리(A 자리), 신장되는 폴리펩타이드가 붙어 있는 tRNA 결합 자리(P 자리), tRNA가 빠져나가기 전에 잠시 머무르는 자리(E 자리)가 있다.

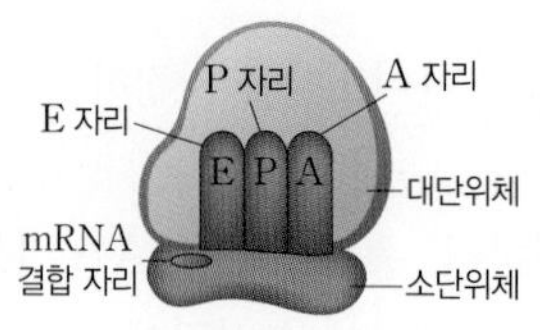

▲ 리보솜의 구조

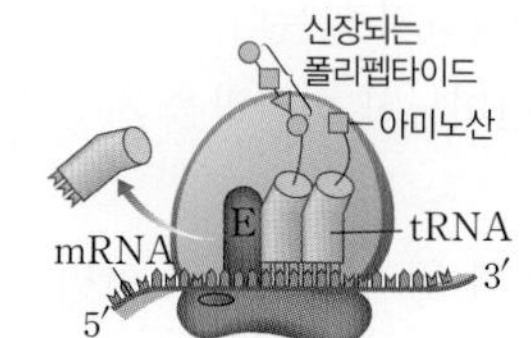

▲ mRNA와 tRNA를 포함한 리보솜

3 폴리펩타이드 합성 과정

(1) 개시

① 리보솜 소단위체 결합: 리보솜 소단위체가 mRNA에 결합한다.

② 개시 tRNA의 결합: mRNA의 개시 코돈(AUG)에 메싸이오닌(Met)이 붙어 있는 개시 tRNA가 결합한다.

③ 리보솜 대단위체 결합: 리보솜 대단위체가 결합하여 완전한 리보솜을 만든다. 이때 개시 tRNA는 리보솜 대단위체의 P 자리에 위치한다.

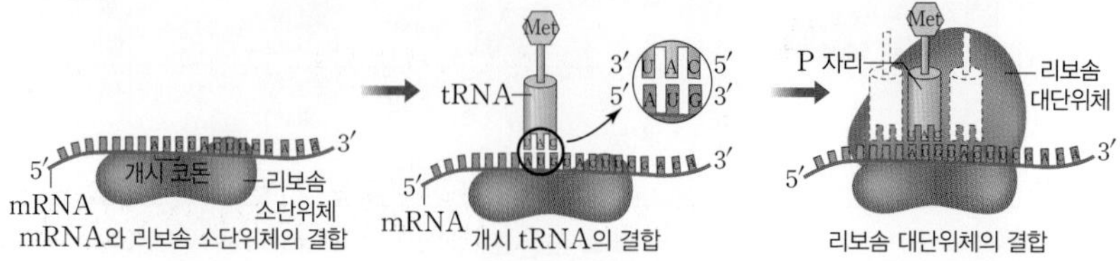

❶ tRNA
transfer RNA의 약자로 mRNA의 코돈과 상보적으로 결합하는 안티코돈을 가지고, mRNA에 아미노산을 운반(transfer)해 주는 RNA이다.

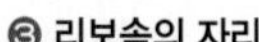

❷ 안티코돈
tRNA에 존재하는 3개의 염기 서열로서 mRNA에 존재하는 코돈과 상보적 염기쌍을 형성하는 부위이다. 코돈에 결합하는 tRNA의 안티코돈은 3′ → 5′ 방향으로 결합한다.

❸ 리보솜의 자리
E는 출구(exit), P는 펩타이드(peptide), A는 아미노산(amino acid)과 관련된 약자이다.

(2) 신장

① 두 번째 tRNA 결합: [1]아미노산이 붙어 있는 두 번째 tRNA가 리보솜의 A 자리로 들어와 tRNA의 안티코돈이 mRNA의 코돈과 수소 결합을 형성한다.

② [2]펩타이드 결합 형성: P 자리에 있던 메싸이오닌이 tRNA와 분리되어 A 자리로 들어온 아미노산과 펩타이드 결합을 형성한다.

③ 리보솜이 mRNA의 3′ 방향으로 1개 코돈만큼 이동: 리보솜이 mRNA를 따라 1개의 코돈만큼 5′ → 3′ 방향으로 이동하면 P 자리에 있던 개시 tRNA가 E 자리로 옮겨진 후 리보솜에서 떨어져 나간다. A 자리에 있던 tRNA가 P 자리에 위치한다.

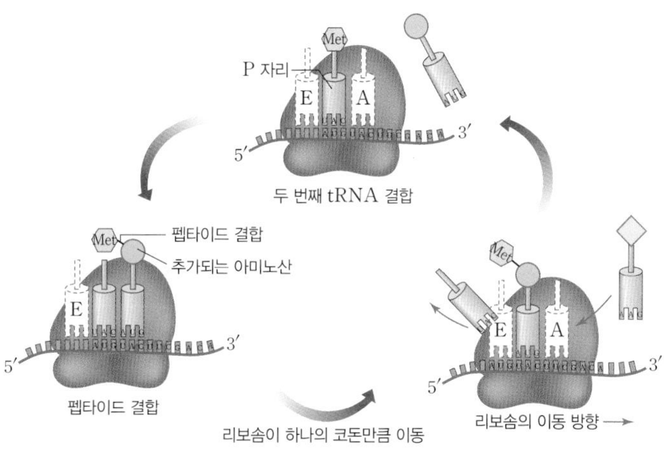

④ ①~③ 과정이 반복되면서 폴리펩타이드 사슬의 길이가 길어진다.

(3) 종결

① 폴리펩타이드 합성 종결: 리보솜의 A 자리가 mRNA의 종결 코돈(UAA, UAG, UGA)에 이르면 상보적으로 결합할 수 있는 tRNA가 없어 폴리펩타이드 합성이 종결된다.

② [3]리보솜 분리: 리보솜, tRNA 등과 같은 번역 기구도 분리되어 단백질 합성이 종결된다. 분리된 리보솜 대단위체와 소단위체, tRNA 등은 새로운 단백질 합성에 재사용된다.

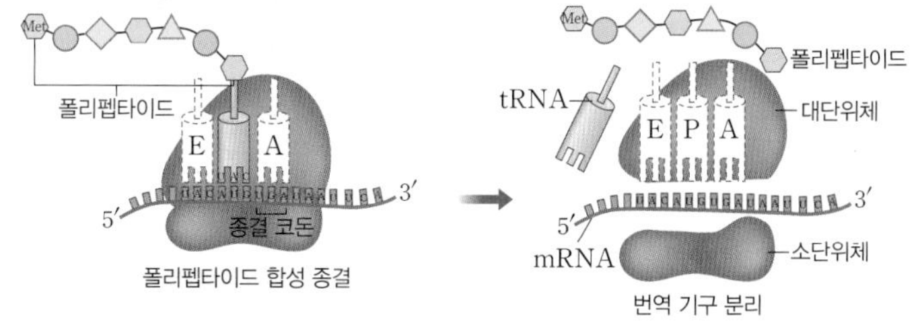

4 폴리솜의 의의와 합성된 폴리펩타이드의 기능 수행

(1) 폴리솜

① 단백질이 합성될 때 리보솜이 개시 코돈을 벗어나면 새로운 리보솜이 mRNA에 결합할 수 있다. 여러 개의 리보솜이 mRNA에 붙어 있는 것을 [4]폴리솜이라고 한다.

② 하나의 mRNA에 리보솜이 여러 개 결합하여 폴리펩타이드를 합성하면 단시간에 많은 양을 합성할 수 있다.

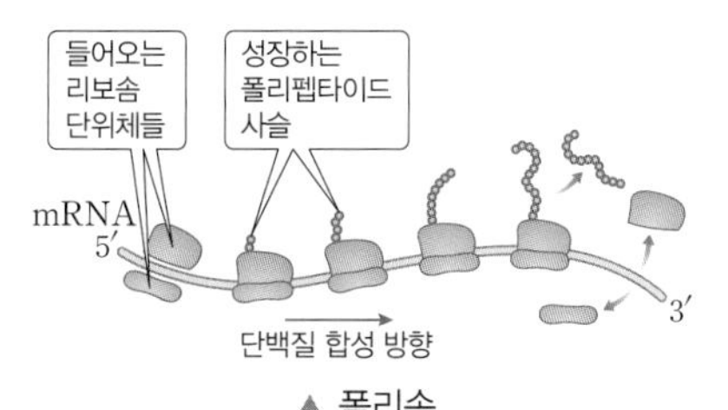

▲ 폴리솜

THE 알기

[1] 아미노산이 붙어 있는 두 번째 tRNA
mRNA의 코돈에 상응하는 아미노산이 붙어 있는 tRNA이다. 각각의 tRNA에 적합한 아미노산을 부착하는 과정에 관여하는 효소인 아미노아실 tRNA 합성 효소에 의해 아미노산이 붙어 있는 tRNA가 생성된다.

[2] 펩타이드 결합
두 아미노산에서 한쪽 카복실기($-COOH$)와 다른 쪽 아미노기($-NH_2$)가 탈수 축합하여 생성되는 공유 결합으로 리보솜을 구성하고 있는 rRNA에 의해 촉매된다.

[3] 리보솜 분리
리보솜이 종결 코돈에 도달하면 방출 인자(releasing factor)가 리보솜으로 들어온다. 방출 인자는 폴리펩타이드가 리보솜으로부터 떨어져 나가도록 하고 리보솜, mRNA, tRNA 등도 서로 분리된다.

[4] 폴리솜
폴리솜은 하나의 mRNA에 여러 개의 리보솜이 결합한 상태이다. 원핵세포와 진핵세포에서 모두 나타나며 세포가 여러 개의 폴리펩타이드 생성물을 빠르고 많이 생성할 수 있다.

❶ 핵, 소포체, 세포막, 리소좀의 단백질
핵에는 히스톤 단백질이, 소포체에는 효소 단백질이, 세포막에는 막 관통 단백질이, 리소좀에는 가수 분해 효소 단백질이 있다.

❷ 형질 발현
유전자로부터 형질이 나타나기까지의 과정이다.

(2) 합성된 폴리펩타이드의 기능 수행

① 합성된 폴리펩타이드는 입체 구조 형성, 절단, 다른 폴리펩타이드와의 결합 등의 가공 과정을 거친다.

② 세포 내 기능에 따라 ❶핵, 소포체, 세포막, 리소좀 등으로 이동하여 효소, 수용체, 구조 단백질 등의 고유 기능을 수행한다.

5 진핵생물의 유전자 ❷형질 발현

(1) 전사

① 개시: RNA 중합 효소가 DNA의 특이 염기 서열인 프로모터에 결합한다.

② 신장: RNA 중합 효소는 DNA 주형 가닥의 $3' \to 5'$ 방향으로 이동하면서 RNA를 합성한다. 합성 중인 RNA는 $5' \to 3'$ 방향으로 신장된다.

③ 종결: RNA 중합 효소가 DNA의 특정 염기 서열인 종결 자리에 도달하면 전사가 종결된다.

(2) 번역

① 개시: 리보솜 소단위체, 리보솜 대단위체, mRNA, 개시 tRNA 등이 mRNA의 개시 코돈에 결합한다.

② 신장: 리보솜은 mRNA를 따라 1개 코돈만큼 이동하면서 폴리펩타이드를 합성한다.

③ 종결: 리보솜이 mRNA의 종결 코돈에 이르면 폴리펩타이드 합성이 종결된다.

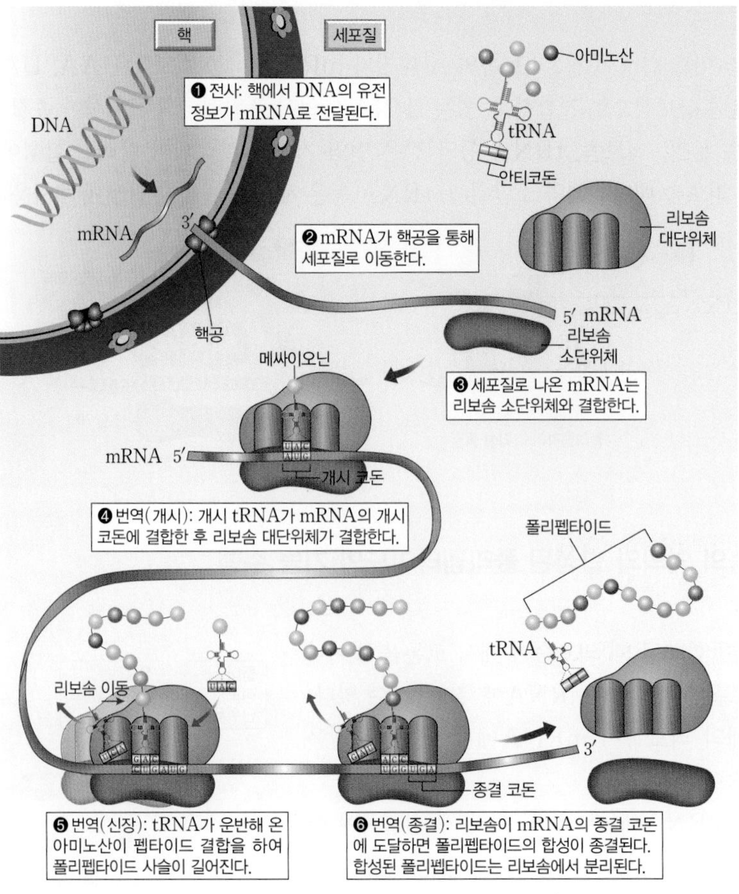

▲ 진핵생물의 유전자 발현 전 과정

개념체크

빈칸 완성

1. 진핵세포에서 전사는 ( )에서 일어나고, 번역은 ( )에서 일어난다.

2. 번역에서는 ( )의 유전 정보에 따라 단백질이 합성된다.

3. 개시 코돈의 염기 서열은 ( )이고, 종결 코돈의 염기 서열은 UAA, UAG, ( )이다.

4. mRNA의 코돈과 tRNA의 ( )은 서로 상보적이다.

5. 진핵생물에서 ( )는 핵 속의 인에서 전사되며, 단백질과 결합하여 ( )의 각 단위체가 된다.

6. 개시 tRNA에는 아미노산 중 ( )이 결합되어 있다.

7. 리보솜은 아미노산과 아미노산 사이의 ( ) 결합을 촉진한다.

8. 리보솜의 단위체 중 mRNA와 처음으로 결합하는 것은 ( )이다.

9. mRNA에 리보솜이 여러 개 붙어 있는 것을 ( )이라 한다.

정답 1. 핵, 세포질 2. mRNA 3. AUG, UGA 4. 안티코돈 5. rRNA, 리보솜 6. 메싸이오닌 7. 펩타이드 8. 소단위체 9. 폴리솜

○X 문제

1. 번역에 대한 설명으로 옳은 것은 ○, 옳지 않은 것은 ×로 표시하시오.

(1) 64종류의 코돈 모두 아미노산을 지정한다. ( )

(2) tRNA의 5′ 말단에 아미노산이 결합한다. ( )

(3) 리보솜은 단백질과 rRNA로 구성된다. ( )

(4) 코돈의 염기와 안티코돈의 염기는 상보적으로 수소 결합을 형성할 수 있다. ( )

(5) 리보솜은 mRNA의 3′ → 5′ 방향으로 1개의 코돈만큼 이동한다. ( )

(6) 하나의 mRNA에는 하나의 리보솜만 결합할 수 있다. ( )

선다형 문항

2. 다음은 mRNA 염기 서열을 나타낸 것이다.

5′−AUG GUA AAA UUA UAG UGA AUG−3′

이 mRNA로부터 합성된 폴리펩타이드는 몇 개의 아미노산으로 구성되는가? (단, 번역은 개시 코돈 AUG에서 시작하고 종결 코돈 UAA, UAG, UGA에서 종결되며, 돌연변이는 고려하지 않는다.)

① 2개 ② 3개 ③ 4개 ④ 5개 ⑤ 6개

3. 번역에 대한 설명으로 옳은 것만을 〈보기〉에서 있는 대로 고른 것은?

보기
ㄱ. 리보솜이 관여한다.
ㄴ. tRNA는 아미노산을 mRNA로 운반한다.
ㄷ. 생물종들 사이에서 코돈과 같은 유전부호는 각각 다르다.

① ㄱ ② ㄴ ③ ㄱ, ㄴ ④ ㄱ, ㄷ ⑤ ㄴ, ㄷ

정답 1. (1) × (2) × (3) ○ (4) ○ (5) × (6) × 2. ③ 3. ③

탐구 활동 중심 원리의 정보 흐름 모의실험하기

정답과 해설 59쪽

목표

유전자의 발현 과정을 이해하고, 모형을 이용하여 유전자 발현 과정을 설명할 수 있다.

준비물

가위, 칼, 셀로판테이프, 중심 원리에 따른 유전 정보 흐름 모형

과정

1. 모둠을 구성하여 중심 원리에 따른 유전 정보 흐름 모형을 가위로 오려 낸다.
2. DNA 모형지에 제시된 DNA의 염기 서열을 보고 이로부터 전사된 mRNA의 염기 서열을 mRNA 모형지에 적는다.
3. 리보솜의 굵은 실선으로 표시된 부위에 칼집을 내고, 그 사이에 mRNA를 끼운 뒤 개시 코돈을 찾아 P 자리에 오도록 한다.
4. P 자리에 들어갈 tRNA에 안티코돈 서열을 적고, 코돈표를 참고하여 그에 해당하는 아미노산을 tRNA에 끼운다.
5. 아미노산이 끼워진 첫 번째 tRNA를 리보솜의 P 자리에 올려놓은 후, 다음 코돈에 해당하는 tRNA와 아미노산을 과정 4와 같은 방법으로 결합하여 리보솜의 A 자리에 올려놓는다.
6. 첫 번째 아미노산과 두 번째 아미노산을 셀로판테이프로 붙인다.
7. 리보솜을 코돈 1개만큼 옆으로 이동시킨 후 E 자리로 옮겨진 tRNA는 리보솜에서 분리한다.
8. 과정 5~7을 mRNA의 종결 코돈이 나올 때까지 반복하여 폴리펩타이드를 길게 늘인다.
9. 리보솜이 종결 코돈에 도달하면 폴리펩타이드, mRNA, tRNA, 리보솜을 분리한다.

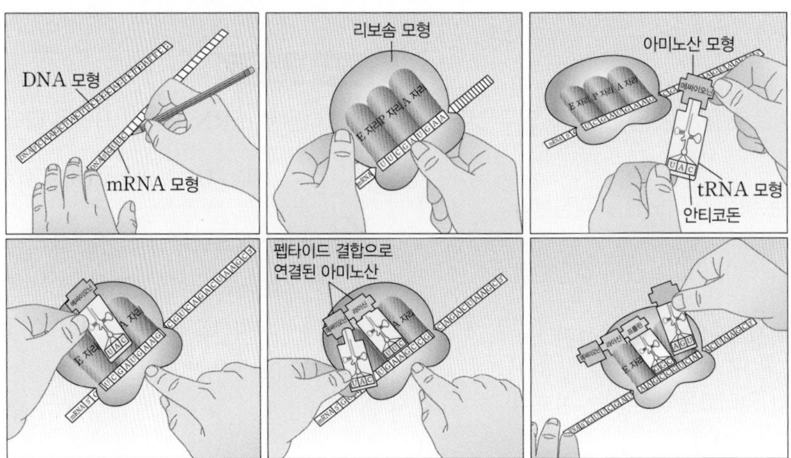

결과 정리 및 해석

1. 전사된 mRNA의 염기 서열을 써보자.
   (예) 5′−GUUCGAUGAAGCCGUCAGACUAAGC−3′
2. 번역된 mRNA의 염기 서열을 종결 코돈을 포함하여 적어보자.
   (예) 5′−AUG AAG CCG UCA GAC UAA−3′
3. 만들어진 폴리펩타이드의 아미노산 서열을 번역되는 순서대로 적어보자.
   (예) 메싸이오닌−라이신−프롤린−세린−아스파트산

탐구 분석

1. 유전 정보의 중심 원리에 대해 설명해보자.

내신 기초 문제

정답과 해설 59쪽

[20702-0360]

01 유전자에 대한 설명으로 옳은 것만을 〈보기〉에서 있는 대로 고른 것은?

보기

ㄱ. DNA에서 유전 정보가 있는 특정 부분이다.
ㄴ. DNA에 염기 서열의 형태로 유전 정보가 저장되어 있다.
ㄷ. 유전자 발현은 유전자로부터 유전 형질이 나타나기까지의 과정이다.

① ㄱ ② ㄷ ③ ㄱ, ㄴ ④ ㄴ, ㄷ ⑤ ㄱ, ㄴ, ㄷ

[20702-0361]

02 비들과 테이텀의 실험에 이용된 붉은빵곰팡이에 대한 설명으로 옳은 것만을 〈보기〉에서 있는 대로 고른 것은?

보기

ㄱ. 야생형은 완전 배지에서 자랄 수 있다.
ㄴ. 영양 요구성 돌연변이는 최소 배지에서 자랄 수 있다.
ㄷ. 균사체를 형성하는 포자의 핵상은 모두 $2n$이다.

① ㄱ ② ㄷ ③ ㄱ, ㄴ ④ ㄴ, ㄷ ⑤ ㄱ, ㄴ, ㄷ

[20702-0362]

03 다음은 유전 형질의 발현과 관련된 학설의 변화이다. ㉠~㉢은 각각 효소, 단백질, 폴리펩타이드 중 하나이다.

1유전자 1(㉠)설
↓
1유전자 1(㉡)설
↓
1유전자 1(㉢)설

이에 대한 설명으로 옳은 것만을 〈보기〉에서 있는 대로 고른 것은?

보기

ㄱ. ㉠은 폴리펩타이드이다.
ㄴ. ㉡의 단위체는 아미노산이다.
ㄷ. DNA에는 ㉢의 합성 정보가 암호화되어 있다.

① ㄱ ② ㄷ ③ ㄱ, ㄴ ④ ㄴ, ㄷ ⑤ ㄱ, ㄴ, ㄷ

[20702-0363]

04 그림은 붉은빵곰팡이에서 전구 물질로부터 아르지닌이 합성되는 과정을 나타낸 것이다.

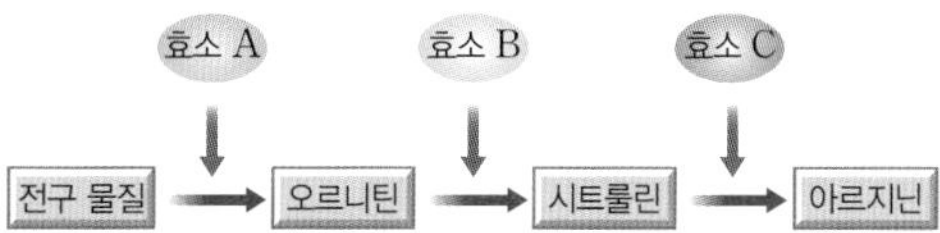

이에 대한 설명으로 옳은 것만을 〈보기〉에서 있는 대로 고른 것은? (단, 제시된 조건 이외의 조건은 고려하지 않는다.)

보기

ㄱ. 효소 A가 기능을 하지 못하면 오르니틴이 합성되지 않는다.
ㄴ. 효소 B의 기질은 시트룰린이다.
ㄷ. 효소 C는 시트룰린을 아르지닌으로 전환시킨다.

① ㄱ ② ㄴ ③ ㄱ, ㄷ ④ ㄴ, ㄷ ⑤ ㄱ, ㄴ, ㄷ

[20702-0364]

05 '1유전자 1폴리펩타이드설'에 대한 설명으로 옳은 것만을 〈보기〉에서 있는 대로 고른 것은?

보기

ㄱ. 헤모글로빈은 이 가설의 근거가 된다.
ㄴ. 1개의 유전자로부터 여러 종류의 폴리펩타이드가 합성된다고 설명한다.
ㄷ. 진핵생물의 모든 유전자 발현을 이 가설로 설명할 수 있다.

① ㄱ ② ㄷ ③ ㄱ, ㄴ ④ ㄴ, ㄷ ⑤ ㄱ, ㄴ, ㄷ

[20702-0365]

06 DNA의 3염기 조합에 대한 설명으로 옳은 것만을 〈보기〉에서 있는 대로 고른 것은? (단, 돌연변이는 고려하지 않는다.)

보기

ㄱ. 유라실(U)을 포함한 3개의 염기로 이루어진다.
ㄴ. 모두 20종류의 유전부호 조합이 가능하다.
ㄷ. 종류와 배열 순서에 따라 폴리펩타이드의 아미노산 서열이 결정된다.

① ㄱ ② ㄷ ③ ㄱ, ㄴ ④ ㄴ, ㄷ ⑤ ㄱ, ㄴ, ㄷ

[20702-0366]
07 코돈에 대한 설명으로 옳은 것만을 〈보기〉에서 있는 대로 고른 것은?

보기
ㄱ. 64종류이다.
ㄴ. 종결 코돈은 1종류이다.
ㄷ. 모든 코돈이 아미노산을 지정한다.

① ㄱ ② ㄷ ③ ㄱ, ㄴ ④ ㄴ, ㄷ ⑤ ㄱ, ㄴ, ㄷ

[20702-0367]
08 다음은 중심 원리에 대한 자료이다. ㉠~㉢은 각각 단백질, DNA, RNA 중 하나이다.

유전자 발현 과정에서 ㉠에 저장된 염기 서열 정보는 ㉡으로 전달되고, ㉡의 염기 서열 정보가 ㉢ 합성 과정에 사용된다.

이에 대한 설명으로 옳은 것만을 〈보기〉에서 있는 대로 고른 것은?

보기
ㄱ. ㉠에 디옥시리보스가 존재한다.
ㄴ. ㉡을 구성하는 염기의 종류는 1종류이다.
ㄷ. ㉢ 합성 과정에 리보솜이 관여한다.

① ㄱ ② ㄴ ③ ㄱ, ㄴ ④ ㄱ, ㄷ ⑤ ㄴ, ㄷ

[20702-0368]
09 그림은 진핵세포에서 유전 정보의 흐름을 나타낸 것이다. A~C는 각각 복제, 번역, 전사 중 하나이다.

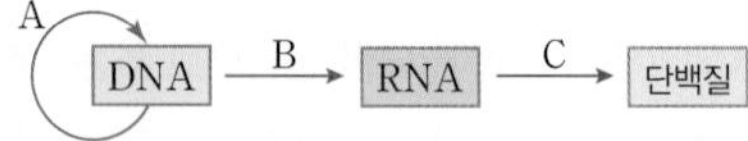

이에 대한 설명으로 옳은 것만을 〈보기〉에서 있는 대로 고른 것은?

보기
ㄱ. A는 복제이다.
ㄴ. B에 RNA 중합 효소가 관여한다.
ㄷ. C는 세포질에서 일어난다.

① ㄱ ② ㄷ ③ ㄱ, ㄴ ④ ㄴ, ㄷ ⑤ ㄱ, ㄴ, ㄷ

[20702-0369]
10 진핵세포의 전사에 대한 설명으로 옳은 것만을 〈보기〉에서 있는 대로 고른 것은?

보기
ㄱ. 핵에서 일어난다.
ㄴ. 프라이머를 필요로 한다.
ㄷ. RNA 합성은 5′ → 3′ 방향으로 일어난다.

① ㄱ ② ㄴ ③ ㄱ, ㄷ ④ ㄴ, ㄷ ⑤ ㄱ, ㄴ, ㄷ

[20702-0370]
11 표는 이중 나선 DNA의 염기 서열 일부를 나타낸 것이다.

5′−ATGACTAGGCAT−3′
3′−TACTGATCCGTA−5′

이로부터 전사된 mRNA 염기 서열로 가능한 것은? (단, 제시된 염기 서열 이외의 염기 서열은 고려하지 않는다.)

① 5′−ATGACTAGGCAT−3′
② 5′−AUGACUAGGCAU−3′
③ 5′−ATGCCTAGTCAT−3′
④ 5′−UACACUAGGUA−3′
⑤ 5′−TACGGATCAGTA−3′

[20702-0371]
12 RNA의 종류와 특성에 대한 설명으로 옳은 것만을 〈보기〉에서 있는 대로 고른 것은?

보기
ㄱ. mRNA는 DNA가 가진 정보를 리보솜으로 전달한다.
ㄴ. tRNA는 리보솜을 구성하는 성분이다.
ㄷ. rRNA는 아미노산을 리보솜으로 운반한다.

① ㄱ ② ㄷ ③ ㄱ, ㄴ ④ ㄴ, ㄷ ⑤ ㄱ, ㄴ, ㄷ

[20702-0372]
13 진핵세포의 폴리펩타이드 합성 과정에서 리보솜에 최초로 결합하는 tRNA 운반 아미노산은?

① 세린 ② 프롤린 ③ 라이신
④ 메싸이오닌 ⑤ 아스파트산

[20702-0373]
14 다음은 mRNA 염기 서열을 나타낸 것이다.

5′−UAAAUGGUAAAUCGGCAGUGGUAAAUG−3′

이 mRNA에서 번역이 일어날 때 생성된 폴리펩타이드는 몇 개의 아미노산으로 구성되는가? (단, 개시 코돈은 AUG이고, 종결 코돈은 UAA이다.)

① 4개 ② 5개 ③ 6개 ④ 7개 ⑤ 8개

[20702-0374]
15 그림은 mRNA 유전 암호를 판독하기 위한 실험 장치를 나타낸 것이다.
이에 대한 설명으로 옳은 것만을 〈보기〉에서 있는 대로 고른 것은?

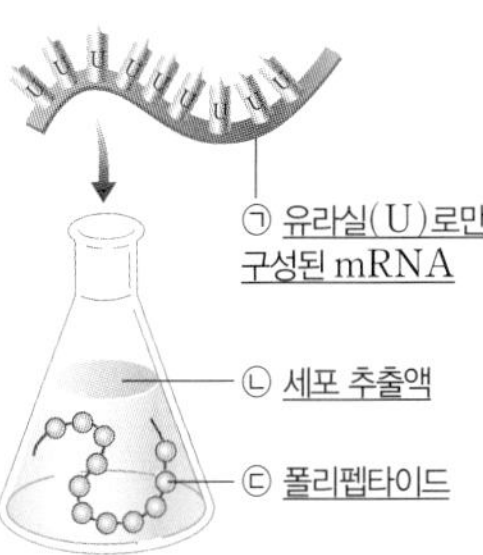

보기
ㄱ. ㉠에 리보스가 있다.
ㄴ. ㉡에 리보솜이 있다.
ㄷ. ㉢을 구성하는 아미노산 종류의 수는 2이다.

① ㄱ ② ㄴ ③ ㄷ ④ ㄱ, ㄴ ⑤ ㄱ, ㄴ, ㄷ

[20702-0375]
16 그림은 단백질 합성에 관여하는 어떤 물질 X의 구조를 나타낸 것이다. ㉠과 ㉡은 각각 3′과 5′ 중 하나이고, (가)는 코돈과 결합하는 염기 서열이다.
이에 대한 설명으로 옳은 것만을 〈보기〉에서 있는 대로 고른 것은?

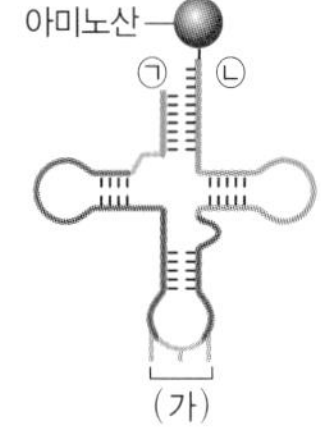

보기
ㄱ. X는 tRNA이다.
ㄴ. ㉠은 5′이다.
ㄷ. (가)는 코돈과 수소 결합을 형성할 수 있다.

① ㄱ ② ㄷ ③ ㄱ, ㄴ ④ ㄴ, ㄷ ⑤ ㄱ, ㄴ, ㄷ

[20702-0376]
17 리보솜에 대한 설명으로 옳은 것만을 〈보기〉에서 있는 대로 고른 것은?

보기
ㄱ. 세포막 구조를 갖는다.
ㄴ. 소단위체에 mRNA 결합 부위가 있다.
ㄷ. 대단위체는 단백질로만 구성된다.

① ㄱ ② ㄴ ③ ㄷ ④ ㄱ, ㄴ ⑤ ㄱ, ㄴ, ㄷ

[20702-0377]
18 진핵세포에서의 유전자 발현 과정에 대한 설명으로 옳은 것만을 〈보기〉에서 있는 대로 고른 것은?

보기
ㄱ. 전사는 핵 내에서 일어난다.
ㄴ. 전사되어 처음으로 만들어진 mRNA는 가공 과정 없이 핵에서 세포질로 이동한다.
ㄷ. 번역에서 mRNA에 먼저 결합하는 리보솜의 단위체는 대단위체이다.

① ㄱ ② ㄷ ③ ㄱ, ㄴ ④ ㄴ, ㄷ ⑤ ㄱ, ㄴ, ㄷ

[20702-0378]
19 표는 어떤 이중 나선 DNA의 가닥 Ⅰ과 Ⅱ와 이 두 가닥 중 한 가닥으로부터 전사된 mRNA의 염기 조성 비율을 나타낸 것이다.

가닥	염기 조성 비율(%)				
	A	T	G	C	계
Ⅰ	25	35	30	10	100
Ⅱ	35	25	10	30	100
mRNA	35	㉠	10	30	?

이에 대한 설명으로 옳은 것만을 〈보기〉에서 있는 대로 고른 것은? (단, Ⅰ, Ⅱ, mRNA에서 뉴클레오타이드의 수는 같고, 돌연변이는 고려하지 않는다.)

보기
ㄱ. ㉠은 25이다.
ㄴ. 전사된 mRNA의 주형 가닥은 Ⅰ이다.
ㄷ. Ⅱ와 mRNA에서 A의 수는 같다.

① ㄱ ② ㄷ ③ ㄱ, ㄴ ④ ㄴ, ㄷ ⑤ ㄱ, ㄴ, ㄷ

실력 향상 문제

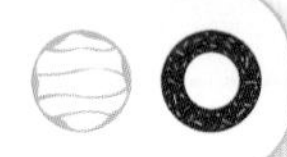

[20702-0379]

01 그림 (가)는 세포의 구조를, (나)는 유전 정보의 흐름을 나타낸 것이다. A~C는 각각 핵, 리보솜, 미토콘드리아 중 하나이다.

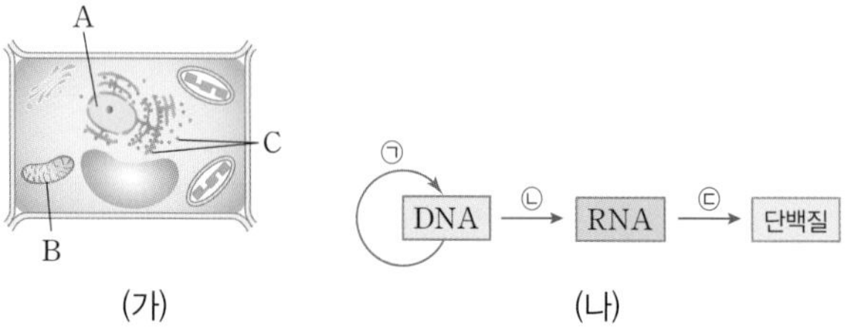

(가) (나)

이에 대한 설명으로 옳은 것만을 〈보기〉에서 있는 대로 고른 것은?

보기
ㄱ. A에서 과정 ㉢이 일어난다.
ㄴ. B와 C에 모두 rRNA가 존재한다.
ㄷ. 진핵세포에서 과정 ㉠과 과정 ㉢은 모두 세포질에서 일어난다.

① ㄱ ② ㄴ ③ ㄱ, ㄴ ④ ㄱ, ㄷ ⑤ ㄴ, ㄷ

[20702-0380]

02 그림은 DNA와 mRNA의 염기 서열과 폴리펩타이드의 아미노산 서열을, 표는 코돈표 일부를 나타낸 것이다.

DNA 가닥 Ⅰ: … (가) ACAGGCTGT …
DNA 가닥 Ⅱ: … GGC (나) CCGACA …
↓
mRNA : … GGCUGU (다) ACA …
↓ ㉠
폴리펩타이드 : … 글리신 — 시스테인 — (라) — 트레오닌 …

코돈	ACA	CCG	GGC	UGU
아미노산	트레오닌	프롤린	글리신	시스테인

이에 대한 설명으로 옳은 것만을 〈보기〉에서 있는 대로 고른 것은? (단, RNA 가공 과정과 돌연변이는 고려하지 않는다.)

보기
ㄱ. 퓨린 계열 염기의 수는 (가)=(나)<(다)이다.
ㄴ. (라)는 프롤린이다.
ㄷ. 과정 ㉠에 tRNA가 관여한다.

① ㄱ ② ㄷ ③ ㄱ, ㄴ ④ ㄴ, ㄷ ⑤ ㄱ, ㄴ, ㄷ

[20702-0381]

03 표는 붉은빵곰팡이 야생형에 X선을 처리하여 세 종류의 영양 요구성 돌연변이주 Ⅰ~Ⅲ을 얻은 후, 최소 배지에 물질 A, B, C를 첨가하여 배양한 결과를 나타낸 것이다.

구분	최소 배지		
	A 첨가	B 첨가	C 첨가
야생형	㉠	+	+
Ⅰ	+	+	+
Ⅱ	+	−	+
Ⅲ	+	−	−

(+: 생장함, −: 생장 못함)

이에 대한 설명으로 옳은 것만을 〈보기〉에서 있는 대로 고른 것은? (단, 제시된 돌연변이 이외의 돌연변이는 고려하지 않는다.)

보기
ㄱ. ㉠은 '+'이다.
ㄴ. Ⅲ은 B를 C로 전환하는 효소가 없다.
ㄷ. 물질의 전환 과정은 B → C → A이다.

① ㄱ ② ㄴ ③ ㄱ, ㄴ ④ ㄱ, ㄷ ⑤ ㄴ, ㄷ

[20702-0382]

04 그림은 붉은빵곰팡이에서 아르지닌이 합성되는 과정을, 표는 최소 배지와 최소 배지에 첨가된 물질에 따른 붉은빵곰팡이 야생형과 영양 요구성 돌연변이주 Ⅰ~Ⅲ의 생장 여부를 나타낸 것이다. ㉠~㉢은 각각 아르지닌, 시트룰린, 오르니틴 중 하나이고, Ⅰ~Ⅲ은 각각 유전자 a~c 중 한 곳에만 돌연변이가 일어났다.

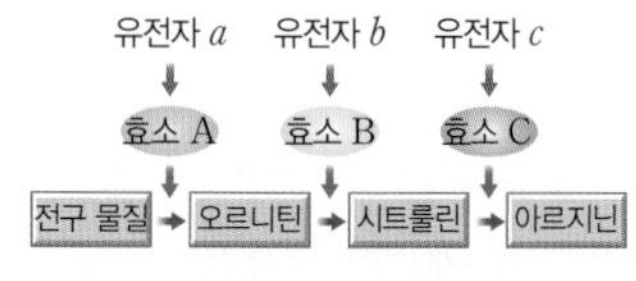

구분	최소 배지	최소 배지, ㉠	최소 배지, ㉡	최소 배지, ㉢
야생형	○	○	○	○
Ⅰ	×	○	○	×
Ⅱ	×	○	×	×
Ⅲ	×	○	○	○

(○: 생장함, ×: 생장 못함)

이에 대한 설명으로 옳은 것만을 〈보기〉에서 있는 대로 고른 것은? (단, 제시된 돌연변이 이외의 돌연변이는 고려하지 않는다.)

보기
ㄱ. 효소 C의 기질은 ㉠이다.
ㄴ. Ⅲ은 유전자 a에 돌연변이가 일어난 것이다.
ㄷ. Ⅱ를 ㉡과 ㉢이 첨가된 최소 배지에서 배양하면 생장한다.

① ㄱ ② ㄴ ③ ㄱ, ㄷ ④ ㄴ, ㄷ ⑤ ㄱ, ㄴ, ㄷ

[20702-0383]

05 그림은 진핵세포에서 유전자가 발현되는 과정을 나타낸 것이다.

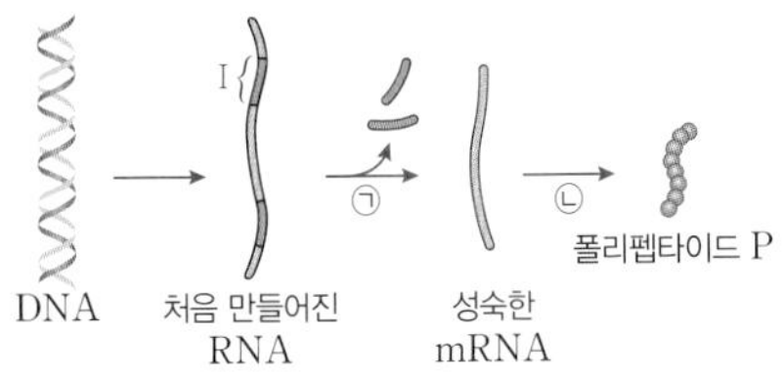

이에 대한 설명으로 옳은 것만을 <보기>에서 있는 대로 고른 것은? (단, 돌연변이는 고려하지 않는다.)

보기
ㄱ. 과정 ㉠은 RNA 중합 효소에 의해 일어난다.
ㄴ. Ⅰ에는 P에 대한 정보가 암호화되어 있지 않다.
ㄷ. 과정 ㉡에 리보솜과 tRNA가 모두 필요하다.

① ㄱ ② ㄷ ③ ㄱ, ㄴ ④ ㄴ, ㄷ ⑤ ㄱ, ㄴ, ㄷ

[20702-0384]

06 그림은 특정 아미노산을 암호화하는 코돈을 알아보기 위해 인공 mRNA를 단백질 합성계에서 합성하는 과정을, 표는 합성된 폴리펩타이드의 아미노산 서열을 나타낸 것이다.

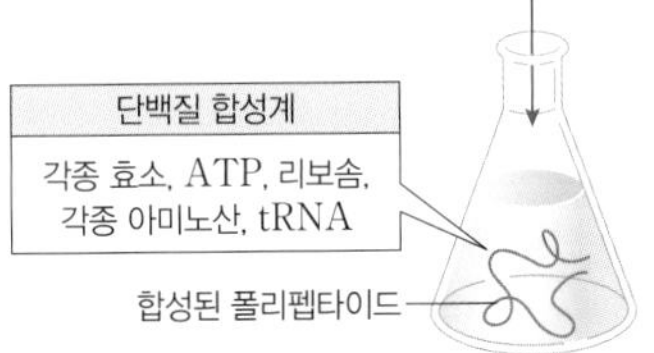

폴리펩타이드	(가)	글리신−글리신−류신−라이신
	(나)	글리신−발린−글루탐산
	(다)	글리신−글리신

이에 대한 설명으로 옳은 것만을 <보기>에서 있는 대로 고른 것은? (단, 돌연변이와 개시 코돈은 고려하지 않으며, UGA는 종결 코돈이다.)

보기
ㄱ. (가)와 (다)에서 두 번째 글리신을 암호화하는 코돈의 종류는 같다.
ㄴ. (나)는 인공 mRNA의 두 번째 염기부터 번역되었다.
ㄷ. 안티코돈으로 3′−CAA−5′을 갖는 tRNA는 발린을 운반한다.

① ㄱ ② ㄷ ③ ㄱ, ㄴ ④ ㄱ, ㄷ ⑤ ㄴ, ㄷ

[20702-0385]

07 그림은 진핵세포에서 일어나는 번역의 일부를 나타낸 것이다. ⓐ와 ⓑ는 서로 다른 tRNA이다.

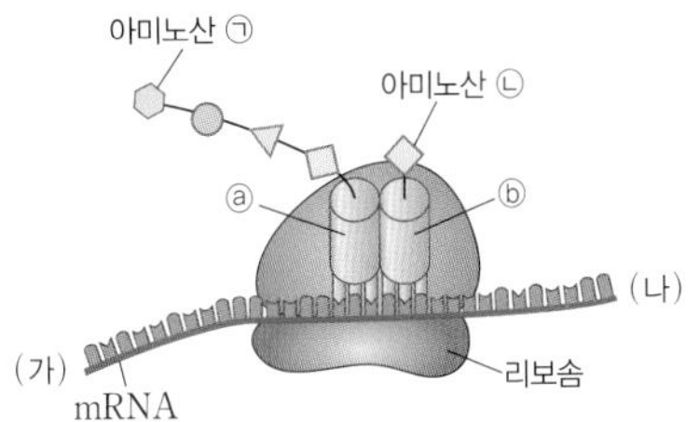

이에 대한 설명으로 옳은 것만을 <보기>에서 있는 대로 고른 것은? (단, 돌연변이는 고려하지 않는다.)

보기
ㄱ. 리보솜에서 ⓐ가 ⓑ보다 먼저 방출된다.
ㄴ. 번역 중 리보솜은 (나) 쪽으로 이동한다.
ㄷ. ㉠은 ㉡보다 폴리펩타이드 사슬에 나중에 결합한 것이다.

① ㄱ ② ㄷ ③ ㄱ, ㄴ ④ ㄴ, ㄷ ⑤ ㄱ, ㄴ, ㄷ

[20702-0386]

08 그림은 진핵세포에서 일어나는 번역의 일부를 나타낸 것이다. ⓐ는 mRNA와 tRNA 중 하나이다.

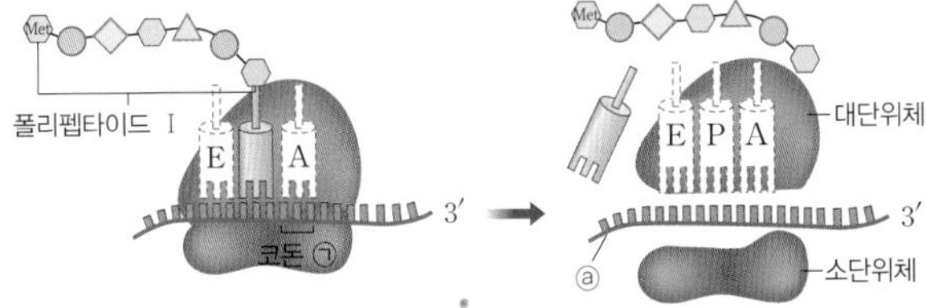

이에 대한 설명으로 옳은 것만을 <보기>에서 있는 대로 고른 것은? (단, 종결 코돈은 UAA, UAG, UGA이며, 돌연변이는 고려하지 않는다.)

보기
ㄱ. Ⅰ에 존재하는 펩타이드 결합의 수는 7이다.
ㄴ. 염기 서열 5′−UAA−3′은 코돈 ㉠에 해당한다.
ㄷ. ⓐ에는 인트론이 존재하지 않는다.

① ㄱ ② ㄷ ③ ㄱ, ㄴ ④ ㄴ, ㄷ ⑤ ㄱ, ㄴ, ㄷ

정답과 해설 61쪽

[09~11] 다음은 어떤 진핵세포에서 유전자 x의 발현에 대한 자료이다.

- 그림은 x에서 폴리펩타이드 X가 합성되는 과정을 나타낸 것이다.

유전자 x → 처음 만들어진 RNA (ⓒ) → (ⓐ, ⓑ) → 성숙한 mRNA → 폴리펩타이드 X

- x를 포함하는 DNA 이중 가닥 중 ㉠ 한 가닥의 염기 서열은 다음과 같다.

3′−TATACTAAGGCGAATAGCTTAGGATAAC AGATTTAACTT−5′

- ㉠으로부터 전사되어 처음 만들어진 RNA에는 ⓐ 연속된 7개의 뉴클레오타이드와 또 다른 위치에 있는 ⓑ 연속된 5개의 뉴클레오타이드가 포함되며, ⓐ와 ⓑ 사이에는 ⓒ 15개의 뉴클레오타이드가 있다. RNA 가공 과정 중 ⓐ와 ⓑ가 제거되어 X를 암호화하는 성숙한 mRNA가 된다.
- 이 성숙한 mRNA에는 X 합성에 필요한 개시 코돈과 종결 코돈이 포함되며, 메싸이오닌−아이소류신−세린−아스파라진−프롤린−아이소류신−발린의 아미노산 서열을 암호화하는 코돈이 포함된다.
- 표는 유전부호를 나타낸 것이다.

UUU	페닐알라닌	UCU	세린	UAU	타이로신	UGU	시스테인
UUC		UCC		UAC		UGC	
UUA	류신	UCA		UAA	종결 코돈	UGA	종결 코돈
UUG		UCG		UAG	종결 코돈	UGG	트립토판
CUU	류신	CCU	프롤린	CAU	히스티딘	CGU	아르지닌
CUC		CCC		CAC		CGC	
CUA		CCA		CAA	글루타민	CGA	
CUG		CCG		CAG		CGG	
AUU	아이소류신	ACU	트레오닌	AAU	아스파라진	AGU	세린
AUC		ACC		AAC		AGC	
AUA		ACA		AAA	라이신	AGA	아르지닌
AUG	메싸이오닌	ACG		AAG		AGG	
GUU	발린	GCU	알라닌	GAU	아스파트산	GGU	글리신
GUC		GCC		GAC		GGC	
GUA		GCA		GAA	글루탐산	GGA	
GUG		GCG		GAG		GGG	

서술형

[20702-0387]

09 ⓒ가 암호화하는 아미노산 서열을 쓰시오. (단, 개시 코돈은 AUG이고, 돌연변이는 고려하지 않는다.)

[20702-0388]

10 X에 존재하는 펩타이드 결합은 몇 개인지 쓰시오.

[20702-0389]

11 이에 대한 설명으로 옳은 것만을 <보기>에서 있는 대로 고른 것은?

보기

ㄱ. ⓐ의 5′ 말단 염기는 사이토신(C)이다.
ㄴ. X에서 아이소류신을 암호화하는 코돈의 종류는 같다.
ㄷ. X의 7번째 아미노산을 운반하는 tRNA의 안티코돈에서 5′ 말단의 염기는 아데닌(A)이다.

① ㄱ ② ㄷ ③ ㄱ, ㄴ ④ ㄴ, ㄷ ⑤ ㄱ, ㄴ, ㄷ

[20702-0390]

12 그림은 이중 가닥 DNA의 염기 서열 일부를 나타낸 것이다. 이 DNA를 구성하는 가닥 Ⅰ 또는 Ⅱ로부터 전사와 번역이 일어났고, 개시 코돈은 AUG, 종결 코돈은 UAA, UAG, UGA이다.

가닥 Ⅰ 5′−CCGTCAGACGTTAGGCATCGC−3′
가닥 Ⅱ 3′−GGCAGTCTGCAATCCGTAGCG−5′

이에 대한 설명으로 옳은 것만을 <보기>에서 있는 대로 고른 것은? (단, RNA 가공 과정과 제시된 염기 서열 이외의 염기 서열은 고려하지 않는다.)

보기

ㄱ. 전사에 사용된 주형 가닥은 Ⅰ이다.
ㄴ. mRNA에 존재하는 종결 코돈은 UGA이다.
ㄷ. 이 DNA로부터 합성된 폴리펩타이드는 5개의 아미노산으로 구성된다.

① ㄴ ② ㄷ ③ ㄱ, ㄴ ④ ㄱ, ㄷ ⑤ ㄱ, ㄴ, ㄷ

신유형·수능 열기

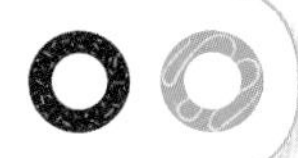

정답과 해설 64쪽

[20702-0391]

01 다음은 어떤 진핵생물의 유전자 w와 돌연변이 유전자 x의 발현에 대한 자료이다.

- w, x로부터 각각 폴리펩타이드 W, X가 합성되고, W, X의 합성은 모두 개시 코돈에서 시작하여 종결 코돈에서 끝난다. 개시 코돈은 AUG이다.
- w의 DNA 이중 가닥 중 전사 주형 가닥의 염기 서열은 다음과 같다.

5′−TTTAGTAGCTATGAATTACGTACATA−3′

- x는 w의 전사 주형 가닥에 연속된 2개의 사이토신(C)이 1회 삽입된 돌연변이 유전자이다. X에 존재하는 펩타이드 결합의 수는 5이다.
- 표는 유전부호를 나타낸 것이다.

UUU	페닐알라닌	UCU	세린	UAU	타이로신	UGU	시스테인
UUC		UCC		UAC		UGC	
UUA	류신	UCA		UAA	종결 코돈	UGA	종결 코돈
UUG		UCG		UAG	종결 코돈	UGG	트립토판
CUU	류신	CCU	프롤린	CAU	히스티딘	CGU	아르지닌
CUC		CCC		CAC		CGC	
CUA		CCA		CAA	글루타민	CGA	
CUG		CCG		CAG		CGG	
AUU	아이소류신	ACU	트레오닌	AAU	아스파라진	AGU	세린
AUC		ACC		AAC		AGC	
AUA		ACA		AAA	라이신	AGA	아르지닌
AUG	메싸이오닌	ACG		AAG		AGG	
GUU	발린	GCU	알라닌	GAU	아스파트산	GGU	글리신
GUC		GCC		GAC		GGC	
GUA		GCA		GAA	글루탐산	GGA	
GUG		GCG		GAG		GGG	

이에 대한 설명으로 옳은 것만을 〈보기〉에서 있는 대로 고른 것은? (단, 개시 코돈은 **AUG**이고, 제시된 돌연변이 이외의 핵산 염기 서열 변화는 고려하지 않는다.)

보기

ㄱ. W의 5번째 아미노산은 히스티딘이다.
ㄴ. X는 서로 다른 종류의 아미노산으로 구성된다.
ㄷ. W와 X가 합성될 때 사용된 종결 코돈은 같다.

① ㄱ ② ㄷ ③ ㄱ, ㄴ ④ ㄴ, ㄷ ⑤ ㄱ, ㄴ, ㄷ

[20702-0392]

02 그림은 폴리펩타이드 합성 과정 중 일부를 나타낸 것이다. ㉠과 ㉡은 각각 3′ 말단과 5′ 말단 중 하나이다.

ⓑ 방향 ⓐ 방향
합성 중인 폴리펩타이드
㉠ mRNA 리보솜 Ⅰ Ⅱ ㉡

이에 대한 설명으로 옳은 것만을 〈보기〉에서 있는 대로 고른 것은?

보기

ㄱ. 리보솜의 이동 방향은 ⓐ 방향이다.
ㄴ. ㉠에 3′−OH가 있다.
ㄷ. Ⅰ은 Ⅱ보다 나중에 mRNA와 결합했다.

① ㄱ ② ㄷ ③ ㄱ, ㄴ ④ ㄴ, ㄷ ⑤ ㄱ, ㄴ, ㄷ

[20702-0393]

03 그림은 붉은빵곰팡이에서 아르지닌이 합성되는 과정을, 표는 최소 배지에 물질의 첨가에 따른 붉은빵곰팡이 야생형과 돌연변이주 Ⅰ~Ⅲ의 생장 여부를 나타낸 것이다. Ⅰ~Ⅲ은 각각 유전자 a~c 중 하나에만 돌연변이가 일어난 것이다. ㉠~㉢은 각각 오르니틴, 아르지닌, 시트룰린 중 하나이다.

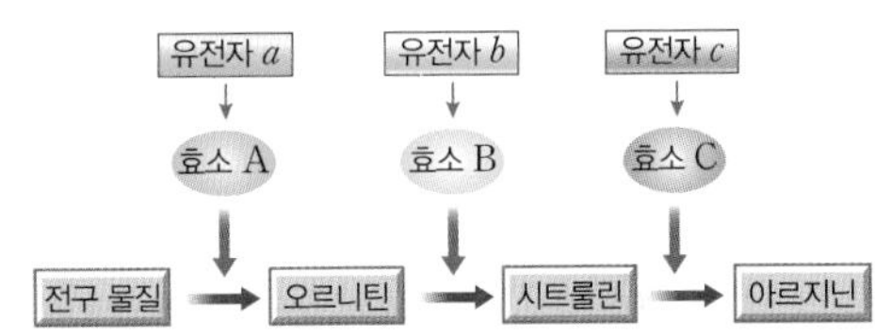

구분	야생형	Ⅰ	Ⅱ	Ⅲ
최소 배지	+	−	−	−
최소 배지+㉠	+	+	+	+
최소 배지+㉡	+	−	+	+
최소 배지+㉢	+	−	+	−

(+: 생장함, −: 생장 못함)

이에 대한 설명으로 옳은 것만을 〈보기〉에서 있는 대로 고른 것은? (단, 제시된 돌연변이 이외의 돌연변이는 고려하지 않는다.)

보기

ㄱ. ㉠은 오르니틴이다.
ㄴ. Ⅱ는 유전자 a에 돌연변이가 일어난 것이다.
ㄷ. Ⅲ은 최소 배지+㉡ 배지에서 시트룰린을 아르지닌으로 전환시킬 수 있다.

① ㄱ ② ㄷ ③ ㄱ, ㄴ ④ ㄴ, ㄷ ⑤ ㄱ, ㄴ, ㄷ

정답과 해설 64쪽

[20702-0394]

04 그림 (가)는 세포 X에서 일어나는 전사를, (나)는 X에서 일어나는 번역을 나타낸 것이다. ㉠과 ㉡은 서로 다른 종류의 RNA이고, 효소 E는 ㉠을 합성하는 효소이다.

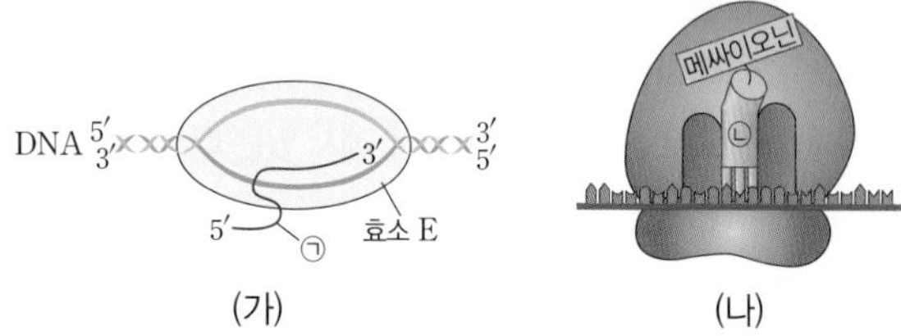

(가) (나)

이에 대한 설명으로 옳은 것만을 <보기>에서 있는 대로 고른 것은?

보기
ㄱ. ㉠은 tRNA이다. ㄴ. ㉡은 P 자리에 있다. ㄷ. (나)에서 mRNA와 ㉡의 염기 사이에 형성된 수소 결합이 있다.

① ㄱ ② ㄴ ③ ㄱ, ㄷ ④ ㄴ, ㄷ ⑤ ㄱ, ㄴ, ㄷ

[20702-0395]

05 그림은 유전 정보에 따라 단백질이 합성되는 과정을 나타낸 것이다. ㉠~㉢은 서로 다른 종류의 아미노산이다.

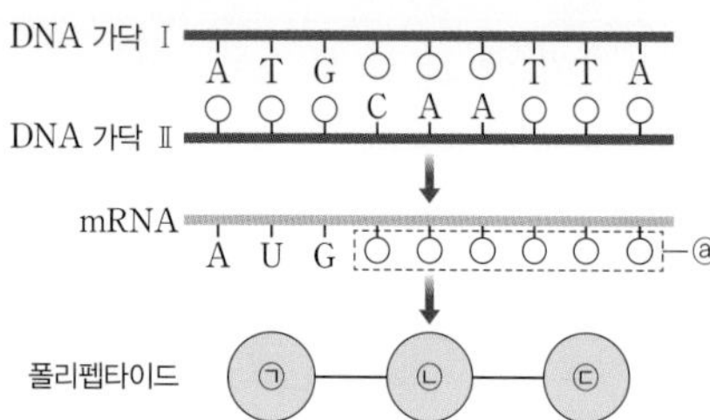

이에 대한 설명으로 옳은 것만을 <보기>에서 있는 대로 고른 것은? (단, 개시 코돈은 AUG이고, 돌연변이는 고려하지 않는다.)

보기
ㄱ. 코돈 GUU는 ㉡을 지정한다. ㄴ. 전사에 사용된 주형 가닥은 Ⅰ이다. ㄷ. ⓐ에서 $\frac{\text{퓨린 계열 염기의 수}}{\text{피리미딘 계열 염기의 수}}=2$이다.

① ㄱ ② ㄴ ③ ㄱ, ㄴ ④ ㄱ, ㄷ ⑤ ㄴ, ㄷ

[20702-0396]

06 다음은 DNA x의 번역에 대한 자료이다.

- x를 구성하는 DNA 가닥 Ⅰ과 Ⅱ의 염기 서열은 다음과 같다. ㉠, ㉡, ㉢, ㉣은 A, C, G, T을 순서 없이 나타낸 것이고, ㉠은 퓨린 계열 염기이며, ①과 ②는 각각 3′ 말단과 5′ 말단 중 하나이다.

ⓐ ⓑ

DNA 가닥 Ⅰ ①―[㉣㉠㉡㉡]㉢㉢㉣㉣㉠㉠㉡㉡[㉠㉣㉣㉣]―②

DNA 가닥 Ⅱ ②―[㉠㉣㉢㉢]㉡㉡㉠㉠㉣㉣㉢㉢[㉣㉠㉠㉠]―①

- 염기 사이의 수소 결합 수는 ⓐ에서가 ⓑ에서보다 2만큼 크다.
- x는 4개의 아미노산으로 구성된 폴리펩타이드 X를 암호화하고, X의 합성은 개시 코돈에서 시작하여 종결 코돈에서 끝난다.
- 표는 유전부호를 나타낸 것이다.

UUU	페닐알라닌	UCU	세린	UAU	타이로신	UGU	시스테인
UUC		UCC		UAC		UGC	
UUA	류신	UCA		UAA	종결 코돈	UGA	종결 코돈
UUG		UCG		UAG	종결 코돈	UGG	트립토판
CUU	류신	CCU	프롤린	CAU	히스티딘	CGU	아르지닌
CUC		CCC		CAC		CGC	
CUA		CCA		CAA	글루타민	CGA	
CUG		CCG		CAG		CGG	
AUU	아이소류신	ACU	트레오닌	AAU	아스파라진	AGU	세린
AUC		ACC		AAC		AGC	
AUA		ACA		AAA	라이신	AGA	아르지닌
AUG	메싸이오닌	ACG		AAG		AGG	
GUU	발린	GCU	알라닌	GAU	아스파트산	GGU	글리신
GUC		GCC		GAC		GGC	
GUA		GCA		GAA	글루탐산	GGA	
GUG		GCG		GAG		GGG	

이에 대한 설명으로 옳은 것만을 <보기>에서 있는 대로 고른 것은? (단, 개시 코돈은 AUG이고, 돌연변이는 고려하지 않는다.)

보기
ㄱ. 전사 주형 가닥은 Ⅰ이다. ㄴ. ①은 3′ 말단이다. ㄷ. X는 4종류의 아미노산으로 구성된다.

① ㄱ ② ㄷ ③ ㄱ, ㄴ ④ ㄴ, ㄷ ⑤ ㄱ, ㄴ, ㄷ

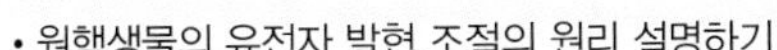

11 유전자 발현의 조절

- 원핵생물의 유전자 발현 조절의 원리 설명하기
- 진핵생물과 원핵생물에서 유전자 발현 조절의 차이점 설명하기

한눈에 단원 파악, 이것이 핵심!

젖당이 있을 때 원핵생물의 유전자 발현 조절은 어떻게 될까?

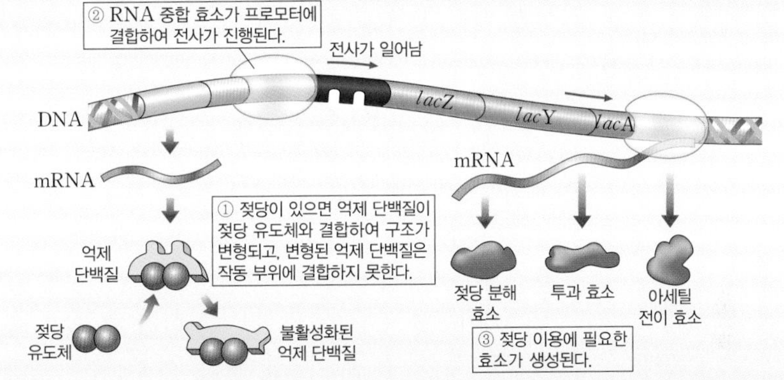

진핵세포에서 유전자 발현은 어떤 단계에서 일어날까?

진핵세포에서는 전사와 번역의 다양한 단계에서 유전자 발현이 조절된다.

전사 조절
- 유전자가 전사될 수 있게 하는 염색질 재조정
- 전사 개시의 조절

→ **전사 후 조절**
- 처음 만들어진 RNA 가공 조절

→ RNA 분해 조절

→ **번역 조절**
- 단백질 합성의 개시 속도 조절

→ **번역 후 조절**
- 단백질 분해 조절

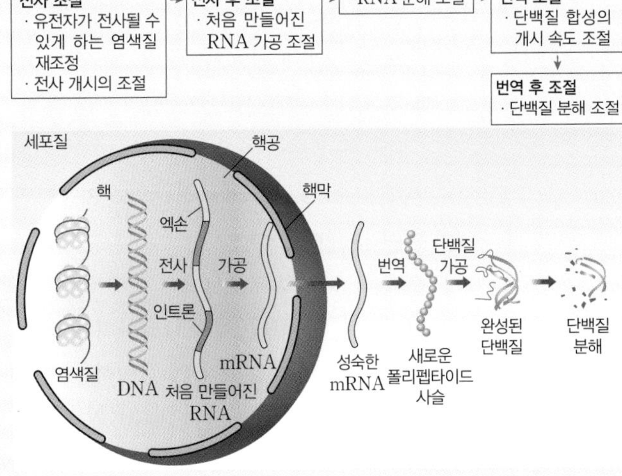

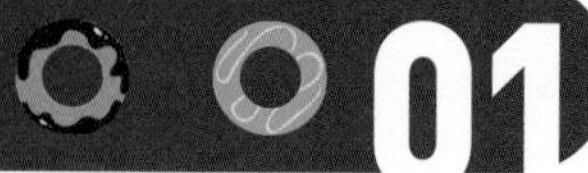

01 유전자 발현의 조절

THE 알기

❶ 유전자 발현의 조절
특정 시기와 특정 조직에서만 발현되도록 조절되는 유전자도 있고, 시기와 조직에 관계없이 일정하게 발현되는 유전자도 있다.

❷ 오페론
오페론은 프로모터+작동 부위+구조 유전자로 구성되고, 원핵생물에 존재한다. 그러나 원핵생물의 모든 유전자가 오페론 구조로 되어 있는 것은 아니다. 대장균의 경우 전체 유전자의 약 30 %만이 오페론으로 되어 있다.

❸ 투과 효소
이당류인 젖당의 세포 내 유입에 관여한다. 젖당은 세포질에서 젖당 분해 효소에 의해 단당류인 갈락토스와 포도당으로 분해되고, 에너지원으로 이용된다.

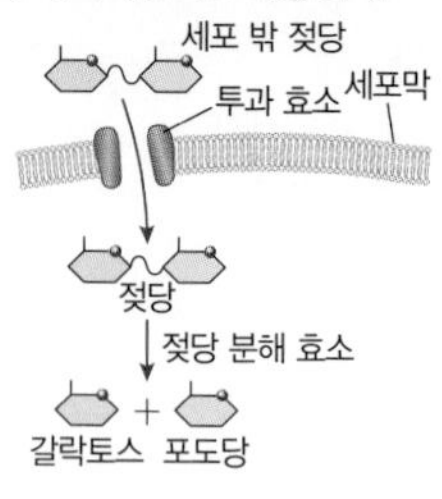

대부분의 생물은 많은 유전자를 갖지만 모든 유전자가 동시에 발현되는 것은 아니다. 예를 들어 같은 세포 안에서도 유전자 a는 많이 발현되고, 유전자 b는 적게 발현되며, 유전자 c는 발현되지 않는다. 이렇게 세포 내에서는 ❶유전자 발현을 조절하는 체계가 있다.

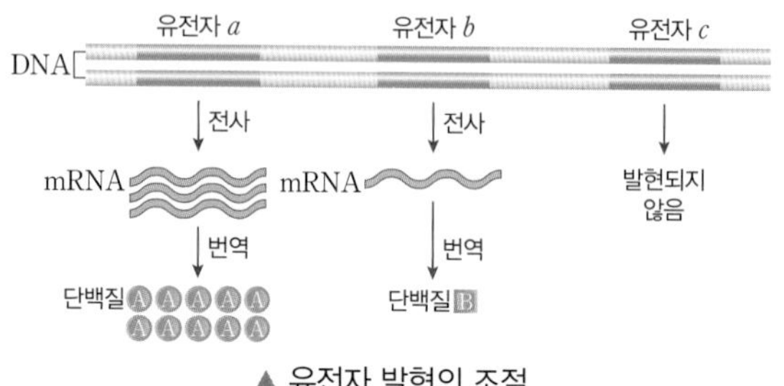

▲ 유전자 발현의 조절

1 원핵생물의 유전자 발현 조절

원핵생물에는 하나의 프로모터에 의해 여러 개의 유전자 발현이 함께 조절되는 단위인 ❷오페론이 있다.

(1) 대장균의 에너지원 이용

① 배지에 포도당과 젖당이 모두 있을 때: 대장균은 에너지원으로 포도당을 이용한다.

② 배지에 포도당이 없고 젖당이 있을 때: 젖당을 에너지원으로 사용하기 시작하고, 이에 필요한 단백질들이 합성된다. 젖당을 이용하기 위해서는 이당류인 젖당을 포도당과 갈락토스로 분해하는 젖당 분해 효소와 젖당을 세포막 안으로 들여오는 ❸투과 효소, 아세틸 전이 효소의 3가지 효소가 필요하다. 젖당을 이용하지 않을 때에는 이 효소들의 합성이 억제되지만, 젖당을 에너지원으로 이용할 때에는 이 효소들의 합성량이 모두 급격히 증가한다.

③ 포도당과 젖당이 모두 포함된 배지에서 대장균을 배양하면 시간에 따라 대장균 수가 그림과 같이 변한다.

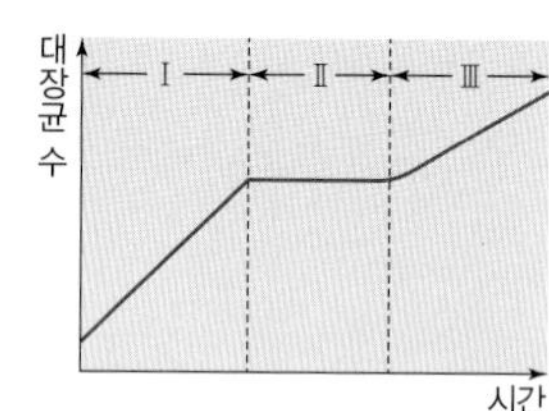

▲ 시간에 따른 대장균 수

- 구간 Ⅰ: 포도당을 에너지원으로 이용하여 대장균이 증식한다. 대장균은 이당류인 젖당보다 단당류인 포도당을 에너지원으로 더 잘 이용한다.
- 구간 Ⅱ: 포도당이 고갈되어 대장균의 증식이 멈춘다. 젖당 이용에 관여하는 효소의 합성이 증가하기 시작한다.
- 구간 Ⅲ: 젖당을 에너지원으로 이용하여 대장균이 증식한다.

(2) 젖당 오페론의 구조

① 오페론: 하나의 프로모터에 의해 여러 개의 유전자 발현이 함께 조절되는, 유전자 발현 조절 단위이다. 원핵생물에서 나타나며 젖당 오페론 외에도 여러 종류가 있다.

② 젖당 오페론: 젖당 이용에 관여하는 세 효소의 유전자는 염색체에서 하나의 프로모터에 이어져 배열되어 있고 하나의 mRNA로 함께 전사된다. 젖당 이용에 관여하는 세 효소의 유전자와 이들의 발현에 관여하는 프로모터와 작동 부위를 젖당 오페론이라고 한다.

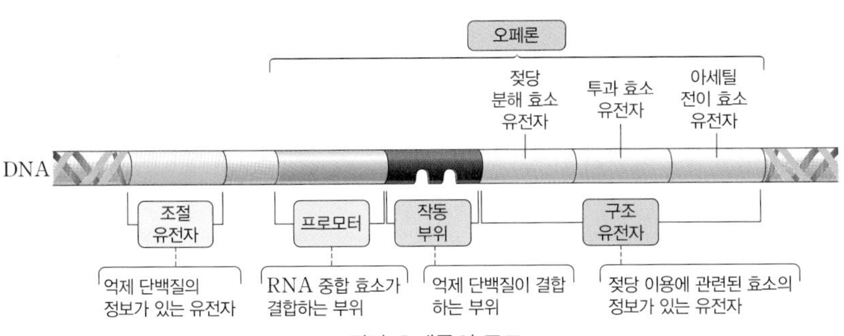

▲ 젖당 오페론의 구조

③ 프로모터: RNA 중합 효소가 결합하는 부위이다.
④ ❶작동 부위: 억제 단백질이 결합하는 부위이다.
⑤ ❷구조 유전자: 젖당 이용에 필요한 세 효소에 대한 암호화 부위이다.

(3) ❸조절 유전자: 젖당 오페론에 포함되지 않지만 젖당 오페론의 작동에 관여하는 억제 단백질의 유전자로 항상 발현된다. 젖당과 결합하지 않은 ❹억제 단백질은 작동 부위에 결합할 수 있다.

(4) 젖당 오페론의 발현 조절

① 젖당이 없을 때: 조절 유전자에서 생성된 억제 단백질이 작동 부위에 결합하여 RNA 중합 효소가 프로모터에 결합하는 것을 방해한다. → RNA 중합 효소가 DNA에 결합할 수 없으므로 구조 유전자의 전사가 일어나지 않는다. → 젖당이 없을 때에는 젖당 오페론의 작동이 억제된다. → 젖당을 분해하지 못한다.

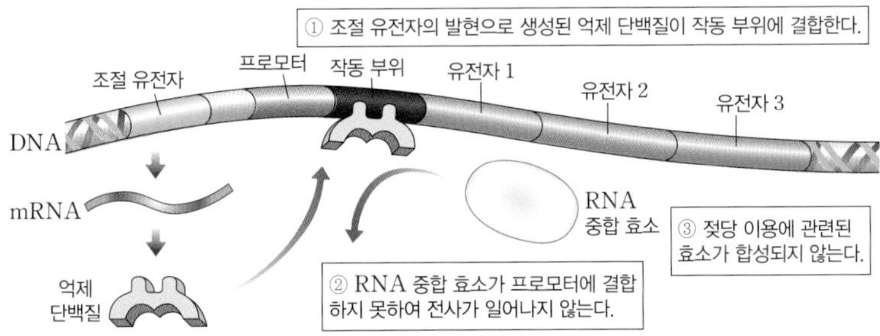

② 젖당이 있을 때(포도당 없음): 억제 단백질은 ❺젖당 유도체와 결합하여 구조가 변형되고 작동 부위에 결합하지 못하게 된다. → RNA 중합 효소는 프로모터에 결합하여 구조 유전자를 전사한다. → 젖당이 있을 때에는 젖당 오페론의 작동이 일어난다. → 젖당을 분해한다.

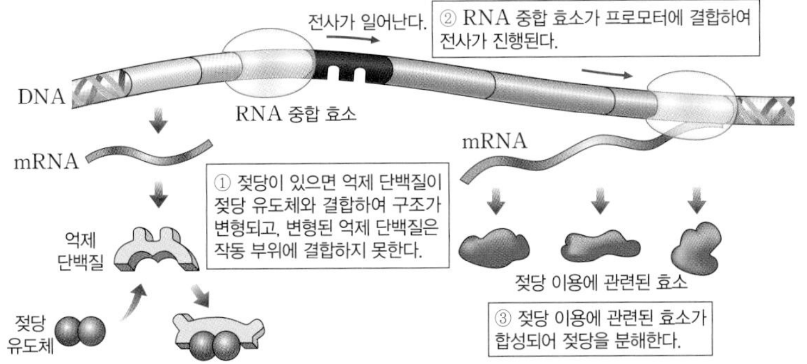

THE 알기

❶ 작동 부위
억제 단백질이 결합하는 부위로 억제 단백질이 오페론 작동을 억제하는 스위치 역할을 한다.

❷ 구조 유전자
대장균이 젖당을 이용하기 위해 필요한 젖당 분해 효소, 젖당 투과 효소, 아세틸 전이 효소를 암호화하고 있는 유전자이다. 세 개의 유전자가 하나의 프로모터에 의해 조절받는다.

❸ 조절 유전자
오페론 밖의 유전자로 젖당 오페론의 억제 단백질을 암호화한다.

❹ 억제 단백질
조절 유전자가 발현되어 생성된 단백질로 젖당 오페론에 작용하여 전사를 억제한다.

❺ 젖당 유도체
젖당이 변한 물질로 억제 단백질에 결합하여 억제 단백질의 구조 변화를 유도한다.

THE 알기

2 진핵생물의 유전자 발현 조절 단계

전사와 번역이 같은 장소에서 동시에 일어나는 원핵생물과 달리 전사와 번역이 다른 시기에 다른 장소에서 일어나는 진핵생물은 전사, 전사 후, 번역, 번역 후의 모든 단계에서 유전자 발현이 조절된다. 대부분 유전자 발현의 첫 단계인 전사 단계에서의 조절이 매우 중요하다.

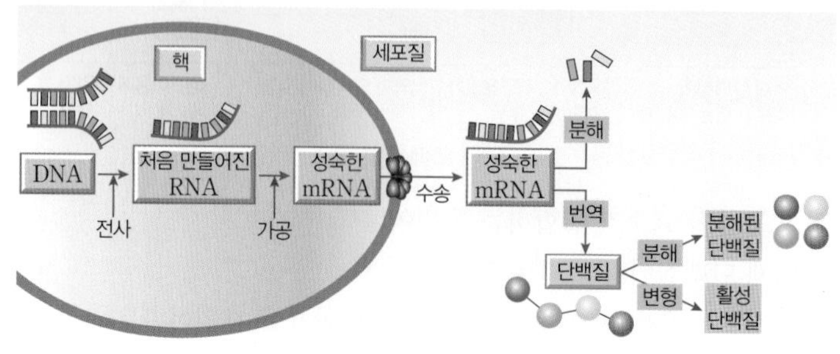

▲ 진핵생물에서 유전자 발현이 조절되는 단계

❶ 염색질
DNA가 히스톤 등과 결합한 구조로 뉴클레오솜이 기본 단위이다.

❷ 전사 인자
유전자의 전사를 조절하는 단백질이다. 전사를 촉진하는 전사 촉진 인자와 전사를 억제하는 전사 억제 인자가 있다.

❸ 원거리 조절 부위
진핵세포 DNA의 프로모터에서 수천 염기쌍까지도 떨어진 부위에 존재하는 염기 서열로, 전사 인자와 결합하여 전사를 조절한다. 원거리 조절 부위와 프로모터 부위에 전사 인자가 결합한 후 DNA가 휘어져 전사 개시 복합체가 형성되면 전사가 시작된다.

❹ 전사 개시 복합체
RNA 중합 효소와 여러 전사 인자들, 기타 여러 단백질 등이 조립되어 만들어진 복합체로 전사가 일어나도록 한다.

(1) 전사 전 조절(❶염색질 응축 조절, 전사 개시 조절)

① 염색질 응축 조절: 진핵생물에서는 원핵생물과 달리 염색질이 핵 안에서 응축된 상태로 존재한다. 심하게 응축된 부위의 유전자는 RNA 중합 효소가 결합하기 어려우므로 염색질 응축을 푸는 과정을 통해 유전자의 전사를 조절할 수 있다.

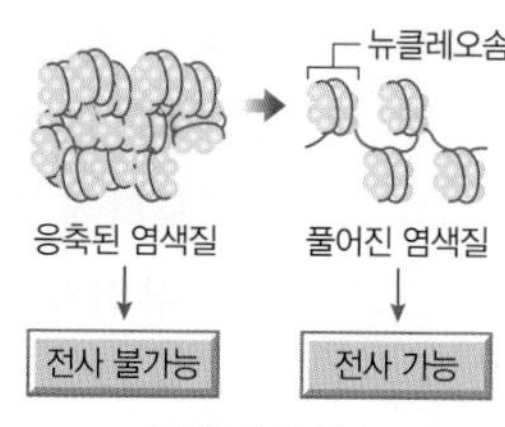

▲ 염색질 응축 조절

② 전사 개시 조절

- ❷전사 인자: 진핵생물에서 전사에 관여하는 조절 단백질로 DNA의 프로모터와 조절 부위 등에 결합하여 전사를 조절한다. 세포에 있는 전사 인자의 종류에 따라 발현되는 유전자가 달라질 수 있다.
- 조절 부위: 전사 인자가 결합하는 DNA 부위이다. 근거리 조절 부위와 ❸원거리 조절 부위가 있으며, 유전자에 따라 조절 부위의 종류가 다르다.
- 전사 개시: 진핵생물에서는 RNA 중합 효소 단독으로 시작할 수 없고, 여러 전사 인자들과 함께 프로모터에 결합하여 ❹전사 개시 복합체를 형성하여야 전사를 시작할 수 있다. 이때, 조절 부위에 결합한 전사 인자의 조합에 따라 전사 개시 촉진 정도가 달라진다.

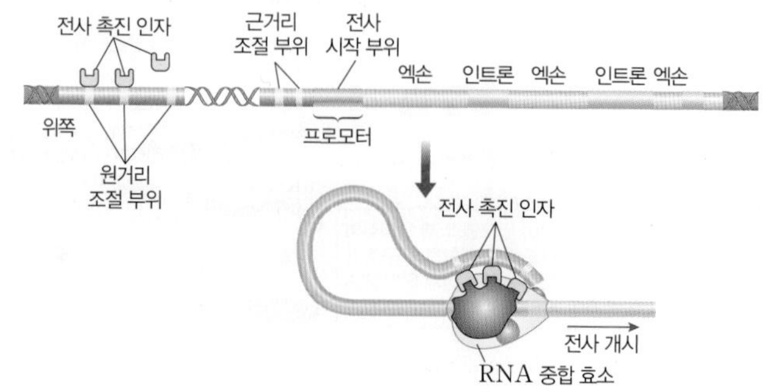

▲ 전사 개시 복합체 형성

- 특정 유전자는 개체의 생애에 걸쳐 세포에 존재하지만, 시기, 장소, 환경 조건에 따라 세포 내 전사 인자의 조합이 달라지므로 특정 유전자의 발현 또한 달라진다.

전사 인자 A, B, C를 모두 가진 간세포	전사 인자 A와 C가 결여된 세포
A, 이용 가능한 전사 인자, C, B, RNA 중합 효소, 알부민 유전자 발현	B, D, E, 알부민 유전자 발현 안 됨
전사 인자 A, B, C를 모두 가진 간세포에서는 알부민 유전자 상단부의 세 조절 부위 모두에 전사 인자가 결합하여 ❶알부민 유전자가 발현된다.	전사 인자 A와 C가 없는 다른 세포에서는 세 조절 부위 중 하나에만 전사 인자가 결합해 알부민 유전자가 발현되지 않는다.

THE 알기

❶ 알부민
혈장 단백질 중 가장 많은 양을 차지하며 주로 간에서 합성된다. 혈장 삼투압을 조절하고 다양한 물질의 운반에 관여한다.

(2) 전사 후 조절(❷RNA 가공): 전사 후 단계에서는 처음 만들어진 RNA의 인트론을 제거하여 엑손만을 남기거나 5′ 말단과 3′ 말단 양쪽 끝을 변형하는 등 RNA를 가공하여 유전자 발현을 조절한다.

❷ RNA 가공
RNA 가공 과정 결과 DNA 상의 동일한 유전자로부터 전사된 mRNA의 종류가 다양해지고, 다양한 mRNA로부터 다양한 종류의 단백질 생산이 가능하다.

(3) 번역 조절(mRNA 분해, 번역 속도 조절): 번역 단계에서는 mRNA의 분해 속도를 조절하거나 번역의 개시 단계를 조절하여 번역을 촉진하거나 억제한다. mRNA 분해 속도를 늦추면 더 많은 단백질을 합성할 수 있다.

(4) 번역 후 조절(단백질 가공, 단백질 분해): 번역 후 단계에서는 합성된 ❸단백질 가공이 일어나거나, 활성화된 단백질을 분해하여 유전자 발현을 조절한다.

❸ 단백질 가공
합성된 단백질 중 기능을 가진 단백질이 되기 위해 일부 부위의 절단, 탄수화물 첨가, 구조적 변형 등의 가공 과정이 필요하다.
예 인슐린의 활성화

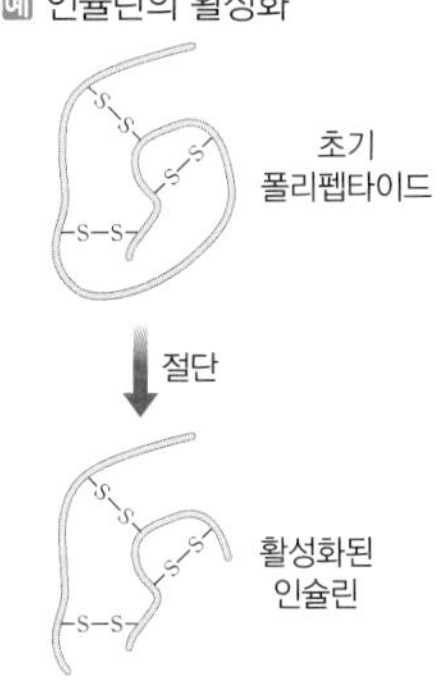

3 원핵생물과 진핵생물의 유전자 발현 조절 비교

원핵생물은 유전자들이 오페론을 이루어 함께 발현되며, 진핵생물은 염색체 구조가 복잡하고 전사와 번역이 일어나는 장소가 달라 유전자 발현 조절이 여러 단계를 거쳐 일어난다.

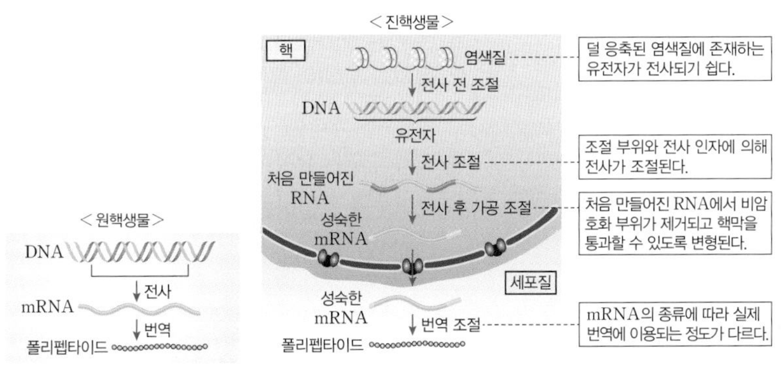

▲ 원핵생물과 진핵생물의 유전자 발현 과정

구분	원핵생물	진핵생물
프로모터	유전자마다 프로모터가 있거나 오페론처럼 여러 유전자가 하나의 프로모터에 연결된다.	대부분 하나의 프로모터에 하나의 유전자가 연결되어 있다.
조절 단백질	진핵생물에 비해 전사에 관여하는 조절 단백질(젖당 오페론의 경우 억제 단백질)의 수가 적다.	많은 종류의 조절 단백질(전사 인자)이 전사에 관여한다.
조절 단백질의 결합 부위	젖당 오페론 조절의 경우 조절 단백질(억제 단백질)은 프로모터 주변의 작동 부위에 결합한다.	조절 단백질(전사 인자)은 여러 조절 부위에 결합하며 프로모터로부터 멀리 떨어져 있는 경우도 있다.
RNA 가공	일반적으로 일어나지 않는다.	일반적으로 일어난다.

개념체크

빈칸 완성

1. 원핵생물에서 하나의 프로모터에 의해 여러 유전자의 발현이 함께 조절되는 유전자 발현 조절 단위를 (　　　)이라 한다.

2. 원핵생물인 대장균에 존재하는 젖당 오페론은 프로모터, 작동 부위, (　　　)로 구성된다.

3. 젖당 오페론에 대한 조절 유전자는 (　　　)을 암호화한다.

4. (　　　)는 젖당으로부터 만들어지는 젖당 변형 물질로 억제 단백질과 결합할 수 있다.

5. 진핵생물에서 전사 인자는 DNA의 (　　　)에 결합한다.

6. 단백질을 지정하는 유전자가 전사되어 처음 만들어진 RNA는 (　　　) 과정을 거쳐 성숙한 mRNA가 된다.

7. 간세포에서 알부민 유전자가 전사되고, 이자 세포에서 인슐린 유전자가 전사될 때 관여하는 전사 인자의 조합은 서로 (　　　).

8. 한 개체의 체세포는 모두 (　　　) 유전자를 갖는다.

9. 시기와 조건에 따라 (　　　)의 조합이 달라지고 이에 따라 발현되는 유전자가 달라진다.

정답 **1.** 오페론 **2.** 구조 유전자 **3.** 억제 단백질 **4.** 젖당 유도체 **5.** 조절 부위 **6.** RNA 가공(mRNA 가공, 가공) **7.** 다르다 **8.** 같은 **9.** 전사 인자

○X 문제

1. 젖당 오페론에 대한 설명으로 옳은 것은 ○, 옳지 않은 것은 ×로 표시하시오.

(1) 작동 부위는 억제 단백질이 결합하는 부위이다. (　　)

(2) 대장균을 포도당은 있고 젖당이 없는 배지에서 배양할 때 젖당 오페론의 작동이 유도된다. (　　)

(3) 대장균을 젖당이 있는 배지에서 배양할 때 젖당 오페론에 대한 조절 유전자는 발현되지 않는다. (　　)

2. 진핵생물의 유전자 발현에 대한 설명으로 옳은 것은 ○, 옳지 않은 것은 ×로 표시하시오.

(1) 원핵생물의 유전자 발현에 비해 단순하다. (　　)

(2) 일반적으로 RNA 중합 효소 단독으로 전사를 촉진한다. (　　)

(3) 정상인 어떤 사람의 간세포와 이자 세포에는 같은 종류의 유전자가 있다. (　　)

선다형 문항

3. 대장균의 젖당 오페론에 대한 설명으로 옳은 것은?

① 젖당이 없을 때만 발현된다.
② 젖당 분해 효소를 암호화하고 있다.
③ 전사와 번역이 일어나는 장소는 막 구조물에 의해 분리되어 있다.
④ 작동 부위는 RNA 중합 효소가 결합하는 부위이다.
⑤ 오페론을 조절하는 조절 유전자는 단백질을 암호화하지 않는다.

4. 진핵세포의 유전자 발현에 대한 설명으로 옳은 것은?

① RNA 가공 과정은 핵에서 일어난다.
② 유전자 발현 조절이 오페론 단위로 일어난다.
③ mRNA의 분해 속도가 빠를수록 단백질 합성량이 많다.
④ 리보솜에서 합성된 폴리펩타이드는 모두 활성 상태이다.
⑤ 염색질이 응축될수록 전사가 활발하게 일어난다.

정답 **1.** (1) ○ (2) × (3) × **2.** (1) × (2) × (3) ○ **3.** ② **4.** ①

02 발생과 유전자 발현 조절

발생은 수정란에서 세포 분열과 분화를 거쳐 성체로 되는 과정으로 다음의 과정을 포함한다.

결정	발생 초기에 각 세포가 어떤 종류의 세포가 될 것인지 결정된다.
분화	한 세포로부터 구조와 기능이 서로 다른 세포가 생성된다.
형태 형성	분화된 세포들이 조직화되어 몸의 외형과 형태를 이룬다.
생장	세포 생장과 세포 분열에 의해 기관과 몸의 크기가 증가한다.

1 유전자의 선택적 발현

(1) 분화된 세포의 유전체 구성

① 동물과 식물 같은 다세포 진핵생물의 몸은 형태와 기능이 서로 다른 다양한 세포들로 구성되어 있지만, 이 세포들은 모두 하나의 세포(수정란)로부터 형성되었다.

② 세포 분화: 수정란의 세포 분열로 생겨난 세포들은 발생 과정을 통해 형태와 기능이 서로 다른 다양한 세포로 되는데, 이를 세포 분화라고 한다.

③ 분화된 세포의 [1]유전체: 분화된 세포는 수정란의 세포 분열을 통해 형성되며, 그 유전체는 수정란의 유전체와 동일하다. 즉, 분화된 세포도 개체를 형성할 수 있는 유전체를 가지고 있다.

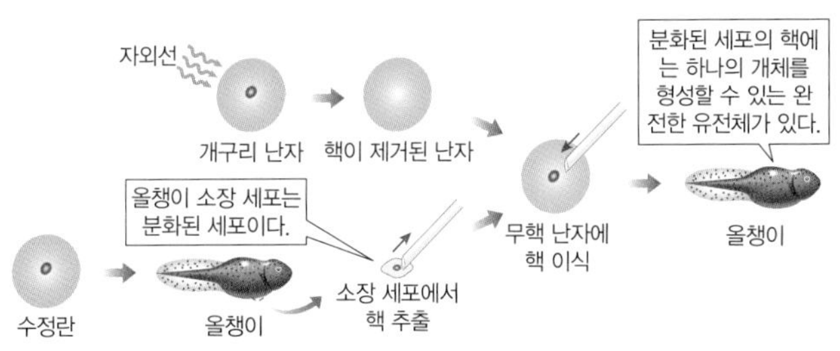

▲ 분화된 세포의 유전체 구성 확인 실험

(2) [2]유전자의 선택적 발현

① 분화된 세포는 수정란과 동일한 유전체를 갖지만, 세포 특성에 따라 특정 유전자만 발현시킴으로써 고유의 형태와 기능을 갖게 된다.

② 유전자의 선택적 발현은 유전자 발현 조절에 의해 이루어지며, 세포 분화와 형태 형성이 일어나는 발생 과정에서 일어난다.

수정란
케라틴 유전자
헤모글로빈 유전자
액틴 유전자
인슐린 수용체 유전자

▲ 유전자의 선택적 발현

2 세포 분화와 유전자 발현의 조절

(1) [3]세포 분화와 결정

① 세포 분화: 뚜렷한 특징이 없던 세포들이 구조와 기능을 가지고 있는 세포로 변화하는 것이다.

② 결정: 세포 분화가 일어나기 위해서는 전구 세포로부터 특정 세포로의 결정이 일어나야 한다. 결정은 세포 내에서 유전자의 작용으로 일어나기 때문에 전구 세포와 결정이 일어난 세포는 외형상의 차이가 크지 않다. 전구 세포는 다양한 세포로 분화할 수 있지만 결정이 일어난 세포는 특정 세포로만 분화한다.

THE 알기

❶ 유전체
한 개체가 갖는 전체 유전 정보를 의미한다. DNA 전체의 염기 서열로 이루어지며 게놈이라고도 한다.

❷ 유전자의 선택적 발현
세포가 갖는 전체 유전자 중 특정 유전자만 발현되는 현상이다. 유전자 발현이 조절되기 때문에 일어날 수 있다.

❸ 세포 분화와 결정

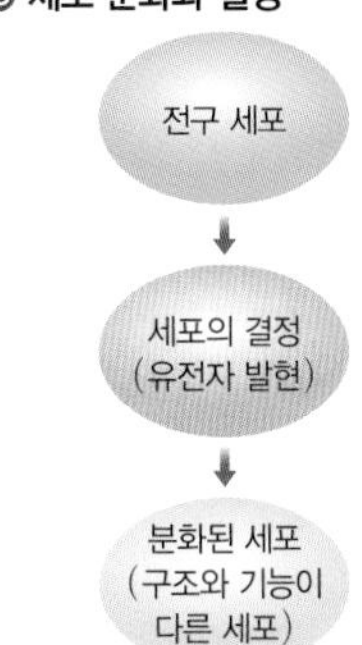

전구 세포는 어떤 종류의 세포로 될 것인지 운명이 결정된 후 분화한다.

THE 알기

❶ 근육 세포의 분화 과정
근육 세포는 배아 전구 세포로부터 근육 모세포, 다핵 세포를 거치는 분화 과정을 통해 형성된다.

❷ 근육 모세포
근육 세포로 분화할 수 있는 배아의 세포이다.

❸ 섬유 아세포에 마이오디 유전자($MyoD$)를 인위적으로 발현

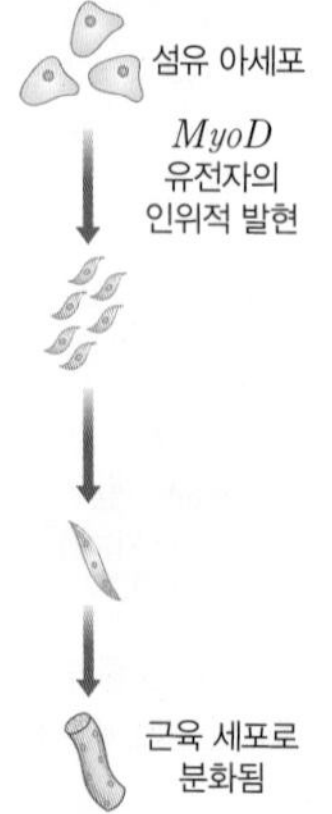

(2) 진핵생물의 세포 분화: 진핵생물의 세포 분화 과정에는 여러 전사 인자의 작용이 일어나는데, 생산된 전사 인자의 조합에 따라 전구 세포는 다양한 세포로 분화할 수 있다.

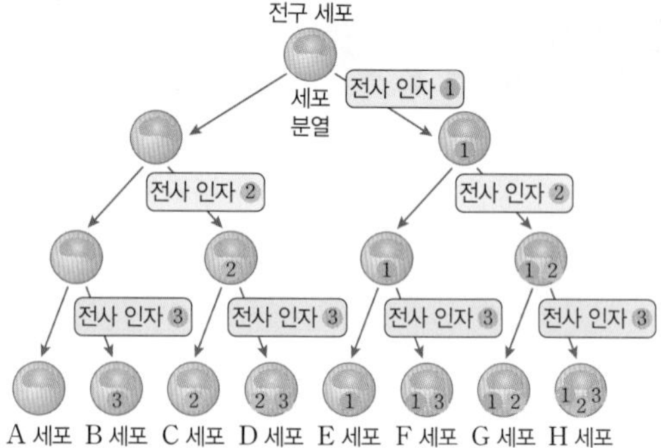

▲ 전사 인자의 조합에 따른 세포의 분화

(3) 근육 세포의 분화

① ❶근육 세포의 분화 과정: 근육 세포는 다양한 세포로 분화할 수 있는 배아 전구 세포로부터 분화한다. 배아 전구 세포에서 ❷근육 모세포가 형성되는데 이 시기에 근육 세포로의 분화가 결정된다. 근육 모세포는 서로 융합하여 다핵의 근육 세포로 성장한다.

② 근육 세포 분화 과정에서 마이오디 유전자의 작용

- 마이오디 유전자($MyoD$): 근육 모세포에서는 마이오디 유전자($MyoD$)가 발현되어 세포 분화의 운명이 결정된다. 마이오디 유전자($MyoD$)는 전사 인자인 마이오디 단백질(MyoD)을 암호화한다.
- 마이오디 단백질(MyoD): 전사 인자로 작용하여 다른 전사 인자 유전자의 발현을 촉진한다. 그 결과로 생산된 다른 전사 인자는 액틴과 마이오신 등 근육 특이적 단백질의 합성을 촉진한다.

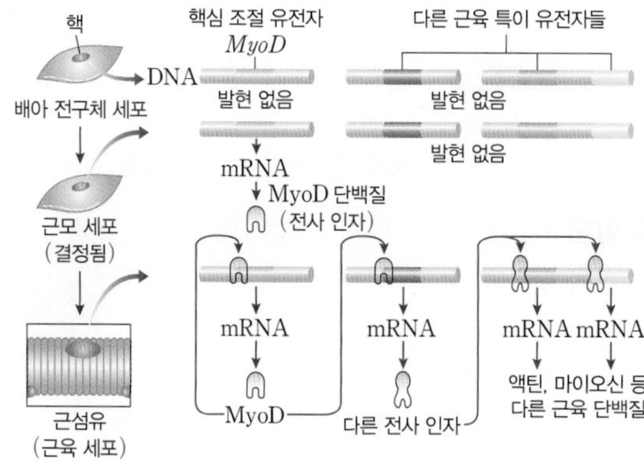

▲ 근육 세포의 분화 과정

(4) 핵심 조절 유전자

① 조절 유전자: 전사 인자와 같은 유전자 발현에 대한 조절 단백질을 암호화하는 유전자이다.

② 핵심 조절 유전자: 진핵생물의 발생 과정에서는 근육 세포의 분화 과정에서 나타나듯이 조절 유전자가 발현되어 전사 인자가 만들어지면, 이 전사 인자가 또 다른 조절 유전자의 발현을 조절하는 과정이 연쇄적으로 일어난다. 이때 특정 세포 분화나 특정 기관 형성 등의 과정에서 가장 상위의 조절 유전자를 핵심 조절 유전자라고 한다.

③ 근육 세포의 분화 과정에서 마이오디 유전자($MyoD$)는 핵심 조절 유전자이다. 분화가 끝난 세포도 핵심 조절 유전자를 인위적으로 발현시키면 다른 세포로 분화하는 경우가 있다. 예를 들어 ❸섬유 아세포에 마이오디 유전자($MyoD$)를 인위적으로 발현시키면 섬유 아세포는 근육 세포로 분화한다.

3 발생과 유전자 발현 조절

배아가 개체의 형태를 형성해 가는 과정을 형태 형성이라고 한다. 형태 형성 과정에서는 수많은 세포 분열과 세포 분화가 일어난다.

(1) 초파리의 발생과 혹스 유전자

① 초파리 [1]체절의 형태 형성: 초파리의 수정란은 발생 초기에 체절 형성에 관여하는 유전자의 활동으로 각각의 체절로 구분된다. 이어서 체절에 따라 입, 더듬이, 다리, 날개 등과 같은 고유의 기관들이 결정되는데, 이때 혹스 유전자로부터 합성된 전사 인자에 의해 특정 유전자의 발현이 조절되고, 몸의 정확한 위치에 고유한 기능을 수행하기에 적합한 기관 형성을 유도한다.

초파리 수정란 — 배아의 방향성을 결정하는 모계 영향 유전자
체절화된 배아 — 체절 형성 관련 유전자
성체 초파리 — 각 체절의 기관 형성에 관여하는 혹스 유전자

② [2][3]혹스 유전자: 혹스 유전자의 산물은 유전자 발현을 조절하는 전사 인자이다. 혹스 유전자는 호미오 박스라는 공통적인 염기 서열을 가지고 있는데, 이 부분이 번역되면 DNA에 결합하는 부위인 호미오 도메인이 된다. 혹스 유전자 산물에서 호미오 도메인이 특정 유전자의 프로모터 또는 조절 부위에 결합하여 전사를 조절한다.

3번 염색체의 혹스 유전자
배아의 체절과 혹스 유전자 발현 위치
머리 가슴 배
체절 구조를 가진 성체 초파리

▲ 초파리 혹스 유전자의 발현

③ 혹스 유전자의 위치: 초파리는 3번 염색체에 혹스 유전자 8개가 배열되어 있다. 각 혹스 유전자들은 각각의 유전자가 기능을 결정할 체절들과 같은 순서로 배열되어 있다.

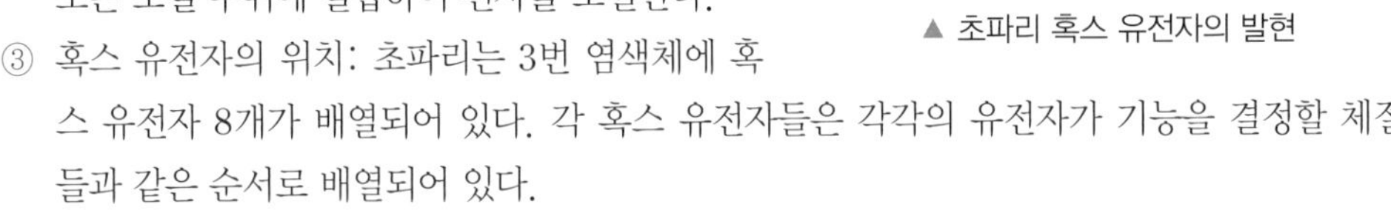

(2) 동물계의 혹스 유전자: 혹스 유전자는 다양한 생물의 염색체에서 공통적으로 발견된다.

① 사람과 생쥐에서는 혹스 유전자가 4개의 염색체에 배열되어 있는데, 혹스 유전자의 종류와 염색체에 배열된 순서가 초파리와 비슷하다.

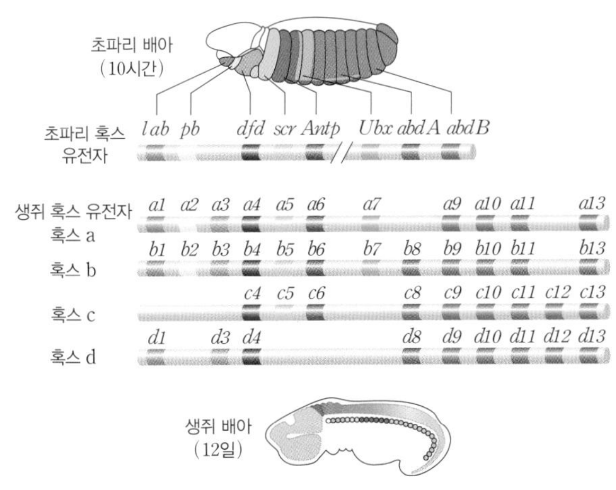

▲ 초파리와 생쥐의 혹스 유전자 비교

② 같은 색깔로 표시된 유전자는 서로 매우 유사한 염기 서열을 가진다.

③ 혹스 유전자의 진화적 의미: 혹스 유전자는 많은 동물군에서 나타난다. 이것은 동물군들이 공통 조상에서 유래하였음을 의미한다.

THE 알기

1 체절
동물체의 앞뒤 축을 따라 반복하여 나타나는 분절적 입체 구조이다. 환형동물, 절지동물에서 잘 발달한다.

2 혹스 유전자
호미오 박스라고 하는 특정 염기 서열을 공통으로 가지는 유전자들이며, 유전자 산물은 전사 인자이다.

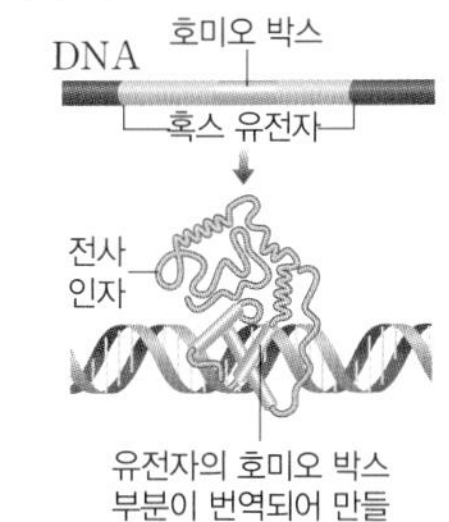

3 혹스 유전자 돌연변이
혹스 유전자인 더듬이 유전자에 돌연변이가 생기면 더듬이가 형성될 부분에 다리가 생길 수 있다. 이와 같은 돌연변이체를 이용하여 혹스 유전자의 기능을 밝혀낼 수 있었다.

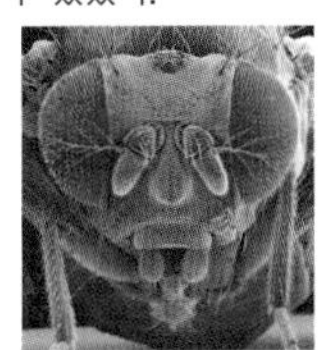

▲ 정상 초파리

▲ 더듬이 대신 다리가 생긴 초파리(*Antp* 돌연변이)

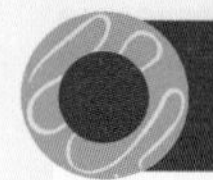

개념체크

빈칸 완성

1. 개체가 갖는 전체 유전 정보를 ( ) 혹은 게놈이라고 한다.

2. 수정란이 발생 과정을 거쳐 형태와 기능이 서로 다른 다양한 세포로 되는 현상을 ( )라고 한다.

3. 발생 중 미분화 세포의 운명이 고정되는 현상을 ( )이라고 한다.

4. 마이오디 유전자는 ( ) 단백질을 암호화한다.

5. 전사 인자와 같은 조절 단백질을 암호화하는 유전자를 ( )라고 한다.

6. 발생 중 특정 세포로의 분화를 일으키거나 특정 기관의 형성을 시작시키는 전사 인자의 유전자를 ( )라고 한다.

7. ( )은 배아가 발생을 통해 개체의 몸 형태를 형성해 가는 과정이다.

8. 초파리의 몸에서 앞뒤 축을 따라 반복적으로 나타나는 마디 구조를 ( )이라고 한다.

9. 근육 세포는 다양한 세포로 분화할 수 있는 ( ) 로부터 분화한다.

정답 1. 유전체 2. 세포 분화 3. 결정 4. 마이오디(MyoD) 5. 조절 유전자 6. 핵심 조절 유전자 7. 형태 형성 8. 체절 9. 배아 전구 세포

○X 문제

1. 근육 세포 분화와 유전자 발현 조절에 대한 설명으로 옳은 것은 ○, 옳지 않은 것은 ×로 표시하시오.

(1) 마이오디 단백질은 전사 인자에 해당한다. ( )

(2) 근육 모세포는 근육 세포의 분화 과정에서 분화가 끝난 세포이다. ( )

(3) 마이오디 유전자($MyoD$)는 핵심 조절 유전자이다. ( )

(4) 완전히 분화한 근육 세포에는 마이오신 단백질이 존재한다. ( )

2. 혹스 유전자에 대한 설명으로 옳은 것은 ○, 옳지 않은 것은 ×로 표시하시오.

(1) 호미오 박스를 갖는다. ( )

(2) 생쥐에서는 1개의 염색체에 일정한 순서로 배열되어 있다. ( )

(3) 초파리에서 체절 형성에 관여한다. ( )

(4) 사람은 혹스 유전자를 갖지 않는다. ( )

둘 중에 고르기

3. 분화된 세포는 수정란의 세포 분열을 통해 형성되며, 그 유전체는 수정란의 유전체와 (같다 , 다르다).

4. 분화된 세포는 하나의 개체를 형성할 수 있는 완전한 유전체를 (갖는다 , 갖지 않는다).

5. 혹스 유전자는 많은 동물군에서 나타난다. 이것은 이 동물군들이 (공통 , 서로 다른) 조상에서 유래하였음을 의미한다.

6. 분화가 끝난 세포도 핵심 조절 유전자를 인위적으로 발현시키면 다른 세포로 분화할 수 (있다 , 없다).

정답 1. (1) ○ (2) × (3) ○ (4) ○ 2. (1) ○ (2) × (3) × (4) × 3. 같다 4. 갖는다 5. 공통 6. 있다

탐구 활동 젖당 오페론의 발현 조절

정답과 해설 66쪽

목표

젖당 오페론의 발현 조절 과정을 이해하고, 돌연변이에 따른 유전자 발현 여부를 설명할 수 있다.

과정

그림은 젖당 오페론 조절 유전자와 젖당 오페론에서 돌연변이가 일어난 부위를 나타낸 것이다.

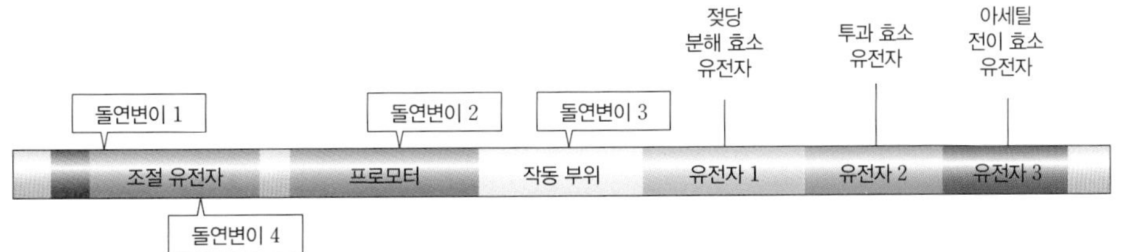

결과 정리 및 해석

표는 각 돌연변이의 특성을 나타낸 것이다. 각 돌연변이가 일어났을 때 젖당 분해 효소 합성 여부를 ○, ×로 표시하였다.

구분	특성	젖당이 없을 때	젖당이 있을 때
돌연변이 1	억제 단백질이 생성되지 않음	○	○
돌연변이 2	RNA 중합 효소가 프로모터에 결합하지 못함	×	×
돌연변이 3	억제 단백질이 작동 부위에 결합하지 못함	○	○
돌연변이 4	억제 단백질이 작동 부위에 결합하지만 젖당(젖당 유도체)과는 결합하지 못함	×	×

(○: 젖당 분해 효소 합성됨, ×: 젖당 분해 효소 합성 안 됨)

탐구 분석

1. 그림에서 오페론을 구성하는 부분을 쓰시오.
2. 젖당이 있을 때 젖당 분해 효소를 합성하지 못하는 돌연변이는 무엇이며, 그렇게 답한 까닭을 설명해보자.
3. 젖당이 없어도 젖당 분해 효소가 만들어지는 돌연변이는 무엇이며, 그렇게 답한 까닭을 설명해보자.

내신 기초 문제

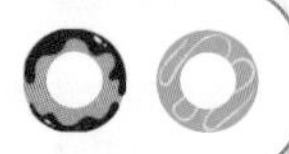

[20702-0397]

01 그림은 어떤 세포에서 유전자가 발현되는 과정을 나타낸 것이다.

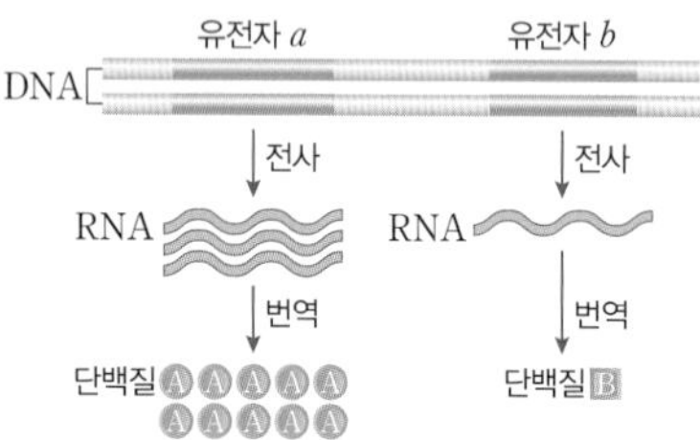

이 자료에 대한 설명으로 옳은 것만을 〈보기〉에서 있는 대로 고른 것은?

보기
ㄱ. 이 세포의 유전자 발현에 리보솜이 관여한다.
ㄴ. 유전자 a는 단백질 A를 암호화한다.
ㄷ. 이 세포에서 유전자 b는 유전자 a보다 많이 발현되었다.

① ㄱ ② ㄴ ③ ㄷ ④ ㄱ, ㄴ ⑤ ㄱ, ㄴ, ㄷ

[20702-0398]

02 대장균의 에너지원 이용에 대한 설명으로 옳은 것만을 〈보기〉에서 있는 대로 고른 것은?

보기
ㄱ. 대장균은 젖당과 포도당을 모두 에너지원으로 이용할 수 있다.
ㄴ. 대장균은 젖당을 포도당과 갈락토스로 분해하는 효소를 암호화하는 유전자를 갖는다.
ㄷ. 대장균을 포도당과 젖당이 모두 있는 배지에서 배양하면 포도당이 젖당보다 먼저 에너지원으로 이용된다.

① ㄱ ② ㄴ ③ ㄱ, ㄷ ④ ㄴ, ㄷ ⑤ ㄱ, ㄴ, ㄷ

[20702-0399]

03 젖당 오페론의 구조에 대한 설명으로 옳은 것만을 〈보기〉에서 있는 대로 고른 것은?

보기
ㄱ. 조절 유전자가 포함된다.
ㄴ. 작동 부위는 RNA 중합 효소가 결합하는 부위이다.
ㄷ. 구조 유전자는 젖당 이용에 필요한 효소에 대한 암호화 부위이다.

① ㄱ ② ㄴ ③ ㄷ ④ ㄴ, ㄷ ⑤ ㄱ, ㄴ, ㄷ

[20702-0400]

04 대장균을 포도당은 없고 젖당이 있는 배지에서 배양할 때, 대장균의 젖당 오페론에서 일어나는 작용으로 옳은 것만을 〈보기〉에서 있는 대로 고른 것은?

보기
ㄱ. 작동 부위에 억제 단백질이 결합한다.
ㄴ. 구조 유전자의 전사가 일어나지 않는다.
ㄷ. 젖당 유도체가 억제 단백질과 결합한다.

① ㄱ ② ㄷ ③ ㄱ, ㄴ ④ ㄴ, ㄷ ⑤ ㄱ, ㄴ, ㄷ

[20702-0401]

05 그림은 대장균의 젖당 오페론에 대한 조절 유전자와 젖당 오페론의 구조를 나타낸 것이다. ㉠~㉢은 각각 젖당 오페론의 작동 부위, 프로모터, 구조 유전자 중 하나이다.

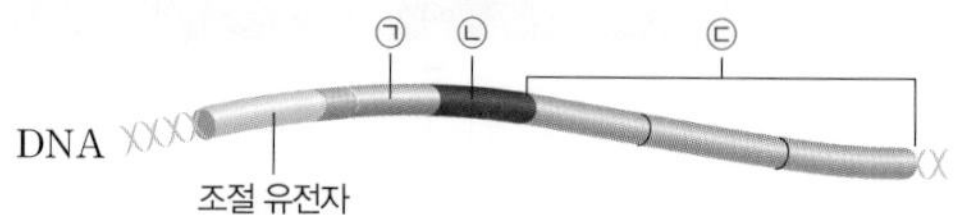

이에 대한 설명으로 옳은 것만을 〈보기〉에서 있는 대로 고른 것은?

보기
ㄱ. ㉠에 RNA 중합 효소가 결합한다.
ㄴ. ㉡은 프로모터이다.
ㄷ. ㉢에 포도당 분해 효소가 암호화되어 있다.

① ㄱ ② ㄷ ③ ㄱ, ㄴ ④ ㄱ, ㄷ ⑤ ㄴ, ㄷ

[20702-0402]

06 진핵세포에서 유전자의 발현이 활발하게 일어나는 경우로 옳은 것만을 〈보기〉에서 있는 대로 고르시오.

보기
ㄱ. 염색질이 응축되어 있을 때
ㄴ. 전사 개시 복합체가 형성될 때
ㄷ. 전사 촉진 인자가 조절 부위와 떨어져 있을 때

[20702-0403]

07 진핵세포에서 유전자 발현 조절 과정이 일어나는 단계를 〈보기〉에서 있는 대로 고르시오.

보기
ㄱ. RNA 가공 과정
ㄴ. mRNA 분해 과정
ㄷ. 단백질 분해 과정

[20702-0404]
08 오페론에 대한 설명으로 옳은 것만을 〈보기〉에서 있는 대로 고른 것은?

보기
ㄱ. 유전자 발현 시 1개의 유전자만 발현된다.
ㄴ. RNA 중합 효소의 결합 부위를 갖는다.
ㄷ. RNA에 존재하는 유전자 발현 조절 단위이다.

① ㄱ ② ㄴ ③ ㄱ, ㄷ ④ ㄴ, ㄷ ⑤ ㄱ, ㄴ, ㄷ

[20702-0405]
09 진핵세포의 유전자 발현 조절에 대한 설명으로 옳은 것만을 〈보기〉에서 있는 대로 고른 것은?

보기
ㄱ. 유전자 발현 조절은 오페론 단위로 일어난다.
ㄴ. 전사와 번역이 같은 장소에서 일어난다.
ㄷ. 유전자 발현 부위는 유전자 미발현 부위에 비해 염색질이 덜 응축되어 있다.

① ㄱ ② ㄴ ③ ㄷ ④ ㄱ, ㄴ ⑤ ㄱ, ㄴ, ㄷ

[20702-0406]
10 세포 분화와 기관 형성에 대한 설명으로 옳은 것만을 〈보기〉에서 있는 대로 고른 것은?

보기
ㄱ. 사람의 기관 형성에 관여하는 전사 인자는 모두 같다.
ㄴ. 세포가 가지는 유전자의 수는 분화 이전 세포와 분화 이후 세포가 다르다.
ㄷ. 분화 중인 세포들은 단백질을 생성하여 고유의 형태와 기능을 갖춘다.

① ㄱ ② ㄷ ③ ㄱ, ㄴ ④ ㄴ, ㄷ ⑤ ㄱ, ㄴ, ㄷ

[20702-0407]
11 분화된 세포의 유전체에 대한 설명으로 옳은 것만을 〈보기〉에서 있는 대로 고른 것은?

보기
ㄱ. 수정란의 유전체와 동일하다.
ㄴ. 사람의 이자 세포는 분화된 세포이다.
ㄷ. 하나의 개체를 형성할 수 있는 완전한 유전체를 갖는다.

① ㄱ ② ㄴ ③ ㄱ, ㄷ ④ ㄴ, ㄷ ⑤ ㄱ, ㄴ, ㄷ

[20702-0408]
12 그림은 진핵세포의 전사 개시 과정을 나타낸 것이다. ㉠과 ㉡은 각각 RNA 중합 효소와 전사 인자 중 하나이다.

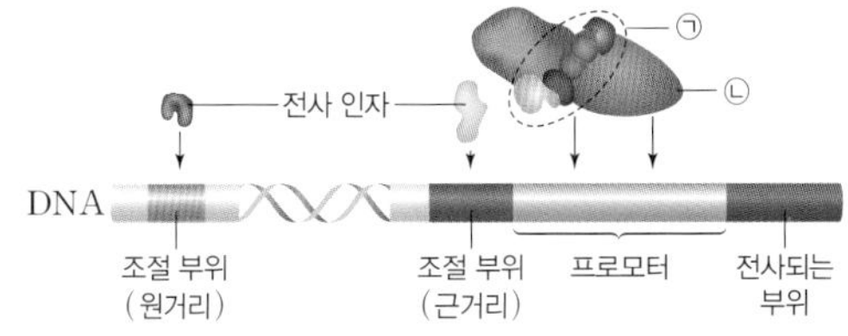

이에 대한 설명으로 옳은 것만을 〈보기〉에서 있는 대로 고른 것은?

보기
ㄱ. ㉠은 전사 인자이다.
ㄴ. 이 과정은 핵에서 일어난다.
ㄷ. ㉡은 단독으로 전사를 시작할 수 있다.

① ㄱ ② ㄷ ③ ㄱ, ㄴ ④ ㄴ, ㄷ ⑤ ㄱ, ㄴ, ㄷ

[20702-0409]
13 초파리의 발생과 유전자 발현에 대한 설명으로 옳은 것만을 〈보기〉에서 있는 대로 고른 것은?

보기
ㄱ. 혹스 유전자의 발현이 일어난다.
ㄴ. 초파리에서 입 형성 유전자와 더듬이 형성 유전자의 염기 서열은 서로 같다.
ㄷ. 초파리의 수정란에서 체절 형성 유전자가 발현되지 않으면 체절이 형성되지 않는다.

① ㄱ ② ㄴ ③ ㄱ, ㄷ ④ ㄴ, ㄷ ⑤ ㄱ, ㄴ, ㄷ

[20702-0410]
14 그림은 근육 세포의 분화 과정 일부를 나타낸 것이다. ㉠과 ㉡은 세포이다.

이에 대한 설명으로 옳은 것만을 〈보기〉에서 있는 대로 고른 것은?

보기
ㄱ. 과정 Ⅰ에서 근육 세포로의 분화가 결정된다.
ㄴ. 과정 Ⅱ에서 세포 융합이 일어난다.
ㄷ. ㉠과 ㉡의 유전체 구성은 서로 다르다.

① ㄱ ② ㄴ ③ ㄷ ④ ㄱ, ㄴ ⑤ ㄴ, ㄷ

정답과 해설 66쪽

[20702-0411]
15 그림은 어떤 사람의 세포 (가)와 세포 (나)에서 각각 발현되는 유전자 A와 B를 나타낸 것이다.

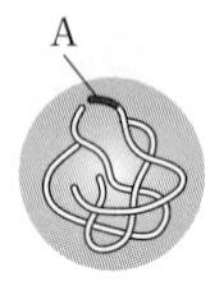

세포 (가)

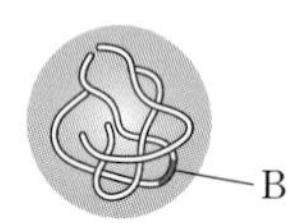

세포 (나)

이 자료에 대한 설명으로 옳은 것만을 〈보기〉에서 있는 대로 고른 것은? (단, 돌연변이는 고려하지 않는다.)

보기
ㄱ. (가)에는 B가 없다.
ㄴ. (나)에는 B 발현에 필요한 전사 인자가 있다.
ㄷ. 전사 개시 복합체의 종류는 A 발현에서와 B 발현에서가 같다.

① ㄴ ② ㄷ ③ ㄱ, ㄴ ④ ㄱ, ㄷ ⑤ ㄴ, ㄷ

[20702-0412]
16 그림은 초파리 배아에서 *Ubx* 혹스 유전자가 발현되는 부위를 나타낸 것이다. T_1~T_3은 초파리의 가슴 체절이다.
Ubx 혹스 유전자에 대한 설명으로 옳은 것만을 〈보기〉에서 있는 대로 고른 것은?

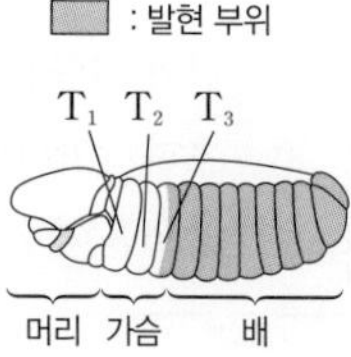

보기
ㄱ. T_1과 T_2에 존재하지 않는다.
ㄴ. 호미오 박스를 갖는다.
ㄷ. T_3에서 특정 기관 형성에 관여한다.

① ㄱ ② ㄴ ③ ㄱ, ㄷ ④ ㄴ, ㄷ ⑤ ㄱ, ㄴ, ㄷ

[20702-0413]
17 그림은 어떤 세포 (가)에서 전사 부위 X와 이에 대한 조절 부위 A~C를 나타낸 것이다. A~C의 염기 서열은 각각 다르다.

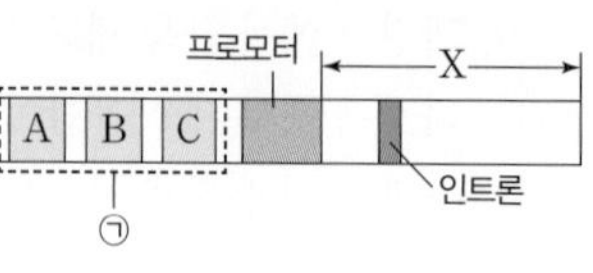

이 자료에 대한 설명으로 옳은 것만을 〈보기〉에서 있는 대로 고른 것은? (단, 1개의 전사 인자는 1개의 조절 부위에 결합한다.)

보기
ㄱ. (가)에는 핵막이 존재한다.
ㄴ. X에는 아미노산을 암호화하지 않는 부분이 있다.
ㄷ. ㉠에 결합할 수 있는 단백질의 종류는 1종류이다.

① ㄱ ② ㄴ ③ ㄱ, ㄴ ④ ㄱ, ㄷ ⑤ ㄴ, ㄷ

[20702-0414]
18 그림은 진핵세포의 유전자 발현 조절 과정 중 (가) 단계에서 형성되는 구조 X를 나타낸 것이다. ⓐ와 ⓑ는 각각 전사 인자 결합 부위와 전사 인자 중 하나이다.

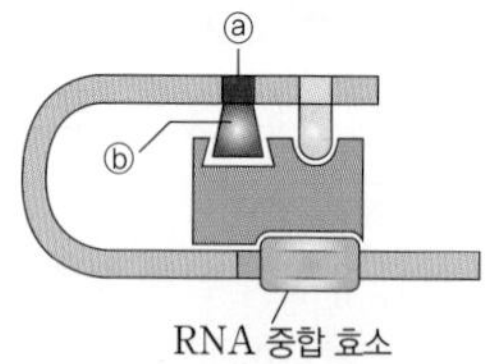

이에 대한 설명으로 옳은 것만을 〈보기〉에서 있는 대로 고른 것은?

보기
ㄱ. ⓑ는 전사 인자이다.
ㄴ. X는 세포질에서 관찰된다.
ㄷ. (가) 단계는 단백질 가공 조절 단계이다.

① ㄱ ② ㄴ ③ ㄱ, ㄴ ④ ㄱ, ㄷ ⑤ ㄴ, ㄷ

[19~20] 그림은 포도당과 젖당을 섞어 놓은 배지에서 대장균을 배양했을 때 배지에 넣어준 포도당과 젖당의 농도 변화와 대장균 내 젖당 분해 효소의 농도 변화를 나타낸 것이다. ㉠~㉢은 각각 포도당, 젖당, 젖당 분해 효소 중 하나이다.

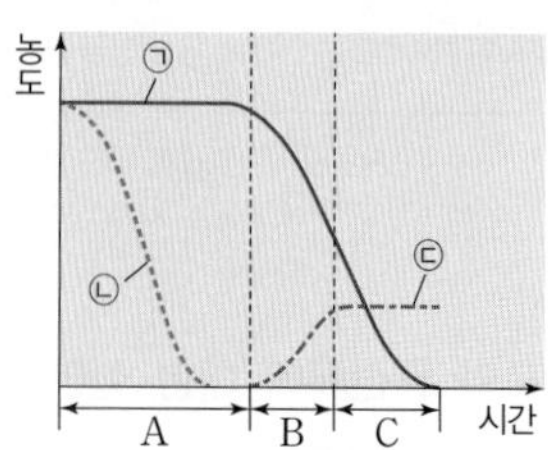

[20702-0415]
19 ㉠~㉢이 무엇인지 각각 쓰시오.

[20702-0416]
20 구간 A~C 중 젖당 오페론에서 구조 유전자의 전사가 일어나는 구간을 모두 쓰시오.

실력 향상 문제

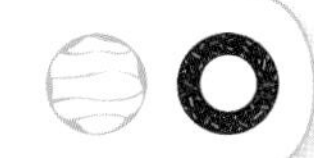

정답과 해설 69쪽

[20702-0417]

01 다음은 대장균의 젖당 오페론에 대한 실험이다.

(가) 대장균을 젖당과 포도당이 들어 있는 배지에서 배양한다.

(나) 대장균의 수, 대장균 내의 젖당 분해 효소의 양을 측정한다.

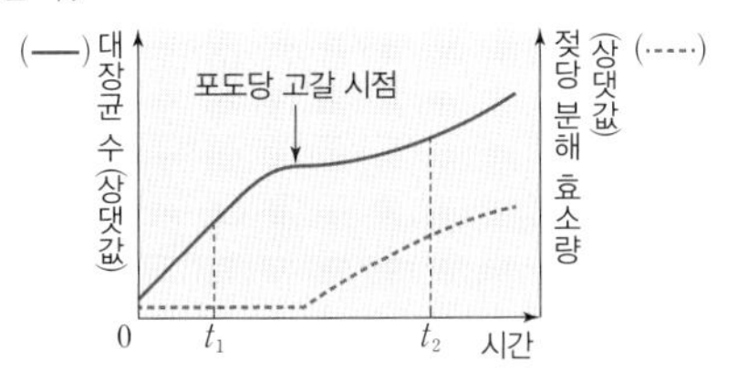

이에 대한 설명으로 옳은 것만을 <보기>에서 있는 대로 고른 것은?

보기

ㄱ. t_1에서 대장균의 에너지원으로 포도당이 이용된다.

ㄴ. t_2에서 젖당 오페론의 프로모터에 결합하는 RNA 중합 효소가 있다.

ㄷ. t_2에서 젖당과 결합하는 억제 단백질이 있다.

① ㄱ ② ㄴ ③ ㄱ, ㄷ ④ ㄴ, ㄷ ⑤ ㄱ, ㄴ, ㄷ

[20702-0418]

02 그림은 젖당이 없을 때 조절 유전자와 젖당 오페론의 작용을 나타낸 것이다. ㉠~㉢은 작동 부위, 프로모터, 구조 유전자를 순서 없이 나타낸 것이다.

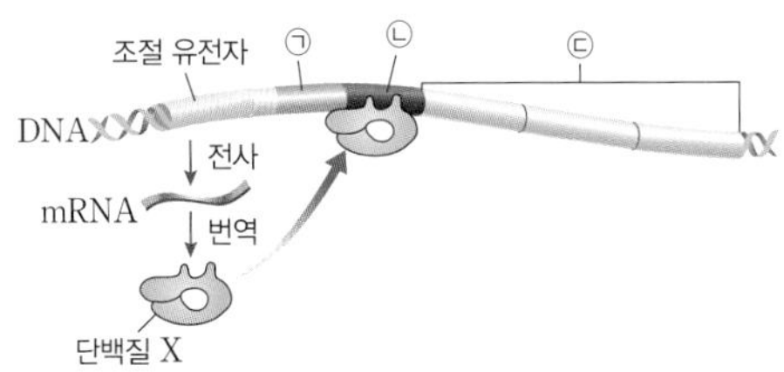

이에 대한 설명으로 옳은 것만을 <보기>에서 있는 대로 고른 것은? (단, 돌연변이는 고려하지 않는다.)

보기

ㄱ. 단백질 X는 젖당(젖당 유도체)의 결합 부위를 가진다.

ㄴ. 젖당 오페론이 발현될 때 RNA 중합 효소가 최초로 결합하는 부위는 ㉡이다.

ㄷ. ㉢에는 1종류의 단백질 정보가 암호화되어 있다.

① ㄱ ② ㄴ ③ ㄱ, ㄷ ④ ㄴ, ㄷ ⑤ ㄱ, ㄴ, ㄷ

[20702-0419]

03 다음은 야생형 대장균과 돌연변이 대장균 Ⅰ과 Ⅱ에 대한 자료이다.

• 그림은 야생형 대장균의 젖당 오페론을 조절하는 유전자와 젖당 오페론을 나타낸 것이다. ㉠~㉢은 각각 프로모터, 작동 부위, 조절 유전자 중 하나이다.

• Ⅰ과 Ⅱ는 각각 ㉠~㉢ 중 한 부위가 결실된 돌연변이이다.

• 표는 야생형 대장균과 Ⅰ, Ⅱ를 포도당은 없고 젖당이 있는 배지에서 각각 배양했을 때 현상 ⓐ~ⓒ가 일어나는지 여부를 나타낸 것이다. ⓐ~ⓒ는 각각 '젖당 분해 효소가 합성됨', '젖당 오페론의 프로모터와 RNA 중합 효소가 결합함', '억제 단백질과 젖당(젖당 유도체)이 결합함' 중 하나이다.

구분	ⓐ	ⓑ	ⓒ
야생형	○	○	○
Ⅰ	×	?	×
Ⅱ	○	×	○

(○: 일어남, ×: 일어나지 않음)

이에 대한 설명으로 옳은 것만을 <보기>에서 있는 대로 고른 것은? (단, 제시된 돌연변이 이외의 다른 돌연변이는 고려하지 않는다.)

보기

ㄱ. Ⅰ은 프로모터가 결실된 대장균이다.

ㄴ. 야생형 대장균은 포도당은 있고 젖당이 없는 배지에서 ⓑ가 일어난다.

ㄷ. ⓒ는 '억제 단백질과 젖당(젖당 유도체)이 결합함'이다.

① ㄱ ② ㄷ ③ ㄱ, ㄴ ④ ㄴ, ㄷ ⑤ ㄱ, ㄴ, ㄷ

[20702-0420]
04 다음은 사람의 근육 세포에 대한 자료이다.

- 정상 근육 모세포가 근육 세포로 분화되는 과정에서 유전자 a가 발현되어 전사 인자 A가 합성된다.
- A는 유전자 b의 발현을 촉진하고, b가 발현되어 전사 인자 B가 합성된다. B는 유전자 d의 발현을 촉진하고, d가 발현되어 전사 인자 D가 합성된다.
- D는 근육 세포를 구성하는 단백질의 유전자 발현을 촉진한다.
- 표는 정상 근육 모세포, 돌연변이 근육 모세포 (가)와 (나)에서 ㉠과 ㉡의 발현 여부를 나타낸 것이다. (가)와 (나)는 각각 A의 결합 부위 혹은 B의 결합 부위에서 결실이 일어난 돌연변이 근육 모세포이고, ㉠과 ㉡은 각각 b와 d 중 하나이다.

구분	㉠	㉡
정상 근육 모세포	○	○
(가)	×	×
(나)	×	○

(○: 발현됨, ×: 발현되지 않음)

이에 대한 설명으로 옳은 것만을 〈보기〉에서 있는 대로 고른 것은? (단, (가), (나)에서 나머지 조건은 정상 근육 모세포와 같다.)

보기
ㄱ. ㉠은 d이다.
ㄴ. D는 전사 개시 복합체의 구성 성분이다.
ㄷ. (나)는 B의 결합 부위가 결실된 근육 모세포이다.

① ㄱ ② ㄴ ③ ㄱ, ㄷ ④ ㄴ, ㄷ ⑤ ㄱ, ㄴ, ㄷ

[20702-0421]
05 다음은 어떤 식물 종의 꽃 형성에 대한 자료이다.

- 유전자 a, b, c는 미분화 조직에서 꽃 형성에 필요한 전사 인자를 암호화하는 유전자이다.
- a~c 중 a만 발현되는 부위는 꽃받침이 되고, a와 b만 발현되는 부위는 꽃잎이 되며, b와 c만 발현되는 부위는 수술이 되고, c만 발현되는 부위는 암술이 된다.
- 표는 야생형과 돌연변이 식물체 (가)~(다)의 꽃에서 형성된 구조를 나타낸 것이다. (가)~(다)는 각각 a~c 중 1개 이상 결실이 일어난 식물체이다.

구분	꽃받침	꽃잎	수술	암술
야생형	○	○	○	○
(가)	×	×	○	○
(나)	○	○	×	×
(다)	○	×	×	×

(○: 있음, ×: 없음)

이에 대한 설명으로 옳은 것만을 〈보기〉에서 있는 대로 고른 것은? (단, 제시된 돌연변이 이외의 돌연변이는 고려하지 않는다.)

보기
ㄱ. (가)에서 b가 결실되었다.
ㄴ. (나)의 꽃받침에는 a와 b가 모두 있다.
ㄷ. (다)에 b 유전자를 주입하여 발현시키면 꽃받침, 꽃잎, 수술, 암술이 모두 형성될 것이다.

① ㄱ ② ㄴ ③ ㄱ, ㄷ ④ ㄴ, ㄷ ⑤ ㄱ, ㄴ, ㄷ

[20702-0422]
06 다음은 어떤 동물의 전사 조절에 대한 자료이다.

- 그림은 x~z의 프로모터와 전사 인자 결합 부위 A, B, C, D를 나타낸 것이다.

A	B		D	프로모터	유전자 x
A	B	C		프로모터	유전자 y
		C	D	프로모터	유전자 z

- x~z의 전사에 관여하는 전사 인자는 ㉠, ㉡, ㉢, ㉣이며, ㉠~㉣은 각각 A~D 중 서로 다른 하나에만 결합한다.
- x는 전사 인자 결합 부위 모두에 전사 인자가 결합해야 전사되고, y와 z는 각각 전사 인자 결합 부위 중 하나에만 전사 인자가 결합해도 전사된다.
- ㉠~㉣ 중 ㉠, ㉡, ㉢만 있는 세포에서는 x~z가 모두 전사되고, ㉢만 있는 세포에서는 z만 전사된다.
- 표는 Ⅰ~Ⅲ에서 ㉠~㉣ 중 합성된 전사 인자 수와 x~z 중 발현된 유전자 수를 나타낸 것이다.

구분	㉠~㉣ 중 합성된 전사 인자 수	x~z 중 발현된 유전자 수
Ⅰ	1	2
Ⅱ	2	1
Ⅲ	3	3

이에 대한 설명으로 옳은 것만을 〈보기〉에서 있는 대로 고른 것은? (단, 돌연변이는 고려하지 않는다.)

보기
ㄱ. Ⅰ에서 y와 z가 발현된다.
ㄴ. Ⅱ에서 ㉣이 합성된다.
ㄷ. Ⅲ에서 ㉠과 ㉡이 모두 합성된다.

① ㄱ ② ㄴ ③ ㄱ, ㄷ ④ ㄴ, ㄷ ⑤ ㄱ, ㄴ, ㄷ

[20702-0423]

07 그림은 어떤 세포에서 사람의 근육을 구성하는 단백질인 마이오신과 액틴이 발현되는 과정을 나타낸 것이다. 단백질 A와 B는 전사 인자 결합 부위에 결합해 해당 유전자의 전사를 촉진한다.

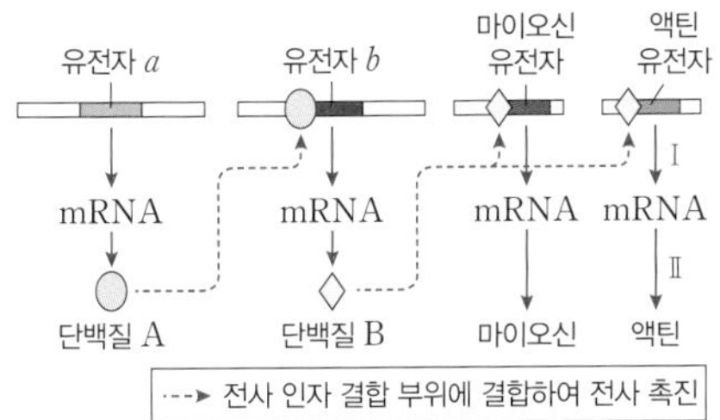

이에 대한 설명으로 옳은 것만을 〈보기〉에서 있는 대로 고른 것은? (단, 제시된 자료 이외의 조건은 고려하지 않는다.)

보기
ㄱ. 유전자 a와 b는 근육 세포에만 존재한다.
ㄴ. 단백질 B는 핵에서 과정 Ⅰ을 촉진한다.
ㄷ. 과정 Ⅱ가 일어나기 위해서는 A와 B가 모두 필요하다.

① ㄱ ② ㄴ ③ ㄱ, ㄷ ④ ㄴ, ㄷ ⑤ ㄱ, ㄴ, ㄷ

[20702-0424]

08 그림은 진핵생물에서 유전자 발현이 조절되는 과정의 일부를 나타낸 것이다. ㉠과 ㉡은 각각 프로모터와 원거리 조절 부위 중 하나이고, ⓐ와 ⓑ는 각각 전사 인자와 RNA 중합 효소 중 하나이다.

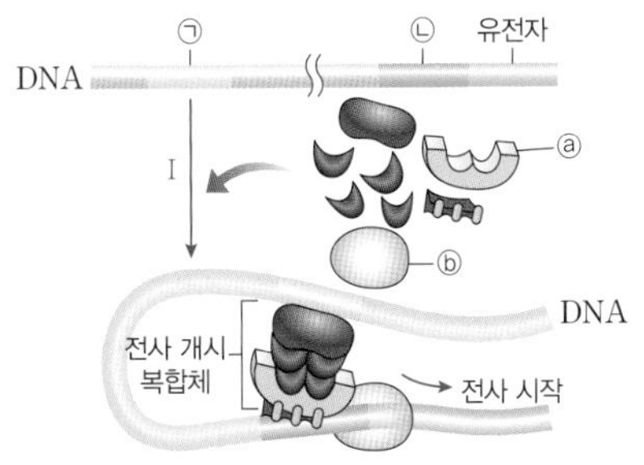

이에 대한 설명으로 옳은 것은? (단, 제시된 자료 이외의 조건은 고려하지 않는다.)

① ㉠은 프로모터이다.
② ㉡에 RNA 중합 효소가 결합한다.
③ ⓐ는 DNA와 결합한다.
④ ⓑ는 $3' \rightarrow 5'$ 방향으로 RNA의 신장을 일으킨다.
⑤ 과정 Ⅰ은 세포질에서 일어난다.

[20702-0425]

09 그림 (가)는 정상 초파리를, (나)는 초파리 배아에서 다리를 형성하는 세포군에 인위적으로 *ey* 유전자를 발현시킨 초파리를 나타낸 것이다.

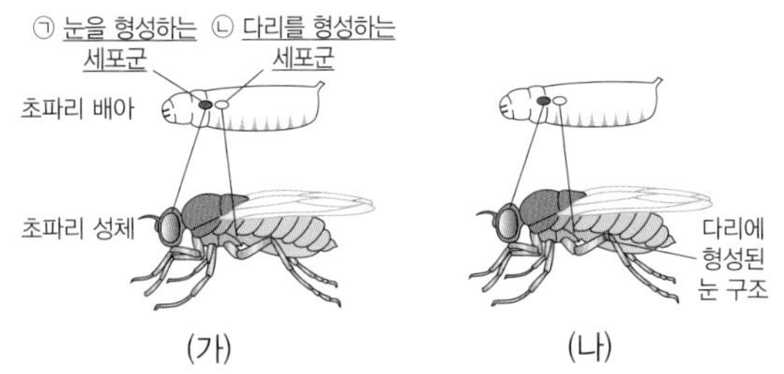

이에 대한 설명으로 옳은 것만을 〈보기〉에서 있는 대로 고른 것은? (단, 제시된 자료 이외의 조건은 고려하지 않는다.)

보기
ㄱ. *ey* 유전자는 ㉠에서 발현되는 단백질을 암호화한다.
ㄴ. ㉠과 ㉡의 유전자 구성은 서로 다르다.
ㄷ. 초파리 배아에서 비정상적인 유전자의 발현에 의해 비정상적인 기관이 형성될 수 있다.

① ㄱ ② ㄴ ③ ㄱ, ㄷ ④ ㄴ, ㄷ ⑤ ㄱ, ㄴ, ㄷ

[10~11] 그림은 초파리의 혹스 유전자 A~H 및 배아의 체절을 나타낸 것이다.

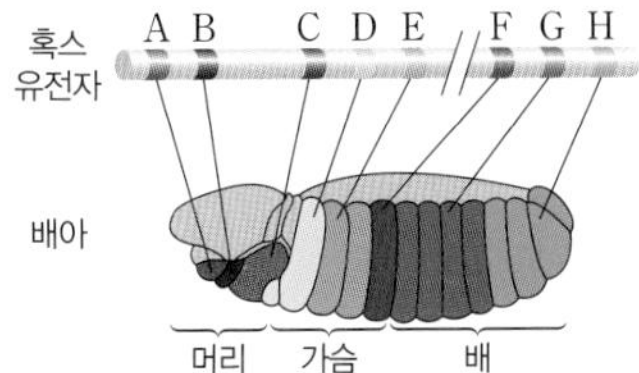

[20702-0426]

10 가슴 체절에서만 발현되는 혹스 유전자를 모두 쓰시오.

서술형

[20702-0427]

11 유전자 A가 배아의 가슴 체절에서 과다 발현되었을 때 나타나는 돌연변이 초파리 성체의 특징을 서술하시오.

[20702-0428]

01 그림은 대장균을 배지 X에서 배양할 때 조절 유전자와 젖당 오페론의 작용을 나타낸 것이다. ㉠~㉣은 각각 작동 부위, 프로모터, 구조 유전자, 조절 유전자 중 하나이다.

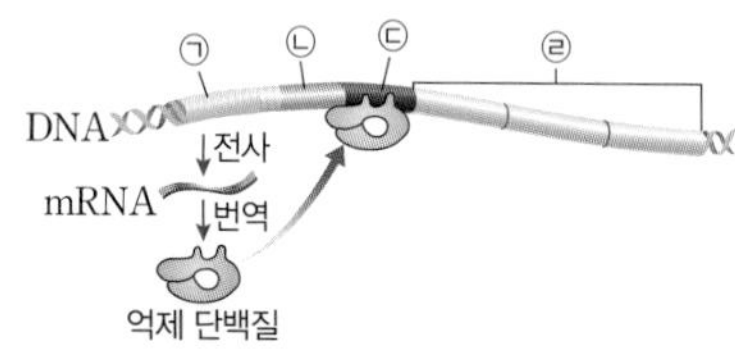

이에 대한 설명으로 옳은 것만을 〈보기〉에서 있는 대로 고른 것은?

> 보기
> ㄱ. ㉠은 조절 유전자이다.
> ㄴ. 젖당 오페론의 구성 요소는 ㉡, ㉢, ㉣이다.
> ㄷ. 포도당은 없고 젖당이 있는 배지는 X에 해당한다.

① ㄱ ② ㄷ ③ ㄱ, ㄴ ④ ㄴ, ㄷ ⑤ ㄱ, ㄴ, ㄷ

[20702-0429]

02 표는 정상 대장균과 특정 부위에 결실이 일어난 돌연변이 대장균을 배지에서 배양할 때 젖당이 있을 때와 없을 때 젖당 분해 효소의 합성 여부를 나타낸 것이다. ⓐ~ⓒ는 '없음', '프로모터', '조절 유전자'를, ㉠과 ㉡은 '합성됨', '합성 안 됨'을 순서 없이 나타낸 것이다. Ⅰ~Ⅲ 중 하나는 정상 대장균이고, 나머지 2개는 돌연변이 대장균이다.

대장균	결실 부위	젖당 분해 효소의 합성	
		젖당이 있을 때	젖당이 없을 때
Ⅰ	ⓐ	?	㉡
Ⅱ	ⓑ	㉠	㉠
Ⅲ	ⓒ	㉡	㉡

이에 대한 설명으로 옳은 것만을 〈보기〉에서 있는 대로 고른 것은? (단, 조절 유전자는 젖당 오페론을 조절하는 유전자이고, 배지에 포도당은 없으며, 제시된 돌연변이 이외의 돌연변이는 고려하지 않는다.)

> 보기
> ㄱ. ㉠은 '합성됨'이다.
> ㄴ. Ⅱ에서 억제 단백질이 합성된다.
> ㄷ. Ⅲ에서 RNA 중합 효소와 프로모터의 결합이 일어난다.

① ㄱ ② ㄴ ③ ㄱ, ㄷ ④ ㄴ, ㄷ ⑤ ㄱ, ㄴ, ㄷ

[20702-0430]

03 그림은 대장균 A와 B가 각각 배양되는 배지에서 젖당 유무에 따른 젖당 분해 효소 유전자의 mRNA 양을 시간에 따라 나타낸 것이다. A와 B는 각각 야생형 대장균과 젖당 오페론을 조절하는 조절 유전자에 돌연변이가 일어난 대장균 중 하나이고, ㉠과 ㉡은 각각 '젖당 제거'와 '젖당 첨가' 중 하나이다.

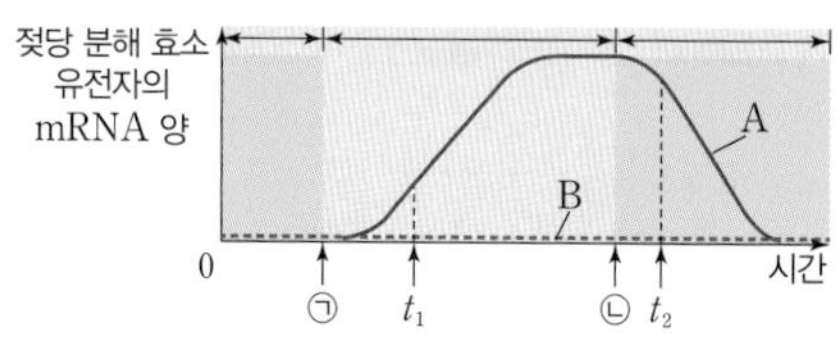

이에 대한 설명으로 옳은 것만을 〈보기〉에서 있는 대로 고른 것은? (단, A와 B의 배양 조건은 동일하다.)

> 보기
> ㄱ. t_1일 때 A에서 젖당 오페론의 조절 유전자가 발현된다.
> ㄴ. 젖당(젖당 유도체) 결합 부위를 갖지 않는 억제 단백질은 B에서 생성된 억제 단백질에 해당한다.
> ㄷ. A가 배양되고 있는 배지에서 젖당의 농도는 t_1에서가 t_2에서보다 낮다.

① ㄱ ② ㄴ ③ ㄷ ④ ㄱ, ㄴ ⑤ ㄱ, ㄴ, ㄷ

[20702-0431]

04 그림 (가)는 대장균의 젖당 오페론을 조절하는 조절 유전자와 젖당 오페론을, (나)는 대장균을 젖당과 포도당이 모두 있는 배지에서 배양했을 때 시간에 따른 대장균 수와 젖당 분해 효소량을 나타낸 것이다. ㉠과 ㉡은 각각 프로모터와 조절 유전자 중 하나이다.

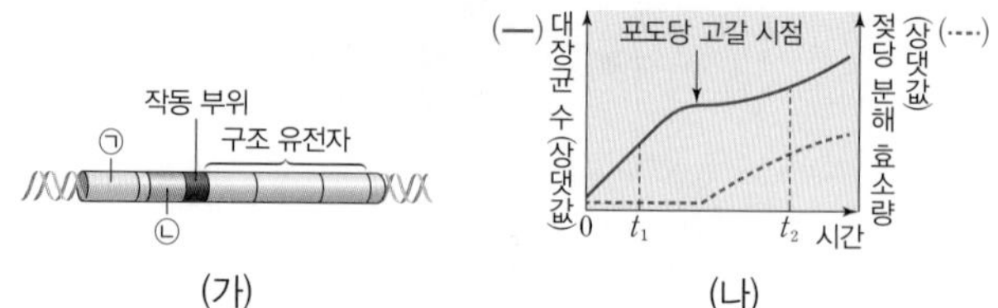

(가) (나)

이에 대한 설명으로 옳은 것만을 〈보기〉에서 있는 대로 고른 것은?

> 보기
> ㄱ. t_1에서 ㉠의 전사가 일어난다.
> ㄴ. t_2에서 ㉡에 결합하는 RNA 중합 효소가 있다.
> ㄷ. ㉠을 통해 합성된 단백질은 젖당(젖당 유도체)과 결합할 수 있다.

① ㄱ ② ㄴ ③ ㄱ, ㄷ ④ ㄴ, ㄷ ⑤ ㄱ, ㄴ, ㄷ

[20702-0432]

05 **다음은 어떤 식물에서 꽃의 각 부위 형성에 대한 자료이다.**

- 유전자 a~c는 각각 전사 인자 A~C를 암호화한다.
- A~C는 애기장대의 미분화 조직에서 꽃받침, 꽃잎, 수술, 암술의 형성에 필요한 유전자의 전사 조절 부위에 결합하여 전사를 조절한다.
- 그림은 꽃의 구조를, 표는 미분화 조직 Ⅰ~Ⅳ로부터 꽃받침, 꽃잎, 수술, 암술로 분화될 때 발현되는 유전자를 나타낸 것이다.

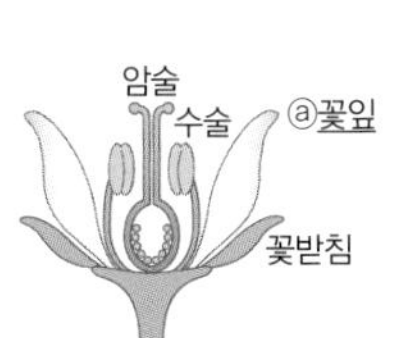

미분화 조직	Ⅰ	Ⅱ	Ⅲ	Ⅳ
발현되는 유전자	a	a, b	b, c	c
분화 결과	꽃받침	꽃잎	수술	암술

- a가 결실된 돌연변이 개체 ㉠은 a가 발현되어야 할 부위에 c가 발현되고, c가 결실된 돌연변이 개체 ㉡은 c가 발현될 부위에 a가 발현된다.

이에 대한 설명으로 옳은 것만을 〈보기〉에서 있는 대로 고른 것은? (단, 제시된 유전자와 돌연변이 이외의 조건은 고려하지 않는다.)

보기
ㄱ. ㉠에서 꽃받침이 형성된다.
ㄴ. ㉡에서 Ⅲ으로부터 꽃잎이 분화된다.
ㄷ. ⓐ의 세포에는 B와 C가 결합하는 DNA 부위가 있다.

① ㄱ ② ㄴ ③ ㄱ, ㄷ ④ ㄴ, ㄷ ⑤ ㄱ, ㄴ, ㄷ

[20702-0433]

06 **그림은 근육 모세포가 근육 세포로 분화하는 과정에서 유전자 발현 과정을 나타낸 것이다.**

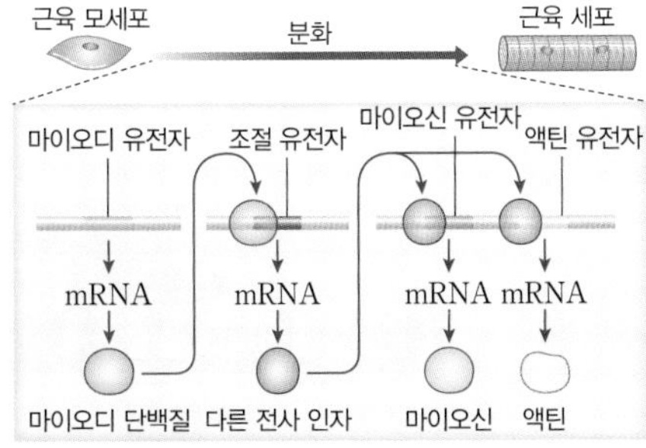

이 자료에 대한 설명으로 옳은 것만을 〈보기〉에서 있는 대로 고른 것은? (단, 제시된 유전자 이외의 유전자는 고려하지 않는다.)

보기
ㄱ. 마이오디 유전자는 핵심 조절 유전자이다.
ㄴ. 마이오디 단백질은 근육 모세포에서 전사 억제 인자로 작용한다.
ㄷ. 마이오신 유전자는 근육 모세포에만 존재한다.

① ㄱ ② ㄴ ③ ㄱ, ㄷ ④ ㄴ, ㄷ ⑤ ㄱ, ㄴ, ㄷ

[20702-0434]

07 **다음은 유전자 x와 y의 전사 조절에 관한 자료이다.**

- x와 y는 각각 서로 다른 1개의 전사 인자에 의해 전사가 촉진된다.

㉠	㉡	㉢		프로모터	유전자 x
㉣	㉤	㉥	㉦	프로모터	유전자 y

- x와 y의 프로모터와 전사 인자 결합 예상 부위 ㉠~㉦은 그림과 같다.
- x는 단백질 X를, y는 단백질 Y를 암호화한다.
- X와 Y 중 하나만이 전사 인자이고, 이 전사 인자는 x와 y 중 하나의 전사를 촉진한다. X는 x의 전사를, Y는 y의 전사를 촉진하지 않는다.
- x의 전사는 전사 인자가 ㉠~㉢ 중 한 부위에 결합하는 경우에만 촉진되고, y의 전사는 전사 인자가 ㉣~㉦ 중 연속된 두 부위에 결합하는 경우에만 촉진된다.
- ㉠~㉦의 제거 여부에 따른 조건 (가)~(마)에서 전사가 촉진되는 유전자는 표와 같다.

조건	(가)	(나)	(다)	(라)	(마)
제거된 부위	없음	㉣, ㉦	㉠, ㉡, ㉣	㉡, ㉢	㉥
전사가 촉진되는 유전자	x, y	없음	x, y	y	?

이에 대한 설명으로 옳은 것만을 〈보기〉에서 있는 대로 고른 것은? (단, 전사 인자 결합 예상 부위의 제거 이외는 전사 인자 작용에 영향을 주지 않으며, 제시된 유전자 이외의 유전자는 고려하지 않는다.)

보기
ㄱ. Y는 ㉢에 결합하는 x의 전사 인자이다.
ㄴ. (마)에서 전사가 촉진되는 유전자는 없다.
ㄷ. (라)에는 x의 전사를 촉진하는 전사 인자 결합 부위가 존재한다.

① ㄱ ② ㄴ ③ ㄷ ④ ㄱ, ㄴ ⑤ ㄴ, ㄷ

단원 정리

1 원핵세포와 진핵세포의 유전체

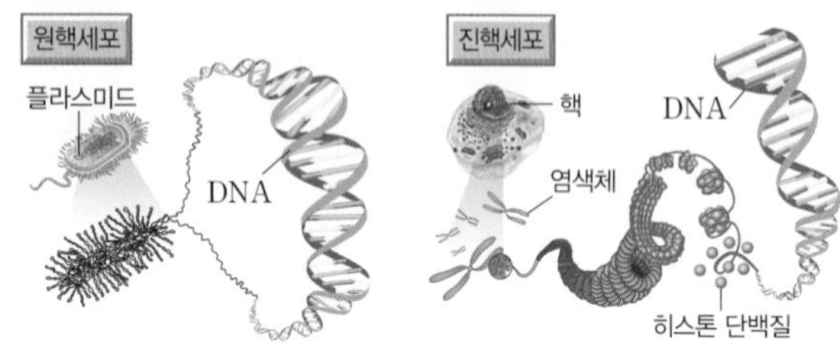

2 유전 물질의 확인 실험

① 그리피스의 폐렴 쌍구균 형질 전환 실험(1928년): 형질 전환 현상을 발견했다.

② 에이버리의 폐렴 쌍구균 형질 전환 실험(1944년)과 허시와 체이스의 박테리오파지 증식 실험(1952년): 유전 물질이 DNA임을 증명하였다.

3 DNA의 이중 나선 구조

① 두 가닥의 폴리뉴클레오타이드가 결합해 오른 나사 방향으로 꼬여 있는 이중 나선 구조이다.

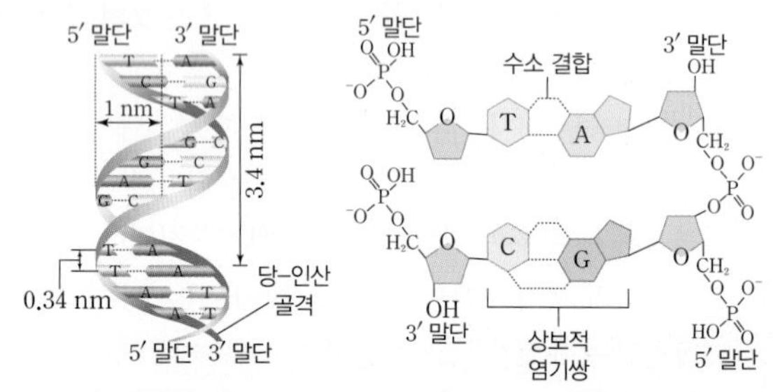

② DNA의 기본 구성 단위는 인산, 당, 염기로 이루어진 뉴클레오타이드이다.

③ DNA의 염기 중 퓨린 계열 염기는 아데닌(A)과 구아닌(G)이고, 피리미딘 계열 염기는 사이토신(C), 타이민(T), 유라실(U)이다.

④ 바깥쪽에 당-인산이 교대로 연결된 골격이 있고, 안쪽으로는 양쪽 가닥의 염기가 수소 결합으로 연결되어 있다.

⑤ A은 T과 2개의 수소 결합을, G은 C과 3개의 수소 결합을 형성한다.

4 DNA의 반보존적 복제

① 이중 나선의 풀림: 복제가 시작되는 지점(복제 원점)에서 효소(헬리케이스)의 작용으로 이중 나선이 두 가닥으로 풀어진다.

② 프라이머 합성: RNA 프라이머가 합성되어 DNA 중합 효소에 의해 DNA가 신장될 수 있는 3′ 말단의 수산기(−OH)를 제공한다.

③ 새로운 가닥의 합성: DNA 중합 효소가 주형 가닥과 상보적인 염기를 갖는 뉴클레오타이드를 결합시키면서 5′ → 3′ 방향으로 새로운 가닥이 합성된다.

④ 선도 가닥과 지연 가닥의 합성: 새로 합성되는 두 가닥은 방향이 서로 반대인데, 복제는 두 가닥에서 동시에 진행된다. 두 가닥의 합성 과정에는 차이가 있으며 각각 선도 가닥과 지연 가닥으로 불린다.

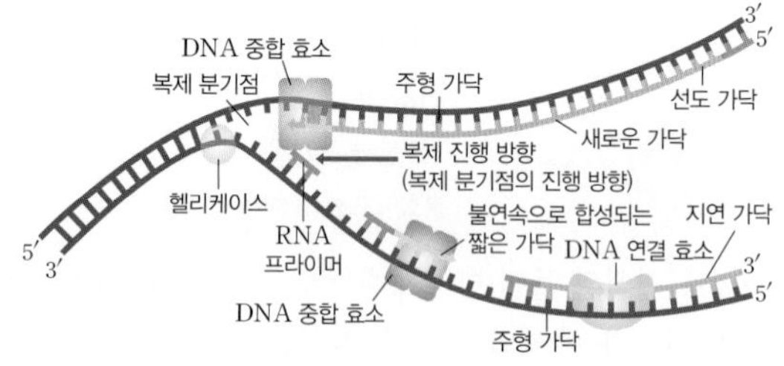

5 유전자와 단백질

① 1유전자 1효소설: 비들과 테이텀은 한 가지 유전자는 한 가지 효소 합성에 관한 정보를 갖는다는 1유전자 1효소설을 주장하였다.

② 1유전자 1효소설 → 1유전자 1단백질설 → 1유전자 1폴리펩타이드설로 발전하였다.

6 유전 정보의 저장과 전달

① 중심 원리: 유전 물질인 DNA는 복제되며, 형질이 발현될 때 DNA의 유전 정보가 mRNA로 전달되고, 이 mRNA가 세포질에서 폴리펩타이드 합성에 관여한다는 유전 정보의 흐름에 대한 이론이다.

② 유전자의 발현 과정에서 DNA의 유전 정보가 mRNA로 전달되는 것을 전사라고 하며, mRNA의 유전 정보에 따라 단백질이 합성되는 것을 번역이라고 한다.

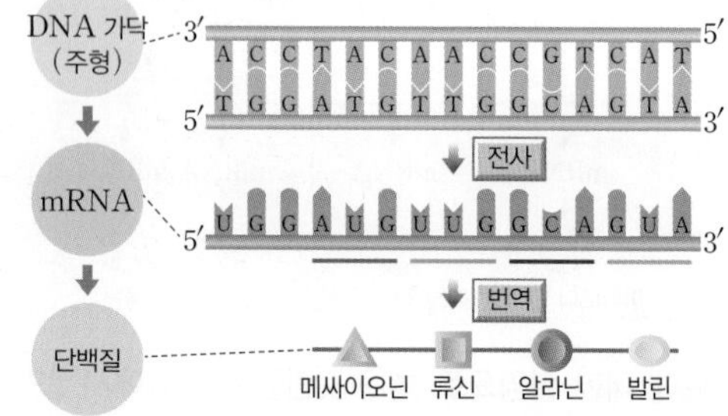

단원 정리

7 전사

형질 발현의 첫 단계로 DNA에 저장되어 있던 유전 정보가 RNA로 옮겨지는 과정이다.

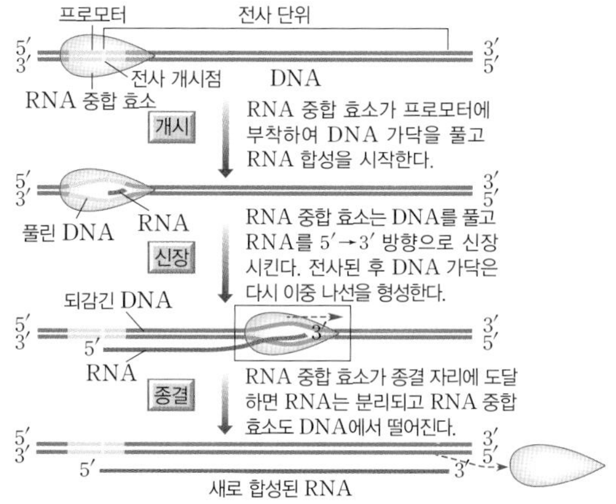

8 번역

mRNA의 유전 정보에 따라 리보솜에서 폴리펩타이드가 합성되는 과정이다.

① 개시

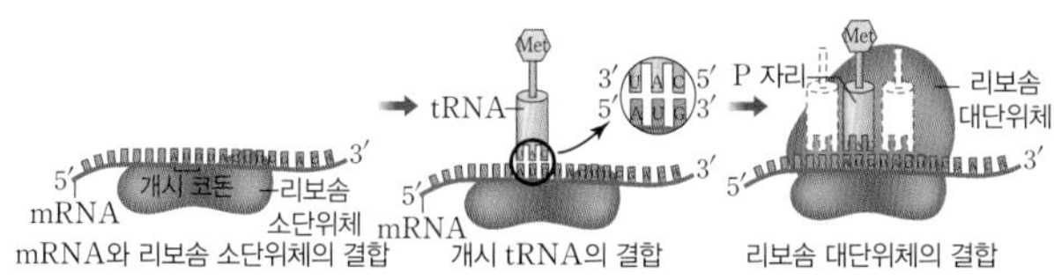

② 신장

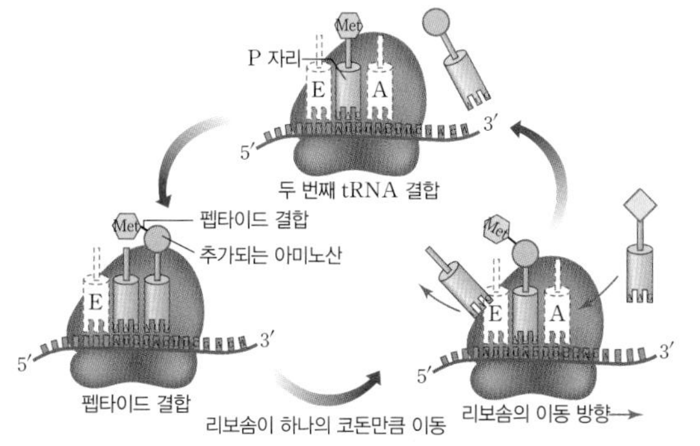

③ 종결

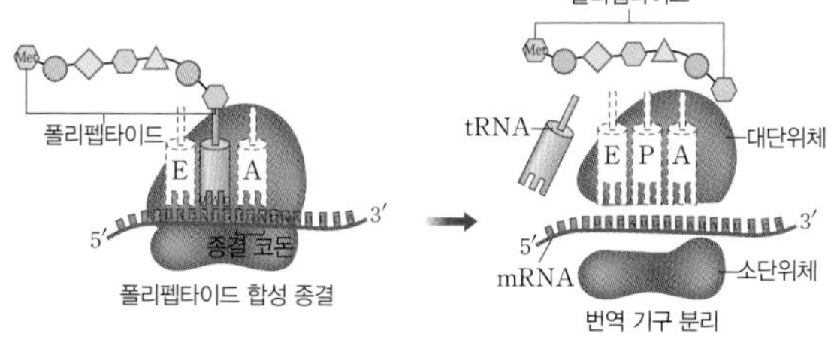

9 대장균에서 젖당 오페론의 발현 조절

① 젖당이 없을 때

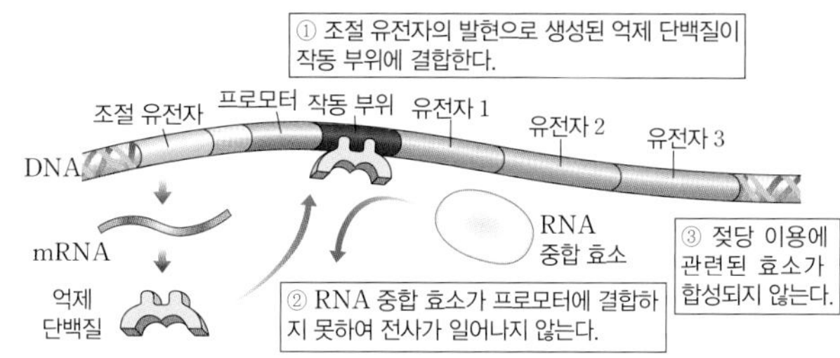

② 젖당이 있을 때

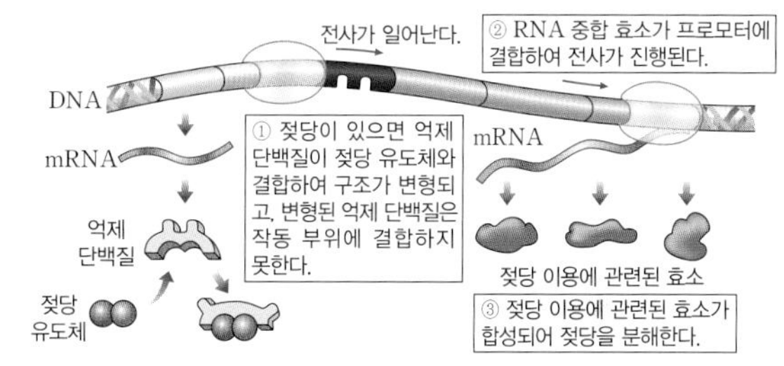

10 진핵생물의 유전자 발현 조절

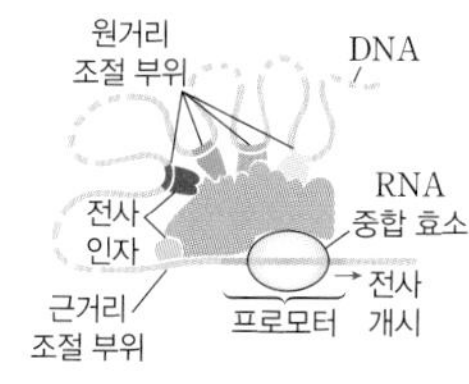

① 전사 단계에서 이루어지는 전사 조절이 가장 중요한 역할을 한다. 전사 조절 이외에 전사 전 조절, 전사 후 조절, 번역 조절 등이 있다.

② 전사 개시: 진핵생물에서는 RNA 중합 효소 단독으로 전사를 시작할 수 없으며, 여러 전사 인자들과 함께 프로모터에 결합하여 전사 개시 복합체를 형성해야 전사를 시작할 수 있다.

11 발생과 유전자 발현 조절

① 유전자의 선택적 발현: 분화된 세포는 수정란과 동일한 유전체를 갖지만, 세포 특성에 따라 특정 유전자만 발현시킴으로써 고유의 형태와 기능을 갖게 된다.

② 핵심 조절 유전자: 특정 세포 분화나 특정 기관 형성 등의 과정에서 가장 상위의 조절 유전자를 핵심 조절 유전자라고 한다.

③ 혹스 유전자: 초파리에서 처음 발견되었으며, 배아에서 몸의 각 체절에서 만들어질 기관을 결정하는 핵심 조절 유전자들이다.

단원 마무리 문제

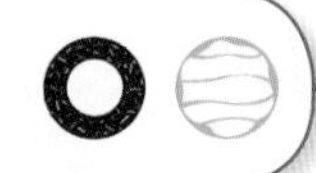

[20702-0435]

01 그림은 단백질 합성 과정의 일부를, 표는 코돈표 일부를 나타낸 것이다. (가)와 (나)는 tRNA이다.

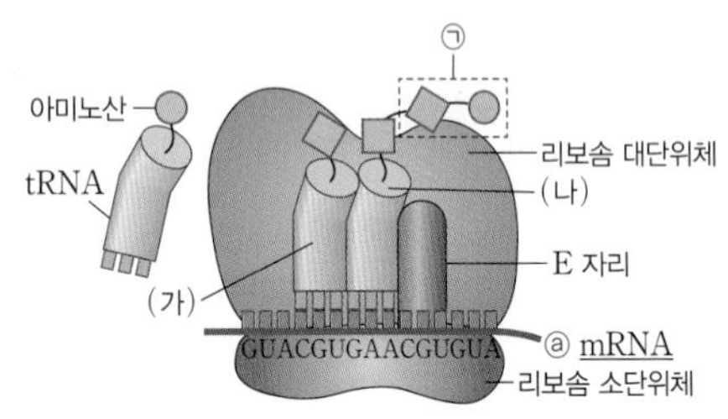

AAG	라이신	GAA	글루탐산
AUG	메싸이오닌	GUA	발린
CGU	아르지닌	UGC	시스테인

이에 대한 설명으로 옳은 것만을 〈보기〉에서 있는 대로 고른 것은? (단, 제시된 mRNA 염기 서열 이외의 염기 서열은 고려하지 않는다.)

보기

ㄱ. 리보솜으로부터 (가)는 (나)보다 나중에 방출된다.
ㄴ. ㉠에 펩타이드 결합이 존재한다.
ㄷ. ⓐ로부터 합성된 폴리펩타이드에서 메싸이오닌의 수는 3이다.

① ㄱ ② ㄴ ③ ㄷ ④ ㄱ, ㄴ ⑤ ㄴ, ㄷ

[20702-0436]

02 그림은 20개의 염기쌍으로 구성된 DNA X의 염기 서열 일부를, 표는 X의 가닥 Ⅰ, Ⅱ와 Ⅰ, Ⅱ 중 한 가닥으로부터 전사되어 합성된 mRNA를 구성하는 염기 비율을 나타낸 것이다. Ⅰ, Ⅱ, mRNA를 구성하는 염기의 개수는 각각 20개이고, X에 존재하는 염기 간 수소 결합의 총개수는 49개이다.

(가)
DNA X { 가닥 Ⅰ: 5′… ATCCAT … 3′
가닥 Ⅱ: 3′… TAGGTA … 5′

구분	염기 비율(%)					
	A	G	T	C	U	계
가닥 Ⅰ	30	㉠	㉡	?	0	100
가닥 Ⅱ	25	15	㉢	30	0	100
mRNA	㉣	㉤	㉥	㉦	25	100

이에 대한 설명으로 옳은 것만을 〈보기〉에서 있는 대로 고른 것은? (단, 돌연변이는 고려하지 않는다.)

보기

ㄱ. ㉠~㉦ 중 가장 작은 수는 ㉣이다.
ㄴ. mRNA는 Ⅰ을 주형으로 전사된 것이다.
ㄷ. X에서 (가)를 제외한 DNA에서 퓨린 계열 염기의 개수는 14개이다.

① ㄴ ② ㄷ ③ ㄱ, ㄴ ④ ㄱ, ㄷ ⑤ ㄴ, ㄷ

[20702-0437]

03 그림 (가)와 (나)는 대장균에서 일어나는 전사와 복제를 순서 없이 나타낸 것이다. 효소 A와 효소 B는 각각 RNA 중합 효소와 DNA 중합 효소 중 하나이고, ㉠과 ㉡은 각각 5′ 말단과 3′ 말단 중 하나이다.

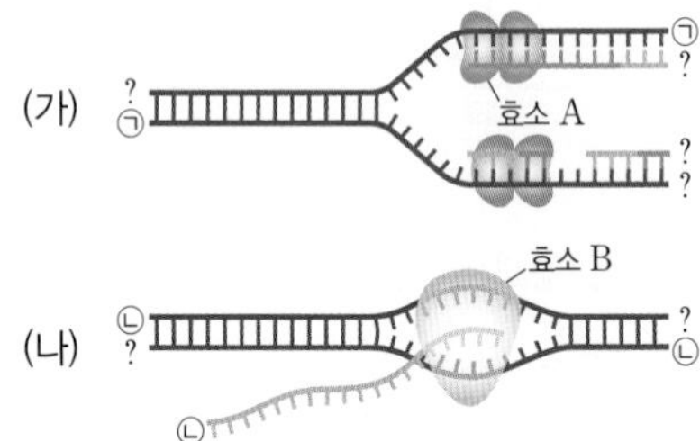

이에 대한 설명으로 옳은 것만을 〈보기〉에서 있는 대로 고른 것은?

보기

ㄱ. ㉡에 수산기가 있다.
ㄴ. A는 프라이머를 필요로 한다.
ㄷ. B는 주형 가닥에 대해 ㉡→㉠ 방향으로 이동한다.

① ㄴ ② ㄷ ③ ㄱ, ㄴ ④ ㄱ, ㄷ ⑤ ㄴ, ㄷ

[20702-0438]

04 그림은 진핵세포에서 유전자 X의 발현이 조절되는 과정의 일부를 나타낸 것이다. ㉠과 ㉡은 각각 프로모터와 조절 부위 중 하나이고, A와 B는 각각 전사 인자와 RNA 중합 효소 중 하나이다.

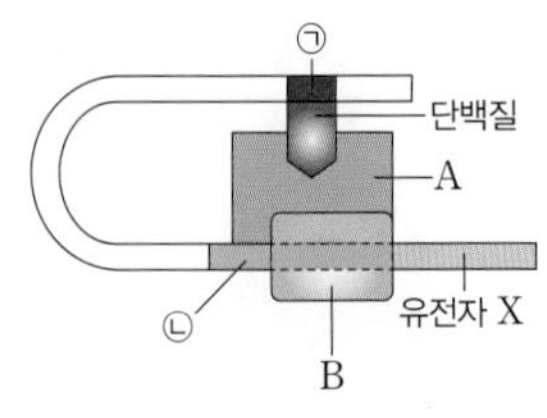

이에 대한 설명으로 옳은 것만을 〈보기〉에서 있는 대로 고른 것은?

보기

ㄱ. ㉠은 조절 부위이다.
ㄴ. A는 B가 ㉡에 결합하는 과정을 억제한다.
ㄷ. 이 과정은 세포질에서 일어난다.

① ㄱ ② ㄷ ③ ㄱ, ㄴ ④ ㄱ, ㄷ ⑤ ㄴ, ㄷ

[20702-0439]

05 다음은 DNA 복제에 대한 실험이다.

- DNA의 질소가 모두 ㉠인 대장균(G_0)을 준비한다.
- G_0을 ㉡이 포함된 배지에서 배양하여 1세대 대장균(G_1)과 2세대 대장균(G_2)을 얻는다.
- G_2를 ㉠이 포함된 배지에서 배양하여 3세대 대장균(G_3)과 4세대 대장균(G_4)을 얻는다. ㉠과 ㉡은 각각 ^{14}N와 ^{15}N 중 하나이다.
- 표는 G_0~G_3의 각 세대별 전체 DNA 중 특정 DNA가 차지하는 비율을 나타낸 것이다. A~C는 각각 상층($^{14}N-^{14}N$), 중층($^{14}N-^{15}N$), 하층($^{15}N-^{15}N$) 중 하나이다.

구분＼세대	G_0	G_1	G_2	G_3
A	0	1	0.5	ⓐ
B	1	0	ⓑ	0.25
C	0	0	ⓒ	0

- G_4의 DNA를 추출하여 원심 분리한 결과 상층($^{14}N-^{14}N$)과 중층($^{14}N-^{15}N$)에서 DNA가 나타났다.

이에 대한 설명으로 옳은 것만을 <보기>에서 있는 대로 고른 것은? (단, 돌연변이는 고려하지 않는다.)

보기

ㄱ. ㉠은 ^{14}N이다.
ㄴ. ⓐ+ⓑ+ⓒ=1.25이다.
ㄷ. B는 하층($^{15}N-^{15}N$)이다.

① ㄱ ② ㄷ ③ ㄱ, ㄴ ④ ㄴ, ㄷ ⑤ ㄱ, ㄴ, ㄷ

[20702-0440]

06 그림은 DNA 복제 과정을 나타낸 것이다. ⓐ와 ⓑ는 각각 5′ 말단과 3′ 말단 중 하나이고, Ⅰ과 Ⅱ는 새로 합성된 가닥이다.

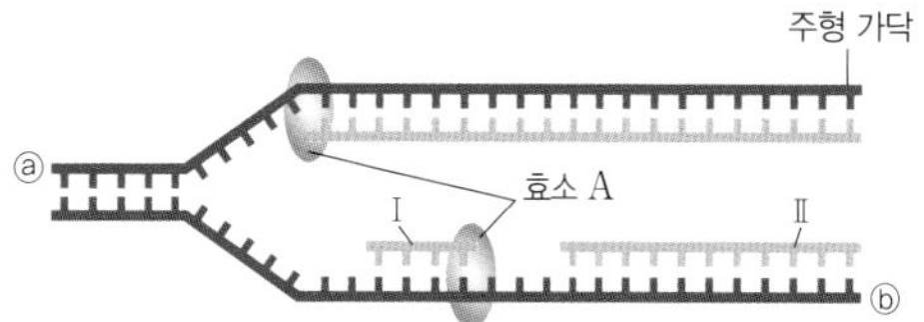

이에 대한 설명으로 옳은 것만을 <보기>에서 있는 대로 고른 것은? (단, 돌연변이는 고려하지 않는다.)

보기

ㄱ. Ⅰ이 Ⅱ보다 나중에 합성되었다.
ㄴ. ⓐ는 5′ 말단이다.
ㄷ. 효소 A는 합성 중인 가닥의 ⓑ에 새로운 뉴클레오타이드를 연결시킬 수 있다.

① ㄱ ② ㄷ ③ ㄱ, ㄴ ④ ㄴ, ㄷ ⑤ ㄱ, ㄴ, ㄷ

[20702-0441]

07 그림은 에이버리가 수행한 형질 전환 실험의 일부를 나타낸 것이다. ㉠~㉢은 각각 DNA 분해 효소, 단백질 분해 효소, 탄수화물 분해 효소 중 하나이다.

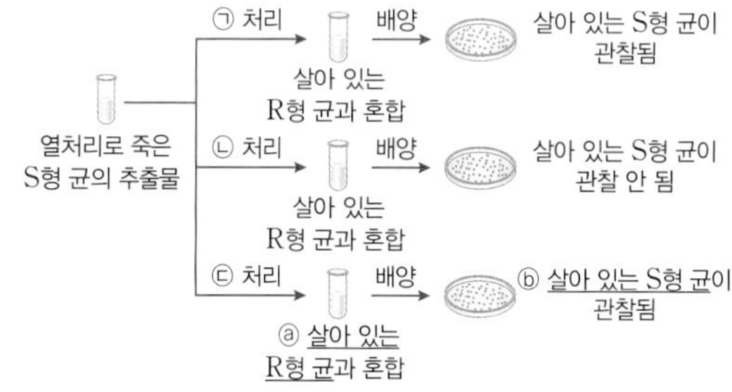

이에 대한 설명으로 옳은 것만을 <보기>에서 있는 대로 고른 것은?

보기

ㄱ. ⓐ는 피막을 갖는다.
ㄴ. ㉠의 기질은 DNA이다.
ㄷ. ⓑ에는 형질 전환을 통해 생성된 S형 균이 있다.

① ㄴ ② ㄷ ③ ㄱ, ㄴ ④ ㄱ, ㄷ ⑤ ㄴ, ㄷ

[20702-0442]

08 다음은 어떤 세포에서 복제 중인 이중 가닥 DNA에 대한 자료이다.

- (가)와 (나)는 복제 주형 가닥이고, 서로 상보적이다. Ⅰ~Ⅲ은 새로 합성된 가닥이고, Ⅱ가 Ⅲ보다 먼저 합성되었다.

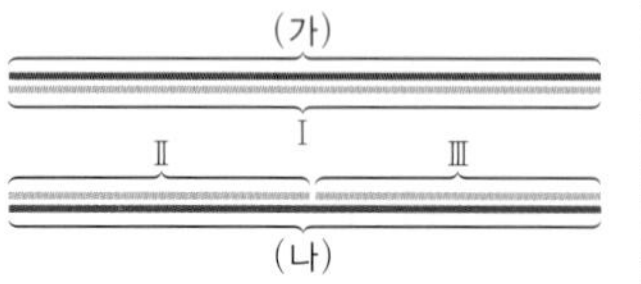

- (가), (나), Ⅰ은 각각 60개의 염기로 구성되고, Ⅱ와 Ⅲ은 각각 30개의 염기로 구성된다.
- 프라이머 X~Z는 각각 6개의 뉴클레오타이드로 구성된다. Ⅰ에는 X가, Ⅱ에는 Y가, Ⅲ에는 Z가 포함되어 있다.
- X~Z는 각각 피리미딘 계열에 속하는 한 종류의 염기로 구성되고, X는 염기 ⓐ로, Y는 염기 ⓑ로 구성되고, Z는 염기 ⓒ로 구성된다.
- (가)와 Ⅰ 사이의 염기 간 수소 결합의 총개수는 174개이고, Ⅰ은 두 종류의 염기로 구성된다.

이에 대한 설명으로 옳은 것만을 〈보기〉에서 있는 대로 고른 것은? (단, 돌연변이는 고려하지 않는다.)

보기

ㄱ. Ⅰ에서 $\frac{T+U+C}{G}=\frac{3}{27}$이다.

ㄴ. ⓑ와 ⓒ는 모두 사이토신(C)이다.

ㄷ. Ⅱ와 (나) 사이의 염기 간 수소 결합의 총개수는 84개이다.

① ㄱ ② ㄷ ③ ㄱ, ㄴ ④ ㄴ, ㄷ ⑤ ㄱ, ㄴ, ㄷ

[20702-0443]

09 그림 (가)는 진핵세포에서 핵 DNA의 유전자 발현 조절 단계를, (나)는 ㉠~㉦ 중 한 단계에서 일어나는 과정을 나타낸 것이다.

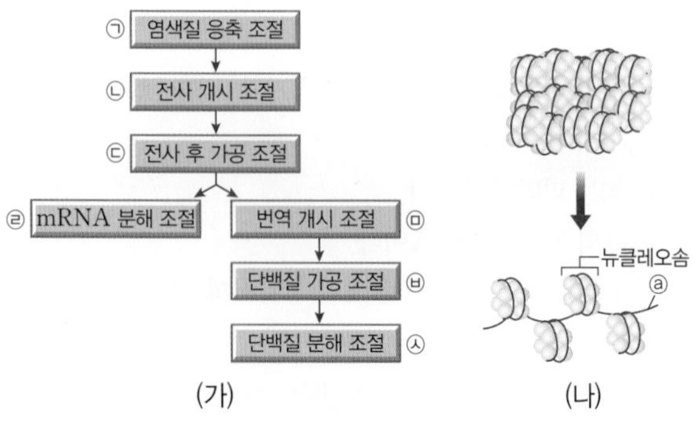

(가) (나)

이에 대한 설명으로 옳은 것만을 〈보기〉에서 있는 대로 고른 것은?

보기

ㄱ. (나)는 ㉡ 단계에서 일어난다.

ㄴ. ㉢ 단계에서 인트론이 제거된다.

ㄷ. ⓐ에 유전 정보가 저장되어 있다.

① ㄱ ② ㄷ ③ ㄱ, ㄴ ④ ㄴ, ㄷ ⑤ ㄱ, ㄴ, ㄷ

[20702-0444]

10 다음은 붉은빵곰팡이의 유전자 발현에 대한 자료이다.

- 붉은빵곰팡이 야생형에서 아르지닌이 합성되는 과정은 그림과 같다.

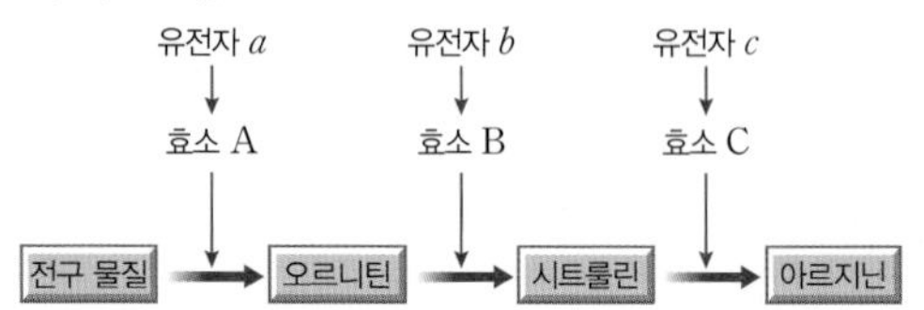

- 표는 최소 배지와 최소 배지에 물질 ㉠이 첨가된 배지에서 붉은빵곰팡이 야생형과 돌연변이주 Ⅰ~Ⅲ의 생장 여부, 물질 ㉡과 ㉢의 합성 여부를 나타낸 것이다.

구분	최소 배지			최소 배지, ㉠		
	생장	㉡ 합성	㉢ 합성	생장	㉡ 합성	㉢ 합성
야생형	+	○	○	+	○	○
Ⅰ	−	×	×	+	○	×
Ⅱ	−	×	○	−	?	○
Ⅲ	−	×	○	+	○	○

(+: 생장함, −: 생장 못함, ○: 합성됨, ×:합성 안 됨)

- Ⅰ~Ⅲ은 a~c 중 서로 다른 하나에 돌연변이가 일어난 것이다. ㉠~㉢은 오르니틴, 시트룰린, 아르지닌을 순서 없이 나타낸 것이다.

이에 대한 설명으로 옳은 것만을 〈보기〉에서 있는 대로 고른 것은? (단, 제시된 돌연변이 이외의 돌연변이는 고려하지 않는다.)

보기

ㄱ. ㉡은 아르지닌이다.

ㄴ. Ⅰ은 a에 돌연변이가 일어난 것이다.

ㄷ. Ⅲ은 ㉢을 ㉠으로 전환시킬 수 있다.

① ㄱ ② ㄷ ③ ㄱ, ㄴ ④ ㄴ, ㄷ ⑤ ㄱ, ㄴ, ㄷ

[20702-0445]
11 그림은 초파리의 3번 염색체에 존재하는 혹스 유전자 a~h의 위치와 초파리 배아의 체절에서 발현되는 혹스 유전자를 나타낸 것이다. a~h의 위치와 발현되는 부위는 같은 색깔로 나타냈다.

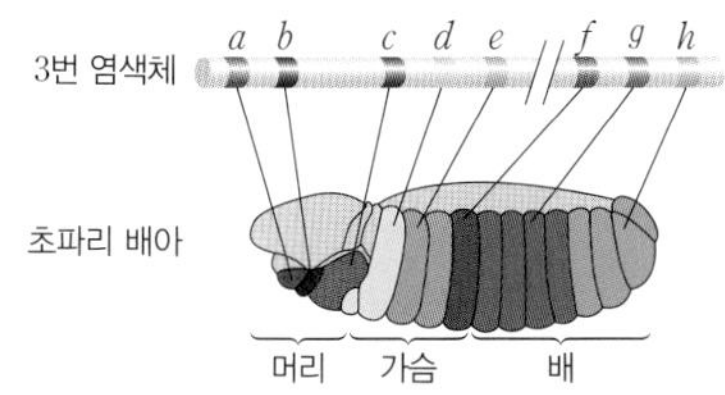

이에 대한 설명으로 옳은 것만을 〈보기〉에서 있는 대로 고른 것은?

보기
ㄱ. a~c는 머리 부분의 체절에서 형성되는 기관 형성에 관여한다.
ㄴ. 가슴에 존재하는 체절에는 f, g, h가 모두 있다.
ㄷ. h가 결실된 초파리는 배 쪽에서 형성되는 기관 형성에 이상이 있을 것이다.

① ㄱ ② ㄷ ③ ㄱ, ㄴ ④ ㄴ, ㄷ ⑤ ㄱ, ㄴ, ㄷ

[20702-0446]
12 그림은 배지 Ⅰ에서 대장균을 배양할 때 젖당 오페론과 젖당 오페론을 조절하는 유전자에서 일어나는 과정을, 표는 대장균을 배양하는 배지 Ⅰ~Ⅲ에서 포도당과 젖당의 유무를 나타낸 것이다. A와 B는 작동 부위와 프로모터를 순서 없이 나타낸 것이고, ㉠과 ㉡은 각각 '있음'과 '없음'을 순서 없이 나타낸 것이다.

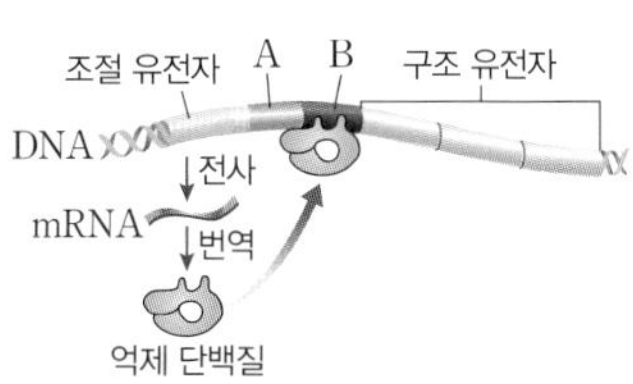

배지	조건	
	포도당	젖당
Ⅰ	㉡	㉠
Ⅱ	㉠	㉠
Ⅲ	㉡	㉡

이에 대한 설명으로 옳은 것만을 〈보기〉에서 있는 대로 고른 것은? (단, 돌연변이는 고려하지 않는다.)

보기
ㄱ. A는 DNA 중합 효소가 결합하는 부위이다.
ㄴ. Ⅱ에서 구조 유전자의 전사가 일어난다.
ㄷ. Ⅲ에서 대장균은 포도당을 에너지원으로 이용한다.

① ㄱ ② ㄷ ③ ㄱ, ㄴ ④ ㄴ, ㄷ ⑤ ㄱ, ㄴ, ㄷ

[20702-0447]
13 다음은 유전자 x와, x에 돌연변이가 일어난 유전자 y, z의 발현에 대한 자료이다. ㉠과 ㉡은 염기이다.

• x와 y로부터 폴리펩타이드 X와 Y가 합성된다.
• X와 Y의 합성은 모두 개시 코돈에서 시작하여 종결 코돈에서 끝난다.
• 표는 코돈의 일부를 나타낸 것이다. X, Y가 합성될 때 표에 제시된 코돈만 이용된다.

코돈	아미노산	코돈	아미노산	코돈	아미노산
AUG	메싸이오닌 (개시 코돈)	CUU CUA CUG	류신	UGU UGC	시스테인
AUU AUC AUA	아이소류신	CGU CGC CGA	아르지닌	UUU UUC	페닐알라닌
AAA AAG	라이신	CCU CCA CCG	프롤린	UAA UAG UGA	(종결 코돈)

• x에서 전사되어 형성된 mRNA는 18개의 염기로 구성되며, X의 아미노산 서열은 다음과 같다.
N－메싸이오닌－류신－라이신－아르지닌－시스테인－C
• y는 x의 전사 주형 가닥에 ㉠ 1개가 삽입된 것으로, Y는 X보다 펩타이드 결합의 수가 1개 적다.
• z는 x의 전사 주형 가닥에서 아데닌(A) 2개가 모두 ㉡으로 치환된 것으로, Z의 아미노산 서열은 다음과 같다.
N－메싸이오닌－프롤린－라이신－ⓐ아르지닌－ⓑ아르지닌－C
• Z를 암호화하는 mRNA에서 사이토신(C)의 개수는 6개이다.

이에 대한 설명으로 옳은 것만을 〈보기〉에서 있는 대로 고른 것은? (단, 제시된 염기 서열 변화 이외의 염기와 제시된 코돈 이외의 코돈은 고려하지 않는다.)

보기
ㄱ. ㉠은 타이민(T)이다.
ㄴ. ㉡은 피리미딘 계열 염기에 속한다.
ㄷ. Z에서 ⓐ와 ⓑ를 암호화하는 코돈의 염기 서열은 같다.

① ㄱ ② ㄴ ③ ㄱ, ㄷ ④ ㄴ, ㄷ ⑤ ㄱ, ㄴ, ㄷ

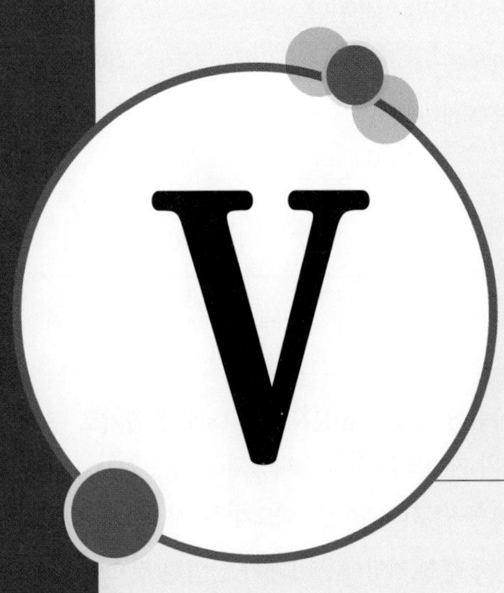

생물의 진화와 다양성

12

생명의 기원

- 원시 세포의 탄생 과정 이해하기
- 원핵생물의 출현 과정 이해하기
- 단세포 진핵생물과 다세포 진핵생물의 출현 과정 이해하기

한눈에 단원 파악, 이것이 핵심!

지구에서 원시 세포는 어떻게 탄생되었을까?

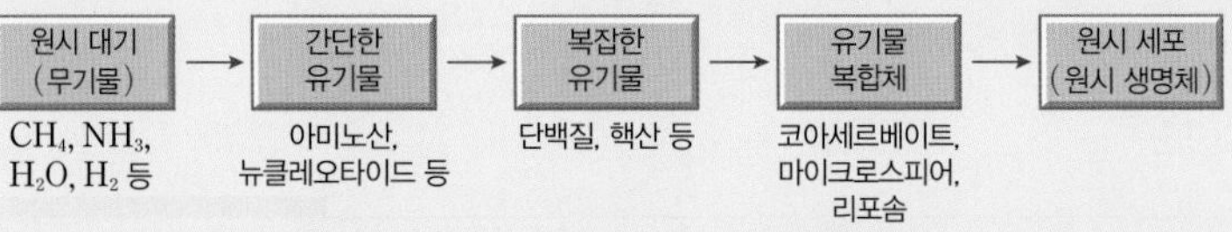

원핵생물의 출현 과정은 어떠한가?

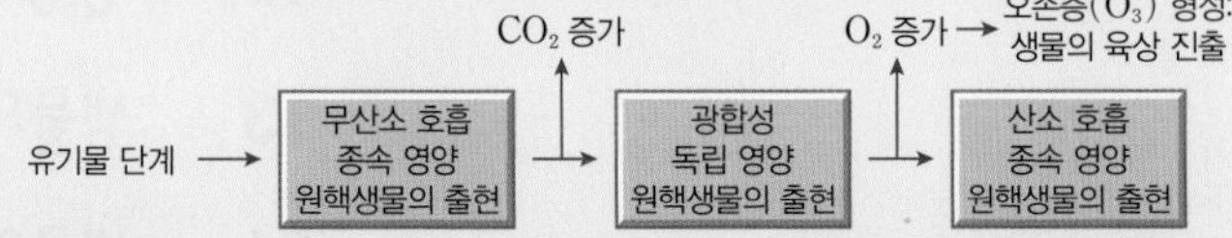

단세포 진핵생물과 다세포 진핵생물은 어떻게 출현했을까?

단세포 진핵생물의 출현 과정은 막 진화설과 세포내 공생설로 설명하고 있다.

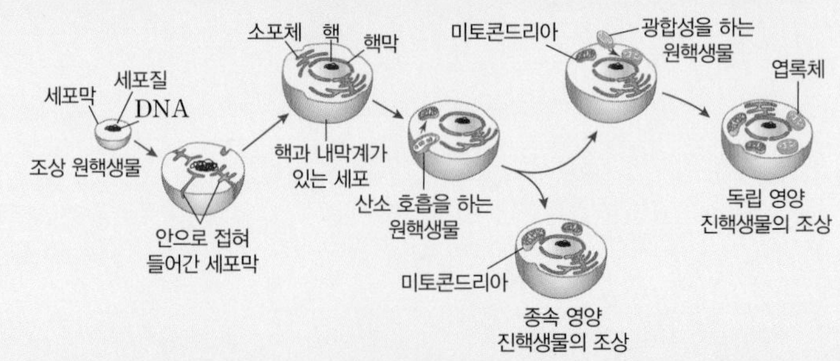

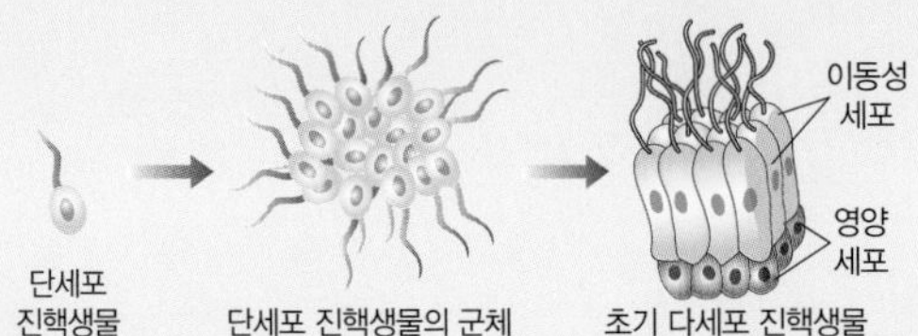

단세포 진핵생물이 모여 군체를 형성하고, 군체에서 세포의 형태와 기능이 분화되면서 초기 다세포 진핵생물이 출현하였다.

01 원시 생명체의 탄생

1 원시 생명체의 탄생 가설

(1) 화학적 진화설

① 20세기 초에 오파린(Oparin, A. I.; 1894~1980)과 홀데인(Haldane, J. B. S.; 1892~1964)은 원시 지구에서 생명체가 화학적 진화의 과정을 거쳐 출현하였다는 화학적 진화설을 발표하였다.

② 화학적 진화란 원시 지구의 대기를 이루는 메테인(CH_4), 암모니아(NH_3), 수증기(H_2O), 수소(H_2) 등과 같은 [1]환원성 기체로부터 간단한 유기물, 복잡한 유기물, 유기물 복합체 단계를 거쳐 물질대사와 자기 복제 능력이 있는 원시 생명체가 탄생하기까지의 과정을 말한다.

(2) 심해 열수구설

① 원시 지구 환경에 대한 최근 자료에 의하면 원시 지구의 대기 성분은 환원성 대기가 아니라 질소, 이산화 탄소, 수증기가 주성분이었다. 이런 대기 조건에서는 화산에서 방출된 이산화 탄소 등의 산화물에 의해 산화 작용이 일어나 유기물이 생성되어 축적되기 어려웠을 것으로 보인다.

② 1977년에 어떤 지질학자가 갈라파고스 군도 근처의 바다 밑을 심해 유인 잠수정을 타고 탐색하던 중 깊이 2500 m의 빛이 도달하지 않는 심해 열수구에서 여러 종류의 미생물과 동물이 살고 있음을 발견하였다.

③ 심해 열수구는 마그마에 의해 뜨거워진 해수가 해저에서 분출되는 곳이다. 심해 열수구는 화산 활동으로 지속적으로 에너지가 공급되며, 심해 열수구 주위에는 수소, 암모니아, 메테인 등 환원성 물질이 높은 농도로 존재하므로 유기물이 합성될 수 있는 조건을 갖추고 있다. 따라서 심해 열수구는 최근 최초의 생명체 탄생 장소로 주목받고 있다.

▲ 심해 열수구

THE 알기

❶ 환원성 기체
수소 또는 수소와 결합한 기체 분자이며, 자신은 산화되기 쉽고 다른 물질을 환원시키는 성질인 환원성을 갖는 기체이다.

2 화학적 진화를 통한 원시 생명체의 탄생

(1) 원시 지구의 환경

① 원시 대기는 메테인(CH_4), 암모니아(NH_3), 수증기(H_2O), 수소(H_2) 등과 같은 환원성 기체로 구성되어 있었고, 산소(O_2)는 거의 없었을 것이다.

② 오랜 시간에 걸쳐 원시 지구가 냉각되면서 지각이 형성되었고, 대기 중의 수증기가 비로 내려 원시 바다를 이루었다.

③ 오존층이 형성되지 않아 태양의 강한 자외선과 우주로부터 유입되는 방사선이 그대로 지표면에 도달하였으며, 운석의 충돌과 대규모 화산 활동, 불안정한 대기로 인해 발생하는 번개와 같은 [2]방전 현상이 빈번하게 일어나 에너지원이 풍부하였다.

▲ 원시 지구의 환경

❷ 방전 현상
대전체(+ 또는 −의 전하를 띤 물체)에서 전기가 방출되는 현상으로, 번개와 같은 자연 현상도 일종의 방전 현상이다.

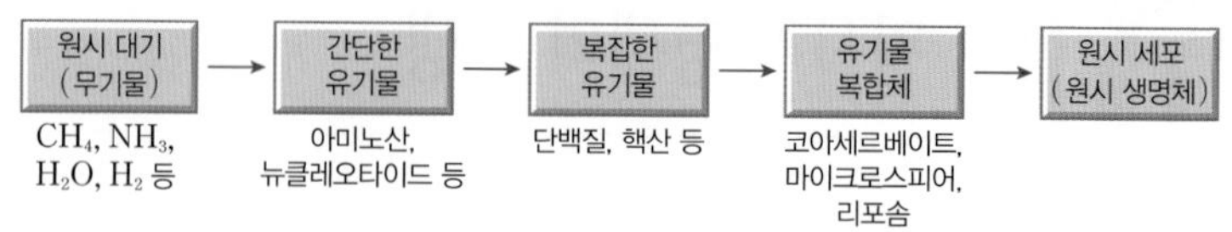

▲ 화학적 진화설에 따른 원시 세포의 탄생 과정

(2) 간단한 유기물의 생성: 원시 대기의 혼합 기체(무기물) → 간단한 유기물(아미노산, 뉴클레오타이드 등)

① 열, 자외선, 방전 현상 등의 에너지에 의해 원시 대기를 구성하는 기체(무기물)로부터 아미노산, 뉴클레오타이드 등과 같은 간단한 유기물이 합성되어 원시 바다에 축적되었다.

② ❶밀러와 유리의 실험: 1953년에 밀러(Miller, S.; 1930~2007)와 유리(Urey, H.; 1893~1981)는 오파린과 홀데인의 화학적 진화설 중 원시 지구에서의 간단한 유기물 생성을 실험을 통해 입증하였다. 밀러와 유리는 원시 지구의 대기 성분으로 추정한 메테인(CH_4), 암모니아(NH_3), 수증기(H_2O), 수소(H_2)를 혼합한 기체에 고전압 전류를 계속 방전시켰다. 그 후 원시 바다에 해당하는 U자관의 고인 물을 분석해 보았더니 그 속에서 글리신, 알라닌, 글루탐산 등의 아미노산과 사이안화 수소(HCN), 푸마르산, 젖산, 아세트산 등의 ❷유기산이 검출되었다.

❶ 밀러와 유리의 실험

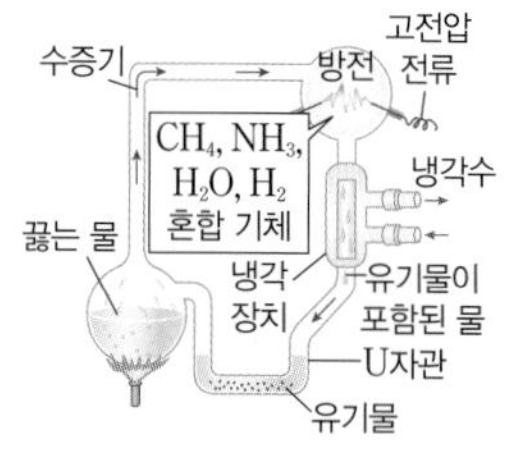

❷ 유기산
산성을 나타내는 유기물을 통틀어 이르는 말이다.

(3) 복잡한 유기물의 생성: 간단한 유기물(아미노산, 뉴클레오타이드 등) → 복잡한 유기물(단백질, 핵산 등)

① 원시 바다에 축적된 아미노산, 뉴클레오타이드 등과 같은 간단한 유기물이 여러 과정을 통해 농축되어 단백질, 핵산(DNA, RNA) 등과 같은 복잡한 유기물을 형성하였다.

② ❸폭스의 실험: 폭스(Fox, S. W.; 1912~1998)는 원시 지구 환경에서 풍부한 열에너지에 의해 간단한 유기물인 아미노산으로부터 복잡한 유기물인 아미노산 중합체가 합성될 수 있음을 실험을 통해 입증하였다.

❸ 폭스의 실험
20여 종류의 아미노산을 혼합하여 고압 상태에서 몇 시간 동안 170 ℃로 가열한 결과 약 200개의 아미노산으로 이루어진 아미노산 중합체가 합성되었다.

(4) 막 구조 형성의 중요성과 유기물 복합체의 형성: 복잡한 유기물(단백질, 핵산 등) → 유기물 복합체(코아세르베이트, 마이크로스피어, 리포솜)

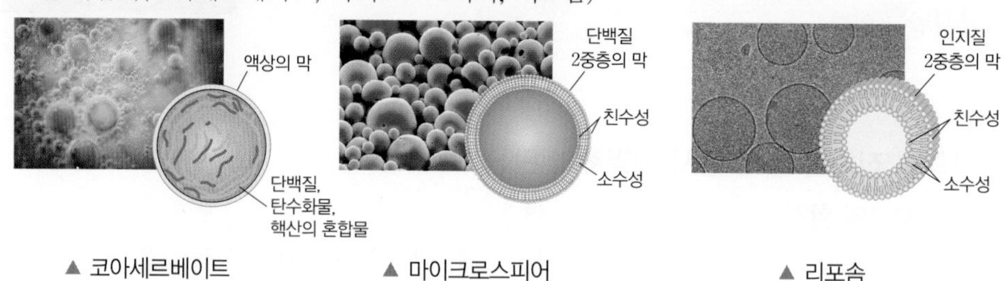

▲ 코아세르베이트 ▲ 마이크로스피어 ▲ 리포솜

① 막 구조 형성의 중요성

- 복잡한 유기물이 원시 세포가 되기 위해서는 막 구조의 형성이 필수적이다.
- 막 구조의 형성은 막 내부를 외부 환경과 분리시켜 물질대사와 같은 생명 활동이 일어날 수 있는 안정적인 환경을 만들어 준다.
- 막은 물질을 선택적으로 투과시켜 막 내부의 물질대사에 필요한 재료와 그 산물이 지속적으로 외부와 교환될 수 있도록 한다.
- 오파린을 비롯한 여러 과학자들은 원시 지구 환경에서 합성된 복잡한 유기물로부터 액체 방울 모양의 유기물 복합체를 합성함으로써 원시 생명체가 탄생하는 데 필요한 막 구조를 재현하였다.

② 코아세르베이트

- 오파린은 단백질, 탄수화물, 핵산의 혼합물로부터 액상의 막에 둘러싸인 작은 액체 방울 모양의 유기물 복합체인 코아세르베이트를 만들고, 이것으로부터 원시 세포가 생겨났다고 주장하였다.

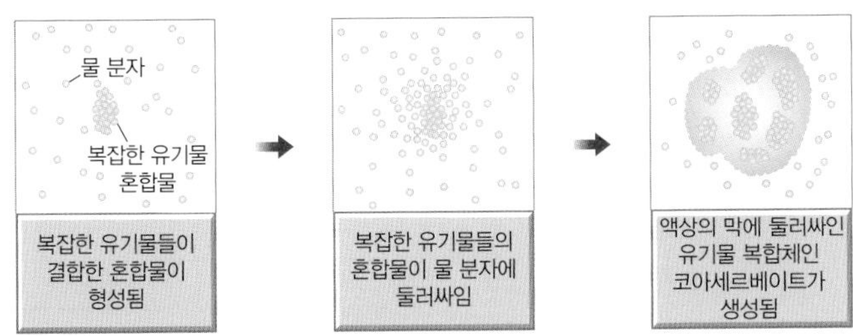

- 코아세르베이트에서 ❶막의 구성 성분은 물이다.
- 코아세르베이트는 외부와 경계가 형성되어 있고 주변 환경에서 물질을 흡수하면서 크기가 커지고, 일정 크기 이상이 되면 분열하는 특성이 있다.

③ 마이크로스피어

- 폭스는 아미노산을 가열하여 만든 아미노산 중합체를 서서히 식혀 작은 액체 방울 모양의 유기물 복합체인 마이크로스피어가 형성되는 것을 관찰하고, 마이크로스피어 단계를 거쳐 원시 세포가 생겨났다고 주장하였다.
- 마이크로스피어는 코아세르베이트와 달리 단백질 2중층으로 된 막을 가지고 있다.
- 마이크로스피어는 단백질로 된 막이 선택적 투과성을 가지며 주위의 조건에 따라 물질을 흡수하거나 방출하고, 일정 크기 이상이 되면 분열하여 수가 증가한다.

④ 리포솜

- ❷인지질은 친수성 머리와 소수성 꼬리가 있는 물질로, 물에 넣으면 소수성 꼬리가 서로 마주 보는 2중층의 리포솜이 형성된다.
- 리포솜은 현재 존재하는 세포의 세포막처럼 인지질 2중층의 막 구조를 가지고 있다.

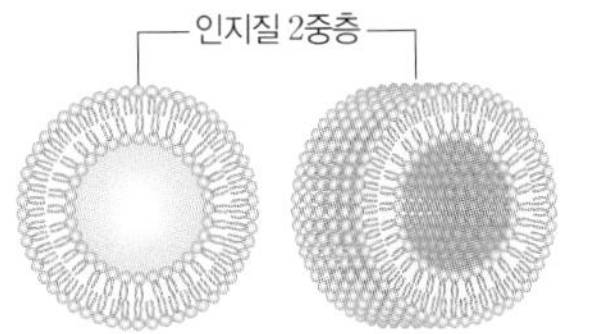

▲ 리포솜

- 리포솜은 물속에서 단백질을 막에 부착할 수 있을 뿐만 아니라 물질을 선택적으로 흡수하여 크기가 커질 수도 있으며, 소낭을 형성하여 분리되기도 한다. 효소와 기질 첨가 시 물질대사를 하기도 한다.
- 리포솜의 인지질 2중층 구조는 현재 존재하는 세포들의 막 구조와 거의 유사하므로, 원시 세포의 막 구조는 단백질보다는 리포솜과 같은 인지질을 기반으로 형성되었다고 볼 수 있다. 따라서 리포솜이 최초의 생명체 탄생과 관련이 있을 것이다.

(5) 원시 생명체의 탄생: 유기물 복합체(코아세르베이트, 마이크로스피어, 리포솜) → 원시 생명체

① 막 구조가 형성된 것만으로는 원시 생명체라고 볼 수 없다. 막 구조가 있는 유기물 복합체에 효소와 유전 물질이 추가되어 물질대사와 자기 복제 능력이 있는 원시 생명체가 탄생하였다.

② 원시 생명체는 막으로 둘러싸여 있어 세포 내부 환경을 안정적으로 유지하고 물질의 출입을 조절하며, 물질과 에너지 이용을 위한 물질대사를 촉진하는 다양한 효소(촉매)가 있고, 유전 물질을 가지고 지속적으로 자기 복제를 통해 번식할 수 있는 생명체로 진화해 나갔을 것이다.

THE 알기

❶ 유기물 복합체와 현재 세포에서 막의 구성 성분

구분	막의 구성 성분
코아세르베이트	물
마이크로스피어	단백질
리포솜	인지질
현재 세포	인지질, 단백질 등

❷ 인지질의 구조

중성 지방에서 지방산 1분자 대신 인산기가 결합한 화합물이다. 인산기를 가지고 있는 머리 부분은 친수성을 띠고, 지방산으로 이루어진 꼬리 부분은 소수성을 띤다.

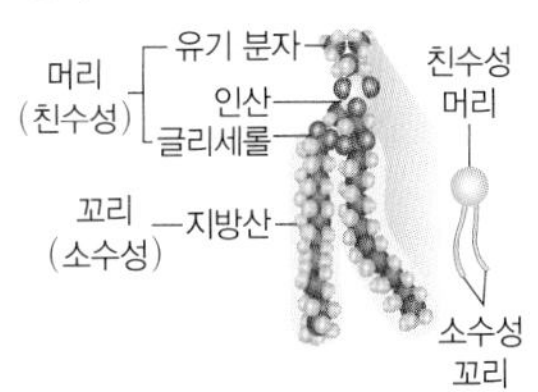

THE 알기

❶ RNA 세계
길버트(Gilbert, W.; 1932~)는 RNA가 생명체의 유전 물질인 동시에 효소(촉매) 기능을 담당하던 원시 지구를 RNA 세계라고 하였다.

❷ DNA－RNA－단백질 기반 체계
유전 정보의 저장 기능은 단일 가닥의 RNA보다 화학적으로 안정적인 이중 나선 구조를 가진 DNA가 담당하고, 유전 정보의 전달 기능은 RNA가 담당하고, 효소의 기능은 RNA보다 더 정확하고 다양한 기능을 수행할 수 있는 단백질이 담당하는 현재의 DNA → RNA → 단백질로 이루어진 유전 정보 흐름의 체계로 진화했을 것이다.

(6) 유전 물질과 효소

① 최초의 유전 물질

- 단백질은 효소(촉매) 기능이 있지만, 유전 정보 저장 및 전달 기능이 없다.
- DNA는 유전 정보를 저장하는 기능이 있지만, 효소(촉매) 기능이 없다.
- ❶RNA는 유전 정보의 저장과 전달 기능이 있으며, RNA 중 유전 정보의 저장과 전달 기능 외에 효소(촉매) 기능까지 있는 것을 리보자임(Ribozyme)이라고 한다.

구분	단백질	DNA	리보자임
유전 정보 저장 기능	없음	있음	있음
입체 구조	다양함	일정함	다양함
효소(촉매) 기능	있음	없음	있음

- 최초의 유전 물질은 유전 정보를 저장할 수 있으면서 물질대사를 촉진하는 효소(촉매) 기능을 하고 스스로 복제를 하여 유전 정보를 전달할 수 있어야 한다. 따라서 리보자임(RNA)이 최초의 유전 물질이었을 가능성이 높다.

② RNA 우선 가설

- RNA 우선 가설은 RNA가 최초의 유전 물질로서 자기 복제 기능을 가지고 효소(촉매) 기능도 수행하였다는 가설이다.

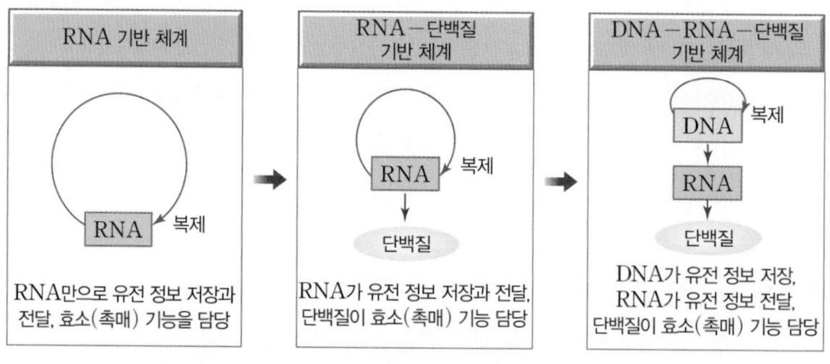

▲ 생명체의 진화와 유전 물질의 변화에 대한 가설

- 생명체의 유전 정보 체계는 RNA 기반 체계였으나, 이후 효소(촉매) 기능을 담당하는 단백질이 출현하면서 RNA－단백질 기반 체계를 거쳐, DNA의 출현으로 오늘날과 같이 DNA가 유전 정보의 저장, RNA가 유전 정보의 전달, 단백질이 효소(촉매)의 기능을 담당하는 ❷DNA－RNA－단백질 기반 체계가 형성되었다.

THE 들여다보기 **리보자임의 구조와 특성**

- 미국의 체크(Cech, T. R.; 1947~)와 올트먼(Altman S.; 1939~)은 어떤 원생생물에서 효소처럼 작용하는 RNA를 발견하고 이를 RNA 효소라는 뜻으로 리보자임(Ribozyme)이라고 명명하였다.
- 리보자임(Ribozyme)은 유전 정보 저장 기능과 효소의 기능이 모두 있다는 뜻에서 RNA(Ribonucleic acid)와 효소(Enzyme)를 합쳐 이름 지은 것이다.
- 리보자임은 RNA 단일 가닥을 구성하는 염기들끼리 상보적 결합을 하여 복잡한 모양으로 접히면서 입체 구조를 다양하게 나타낸다.
- 리보자임은 자기 복제가 가능하며, 뉴클레오타이드가 공급되면 다른 효소 없이도 RNA 중합 효소로 작용하여 주형 RNA로부터 상보적 RNA 복사본을 합성한다.

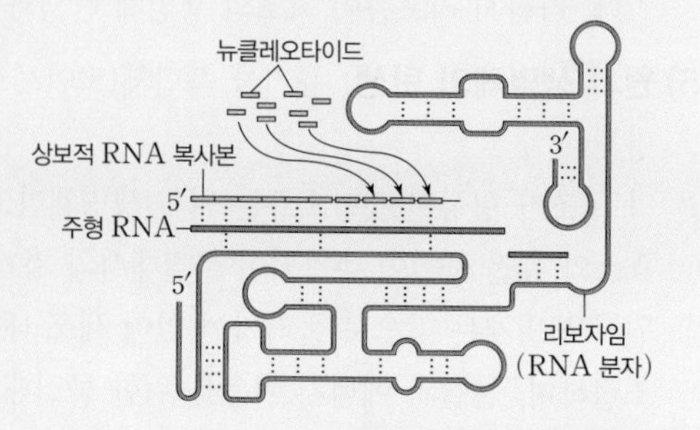

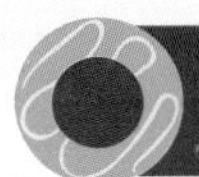

개념체크

빈칸 완성

1. 20세기 초 오파린과 홀데인은 지구상에 존재하는 생명의 기원을 설명하는 (　　　)설을 발표하였다.

2. 최근 마그마에 의해 뜨거워진 해수가 해저에서 분출되는 (　　　)가 최초의 생명체 탄생 장소로 주목받고 있다.

3. 화학적 진화설에서 원시 지구의 대기는 메테인(CH_4), 암모니아(NH_3), 수증기(H_2O), 수소(H_2) 등과 같은 (　　　)성 기체로 구성되어 있었다고 추정하였다.

4. 밀러와 유리는 실험을 통해 원시 지구 대기의 기체로부터 간단한 (　　　)이 합성될 수 있음을 확인하였다.

5. (　　　)는 아미노산을 높은 온도에서 가열하면 아미노산 중합체가 만들어질 수 있음을 실험으로 입증하였다.

6. 오파린은 원시 바닷속에 축적된 유기물이 농축되어 액상의 막으로 둘러싸인 유기물 복합체인 (　　　)가 되었다고 주장하였다.

7. 유기물 복합체 중 현재의 세포막처럼 인지질 2중층의 막 구조를 가지고 있는 것은 (　　　)이다.

8. 체크와 올트먼은 유전 정보의 저장과 전달 기능 외에 효소(촉매) 기능까지 하는 RNA를 발견하고, 이를 (　　　)이라고 명명하였다.

9. 핵산 중 단일 가닥으로 이루어진 RNA보다 2중 나선으로 이루어진 (　　　)가 유전 정보를 더 안정적으로 저장할 수 있다.

정답 1. 화학적 진화 2. 심해 열수구 3. 환원 4. 유기물 5. 폭스 6. 코아세르베이트 7. 리포솜 8. 리보자임 9. DNA

○X 문제

1. 원시 지구의 환경과 심해 열수구에 대한 설명으로 옳은 것은 ○, 옳지 <u>않은</u> 것은 ×로 표시하시오.

(1) 원시 지구의 대기에는 산소(O_2)가 거의 없었을 것으로 추정한다. (　　)

(2) 원시 지구에는 열에너지, 복사 에너지, 전기 에너지가 풍부하였다. (　　)

(3) 심해 열수구는 유기물이 생성되어 축적되기 어려운 환경 조건이다. (　　)

2. 화학적 진화를 통한 원시 생명체의 탄생에 대한 설명으로 옳은 것은 ○, 옳지 <u>않은</u> 것은 ×로 표시하시오.

(1) 밀러와 유리는 실험을 통해 환원성 기체로부터 단백질, 핵산과 같은 복잡한 유기물이 합성되는 것을 증명하였다. (　　)

(2) 마이크로스피어는 단백질 2중층의 막 구조를 가지고 있다. (　　)

(3) 원시 생명체는 막으로 둘러싸여 있지만 유전 물질과 효소가 없어 자기 복제와 물질대사 능력이 없다. (　　)

3. 생명체의 진화 과정에서 유전 물질과 효소에 대한 설명으로 옳은 것은 ○, 옳지 <u>않은</u> 것은 ×로 표시하시오.

(1) DNA에 기반을 둔 생명체가 RNA에 기반을 둔 생명체보다 먼저 출현하였다. (　　)

(2) DNA는 유전 정보의 저장 기능은 있지만, 효소 기능은 없다. (　　)

(3) 단백질과 리보자임은 모두 유전 정보의 저장 기능과 효소 기능이 있다. (　　)

순서대로 나열하기

4. 다음은 화학적 진화설에서 원시 생명체의 탄생 과정을 순서 없이 나타낸 것이다. 생성된 순서대로 나열하시오.

> ㉠ 무기물　　㉡ 유기물 복합체
> ㉢ 간단한 유기물　　㉣ 원시 생명체
> ㉤ 복잡한 유기물

정답 1. (1) ○ (2) ○ (3) × 2. (1) × (2) ○ (3) × 3. (1) × (2) ○ (3) × 4. ㉠-㉢-㉤-㉡-㉣

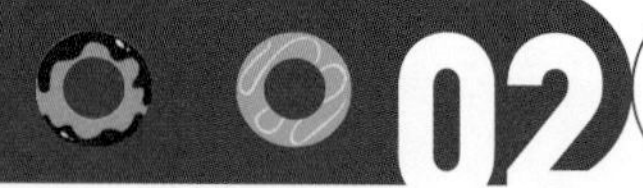

원시 생명체의 진화

THE 알기

❶ 원핵생물
막으로 둘러싸인 핵과 미토콘드리아, 엽록체 같은 막성 세포 소기관이 없는 생물로 세균, 고세균 등이 속한다.

❷ 종속 영양 생물
스스로 유기물을 합성할 수 없어 주변의 유기물을 섭취하여 살아가는 생물이다.

❸ 독립 영양 생물
광합성 등을 통해 스스로 무기물로부터 유기물을 합성하는 생물이다.

❹ 스트로마톨라이트
남세균(엽록소 a를 가지고 광합성을 하는 원핵생물)과 같은 광합성을 하는 원핵생물과 퇴적물이 섞여 층층이 쌓여 만들어진 암석 구조이다.

❺ 붉은색 산화 철 띠를 포함하는 퇴적암 지층

1 ❶원핵생물의 출현

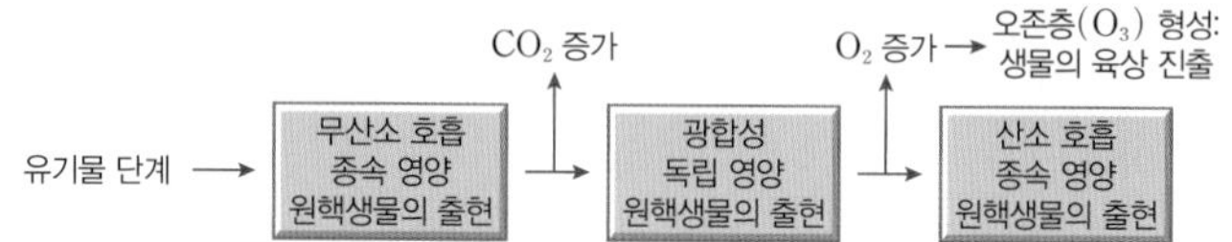

(1) 무산소 호흡을 하는 ❷종속 영양 원핵생물

① 최초의 생명체는 약 39억 년 전에 바닷속에서 출현한 것으로 추정되며, 세포 구조가 매우 단순한 단세포 원핵생물이다.

② 원시 지구의 대기에는 산소가 거의 없었고, 원시 바다에는 많은 양의 유기물이 존재하였다. 따라서 최초의 생명체는 바닷속에 축적된 유기물을 분해하여 에너지를 얻는 무산소 호흡을 하는 종속 영양 원핵생물이다.

③ 무산소 호흡의 부산물로 이산화 탄소가 생성되어 대기 중의 이산화 탄소 농도가 증가하였고, 바닷속 유기물의 양은 점차 감소하였다.

(2) 광합성을 하는 ❸독립 영양 원핵생물

① 대기 중의 이산화 탄소 농도가 증가하고 바닷속 유기물의 양이 감소한 결과 남세균과 같은 광합성을 통해 이산화 탄소로부터 유기물을 합성하는 독립 영양 원핵생물이 출현하였다.

② 약 35억 년 전 형성된 것으로 보이는 ❹스트로마톨라이트에서 남세균과 같은 광합성을 하는 원핵생물 화석이 발견되었다.

③ 광합성을 하는 원핵생물의 번성으로 바닷속 유기물의 양이 증가하였고, 광합성 결과 산소가 방출되어 바다와 대기에 산소의 농도가 증가하였다.

④ 산소의 증가는 ❺붉은색을 띠는 산화 철이 풍부하게 존재하는 퇴적암에서 확인할 수 있다.

(3) 산소 호흡을 하는 종속 영양 원핵생물

① 바다와 대기에 산소의 농도가 증가하면서 무산소 환경에서 살아가던 생물은 사멸하거나, 일부는 살아남아 오늘날의 무산소 호흡 생물로 진화하였다.

② 산소의 농도와 유기물의 양 증가로 호흡에 산소를 이용하여 에너지를 얻는 산소 호흡을 하는 종속 영양 원핵생물이 출현하였다.

③ 산소 호흡은 무산소 호흡에 비해 에너지 효율이 높아 산소 호흡을 하는 원핵생물이 급속히 번성하였다.

2 단세포 진핵생물의 출현

최초의 진핵생물은 단세포 생물로 약 21억 년 전에 출현하였으며, 원핵생물보다 복잡한 새로운 형태의 세포 구조를 가진다. 단세포 진핵생물의 출현은 막 진화설과 세포내 공생설로 설명된다.

(1) 막 진화설

① 원핵생물에서 세포막이 세포 안으로 함입되어 핵, 소포체, 골지체 등과 같은 막으로 구성된 세포 소기관들이 생겨났다는 가설이다.

② 진핵생물에서 핵, 소포체, 골지체 등의 막은 세포막과 같은 구조로 인지질 2중층이 있다.

(2) 세포내 공생설

① 독립적으로 생활하던 산소 호흡을 하는 원핵생물과 광합성을 하는 원핵생물이 다른 세포에 들어가 공생하면서 각각 미토콘드리아와 엽록체로 분화되었다는 가설이다.

② 미토콘드리아를 갖게 된 진핵생물은 동물, 균류, 일부 원생생물 등 현생 종속 영양 진핵생물의 조상이 되었고, 미토콘드리아와 엽록체를 갖게 된 진핵생물은 식물과 일부 원생생물 등 현생 독립 영양 진핵생물의 조상이 되었다.

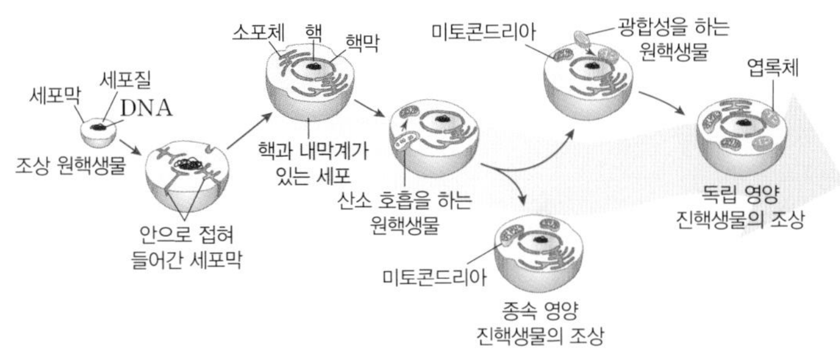

▲ 진핵생물의 출현 과정

③ 세포내 공생설의 증거

- 미토콘드리아와 엽록체가 원핵생물과 유사한 원형 DNA와 리보솜을 가지고 있어서 자기 복제를 하여 증식하는 것, 크기가 원핵생물과 비슷하다는 것이 있다.
- 미토콘드리아와 엽록체는 2중막 구조이며 내막의 구조가 원핵생물의 세포막과 유사하다는 것이 있다. 미토콘드리아와 엽록체의 2중막 구조는 이들이 숙주 세포에 들어갈 때 세포내 섭취를 통해 숙주의 세포막에 둘러싸인 결과로 설명된다.

3 다세포 [❶]진핵생물의 출현

① 최초의 다세포 진핵생물이 출현한 시기는 약 15억 년 전으로 추정된다.

② 독립된 단세포 진핵생물이 모여 [❷]군체를 형성하고, 군체에서 환경에 적응하는 과정에서 세포의 형태와 기능이 분화되어 초기 다세포 진핵생물이 출현하였다.

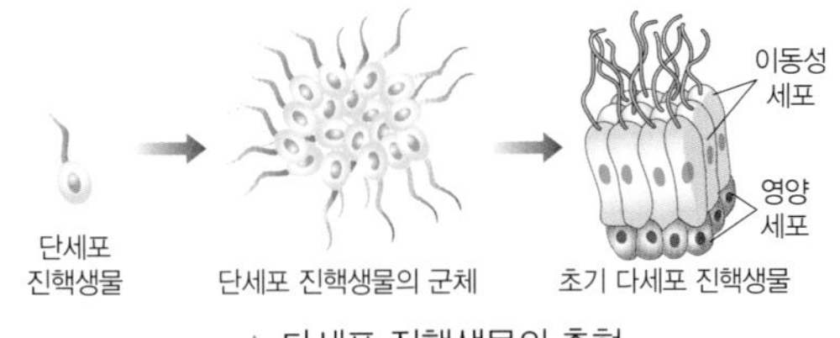

▲ 다세포 진핵생물의 출현

③ 단세포 진핵생물이 하나의 경로로 다세포 진핵생물로 진화한 뒤 계통이 갈라진 것이 아니라, 여러 단세포 진핵생물들이 각각 독립적으로 서로 다른 다세포 진핵생물로 진화하면서 원생생물, 균류, 식물, 동물의 조상이 되었다.

❶ 진핵생물
막으로 둘러싸인 핵과 미토콘드리아, 엽록체 같은 막성 세포 소기관이 있는 생물이다. 대부분의 원생생물과 일부 균류는 단세포 진핵생물이고, 일부 원생생물과 대부분의 균류, 모든 식물과 동물은 다세포 진핵생물이다.

❷ 단세포 진핵생물의 군체
같은 종류의 단세포 진핵생물들이 모여 같이 생활하고 있는 것으로 단세포 진핵생물과 다세포 진핵생물의 중간형으로 볼 수 있다.

THE 들여다보기 육상 생물의 출현

- 광합성 생물의 증가는 지구 대기 중 산소 농도를 증가시켰고 풍부한 산소에 의해 대기 중에 오존층이 형성되었다.
- 오존층에 의해 태양의 유해한 자외선이 상당 부분 차단되어 지표면에 도달하는 자외선의 양이 감소함으로써 육상에서 생물이 서식할 수 있는 환경이 조성되었다.
- 동물, 식물 등 다세포 진핵생물이 바닷속에서 육상으로 진출하면서 생물 다양성이 더욱 빠르게 증가하였다.

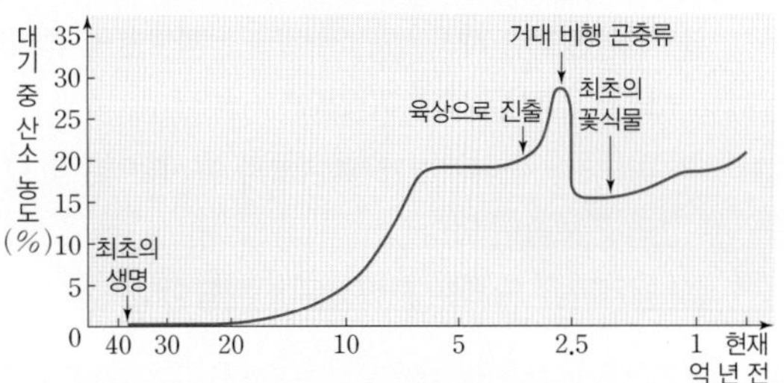

개념체크

빈칸 완성

1. 약 39억 년 전 지구에 출현한 최초의 생명체는 ( ) 호흡을 하는 ( ) 영양 원핵생물이다.
2. 광합성을 하는 독립 영양 원핵생물의 출현으로 대기 중 ( )의 농도와 바닷속 ( )의 양이 증가하였다.
3. ( )는 광합성을 하는 원핵생물과 퇴적물이 섞여 층층이 쌓여 만들어진 암석 구조이다.
4. ( )설은 원핵생물의 세포막이 함입되어 진핵생물의 핵, 소포체, 골지체 등과 같은 세포 소기관들이 생겨났다는 가설이다.
5. 독립적으로 생활하던 산소 호흡을 하는 원핵생물과 광합성을 하는 원핵생물이 다른 세포에 들어가 공생하면서 각각 ( )와 ( )로 분화되었다.

둘 중에 고르기

6. (원핵, 진핵)생물이 (원핵 , 진핵)생물보다 먼저 출현하였다.
7. 광합성을 통해 스스로 유기물을 합성하는 생물을 (독립 , 종속) 영양 생물이라고 한다.
8. 산소 호흡은 무산소 호흡보다 에너지 효율이 (높 , 낮)다.
9. 미토콘드리아와 엽록체는 (단일막 , 2중막) 구조이다.
10. 다세포 진핵생물이 육상으로 진출하면서 생물 다양성이 더욱 빠르게 (증가 , 감소)하였다.

정답 1. 무산소, 종속 2. 산소, 유기물 3. 스트로마톨라이트 4. 막 진화 5. 미토콘드리아, 엽록체 6. 원핵, 진핵 7. 독립 8. 높 9. 2중막 10. 증가

○X 문제

1. 원핵생물과 진핵생물의 출현에 대한 설명으로 옳은 것은 ○, 옳지 않은 것은 ×로 표시하시오.
   (1) 최초의 원핵생물과 진핵생물은 모두 바닷속에서 출현하였다. ( )
   (2) 원핵생물은 막으로 둘러싸인 핵과 막성 세포 소기관이 있는 생물이다. ( )
   (3) 최초의 산소 호흡 세균이 출현할 때가 최초의 광합성 세균이 출현할 때보다 대기 중 산소의 농도가 높았다. ( )
   (4) 광합성 세균은 엽록체를 가지고 있다. ( )
2. 단세포 진핵생물의 출현에 대한 설명으로 옳은 것은 ○, 옳지 않은 것은 ×로 표시하시오.
   (1) 원핵생물의 세포막과 단세포 진핵생물의 핵막에는 모두 인지질 2중층이 있다. ( )
   (2) 미토콘드리아에는 원핵생물과 유사한 원형 DNA와 리보솜이 있다. ( )
   (3) 남세균은 단세포 진핵생물에 해당한다. ( )
3. 다세포 진핵생물과 육상 생물의 출현에 대한 설명으로 옳은 것은 ○, 옳지 않은 것은 ×로 표시하시오.
   (1) 단세포 진핵생물이 모여 군체를 이룬 후 다세포 진핵생물로 진화하였다. ( )
   (2) 다세포 진핵생물을 구성하는 세포의 형태와 기능은 모두 동일하다. ( )
   (3) 육상 생물이 출현한 이후 지구 대기 중에 오존층이 형성되었다. ( )

순서대로 나열하기

4. 다음은 지구에 출현한 생명체를 나타낸 것이다. 출현한 순서대로 나열하시오.

㉠ 육상 생물	㉡ 광합성 세균
㉢ 다세포 진핵생물	㉣ 단세포 진핵생물
㉤ 산소 호흡 세균	㉥ 무산소 호흡 세균

정답 1. (1) ○ (2) × (3) ○ (4) × 2. (1) ○ (2) ○ (3) × 3. (1) ○ (2) × (3) × 4. ㉥-㉡-㉤-㉣-㉢-㉠

탐구 활동 원시 지구에서 유기물의 생성

정답과 해설 76쪽

목표

밀러와 유리의 실험을 통해 원시 지구에서 유기물이 생성되는 과정을 설명할 수 있다.

과정

밀러와 유리는 그림 (가)와 같이 원시 지구의 환경과 비슷한 조건의 실험 장치를 만들고, 1주일 동안 방전시켜 U자관 내 물질의 농도를 측정하여 (나)와 같은 결과를 얻었다.

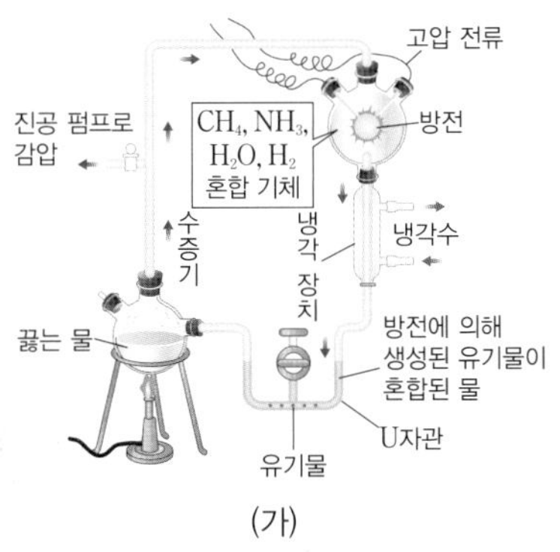

(가)

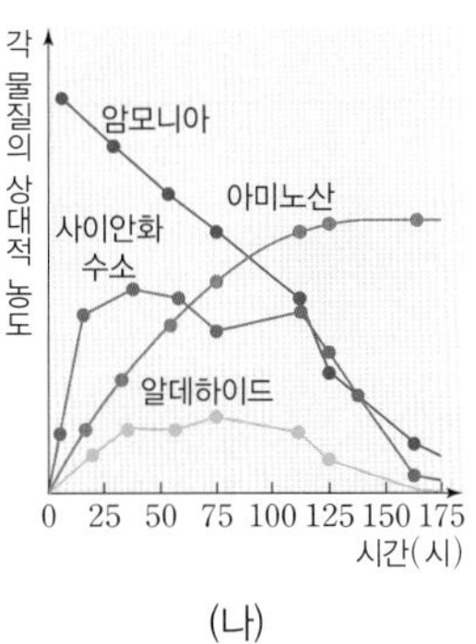

(나)

결과 정리 및 해석

1. (가)의 각 실험 장치가 해당하는 원시 지구의 환경을 표에 정리해보자.

실험 장치	원시 지구의 환경
플라스크 속의 혼합 기체	원시 지구의 대기
전기 방전	번개와 같은 원시 지구의 에너지
물을 끓이는 것	원시 대기에 수증기 공급 및 고온 상태 재현
냉각 장치를 통과한 물	원시 지구의 비
U자관에 고인 물	원시 지구의 바다

2. (나)에서 시간이 경과하면서 암모니아의 농도가 감소하고 아미노산의 농도가 증가하는 이유는 시간이 경과하면서 방전 에너지에 의해 화학 반응이 일어나 암모니아로부터 간단한 유기물인 아미노산이 합성되었기 때문이다.
3. (나)에서 시간이 경과하면서 사이안화 수소의 농도가 증가하다가 감소하는 이유는 화학 반응 결과 암모니아가 사이안화 수소로 전환되었다가 아미노산 합성에 이용되기 때문이다.

탐구 분석

1. 밀러와 유리의 실험을 통해 입증된 화학적 진화설의 일부는 무엇인가?
2. 최근 연구에 따르면 원시 지구의 대기에서 유기물이 생성되어 축적되기 어려웠을 것으로 추정하는데, 그 까닭은 무엇인가?

내신 기초 문제

[20702-0448]

01 오파린과 홀데인이 주장한 화학적 진화설에서 추정한 원시 지구 대기를 구성하는 환원성 기체로 옳지 않은 것은?

① 산소(O_2) ② 수소(H_2)
③ 메테인(CH_4) ④ 수증기(H_2O)
⑤ 암모니아(NH_3)

[20702-0449]

02 원시 지구에서 유기물의 합성 가능성을 알아본 밀러와 유리의 실험에 대한 설명으로 옳은 것만을 〈보기〉에서 있는 대로 고른 것은?

보기
ㄱ. 심해 열수구설을 입증하는 실험이다.
ㄴ. 전기 방전은 물질 합성의 에너지원으로 작용한다.
ㄷ. 실험 결과 U자관에서 코아세르베이트가 검출된다.

① ㄱ ② ㄴ ③ ㄷ ④ ㄱ, ㄴ ⑤ ㄴ, ㄷ

[20702-0450]

03 심해 열수구에 대한 설명으로 옳은 것은?

① 현재 생명체가 존재하지 않는다.
② 스트로마톨라이트가 생성된 곳이다.
③ 열에너지와 환원성 물질이 모두 풍부하다.
④ 유기물이 생성되기 어려운 환경 조건이다.
⑤ 오파린이 원시 생명체의 탄생 장소로 추정한 곳이다.

[20702-0451]

04 그림은 무기물로부터 원시 생명체가 탄생하기까지의 과정을 나타낸 것이다. A~C는 유기물 복합체, 간단한 유기물, 복잡한 유기물을 순서 없이 나타낸 것이다.

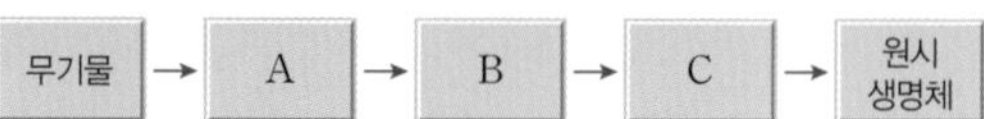

A~C에 해당하는 예를 옳게 짝 지은 것은?

	A	B	C
①	핵산	단백질	코아세르베이트
②	단백질	아미노산	마이크로스피어
③	아미노산	단백질	코아세르베이트
④	뉴클레오타이드	핵산	단백질
⑤	마이크로스피어	핵산	뉴클레오타이드

[20702-0452]

05 코아세르베이트에 대한 설명으로 옳은 것은?

① 원핵생물에 해당한다.
② 액상의 막 구조를 가진다.
③ 세포 분열을 통해 증식한다.
④ 폭스가 실험을 통해 합성하였다.
⑤ 무기물로부터 유기물을 합성할 수 있다.

[20702-0453]

06 다음은 마이크로스피어와 리포솜에 대한 설명이다.

• 마이크로스피어의 막을 구성하는 성분은 (㉠)이다.
• 리포솜의 막을 구성하는 성분은 (㉡)이다.

㉠과 ㉡에 해당하는 것을 옳게 짝 지은 것은?

	㉠	㉡
①	물	단백질
②	물	인지질
③	단백질	물
④	단백질	인지질
⑤	인지질	단백질과 인지질

[20702-0454]
07 DNA, RNA(리보자임), 단백질에 대한 설명으로 옳은 것만을 〈보기〉에서 있는 대로 고른 것은?

보기
ㄱ. RNA(리보자임)는 DNA보다 안정적인 구조이다.
ㄴ. DNA는 유전 정보 저장 기능이 있다.
ㄷ. DNA, RNA(리보자임), 단백질은 모두 효소 기능이 있다.

① ㄱ ② ㄴ ③ ㄱ, ㄷ ④ ㄴ, ㄷ ⑤ ㄱ, ㄴ, ㄷ

[20702-0455]
08 다음에서 설명하고 있는 물질이 무엇인지 쓰시오.

- 체크와 올트먼이 원생생물에서 발견한 RNA이다.
- 다양한 입체 구조를 가진다.
- 유전 정보의 저장 기능과 효소 기능이 모두 있다.

[20702-0456]
09 그림은 생명체의 유전 정보 체계를 나타낸 것이다.

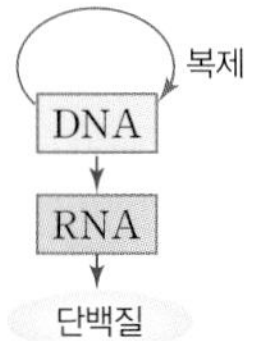

이에 대한 설명으로 옳은 것만을 〈보기〉에서 있는 대로 고른 것은?

보기
ㄱ. RNA 기반 체계이다.
ㄴ. 단백질이 촉매 기능을 담당한다.
ㄷ. RNA 우선 가설에서 최초의 생명체가 가진 유전 정보 체계이다.

① ㄱ ② ㄴ ③ ㄷ ④ ㄱ, ㄴ ⑤ ㄴ, ㄷ

[20702-0457]
10 지구에 출현한 최초의 원핵생물에 대한 설명으로 옳은 것은?

① 육상 생물이다.
② 산소 호흡을 한다.
③ 막성 세포 소기관이 있다.
④ 광합성을 하는 독립 영양 생물이다.
⑤ 최초의 원핵생물이 번성한 결과 바닷속 유기물의 양이 감소하였다.

[20702-0458]
11 원핵생물의 출현 과정에 대한 설명으로 옳은 것만을 〈보기〉에서 있는 대로 고른 것은?

보기
ㄱ. 광합성 원핵생물의 출현으로 대기 중 산소의 농도가 증가하였다.
ㄴ. 무산소 호흡 원핵생물이 산소 호흡 원핵생물보다 에너지 효율이 높다.
ㄷ. 광합성 원핵생물의 출현으로 무산소 호흡 원핵생물은 모두 사멸하였다.

① ㄱ ② ㄷ ③ ㄱ, ㄴ ④ ㄴ, ㄷ ⑤ ㄱ, ㄴ, ㄷ

[20702-0459]
12 다음에서 설명하고 있는 암석 구조가 무엇인지 쓰시오.

- 남세균과 같은 광합성을 하는 원핵생물과 퇴적물이 섞여 층층이 쌓여 만들어진 암석 구조이다.
- 약 35억 년 전에 형성된 것으로 보이는 이 암석 구조에서 광합성을 하는 원핵생물 화석이 발견되었다.

[20702-0460]
13 그림은 진핵생물의 출현에 대한 막 진화설을 나타낸 것이다. A와 B는 각각 핵과 소포체 중 하나이다.

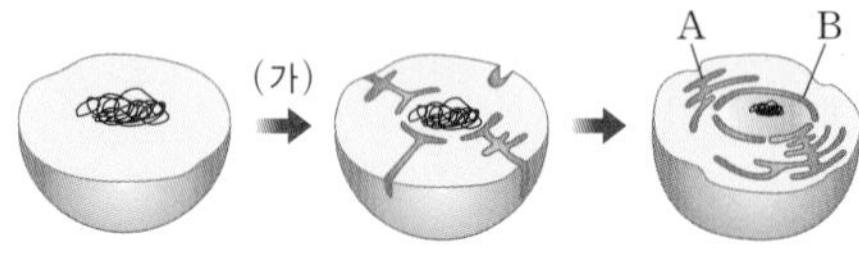

이에 대한 설명으로 옳은 것만을 〈보기〉에서 있는 대로 고른 것은?

보기
ㄱ. 다세포 생물의 출현에 대한 가설이다.
ㄴ. (가) 과정에서 세포막이 안으로 함입된다.
ㄷ. A와 B의 막에는 모두 인지질 2중층이 있다.

① ㄱ ② ㄷ ③ ㄱ, ㄴ ④ ㄴ, ㄷ ⑤ ㄱ, ㄴ, ㄷ

[20702-0461]
14 세포내 공생설에 대한 설명으로 옳지 않은 것은?

① 미토콘드리아와 엽록체를 가지게 된 진핵생물의 출현에 대한 가설이다.
② 산소 호흡 세균이 숙주 세포와 공생하다가 미토콘드리아로 분화되었다.
③ 광합성 세균이 숙주 세포와 공생하다가 엽록체로 분화되었다.
④ 엽록체를 가지게 된 진핵생물은 현생 종속 영양 생물의 조상이 되었다.
⑤ 미토콘드리아와 엽록체에 있는 원형 DNA와 리보솜은 세포내 공생설의 증거이다.

[20702-0462]
15 다음은 다세포 진핵생물의 출현에 대한 설명이다. 빈칸에 들어갈 알맞은 단어를 쓰시오.

독립된 단세포 진핵생물이 모여 (　　　)를 형성한 후, 환경에 적응하는 과정에서 세포의 형태와 기능이 분화되어 다세포 진핵생물로 진화하였다.

[20702-0463]
16 육상 생물의 출현에 대한 설명으로 옳은 것만을 〈보기〉에서 있는 대로 고른 것은?

보기
ㄱ. 육상 생물은 모두 다세포 진핵생물이다.
ㄴ. 대기에 오존층이 형성된 이후 육상 생물이 출현하였다.
ㄷ. 생물이 육상으로 진출하면서 생물 다양성이 감소하였다.

① ㄱ ② ㄴ ③ ㄱ, ㄷ ④ ㄴ, ㄷ ⑤ ㄱ, ㄴ, ㄷ

[20702-0464]
17 원시 생명체의 진화 과정에서 광합성을 하는 원핵생물의 출현 이후에 일어난 사건으로 옳지 않은 것은?

① 육상 생물의 출현
② 대기 중에 오존층 형성
③ 다세포 진핵생물의 출현
④ 단세포 진핵생물의 출현
⑤ 무산소 호흡을 하는 원핵생물의 출현

[20702-0465]
18 원시 생명체의 출현과 진화에 대한 설명으로 옳은 것만을 〈보기〉에서 있는 대로 고른 것은?

보기
ㄱ. 스트로마톨라이트에서 최초 생명체의 화석이 발견되었다.
ㄴ. 독립 영양을 하는 단세포 진핵생물은 미토콘드리아를 갖는다.
ㄷ. 육상 생물이 출현한 이후 최초의 다세포 진핵생물이 출현하였다.

① ㄱ ② ㄴ ③ ㄱ, ㄷ ④ ㄴ, ㄷ ⑤ ㄱ, ㄴ, ㄷ

실력 향상 문제

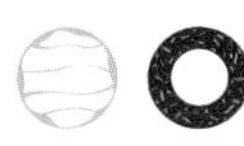

정답과 해설 78쪽

[20702-0466]

01 그림 (가)는 밀러의 실험 장치를, (나)는 (가)의 U자관 내 물질 A와 B의 농도 변화를 나타낸 것이다. A와 B는 각각 아미노산과 암모니아 중 하나이다.

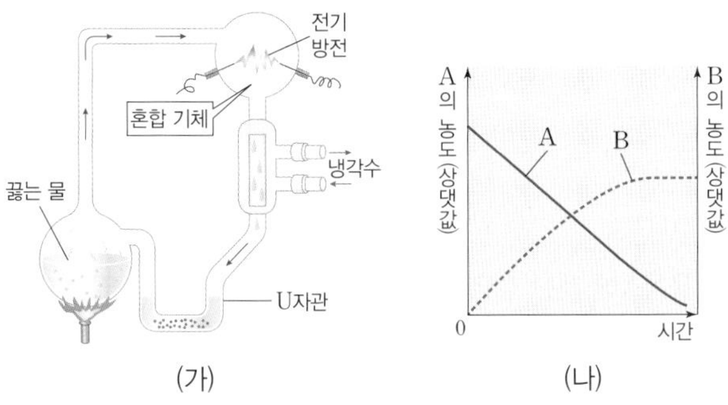

(가) (나)

이에 대한 설명으로 옳은 것만을 〈보기〉에서 있는 대로 고른 것은?

보기
ㄱ. 혼합 기체에는 A가 포함되어 있다.
ㄴ. U자관 내의 물은 원시 지구의 바다를 재현한 것이다.
ㄷ. 이 실험에서 원시 지구에서의 B와 같은 간단한 유기물 합성이 증명되었다.

① ㄱ ② ㄷ ③ ㄱ, ㄴ ④ ㄴ, ㄷ ⑤ ㄱ, ㄴ, ㄷ

[20702-0467]

02 그림은 화학적 진화를 통한 원시 생명체의 탄생 과정을 나타낸 것이다.

이에 대한 설명으로 옳은 것만을 〈보기〉에서 있는 대로 고른 것은?

보기
ㄱ. 폭스의 실험은 (가) 과정을 증명하였다.
ㄴ. (나) 과정에서 핵막이 형성되었다.
ㄷ. 원시 생명체는 원시 지구의 바다에서 출현하였다.

① ㄱ ② ㄴ ③ ㄱ, ㄷ ④ ㄴ, ㄷ ⑤ ㄱ, ㄴ, ㄷ

[20702-0468]

03 그림 (가)~(다)는 리포솜, 마이크로스피어, 코아세르베이트를 순서 없이 나타낸 것이다.

(가) (나) (다)

이에 대한 설명으로 옳은 것만을 〈보기〉에서 있는 대로 고른 것은?

보기
ㄱ. (가)는 원시 생명체에 해당한다.
ㄴ. (나)는 일정 크기 이상이 되면 분열한다.
ㄷ. (가)~(다) 중 현재의 세포막과 막 구조가 가장 유사한 것은 (다)이다.

① ㄱ ② ㄴ ③ ㄷ ④ ㄱ, ㄴ ⑤ ㄴ, ㄷ

[20702-0469]

04 다음은 원시 지구에 출현한 최초의 생명체에 대한 학생 A~C의 발표 내용이다.

제시한 내용이 옳은 학생만을 있는 대로 고른 것은?

① A ② C ③ A, B ④ B, C ⑤ A, B, C

[20702-0470]

05 그림은 지구의 대기 변화와 생물의 출현 과정을 나타낸 것이다. ㉠~㉢은 각각 광합성 세균, 산소 호흡 세균, 무산소 호흡 세균 중 하나이고, ⓐ와 ⓑ는 각각 O_2와 CO_2 중 하나이다.

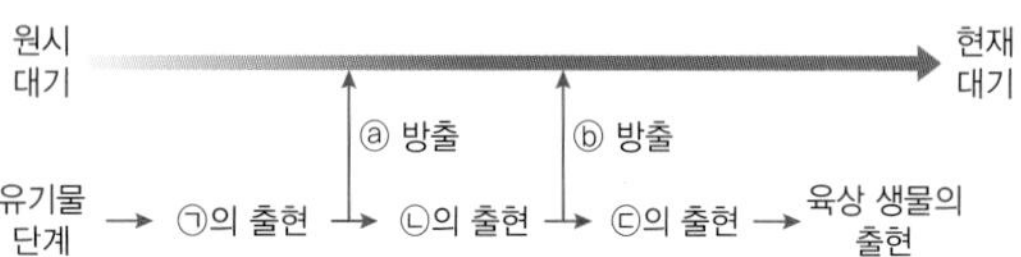

이에 대한 설명으로 옳은 것만을 〈보기〉에서 있는 대로 고른 것은?

보기
ㄱ. ⓐ는 CO_2이다.
ㄴ. ㉡에는 엽록체가 있다.
ㄷ. ㉢의 출현 시기에 ㉠은 존재하지 않았다.

① ㄱ ② ㄷ ③ ㄱ, ㄴ ④ ㄴ, ㄷ ⑤ ㄱ, ㄴ, ㄷ

[20702-0471]

06 그림은 세포내 공생설을 나타낸 것이다. ㉠과 ㉡은 각각 광합성 세균과 산소 호흡 세균 중 하나이다.

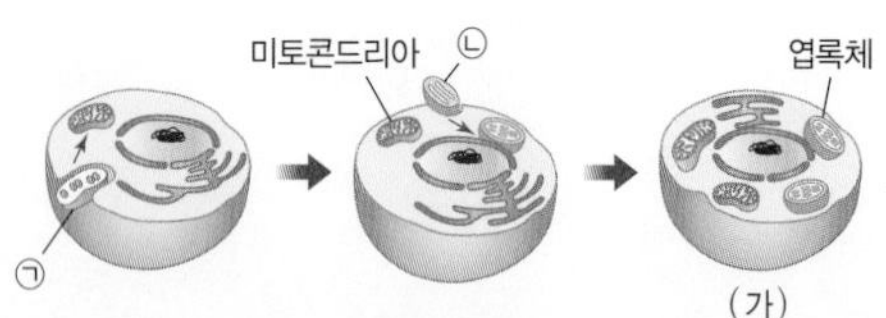

이에 대한 설명으로 옳은 것만을 〈보기〉에서 있는 대로 고른 것은?

보기
ㄱ. ㉠은 산소 호흡 세균이다.
ㄴ. ㉡은 빛에너지를 화학 에너지로 전환한다.
ㄷ. (가)는 현생 독립 영양 진핵생물의 조상에 해당한다.

① ㄱ ② ㄴ ③ ㄱ, ㄷ ④ ㄴ, ㄷ ⑤ ㄱ, ㄴ, ㄷ

서술형

[20702-0472]

07 세포내 공생설의 증거 중 미토콘드리아와 엽록체가 과거에 독립적으로 생활하던 원핵생물이며 자기 복제를 하여 증식한다는 것과 숙주 세포에 세포내 섭취되었다는 것과 관련된 증거를 각각 서술하시오.

[20702-0473]

08 그림은 어떤 RNA의 구조와 작용을 나타낸 것이다.

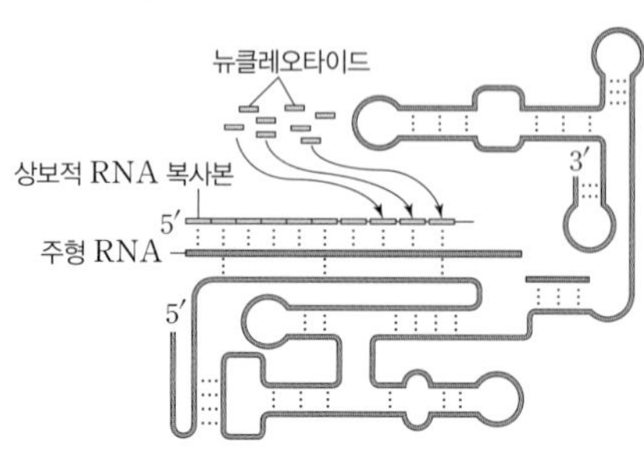

이 RNA에 대한 설명으로 옳은 것만을 〈보기〉에서 있는 대로 고른 것은?

보기
ㄱ. 리보자임이다.
ㄴ. 유전 정보 저장 기능이 있다.
ㄷ. RNA 중합 효소로 작용한다.

① ㄱ ② ㄴ ③ ㄱ, ㄷ ④ ㄴ, ㄷ ⑤ ㄱ, ㄴ, ㄷ

[20702-0474]

09 그림은 단세포 진핵생물로부터 다세포 진핵생물이 출현하는 과정을 나타낸 것이다.

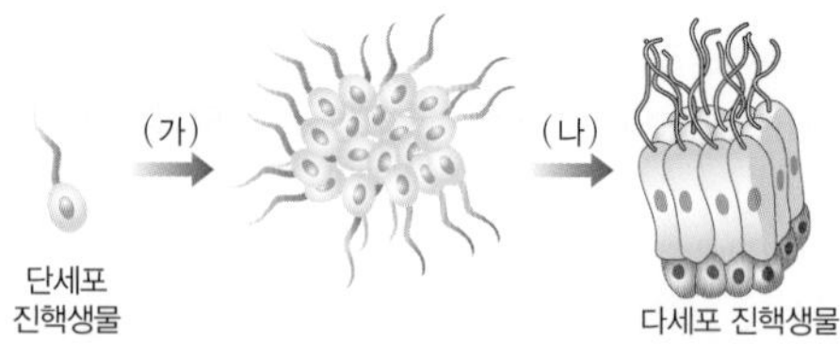

이에 대한 설명으로 옳은 것만을 〈보기〉에서 있는 대로 고른 것은?

보기
ㄱ. (가) 과정에서 단세포 진핵생물이 군체를 형성한다.
ㄴ. (나) 과정에서 세포의 형태와 기능이 분화된다.
ㄷ. 다세포 진핵생물의 출현 이후 군체를 형성하는 단세포 진핵생물은 모두 사라졌다.

① ㄱ ② ㄷ ③ ㄱ, ㄴ ④ ㄴ, ㄷ ⑤ ㄱ, ㄴ, ㄷ

정답과 해설 78쪽

서술형 [20702-0475]

10 원시 생명체의 진화 과정에서 바닷속에서 생활하던 생물이 육상으로 진출할 수 있게 된 지구 대기 환경의 변화를 서술하시오.

[20702-0476]

11 그림은 원시 생명체의 진화 과정에서 유전 정보 체계의 변화에 대한 가설을 나타낸 것이다. ㉠과 ㉡은 각각 DNA와 RNA 중 하나이다.

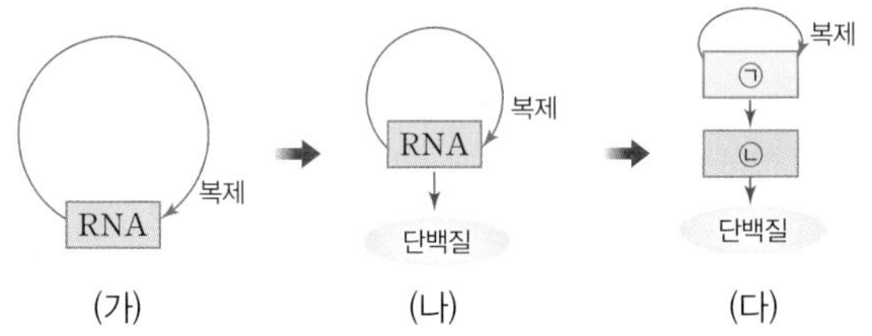

이에 대한 설명으로 옳은 것만을 〈보기〉에서 있는 대로 고른 것은?

보기
ㄱ. (가)에서 RNA는 유전 정보 저장과 효소 기능을 모두 담당한다.
ㄴ. (나)에서 단백질은 유전 정보 전달 기능을 담당한다.
ㄷ. ㉡이 ㉠보다 안정적인 구조를 갖는다.

① ㄱ ② ㄴ ③ ㄱ, ㄷ ④ ㄴ, ㄷ ⑤ ㄱ, ㄴ, ㄷ

[20702-0477]

12 표 (가)는 생물 A와 B에서 특징 ㉠과 ㉡의 유무를 나타낸 것이고, (나)는 ㉠과 ㉡을 순서 없이 나타낸 것이다. A와 B는 각각 원핵생물과 진핵생물 중 하나이다.

구분	㉠	㉡
A	○	?
B	?	×

(○: 있음, ×: 없음)

(가)

특징(㉠, ㉡)
• 핵막이 있다.
• 유전 물질이 있다.

(나)

이에 대한 설명으로 옳은 것만을 〈보기〉에서 있는 대로 고른 것은?

보기
ㄱ. ㉠은 '핵막이 있다.'이다.
ㄴ. A에는 RNA가 있다.
ㄷ. 원시 지구에서 최초의 B가 최초의 A보다 먼저 출현하였다.

① ㄱ ② ㄴ ③ ㄱ, ㄷ ④ ㄴ, ㄷ ⑤ ㄱ, ㄴ, ㄷ

[20702-0478]

13 그림은 지구 탄생 이후 원핵생물의 출현과 그에 따른 대기 구성 성분의 변화를 나타낸 것이다. A~C는 각각 산소 호흡을 하는 종속 영양 생물, 무산소 호흡을 하는 종속 영양 생물, 광합성을 하는 독립 영양 생물 중 하나이다

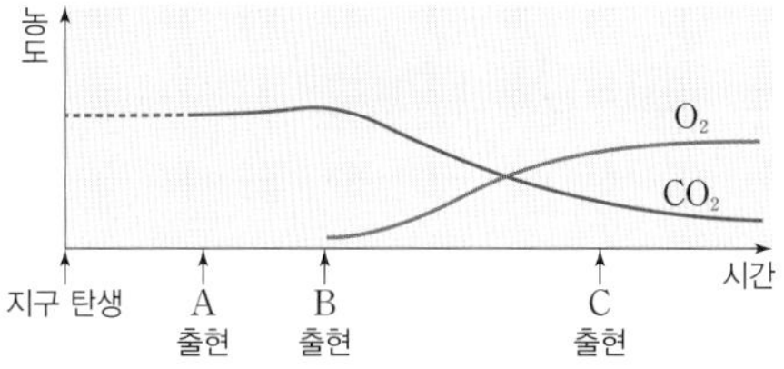

이에 대한 설명으로 옳은 것만을 〈보기〉에서 있는 대로 고른 것은?

보기
ㄱ. A는 물질대사와 자기 복제 능력이 있다.
ㄴ. 남세균은 B에 속한다.
ㄷ. C는 O_2를 이용하여 유기물을 분해한다.

① ㄱ ② ㄴ ③ ㄱ, ㄷ ④ ㄴ, ㄷ ⑤ ㄱ, ㄴ, ㄷ

[20702-0479]

14 그림은 지구의 탄생부터 현재까지 생물 ㉠~㉢의 존재 기간을 나타낸 것이다. ㉠~㉢은 원핵생물, 다세포 진핵생물, 단세포 진핵생물을 순서 없이 나타낸 것이다.

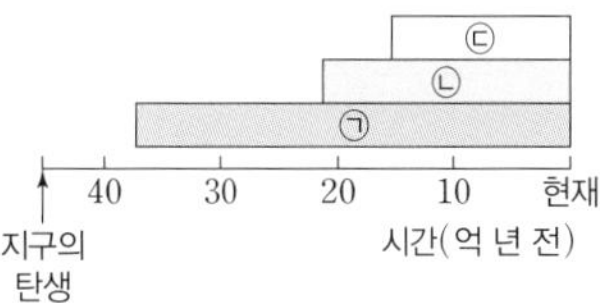

이에 대한 설명으로 옳은 것만을 〈보기〉에서 있는 대로 고른 것은?

보기
ㄱ. ㉠의 유전 물질은 핵 안에 존재한다.
ㄴ. 대기 중 산소 농도는 최초의 ㉡이 출현했을 때가 최초의 ㉠이 출현했을 때보다 높다.
ㄷ. 동물은 ㉢에 해당한다.

① ㄱ ② ㄷ ③ ㄱ, ㄴ ④ ㄴ, ㄷ ⑤ ㄱ, ㄴ, ㄷ

신유형·수능 열기

정답과 해설 80쪽

[20702-0480]

01 그림은 원시 지구에서 생명체의 출현 과정을, 표는 생명체 내에서 일어나는 물질대사를 나타낸 것이다. A와 B는 각각 광합성 세균과 산소 호흡 세균 중 하나이다.

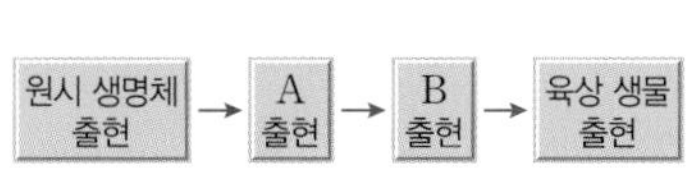

구분	물질대사
(가)	CO_2+H_2O → 유기물$+O_2$
(나)	유기물$+O_2$ → CO_2+H_2O

이에 대한 설명으로 옳은 것만을 〈보기〉에서 있는 대로 고른 것은?

보기
ㄱ. A는 독립 영양 생물이다.
ㄴ. B에는 미토콘드리아가 있다.
ㄷ. B에서 (가)와 (나)가 모두 일어난다.

① ㄱ ② ㄴ ③ ㄷ ④ ㄱ, ㄷ ⑤ ㄴ, ㄷ

[20702-0481]

02 표 (가)는 물질 A~C에서 특징 ㉠~㉢의 유무를 나타낸 것이고, (나)는 ㉠~㉢을 순서 없이 나타낸 것이다. A~C는 각각 DNA, 단백질, 리보자임 중 하나이다.

구분	㉠	㉡	㉢
A	?	×	○
B	○	?	○
C	○	○	?

(○: 있음, ×: 없음)

(가)

특징(㉠~㉢)
• 효소 기능이 있다.
• 이중 나선 구조이다.
• 기본 단위는 뉴클레오타이드이다.

(나)

이에 대한 설명으로 옳은 것만을 〈보기〉에서 있는 대로 고른 것은?

보기
ㄱ. ㉠은 '효소 기능이 있다.'이다.
ㄴ. A에는 펩타이드 결합이 존재한다.
ㄷ. C는 유전 정보 저장 기능이 있다.

① ㄱ ② ㄷ ③ ㄱ, ㄴ ④ ㄴ, ㄷ ⑤ ㄱ, ㄴ, ㄷ

[20702-0482]

03 다음은 진핵생물의 출현 과정에서 세포 소기관 A~C의 생성에 대한 가설이다. A~C는 각각 핵, 엽록체, 미토콘드리아 중 하나이다.

(가) 원핵생물의 세포막이 세포 안으로 함입되어 A가 생성되었다.
(나) 독립적으로 생활하던 산소 호흡을 하는 원핵생물이 숙주 세포와 공생하다가 B로 분화되었다.
(다) 독립적으로 생활하던 ㉠광합성을 하는 원핵생물이 숙주 세포와 공생하다가 C로 분화되었다.

이에 대한 설명으로 옳은 것만을 〈보기〉에서 있는 대로 고른 것은?

보기
ㄱ. (가)는 막 진화설이다.
ㄴ. ㉠의 세포막은 2중막 구조이다.
ㄷ. A~C에는 모두 DNA가 있다.

① ㄱ ② ㄴ ③ ㄱ, ㄷ ④ ㄴ, ㄷ ⑤ ㄱ, ㄴ, ㄷ

[20702-0483]

04 그림은 지구 탄생 이후 생물의 출현과 대기 중 산소 농도 변화를 나타낸 것이다. (가)~(다)는 각각 육상 생물, 광합성 세균, 단세포 진핵생물 중 하나이다

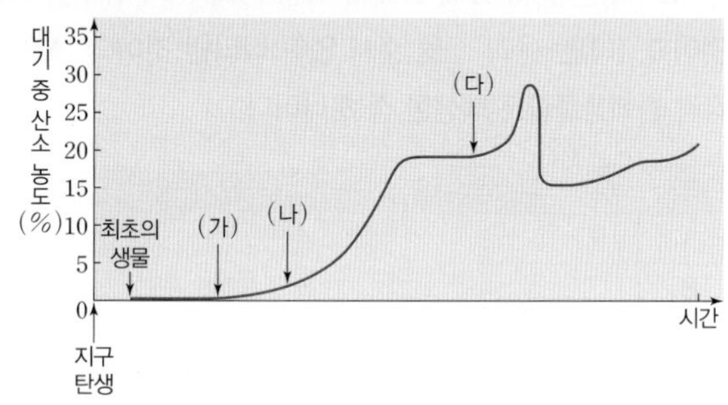

이에 대한 설명으로 옳은 것만을 〈보기〉에서 있는 대로 고른 것은?

보기
ㄱ. (가) 출현 이후 산소 호흡을 하는 종속 영양 생물이 출현하였다.
ㄴ. (나) 중 군체를 형성하는 생물이 있다.
ㄷ. 지구 대기에 오존층이 형성된 후 (다)가 출현하였다.

① ㄱ ② ㄷ ③ ㄱ, ㄴ ④ ㄴ, ㄷ ⑤ ㄱ, ㄴ, ㄷ

13 생물의 분류와 다양성

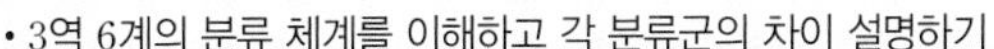

• 3역 6계의 분류 체계를 이해하고 각 분류군의 차이 설명하기
• 동물 분류군과 식물 분류군의 특징을 문 수준에서 이해하고, 이들 사이의 유연관계를 계통수로 표현하기

한눈에 단원 파악, 이것이 핵심!

3역 6계에서 각 분류군의 특징은 무엇일까?

특징 \ 역	세균역	고세균역	진핵생물역			
특징 \ 계	진정세균계	고세균계	원생생물계	식물계	균계	동물계
세포 수	단세포	단세포	단세포 또는 다세포	다세포	대부분 다세포, 일부 단세포	다세포
핵(핵막)과 막성 세포 소기관	없음 (원핵생물)	없음 (원핵생물)	있음(진핵생물)			
세포벽의 펩티도글리칸	있음	없음	없음			
염색체의 형태	원형	원형	선형			
히스톤과 결합한 DNA	없음	일부 있음	있음			

식물계의 유연관계를 계통수로 표현하기

식물계는 관다발의 유무, 종자 형성의 여부, 씨방의 유무 등에 따라 분류할 수 있다.

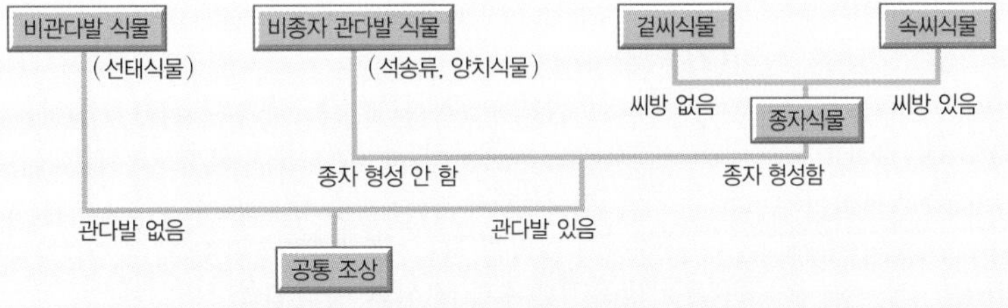

동물계의 유연관계를 계통수로 표현하기

동물계는 배엽의 수, 몸의 대칭성, 원구와 입의 관계, DNA의 염기 서열 등에 따라 분류할 수 있다.

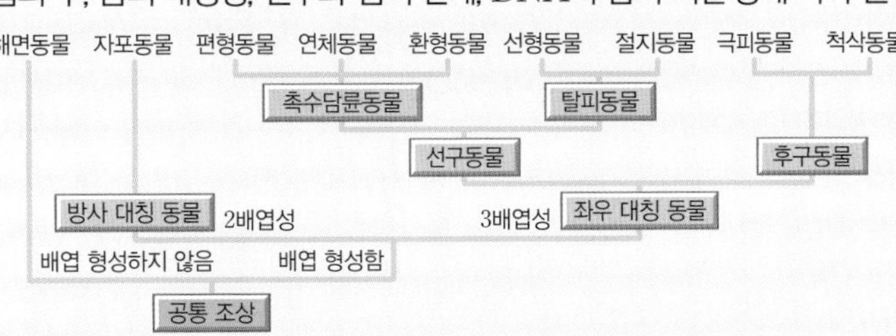

01 생물의 분류 체계

THE 알기

❶ 계통
생물이 진화해 온 역사를 말한다. 즉, 다양한 생물들 간의 진화적 유연관계(생물종 사이의 관계가 가깝거나 먼 정도)를 의미한다.

❷ 분류군
생물을 분류한 무리로, 어떠한 분류의 단계이든 하나로 묶이게 되는 생물들의 집합을 의미한다.

❸ 생물학적 종
인위적인 환경에서 암말과 수탕나귀의 교배로 노새가 태어나는데, 노새는 자연 상태에서 생식 능력이 있는 자손을 낳을 수 없기 때문에 생물학적 종의 개념에 따라 말과 당나귀는 서로 다른 종으로 분류한다.

❹ 생식적 격리
생물 분류군 사이에 서로 교배하여 생식 능력이 있는 자손을 낳을 수 없는 상태를 의미한다.

❺ 린네(Linné, C. von.; 1707 ~1778)
스웨덴의 박물학자이며 식물학자로, 분류 체계와 명명법을 정리하였다.

❻ 종소명
분류 단계상의 종의 명칭이다.

1 분류와 종의 개념

(1) 분류의 개념: 분류는 공통된 특징을 바탕으로 생물을 여러 무리로 나누는 것으로 생물들 사이의 ❶계통을 밝히는 것을 목적으로 한다.

(2) 종의 개념

① 종은 생물 분류의 가장 기본이 되는 ❷분류군으로, 생물 분류에서 같은 무리로 묶을 수 있는 최소한의 단위이다.

② 형태적 종: 외부 형태가 비슷하여 다른 개체들과 구별되는 개체들의 무리를 의미한다.

③ ❸생물학적 종: 형태적 특징과 생활형이 비슷하고, 자연 상태에서 서로 교배하여 생식 능력이 있는 자손을 낳을 수 있는 개체들의 무리를 의미한다. 생물학적으로 종을 구별할 때 가장 중요한 기준은 ❹생식적 격리의 여부이다.

④ 오늘날에는 생명 과학이 발달하고 진화론이 일반화됨에 따라 생물학적 종의 개념이 사용되고 있다.

2 분류의 단계와 학명

(1) 분류의 단계

① 분류의 단계(분류 계급)는 종을 가장 하위 단계로 하여 생물을 공통적인 특징으로 묶어 단계적으로 나타낸 것이다.

② 공통적인 특징이 많은 종을 모아 하나의 속으로 묶을 수 있고, 공통적인 특징이 많은 속을 모아 하나의 과로 묶을 수 있다. 분류군의 범위를 넓혀가면서 종, 속, 과, 목, 강, 문, 계, 역의 8단계로 묶을 수 있다.

③ 이와 같은 계층적인 생물 분류는 생물의 유연관계에 기초하여 이루어진다.

종	속	과	목	강	문	계	역
사람	사람속	사람과	영장목	포유강	척삭동물문	동물계	진핵생물역
장미	장미속	장미과	장미목	쌍떡잎식물강	속씨식물문	식물계	진핵생물역

(2) 학명

① 학명은 국제적으로 통용되는 생물의 이름으로, 국제명명규약에 따라 정해져야 인정을 받는다.

② 생물종에 대해 나라나 지역마다 다른 명칭을 사용하는 경우 학술 교류 및 연구에 어려움이 많으므로 국제적으로 통용되는 학명이 사용되고 있다.

③ 학명은 ❺린네가 제시한 이명법을 사용한다.

④ 이명법은 속명과 ❻종소명으로 구성되며, 종소명 뒤에 명명자의 이름을 쓴다. 속명과 종소명은 라틴어 또는 라틴어화된 용어를 이탤릭체로 표기하며 속명의 첫 글자는 대문자, 종소명의 첫 글자는 소문자로 표기한다. 명명자는 정자체로 표기하고, 이름의 첫 문자만 쓰거나 생략할 수도 있다.

학명(이명법): 속명+종소명(+명명자)
예 사람: *Homo sapiens* Linné

3 계통수

(1) 계통수: 계통수는 생물들의 계통을 나뭇가지 모양으로 나타낸 그림으로, 공통 조상에서 유래한 공통된 특징을 이용하여 작성한다. 계통수를 통해 생물 사이의 유연관계와 진화 경로를 쉽게 파악할 수 있다.

(2) 계통수 분석

① 계통수에서 나뭇가지의 맨 끝부분에는 현재 존재하는 생물종들이 위치하고, 나무의 뿌리 부분에는 계통수에 나타난 모든 종의 공통 조상이 위치한다.

② 공통 조상에서 나뭇가지를 따라가면 가지가 갈라지는 분기점이 있는데, 분기점은 한 조상에서 두 계통이 나누어져 진화하였음을 뜻한다.

③ 계통수에서 가까운 분기점을 공유할수록 생물종 사이의 공통적인 특징이 많고 ❶유연관계가 가깝다.

④ 그림은 생물종 A~D의 유연관계를 계통수로 나타낸 것이다. 이 계통수에서 C는 B보다 D와 가까운 분기점을 공유하므로 C는 B보다 D와 유연관계가 가깝다. C를 기준으로 유연관계가 가까운 순서대로 나타내면 C－D－B－A이다.

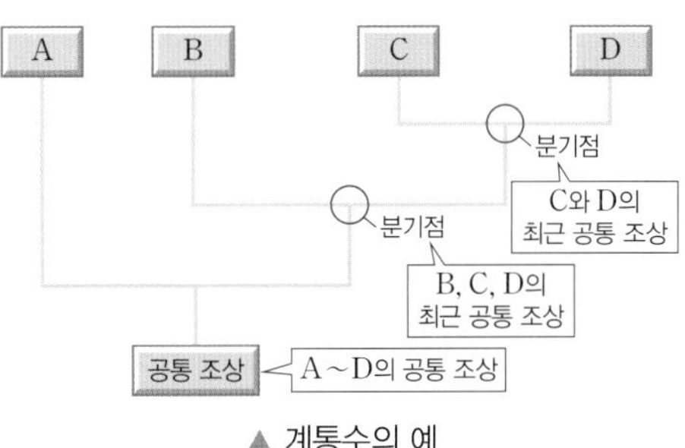

▲ 계통수의 예

THE 알기

❶ **유연관계**
생물종 사이의 관계가 가깝거나 먼 정도이다. 계통수에서 가까운 분기점을 공유할수록, 즉 최근의 공통 조상을 공유할수록 생물종 사이의 유연관계가 가깝다.

4 분류 체계

(1) 분류 체계: 분류 체계는 다양한 종을 비교하여 계통적으로 관련 있는 종끼리 묶어서 체계적으로 정리한 것으로, 생물의 진화적 유연관계를 반영하고 있다.

(2) 분류 체계의 변화: 분류 체계는 생명 과학의 발달과 함께 생물의 새로운 특성이 발견되거나 새로운 종이 발견되면서 지속적으로 변화해 왔다.

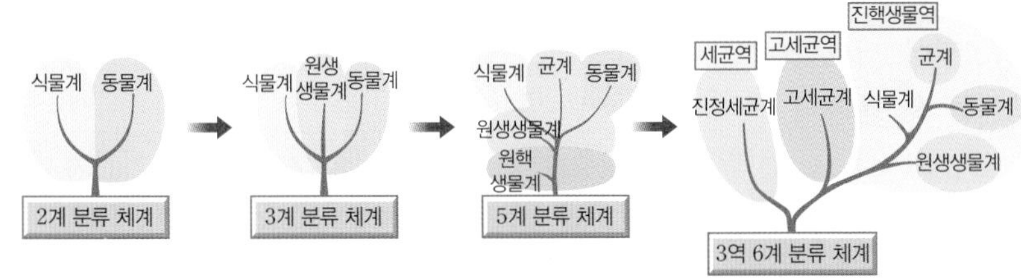

▲ 분류 체계의 변화

① 2계 분류 체계: 18세기 초에 린네에 의해 제시된 분류 체계로, 생물을 식물계와 동물계로 분류하였다.

② 3계 분류 체계: 현미경의 발달로 미생물을 발견하면서 ❷헤켈은 식물계와 동물계에 속하지 않는 생물종들을 묶어 원생생물계라고 제안하였다.

③ 5계 분류 체계: 전자 현미경의 발달로 핵막이 없는 원핵생물계가 원생생물계에서 분리되었다. 20세기 중반에 ❸휘태커는 생물의 영양 방식을 반영하여 식물계에서 균계를 독립시켜 생물을 5계 체계로 분류하였다.

④ 3역 6계 분류 체계: 20세기 후반에 ❹우즈는 특정 rRNA의 염기 서열 정보에 근거하여 생물을 3역 6계로 분류하였다.

❷ **헤켈(Haeckel, E. H. P. A.; 1834~1919)**
독일의 생명 과학자로, 1866년에 최초로 생물의 계통수를 작성하였다.

❸ **휘태커(Whittaker, R. H.; 1920~1980)**
미국의 생태학자로, 생물을 5계로 분류하였다.

❹ **우즈(Woese, C.; 1928~)**
미국의 미생물학자로, 새로운 분류군인 고세균을 처음 정의하였다.

THE 알기

❶ **5계 분류 체계와 3역 6계 분류 체계 비교**
5계와 6계에는 모두 원생생물계, 균계, 식물계, 동물계가 있다. 3역 6계 분류 체계에서는 5계 분류 체계의 원핵생물계에 속해 있는 세균을 세균역의 진정세균계와 고세균역의 고세균계로 나누었고, 원생생물계, 식물계, 균계, 동물계를 진핵생물역으로 분류하였다.

❷ **고세균역**
고세균역은 세균역보다 진핵생물역과 유연관계가 가깝다.

▲ 사해와 극호염균

▲ 온천과 극호열균

▲ 습지와 메테인 생성균

5 ❶3역 6계 분류 체계

(1) 세균역 – 진정세균계

① 단세포 원핵생물이며, 대부분 1개의 원형 염색체를 가지고 있다.
② 세포벽에 펩티도글리칸 성분이 있다.
③ 대부분 종속 영양 생물이지만 일부는 독립 영양 생물이다.
④ 대장균, 젖산균, 포도상 구균, 남세균 등 대다수의 세균들은 세균역에 속한다.

(2) ❷고세균역 – 고세균계

① 단세포 원핵생물이며, 대부분 1개의 원형 염색체를 가지고 있다.
② 고세균역은 rRNA 염기 서열, 세포벽의 성분(펩티도글리칸 성분이 없음), DNA 복제 및 단백질 합성 과정 등이 세균역보다 진핵생물역과 유사하여 세균역보다 진핵생물역과 유연관계가 더 가깝다.
③ 종속 영양 생물로 대부분 고농도의 소금 호수, 고온의 화산, 산소가 부족한 환경과 같이 극한 환경에 서식하며 극호염균, 극호열균, 메테인 생성균 등이 있다.

(3) 진핵생물역 – 원생생물계

① 동물계, 식물계, 균계에 속하지 않는 진핵생물이 묶인 무리이며, 대부분 단세포 생물이지만 군체를 이루는 것과 다세포 생물도 있다.
② 독립 영양 생물과 종속 영양 생물이 있다.
③ 아메바, 짚신벌레, 유글레나, 미역, 다시마 등이 있다.

(4) 진핵생물역 – 식물계

① 다세포 진핵생물로, 광합성을 하는 독립 영양 생물이다.
② 세포벽은 셀룰로스로 이루어져 있으며, 우산이끼, 고사리, 소나무, 목련 등이 있다.

(5) 진핵생물역 – 균계

① 효모와 같이 단세포 진핵생물도 있지만 대부분 다세포 진핵생물이다.
② 세포벽은 주로 키틴질로 이루어져 있으며, 포자로 번식한다.
③ 종속 영양 생물로 다른 생명체나 동식물의 사체에 붙어 기생 및 공생을 한다.
④ 효모, 곰팡이, 버섯 등이 있다.

(6) 진핵생물역 – 동물계

① 세포벽이 없는 다세포 진핵생물이며, 종속 영양 생물로 감각 기관과 운동 기관이 발달해 있다.
② 달팽이, 지렁이, 불가사리, 개구리, 고래, 침팬지 등이 있다.

THE 들여다보기 3역 6계의 주요 특징

역	세균역	고세균역	진핵생물역			
특징 \ 계	진정세균계	고세균계	원생생물계	식물계	균계	동물계
세포 수	단세포	단세포	단세포 또는 다세포	다세포	대부분 다세포, 일부 단세포	다세포
핵(핵막)과 막성 세포 소기관	없음	없음	있음			
세포벽의 펩티도글리칸	있음	없음	없음			
염색체의 형태	원형	원형	선형			
히스톤과 결합한 DNA	없음	일부 있음	있음			
영양 방법	대부분 종속 영양, 일부 독립 영양	종속 영양	독립 영양 또는 종속 영양	독립 영양	종속 영양	종속 영양

개념체크

빈칸 완성

1. 공통된 특징을 바탕으로 생물을 여러 무리로 나누는 것을 (　　　)라고 한다.

2. (　　　)은 형태적 특징과 생활형이 비슷하고, 자연 상태에서 서로 교배하여 (　　　) 능력이 있는 자손을 낳을 수 있는 개체들의 무리이다.

3. 분류의 단계는 분류군의 범위를 넓혀 가면서 종, (　　　), 과, 목, 강, 문, (　　　), (　　　)의 8단계로 이루어진다.

4. 린네가 제시한 (　　　)은 속명과 종소명으로 구성되며, 종소명 뒤에 명명자의 이름을 쓴다.

5. (　　　)는 생물들의 계통을 나뭇가지 모양으로 나타낸 그림으로, 공통 조상에서 유래한 공통된 특징을 이용하여 작성한다.

6. 미국의 미생물학자인 우즈는 특정 rRNA의 염기 서열 정보에 근거하여 (　　　) 분류 체계를 제시하였다.

7. (　　　) 성분은 세균역에 속하는 세균의 세포벽에는 있지만 고세균역에 속하는 세균의 세포벽에는 없다.

8. 3역 6계 분류 체계에서 원생생물계, 식물계, 균계, 동물계는 (　　　)역에 속한다.

9. 식물의 세포벽은 (　　　)로, 곰팡이의 세포벽은 (　　　)로 이루어져 있다.

정답 1. 분류 2. 생물학적 종, 생식 3. 속, 계, 역 4. 이명법 5. 계통수 6. 3역 6계 7. 펩티도글리칸 8. 진핵생물 9. 셀룰로스, 키틴질

○X 문제

1. 그림은 생물종 A~D의 유연관계를 계통수로 나타낸 것이다. ㉠~㉥은 분류 특징이다. 이에 대한 설명으로 옳은 것은 ○, 옳지 않은 것은 ×로 표시하시오.

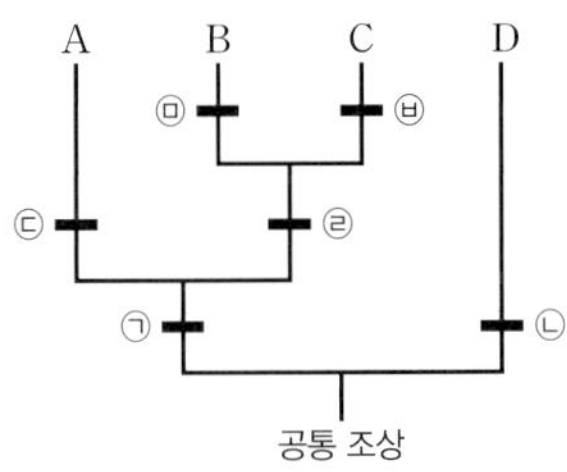

(1) 이 계통수에서 분기점의 수는 3이다. (　　)

(2) 공통 조상에서 ㉠ 또는 ㉡을 갖는 자손으로 분화되었다. (　　)

(3) B는 ㉠, ㉢, ㉣, ㉤을 모두 가지고 있다. (　　)

(4) A와 D의 유연관계는 A와 B의 유연관계보다 가깝다. (　　)

(5) C를 기준으로 유연관계가 가까운 순서대로 나타내면 C－B－A－D이다. (　　)

2. 생물의 분류 체계에 대한 설명으로 옳은 것은 ○, 옳지 않은 것은 ×로 표시하시오.

(1) 5계 분류 체계의 원핵생물계에 속하는 세균은 3역 6계 분류 체계에서 세균역의 진정세균계와 고세균역의 고세균계로 분류된다. (　　)

(2) 3역 6계 분류 체계에서 고세균역은 진핵생물역보다 세균역과 유연관계가 가깝다. (　　)

바르게 연결하기

3. 3역 6계 분류 체계에서 각 계에 속하는 생물의 예를 옳게 연결하시오.

(1)	진정세균계	㉠	아메바
(2)	고세균계	㉡	대장균
(3)	원생생물계	㉢	푸른곰팡이
(4)	식물계	㉣	메테인 생성균
(5)	균계	㉤	침팬지
(6)	동물계	㉥	고사리

정답 1. (1) ○ (2) ○ (3) × (4) × (5) ○ 2. (1) ○ (2) × 3. (1) ㉡ (2) ㉣ (3) ㉠ (4) ㉥ (5) ㉢ (6) ㉤

02 식물의 분류

THE 알기

❶ 녹조류
진핵생물역, 원생생물계에 속하는 생물로 수중 생활을 한다. 엽록소 a, 엽록소 b, 카로티노이드를 가지고 있어 광합성을 하는 독립 영양 생물이다. 셀룰로스로 이루어진 세포벽이 있다. 해캄, 파래, 클로렐라 등이 녹조류에 속한다.

❷ 큐티클층
생물의 체표면을 이루는 세포로부터 분비되어 생긴 딱딱한 층이다.

❸ 관다발
식물의 조직계로서, 통도 조직인 물관과 체관 그리고 분열 조직인 형성층으로 구성되어 있다. 선태식물은 관다발이 없고 양치식물과 외떡잎식물의 관다발에는 형성층이 없다.

❹ 종자
종자(씨)는 배아와 배아의 발생에 필요한 양분이 건조하고 단단한 껍질에 싸여 있기 때문에 건조하고 추운 환경을 잘 견딜 수 있다.

❺ 씨방
속씨식물의 밑씨가 들어 있는 곳으로, 수정 후에는 열매가 된다.

❻ 포자
비종자 식물의 생식세포로, 다른 생식세포와의 수정 없이 단독으로 발아하여 개체가 된다.

1 식물계의 기원과 특징

(1) 식물계의 기원: 수중 생활을 하며 광합성을 하는 원생생물인 ❶녹조류 계통이 약 4억 7천만 년 전 물속에서 육상 환경으로 진출하여 식물계에 속하는 다양한 생물로 분화하였다.

(2) 식물계의 특징

① 식물은 진핵생물역, 식물계에 속하는 다세포 진핵생물이다.
② 엽록소 a, 엽록소 b, 카로티노이드 등의 광합성 색소를 가지고 있어 광합성을 하는 독립 영양 생물이다.
③ 식물 세포는 셀룰로스로 이루어진 세포벽이 있다.
④ 대부분의 식물은 몸의 표면에 ❷큐티클층이 발달하여 수분 손실을 막고, 몸을 지탱하며 토양에서 물과 양분을 흡수하고 수송하는 뿌리와 ❸관다발이 발달하였다.

2 식물계의 분류

식물은 관다발의 유무와 ❹종자 형성의 여부에 따라 비관다발 식물, 비종자 관다발 식물, 종자식물로 분류한다. 또한, 종자식물은 ❺씨방의 유무에 따라 겉씨식물과 속씨식물로 분류한다.

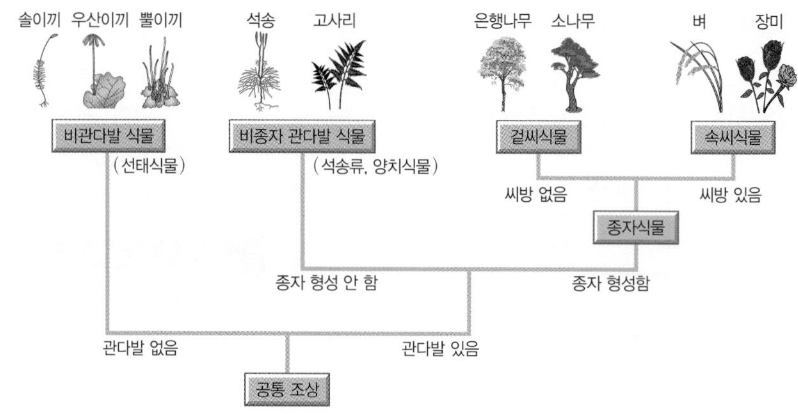

(1) 비관다발 식물(선태식물)

① 최초의 육상 식물로, 수중 생활에서 육상 생활로 옮겨 가는 중간 단계의 특성을 나타낸다.
② 뿌리, 줄기, 잎이 분화되지 않고 관다발이 없다.
③ ❻포자로 번식하며, 습지나 물가에 서식한다.
④ 솔이끼(선류식물문), 우산이끼(태류식물문), 뿔이끼(각태류식물문) 등이 있다.

▲ 솔이끼

▲ 우산이끼

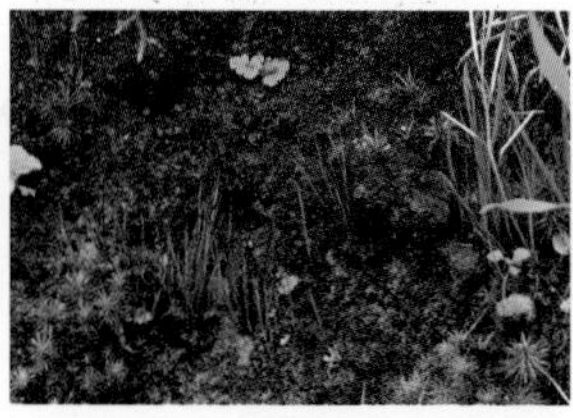
▲ 뿔이끼

(2) 비종자 관다발 식물(석송류, 양치식물)

① 뿌리, 줄기, 잎의 구분이 뚜렷하고, 형성층이 없고 ❶헛물관과 체관으로만 이루어진 관다발이 있다.

② 포자로 번식하며, 그늘지고 습한 곳에 서식한다.

③ 석송(석송류(석송식물문)), 고사리와 쇠뜨기(양치식물문) 등이 있다.

▲ 석송

▲ 고사리

▲ 쇠뜨기

THE 알기

❶ 헛물관
양치식물과 겉씨식물의 통도 조직을 이루며, 속씨식물에서는 이것이 물관으로 발달되어 있다.

(3) ❷종자식물(겉씨식물, 속씨식물)

① 육상 생활에 가장 잘 적응한 식물의 무리로, 식물 중 가장 많은 종을 포함한다.

② 뿌리, 줄기, 잎의 구분이 뚜렷하고 관다발이 체계적으로 발달해 있다.

③ 종자(씨)를 만들어 번식한다.

④ 씨방의 유무에 따라 겉씨식물과 속씨식물로 분류한다.

구분	특징	그림
겉씨식물	• 씨방이 없어 밑씨가 겉으로 드러나 있다. • 꽃잎과 꽃받침이 발달하지 않고, 암수 생식 기관이 따로 형성된다. • 관다발은 헛물관과 체관으로 이루어져 있다. • 소철(소철식물문), 은행나무(은행식물문), 소나무와 전나무(구과식물문) 등이 있다.	밑씨
속씨식물	• 씨방이 있어 밑씨가 씨방에 싸여 있고, 씨방 속의 밑씨는 수정된 후 종자로 발달한다. • 꽃잎과 꽃받침이 잘 발달한 꽃이 피어 꽃식물이라고 하며, 오늘날 가장 번성한 식물 무리이다. • 관다발은 물관과 체관으로 이루어져 있다. • 떡잎의 수에 따라 외떡잎식물과 쌍떡잎식물로 분류한다.	수술, 암술, 꽃잎, 꽃받침, 씨방, 밑씨

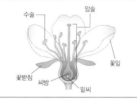

❷ 종자식물의 분류
종자식물은 겉씨식물인 소철식물문, 은행식물문, 마황식물문, 구과식물문과 속씨식물인 속씨식물문이 있다. 속씨식물문은 외떡잎식물강과 쌍떡잎식물강으로 분류한다.

THE 들여다보기 외떡잎식물과 쌍떡잎식물의 특징

구분	떡잎 수	잎맥	관다발 배열	뿌리	예
외떡잎식물	1장(외떡잎)	나란히맥	불규칙적 배열	수염뿌리	벼, 보리, 옥수수, 강아지풀, 백합, 붓꽃 등
쌍떡잎식물	2장(쌍떡잎)	그물맥	규칙적 배열	곧은뿌리	장미, 무궁화, 콩, 민들레, 국화, 해바라기 등

개념체크

빈칸 완성

1. 식물은 수중 생활을 하며 광합성을 하는 원생생물인 (　　　)에서 기원하였다.

2. 식물은 (　　　)역, (　　　)계에 속하는 다세포 진핵생물이다.

3. 식물은 엽록체가 있어 광합성을 하는 (　　　) 영양생물이고, 세포벽은 (　　　)로 이루어져 있다.

4. 식물은 (　　　)의 유무와 (　　　)의 유무에 따라 비관다발 식물, 비종자 관다발 식물, 종자식물로 분류한다.

5. (　　　)로 번식하는 식물 중 (　　　) 식물은 뿌리, 줄기, 잎이 분화되지 않고 관다발이 없으며, (　　　) 식물은 뿌리, 줄기, 잎의 구분이 뚜렷하고 관다발이 있다.

6. 종자로 번식하는 (　　　)식물은 뿌리, 줄기, 잎의 구분이 뚜렷하고 관다발이 발달해 있다.

7. (　　　)식물은 씨방이 없어 밑씨가 겉으로 드러나 있고, (　　　)식물은 밑씨가 씨방에 싸여 있다.

둘 중에 고르기

8. (선태식물 , 양치식물)은 비관다발 식물이다.

9. 비종자 관다발 식물의 관다발은 형성층이 없고 (물관 , 헛물관)과 체관으로 이루어진 관다발이 있다.

10. (겉씨 , 속씨)식물은 떡잎 수에 따라 외떡잎식물과 쌍떡잎식물로 분류한다.

정답 **1.** 녹조류 **2.** 진핵생물, 식물 **3.** 독립, 셀룰로스 **4.** 관다발, 종자 **5.** 포자, 비관다발, 비종자 관다발 **6.** 종자 **7.** 겉씨, 속씨 **8.** 선태식물 **9.** 헛물관 **10.** 속씨

○X 문제

1. 그림은 식물계의 계통수를 나타낸 것이다. A와 B는 각각 비관다발 식물과 비종자 관다발 식물 중 하나이고, ㉠과 ㉡은 각각 종자와 씨방 중 하나이다. 이에 대한 설명으로 옳은 것은 ○, 옳지 않은 것은 ×로 표시하시오.

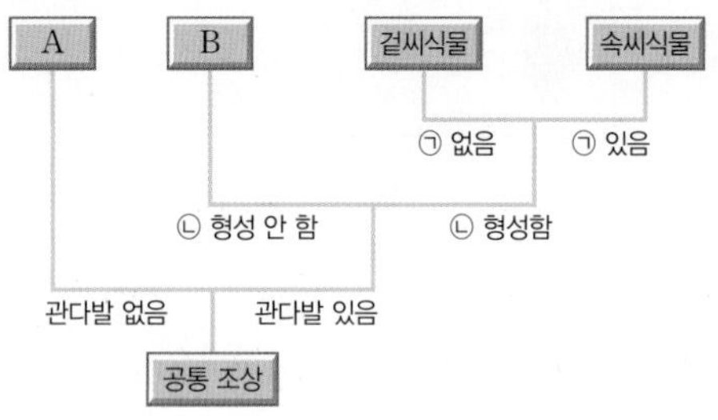

(1) A는 종자로 번식하고 뿌리, 줄기, 잎의 구분이 뚜렷하다. (　　)

(2) 석송류와 양치식물은 모두 B에 해당한다. (　　)

(3) ㉠은 종자이고, ㉡은 씨방이다. (　　)

(4) 겉씨식물과 B의 유연관계는 겉씨식물과 A의 유연관계보다 가깝다. (　　)

2. 속씨식물에 대한 설명으로 옳은 것은 ○, 옳지 않은 것은 ×로 표시하시오.

(1) 꽃잎과 꽃받침이 잘 발달한 꽃이 피어 꽃식물이라고 한다. (　　)

(2) 식물계 중 오늘날 가장 번성한 식물 무리이다. (　　)

바르게 연결하기

3. 식물계에 속하는 식물과 그 예를 바르게 연결하시오.

(1)	비관다발 식물	㉠	고사리
(2)	비종자 관다발 식물	㉡	벼
(3)	겉씨식물	㉢	소나무
(4)	외떡잎식물	㉣	우산이끼
(5)	쌍떡잎식물	㉤	장미

정답 **1.** (1) × (2) ○ (3) × (4) ○ **2.** (1) ○ (2) ○ **3.** (1) ㉣ (2) ㉠ (3) ㉢ (4) ㉡ (5) ㉤

03 동물의 분류

1 동물계의 특징

- 동물은 진핵생물역, 동물계에 속하는 세포벽이 없는 다세포 진핵생물로 종속 영양 생물이다.
- 대부분의 동물은 운동 능력이 있어 장소를 이동하면서 먹이를 얻고, 감각 기관과 운동 기관이 발달하여 주위 환경 변화에 능동적으로 빠르게 반응한다.

THE 알기

2 동물계의 분류 기준

(1) ❶배엽의 수에 따른 분류: 동물의 발생이 끝나는 단계의 배엽 수에 따라 무배엽성 동물, 2배엽성 동물, 3배엽성 동물로 분류한다.

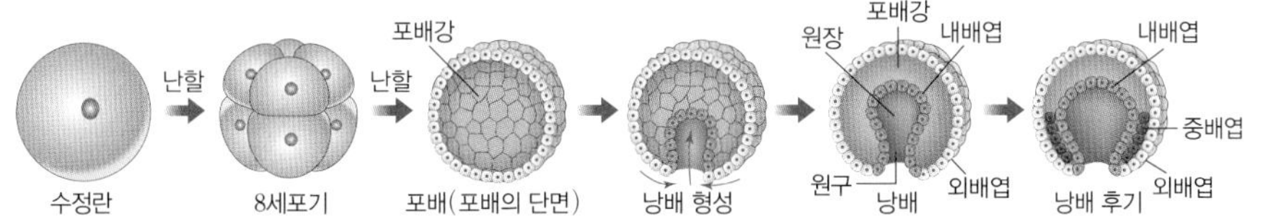

▲ 동물의 발생과 배엽 형성

무배엽성 동물	• 포배 단계에서 발생이 끝난 동물로, 배엽을 형성하지 않는다. • 해면동물이 있다. 해면동물은 대부분 몸의 대칭성이 없다.
2배엽성 동물	• 낭배 단계에서 발생이 끝나 외배엽과 내배엽만을 형성한다. • 몸이 방사 대칭이다. • 자포동물이 있다.
3배엽성 동물	• 외배엽과 내배엽 사이에 중배엽을 형성하여 외배엽, 내배엽, 중배엽을 갖는다. • 몸이 좌우 대칭이다. • 편형동물, 연체동물, 환형동물, 선형동물, 절지동물, 극피동물, 척삭동물이 있다.

❶ **배엽**
동물의 초기 발생 과정에서 나타나는 세포층으로, 발생이 진행되면서 몸의 다양한 조직과 기관을 형성한다.
- 외배엽: 피부, 감각 기관 등을 형성한다.
- 중배엽: 순환계, 생식계, 근육, 뼈 등을 형성한다.
- 내배엽: 소화계, 호흡계, 내분비계 등을 형성한다.

(2) 몸의 대칭성에 따른 분류

① ❷방사 대칭 동물: 감각 기관이 온몸에 고르게 분포해 있어서 모든 방향에서 오는 자극에 반응한다.

② ❸좌우 대칭 동물: 머리와 꼬리, 앞과 뒤, 등과 배의 방향성이 나타나고, 몸의 한쪽에 감각 기관과 뇌 등 신경계가 집중되어 있어 이곳이 머리가 된다.

(3) ❹원구와 입의 관계에 따른 분류: 3배엽성 동물은 초기 발생 과정에서 원구가 입이 되는지, 항문이 되는지에 따라 선구동물과 후구동물로 분류한다.

선구동물	• 원구가 입이 되고 원구의 반대쪽에 항문이 생기는 동물이다. • 편형동물, 연체동물, 환형동물, 선형동물, 절지동물이 있다.	외배엽, 내배엽, 항문, 중배엽, 원구 → 입
후구동물	• 원구가 항문이 되고 원구의 반대쪽에 입이 생기는 동물이다. • 극피동물과 척삭동물이 있다.	외배엽, 중배엽, 입, 내배엽, 원구 → 항문

❷ **방사 대칭 동물**
몸을 동일한 절반으로 나눌 수 있는 평면이 두 개 이상 존재한다.

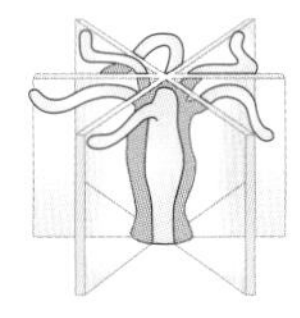

❸ **좌우 대칭 동물**
오직 한 개의 평면에 의해서만 몸이 동일한 절반으로 나누어진다.

❹ **원구**
다세포 동물의 발생 과정 중 낭배 형성 과정에서 세포 함입이 일어나는 부위이다.

THE 알기

❶ 촉수관
입 주위를 둘러싸고 있는 섬모가 달린 촉수로, 먹이를 섭취할 때 이용한다.

❷ 담륜자(트로코포라)
일부 환형동물과 연체동물의 알에서 발생하는 유생이다.

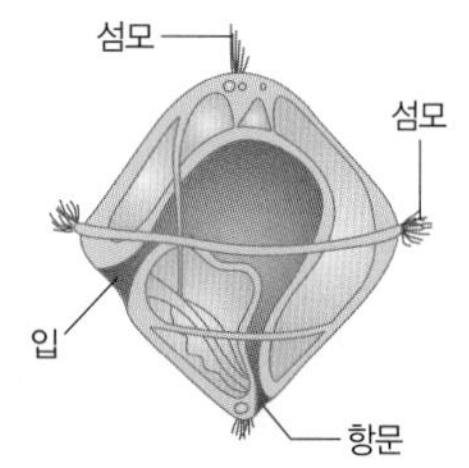

❸ 탈피
파충류나 곤충류 등이 성장함에 따라 피부의 허물이나 표피를 벗는 것이다.

(4) DNA의 염기 서열을 이용한 분류: DNA의 염기 서열을 이용하여 작성된 계통수에 따라 선구동물은 촉수담륜동물과 탈피동물로 분류한다.

촉수담륜동물	먹이를 잡는 데 쓰이는 ❶촉수관을 가지거나 ❷담륜자(트로코포라) 유생 시기를 거치는 동물이다. 편형동물, 연체동물, 환형동물이 있다.
탈피동물	생장 과정에서 ❸탈피를 하는 동물이다. 선형동물, 절지동물이 있다.

3 동물계의 계통수

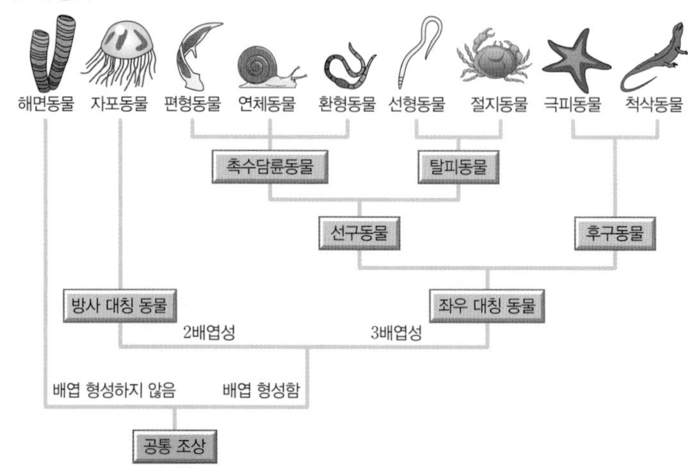

4 동물계의 분류

(1) 해면동물

① 포배 단계의 동물로 배엽을 형성하지 않아 ❹진정한 의미의 조직이 없다.
② 몸은 무대칭성이며, 대부분 바다에서 고착 생활을 한다.
③ 목욕해면, 화산해면 등이 있다.

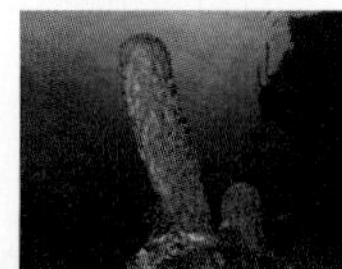
▲ 목욕해면

❹ 진정한 의미의 조직
다세포 동물에서 세포가 분화되어 다양한 기능을 수행하는 기관을 형성할 수 있는 조직이다.

(2) 자포동물

① 내배엽과 외배엽으로 이루어진 2배엽성 동물로, 몸은 주머니 모양으로 방사 대칭이다.
② ❺자세포가 있는 촉수를 이용하여 먹이를 잡거나 몸을 방어한다.
③ 해파리, 히드라, 말미잘, 산호 등이 있다.

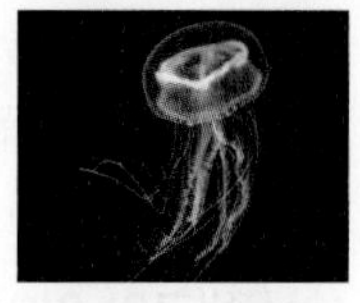
▲ 해파리

❺ 자세포
먹이 생물을 찔러 마취시키는 침 세포인 자포를 만든다.

(3) 편형동물

① 3배엽성 동물로 몸은 납작하고 좌우 대칭이다.
② 입은 있지만 항문이 없으며, 선구 동물이다.
③ 플라나리아, 촌충, 디스토마 등이 있다.

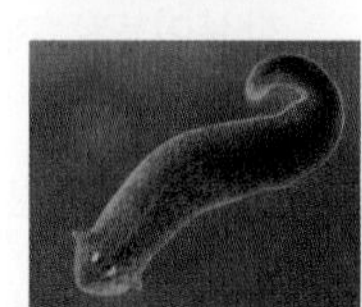
▲ 플라나리아

(4) 연체동물

① 3배엽성 동물로 몸은 좌우 대칭이며 선구동물이다.
② 몸이 연하고 체절이 없으며 ❻외투막으로 싸여 있고 석회질의 껍데기(패각)를 가지는 것이 많다.
③ 대부분은 발생 중 담륜자(트로코포라) 유생 시기를 거친다.
④ 달팽이, 문어, 오징어, 대합, 홍합, 군부 등이 있다.

▲ 달팽이

❻ 외투막
연체동물에서 몸을 덮는 근육질의 막으로 석회질의 껍데기(패각)를 분비한다.

(5) 환형동물

① 3배엽성 동물로 몸은 좌우 대칭이며 선구동물이다.
② 몸은 긴 원통형이고 수많은 체절이 있다.
③ 일부는 발생 중 담륜자(트로코포라) 유생 시기를 거친다.
④ 지렁이, 갯지렁이, 거머리 등이 있다.

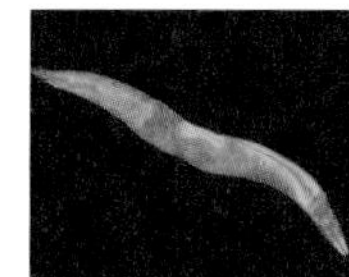
▲ 지렁이

(6) 선형동물

① 3배엽성 동물로 몸은 좌우 대칭이며 선구동물이다.
② 몸이 긴 원통형으로 ❶체절이 없고 가늘고 긴 실 모양이다.
③ 체표면은 큐티클층으로 덮여 있으며 성장하면서 주기적으로 탈피를 한다.
④ 회충, 요충, 예쁜꼬마선충 등이 있다.

▲ 예쁜꼬마선충

(7) 절지동물

① 3배엽성 동물로 몸은 좌우 대칭이고 선구동물이다.
② 전체 동물 종의 약 85 %를 차지할 정도로 다양하다.
③ 몸에는 체절이 있고 단단한 외골격을 가지며, 탈피를 한다.
④ 게, 가재 등의 갑각류, 거미, 전갈 등의 거미류, 파리, 개미 등의 곤충류, 지네, 노래기 등의 다지류가 있다.

▲ 거미

(8) 극피동물

① 3배엽성 동물로 후구동물이다. 유생은 좌우 대칭, 성체는 방사 대칭이다.
② 순환계와 호흡계 역할을 하는 ❷수관계가 발달하였고, 수관계와 연결된 돌출된 관족을 움직여 운동을 한다.
③ 불가사리, 성게, 해삼 등이 있다.

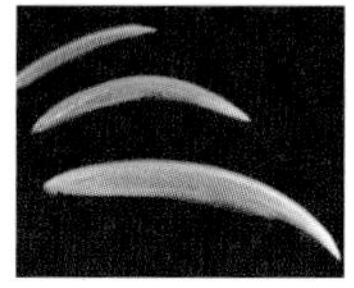
▲ 불가사리

(9) 척삭동물

① 3배엽성 동물로 몸은 좌우 대칭이고 후구동물이다.
② 발생 과정의 한 시기 또는 일생 동안 ❸척삭을 갖는다.
③ 미삭동물(우렁쉥이 등)은 유생 시기에만 척삭을 가지고, 두삭동물(창고기 등)은 일생 동안 척삭을 가진다. 척추동물(어류, 양서류, 파충류, 조류, 포유류)은 발생 초기에 척삭을 갖지만 성체로 자라면서 척추로 대치된다.

▲ 창고기

THE 알기

❶ 체절
동물의 몸에서 앞뒤 축을 따라 반복적으로 나타나는 마디 구조로, 환형동물, 절지동물 등 다양한 동물 무리에서 볼 수 있다.

❷ 수관계
극피동물에 있는 관 모양의 구조이다.

❸ 척삭
몸의 축을 따라 길게 뻗어 있는 막대 모양의 조직으로 몸의 지지 작용을 한다.

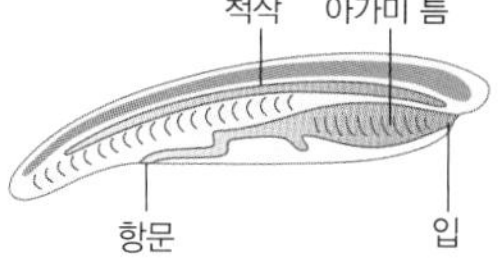

THE 들여다보기 척추동물의 특징

- 척추동물은 발생 초기에 나타난 척삭이 퇴화한 위치에 척수를 감싸는 골격인 척추가 형성된다.
- 턱이 없는 척추동물에는 칠성장어류가 있고, 턱이 있는 척추동물에는 어류, 양서류, 파충류, 조류, 포유류가 있다.

구분	어류	양서류	파충류	조류	포유류
몸의 표면	비늘	피부	비늘	깃털, 비늘	털
호흡 기관	아가미	아가미 → 폐, 피부	폐		
양막	없음		있음		
수정 방법	체외 수정		체내 수정		
체온	변온			정온	
번식	난생				태생
예	붕어, 상어 등	개구리, 도롱뇽 등	도마뱀, 뱀 등	참새, 까치 등	고래, 침팬지 등

개념체크

빈칸 완성

1. 동물은 ( )역, ( )계에 속하는 다세포 진핵 생물이다.
2. 동물은 다양한 운동 기관을 이용하며, 먹이를 섭취하여 살아가는 ( ) 영양 생물이다.
3. 동물은 발생이 끝나는 단계의 배엽의 수에 따라 배엽을 형성하지 않는 ( )성 동물, 2개의 배엽을 형성하는 ( )성 동물, 3개의 배엽을 형성하는 ( )성 동물로 분류한다.
4. 몸을 동일한 절반으로 나눌 수 있는 평면이 두 개 이상 존재하는 ( ) 대칭 동물과 오직 한 개의 평면에 의해서만 동일한 절반으로 나뉘어지는 ( ) 대칭 동물이 있다.
5. 원구가 입이 되고 원구의 반대쪽에 항문이 생기는 ( )동물과 원구가 항문이 되고 원구의 반대쪽에 입이 생기는 ( )동물이 있다.
6. 해면동물은 배엽을 형성하지 않아 진정한 의미의 ( )이 없다.
7. 자포동물은 ( )가 있는 촉수를 이용하여 먹이를 잡거나 몸을 방어한다.
8. 촉수담륜동물은 먹이를 잡는 데 쓰이는 ( )을 가지거나 ( ) 유생 시기를 거치는 동물이다.
9. 선형동물과 절지동물은 성장함에 따라 피부의 허물이나 표피를 벗는 ( )를 한다.
10. 극피동물의 유생은 ( ) 대칭이고 성체는 ( ) 대칭이며, 순환계와 호흡계 역할을 하는 ( )가 발달하였다.
11. 척삭동물은 발생 과정의 한 시기 또는 일생 동안 ( )을 갖는다.

정답 1. 진핵생물, 동물 2. 종속 3. 무배엽, 2배엽, 3배엽 4. 방사, 좌우 5. 선구, 후구 6. 조직 7. 자세포 8. 촉수관, 담륜자(트로코포라) 9. 탈피 10. 좌우, 방사, 수관계 11. 척삭

○X 문제

1. 동물의 분류에 대한 설명으로 옳은 것은 ○, 옳지 않은 것은 ×로 표시하시오.
   (1) 해면동물은 무배엽성 동물이다. ( )
   (2) 자포동물은 내배엽과 중배엽으로 이루어진 2배엽성 동물이다. ( )
   (3) 연체동물은 원구가 입이 되고 원구의 반대쪽에 항문이 생기는 동물이다. ( )
   (4) 선형동물은 촉수담륜동물이고, 환형동물은 탈피동물이다. ( )
   (5) 절지동물과 극피동물은 모두 원구가 항문이 되고 원구의 반대쪽에 입이 생기는 동물이다. ( )
   (6) 척삭동물 중 우렁쉥이(멍게)와 같은 미삭동물은 일생 동안 척삭을 가진다. ( )
   (7) 척추동물은 발생 초기에 척삭을 가지지만 성체로 자라면서 척추로 대치된다. ( )

바르게 연결하기

2. 동물계에 속하는 동물과 그 예를 옳게 연결하시오.

(1)	편형동물	㉠	오징어
(2)	연체동물	㉡	회충
(3)	환형동물	㉢	플라나리아
(4)	선형동물	㉣	불가사리
(5)	절지동물	㉤	개미
(6)	극피동물	㉥	창고기
(7)	척삭동물	㉦	지렁이

정답 1. (1) ○ (2) × (3) ○ (4) × (5) × (6) × (7) ○ 2. (1) ㉢ (2) ㉠ (3) ㉦ (4) ㉡ (5) ㉤ (6) ㉣ (7) ㉥

탐구 활동 특정 형질을 이용한 계통수 작성하기

정답과 해설 81쪽

목표

특정 형질을 이용하여 생물종의 계통수를 작성하고, 유연관계를 설명할 수 있다.

과정

그림은 공통 조상으로부터 진화한 가상의 동물 종 (가)~(마)를 나타낸 것이다.

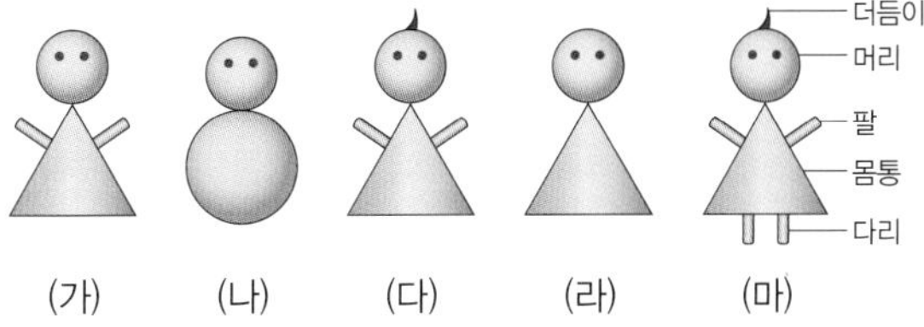

결과 정리 및 해석

1. (가)~(마)가 가지는 형질의 특성을 표에 정리해보자.

형질	(가)	(나)	(다)	(라)	(마)
더듬이의 유무	없음	없음	있음	없음	있음
머리의 모양	원형	원형	원형	원형	원형
팔의 유무	있음	없음	있음	없음	있음
몸통의 모양	삼각형	원형	삼각형	삼각형	삼각형
다리의 유무	없음	없음	없음	없음	있음

2. 1의 표에서 (가)~(마) 모두가 공통적으로 갖는 형질의 특성이 머리의 모양이 원형인 것이므로, (가)~(마)의 공통 조상이 갖는 형질의 특성은 머리의 모양이 원형인 것이다.
3. 1의 표에서 몸통의 모양이 (나)는 원형이고 나머지 종들은 삼각형이므로, (나)와 나머지 종들을 구분할 수 있는 형질은 몸통의 모양이다.

탐구 분석

1. 그림은 (가)~(마)의 유연관계를 제시된 형질을 이용해 계통수로 나타낸 것이다. A~D는 각각 제시된 형질 중 하나이다. A~D에 해당하는 형질은 각각 무엇인가?
2. 계통수에서 (마)를 기준으로 유연관계가 가까운 순서대로 나열하고, 그 까닭을 설명해 보자.

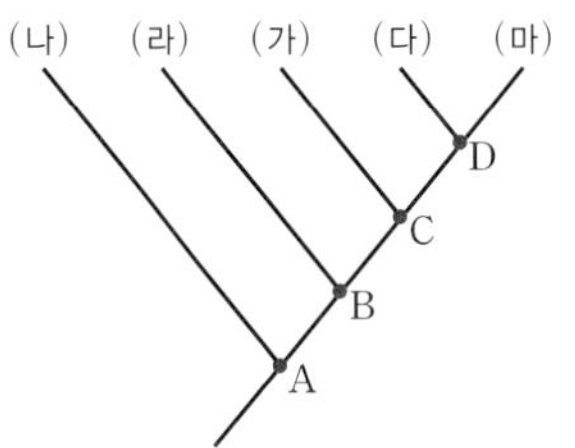

내신 기초 문제

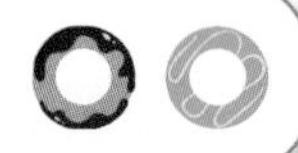

[20702-0484]
01 종의 개념에 대한 설명으로 옳은 것만을 〈보기〉에서 있는 대로 고른 것은?

보기
ㄱ. 종은 생물 분류의 가장 기본이 되는 분류군이다.
ㄴ. 오늘날에는 종을 생물학적 종의 개념보다 형태적 종의 개념으로 설명한다.
ㄷ. 생물학적 종은 자연 상태에서 서로 교배하여 생식 능력이 있는 자손을 낳을 수 있는 무리를 의미한다.

① ㄱ ② ㄴ ③ ㄱ, ㄷ ④ ㄴ, ㄷ ⑤ ㄱ, ㄴ, ㄷ

[20702-0485]
02 생물의 분류 단계에 대한 설명으로 옳은 것은?

① 분류의 단계 중 계가 역보다 넓은 범위의 분류군이다.
② 계층적인 생물 분류는 생물의 유연관계와 관련이 없다.
③ 공통적인 특징이 많은 속을 모아 하나의 종으로 묶을 수 있다.
④ 분류의 단계 중 같은 과에 속하는 생물은 반드시 같은 목에 속한다.
⑤ 가까운 공통 조상을 공유하는 생물들이 먼 공통 조상을 공유하는 생물보다 넓은 범위에서 분류군을 형성한다.

[20702-0486]
03 이명법으로 사람의 학명을 표기한 것으로 옳은 것은?

① homo sapiens linné
② *homo Sapiens* Linné
③ *Homo sapiens* Linné
④ Homo sapiens *Linné*
⑤ *Homo Sapiens* Linné

[20702-0487]
04 그림은 생물종 A~F의 유연관계를 계통수로 나타낸 것이다. C를 기준으로 유연관계가 가까운 순서대로 나열하시오.

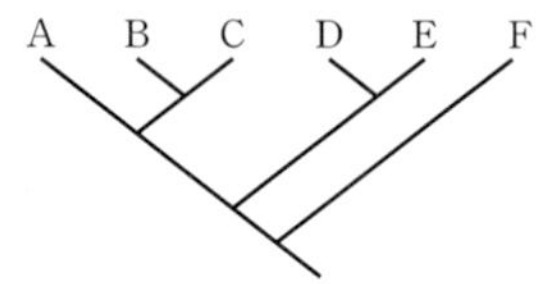

[20702-0488]
05 생물의 분류 체계에 대한 설명으로 옳은 것만을 〈보기〉에서 있는 대로 고른 것은?

보기
ㄱ. 린네는 생물을 식물계와 동물계로 분류하였다.
ㄴ. 5계 분류 체계에는 고세균계가 있다.
ㄷ. 3역 6계 분류 체계에서 메테인 생성균은 진정세균계에 속한다.

① ㄱ ② ㄴ ③ ㄷ ④ ㄱ, ㄷ ⑤ ㄴ, ㄷ

[20702-0489]
06 그림은 3역 6계 분류 체계를 나타낸 것이다. A와 B는 각각 세균역과 고세균역 중 하나이고, ㉠과 ㉡은 각각 균계와 식물계 중 하나이다.

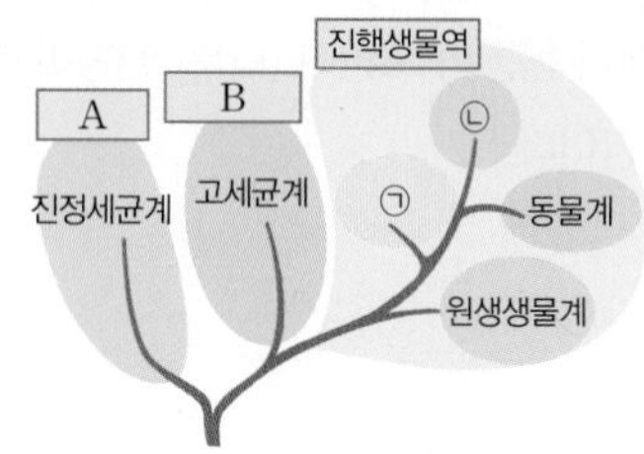

이에 대한 설명으로 옳은 것만을 〈보기〉에서 있는 대로 고른 것은?

보기
ㄱ. A와 B에 속하는 생물은 모두 핵막이 없다.
ㄴ. ㉠은 식물계이다.
ㄷ. ㉡에 속하는 생물 중 단세포 생물이 있다.

① ㄱ ② ㄷ ③ ㄱ, ㄴ ④ ㄴ, ㄷ ⑤ ㄱ, ㄴ, ㄷ

[20702-0490]
07 3역 6계에 속하는 생물들에 대한 설명으로 옳은 것은?

① 남세균은 고세균계에 속한다.
② 극호열균은 세포벽에 펩티도글리칸 성분이 있다.
③ 아메바와 효모는 모두 원생생물계에 속한다.
④ 균계에 속하는 생물은 독립 영양 생물이다.
⑤ 식물계와 동물계에 속하는 생물은 모두 다세포 진핵생물이다.

[20702-0491]
08 식물계의 기원과 특징에 대한 설명으로 옳은 것만을 〈보기〉에서 있는 대로 고른 것은?

보기
ㄱ. 주성분이 키틴질인 세포벽이 있다.
ㄴ. 엽록체가 있어 광합성을 하는 독립 영양 생물이다.
ㄷ. 균계에 속하는 생물이 식물계의 다양한 식물로 분화하였다.

① ㄱ ② ㄴ ③ ㄱ, ㄷ ④ ㄴ, ㄷ ⑤ ㄱ, ㄴ, ㄷ

[20702-0492]
09 그림은 선태식물에 속하는 식물을 나타낸 것이다.

이 식물에 대한 설명으로 옳은 것만을 〈보기〉에서 있는 대로 고른 것은?

보기
ㄱ. 엽록소 a를 갖는다.
ㄴ. 비관다발 식물이다.
ㄷ. 뿌리, 줄기, 잎의 구분이 뚜렷하다.

① ㄱ ② ㄷ ③ ㄱ, ㄴ ④ ㄴ, ㄷ ⑤ ㄱ, ㄴ, ㄷ

[20702-0493]
10 비종자 관다발 식물에 대한 설명으로 옳은 것만을 〈보기〉에서 있는 대로 고른 것은?

보기
ㄱ. 포자로 번식한다.
ㄴ. 헛물관과 체관으로 이루어진 관다발이 있다.
ㄷ. 고사리는 비종자 관다발 식물에 속한다.

① ㄱ ② ㄴ ③ ㄱ, ㄷ ④ ㄴ, ㄷ ⑤ ㄱ, ㄴ, ㄷ

[20702-0494]
11 겉씨식물과 속씨식물에 대한 설명으로 옳은 것만을 〈보기〉에서 있는 대로 고른 것은?

보기
ㄱ. 겉씨식물은 암수 생식 기관이 따로 형성된다.
ㄴ. 속씨식물은 씨방이 없어 밑씨가 겉으로 드러나 있다.
ㄷ. 겉씨식물과 속씨식물의 관다발은 모두 물관과 체관으로 이루어져 있다.

① ㄱ ② ㄴ ③ ㄷ ④ ㄱ, ㄷ ⑤ ㄴ, ㄷ

[20702-0495]
12 그림은 식물 A~C의 특징을 선으로 연결하여 나타낸 것이다. A~C는 각각 석송, 뿔이끼, 민들레 중 하나이고, ㉠~㉢은 '종자로 번식한다.', '엽록체가 있다.', '뿌리, 줄기, 잎이 분화되어 있다.'를 순서 없이 나타낸 것이다.

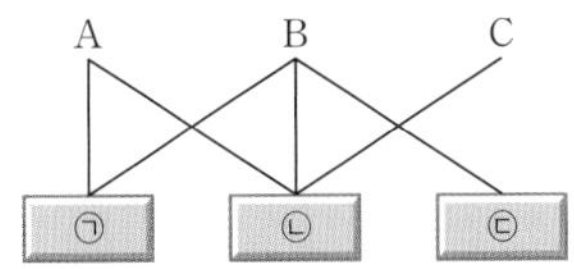

이에 대한 설명으로 옳은 것만을 〈보기〉에서 있는 대로 고른 것은?

보기
ㄱ. ㉠은 '종자로 번식한다.'이다.
ㄴ. B는 민들레이다.
ㄷ. B와 C는 모두 관다발이 있다.

① ㄱ ② ㄴ ③ ㄷ ④ ㄱ, ㄴ ⑤ ㄴ, ㄷ

정답과 해설 81쪽

[20702-0496]
13 해면동물에 대한 설명으로 옳은 것만을 <보기>에서 있는 대로 고른 것은?

보기
ㄱ. 2배엽성 동물이다.
ㄴ. 진정한 의미의 조직이 없다.
ㄷ. 해파리는 해면동물에 속한다.

① ㄱ ② ㄴ ③ ㄱ, ㄷ ④ ㄴ, ㄷ ⑤ ㄱ, ㄴ, ㄷ

[20702-0497]
14 연체동물과 환형동물의 공통점에 대한 설명으로 옳지 않은 것은?

① 3배엽성 동물이다.
② 촉수담륜동물이다.
③ 몸이 좌우 대칭이다.
④ 원구가 항문이 되는 동물이다.
⑤ 발생 과정 중 담륜자(트로코포라) 유생 시기를 거치는 동물이 있다.

[20702-0498]
15 다음에서 설명하고 있는 동물문이 무엇인지 쓰시오.

- 몸이 좌우 대칭이다.
- 원구가 입이 되고 원구의 반대쪽에 항문이 생기는 동물이다.
- 몸에는 체절이 있고 단단한 외골격을 가지며, 탈피를 한다.

[20702-0499]
16 그림은 극피동물에 속하는 동물을 나타낸 것이다.

이 동물에 대한 설명으로 옳은 것만을 <보기>에서 있는 대로 고른 것은?

보기
ㄱ. 수관계를 가지고 있다.
ㄴ. 관족을 움직여 운동을 한다.
ㄷ. 발생 과정 중 중배엽을 형성한다.

① ㄱ ② ㄷ ③ ㄱ, ㄴ ④ ㄴ, ㄷ ⑤ ㄱ, ㄴ, ㄷ

[20702-0500]
17 그림은 동물 A~C의 계통수를 나타낸 것이다. A~C는 말미잘, 창고기, 예쁜꼬마선충을 순서 없이 나타낸 것이다.

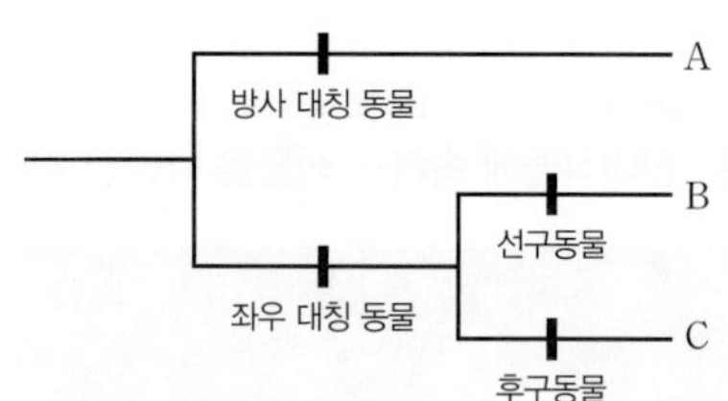

A~C에 해당하는 동물을 각각 쓰시오.

[20702-0501]
18 척추동물에 대한 설명으로 옳은 것만을 <보기>에서 있는 대로 고른 것은?

보기
ㄱ. 후구동물이다.
ㄴ. 성체로 자라면서 척삭이 척추로 대치된다.
ㄷ. 우렁쉥이(멍게)는 척추동물에 속한다.

① ㄱ ② ㄷ ③ ㄱ, ㄴ ④ ㄴ, ㄷ ⑤ ㄱ, ㄴ, ㄷ

실력 향상 문제

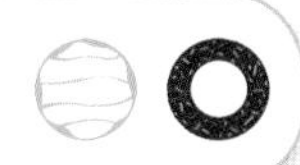

정답과 해설 83쪽

[20702-0502]

01 다음은 생물종 A~D에 대한 자료이다.

- ㉠ 암말 A와 수탕나귀 B의 교배로 태어난 자손은 생식 능력이 없다.
- 진돗개 C와 불도그 D의 교배로 태어난 자손은 생식 능력이 있다.

이에 대한 설명으로 옳은 것만을 <보기>에서 있는 대로 고른 것은?

보기

ㄱ. A와 B는 생물학적으로 같은 종이다.
ㄴ. ㉠은 노새이다.
ㄷ. C와 D는 생식적으로 격리되어 있다.

① ㄱ ② ㄴ ③ ㄱ, ㄷ ④ ㄴ, ㄷ ⑤ ㄱ, ㄴ, ㄷ

[20702-0503]

02 다음은 참나무과에 속하는 식물 종 (가)~(라)의 학명을 나타낸 것이다.

- (가): *Castanea crenata* Siebold & Zucc.
- (나): *Fagus engleriana*
- (다): *Quercus dentata* Thunb.
- (라): *Quercus mongolica*

이에 대한 설명으로 옳은 것만을 <보기>에서 있는 대로 고른 것은?

보기

ㄱ. (가)의 학명은 이명법을 사용하였다.
ㄴ. (가)~(라)는 모두 같은 목에 속한다.
ㄷ. (다)와 (라)의 유연관계는 (다)와 (나)의 유연관계보다 가깝다.

① ㄱ ② ㄴ ③ ㄱ, ㄷ ④ ㄴ, ㄷ ⑤ ㄱ, ㄴ, ㄷ

[20702-0504]

03 그림 (가)는 2개의 과로 분류되는 생물종 A~E를 특징 ⓐ~ⓒ에 따라 분류한 것을, (나)는 이 특징을 바탕으로 작성한 A~E의 계통수를 나타낸 것이다. ㉠은 ⓐ~ⓒ 중 하나이다.

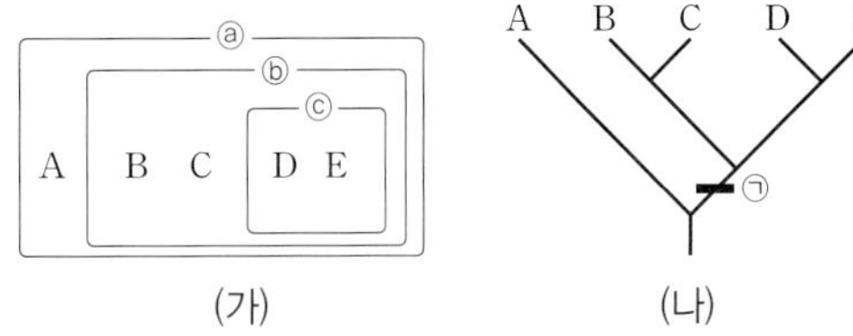

(가) (나)

이에 대한 설명으로 옳은 것만을 <보기>에서 있는 대로 고른 것은?

보기

ㄱ. ㉠은 ⓐ이다.
ㄴ. B와 D는 같은 과에 속한다.
ㄷ. C와 E의 유연관계는 C와 A의 유연관계보다 가깝다.

① ㄱ ② ㄴ ③ ㄷ ④ ㄱ, ㄴ ⑤ ㄴ, ㄷ

[20702-0505]

04 표는 3역 6계 분류 체계에서 3역의 특성을 나타낸 것이다. (가)~(다)는 각각 세균역, 고세균역, 진핵생물역 중 하나이다.

구분	(가)	(나)	(다)
세포 수	?	단세포	단세포
핵막의 유무	있음	㉠	없음
펩티도글리칸 성분의 세포벽	없음	있음	㉡

이에 대한 설명으로 옳은 것만을 <보기>에서 있는 대로 고른 것은?

보기

ㄱ. (가)에 속하는 생물은 모두 다세포 생물이다.
ㄴ. ㉠과 ㉡은 모두 '없음'이다.
ㄷ. (다)와 (가)의 유연관계는 (다)와 (나)의 유연관계보다 가깝다.

① ㄱ ② ㄷ ③ ㄱ, ㄴ ④ ㄴ, ㄷ ⑤ ㄱ, ㄴ, ㄷ

서술형

[20702-0506]

05 그림은 3역 6계 분류 체계에 따라 작성한 대장균(A), 고사리(B), 오징어(C), 짚신벌레(D), 푸른곰팡이(E), 메테인 생성균(F)의 계통수 일부를 나타낸 것이다. 계통수를 완성하시오.

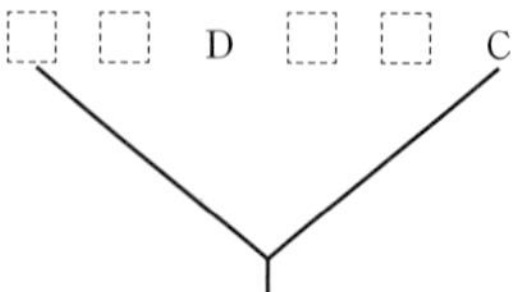

[20702-0507]

06 표 (가)는 생물 A~C에서 특징 Ⅰ~Ⅲ의 유무를 나타낸 것이고, (나)는 Ⅰ~Ⅲ을 순서 없이 나타낸 것이다. A~C는 각각 쇠뜨기, 아메바, 광대버섯 중 하나이다.

구분	Ⅰ	Ⅱ	Ⅲ
A	×	?	○
B	○	×	?
C	?	○	○

(○: 있음, ×: 없음)

(가)

특징(Ⅰ~Ⅲ)
• 관다발이 있다.
• 다세포 생물이다.
• 진핵생물역에 속한다.

(나)

이에 대한 설명으로 옳은 것만을 〈보기〉에서 있는 대로 고른 것은?

보기

ㄱ. Ⅰ은 '진핵생물역에 속한다.'이다.
ㄴ. B는 종속 영양 생물이다.
ㄷ. C는 종자로 번식한다.

① ㄱ ② ㄴ ③ ㄱ, ㄷ ④ ㄴ, ㄷ ⑤ ㄱ, ㄴ, ㄷ

[20702-0508]

07 그림 (가)와 (나)는 솔이끼와 고사리를 순서 없이 나타낸 것이다.

(가)

(나)

이에 대한 설명으로 옳은 것만을 〈보기〉에서 있는 대로 고른 것은?

보기

ㄱ. (가)는 뿌리, 줄기, 잎의 구분이 뚜렷하다.
ㄴ. (나)는 비종자 관다발 식물이다.
ㄷ. (가)와 (나)는 모두 독립 영양 생물이다.

① ㄱ ② ㄴ ③ ㄱ, ㄷ ④ ㄴ, ㄷ ⑤ ㄱ, ㄴ, ㄷ

[20702-0509]

08 그림은 식물 A~D의 유연관계에 따른 계통수를 나타낸 것이다. A~D는 각각 석송, 장미, 소나무, 우산이끼 중 하나이다.

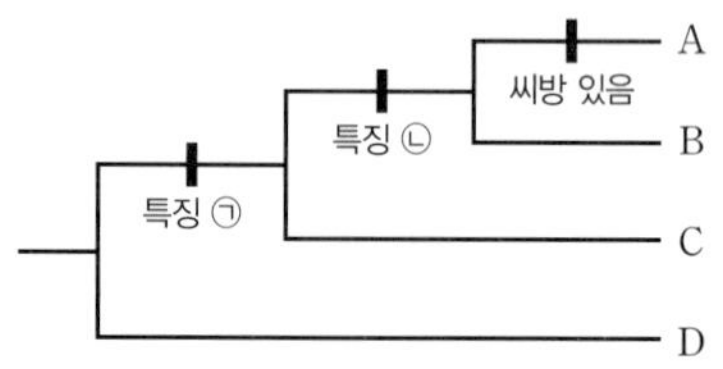

이에 대한 설명으로 옳은 것만을 〈보기〉에서 있는 대로 고른 것은?

보기

ㄱ. '관다발 있음'은 ㉠에 해당한다.
ㄴ. '종자 형성함'은 ㉡에 해당한다.
ㄷ. B와 C에는 모두 헛물관이 있다.

① ㄱ ② ㄷ ③ ㄱ, ㄴ ④ ㄴ, ㄷ ⑤ ㄱ, ㄴ, ㄷ

[20702-0510]

09 표는 속씨식물의 떡잎 수, 잎맥, 뿌리의 특성을 나타낸 것이다. (가)와 (나)는 각각 쌍떡잎식물과 외떡잎식물 중 하나이고, ㉠과 ㉡은 각각 그물맥과 나란히맥 중 하나이다.

구분	떡잎 수	잎맥	뿌리
(가)	1장	㉠	수염뿌리
(나)	2장	㉡	곧은뿌리

이에 대한 설명으로 옳은 것만을 〈보기〉에서 있는 대로 고른 것은?

보기

ㄱ. (가)는 외떡잎식물이다.
ㄴ. ㉡은 나란히맥이다.
ㄷ. 벼의 뿌리는 곧은뿌리이다.

① ㄱ ② ㄷ ③ ㄱ, ㄴ ④ ㄴ, ㄷ ⑤ ㄱ, ㄴ, ㄷ

[20702-0511]
10 그림은 동물 (가)~(라)의 유연관계에 따른 계통수를 나타낸 것이다. (가)~(라)는 각각 거미, 지렁이, 창고기, 플라나리아 중 하나이다.

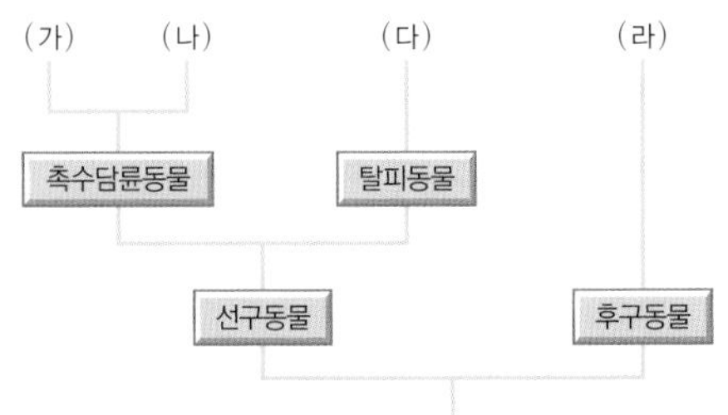

이에 대한 설명으로 옳은 것만을 〈보기〉에서 있는 대로 고른 것은?

보기
ㄱ. (가)와 (나)는 모두 몸이 긴 원통형이다.
ㄴ. (다)는 곤충류에 속한다.
ㄷ. (라)는 일생 동안 척삭을 가진다.

① ㄱ ② ㄴ ③ ㄷ ④ ㄱ, ㄴ ⑤ ㄴ, ㄷ

[20702-0512]
11 그림은 동물 A와 B의 공통점과 차이점을, 표는 특징 ㉠과 ㉡을 순서 없이 나타낸 것이다. A와 B는 각각 대합, 선충 중 하나이다.

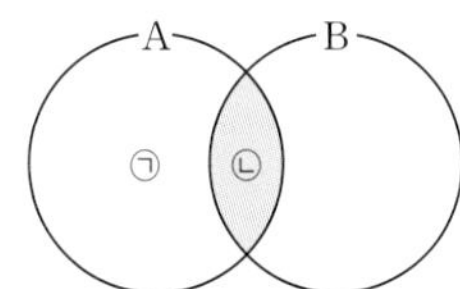

특징(㉠, ㉡)
• 몸이 좌우 대칭이다. • 담륜자(트로코포라) 유생 시기를 거친다.

이에 대한 설명으로 옳은 것만을 〈보기〉에서 있는 대로 고른 것은?

보기
ㄱ. A는 선충이다.
ㄴ. ㉡은 '몸이 좌우 대칭이다.'이다.
ㄷ. B는 성장 과정에서 탈피를 한다.

① ㄱ ② ㄴ ③ ㄱ, ㄷ ④ ㄴ, ㄷ ⑤ ㄱ, ㄴ, ㄷ

[20702-0513]
12 그림은 동물 A와 B의 초기 발생 과정을 나타낸 것이다. A와 B는 각각 극피동물과 연체동물 중 하나이다.

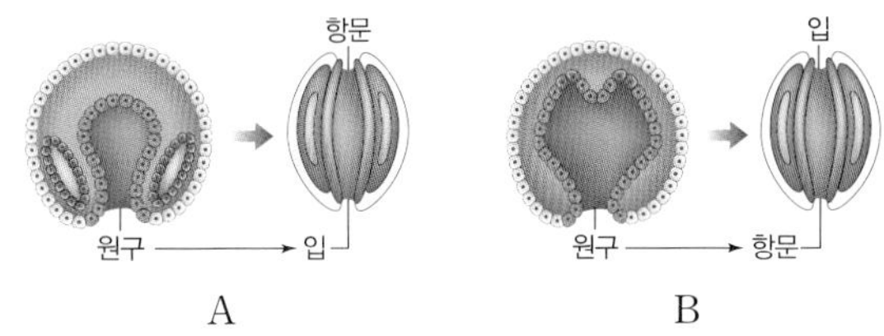

이에 대한 설명으로 옳은 것만을 〈보기〉에서 있는 대로 고른 것은?

보기
ㄱ. A는 연체동물이다.
ㄴ. 해삼은 B에 속한다.
ㄷ. A와 B는 모두 3배엽성 동물이다.

① ㄱ ② ㄷ ③ ㄱ, ㄴ ④ ㄴ, ㄷ ⑤ ㄱ, ㄴ, ㄷ

서술형
[20702-0514]
13 다음은 동물계의 일부를 분류하는 검색표이다. (가)~(다)는 각각 연체동물, 절지동물, 척삭동물 중 하나이다.

A1. 척삭이 없다.
B1. ㉠
C1. 외골격이 있다. ······ (가)
C2. 외골격이 없다. ······ 환형동물
B2. ㉡
D1. 외투막이 있다. ······ (나)
D2. 수관계가 있다. ······ 극피동물
A2. 척삭이 있다. ······ (다)

(가)~(다)에 해당하는 동물이 무엇인지 각각 쓰고, ㉠과 ㉡에 해당하는 분류 기준을 각각 서술하시오.

[20702-0515]

01 그림은 2과 3속으로 분류되는 생물종 A~F의 계통수를, 표는 이 계통수의 분류 기준이 되는 특징 Ⅰ~Ⅴ의 유무를 나타낸 것이다. (가)~(바)는 A~F를, ㉠~㉤은 Ⅰ~Ⅴ를 순서 없이 나타낸 것이다.

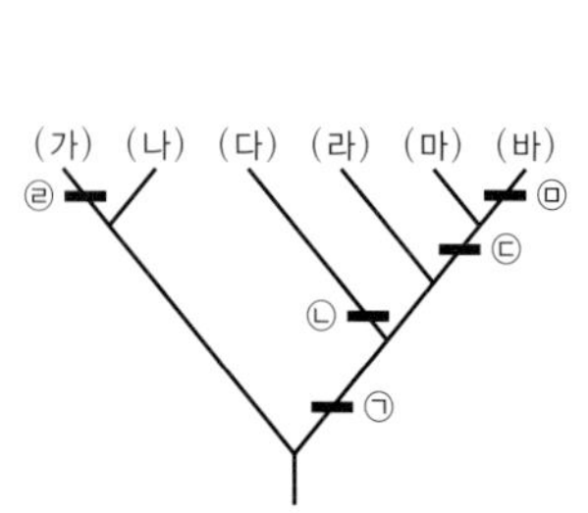

특징 \ 종	A	B	C	D	E	F
Ⅰ	×	○	×	×	○	×
Ⅱ	×	×	×	○	×	×
Ⅲ	○	○	○	×	○	×
Ⅳ	×	×	×	×	○	×
Ⅴ	×	×	○	×	×	×

(○: 있음, ×: 없음)

이에 대한 설명으로 옳은 것만을 <보기>에서 있는 대로 고른 것은?

보기
ㄱ. (가)는 D이다.
ㄴ. ㉢은 Ⅳ이다.
ㄷ. A와 E는 같은 속에 속한다.

① ㄱ ② ㄴ ③ ㄱ, ㄷ ④ ㄴ, ㄷ ⑤ ㄱ, ㄴ, ㄷ

[20702-0516]

02 그림은 효모, 남세균, 메테인 생성균을 분류 기준 ㉠과 ㉡에 따라 분류하는 과정을 나타낸 것이다.

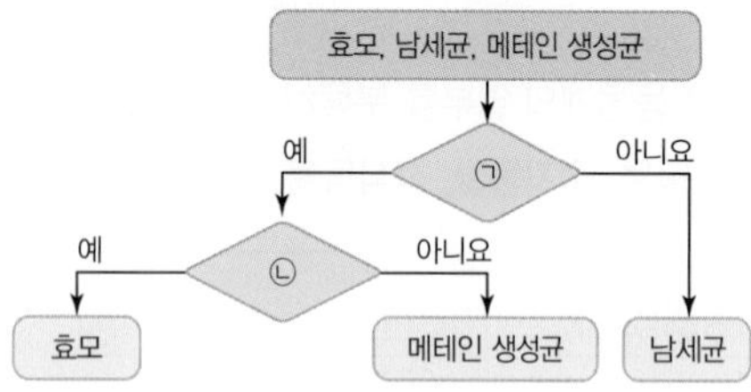

이에 대한 설명으로 옳은 것만을 <보기>에서 있는 대로 고른 것은?

보기
ㄱ. '펩티도글리칸 성분의 세포벽이 있는가?'는 ㉠에 해당한다.
ㄴ. '핵막이 있는가?'는 ㉡에 해당한다.
ㄷ. 남세균과 메테인 생성균은 3역 6계 분류 체계에서 서로 다른 역에 속한다.

① ㄱ ② ㄷ ③ ㄱ, ㄴ ④ ㄴ, ㄷ ⑤ ㄱ, ㄴ, ㄷ

[20702-0517]

03 그림은 6종의 식물 A~F 중 5종의 유연관계를 계통수로 나타낸 것이고, 표는 A~F의 학명과 분류 단계를 나타낸 것이다. A~F는 2개의 목, 3개의 과로 분류된다.

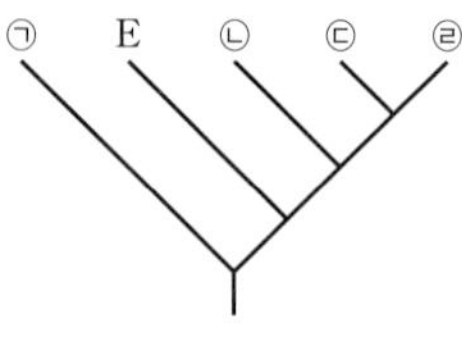

종	학명	목명	과명
A	*Oryza sativa*	벼목	?
B	*Rosa canina*	장미목	?
C	*Rosa multiflora*	?	장미과
D	*Hordeum vulgare*	벼목	?
E	*Typha latifolia*	?	부들과
F	*Oryza glaberrima*	?	벼과

이에 대한 설명으로 옳은 것만을 <보기>에서 있는 대로 고른 것은?

보기
ㄱ. ㉠은 밑씨가 씨방에 싸여 있다.
ㄴ. D는 벼과에 속한다.
ㄷ. E와 A의 유연관계는 E와 B의 유연관계보다 가깝다.

① ㄱ ② ㄴ ③ ㄱ, ㄷ ④ ㄴ, ㄷ ⑤ ㄱ, ㄴ, ㄷ

[20702-0518]

04 그림은 달팽이와 동물 A~D의 유연관계에 따른 계통수를 나타낸 것이다. A~D는 각각 회충, 성게, 히드라, 목욕해면 중 하나이고, 특징 ㉠~㉢은 각각 '탈피를 한다.', '몸이 방사 대칭이다.', '진정한 의미의 조직이 없다.' 중 하나이다.

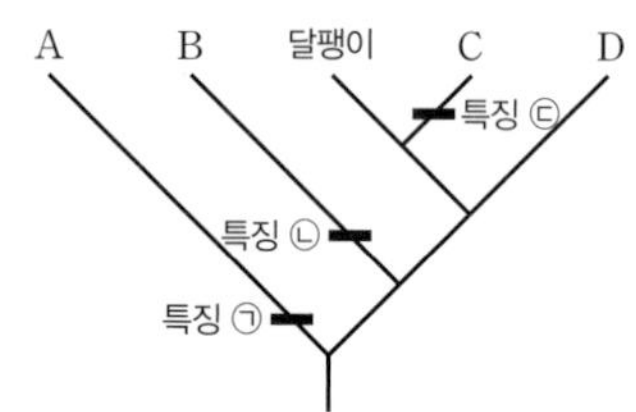

이에 대한 설명으로 옳은 것만을 <보기>에서 있는 대로 고른 것은?

보기
ㄱ. B에는 자세포가 있다.
ㄴ. ㉡은 '탈피를 한다.'이다.
ㄷ. C와 D는 모두 선구동물이다.

① ㄱ ② ㄴ ③ ㄱ, ㄷ ④ ㄴ, ㄷ ⑤ ㄱ, ㄴ, ㄷ

14

생물의 진화

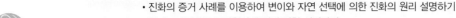

• 진화의 증거 사례를 이용하여 변이와 자연 선택에 의한 진화의 원리 설명하기
• 하디 · 바인베르크 법칙과 유전적 평형 설명하기
• 종분화 과정의 원리를 이해하고 다양한 종분화 사례 설명하기

한눈에 단원 파악, 이것이 핵심!

생물 진화의 증거에는 어떤 것이 있을까?

화석상의 증거	비교해부학적 증거	진화발생학적 증거	생물지리학적 증거	분자진화학적 증거
• 화석을 통해 지층을 형성할 당시의 환경과 생물 다양성에 대한 특성 파악	• 생물의 해부학적 형태와 구조를 비교 분석 • 상동 형질(상동 기관) • 상사 형질(상사 기관) • 흔적 기관	• 동물의 발생 과정을 비교 분석	• 지리적으로 격리된 생물의 변화 분석	• 단백질의 아미노산 조성 및 서열, DNA 염기 서열 등의 분자생물학적 특성을 비교

개체군 진화의 원리는 무엇인가?

하디 · 바인베르크 법칙

멘델 집단에서 대립유전자 A의 빈도를 p, 대립유전자 a의 빈도를 q라고 하면 ($p+q=1$), 이들 생식세포가 결합하여 만들어진 자손의 유전자형 빈도는 다음과 같다.

난자 \ 정자	A(p)	a(q)
A(p)	AA(p^2)	Aa(pq)
a(q)	Aa(pq)	aa(q^2)

➡ 자손 세대의 대립유전자 A의 빈도
$$p^2+2pq\times\frac{1}{2}=p(p+q)=p$$

➡ 자손 세대의 대립유전자 a의 빈도
$$q^2+2pq\times\frac{1}{2}=q(p+q)=q$$

➡ 부모 세대의 대립유전자 빈도와 자손 세대의 대립유전자 빈도가 같다.

종분화의 원리는 무엇인가?

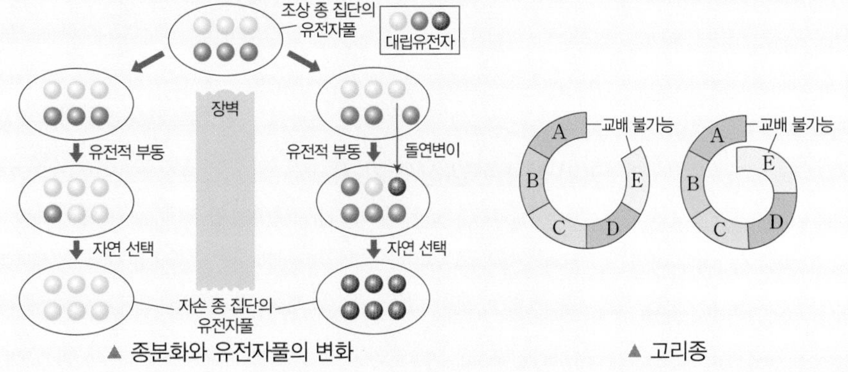

▲ 종분화와 유전자풀의 변화

▲ 고리종

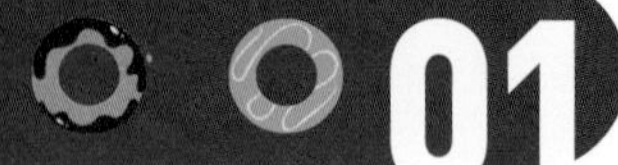

01 생물 진화의 증거

THE 알기

❶ 화석상의 증거
화석은 오래전에 살았던 생물의 뼈나 껍데기와 같은 단단한 부위가 지층 속에서 암석화된 것이다. 고래 화석 외에 말 화석도 생물의 진화를 잘 보여준다. 말 화석을 통해 말은 발가락 수가 줄어들고 몸집이 커지는 방향으로 진화하였음을 알 수 있다.

1 ❶화석상의 증거

(1) 각 지층에서 발견되는 화석을 연구하면 지층을 형성할 당시의 환경과 생물 다양성에 대한 특성을 알 수 있으며, 화석을 연대순으로 배열하면 생물이 변해 온 과정을 알 수 있다.

(2) 고래 화석: 고래의 조상 화석에서는 온전한 뒷다리가 발견되지만 현생 고래는 뒷다리가 없다. 이것은 고래가 육상 포유류로부터 진화하였음을 보여주는 증거이다.

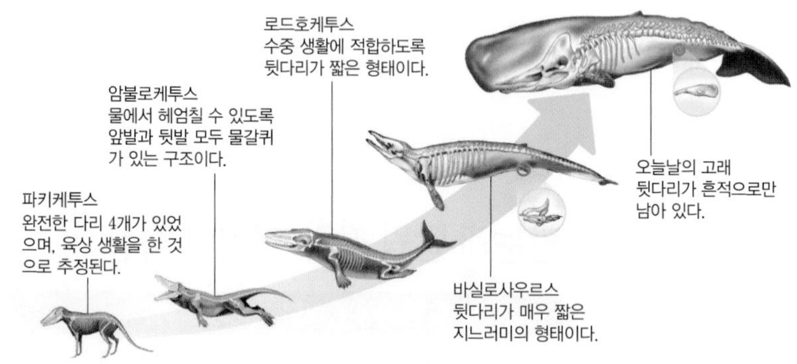

파키케투스
완전한 다리 4개가 있었으며, 육상 생활을 한 것으로 추정된다.
암불로케투스
물에서 헤엄칠 수 있도록 앞발과 뒷발 모두 물갈퀴가 있는 구조이다.
로드호케투스
수중 생활에 적합하도록 뒷다리가 짧은 형태이다.
바실로사우르스
뒷다리가 매우 짧은 지느러미의 형태이다.
오늘날의 고래
뒷다리가 흔적으로만 남아 있다.

▲ 화석에 근거한 고래의 진화 과정

2 비교해부학적 증거

생물의 해부학적 형태나 구조를 비교하여 생물의 진화 과정을 알 수 있다.

❷ 상동 형질의 예
사람이 놀라거나 추울 때 피부에 닭살이 돋는 것은 다른 포유류가 놀라거나 추울 때 털을 곧추 세우는 것과 상동인 형질이다.

(1) ❷상동 형질(상동 기관)

① 공통 조상으로부터 물려받아 같은 기원의 비슷한 해부학적 구조를 갖는 형질을 상동 형질(상동 기관)이라고 한다.

② 사람의 팔, 고양이의 앞다리, 새의 날개를 비교하면 형태나 기능은 다르지만, 발생 기원과 해부학적 구조가 같다.

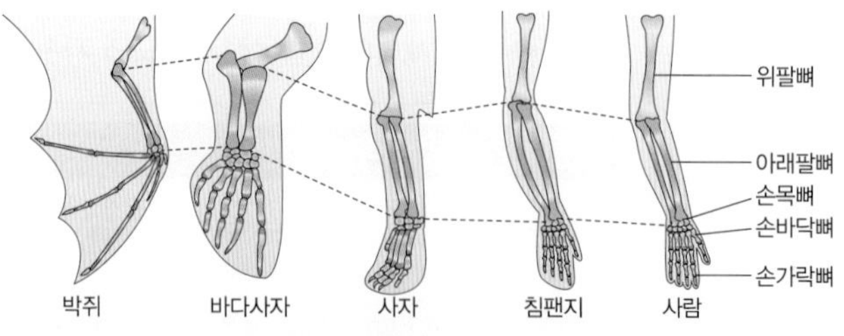

▲ 상동 형질(상동 기관)의 예

(2) 상사 형질(상사 기관)

① 서로 다른 조상에서 따로 진화하였으나 그 형태와 기능이 비슷한 형질을 상사 형질(상사 기관)이라고 한다.

② 새의 날개와 잠자리의 날개를 비교하면 형태나 기능은 비슷하나 발생 기원이 다르다.

(3) 흔적 기관: 동물의 기관 중 조상에게는 있었지만 환경이나 생활 양식이 달라지면서 점차 퇴화되어 흔적만 남아 있는 기관이다. 사람의 꼬리뼈, 막창자꼬리, 귀를 움직이는 근육 등은 흔적 기관에 해당한다.

THE 알기

3 진화발생학적 증거

동물의 발생 과정을 비교하면 성체에서는 보이지 않던 해부학적 유사성이 나타난다. 이러한 유사성을 통해 서로 다른 동물이 공통 조상으로부터 진화해왔다는 것을 알 수 있다.

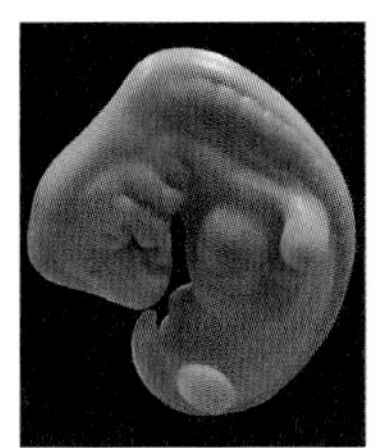
▲ 사람의 배아

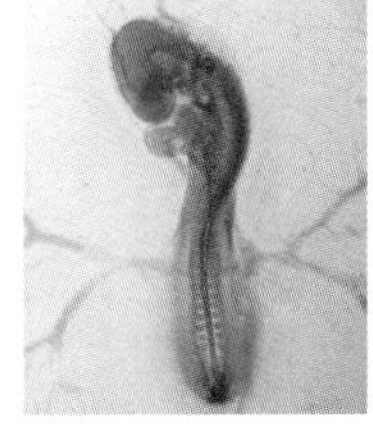
▲ 닭의 배아

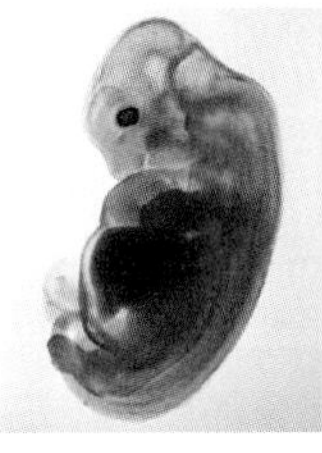
▲ 돼지의 배아

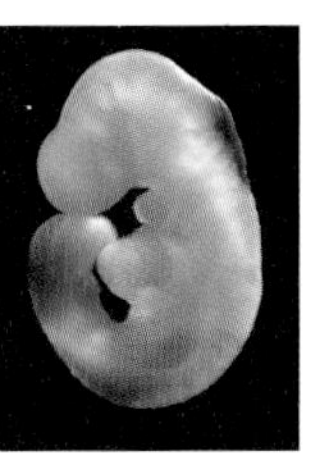
▲ 쥐의 배아

4 ❶생물지리학적 증거

오랜 시간에 걸친 육지와 해수면의 지질학적 변화와 산맥, 해협 등과 같이 지리적으로 생물의 이동이 제한된 경우 생물의 분포가 크게 달라질 수 있다. 같은 종의 생물이 지리적으로 격리되어 오랜 세월이 흐르면 서로 다른 종으로 분화될 수 있다.

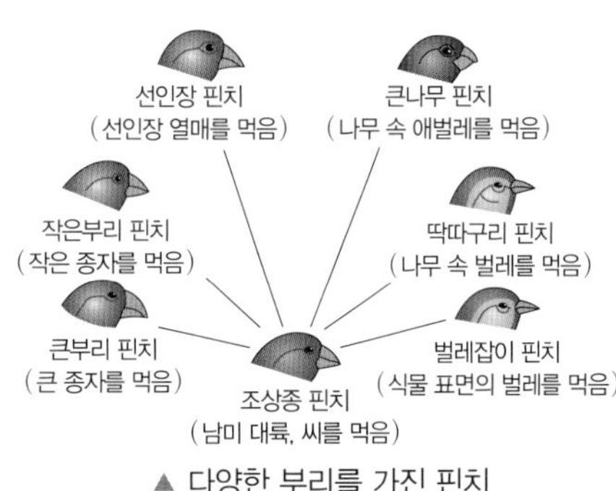

▲ 다양한 부리를 가진 핀치

❶ 생물지리학적 증거
1858년 월리스(Wallace)는 인도네시아의 섬들에 월리스 선을 그어 지리적 경계를 나누었다. 월리스 선을 기준으로 동남아시아구에는 태반이 발달한 태반류가 분포하고 오스트레일리아구에는 태반이 발달하지 않은 유대류가 분포한다.

▲ 월리스선

5 분자진화학적 증거

단백질의 아미노산 조성 및 서열, DNA 염기 서열 등 생명체를 구성하는 물질의 분자생물학적 특성을 비교하면 생물 간의 ❷유연관계와 진화 과정을 알 수 있다. 아미노산 서열이나 DNA 염기 서열의 차이가 클수록 상대적으로 오래전에 공통 조상에서 분화한 것이다.

❷ 유연관계
생물들이 분류학적으로 얼마나 가까운지를 나타내는 관계이다.

THE 들여다보기 단백질의 아미노산 서열 비교를 통한 진화적 유연관계 분석

미토콘드리아에 있는 단백질인 사이토크롬 c의 아미노산 서열 비교를 통해 생물 간 진화적 유연관계를 알 수 있다. 그림은 여러 생물의 사이토크롬 c를 구성하는 아미노산 서열에서 사람의 사이토크롬 c와 차이 나는 아미노산 수를 나타낸 것이다.

- 침팬지와 사람의 사이토크롬 c의 아미노산 서열은 같다.
- 효모와 사람의 사이토크롬 c의 아미노산 서열은 큰 차이가 있다.
- 사람은 효모나 제시된 다른 동물보다 침팬지와 유연관계가 가깝다.

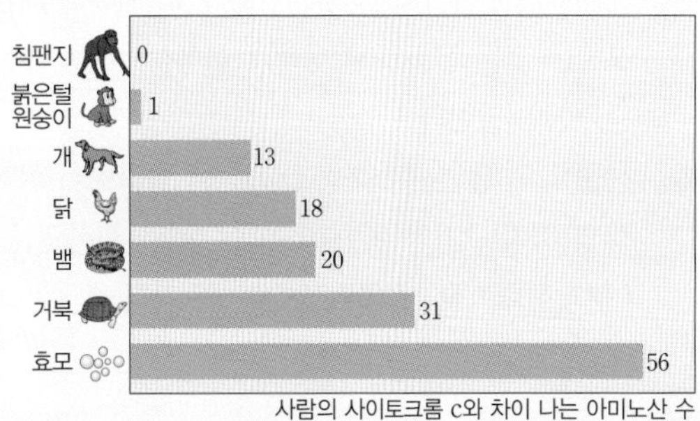

개념체크

빈칸 완성

1. 과거에 살았던 생물의 유해나 흔적이 굳어져 남아 있는 것을 (　　　)이라고 한다.

2. 동물의 (　　　) 과정을 비교하면 성체에서는 보이지 않던 해부학적 유사성이 나타난다. 이러한 유사성을 통해 서로 다른 동물이 공통 조상으로부터 진화해왔다는 것을 알 수 있다.

3. 같은 종의 생물이 강이나 산맥 등으로 인해 (　　　)으로 격리되어 오랜 세월이 흐르면 서로 다른 종으로 분화될 수 있다.

4. 생물들이 분류학적으로 얼마나 가까운지를 나타내는 관계를 (　　　)라고 한다.

○X 문제

5. 진화의 증거에 대한 설명으로 옳은 것은 ○, 옳지 않은 것은 ×로 표시하시오.

(1) 고래 조상 종의 화석에서 뒷다리뼈가 발견된 것은 고래가 수중 포유류로부터 진화하였음을 보여주는 증거이다. (　　)

(2) 같은 기능을 하는 단백질의 경우 모든 생물체에서 그 단백질을 구성하는 아미노산 서열이 동일하다. (　　)

(3) 갈라파고스 군도의 각 섬에 있는 핀치의 먹이가 되는 생물은 모두 같다. (　　)

(4) 사람과 여러 동물의 헤모글로빈 사슬의 아미노산 서열을 비교해 보면, 사람과 유연관계가 가까울수록 아미노산 서열의 유사도가 높다. (　　)

정답 1. 화석 2. 발생 3. 지리적 4. 유연관계 5. (1) × (2) × (3) × (4) ○

단답형 문제

1. 이 선을 경계로 동남아시아구에는 태반이 발달한 태반류가 분포하는 데 반해, 오스트레일리아구에는 캥거루 등 태반이 발달하지 않은 유대류가 분포한다. 이 경계선은 무엇인지 쓰시오.

둘 중에 고르기

2. 형태와 기능, 발생 기원을 비교해 보았을 때, 사람의 팔, 고양이의 앞다리, 새의 날개는 (상동 형질 , 상사 형질)에 해당하며, 새의 날개와 잠자리의 날개는 (상동 형질 , 상사 형질)에 해당한다.

3. 캥거루와 같은 유대류가 호주와 남미 대륙에 대부분 분포하는 것은 진화의 증거 중 (화석상 , 생물지리학적) 증거에 해당한다.

4. 생물 간의 유연관계와 진화 과정을 알아보기 위해 단백질의 아미노산 서열을 비교하는 것은 진화의 증거 중 (분자진화학적 , 진화발생학적) 증거에 해당한다.

바르게 연결하기

5. 흔적 기관, 상동 형질(상동 기관), 상사 형질(상사 기관)에 대한 설명에 해당되는 것을 옳게 연결하시오.

(1)	흔적 기관 •	• ㉠	생김새와 기능은 다르지만 해부학적 구조와 발생 기원이 같음
(2)	상동 형질 (상동 기관) •	• ㉡	현재에는 과거의 기능을 수행하지 않고 퇴화되었음
(3)	상사 형질 (상사 기관) •	• ㉢	발생 기원은 다르지만 생김새와 기능이 비슷함

정답 1. 월리스 선 2. 상동 형질, 상사 형질 3. 생물지리학적 4. 분자진화학적 5. (1) ㉡ (2) ㉠ (3) ㉢

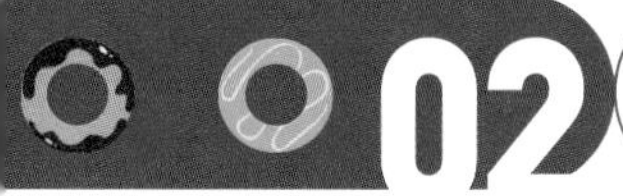

02 개체군 진화의 원리

1 변이와 자연 선택

(1) ❶집단(개체군)과 변이: 같은 지역에 서식하는 같은 종의 개체들의 모임을 집단이라고 하며, 집단 내에는 변이를 가진 개체가 존재한다.

(2) 변이와 자연 선택: 생물은 살아남을 수 있는 것보다 더 많은 수의 자손을 생산하며, 자손들 사이에는 유전되는 변이가 존재한다. 과잉의 자손들 사이에 생존 경쟁이 일어나면, 특정 변이를 가진 개체는 환경에 적응하기 유리하여 더 잘 생존하고 번식한다. 이를 통해 집단 내에는 환경 적응에 유리한 형질을 가진 개체의 빈도가 높아지게 된다.

THE 알기

❶ 집단(개체군)
하나의 종에 속한 개체들이 같은 지역 안에 모여 생존 활동과 생식 활동을 할 때 이를 집단 또는 개체군이라고 한다.

2 유전자풀과 ❷대립유전자 빈도

(1) 유전자풀: 한 집단을 구성하는 모든 개체들이 가지고 있는 대립유전자 전체이다.

(2) 대립유전자 빈도

① 대립유전자 빈도: 유전자풀에서 각 대립유전자의 상대적 출현 빈도이다.

② 예를 들어, 몸 색을 결정하는 대립유전자 A와 a를 가지고 있는 어떤 나비 집단에서 유전자형에 따른 개체 수로부터 대립유전자 A의 빈도(p)와 a의 빈도(q)를 다음과 같이 계산할 수 있으며, $p+q$는 1이다.

표현형			
유전자형	AA	Aa	aa
개체 수	48	44	8

유전자형	대립유전자 A의 수	대립유전자 a의 수
AA	96	0
Aa	44	44
aa	0	16
합계	140	60

- $p=\frac{140}{200}=0.7$
- $q=\frac{60}{200}=0.3$
- $p+q=1$

❷ 대립유전자 빈도
대립유전자 빈도 $= \frac{\text{특정 대립유전자의 수}}{\text{집단 내 특정 형질의 대립유전자 총 수}}$

THE 들여다보기 낫 모양 적혈구와 자연 선택

- 매년 세계적으로 약 320만 명의 낫 모양 적혈구 빈혈증 환자가 발생하며, 이 중 약 80 %가 아프리카 남부 지역에서 발생한다. 이 지역은 세계에서 말라리아 발병률이 가장 높은 지역으로 많은 사람이 말라리아로 사망한다.
- 정상적인 적혈구와 낫 모양 적혈구의 형태적 차이는 유전자의 변이 때문에 나타난다.
- 낫 모양 적혈구를 가진 사람은 정상 적혈구를 가진 사람보다 말라리아에 걸릴 확률이 낮다.
- 아프리카 남부 지역이 말라리아 발병률이 가장 높은 지역이면서 다른 지역보다 비정상 헤모글로빈 대립유전자를 가진 사람들의 비율 또한 상대적으로 높은 것은 자연 선택이 작용한 결과로, 자연 선택은 집단이 변화하는 환경에 적응하도록 해 준다.

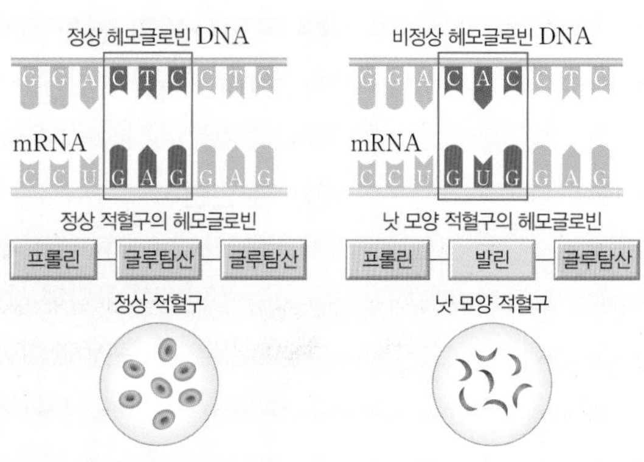

THE 알기

3 하디 · 바인베르크 법칙과 유전적 평형

(1) 유전적 평형: 어떤 집단에서 대립유전자의 종류와 대립유전자 빈도가 오랜 기간 동안 변하지 않고 유지되는 상태이다.

(2) 하디 · 바인베르크 법칙: 유전적 평형 상태에 있는 집단에서는 대를 거듭하여도 대립유전자 빈도와 유전자형 빈도가 변하지 않는다.

(3) ❶멘델 집단: 유전적 평형이 유지되는 집단으로, 진화가 일어나지 않는 가상의 집단이다.

① 집단의 크기가 충분히 커야 한다.

② 집단 내에서 개체 간의 교배가 자유롭게 일어나야 한다.

③ 돌연변이가 일어나지 않아야 하며, 다른 집단과의 유전자 흐름(이입과 이출)이 없어야 한다.

④ 특정 대립유전자에 대한 자연 선택이 작용하지 않아야 하고, 집단 내 구성원의 생존율과 생식율이 동일해야 한다.

❶ 멘델 집단
실제 자연계에는 멘델 집단이 존재하지 않는다. 그러나 멘델 집단과 같이 이론적으로 설명할 수 있는 가상의 집단과 실제 집단을 비교하면 생물 진화의 과정과 원리를 설명할 수 있다.

(4) 멘델 집단에서의 대립유전자 빈도

① 예를 들어, 꽃의 색깔을 결정하는 대립유전자 R와 r를 가지고 있는 어떤 멘델 집단에서 대립유전자 R의 빈도 p는 0.8, r의 빈도 q는 0.2일 때, 자손 세대에서 RR의 빈도는 p^2, Rr의 빈도는 $2pq$, rr의 빈도는 q^2으로 계산할 수 있다.

부모 세대(P)의 암 생식세포

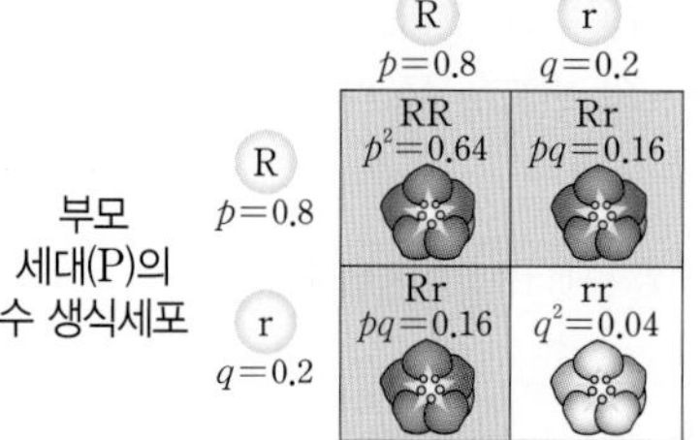

부모 세대(P)의 수 생식세포

→

F_1의 유전자형 빈도

RR	0.64
Rr	0.32
rr	0.04

→

F_1의 대립유전자 빈도

R	$p^2+2pq\times\frac{1}{2}$ $=0.64+0.32\times\frac{1}{2}=0.8$
r	$q^2+2pq\times\frac{1}{2}$ $=0.04+0.32\times\frac{1}{2}=0.2$

② 자손 세대(F_1)의 유전자형 빈도로부터 대립유전자 빈도를 계산하면 대립유전자 R의 빈도 p는 0.8, r의 빈도 q는 0.2로 부모 세대(P)와 같다. 세대를 거듭해도 대립유전자의 빈도가 변하지 않고 일정하게 유지되었다.

③ 멘델 집단은 가상의 집단이며 실제 생물 집단에서는 여러 가지 요인에 의해 대립유전자 빈도가 변하여 진화가 일어난다.

4 유전자풀의 변화 요인

집단의 유전자풀에 변화를 일으켜 유전적 평형을 깨뜨림으로써 진화의 동력을 제공하는 요인으로는 돌연변이, 유전적 부동, 자연 선택, 유전자 흐름(이입과 이출)이 있다.

(1) ❷돌연변이

① 방사선이나 화학 물질 등에 의해 개체의 유전 물질인 DNA나 염색체에 변화가 일어난 것으로, 돌연변이에 의해 집단 내에 존재하지 않던 새로운 대립유전자가 형성될 수 있다.

② 돌연변이에 의해 형성된 새로운 대립유전자는 변화한 환경에서 개체의 생존에 불리하게 작용할 수도 있고 유리하게 작용할 수도 있는데, 돌연변이가 일어난 개체가 환경에 적응하여 많은 자손을 낳을 경우 집단 내에 돌연변이 대립유전자의 빈도가 높아질 수 있다.

❷ 돌연변이
돌연변이는 대부분 체세포에서 일어나 자손에게 유전되지 않고 사라지지만, 생식세포에서 일어난 돌연변이는 자손에게 유전되어 집단의 유전자풀에서 대립유전자의 종류와 빈도에 변화를 일으킨다.

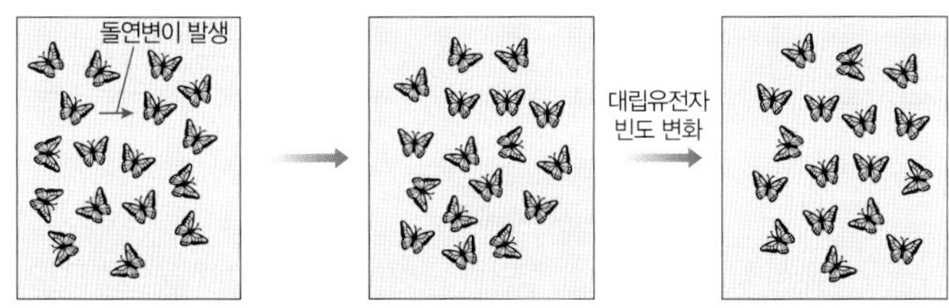

THE 알기

• **유전자풀의 변화 요인**

① 돌연변이

② 유전적 부동(병목 효과)

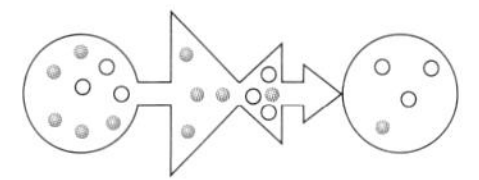

③ 자연 선택

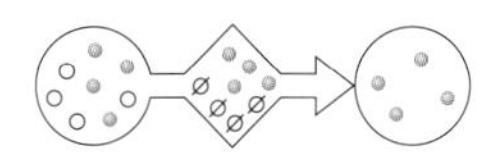

④ 유전자 흐름

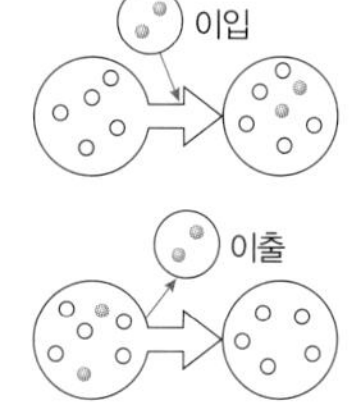

(2) 유전적 부동: 집단에서 자손 세대로 대립유전자가 무작위로 전달되어 대립유전자의 빈도가 예측할 수 없는 방향으로 변하는 현상이다. 집단의 크기가 작을수록 유전적 부동이 강하게 작용한다.

① 병목 효과: 홍수, 화재, 질병, 지진, 농지 개발이나 포획 등과 같은 갑작스런 환경의 변화에 의해 집단의 크기가 갑자기 감소할 때 생존한 집단의 유전자풀이 모집단과 달라지는 것이다.

② 창시자 효과: 일부 개체들이 큰 모집단으로부터 우연히 분리되어 새로운 집단을 구성할 때 유전자풀이 모집단과 달라지는 것이다.

(3) 자연 선택: 환경 변화에 의해 특정 표현형을 가진 개체가 환경에 더 잘 적응하면 다른 개체와의 경쟁에서 이겨 생존율과 생식률이 높아진다. 그 결과 자손을 많이 남기게 되고 집단의 유전자풀이 변하게 된다.

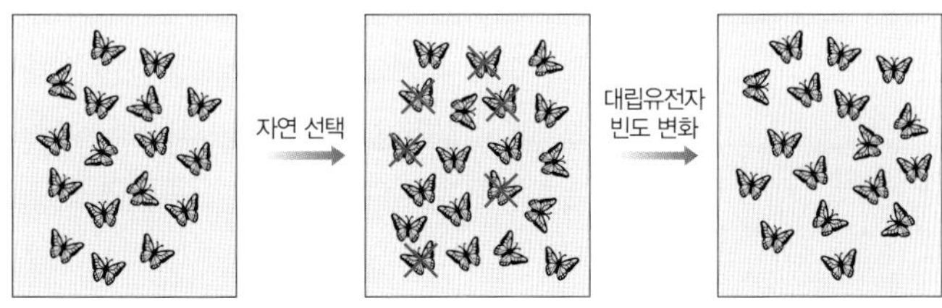

(4) 유전자 흐름: 집단 간에 이주가 일어나면 새로운 대립유전자가 집단 내로 유입(이입)되거나, 대립유전자가 집단 밖으로 유출(이출)되어 유전자풀이 변할 수 있다.

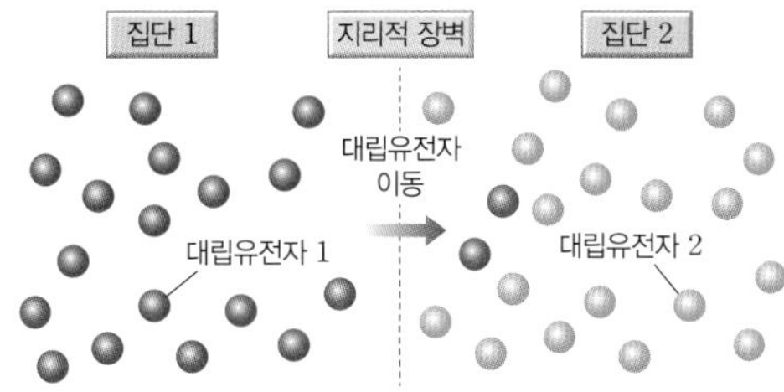

개념체크

빈칸 완성

1. 하디 · 바인베르크 법칙을 따르는 집단은 유전적 (   ) 상태이다.

2. 집단 간에 이주가 일어나면 새로운 대립유전자가 집단 내로 유입(이입)되거나, 대립유전자가 집단 밖으로 유출(이출)되어 (   )이 변할 수 있다.

○X 문제

3. 개체군 진화에 대한 설명으로 옳은 것은 ○, 옳지 않은 것은 ×로 표시하시오.

(1) 같은 지역에 서식하는 같은 종의 개체들의 모임을 집단(개체군)이라고 하며, 현존하는 모든 생물 집단 내의 개체들은 유전적 구성이 동일하다. (   )

(2) 돌연변이는 항상 환경에 대한 적응에 유리한 방향으로 일어난다. (   )

단답형 문제

4. 한 집단을 구성하는 모든 개체들이 가지고 있는 대립유전자 전체를 무엇이라 하는지 쓰시오.

5. 표는 몸 색을 결정하는 대립유전자 A와 a를 가지고 있는 어떤 나비 집단에서 유전자형에 따른 개체 수를 나타낸 것이다.

표현형			
유전자형	AA	Aa	aa
개체 수	36	48	16

(1) 이 집단에서 대립유전자 A와 a의 빈도는 각각 얼마인지 쓰시오.

(2) 이 집단이 멘델 집단일 때, 이 집단의 자손 1세대 (F_1)에서 대립유전자 A와 a의 빈도는 각각 얼마인지 쓰시오.

정답 1. 평형 2. 유전자풀 3. (1) × (2) × 4. 유전자풀 5. (1) A의 빈도: 0.6, a의 빈도: 0.4 (2) A의 빈도: 0.6, a의 빈도: 0.4

바르게 연결하기

1. 유전자풀의 변화 요인 4가지에 대한 그림에 해당되는 것을 옳게 연결하시오.

(1) 돌연변이 • • ㉠ 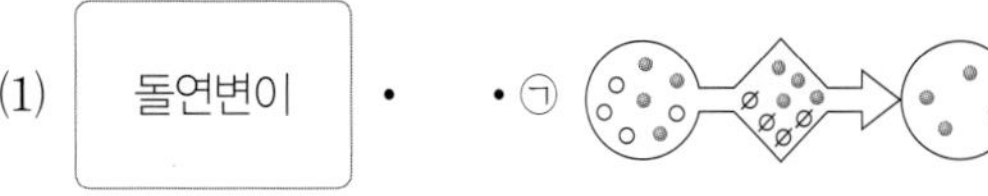

(2) 자연 선택 • • ㉡ 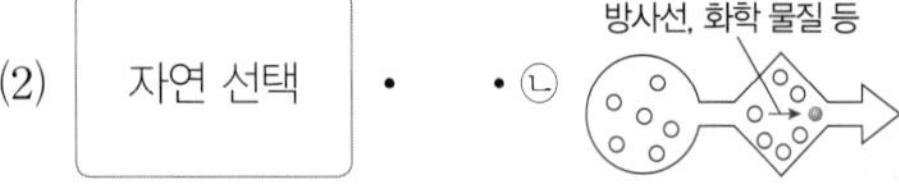

(3) 유전적 부동 (병목 효과) • • ㉢ 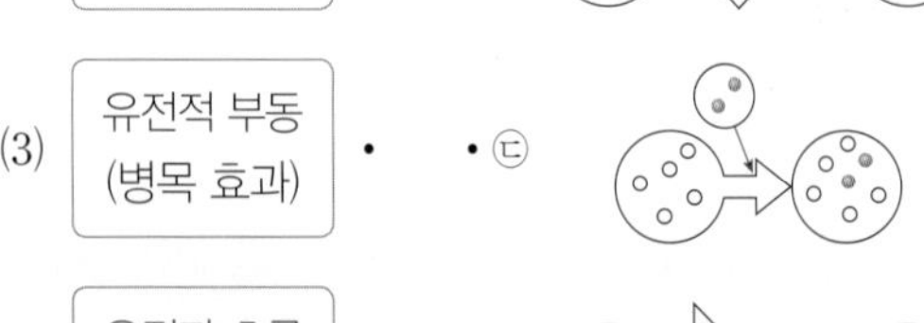

(4) 유전자 흐름 (이입) • • ㉣

둘 중에 고르기

2. 돌연변이는 대부분 (체세포 , 생식세포)에서 일어나 자손에게 유전되지 않고 사라지지만, (체세포 , 생식세포)에서 일어난 돌연변이는 자손에게 유전되어 집단의 유전자풀에서 대립유전자의 종류와 빈도에 변화를 일으킨다.

3. 홍수, 화재, 지진, 포획 등과 같은 갑작스런 환경의 변화에 의해 집단의 크기가 갑자기 감소할 때 생존한 집단의 유전자풀이 모집단과 달라지는 것은 (병목 효과 , 창시자 효과)이다. 지리적 격리에 의해 일부 개체들이 큰 모집단으로부터 우연히 분리되어 새로운 집단을 구성할 때 유전자풀이 모집단과 달라지는 것은 (병목 효과 , 창시자 효과)이다.

정답 1. (1) ㉡ (2) ㉠ (3) ㉣ (4) ㉢ 2. 체세포, 생식세포 3. 병목 효과, 창시자 효과

03 종분화

1 종분화

THE 알기

(1) 종분화: 한 종에 속하던 두 집단 사이에 생식적 격리가 새롭게 발생하여 두 집단이 서로 다른 종으로 나뉘는 과정이다.

(2) 유전자풀의 변화로 인한 종분화

① 한 집단이 유전자 흐름을 방해하는 물리적 장벽에 의해 두 집단으로 격리되어 지리적으로 다른 곳에 서식하게 되면 돌연변이, 자연 선택, 유전적 부동과 같은 요인에 의해 유전자풀이 서로 달라져서 결국 서로 다른 종으로 분화하게 된다.

② 종분화가 일어난 집단은 오랜 시간이 지나서 두 집단이 다시 만나게 되더라도 두 집단의 개체 사이에서 교배가 일어나지 않는다. 만일 교배가 일어나더라도 자손의 생식력이 없어서 지속가능한 자손을 만들 수 없다.

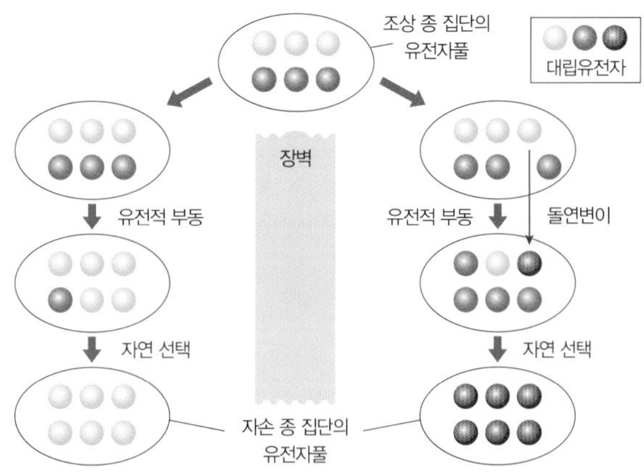

▲ 종분화 과정과 유전자풀의 변화

2 지리적 격리에 의한 종분화

(1) 지리적 격리와 생식적 격리: 종분화가 일어나려면 두 집단 사이에 ❶생식적 격리가 일어나야 한다. 생식적 격리가 일어나는 많은 요인 중 지리적 격리가 대표적이다. 종분화는 한 집단이 지리적으로 격리되어 다른 집단과 더 이상 유전자 교류가 일어나지 않을 때 주로 일어난다.

(2) 갈라파고스 군도의 지리적 격리: ❷갈라파고스 군도에 사는 다양한 생물은 남아메리카 대륙으로부터 격리되어 종분화가 일어난 결과이다.

❶ 생식적 격리
두 집단 사이에서 서로 교배하여 생식 능력이 있는 자손을 낳을 수 없는 상태를 말하며 생식적 격리가 일어나면 종분화가 일어나게 된다.

❷ 갈라파고스 군도의 다양한 생물
갈라파고스 군도에 사는 많은 생물들은 현재는 남아메리카 대륙에는 서식하지 않고 갈라파고스 군도에만 서식하는 독특한 고유종이 많다.

3 고리종

어느 한 종으로부터 분화되어 나온 집단들이 고리 모양의 서식지 분포를 따르며 지리적으로 인접하게 분포하고 있을 때, 인접한 두 집단 사이에서는 생식적 격리가 없어 교배를 통한 유전자 흐름이 일어난다. 그러나 고리의 양쪽 끝에 위치한 두 집단은 생식적 격리가 일어나 서로 다른 종으로 분화한다. 이러한 현상이 나타나는 이웃 집단들의 모임을 고리종이라고 한다.

THE 알기

(1) **고리종과 종분화**: 한 종이 물리적으로 격리된 후 서서히 변이가 누적되면 다시 만나더라도 생식적 격리가 일어날 수 있다. 고리종은 종분화가 연속적이며, 점진적인 과정이라는 것을 보여준다.

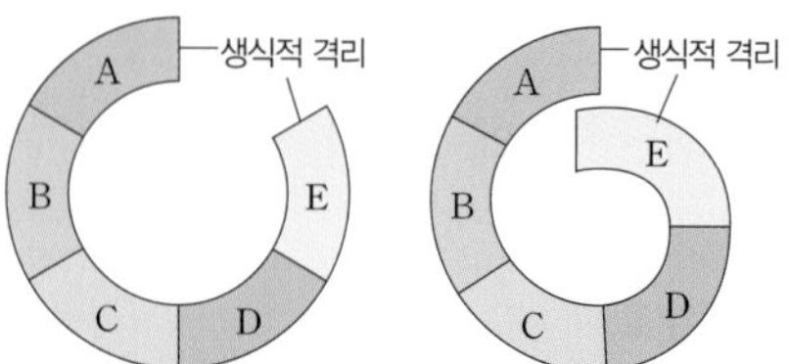

▲ 고리종의 모식도: 서로 인접한 집단(A와 B, B와 C, C와 D, D와 E) 사이에는 유전자 흐름이 가능하지만 A와 E는 생식적 격리가 일어나 유전자 흐름이 차단된다.

❶ 고리종의 사례
북극 주변에 서식하는 재갈매기 7개의 집단(A∼G)은 고리 모양으로 분포하고 있어서 고리 양쪽 끝의 두 집단 A와 G 사이에서는 생식적 격리가 일어나 상호 교배가 일어나지 않는다.

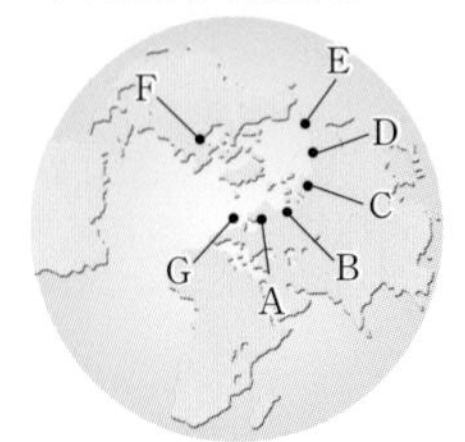

(2) **❶고리종의 사례**: 북아메리카 서부의 엔사티나도롱뇽은 7개의 도롱뇽 집단이 캘리포니아 중앙 협곡 주위에서 고리 모양으로 분포하고 있다. 인접한 집단들 사이에서는 생식적 격리가 없어 교배가 일어나지만 양끝 부분에 있는 두 집단인 큰 얼룩 도롱뇽과 몬터레이 도롱뇽은 지리적으로는 가까이 분포하지만 생식적 격리가 일어나 상호 교배가 일어나지 않는다.

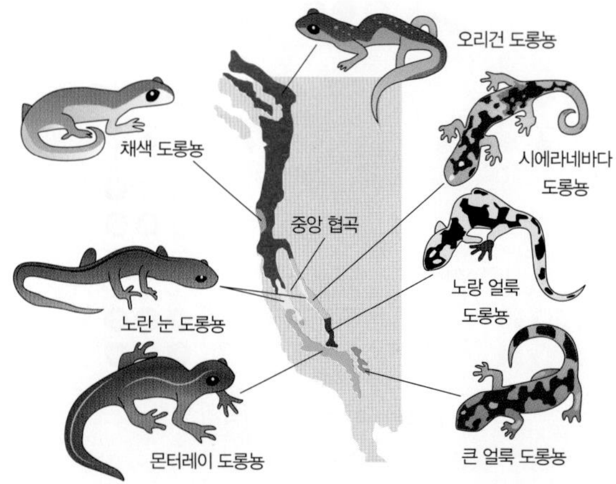

▲ 엔사티나도롱뇽에서 나타나는 고리종의 사례

THE 들여다보기 지리적 격리에 의한 종분화 사례

- 중앙아메리카의 파나마 해협을 경계로 대서양 쪽과 태평양 쪽으로 나뉘어 놀래기가 종분화되었다. 태평양 쪽에 코르테즈 무지개 놀래기(*Thalassoma lucasanum*)가 서식하며 대서양 쪽에 파란머리 놀래기(*Thalassoma bifasciatum*)가 서식한다.
- 그랜드 캐니언의 협곡을 지리적 경계로 영양다람쥐가 종분화되었다. 협곡의 남쪽에는 해리스영양다람쥐가, 협곡의 북쪽에는 흰꼬리영양다람쥐가 서식한다.

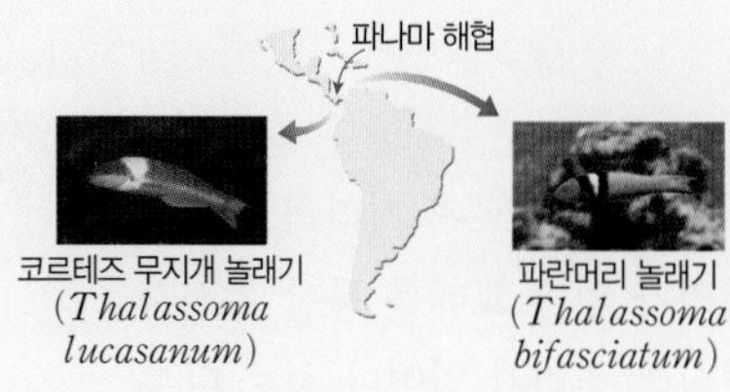

▲ 놀래기의 종분화

▲ 다람쥐의 종분화

개념체크

단답형 문제

1. 원래는 동일한 종이었던 생물종이 서로 다른 방향으로 변화하여 종이 나누어지는 과정을 무엇이라고 하는가?

빈칸 완성

2. 산맥이나 바다의 형성 등의 지리적 격리로 인해 한 집단이 둘로 나누어져 (　　　) 흐름이 차단되면 각 집단은 독자적인 진화 과정을 거친다.

둘 중에 고르기

3. 어느 한 종이 고리 모양의 서식지 분포를 따르며 서로 인접한 여러 집단으로 나뉘어 있을 때, (인접한 두 집단 , 양 끝의 두 집단) 간에는 유전자 흐름이 유지되어 제한적인 유전적 분화를 겪으나 (인접한 두 집단 , 양 끝의 두 집단)은 유전적 분화의 정도가 매우 커 생식적으로 격리되어 있다. 이러한 종을 고리종이라고 한다.

4. 그림은 고리종을 나타낸 모식도이다.

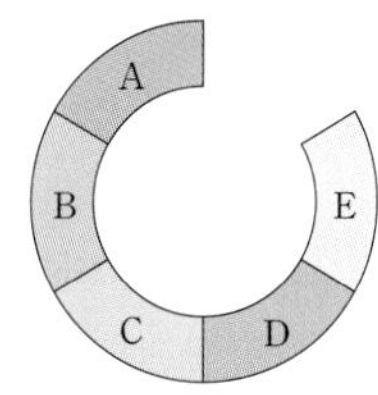

(1) A와 B 사이에서 유전자 흐름이 (일어난다 , 일어나지 않는다).

(2) A와 E 사이에서 유전자 흐름이 (일어난다 , 일어나지 않는다).

(3) C와 D 사이에서 유전자 흐름이 (일어난다 , 일어나지 않는다).

정답 1. 종분화 2. 유전자 3. 인접한 두 집단, 양 끝의 두 집단 4. (1) 일어난다 (2) 일어나지 않는다 (3) 일어난다

○X 문제

1. 종분화에 대한 설명으로 옳은 것은 ○, 옳지 않은 것은 ×로 표시하시오.

(1) 두 집단이 지리적으로 격리되면 유전자풀이 서로 같게 유지되어도 종분화가 일어난 것이다. (　　)

(2) 한 종이 지리적으로 격리된 후 서서히 변이가 누적되더라도 다시 만나면 항상 교배를 통해 유전자 흐름이 일어난다. (　　)

(3) 유전자 흐름이란 집단 사이의 대립유전자 교류로 인해 대립유전자의 유입과 유출이 일어나는 것이다. (　　)

(4) 고리종은 고리종을 구성하는 모든 집단 사이에서 지속적인 유전자 흐름이 일어나므로 종분화를 설명할 수 없다. (　　)

2. 한 종에 속하는 어떤 동물이 지리적으로 떨어진 두 장소에 각각의 집단(집단 A와 B)을 구성하고 있다. 이 두 집단의 종분화에 대한 설명으로 옳은 것은 ○, 옳지 않은 것은 ×로 표시하시오.

(1) A와 B 사이에 유전자 흐름이 지속적으로 일어나면 종분화가 일어나지 않는다. (　　)

(2) A와 B 사이에 유전자 흐름이 차단되고 A에서 돌연변이가 일어나면 종분화가 일어날 수 있다. (　　)

(3) A와 B 사이에 유전자 흐름이 차단되고 B에서 자연 선택이 일어나면 종분화가 일어날 수 있다. (　　)

정답 1. (1) × (2) × (3) ○ (4) × 2. (1) ○ (2) ○ (3) ○

탐구 활동 하디 · 바인베르크 법칙 모의실험하기

정답과 해설 86쪽

목표

모의실험을 통해 유전자풀의 변화 요인을 설명할 수 있다.

과정

1. 속이 보이지 않는 상자에 흰색 바둑알 50개와 검은색 바둑알 50개를 모두 넣고 잘 섞는다. 흰색 바둑알은 대립유전자 A, 검은색 바둑알은 대립유전자 a에 해당한다.
2. 자손이 가지는 대립유전자에 해당하는 2개의 바둑알을 상자에서 꺼내 색을 확인하고 기록한 후 다시 넣는다.
3. 과정 2를 5회 반복한 후와 50회 반복한 후의 흰색 바둑알과 검은색 바둑알의 빈도를 계산한다.

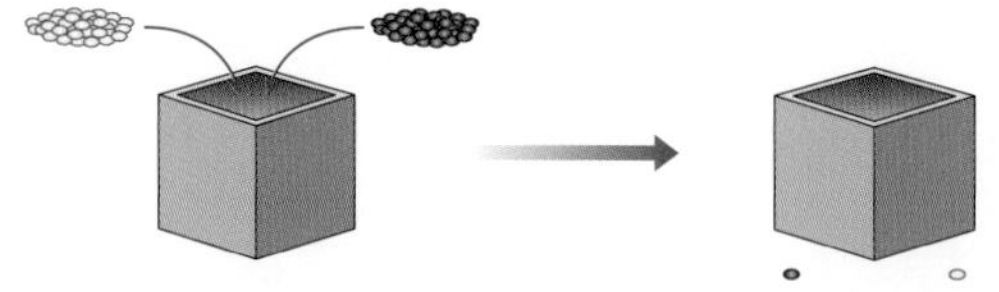

결과 정리 및 해석

1. 과정 1에서 상자 속 유전자풀의 대립유전자 A의 빈도는 0.5, 대립유전자 a의 빈도도 0.5이다.
2. 과정 2와 3의 결과로부터 얻은 유전자형의 출현 수의 예는 다음과 같다.

횟수	1	2	3	4	5	6	7	8	9	10	50
유전자형	Aa	AA	aa	AA	AA	Aa	Aa	Aa	AA	aa	Aa

3. 유전자형의 출현 수에 따른 유전자형 빈도, A의 빈도, a의 빈도의 예는 다음과 같다.

5회 반복했을 때의 결과

유전자형	출현 수	유전자형 빈도 $\left(\dfrac{\text{해당 유전자형의 출현 수}}{\text{전체 유전자형의 출현 수 합}}\right)$
AA	3	0.6
Aa	1	0.2
aa	1	0.2
합계	5	1

↓

대립유전자 A의 빈도: 0.7
대립유전자 a의 빈도: 0.3

50회 반복했을 때의 결과

유전자형	출현 수	유전자형 빈도 $\left(\dfrac{\text{해당 유전자형의 출현 수}}{\text{전체 유전자형의 출현 수 합}}\right)$
AA	13	0.26
Aa	25	0.50
aa	12	0.24
합계	50	1

↓

대립유전자 A의 빈도: 0.51
대립유전자 a의 빈도: 0.49

탐구 분석

1. 5회 반복했을 때의 결과와 50회 반복했을 때의 결과가 왜 다를까?
2. 흰색 바둑알 50개, 검은색 바둑알 50개를 넣었을 때와 흰색 바둑알 70개, 검은색 바둑알 30개를 넣었을 때를 비교하면 결과가 어떻게 달라질까? (50회 반복했다고 가정한다.)

내신 기초 문제

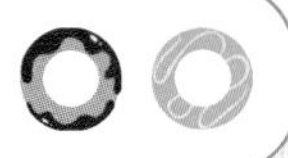

정답과 해설 86쪽

[20702-0519]

01 표는 진화의 증거 (가)~(다)에 대한 특징이다.

구분	특징
(가)	해부학적 형태나 구조를 비교하여 생물의 진화 과정을 알 수 있다.
(나)	동물들의 발생 단계를 비교해 보면 성체에서 보이지 않던 유사성이 나타난다. 이러한 유사성을 통해 진화 과정을 알 수 있다.
(다)	생명체를 구성하는 물질의 분자생물학적 특성을 비교하면 생물 간의 유연관계와 진화 과정을 알 수 있다.

이에 대한 설명으로 옳은 것만을 〈보기〉에서 있는 대로 고른 것은?

보기

ㄱ. 발생 기원이 다른 새의 날개와 잠자리의 날개가 환경에 적응하여 형태나 기능이 비슷해진 것은 (가)의 예이다.

ㄴ. 사람, 닭, 돼지 배아의 발생 초기 모습을 비교하여 진화 과정을 알아보는 것은 (나)의 예이다.

ㄷ. 여러 생물에서 헤모글로빈 단백질의 아미노산 조성 및 서열을 비교하는 것은 (다)의 예이다.

① ㄱ ② ㄴ ③ ㄱ, ㄷ ④ ㄴ, ㄷ ⑤ ㄱ, ㄴ, ㄷ

[20702-0520]

02 그림 (가)와 (나)는 각각 상동 형질(상동 기관)과 상사 형질(상사 기관)의 예 중 하나이다.

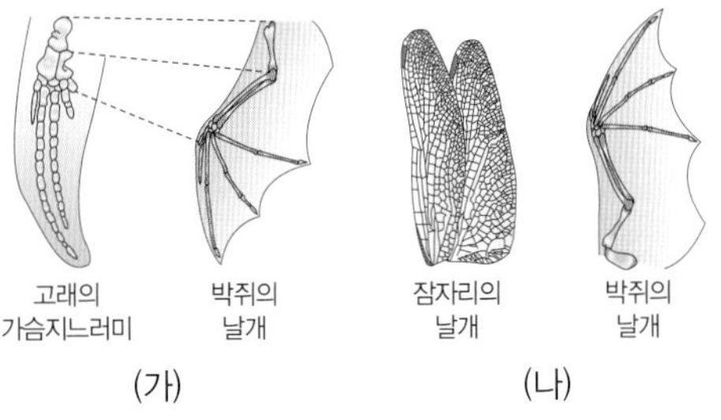

이에 대한 설명으로 옳은 것만을 〈보기〉에서 있는 대로 고른 것은?

보기

ㄱ. (가)는 상동 형질(상동 기관)의 예이다.

ㄴ. (가)와 (나)는 모두 진화의 증거 중 화석상의 증거에 해당한다.

ㄷ. 고래의 가슴지느러미와 잠자리의 날개는 상사 형질(상사 기관)의 예이다.

① ㄱ ② ㄴ ③ ㄱ, ㄴ ④ ㄱ, ㄷ ⑤ ㄴ, ㄷ

[20702-0521]

03 그림은 화석을 통해 알 수 있는 고래의 진화 과정을 나타낸 것이다.

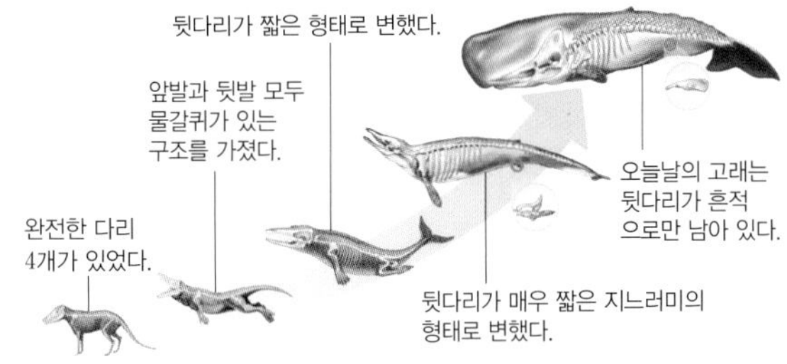

뒷다리가 짧은 형태로 변했다.
앞발과 뒷발 모두 물갈퀴가 있는 구조를 가졌다.
완전한 다리 4개가 있었다.
오늘날의 고래는 뒷다리가 흔적으로만 남아 있다.
뒷다리가 매우 짧은 지느러미의 형태로 변했다.

이에 대한 설명으로 옳은 것만을 〈보기〉에서 있는 대로 고른 것은?

보기

ㄱ. 고래의 뒷다리는 흔적 기관이다.

ㄴ. 고래가 육상 포유류로부터 진화하였음을 알 수 있다.

ㄷ. 진화의 증거 중 비교해부학적 증거에 해당한다.

① ㄱ ② ㄴ ③ ㄱ, ㄴ ④ ㄱ, ㄷ ⑤ ㄴ, ㄷ

[20702-0522]

04 그림은 여러 생물의 사이토크롬 c를 구성하는 아미노산 서열에서 사람의 사이토크롬 c와 비교하여 차이 나는 아미노산의 수를 나타낸 것이다.

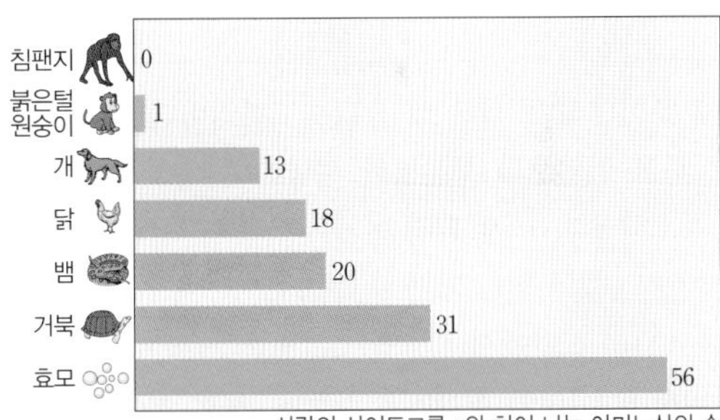

이에 대한 설명으로 옳은 것만을 〈보기〉에서 있는 대로 고른 것은? (단, 유연관계는 주어진 사람의 사이토크롬 c와 차이 나는 아미노산의 수만 고려한다.)

보기

ㄱ. 진화의 증거 중 분자진화학적 증거에 해당한다.

ㄴ. 사람과 닭의 유연관계가 사람과 개의 유연관계보다 가깝다.

ㄷ. 침팬지와 뱀의 유연관계가 침팬지와 거북의 유연관계보다 가깝다.

① ㄱ ② ㄴ ③ ㄱ, ㄴ ④ ㄱ, ㄷ ⑤ ㄴ, ㄷ

[20702-0523]

05 다음은 변이와 자연 선택에 따른 진화의 과정을 순서 없이 나타낸 것이다

(가) 집단 내에는 환경 적응에 유리한 형질을 가진 개체의 빈도가 높아지게 된다.
(나) 과잉의 자손들 사이에 생존 경쟁이 일어난다.
(다) 특정 변이를 가진 개체는 환경에 적응하기 유리하여 더 잘 생존하고 생식한다.
(라) 생물은 살아남을 수 있는 것보다 더 많은 수의 자손을 생산하며, 자손들 사이에는 유전되는 변이가 존재한다.

(가)~(라)를 순서대로 옳게 나열한 것은?

① (가)-(나)-(다)-(라) ② (나)-(다)-(라)-(가)
③ (다)-(라)-(가)-(나) ④ (라)-(나)-(다)-(가)
⑤ (라)-(다)-(나)-(가)

[20702-0524]

06 다음은 코끼리바다표범 집단의 유전자풀의 변화에 대한 자료이다.

한때 북아메리카 서부 해안에는 코끼리바다표범이 많이 서식하고 있었으나 무분별한 사냥에 의해 개체 수가 크게 감소하였다. 이후 환경 단체의 사냥 금지 운동과 정부의 환경 정책에 의해 개체 수가 많아졌으나, 이미 코끼리바다표범의 집단에서는 사냥으로 인한 개체 수 감소 이전에 비해 많은 대립 형질이 사라졌다. 특히 형질 (가)에 대한 대립유전자는 사냥 이전에는 3종류였는데, 사냥 이후에는 1종류만 남게 되었다.

이에 대한 설명으로 옳은 것만을 〈보기〉에서 있는 대로 고른 것은?

보기
ㄱ. 창시자 효과를 설명할 수 있다.
ㄴ. 사냥 이후 (가)에 대한 유전자형은 동형 접합성만 남았다.
ㄷ. 유전적 부동으로 코끼리바다표범 집단의 유전자풀의 변화를 설명할 수 있다.

① ㄱ ② ㄴ ③ ㄱ, ㄴ ④ ㄱ, ㄷ ⑤ ㄴ, ㄷ

[20702-0525]

07 표는 멘델 집단인 어떤 나비 집단에서 표현형과 유전자형, 유전자형의 빈도를 나타낸 것이다.

표현형	(그림)	(그림)	(그림)
유전자형	AA	Aa	aa
유전자형의 빈도	0.36	(가)	(나)

이에 대한 설명으로 옳은 것만을 〈보기〉에서 있는 대로 고른 것은?

보기
ㄱ. 세대를 거듭해도 (가)는 일정하다.
ㄴ. (나)는 0.16이다.
ㄷ. 유전자형이 Aa인 개체의 생식률이 가장 높다.

① ㄱ ② ㄴ ③ ㄱ, ㄴ ④ ㄱ, ㄷ ⑤ ㄴ, ㄷ

[20702-0526]

08 그림은 어떤 집단에서 대립유전자 빈도가 변하는 과정을 나타낸 것이다. X_1과 X_2는 서로 대립유전자이다.

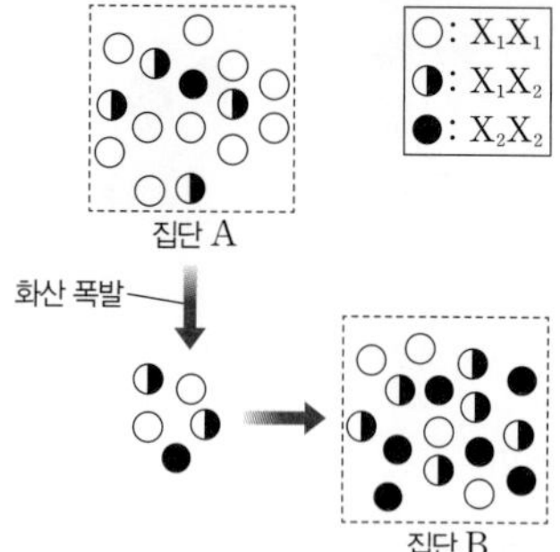

이에 대한 설명으로 옳은 것만을 〈보기〉에서 있는 대로 고른 것은?

보기
ㄱ. 화산 폭발로 A의 유전자풀이 변했다.
ㄴ. 유전적 부동에 의한 진화가 일어났다.
ㄷ. 대립유전자 X_1의 빈도+대립유전자 X_2의 빈도는 A와 B에서 동일하다.

① ㄱ ② ㄴ ③ ㄱ, ㄷ ④ ㄴ, ㄷ ⑤ ㄱ, ㄴ, ㄷ

[20702-0527]
09 **하디 · 바인베르크 법칙에서 가정한 멘델 집단의 특성에 대한 설명으로 옳지 않은 것은?**

① 집단의 크기가 충분히 커야 한다.
② 돌연변이가 일어나지 않아야 한다.
③ 집단 내 구성원의 생식력이 동일해야 한다.
④ 다른 집단과의 개체 간 교배가 자유롭게 일어나야 한다.
⑤ 특정 대립유전자에 대한 자연 선택이 작용하지 않아야 한다.

[20702-0528]
10 **다음은 종분화가 일어난 사례이다.**

미국 그랜드 캐니언 협곡은 현재 동서 방향으로 강이 흐르고 골짜기가 깊어져 남쪽과 북쪽의 땅이 분리되어 있다. 원래는 협곡이 생기기 전에 한 종이었던 영양다람쥐가 협곡이 생기면서 남쪽과 북쪽의 집단으로 분리된 후 오랜 시간이 지나 현재 남쪽에는 ㉠해리스영양다람쥐(*A. harrisi*)가 서식하고 있고 북쪽에는 ㉡흰꼬리영양다람쥐(*A. leucurus*)가 서식하고 있다.

이에 대한 설명으로 옳은 것만을 〈보기〉에서 있는 대로 고른 것은?

보기
ㄱ. ㉠과 ㉡은 생식적으로 격리되어 있다.
ㄴ. ㉠과 ㉡은 공통 조상에서 분화되어 나왔다.
ㄷ. 진화의 증거 중 진화발생학적 증거에 해당한다.

① ㄱ ② ㄴ ③ ㄱ, ㄴ ④ ㄱ, ㄷ ⑤ ㄴ, ㄷ

[20702-0529]
11 **고리종에 대한 설명으로 옳은 것만을 〈보기〉에서 있는 대로 고른 것은?**

보기
ㄱ. 고리종은 이론적인 집단이며 실제로는 존재하지 않는다.
ㄴ. 고리의 양쪽 끝에 위치한 두 집단은 생식적으로 격리되어 있다.
ㄷ. 서로 다른 여러 종이 고리 모양으로 서식지가 분포되어 있을 때 이들 종을 고리종이라고 한다.

① ㄱ ② ㄴ ③ ㄷ ④ ㄱ, ㄷ ⑤ ㄴ, ㄷ

[20702-0530]
12 **그림은 종 A로부터 서로 다른 종 A_1과 A_2가 분화되는 과정을 나타낸 것이다. A, A_1, A_2는 서로 다른 생물학적 종이다.**

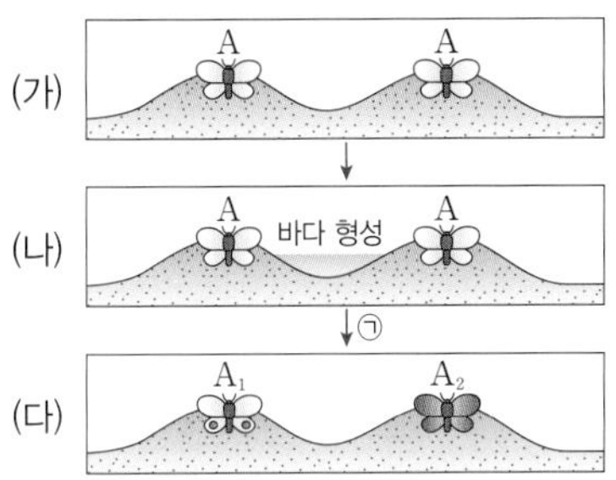

이에 대한 설명으로 옳은 것만을 〈보기〉에서 있는 대로 고른 것은? (단, 지리적 격리는 1회 일어났고, 이입과 이출은 없다.)

보기
ㄱ. 바다는 지리적 격리에 해당한다.
ㄴ. ㉠ 과정에서 A와 A_1의 유전자풀은 같다.
ㄷ. (가)에서 A의 개체 사이에 유전자 흐름이 일어났다.

① ㄱ ② ㄴ ③ ㄷ ④ ㄱ, ㄷ ⑤ ㄴ, ㄷ

[20702-0531]
13 **종분화에 대한 설명으로 옳지 않은 것은?**

① 지리적 격리는 종분화의 주요 원인이다.
② 한 종에 속했던 집단이 서로 다른 종으로 나뉘는 과정이다.
③ 종분화가 일어난 두 집단이 나중에 다시 만나면 두 집단 사이에 생식 능력이 있는 자손이 태어날 수 없다.
④ 유전자풀의 변화가 없어도 종분화가 일어날 수 있다.
⑤ 두 집단 사이에서 유전자 흐름이 지속되면 종분화가 일어나지 않는다.

실력 향상 문제

[20702-0532]

01 다음은 고래 화석에 대한 자료이다.

> 발견된 고래 화석을 순서대로 비교한 결과 고래의 조상은 뒷다리가 있었으나 물속 생활에 적응하여 점차 뒷다리가 퇴화되었음을 알 수 있었다. 다음은 화석에 근거한 고래의 진화 과정을 순서 없이 나타낸 것이다.
>
> 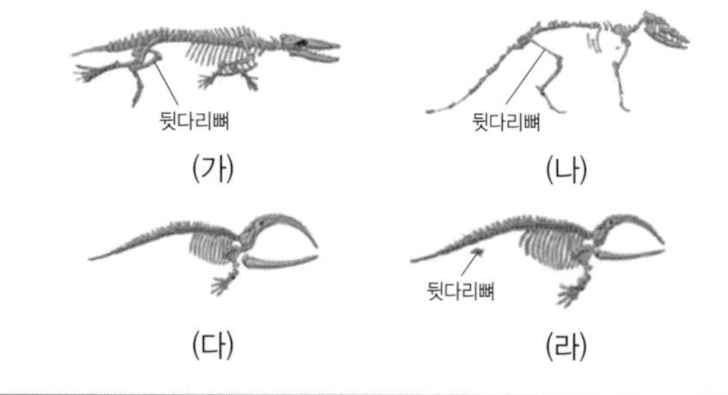
>

이에 대한 설명으로 옳은 것만을 <보기>에서 있는 대로 고른 것은?

보기

ㄱ. 현생 고래는 (라)이다.
ㄴ. 진화 과정 중 (가)가 (라)보다 먼저 출현하였다.
ㄷ. (다)가 (나)보다 육상 생활에 적응이 잘 된 형태이다.

① ㄱ ② ㄴ ③ ㄱ, ㄴ ④ ㄱ, ㄷ ⑤ ㄴ, ㄷ

[20702-0533]

02 다음은 진화의 증거에 대한 예 (가)~(다)에 대한 설명이다.

> (가) 화석 분석을 통해 암모나이트가 생성된 시대를 알 수 있다.
> (나) 비둘기의 날개, 원숭이의 팔, 호랑이의 앞다리는 생김새와 기능이 다르나 해부학적 구조가 유사하다.
> (다) 완두의 덩굴손, 포도의 덩굴손은 발생 기원은 다르나 생김새가 비슷하다.

이에 대한 설명으로 옳은 것만을 <보기>에서 있는 대로 고른 것은?

보기

ㄱ. (가)는 진화의 증거 중 생물지리학적 증거에 해당한다.
ㄴ. (나)를 통해 비둘기, 원숭이, 호랑이가 공통 조상에서 진화되었음을 알 수 있다.
ㄷ. (다)에서 완두의 덩굴손과 포도의 덩굴손은 상사 형질(상사 기관)에 대한 예이다.

① ㄱ ② ㄴ ③ ㄷ ④ ㄱ, ㄷ ⑤ ㄴ, ㄷ

[20702-0534]

03 표는 사람과 5종의 척추동물에서 ㉠사람의 헤모글로빈 단백질과 차이 나는 아미노산의 수를, 그림은 이를 바탕으로 작성한 사람과 5종의 척추동물의 계통수를 나타낸 것이다. (가)~(라)는 각각 개, 닭, 원숭이, 개구리 중 하나이다.

동물	㉠	동물	㉠
개	32	닭	45
칠성장어	125	원숭이	8
개구리	67	사람	0

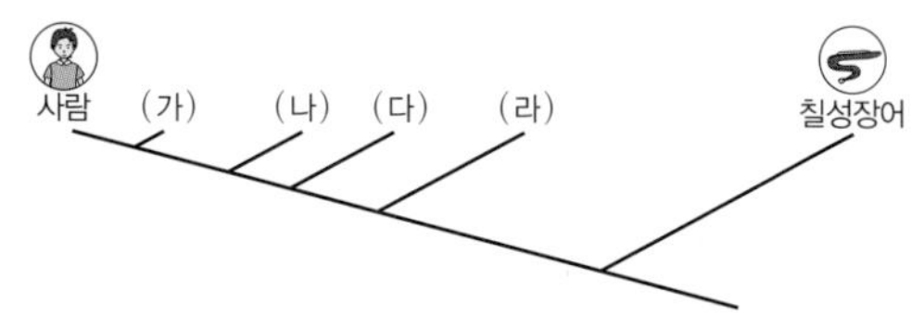

이에 대한 설명으로 옳은 것만을 <보기>에서 있는 대로 고른 것은?

보기

ㄱ. (다)는 닭이다.
ㄴ. 사람과 칠성장어의 유연관계가 사람과 개구리의 유연관계보다 가깝다.
ㄷ. 이 자료를 통해 개에서 칠성장어의 헤모글로빈 단백질과 차이 나는 아미노산의 수를 알 수 있다.

① ㄱ ② ㄴ ③ ㄷ ④ ㄱ, ㄷ ⑤ ㄴ, ㄷ

[20702-0535]

04 그림은 갈라파고스 군도에 서식하는 여러 핀치의 먹이에 따른 부리 모양을 나타낸 것이다.

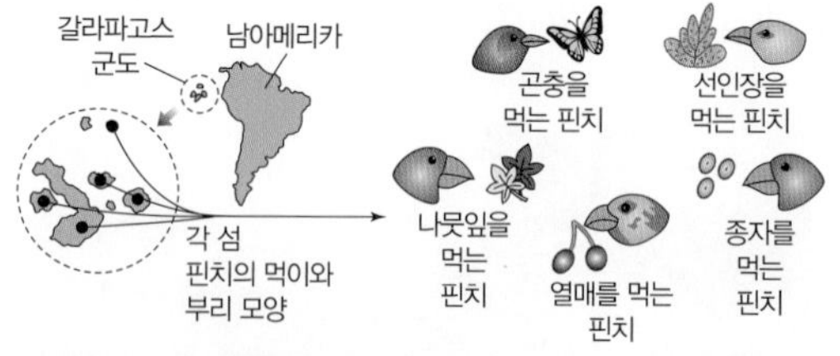

이에 대한 설명으로 옳은 것만을 <보기>에서 있는 대로 고른 것은?

보기

ㄱ. 진화의 증거 중 분자진화학적 증거에 해당한다.
ㄴ. 핀치 부리 모양은 먹이 종류에 따라 다르게 나타난다.
ㄷ. 곤충을 먹는 핀치의 부리와 종자를 먹는 핀치의 부리는 상사 형질(상사 기관)의 예이다.

① ㄱ ② ㄴ ③ ㄷ ④ ㄱ, ㄷ ⑤ ㄴ, ㄷ

[20702-0536]

05 다음은 기린을 예로 들어 생물의 진화 과정을 설명한 것이다.

(가) 원래 목이 긴 기린과 목이 짧은 기린이 함께 살고 있었다.
(나) 목이 긴 기린과 목이 짧은 기린 사이에 생존 경쟁이 일어났다.
(다) 목이 긴 기린이 환경에 적응하기 유리하여 더 많이 살아남았다.
(라) 기린 집단에서 목이 긴 기린의 빈도가 높아졌다.

이에 대한 설명으로 옳은 것만을 〈보기〉에서 있는 대로 고른 것은?

보기
ㄱ. 유전적 부동에 의한 진화의 사례이다.
ㄴ. (가)에서 기린의 목 길이는 변이에 해당한다.
ㄷ. 목이 긴 기린과 목이 짧은 기린이 모두 자연 선택되었다.

① ㄱ ② ㄴ ③ ㄷ ④ ㄱ, ㄷ ⑤ ㄴ, ㄷ

[20702-0537]

06 그림은 어떤 집단(P)에서 1세대와 20세대의 유전자형에 따른 개체 수 비율을 나타낸 것이다.

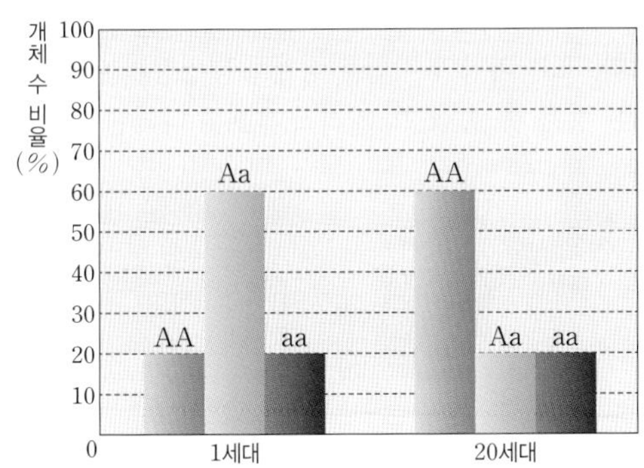

이에 대한 설명으로 옳은 것만을 〈보기〉에서 있는 대로 고른 것은?

보기
ㄱ. 1세대에서 A와 a의 대립유전자 빈도는 동일하다.
ㄴ. 1세대에서 무작위 교배가 일어난다고 가정하면 AA가 태어날 확률은 0.25이다.
ㄷ. P는 하디·바인베르크 법칙이 적용되는 집단이다.

① ㄱ ② ㄴ ③ ㄱ, ㄴ ④ ㄱ, ㄷ ⑤ ㄴ, ㄷ

서술형

[20702-0538]

07 다음은 어떤 핀치 집단에서 가뭄 전후의 부리 크기 변화에 대한 자료이다.

• 가뭄 전에는 작고 연한 씨가 풍부하다.
• 가뭄이 심할 때는 크고 딱딱한 씨가 상대적으로 많아진다.
• 가뭄 전후의 핀치 집단의 부리 크기에 따른 개체 수 빈도는 그래프와 같다.

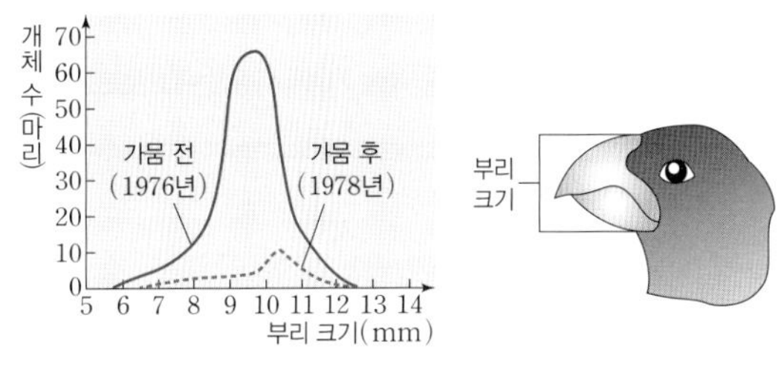

가뭄이 핀치 집단의 유전자풀에 어떤 영향을 미쳤는지 유전자풀의 변화 과정을 포함하여 서술하시오. (단, 가뭄 이외의 요인은 고려하지 않는다.)

[20702-0539]

08 표는 멘델 집단인 어떤 달팽이 집단의 1~3세대에서 껍데기의 색깔에 따른 유전자형과 각 유전자형의 개체 수를 나타낸 것이다. 달팽이 껍데기의 색깔은 대립유전자 A와 a에 의해 결정된다.

표현형	진회색	회색	흰색
유전자형	AA	Aa	aa
1세대 개체 수	10	180	810
2세대 개체 수	?	?	?
3세대 개체 수	?	?	?

이에 대한 설명으로 옳은 것만을 〈보기〉에서 있는 대로 고른 것은?

보기
ㄱ. 2세대에서 진회색 달팽이의 빈도는 0.1이다.
ㄴ. 개체당 낳는 자손의 수는 진회색 달팽이와 흰색 달팽이가 같다.
ㄷ. 1세대에서 대립유전자 A의 빈도와 3세대에서 대립유전자 a의 빈도를 합한 값은 1이다.

① ㄱ ② ㄴ ③ ㄷ ④ ㄱ, ㄷ ⑤ ㄴ, ㄷ

정답과 해설 88쪽

[20702-0540]
09 다음은 어떤 멘델 집단에서 유전병 ㉠에 대한 자료이다.

- ㉠은 상염색체에 있는 정상 대립유전자 A와 유전병 대립유전자 a에 의해 결정된다.
- A는 a에 대해 완전 우성이다.
- 이 집단에서 ㉠은 인구 10000명당 1명의 비율로 나타난다.

이에 대한 설명으로 옳은 것만을 〈보기〉에서 있는 대로 고른 것은?

보기

ㄱ. a의 빈도는 0.01이다.
ㄴ. 세대를 거듭할수록 A의 빈도가 높아진다.
ㄷ. 표현형이 정상이면서 대립유전자 a를 가지고 있는 사람은 전체의 18 %이다.

① ㄱ ② ㄴ ③ ㄷ ④ ㄱ, ㄷ ⑤ ㄴ, ㄷ

[20702-0541]
10 다음은 대멸종에 대한 자료이다.

지구의 역사상 5차례의 대멸종이 있었다. 고생대의 페름기 말과 중생대 백악기 말 대멸종은 그 중에서 가장 많이 알려진 사건이다. 대멸종의 원인으로는 ㉠운석 충돌, 화산 폭발과 같은 사건들이 손꼽히고 있다. 대멸종으로 인해 당시까지 살고 있었던 많은 생물들이 지구상에서 사라졌지만, 그 이후 오랜 시간에 걸쳐 지구 환경이 변했고 새로운 환경에 적응한 ㉡새로운 종들이 출현할 수 있었다.

이에 대한 설명으로 옳은 것만을 〈보기〉에서 있는 대로 고른 것은?

보기

ㄱ. ㉠으로 인한 유전자풀의 변화는 유전적 부동의 예이다.
ㄴ. 자연 선택은 ㉡이 출현한 원인 중 하나이다.
ㄷ. 대멸종 전과 후에 지구상의 생물 종 구성에 변화가 있다.

① ㄱ ② ㄴ ③ ㄱ, ㄷ ④ ㄴ, ㄷ ⑤ ㄱ, ㄴ, ㄷ

[20702-0542]
11 다음은 멘델 집단인 동물 집단 P에 대한 자료이다.

- 성염색체는 암컷이 XX, 수컷이 XY이며, 암컷과 수컷은 각각 10000마리이다.
- 눈 색은 X 염색체에 존재하는 붉은색 눈 대립유전자 R와 흰색 눈 대립유전자 R^*에 의해 결정되며, R는 R^*에 대해 완전 우성이다.
- 흰색 눈 암컷은 400마리이다.

이에 대한 설명으로 옳은 것만을 〈보기〉에서 있는 대로 고른 것은?

보기

ㄱ. R^*의 빈도는 0.4이다.
ㄴ. R의 빈도와 R^*의 빈도의 합은 1이다.
ㄷ. 흰색 눈 수컷은 2000마리이다.

① ㄱ ② ㄴ ③ ㄷ ④ ㄱ, ㄷ ⑤ ㄴ, ㄷ

[20702-0543]
12 다음은 종분화가 일어난 사례이다.

태평양과 대서양 사이에 있는 파나마 지협은 약 3백만 년 전에 생성된 것으로 그 이전에는 태평양과 대서양이 연결되어 있었다. 파나마 지협의 생성으로 인해 다양한 해양 생물의 종분화가 일어났으며, 종 A와 B가 그 대표적인 예이다. 표는 파나마 지협을 경계로 태평양과 대서양에 서식하는 동물 종 A~C의 지리적 분포를 나타낸 것이다.

종	태평양	대서양
A	서식 안 함	서식함
B	서식함	서식 안 함
C	서식함	서식함

이에 대한 설명으로 옳은 것만을 〈보기〉에서 있는 대로 고른 것은?

보기

ㄱ. 파나마 지협이 생성된 시기 이전에 다세포 진핵생물이 출현하였다.
ㄴ. 태평양에 서식하는 B와 대서양에 서식하는 A 사이에 생식적 격리가 있다.
ㄷ. 진화의 증거 중 생물지리학적 증거에 해당한다.

① ㄱ ② ㄴ ③ ㄱ, ㄷ ④ ㄴ, ㄷ ⑤ ㄱ, ㄴ, ㄷ

신유형·수능 열기

정답과 해설 91쪽

[20702-0544]

01 다음은 어떤 식물 종으로 구성된 여러 멘델 집단에 대한 자료이다.

- 꽃 색은 상염색체에 있는 붉은색 대립유전자 A와 흰색 대립유전자 A^*에 의해 결정된다.
- 각 집단에서 A와 A^*의 빈도는 각각 p와 q이고, p와 q의 합은 1이며, 꽃 색이 붉은색인 개체와 흰색인 개체의 비율의 합은 1이다.
- 그림은 각 집단 내 p에 따른 꽃 색이 붉은색을 나타내는 개체의 빈도를 나타낸 것이다.

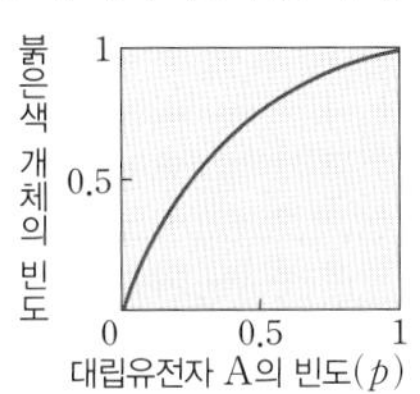

이에 대한 설명으로 옳은 것만을 <보기>에서 있는 대로 고른 것은?

보기

ㄱ. A는 A^*에 대해 완전 우성이다.

ㄴ. A의 빈도가 A^*의 빈도보다 2배 큰 집단에서 꽃 색이 붉은색인 개체의 비율은 $\frac{2}{3}$이다.

ㄷ. p가 0.5인 집단에서는 꽃 색이 붉은색인 개체의 빈도와 흰색인 개체의 빈도가 동일하다.

① ㄱ ② ㄴ ③ ㄷ ④ ㄱ, ㄷ ⑤ ㄴ, ㄷ

[20702-0545]

02 다음은 인구가 10000명인 어떤 멘델 집단에 대한 자료이다.

- ABO식 혈액형의 대립유전자 I^A, I^B, I^O는 상염색체에 존재하며, I^A와 I^B는 각각 I^O에 대해 완전 우성이다.
- I^A, I^B, I^O의 빈도는 각각 p, q, r이다.
- 표는 이 집단에서 ABO식 혈액형을 검사한 결과이다.

ABO식 혈액형	A형	B형	AB형	O형
사람 수(명)	3500	2400	4000	100

이에 대한 설명으로 옳은 것만을 <보기>에서 있는 대로 고른 것은?

보기

ㄱ. $p+q$의 값은 0.9이다.

ㄴ. 유전자형이 I^AI^O인 사람의 빈도는 0.1이다.

ㄷ. 유전자형이 이형 접합성인 사람의 빈도는 0.29이다.

① ㄱ ② ㄴ ③ ㄷ ④ ㄱ, ㄴ ⑤ ㄴ, ㄷ

[20702-0546]

03 그림은 어떤 조상 종 (가) 집단에 물리적 장벽이 생겨 종 (나)와 (다)로 종분화가 일어나는 과정을 나타낸 것이다.

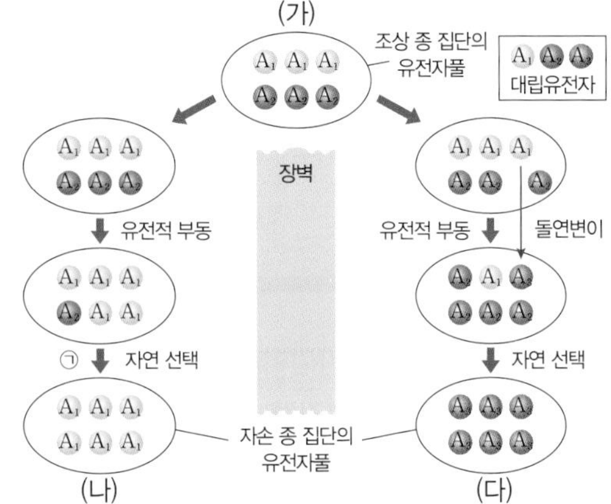

이에 대한 설명으로 옳은 것만을 <보기>에서 있는 대로 고른 것은?

보기

ㄱ. (가)와 (다)는 생식적으로 격리되었다.

ㄴ. (가)와 (나)의 유전자풀에는 동일한 대립유전자가 존재한다.

ㄷ. ㉠에서 A_2를 가진 개체보다 A_1을 가진 개체가 생존에 더 유리하다.

① ㄱ ② ㄴ ③ ㄱ, ㄷ ④ ㄴ, ㄷ ⑤ ㄱ, ㄴ, ㄷ

[20702-0547]

04 그림은 고리종인 엔사티나도롱뇽(*Ensatina eschscholtzii*)의 집단 A~G가 미서부 중앙 계곡 주위에 고리 모양으로 서식하는 모습을 나타낸 것이다. A~G는 색깔과 무늬가 서로 다르다.

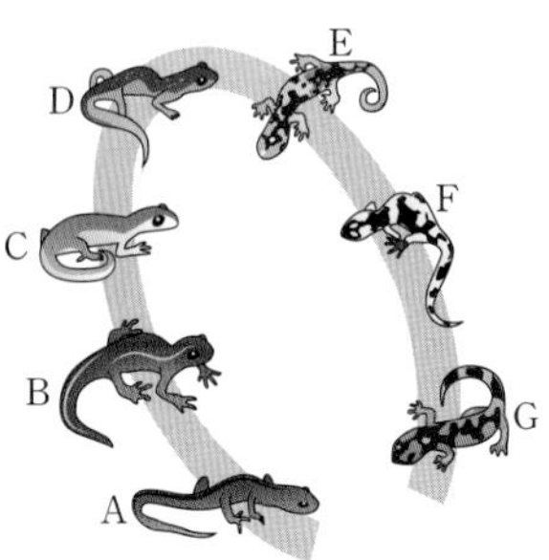

이에 대한 설명으로 옳은 것만을 <보기>에서 있는 대로 고른 것은?

보기

ㄱ. A와 G 사이에서 생식력 있는 자손이 태어날 수 없다.

ㄴ. F와 G는 서로 교배가 가능하다.

ㄷ. 종분화가 연속적이라는 것을 보여주는 사례이다.

① ㄱ ② ㄴ ③ ㄱ, ㄷ ④ ㄴ, ㄷ ⑤ ㄱ, ㄴ, ㄷ

단원 정리

1 생명의 기원

① 원시 생명체의 탄생 과정: 무기물로부터 간단한 유기물의 합성 → 복잡한 유기물의 합성 → 유기물 복합체의 형성 → 원시 생명체

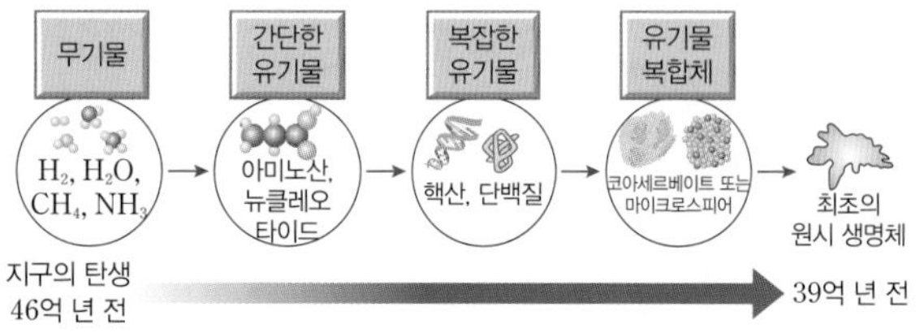

② 최초의 유전 물질: 리보자임이라는 유전 정보의 저장과 전달 기능 및 효소 기능까지 하는 RNA로 추정됨

③ 유기물 생성 실험

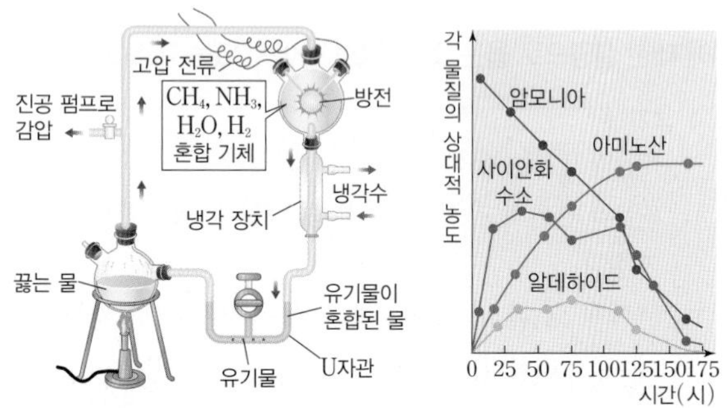

▲ 밀러와 유리의 실험 장치 ▲ U자관 내 물질의 농도 변화

④ 진핵생물과 다세포 생물의 출현

원핵생물의 출현	원시 생명체(무산소 호흡, 종속 영양 생물) → 광합성을 하는 원핵생물(독립 영양 생물) 출현 → 대기 중 O_2 농도 증가 → 산소 호흡을 하는 원핵생물(종속 영양 생물) 출현
단세포 진핵생물의 출현	• 막 진화설: 세포막이 내부로 접혀 들어가 세포 내 막성 세포 소기관 형성 • 세포내 공생설: 독립적으로 생활하던 원핵생물이 다른 생물 내부에서 공생하다가 미토콘드리아나 엽록체와 같은 세포 소기관으로 분화 세포막 세포질 조상 원핵생물 DNA 핵 소포체 핵막 산소 호흡 세균 미토콘드리아 광합성 세균 미토콘드리아 엽록체 종속 영양 진핵생물의 조상 독립 영양 진핵생물의 조상
다세포 생물의 출현	일부 단세포 진핵생물이 군체를 형성하여 생활하였고 형태와 기능이 분화되어 다양한 다세포 진핵생물로 진화하였음

2 생물의 분류와 다양성

① 생물의 분류 체계

• 학명: 속명을 먼저 쓰고 종소명을 쓰며, 끝에 처음 종을 발견한 명명자의 이름을 밝힌다. 속명의 첫 글자는 대문자, 종소명의 첫 글자는 소문자로 표기하며, 명명자는 생략할 수 있다.

사람: *Homo* *sapiens* Linné
↓ ↓ ↓
속명 종소명 명명자

• 5계 분류 체계와 3역 6계 분류 체계

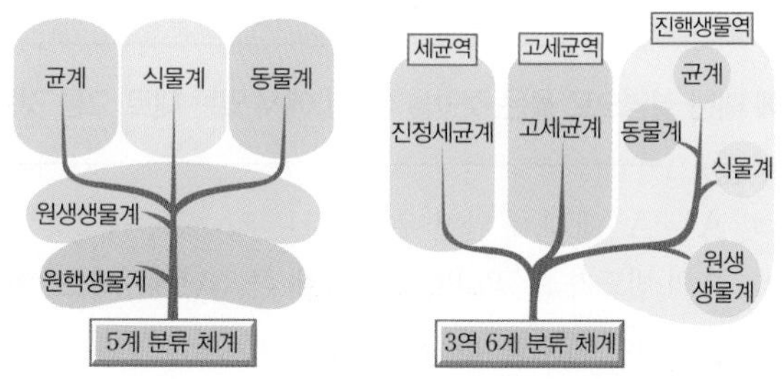

• 계통수: 생물의 계통을 알 수 있도록 나뭇가지 모양으로 나타낸 것으로, 생물 무리의 진화적 유연관계를 알 수 있다.

② 식물의 분류

• 다세포 진핵생물로 엽록체가 있어 광합성을 한다.
• 세포막 바깥에는 셀룰로스 성분의 세포벽이 있다.
• 관다발의 유무, 종자의 유무, 씨방의 유무와 같은 기준으로 분류할 수 있다.

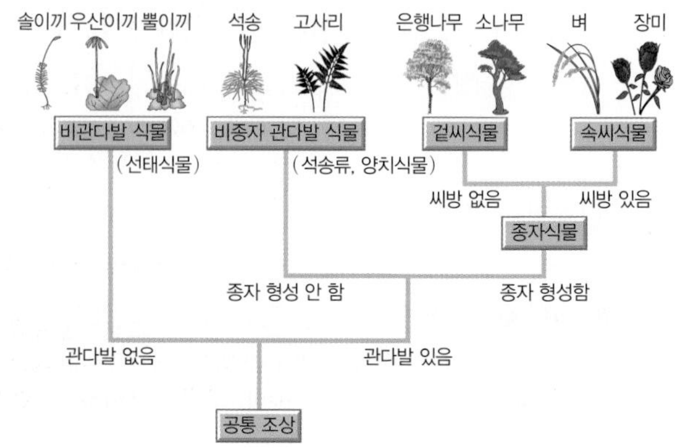

③ 동물의 분류

- 엽록체와 세포벽이 없으며, 종속 영양을 하는 다세포 진핵생물이다.
- 운동성이 있으며 기관계가 발달되어 있다.
- 배엽 형성, 대칭성, 발생 과정상의 특성 등을 기준으로 분류할 수 있다.

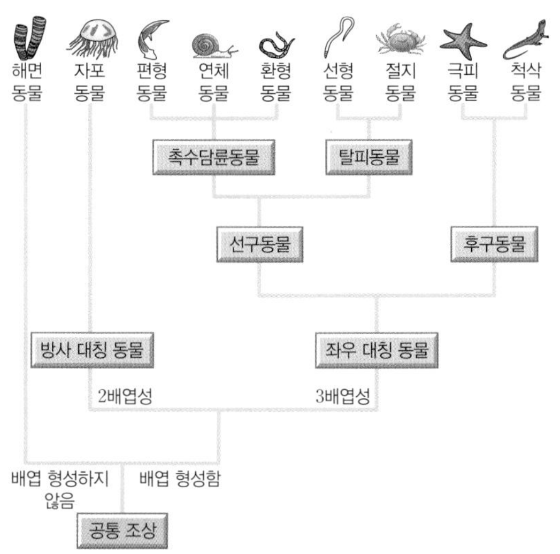

3 생물의 진화

① 생물 진화의 증거

화석상의 증거	화석을 통해 지층을 형성할 당시의 환경과 생물 다양성에 대한 특성을 알 수 있으며, 화석을 연대순으로 배열하면 생물이 변해 온 과정을 알 수 있음
비교해부학적 증거	• 상동 형질(상동 기관): 공통 조상으로부터 물려받아 같은 기원의 비슷한 해부학적 구조를 갖는 형질 • 상사 형질(상사 기관): 서로 다른 조상에서 따로 진화하였으나 그 형태와 기능이 비슷한 형질 • 흔적 기관: 조상에게는 있었지만 환경이나 생활 양식이 달라지면서 흔적만 남아 있는 기관
진화발생학적 증거	동물의 발생 과정을 비교했을 때 나타나는 해부학적 유사성을 통해 서로 다른 동물이 공통 조상으로부터 진화해왔다는 것을 알 수 있음
생물지리학적 증거	같은 종의 생물이 지리적으로 격리되어 오랜 세월이 흐르면 서로 다른 종으로 분화될 수 있음
분자진화학적 증거	단백질의 아미노산 조성 및 서열, DNA 염기 서열 등의 분자생물학적 특성을 비교하면 생물 간의 유연관계와 진화 과정을 알 수 있음

② 개체군 진화의 원리

유전적 평형	한 집단에서 대를 거듭해도 대립유전자의 종류와 빈도가 일정하게 유지되는 상태
멘델 집단	① 집단의 크기가 충분히 커야 한다. ② 개체 간의 교배가 자유롭게 일어나야 한다. ③ 돌연변이가 없고, 다른 집단과의 유전자 흐름(이입과 이출)이 없어야 한다. ④ 자연 선택이 작용하지 않아야 하고, 구성원의 생존율과 생식률이 동일해야 한다.
하디 · 바인베르크 법칙	멘델 집단에서 대립유전자 A의 빈도를 p, 대립유전자 a의 빈도를 q라고 하면($p+q=1$), 이들 생식세포가 결합하여 만들어진 자손의 유전자형 빈도는 다음과 같다. (아래 표 참조) ➡ 자손 세대의 대립유전자 A의 빈도 $p^2+2pq\times\frac{1}{2}=p(p+q)=p$ ➡ 자손 세대의 대립유전자 a의 빈도 $q^2+2pq\times\frac{1}{2}=q(p+q)=q$ ➡ 부모 세대의 대립유전자 빈도와 자손 세대의 대립유전자 빈도가 같다.

난자 \ 정자	A(p)	a(q)
A(p)	AA(p^2)	Aa(pq)
a(q)	Aa(pq)	aa(q^2)

③ 유전자풀의 변화 요인

돌연변이	방사선이나 화학 물질 등에 의해 개체의 유전 물질인 DNA나 염색체에 변화가 일어난 것
유전적 부동	집단에서 자손 세대로 대립유전자가 무작위로 전달되어 대립유전자의 빈도가 예측할 수 없는 방향으로 변하는 현상
자연 선택	어떤 집단 내에서 환경에 유리한 특정 형질에 대한 대립유전자를 가진 개체가 자손을 많이 남기게 되어 유전자풀에 변화가 일어나는 현상
유전자 흐름	집단 간 이주가 일어나면 새로운 대립유전자가 집단 내로 유입되거나, 대립유전자가 집단 밖으로 유출되어 유전자풀이 변하게 됨

④ 종분화

- 한 종에 속하던 두 집단 사이에 생식적 격리가 새롭게 발생하여 두 집단이 서로 다른 종으로 나뉘는 과정으로, 생식적 격리가 일어나는 많은 요인 중 강이나 산맥 형성과 같은 지리적 격리가 대표적이다.
- 고리종: 한 종이 물리적으로 격리된 후 서서히 변이가 누적되면 다시 만나더라도 생식적 격리가 일어날 수 있다. 고리종은 종분화가 연속적이며, 점진적인 과정이라는 것을 보여준다.

단원 마무리 문제

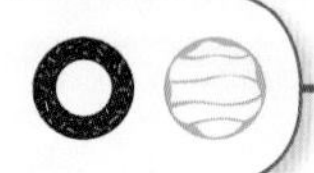

[20702-0548]

01 그림 (가)는 밀러와 유리의 실험을, (나)는 생명의 기원에 대한 오파린의 화학적 진화설을 나타낸 것이다.

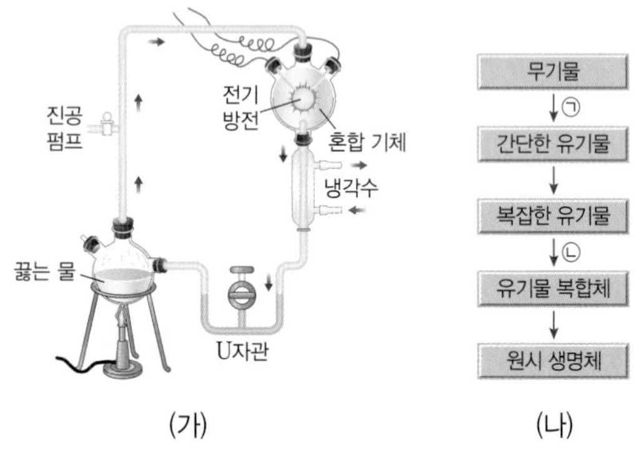

(가) (나)

이에 대한 설명으로 옳은 것만을 〈보기〉에서 있는 대로 고른 것은?

> 보기
> ㄱ. (가)는 ㉠이 일어날 수 있음을 입증하기 위한 실험이다.
> ㄴ. (가)의 U자관에서 리포솜이 발견되었다.
> ㄷ. ㉡에서 세포내 공생이 일어났다.

① ㄱ ② ㄴ ③ ㄷ ④ ㄱ, ㄷ ⑤ ㄴ, ㄷ

[20702-0549]

02 표 (가)는 물질 ㉠~㉢에서 3가지 특징 Ⅰ~Ⅲ의 유무를, (나)는 Ⅰ~Ⅲ을 순서 없이 나타낸 것이다. ㉠~㉢은 단백질, 리보자임, DNA를 순서 없이 나타낸 것이다.

특징 \ 물질	㉠	㉡	㉢
Ⅰ	ⓐ	○	?
Ⅱ	○	○	ⓑ
Ⅲ	○	×	×

(○: 있음, ×: 없음)

(가)

특징(Ⅰ~Ⅲ)
• 유전 정보를 저장함
• 촉매 작용을 함
• 펩타이드 결합을 가짐

(나)

이에 대한 설명으로 옳은 것만을 〈보기〉에서 있는 대로 고른 것은?

> 보기
> ㄱ. ㉠과 ㉢은 모두 원핵생물에 존재한다.
> ㄴ. ㉡은 리보자임이다.
> ㄷ. ⓐ와 ⓑ는 모두 '×'이다.

① ㄱ ② ㄴ ③ ㄱ, ㄷ ④ ㄴ, ㄷ ⑤ ㄱ, ㄴ, ㄷ

[20702-0550]

03 그림은 세포내 공생설과 막 진화설을 나타낸 것이고, 표 (가)는 세포 소기관 ㉠과 ㉡에서 특징 Ⅰ~Ⅲ의 유무를, (나)는 Ⅰ~Ⅲ을 순서 없이 나타낸 것이다. ⓐ와 ⓑ는 각각 산소 호흡 세균과 광합성 세균 중 하나이고, ㉠과 ㉡은 각각 엽록체와 미토콘드리아 중 하나이다.

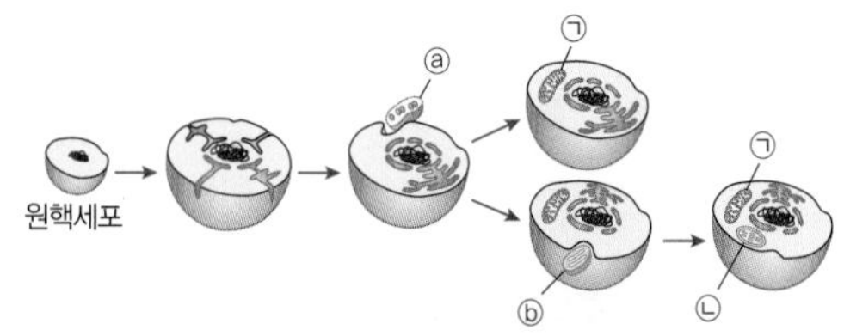

특징 \ 세포 소기관	㉠	㉡
Ⅰ	○	○
Ⅱ	×	○
Ⅲ	(A)	(B)

(○: 있음, ×: 없음)

(가)

특징(Ⅰ~Ⅲ)
• 빛에너지를 이용하여 유기물을 합성함
• 리보솜을 가짐
• 2중막 구조를 가짐

(나)

이에 대한 설명으로 옳은 것만을 〈보기〉에서 있는 대로 고른 것은?

> 보기
> ㄱ. ㉠의 외막은 ⓐ의 세포막에서 유래하였다.
> ㄴ. ⓑ는 특징 Ⅱ를 가진다.
> ㄷ. (A)와 (B)는 모두 '○'이다.

① ㄱ ② ㄴ ③ ㄱ, ㄷ ④ ㄴ, ㄷ ⑤ ㄱ, ㄴ, ㄷ

[20702-0551]

04 그림 (가)는 5계 분류 체계를, (나)는 3역 6계 분류 체계를 나타낸 것이다. ㉠, ㉡, A~C는 각각 세균역, 진핵생물역, 고세균역, 원생생물계, 동물계 중 하나이다.

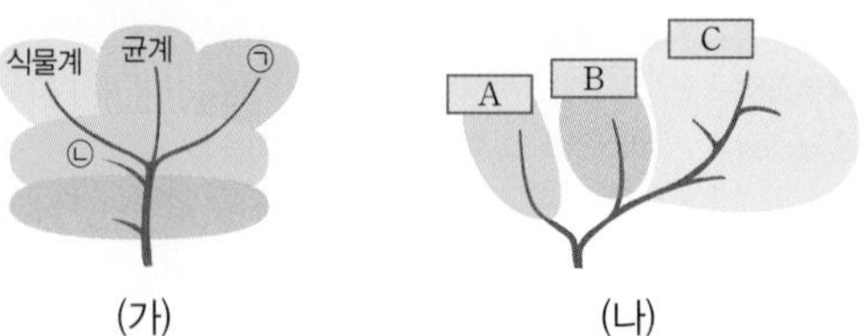

(가) (나)

이에 대한 설명으로 옳은 것만을 〈보기〉에서 있는 대로 고른 것은?

> 보기
> ㄱ. A~C는 계보다 더 큰 규모의 분류군을 나타낸다.
> ㄴ. 짚신벌레는 ㉠에 속한다.
> ㄷ. B에 속하는 생물은 모두 ㉡에 속한다.

① ㄱ ② ㄴ ③ ㄷ ④ ㄱ, ㄷ ⑤ ㄴ, ㄷ

[20702-0552]

05 표는 생물 Ⅰ~Ⅲ에서 특징 (가)~(다)의 유무를, 그림은 3역 6계 분류 체계에 따라 6계(A~D, 원생생물계, 동물계)를 분류한 것을 나타낸 것이다. (가)~(다)는 각각 '핵막이 없다.', '종속 영양 생물이다.', '크리스타를 갖는 세포 소기관이 있다.' 중 하나이고, Ⅰ~Ⅲ은 각각 남세균, 쇠뜨기, 말미잘 중 하나이다.

특징 \ 생물	Ⅰ	Ⅱ	Ⅲ
(가)	○	×	○
(나)	㉠	×	○
(다)	×	○	×

(○: 있음, ×: 없음)

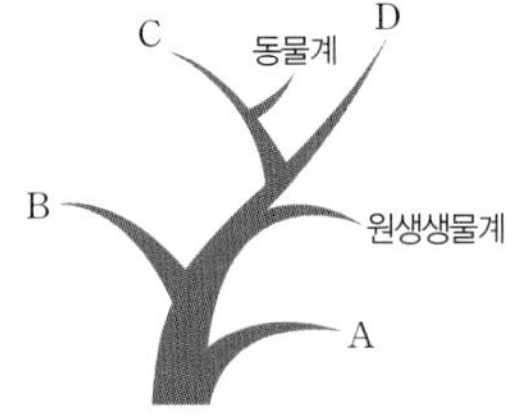

이에 대한 설명으로 옳은 것만을 〈보기〉에서 있는 대로 고른 것은?

보기
ㄱ. ㉠은 '×'이다.
ㄴ. Ⅰ은 C에 속한다.
ㄷ. '크리스타를 갖는 세포 소기관이 있다.'는 (가)이다.

① ㄱ ② ㄴ ③ ㄱ, ㄷ ④ ㄴ, ㄷ ⑤ ㄱ, ㄴ, ㄷ

[20702-0553]

06 그림 (가)는 3종류의 식물을 분류하는 과정을, (나)는 식물 4종의 계통수를 나타낸 것이다. ⓐ~ⓒ는 각각 석송, 고사리, 옥수수 중 하나이다.

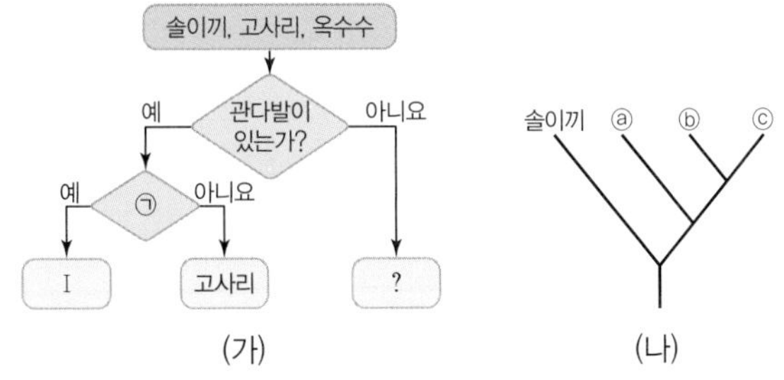

(가) (나)

이에 대한 설명으로 옳은 것만을 〈보기〉에서 있는 대로 고른 것은?

보기
ㄱ. '헛물관이 있는가?'는 ㉠에 해당한다.
ㄴ. Ⅰ은 ⓐ이다.
ㄷ. ⓒ는 형성층을 가진다.

① ㄱ ② ㄴ ③ ㄷ ④ ㄱ, ㄷ ⑤ ㄴ, ㄷ

[20702-0554]

07 그림은 동물 (가)~(라)의 형태적 특징을 기준으로 작성한 계통수를, 표는 계통수를 그릴 때 고려한 동물 A~D 중 일부의 특징을 나타낸 것이다. (가)~(라)는 각각 거미, 촌충, 해파리, 우렁쉥이 중 하나이고, A~D는 각각 (가)~(라) 중 하나이다.

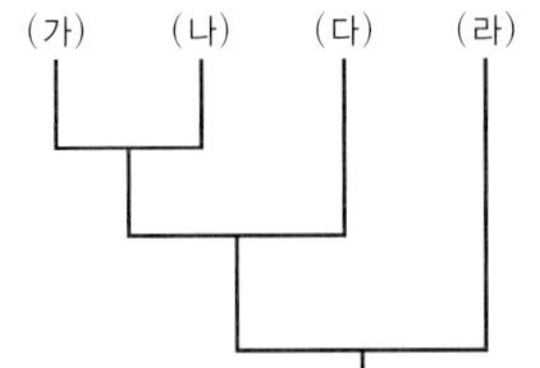

- A~D 중 A만 방사 대칭 동물이다.
- B와 C는 선구동물이다.

이에 대한 설명으로 옳은 것만을 〈보기〉에서 있는 대로 고른 것은?

보기
ㄱ. (가)와 D는 모두 중배엽을 가진다.
ㄴ. (다)는 촌충이다.
ㄷ. A는 (라)이다.

① ㄱ ② ㄴ ③ ㄱ, ㄷ ④ ㄴ, ㄷ ⑤ ㄱ, ㄴ, ㄷ

[20702-0555]

08 다음은 생물 진화의 증거로 이용되는 예이다.

(가) 말의 화석을 비교하여 말의 발가락 수가 변해온 과정을 알아본다.
(나) 개의 앞다리와 닭의 날개는 발생 기원이 같으나 형태나 기능은 다르다.
(다) 동남아시아에는 태반이 발달한 태반류가 분포하는 반면, 오스트레일리아에는 태반이 발달하지 않은 유대류가 분포한다.

(가)~(다)에 해당하는 진화의 증거를 옳게 짝 지은 것은?

	(가)	(나)	(다)
①	비교해부학적 증거	진화발생학적 증거	분자진화학적 증거
②	화석상의 증거	비교해부학적 증거	생물지리학적 증거
③	비교해부학적 증거	화석상의 증거	분자진화학적 증거
④	화석상의 증거	진화발생학적 증거	생물지리학적 증거
⑤	생물지리학적 증거	진화발생학적 증거	화석상의 증거

[20702-0556]

09 표는 어떤 지역에서 가뭄이 일어나기 전 핀치 집단의 부리 크기에 따른 개체 수를, 그림은 가뭄이 일어났을 때 핀치 집단의 부리 크기에 따른 생존율을 나타낸 것이다. 가뭄으로 인해 생존율이 달라져 가뭄 이후 핀치 집단에서 부리 크기에 따른 개체 수가 달라졌으며, 가뭄 이외의 환경 변화는 고려하지 않는다.

부리 크기	새의 개체 수 (마리)
작은 부리	6400
중간 부리	950
큰 부리	2650

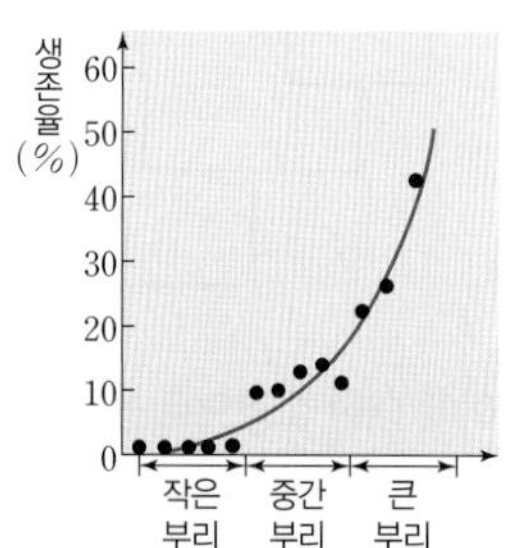

이에 대한 설명으로 옳은 것만을 〈보기〉에서 있는 대로 고른 것은? (단, 이입과 이출은 고려하지 않는다.)

보기

ㄱ. 가뭄 전 작은 부리를 가진 핀치의 빈도는 0.8이다.

ㄴ. 핀치 집단은 가뭄 전후로 유전자풀의 변화가 없다.

ㄷ. 가뭄으로 인해 핀치 집단에서 자연 선택이 일어났다.

① ㄱ ② ㄴ ③ ㄷ ④ ㄱ, ㄷ ⑤ ㄴ, ㄷ

[20702-0557]

10 표는 호랑이와 무당개구리를 8가지 분류 단계(분류 계급)의 순서대로 나타낸 것이다.

종	호랑이	무당개구리
ⓐ	?	?
과	고양이과	무당개구리과
목	㉠	㉡
?	포유강	양서강
?	척삭동물문	㉢
계	동물계	동물계
역	진핵생물역	진핵생물역

이에 대한 설명으로 옳은 것만을 〈보기〉에서 있는 대로 고른 것은?

보기

ㄱ. ⓐ는 '속'이다.

ㄴ. ㉠과 ㉡의 목명은 동일하다.

ㄷ. ㉢은 척삭동물문이다.

① ㄱ ② ㄴ ③ ㄱ, ㄷ ④ ㄴ, ㄷ ⑤ ㄱ, ㄴ, ㄷ

[20702-0558]

11 그림은 어떤 달팽이 집단(P)에서 껍데기 색깔과 이를 결정하는 유전자형을 나타낸 것이다. 달팽이 껍데기 색깔은 진회색 대립유전자 A와 흰색 대립유전자 a에 의해 결정된다.

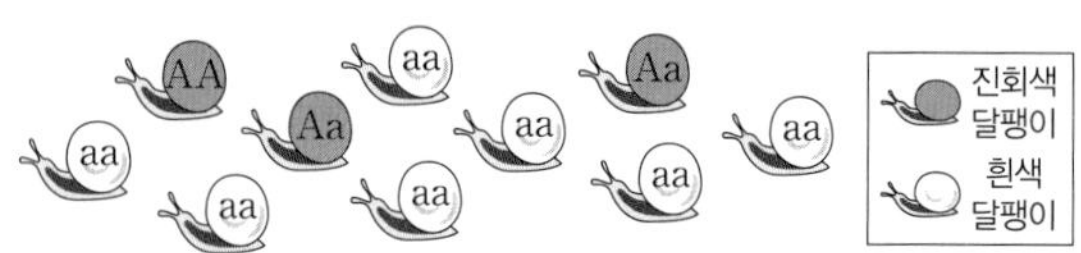

이에 대한 설명으로 옳지 않은 것은? (단, 이입과 이출은 고려하지 않는다.)

① A의 빈도는 0.2이다.

② 흰색 달팽이의 빈도는 0.7이다.

③ A의 빈도와 a의 빈도의 합은 1이다.

④ 유전자형이 이형 접합성인 달팽이의 빈도는 0.3이다.

⑤ 무작위 교배가 이루어진다면 P의 다음 세대(F_1)에서 진회색 달팽이보다 흰색 달팽이의 개체 수가 더 많다.

[20702-0559]

12 다음은 어떤 동물로 구성된 여러 멘델 집단에 대한 자료이다.

- 각 집단의 개체 수는 동일하다.
- 각 집단에서 대립유전자 A와 a의 빈도는 각각 p와 q이고, $p+q=1$이다.
- 유전자형 Aa의 빈도와 aa의 빈도가 같은 집단에서 유전자형 AA의 개체 수는 400이다.
- 그림은 각 집단 내 대립유전자 a의 빈도(q)에 따른 유전자형 AA, Aa, aa의 빈도를 나타낸 것이다. Ⅰ~Ⅲ은 각각 AA, Aa, aa의 빈도 중 하나이다.

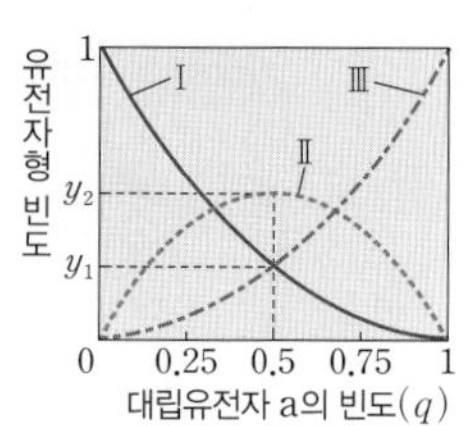

이에 대한 설명으로 옳은 것만을 〈보기〉에서 있는 대로 고른 것은?

보기

ㄱ. $2y_1=y_2$이다.

ㄴ. 각 집단의 개체 수는 10000이다.

ㄷ. $\dfrac{p=0.75\text{인 집단에서 유전자형이 Aa인 개체 수}}{p=0.25\text{인 집단에서 유전자형이 aa인 개체 수}}=\dfrac{2}{3}$이다.

① ㄱ ② ㄴ ③ ㄱ, ㄷ ④ ㄴ, ㄷ ⑤ ㄱ, ㄴ, ㄷ

[20702-0560]
13 다음은 어떤 동물로 구성된 멘델 집단 Ⅰ과 Ⅱ에 대한 자료이다.

- Ⅰ과 Ⅱ에서 이 동물의 털 색은 상염색체에 있는 검은색 털 대립유전자 A와 흰색 털 대립유전자 a에 의해 결정되며, A는 a에 대해 완전 우성이다.
- Ⅰ에서 A의 빈도는 p_1, a의 빈도는 q_1이고, Ⅱ에서 A의 빈도는 p_2, a의 빈도는 q_2이다.
- Ⅰ에서 유전자형이 aa인 개체 수는 유전자형이 AA인 개체 수의 4배이다.
- $\frac{\text{Ⅰ에서 흰색 털 개체의 비율}}{\text{Ⅱ에서 흰색 털 개체의 비율}}=\frac{16}{25}$이다.

이에 대한 설명으로 옳은 것만을 〈보기〉에서 있는 대로 고른 것은?

보기
ㄱ. $p_1+p_2=\frac{1}{2}$이다.
ㄴ. Ⅰ에서 유전자형이 이형 접합성인 개체의 빈도는 $\frac{2}{9}$이다.
ㄷ. Ⅱ에서 검은색 털 개체의 빈도는 $\frac{11}{36}$이다.

① ㄱ ② ㄴ ③ ㄱ, ㄷ ④ ㄴ, ㄷ ⑤ ㄱ, ㄴ, ㄷ

[20702-0561]
14 그림은 종 X_1이 종 X_2~X_4로 분화되는 과정을 나타낸 것이다. X_1~X_4는 서로 다른 생물학적 종이다.

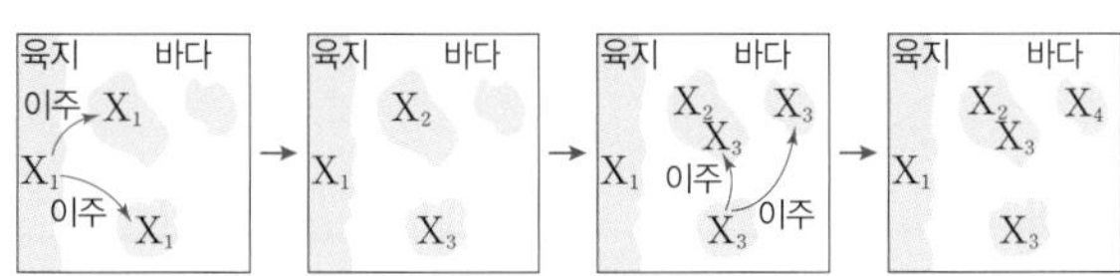

이에 대한 설명으로 옳은 것만을 〈보기〉에서 있는 대로 고른 것은? (단, 제시된 이주 이외의 다른 요인은 고려하지 않는다.)

보기
ㄱ. X_2와 X_3은 생식적으로 격리되어 있다.
ㄴ. X_3은 X_2로부터 분화되어 나왔다.
ㄷ. 지리적 격리가 일어나면 항상 종분화가 일어난다.

① ㄱ ② ㄴ ③ ㄷ ④ ㄱ, ㄷ ⑤ ㄴ, ㄷ

[20702-0562]
15 그림은 달팽이 종 A로부터 달팽이 종 B와 C가 종분화되는 과정을 나타낸 것이다. A~C는 서로 다른 생물학적 종이다.

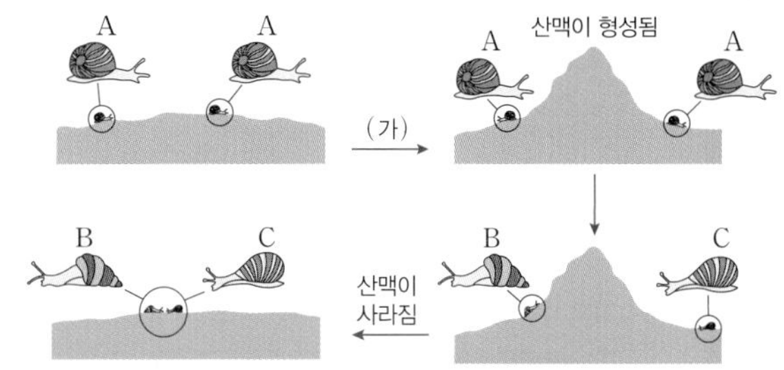

이에 대한 설명으로 옳은 것만을 〈보기〉에서 있는 대로 고른 것은? (단, 제시된 종분화만 고려하며, 지리적 격리는 1회 일어났고, 이입과 이출은 없다.)

보기
ㄱ. (가)에서 A의 종분화가 일어났다.
ㄴ. 산맥에 의해 지리적 격리가 일어났다.
ㄷ. 산맥이 사라진 후 B와 C 사이에 생식 능력이 있는 자손이 태어날 수 있다.

① ㄱ ② ㄴ ③ ㄷ ④ ㄱ, ㄷ ⑤ ㄴ, ㄷ

[20702-0563]
16 그림 (가)와 (나)는 각각 서로 다른 고리종을 구성하는 집단 ㉠~㉤과 ⓐ~ⓔ를 나타낸 것이다. 각 고리의 양 끝의 거리는 서식지의 거리이다.

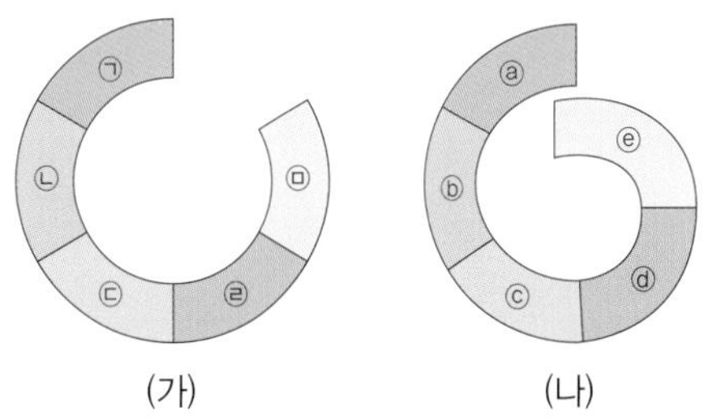

(가) (나)

이에 대한 설명으로 옳은 것만을 〈보기〉에서 있는 대로 고른 것은?

보기
ㄱ. ㉠과 ⓐ는 유전자풀이 다르다.
ㄴ. ⓐ와 ⓔ는 서식지의 거리가 ㉠과 ㉤에 비해 서로 가까우므로 생식적으로 격리되어 있지 않다.
ㄷ. ㉤과 ⓑ 사이에서는 생식 능력이 있는 자손이 태어날 수 있다.

① ㄱ ② ㄴ ③ ㄷ ④ ㄱ, ㄷ ⑤ ㄴ, ㄷ

Ⅵ 생명 공학 기술과 인간 생활

15 생명 공학 기술과 인간 생활

생명 공학 기술과 인간 생활

• 생명 공학 기술의 종류 설명하기
• 생명 공학 기술을 활용한 난치병 치료법의 전망 설명하기

한눈에 단원 파악, 이것이 핵심!

생명 공학 기술에는 어떤 것이 있을까?

유전자 재조합, 핵치환, 조직 배양, 세포 융합 등의 다양한 생명 공학 기술이 있다.

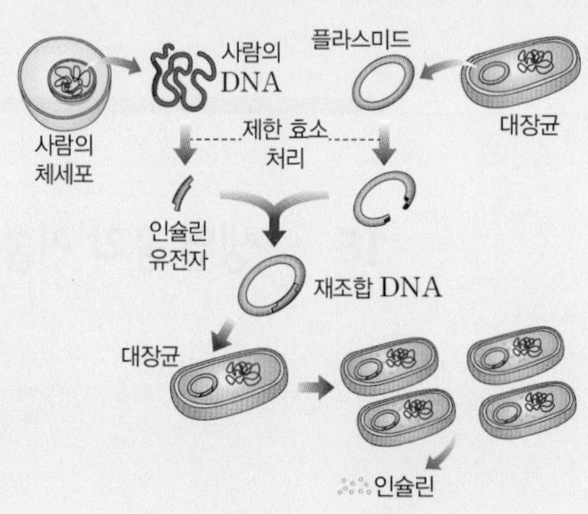

▲ 유전자 재조합 기술로 인슐린 생산

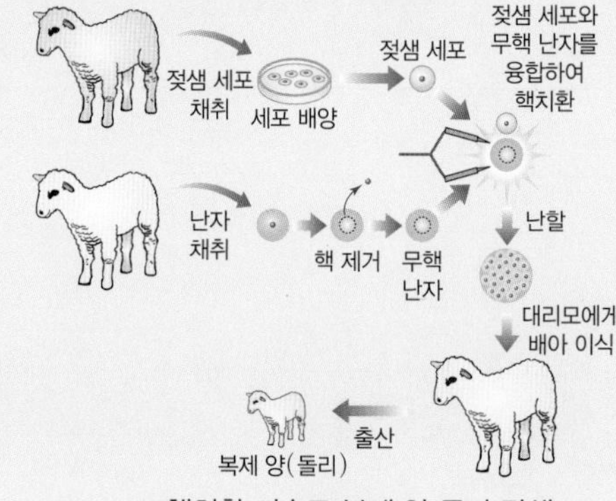

▲ 핵치환 기술로 복제 양 돌리 탄생

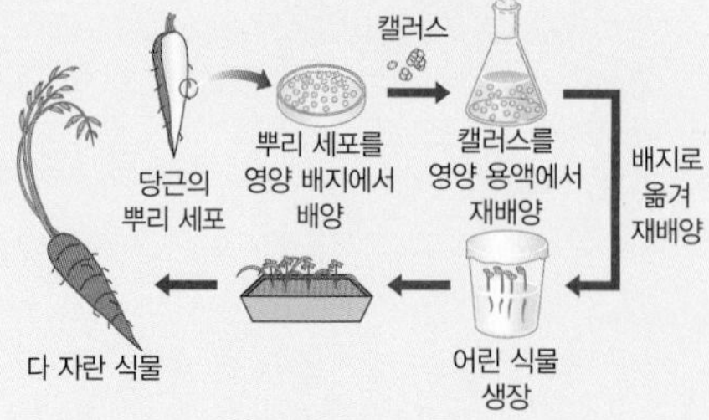

▲ 조직 배양 기술로 당근 복제

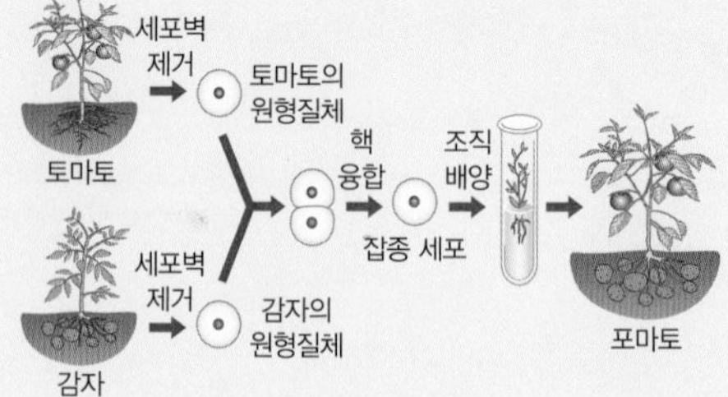

▲ 세포 융합 기술로 잡종 식물 생산

생명 공학 기술로 난치병을 치료할 수 있을까?

다양한 생명 공학 기술을 이용하여 암, 유전병과 같은 난치병을 치료하려는 연구가 진행되고 있다.

• 단일 클론 항체 • 줄기세포 • 유전자 치료

01 생명 공학 기술

1 유전자 재조합 기술

한 생물에서 추출한 특정 DNA를 다른 생물의 DNA에 끼워 넣어 재조합 DNA를 만든 후, 이를 세균 등에 넣어 유전자를 복제하거나 형질을 발현시키는 기술이다.

(1) 유전자 재조합 과정

① ❶제한 효소로 DNA 절단: 유용한 유전자가 들어 있는 DNA와 ❷플라스미드(DNA 운반체)를 한 종류의 제한 효소로 자른다.

② DNA 연결 효소로 DNA 연결: 제한 효소로 잘린 유용한 유전자와 플라스미드(DNA 운반체)에 DNA 연결 효소를 처리하여 연결한다.

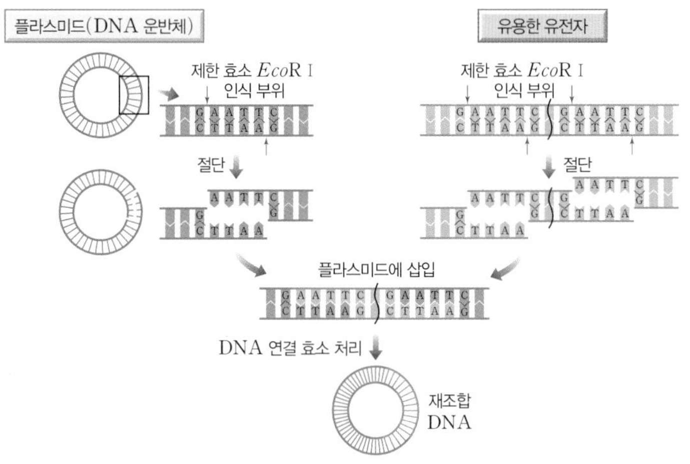

▲ 재조합 플라스미드 만들기

③ 재조합 DNA의 숙주 세포 도입: 재조합된 DNA를 숙주 세포(주로 대장균이 이용됨)와 혼합하여 자극을 가해, 재조합 DNA가 숙주 세포 내로 도입되도록 한다.

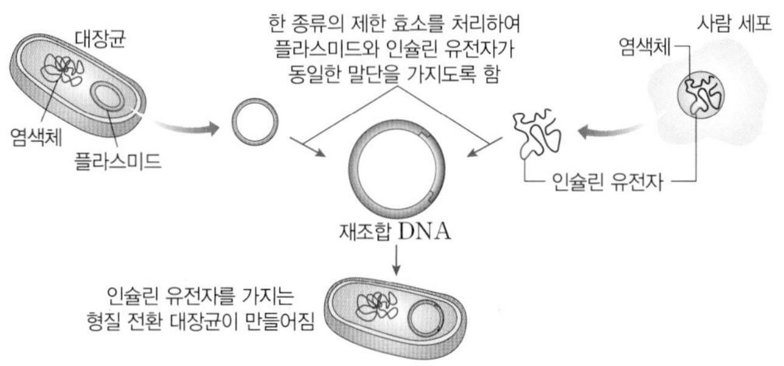

▲ 유전자 재조합 기술을 활용한 인슐린 생산 과정

(2) 형질 전환된 대장균 선별: 항생제인 앰피실린 저항성 유전자와 젖당 분해 효소 유전자가 있는 플라스미드를 이용하여 재조합 DNA인 재조합 플라스미드를 제작한다.

① 유용한 유전자를 플라스미드의 젖당 분해 효소 유전자 사이를 절단하여 삽입한다.

② 재조합 플라스미드를 만들어 대장균에 도입하는 과정에서 플라스미드가 도입되지 않은 대장균 A, 재조합되지 않은 플라스미드가 도입된 대장균 B, 재조합된 플라스미드가 도입된 대장균 C가 생긴다.

THE 알기

❶ 제한 효소

DNA에서 제한 효소 인식 부위라고 하는 특정 염기 서열을 인식하여 선택적으로 자르는 효소이다. *EcoR* I 이라고 하는 제한 효소의 인식 부위는 5′ → 3′ 방향으로 GAATTC로 구성되며 *EcoR* I 은 G과 A 사이를 자른다.

• 점착성 말단

점착성 말단은 상보적인 염기 서열을 가진 다른 말단과 수소 결합을 할 수 있는 단일 가닥 부위이다. 즉, 5′−AATT−3′의 서열을 가진 말단은 3′−TTAA−5′의 서열을 가진 말단과 수소 결합이 가능하므로 이 부위는 점착성 말단이다.

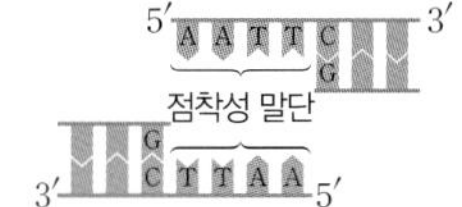

❷ 플라스미드

세균과 효모에서 자신의 염색체 외에 추가로 존재하는 원형 DNA이다. 플라스미드는 크기가 작고 분리와 조작이 쉬우며, 세포 내로 도입이 용이하여 유전자 재조합 기술에 DNA 운반체로 많이 이용된다.

THE 암기

③ 젖당 분해 효소에 의해 분해되면 푸른색으로 변하는 물질(X－gal)과 앰피실린이 포함된 배지에서 배양하면 A~C 중 대장균 C를 선별할 수 있다.

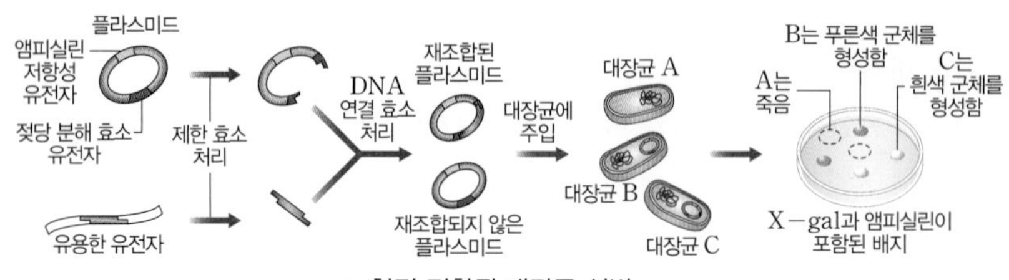

▲ 형질 전환된 대장균 선별

(3) 유전자 재조합 기술의 이용

① 세포 내의 특정 유전자를 대량으로 복제하여 유전자에 대한 기초 연구에 이용할 수 있다.

② 특정 생물로부터 유용한 유전자를 다른 생물에 도입함으로써 유전자 변형 생물체(LMO)나 ❶형질 전환 생물을 만들 수 있다.

③ 발육을 촉진하는 생장 호르몬, 당뇨병을 치료하는 인슐린, 바이러스성 질병을 치료하는 인터페론 등의 단백질을 대량 생산하여 의약품으로 이용할 수 있다.

❶ 형질 전환 생물
다른 생물의 유전자가 도입되어 본래의 형질과는 다른 형질을 갖게 된 생물이다.

2 핵치환

핵을 제거한 세포에 다른 세포의 핵을 이식하는 기술이다.

(1) 복제 양 돌리의 탄생

① 난자의 핵을 제거하여 무핵 난자를 만든 다음 체세포의 핵을 이식하여 배아를 얻은 후 이를 ❷대리모의 자궁에 착상시켜 발생시킨다.

② 대리모에서 출산한 동물은 체세포를 제공한 개체와 유전적으로 동일한 복제 동물이다.

(2) 핵치환 기술의 이용: 핵치환 기술을 이용한 동물 복제는 멸종 위기 생물의 보존, 장기 이식용 동물 생산 등에 활용된다.

❷ 대리모
자궁을 제공하는 동물로 핵치환 기술에서는 핵치환된 배아를 착상시켜 출산을 진행한다.

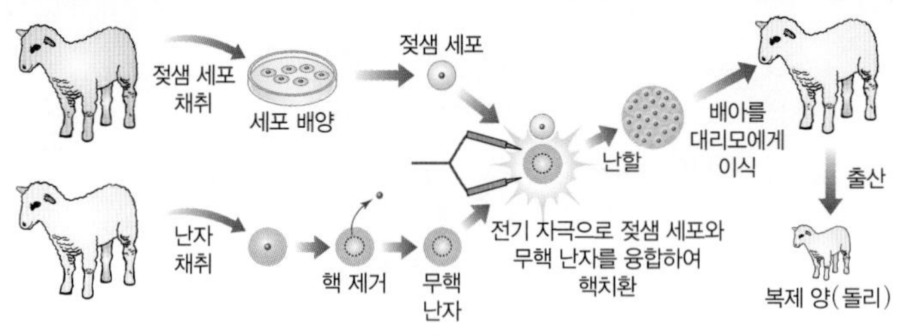

▲ 핵치환 기술로 복제 양 돌리 탄생

3 조직 배양

생물을 구성하고 있는 세포나 조직의 일부를 배양액이나 배지에서 증식시키는 기술이다.

(1) 식물 세포의 조직 배양

① 식물체에서 세포나 조직을 분리한 후 조직 배양을 통해 ❸캘러스를 만들 수 있다.

② 적절한 조건의 배지에서 캘러스를 배양하면 세포들이 분열해 뿌리, 줄기, 잎 등으로 분화하여 완전한 식물체를 만들 수 있다.

❸ 캘러스
식물의 세포나 조직을 배지에서 배양하면 미분화된 식물 세포 덩어리인 캘러스가 형성된다. 캘러스에 적절한 비율의 호르몬을 처리하면 뿌리, 줄기, 잎이 생성되며 완전한 식물체로 자랄 수 있다.

(2) 조직 배양 기술의 이용: 하나의 세포나 조직으로부터 유전적 조성이 똑같은 개체를 다량으로 얻을 수 있어서 같은 식물 개체를 대량 생산하거나 세포나 조직을 배양해야 하는 실험에서 활용되고 있다.

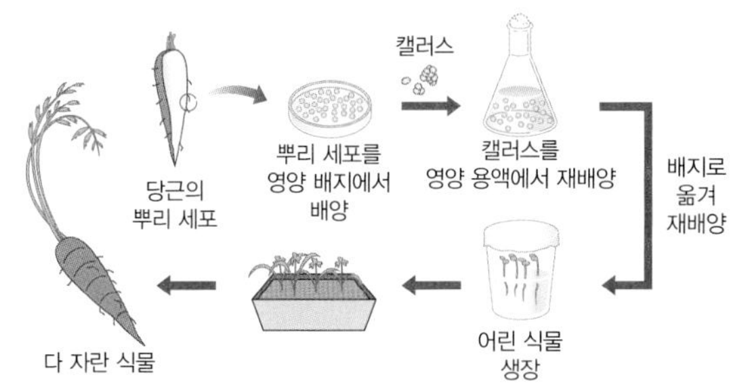

▲ 조직 배양 기술로 당근 복제

4 세포 융합

서로 다른 특징을 가진 두 종류의 세포를 융합시켜 두 세포의 형질을 모두 갖는 잡종 세포를 만드는 기술이다.

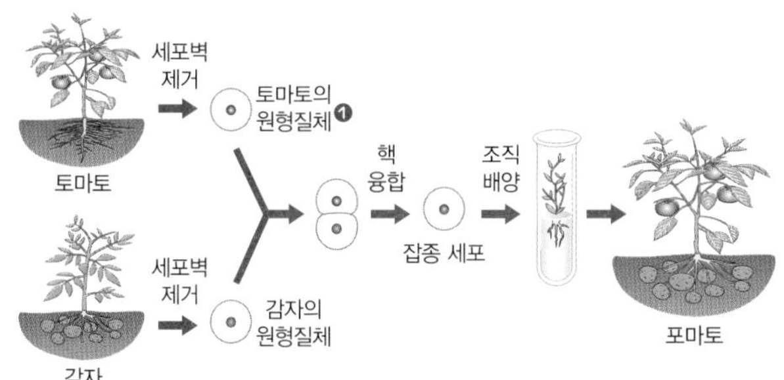

▲ 세포 융합 기술로 잡종 식물 생산

❶ 원형질체
식물 세포의 세포벽을 제거하여 세포막이 드러난 상태의 식물 세포를 원형질체라고 한다. 단단한 세포벽으로 인해 세포 융합이 잘 되지 않으므로 원형질체 상태로 세포 융합을 진행한다.

❷ dNTP
DNA 합성에 필요한 4가지 뉴클레오타이드로, dATP, dCTP, dGTP, dTTP를 말한다.

THE 들여다보기 PCR(중합 효소 연쇄 반응)

DNA의 특정 염기 서열을 선택적으로 증폭시키는 기술이다.

1. 변성: 증폭할 이중 가닥 DNA, 2종류의 DNA 프라이머, 열에 강한 DNA 중합 효소, ❷dNTP를 혼합한 용액을 준비한다. 용액의 온도를 높여 증폭할 이중 가닥 DNA를 단일 가닥으로 분리한다. DNA의 염기 서열에 따라 변성 온도는 조금씩 차이가 있다.
2. 프라이머 결합: 용액의 온도를 낮추면 2종류의 프라이머가 각각 두 단일 가닥 DNA의 3′ 말단 쪽에 수소 결합을 하면서 결합한다.
3. DNA 합성: DNA 중합 효소에 의해 주형 가닥 DNA에 이미 결합해 있는 프라이머의 3′ 말단 쪽에서 새로운 DNA 가닥이 합성된다.

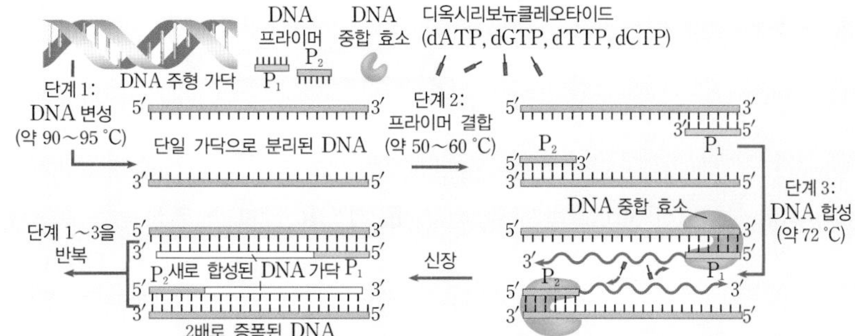

개념체크

빈칸 완성

1. DNA 재조합 기술의 기본 원리는 특정 DNA 조각을 DNA 운반체에 삽입하여 (　　　)를 만들고, 이를 숙주 세포에 도입하여 발현시키는 것이다.

2. 핵치환은 (　　　)이 제거된 난자에 다른 세포의 핵을 이식하는 기술이다.

3. (　　　)은 다른 생물의 유전자가 도입되어 본래의 형질과는 다른 형질을 갖게 된 생물이다.

4. 식물의 미분화 세포 덩어리인 (　　　)에 적절한 비율의 호르몬을 처리하면 뿌리, 줄기, 잎이 생성되며 완전한 식물체로 자랄 수 있다.

단답형 문제

5. DNA의 특정 염기 서열을 인식하여 그 부위만을 선택적으로 자르는 효소는 무엇인지 쓰시오.

6. 세균이나 효모의 주 DNA와는 별개로 독립적으로 복제 가능한 작은 원형 DNA는 무엇인지 쓰시오.

7. 같은 제한 효소로 잘린 두 DNA 조각을 결합시키는 효소는 무엇인지 쓰시오.

8. 식물 세포의 세포벽을 제거하여 세포막이 드러난 상태의 식물 세포를 무엇이라 하는지 쓰시오.

정답 1. 재조합 DNA 2. 핵 3. 형질 전환 생물 4. 캘러스 5. 제한 효소 6. 플라스미드 7. DNA 연결 효소 8. 원형질체

○X 문제

1. 유전자 재조합 기술에 대한 설명으로 옳은 것은 ○, 옳지 않은 것은 ×로 표시하시오.

(1) 플라스미드는 DNA 운반체로 사용할 수 있다. (　　)

(2) DNA의 특정 염기 서열을 인식하여 자르는 효소는 DNA 연결 효소이다. (　　)

(3) 앰피실린 저항성 유전자가 있는 플라스미드를 가진 대장균은 앰피실린이 처리된 배지에서 살 수 없다. (　　)

(4) 제한 효소를 처리하여 DNA 조각에 점착성 말단이 형성되면 말단 부위가 상보적으로 수소 결합을 할 수 있다. (　　)

2. 핵치환에 대한 설명으로 옳은 것은 ○, 옳지 않은 것은 ×로 표시하시오.

(1) 무핵 난자에 어떤 체세포의 핵을 이식시키면 발생을 진행할 수 없다. (　　)

(2) 핵치환을 이용하여 멸종 위기의 희귀 동물을 복제할 수 있다. (　　)

3. 조직 배양과 세포 융합에 대한 설명으로 옳은 것은 ○, 옳지 않은 것은 ×로 표시하시오.

(1) 조직 배양은 생물체에서 떼어 낸 세포나 조직을 배양액이나 배지에서 증식시키는 기술이다. (　　)

(2) 조직 배양을 통해 한 세포로부터 유전적으로 다양한 세포를 많이 얻을 수 있다. (　　)

(3) 캘러스에 여러 조건을 처리해도 뿌리로는 분화할 수 없다. (　　)

(4) 포마토는 세포 융합을 이용하여 만든 대표적인 식물이다. (　　)

둘 셋 중에 고르기

4. PCR에서 프라이머로 (DNA , RNA) 조각을 이용한다.

5. PCR 단계 중 가장 높은 온도에서 진행되는 단계는 (변성 , 프라이머 결합 , DNA 합성) 단계이다.

정답 1. (1) ○ (2) × (3) × (4) ○ 2. (1) × (2) ○ 3. (1) ○ (2) × (3) × (4) ○ 4. DNA 5. 변성

생명 공학 기술을 이용한 난치병 치료

1 ❶단일 클론 항체

(1) 단일 클론 항체 생산 과정

① 쥐에게 특정 항원을 주사한 후 분리하여 활성화된 B 림프구와 암세포를 융합하여 ❷잡종 세포를 만든다.

② ❸잡종 세포만 선별해 주는 선택 배지를 이용하여 한 종류의 항체만 생산해 내는 잡종 세포를 얻는다.

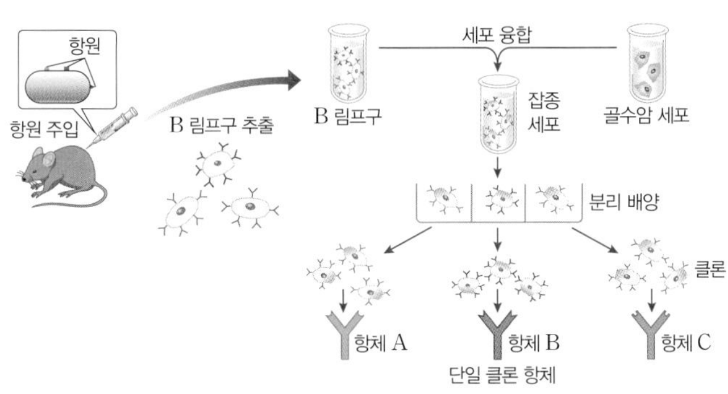

▲ 단일 클론 항체의 생산 과정

(2) 단일 클론 항체를 이용한 치료

① 특정 암세포와 결합하는 단일 클론 항체에 항암제를 부착한 후 암 환자에게 투여하면 암세포만을 선택적으로 제거할 수 있어 암을 치료하는 데 사용할 수 있다.

② 단일 클론 항체는 병원체에 의한 질환의 진단과 치료, 임신 진단 키트 같은 시약에도 널리 이용되고 있다.

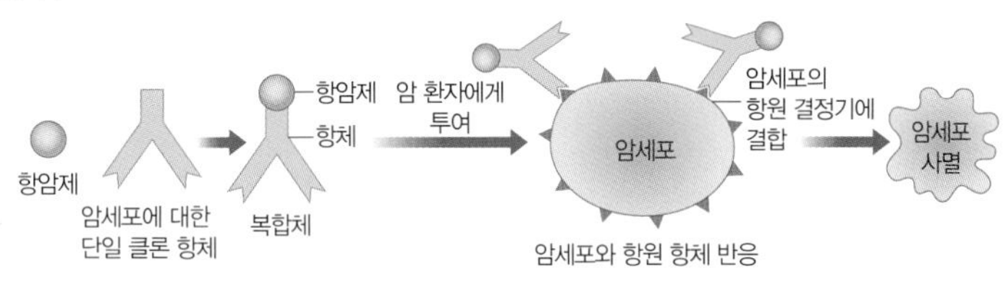

▲ 단일 클론 항체를 이용한 암 치료

2 줄기세포

(1) 배아 줄기세포

① 수정란 배아 줄기세포: 수정란에서 유래한 배아의 ❹배반포(포배) 내부 세포 덩어리로부터 얻어낸 줄기세포이다.

② 체세포 복제 배아 줄기세포: 핵이 제거된 난자에 환자의 체세포에서 추출한 핵을 넣어 배반포(포배) 단계까지 발생시킨 후 내부 세포 덩어리로부터 얻어낸 줄기세포이다.

③ 난자를 많이 사용해야 하고 배아를 희생시켜야 한다는 생명 윤리 문제가 있다.

(2) ❺성체 줄기세포

① 특정 기관이나 조직에 존재하는 줄기세포로, 성체가 된 후에도 존재하며 배아 줄기세포와는 달리 분화될 수 있는 세포의 종류가 한정되어 있다.

② 증식이 어렵고, 신체의 모든 세포와 조직으로 분화할 수 없는 한계가 있다.

THE 알기

❶ 단일 클론 항체
하나의 항원에만 반응하는 한 종류의 항체이다.

❷ 잡종 세포
잡종 세포는 항체를 생산할 수 있는 B 림프구와 반영구적으로 생장하는 암세포의 특징을 모두 가지고 있다.

❸ 잡종 세포만 선별해 주는 선택 배지
특정 성질을 갖는 세포만 선택적으로 생존하게 하거나 제거하는 기능이 있는 배지를 이용하여 잡종 세포만 선별할 수 있다.

❹ 배반포
배반포는 사람의 초기 발생 단계에서 형성되는 포배이며, 안쪽에 내부 세포 덩어리가 있다. 내부 세포 덩어리는 발생을 거쳐 개체가 된다.

❺ 성체 줄기세포
성체 줄기세포는 성체의 지방, 골수, 탯줄 혈액 등 극히 일부분에서만 얻을 수 있으며 세포의 수가 적다.

THE 알기

❶ 역분화
구조와 기능이 분화된 세포를 미분화 상태로 되돌리는 과정이다.

(3) 유도 만능 줄기세포

① 이미 분화가 끝난 성체의 체세포를 ❶역분화시켜 배아 줄기세포처럼 다양한 세포로 분화될 수 있도록 되돌려진 줄기세포이다.

② 줄기세포를 얻기 위해 난자를 사용하지 않고 환자 본인의 체세포를 사용하므로 생명 윤리 문제에서 자유롭다.

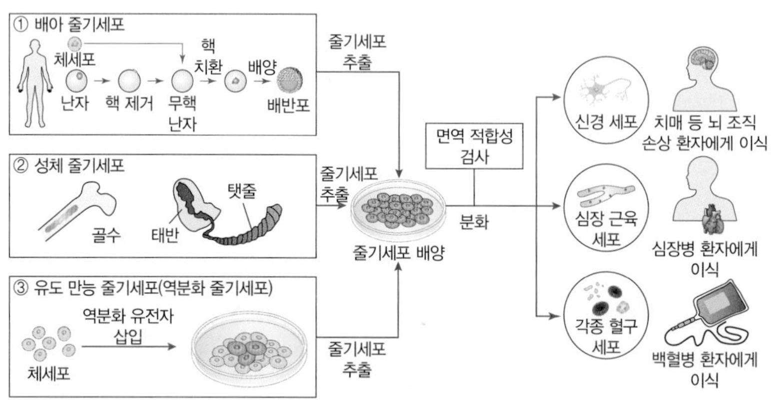

▲ 줄기세포의 종류

(4) 줄기세포를 이용한 치료: 줄기세포를 이용하면 다양한 세포나 조직을 얻을 수 있으므로 신경 손상과 같은 여러 난치병을 치료할 수 있다.

❷ 유전자 치료
바이러스를 DNA 운반체로 사용한 유전자 치료뿐만 아니라 최근에는 원하는 DNA 부분을 직접 정교하게 잘라내는 '유전자 가위' 기술이 개발되어 유전자 치료에 사용될 수 있도록 연구 중이다.

3 ❷유전자 치료

유전적으로 결함이 있는 사람에게 정상 유전자를 넣어 이상이 있는 유전자를 대체하거나 정상 단백질이 합성되게 함으로써 질병을 치료하는 방법이다.

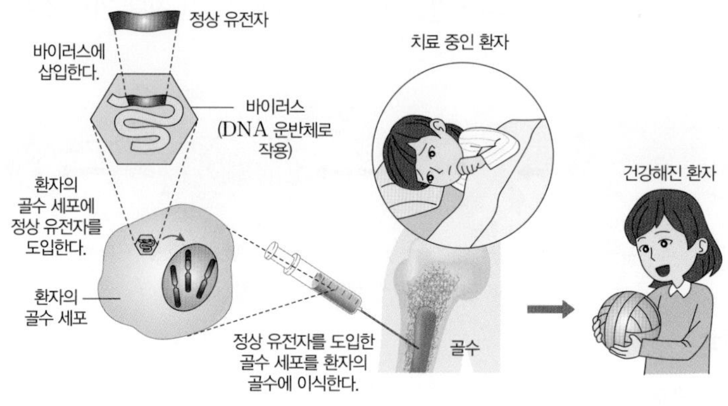

▲ 유전자 치료

❸ LMO와 GMO
LMO는 유전자 변형 생물체로 생식이 가능한 생물을 의미하며, GMO는 LMO 뿐만 아니라 LMO를 이용하여 만든 식품이나 가공물도 포함한다.

4 생명 공학 기술의 발달과 문제점

(1) 유전자 변형 생물체(❸LMO)의 개발과 이용: 유전자 재조합 기술을 통해 유용한 유전자를 도입하여 형질 전환된 생명체를 LMO라고 한다. LMO는 생산성이 높아 식량 및 의약품을 만드는 데 활용될 수 있지만 생태계와 인류에 미칠 영향의 불확실성 등이 해결 과제로 남아 있다.

(2) 생명 공학 기술의 활용과 사회적 책임: 생명 공학의 발달은 난치병 치료, 식량 부족 문제 해결 등 인류가 당면한 여러 문제를 해결할 수 있지만, 생태계의 질서를 파괴시키는 생태학적인 문제, 생명을 경시하는 생명 윤리 문제 등 많은 문제가 발생할 수 있다.

개념체크

빈칸 완성

1. B 림프구와 암세포를 융합하여 만든 잡종 세포에서 얻은 한 종류의 항체를 (   )라고 한다.
2. (   )는 유전자 재조합 기술을 통해 유용한 유전자를 도입하여 형질 전환된 생명체로서 대표적인 예로 제초제 내성 콩, 해충 저항성 목화 등이 있다.
3. 이미 분화가 끝난 성체의 체세포를 (   )시켜 배아 줄기세포처럼 다양한 세포로 분화될 수 있도록 되돌릴 수 있다.
4. (   )는 사람의 초기 발생 단계에서 형성되는 특정 시기의 배로, 이 시기의 배 안쪽에 있는 내부 세포 덩어리는 발생을 거쳐 개체가 된다.

단답형 문제

5. 수정란에서 유래한 배아의 배반포(포배) 내부 세포 덩어리로부터 얻어낸 줄기세포는 무엇인지 쓰시오.
6. 핵이 제거된 난자에 환자의 체세포에서 추출한 핵을 넣어 배반포(포배) 단계까지 발생시킨 후 내부 세포 덩어리에서 얻어낸 줄기세포는 무엇인지 쓰시오.
7. 유전적으로 결함이 있는 사람에게 정상 유전자를 넣어 이상이 있는 유전자를 대체하거나 정상 단백질이 합성되게 함으로써 질병을 치료하는 방법은 무엇인지 쓰시오.

정답 1. 단일 클론 항체 2. 유전자 변형 생물체(LMO) 3. 역분화 4. 배반포(포배) 5. 수정란 배아 줄기세포 6. 체세포 복제 배아 줄기세포 7. 유전자 치료

○X 문제

1. 단일 클론 항체에 대한 설명으로 옳은 것은 ○, 옳지 <u>않은</u> 것은 ×로 표시하시오.
   (1) 특정 암세포와 결합하는 단일 클론 항체에 항암제를 부착한 후 암 환자에게 투여하면 암세포만을 선택적으로 제거할 수 있다. (   )
   (2) 항체를 생산할 수 있는 B 림프구와 반영구적으로 생존하는 암세포의 특징을 모두 가지는 잡종 세포를 만드는 과정에서 사용한 생명 공학 기술은 유전자 재조합 기술이다. (   )

2. LMO에 대한 설명으로 옳은 것은 ○, 옳지 <u>않은</u> 것은 ×로 표시하시오.
   (1) 특정 기관이나 조직에 존재하는 성체 줄기세포는 LMO이다. (   )
   (2) LMO는 생산성이 높아 식량 및 의약품을 만드는 데 이용되고 있으며, 그 활용에 어떤 문제점도 없다. (   )

둘 중에 고르기

3. 증식이 어렵고, 신체의 모든 세포와 조직으로 분화할 수 없는 한계를 가지고 있는 줄기세포는 (배아 줄기세포 , 성체 줄기세포)이다.
4. 특정 암세포와 결합하는 단일 클론 항체에 항암제를 부착한 후 암 환자에게 투여하면 (암세포 , 정상 세포)만을 선택적으로 제거할 수 있어 암을 치료하는 데 사용할 수 있다.
5. 유전자 변형 생물체로 생식이 가능한 생물을 의미하는 용어는 (LMO , GMO)이며, 유전자 변형 생물체를 이용하여 만든 식품이나 가공물까지도 포함하는 용어는 (LMO , GMO)이다.

정답 1. (1) ○ (2) × 2. (1) × (2) × 3. 성체 줄기세포 4. 암세포 5. LMO, GMO

탐구 활동 유전자 재조합 모의실험하기

정답과 해설 95쪽

목표

모의실험을 통해 유전자 재조합 기술의 원리를 이해하고 설명할 수 있다.

과정

1. 플라스미드 모형의 양 끝을 붙여 고리 모양을 만든다.

2. 인슐린 유전자가 표시된 선형 DNA 모형을 준비한다.

3. 플라스미드 모형과 선형 DNA 모형에서 제한 효소 *Eco*R Ⅰ 인식 부위(▾)를 찾아 각각 가위로 자른다.
4. 자른 인슐린 유전자 부위를 3의 플라스미드 모형에 맞추어 넣고 투명 테이프를 이용하여 붙인다.

결과 정리 및 해석

1. 제한 효소 *Eco*R Ⅰ 인식 부위를 가위로 자르면 다음과 같이 단일 가닥 부위가 나타난다. 이 단일 가닥 부위는 서로 상보적으로 결합할 수 있다.

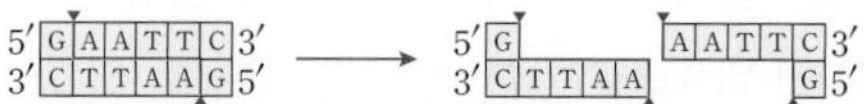

2. 플라스미드 모형의 제한 효소 *Eco*R Ⅰ 인식 부위와 인슐린 유전자가 표시된 선형 DNA 모형의 제한 효소 *Eco*R Ⅰ 인식 부위가 잘리게 되면 이 양 말단 또한 상보적으로 결합할 수 있다.

탐구 분석

1. 과정 3에서의 가위와 4에서의 투명 테이프는 유전자 재조합 기술에서 각각 무엇에 해당하는가?
2. 플라스미드 모형에서 가위로 자른 부위와 인슐린 유전자가 표시된 선형 DNA 모형에서 가위로 자른 부위가 4에서 서로 붙는 원리는 무엇인가?

내신 기초 문제

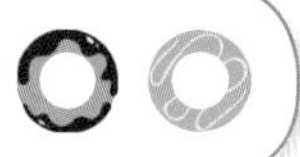

정답과 해설 95쪽

[20702-0564]

01 그림 (가)와 (나)는 각각 동일한 제한 효소로 자른 DNA 조각과 플라스미드를 나타낸 것이다. (가)의 Ⅰ에 들어갈 염기 서열을 5′에서 3′ 순으로 쓰시오.

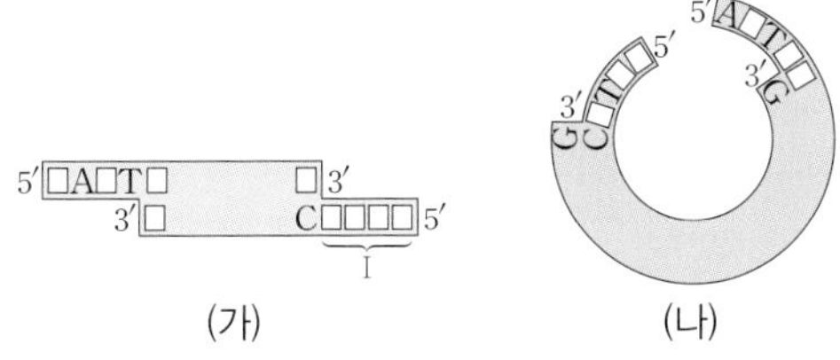

(가) (나)

[20702-0565]

02 단일 클론 항체를 만들 때 B 림프구와 암세포를 융합시키는 까닭으로 옳은 것만을 <보기>에서 있는 대로 고른 것은?

보기

ㄱ. B 림프구의 핵 대신 암세포의 핵을 치환하기 위해서이다.
ㄴ. 잡종 세포가 항체 생성 능력과 오랜 생존 능력을 모두 가지게 하기 위해서이다.
ㄷ. 암세포가 항체를 생성하는 능력을 가지면서 B 림프구처럼 생존 기간이 짧게 하기 위해서이다.

① ㄱ ② ㄴ ③ ㄷ ④ ㄱ, ㄴ ⑤ ㄴ, ㄷ

[20702-0566]

03 다음은 생명 공학 기술을 이용하여 해충 저항성 옥수수를 만드는 실험 과정을 순서 없이 나타낸 것이다.

(가) 재조합 플라스미드를 토양 세균에 도입하였다.
(나) 토양 세균에 감염된 옥수수 세포를 조직 배양하였다.
(다) 형질 전환된 토양 세균을 옥수수 세포에 감염시켰다.
(라) 해충 저항성 유전자를 분리하고, 이를 플라스미드에 삽입하여 재조합 플라스미드를 만들었다.
(마) 조직 배양한 옥수수를 성장시켜 해충 저항성이 있는지 확인하였다.

실험 과정을 순서대로 옳게 나열한 것은?

① (가)−(다)−(라)−(나)−(마)
② (다)−(나)−(라)−(마)−(가)
③ (라)−(가)−(다)−(나)−(마)
④ (라)−(다)−(마)−(나)−(가)
⑤ (마)−(라)−(가)−(나)−(다)

[20702-0567]

04 그림은 당근의 뿌리 세포를 이용하여 새로운 당근을 만드는 방법을 나타낸 것이다.

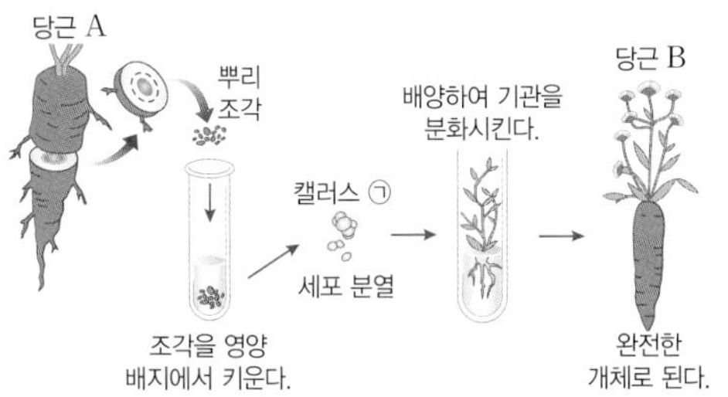

이에 대한 설명으로 옳은 것만을 <보기>에서 있는 대로 고른 것은?

보기

ㄱ. A와 B는 유전적으로 동일하다.
ㄴ. ㉠은 다양한 종의 식물로 자랄 수 있다.
ㄷ. B를 만드는 데 세포 융합 기술이 이용되었다.

① ㄱ ② ㄴ ③ ㄷ ④ ㄱ, ㄷ ⑤ ㄴ, ㄷ

[20702-0568]

05 그림은 복제 양을 만드는 과정을 나타낸 것이다.

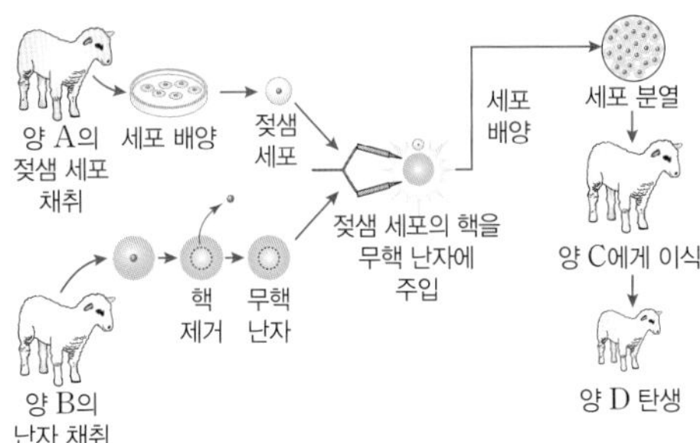

이에 대한 설명으로 옳은 것만을 <보기>에서 있는 대로 고른 것은?

보기

ㄱ. B와 D의 핵 DNA는 같다.
ㄴ. B의 체세포와 C의 체세포의 성염색체 구성은 동일하다.
ㄷ. D의 미토콘드리아 DNA는 A의 난자에서 유래되었다.

① ㄱ ② ㄴ ③ ㄷ ④ ㄱ, ㄷ ⑤ ㄴ, ㄷ

정답과 해설 95쪽

[20702-0569]
06 그림은 사람의 유방암 세포에서 추출한 특정 항원을 쥐에 주입하여 단일 클론 항체를 생산하는 과정을 나타낸 것이다.

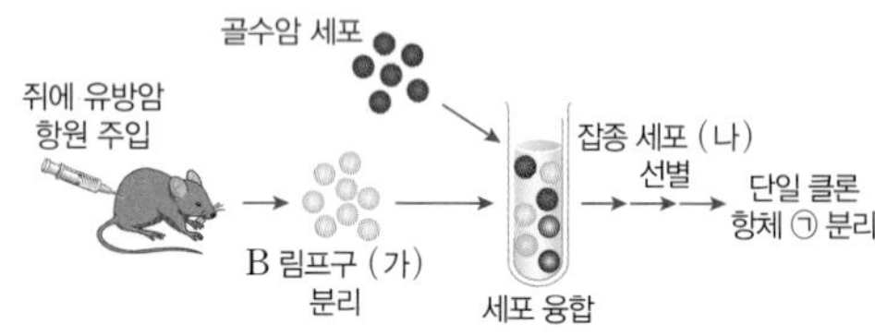

이에 대한 설명으로 옳은 것만을 〈보기〉에서 있는 대로 고른 것은?

> 보기
> ㄱ. (가)와 (나)의 생존 기간은 동일하다.
> ㄴ. ㉠은 골수암 치료에 이용된다.
> ㄷ. ㉠을 다량 얻는 데 조직 배양 기술이 이용되었다.

① ㄱ ② ㄴ ③ ㄷ ④ ㄱ, ㄷ ⑤ ㄴ, ㄷ

[20702-0570]
07 다음은 줄기세포에 대한 세 학생의 발표 내용이다.

배아 줄기세포는 모든 세포와 조직으로 분화할 수 있습니다.
성체 줄기세포는 수정란의 내부 세포 덩어리에서 얻습니다.
일반 체세포도 역분화시켜 줄기세포로 만들 수 있습니다.
학생 A
학생 B
학생 C

발표한 내용이 옳은 학생만을 있는 대로 고른 것은?

① A ② B ③ A, C ④ B, C ⑤ A, B, C

[20702-0571]
08 다음은 유전자 치료에 대한 설명이다.

> • 유전자에 결함이 있어 골수 세포가 제 기능을 하지 못하는 환자 A를 유전자 치료법을 이용하여 치료할 수 있다.
> • ㉠ 정상 유전자를 바이러스 DNA에 삽입한다. 유전병 환자 A의 골수 세포를 추출하여 ㉡ 재조합된 바이러스를 감염시킨다. 정상 유전자가 삽입된 골수 세포를 A의 골수에 이식한다.

이에 대한 설명으로 옳은 것만을 〈보기〉에서 있는 대로 고른 것은?

> 보기
> ㄱ. 유전자 치료를 받은 A의 골수에는 ㉠이 있다.
> ㄴ. 유전자 치료를 받은 A가 결혼하여 아이를 낳을 때, 이 아이는 A로부터 ㉠을 물려받는다.
> ㄷ. ㉡은 DNA 운반체 역할을 한다.

① ㄱ ② ㄴ ③ ㄷ ④ ㄱ, ㄷ ⑤ ㄴ, ㄷ

[20702-0572]
09 LMO에 대한 설명으로 옳은 것만을 〈보기〉에서 있는 대로 고른 것은?

> 보기
> ㄱ. 자연 교배를 통해 종분화한 식물도 포함된다.
> ㄴ. 제초제 내성 유전자를 도입한 벼는 LMO의 예이다.
> ㄷ. 유전자 재조합 기술은 LMO 생산에 사용되는 기술 중 하나이다.

① ㄱ ② ㄴ ③ ㄱ, ㄴ ④ ㄱ, ㄷ ⑤ ㄴ, ㄷ

[20702-0573]
10 다음은 생명 공학 기술에 대한 설명이다.

> (가) 서로 다른 두 종류의 세포를 융합시켜 두 세포의 성질을 모두 갖는 잡종 세포를 만드는 것
> (나) 핵을 제거하여 세포질만 남은 세포에 다른 세포의 핵을 이식하는 것
> (다) 특정 유전자를 분리한 후 다른 DNA와 결합시켜 재조합 DNA를 만드는 것

(가)~(다)의 설명에 해당하는 생명 공학 기술을 옳게 짝 지은 것은?

	(가)	(나)	(다)
①	세포 융합	핵치환	유전자 재조합
②	핵치환	PCR	세포 융합
③	유전자 재조합	PCR	세포 융합
④	세포 융합	조직 배양	유전자 재조합
⑤	조직 배양	유전자 재조합	핵치환

실력 향상 문제

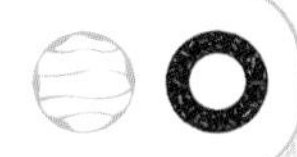

정답과 해설 96쪽

[20702-0574]

01 그림은 인슐린 유전자가 재조합된 플라스미드를 숙주 대장균에 도입한 후, 이 재조합 플라스미드를 가진 대장균을 선별하는 실험이다. 물질 X는 *lacZ* 유전자의 발현 산물에 의해 분해되어 푸른색을 나타낸다. 숙주 대장균은 테트라사이클린 저항성 유전자, 인슐린 유전자, *lacZ* 유전자가 없는 것을 사용하였다.

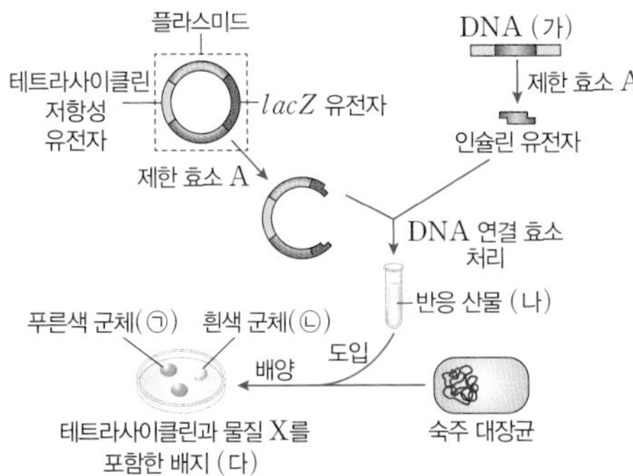

이에 대한 설명으로 옳은 것만을 <보기>에서 있는 대로 고른 것은?

> 보기
> ㄱ. DNA (가)의 모든 염기 서열이 반응 산물 (나)에 존재한다.
> ㄴ. 배지 (다)에서 자라는 모든 대장균은 인슐린 유전자를 가진다.
> ㄷ. ㉠과 ㉡은 모두 테트라사이클린 저항성 유전자를 가진다.

① ㄱ ② ㄷ ③ ㄱ, ㄴ ④ ㄱ, ㄷ ⑤ ㄴ, ㄷ

서술형 [20702-0575]

02 다음은 중합 효소 연쇄 반응(PCR)을 이용하여 목적 DNA를 증폭하는 과정을 나타낸 것이다.

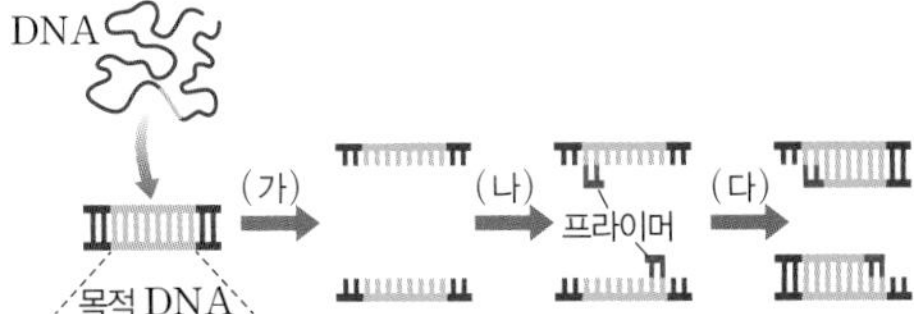

(1) (가)~(다)에서 각각 일어나는 반응을 서술하시오.

(2) (가)~(다)에서 반응이 일어날 때의 온도를 비교하시오.

[20702-0576]

03 그림은 생명 공학 기술을 이용하여 유전병 환자를 치료하는 과정을 나타낸 것이다.

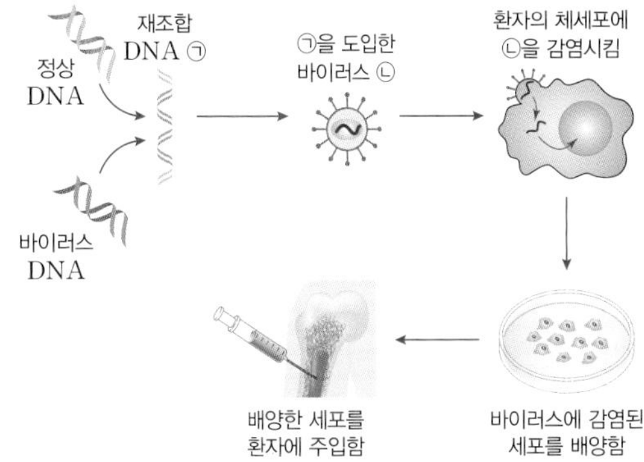

이에 대한 설명으로 옳은 것만을 <보기>에서 있는 대로 고른 것은?

> 보기
> ㄱ. 이 과정에 유전자 재조합 기술이 이용되었다.
> ㄴ. ㉠을 만드는 과정에서 DNA 연결 효소가 사용되었다.
> ㄷ. ㉡에는 정상 DNA만 존재하고 바이러스 DNA는 없다.

① ㄱ ② ㄴ ③ ㄱ, ㄴ ④ ㄱ, ㄷ ⑤ ㄴ, ㄷ

[20702-0577]

04 그림은 사람의 DNA에서 추출한 인슐린 유전자를 대장균에 도입하는 과정을 나타낸 것이다.

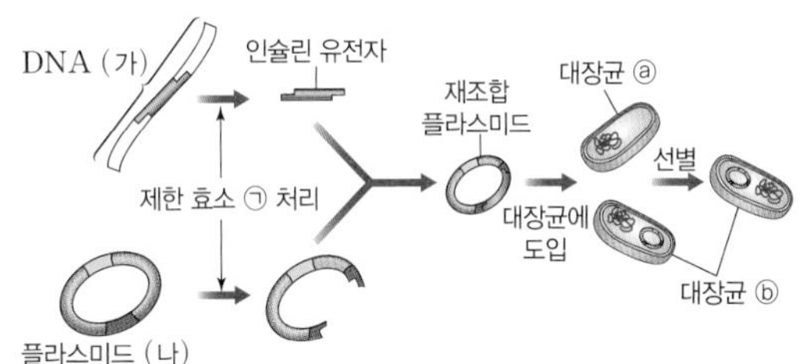

이에 대한 설명으로 옳은 것만을 <보기>에서 있는 대로 고른 것은?

> 보기
> ㄱ. (가)와 (나)에서 ㉠에 의해 절단된 부위는 각각 한 곳씩이다.
> ㄴ. DNA 운반체로 플라스미드가 사용되었다.
> ㄷ. ⓐ와 ⓑ에는 모두 인슐린 유전자가 들어 있다.

① ㄱ ② ㄴ ③ ㄱ, ㄴ ④ ㄱ, ㄷ ⑤ ㄴ, ㄷ

정답과 해설 96쪽

[20702-0578]
05 다음은 병원체 바이러스에 대한 항체를 만드는 과정이다.

(가) 병원체 바이러스의 단백질 껍질을 여러 조각으로 나누어 쥐에게 주입한다.
(나) 쥐의 체내에서 항체를 생산하는 세포 ㉠을 분리한다.
(다) 세포 ㉠과 골수암 세포를 융합시켜 잡종 세포를 얻는다.
(라) 잡종 세포의 유전자 ㉡을 절단하고 플라스미드에 삽입하여 재조합 플라스미드를 만든다.
(마) 재조합 플라스미드를 대장균에 넣어 배양한다.
(바) 대장균에서 유전자 ㉡이 발현되어 항체 ㉢이 생산된다.
(사) 정제하여 얻은 항체 ㉢을 이용하여 항원 항체 반응으로 병원체 바이러스를 치료한다.

이에 대한 설명으로 옳은 것만을 ⟨보기⟩에서 있는 대로 고른 것은?

보기
ㄱ. (다)에서 세포 융합 기술이 사용되었다.
ㄴ. 유전자 ㉡은 병원체 바이러스에도 있다.
ㄷ. (사)에서 항체 ㉢ 대신 세포 ㉠에서 생성된 항체를 이용하여도 병원체 바이러스와 항원 항체 반응이 일어난다.

① ㄱ ② ㄴ ③ ㄷ ④ ㄱ, ㄷ ⑤ ㄴ, ㄷ

[20702-0579]
06 그림은 줄기세포를 이용하여 환자를 치료하는 과정을 나타낸 것이다.

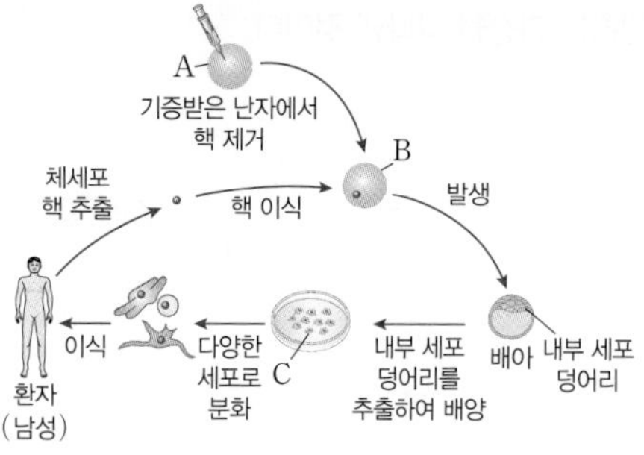

이에 대한 설명으로 옳은 것만을 ⟨보기⟩에서 있는 대로 고른 것은?

보기
ㄱ. A와 C의 미토콘드리아 DNA의 유전 정보는 서로 같다.
ㄴ. B와 C의 성염색체 구성은 동일하다.
ㄷ. C는 성체 줄기세포이다.

① ㄱ ② ㄴ ③ ㄱ, ㄴ ④ ㄱ, ㄷ ⑤ ㄴ, ㄷ

[20702-0580]
07 그림은 복제 동물을 만드는 과정을 나타낸 것이다. 동물 A와 B는 모두 특정 형질 ⓐ에 대한 유전자형이 HH^*이다.

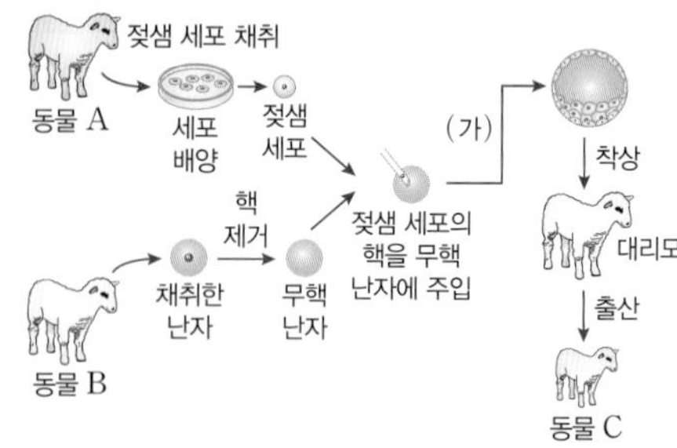

이에 대한 설명으로 옳은 것만을 ⟨보기⟩에서 있는 대로 고른 것은?

보기
ㄱ. (가) 과정에서 조직 배양 기술이 이용된다.
ㄴ. 동물 B와 대리모는 모두 암컷이다.
ㄷ. 동물 C가 특정 형질 ⓐ의 유전자형이 H^*H^*일 확률은 $\frac{1}{4}$이다.

① ㄱ ② ㄴ ③ ㄱ, ㄴ ④ ㄱ, ㄷ ⑤ ㄴ, ㄷ

서술형
[20702-0581]
08 그림은 줄기세포를 이용하여 질병을 치료하는 사례를 나타낸 것이다.

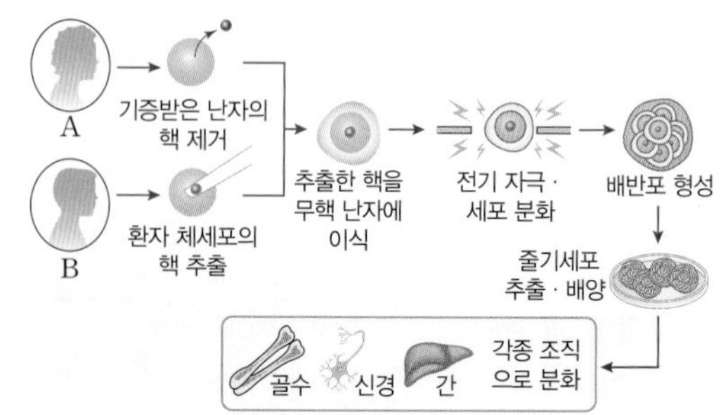

줄기세포로부터 분화된 골수, 신경, 간세포의 핵에 있는 유전 정보는 누구의 유전 정보와 동일한지 그 까닭과 함께 서술하시오.

신유형·수능 열기

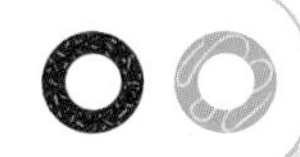

정답과 해설 98쪽

[20702-0582]

01 그림 (가)는 사람의 유전병 A에 대한 정상 대립유전자 ⓐ와 유전병 대립유전자 ⓑ에 제한 효소 ㉠을 처리했을 때 DNA가 절단되는 위치를, (나)는 어떤 가족의 ⓐ와 ⓑ를 ㉠으로 절단한 후 전기 영동한 결과를 나타낸 것이다. 각각의 제한 효소 인식 부위에 제한 효소가 작용하였다. ⓑ는 ⓐ에서 ㉠ 인식 부위 중 하나에 돌연변이가 생긴 것이다.

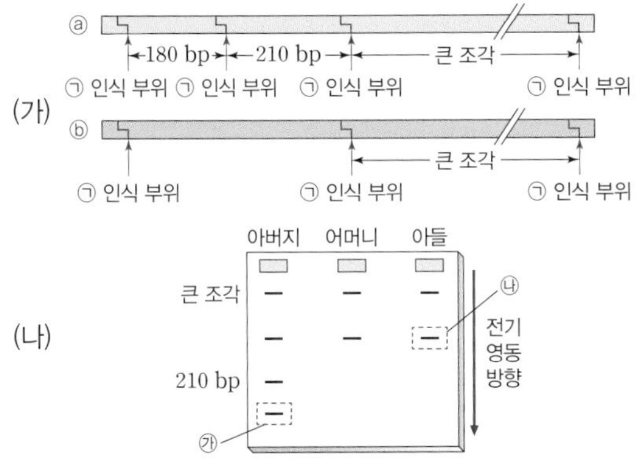

이에 대한 설명으로 옳은 것만을 〈보기〉에서 있는 대로 고른 것은?

> 보기
> ㄱ. ㉯의 크기는 390 bp이다.
> ㄴ. 아들은 아버지로부터 ⓐ를 물려받았다.
> ㄷ. 이 가족의 아버지와 어머니로부터 아이가 한 명 더 태어날 때, 이 아이에게서 ㉮가 나타날 확률은 $\frac{1}{4}$이다.

① ㄱ ② ㄴ ③ ㄱ, ㄴ ④ ㄱ, ㄷ ⑤ ㄴ, ㄷ

[20702-0583]

02 그림은 토마토와 감자 세포를 이용하여 식물 A를 만드는 과정이다.

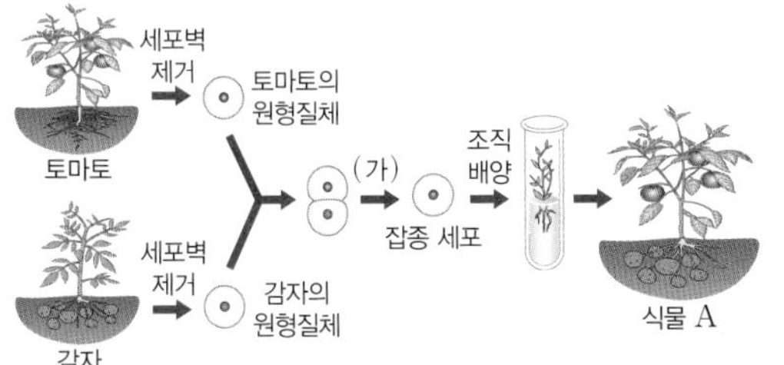

이에 대한 설명으로 옳은 것만을 〈보기〉에서 있는 대로 고른 것은?

> 보기
> ㄱ. (가)에서 DNA 연결 효소가 필요하다.
> ㄴ. 이 과정에서 조직 배양 기술이 이용된다.
> ㄷ. 체세포의 핵 속 유전 정보는 A와 토마토가 동일하다.

① ㄱ ② ㄴ ③ ㄱ, ㄴ ④ ㄱ, ㄷ ⑤ ㄴ, ㄷ

[20702-0584]

03 그림은 암을 치료하는 단일 클론 항체를 생산하는 과정을 나타낸 것이다. 잡종 세포는 지속적으로 분열하며 항체를 생산할 수 있다.

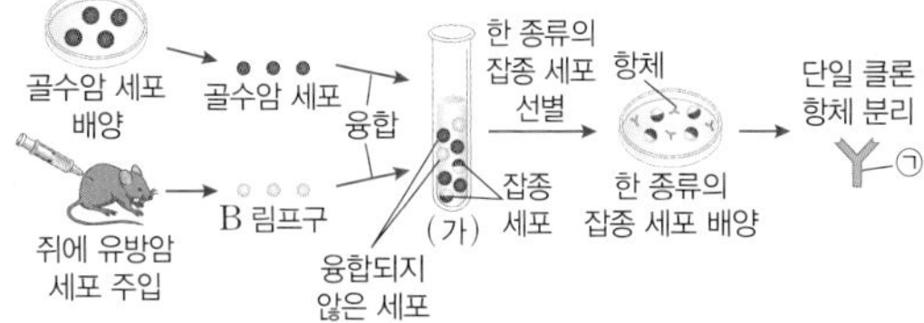

이에 대한 설명으로 옳은 것만을 〈보기〉에서 있는 대로 고른 것은?

> 보기
> ㄱ. B 림프구에는 ㉠에 대한 유전자가 있다.
> ㄴ. 융합되지 않은 세포는 모두 항체를 생산할 수 없다.
> ㄷ. ㉠에 항암제를 부착하여 모든 종류의 암을 치료할 수 있다.

① ㄱ ② ㄴ ③ ㄱ, ㄴ ④ ㄱ, ㄷ ⑤ ㄴ, ㄷ

[20702-0585]

04 그림 (가)는 인슐린 유전자와 플라스미드를 재조합하여 숙주 대장균에 도입하는 과정에서 만들어진 대장균 A~C를, (나)는 대장균 A~C를 항생제와 물질 X가 첨가된 배지에서 배양한 결과를 나타낸 것이다. 물질 X는 젖당 분해 효소에 의해 분해되어 푸른색을 나타내며, 숙주 대장균은 항생제 저항성 유전자, 인슐린 유전자, 젖당 분해 효소 유전자가 없는 것을 사용하였다. ⓐ와 ⓑ는 각각 젖당 분해 효소 유전자와 항생제 저항성 유전자 중 하나이다.

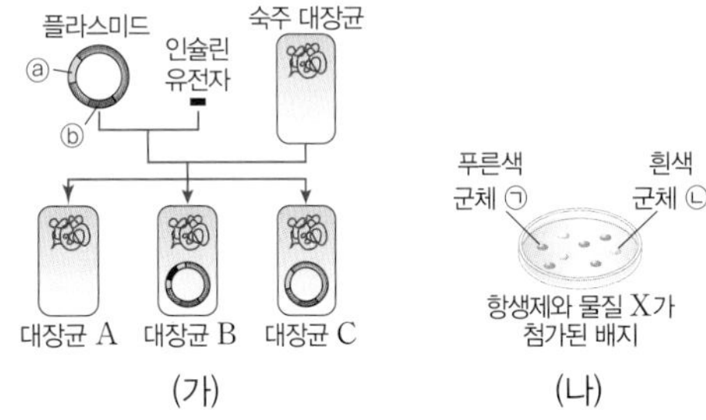

이에 대한 설명으로 옳은 것만을 〈보기〉에서 있는 대로 고른 것은?

> 보기
> ㄱ. ㉠은 대장균 C이다.
> ㄴ. ⓐ는 젖당 분해 효소 유전자이다.
> ㄷ. (나)의 ㉠과 ㉡은 모두 인슐린을 만들어낼 수 있다.

① ㄱ ② ㄷ ③ ㄱ, ㄴ ④ ㄱ, ㄷ ⑤ ㄴ, ㄷ

단원 정리

1 생명 공학 기술

① 유전자 재조합 기술: 특정 DNA를 다른 생물의 DNA에 끼워 넣어 재조합 DNA를 만든 후, 이를 세균 등에 넣어 유전자를 복제하거나 형질을 발현시키는 기술이다.

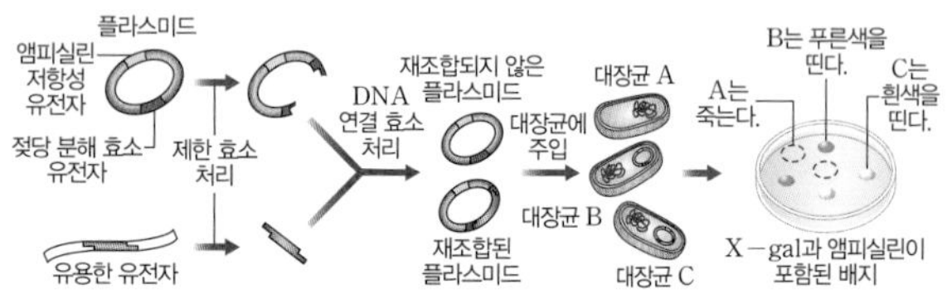

② 핵치환: 핵을 제거한 세포에 다른 세포의 핵을 이식하는 기술이다. 이 기술을 이용한 동물 복제는 멸종 위기 생물의 보존, 장기 이식용 동물 생산 등에 활용할 수 있다.

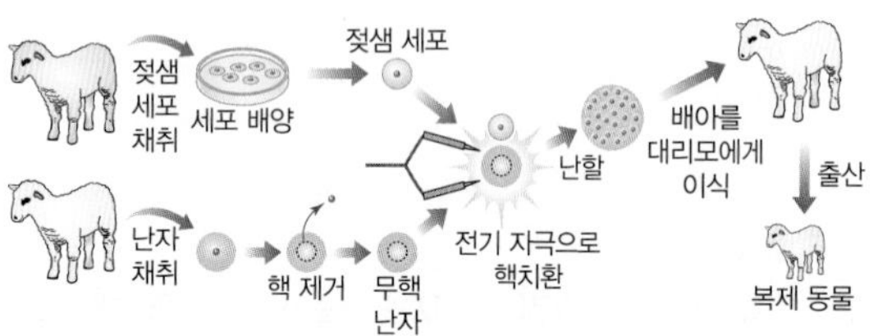

③ 조직 배양: 생물을 구성하고 있는 세포나 조직의 일부를 배양액이나 배지에서 증식시키는 기술이다.

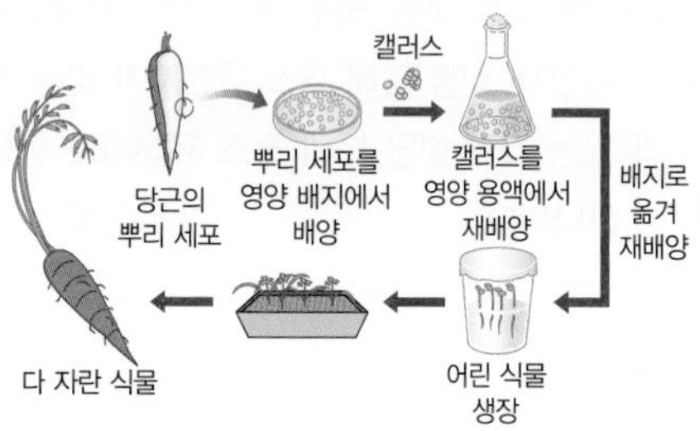

④ 세포 융합: 두 종류의 세포를 융합시켜 잡종 세포를 만드는 기술이다.

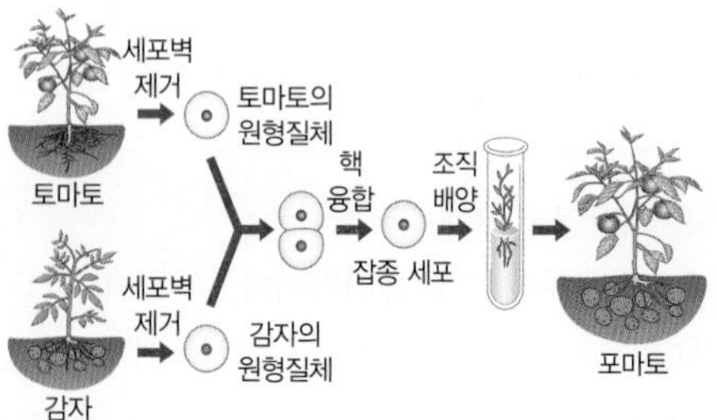

2 생명 공학 기술을 이용한 난치병 치료

① 단일 클론 항체: B 림프구와 암세포를 융합하여 만든 잡종 세포만 선별해 주는 선택 배지를 이용하여 한 종류의 항체(단일 클론 항체)만 생산해 내는 잡종 세포를 얻는다. 단일 클론 항체에 항암제를 부착한 후 암을 치료할 수 있고, 여러 질환의 진단과 치료 등에도 사용할 수 있다.

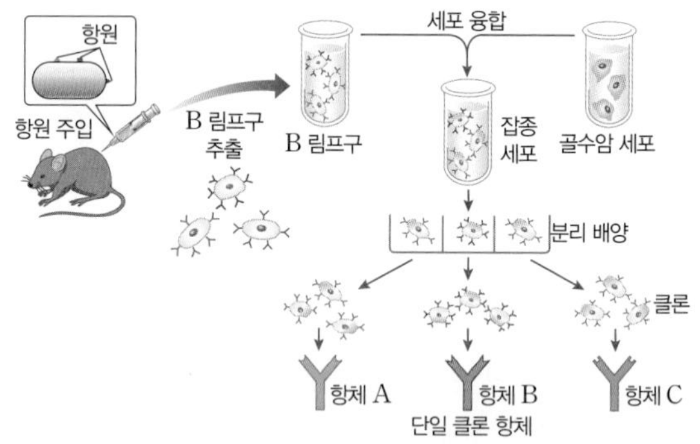

② 줄기세포

배아 줄기 세포	• 수정란 배아 줄기세포: 수정란 유래 배아의 배반포(포배) 내부 세포 덩어리로부터 얻어낸 줄기세포 • 체세포 복제 배아 줄기세포: 핵이 제거된 난자에 환자 체세포의 핵을 넣어 발생시킨 배반포(포배)의 내부 세포 덩어리로부터 얻어낸 줄기세포
성체 줄기 세포	특정 기관이나 조직에 존재하는 줄기세포로, 성체가 된 후에도 존재하며 배아 줄기세포와는 달리 분화될 수 있는 세포의 종류가 한정되어 있음
유도 만능 줄기 세포	이미 분화가 끝난 성체의 체세포를 역분화시켜 배아 줄기세포처럼 다양한 세포로 분화될 수 있도록 되돌려진 줄기세포

③ 유전자 치료: 유전적으로 결함이 있는 사람에게 정상 유전자를 넣어 이상이 있는 유전자를 대체하거나 정상 단백질이 합성되게 함으로써 질병을 치료하는 방법

3 생명 공학 기술의 발달과 문제점

유전자 변형 생물체(LMO)의 개발과 이용	생산성이 높아 식량 및 의약품을 만드는 데 활용될 수 있지만 생태계와 인류에 미칠 영향 등이 해결 과제임
생명 공학 기술의 활용과 사회적 책임	난치병 치료, 식량 부족 문제 해결 등 여러 문제를 해결할 수 있지만, 생태학적인 문제, 생명 윤리 문제 등 많은 문제가 해결 과제임

단원 마무리 문제

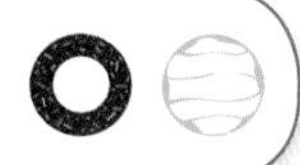

정답과 해설 98쪽

[20702-0586]

01 (가)~(다)는 생명 공학 기술이 이용된 사례이다.

(가) 약재용 식물체의 일부를 이용하여 캘러스로 만든 뒤 이를 이용하여 약재용 식물을 대량으로 생산하게 되었다.
(나) 멸종 위기에 있는 호랑이를 체세포 복제하여 개체 수를 늘렸다.
(다) 범죄 현장에서 범인이 남긴 혈액에서 소량의 DNA를 증폭시킨 후 유전자 지문을 확인하였다.

(가)~(다)에 이용된 생명 공학 기술을 옳게 짝 지은 것은?

	(가)	(나)	(다)
①	유전자 재조합	핵치환	PCR
②	조직 배양	핵치환	PCR
③	조직 배양	유전자 재조합	세포 융합
④	단일 클론 항체	조직 배양	핵치환
⑤	유전자 재조합	조직 배양	세포 융합

[20702-0587]

02 다음은 중합 효소 연쇄 반응(PCR)을 나타낸 것이다.

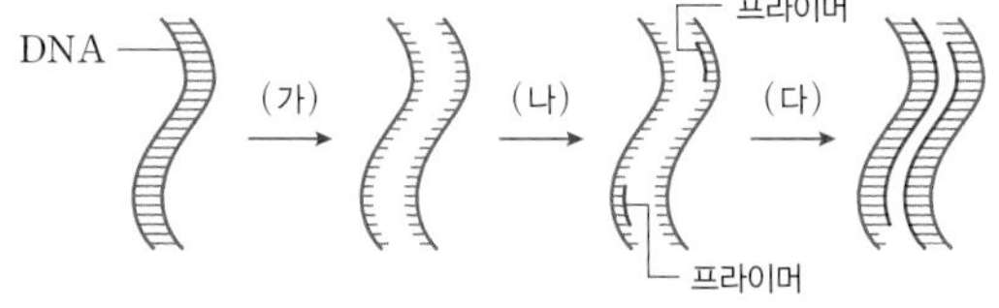

이에 대한 설명으로 옳은 것만을 <보기>에서 있는 대로 고른 것은?

보기
ㄱ. (가)에서 제한 효소가 사용된다.
ㄴ. (나)에서 DNA 연결 효소가 사용된다.
ㄷ. (다)에서 DNA 중합 효소가 사용된다.

① ㄱ ② ㄴ ③ ㄷ ④ ㄱ, ㄷ ⑤ ㄴ, ㄷ

[20702-0588]

03 그림은 여러 종류의 줄기세포가 만들어지는 과정을 나타낸 것이다. (가)~(다)는 각각 성체 줄기세포, 배아 줄기세포, 유도 만능 줄기세포 중 하나이다.

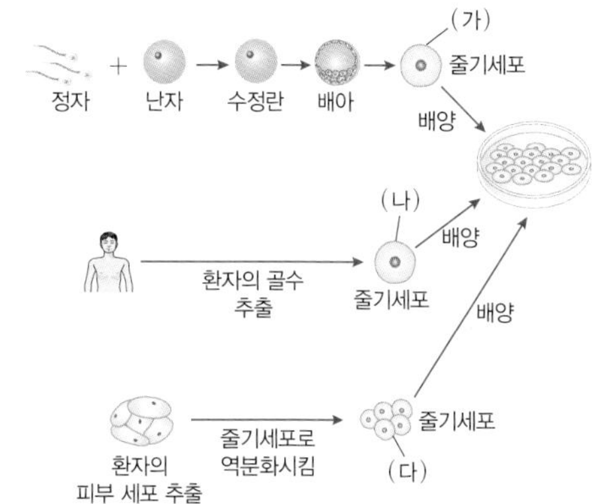

이에 대한 설명으로 옳은 것만을 <보기>에서 있는 대로 고른 것은?

보기
ㄱ. (가)는 배아 줄기세포이다.
ㄴ. (나)는 피부 세포로만 분화할 수 있다.
ㄷ. (다)는 환자와 유전자 구성이 서로 다른 세포로 분화한다.

① ㄱ ② ㄴ ③ ㄱ, ㄴ ④ ㄱ, ㄷ ⑤ ㄴ, ㄷ

[20702-0589]

04 그림은 암 치료를 위한 단일 클론 항체 생성 과정을 나타낸 것이다. ㉠은 항암제를 부착한 항체이다.

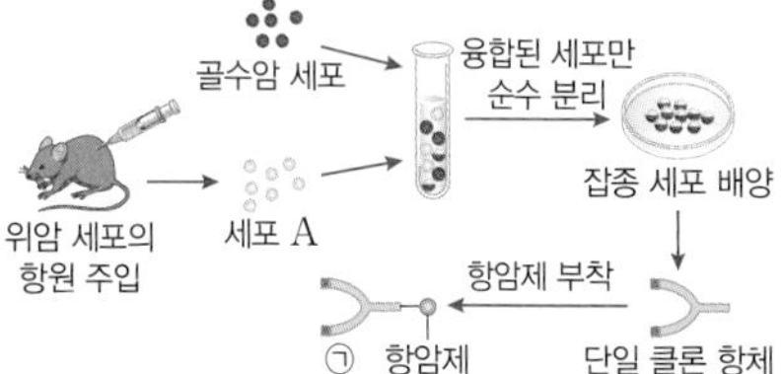

이에 대한 설명으로 옳은 것만을 <보기>에서 있는 대로 고른 것은?

보기
ㄱ. A는 항체를 생성할 수 있다.
ㄴ. ㉠은 A와 항원 항체 반응을 일으킨다.
ㄷ. ㉠을 이용하여 골수암을 치료할 수 있다.

① ㄱ ② ㄴ ③ ㄷ ④ ㄱ, ㄷ ⑤ ㄴ, ㄷ

정답과 해설 98쪽

[20702-0590]

05 표는 DNA 중합 효소 연쇄 반응(PCR)을 수행하기 위해 각 단계를 설계한 것을 나타낸 것이다. (가)~(다)는 각각 DNA 합성, 변성, 프라이머 결합 단계 중 하나이다.

단계	온도(℃)	시간(분)	반복 횟수(회)
(가)	92	1	30
(나)	52	1	30
(다)	71	3	30

이에 대한 설명으로 옳은 것만을 〈보기〉에서 있는 대로 고른 것은?

보기

ㄱ. (가)는 DNA의 염기 서열에 관계없이 항상 92 ℃이어야 한다.
ㄴ. (나)에서 프라이머가 결합한다.
ㄷ. PCR에 사용되는 DNA 중합 효소는 92 ℃에서 모두 기능을 상실한다.

① ㄱ ② ㄴ ③ ㄷ ④ ㄱ, ㄷ ⑤ ㄴ, ㄷ

[20702-0591]

06 그림은 사람의 DNA를 제한 효소 A와 B를 이용하여 자르고 전기 영동한 결과 DNA 조각 ⓐ~ⓓ의 위치를 나타낸 것이다. Ⅰ~Ⅲ에 동일한 DNA가 들어갔으며 이 DNA에서 A와 B의 인식 부위는 각각 1개이다. 각각의 제한 효소 인식 부위에 제한 효소가 작용하였다.

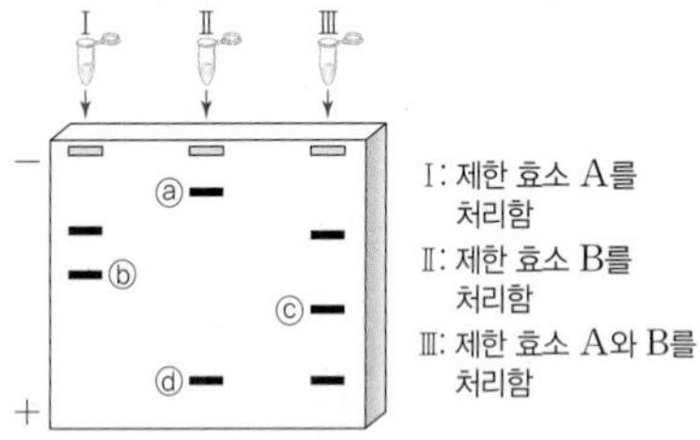

이에 대한 설명으로 옳은 것만을 〈보기〉에서 있는 대로 고른 것은?

보기

ㄱ. ⓐ에 A 인식 부위가 있다.
ㄴ. ⓑ에 B 인식 부위가 있다.
ㄷ. ⓒ와 ⓓ를 더하면 ⓑ가 된다.

① ㄱ ② ㄴ ③ ㄱ, ㄷ ④ ㄴ, ㄷ ⑤ ㄱ, ㄴ, ㄷ

[20702-0592]

07 다음은 LMO에 대한 학생들의 발표 내용이다.

LMO와 GMO는 혼용되어 사용되기도 하지만 생식과 번식이 가능한 생물 그 자체를 강조한 용어는 LMO입니다.
LMO는 인위적으로 만들지 않아도 자연적으로 생길 수 있는 생물입니다.
LMO는 앞으로 연구를 통해 만들어질 수 있는 가상의 생물로 아직 만들어지지 않았습니다.
학생 A
학생 B
학생 C

발표한 내용이 옳은 학생만을 있는 대로 고른 것은?

① A ② B ③ A, C ④ B, C ⑤ A, B, C

[20702-0593]

08 그림은 줄기세포 A~C로부터 특정 세포를 얻는 과정을 나타낸 것이다. A~C는 각각 배아 줄기세포, 성체 줄기세포, 유도 만능 줄기세포 중 하나이다.

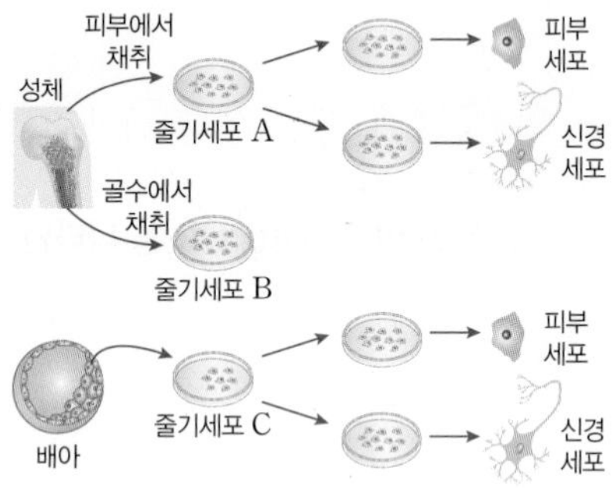

이에 대한 설명으로 옳은 것만을 〈보기〉에서 있는 대로 고른 것은?

보기

ㄱ. A는 역분화를 통해 만들어졌다.
ㄴ. B는 성체 줄기세포이다.
ㄷ. C로부터 분화된 피부 세포와 신경 세포의 유전자 구성은 C와 동일하다.

① ㄱ ② ㄴ ③ ㄱ, ㄷ ④ ㄴ, ㄷ ⑤ ㄱ, ㄴ, ㄷ

2015 개정 교육과정

EBS

정답과 해설

개념완성

과학탐구영역

기본 개념부터 실전 연습, 수능 + 내신까지
한 번에 다 끝낼 수 있는 **탐구영역 기본서**

생명과학 Ⅱ

EBS 수능·내신 대비 국어 기본서 시리즈 소개

작품 감상과 지문 해석, 6개 원리로 모두 정리됩니다!

EBS가 만든 수능·내신 대비 국어 기본서

국어 독해의 원리 시리즈

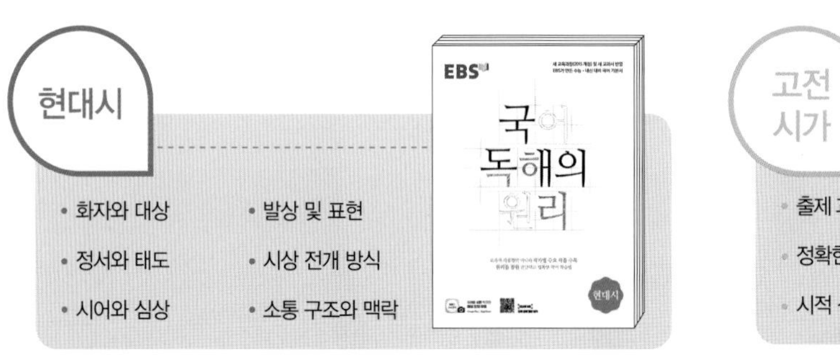

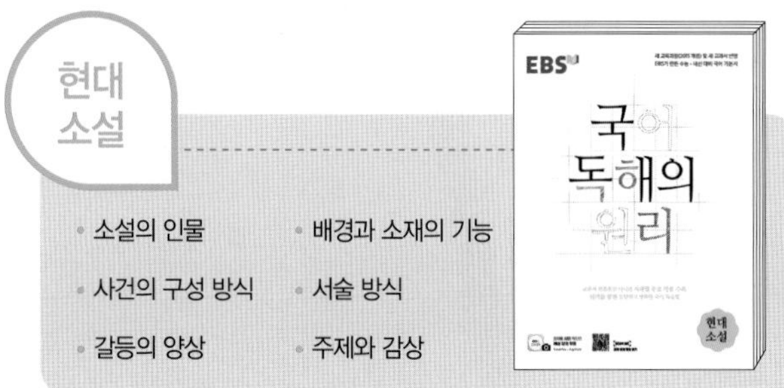

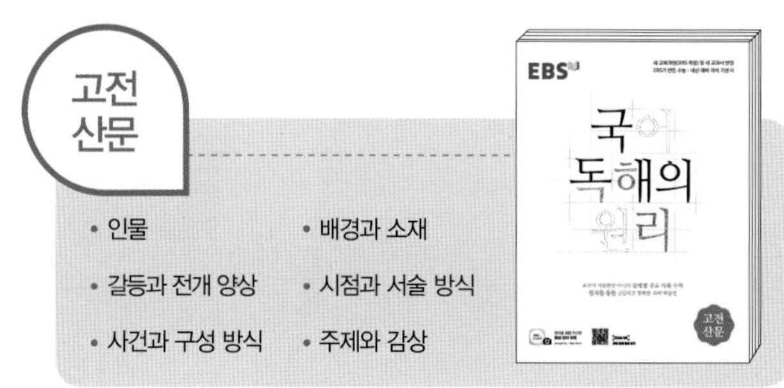

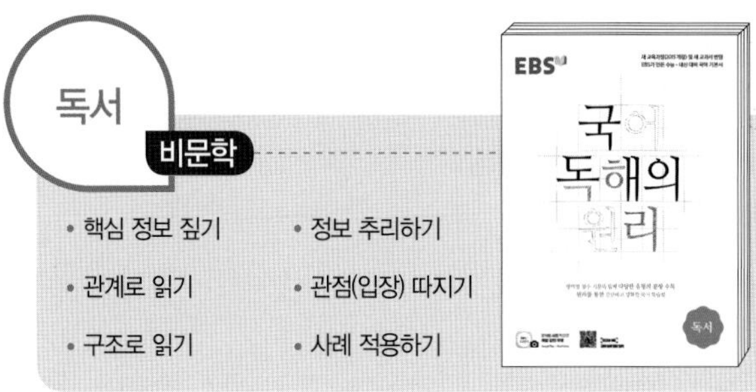

www.ebsi.co.kr

EBS 개념완성

생명과학 Ⅱ

정답과 해설

Ⅰ. 생명 과학의 역사

1 생명 과학의 역사

탐구 활동

본문 015쪽

1 해설 참조 **2** 해설 참조

1

파스퇴르는 '탄저병 백신이 탄저병을 예방하는 효과가 있을 것이다.'라는 가설을 세우고 실험을 통해 이를 증명하였다.

모범 답안 '탄저병 백신은 탄저병을 예방하는 효과가 있을 것이다.'이다.

2

파스퇴르의 연구에서 탄저병 백신을 주사한 집단은 실험군이고, 탄저병 백신을 주사하지 않은 집단은 대조군이다.

모범 답안 집단 A는 실험군, 집단 B는 대조군이다.

내신 기초 문제

본문 016~017쪽

01 ⑤ **02** ② **03** ⑤ **04** ① **05** ④
06 ⑤ **07** ③ **08** ⑤ **09** ③ **10** ④
11 제한 효소, DNA 연결 효소

01

정답 맞히기 ㄱ. 인류는 기원전부터 농작물을 경작하고 가축을 길렀으며 효모를 사용해 빵과 술을 제조하였다. 이때부터 인간은 생활과 밀접한 생물에 대한 관심을 갖고 있었다.
ㄴ. 아리스토텔레스는 모든 생물은 무기물에서 저절로 발생한다는 자연 발생설을 주장하였다.
ㄷ. 생명 과학은 생물체를 탐구 대상으로 하여 생물의 특성 및 생물체의 구조와 특성에 대해 연구하는 학문이다.

02

정답 맞히기 ② 레이우엔훅은 단렌즈 현미경을 제작하여 미생물을 처음으로 발견하였다.

오답 피하기 ① 벤슨은 캘빈과 함께 이산화 탄소로부터 포도당이 합성되는 경로(캘빈 회로)를 밝혔다.
③ 슐라이덴은 식물체가 세포로 이루어져 있다는 식물 세포설을 주장하였다.
④ 니런버그는 마테이와 함께 인공적으로 합성된 RNA로부터 단백질을 합성하는 실험을 통해 유전부호를 해독하였다.
⑤ 코흐는 세균을 배양하고 연구하는 방법을 고안하여 감염병의 원인을 규명하는 과정을 정립하였다.

03

정답 맞히기 ㄱ. 훅은 자신이 만든 현미경으로 코르크 조각을 관찰했고, 특히 벌집 모양을 관찰하고 이를 세포라고 명명했다.
ㄴ. 슈반은 동물체도 식물체와 마찬가지로 세포로 이루어져 있다는 동물 세포설을 주장하였다.
ㄷ. 피르호는 모든 세포는 세포에서 생성된다고 주장하고 세포설을 확립하였다.

04

정답 맞히기 ㄱ. 백조목 플라스크를 이용한 실험과 광견병 백신 등을 개발한 학자는 파스퇴르이다.

오답 피하기 ㄴ. 탄저균, 결핵균 등을 발견한 학자는 코흐이다.
ㄷ. 백조목 플라스크 실험으로 자연 발생설을 부정하였다.

05

정답 맞히기 ④ (가) 왓슨과 크릭에 의한 DNA 구조 규명은 1953년, (나) 모건의 유전자설 발표는 1926년, (다) 니런버그와 마테이의 유전부호 해독은 1960년대, (라) 멀리스에 의한 DNA 증폭 기술 개발은 1983년, (마) 코헨과 보이어의 유전자 재조합 기술 개발은 1973년에 이루어졌으므로 순서대로 나열하면 (나) – (가) – (다) – (마) – (라)이다.

06

정답 맞히기 ㄱ. 사람 유전체 사업은 2003년에 완료되었다.
ㄴ. 사람 유전체 사업은 사람 유전체를 구성하는 DNA 염기 서열을 밝혔다.
ㄷ. 사람 유전체 사업으로 유전자 기능의 연구와 생명체의 유전 정보 분석의 기틀이 마련되었다.

07

정답 맞히기 ㄱ. 린네는 분류의 기본 단위인 종의 개념을 명확히 하였으며, 종의 학술 명칭의 표기법인 이명법을 제시하였다.
ㄴ. 라마르크는 용불용설을 주장하였다.

오답 피하기 ㄷ. 다윈의 자연 선택설은 생명 과학뿐만 아니라 정치와 사회적으로 큰 영향을 주었다.

08

정답 맞히기 ㄱ. 종두법을 개발한 과학자는 제너이다.
ㄴ. 제너는 우유 짜는 사람이 소의 천연두에 걸린 뒤에는 사람의 천연두에 걸리지 않는 것을 관찰하고, 우두에 걸린 여성에서 채취한 고름을 한 소년에게 접종하여 천연두 예방에 성공하게 된다.
ㄷ. 종두법은 유럽을 비롯한 세계 각지로 퍼져갔으며 인류를 천연두의 공포에서 벗어나게 해주었다.

09

정답 맞히기 ㄱ. 플레밍은 푸른곰팡이로부터 세균을 죽일 수 있는 물질인 페니실린을 추출하였다.
ㄴ. 플레밍의 페니실린 발견으로 페니실린이 대량 생산되어 항생제로 사용되면서 인류는 세균 감염에 따른 위험을 극복하게 되었다.
오답 피하기 ㄷ. 플레밍의 항생 물질 발견은 1928년에 일어났으며, 파스퇴르의 탄저병 백신 실험은 1881년에 수행되었다.

10

정답 맞히기 학생 A: 세포를 염색액으로 처리하는 기술이 개발되면서 많은 세포 소기관이 발견되었다.
학생 B: 전자 현미경은 세포의 미세 구조와 바이러스 연구에 핵심적인 역할을 하였다.
오답 피하기 학생 C: PCR 기술이 개발된 것은 1983년이고, 유전자 재조합 기술이 개발된 것은 1973년이다.

11

코헨과 보이어는 플라스미드, 제한 효소, DNA 연결 효소를 이용하면 원하는 유전자를 다른 생물의 DNA에 삽입할 수 있을 것이라 생각하고 이를 실현시켰다.

실력 향상 문제

본문 018~019쪽

01 ④	02 ③	03 ③	04 ⑤	05 ②
06 ③	07 ⑤	08 ②	09 해설 참조	

01 세포와 생리에 대한 연구와 발달 과정

정답 맞히기 ④ 현미경 제작 기술과 세포를 염색액으로 처리하는 기술이 개발되면서 많은 세포 소기관이 발견되었다.
오답 피하기 ① 세포를 처음 발견한 사람은 훅이다.
② 벤슨은 캘빈 회로에 대해 규명하였다.
③ 슐라이덴은 식물체가 세포로 이루어져 있다는 식물 세포설을 주장하였다.
⑤ 서덜랜드는 표적 세포에서 호르몬의 작용 과정을 밝혀냈다.

02 미생물과 감염병에 대한 연구

정답 맞히기 ㄱ. 레이우엔훅은 단렌즈 현미경을 제작하여 침, 호숫물, 빗물 등을 관찰하였으며 세균, 원생동물, 조류 등의 미생물을 처음으로 발견하였다.
ㄷ. (가)의 레이우엔훅의 미생물 발견은 1673년, (나)의 코흐의 탄저균 발견은 1800년대 후반, (다)의 항생 물질 발견은 1928년에 이루어졌으므로 시간 순서대로 나열하면 (가) → (나) → (다) 순이다.
오답 피하기 ㄴ. (다)의 항생 물질은 백신으로 사용할 수 없다.

03 멘델의 업적

정답 맞히기 ㄱ. 멘델은 완두의 교배 실험 결과를 분석하였다.
ㄴ. 멘델은 부모의 형질은 입자인 유전 인자의 형태로 자손에게 전달된다는 것을 알아냈다.
오답 피하기 ㄷ. 당시 과학자들은 멘델의 발견에 주목하지 않았으나 1900년 무렵 여러 과학자들에 의해 재발견되었고, 그의 유전에 관한 주요 원리는 멘델 법칙으로 불리게 되었다.

04 파스퇴르의 백조목 플라스크 실험

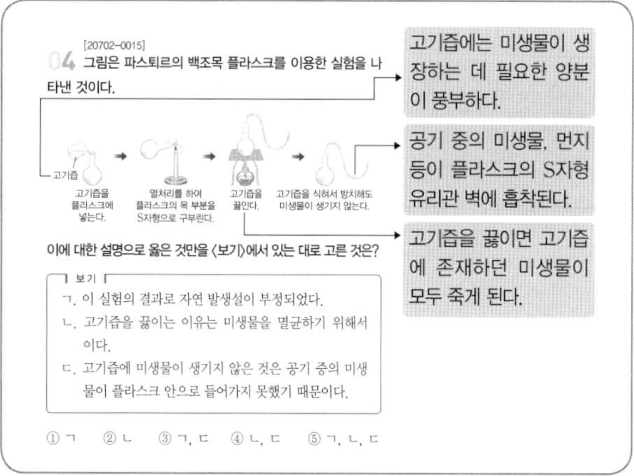
[20702-0015]
04 그림은 파스퇴르의 백조목 플라스크를 이용한 실험을 나타낸 것이다.

이에 대한 설명으로 옳은 것만을 ⟨보기⟩에서 있는 대로 고른 것은?

보기
ㄱ. 이 실험의 결과로 자연 발생설이 부정되었다.
ㄴ. 고기즙을 끓이는 이유는 미생물을 멸균하기 위해서이다.
ㄷ. 고기즙에 미생물이 생기지 않은 것은 공기 중의 미생물이 플라스크 안으로 들어가지 못했기 때문이다.

① ㄱ ② ㄴ ③ ㄱ, ㄷ ④ ㄴ, ㄷ ⑤ ㄱ, ㄴ, ㄷ

정답 맞히기 ㄱ. 파스퇴르의 백조목 플라스크 실험을 통해 영양분이 풍부한 고기즙에서 미생물이 증식하는 것이 자연 발생 때문이라는 주장이 부정되었다.
ㄴ. 고기즙을 끓이는 이유는 고기즙에 존재하는 미생물을 모두 없애기 위해서이다.
ㄷ. 고기즙에 미생물이 생기지 않은 것은 미생물이 플라스크의 S자형 유리관 벽에 흡착되었기 때문이다.

05 분자 생물학 발달 과정

정답 맞히기 ② 니런버그(㉠)와 마테이는 인공 합성된 RNA를 사용하여 유전부호를 해독하였으며 이를 통해 DNA 염기 서열과 단백질의 아미노산 서열 사이의 관계를 알 수 있게 되었다. 이후 코헨(㉡)과 보이어는 여러 효소를 이용하여 DNA를 재조합하는 기술을 개발하였고, 멀리스(㉢)는 중합 효소 연쇄 반응(PCR)을 이용하여 DNA를 짧은 시간에 다량으로 복제하는 기술을 개발하였다.

06 용불용설과 자연 선택설

정답 맞히기 ㄱ. (가)는 다윈이 주장한 자연 선택설이다.
ㄴ. (나)는 라마르크가 주장한 용불용설이다.
오답 피하기 ㄷ. 다윈의 자연 선택설은 1859년에 등장하였고, 라마르크의 용불용설은 1809년에 등장하였다.

07 그리피스와 에이버리의 연구

정답 맞히기 ㄱ. 에이버리의 후속 연구에 의해 형질 전환의 원인 물질이 DNA로 밝혀졌다.
ㄴ. 그리피스와 에이버리의 연구는 왓슨과 크릭의 DNA 구조 규명(1953년)보다 먼저 수행되었다.
ㄷ. 그리피스와 에이버리는 모두 실험을 통해 세균의 형질 전환과 형질 전환의 원인 물질을 밝혔다.

08 DNA 구조 규명

정답 맞히기 ㄴ. 왓슨과 크릭은 정보 분석과 수집을 통해 DNA가 이중 나선 구조임을 알아냈다.
오답 피하기 ㄱ. DNA의 구조를 규명한 과학자는 왓슨과 크릭(㉠)이다.
ㄷ. 모형을 제작하면서 DNA의 분자 구조를 규명하였다.

09 파스퇴르의 탄저병 백신 실험

파스퇴르는 자신이 개발한 탄저병 백신의 효능을 증명하기 위해 '탄저병 백신이 탄저병을 예방하는 데 효과가 있을 것이다.'라는 가설을 세우고 이를 실험을 통해 증명하였다.
모범 답안 탄저병 백신은 탄저병 예방에 도움이 될 것이다.

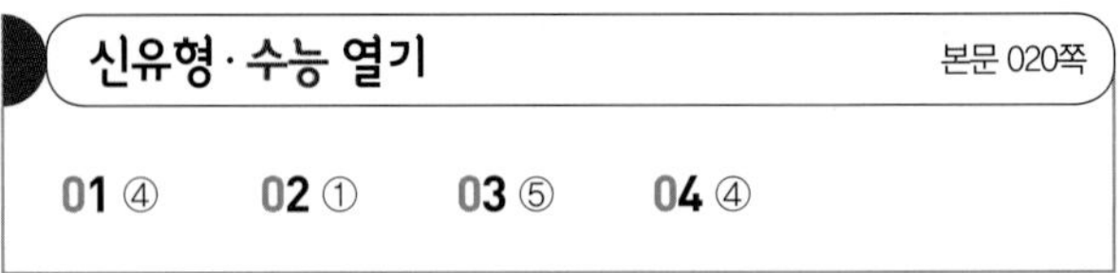

신유형·수능 열기

본문 020쪽

01 ④ 02 ① 03 ⑤ 04 ④

01

정답 맞히기 ㄴ. (나)는 다윈이 주장한 자연 선택설이다.
ㄷ. (다)는 생물 속생설로 파스퇴르의 백조목 플라스크 실험을 통해 입증되었다.
오답 피하기 ㄱ. (가)는 세포설로 피르호에 의해 확립되었다.

02

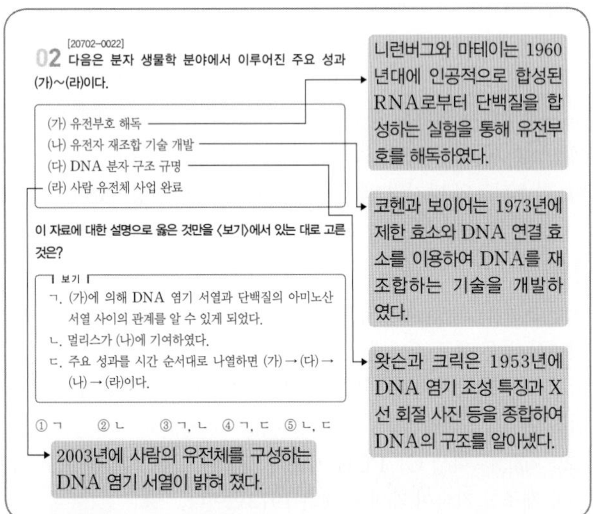

[20702-0022]
02 다음은 분자 생물학 분야에서 이루어진 주요 성과 (가)~(라)이다.

(가) 유전부호 해독
(나) 유전자 재조합 기술 개발
(다) DNA 분자 구조 규명
(라) 사람 유전체 사업 완료

이 자료에 대한 설명으로 옳은 것만을 <보기>에서 있는 대로 고른 것은?

보기
ㄱ. (가)에 의해 DNA 염기 서열과 단백질의 아미노산 서열 사이의 관계를 알 수 있게 되었다.
ㄴ. 멀리스가 (나)에 기여하였다.
ㄷ. 주요 성과를 시간 순서대로 나열하면 (가) → (다) → (나) → (라)이다.

① ㄱ ② ㄴ ③ ㄱ, ㄴ ④ ㄱ, ㄷ ⑤ ㄴ, ㄷ

정답 맞히기 ㄱ. 유전부호가 해독됨으로써 DNA 염기 서열과 단백질의 아미노산 서열 사이의 관계를 알 수 있게 되었다.
오답 피하기 ㄴ. 유전자 재조합 기술은 코헨과 보이어가 개발하였다.
ㄷ. 유전부호 해독은 1960년대, 유전자 재조합 기술 개발은 1973년, DNA 분자 구조 규명은 1953년, 사람 유전체 사업 완료는 2003년이므로 시간 순서대로 나열하면 (다) → (가) → (나) → (라)이다.

03

정답 맞히기 ㄱ. 파스퇴르가 (가)의 연구를 통해 개발한 ㉠은 백신이다.
ㄴ. 란트슈타이너는 서로 다른 사람의 혈액 사이에 일어나는 응집 반응 여부를 실험하여 ABO식 혈액형의 종류를 알아냈다.
ㄷ. (가)와 (나)의 사례에서는 모두 실험을 수행하였다.

04

정답 맞히기 ㄴ. (가)의 유전자 재조합 기술 개발로 인슐린과 같은 의약품을 만들거나 해충에 저항성이 있는 작물을 만드는 데 활용되고 있다.

ㄷ. (나)의 DNA 중합 효소 연쇄 반응(PCR)은 바이러스 또는 세균의 감염 진단 및 법의학 등의 분야에 활용되고 있다.

오답 피하기 ㄱ. (가)의 유전자 재조합 기술은 코헨과 보이어가 개발하였다.

단원 마무리 문제

본문 022~023쪽

01 ⑤ 02 ① 03 ④ 04 ⑤ 05 ④
06 ③ 07 ⑤ 08 ④

01

정답 맞히기 ㄴ. (나)는 슐라이덴이 주장한 식물 세포설에 대한 내용이다.

ㄷ. (다)는 피르호에 의해 확립된 세포설(1855년)에 대한 내용이고 미생물은 레이우엔훅이 단렌즈 현미경을 제작하여 처음으로 발견(1673년)하였다.

오답 피하기 ㄱ. 세포를 처음으로 명명한 것은 훅이 현미경을 발명하고 얇은 코르크 조각을 관찰한 이후 이루어졌다.

02

정답 맞히기 학생 A: 제너는 우두에 걸린 여성에서 채취한 고름을 한 소년에게 접종하여 천연두 예방에 성공하였다.

오답 피하기 학생 B: 세균을 배양하고 연구하는 방법을 고안하여 탄저균을 발견한 과학자는 코흐이다.

학생 C: 단렌즈 현미경을 제작하여 미생물을 처음으로 발견한 과학자는 레이우엔훅이다.

03

정답 맞히기 ㄱ. 모건의 유전자설 발표(1926년)는 에이버리가 유전 물질이 DNA임을 규명하기 전에 이루어졌다.

ㄷ. 서덜랜드가 호르몬의 작용 과정을 규명한 것은 1960년대에 이루어졌다.

오답 피하기 ㄴ. DNA 분자 구조 규명(1953년)은 유전 물질이 DNA임을 규명한 후에 이루어졌다.

04

정답 맞히기 ㄴ. 유전자 재조합 기술은 유전부호가 해독된 이후에 개발되었다.

ㄷ. 멀리스는 DNA 증폭 기술을 개발하였다.

오답 피하기 ㄱ. 멘델의 유전 원리는 당시의 과학자에게 인정받지 못했다.

05

정답 맞히기 ㄱ. 린네(㉠)는 생물을 체계적으로 분류하는 방법을 제안하고, 분류의 기본 단위인 종의 개념을 명확히 하였다.

ㄴ. 라마르크는 사용하는 형질은 발달하고 사용하지 않는 형질은

퇴화한다는 용불용설을 주장하였다.

오답 피하기 ㄷ. 다윈은 생물 개체 사이에 변이가 있고 환경에 잘 적응한 개체만이 살아남으며 이러한 변이가 누적되어 진화가 일어난다는 자연 선택설을 주장하였다.

06

정답 맞히기 ㄱ. 그리피스는 폐렴 쌍구균 실험을 통해 어떤 물질이 세균을 형질 전환시켰고, 그 물질이 열에 강하다는 것을 확인하였다.

ㄴ. 열처리한 S형 균의 추출물을 R형 균의 배지에 섞었을 때 S형 균이 발견되었으므로 S형 균의 어떤 물질이 R형 균을 S형 균으로 형질 전환시켰고, 이 물질은 열에 강하다는 것을 알 수 있다.

오답 피하기 ㄷ. 이 실험 후 에이버리의 후속 연구에 의해 유전 물질이 DNA임이 밝혀졌다.

07

정답 맞히기 ㄱ. 백조목으로 인해 공기 중의 미생물이 플라스크 안으로 들어가지 못하여 미생물이 생기지 않는다.

ㄴ. 이 실험을 통해 자연 발생설은 부정되고, 생물 속생설이 입증되었다.

ㄷ. 이 실험에서 파스퇴르는 미생물도 이전의 미생물로부터 생길 것이라는 가설을 세우고 검증한 것이다.

08

정답 맞히기 ㄱ. 파스퇴르는 실험을 통해 탄저병 백신의 효능을 증명하였다.

ㄷ. 파스퇴르의 탄저병 백신 실험은 대조군과 실험군을 구성하고 백신 접종 여부를 제외한 나머지 변인들을 일치시켜 결과의 신뢰성을 높였다.

오답 피하기 ㄴ. 왓슨과 크릭은 샤가프에 의해 밝혀진 DNA 염기 조성 특징을 분석하여 DNA 분자 구조를 규명하였다.

Ⅱ. 세포의 특성

2 생명체의 구성 물질

탐구 활동

본문 033쪽

1 해설 참조

1

DNA, 단백질, 인지질, 셀룰로스는 생명체에서 다양한 역할을 한다.

모범 답안 DNA는 유전 정보를 저장하고 있으며, 한 세대에서 다음 세대로 유전 정보를 전달한다. 단백질은 효소, 호르몬, 항체의 주성분으로, 물질대사와 생리 작용을 조절하고 방어 작용에 관여한다. 인지질은 세포막이나 핵막 등 생체막의 주요 성분이다. 셀룰로스는 식물의 세포벽을 구성하는 성분이다.

내신 기초 문제

본문 034~035쪽

01 A: 조직, B: 조직계, C: 기관, D: 기관계 **02** ④ **03** ⑤ **04** ③ **05** (1) (가): 탄수화물, (나): 단백질, (다): 중성 지방 (2) 질소(N) **06** ③ **07** ③ **08** ① **09** ⑤ **10** ③

01

(가)는 기관이 모여 개체를 형성하므로 식물의 구성 단계이고 (나)는 동물의 구성 단계이다. (가)의 A는 조직, B는 조직계이다. (나)의 C는 기관, D는 기관계이다.

02

정답 맞히기 ㄱ. A는 결합 조직, B는 상피 조직, C는 신경 조직이다.

ㄷ. 소화 기관인 위에는 상피 조직, 결합 조직, 신경 조직, 근육 조직이 모두 존재한다.

오답 피하기 ㄴ. B는 상피 조직으로 몸 바깥을 덮고, 몸 안의 기관과 내강을 덮고 있는 조직이다.

03

정답 맞히기 ㄴ. ㉠(심장)은 동물의 구성 단계 중 기관에 해당하므로 식물에서 잎과 같은 구성 단계에 속한다.
ㄷ. ㉡(혈액)은 동물의 구성 단계 중 결합 조직에 해당한다.
오답 피하기 ㄱ. X는 심장과 혈관 등으로 구성된 기관계이므로 순환계이다.

04

정답 맞히기 ㄱ. ㉠은 잎의 표피 조직이므로 공변세포와 함께 표피 조직계에 속한다.
ㄴ. ㉡은 울타리 조직, ㉢은 해면 조직으로 광합성이 활발하게 일어난다.
오답 피하기 ㄷ. ㉣은 물관부로 분열하지 않는 영구 조직에 해당한다.

05

(가)는 단당류, 이당류, 다당류를 포함하는 탄수화물이고 (나)는 기본 단위가 아미노산인 단백질이며 (다)는 1분자의 글리세롤과 3분자의 지방산으로 구성된 중성 지방이다. 탄수화물과 지방은 탄소(C), 수소(H), 산소(O)로 구성되어 있다. 단백질은 탄소(C), 수소(H), 산소(O), 질소(N)로 구성되어 있으며, 황(S)이 포함된 것도 있다.

06

정답 맞히기 ① 탄수화물은 주요 에너지원(4 kcal/g)이다.
② 단백질은 효소, 호르몬, 항체의 주성분이며 물질대사와 생리 작용을 조절한다.
④ 지질에는 중성 지방, 인지질, 스테로이드 등이 있다.
⑤ 핵산에는 유전 정보를 저장하고 있는 DNA와 단백질 합성에 관여하는 RNA가 있다.
오답 피하기 ③ 셀룰로스는 식물의 세포벽을 구성하는 성분이며, 식물에서 주된 에너지 저장 물질은 녹말이다.

07

정답 맞히기 ㄱ. (가)는 지질로 지질에는 중성 지방, 인지질, 스테로이드 등이 있으며, 그중 스테로이드의 대표적인 예가 콜레스테롤이다.
ㄴ. (나)는 핵산으로 인산, 당, 염기가 1 : 1 : 1로 결합된 뉴클레오타이드로 구성되어 있으며, 구성 원소에 인(P)이 있다.
오답 피하기 ㄷ. (다)는 탄수화물로, 기본 단위가 아미노산인 물질은 단백질이다.

08

정답 맞히기 ㄱ. 엿당은 탄수화물(A) 중 이당류에 속하는 물질이다.
오답 피하기 ㄴ. 기본 단위가 뉴클레오타이드인 물질 B는 핵산이고, 생체막의 주요 구성 성분은 인지질이다.
ㄷ. 글리코젠은 탄수화물(다당류)이므로 C(지질)에 속하지 않는다.

09

정답 맞히기 ㄱ. RNA를 구성하는 당은 리보스이다.
ㄴ. DNA를 구성하는 염기에는 A(아데닌), G(구아닌), C(사이토신), T(타이민)이 있다.
ㄷ. RNA는 단일 가닥 구조로 되어 있다.

10

정답 맞히기 ㄱ. 중성 지방, 단백질, 설탕 중 탄수화물에 속하는 물질은 설탕이므로 A는 설탕이고, 이당류에 속한다.
ㄴ. B는 항체의 주성분인 단백질이므로 구성 원소에 질소(N)가 있다.
오답 피하기 ㄷ. C는 중성 지방으로 에너지 저장 및 체온 유지의 역할을 하며, 성호르몬의 구성 성분은 스테로이드이다.

실력 향상 문제

본문 036~037쪽

01 ⑤	02 ⑤	03 ③	04 해설 참조	05 ①
06 ⑤	07 ②	08 ④	09 해설 참조	

01 동물의 구성 단계

정답 맞히기 ㄱ. (가)의 B는 결합 조직으로 몸의 조직이나 기관을 서로 결합시키거나 지지하는 기능을 한다.
ㄴ. (다)는 기관계에 해당하며 식물에는 없고 동물에만 있다.
ㄷ. 위는 소화계에 속하는 소화 기관이다.

02 동물과 식물의 구성 단계

정답 맞히기 ㄱ. A는 내장근(근육 조직)이며 뼈는 결합 조직이므로 구성 단계가 같다.
ㄴ. B는 소화계로 간은 소화계에 속하는 기관이다.
ㄷ. C는 표피 조직계로 공변세포는 표피 조직과 함께 표피 조직계에 속한다.

03 식물의 구성 단계

정답 맞히기 ㄱ. A는 물관부로 영구 조직에 해당한다.
ㄷ. 식물의 기관에는 뿌리, 줄기, 잎과 같은 영양 기관과 꽃, 열매와 같은 생식 기관이 있다.

오답 피하기 ㄴ. B는 형성층으로 관다발 조직계에 속한다.

04 생명체의 구성 물질

제시된 그림에서 ㉠은 단백질, 지질, 핵산의 공통점을 나타내고, ㉡은 핵산을 제외한 단백질과 지질의 공통점을 나타낸다. 단백질, 지질, 핵산은 모두 탄소 화합물로 탄소(C), 수소(H), 산소(O)를 공통으로 포함하고 있다. 핵산을 제외한 단백질과 지질은 세포막의 구성 성분이다.

모범 답안 ㉠: 구성 원소로 탄소(C), 수소(H), 산소(O)를 포함한다. ㉡: 세포막의 구성 성분이다. 에너지원이다. 호르몬의 구성 성분이다. 등

05 탄수화물의 종류

정답 맞히기 ㄱ. (가)는 포도당, (나)는 녹말, (다)는 엿당이다. 포도당(6탄당)은 단당류에 속한다.

오답 피하기 ㄴ. (나)는 녹말로 식물의 에너지 저장 물질이며, 식물의 세포벽을 구성하는 물질은 셀룰로스이다.
ㄷ. 소장에서 융털의 모세 혈관으로 흡수되려면 단당류의 형태이어야 하므로 엿당은 흡수될 수 없다.

06 아미노산과 펩타이드 결합

정답 맞히기 ㄱ. 두 개의 아미노산이 펩타이드 결합으로 연결될 때 한 분자의 물이 형성된다.
ㄴ. 아미노산 사이의 결합을 펩타이드 결합이라고 한다.
ㄷ. 리보솜은 아미노산 사이의 펩타이드 결합 형성을 촉진한다.

07 생명체의 구성 물질

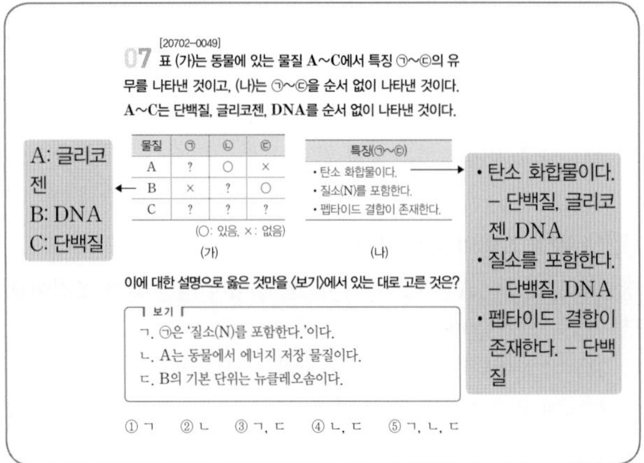
[20702-0049]

07 표 (가)는 동물에 있는 물질 A~C에서 특징 ㉠~㉢의 유무를 나타낸 것이고, (나)는 ㉠~㉢을 순서 없이 나타낸 것이다. A~C는 단백질, 글리코젠, DNA를 순서 없이 나타낸 것이다.

물질	㉠	㉡	㉢
A	?	○	×
B	×	?	○
C	?	?	?

(○: 있음, ×: 없음)

(가)

특징(㉠~㉢)
• 탄소 화합물이다.
• 질소(N)를 포함한다.
• 펩타이드 결합이 존재한다.

(나)

이에 대한 설명으로 옳은 것만을 〈보기〉에서 있는 대로 고른 것은?

보기
ㄱ. ㉠은 '질소(N)를 포함한다.'이다.
ㄴ. A는 동물에서 에너지 저장 물질이다.
ㄷ. B의 기본 단위는 뉴클레오솜이다.

① ㄱ ② ㄴ ③ ㄱ, ㄷ ④ ㄴ, ㄷ ⑤ ㄱ, ㄴ, ㄷ

정답 맞히기 ㄴ. A는 글리코젠으로 동물의 에너지 저장 물질이다.

오답 피하기 ㄱ. ㉠은 단백질만 해당하는 특징이므로 '펩타이드 결합이 존재한다.'이다.
ㄷ. B는 DNA로 기본 단위는 뉴클레오타이드이다.

08 지질의 종류

정답 맞히기 ㄴ. (나)는 인지질로 인산기 부분에 인(P)이 존재한다.
ㄷ. (다)는 스테로이드로 부신 겉질 호르몬, 성호르몬 등의 구성 성분이다.

오답 피하기 ㄱ. (가)는 중성 지방으로 1분자의 글리세롤과 3분자의 지방산으로 구성되어 있다. 따라서 A는 지방산이다.

09 DNA와 RNA

핵산의 두 종류에는 DNA와 RNA가 있다. DNA를 구성하는 당은 디옥시리보스이고, 염기는 A, G, C, T이다. 이중 나선 구조로 되어 있으며 유전 정보를 저장한다. RNA를 구성하는 당은 리보스이고, 염기는 A, G, C, U이다. 단일 가닥 구조로 되어 있으며 단백질 합성에 관여한다.

모범 답안 DNA를 구성하는 당은 디옥시리보스이고, RNA를 구성하는 당은 리보스이다. DNA의 염기에는 A, G, C, T이 있고, RNA의 염기에는 A, G, C, U이 있다.

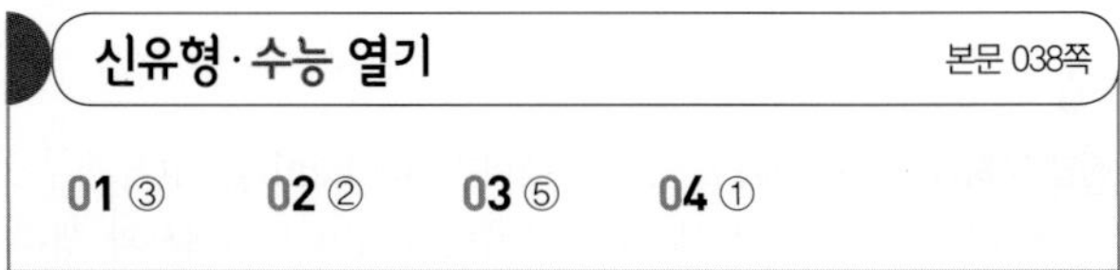

신유형·수능 열기

본문 038쪽

01 ③ **02** ② **03** ⑤ **04** ①

01

정답 맞히기 ㄱ. 제시된 그림의 ㉠과 ㉡ 중 하나의 특징이 '조직계가 있다.'이고 이 특징은 벼에만 해당하는 것이므로 '조직계가 있다.'는 ㉠이다. 따라서 (가)는 벼, (나)는 사람이다.
ㄴ. ㉡은 벼와 사람의 공통점을 가리키고 있으며 벼와 사람 모두 기관이 있으므로 '기관이 있다.'는 ㉡에 해당한다.

오답 피하기 ㄷ. 사람의 동맥은 동물의 구성 단계 중 기관에 해당하고, 벼의 물관부는 식물의 구성 단계 중 조직(통도 조직)에 해당한다.

02

'기본 조직계에 속한다.'는 울타리 조직만 해당하는 특징이고, '세포 분열이 일어난다.'는 형성층만 해당하는 특징이며, '영구 조직이다.'는 표피 조직과 울타리 조직이 해당하는 특징이다. 따라서

(가)의 표를 해석하면 A는 표피 조직, B는 형성층, C는 울타리 조직이다.

정답 맞히기 ㄷ. C는 울타리 조직으로 기본 조직계에 속하며, 광합성이 활발하게 일어나는 유조직이다.

오답 피하기 ㄱ. A는 표피 조직이다.

ㄴ. B는 형성층이며 물관부, 체관부와 함께 관다발 조직계를 구성한다.

03

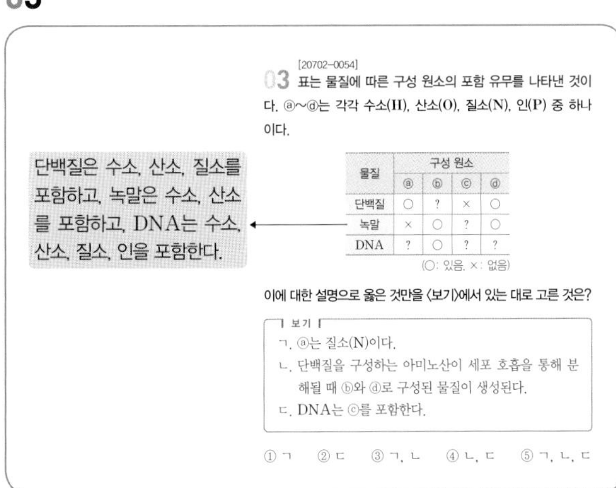

[20702-0054]

03 표는 물질에 따른 구성 원소의 포함 유무를 나타낸 것이다. ⓐ~ⓓ는 각각 수소(H), 산소(O), 질소(N), 인(P) 중 하나이다.

물질	구성 원소			
	ⓐ	ⓑ	ⓒ	ⓓ
단백질	○	?	×	○
녹말	×	○	?	○
DNA	?	○	?	?

(○: 있음, ×: 없음)

이에 대한 설명으로 옳은 것만을 <보기>에서 있는 대로 고른 것은?

보기

ㄱ. ⓐ는 질소(N)이다.

ㄴ. 단백질을 구성하는 아미노산이 세포 호흡을 통해 분해될 때 ⓑ와 ⓓ로 구성된 물질이 생성된다.

ㄷ. DNA는 ⓒ를 포함한다.

① ㄱ ② ㄷ ③ ㄱ, ㄴ ④ ㄴ, ㄷ ⑤ ㄱ, ㄴ, ㄷ

정답 맞히기 ㄱ. ⓐ는 녹말에는 없고 단백질을 구성하는 원소이므로 질소(N)이다.

ㄴ. 제시된 표의 해석을 통해 ⓐ는 질소(N), ⓑ와 ⓓ는 각각 수소(H)와 산소(O) 중 하나이며, ⓒ는 인(P)임을 알 수 있다. 아미노산이 세포 호흡을 통해 분해될 때 생성되는 물질은 물(H_2O)과 이산화 탄소(CO_2), 암모니아(NH_3)이다. 따라서 ⓑ와 ⓓ로 구성된 물질이 생성된다.

ㄷ. DNA는 탄소(C), 수소(H), 산소(O), 질소(N), 인(P)으로 구성되어 있으므로 ⓒ(P)를 포함한다.

04

셀룰로스, 중성 지방, DNA 중 인(P)을 포함하는 물질은 DNA이므로 ㉠은 DNA이다. 기본 단위가 단당류인 물질은 셀룰로스이므로 ㉡은 셀룰로스이고, ㉢은 중성 지방이다.

정답 맞히기 ㄱ. ㉠을 구성하는 당은 디옥시리보스로 단당류(5탄당)이다.

오답 피하기 ㄴ. 셀룰로스(㉡)는 식물 세포벽의 구성 성분이고, 식물의 에너지 저장 물질은 녹말이다.

ㄷ. 중성 지방(㉢)은 1분자의 글리세롤과 3분자의 지방산이 결합된 화합물이다. 4개의 고리가 연결된 구조를 갖는 것은 스테로이드이다.

3 세포의 특성

탐구 활동

본문 048쪽

1 해설 참조 **2** 해설 참조

1

자기 방사법을 사용하는 목적은 세포 내 물질의 위치와 이동 경로를 알아보기 위한 것이다.

모범 답안 물질의 이동 과정을 현미경만으로는 관찰하기 어렵지만 자기 방사법을 이용하면 시간에 따라 세포에서 물질이 이동하는 과정을 파악할 수 있다.

2

자기 방사법은 세포 연구 뿐 아니라 조직 연구와 의료 분야에까지 널리 사용된다.

모범 답안 방사성 동위 원소로 표지한 아이오딘(I)이 갑상샘에 비정상적으로 축적되는지 비교하여 암을 진단할 수 있다.

내신 기초 문제

본문 049~051쪽

01 ② **02** ⑤ **03** ① **04** ④
05 (1) A: 중심체, B: 골지체, C: 미토콘드리아, D: 매끈면 소포체, E: 핵 (2) A **06** (가): 리보솜, (나): 거친면 소포체
07 ⑤ **08** ④ **09** ① **10** ④ **11** ①
12 ③ **13** ② **14** ⑤ **15** 소포체, 골지체, 리소좀
16 ① **17** ③ **18** ①
19 핵, 엽록체, 미토콘드리아 **20** ⑤

01

정답 맞히기 ② 시료의 단면 구조를 관찰하기에 적합한 것은 투과 전자 현미경이다. 투과 전자 현미경은 시료를 얇은 단편으로 만들어 전자선을 통과시켜 영상을 컴퓨터로 관찰한다.

오답 피하기 ① 해상력은 전자선을 이용하는 것이 가시광선을 이용하는 것보다 높다. 따라서 주사 전자 현미경의 해상력이 광학 현미경보다 높다.

③ 바이러스는 크기가 매우 작아 광학 현미경으로는 관찰하기 어렵다. 바이러스의 미세 구조를 관찰하기 위해서는 가장 해상력이 높은 투과 전자 현미경을 이용해야 한다.
④ 시료의 표면을 입체로 관찰하기에 용이한 것은 주사 전자 현미경이다.
⑤ 세포 소기관의 미세 구조를 관찰하기 위해 광원으로 가시광선보다 전자선이 적합하다.

02

정답 맞히기 ⑤ 크기가 크고 무거운 핵과 같은 세포 소기관은 상대적으로 낮은 회전 속도에서 분획되고, 리보솜과 같은 크기가 작고 가벼운 세포 소기관은 높은 회전 속도에서 분획된다. 즉, 회전 속도를 증가시킬수록 점차 작고 가벼운 세포 소기관이 분리된다.

오답 피하기 ① 세포를 등장액에 넣고 균질기로 파쇄해야 세포 소기관이 손상되는 것을 방지할 수 있다.
② 세포를 균질기로 부순 후 세포 소기관을 분리하기 위한 세포 분획법을 적용한다.
③ 상대적으로 크기가 크고 무거운 핵이 미토콘드리아보다 먼저 분리된다.
④ 원심 분리기의 회전 속도와 원심 분리 시간을 모두 증가시켜야 한다.

03

정답 맞히기 ㄱ. 세포 내에서 물질의 위치와 이동을 파악하는 등 세포 소기관의 기능을 연구하기 위한 방법 중 하나이다.

오답 피하기 ㄴ. 방사성 동위 원소를 이용해 물질의 위치와 이동 경로를 파악한다.
ㄷ. 원심 분리기를 이용하는 단계는 세포 분획법에서 나타난다.

04

정답 맞히기 ④ 거친면 소포체에서는 단백질의 운반이, 매끈면 소포체에서는 지질의 합성이 일어난다.

오답 피하기 ① 거친면 소포체에서 나온 수송 소낭이 단백질을 골지체로 운반한다.
② 골지체는 단일막으로 구성된 주머니이다.
③ 세포내 소화는 리소좀에 의해 일어난다.
⑤ 엽록체에서 빛에너지가 화학 에너지로 전환된다.

05

② A~E 중 세포 분열 시 미세 소관을 만드는 세포 소기관은 중심체(A)이다.

06

(가)는 단백질의 합성이 일어나는 리보솜이고, (나)는 리보솜에 의해 합성된 단백질의 가공이 일어나는 거친면 소포체이다.

07

정답 맞히기 ⑤ 미토콘드리아와 엽록체에는 모두 자체 DNA와 리보솜이 있어 스스로 복제하고 증식할 수 있다.

오답 피하기 ① 진핵세포는 모두 미토콘드리아를 가진다.
② 엽록체에서는 빛에너지가 화학 에너지로 전환된다.
③ 미토콘드리아에서 유기물의 화학 에너지가 ATP의 화학 에너지로 전환된다.
④ 간세포나 근육 세포와 같이 에너지 소비가 큰 세포에는 미토콘드리아가 특히 많이 들어 있다.

08

정답 맞히기 ④ 리보솜은 mRNA의 유전 정보에 따라 단백질을 합성하는 세포 소기관이다.

오답 피하기 ① 막 구조를 가지지 않는 세포 소기관이다.
② 리보솜은 대단위체와 소단위체, 즉 2개의 단위체로 구성된다.
③ 리보솜이 붙어 있는 소포체는 거친면 소포체이다.
⑤ 단백질 합성이 활발할수록 세포 내 개수가 증가한다.

09

정답 맞히기 ㄱ. 소포체와 골지체는 모두 단일막으로 된 납작한 주머니 모양이다.

오답 피하기 ㄴ. 매끈면 소포체는 단백질이 아닌 지질의 합성에 관여한다.
ㄷ. 소포체와 골지체는 연결되어 있지 않으며, 수송 소낭을 통해 물질이 이동한다.

10

정답 맞히기 ① 엽록체는 2중막 구조로 되어 있다.
② 엽록체는 광합성을 하는 식물에서 관찰된다.
③ 엽록체는 빛에너지를 화학 에너지로 전환한다.
⑤ 엽록체의 스트로마에는 포도당 합성에 필요한 효소가 있다.

오답 피하기 ④ 포도당을 분해하여 ATP에 에너지를 저장하는 것은 미토콘드리아이다.

11

정답 맞히기 ② 미토콘드리아는 내부에 DNA를 가진다.
③ 미토콘드리아는 외막과 내막, 즉 2중막 구조를 가진다.

④ 미토콘드리아의 내막은 크리스타를 형성한다.
⑤ 미토콘드리아는 ATP를 합성하는 역할을 하므로 에너지를 많이 필요로 하는 세포에 다수 분포한다.
오답 피하기 ① 미토콘드리아는 DNA와 리보솜이 있어 스스로 복제하여 증식할 수 있다.

12
정답 맞히기 ㄱ. 식물의 액포는 수분량과 삼투압을 조절하며 물질을 저장하는 역할을 한다.
ㄴ. 리소좀은 세포로 들어온 이물질을 분해하는 세포내 소화를 담당한다.
오답 피하기 ㄷ. 리소좀과 액포는 모두 단일막 구조를 가진다.

13
정답 맞히기 ② 일반적으로 섬모는 편모보다 길이가 짧고 수가 많다.
오답 피하기 ① 세포벽은 전투과성이며, 세포막이 반투과성이다.
③ 섬모는 미세 소관으로 이루어진다.
④ 중심립은 미세 소관으로 이루어진다.
⑤ 동물 세포의 중심체는 중심립 2개로 구성된다.

14
정답 맞히기 ㄱ. 엽록체와 세포벽은 동물 세포에는 없고 식물 세포에만 있다.
ㄴ. 리보솜은 막이 없는 세포 소기관이다.
ㄷ. 식물 세포에서 2중막이 있는 세포 소기관은 핵, 엽록체, 미토콘드리아가 있다.

15
동물 세포의 세포 소기관 중 단일막으로 된 세포 소기관에는 소포체, 골지체, 리소좀이 있다.

16
정답 맞히기 ① 원핵세포는 핵막과 막성 세포 소기관이 없다.
오답 피하기 ②, ③ 리보솜이 있으며, 원형 DNA를 가진다.
④ 원핵세포는 세포질을 가진다.
⑤ 원핵세포 중 세균은 펩티도글리칸 성분의 세포벽을 가진다. 셀룰로스 성분의 세포벽을 갖는 것은 식물 세포이다.

17
정답 맞히기 ③ 골지체－단백질 운반 및 분비
오답 피하기 ① 리보솜－단백질 합성
② 리소좀－세포내 소화
④ 매끈면 소포체－지질 합성
⑤ 미토콘드리아－세포 호흡

18
정답 맞히기 ① 모든 세포는 리보솜을 가진다.
오답 피하기 ② 진핵세포는 핵막이 있다.
③ 진핵세포는 선형 DNA를, 원핵세포는 원형 DNA를 가진다.
④ 식물의 세포벽은 셀룰로스가 주성분이고, 균류(곰팡이 등)는 키틴이 주성분인 세포벽을 가진다.
⑤ 원핵세포는 막성 세포 소기관을 가지지 않는다.

19
식물 세포의 세포 소기관 중 2중막 구조를 가진 세포 소기관에는 핵, 엽록체, 미토콘드리아가 있다.

20
정답 맞히기 ⑤ 염색질은 DNA가 히스톤 단백질과 결합한 구조를 말한다.
오답 피하기 ① 핵의 외막이 소포체와 연결된다.
② 인은 단일막 구조를 가지지 않는다.
③ rRNA와 단백질이 리보솜을 구성한다.
④ 핵공을 통해 세포질로 DNA는 이동하지 않고 RNA가 이동한다.

실력 향상 문제

본문 052~054쪽

01 ③	02 ④	03 ②	04 ⑤	05 해설 참조
06 ①	07 ④	08 해설 참조		09 ④
10 ⑤	11 ③	12 ①	13 해설 참조	
14 ②	15 ⑤			

01 현미경의 특징
정답 맞히기 ㄱ. 최대 해상력과 짚신벌레 관찰 결과를 볼 때, (가)는 투과 전자 현미경, (나)는 주사 전자 현미경, (다)는 광학 현미경이다. 투과 전자 현미경(가)은 해상력이 가장 높아 광학 현미경

(다)보다 리보솜을 관찰하기에 적합하다.
ㄷ. 주사 전자 현미경(나)은 시료의 표면에서 튀어나오는 전자선을 모아 컴퓨터를 이용해 입체 구조를 만들어 관찰하는 현미경으로, 시료의 입체 구조를 관찰하기에 적합하다.

오답 피하기 ㄴ. 주사 전자 현미경(나)의 광원은 전자선이고, 광학 현미경(다)의 광원은 가시광선이다.

02 세포 분획법

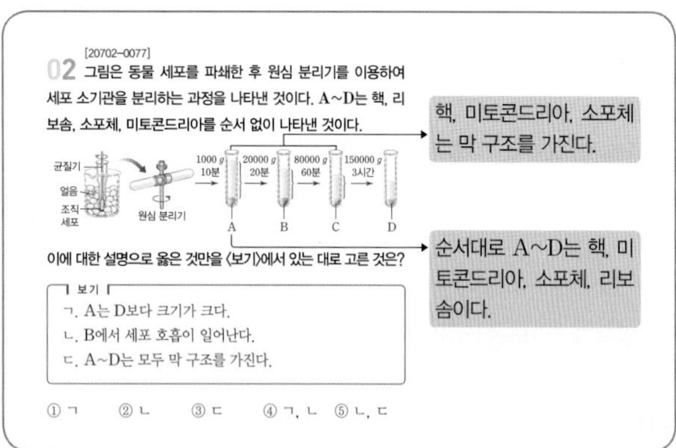
[20702-0077]
02 그림은 동물 세포를 파쇄한 후 원심 분리기를 이용하여 세포 소기관을 분리하는 과정을 나타낸 것이다. A~D는 핵, 리보솜, 소포체, 미토콘드리아를 순서 없이 나타낸 것이다.

이에 대한 설명으로 옳은 것만을 〈보기〉에서 있는 대로 고른 것은?

보기
ㄱ. A는 D보다 크기가 크다.
ㄴ. B에서 세포 호흡이 일어난다.
ㄷ. A~D는 모두 막 구조를 가진다.

① ㄱ ② ㄴ ③ ㄷ ④ ㄱ, ㄴ ⑤ ㄴ, ㄷ

정답 맞히기 ㄱ. 동물 세포에서 세포 분획 결과 분리되는 세포 소기관은 핵, 미토콘드리아, 소포체, 리보솜 순이다. 크기가 크고 밀도가 큰 세포 소기관이 먼저 분리된다. 즉, A는 D보다 크기가 크다.
ㄴ. 미토콘드리아(B)에서 산소와 영양분을 이용해 ATP를 합성하는 세포 호흡이 일어난다.

오답 피하기 ㄷ. 핵(A), 미토콘드리아(B), 소포체(C)는 모두 인지질 막을 갖지만 리보솜(D)은 막 구조를 갖지 않는다.

03 세포의 연구 방법

정답 맞히기 학생 C: 자기 방사법을 이용하면 물질이 합성되는 위치와 이동 경로를 파악할 수 있다. 특히 방사성 타이민(T)을 이용하면 DNA가 합성되는 위치를 알 수 있다.

오답 피하기 학생 A: 주사 전자 현미경은 시료를 고정시켜 처리한 후에 관찰하므로 살아 있는 아메바를 관찰할 수 없다.
학생 B: 세포 내 물질의 위치와 이동 경로를 알아내기 위해서는 자기 방사법을 이용해야 한다.

04 현미경을 이용한 관찰

정답 맞히기 ㄱ. A는 바이러스를 관찰할 수 있고 광원이 전자선이므로 전자 현미경이다.
ㄴ. B는 광학 현미경으로, 살아 있는 짚신벌레의 관찰이 가능한 장점을 가진다.
ㄷ. A는 B보다 해상력이 높아 세균의 미세 구조를 관찰하기에 적합하다.

05 미토콘드리아

DNA가 있고 산소 소모량이 많은 세포 소기관은 미토콘드리아이다.

모범 답안 미토콘드리아, 세포 호흡을 통해 ATP를 합성한다.

06 식물 세포와 원핵세포

정답 맞히기 ㄱ. (가)는 원핵세포인 대장균이고, (나)는 식물 세포이다. 모든 세포는 외부와 내부를 구분하는 세포막이 있다.

오답 피하기 ㄴ. (나)에는 미토콘드리아가 있어 세포 호흡이 일어난다.
ㄷ. 대장균(가)의 세포벽은 주성분이 펩티도글리칸이고, 식물 세포(나)의 세포벽은 주성분이 셀룰로스이다.

07 세포 소기관의 특징

정답 맞히기 ④ (나)에 속하는 세포 소기관은 막이 있는 세포 소기관이고 (다)에 속하는 세포 소기관은 막이 없는 세포 소기관이므로 '막의 유무'는 (나)와 (다)를 분류하는 기준에 해당한다.

오답 피하기 ① (가)에 속하는 세포 소기관은 스스로 분열할 수 있다.
② (다)에서 리보솜만 핵산을 포함하고 있다.
③ (다)에 속하는 세포 소기관은 모두 (나)에 속하는 세포 소기관에 의해 합성되지 않는다.
⑤ 노화된 (가)에 속하는 세포 소기관은 (나)에 속하는 세포 소기관인 리소좀에 의해 분해된다.

08 식물 세포의 구조

그림에서 A는 엽록체, B는 소포체, C는 미토콘드리아, D는 핵이다. 이들의 공통점으로는 막 구조를 가진다는 것을 들 수 있다.

모범 답안 인지질 막을 가진다.

09 세포 소기관의 기능

A는 거친면 소포체, B는 골지체, C는 리소좀, D는 식포이다.

정답 맞히기 ④ C에 있는 가수 분해 효소는 A에 부착된 세포 소기관인 리보솜에서 합성된 것이다.

오답 피하기 ① 거친면 소포체(A)는 리보솜에서 합성된 단백질이 가공되는 장소이다.
② 골지체(B)의 표면에는 리보솜이 붙지 않는다.
③ A~D는 모두 단일막 구조를 갖는다.

⑤ 식포(D)는 병원체를 세포 안으로 끌어들여 리소좀과 융합시켜 분해하는 데 관여한다.

10 사람의 정자와 체세포

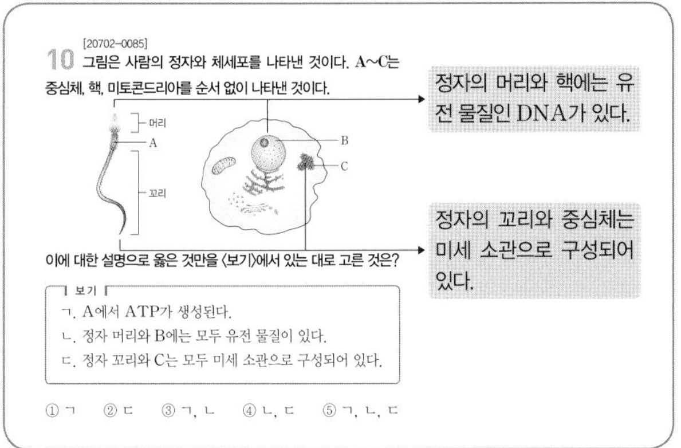

[20702-0085]

10 그림은 사람의 정자와 체세포를 나타낸 것이다. A~C는 중심체, 핵, 미토콘드리아를 순서 없이 나타낸 것이다.

이에 대한 설명으로 옳은 것만을 〈보기〉에서 있는 대로 고른 것은?

보기

ㄱ. A에서 ATP가 생성된다.

ㄴ. 정자 머리와 B에는 모두 유전 물질이 있다.

ㄷ. 정자 꼬리와 C는 모두 미세 소관으로 구성되어 있다.

① ㄱ ② ㄷ ③ ㄱ, ㄴ ④ ㄴ, ㄷ ⑤ ㄱ, ㄴ, ㄷ

정답 맞히기 ㄱ. 미토콘드리아(A)는 ATP를 공급하여 꼬리가 움직일 수 있도록 한다.

ㄴ. B는 핵이다. 정자 머리와 핵(B)에는 모두 유전 물질이 있다.

ㄷ. 정자 꼬리인 편모와 중심체(C)는 모두 미세 소관으로 구성되어 있다.

11 식물의 세포벽

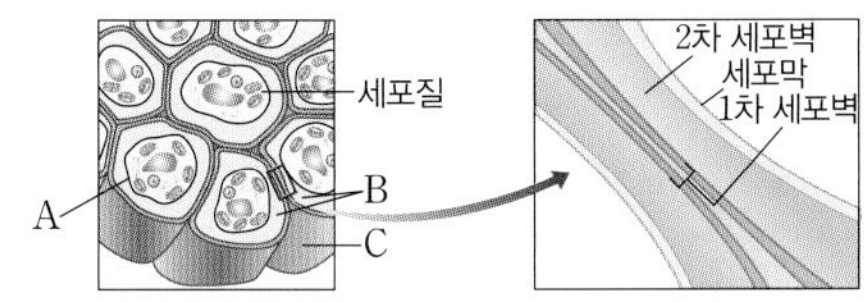

A는 세포막, B는 2차 세포벽, C는 1차 세포벽이다.

정답 맞히기 ㄱ. A는 세포막, B는 2차 세포벽, C는 1차 세포벽이다.

ㄷ. 식물의 세포벽은 셀룰로스로 구성된다.

오답 피하기 ㄴ. 1차 세포벽(C)이 형성된 이후 2차 세포벽(B)이 형성된다.

12 세포 골격

㉠은 미세 소관, ㉡은 미세 섬유이다.

정답 맞히기 ① 미세 소관(㉠)은 중심체를 구성한다. 중심체는 세포 분열 시 방추사를 형성하여 염색체 이동에 관여한다.

오답 피하기 ② 동물 세포에서 중심체를 구성하는 것은 미세 소관(㉠)이다.

③ 섬모와 편모 등을 구성하는 것은 미세 소관이다.

④ 세 가지 구조물 중에서 미세 소관(㉠)이 가장 두껍다.

⑤ 미세 섬유의 주요 구성 성분은 단백질이다.

13 핵의 구조

핵에서 인은 리보솜을 구성하는 rRNA가 합성되는 장소이다.

모범 답안 A는 인이며, 리보솜을 구성하는 rRNA가 합성되는 장소이다.

14 세균과 동물 세포

정답 맞히기 ② 동물 세포(가)의 미토콘드리아에서 세포 호흡이 일어난다.

오답 피하기 ① (가)의 핵막은 외막과 내막으로 된 2중막 구조를 가진다.

③ 원핵세포인 세균(나)에는 원형의 DNA가 있다.

④ (나)는 원핵세포이므로 막성 세포 소기관을 가지지 않는다.

⑤ (가)는 동물 세포이므로 세포벽을 가지지 않는다.

15 세균, 동물 세포, 식물 세포

주어진 표를 세포 소기관의 유무에 따라 정리하면 다음과 같다.

구분	핵막	미토콘드리아	세포벽
대장균(A)	×	×	○
사람의 간세포(B)	○	○	×
시금치의 공변세포(C)	○	○	○

(○: 있음, ×: 없음)

정답 맞히기 ㄱ. 대장균(A)의 세포벽에는 펩티도글리칸이 있다.

ㄴ. 핵막과 미토콘드리아가 있고 세포벽이 없는 B는 사람의 간세포이다.

ㄷ. 모든 세포(A~C)는 리보솜을 가진다.

신유형·수능 열기

본문 055~056쪽

01 ① **02** ① **03** ④ **04** ③ **05** ②
06 ⑤ **07** ④ **08** ②

01

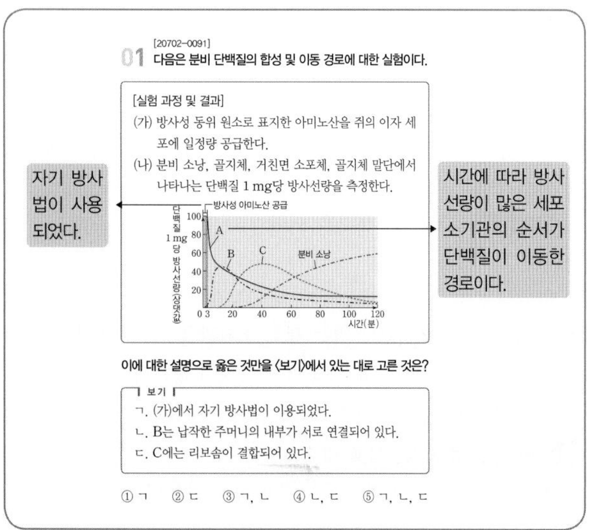
[20702-0091]

01 다음은 분비 단백질의 합성 및 이동 경로에 대한 실험이다.

[실험 과정 및 결과]

(가) 방사성 동위 원소로 표지한 아미노산을 쥐의 이자 세포에 일정량 공급한다.

(나) 분비 소낭, 골지체, 거친면 소포체, 골지체 말단에서 나타나는 단백질 1 mg당 방사선량을 측정한다.

이에 대한 설명으로 옳은 것만을 <보기>에서 있는 대로 고른 것은?

보기

ㄱ. (가)에서 자기 방사법이 이용되었다.

ㄴ. B는 납작한 주머니의 내부가 서로 연결되어 있다.

ㄷ. C에는 리보솜이 결합되어 있다.

① ㄱ ② ㄷ ③ ㄱ, ㄴ ④ ㄴ, ㄷ ⑤ ㄱ, ㄴ, ㄷ

단백질의 이동 경로를 고려할 때, A는 거친면 소포체, B는 골지체, C는 골지체 말단이다.

정답 맞히기 ㄱ. (가)에서 방사성 동위 원소로 표지된 아미노산을 이용하였으므로 자기 방사법이 이용되었다.

오답 피하기 ㄴ. B는 골지체이며 납작한 주머니가 다수 포개져 있는 구조로 서로 연결되어 있지 않다.

ㄷ. C는 골지체 말단으로 리보솜이 결합하지 않는다. 리보솜은 거친면 소포체에 결합한다.

02

주어진 특징을 이용해 표를 정리하면 다음과 같다.

구분	단백질이 있다.(㉠)	2중막 구조를 가진다.(㉡)	스트로마 구조를 가진다.(㉢)
엽록체(A)	○	○	○
미토콘드리아(B)	○	○	×
리보솜(C)	○	×	×

(○: 있음, ×: 없음)

정답 맞히기 ㄱ. 엽록체(A)에는 광합성을 통해 포도당 합성에 관여하는 효소가 있다.

오답 피하기 ㄴ. 미토콘드리아(B)는 유기물에 저장된 화학 에너지를 ATP에 저장한다.

ㄷ. 세포내 소화를 담당하는 것은 리소좀이다.

03

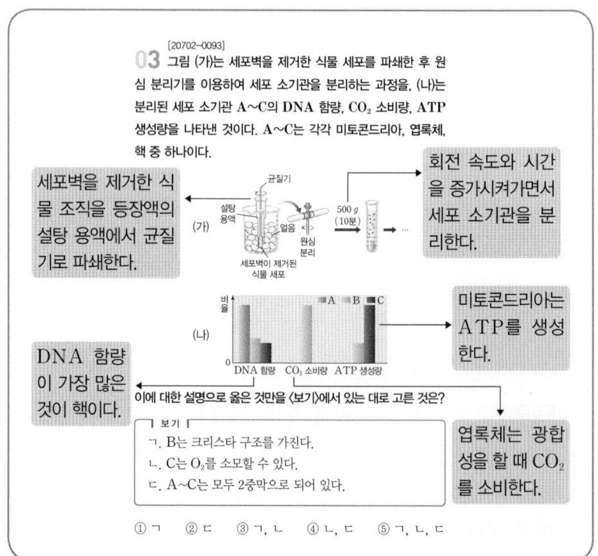
[20702-0093]

03 그림 (가)는 세포벽을 제거한 식물 세포를 파쇄한 후 원심 분리기를 이용하여 세포 소기관을 분리하는 과정을, (나)는 분리된 세포 소기관 A~C의 DNA 함량, CO_2 소비량, ATP 생성량을 나타낸 것이다. A~C는 각각 미토콘드리아, 엽록체, 핵 중 하나이다.

이에 대한 설명으로 옳은 것만을 <보기>에서 있는 대로 고른 것은?

보기

ㄱ. B는 크리스타 구조를 가진다.

ㄴ. C는 O_2를 소모할 수 있다.

ㄷ. A~C는 모두 2중막으로 되어 있다.

① ㄱ ② ㄷ ③ ㄱ, ㄴ ④ ㄴ, ㄷ ⑤ ㄱ, ㄴ, ㄷ

A~C의 특징을 볼 때 DNA가 많은 A는 핵, CO_2 소비량이 있는 B는 엽록체, ATP 생성량이 많은 C는 미토콘드리아이다.

정답 맞히기 ㄴ. C는 미토콘드리아로, 세포 호흡을 할 때 O_2를 소모한다.

ㄷ. 핵, 엽록체, 미토콘드리아(A~C)는 모두 2중막으로 되어 있다.

오답 피하기 ㄱ. 크리스타 구조를 갖는 것은 미토콘드리아(C)이다.

04

그림에서 단백질의 이동 경로를 볼 때 A는 리보솜, B는 골지체, C는 리소좀이다.

정답 맞히기 ㄷ. 리소좀(C)은 단일막을 갖는다.

오답 피하기 ㄱ. 리보솜(A)은 거친면 소포체에 결합되어 있다.

ㄴ. 핵과 막의 일부가 연결되어 있는 것은 소포체이다.

05

A는 세포벽, B는 핵막, C는 거친면 소포체, D는 골지체이다.

정답 맞히기 ㄷ. 리보솜에서 합성된 단백질은 거친면 소포체(C)를 거쳐 골지체(D)로 이동한다.

오답 피하기 ㄱ. (가)는 대장균이며, 막성 세포 소기관인 골지체(D)는 관찰되지 않는다.

ㄴ. 대장균의 세포벽(A)은 펩티도글리칸이 주성분이다. 핵막(B)은 주성분이 인지질과 단백질이다.

06

정답 맞히기 ㄱ. A는 시금치의 공변세포, B는 대장균이다. A와 B는 모두 리보솜을 가진다.
ㄴ. 대장균(B)에는 세포막과 세포벽이 모두 있다.
ㄷ. A는 엽록체를 가진 시금치의 공변세포이다. 따라서 '빛에너지를 화학 에너지로 전환하는가?'는 사람의 간세포와 구별되는 기준인 ㉠에 해당한다.

07

주어진 특징을 갖는 세포 소기관 A는 미토콘드리아, B는 리소좀, C는 골지체이다.

정답 맞히기 ㄴ. 리소좀(B)에서는 물질을 분해하는 이화 작용이 일어난다.
ㄷ. 리소좀(B)과 골지체(C)는 모두 단일막 구조를 가진다.

오답 피하기 ㄱ. 식물 세포는 진핵세포이므로 미토콘드리아(A)를 가진다.

08

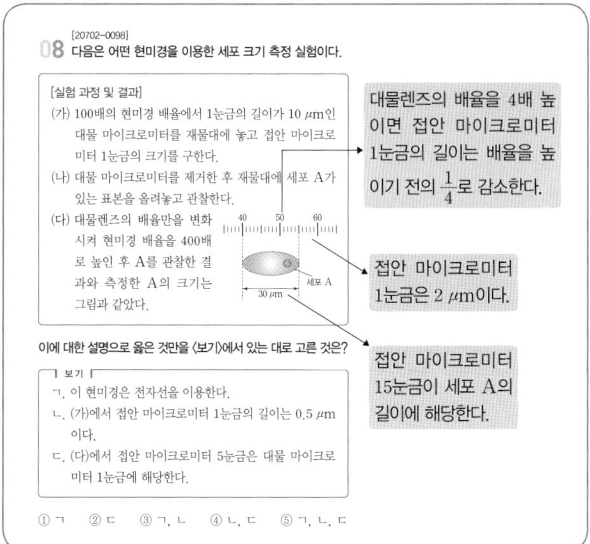
[20702-0098]
08 다음은 어떤 현미경을 이용한 세포 크기 측정 실험이다.

[실험 과정 및 결과]
(가) 100배의 현미경 배율에서 1눈금의 길이가 10 μm인 대물 마이크로미터를 재물대에 놓고 접안 마이크로미터 1눈금의 크기를 구한다.
(나) 대물 마이크로미터를 제거한 후 재물대에 세포 A가 있는 표본을 올려놓고 관찰한다.
(다) 대물렌즈의 배율만을 변화시켜 현미경 배율을 400배로 높인 후 A를 관찰한 결과와 측정한 A의 크기는 그림과 같았다.

이에 대한 설명으로 옳은 것만을 〈보기〉에서 있는 대로 고른 것은?

보기
ㄱ. 이 현미경은 전자선을 이용한다.
ㄴ. (가)에서 접안 마이크로미터 1눈금의 길이는 0.5 μm이다.
ㄷ. (다)에서 접안 마이크로미터 5눈금은 대물 마이크로미터 1눈금에 해당한다.

① ㄱ ② ㄷ ③ ㄱ, ㄴ ④ ㄴ, ㄷ ⑤ ㄱ, ㄴ, ㄷ

정답 맞히기 ㄷ. 접안 마이크로미터 눈금 1칸의 크기

$$=\frac{\text{겹친 두 지점 사이의 대물 마이크로미터 눈금의 칸 수}}{\text{겹친 두 지점 사이의 접안 마이크로미터 눈금의 칸 수}}\times 10\ \mu\text{m}$$

이다.

대물 마이크로미터 1눈금의 크기는 10 μm이므로 1눈금의 크기가 2 μm인 접안 마이크로미터에 대해서 5눈금에 해당한다.

오답 피하기 ㄱ. 세포의 크기를 측정하는 이 현미경은 광학 현미경이며 광원으로 가시광선을 사용한다.
ㄴ. 세포의 크기가 30 μm인데 400배로 관찰할 때 접안 마이크로미터 15눈금에 해당하였으므로 접안 마이크로미터 1눈금의 크기는 2 μm이다. (가)에서는 현미경 배율이 100배이므로 접안 마이크로미터 1눈금의 크기는 8 μm이다.

4 세포막

탐구 활동
본문 066쪽

1 해설 참조 **2** 해설 참조 **3** 해설 참조

1

감자의 농도보다 높은 농도의 용액에 감자 조각을 담근 경우 삼투에 의해 세포의 물이 빠져나가 감자 조각의 질량이 감소하고, 감자의 농도보다 낮은 농도의 용액에 감자 조각을 담근 경우 삼투에 의해 물이 세포 안으로 들어와 감자 조각의 질량이 증가한다.

모범 답안 감자의 질량이 증가한 것은 삼투에 의해 물이 감자 세포로 들어왔기 때문이고, 감자의 질량이 감소한 것은 감자 세포에서 물이 빠져나갔기 때문이다.

2

감자의 질량 변화가 없는 것을 기준으로 하여 증가한 것과 감소한 것을 비교한다.

모범 답안 증류수와 0.1 M 포도당 용액에서는 감자의 질량이 증가했으므로 이 용액들은 감자 세포보다 농도가 낮은 저장액이고, 0.3 M 포도당 용액에서는 질량의 변화가 없으므로 이 용액은 등장액이며, 0.5 M과 1.0 M 포도당 용액에서는 감자의 질량이 감소했으므로 이 용액들은 감자 세포보다 농도가 높은 고장액이다.

3

소금은 이온으로 해리되지만 포도당은 해리되지 않는다는 것을 비교한다.

모범 답안 소금(NaCl)은 물에 녹으면서 Na^+과 Cl^-으로 해리되지만 포도당은 해리되지 않는다. 포도당 대신 소금을 사용하면 등장액을 결정하기 위해 더 적은 양의 소금을 사용해야 한다.

내신 기초 문제
본문 067~069쪽

01 ⑤ **02** ⑤ **03** 유동 모자이크막 모델
04 ② **05** ⑤ **06** ① **07** ④ **08** ③
09 ① **10** ② **11** ③ **12** ④ **13** ⑤
14 C: 능동 수송, D: 세포내 섭취 **15** ③ **16** ②
17 원형질 분리

01

정답 맞히기 ㄱ. 세포막에서는 세포 내부와 외부 환경 사이의 물질 출입이 일어난다.
ㄴ. 세포막의 주성분은 인지질과 단백질이다.
ㄷ. 세포막은 막단백질을 통해 세포 밖에서 오는 신호를 세포 안으로 전달한다.

02

정답 맞히기 ㄴ. 인지질은 인산이 포함된 머리 부분이 친수성, 꼬리 부분이 소수성이다.
ㄷ. 인지질 2중층의 내부는 소수성으로, 물과 만나는 외부는 친수성으로 구성되어 있다.
오답 피하기 ㄱ. 단백질 중에는 인지질 2중층을 관통하고 있는 것과 표면에 붙어 있는 것이 있다.

03

세포막의 유동성을 설명하기 위한 모델로 인지질로 구성된 2중층에 단백질이 고정되지 않고 유동성을 가지고 떠다니고 있다는 모델을 유동 모자이크막 모델이라고 한다.

04

정답 맞히기 ② 막단백질이 물질 수송에 선택적으로 관여하여 세포막의 선택적 투과성이 나타난다. 막단백질은 촉진 확산과 능동 수송 등에 관여하며, 이때 물질을 선택적으로 투과시킨다.
오답 피하기 ① 이온은 인지질 2중층을 통해 이동하지 못하고 막단백질을 통해서 이동한다.
③ 단백질은 선택적 투과성에 관여한다.
④ 포도당은 크기가 커 인지질 2중층을 직접 통과하여 이동하지 못한다.
⑤ 세포막은 크기가 큰 물질보다 작은 물질을 더 잘 통과시킨다.

05

정답 맞히기 ㄱ. 확산은 에너지를 소모하지 않는다.
ㄴ. 촉진 확산은 막단백질이 관여하는 확산이다.
ㄷ. 세포 안팎의 농도 차가 일정 수준 이상 커지면 막단백질이 포화되어 촉진 확산의 속도는 더 이상 증가하지 않는다.

06

정답 맞히기 ㄱ. 삼투는 용매의 확산 현상으로 에너지를 소모하지 않는다.
오답 피하기 ㄴ. 삼투는 용액의 농도가 낮은 쪽에서 높은 쪽으로 용매가 이동하는 현상이다.

ㄷ. 삼투로 인해 반투과성 막이 받는 압력을 삼투압이라 하며, 삼투압은 용액의 농도 차가 클수록 증가한다.

07

정답 맞히기 ㄱ. 적혈구가 용액 A에서 쭈그러든 것으로 보아 A는 혈장보다 농도가 높다.
ㄷ. 적혈구의 모양을 볼 때, 유입되는 물의 양보다 유출되는 물의 양이 더 많다.
오답 피하기 ㄴ. 원형질 분리는 식물 세포에서 일어나는 현상이다.

08

정답 맞히기 ㄱ. 세포의 부피가 1.3일 때 흡수력이 0이 된 상태로 최대 팽윤 상태이다.
ㄷ. 세포의 부피가 1.0 미만일 때 한계 원형질 분리 지점을 지났으므로 원형질 분리가 일어난 상태이다.
오답 피하기 ㄴ. 최대 팽윤 상태가 되기 전 식물 세포에서 팽압은 항상 삼투압보다 작다.

09

정답 맞히기 ① 능동 수송은 물질의 이동에 ATP를 소모하여 농도 기울기를 거슬러 물질을 이동시킨다.
오답 피하기 ② 능동 수송은 물질에 대한 선택적 투과성이 나타난다.
③ 세포막의 통로 단백질에 의해 일어나는 것은 촉진 확산이다.
④ 폐포에서의 기체의 이동은 단순 확산의 대표적인 예이다.
⑤ 능동 수송을 통해 물질은 농도가 낮은 쪽에서 높은 쪽으로 이동한다.

10

정답 맞히기 ㄴ. 세포내 섭취가 일어날 때 세포막으로 물질을 감싸 식포를 형성하여 세포 내부로 이동시킨다.
오답 피하기 ㄱ. 식균 작용은 세포내 섭취의 예이다.
ㄷ. 세포내 섭취와 세포외 배출이 일어날 때는 에너지가 소모된다.

11

정답 맞히기 ㄷ. 최대 팽윤 상태의 양파 세포를 고장액에 넣었을 때 양파 세포에서 물이 빠져나가므로 충분한 시간이 지나면 원형질 분리가 일어난다.
오답 피하기 ㄱ. 세포의 팽압은 세포 내의 물이 빠져나가면서 감소한다.
ㄴ. 세포 내 용질의 농도가 증가하면서 세포 내 삼투압은 증가한다.

12

정답 맞히기 ① 세포외 배출로 물질을 내보낼 때는 에너지를 소모한다.
② 식세포 작용으로 물질을 흡수하는 것은 세포내 섭취로 에너지를 소모한다.
③ 음세포 작용으로 물질을 흡수하는 것은 세포내 섭취로 에너지를 소모한다.
⑤ 용질이 막단백질을 통해 저농도에서 고농도로 이동하는 것은 능동 수송에서 나타나는 현상으로 에너지를 소모한다.
오답 피하기 ④ 물이 저장액에서 고장액으로 삼투를 통해 이동할 때는 에너지를 소모하지 않는다.

13

정답 맞히기 ㄱ. A는 세포막 단백질로 인지질을 따라 자유롭게 이동한다.
ㄴ. 세포막의 인지질 층을 통해서 이온이나 극성 물질, 크기가 큰 물질은 통과하기 어렵다. 세포막 단백질(A)은 인지질 2중층(B)을 직접 통과할 수 없는 물질을 이동시킬 수 있다.
ㄷ. C는 인지질의 소수성 부분이다.

14

제시된 물질의 이동 방식 중 에너지를 소모하는 방식은 능동 수송(C), 세포내 섭취(D)가 있다. A는 촉진 확산, B는 단순 확산으로 에너지를 소모하지 않는다.

15

정답 맞히기 ㄱ. 쥐 세포와 사람 세포의 막단백질을 각각 다른 형광색으로 표지한 후 융합 세포를 얻은 결과 충분한 시간 후 막단백질이 섞이는 것을 알 수 있다. 이를 통해 세포막의 유동성을 알 수 있다.
ㄴ. 유동 모자이크막 모델에 따르면 막단백질은 인지질 2중층을 자유롭게 이동한다. 이 실험에서 40분 후 막단백질은 고르게 섞여 분포한다.
오답 피하기 ㄷ. 인지질의 유동성을 이용한 것이다.

16

정답 맞히기 ① 내부에 수용성 약물을 담을 수 있어 약물의 전달에 사용될 수 있다.
③ 리포솜의 막은 세포막과 융합될 수 있다.
④ 세포막과 같이 인지질 2중층으로 이루어진 인공 구조물이다.

⑤ 리포솜은 내부에 특정 미용 성분을 담아 피부 진피층에 전달하는 데 사용될 수 있다.

오답 피하기 ② 세포막과 같이 인지질의 유동성이 있다.

17

식물 세포를 고장액에 넣었을 때, 유출되는 물의 양이 많아 세포막과 세포벽이 분리되는 현상을 원형질 분리라고 한다.

실력 향상 문제

본문 070~072쪽

01 ③	02 ②	03 해설 참조		04 ②
05 ④	06 ①	07 ⑤	08 ④	09 ②
10 ⑤	11 ③	12 해설 참조		13 ③

01 세포막의 구조

정답 맞히기 ㄱ. A는 막단백질에 결합된 탄수화물이다.

ㄴ. B는 막단백질로, 인지질의 유동성으로 인해 세포막에서 자유롭게 이동한다.

오답 피하기 ㄷ. C는 인지질로, 글리세롤 1분자에 지방산 2분자와 인산기가 결합된 화합물이다. 따라서 인지질(C)은 2개의 지방산을 가진다.

02 삼투

정답 맞히기 ㄴ. (나)에서 세포막과 세포벽이 분리되는 원형질 분리가 일어났다.

오답 피하기 ㄱ. (나)에서 원형질 분리가 일어난 것으로 보아 A보다 B의 농도가 더 높다. A는 B보다 농도가 낮다.

ㄷ. (나)에서 원형질 분리가 더 많이 일어났으므로, (가)보다 (나)에서 유출된 물의 양이 많다.

03 삼투

주어진 조건에서 흡수력은 삼투압에서 팽압을 뺀 값이다.

모범 답안 세포의 부피가 1.4일 때 삼투압이 5이고 팽압이 5이므로 흡수력=삼투압−팽압=0이다.

04 단순 확산과 촉진 확산

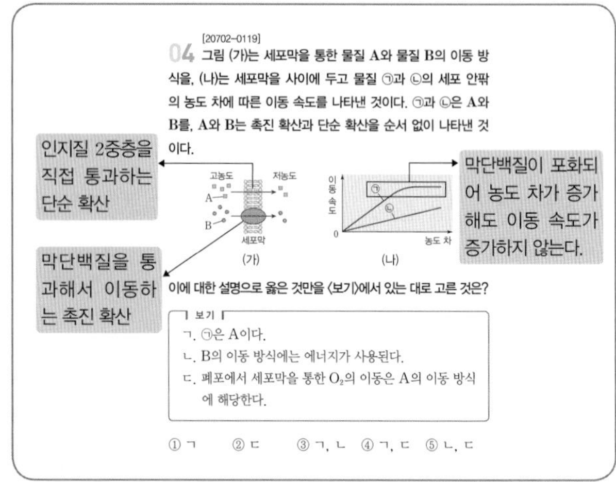
[20702-0119]

04 그림 (가)는 세포막을 통한 물질 A와 물질 B의 이동 방식을, (나)는 세포막을 사이에 두고 물질 ㉠과 ㉡의 세포 안팎의 농도 차에 따른 이동 속도를 나타낸 것이다. ㉠과 ㉡은 A와 B를, A와 B는 촉진 확산과 단순 확산을 순서 없이 나타낸 것이다.

이에 대한 설명으로 옳은 것만을 <보기>에서 있는 대로 고른 것은?

보기
ㄱ. ㉠은 A이다.
ㄴ. B의 이동 방식에는 에너지가 사용된다.
ㄷ. 폐포에서 세포막을 통한 O_2의 이동은 A의 이동 방식에 해당한다.

① ㄱ ② ㄷ ③ ㄱ, ㄴ ④ ㄱ, ㄷ ⑤ ㄴ, ㄷ

정답 맞히기 ㄷ. 그림에서 A는 인지질 2중층을 직접 통과하는 단순 확산으로, B는 막단백질의 도움을 받아 통과하는 촉진 확산으로 이동한다. 폐포에서 세포막을 통한 산소(O_2)의 이동 방식은 A의 이동 방식인 단순 확산에 해당한다.

오답 피하기 ㄱ. ㉠은 일정 범위에서는 농도 차에 따라 이동 속도가 증가하지만 일정 농도 차를 넘어서면 이동 속도가 더 이상 증가하지 않는다. 이는 촉진 확산에서 막단백질이 이동하는 물질에 의해 포화되어서 일어난다. 따라서 ㉠은 B이다.

ㄴ. B의 이동 방식은 촉진 확산이므로 에너지가 사용되지 않는다.

05 삼투

정답 맞히기 ㄱ. 세포 X는 삼투압이 증가하고 세포 Y는 삼투압이 감소하므로 용액 A는 세포보다 고장액이고 용액 B는 세포보다 저장액이다. 따라서 B는 t 시점에 Y의 세포액보다 저장액이다.

ㄴ. t 시점에 X는 삼투에 의해 물이 빠져나가 부피가 감소하고 있다.

오답 피하기 ㄷ. t 시점에 Y의 세포는 부피가 증가하고 있으므로, 세포막에서는 유입되는 물의 양이 유출되는 물의 양보다 더 많다.

06 단순 확산, 촉진 확산, 능동 수송

정답 맞히기 ㄱ. (가)는 세포막 단백질이 관여하며 고농도에서 저농도로 물질이 이동하므로 촉진 확산이다.

오답 피하기 ㄴ. (다)는 세포막 단백질이 관여하지 않으므로 단순 확산이다. 따라서 물질의 이동 방향(㉠)은 '고농도 → 저농도'이다.

ㄷ. (나)는 세포막 단백질이 관여하여 농도 기울기를 거슬러 물질을 이동시키므로 능동 수송이며 물질 이동에 에너지가 사용된다.

07 세포막 유동성

정답 맞히기 ㄱ. A는 막단백질, B+C는 인지질이다.

ㄴ. 머리(B)는 친수성을, 꼬리(C)는 소수성을 가진다.

ㄷ. (나)에서 형광 물질이 골고루 섞이는 것을 보아 막단백질(A)은 유동성이 있다.

08 물질의 이동과 세포 호흡 저해제

정답 맞히기 ㄱ. KCN은 세포 호흡 저해제로서 ATP 생성을 저해한다. A의 경우 세포 호흡 저해제를 처리하였을 때 이동하는 양이 감소하였으므로 A는 능동 수송에 의해 이동하는 물질이다.

ㄷ. 분자의 크기가 큰 포도당은 단순 확산(B)이 아닌 촉진 확산(C)과 같은 방식으로 이동한다.

오답 피하기 ㄴ. B는 인지질 층을 직접 통과하는 단순 확산으로 이동하는 물질이다.

09 능동 수송과 촉진 확산

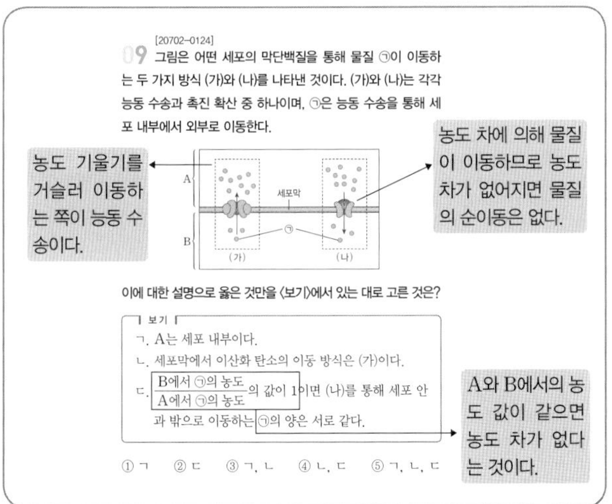

정답 맞히기 ㄷ. 그림에서 (가)의 경우 농도 기울기를 거슬러 ㉠이 이동하고 있으므로 (가)는 능동 수송, (나)는 촉진 확산이다. $\frac{\text{B에서 ㉠의 농도}}{\text{A에서 ㉠의 농도}}$의 값이 1이면 세포 내부와 외부(㉠)의 농도 차이가 없으므로 촉진 확산을 통한 ㉠의 순이동은 일어나지 않는다.

오답 피하기 ㄱ. ㉠은 능동 수송을 통해 세포 내부에서 외부로 이동한다고 하였으므로 B는 세포 내부, A는 세포 외부이다.

ㄴ. 세포막에서 이산화 탄소의 이동 방식은 단순 확산으로 (가)와 (나)에 모두 해당하지 않는다.

10 식물 세포에서의 삼투

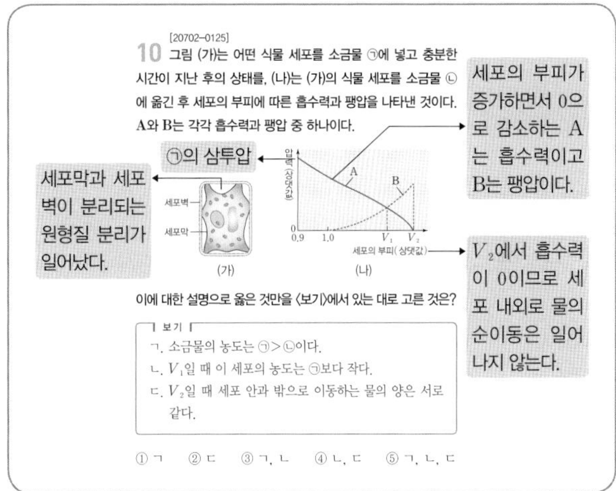

정답 맞히기 ㄱ. (가)에서 식물 세포를 ㉠ → ㉡으로 옮긴 경우 팽압이 증가하였으므로, 용액의 농도는 ㉠>㉡이다.

ㄴ. V_1일 때 세포의 부피가 1.0보다 크므로 물이 세포 내부로 들어와 세포의 삼투압은 감소하였다. 따라서 V_1일 때 이 세포의 농도는 ㉠보다 작다.

ㄷ. V_2일 때 세포는 최대 팽윤 상태이며 더 이상 세포의 크기가 증가하지 않는다. 따라서 세포 안과 밖으로 이동하는 물의 양은 서로 같다.

11 세포막을 통한 물질의 이동

정답 맞히기 ㄱ. (가)는 세포내 섭취, (나)는 촉진 확산, (다)는 능동 수송이다. 백혈구의 식균 작용은 세포내 섭취(가)에 해당한다.

ㄷ. 신경 세포에서 Na^+-K^+ 펌프에 의한 이온의 이동은 (다)에 해당한다.

오답 피하기 ㄴ. 촉진 확산(나)은 에너지를 소모하지 않는다.

12 능동 수송, 촉진 확산, 단순 확산의 비교

능동 수송은 농도 차에 상관없이 물질을 에너지를 이용해 이동시킨다. 단순 확산은 막단백질이 이용되지 않는다.

모범 답안 A: 세포막 양쪽의 농도 차가 없으면 물질의 순이동이 없는가?

B: 막단백질이 이용되는가?

13 양파 뿌리의 삼투압 변화

정답 맞히기 ㄱ. (가)는 내부에서 세포벽을 밀고 있는 팽윤 상태이다.

ㄴ. (가)는 팽윤 상태이므로 주위 용액이 세포질보다 농도가 낮다. 따라서 A~C 중 A의 농도가 가장 낮다.

오답 피하기 ㄷ. (다)는 용매가 빠져나가 세포 내부의 농도가 높다. 세포의 흡수력은 삼투압에 비례한다. 따라서 흡수력이 가장 큰 것은 삼투압이 가장 높은 (다)이다.

신유형 · 수능 열기

본문 073～074쪽

01 ① 02 ④ 03 ⑤ 04 ② 05 ③
06 ④ 07 ⑤ 08 ③

01

㉠은 세포 내부와 세포 외부의 농도가 같은 상태에서 세포 안 농도가 증가하고 있다. 따라서 ㉠은 능동 수송으로 이동한다. ㉡은 세포 안의 농도가 외부보다 낮은 상태에서 세포 안쪽으로 물질이 이동하여 세포 내외의 농도 차가 없어질 때까지 이동하므로 촉진 확산이다.

정답 맞히기 ㄱ. 능동 수송(㉠의 이동)에는 막단백질이 이용되며, 에너지를 소모하며 물질을 이동시킨다.

오답 피하기 ㄴ. 촉진 확산(㉡의 이동)에는 에너지가 소모되지 않는다.

ㄷ. 폐포와 모세 혈관 사이의 기체 교환은 단순 확산이다.

02

주어진 자료에서 특징의 유무에 따라 물질의 이동 방식을 정리하면 다음과 같다.

구분	막단백질을 이용한다.(㉠)	ATP를 소모한다.(㉡)	막 사이에 농도 차가 없으면 물질의 순이동이 없다.(㉢)
능동 수송(A)	○	○	×
촉진 확산(B)	○	×	○
단순 확산(C)	×	×	○

(○: 있음, ×: 없음)

정답 맞히기 ㄴ. ATP를 소모하는 것은 능동 수송만의 특징이다. 따라서 A는 능동 수송이고 ㉡은 'ATP를 소모한다.'이다. 또한 ㉠은 능동 수송과 촉진 확산의 공통 특징으로 '막단백질을 이용한다.'이다.

ㄷ. 폐포와 모세 혈관 사이에서 일어나는 O_2의 이동 방식은 단순 확산(C)에 해당한다.

오답 피하기 ㄱ. A는 능동 수송이다.

03

정답 맞히기 ㄱ. 감자 세포에 비해 Ⅰ과 Ⅱ는 저장액, Ⅲ은 등장액, Ⅳ는 고장액이다. Ⅳ에서는 세포내 물이 빠져나가면서 원형질 분리가 일어난다.

ㄴ. 감자와 같은 삼투압을 갖는 용액을 알아보기 위해서는 실험에서 질량의 변화가 없는 경우를 찾으면 된다. 따라서 삼투압은 감자에서와 0.3 M 포도당 용액에서가 같다.

ㄷ. 저장액(Ⅱ)에 있는 감자를 등장액(Ⅲ)으로 옮기면 세포 내에서 물이 세포 외부로 빠져나가 세포 내액의 농도가 높아질 것이다.

04

정답 맞히기 ㄷ. 그림에서 ㉠은 삼투압이고 ㉡은 흡수력이다. 팽압은 삼투압에서 흡수력을 뺀 값이다. V_1에서 V_2가 될 때 팽압은 증가하고 삼투압은 감소한다. 따라서 A의 $\frac{\text{팽압}}{\text{삼투압}}$은 V_1일 때가 V_2일 때보다 작다.

오답 피하기 ㄱ. 이 실험은 고장액에 있던 식물 세포를 저장액으로 옮긴 경우이다. 따라서 설탕 용액의 농도는 Y가 X보다 낮다.

ㄴ. V_1일 때 A의 부피는 1.0보다 높고 팽압이 있으므로 원형질 분리가 일어난 상태가 아니다.

05

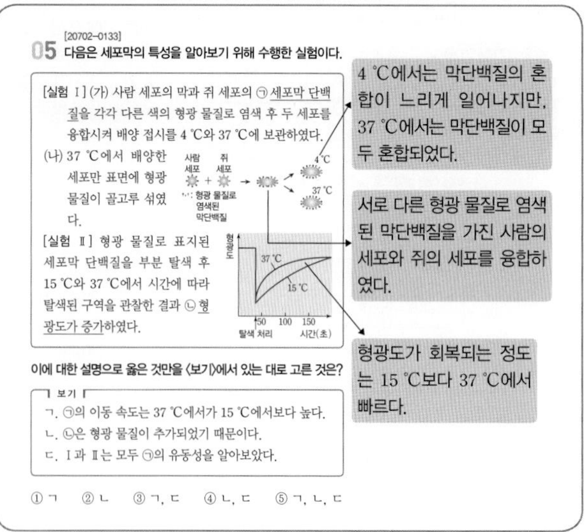
[20702-0133]
05 다음은 세포막의 특성을 알아보기 위해 수행한 실험이다.

[실험 Ⅰ] (가) 사람 세포의 막과 쥐 세포의 ㉠ 세포막 단백질을 각각 다른 색의 형광 물질로 염색 후 두 세포를 융합시켜 배양 접시를 4 ℃와 37 ℃에 보관하였다.
(나) 37 ℃에서 배양한 세포만 표면에 형광 물질이 골고루 섞였다.

[실험 Ⅱ] 형광 물질로 표지된 세포막 단백질을 부분 탈색 후 15 ℃와 37 ℃에서 시간에 따라 탈색된 구역을 관찰한 결과 ㉡ 형광도가 증가하였다.

이에 대한 설명으로 옳은 것만을 <보기>에서 있는 대로 고른 것은?

보기
ㄱ. ㉠의 이동 속도는 37 ℃에서가 15 ℃에서보다 높다.
ㄴ. ㉡은 형광 물질이 추가되었기 때문이다.
ㄷ. Ⅰ과 Ⅱ는 모두 ㉠의 유동성을 알아보았다.

① ㄱ ② ㄴ ③ ㄱ, ㄷ ④ ㄴ, ㄷ ⑤ ㄱ, ㄴ, ㄷ

정답 맞히기 ㄱ. 실험 Ⅰ과 Ⅱ에서 세포막 단백질이 섞이는 정도는 온도가 증가하면 빨라진다. 따라서 세포막 단백질의 이동 속도는 온도가 15 ℃보다 37 ℃에서 높다.

ㄷ. 실험 Ⅰ과 Ⅱ는 모두 인지질 2중층에서 세포막 단백질의 유동성을 이용한 것이다.

오답 피하기 ㄴ. Ⅱ에서 탈색되지 않은 구역의 형광 단백질이 탈색된 구역으로 이동하였기 때문이다.

06

정답 맞히기 ㄱ. 적혈구의 부피를 고려할 때 적혈구의 부피가 등장액보다 작은 용액 A는 용액 B보다 농도가 높다.

ㄴ. 정상 적혈구는 등장액의 적혈구이다. 따라서 부피가 a인 적혈구는 정상 적혈구보다 부피가 작다.

오답 피하기 ㄷ. 부피가 b인 적혈구는 c인 적혈구와 같은 용액에 있는 적혈구이므로 삼투압이 같다.

07

정답 맞히기 ㄱ. Ⅰ은 인지질로 구성된 부분으로 유동성이 있다.

ㄴ. A는 인지질 2중층으로 이 부분에 지용성 성분을 넣을 수 있다.

ㄷ. B는 리포솜 내부로 이 부분에 수용성 약물을 포함시켜 세포에 융합시키면 세포 내에 효과적으로 전달할 수 있다.

08

정답 맞히기 ㄱ. Ⅰ에서 B에서 A로 물이 이동하였으므로 설탕 용액의 농도는 ㉠이 ㉡보다 높다. Ⅱ에서는 반대로 ㉢이 ㉡보다 높다. Ⅰ과 Ⅱ에서의 높이 차를 고려하면 ㉠>㉢이다.

ㄴ. Ⅱ에서 높이 차가 음수인 것을 보아 물의 이동은 A에서 B 방향으로 일어났다.

오답 피하기 ㄷ. Ⅰ에서 A에 설탕 분해 효소를 넣으면 설탕이 포도당과 과당으로 분해되어 B로 이동하므로 설탕은 B에만 존재하게 되어 물이 A에서 B로 이동한다. 즉, B의 높이가 높아진다. 그런데 높이 차의 정의를 A 용액의 높이에서 B 용액의 높이를 뺀 차이라고 하였으므로 높이 차 값은 20보다 감소한다.

5 효소

탐구 활동

본문 081쪽

1 해설 참조 **2** 해설 참조

1

밥알이 삭은 후 식혜물을 끓이는 이유는 아밀레이스를 변성시켜 반응을 정지시키기 위한 것이다.

모범 답안 고온으로 가열하면 아밀레이스가 활성을 잃는다. 이를 통해 효소에 의한 반응이 진행되는 것을 막을 수 있다.

2

조작 변인은 실험을 위해 대조군에 비해 실험군에서 차이를 두어 변화를 주는 요인이며, 종속변인은 조작 변인에 따라 측정하고자 하는 요인이다.

모범 답안 온도와 pH는 조작 변인이고 카탈레이스에 의한 과산화 수소수의 분해 정도는 종속변인이다.

내신 기초 문제

본문 082~084쪽

01 (1) A−B 또는 D−B−C (2) C, C **02** ②
03 ⑤ **04** ⑤ **05** 보조 인자 **06** ①
07 ④ **08** ② **09** ⑤ **10** ③ **11** ③
12 ⑤ **13** 비경쟁적 저해제 **14** ③ **15** ②
16 ④ **17** 가수 분해 효소 **18** 주효소

01

(1) X가 없을 때의 활성화 에너지는 A이고 X가 있을 때의 활성화 에너지는 B이다. 따라서 X가 없을 때에 비해 X가 있을 때 활성화 에너지의 변화량은 A−B 또는 D−B−C이다.

(2) X가 있을 때와 없을 때 모두 반응열은 C이다.

02

정답 맞히기 ① 특정 효소는 활성 부위에 결합하는 특정 기질을 가진다. 즉, 기질 특이성을 갖는다.

③ 효소는 반응의 속도에 영향을 주지만 반응열의 크기에 영향을

주지 않는다.
④ 효소는 기질과 결합하는 활성 부위를 가진다.
⑤ 효소는 활성 부위와 입체 구조가 맞는 기질과만 결합하며, 이를 기질 특이성이라 한다.

오답 피하기 ② 효소는 생체 촉매로서 작용하며, 화학 반응에 여러 번 사용된다.

03

정답 맞히기 ㄱ. 효소는 생체에서 화학 반응의 활성화 에너지를 낮추는 촉매 역할을 한다.
ㄴ. 효소가 있으면 반응의 활성화 에너지가 낮아져 반응 속도가 빨라진다.
ㄷ. 효소가 있으면 반응을 일으키는 분자 수가 많아져 반응 속도가 빨라진다.

04

정답 맞히기 ① A는 B의 반응물, 즉 기질이다.
② 효소(B)는 단백질이 주성분이다.
③ 효소(B)는 활성 부위와 입체 구조가 맞는 기질과만 결합하는 기질 특이성을 가진다.
④ C는 효소·기질 복합체이다.

오답 피하기 ⑤ 그림에서 A는 기질, B는 효소, C는 효소·기질 복합체이다. 효소·기질 복합체(C)가 증가하면 반응 속도가 증가한다.

05

그림에서 '◸'은 주효소에 결합하여 효소 반응을 촉진하지만 반응 전후에 소모되거나 변화되지 않는 보조 인자이다.

06

정답 맞히기 ㄱ. 보조 인자에는 NAD^+와 같은 조효소와 Cu^{2+}과 같은 금속 이온이 있다.

오답 피하기 ㄴ. 전효소는 보조 인자와 단백질로 구성된다. 단백질로만 구성된 부분은 주효소라고 한다.
ㄷ. 한 종류의 조효소는 여러 종류의 주효소에 결합할 수 있다.

07

정답 맞히기 ④ 연결 효소는 에너지를 사용하여 2개의 기질을 연결하는 효소이다.

오답 피하기 ① 제거 부가 효소는 기질에 작용기를 부가하거나 제거한다.
② 이성질화 효소는 기질을 이성질체로 전환시킨다.
③ 가수 분해 효소는 물 분자를 첨가하여 기질을 분해하는 효소이다.
⑤ 전이 효소는 특정 기질의 작용기를 떼어 다른 분자에 전달한다.

08

정답 맞히기 ② 경쟁적 저해제는 기질과 유사한 구조를 가져 효소와 기질 사이에 효소·기질 복합체의 형성을 저해한다.

오답 피하기 ① 최적 pH는 효소의 반응 속도가 가장 빠른 pH이다.
③ 효소·기질 복합체의 형성이 저해되면 반응 속도가 감소한다.
④ 비경쟁적 저해제는 효소의 활성 부위의 입체 구조를 바꿔 기질과의 결합에 영향을 준다. 즉, 효소 활성에 영향을 미친다.
⑤ 최적 온도보다 높은 온도에서는 효소가 변성되어 효소의 반응 속도가 감소한다.

09

정답 맞히기 ㄱ. 효소의 농도가 일정할 때 초기 반응 속도가 최대가 되기 전까지는 기질 농도에 비례하여 효소·기질 복합체의 형성이 증가하므로 초기 반응 속도가 증가한다.
ㄴ. 초기 반응 속도가 최대가 되면 기질 농도가 증가해도 효소가 포화되어 초기 반응 속도가 더 이상 증가하지 않는다.
ㄷ. 효소가 기질에 의해 포화되면 기질 농도가 증가해도 효소·기질 복합체 형성이 증가하지 않으므로 초기 반응 속도가 더 이상 증가하지 않는다.

10

정답 맞히기 ㄷ. 기질 농도가 3일 때, 초기 반응 속도는 효소 농도 B에서가 효소 농도 A에서의 2배이다.

오답 피하기 ㄱ. 기질 농도가 1일 때, 효소 농도 B에서가 A에서보다 초기 반응 속도가 높다.
ㄴ. 효소 농도가 B일 때, 기질 농도가 1에서 2로 증가하면 초기 반응 속도가 증가하므로 효소·기질 복합체의 수가 증가한다.

11

정답 맞히기 ㄷ. 각 효소의 최적 pH는 A는 pH 2, B는 pH 7, C는 pH 8이다. A의 효소·기질 복합체의 형성 속도는 pH 2에서가 pH 7에서보다 빠르다.

오답 피하기 ㄱ. 그림에서 A와 B는 서로 다른 pH 범위에서 작용한다.
ㄴ. B의 최적 pH가 C의 최적 pH보다 중성에 가깝다.

12

정답 맞히기 ㄱ. 구간 Ⅰ에서 효소·기질 복합체는 시간에 따라 증가한다.

ㄴ. 구간 Ⅱ에서 효소·기질 복합체의 양이 감소하므로 효소의 반응 속도는 시간에 따라 감소한다.
ㄷ. 구간 Ⅱ에서 시간에 따라 기질의 농도가 감소하고 있으므로 생성물의 농도는 증가한다.

13

활성 부위가 아닌 효소의 다른 부위에 결합하는 저해제를 비경쟁적 저해제라고 한다.

14

정답 맞히기 ㄱ. 그림에서 저해제 A는 기질과 유사하여 효소의 활성 부위에 결합할 수 있으므로 경쟁적 저해제이다.
ㄴ. 그림에서 저해제 A는 효소의 활성 부위에 결합하는 경쟁적 저해제이다.
오답 피하기 ㄷ. 기질의 농도가 높아지면 경쟁적 저해제의 저해 효과는 감소한다.

15

정답 맞히기 ② (가)는 효소(수크레이스)와 기질(설탕)이 결합한 효소·기질 복합체이다.
오답 피하기 ① 수크레이스는 설탕을 과당과 포도당으로 분해하는 가수 분해 효소이다.
③ 설탕은 이 반응의 기질(반응물)이다.
④ 엿당은 설탕과 구조가 달라 효소와 결합하지 못한다. 즉, 저해제가 아니다.
⑤ 수크레이스에 대해 기질로 작용하는 것은 설탕이다.

16

정답 맞히기 ① 식혜, 김치 등 발효 식품의 제조에 효소가 이용된다.
② 소화제와 요검사지에 효소가 이용된다.
③ 오염 물질 정화에 분해 효소가 이용된다.
⑤ 효소 세제는 효소를 생활용품에 사용한 예이다.
오답 피하기 ④ 재조합 DNA 제작 과정은 유전 공학에서 효소가 이용되는 대표적인 예이다.

17

효소 X는 물이 첨가되면서 물질을 분해하는 효소이므로 가수 분해 효소이다.

18

전효소는 주효소와 보조 인자가 결합한 효소이다.

실력 향상 문제

본문 085~087쪽

01 ④	02 해설 참조		03 ③	04 ⑤
05 ①	06 해설 참조		07 ④	08 ②
09 ③	10 ①	11 ④	12 ②	13 ③
14 ⑤				

01 효소의 특징

정답 맞히기 ㄱ. 효소 A는 물질을 합성하는 반응을 촉매한다. 즉, 동화 작용을 촉매한다.
ㄴ. 효소 B는 기질(㉡)과 효소·기질 복합체를 형성한다.
오답 피하기 ㄷ. (나)에서 물질이 분해되면서 반응열이 방출된다.

02 조효소와 주효소

효소에서 단백질 성분을 주효소, 비단백질 성분을 보조 인자라고 하며, 보조 인자에는 조효소와 금속 이온이 있다.
모범 답안 기질과 결합하여 촉매 작용을 하므로 ㉠은 주효소이고, ㉠에 결합하여 작용을 도우므로 ㉡은 조효소이다.

03 효소와 저해제

정답 맞히기 ㄷ. 효소가 첨가되면 화학 반응의 활성화 에너지가 감소되어 반응 속도가 빨라진다.
오답 피하기 ㄱ. ㉠은 비경쟁적 저해제이고 ㉡은 기질이다. 기질만 효소의 활성 부위에 결합하고 비경쟁적 저해제는 효소 활성 부위 이외의 부위에 결합한다.
ㄴ. ㉡의 농도가 증가하면 초기 반응 속도는 증가하지만 효소가 기질로 포화되면 더 이상 초기 반응 속도가 증가하지 않는다.

04 효소와 pH

정답 맞히기 ㄱ. (가)에서 A의 반응 속도가 가장 높을 때가 pH 2이므로, 최적 pH는 pH 2이다.
ㄴ. 시간에 따라 생성물이 생성되는 속도를 고려할 때, (나)의 효소는 pH 7에서 활성이 높고 pH 4에서 활성이 매우 낮다. 따라서 (나)의 반응에 사용된 효소는 (가)에서 A와 B 중 B이다.
ㄷ. pH 4일 때는 기질이 생성물로 소량만 전환되고 있다. 반면 pH 7에서 t일 때 생성물의 농도가 증가하지 못하고 있는 것을 보아 기질이 더 이상 유효하게 효소와 결합하지 못하고 있다. 따라서 (나)에서 t일 때 기질의 농도는 pH 4일 때가 pH 7일 때보다 높다.

05 기질 농도와 초기 반응 속도

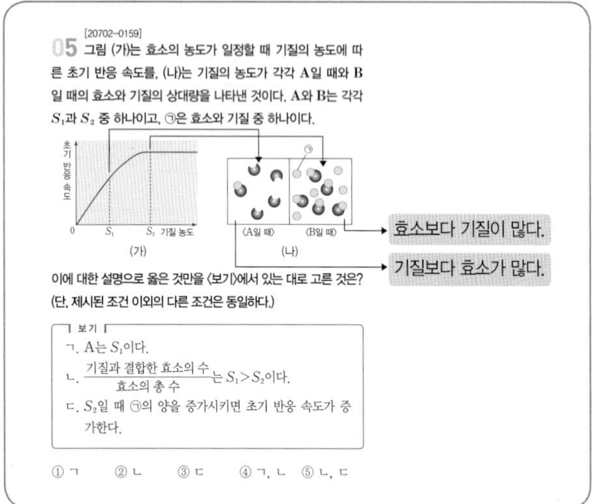

정답 맞히기 ㄱ. 기질보다 효소의 수가 많은 A는 S_1이다.

오답 피하기 ㄴ. 전체 효소의 수는 S_1에서와 S_2에서가 같으므로 기질과 결합한 효소의 수만 고려하면 된다. S_1에서는 기질보다 효소의 수가 많고 S_2에서는 효소보다 기질의 수가 많으므로 기질과 결합한 효소의 수는 $S_2 > S_1$이다.

ㄷ. S_2일 때 기질(㉠)의 양을 증가시키면 이미 효소가 포화된 상태이므로 초기 반응 속도는 변하지 않는다.

06 저해제의 특징

경쟁적 저해제는 기질 농도가 충분히 높으면 저해 효과가 없어진다. 하지만 비경쟁적 저해제는 기질 농도가 높아져도 저해 효과가 없어지지 않는다.

모범 답안 경쟁적 저해제, 기질의 농도가 높아지면 저해 효과가 감소하기 때문이다.

07 효소·기질 복합체

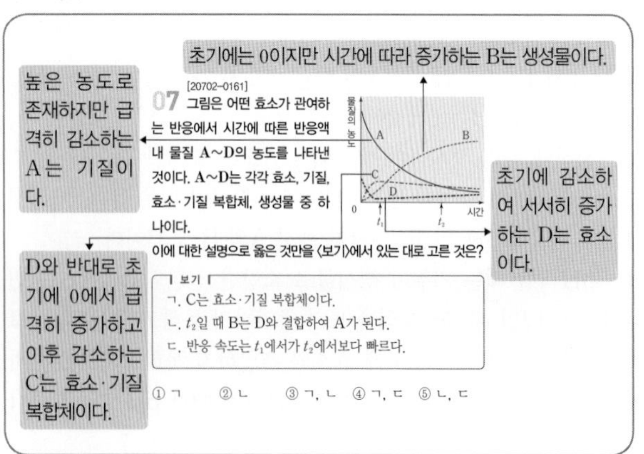

초기에는 0이지만 시간에 따라 증가하는 B는 생성물이다.
높은 농도로 존재하지만 급격히 감소하는 A는 기질이다.
초기에 감소하여 서서히 증가하는 D는 효소이다.
D와 반대로 초기에 0에서 급격히 증가하고 이후 감소하는 C는 효소·기질 복합체이다.

정답 맞히기 ㄱ. 그림에서 A는 기질, B는 생성물, C는 효소·기질 복합체, D는 효소이다.

ㄷ. 생성물 그래프에서 기울기는 효소의 반응 속도에 비례한다. 따라서 기울기를 비교하면 t_1에서가 t_2에서보다 빠르다.

오답 피하기 ㄴ. t_2일 때 기질(A)은 효소(D)와 결합하여 생성물(B)이 된다.

08 효소와 온도

정답 맞히기 ㄴ. 초기에 반응물(기질)의 양이 감소하는 속도가 초기 반응 속도이다. 따라서 초기 반응 속도는 B에서가 A에서보다 빠르다.

오답 피하기 ㄱ, ㄷ. B는 최적 온도 조건이다. 효소 활성 부위의 변성은 온도가 최적 온도보다 과도하게 높은 상황에서 일어난다.

09 효소 농도와 초기 반응 속도

정답 맞히기 ㄷ. 같은 기질 농도에서의 초기 반응 속도를 비교할 때 효소의 농도는 A가 B보다 높다. 또한 같은 기질 농도에서 효소·기질 복합체의 수는 효소의 농도에 비례한다. 따라서 S_2일 때 효소·기질 복합체의 수는 A에서가 B에서보다 많다.

오답 피하기 ㄱ. 같은 효소가 매개하는 화학 반응에서 활성화 에너지는 변하지 않는다.

ㄴ. B일 때 초기 반응 속도는 S_1보다 S_3이 높으므로, 효소·기질 복합체의 수는 S_3에서가 S_1에서보다 많다.

10 효소의 특징

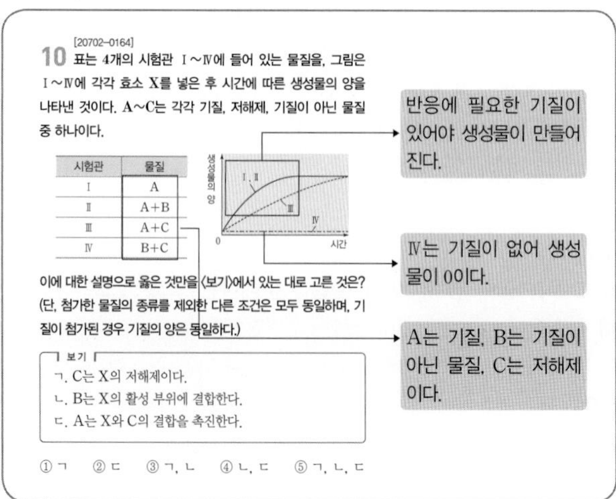

반응에 필요한 기질이 있어야 생성물이 만들어진다.
Ⅳ는 기질이 없어 생성물이 0이다.
A는 기질, B는 기질이 아닌 물질, C는 저해제이다.

표를 정리하면 다음과 같다.

시험관	물질
Ⅰ	기질
Ⅱ	기질+기질이 아닌 물질
Ⅲ	기질+저해제
Ⅳ	기질이 아닌 물질+저해제

정답 맞히기 ㄱ. Ⅰ과 Ⅲ을 비교할 때 C는 X의 활성을 저해하는 것을 보아 X의 저해제이다.

오답 피하기 ㄴ. B는 기질이 아닌 물질이므로 X의 활성 부위에 결합하지 않는다.

ㄷ. C는 저해제이므로 기질에 의해 효소와의 결합이 촉진되지 않는다.

11 효소의 종류

정답 맞히기 ㄴ. 기질의 농도가 빠르게 감소하는 Ⅱ는 경쟁적 저해제가 없을 때이고, 기질의 농도가 Ⅱ보다 느리게 감소하는 Ⅰ은 경쟁적 저해제가 있을 때이다.

ㄷ. 효소 반응의 활성화 에너지는 경쟁적 저해제와 관계없이 같다.

오답 피하기 ㄱ. (가)에서 물이 첨가되면서 기질이 분해되었으므로 A는 가수 분해 효소이다.

12 효소와 활성화 에너지

정답 맞히기 ㄷ. (가)에서 A는 효소와 기질이 결합한 효소·기질 복합체이다.

오답 피하기 ㄱ. X는 두 개의 기질을 연결하는 효소이며, 이성질화 효소가 아니다.

ㄴ. (가)의 활성화 에너지는 반응물에서 생성물이 되기 위해 필요한 에너지인 ㉠이다.

13 기질 농도와 초기 반응 속도

정답 맞히기 ㄱ. 말테이스는 물이 첨가되면서 엿당을 포도당으로 분해하는 가수 분해 효소이다.

ㄴ. 초기 반응 속도가 S_2와 S_3에서 같으므로 효소·기질 복합체의 농도는 S_2에서와 S_3에서가 같다.

오답 피하기 ㄷ. 반응물의 감소 속도는 생성물의 생성 속도이다. 즉, 반응 속도는 S_1일 때보다 S_2일 때가 더 빠르다.

14 시간에 따른 반응 속도

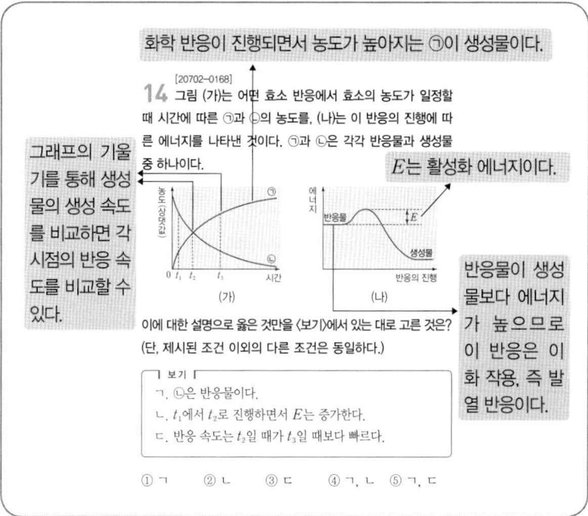

화학 반응이 진행되면서 농도가 높아지는 ㉠이 생성물이다.
[20702-0168]
14 그림 (가)는 어떤 효소 반응에서 효소의 농도가 일정할 때 시간에 따른 ㉠과 ㉡의 농도를, (나)는 이 반응의 진행에 따른 에너지를 나타낸 것이다. ㉠과 ㉡은 각각 반응물과 생성물 중 하나이다.
그래프의 기울기를 통해 생성물의 생성 속도를 비교하면 각 시점의 반응 속도를 비교할 수 있다.
E는 활성화 에너지이다.
(가)
(나)
반응물이 생성물보다 에너지가 높으므로 이 반응은 이화 작용, 즉 발열 반응이다.
이에 대한 설명으로 옳은 것만을 <보기>에서 있는 대로 고른 것은? (단, 제시된 조건 이외의 다른 조건은 동일하다.)
보기
ㄱ. ㉡은 반응물이다.
ㄴ. t1에서 t2로 진행하면서 E는 증가한다.
ㄷ. 반응 속도는 t2일 때가 t3일 때보다 빠르다.
① ㄱ ② ㄴ ③ ㄷ ④ ㄱ, ㄴ ⑤ ㄱ, ㄷ

정답 맞히기 ㄱ. (가)에서 ㉠은 생성물, ㉡은 반응물이다.

ㄷ. 반응 속도는 시간에 따른 생성물의 생성 속도를 통해 구할 수 있다. 즉, 그래프의 기울기에 해당한다. 그래프의 기울기를 보면 t_2일 때가 t_3일 때보다 반응 속도가 빠르다는 것을 알 수 있다.

오답 피하기 ㄴ. t_1에서 t_2로 진행하는 것과 관계없이 효소에 의한 화학 반응의 활성화 에너지(E)는 변하지 않는다.

신유형·수능 열기

본문 088~089쪽

01 ③	**02** ⑤	**03** ⑤	**04** ①	**05** ⑤
06 ①	**07** ③	**08** ①		

01

주어진 표를 그래프로 나타내면 다음과 같다.

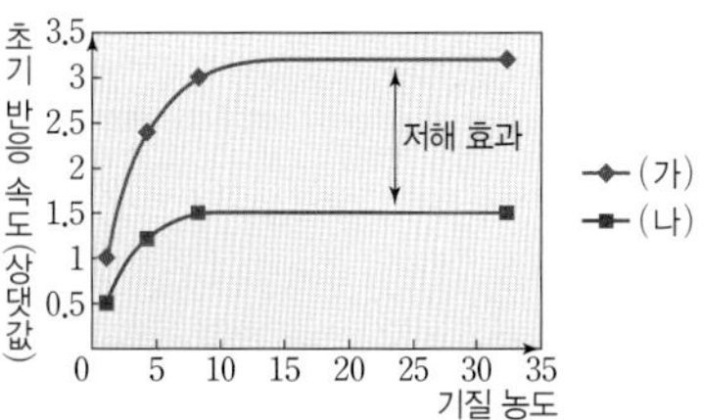

저해제가 있는 경우(나) 기질의 농도가 증가해도 저해 효과가 없어지지 않는다. 따라서 Y는 비경쟁적 저해제이다.

정답 맞히기 ㄷ. A는 효소·기질 복합체이다. 효소·기질 복합체의 농도가 증가하면 반응 속도가 빨라진다. 기질 농도가 4(상댓값)(㉠)일 때 초기 반응 속도는 (가)에서가 (나)에서보다 빠르므로 효소·기질 복합체(A)의 농도는 (가)에서가 (나)에서보다 높다.

오답 피하기 ㄱ. X는 가수 분해 효소이다.

ㄴ. Y는 기질의 농도가 충분해도 저해 효과가 없어지지 않으므로 비경쟁적 저해제이다.

02

주어진 표를 그림을 참조하여 정리하면 다음과 같다.

조건 \ 실험	Ⅰ(㉢)	Ⅱ(㉡)	Ⅲ(㉠)
X의 농도(상댓값)	1	1	2
저해제	있음	없음	없음
기질 농도가 충분할 때 초기 반응 속도	50	50	100

정답 맞히기 ㄱ. Ⅰ의 결과 저해제에 의해 초기 반응 속도가 낮아지므로 ㉢에 해당한다.

ㄷ. 같은 기질 농도(S_1)일 때 효소·기질 복합체의 농도는 X의 농도가 2인 Ⅲ에서가 X의 농도가 1인 Ⅱ에서보다 높다.

오답 피하기 ㄴ. 저해제의 저해 효과가 기질의 증가에 의해 없어지므로 Ⅰ의 저해제는 경쟁적 저해제이다.

03

정답 맞히기 ㄱ. 그림에서 초기 반응 속도가 가장 높은 A는 X의 농도가 2인 Ⅳ이고, B는 X의 농도가 1이면서 저해제가 없는 경우인 Ⅰ, C는 X의 농도가 1이면서 경쟁적 저해제가 있는 경우인 Ⅱ이다. Ⅲ은 저해제 b가 있으므로 b는 비경쟁적 저해제이다.

ㄴ. 기질 농도가 S_2일 때 효소·기질 복합체의 수는 반응 속도가 빠른 Ⅰ에서가 Ⅱ에서보다 많다. 즉, 효소·기질 복합체의 농도는 Ⅱ에서보다 Ⅰ에서가 높다.

ㄷ. Ⅳ에서 기질과 결합하지 않은 효소는 기질의 농도가 증가하면서 감소한다. 즉, $\frac{\text{기질과 결합하지 않은 X의 수}}{\text{기질과 결합한 X의 수}}$는 S_1에서가 S_2에서보다 크다.

04

정답 맞히기 ㄱ. 그림에서 효소 ㉠에 의한 생성물 B는 효소 ㉡의 기질로 작용한다.

오답 피하기 ㄴ. D는 ㉡에 대해 비경쟁적 저해제로 작용한다.

ㄷ. A, ㉠, ㉡을 한 시험관에 넣고 반응시킬 경우 ㉡의 비경쟁적 저해제인 D가 생성되지 않으므로 물질 C의 생성이 저해되지 않는다.

05

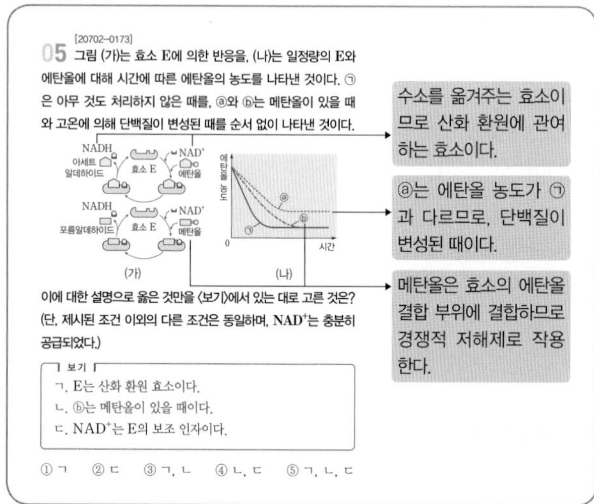
[20702-0173]

05 그림 (가)는 효소 E에 의한 반응을, (나)는 일정량의 E와 에탄올에 대해 시간에 따른 에탄올의 농도를 나타낸 것이다. ㉠은 아무 것도 처리하지 않은 때를, ⓐ와 ⓑ는 메탄올이 있을 때와 고온에 의해 단백질이 변성된 때를 순서 없이 나타낸 것이다.

이에 대한 설명으로 옳은 것만을 〈보기〉에서 있는 대로 고른 것은? (단, 제시된 조건 이외의 다른 조건은 동일하며, NAD^+는 충분히 공급되었다.)

보기

ㄱ. E는 산화 환원 효소이다.

ㄴ. ⓑ는 메탄올이 있을 때이다.

ㄷ. NAD^+는 E의 보조 인자이다.

① ㄱ ② ㄷ ③ ㄱ, ㄴ ④ ㄴ, ㄷ ⑤ ㄱ, ㄴ, ㄷ

정답 맞히기 ㄱ. 그림에서 E는 에탄올을 산화시키는 효소이므로 산화 환원 효소이다.

ㄴ. 메탄올은 에탄올을 기질로 하는 효소 E에 대해 경쟁적 저해제로 작용한다. 따라서 에탄올 농도의 감소 속도가 낮은 ⓑ는 메탄올이 있을 때이다.

ㄷ. NAD^+는 E의 보조 인자에 해당한다.

06

정답 맞히기 ㄱ. A는 기질이 B보다 많으므로 반응이 진행 중인 t_1 시점의 상태이다.

오답 피하기 ㄴ. 그림 (가)에서 ㉠은 효소·기질 복합체, ㉡은 생성물, ㉢은 효소이다.

ㄷ. 반응 속도는 생성물의 생성 속도를 비교하여 알 수 있다. 생성물의 생성 속도는 t_1일 때가 t_2일 때보다 빠르다.

07

정답 맞히기 ㄱ. 생성물의 총량이 더 이상 증가하지 않는 t_2에서 A를 추가하였더니 생성물의 총량이 증가하였다. 이를 통해 A는 기질이라고 추론할 수 있다.

ㄴ. ㉠은 경쟁적 저해제가 없을 때, ㉡은 경쟁적 저해제가 있을 때이다. S일 때 충분한 시간이 지나면 생성물의 총량은 ㉠과 ㉡이 같아진다.

오답 피하기 ㄷ. (나)에서 기질과 결합한 효소의 농도는 효소·기질 복합체의 농도이고 이는 반응 속도가 빠른 t_1에서가 반응 속도가 0인 t_3에서보다 높다.

08

정답 맞히기 ㄱ. 효소의 반응 속도는 색의 변화가 많은 B에서 빠르고 변화가 없는 A와 C에서 느리다. 따라서 아밀레이스의 최적 pH에 가장 가까운 것은 pH 7인 B이다.

오답 피하기 ㄴ. pH 3에서 A의 기질 농도는 반응 후에 증가하지 않는다.

ㄷ. 효소 반응의 활성화 에너지는 변하지 않는다.

단원 마무리 문제

본문 092~095쪽

01 ⑤	02 ①	03 ③	04 ①	05 ③
06 ②	07 ①	08 ⑤	09 ③	10 ④
11 ⑤	12 ①	13 ②	14 ②	15 ⑤
16 ⑤	17 ④	18 ①		

01

정답 맞히기 ㄱ. A는 표피 조직으로 표피 조직계에 속한다.

ㄴ. 심장 조직을 구성하는 심장근 세포는 ATP 합성을 위해 미토콘드리아가 발달한다.

ㄷ. 잎과 심장은 모두 생명체의 구성 단계 중 기관 단계에 해당한다.

02

주어진 단서를 이용해 표를 완성하면 다음과 같다.

특징 / 물질	뉴클레오솜의 구성 성분이다.(㉠)	펩타이드 결합이 있다.(㉡)	핵의 구성 물질이다.(㉢)
단백질(A)	○	○	○
인지질(B)	×	×	○
DNA(C)	○	×	○

(○: 있음, ×: 없음)

정답 맞히기 ㄱ. A는 단백질이며 항체의 주성분이다.

오답 피하기 ㄴ. 리보솜은 rRNA와 단백질로 구성되어 있으며, 인지질 막을 가지지 않는다.

ㄷ. 대장균이 가진 DNA(C)는 원형이다.

03

정답 맞히기 ㄱ. (가)는 인지질로 세포막을 구성하는 성분이다.

ㄴ. (나)는 글리코젠으로 다당류에 속한다.

오답 피하기 ㄷ. (다)는 DNA로 뉴클레오타이드가 기본 단위이다. 아미노산이 기본 단위인 것은 단백질이다.

04

조건을 이용해 주어진 표를 완성하면 다음과 같다.

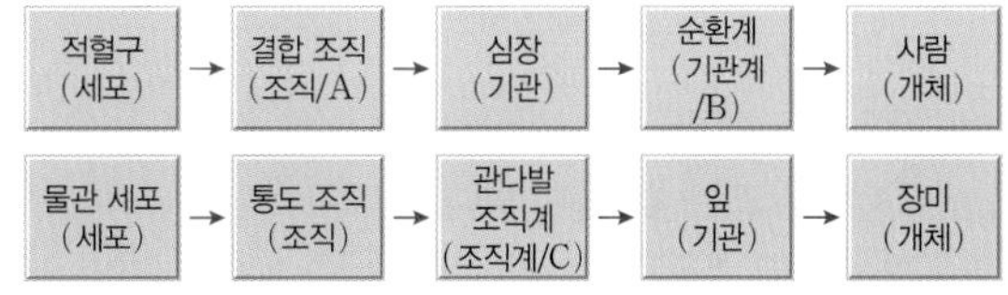

정답 맞히기 ㄱ. A는 생물의 구성 단계 중 조직에 해당하는 결합 조직이다.

오답 피하기 ㄴ. 순환계(B)는 기관계, 관다발 조직계(C)는 조직계 단계에 해당한다.
ㄷ. 꽃은 잎과 같은 기관 단계에 해당한다.

05

정답 맞히기 ㄱ. 모든 세포는 세포막을 가진다.
ㄴ. 모든 세포는 리보솜을 가진다.
오답 피하기 ㄷ. 대장균은 펩티도글리칸 성분의 세포벽을, 효모는 키틴 성분의 세포벽을 가진다. 셀룰로스로 된 세포벽을 가지는 것은 식물 세포이다.

06

정답 맞히기 ㄷ. A는 미토콘드리아, B는 소포체, C는 골지체이다. (다)에서 단백질을 추적하면 소포체(B)에서 골지체(C)로 이동하는 것을 확인할 수 있다.
오답 피하기 ㄱ. 틸라코이드는 엽록체를 구성하는 구조로 미토콘드리아에서는 관찰할 수 없다.
ㄴ. 세포 분획법(나)을 이용하면 핵이 미토콘드리아(A)보다 먼저 분리된다.

07

단백질은 거친면 소포체 → 골지체 → 분비 소낭의 순서로 이동한다. 따라서 주어진 표를 정리하면 다음과 같다.

구분	거친면 소포체(나)	골지체(다)	분비 소낭(가)	세포 밖
정상 세포	+	+	+	+
세포 C	+	+	+ ─╳→	−
세포 B	+	+ ─╳→	−	−
세포 A	+ ─╳→	−	−	−

(+: 검출됨, −: 검출 안 됨)

정답 맞히기 ㄱ. (가)는 분비 소낭이며, 세포외 배출 작용으로 단백질을 분비하는 데 관여한다.
오답 피하기 ㄴ. (가)~(다)는 내부에 자체 DNA를 가지지 않는다.
ㄷ. (다)는 골지체이다.

08

정답 맞히기 ㄴ. 리보솜은 주어진 단계에서 분리되지 않고 있으므로, ㉠~㉢에는 모두 리보솜이 있다.
ㄷ. 소포체는 아직 분리되지 않았으므로 ㉠을 20000 g에서 10분 동안 원심 분리(ⓐ)하면 상층액에 소포체가 있다.
오답 피하기 ㄱ. 이 과정은 세포 분획법이다.

09

정답 맞히기 ㄱ, ㄷ. DNA, RNA가 있고 인지질로 된 2중막으로 둘러싸인 구조를 갖는 세포 소기관에는 핵, 미토콘드리아가 있다.
오답 피하기 ㄴ. 소포체는 단일막으로 되어 있으며, 자체 DNA를 가지지 않는다.

10

정답 맞히기 ㄱ. (가)는 투과 전자 현미경, (나)는 주사 전자 현미경, (다)는 광학 현미경이다. (가)~(다) 중 해상력이 가장 우수한 현미경은 투과 전자 현미경(가)이다.
ㄴ. 전자선을 이용하는 현미경 (가)와 (나)는 살아 있는 세포를 관찰할 수 없다.
오답 피하기 ㄷ. 전자선을 이용하는 현미경(나)은 시료의 색을 구분할 수 없다.

11

정답 맞히기 ㄱ. 인(A)에서 리보솜 RNA가 합성된다.
ㄴ. 핵막(B)은 2중막 구조로 되어 있다.
ㄷ. 핵공(C)을 통해 리보솜 단백질과 같은 단백질이 이동할 수 있다.

12

주어진 표를 정리하면 다음과 같다.

특징 \ 이동 방식	촉진 확산 (Ⅰ)	단순 확산 (Ⅱ)	능동 수송 (Ⅲ)
ATP를 사용한다.	없음	없음	있음
막단백질을 이용한다.(가)	있음	없음	있음
저농도에서 고농도로 물질이 이동한다.	없음(㉠)	없음	있음

정답 맞히기 ㄱ. '막단백질을 이용한다.'는 (가)에 해당한다. 막단백질을 이용하는 이동 방식에는 촉진 확산과 능동 수송이 있다.
오답 피하기 ㄴ. Ⅰ은 촉진 확산으로 저농도에서 고농도로 물질이 이동하지 못한다.
ㄷ. 신경 세포에서 탈분극 시기에 Na^+이 축삭 내로 이동하는 방식은 촉진 확산(Ⅰ)이다.

13

정답 맞히기 ㄴ. 능동 수송(Ⅱ)에서는 물질의 이동에 에너지(ATP)가 사용된다.
오답 피하기 ㄱ. 단순 확산(Ⅰ)에 의해 물질이 고농도에서 저농도로 이동한다.
ㄷ. 단순 확산은 인지질 막을 통해 일어난다.

14

정답 맞히기 ㄴ. (가)에서 A는 삼투압, B는 팽압이다. (가)에서 V_2일 때의 삼투압(A)은 V_3일 때의 팽압(B)보다 크다.

오답 피하기 ㄱ. A는 삼투압이다.

ㄷ. V_1일 때는 세포의 부피가 1.0보다 작고 팽압이 없어 원형질 분리가 일어난 상태이다. (나)는 팽윤 상태이다.

15

능동 수송에 의해 Y는 세포 내부에서 외부로 유출되어 Y의 세포 안 농도가 감소한다. ATP 제거 물질을 처리하면 Y가 일부 유입된다.

확산에 의해 X는 세포 내부로 유입되어 증가한다.

정답 맞히기 ㄱ. 능동 수송에 의해 이동하는 것은 Y이다. 따라서 ㉠은 Y의 이동에 관여한다.

ㄴ. a 시점에서 물질 X의 리포솜 외부 농도보다 리포솜 내부의 농도가 낮은 상태이므로 $\frac{\text{리포솜 외부 X의 농도}}{\text{리포솜 내부 X의 농도}} > 1$이다.

ㄷ. 물질 Y의 리포솜 내 농도가 감소하는 것으로 보아 Y는 리포솜 내부에서 외부로 이동하였다.

16

정답 맞히기 ① A는 리보솜에서 합성된 단백질이 가공되는 거친면 소포체이다.

② B는 소포체와 골지체 사이의 수송 소낭이다.

③ A~C를 구성하는 막의 주성분은 인지질과 단백질이다.

④ D는 리소좀이며 가수 분해 효소가 들어 있다.

오답 피하기 ⑤ E는 세포막이 변형되어 세포내 섭취에 의해 형성된다.

17

정답 맞히기 ㄱ. ㉠은 기질, ㉡은 효소, ㉢은 효소·기질 복합체이다.

ㄴ. $t_1 \rightarrow t_2$로 진행되면서 기질이 감소하는 속도가 감소하므로 반응 속도도 감소한다.

오답 피하기 ㄷ. $t_1 \rightarrow t_2$로 진행되어도 동일 반응인 경우 효소 반응의 활성화 에너지는 변화하지 않는다.

18

정답 맞히기 ㄱ. 그림과 표를 비교할 때 ㉠은 보조 인자, ㉡은 경쟁적 저해제, ㉢은 비경쟁적 저해제이다. ㉠은 보조 인자이며, 전효소의 비단백질 부분이다.

오답 피하기 ㄴ. Ⅳ에서 기질 농도가 증가해도 ㉢의 저해 효과가 없어지지 않으므로 ㉢은 비경쟁적 저해제이다.

ㄷ. 기질 농도가 S일 때 $\frac{\text{기질과 결합하지 않은 효소의 수}}{\text{기질과 결합한 효소의 수}}$는 Ⅲ에서보다 Ⅳ에서가 크다.

Ⅲ. 세포 호흡과 광합성

6 세포 호흡과 발효

탐구 활동

본문 113쪽

1 해설 참조 **2** 해설 참조 **3** 해설 참조

1

효모는 산소가 있을 때에는 산소 호흡을 하고, 산소가 없을 때에는 알코올 발효를 한다. 효모의 알코올 발효 과정을 알아보기 위해서는 발효관의 산소를 차단해야 한다.

모범 답안 발효관 안으로 산소가 들어가는 것을 막아 효모의 알코올 발효 과정을 알아보기 위함이다.

2

효모의 알코올 발효 과정에서 이산화 탄소가 발생하며, KOH은 이산화 탄소를 흡수한다.

모범 답안 맹관부에 모인 기체는 이산화 탄소이다. KOH은 이산화 탄소를 흡수하는데, KOH을 넣었을 때 발효관 B~D에서 기체가 사라졌기 때문이다.

3

효모의 알코올 발효 결과 에탄올이 생성된다.

모범 답안 기체가 많이 발생한 발효관의 솜 마개를 빼고 냄새를 맡아 본다. 효모의 알코올 발효에 의해 에탄올이 생성되므로 알코올 냄새가 난다.

내신 기초 문제

본문 114~117쪽

01 ② **02** A: 스트로마, B: 틸라코이드, C: 그라나, A
03 ⑤ **04** ④ **05** 해당 과정, TCA 회로 **06** ②
07 ⑤ **08** ㉠: NADH, ㉡: CO_2, ㉢: ATP **09** ④
10 ③ **11** ④ **12** ㉠: Y, ㉡: X **13** ③
14 ③ **15** ④ **16** ④ **17** (다) **18** ③
19 ① **20** ㉠: 젖산 발효, ㉡: 알코올 발효, ⓐ: 없음, ⓑ: 있음 **21** ③

01

A는 미토콘드리아 내막, B는 미토콘드리아 막 사이 공간, C는 미토콘드리아 기질이다.

정답 맞히기 ② 미토콘드리아 내막(A)에는 전자 전달계가 있으며, 전자 전달계에서 전자의 전달이 일어난다.

오답 피하기 ① A는 미토콘드리아 내막이다.
③ DNA는 미토콘드리아 기질(C)에 있다.
④ TCA 회로는 미토콘드리아 기질(C)에서 일어난다.
⑤ 해당 과정은 세포질에서 일어난다.

02

A는 스트로마이며, 스트로마에는 엽록체의 DNA, 리보솜, 포도당 합성에 필요한 효소 등이 존재한다. B는 납작한 주머니 모양의 구조인 틸라코이드이며, 틸라코이드가 여러 개 쌓여 있는 구조인 C는 그라나이다.

03

정답 맞히기 ㄱ. 미토콘드리아와 엽록체는 모두 외막과 내막을 가지고 있다.
ㄴ. 미토콘드리아는 기질에, 엽록체는 스트로마에 각각 리보솜이 있다.
ㄷ. 물질대사에는 세포 호흡과 광합성이 있으며, 미토콘드리아에서는 세포 호흡이, 엽록체에서는 광합성이 일어난다.
ㄹ. 미토콘드리아는 내막에, 엽록체는 틸라코이드 막에 전자 전달계가 있다.

04

(가)는 해당 과정, (나)는 TCA 회로, (다)는 산화적 인산화이다.

정답 맞히기 ① ㉠은 피루브산의 산화와 TCA 회로에서 생성되는 CO_2이다.
② 해당 과정(가)은 산소가 없을 때에도 진행된다.
③ TCA 회로(나)에서 CO_2가 생성되므로 탈탄산 반응이 일어나고, NADH와 $FADH_2$가 생성되므로 탈수소 반응이 일어난다.
⑤ 산화적 인산화(다)는 미토콘드리아 내막에서 일어난다.

오답 피하기 ④ 산화적 인산화에서 O_2(㉡)는 최종적으로 전자를 수용하는 수용체이다.

05

제시된 효소는 기질에 결합해 있던 인산기를 ADP로 직접 전달하여 ATP가 합성되는 과정인 기질 수준 인산화를 촉매하는 효소이다. 기질 수준 인산화가 일어나는 단계는 해당 과정과 TCA 회로이다.

06

정답 맞히기 ㄴ. 과정 Ⅱ에서 탈수소 반응에 의해 NADH가 생성된다.

오답 피하기 ㄱ. 과정 Ⅰ에서는 ATP가 소모되고, 과정 Ⅲ에서는 기질 수준 인산화에 의해 ATP가 생성된다.
ㄷ. 해당 과정의 일부인 과정 Ⅰ~Ⅲ은 모두 세포질에서 일어난다.

07

정답 맞히기 ① 과정 Ⅰ에서 ATP가 소모되어 포도당이 과당 2인산으로 전환된다.
② 과정 Ⅱ에서 NADH가 생성되므로 탈수소 효소가 관여한다.
③ 과정 Ⅲ에서 기질 수준 인산화에 의해 ATP가 생성된다.
④ 1분자당 탄소 수는 포도당이 6, 피루브산이 3이다.

오답 피하기 ⑤ 1분자의 포도당이 2분자의 피루브산으로 분해될 때 2분자의 ATP를 소모하고, 4분자의 ATP를 생성하므로 최종적으로 2분자의 ATP가 순생성된다.

08

4탄소 화합물이 옥살아세트산으로 전환될 때 생성되는 물질은 NADH이므로 ㉠은 NADH이다. 피루브산이 아세틸 CoA로 산화될 때와 시트르산이 5탄소 화합물로 전환될 때 생성되는 물질은 NADH와 CO_2이므로 ㉡은 CO_2이다. 5탄소 화합물이 4탄소 화합물로 전환될 때 생성되는 물질은 NADH, CO_2, ATP이므로 ㉢은 ATP이다.

09

정답 맞히기 ① 피루브산이 아세틸 CoA로 산화될 때 NADH와 CO_2가 생성된다.
② TCA 회로에서 시트르산이 5탄소 화합물로 전환될 때 NADH와 CO_2가 생성된다.
③ TCA 회로에서 5탄소 화합물이 4탄소 화합물로 전환될 때 NADH와 ATP가 생성된다.
⑤ TCA 회로에서 4탄소 화합물이 옥살아세트산으로 전환될 때 탈수소 반응에 의해 NADH가 생성된다.

오답 피하기 ④ TCA 회로에서 4탄소 화합물이 또 다른 4탄소 화합물로 전환될 때(라) ATP가 생성되지 않는다.

10

(가)는 TCA 회로, (나)는 산화적 인산화이다.

정답 맞히기 ㄱ. TCA 회로(가)에서 CO_2(ⓐ)가 생성되므로 탈탄산 효소가 관여한다.
ㄴ. 산화적 인산화(나)에서 NADH가 NAD^+로 산화되고, $FADH_2$가 FAD로 산화된다.

오답 피하기 ㄷ. TCA 회로(가)는 미토콘드리아 기질에서, 산화적 인산화(나)는 미토콘드리아 내막에서 일어난다.

11

정답 맞히기 ① ⓐ는 ⓑ보다 더 많은 H^+을 (나)에서 (가)로 능동 수송시키므로 ⓐ는 NADH이고, ⓑ는 $FADH_2$이다.
② (가)로 H^+이 능동 수송되므로 (가)는 미토콘드리아 막 사이 공간, (나)는 미토콘드리아 기질이다.
③ 세포 호흡이 활발히 일어날 때 H^+은 (나)에서 (가)로 능동 수송되므로 H^+ 농도는 (가)에서가 (나)에서보다 높다.
⑤ 1분자의 NADH(ⓐ)로부터 생성되는 H_2O(ⓒ)의 분자 수와 1분자의 $FADH_2$(ⓑ)로부터 생성되는 H_2O(ⓒ)의 분자 수는 1로 같다.

오답 피하기 ④ H^+이 ㉠을 통해 (가)에서 (나)로 이동하는 원리는 촉진 확산이다.

12

미토콘드리아에 Y를 처리하면 막 사이 공간의 H^+이 농축된다. 이에 따라 전자 전달계에서 전자의 전달이 차단되어 산소가 소비되지 않는다. 따라서 Y는 ㉠이다. 이때 X를 처리하면 미토콘드리아 막 사이 공간의 H^+이 미토콘드리아 기질로 이동하여 전자의 전달이 일어나므로 산소 소비량이 증가한다. 따라서 X는 ㉡이다.

13

정답 맞히기 ㄱ. ㉠은 전자 전달 효소 복합체 Ⅰ에서 산화되는 NADH이다.
ㄴ. 산화적 인산화에서 NADH(㉠)는 $FADH_2$(㉡)보다 더 많은 양의 H^+을 막 사이 공간으로 능동 수송시키므로 산화적 인산화에서 1분자의 NADH(㉠)로부터 합성되는 ATP 분자 수는 1분자의 $FADH_2$(㉡)로부터 합성되는 ATP 분자 수보다 많다.

오답 피하기 ㄷ. 1분자의 NADH(㉠)로부터 O_2에 공급되는 전자의 수와 1분자의 $FADH_2$(㉡)로부터 O_2에 공급되는 전자의 수는 2로 같다.

14

정답 맞히기 ③ 1분자의 포도당이 세포 호흡을 통해 완전히 분해될 때 해당 과정, 피루브산의 산화와 TCA 회로를 통해 총 10NADH와 $2FADH_2$가 생성된다. 전자 전달계에서 산화적 인산화를 통해 10NADH에 의해 25ATP가 생성되고, $2FADH_2$에 의해 3ATP가 생성되어 총 28ATP가 순생성된다.

오답 피하기 ① ㉠은 2이다.
② ㉡은 8이고, ㉢은 2이다.
④ 해당 과정에서 $FADH_2$는 생성되지 않는다. $FADH_2$는 TCA 회로에서 생성된다.
⑤ 전자 전달계에서는 기질 수준 인산화가 일어나지 않는다. 기질 수준 인산화는 해당 과정과 TCA 회로에서 일어난다.

15

정답 맞히기 ㄱ. ㉠은 단백질의 분해 산물이므로 아미노산이고, ㉡은 지방의 분해 산물이므로 지방산이다.
ㄷ. 지방산(㉡)은 세포 호흡에 이용될 때 아세틸 CoA로 전환된다. 따라서 해당 과정을 거치지 않는다.
오답 피하기 ㄴ. 아미노산(㉠)에서 제거된 아미노기는 호흡 기질로 이용되지 않는다.

16

정답 맞히기 ㄱ. (가)에서 포도당은 완전 분해되므로 (가)는 산소 호흡이다. (나)에서 포도당이 불완전 분해되므로 (나)는 발효이다.
ㄷ. (가)에서는 포도당이 완전 분해되어 다량의 ATP를 합성하고, (나)에서는 포도당이 불완전 분해되어 소량의 ATP를 합성한다.
오답 피하기 ㄴ. 포도당의 최종 분해 산물은 CO_2와 H_2O이므로 ㉠은 H_2O이다. 나머지 ㉡은 젖산이다.

17

(가)에서 ATP와 NADH가 생성되고, (나)에서 CO_2가 생성되며, (다)에서 NAD^+가 생성된다.

18

정답 맞히기 ㄱ. 피루브산이 ㉠으로 전환될 때 CO_2가 생성되므로 ㉠은 에탄올이다.
ㄴ. 1분자당 탄소 수는 피루브산이 3, 에탄올(㉠)이 2이다.
오답 피하기 ㄷ. 효모에서 발효는 O_2가 없을 때 세포질에서 일어나는 반응이다. 따라서 효모에서 피루브산이 에탄올(㉠)로 전환되는 과정은 O_2가 없을 때 일어난다.

19

정답 맞히기 ㄱ. (가)는 포도당, (나)는 피루브산, (다)는 젖산, (라)는 아세틸 CoA이다.
오답 피하기 ㄴ. 과정 ㉠과 ㉡은 젖산 발효 과정으로 O_2가 없어도 일어난다.
ㄷ. 1분자당 $\frac{\text{수소 수}}{\text{탄소 수}}$는 포도당(가)이 $\frac{12}{6}$, 피루브산(나)이 $\frac{4}{3}$, 젖산(다)이 $\frac{6}{3}$이다.

20

CO_2는 젖산 발효에서는 발생되지 않고, 알코올 발효에서는 발생되므로 ㉠은 젖산 발효, ㉡은 알코올 발효이다.

21

정답 맞히기 ① 피루브산이 A로 전환될 때 CoA가 첨가되고, CO_2가 발생하므로 A는 아세틸 CoA이다.
② 피루브산이 C로 전환될 때 CO_2가 발생하므로 C는 에탄올이다.
④ 1분자당 탄소 수는 아세틸 CoA(A)와 에탄올(C)이 모두 2로 같다.
⑤ 1분자당 수소 수는 젖산(B)과 에탄올(C)이 모두 6으로 같다.
오답 피하기 ③ (가)~(다)에서 모두 ATP가 생성되지 않는다.

실력 향상 문제

본문 118~121쪽

01 ④ 02 ③ 03 ④ 04 ⑤ 05 ①
06 ⑤ 07 ③ 08 ② 09 ② 10 ②
11 해설 참조 12 ⑤ 13 ① 14 ③
15 ② 16 해설 참조 17 해설 참조

01 세포 호흡 과정

(가)는 해당 과정, (나)는 TCA 회로, (다)는 산화적 인산화이다.
정답 맞히기 ㄴ. 피루브산 1분자가 완전히 분해될 때, TCA 회로(나)에서 생성되는 NADH 분자 수는 3이고, $FADH_2$ 분자 수는 1이다.
ㄷ. 산화적 인산화(다)에서 O_2는 NADH, $FADH_2$에서 방출되는 전자의 최종 수용체이다.
오답 피하기 ㄱ. 해당 과정(가)은 세포질에서, TCA 회로(나)는 미토콘드리아 기질에서 일어난다.

02 해당 과정

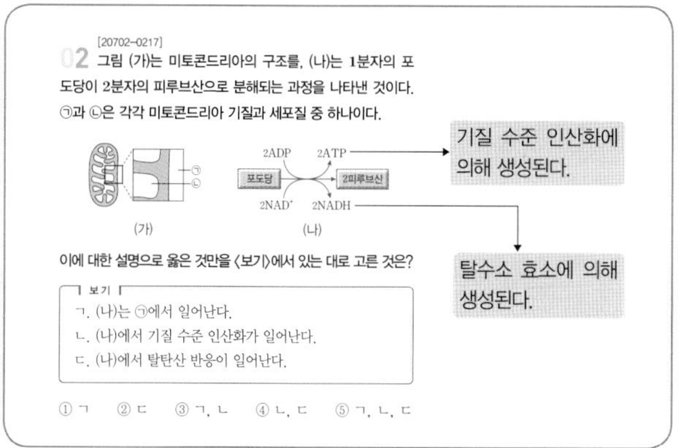
[20702-0217]

02 그림 (가)는 미토콘드리아의 구조를, (나)는 1분자의 포도당이 2분자의 피루브산으로 분해되는 과정을 나타낸 것이다. ㉠과 ㉡은 각각 미토콘드리아 기질과 세포질 중 하나이다.

이에 대한 설명으로 옳은 것만을 <보기>에서 있는 대로 고른 것은?

보기
ㄱ. (나)는 ㉠에서 일어난다.
ㄴ. (나)에서 기질 수준 인산화가 일어난다.
ㄷ. (나)에서 탈탄산 반응이 일어난다.

① ㄱ ② ㄷ ③ ㄱ, ㄴ ④ ㄴ, ㄷ ⑤ ㄱ, ㄴ, ㄷ

㉠은 세포질, ㉡은 미토콘드리아 기질이다.

정답 맞히기 ㄱ. 포도당이 피루브산으로 분해되는 해당 과정은 세포질(㉠)에서 일어난다.

ㄴ. 해당 과정에서 기질 수준 인산화에 의해 최종적으로 2ATP가 순생성된다.

오답 피하기 ㄷ. 포도당의 탄소 수는 6이고, 피루브산의 탄소 수는 3이다. 따라서 해당 과정은 6탄소 화합물인 포도당 1분자가 3탄소 화합물인 피루브산 2분자로 분해되는 반응으로 CO_2는 생성되지 않는다. 따라서 탈탄산 반응은 일어나지 않는다.

03 해당 과정

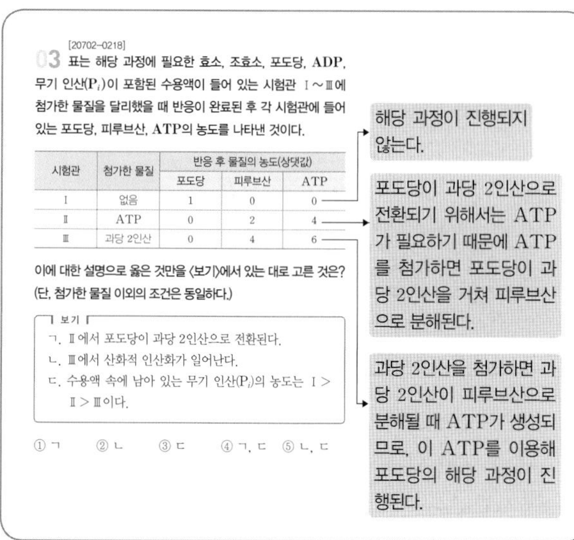
[20702-0218]

03 표는 해당 과정에 필요한 효소, 조효소, 포도당, ADP, 무기 인산(P_i)이 포함된 수용액이 들어 있는 시험관 Ⅰ~Ⅲ에 첨가한 물질을 달리했을 때 반응이 완료된 후 각 시험관에 들어 있는 포도당, 피루브산, ATP의 농도를 나타낸 것이다.

시험관	첨가한 물질	반응 후 물질의 농도(상댓값)		
		포도당	피루브산	ATP
Ⅰ	없음	1	0	0
Ⅱ	ATP	0	2	4
Ⅲ	과당 2인산	0	4	6

이에 대한 설명으로 옳은 것만을 <보기>에서 있는 대로 고른 것은? (단, 첨가한 물질 이외의 조건은 동일하다.)

보기
ㄱ. Ⅱ에서 포도당이 과당 2인산으로 전환된다.
ㄴ. Ⅲ에서 산화적 인산화가 일어난다.
ㄷ. 수용액 속에 남아 있는 무기 인산(P_i)의 농도는 Ⅰ > Ⅱ > Ⅲ이다.

① ㄱ ② ㄴ ③ ㄷ ④ ㄱ, ㄷ ⑤ ㄴ, ㄷ

정답 맞히기 ㄱ. Ⅱ에서 포도당의 농도가 0이고, 피루브산의 농도가 2이므로 첨가한 ATP에 의해 포도당이 과당 2인산으로 전환되고, 과당 2인산이 분해되어 피루브산이 생성되었다.

ㄷ. ADP와 무기 인산(P_i)이 결합하여 ATP가 생성된다. Ⅰ에서는 ATP가 생성되지 않았고, Ⅱ에서는 과당 2인산이 피루브산 2분자로 분해될 때 ATP가 생성되었다. Ⅲ은 Ⅱ보다 시험관에 들어 있는 피루브산의 농도가 높으므로 Ⅲ에서는 Ⅱ에서보다 많은 양의 ATP가 생성되었다. 따라서 수용액 속에 남아 있는 무기 인산(P_i)의 농도는 Ⅰ > Ⅱ > Ⅲ이다.

오답 피하기 ㄴ. Ⅲ에서 과당 2인산이 피루브산으로 분해될 때 산화적 인산화가 아닌 기질 수준 인산화에 의해 ATP가 생성된다.

04 TCA 회로

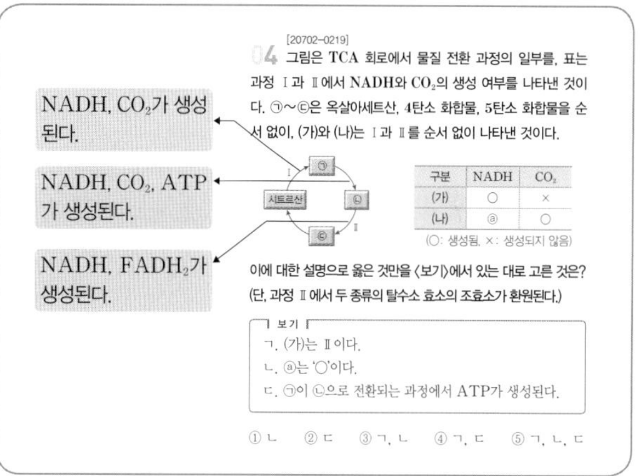
[20702-0219]

04 그림은 TCA 회로에서 물질 전환 과정의 일부를, 표는 과정 Ⅰ과 Ⅱ에서 NADH와 CO_2의 생성 여부를 나타낸 것이다. ㉠~㉢은 옥살아세트산, 4탄소 화합물, 5탄소 화합물을 순서 없이, (가)와 (나)는 Ⅰ과 Ⅱ를 순서 없이 나타낸 것이다.

구분	NADH	CO_2
(가)	○	×
(나)	ⓐ	○

(○: 생성됨, ×: 생성되지 않음)

이에 대한 설명으로 옳은 것만을 <보기>에서 있는 대로 고른 것은? (단, 과정 Ⅱ에서 두 종류의 탈수소 효소의 조효소가 환원된다.)

보기
ㄱ. (가)는 Ⅱ이다.
ㄴ. ⓐ는 '○'이다.
ㄷ. ㉠이 ㉡으로 전환되는 과정에서 ATP가 생성된다.

① ㄴ ② ㄷ ③ ㄱ, ㄴ ④ ㄱ, ㄷ ⑤ ㄱ, ㄴ, ㄷ

TCA 회로에서 물질은 시트르산 → 5탄소 화합물 → 4탄소 화합물 → 옥살아세트산 순으로 전환되므로 ㉠은 5탄소 화합물, ㉡은 4탄소 화합물, ㉢은 옥살아세트산이다.

정답 맞히기 ㄱ, ㄴ. 시트르산이 5탄소 화합물(㉠)로 전환될 때 NADH와 CO_2가 생성되고, 4탄소 화합물(㉡)이 옥살아세트산(㉢)으로 전환될 때 NADH, $FADH_2$가 생성되므로 (나)는 Ⅰ, (가)는 Ⅱ이고, ⓐ는 '○'이다.

ㄷ. 5탄소 화합물(㉠)이 4탄소 화합물(㉡)로 전환되는 과정에서 NADH, CO_2, ATP가 생성된다.

05 세포 호흡 과정

정답 맞히기 ㄱ. ㉠은 탄소 수가 3이므로 피루브산이다. ㉡은 탄소 수가 2이므로 아세틸 CoA이고, ㉢은 탄소 수가 6이므로 시트르산이다.

오답 피하기 ㄴ. A에서는 CO_2가 생성되지 않고, B에서는 CO_2가 생성된다.

ㄷ. C는 아세틸 CoA에서 CoA가 빠진 물질과 옥살아세트산이 결합하여 시트르산으로 되는 과정이다. 이 과정에서 탈수소 효소가 관여하지 않는다.

06 세포 호흡

정답 맞히기 ㄱ. ㉠은 해당 과정에서 생성된 ATP이고, ㉣은 TCA 회로에서 생성된 ATP이므로 ㉠과 ㉣은 모두 기질 수준 인산화에 의해 합성된다.

ㄴ. 합성된 ATP 분자 수는 ㉡이 5, ㉢이 3이다.

ㄷ. 포도당 1분자가 완전 산화될 때 10NADH, $2FADH_2$가 생성된다. 따라서 10NADH에 의해 25ATP가 합성되고, $2FADH_2$에 의해 3ATP가 합성되어 최대 28ATP가 순합성된다.

07 산화적 인산화

Ⅰ은 미토콘드리아 기질, Ⅱ는 미토콘드리아 막 사이 공간이다.

정답 맞히기 ㄱ. 미토콘드리아 기질(Ⅰ)에서 TCA 회로가 일어난다.

ㄴ. 미토콘드리아 내막을 경계로 생성된 H^+의 농도 기울기에 의해 H^+이 ATP 합성 효소를 통해 미토콘드리아 막 사이 공간에서 미토콘드리아 기질로 확산되는 것을 화학 삼투라고 한다.

오답 피하기 ㄷ. 전자 전달계에서 H^+은 고에너지 전자가 차례로 전달되는 과정에서 단계적으로 방출되는 에너지를 이용해 Ⅰ에서 Ⅱ로 능동 수송된다. 이에 따라 H^+의 농도는 Ⅱ에서가 Ⅰ에서보다 높으므로, Ⅰ에서의 pH는 Ⅱ에서의 pH보다 높다.

08 산화적 인산화

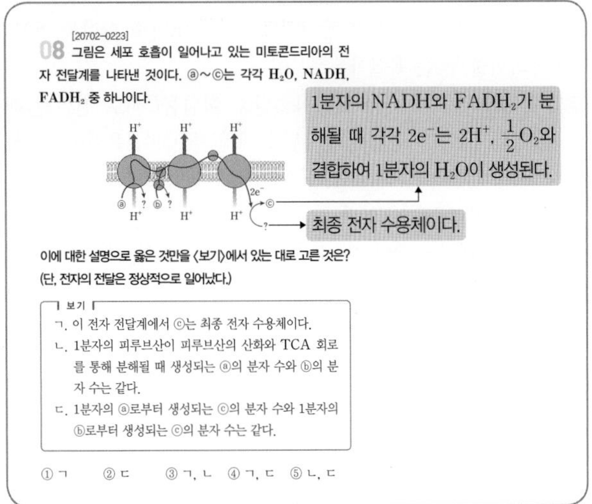

ⓐ는 NADH, ⓑ는 $FADH_2$, ⓒ는 H_2O이다.

정답 맞히기 ㄷ. 1분자의 NADH(ⓐ)로부터 생성되는 H_2O(ⓒ)의 분자 수와 1분자의 $FADH_2$(ⓑ)로부터 생성되는 H_2O(ⓒ)의 분자 수는 1로 같다.

오답 피하기 ㄱ. 이 전자 전달계에서 최종 전자 수용체는 O_2이다.

ㄴ. 1분자의 피루브산이 피루브산의 산화와 TCA 회로를 통해 분해될 때 생성되는 NADH(ⓐ)의 분자 수는 4, $FADH_2$(ⓑ)의 분자 수는 1이다.

09 산화적 인산화

정답 맞히기 ㄴ. X를 처리하면 전자 전달계에서의 전자 이동이 차단되므로 미토콘드리아 기질에서 미토콘드리아 막 사이 공간으로의 H^+ 이동이 차단된다. 따라서 X를 처리하면 처리하기 전보다 미토콘드리아 기질의 H^+ 농도가 증가한다.

오답 피하기 ㄱ. ㉠은 최종 전자 수용체인 O_2이다. 따라서 ㉡은 H_2O이다.

ㄷ. 세포에 X를 처리하면 전자 전달계에서의 전자 이동이 차단되므로 NADH가 산화되어 NAD^+가 생성되는 것이 억제된다. 따라서 X를 처리하면 처리하기 전보다 산화되는 NADH의 분자 수가 감소한다.

10 호흡 기질

㉠은 글리세롤, ㉡은 지방산, ㉢은 아미노산이다.

정답 맞히기 ㄴ. 아미노산(㉢)은 아미노기가 제거된 후 세포 호흡에 사용된다.

오답 피하기 ㄱ. 글리세롤(㉠)은 해당 과정을 거치지만, 지방산(㉡)은 해당 과정을 거치지 않고 아세틸 CoA로 전환된다.

ㄷ. 피루브산이 아세틸 CoA로 전환되는 과정인 ⓐ는 미토콘드리아 기질에서 일어난다.

11 호흡 기질

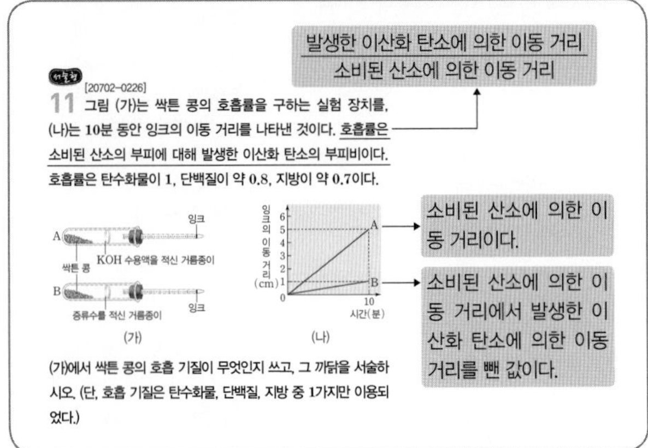

호흡률이 1이면 탄수화물, 약 0.8이면 단백질, 약 0.7이면 지방이다. A에서 KOH은 CO_2를 흡수하므로 A를 통해 소비된 O_2에 의한 이동 거리는 5라는 것을 알 수 있고, B는 소비된 O_2에 의한 이동 거리에서 발생한 CO_2에 의한 이동 거리를 뺀 값

이므로 B를 통해 발생한 CO_2에 의한 이동 거리는 4라는 것을 알 수 있다. 따라서 호흡률은 $\frac{4}{5}=0.8$이므로 호흡 기질은 단백질이다.

모범 답안 호흡 기질은 단백질이다. 왜냐하면 호흡률이 0.8이기 때문이다.

12 알코올 발효

정답 맞히기 ㄱ. 구간 Ⅰ에서는 아직 산소가 고갈되지 않았고, 포도당의 양이 감소하고 있으므로 산소 호흡이 일어나고 있다. 따라서 Ⅰ에서 산화적 인산화가 일어난다.

ㄴ. 구간 Ⅱ에서 알코올 발효 과정 중 해당 과정에서 기질 수준 인산화가 일어난다.

ㄷ. 구간 Ⅰ에서는 산소 호흡이 일어나고 있으므로 산화적 인산화를 통해 NAD^+가 생성된다. 구간 Ⅱ에서는 알코올 발효가 일어나고 있으므로 아세트알데하이드가 에탄올로 전환될 때 NAD^+가 생성된다.

13 젖산 발효

정답 맞히기 ㄱ. (나)는 피루브산이 ㉡으로 전환되는 과정에서 CO_2가 생성되고 CoA가 첨가되므로 ㉡은 아세틸 CoA이다. 따라서 ㉠은 젖산이다.

오답 피하기 ㄴ. 1분자당 탄소 수는 젖산(㉠)이 3, 아세틸 CoA(㉡)가 2이다.

ㄷ. (가)에서 피루브산으로부터 젖산(㉠)이 생성되는 반응에서 수소가 첨가되므로 피루브산은 환원되는 것이며, (나)에서 피루브산으로부터 아세틸 CoA(㉡)가 생성되는 반응에서 수소가 방출되므로 피루브산은 산화되는 것이다.

14 알코올 발효와 세포 호흡

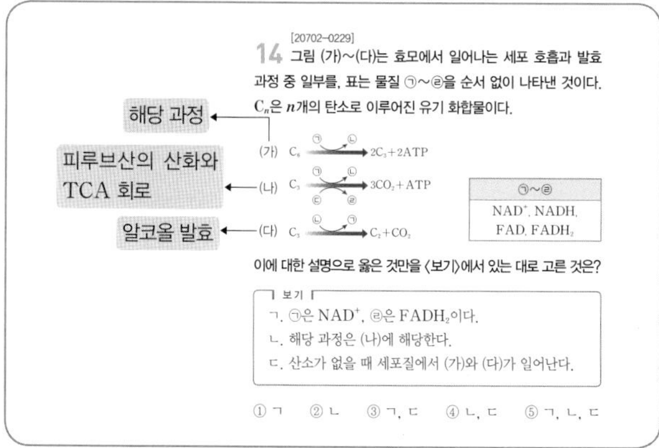

[20702-0229]

14 그림 (가)~(다)는 효모에서 일어나는 세포 호흡과 발효 과정 중 일부를, 표는 물질 ㉠~㉣을 순서 없이 나타낸 것이다. C_n은 n개의 탄소로 이루어진 유기 화합물이다.

(가) $C_6 \rightarrow 2C_3 + 2ATP$ (㉠ → ㉡)

(나) $C_3 \rightarrow 3CO_2 + ATP$ (㉠ → ㉡, ㉢ → ㉣)

(다) $C_3 \rightarrow C_2 + CO_2$ (㉡ → ㉠)

㉠~㉣
NAD^+, NADH, FAD, $FADH_2$

이에 대한 설명으로 옳은 것만을 <보기>에서 있는 대로 고른 것은?

보기
ㄱ. ㉠은 NAD^+, ㉣은 $FADH_2$이다.
ㄴ. 해당 과정은 (나)에 해당한다.
ㄷ. 산소가 없을 때 세포질에서 (가)와 (다)가 일어난다.

① ㄱ ② ㄴ ③ ㄱ, ㄷ ④ ㄴ, ㄷ ⑤ ㄱ, ㄴ, ㄷ

정답 맞히기 ㄱ. ㉠은 NAD^+, ㉡은 NADH, ㉢은 FAD, ㉣은 $FADH_2$이다.

ㄷ. (가)는 해당 과정이고, (다)는 피루브산이 에탄올로 전환되는 과정이다. (가)와 (다)는 모두 알코올 발효 과정의 일부이므로 산소가 없을 때 세포질에서 (가)와 (다)가 일어난다.

오답 피하기 ㄴ. (나)는 피루브산이 피루브산의 산화와 TCA 회로를 거쳐 분해되는 반응이다. 해당 과정은 (가)에 해당한다.

15 알코올 발효

정답 맞히기 ㄷ. 피루브산이 아세트알데하이드로 전환될 때 CO_2가 생성되므로 과정 (나)에서 탈탄산 반응이 일어난다.

오답 피하기 ㄱ. ㉠은 NAD^+, ㉡은 NADH이다.

ㄴ. 과정 (가)는 해당 과정이므로 O_2가 없어도 일어난다.

16 효모의 발효 실험

Ⅰ은 효모액 대신 물을 넣었으므로 대조군이다. Ⅱ와 Ⅲ의 조작 변인은 포도당 용액의 농도이다.

모범 답안 ⓐ<ⓑ<ⓒ, Ⅰ에는 효모액이 없으므로 알코올 발효가 일어나지 않아 CO_2가 생성되지 않는다. Ⅲ은 Ⅱ보다 포도당 용액의 농도가 높으므로 Ⅲ은 Ⅱ보다 알코올 발효가 더 많이 일어나 CO_2가 더 많이 생성된다. 따라서 ⓐ<ⓑ<ⓒ이다.

17 효모의 발효 실험

KOH 수용액은 CO_2를 흡수한다.

모범 답안 맹관부에 모인 기체가 CO_2임을 확인하기 위한 과정이다.

신유형·수능 열기

본문 122~123쪽

01 ④ 02 ① 03 ③ 04 ③ 05 ③
06 ③ 07 ⑤ 08 ⑤

01 해당 과정

정답 맞히기 ㄴ. 구간 Ⅱ에서 2NADH가 생성되므로 탈수소 반응이 일어난다.

ㄷ. 포도당이 피루브산으로 분해될 때 최종적으로 2ATP가 순생성된다. 따라서 포도당의 에너지는 피루브산의 에너지보다 많다.

오답 피하기 ㄱ. 구간 Ⅰ에서는 ATP가 소모되고, 구간 Ⅱ에서는 기질 수준 인산화에 의해 ATP가 생성된다. (나)는 기질 수준 인산화에 의해 ATP가 생성되는 반응이므로 구간 Ⅱ에서 (나)가 일어난다.

02

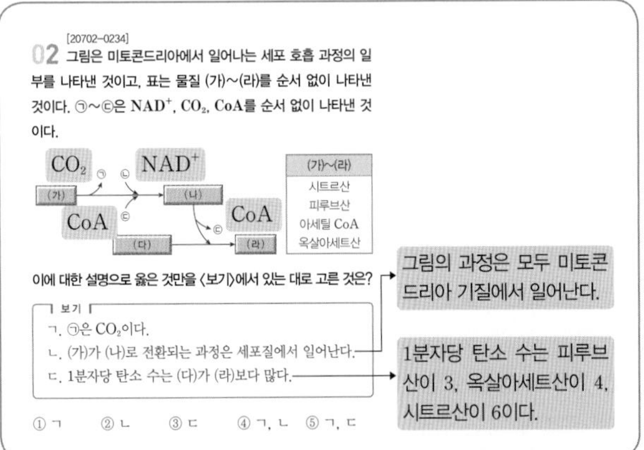
[20702-0234]

02 그림은 미토콘드리아에서 일어나는 세포 호흡 과정의 일부를 나타낸 것이고, 표는 물질 (가)~(라)를 순서 없이 나타낸 것이다. ㉠~㉢은 NAD^+, CO_2, CoA를 순서 없이 나타낸 것이다.

(가)~(라)
시트르산
피루브산
아세틸 CoA
옥살아세트산

이에 대한 설명으로 옳은 것만을 〈보기〉에서 있는 대로 고른 것은?

보기

ㄱ. ㉠은 CO_2이다.

ㄴ. (가)가 (나)로 전환되는 과정은 세포질에서 일어난다.

ㄷ. 1분자당 탄소 수는 (다)가 (라)보다 많다.

① ㄱ ② ㄴ ③ ㄷ ④ ㄱ, ㄴ ⑤ ㄱ, ㄷ

(가)는 피루브산, (나)는 아세틸 CoA, (다)는 옥살아세트산, (라)는 시트르산이다.

정답 맞히기 ㄱ. ㉠은 CO_2, ㉡은 NAD^+, ㉢은 CoA이다.

오답 피하기 ㄴ. 피루브산(가)이 아세틸 CoA(나)로 전환되는 과정은 미토콘드리아 기질에서 일어난다.

ㄷ. 1분자당 탄소 수는 옥살아세트산(다)이 4, 시트르산(라)이 6이다.

03

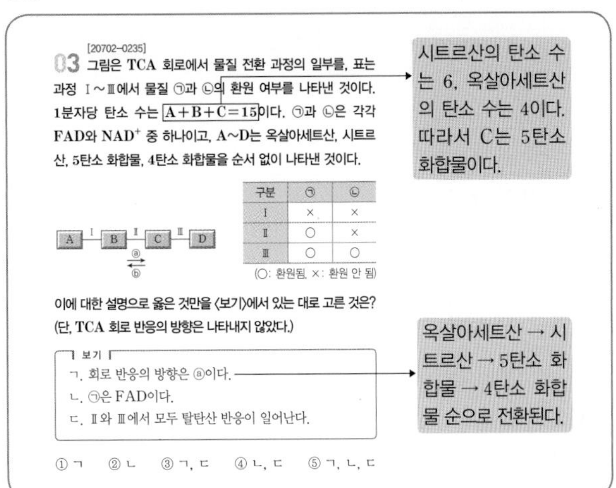
[20702-0235]

03 그림은 TCA 회로에서 물질 전환 과정의 일부를, 표는 과정 Ⅰ~Ⅲ에서 물질 ㉠과 ㉡의 환원 여부를 나타낸 것이다. 1분자당 탄소 수는 A+B+C=15이다. ㉠과 ㉡은 각각 FAD와 NAD^+ 중 하나이고, A~D는 옥살아세트산, 시트르산, 5탄소 화합물, 4탄소 화합물을 순서 없이 나타낸 것이다.

구분	㉠	㉡
Ⅰ	×	×
Ⅱ	○	×
Ⅲ	○	○

(○: 환원됨, ×: 환원 안 됨)

이에 대한 설명으로 옳은 것만을 〈보기〉에서 있는 대로 고른 것은? (단, TCA 회로 반응의 방향은 나타내지 않았다.)

보기

ㄱ. 회로 반응의 방향은 ⓐ이다.

ㄴ. ㉠은 FAD이다.

ㄷ. Ⅱ와 Ⅲ에서 모두 탈탄산 반응이 일어난다.

① ㄱ ② ㄴ ③ ㄱ, ㄷ ④ ㄴ, ㄷ ⑤ ㄱ, ㄴ, ㄷ

정답 맞히기 ㄱ. TCA 회로에서 물질은 옥살아세트산 → 시트르산 → 5탄소 화합물 → 4탄소 화합물 순으로 전환되며, 옥살아세트산이 시트르산으로 전환될 때 NAD^+와 FAD는 환원되지 않고, 시트르산이 5탄소 화합물로 전환될 때 NAD^+가 환원되며, 5탄소 화합물이 하나의 4탄소 화합물로 전환될 때 NAD^+가 환원되고, 이 4탄소 화합물이 또 다른 4탄소 화합물로 전환될 때 FAD가 환원된다. 4탄소 화합물이 옥살아세트산으로 전환될 때는 NAD^+가 환원된다. 따라서 C와 D 중 하나는 4탄소 화합물, 나머지 하나는 5탄소 화합물이다. 만약 D가 5탄소 화합물이라면 C는 4탄소 화합물, B는 옥살아세트산, A는 시트르산이다. 이때 시트르산의 탄소 수는 6, 옥살아세트산의 탄소 수는 4이므로 A+B+C=14가 되어 조건에 부합하지 않는다. 따라서 D는 4탄소 화합물이며 이에 따라 C는 5탄소 화합물, B는 시트르산, A는 옥살아세트산이고, 회로 반응의 방향은 ⓐ이다.

ㄷ. 시트르산(B)이 5탄소 화합물(C)로 전환되는 과정과 5탄소 화합물(C)이 4탄소 화합물(D)로 전환되는 과정에서 모두 탈탄산 반응에 의해 CO_2가 생성된다.

오답 피하기 ㄴ. 시트르산(B)이 5탄소 화합물(C)로 전환될 때 NAD^+의 환원이 일어나므로 ㉠은 NAD^+이고, ㉡은 FAD이다.

04

정답 맞히기 ㄱ. Ⅱ에 합성된 ATP가 존재하므로 Ⅰ은 미토콘드리아 막 사이 공간, Ⅱ는 미토콘드리아 기질이다.

ㄷ. ㉠은 2, ㉡은 0.5이다.

오답 피하기 ㄴ. (가)는 Ⅰ에서 일어나지 않는다.

05

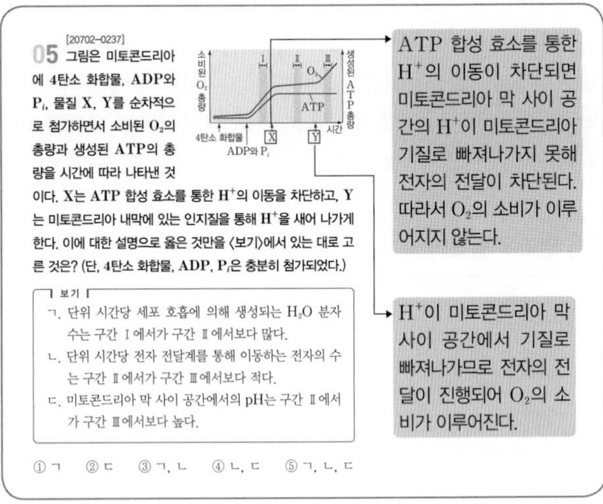
[20702-0237]

05 그림은 미토콘드리아에 4탄소 화합물, ADP와 P_i, 물질 X, Y를 순차적으로 첨가하면서 소비된 O_2의 총량과 생성된 ATP의 총량을 시간에 따라 나타낸 것이다. X는 ATP 합성 효소를 통한 H^+의 이동을 차단하고, Y는 미토콘드리아 내막에 있는 인지질을 통해 H^+을 새어 나가게 한다. 이에 대한 설명으로 옳은 것만을 〈보기〉에서 있는 대로 고른 것은? (단, 4탄소 화합물, ADP, P_i은 충분히 첨가되었다.)

보기

ㄱ. 단위 시간당 세포 호흡에 의해 생성되는 H_2O 분자 수는 구간 Ⅰ에서가 구간 Ⅱ에서보다 많다.

ㄴ. 단위 시간당 전자 전달계를 통해 이동하는 전자의 수는 구간 Ⅱ에서가 구간 Ⅲ에서보다 적다.

ㄷ. 미토콘드리아 막 사이 공간에서의 pH는 구간 Ⅱ에서가 구간 Ⅲ에서보다 높다.

① ㄱ ② ㄷ ③ ㄱ, ㄴ ④ ㄴ, ㄷ ⑤ ㄱ, ㄴ, ㄷ

정답 맞히기 ㄱ. 구간 Ⅰ에서는 전자의 전달이 정상적으로 이루어지므로 H_2O이 생성된다. 하지만 구간 Ⅱ에서는 X에 의해 전자의 전달이 정상적으로 이루어지지 않으므로 H_2O이 정상적으로 생성되지 않는다.

ㄴ. 구간 Ⅱ에서는 미토콘드리아 막 사이 공간의 H^+이 축적되어 전자의 전달이 정상적으로 이루어지지 않는다. 하지만 구간 Ⅲ에

서는 막 사이 공간의 H^+이 기질로 이동하므로 전자의 전달이 이루어진다. 따라서 단위 시간당 전자 전달계를 통해 이동하는 전자의 수는 구간 Ⅱ에서가 구간 Ⅲ에서보다 적다.

오답 피하기 ㄷ. 구간 Ⅱ에서는 미토콘드리아 막 사이 공간의 H^+이 미토콘드리아 기질로 이동하지 못해 미토콘드리아 막 사이 공간의 H^+이 축적되어 있지만, 구간 Ⅲ에서는 미토콘드리아 막 사이 공간의 H^+이 미토콘드리아 기질로 이동하므로 미토콘드리아 막 사이 공간에서의 pH는 구간 Ⅱ에서가 구간 Ⅲ에서보다 작다.

06

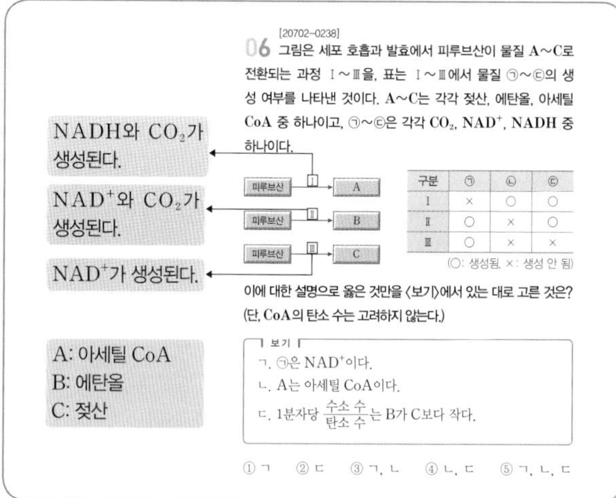
[20702-0238]

06 그림은 세포 호흡과 발효에서 피루브산이 물질 A~C로 전환되는 과정 Ⅰ~Ⅲ을, 표는 Ⅰ~Ⅲ에서 물질 ㉠~㉢의 생성 여부를 나타낸 것이다. A~C는 각각 젖산, 에탄올, 아세틸 CoA 중 하나이고, ㉠~㉢은 각각 CO_2, NAD^+, NADH 중 하나이다.

구분	㉠	㉡	㉢
Ⅰ	×	○	○
Ⅱ	○	×	○
Ⅲ	○	×	×

(○: 생성됨, ×: 생성 안 됨)

이에 대한 설명으로 옳은 것만을 <보기>에서 있는 대로 고른 것은? (단, CoA의 탄소 수는 고려하지 않는다.)

보기

ㄱ. ㉠은 NAD^+이다.

ㄴ. A는 아세틸 CoA이다.

ㄷ. 1분자당 $\frac{수소\ 수}{탄소\ 수}$는 B가 C보다 작다.

① ㄱ ② ㄷ ③ ㄱ, ㄴ ④ ㄴ, ㄷ ⑤ ㄱ, ㄴ, ㄷ

피루브산이 아세틸 CoA로 전환될 때 NADH와 CO_2가 생성되고, 피루브산이 에탄올로 전환될 때 NAD^+와 CO_2가 생성되며, 피루브산이 젖산으로 전환될 때 NAD^+가 생성된다.

정답 맞히기 ㄱ, ㄴ. Ⅲ에서 '○'가 1개이므로 ㉠은 NAD^+이며, C는 젖산이다. Ⅱ에서 ㉠과 ㉢이 '○'이므로 ㉢은 CO_2이며, B는 에탄올이다. 이에 따라 ㉡은 NADH이며, A는 아세틸 CoA이다.

오답 피하기 ㄷ. 1분자당 $\frac{수소\ 수}{탄소\ 수}$는 에탄올(B)이 $\frac{6}{2}$이고, 젖산(C)이 $\frac{6}{3}$이다.

07

정답 맞히기 ㄱ. ㉠에서 에탄올이 생성되므로 알코올 발효를 하는 효모가 있다.

ㄴ. ㉠에서 효모의 산소 호흡과 알코올 발효에 의해 CO_2가 생성되고, ㉡에서 효모의 산소 호흡에 의해 CO_2가 생성된다.

ㄷ. ㉠과 ㉡에서 모두 해당 과정이 일어나므로 기질 수준 인산화가 일어난다.

08

정답 맞히기 ㄱ. 구간 Ⅰ에서 산소 소비량이 증가하고 있으므로 산소 호흡에 의해 H_2O이 생성된다.

ㄴ. 구간 Ⅱ에서 젖산 축적량이 증가하고 있으므로 젖산 발효가 일어난다.

ㄷ. 구간 Ⅱ에서 산소 소비량이 최대이므로 해당 과정과 TCA 회로가 일어나 NADH가 생성되고, 산화적 인산화가 일어나 NAD^+가 생성된다. 또한 젖산 축적량이 증가하고 있으므로 젖산 발효 과정에 의해 NADH와 NAD^+가 생성된다.

7 광합성

탐구 활동
본문 139쪽

1 해설 참조　　2 해설 참조

1
색소는 전개액에 대한 용해도가 클수록, TLC 판에 대한 흡착력이 약할수록 전개율이 크다.

모범 답안 색소에 따라 전개액에 대한 용해도와 TLC 판에 대한 흡착력이 다르기 때문이다.

2
엽록소는 녹색을 띠고, 카로티노이드는 황색과 적색을 띤다.

모범 답안 카로틴은 적황색, 잔토필은 담황색, 엽록소 a는 청록색, 엽록소 b는 황록색을 띤다.

내신 기초 문제
본문 140~143쪽

01 ④　02 ⑤　03 ④　04 ④
05 잔토필: 0.8, 엽록소 b: 0.2　06 ①　07 ④
08 ②　09 ②　10 ④　11 ⑤
12 해설 참조　13 ⑤　14 ④　15 ③
16 (1) X: 3PG, Y: PGAL, Z: RuBP
(2) ㉠: 6, ㉡: 6, ㉢: 1, ㉣: 3　17 ①　18 ③
19 ①　20 ⑤

01
A는 엽록체 외막, B는 스트로마, C는 틸라코이드 내부, D는 틸라코이드 막이다.

정답 맞히기 ① 엽록체 외막(A)과 내막은 모두 인지질 2중층 구조이다.
② 스트로마(B)에는 DNA, 리보솜 등이 있다.
③ 스트로마(B)에서 탄소 고정 반응인 캘빈 회로가 진행된다.
⑤ 틸라코이드 막(D)에는 광계가 존재하고, 광계는 단백질과 엽록소 등의 색소가 있다.

오답 피하기 ④ 빛을 비추면 H^+이 스트로마(B)에서 틸라코이드 내부(C)로 능동 수송되므로 pH는 스트로마(B)에서가 틸라코이드 내부(C)에서보다 높아진다.

02
정답 맞히기 ㄱ. 엽록체의 틸라코이드 막에는 엽록소와 보조 색소 등의 광합성 색소가 존재하여 명반응이 일어난다.
ㄴ. 카로틴, 잔토필 등의 카로티노이드 색소는 보조 색소에 속한다.
ㄷ. 광합성 식물에서 공통으로 엽록소 a가 발견된다.

03
정답 맞히기 ㄴ. 옥살산 철(Ⅲ)은 전자 수용체로 작용하여 전자를 받아 옥살산 철(Ⅱ)로 환원된다.
ㄷ. 엽록체에서 광합성의 명반응이 일어날 때 $NADP^+$가 전자를 받아 NADPH로 환원되므로 이 실험에서 옥살산 철(Ⅲ)과 같은 역할을 하는 물질은 $NADP^+$이고, 옥살산 철(Ⅱ)과 같은 역할을 하는 물질은 NADPH이다.

오답 피하기 ㄱ. ㉠은 H_2O이 분해되어 생성된 O_2이다.

04
정답 맞히기 ① X는 엽록소 a, Y는 엽록소 b이다.
② 엽록소 a(X)는 광계 Ⅰ과 광계 Ⅱ의 반응 중심 색소이다.
③ (나)의 450 nm에서 빛 흡수율은 엽록소 a(X)가 엽록소 b(Y)보다 낮다.
⑤ (가)에서 빛의 파장이 450 nm에서가 550 nm에서보다 광합성 속도가 높으므로 광합성이 활발히 일어난다.

오답 피하기 ④ (나)에서 녹색광의 빛 흡수율보다 적색광의 빛 흡수율이 높다. 따라서 잎이 녹색인 이유는 녹색광을 잘 흡수하지 않고, 반사하기 때문이다.

05
전개율(Rf)은 $\frac{\text{원점에서 색소까지의 거리}}{\text{원점에서 용매 전선까지의 거리}}$이다. 잔토필의 전개율은 $\frac{16}{20}$이므로 0.8이다. 엽록소 b의 전개율은 $\frac{4}{20}$이므로 0.2이다.

06
정답 맞히기 ㄱ. 광계 X에서 H_2O이 H^+과 O_2로 분해되므로 광계 X는 광계 Ⅱ이다.

오답 피하기 ㄴ. ㉡은 반응 중심 색소인 엽록소 a이므로 ㉠이 엽록소 b이다.

ㄷ. 엽록소 a(㉡)는 녹색광보다 적색광을 잘 흡수한다.

07

정답 맞히기 ④ (나)의 클로렐라에서 물의 광분해 결과 O_2가 발생한다.

오답 피하기 ① ㉠은 O_2, ㉡은 $^{18}O_2$이다.

② 해캄의 광합성 결과 O_2가 발생하고, 호기성 세균은 O_2가 있는 곳에서 생존한다. (가)에서 호기성 세균은 황색광보다 적색광에서 더 많으므로 (가)의 해캄은 황색광보다 적색광에서 광합성이 활발히 일어난다.

③ (가)의 호기성 세균은 O_2가 있는 곳에서 생존하기 때문에 O_2가 많이 발생하는 곳에 더 많이 모여 있다.

⑤ 루벤의 실험 결과 광합성에서 발생하는 O_2의 기원은 H_2O이라는 것을 증명하였다.

08

정답 맞히기 ㄴ. 구간 Ⅰ에 빛이 있으므로 명반응이 일어난다.

오답 피하기 ㄱ. 구간 Ⅰ에서 생성된 ATP와 NADPH에 의해 구간 Ⅱ에서 빛이 없어도 포도당이 합성되어 광합성 속도가 일시적으로 증가한다. 구간 Ⅰ 이후에 구간 Ⅱ에서 광합성 속도가 일시적으로 증가하므로 ㉡은 빛, ㉠은 CO_2이다.

ㄷ. 구간 Ⅱ에서는 광합성 속도가 일시적으로 증가했다가 감소하지만, 구간 Ⅲ에서는 광합성 속도가 증가해서 유지되므로 생성된 포도당의 양은 구간 Ⅲ에서가 구간 Ⅱ에서보다 많다.

09

정답 맞히기 ㄴ. Ⅰ은 빛에너지가 소비되므로 명반응이다. Ⅱ는 CO_2가 고정되는 탄소 고정 반응이다.

오답 피하기 ㄱ. 명반응(Ⅰ)은 틸라코이드 막에서 일어나고, 탄소 고정 반응(Ⅱ)은 스트로마에서 일어난다.

ㄷ. 명반응(Ⅰ)에서 생성된 물질인 ATP와 NADPH는 탄소 고정 반응(Ⅱ)에서 소비된다.

10

정답 맞히기 ④ 비순환적 전자 흐름과 순환적 전자 흐름에서 모두 H^+의 능동 수송이 일어나므로 ATP가 합성된다.

오답 피하기 ① (가)는 비순환적 전자 흐름, (나)는 순환적 전자 흐름이다.

② 순환적 전자 흐름에서 NADPH는 생성되지 않는다.

③ 물의 광분해는 비순환적 전자 흐름에서만 일어난다.

⑤ 광계 Ⅰ의 반응 중심 색소는 P_{700}이고, 광계 Ⅱ의 반응 중심 색소는 P_{680}이다.

11

정답 맞히기 ⑤ 광계 X는 광계 Ⅱ이다. 광계 Ⅱ의 반응 중심 색소에서 방출된 전자는 전자 전달계를 거쳐 광계 Ⅰ의 반응 중심 색소인 P_{700}으로 전달된다.

오답 피하기 ① ㉡에서 물의 광분해가 일어나므로 ㉡은 틸라코이드 내부이다. 이에 따라 ㉠은 스트로마이다.

② 리보솜은 스트로마(㉠)에 있다.

③ 광계 X에서 물의 광분해가 일어나므로 광계 X는 광계 Ⅱ이다.

④ $NADP^+$의 환원은 스트로마(㉠)에서 일어난다.

12

모범 답안

구분	순환적 전자 흐름	비순환적 전자 흐름
O_2가 생성된다.	×	○
NADPH가 생성된다.	×	○
ATP가 합성된다.	○	○

(○: 있음, ×: 없음)

13

(가)는 틸라코이드 내부, (나)는 스트로마이다.

정답 맞히기 ㄱ. ㉠은 H_2O, ㉡은 O_2, ㉢은 NADPH이다.

ㄴ. H^+이 스트로마(나)에서 틸라코이드 내부(가)로 능동 수송되므로 pH는 (가)에서가 (나)에서보다 낮다.

ㄷ. 1분자의 H_2O(㉠)이 소모될 때 $2e^-$가 방출된다. 방출된 $2e^-$는 1분자의 $NADP^+$와 결합하여 1분자의 NADPH를 생성한다.

14

정답 맞히기 ㄱ. 빛이 있을 때 pH가 감소하므로 ㉠은 틸라코이드 내부이다.

ㄷ. 구간 Ⅲ에서는 Ⅱ에서 합성된 ATP와 NADPH에 의해 탄소 고정 반응이 진행되어 포도당이 합성된다.

오답 피하기 ㄴ. 틸라코이드 내부로의 H^+ 유입은 빛이 있을 때 일어난다. 구간 Ⅰ에서는 빛이 없고, 구간 Ⅱ에서는 빛이 있으므로 틸라코이드 내부로 유입되는 H^+의 양은 구간Ⅰ에서가 구간 Ⅱ에서보다 적다.

15

㉠은 스트로마, ㉡은 틸라코이드 내부이다.

정답 맞히기 ㄱ. 스트로마(㉠)에서 탄소 고정 반응이 일어나 탄소가 고정된다.

ㄷ. (나)는 명반응에서 물이 분해되는 과정인 물의 광분해 반응이다.

오답 피하기 ㄴ. (가)는 NADPH의 산화 반응이며, 스트로마(㉠)에서 일어난다.

16

(1) 캘빈 회로에서 RuBP와 CO_2가 결합한 후 둘로 나누어져 3PG가 생성되고, 3PG는 PGAL로 전환된다.

(2) RuBP의 분자 수와 고정되는 CO_2의 분자 수는 같으며, RuBP와 CO_2가 결합한 후 둘로 나누어지므로 3PG의 분자 수는 RuBP의 분자 수의 2배이다. 포도당은 6탄소 화합물이고, PGAL은 3탄소 화합물이므로 2분자의 PGAL이 결합하여 포도당을 합성한다.

17

㉠은 3PG, ㉡은 PGAL, ㉢은 RuBP이다.

정답 맞히기 ② 1분자당 탄소 수는 RuBP(㉢)가 5, PGAL(㉡)이 3이다.

③ 90초 결과에서 1차 전개 시 PGAL(㉡)이 3PG(㉠)보다 더 멀리 전개되었다.

④ 캘빈 회로에서 PGAL(㉡)이 RuBP(㉢)로 전환될 때 ATP가 사용된다.

⑤ 캘빈 회로에서 3PG(㉠)가 PGAL(㉡)로 전환될 때 NADPH의 산화가 일어나 $NADP^+$가 생성된다.

오답 피하기 ① ㉠은 최초의 탄소 고정 산물로 3PG이다.

18

정답 맞히기 ㄱ. 3PG가 RuBP로 전환될 때 명반응에서 합성된 ATP와 NADPH가 사용된다. 빛을 차단하면 ATP와 NADPH가 생성되지 못하므로 3PG가 RuBP로 전환되지 못해 3PG의 농도는 증가하고, RuBP의 농도는 감소한다. 따라서 X는 RuBP이고, Y는 3PG이다.

ㄴ. 1분자당 탄소 수는 RuBP(X)가 5, 3PG(Y)가 3이다.

오답 피하기 ㄷ. RuBP(X)가 3PG(Y)로 전환될 때 CO_2가 고정된다. 3PG(Y)가 RuBP(X)로 전환될 때 $NADP^+$가 생성된다.

19

(가)는 피루브산의 산화와 TCA 회로, (나)는 산화적 인산화, (다)는 탄소 고정 반응, (라)는 명반응이다.

정답 맞히기 ② (가)에 피루브산이 작용하므로 (가)는 피루브산의 산화와 TCA 회로이다.

③ 산화적 인산화(나)는 미토콘드리아 내막에서 일어난다.

④ 명반응(라)에서 H_2O(㉢)은 전자 공여체로 작용한다.

⑤ 탄소 고정 반응(다)에서 CO_2(㉠)가 고정될 때 생성된 최초의 탄소 고정 산물은 3PG이다.

오답 피하기 ① ㉠은 CO_2, ㉡은 O_2, ㉢은 H_2O이다.

20

정답 맞히기 ㄱ. 광합성의 명반응은 엽록체의 틸라코이드 막에서 일어나고, 세포 호흡의 산화적 인산화는 미토콘드리아의 내막에서 일어난다.

ㄴ. 물의 광분해 과정에서 생성된 O_2는 산화적 인산화의 최종 전자 수용체로 사용된다.

ㄷ. 산화적 인산화에서 생성된 H_2O은 명반응에서 전자 공여체로 사용된다.

실력 향상 문제

본문 144~147쪽

01 ⑤	02 ⑤	03 ③	04 해설 참조	
05 ②	06 해설 참조		07 ①	08 ④
09 ③	10 ⑤	11 ③	12 ①	13 ⑤
14 ①	15 ⑤	16 ⑤		

01 엽록체의 구조

A는 스트로마, B는 틸라코이드 내부, C는 틸라코이드 막이다.

정답 맞히기 ㄱ. 스트로마(A)에서 탄소 고정 반응에 의해 NADPH가 산화되어 $NADP^+$가 생성된다.

ㄴ. 틸라코이드 내부(B)에서 물의 광분해가 일어나 O_2가 생성된다.

ㄷ. 틸라코이드 막(C)에서 명반응이 일어나므로 빛에너지가 화학에너지로 전환된다.

02 광합성 색소

㉠은 카로틴, ㉡은 잔토필, ㉢은 엽록소 a, ㉣은 엽록소 b이다.

정답 맞히기 ㄴ. 엽록소 b(㉣)의 전개율은 $\frac{4}{20}$이므로 0.2이다.

ㄷ. ㉢은 엽록소 a이므로 광계 Ⅰ의 반응 중심 색소이다.

오답 피하기 ㄱ. ㉠은 전개율이 가장 높으므로 카로틴이다.

03 벤슨의 실험

㉠은 스트로마, ㉡은 틸라코이드 내부이다.

정답 맞히기 ㄱ. 명반응이 일어날 때 NADPH가 생성된다. t_1일 때는 명반응이 일어나며, t_2일 때는 명반응이 일어나지 않으므로 스트로마(㉠)에서 NADPH의 농도는 t_1일 때가 t_2일 때보다 높다.

ㄴ. 명반응이 일어날 때 H^+은 스트로마에서 틸라코이드 내부로 능동 수송된다. 구간 Ⅰ에서 명반응이 일어나며, 구간 Ⅱ에서 명반응이 일어나지 않으므로 틸라코이드 내부(㉡)의 pH는 구간 Ⅰ에서가 구간 Ⅱ에서보다 낮다.

오답 피하기 ㄷ. O_2는 빛이 있을 때 명반응에서 발생한다. 구간 Ⅰ에서 광합성 속도가 0이며, 구간 Ⅱ에서 광합성 속도가 일시적으로 증가하므로 이 실험에서 광합성 속도는 포도당의 생성량으로 측정한 것이다.

04 루벤의 실험

발생한 O_2 중 $^{18}O_2$의 비율(%)이 전체 H_2O 중 $H_2{}^{18}O$의 비율(%)과 같으므로 광합성 결과 발생하는 O_2는 H_2O에서 유래된 것이라는 것을 알 수 있다.

모범 답안 광합성 결과 발생하는 O_2는 H_2O에서 유래된 것이다.

05 명반응

정답 맞히기 ㄷ. 이 식물에 X를 처리하면 전자 전달이 차단되어 스트로마에서 틸라코이드 내부로 H^+의 이동이 차단된다. 따라서 틸라코이드 내부의 pH는 증가하고, 스트로마의 pH는 감소한다.

오답 피하기 ㄱ. (가)에서 물의 광분해가 일어나므로 (가)는 광계 Ⅱ이다. 이에 따라 (나)는 광계 Ⅰ이며, 광계 Ⅰ의 반응 중심 색소는 P_{700}이다.

ㄴ. 광계 Ⅱ는 비순환적 전자 흐름에는 관여하지만, 순환적 전자 흐름에는 관여하지 않는다.

06 화학 삼투에 의한 인산화

틸라코이드 내부의 pH가 ㉠이 된 이후 틸라코이드를 pH가 ㉡인 수용액에 넣으면 틸라코이드 내부와 외부의 pH 차이가 생긴다. 이때 pH는 틸라코이드 내부가 외부보다 낮아야 ATP가 생성된다.

모범 답안 ㉠이다. 왜냐하면 틸라코이드 내부의 pH가 틸라코이드 외부의 pH보다 낮아야 화학 삼투에 의한 인산화에 의해 ATP가 합성될 수 있기 때문이다.

07 명반응

정답 맞히기 ㄱ. 순환적 전자 흐름에 관여하는 ⓐ는 광계 Ⅰ이다.

오답 피하기 ㄴ. H^+이 ㉠에서 ㉡으로 능동 수송되므로 ㉠은 스트로마, ㉡은 틸라코이드 내부이다. 리보솜은 스트로마(㉠)에 있다.

ㄷ. 순환적 전자 흐름에서는 NADPH가 생성되지 않는다.

08 명반응

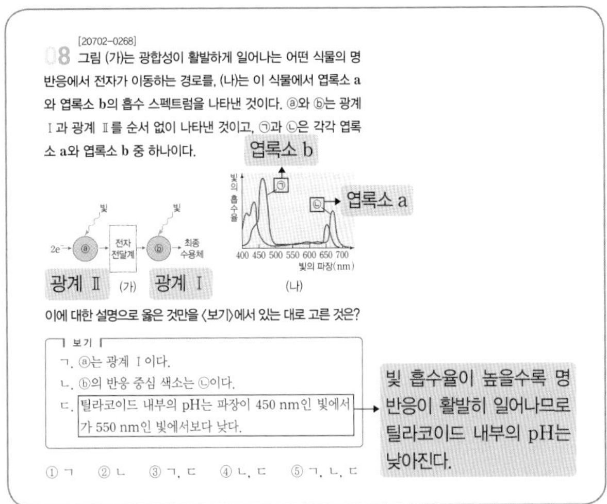
[20702-0268]

08 그림 (가)는 광합성이 활발하게 일어나는 어떤 식물의 명반응에서 전자가 이동하는 경로를, (나)는 이 식물에서 엽록소 a와 엽록소 b의 흡수 스펙트럼을 나타낸 것이다. ⓐ와 ⓑ는 광계 Ⅰ과 광계 Ⅱ를 순서 없이 나타낸 것이고, ㉠과 ㉡은 각각 엽록소 a와 엽록소 b 중 하나이다.

이에 대한 설명으로 옳은 것만을 〈보기〉에서 있는 대로 고른 것은?

보기
ㄱ. ⓐ는 광계 Ⅰ이다.
ㄴ. ⓑ의 반응 중심 색소는 ㉡이다.
ㄷ. 틸라코이드 내부의 pH는 파장이 450 nm인 빛에서가 550 nm인 빛에서보다 낮다.

① ㄱ ② ㄴ ③ ㄱ, ㄷ ④ ㄴ, ㄷ ⑤ ㄱ, ㄴ, ㄷ

정답 맞히기 ㄴ. ㉠은 엽록소 b, ㉡은 엽록소 a이다. 광계 Ⅰ(ⓑ)의 반응 중심 색소는 엽록소 a이다.

ㄷ. ㉠과 ㉡의 빛 흡수율이 파장이 450 nm인 빛에서가 550 nm인 빛에서보다 높으므로 틸라코이드 내부의 pH는 파장이 450 nm인 빛에서가 550 nm인 빛에서보다 낮다.

오답 피하기 ㄱ. 전자가 ⓐ → 전자 전달계 → ⓑ 순으로 이동하므로 ⓐ는 광계 Ⅱ, ⓑ는 광계 Ⅰ이다.

09 명반응

정답 맞히기 ㄱ. ㉠은 $\frac{1}{2}$, ㉡은 2, ㉢은 1이다.

ㄴ. (가)에서 1분자의 H_2O이 분해될 때 2개의 전자(e^-)가 방출되고, (나)에서 NADPH가 생성될 때 2개의 전자(e^-)가 사용되므로 (가)에서 1분자의 H_2O이 분해될 때 (나)에서 1분자의 NADPH가 생성된다.

오답 피하기 ㄷ. (다)는 틸라코이드 막에 있는 ATP 합성 효소에 의해 스트로마에서 일어난다.

10 탄소 고정 반응

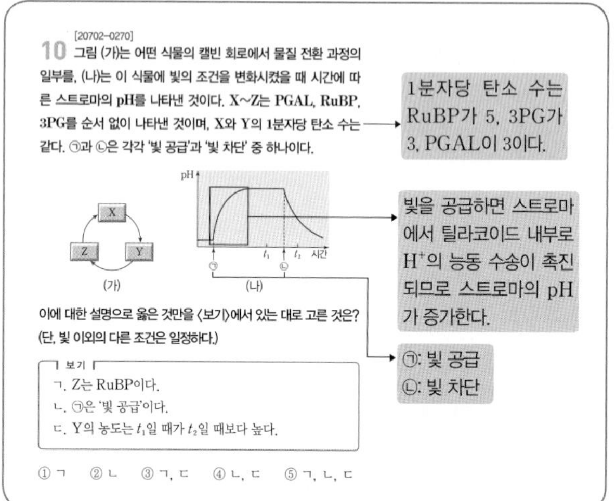

[20702-0270]
10 그림 (가)는 어떤 식물의 캘빈 회로에서 물질 전환 과정의 일부를, (나)는 이 식물에 빛의 조건을 변화시켰을 때 시간에 따른 스트로마의 pH를 나타낸 것이다. X~Z는 PGAL, RuBP, 3PG를 순서 없이 나타낸 것이며, X와 Y의 1분자당 탄소 수는 같다. ㉠과 ㉡은 각각 '빛 공급'과 '빛 차단' 중 하나이다.
1분자당 탄소 수는 RuBP가 5, 3PG가 3, PGAL이 3이다.
빛을 공급하면 스트로마에서 틸라코이드 내부로 H^+의 능동 수송이 촉진되므로 스트로마의 pH가 증가한다.
㉠: 빛 공급
㉡: 빛 차단
이에 대한 설명으로 옳은 것만을 <보기>에서 있는 대로 고른 것은? (단, 빛 이외의 다른 조건은 일정하다.)
ㄱ. Z는 RuBP이다.
ㄴ. ㉠은 '빛 공급'이다.
ㄷ. Y의 농도는 t_1일 때가 t_2일 때보다 높다.
① ㄱ ② ㄴ ③ ㄱ, ㄷ ④ ㄴ, ㄷ ⑤ ㄱ, ㄴ, ㄷ

정답 맞히기 ㄱ. 1분자당 탄소 수는 RuBP가 5, 3PG가 3, PGAL이 3이다. X와 Y의 1분자당 탄소 수는 같으므로 Z는 RuBP, X는 3PG, Y는 PGAL이다.

ㄴ. ㉠은 '빛 공급', ㉡은 '빛 차단'이다.

ㄷ. 3PG가 PGAL로 전환하는 데 필요한 ATP와 NADPH가 t_1일 때는 합성되며, t_2일 때는 합성되지 않으므로 PGAL(Y)의 농도는 t_1일 때가 t_2일 때보다 높다.

11 탄소 고정 반응

정답 맞히기 ㄱ. 1분자당 탄소 수는 RuBP가 5, 3PG가 3, PGAL이 3, 포도당이 6이므로 A는 RuBP, B는 3PG, C는 PGAL, D는 포도당이다.

ㄴ. RuBP(A)에 CO_2가 고정되어 생성된 최초의 물질은 3PG(B)이다.

오답 피하기 ㄷ. ㉠에서 ATP가 소모되지 않고, ㉡에서 ATP가 소모된다.

12 탄소 고정 반응

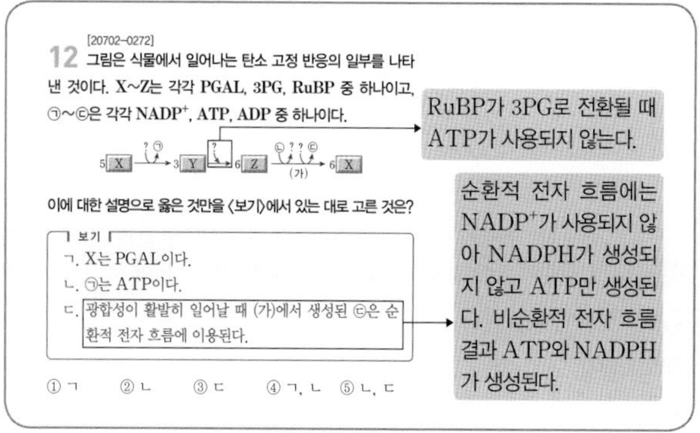

[20702-0272]
12 그림은 식물에서 일어나는 탄소 고정 반응의 일부를 나타낸 것이다. X~Z는 각각 PGAL, 3PG, RuBP 중 하나이고, ㉠~㉢은 각각 $NADP^+$, ATP, ADP 중 하나이다.
RuBP가 3PG로 전환될 때 ATP가 사용되지 않는다.
순환적 전자 흐름에는 $NADP^+$가 사용되지 않아 NADPH가 생성되지 않고 ATP만 생성된다. 비순환적 전자 흐름 결과 ATP와 NADPH가 생성된다.
이에 대한 설명으로 옳은 것만을 <보기>에서 있는 대로 고른 것은?
ㄱ. X는 PGAL이다.
ㄴ. ㉡은 ATP이다.
ㄷ. 광합성이 활발히 일어날 때 (가)에서 생성된 ㉢은 순환적 전자 흐름에 이용된다.
① ㄱ ② ㄴ ③ ㄷ ④ ㄱ, ㄴ ⑤ ㄴ, ㄷ

정답 맞히기 ㄱ. 3분자의 RuBP에서 CO_2가 고정되어 6분자의 3PG가 생성되므로 Y는 RuBP, Z는 3PG, X는 PGAL이다.

오답 피하기 ㄴ. ㉠은 ADP, ㉡은 ATP, ㉢은 $NADP^+$이다.

ㄷ. 광합성이 활발히 일어날 때 (가)에서 생성된 $NADP^+$(㉢)는 순환적 전자 흐름에 이용되지 않고, 비순환적 전자 흐름에 이용된다.

13 탄소 고정 반응

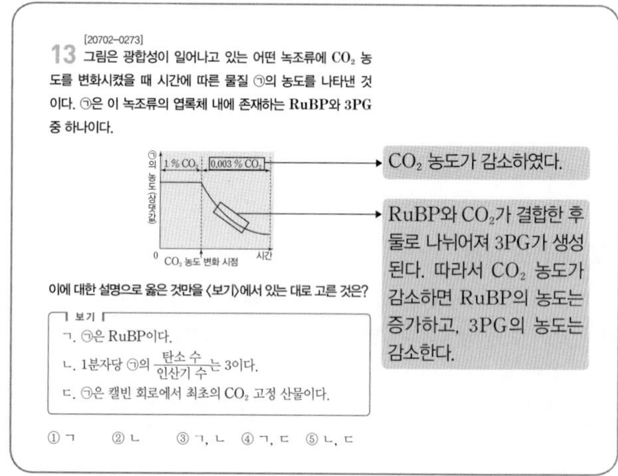

[20702-0273]
13 그림은 광합성이 일어나고 있는 어떤 녹조류에 CO_2 농도를 변화시켰을 때 시간에 따른 물질 ㉠의 농도를 나타낸 것이다. ㉠은 이 녹조류의 엽록체 내에 존재하는 RuBP와 3PG 중 하나이다.
1 % CO_2
0.003 % CO_2
㉠의 농도(상댓값)
CO_2 농도 변화 시점
시간
CO_2 농도가 감소하였다.
RuBP와 CO_2가 결합한 후 둘로 나뉘어져 3PG가 생성된다. 따라서 CO_2 농도가 감소하면 RuBP의 농도는 증가하고, 3PG의 농도는 감소한다.
이에 대한 설명으로 옳은 것만을 <보기>에서 있는 대로 고른 것은?
ㄱ. ㉠은 RuBP이다.
ㄴ. 1분자당 ㉠의 $\frac{탄소 수}{인산기 수}$는 3이다.
ㄷ. ㉠은 캘빈 회로에서 최초의 CO_2 고정 산물이다.
① ㄱ ② ㄴ ③ ㄱ, ㄴ ④ ㄱ, ㄷ ⑤ ㄴ, ㄷ

정답 맞히기 ㄴ. 1분자당 3PG(㉠)의 탄소 수는 3이고, 인산기 수는 1이다.

ㄷ. CO_2가 RuBP에 고정되어 생성된 최초의 CO_2 고정 산물은 3PG이다.

오답 피하기 ㄱ. CO_2의 농도가 감소했을 때 ㉠의 농도가 감소하므로 ㉠은 3PG이다.

14 광합성과 세포 호흡의 비교

정답 맞히기 ㄱ. ⓑ를 통해 H^+이 ㉠에서 ㉡으로 이동하므로 ㉠은 틸라코이드 내부이고, ㉡은 스트로마이다.

오답 피하기 ㄴ. 엽록체에서 틸라코이드 내부(㉠)의 pH가 스트로마(㉡)의 pH보다 낮을 때 ATP 합성 효소(ⓑ)에서 ATP가 합성된다.

ㄷ. ⓐ를 통한 H^+의 이동 방식은 능동 수송이고, ⓑ를 통한 H^+의 이동 방식은 촉진 확산이다.

15 광합성 과정

Ⅰ은 스트로마, Ⅱ는 틸라코이드 내부이다.

정답 맞히기 ㄱ. ⓐ는 포도당이며, 포도당은 스트로마(Ⅰ)에서 탄소 고정 반응이 일어날 때 합성된다.

ㄴ. ㉠과 ㉡은 모두 6이다.

ㄷ. 광합성이 활발히 일어날 때 H^+이 스트로마(Ⅰ)에서 틸라코이드 내부(Ⅱ)로 능동 수송되므로 pH는 스트로마(Ⅰ)에서가 틸라코이드 내부(Ⅱ)에서보다 높다.

16 광합성과 세포 호흡의 비교

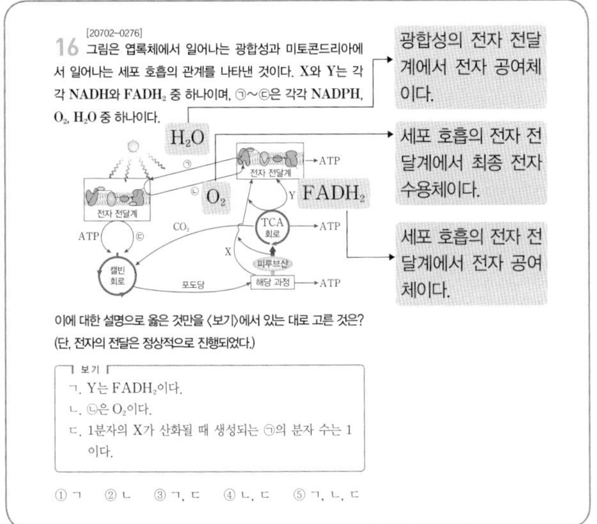

[20702-0276]
16 그림은 엽록체에서 일어나는 광합성과 미토콘드리아에서 일어나는 세포 호흡의 관계를 나타낸 것이다. X와 Y는 각각 NADH와 FADH₂ 중 하나이며, ㉠~㉢은 각각 NADPH, O₂, H₂O 중 하나이다.
광합성의 전자 전달계에서 전자 공여체이다.
세포 호흡의 전자 전달계에서 최종 전자 수용체이다.
세포 호흡의 전자 전달계에서 전자 공여체이다.
H₂O
O₂
FADH₂
ATP
전자 전달계
CO₂
TCA 회로
X
Y
피루브산
캘빈 회로
포도당
해당 과정
이에 대한 설명으로 옳은 것만을 <보기>에서 있는 대로 고른 것은? (단, 전자의 전달은 정상적으로 진행되었다.)
보기
ㄱ. Y는 FADH₂이다.
ㄴ. ㉡은 O₂이다.
ㄷ. 1분자의 X가 산화될 때 생성되는 ㉠의 분자 수는 1이다.
① ㄱ ② ㄴ ③ ㄱ, ㄷ ④ ㄴ, ㄷ ⑤ ㄱ, ㄴ, ㄷ

정답 맞히기 ㄱ. X는 해당 과정에서도 생성되므로 NADH이다. 이에 따라 Y는 $FADH_2$이다.
ㄴ. ㉠은 명반응의 전자 공여체이므로 H_2O이고, ㉡은 산화적 인산화의 최종 전자 수용체이므로 O_2이다. 이에 따라 ㉢은 NADPH이다.
ㄷ. 1분자의 NADH가 산화될 때 2개의 전자(e^-)가 발생하며, 이 2개의 전자(e^-)는 $\frac{1}{2}O_2$, $2H^+$과 결합하여 1분자의 H_2O을 생성한다.

신유형·수능 열기

본문 148~149쪽

01 ④	02 ②	03 ⑤	04 ①	05 ④
06 ⑤	07 ③	08 ③		

01

정답 맞히기 ㄱ. 엽록소 a의 전개율은 엽록소 b의 전개율보다 크므로 ㉠은 엽록소 a, ㉡은 엽록소 b이다.

ㄷ. 이 식물에서 광합성 속도는 450 nm인 빛에서가 550 nm인 빛에서보다 빠르므로 NADPH 생성량은 450 nm인 빛에서가 550 nm인 빛에서보다 많다.

오답 피하기 ㄴ. X는 엽록소 a이므로 ㉠이고, Y는 엽록소 b이므로 ㉡이다.

02

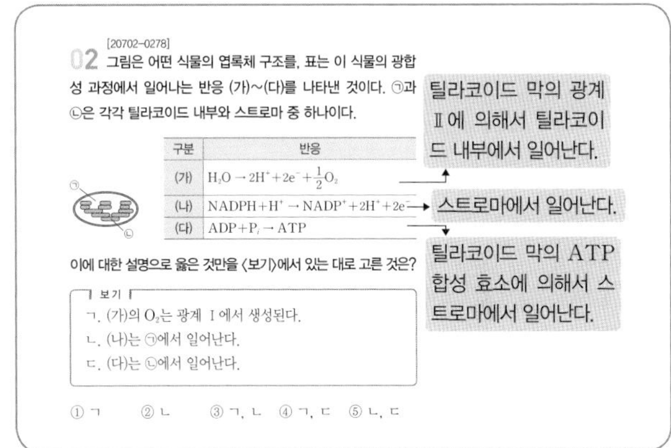

[20702-0278]
02 그림은 어떤 식물의 엽록체 구조를, 표는 이 식물의 광합성 과정에서 일어나는 반응 (가)~(다)를 나타낸 것이다. ㉠과 ㉡은 각각 틸라코이드 내부와 스트로마 중 하나이다.
구분 | 반응
(가) H₂O → 2H⁺+2e⁻+½O₂
(나) NADPH+H⁺ → NADP⁺+2H⁺+2e⁻
(다) ADP+Pᵢ → ATP
틸라코이드 막의 광계 Ⅱ에 의해서 틸라코이드 내부에서 일어난다.
스트로마에서 일어난다.
틸라코이드 막의 ATP 합성 효소에 의해서 스트로마에서 일어난다.
이에 대한 설명으로 옳은 것만을 <보기>에서 있는 대로 고른 것은?
보기
ㄱ. (가)의 O₂는 광계 Ⅰ에서 생성된다.
ㄴ. (나)는 ㉠에서 일어난다.
ㄷ. (다)는 ㉡에서 일어난다.
① ㄱ ② ㄴ ③ ㄱ, ㄴ ④ ㄱ, ㄷ ⑤ ㄴ, ㄷ

㉠은 스트로마, ㉡은 틸라코이드 내부이다.

정답 맞히기 ㄴ. (나)는 탄소 고정 반응에서 일어나며, 스트로마(㉠)에서 탄소 고정 반응이 일어난다.

오답 피하기 ㄱ. (가)는 물의 광분해이며, 물의 광분해는 광계 Ⅱ에서 일어난다.
ㄷ. (다)는 스트로마(㉠)에서 일어난다.

03

정답 맞히기 ㄱ. X에서 방출된 전자가 ㉠을 통해 다시 X로 돌아오므로 광계 X는 광계 Ⅰ이다. 광계 Ⅰ의 반응 중심 색소는 P_{700}이다.
ㄴ. X에서 방출된 전자가 ㉠을 통해 다시 X로 돌아오므로 ㉠은 순환적 전자 흐름에 의한 전자의 이동 경로이다. X에서 방출된 전자가 ㉡을 통해 $NADP^+$로 전달되므로 ㉡은 비순환적 전자 흐름에 의한 전자의 이동 경로이다.
ㄷ. 빛 공급 후 t_1일 때 스트로마의 pH가 증가하고 있으므로 비순환적 전자 흐름이 활발하게 일어나며, 빛 차단 후 t_2일 때 스트로마의 pH가 감소하고 있으므로 비순환적 전자 흐름이 활발하게 일어나지 않는다. 따라서 ㉡은 t_1일 때가 t_2일 때보다 활발하게 일어난다.

04

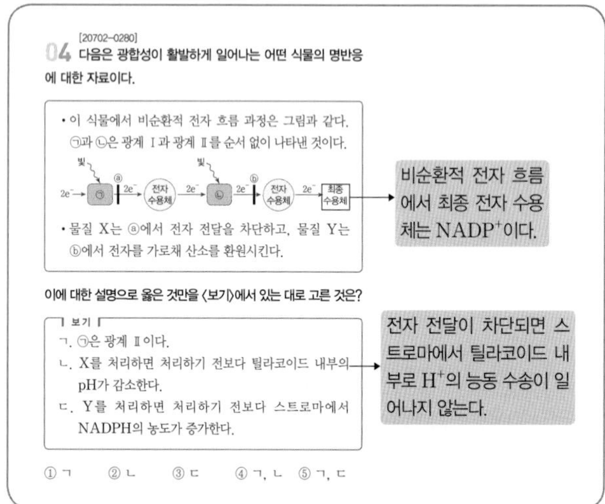

[20702-0280]

04 다음은 광합성이 활발하게 일어나는 어떤 식물의 명반응에 대한 자료이다.

- 이 식물에서 비순환적 전자 흐름 과정은 그림과 같다. ㉠과 ㉡은 광계 Ⅰ과 광계 Ⅱ를 순서 없이 나타낸 것이다.

- 물질 X는 ⓐ에서 전자 전달을 차단하고, 물질 Y는 ⓑ에서 전자를 가로채 산소를 환원시킨다.

비순환적 전자 흐름에서 최종 전자 수용체는 $NADP^+$이다.

이에 대한 설명으로 옳은 것만을 ⟨보기⟩에서 있는 대로 고른 것은?

보기

ㄱ. ㉠은 광계 Ⅱ이다.

ㄴ. X를 처리하면 처리하기 전보다 틸라코이드 내부의 pH가 감소한다.

ㄷ. Y를 처리하면 처리하기 전보다 스트로마에서 NADPH의 농도가 증가한다.

전자 전달이 차단되면 스트로마에서 틸라코이드 내부로 H^+의 능동 수송이 일어나지 않는다.

① ㄱ ② ㄴ ③ ㄷ ④ ㄱ, ㄴ ⑤ ㄱ, ㄷ

정답 맞히기 ㄱ. ㉠에서 방출된 전자가 ㉡으로 이동하므로 ㉠은 광계 Ⅱ, ㉡은 광계 Ⅰ이다.

오답 피하기 ㄴ. X는 전자 전달을 차단하므로 X를 처리하면 스트로마에서 틸라코이드 내부로 H^+의 능동 수송이 일어나지 않는다. 따라서 X를 처리하면 처리하기 전보다 틸라코이드 내부의 pH가 증가한다.

ㄷ. Y는 ⓑ에서 전자를 가로채 산소를 환원시키는 물질이다. Y는 $NADP^+$ 대신에 산소를 최종 전자 수용체로 사용하게 하므로 Y를 처리하면 전자 전달 자체는 차단되지 않지만 전보다 스트로마에서 NADPH의 농도가 감소한다.

05

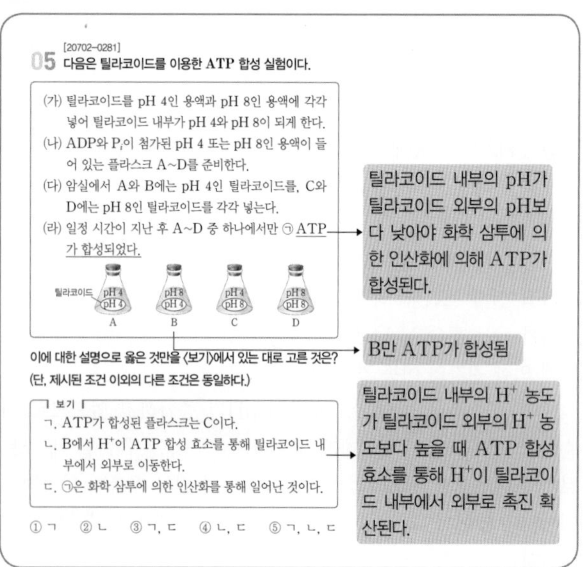

[20702-0281]

05 다음은 틸라코이드를 이용한 ATP 합성 실험이다.

(가) 틸라코이드를 pH 4인 용액과 pH 8인 용액에 각각 넣어 틸라코이드 내부가 pH 4와 pH 8이 되게 한다.

(나) ADP와 P_i이 첨가된 pH 4 또는 pH 8인 용액이 들어 있는 플라스크 A~D를 준비한다.

(다) 암실에서 A와 B에는 pH 4인 틸라코이드를, C와 D에는 pH 8인 틸라코이드를 각각 넣는다.

(라) 일정 시간이 지난 후 A~D 중 하나에서만 ㉠ ATP가 합성되었다.

틸라코이드 내부의 pH가 틸라코이드 외부의 pH보다 낮아야 화학 삼투에 의한 인산화에 의해 ATP가 합성된다.

B만 ATP가 합성됨

이에 대한 설명으로 옳은 것만을 ⟨보기⟩에서 있는 대로 고른 것은? (단, 제시된 조건 이외의 다른 조건은 동일하다.)

보기

ㄱ. ATP가 합성된 플라스크는 C이다.

ㄴ. B에서 H^+이 ATP 합성 효소를 통해 틸라코이드 내부에서 외부로 이동한다.

ㄷ. ㉠은 화학 삼투에 의한 인산화를 통해 일어난 것이다.

틸라코이드 내부의 H^+ 농도가 틸라코이드 외부의 H^+ 농도보다 높을 때 ATP 합성 효소를 통해 H^+이 틸라코이드 내부에서 외부로 촉진 확산된다.

① ㄱ ② ㄴ ③ ㄱ, ㄷ ④ ㄴ, ㄷ ⑤ ㄱ, ㄴ, ㄷ

정답 맞히기 ㄴ. B는 틸라코이드 내부의 pH가 외부의 pH보다 낮으므로 H^+이 ATP 합성 효소를 통해 틸라코이드 내부에서 외부로 확산된다.

ㄷ. ATP의 합성은 틸라코이드 내부와 외부의 H^+ 농도 기울기에 의해 화학 삼투에 의한 인산화에 의해 일어난다.

오답 피하기 ㄱ. ATP의 합성은 틸라코이드 내부의 pH가 외부의 pH보다 낮아야 일어난다. 따라서 ATP가 합성된 플라스크는 B이다.

06

Z는 RuBP, X는 3PG, Y는 PGAL이다.

정답 맞히기 ㄱ, ㄴ. 탄소 고정 반응에서 RuBP와 CO_2가 결합한 후 둘로 나뉘어져 3PG가 된다. 따라서 CO_2의 분자 수와 RuBP의 분자 수는 같고, 3PG의 분자 수는 RuBP의 분자 수의 2배이다. 따라서 C는 Z, B는 X이고, ㉠은 12이다. 또한 A는 Y이다. 2분자의 PGAL이 결합하여 포도당이 합성되며, Y는 포도당이 합성된 후이므로 Y의 분자 수는 10이다.

ㄷ. 1분자당 $\frac{탄소\ 수}{인산기\ 수}$는 RuBP가 $\frac{5}{2}$이고, 3PG와 PGAL이 $\frac{3}{1}$이므로 ㉡과 ㉢은 3으로 같다.

07

정답 맞히기 ㄱ. 클로렐라 배양액에 $^{14}CO_2$를 공급하고 빛을 비추면 가장 먼저 ^{14}C가 측정되는 유기물은 최초의 CO_2 고정 산물인 3PG이다. ㉠에서 ^{14}C가 가장 먼저 측정되므로 ㉠은 3PG이다. 이에 따라 ㉡은 RuBP이다.

ㄴ. 1분자당 탄소 수는 포도당이 6, RuBP(㉡)가 5, 3PG(㉠)가 3이다.

오답 피하기 ㄷ. 1분자당 인산기 수는 3PG(㉠)가 1, RuBP(㉡)가 2이다.

08

정답 맞히기 ㄱ. ㉠은 미토콘드리아 막 사이 공간, ㉡은 틸라코이드 내부, ㉢은 미토콘드리아 기질, ㉣은 스트로마이다.

ㄴ. ATP가 합성될 때 pH는 미토콘드리아 막 사이 공간(㉠)이 미토콘드리아 기질(㉢)보다 낮아야 화학 삼투에 의해 ATP가 생성된다.

오답 피하기 ㄷ. ATP 합성 효소를 통해 틸라코이드 내부(㉡)에서 스트로마(㉣)로 H^+이 이동하는 방식은 촉진 확산이다.

단원 마무리 문제

본문 152~155쪽

01 ③　02 ⑤　03 ⑤　04 ③　05 ①
06 ⑤　07 ⑤　08 ④　09 ①　10 ⑤
11 ①　12 ③　13 ③　14 ⑤　15 ③
16 ②

01

해당 과정, TCA 회로, 산화적 인산화 중 NADH는 해당 과정과 TCA 회로에서만 만들어지므로 A는 TCA 회로, B는 산화적 인산화이다.

정답 맞히기 ㄱ. TCA 회로(A)에서는 탈탄산 반응에 의해 CO_2가 만들어지고, 해당 과정에서는 탈탄산 반응이 일어나지 않는다. 따라서 '탈탄산 반응이 일어나는가?'는 (가)에 해당한다.

ㄴ. TCA 회로(A)에서 탈수소 반응에 의해 $FADH_2$가 만들어진다.

오답 피하기 ㄷ. 산화적 인산화(B)는 미토콘드리아 내막에서 일어난다.

02

정답 맞히기 ㄱ. ATP를 첨가한 후 ㉠의 농도는 감소하고, ㉡의 농도는 증가하므로 ㉠은 포도당, ㉡은 피루브산이다.

ㄴ. ATP를 첨가하기 전에는 피루브산(㉡)의 농도가 증가하지 않았으나 ATP를 첨가한 후 피루브산(㉡)의 농도가 증가하므로 해당 과정이 일어나려면 ATP가 필요하다.

ㄷ. 1분자당 $\frac{\text{수소 수}}{\text{탄소 수}}$는 포도당(㉠)이 $\frac{12}{6}$이고, 피루브산(㉡)이 $\frac{4}{3}$이다.

03

정답 맞히기 ㄱ. ㉠에서 탈탄산 반응, 탈수소 반응이 일어나고, ㉡에서 탈탄산 반응, 탈수소 반응, 기질 수준 인산화가 일어나며, ㉢에서 탈수소 반응이 일어난다. 따라서 '○'가 3개인 Ⅰ은 ㉡, '○'가 2개인 Ⅱ는 ㉠이며, 이에 따라 Ⅲ은 ㉢이다. ㉢에서 '?'는 모두 '×'이다.

ㄴ. Ⅰ~Ⅲ에서 모두 '○'인 ⓐ는 탈수소 반응이고, Ⅰ과 Ⅱ만 '○'인 ⓑ는 탈탄산 반응이며, Ⅰ만 '○'인 ⓒ는 기질 수준 인산화이다.

ㄷ. ㉢(Ⅲ)에서 4탄소 화합물이 또 다른 4탄소 화합물로 전환될 때 $FADH_2$가 생성되고, 4탄소 화합물이 옥살아세트산으로 전환될 때 NADH가 생성된다. 옥살아세트산은 아세틸 CoA와 결합하여 6탄소 화합물이 된다.

04

표를 채우면 다음과 같다.

물질	$FADH_2$(㉠)	NADH(㉡)	CO_2(㉢)	H_2O(㉣)
피루브산(가)	1(ⓐ)	4	3(ⓑ)	5
아세틸 CoA(나)	1	3	2	4(ⓒ)

정답 맞히기 ㄷ. ⓐ는 1, ⓑ는 3, ⓒ는 4이다.

오답 피하기 ㄱ. 1분자당 탄소 수는 피루브산이 3, 아세틸 CoA가 2이다. (나)의 ㉢이 2이므로 (가)는 피루브산, (나)는 아세틸 CoA이다.

ㄴ. 1분자의 아세틸 CoA(나)가 완전히 분해될 때 생성되는 ㉠의 분자 수가 1이므로 ㉠은 $FADH_2$이다. 1분자의 피루브산(가)이 완전히 분해될 때 생성되는 ㉡의 분자 수가 4이므로 ㉡은 NADH이다. 1분자의 아세틸 CoA(나)가 완전히 분해될 때 생성되는 ㉢의 분자 수가 2이므로 ㉢은 CO_2이다. 1분자의 피루브산(가)이 완전히 분해될 때 생성되는 ㉣의 분자 수가 5이므로 ㉣은 H_2O이다.

05

정답 맞히기 ㄱ. (나)에서 NADH의 산화가 일어나고 있으므로 (나)는 미토콘드리아 기질이다. 따라서 (가)는 미토콘드리아 막 사이 공간이다.

오답 피하기 ㄴ. 전자 전달 효소 복합체(ⓐ)를 통한 H^+의 이동 방식은 능동 수송이고, ATP 합성 효소(ⓑ)를 통한 H^+의 이동 방식은 촉진 확산이다.

ㄷ. X를 처리하면 전자 전달이 차단되어 미토콘드리아 막 사이 공간의 H^+ 농도가 감소한다. 이에 따라 ATP 합성 효소(ⓑ)를 통한 H^+의 촉진 확산이 감소하여 처리하기 전보다 ⓑ에 의해 합성되는 ATP의 양이 감소한다.

06

(나)에서 CO_2가 생성되므로 ㉡은 에탄올이다. 따라서 ㉠은 젖산이다.

정답 맞히기 ㄱ. 과정 Ⅰ과 Ⅱ에서 모두 NAD^+가 생성되므로 NADH의 산화가 일어난다.

ㄴ. 1분자당 수소 수는 젖산(㉠)과 에탄올(㉡)이 모두 6이다.

ㄷ. ⓐ, ⓑ, ⓒ는 모두 2이다.

07

정답 맞히기 ㄴ. (다)에서 효모에 의해 알코올 발효가 일어나 에탄올이 생성되므로 (다)의 발효관에 에탄올이 있다.

ㄷ. KOH 수용액은 CO_2를 흡수한다. 따라서 (다) 이후 발효관에 KOH 수용액을 넣으면 맹관부에 모인 기체의 부피가 작아진다.

오답 피하기 ㄱ. (다)에서 맹관부에 모인 기체는 CO_2이다.

08

㉠은 포도당, ㉡은 젖산이다.

정답 맞히기 ㄱ. 배양액 내에서 젖산이 생성되므로 젖산 발효를 하는 젖산균은 X에 해당한다.

ㄷ. 구간 Ⅰ과 Ⅱ에서 모두 해당 과정이 일어나므로 ATP가 생성된다.

오답 피하기 ㄴ. 포도당(㉠)이 젖산(㉡)으로 전환될 때 아세틸 CoA를 거치지 않는다.

09

㉠은 NADPH, ㉡은 CO_2이다.

정답 맞히기 ㄱ. (가)에서 빛에너지를 흡수하므로 (가)는 명반응이고, (나)에서 포도당을 합성하므로 (나)는 탄소 고정 반응이다.

오답 피하기 ㄴ. 탄소 고정 반응(나)에서 CO_2는 RuBP와 결합한다.

ㄷ. (나)에서 포도당 1분자가 합성될 때 소비되는 NADPH(㉠)의 분자 수는 12이고, CO_2(㉡)의 분자 수는 6이다.

10

정답 맞히기 ㄱ. B에서 옥살산 철(Ⅲ)이 전자를 받아 환원되어 옥살산 철(Ⅱ)이 생성되었다.

ㄴ, ㄷ. B에서 물의 광분해가 일어나 O_2가 발생하였으며, 이때 전자도 함께 방출되기 때문에 전자 수용체 역할을 하는 옥살산 철(Ⅲ)이 있는 B에서 O_2가 더 많이 발생하였다. 발생한 O_2는 물의 광분해에 의해 H_2O로부터 유래되었다.

11

정답 맞히기 ㄱ. 엽록체에서 리보솜은 스트로마에 있으며, A에 리보솜이 있으므로 A는 스트로마이다. 이에 따라 B는 틸라코이드 내부이다.

오답 피하기 ㄴ. $NADP^+$의 환원은 스트로마(A)에서 일어난다.

ㄷ. 전자가 전자 전달계를 거치는 동안 전자가 이동할 때 방출되는 에너지에 의해 H^+은 A에서 B로 능동 수송된다.

12

경로 1은 비순환적 전자 흐름, 경로 2는 순환적 전자 흐름이다.

정답 맞히기 ㄱ. 물의 광분해에 의해서 H_2O에서 방출된 전자는 경로 1을 따라서 최종적으로 최종 전자 수용체인 $NADP^+$에 전달된다.

ㄴ. (가)에서 X를 처리하면 전자의 전달이 차단되므로 틸라코이드 내부의 H^+ 농도가 감소하여 화학 삼투에 의한 ATP 합성이 저해된다. 따라서 X를 처리하면 처리하기 전보다 스트로마의 ATP 농도가 감소한다.

오답 피하기 ㄷ. 순환적 전자 흐름(경로 2)에서는 광계 Ⅰ만 이용하며, O_2의 생성은 광계 Ⅱ에서 이루어지므로 경로 2를 통해 O_2가 생성되지 않는다.

13

정답 맞히기 ㄱ. 틸라코이드 내부의 pH가 스트로마의 pH보다 낮아야 화학 삼투에 의해 ATP가 합성된다. (나)에서 틸라코이드 내부의 pH는 ㉠, 스트로마의 pH는 ㉡이 되고, 이때 ATP가 합성되므로 ㉠은 ㉡보다 작다.

ㄷ. (나)에서 틸라코이드 내부와 스트로마의 H^+ 농도 기울기에 의한 화학 삼투가 일어나 ATP가 합성되었다.

오답 피하기 ㄴ. (나)는 빛이 없는 암실에서 이루어졌으므로 엽록체의 틸라코이드 막에서 전자의 전달이 일어나지 않는다.

14

정답 맞히기 ㄱ. 3분자의 CO_2가 고정될 때 3PG가 PGAL로 전환되는 과정에서 사용되는 ATP 분자 수는 6이고, PGAL이 RuBP로 전환되는 과정에서 사용되는 ATP 분자 수는 3이다. RuBP가 3PG로 전환되는 과정에서는 ATP가 사용되지 않는다. 사용되는 ATP의 분자 수는 Ⅰ에서가 Ⅱ에서보다 많으므로 A는 3PG, C는 PGAL, B는 RuBP이다.

ㄴ. 캘빈 회로의 진행은 RuBP → 3PG → PGAL 순으로 진행되므로 회로의 진행 방향은 ⓑ이다.

ㄷ. 3분자의 CO_2가 고정될 때 Ⅰ에서 사용되는 NADPH의 분자 수는 6이고, Ⅱ에서 사용되는 ATP의 분자 수는 3이다.

15

정답 맞히기 ㄱ. 3PG가 RuBP로 전환될 때 명반응에서 생성된 NADPH와 ATP가 사용된다. 클로렐라 배양액에 빛을 차단하면 명반응이 일어나지 않아 NADPH와 ATP가 생성되지 않으므로 3PG가 RuBP로 전환되지 못하고, RuBP는 탄소 고정에 의해 3PG로 전환되어 3PG의 농도는 증가하고, RuBP의 농도는 감소한다. 시간이 지날수록 Ⅰ은 농도가 감소하고, Ⅱ는 농도가 증가하므로 Ⅰ은 RuBP이고, Ⅱ는 3PG이다.

ㄴ. 캘빈 회로에서 RuBP(Ⅰ)에 CO_2가 고정되어 3PG(Ⅱ)가 생성된다.

오답 피하기 ㄷ. 1분자당 $\frac{탄소\ 수}{인산기\ 수}$는 RuBP(Ⅰ)가 $\frac{5}{2}$이고, 3PG(Ⅱ)가 $\frac{3}{1}$이다.

16

㉠은 O_2, ㉡은 CO_2이고, (가)는 광합성의 명반응, (나)는 세포 호흡의 산화적 인산화이다.

정답 맞히기 ㄷ. TCA 회로에서 탈탄산 반응에 의해 생성된 CO_2(㉡)는 캘빈 회로에서 고정되어 포도당 합성에 사용된다.

오답 피하기 ㄱ. O_2(㉠)는 세포 호흡의 전자 전달계(나)에서 최종 전자 수용체로 사용된다.

ㄴ. 광합성의 명반응(가)에서 ATP는 광인산화에 의해 생성된다.

Ⅳ. 유전자의 발현과 조절

8 유전체와 유전자

탐구 활동
본문 164쪽

1 해설 참조 **2** 해설 참조 **3** 해설 참조

1

세제의 계면 활성제는 세포막과 핵막을 구성하는 지질인 인지질을 분리시켜 막을 파괴한다. 핵막과 세포막이 파괴된 세포는 DNA가 용액 속으로 빠져나온다.

모범 답안 세제를 넣는 것은 세포막과 핵막을 구성하는 지질을 녹여 막을 파괴함으로써 DNA가 용액 속으로 빠져나오도록 하기 위함이다.

2

에탄올은 DNA의 용해도를 감소시키는 역할을 한다. 알코올 분자들이 물 분자들과 결합하여 DNA에 결합되어 있는 물 분자의 수를 감소시켜, DNA의 용해도를 감소시킨다. 용해도가 감소한 DNA는 서로 엉겨 붙어 침전하게 된다.

모범 답안 에탄올을 브로콜리 추출액에 넣는 것은 DNA가 물에 녹지 않게 하여 실처럼 뭉치게 하기 위함이다.

3

단백질 분해 효소 세제를 처리하는 방법이 있다. 단백질 분해 효소는 히스톤 단백질의 분해를 촉진하여 히스톤 단백질과 DNA를 분리시킬 수 있다.

모범 답안 단백질 분해 효소 세제를 처리한다.

내신 기초 문제
본문 165~167쪽

01 ③	**02** ②	**03** ③	**04** ⑤	**05** ⑤
06 ①	**07** ②	**08** ③	**09** ③	**10** ①
11 ①	**12** ③	**13** ②	**14** ①	**15** ④
16 ④	**17** (라)	**18** ②		

01

정답 맞히기 ㄷ. 원핵세포 중에는 주염색체와는 별도로 존재하면서 독자적으로 증식할 수 있는 원형의 DNA 플라스미드를 가지는 경우가 있다.

오답 피하기 ㄱ. 원핵생물의 유전체는 원형 DNA 1개로 구성되어 있고, 크기가 비교적 작다.

ㄴ. 일부 고세균을 제외한 원핵생물의 유전체 DNA는 히스톤 단백질과 결합되어 있지 않다.

02

정답 맞히기 ㄴ. 한 개체의 유전 정보가 저장되어 있는 DNA 전체를 유전체라 하고, 유전 정보를 저장하고 있는 ㉡(DNA)의 특정 부위를 유전자라고 한다.

오답 피하기 ㄱ. ㉠은 핵이고, ㉡은 DNA이다. 원핵세포는 ㉠(핵)을 갖지 않고, 진핵세포는 ㉠(핵)을 갖는다.

ㄷ. ㉡(DNA)을 구성하는 염기는 아데닌(A), 구아닌(G), 타이민(T), 사이토신(C)이고, 유라실(U)은 RNA를 구성하는 염기이므로 ㉡(DNA)에 유라실(U)은 존재하지 않는다.

03

정답 맞히기 ㄱ. 사람의 유전체 크기는 대장균의 유전체 크기보다 크므로 ㉠은 대장균, ㉡은 사람이다. ㉠(대장균)의 DNA 모양은 원형이다.

ㄴ. ㉡(사람)의 세포는 핵막을 가진 진핵세포에 속한다.

오답 피하기 ㄷ. ㉠(대장균)은 인트론을 갖지 않고, ㉡(사람)은 인트론을 가진다.

04

정답 맞히기 ㄴ. ㉠은 작은 원형 구조를 갖는 DNA인 플라스미드이다.

ㄷ. 세포 X는 원핵세포로 유전자 발현 조절이 오페론 단위로 이루어진다.

오답 피하기 ㄱ. 세포 X는 플라스미드와 원형의 DNA를 가지므로 원핵세포에 속한다.

05

정답 맞히기 ㄴ. ㉡은 구아닌(G), ㉣은 아데닌(A)이다. ㉡(G)과 ㉣(A) 모두 고리 구조 2개를 갖는 퓨린 계열 염기이다.

ㄷ. ㉠은 ㉡과 수소 결합 3개로 연결되어 있고, 고리 구조 1개를 가지므로 사이토신(C)이다.

오답 피하기 ㄱ. ㉢과 ㉣은 수소 결합 2개로 연결되어 있고, ㉢은 고리 구조 1개를 가지므로 타이민(T)이다. 타이민(T)은 RNA에는 존재하지 않으므로 ㉢(타이민, T)은 RNA에 존재하지 않는다.

06

정답 맞히기 ㄱ. DNA를 구성하는 단위체는 당, 인산, 염기로 구성된 뉴클레오타이드이다.

오답 피하기 ㄴ. DNA를 구성하는 당은 디옥시리보스이고, RNA를 구성하는 당은 리보스이다.

ㄷ. DNA를 구성하는 2개의 폴리뉴클레오타이드 가닥은 서로 반대 방향을 향한다.

07

정답 맞히기 ㄷ. X에 존재하는 AT 염기쌍의 수는 40, GC 염기쌍의 수는 60이고, AT 염기쌍의 수소 결합의 수는 2, GC 염기쌍의 수소 결합의 수는 3이다. X에 존재하는 염기 사이의 수소 결합의 총개수는 $(40\times2)+(60\times3)=80+180=260$개이다.

오답 피하기 ㄱ. A은 T과 결합하고 G은 C과 결합한다. X는 100쌍의 염기로 구성되고, AT 염기쌍의 비율이 전체의 40 %를 차지하므로 GC 염기쌍의 비율은 60 %이다. X를 구성하는 염기 200개 중 A과 T의 비율은 각각 20 %이므로 A의 수는 40, T의 수는 40이다. G과 C의 비율은 각각 30 %이므로 G의 수는 60, C의 수는 60이다. $\frac{A+T}{G+C}=\frac{40+40}{60+60}=\frac{80}{120}=\frac{2}{3}$이다.

ㄴ. G을 포함하는 뉴클레오타이드의 수는 60이다.

08

정답 맞히기 ㄱ. 이중 나선 DNA는 역평행 구조를 가지므로 (가)는 5′ 말단이다.

ㄴ. DNA에서 A은 T과, G은 C과 결합하므로 ㉠은 C, ㉡은 T, ㉢은 T, ㉣은 C, ㉤은 A이다. ㉠~㉤ 중 A은 ㉤ 1개이므로 A의 수는 1이다.

오답 피하기 ㄷ. ㉢(T)은 고리 구조가 1개인 피리미딘 계열 염기이다.

09

정답 맞히기 ㄱ. DNA에서 A은 T과 결합하고, G은 C과 결합한다. Ⅱ에서 G의 수가 30이므로 Ⅰ에서 C의 수는 30이고, Ⅰ에서 염기 수의 합이 100이므로 ㉠의 수는 $100-(16+24+30)=30$이다. Ⅰ에서 T의 수가 24이므로 Ⅱ에서 A의 수(㉡)는 24이다. $㉠+㉡=30+24=54$이다.

ㄴ. 피리미딘 계열 염기는 T과 C이고, Ⅱ에서 T의 수는 16, C의 수는 30이므로, Ⅱ에서 피리미딘 계열 염기(T, C)의 수는 46(=16+30)이다.

오답 피하기 ㄷ. 폴리뉴클레오타이드 사슬 Ⅰ과 Ⅱ는 각각 100개의 염기로 구성되므로 DNA는 100개의 염기쌍으로 구성된다.

10

정답 맞히기 ㄴ. 형질 전환을 일으키는 물질은 DNA이고, 자료에서 쥐가 살았으므로 실험에 처리한 효소 A는 DNA를 분해하는 DNA 분해 효소임을 알 수 있다. A(DNA 분해 효소)의 기질은 DNA이다.

오답 피하기 ㄱ. 에이버리는 열처리한 S형 균의 추출물에 각각의 효소를 처리한 후 R형 균과 섞어 형질 전환을 일으키는 물질이 무엇인지 확인하였다. ㉠은 R형 균, ㉡은 S형 균으로 ㉠(R형 균)은 피막을 갖지 않고, ㉡(S형 균)은 피막을 갖는다.

ㄷ. 자료에서 쥐가 살았으므로 쥐에 주사한 세균은 R형 균임을 알 수 있다. 따라서 시험관 Ⅰ에 있는 세균은 ㉠(R형 균)이다.

11

정답 맞히기 ㄱ. 파지는 단백질과 핵산으로 구성된다. 단백질의 구성 원소는 탄소(C), 수소(H), 산소(O), 질소(N), 황(S)이고, DNA의 구성 원소는 탄소(C), 수소(H), 산소(O), 질소(N), 인(P)이므로 ^{35}S으로 표지한 파지는 파지의 단백질에 방사성 동위원소가 존재한다.

오답 피하기 ㄴ. 파지의 단백질 껍질은 대장균 외부에 존재하고, 파지의 DNA는 대장균 내부로 들어간다. 원심 분리 결과 상층액인 A에는 파지의 단백질 껍질이 존재하고, 침전물인 B에는 파지의 DNA가 유입된 대장균이 존재한다.

ㄷ. 상층액인 A에서는 ^{35}S으로 표지된 파지의 단백질이 존재하므로 방사선이 검출되고, 침전물인 B에서는 ^{35}S으로 표지된 파지의 단백질이 없으므로 방사선이 검출되지 않는다.

12

정답 맞히기 ㄱ. 죽은 쥐에서 살아 있는 ㉠이 관찰되었으므로 ㉠은 S형 균, ㉡은 R형 균이다. 열처리로 죽은 ㉠의 추출물과 살아 있는 ㉡을 혼합한 후 쥐에 주사하여 쥐가 죽었고, 이 쥐에서 살아 있는 ㉠이 관찰되었는데, 이 ㉠은 ㉡이 ㉠으로 형질 전환된 것이다.

ㄷ. 살아 있는 ㉠(S형 균)은 피막을 형성하여 숙주 생물의 면역 작용으로부터 살아남아 병을 일으킬 수 있고, 살아 있는 ㉡(R형 균)은 피막이 없어 숙주 생물의 면역 작용에 의해 제거된다. 따라서 살아 있는 ㉠(S형 균)은 살아 있는 ㉡(R형 균)보다 병원성이 강하다.

오답 피하기 ㄴ. 이 실험을 통해 형질 전환을 일으키는 물질의 존재를 확인할 수 있었지만, 그 물질이 무엇인지는 알 수 없었다.

13

정답 맞히기 ㄷ. DNA 염기 서열에 이상이 생기면 유전자에 이상이 생기고, 형질 이상이 나타날 수 있다. 이러한 특성은 DNA가 유전 물질이라는 증거에 해당한다.

오답 피하기 ㄱ. DNA는 구성 원소로 인(P)을 갖지만, 이 특성은 DNA가 유전 물질이라는 증거에 해당하지 않는다.

ㄴ. DNA의 단위체는 뉴클레오타이드이지만, 이 특성은 DNA가 유전 물질이라는 증거에 해당하지 않는다.

14

정답 맞히기 ① 박테리오파지의 DNA는 대장균 안으로 들어가 새로운 박테리오파지의 합성에 이용되므로 박테리오파지를 ^{32}P으로 표지하면 새로 만들어진 파지의 DNA에서 방사선이 검출된다.

오답 피하기 ②, ③, ④, ⑤ (가)는 ^{32}P으로 표지한 박테리오파지이고, (나)는 DNA이다.

15

정답 맞히기 ㄱ. DNA X에서 AT 염기쌍의 수는 10, GC 염기쌍의 수는 40이다. 따라서 DNA X에서 염기 사이의 수소 결합의 수는 $(10\times2)+(40\times3)=140$이다.

ㄴ. DNA X에서 GC 염기쌍의 수가 40이므로 G과 C의 수는 40으로 같다.

오답 피하기 ㄷ. DNA에는 유라실(U)이 존재하지 않으므로 U의 수는 0이다.

16

정답 맞히기 ㄱ. 사이토신(C)은 구아닌(G)과 결합하고, 사이토신(C)과 염기 ㉠의 비율이 $\frac{㉠}{\text{사이토신(C)}}=1$이므로 염기 ㉠은 구아닌(G)이다. ㉢은 RNA에서는 발견되지 않는다고 했으므로 타이민(T)이고, 나머지 ㉡은 아데닌(A)이다.

ㄴ. 이 DNA에서 ㉠(구아닌, G)과 사이토신(C)의 비율이 같고, ㉢(타이민, T)의 비율은 사이토신(C)의 비율보다 4배 크다. ㉡(아데닌, A)과 ㉢(타이민, T)의 비율이 같으므로 ㉠(구아닌, G) : ㉡(아데닌, A) : ㉢(타이민, T) : 사이토신(C)=1 : 4 : 4 : 1이고, DNA에서 ㉠(구아닌, G)의 비율은 10 %이다.

오답 피하기 ㄷ. 구아닌(G)은 ㉢(타이민, T)과 결합하지 않고, 사이토신(C)과 3개의 수소 결합을 형성한다.

17

(가) 살아 있는 S형 균을 쥐에게 주사하였더니 쥐가 죽은 실험에서 형질 전환은 일어나지 않았다.

(나) 살아 있는 R형 균을 쥐에게 주사하였더니 쥐가 죽지 않은 실험에서 형질 전환은 일어나지 않았다.

(다) 열처리한 S형 균을 쥐에게 주사하였더니 쥐가 죽지 않은 실험에서 형질 전환은 일어나지 않았다.

(라) 형질 전환은 한 생물의 유전 형질이 외부로부터 도입된 유전 물질에 의하여 형질이 바뀌는 현상이다. 열처리한 S형 균의 DNA에 의해 살아 있는 R형 균이 S형 균으로 형질 전환되고, 살아 있는 S형 균에 의해 쥐가 죽는다.

18

정답 맞히기 ㄴ. B(DNA)의 단위체는 뉴클레오타이드, A(단백질)의 단위체는 아미노산이다.

오답 피하기 ㄱ. A는 단백질로 대장균 안으로 들어가지 않는다. 대장균 안으로 들어가 새로운 파지를 만드는 데 관여하는 물질은 B인 DNA이다.

ㄷ. 바이러스의 일종인 파지는 물질대사에 필요한 효소를 갖지 않으므로 스스로 물질대사를 할 수 없다.

실력 향상 문제

본문 168~170쪽

01 ⑤	02 ③	03 ①	04 ④	05 ⑤
06 ⑤	07 ①	08 ④	09 ②	10 해설 참조
11 ②	12 ②	13 ①		

01 원핵생물과 진핵생물의 유전체

정답 맞히기 ㄱ. 원핵생물에 해당하는 개체 A는 오페론 구조를 갖고, 진핵생물에 해당하는 개체 B는 오페론 구조를 갖지 않으므로 ㉠은 '있음', ㉡은 '없음'이다.

ㄴ. 원핵생물에 해당하는 개체 A의 유전체는 원형 구조이고, 진핵생물에 해당하는 개체 B의 유전체는 선형 구조이다.

ㄷ. B(진핵생물에 해당하는 개체)의 유전체에는 단백질을 암호화하는 부위인 엑손과 단백질을 암호화하지 않는 부위인 인트론이 모두 있다.

02 원핵세포에서의 유전체

정답 맞히기 ㄱ. ㉠은 DNA이고, 당으로 디옥시리보스를 갖는다.

ㄴ. X는 여러 유전자의 전사가 한꺼번에 조절되는 오페론 구조를 갖는 원핵세포이다.

오답 피하기 ㄷ. 자료에서 유전자 A는 단백질 A를, 유전자 B는 단백질 B를, 유전자 C는 단백질 C를 암호화하고 있음을 알 수 있다.

03 DNA 추출

정답 맞히기 ㄱ. ㉠(주방용 세제)의 계면 활성제는 세포막과 핵막에서 지질 성분인 인지질을 분리시켜 세포막과 핵막을 분해시킨다.

오답 피하기 ㄴ. ㉡(차가운 에탄올)은 DNA에 붙어 있는 물 분자를 제거하여 DNA의 용해도를 낮춘다. DNA를 분해시키는 것은 DNA 분해 효소이다.

ㄷ. (라)의 결과 DNA는 서로 엉겨 붙은 상태로 추출된다.

04 원핵세포와 진핵세포의 유전체

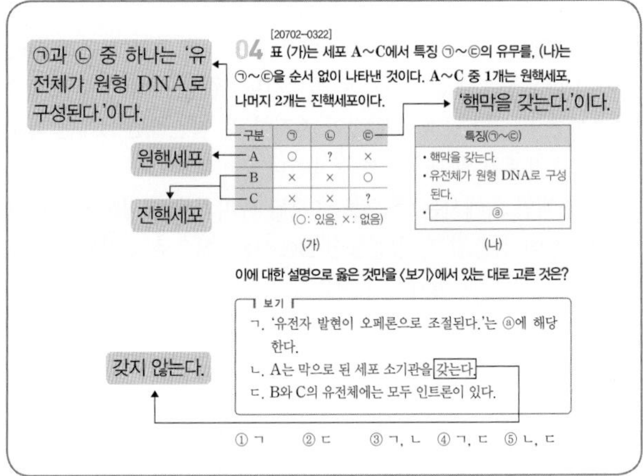
[20702-0322]

04 표 (가)는 세포 A~C에서 특징 ㉠~㉢의 유무를, (나)는 ㉠~㉢을 순서 없이 나타낸 것이다. A~C 중 1개는 원핵세포, 나머지 2개는 진핵세포이다.

구분	㉠	㉡	㉢
A	○	?	×
B	×	×	○
C	×	×	?

(○: 있음, ×: 없음)

(가)

특징(㉠~㉢)
• 핵막을 갖는다.
• 유전체가 원형 DNA로 구성된다.
• ⓐ

(나)

이에 대한 설명으로 옳은 것만을 <보기>에서 있는 대로 고른 것은?

보기

ㄱ. '유전자 발현이 오페론으로 조절된다.'는 ⓐ에 해당한다.

ㄴ. A는 막으로 된 세포 소기관을 갖는다.

ㄷ. B와 C의 유전체에는 모두 인트론이 있다.

① ㄱ ② ㄷ ③ ㄱ, ㄴ ④ ㄱ, ㄷ ⑤ ㄴ, ㄷ

정답 맞히기 ㄱ. 진핵세포는 핵막을 갖고, 원핵세포는 핵막을 갖지 않는다. A~C에서 특징 ㉠~㉢에 대해 '○'를 2개, '×'를 1개 갖는 것이 있으므로 ㉢은 '핵막을 갖는다.'이다. 따라서 A는 원핵세포, B와 C는 모두 진핵세포이고, ㉠ 혹은 ㉡은 '유전체가 원형 DNA로 구성된다.'이다. ⓐ에 해당하는 특징은 원핵세포인 A에는 있거나 없고, 진핵세포인 B와 C에는 없어야 한다. 유전자 발현이 오페론으로 조절되는 것은 원핵세포의 특징이고, 진핵세포의 특징은 아니므로 '유전자 발현이 오페론으로 조절된다.'는 ⓐ에 해당한다.

ㄷ. B와 C는 모두 진핵세포로 인트론을 갖는다.

오답 피하기 ㄴ. A(원핵세포)는 막으로 된 세포 소기관이 없어 세포질에 DNA가 존재한다.

05 에이버리의 실험

정답 맞히기 ㄱ. ㉡은 피막을 가지므로 S형 균이고, ㉠은 R형 균이다. 과정 Ⅰ에서 ㉠(R형 균)이 ㉡(S형 균)으로 형질 전환되었으므로 R형 균으로부터 S형 균으로의 형질 전환이 일어났다.

ㄴ. ⓐ에는 ㉡ 추출물이 있고, 형질 전환이 일어났으므로 피막 합성 유전자가 있다.

ㄷ. (가)를 처리했을 때 형질 전환이 일어나지 않았으므로 (가)는 DNA 분해 효소이고, (나)는 단백질 분해 효소이다. 따라서 (나)의 기질은 단백질이다.

06 허시와 체이스의 실험

정답 맞히기 ㄴ. (가)에서 믹서 작동은 대장균에서 파지를 떼어내기 위함이다.

ㄷ. (나)의 ㉢에는 ^{35}S으로 표지된 파지의 단백질이 있다.

오답 피하기 ㄱ. 실험 결과 ^{32}P으로 표지한 파지를 사용했을 때에는 대장균이 있는 침전물(㉡)에서 방사선이 검출되고, ^{35}S으로 표지한 파지를 사용했을 때에는 파지가 있는 상층액(㉢)에서 방사선이 검출된다.

07 그리피스의 실험

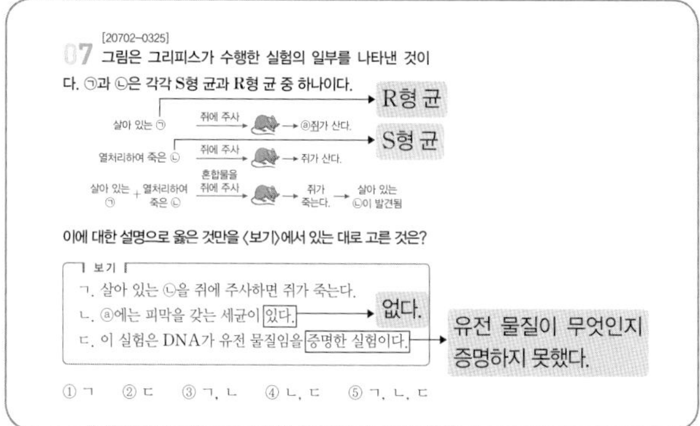
[20702-0325]

07 그림은 그리피스가 수행한 실험의 일부를 나타낸 것이다. ㉠과 ㉡은 각각 S형 균과 R형 균 중 하나이다.

이에 대한 설명으로 옳은 것만을 <보기>에서 있는 대로 고른 것은?

보기
ㄱ. 살아 있는 ㉡을 쥐에 주사하면 쥐가 죽는다.
ㄴ. ⓐ에는 피막을 갖는 세균이 있다. → 없다.
ㄷ. 이 실험은 DNA가 유전 물질임을 증명한 실험이다. → 유전 물질이 무엇인지 증명하지 못했다.

① ㄱ ② ㄷ ③ ㄱ, ㄴ ④ ㄴ, ㄷ ⑤ ㄱ, ㄴ, ㄷ

정답 맞히기 ㄱ. ㉠은 R형 균, ㉡은 S형 균이다. 살아 있는 ㉡(S형 균)을 쥐에 주사하면 쥐가 죽는다.

오답 피하기 ㄴ. R형 균은 피막이 없는 세균이고, S형 균은 피막이 있는 세균이다. ⓐ는 살아 있는 ㉠(R형 균)을 주사 받고 살아남은 쥐로 피막이 있는 세균이 존재하지 않는다.

ㄷ. 이 실험을 통해 형질 전환을 일으키는 물질이 있음을 알 수 있었지만, 이 물질이 DNA라는 것을 밝혀내지는 못했다.

08 폐렴 쌍구균을 이용한 형질 전환 실험

정답 맞히기 ㄱ. Ⅱ에서 R형 균과 S형 균이 모두 관찰되었으므로 Ⅱ에 DNA 분해 효소가 첨가되지 않았음을 알 수 있다. Ⅰ과 Ⅱ에 공통으로 첨가된 ㉠에 대해 관찰된 폐렴 쌍구균 종류가 다르므로 ㉠은 DNA 분해 효소가 아니고, ㉡이 DNA 분해 효소이다. Ⅳ에 첨가된 효소에 의해 두 종류의 폐렴 쌍구균 ⓐ와 ⓑ가 관찰되었으므로 Ⅳ에 첨가된 효소에는 ㉡(DNA 분해 효소)이 없다.

ㄴ. Ⅰ과 Ⅱ에서 공통으로 관찰되는 ⓐ는 R형 균이고, ⓑ는 S형 균이다. Ⅱ에서 ⓑ(S형 균)는 ⓐ(R형 균)가 형질 전환되어 생성된 것이다.

오답 피하기 ㄷ. ㉡은 DNA 분해 효소이고, ㉢은 다당류 분해 효소 혹은 RNA 분해 효소이므로, ㉢의 작용에 의해 형질 전환을 일으키는 물질인 DNA의 분해가 일어나지는 않는다.

09 DNA의 구조

정답 맞히기 ㄷ. 수소 결합 2개로 연결되고 고리 구조가 1개인 ㉠은 타이민(T), 고리 구조가 2개인 ㉢은 아데닌(A)이다. 수소 결합 3개로 연결되고 고리 구조가 1개인 ㉣은 사이토신(C), 고리 구조가 2개인 ㉡은 구아닌(G)이다. ㉡(구아닌)과 ㉢(아데닌)은 모두 퓨린 계열 염기에 속하고, ㉠(타이민)과 ㉣(사이토신)은 모두 피리미딘 계열 염기에 속한다.

오답 피하기 ㄱ. DNA는 역평행 구조를 가지므로 (가)는 5′ 말단이다.

ㄴ. RNA를 구성하는 염기는 A, U, G, C이므로 ㉠(타이민)이 존재하지 않는다.

10 DNA의 구조

X에서 AT 염기쌍의 수를 x, GC 염기쌍의 수를 y라 하면 X가 100개의 염기쌍으로 구성되어 있다고 했으므로 $x+y=100$, 염기 간 수소 결합의 총개수가 275개라고 했으므로 $2x+3y=275$이다. 연립 방정식을 풀면 $x=25$, $y=75$임을 알 수 있다. 따라서 100개의 염기쌍(200개의 뉴클레오타이드)으로 구성된 X에서 아데닌(A)의 수는 25, 타이민(T)의 수는 25, 구아닌(G)의 수는 75, 사이토신(C)의 수는 75이다.

모범 답안 X를 구성하는 염기의 종류는 A, T, G, C이고, A의 수는 25, T의 수는 25, G의 수는 75, C의 수는 75이다.

11 DNA의 구조

정답 맞히기 ㄷ. A은 T과 결합하고, G은 C과 결합하므로 $\frac{㉠+㉢}{㉡+㉣}$의 값은 (가)와 (나)에서 모두 1이다.

오답 피하기 ㄱ. (가)에서 AT 염기쌍의 수를 x, GC 염기쌍의 수를 y라 하자. (가)는 100개의 염기쌍으로 구성되었으므로 $x+y=100$, 염기 간 수소 결합 총개수가 280개이므로 $2x+3y=280$이다. 연립 방정식을 풀면 x는 20, y는 80이다. (가)에서 $\frac{㉠+㉡}{㉢+㉣}=0.25$이므로 ㉠과 ㉡은 각각 A과 T 중 하나이고, ㉢과 ㉣은 각각 G과 C 중 하나이다. 그림에서 ㉡은 고리가 2개인 퓨린 계열 염기이므로 A이다. ⓐ는 디옥시리보스이고 (가)에서 ⓐ의 수는 200이고, ㉡의 수는 20이므로 (가)에서 $\frac{㉡의\ 수}{ⓐ의\ 수}=\frac{20}{200}=0.1$이다.

ㄴ. (나)에서 AT 염기쌍의 수를 p, GC 염기쌍의 수를 q라 하자. (나)는 100개의 염기쌍으로 구성되었으므로 $p+q=100$, 염기 간 수소 결합의 총개수가 240개이므로 $2p+3q=240$이다. 연립 방정식을 풀면 p는 60, q는 40이다. ㉠과 ㉡은 각각 A과 T 중 하나이고, ㉢과 ㉣은 각각 G과 C 중 하나이므로 $\frac{㉠+㉡}{㉢+㉣}=\frac{60}{40}=1.5$이다.

12 DNA 구조

정답 맞히기 ㄷ. 가닥 Ⅰ의 염기 서열은 5′−ATTGCTACATC−3′, 가닥 Ⅱ의 염기 서열은 3′−TAACGATGTAG−5′이다. 퓨린 계열 염기에는 아데닌(A)과 구아닌(G)이 있고, 피리미딘 계열 염기에는 타이민(T)과 사이토신(C)이 있으므로 이 DNA에서 퓨린 계열 염기의 수는 11, 피리미딘 계열 염기의 수는 11로 서로 같다.

오답 피하기 ㄱ. DNA를 구성하는 두 단일 가닥은 상보적 염기로 구성되므로 ㉠의 염기 서열은 TAACGATGTAG이고, A의 수는 4이다.

ㄴ. DNA는 역평행 구조를 가지므로 ⓐ는 5′ 말단이다.

13 DNA의 구조

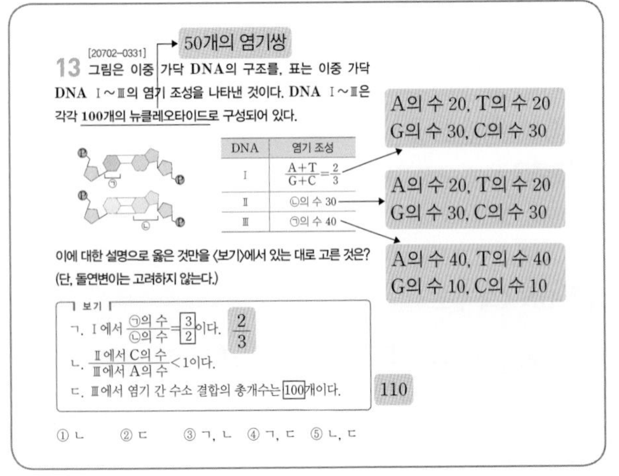
[20702-0331]
13 그림은 이중 가닥 DNA의 구조를, 표는 이중 가닥 DNA Ⅰ~Ⅲ의 염기 조성을 나타낸 것이다. DNA Ⅰ~Ⅲ은 각각 100개의 뉴클레오타이드로 구성되어 있다.

DNA	염기 조성
Ⅰ	$\frac{A+T}{G+C}=\frac{2}{3}$
Ⅱ	㉡의 수 30
Ⅲ	㉠의 수 40

이에 대한 설명으로 옳은 것만을 <보기>에서 있는 대로 고른 것은? (단, 돌연변이는 고려하지 않는다.)

보기
ㄱ. Ⅰ에서 $\frac{㉠의\ 수}{㉡의\ 수}=\frac{3}{2}$이다.
ㄴ. $\frac{Ⅱ에서\ C의\ 수}{Ⅲ에서\ A의\ 수}<1$이다.
ㄷ. Ⅲ에서 염기 간 수소 결합의 총개수는 100개이다.

① ㄴ ② ㄷ ③ ㄱ, ㄴ ④ ㄱ, ㄷ ⑤ ㄴ, ㄷ

정답 맞히기 ㄴ. ㉡은 구아닌(G)이고, 100개의 뉴클레오타이드로 구성된 Ⅱ에서 ㉡(G)의 수가 30이므로 사이토신(C)의 수도 30이다. ㉠은 타이민(T)이고, 100개의 뉴클레오타이드로 구성된 Ⅲ에서 ㉠(T)의 수가 40이므로 아데닌(A)의 수도 40이다. $\frac{Ⅱ에서\ C의\ 수}{Ⅲ에서\ A의\ 수}=\frac{30}{40}=\frac{3}{4}<1$이다.

오답 피하기 ㄱ. 100개의 뉴클레오타이드로 구성된 Ⅰ에서 $\frac{A+T}{G+C}=\frac{2}{3}$이므로 AT 염기쌍의 수는 20, GC 염기쌍의 수는 30이다. ㉠은 타이민(T)이고, ㉡은 구아닌(G)이다. Ⅰ에서 ㉠(T)의 수는 20, ㉡(G)의 수는 30이므로 $\frac{㉠(T)의\ 수}{㉡(G)의\ 수}=\frac{20}{30}=\frac{2}{3}$이다.

ㄷ. Ⅲ에서 AT 염기쌍의 수는 40, GC 염기쌍의 수는 10이므로 염기 간 수소 결합의 총개수는 $(40\times2)+(10\times3)=80+30=110$개이다.

신유형·수능 열기

본문 171~172쪽

01 ② 02 ⑤ 03 ④ 04 ④ 05 ①
06 ① 07 ③

01

정답 맞히기 ㄴ. 에탄올은 핵산에 붙어 있는 물 분자를 떨어뜨려 핵산의 용해도를 낮추어 서로 엉겨 붙게 한다. ㉡(에탄올과 혼합 용액이 만나는 경계 부분)에서 핵산이 실처럼 엉겨 붙어 나타난다.

오답 피하기 ㄱ. ㉠(세제 용액)의 계면 활성제 성분은 세포막과 핵막의 인지질 성분을 녹여 세포막과 핵막을 분해시키는 역할을 한다.

ㄷ. 이 실험을 통해 핵산의 존재를 확인할 수는 있지만, DNA 이중 나선 구조를 확인할 수는 없다.

02

정답 맞히기 ㄱ. A를 처리했을 때 살아 있는 S형 균이 관찰되지 않았으므로 A는 DNA 분해 효소이고, A의 기질인 DNA에는 염기 간 수소 결합이 있다.

ㄴ. ⓐ(살아 있는 S형 균)는 피막을 가지므로 ⓐ(살아 있는 S형 균)에서 피막 합성 유전자의 발현이 있었음을 알 수 있다.

ㄷ. ㉠은 S형 균이고, ㉡은 R형 균이다. B는 단백질 분해 효소이

므로 B를 처리했을 때 형질 전환이 일어났고, 과정 Ⅰ에서 ㉡(R형 균)이 ㉠(S형 균)으로 형질 전환이 일어나 배지에서 살아 있는 S형 균이 관찰되었다.

03

정답 맞히기 ㄴ. 바이러스가 세균을 감염시킬 때 자신의 유전 물질을 세균에 넣고, 세균의 효소를 이용하여 자신의 유전 물질을 복제한다. 세균을 감염시키는 바이러스를 박테리오파지 혹은 파지라고 한다. 파지의 DNA는 대장균으로 들어가 새로운 파지 생성에 관여하므로 ⓐ(대장균)에는 파지의 DNA가 들어 있는 대장균이 있다.

ㄷ. ㉡(^{32}P)으로 표지된 파지를 이용한 실험의 침전물에서는 방사선이 검출된다.

오답 피하기 ㄱ. ㉠으로 표지된 파지를 이용한 실험의 침전물에서는 방사선이 검출되지 않았으므로 ㉠은 ^{35}S이고, ㉡은 ^{32}P이다. ㉠(^{35}S)에 의해 파지의 단백질이 표지되고, ㉡(^{32}P)에 의해 파지의 DNA가 표지된다.

04

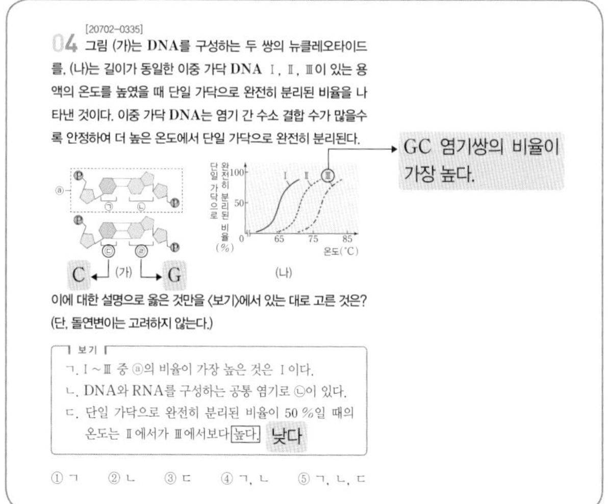

정답 맞히기 ㄱ. 염기 사이의 수소 결합 수가 많을수록 GC 염기쌍의 비율이 높고 AT 염기쌍인 ⓐ의 비율이 낮아야 더 높은 온도에서 단일 가닥으로 분리된다. Ⅰ~Ⅲ 중 Ⅰ이 가장 낮은 온도에서 단일 가닥으로 분리되므로 ⓐ(AT 염기쌍)의 비율이 가장 높다.

ㄴ. ㉠과 ㉡은 수소 결합 2개로 연결되고, ㉠은 고리 구조가 1개이므로 타이민(T)이며, ㉡은 아데닌(A)이다. DNA를 구성하는 염기는 A, T, G, C이고, RNA를 구성하는 염기는 A, U, G, C이므로 DNA와 RNA를 구성하는 공통 염기로 ㉡(A)이 있다.

오답 피하기 ㄷ. 단일 가닥으로 완전히 분리되는 비율이 50 %일 때의 온도는 Ⅰ < Ⅱ < Ⅲ이므로 Ⅱ에서가 Ⅲ에서보다 낮다.

05

정답 맞히기 ㄱ. (가)에서 A은 T*와, T은 A*와 각각 2개의 수소 결합을 형성하고, G은 C*와 C은 G*와 각각 3개의 수소 결합을 형성한다. (가)를 구성하는 염기 중 A*+T*의 비율이 26 %이므로 T+A의 비율도 26 %이다. 따라서 (가)를 구성하는 염기 중 G+C+G*+C*의 비율은 100 %−52 %=48 %이다. Ⅰ을 구성하는 염기 중 C의 비율이 22 %이므로 Ⅱ를 구성하는 염기 중 G*의 비율은 22 %이다. 따라서 (가)를 구성하는 염기 중 G*의 비율은 11 %, C의 비율은 11 %이다. (가)를 구성하는 염기의 수는 400이고, 이 중 G*의 비율이 11 %이므로 G*의 수는 400×0.11=44이다.

오답 피하기 ㄴ. (가)를 구성하는 염기 중 C+G*의 비율은 11 %+11 %=22 %이다.

ㄷ. (가)에서 염기 사이의 수소 결합의 총개수는 (104×2)+(96×3)=496개이다.

06

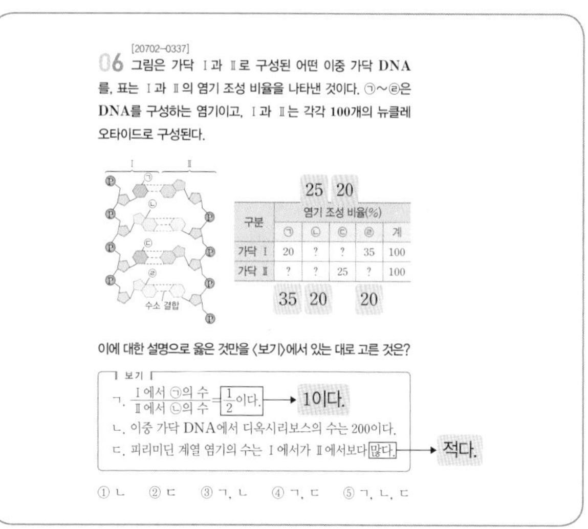

정답 맞히기 ㄴ. Ⅰ과 Ⅱ는 각각 100개의 뉴클레오타이드로 구성되고, 뉴클레오타이드 1개에 존재하는 디옥시리보스는 1개이므로 이중 가닥 전체 DNA에서 디옥시리보스의 수는 200이다.

오답 피하기 ㄱ. 그림에서 고리 구조 1개를 갖고 다른 염기와 수소 결합 2개를 형성하는 ㉠은 타이민(T), 고리 구조 2개를 갖고 다른 염기와 수소 결합 3개를 형성하는 ㉡은 구아닌(G), 고리 구조 1개를 갖고 다른 염기와 수소 결합 3개를 형성하는 ㉢은 사이토신(C), 고리 구조 2개를 갖고 다른 염기와 수소 결합 2개를 갖는 ㉣은 아데닌(A)이다. DNA에서 아데닌(A)은 타이민(T)과 결합하고, 구아닌(G)은 사이토신(C)과 결합하므로 표를 완성하면 다음과 같다.

구분	염기 조성 비율(%)				
	㉠(T)	㉡(G)	㉢(C)	㉣(A)	계
가닥 Ⅰ	20	25	20	35	100
가닥 Ⅱ	35	20	25	20	100

$\frac{\text{Ⅰ에서 ㉠의 수}}{\text{Ⅱ에서 ㉡의 수}}=\frac{20}{20}=1$이다.

ㄷ. 피리미딘 계열 염기에는 타이민(T)과 사이토신(C)이 있다. Ⅰ에서 피리미딘 계열 염기의 비율은 20 %+20 %=40 %이고, Ⅱ에서 피리미딘 계열 염기의 비율은 35 %+25 %=60 %이다. 따라서 피리미딘 계열 염기의 수는 Ⅰ에서가 Ⅱ에서보다 적다.

07

정답 맞히기 ㄱ. DNA를 구성하는 염기 중 퓨린 계열 염기는 아데닌(A), 구아닌(G)이므로 ㉠과 ㉡은 각각 아데닌(A)과 구아닌(G) 중 하나이다. 염기 간 2개의 수소 결합을 하는 것은 아데닌(A)이므로 ㉠은 아데닌(A), ㉡은 구아닌(G)이다. ㉢과 ㉣은 각각 타이민(T)과 사이토신(C) 중 하나이다.

ㄴ. DNA에서 아데닌(A)은 타이민(T)과 수소 결합 2개를, 구아닌(G)은 사이토신(C)과 수소 결합 3개를 형성하므로 $\frac{\text{㉠의 개수}+\text{㉡의 개수}}{\text{㉢의 개수}+\text{㉣의 개수}}=\frac{\text{A의 개수}+\text{G의 개수}}{\text{T 또는 C의 개수}+\text{C 또는 T의 개수}}$ =1이다.

오답 피하기 ㄷ. ㉢과 ㉣은 각각 타이민(T)과 사이토신(C) 중 하나이고, 모두 고리 구조 1개를 갖는다. 따라서 '고리 구조가 2개인가?'는 (가)에 해당하지 않는다.

9 DNA의 복제

탐구 활동

본문 178쪽

1 해설 참조 **2** 해설 참조 **3** 해설 참조

1

이중 가닥 DNA를 구성하는 각 가닥의 염기 서열은 서로 상보적이다.

모범 답안

(예) 5′−AGTCATGCTTGATGCCATAA−3′
3′−TCAGTACGAACTACGGTATT−5′

2

DNA의 두 가닥이 풀려 각 가닥을 주형으로 상보적인 가닥이 합성된다. 따라서 복제 후의 DNA에서 한 가닥은 주형 가닥, 나머지 한 가닥은 새로 합성된 가닥이다.

모범 답안 원래의 DNA 두 가닥은 분리되며, 복제된 DNA는 원래의 DNA 한 가닥과 새로 합성된 한 가닥으로 구성된다.

3

이중 가닥 DNA 복제 과정 중 새로 합성되는 두 가닥은 방향이 서로 반대이고, 복제는 두 가닥에서 동시에 진행된다. 두 가닥의 합성 과정에 차이가 있으며 각각 선도 가닥과 지연 가닥으로 불린다. 복제 진행 방향(복제 분기점의 진행 방향)과 같은 방향으로 끊임없이 연속적으로 합성되는 가닥을 선도 가닥이라고 하고, 복제가 진행되는 방향과 반대 방향으로 짧은 가닥이 불연속적으로 합성되는 가닥을 지연 가닥이라고 한다.

모범 답안 모의실험에서는 선도 가닥의 복제만 모형으로 나타냈고, 지연 가닥은 모형으로 나타내지 않았다. DNA 중합 효소를 사용하지 않았다. DNA 연결 효소를 사용하지 않았다. 등

내신 기초 문제

본문 179~180쪽

01 ③ **02** ① **03** ④ **04** ④
05 (다)→(가)→(나)→(라) **06** ① **07** ⑤
08 ⑤ **09** ③ **10** ④ **11** ③

01

정답 맞히기 ㄱ. DNA 복제 방식에 대해 보존적 복제 가설에서는 원래의 DNA 두 가닥 모두 보존되며, 복제된 DNA에는 원래의 DNA 가닥이 포함되어 있지 않다고 설명한다.
ㄴ. DNA 복제 방식에 대해 반보존적 복제 가설에서는 원래의 DNA 두 가닥이 분리되며, 복제된 DNA는 원래의 DNA 한 가닥과 새로 합성된 DNA 한 가닥으로 구성된다고 설명한다. 이때 복제 전 DNA를 구성하는 두 가닥이 각각 주형으로 작용한다고 설명한다.

오답 피하기 ㄷ. DNA 복제 방식에 대해 분산적 복제 가설에서는 복제된 DNA의 두 가닥 모두 원래의 DNA 조각들과 새로 합성된 DNA 조각들로 구성된다고 설명한다.

02

정답 맞히기 ㄱ. 반보존적 복제 가설에 따른 DNA 복제 방식을 나타낸 것으로 과정 Ⅰ에서 염기 사이의 수소 결합이 끊어져 이중 가닥 DNA의 각 가닥이 분리된다.

오답 피하기 ㄴ. DNA가 복제될 때 주형 가닥의 염기에 대해 상보적 염기가 결합하므로 ㉠은 아데닌(A)을 포함한 뉴클레오타이드이다.
ㄷ. 그림은 DNA 복제 방식 중 반보존적 복제 가설에 따른 DNA 복제 과정을 나타낸 것이다. 분산적 복제 가설에 따른 DNA 복제 과정에서는 새로 합성된 DNA 가닥에 원래의 DNA가 포함되어 있다.

03

정답 맞히기 ④ DNA 중합 효소는 디옥시리보스의 3′ 말단에 새로운 뉴클레오타이드의 인산을 결합시켜 DNA 합성에 관여한다.

오답 피하기 ① 헬리케이스는 DNA 두 가닥 사이에 형성된 염기 사이의 수소 결합을 끊어준다.
② ATP 합성 효소는 ADP와 P_i을 ATP로 합성한다.
③ DNA 연결 효소는 합성된 DNA 가닥과 이미 만들어진 DNA 가닥을 연결한다.
⑤ RNA 중합 효소는 DNA를 풀어가며 주형 가닥의 3′ → 5′ 방향으로 이동하면서 주형 가닥과 상보적인 뉴클레오타이드를 연결시켜 RNA를 합성한다.

04

정답 맞히기 ㄴ. 세포 주기 중 S기에 DNA 복제가 일어난다.
ㄷ. 새로 만들어진 가닥은 주형 가닥 5′ → 3′ 방향에 상보적인 염기 서열을 3′ → 5′ 방향으로 갖는다.

오답 피하기 ㄱ. 진핵세포의 DNA 복제는 핵에서 일어나고, 원핵세포의 DNA 복제는 세포질에서 일어난다.

05

DNA는 복제 원점에서 DNA를 구성하는 염기 사이의 수소 결합이 끊어지면서 시작된다. 염기 사이의 수소 결합이 끊어지면서 DNA 이중 나선이 단일 가닥으로 풀리고, RNA 프라이머가 합성된다. DNA 중합 효소가 주형 가닥에 결합하여 RNA 프라이머의 3′ 말단부터 새로운 DNA를 합성한다. 따라서 DNA 복제 과정은 (다) → (가) → (나) → (라) 순으로 진행된다.

06

정답 맞히기 ㄱ. 첫 번째 복제 후 원래의 가닥과 새로 합성된 가닥이 각각 따로 존재하므로 보존적 복제 모델을 나타낸 것이다.

오답 피하기 ㄴ. DNA를 구성하는 염기에는 아데닌(A), 구아닌(G), 타이민(T), 사이토신(C)이 있고, 유라실(U)은 RNA를 구성하는 염기이다. 새로 합성된 가닥은 DNA로 유라실(U)이 없다.
ㄷ. 한 번의 DNA 복제 후 이중 가닥 DNA의 수가 2배씩 증가하므로 두 번째 복제 후 이중 가닥 DNA의 수는 4이다.

07

정답 맞히기 ㄱ. 1세대 대장균의 DNA 원심 분리 결과 DNA가 모두 B 부분에만 있으므로 B는 중층($^{14}N-^{15}N$)이다. 2세대 대장균의 DNA 원심 분리 결과 DNA가 A와 B 부분에 있으므로 A는 상층($^{14}N-^{14}N$)임을 알 수 있고, 대장균은 ^{15}N 배지에서 배양된 후 ^{14}N 배지로 옮겨져 배양되었다. 따라서 ㉠은 ^{15}N, ㉡은 ^{14}N이다.
ㄴ. 1세대 대장균의 DNA가 복제될 때 ^{15}N를 포함하는 DNA 가닥이 주형으로 작용하였고, 새로 합성된 DNA 가닥은 ^{14}N를 포함한다.
ㄷ. 2세대 대장균의 DNA 원심 분리 결과 A와 B에 존재하는 DNA의 비율은 1 : 1로 같다.

08

정답 맞히기 ㄱ. DNA 합성은 주형 가닥의 3′ → 5′ 방향으로 일어나고, 새로 합성되는 가닥에서는 5′ → 3′ 방향으로 일어난다. DNA는 역평행 구조를 가지므로 ⓐ는 3′, ⓑ는 5′이다. 새로 합성된 DNA 가닥 ㉠의 합성은 ⓑ(5′)에서 ⓐ(3′) 방향으로 일어났다.
ㄴ. ㉠의 염기 서열과 ㉡의 염기 서열은 서로 상보적이고, A은 T과 결합하므로 ㉠에서 A의 수와 ㉡에서 T의 수는 같다.

ㄷ. 가닥 Ⅰ의 염기 서열과 ㉠의 염기 서열이 상보적이고, ㉠의 염기 서열과 ㉡의 염기 서열이 상보적이므로 가닥 Ⅰ과 ㉡의 염기 서열은 같다.

09

정답 맞히기 ③ DNA가 ^{15}N로 표지된 G_1기 상태의 세포를 ^{14}N 배지로 옮겨 6시간 배양하면 DNA 복제가 3회 일어난다. ^{14}N 배지에서 3회 분열하여 3세대 대장균을 얻게 되므로 DNA의 반보존적 복제 방식에 따라 하층($^{15}N-^{15}N$)에는 DNA가 없고, 중층($^{14}N-^{15}N$)에는 전체 DNA의 25 %가, 상층($^{14}N-^{14}N$)에는 전체 DNA의 75 %가 있게 된다.

오답 피하기 ①, ②, ④, ⑤ 하층($^{15}N-^{15}N$)은 0, 중층($^{14}N-^{15}N$)은 1, 상층($^{14}N-^{14}N$)은 3을 만족하지 않는다.

10

정답 맞히기 ㄱ. 지연 가닥에서 불연속적으로 합성된 각각의 짧은 가닥 DNA의 연결은 DNA 연결 효소에 의해 일어난다.

ㄷ. 복제 분기점의 진행 방향과 반대 방향으로 짧은 가닥이 불연속적으로 합성되는 지연 가닥의 합성에 필요한 RNA 프라이머는 여러 개이고, 선도 가닥의 합성에 필요한 RNA 프라이머는 1개이다.

오답 피하기 ㄴ. 선도 가닥과 지연 가닥에서 DNA 합성 방향은 서로 반대지만, 복제는 두 가닥에서 동시에 일어난다.

11

정답 맞히기 ㄱ. DNA 합성은 5′→3′ 방향으로 진행되므로 ㉠은 5′ 말단이다.

ㄴ. Ⅰ과 Ⅱ는 불연속적인 DNA 가닥이므로 Ⅰ과 Ⅱ는 모두 지연 가닥을 구성한다.

오답 피하기 ㄷ. Ⅰ과 Ⅱ는 지연 가닥이고, Ⅲ은 선도 가닥이다. 선도 가닥은 우측에서 좌측으로 합성되고 있으므로 복제 분기점의 진행 방향은 (가)의 반대 방향이다.

실력 향상 문제

본문 181~182쪽

01 ① **02** ④ **03** ② **04** 해설 참조
05 ④ **06** ④ **07** ⑤

01 DNA 복제 방식에 대한 실험

정답 맞히기 ㄱ. DNA는 반보존적으로 복제되고 (나)의 3세대 대장균의 실험 결과 상대적으로 무거운 쪽의 DNA양이 많으므로 ㉠은 ^{14}N, ㉡은 ^{15}N이다.

오답 피하기 ㄴ. DNA가 분산적 복제 모델에 따라 복제된다면 (나)의 3세대 대장균의 실험 결과 중간 쪽의 DNA양이 가장 많을 것이다. 실험 결과는 무거운 쪽의 DNA양이 많으므로 분산적 복제 모델을 지지하지 않는다.

ㄷ. 1세대 대장균의 실험 결과 중간 쪽의 DNA양이 1만큼 존재하고, 2세대 대장균의 실험 결과 중간 쪽과 무거운 쪽의 DNA양이 각각 1만큼 존재하고, 3세대 대장균의 실험 결과 중간 쪽과 무거운 쪽의 DNA양이 각각 1과 3만큼 존재한다. 구간 Ⅰ에 해당하는 DNA양은 1세대 대장균에서가 2세대 대장균에서보다 적다.

02 DNA 복제 방식에 대한 실험

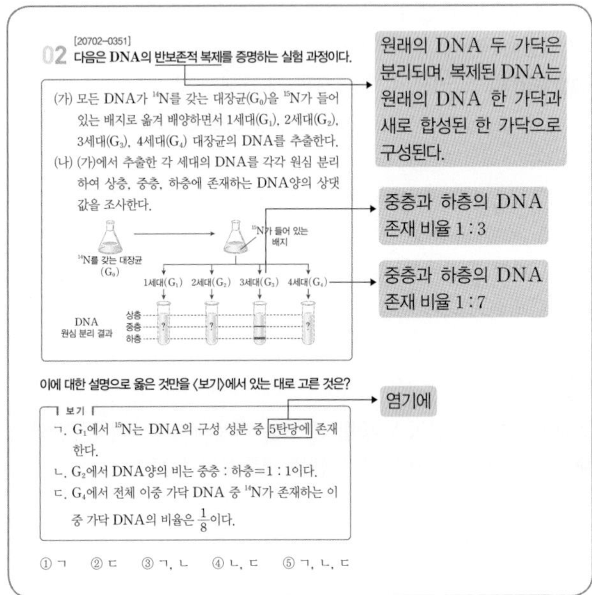
[20702-0351]

02 다음은 DNA의 반보존적 복제를 증명하는 실험 과정이다.

(가) 모든 DNA가 ^{14}N를 갖는 대장균(G_0)을 ^{15}N가 들어 있는 배지로 옮겨 배양하면서 1세대(G_1), 2세대(G_2), 3세대(G_3), 4세대(G_4) 대장균의 DNA를 추출한다.

(나) (가)에서 추출한 각 세대의 DNA를 각각 원심 분리하여 상층, 중층, 하층에 존재하는 DNA양의 상댓값을 조사한다.

이에 대한 설명으로 옳은 것만을 〈보기〉에서 있는 대로 고른 것은?

보기

ㄱ. G_1에서 ^{15}N는 DNA의 구성 성분 중 5탄당에 존재한다.

ㄴ. G_2에서 DNA양의 비는 중층 : 하층=1 : 1이다.

ㄷ. G_4에서 전체 이중 가닥 DNA 중 ^{14}N가 존재하는 이중 가닥 DNA의 비율은 $\frac{1}{8}$이다.

① ㄱ ② ㄷ ③ ㄱ, ㄴ ④ ㄴ, ㄷ ⑤ ㄱ, ㄴ, ㄷ

정답 맞히기 ㄴ. G_1에서 DNA는 중층($^{14}N-^{15}N$)에만, G_2에서 DNA양의 비는 중층($^{14}N-^{15}N$) : 하층($^{15}N-^{15}N$)=1 : 1, G_3에서 DNA양의 비는 중층($^{14}N-^{15}N$) : 하층($^{15}N-^{15}N$)=1 : 3, G_4에서 DNA양의 비는 중층($^{14}N-^{15}N$) : 하층($^{15}N-^{15}N$)=1 : 7이다.

ㄷ. G_4에서 DNA양의 비는 중층($^{14}N-^{15}N$) : 하층($^{15}N-^{15}N$)=1 : 7이므로 전체 이중 가닥 DNA 중 ^{14}N가 존재하는 이중 가닥 DNA의 비율은 $\frac{1}{8}$이다.

오답 피하기 ㄱ. DNA에서 5탄당인 디옥시리보스를 구성하는 원소로는 탄소(C), 수소(H), 산소(O)가 있다. DNA를 구성하는

성분 중 염기의 구성 원소로 질소(N)가 있으므로 ^{15}N는 DNA의 염기에 존재한다.

03 DNA 복제

정답 맞히기 ㄴ. ㉢은 이미 만들어진 짧은 DNA 가닥을 연결하는 DNA 연결 효소로 지연 가닥에서 DNA 연결에 관여한다.

오답 피하기 ㄱ. DNA 합성은 5′→3′ 방향으로 일어나고, 복제 진행 방향(복제 분기점의 진행 방향)은 우측에서 좌측으로 진행되므로 Ⅱ가 Ⅲ보다 나중에 합성되었다.

ㄷ. ㉠은 헬리케이스, ㉡은 DNA 중합 효소이다. Ⅰ이 합성되기 위해서는 헬리케이스에 의해 DNA를 구성하는 염기 간 수소 결합이 끊어진 후 DNA 중합 효소에 의해 주형 가닥과 상보적인 염기를 갖는 뉴클레오타이드가 결합되어야 한다. 따라서 Ⅰ의 합성 과정에서 ㉡(DNA 중합 효소)이 ㉠(헬리케이스)보다 나중에 작용한다.

04 DNA 복제

DNA 중합 효소는 이미 만들어져 있는 폴리뉴클레오타이드의 3′−OH가 있을 때만 새로운 뉴클레오타이드의 인산기를 결합시켜 DNA를 신장시킬 수 있으므로, DNA 복제는 5′→3′ 방향으로만 일어난다.

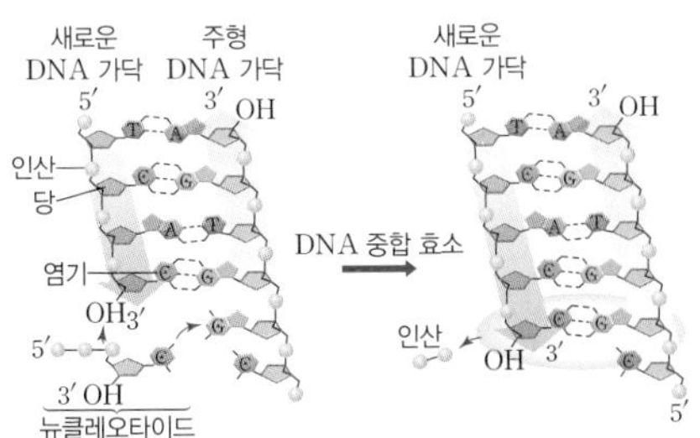

모범 답안 RNA 프라이머는 새로 첨가되는 뉴클레오타이드가 DNA 중합 효소의 작용으로 당−인산 결합을 형성할 수 있도록 3′ 말단의 수산기(−OH)를 제공한다.

05 DNA 복제

정답 맞히기 ㄱ. Ⅱ+Ⅲ에도 (가)에 존재하는 퓨린 계열 염기 1종류와 피리미딘 계열 염기 1종류가 있다.

$\frac{\text{Ⅱ와 (나) 사이의 염기 간 수소 결합의 총개수}}{\text{Ⅲ과 (나) 사이의 염기 간 수소 결합의 총개수}} = \frac{2}{3}$이므로 Ⅱ와 (나) 사이의 염기쌍에는 각각 2개의 수소 결합이 형성되어 있고, Ⅲ과 (나) 사이의 염기쌍에는 각각 3개의 수소 결합이 형성되어 있다. Ⅱ를 구성하는 염기의 종류 수가 2이므로, Ⅱ에는 U과 T이 있고, RNA 프라이머는 U을 가질 수 있으므로 프라이머 X의 염기 서열은 5′−UUUUU−3′이다. Ⅲ을 구성하는 염기의 종류 수는 1이고, Ⅲ에는 G이 있다.

ㄷ. Ⅲ은 G으로 구성되어 있다. Ⅲ에 존재하는 프라이머 Y는 G으로 구성되고, 염기의 수는 5이다. Y와 (나)는 상보적 염기쌍을 형성하고, G은 C과 3개의 수소 결합을 형성하므로 Y와 (나) 사이의 염기 간 수소 결합의 총개수는 5×3=15개이다.

오답 피하기 ㄴ. Ⅱ에는 U과 T이 있고, Ⅲ에는 G이 있으므로 (나)에는 2개의 염기 A, C이 있다. (가)와 (나)는 상보적 염기쌍을 가지므로 (가)에는 2개의 염기 T, G이 있다.

06 DNA 복제 방식에 대한 실험

정답 맞히기 ㄴ. G_0에는 ^{15}N−^{15}N DNA만 있으므로 ⓑ는 ^{15}N−^{15}N DNA이다. G_0을 ^{15}N 배지에서 배양하여 얻은 G_1에서는 ⓑ만 있어야 하는데 그렇지 않으므로 G_1은 G_0을 ^{14}N 배지에서 배양하여 얻은 것이고, ⓐ는 ^{14}N−^{15}N DNA이다. 따라서 나머지 ⓒ는 ^{14}N−^{14}N DNA이다. G_2에서 ⓑ(^{15}N−^{15}N DNA)가 없으므로 G_2는 G_1을 ^{14}N 배지에서 배양하여 얻은 것이다. G_3에서 ⓑ(^{15}N−^{15}N DNA)가 있으므로 G_3은 G_2를 ^{15}N 배지에서 배양하여 얻은 것이고, G_4에 ⓑ(^{15}N−^{15}N)가 없으므로 G_4는 G_3을 ^{14}N 배지에서 배양하여 얻은 것이다.

구분	G_0	G_1	G_2	G_3	G_4
ⓐ(^{14}N−^{15}N DNA)	?(×)	○	○	?(○)	○
ⓑ(^{15}N−^{15}N DNA)	○	?(×)	×	○	×
ⓒ(^{14}N−^{14}N DNA)	×	×	㉠(○)	×	㉡(○)

(○: 있음, ×: 없음)

G_2의 DNA에서 ^{14}N−^{15}N DNA : ^{14}N−^{14}N DNA=1 : 1이므로 $\frac{^{15}\text{N 단일 가닥의 양}}{^{14}\text{N 단일 가닥의 양}} = \frac{1}{3}$이다.

ㄷ. G_4를 ^{15}N 배지에서 한 세대 배양하여 얻은 G_5에서는 ⓐ(^{14}N−^{15}N DNA)와 ⓑ(^{15}N−^{15}N DNA)가 모두 존재한다.

오답 피하기 ㄱ. ㉠과 ㉡은 모두 ‘○’이다.

07 DNA 복제

정답 맞히기 ㄱ. ㉠과 ㉡은 지연 가닥을 구성하고, ㉢은 선도 가닥을 구성한다.

ㄴ. DNA X를 구성하는 염기의 수를 x라 하면, ⓐ에서 염기의 수는 $0.4x$, ㉠+㉡+㉢의 염기의 수는 $0.6x$이므로 ㉠과 ㉡의 염기의 수는 각각 $0.15x$, ㉢의 염기의 수는 $0.3x$이다. Ⅰ, Ⅱ, ㉠, ㉡, ㉢의 염기의 수는 $0.5x+0.5x+0.15x+0.15x+0.3x=1.6x=480$이므로 x는 300이다. 염기의 수는 Ⅰ에서 150, Ⅱ에서 150, ㉠에서 45, ㉡에서 45, ㉢에서 90이다.

ㄷ. ㉠과 Ⅰ 사이에 존재하는 AU 염기쌍의 수를 p, AT 염기쌍의 수를 q, GC 염기쌍의 수를 r라 하자. ㉠과 Ⅰ 사이의 염기쌍

의 수는 45이므로 $p+q+r=45$이고, ㉠과 Ⅰ 사이의 염기 간 수소 결합의 총개수가 133개이므로 $2p+2q+3r=133$이다. 따라서 r(GC 염기쌍의 수)는 43이고, p(AU 염기쌍의 수)와 q(AT 염기쌍의 수)가 같으므로 각각 1이다. 유라실(U)은 DNA에 존재하지 않고 RNA 프라이머에 존재한다. Ⅰ, Ⅱ, ㉠, ㉡, ㉢ 중 유라실(U)의 수가 5이고, ㉠의 프라이머에 유라실(U)이 1개 있으므로 ㉡과 ㉢의 프라이머에 존재하는 유라실(U)의 수는 4이다.

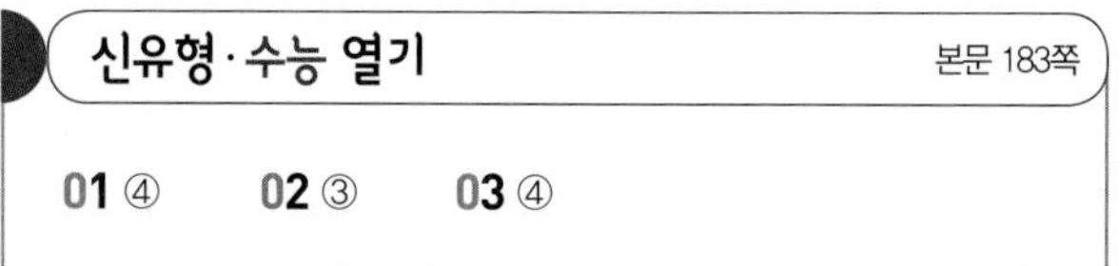

01

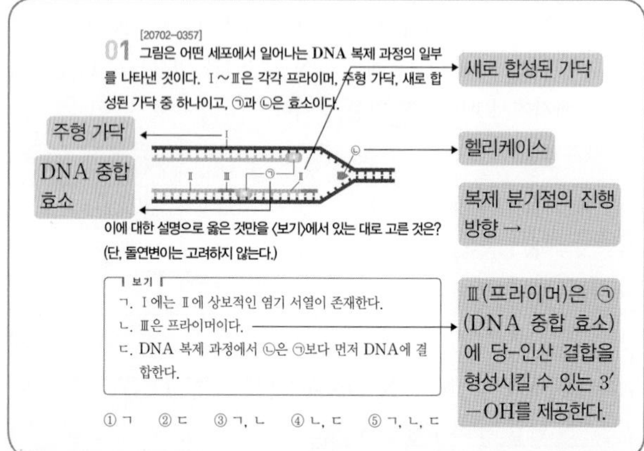

정답 맞히기 ㄴ. Ⅲ은 프라이머이다. 프라이머는 DNA 중합 효소의 작용으로 당-인산 결합이 형성될 수 있도록 3′ 말단의 수산기(-OH)를 제공한다.

ㄷ. ㉠은 DNA 중합 효소, ㉡은 헬리케이스이다. DNA 복제 과정에서 ㉡(헬리케이스)이 먼저 DNA 복제 원점에 결합하여 염기 간 수소 결합을 끊고, ㉠(DNA 중합 효소)에 의한 DNA 합성이 일어난다.

오답 피하기 ㄱ. DNA 복제에서 DNA 중합 효소는 주형 가닥과 상보적인 염기를 갖는 뉴클레오타이드를 결합시키면서 새로운 가닥을 합성한다. Ⅰ에는 Ⅱ에 존재하는 염기 서열과 같은 염기 서열이 존재한다.

02

정답 맞히기 ㄱ. Ⅰ은 주형 가닥과 상보적이고, 주형 가닥은 염기 ㉠~㉢의 3종류를 가지지만 Ⅰ은 4종류의 염기를 가지므로 프라이머 X의 염기 서열은 5′-UUU-3′이다. Ⅰ에 존재하는 프라이머 X의 염기 서열이 5′-UUU-3′이므로 ㉠ 혹은 ㉢ 중 하나는 A이다. ㉠이 A일 때 X의 염기 서열이 5′-UUU-3′인 경우는 Ⅰ~Ⅲ 중 Ⅰ 밖에 없으므로 ㉢이 A임을 알 수 있다. Ⅱ와 Ⅲ에도 5′-UUU-3′의 염기 서열을 갖는 프라이머 X가 존재하므로 ㉠은 T임을 알 수 있다. 나머지 ㉡은 G 혹은 C이다. 자료의 DNA에서 염기 서열을 해석하면 다음과 같다.

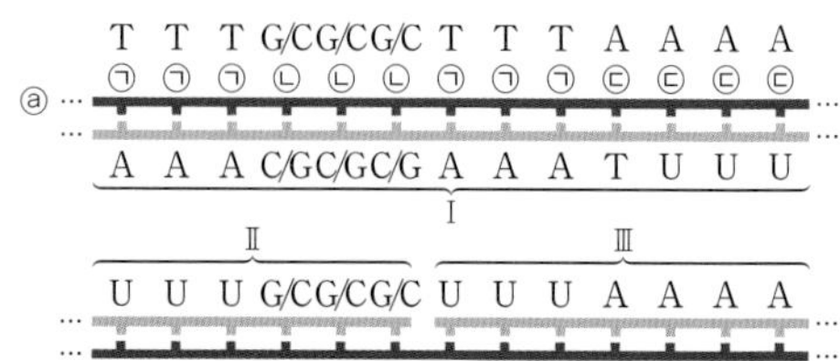

ㄷ. Ⅰ과 주형 가닥 사이의 염기 간 수소 결합의 총개수는 $(10\times2)+(3\times3)=29$개이다.

오답 피하기 ㄴ. DNA는 5′→3′ 방향으로 합성되고, 역평행 구조를 가지므로 ⓐ는 5′ 방향이다.

03

정답 맞히기 ㄴ. 부모 세대는 ^{15}N가 들어 있는 배지에서 배양되었으므로 DNA 원심 분리 결과 하층(^{15}N-^{15}N)(B)에 DNA가 존재한다.

ㄷ. G_3을 DNA 원심 분리하면 상층(^{14}N-^{14}N)(A) : 중층(^{14}N-^{15}N)(C) : 하층(^{15}N-^{15}N)(B)의 DNA 상대량 비는 3 : 1 : 0이다. 이를 ^{14}N 배지에서 한 세대 배양하여 얻은 G_4를 DNA 원심 분리하면 상층(^{14}N-^{14}N)(A) : 중층(^{14}N-^{15}N)(C) : 하층(^{15}N-^{15}N)(B)의 DNA 상대량 비는 7 : 1 : 0이다. 따라서 A : C의 DNA 상대량 비는 7 : 1이다.

오답 피하기 ㄱ. G_1의 DNA 원심 분리 결과 중층(^{14}N-^{15}N)에만 DNA가 존재하므로 C는 중층(^{14}N-^{15}N)이다. G_2~G_4 모두 ^{14}N 배지에서 배양되었으므로 모두 상층(^{14}N-^{14}N)에 DNA가 존재한다. 따라서 A는 상층(^{14}N-^{14}N), B는 하층(^{15}N-^{15}N)이다. G_1은 ^{14}N-^{14}N DNA를 갖지 않고, G_2~G_4는 모두 ^{14}N-^{14}N DNA를 갖는다.

10 유전자 발현

탐구 활동

본문 196쪽

1 해설 참조

1

중심 원리는 유전 정보의 흐름에 대한 이론이다. 중심 원리에서 유전 물질인 DNA는 복제되며, 형질이 발현될 때 DNA의 유전 정보가 mRNA로 전달되고, 이 mRNA가 세포질에서 폴리펩타이드 합성에 관여한다.

모범 답안 DNA의 유전 정보가 전달되는 과정은 DNA → RNA → 단백질 순서로 이루어지는데, 이것을 유전 정보의 중심 원리라고 한다. DNA가 RNA를 통해 유전 정보를 전달함으로써 세포질에서 단백질 합성이 일어난다.

내신 기초 문제

본문 197~199쪽

01 ⑤	02 ①	03 ④	04 ③	05 ①
06 ②	07 ①	08 ④	09 ⑤	10 ③
11 ②	12 ①	13 ④	14 ③	15 ④
16 ⑤	17 ②	18 ①	19 ④	

01

정답 맞히기 ㄱ. DNA에서 유전 정보가 있는 특정 부분을 유전자라고 한다.

ㄴ. 유전 정보는 DNA에 염기 서열로 저장되어 있다.

ㄷ. 유전자 발현은 유전자로부터 유전 형질이 나타나기까지의 과정으로 진핵세포에서는 핵과 세포질에서 일어난다.

02

정답 맞히기 ㄱ. 완전 배지는 한 생물체 또는 그 생물체의 세포가 생장과 증식을 하는 데 필요한 모든 영양 물질을 포함한 배지로 야생형은 완전 배지에서 자랄 수 있다.

오답 피하기 ㄴ. 영양 요구성 돌연변이는 최소 배지에 아미노산이나 비타민과 같은 특정 물질을 공급하지 않으면 생장하지 않는 돌연변이이다. 최소 배지는 생물이 살아가는 데 필요한 최소한의 영양 물질만 포함된 배지로 영양 요구성 돌연변이는 최소 배지에서 생장할 수 없다.

ㄷ. 붉은빵곰팡이는 자낭균류에 속하는 곰팡이로 주황색의 포자를 만든다. 포자의 핵상이 n이어서 돌연변이가 일어나면 형질이 열성이더라도 바로 나타난다.

03

정답 맞히기 ㄴ. ㉡(단백질)의 단위체는 탄소 원자에 아미노기($-NH_2$), 카복실기($-COOH$), 수소 원자, 곁사슬($-R$)이 결합된 아미노산이다.

ㄷ. 일부 DNA의 염기 서열에 ㉢(폴리펩타이드)의 합성 정보가 암호화되어 있다.

오답 피하기 ㄱ. ㉠은 효소, ㉡은 단백질, ㉢은 폴리펩타이드이다.

04

정답 맞히기 ㄱ. 효소 A는 전구 물질을 오르니틴으로 전환시키는 과정을 촉진하므로 효소 A가 기능을 하지 못하면 전구 물질이 오르니틴으로 전환되지 않는다.

ㄷ. 효소 C는 시트룰린을 아르지닌으로 전환시키는 과정을 촉진한다.

오답 피하기 ㄴ. 효소 B는 오르니틴을 시트룰린으로 전환시키는 과정을 촉진한다. 효소 B의 기질은 오르니틴, 생성물은 시트룰린이다.

05

정답 맞히기 ㄱ. 적혈구 속의 헤모글로빈은 α 사슬 2개, β 사슬 2개의 총 4개 사슬로 구성되어 있고, α 사슬과 β 사슬은 각각 다른 유전자에 의해 합성된다. 헤모글로빈은 '1유전자 1폴리펩타이드설'의 근거가 된다.

오답 피하기 ㄴ. 1개의 유전자로부터 합성된 RNA가 다양하게 가공되어 여러 종류의 폴리펩타이드가 만들어질 수 있지만, 1유전자 1폴리펩타이드설에 해당하는 설명은 아니다.

ㄷ. '1유전자 1폴리펩타이드설'로 설명할 수 없는 사례가 있다. 예를 들어 어떤 DNA 유전자로부터 합성된 rRNA와 tRNA와 같이 유전자의 최종 산물이 폴리펩타이드가 아니라 RNA인 경우도 있다.

06

정답 맞히기 ㄷ. DNA 3염기 조합의 염기 종류와 배열 순서에 따라 폴리펩타이드의 아미노산 서열이 결정된다.

오답 피하기 ㄱ. DNA 3염기 조합은 DNA를 구성하는 3개의 염기로 구성되며, DNA에는 유라실(U)이 존재하지 않는다.
ㄴ. DNA의 염기가 3개씩 사용되어 모두 $64(=4^3)$종류의 유전부호 조합이 가능해 20종류의 아미노산을 지정하기에 충분하다.

07

정답 맞히기 ㄱ. 코돈의 종류는 $64(=4^3)$종류이다.
오답 피하기 ㄴ. 코돈의 종류 중 개시 코돈은 AUG이고, 종결 코돈은 UAA, UAG, UGA이다.
ㄷ. 코돈 64종류 중 61종류는 아미노산을 지정하고, 3종류는 아미노산을 지정하지 않는다.

08

정답 맞히기 ㄱ. 중심 원리는 DNA의 유전 정보가 DNA → RNA → 단백질(폴리펩타이드)의 순서로 전달된다고 설명한다. ㉠은 DNA, ㉡은 RNA, ㉢은 단백질이다. ㉠(DNA)을 구성하는 뉴클레오타이드에 5탄당인 디옥시리보스가 있다.
ㄷ. 리보솜은 mRNA의 유전 정보를 해석하여 ㉢(단백질)을 합성한다.
오답 피하기 ㄴ. ㉡(RNA)을 구성하는 염기의 종류는 4종류로 A, U, G, C이 있다.

09

정답 맞히기 ㄱ. A는 DNA가 복제되는 복제, B는 DNA로부터 RNA가 합성되는 전사, C는 RNA 정보가 단백질로 합성되는 번역이다.
ㄴ. B(전사)는 핵에서 일어나며 RNA 중합 효소는 DNA 정보로부터 RNA를 합성한다.
ㄷ. C(번역)는 세포질에서 일어나며 RNA 정보로부터 단백질을 합성한다.

10

정답 맞히기 ㄱ. 진핵세포의 전사는 핵에서 RNA 중합 효소에 의해 일어난다.
ㄷ. RNA의 합성은 RNA 중합 효소가 주형 가닥 DNA의 3′ → 5′ 방향으로 이동하면서 5′ → 3′ 방향으로 일어나고, 주형이 되는 DNA 염기에 상보적인 염기를 가지는 리보뉴클레오타이드를 결합시킨다.
오답 피하기 ㄴ. RNA 중합 효소에 의한 RNA 합성은 프라이머를 필요로 하지 않는다.

11

정답 맞히기 ② RNA 중합 효소는 DNA 주형 가닥에 상보적으로 결합하는 리보뉴클레오타이드를 차례로 5′ → 3′ 방향으로 결합시킨다. DNA의 염기가 A이면 U, T이면 A, G이면 C, C이면 G이 포함된 리보뉴클레오타이드가 연결된다. 제시된 DNA로부터 전사된 mRNA의 염기 서열은 5′−AUGACUAGGCAU−3′이 적절하다.
오답 피하기 ①, ③, ⑤ 염기 서열에 T이 있으므로 mRNA 염기 서열로 적절하지 않다.
④ 5′−UACACUAGGGUA−3′의 염기 서열은 주어진 DNA와 상보적인 염기쌍을 형성하지 않아 mRNA 염기 서열로 적절하지 않다.

12

정답 맞히기 ㄱ. RNA에는 mRNA, tRNA, rRNA가 있으며 이 중에 DNA가 가진 정보를 리보솜으로 전달하는 RNA는 mRNA이다.
오답 피하기 ㄴ. tRNA는 아미노산을 리보솜으로 운반하는 역할을 한다.
ㄷ. rRNA는 단백질 합성 장소인 리보솜을 구성하는 주요 성분이다.

13

정답 맞히기 ④ 폴리펩타이드 합성 과정에서 mRNA의 개시 코돈인 AUG에 메싸이오닌(Met)이 붙어 있는 개시 tRNA가 결합하면서 폴리펩타이드 합성이 시작된다. 따라서 폴리펩타이드 합성 과정에서 리보솜에 최초로 결합하는 아미노산은 메싸이오닌이다.
오답 피하기 ①, ②, ③, ⑤ 폴리펩타이드 합성 과정에서 리보솜에 최초로 결합하는 아미노산은 메싸이오닌인데 다른 아미노산을 나타내므로 정답이 아니다.

14

정답 맞히기 ③ 폴리펩타이드의 합성은 개시 코돈인 AUG에서 시작하여 종결 코돈인 UAA, UAG, UGA에서 종결된다. 이때 mRNA에서 3개 염기로 구성된 코돈 1개는 아미노산 1개를 지정한다. 제시된 mRNA에서 번역에 참여한 염기 서열은 5′−AUG GUA AAU CGG CAG UGG UAA−3′이고, 종결 코돈(UAA)은 아미노산을 지정하지 않으므로 합성된 폴리펩타이드에서 아미노산은 6개이다.
오답 피하기 ①, ②, ④, ⑤ 합성된 폴리펩타이드에서 아미노산이 6개가 아니므로 정답이 아니다.

15

정답 맞히기 ㄱ. ㉠은 mRNA로 mRNA에 있는 5탄당은 리보스이다.

ㄴ. ㉡(세포 추출액)에는 단백질 합성에 필요한 물질인 리보솜, 아미노산, tRNA, 단백질 합성에 필요한 효소 등이 모두 포함되어 있다.

오답 피하기 ㄷ. ㉢(폴리펩타이드)은 유라실(U)로만 구성된 mRNA로부터 합성된 것이므로 ㉢(폴리펩타이드)을 구성하는 아미노산 종류는 1가지이다.

16

정답 맞히기 ㄱ. X는 아미노산을 리보솜에 전달하는 역할을 하는 tRNA이다.

ㄴ. ㉠은 5′으로 말단에 인산기가 노출되어 있고, ㉡은 3′으로 아미노산이 결합되어 있다.

ㄷ. (가)는 안티코돈이다. (가)(안티코돈)의 염기는 코돈의 염기와 수소 결합을 형성할 수 있다.

17

정답 맞히기 ㄴ. 리보솜은 대단위체와 소단위체로 구성되며, 소단위체에는 mRNA 결합 부위가 있다.

오답 피하기 ㄱ. 리보솜은 인지질 2중층과 단백질로 구성된 막 구조를 갖지 않는다.

ㄷ. 리보솜의 대단위체와 소단위체 모두 rRNA와 단백질로 구성된다.

18

정답 맞히기 ㄱ. DNA로부터 RNA가 합성되는 전사는 핵 내에서 일어난다.

오답 피하기 ㄴ. 전사되어 처음으로 만들어진 mRNA는 가공 과정을 거친 후 핵에서 세포질로 이동한다.

ㄷ. 번역에서 mRNA에 먼저 결합하는 리보솜의 단위체는 소단위체이고, 이후 대단위체가 결합한다.

19

정답 맞히기 ㄴ. 전사된 mRNA는 DNA 주형 가닥의 염기 서열과 상보적인 염기 서열을 가지므로 주형 가닥은 Ⅰ이다.

ㄷ. Ⅰ, Ⅱ, mRNA에서 뉴클레오타이드의 수는 같고, Ⅱ와 mRNA에서 A의 비율이 35 %로 같으므로 A의 수도 같다.

오답 피하기 ㄱ. mRNA를 구성하는 염기는 타이민(T) 대신에 유라실(U)이므로 ㉠은 0이다.

실력 향상 문제

본문 200~202쪽

01 ② **02** ④ **03** ④ **04** ② **05** ④
06 ② **07** ③ **08** ④ **09** 해설 참조
10 6개 **11** ③ **12** ③

01 중심 원리

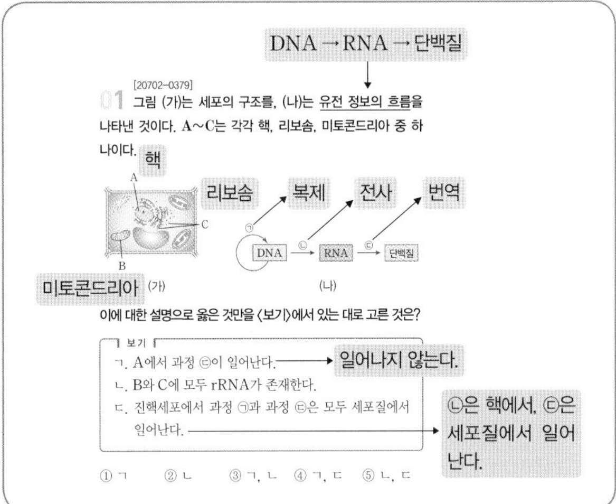
[20702-0379]

01 그림 (가)는 세포의 구조를, (나)는 유전 정보의 흐름을 나타낸 것이다. A~C는 각각 핵, 리보솜, 미토콘드리아 중 하나이다.

이에 대한 설명으로 옳은 것만을 〈보기〉에서 있는 대로 고른 것은?

보기

ㄱ. A에서 과정 ㉢이 일어난다.
ㄴ. B와 C에 모두 rRNA가 존재한다.
ㄷ. 진핵세포에서 과정 ㉠과 과정 ㉢은 모두 세포질에서 일어난다.

① ㄱ ② ㄴ ③ ㄱ, ㄴ ④ ㄱ, ㄷ ⑤ ㄴ, ㄷ

정답 맞히기 ㄴ. A는 핵, B는 미토콘드리아, C는 리보솜이다. 과정 ㉠은 복제, 과정 ㉡은 전사, 과정 ㉢은 번역이다. B(미토콘드리아)는 자체 DNA와 리보솜을 가지고, 복제, 전사, 번역이 모두 일어나며, C(리보솜)는 rRNA와 단백질로 구성된다. 따라서 B(미토콘드리아)와 C(리보솜)에 모두 rRNA가 존재한다.

오답 피하기 ㄱ. A(핵)에서는 과정 ㉠(복제)과 과정 ㉡(전사)이 일어나고, 과정 ㉢(번역)은 일어나지 않는다.

ㄷ. 진핵세포에서 과정 ㉠(복제)은 핵에서, 과정 ㉢(번역)은 세포질에서 일어난다.

02 유전자 발현

정답 맞히기 ㄴ. (라)는 mRNA에서 코돈 CCG에 의해 지정되는 아미노산으로 코돈표에 의하면 프롤린이다.

ㄷ. 과정 ㉠은 mRNA의 유전 정보에 따라 폴리펩타이드가 합성되는 번역으로 아미노산을 리보솜에 운반하는 tRNA가 관여한다.

오답 피하기 ㄱ. 이중 나선 DNA의 각 가닥은 상보적 염기쌍을 형성하고, DNA의 한쪽 가닥이 주형 가닥으로 작용하여 상보적 염기쌍을 갖는 mRNA가 합성된다. (가)는 GGC에 상보적 염기인 CCG이고, (나)는 ACA에 상보적 염기인 TGT이며, (다)는 GGC에 상보적 염기인 CCG이다. 퓨린 계열 염기에는 A과 G이

있으므로 퓨린 계열 염기의 수는 (가)(CCG)에서 1, (나)(TGT)에서 1, (다)(CCG)에서 1이므로 (가)=(나)=(다)이다.

03 1유전자 1효소설

정답 맞히기 ㄱ. 돌연변이주 Ⅰ~Ⅲ은 모두 최소 배지에 A가 첨가되면 생장하므로 A는 붉은빵곰팡이 생장에 필요한 물질임을 알 수 있다. 야생형은 최소 배지에서 생장하므로 야생형을 최소 배지에 A를 첨가시켜 배양하면 생장할 것이다. 따라서 ㉠은 '+'이다.

ㄷ. 최소 배지에 B를 첨가하면 Ⅱ와 Ⅲ이 생장하지 못하고, C를 첨가하면 Ⅲ이 생장하지 못한다. 따라서 최소 배지로부터 가장 먼저 합성되는 물질은 B이고, 물질의 전환 과정은 B → C → A이다.

오답 피하기 ㄴ. Ⅰ은 최소 배지에서 B를 합성하는 효소 유전자에 이상이 있고, Ⅱ는 B를 C로 전환시키는 효소 유전자에 이상이 있으며, Ⅲ은 C를 A로 전환시키는 효소 유전자에 이상이 있다.

04 1유전자 1효소설

정답 맞히기 ㄴ. Ⅰ은 최소 배지에 ㉠과 ㉡이 있을 때만 생장하므로 유전자 b에 돌연변이가 일어난 것이다. Ⅱ는 최소 배지에 ㉠이 있을 때만 생장하므로 유전자 c에 돌연변이가 일어난 것이고, 나머지 Ⅲ은 유전자 a에 돌연변이가 일어난 것이다.

오답 피하기 ㄱ. 효소 C의 기질은 ㉡(시트룰린)이다.

ㄷ. 최소 배지에 ㉠이 있을 때 야생형과 Ⅰ~Ⅲ 모두 생장했으므로 ㉠은 아르지닌이다. 최소 배지에 ㉡이 있을 때 야생형과 Ⅰ, Ⅲ이 생장하였으므로 ㉡은 시트룰린이고, 나머지 ㉢은 오르니틴이다. 유전자 c에 돌연변이가 일어난 Ⅱ를 ㉡(시트룰린)과 ㉢(오르니틴)이 첨가된 최소 배지에서 배양하더라도 ㉠(아르지닌)이 합성되지 않기 때문에 Ⅱ는 생장할 수 없다.

05 유전자 발현

정답 맞히기 ㄴ. Ⅰ은 폴리펩타이드 P에 대한 정보가 암호화되어 있지 않은 인트론이고, 성숙한 mRNA는 폴리펩타이드 P에 대한 정보가 암호화되어 있는 엑손으로 구성된다.

ㄷ. 과정 ㉡은 폴리펩타이드 P가 합성되는 번역으로 리보솜과 tRNA가 모두 필요하다.

오답 피하기 ㄱ. 과정 ㉠은 RNA 가공 과정으로 RNA 가공 효소가 필요하다. RNA 중합 효소는 DNA로부터 처음 만들어진 RNA가 생성되기까지의 과정에 관여한다.

06 유전자 발현

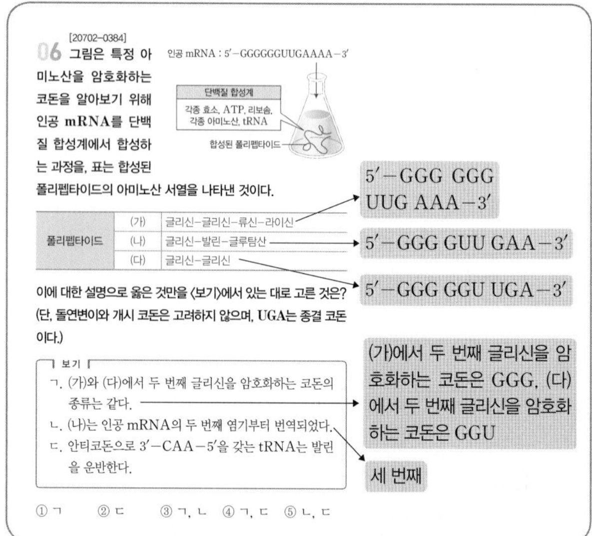
[20702-0384]

06 그림은 특정 아미노산을 암호화하는 코돈을 알아보기 위해 인공 mRNA를 단백질 합성계에서 합성하는 과정을, 표는 합성된 폴리펩타이드의 아미노산 서열을 나타낸 것이다.

폴리펩타이드	(가)	글리신−글리신−류신−라이신
	(나)	글리신−발린−글루탐산
	(다)	글리신−글리신

이에 대한 설명으로 옳은 것만을 <보기>에서 있는 대로 고른 것은? (단, 돌연변이와 개시 코돈은 고려하지 않으며, UGA는 종결 코돈이다.)

보기

ㄱ. (가)와 (다)에서 두 번째 글리신을 암호화하는 코돈의 종류는 같다.

ㄴ. (나)는 인공 mRNA의 두 번째 염기부터 번역되었다.

ㄷ. 안티코돈으로 3′−CAA−5′을 갖는 tRNA는 발린을 운반한다.

① ㄱ ② ㄷ ③ ㄱ, ㄴ ④ ㄱ, ㄷ ⑤ ㄴ, ㄷ

정답 맞히기 ㄷ. 안티코돈으로 3′−CAA−5′을 갖는 tRNA는 코돈 5′−GUU−3′이 암호화하는 아미노산을 운반한다. (나)에서 코돈 5′−GUU−3′이 발린을 암호화한다는 것을 알 수 있으므로 안티코돈으로 3′−CAA−5′을 갖는 tRNA는 발린을 운반한다.

오답 피하기 ㄱ. 폴리펩타이드 (가)~(다)의 합성에 관여한 인공 mRNA의 염기 서열을 표시하면 표와 같다.

폴리펩타이드	(가)	5′−GGG GGG UUG AAA A−3′ 글리신−글리신−류신−라이신
	(나)	5′−GG GGG GUU GAA AA−3′ 글리신−발린−글루탐산
	(다)	5′−G GGG GGU UGA AAA−3′ 글리신−글리신−(종결 코돈)

(가)에서 두 번째 글리신을 암호화하는 코돈은 GGG, (다)에서 두 번째 글리신을 암호화하는 코돈은 GGU로 코돈이 서로 다르다.

ㄴ. (나)는 인공 mRNA의 세 번째 염기부터 번역되었다.

07 번역

정답 맞히기 ㄱ. 리보솜은 다음과 같은 구조를 갖는다.

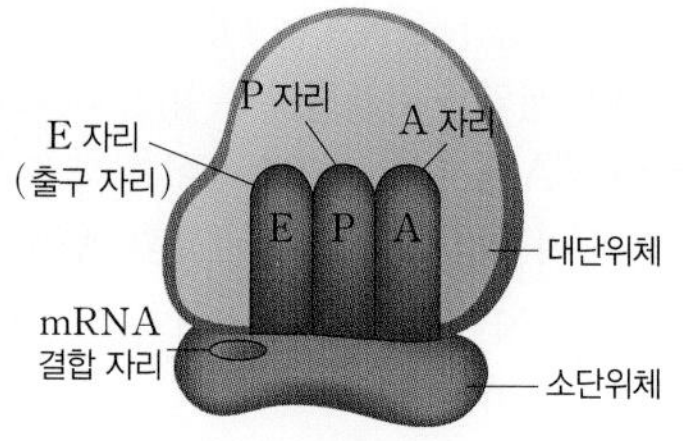

리보솜이 mRNA를 따라 1개 코돈만큼 5′→3′ 방향으로 이동하면 P 자리에 있던 개시 tRNA가 리보솜 대단위체의 E 자리로 옮겨진 후 리보솜에서 떨어져나가고, A 자리에 있던 tRNA가 P 자리에 위치한다. ⓐ는 합성된 폴리펩타이드를 가진 tRNA로 P 자리에 있고, ⓑ는 폴리펩타이드에 첨가될 새로운 아미노산을 가진 tRNA로 A 자리에 있으므로 리보솜에서 ⓐ가 ⓑ보다 먼저 방출된다.

ㄴ. 리보솜은 5′→3′ 방향으로 1개 코돈만큼 이동하면서 폴리펩타이드를 합성하고, 새로운 아미노산을 가진 tRNA가 리보솜 대단위체의 A 자리로 들어간다. ⓑ가 있는 자리가 A 자리이므로 (가)는 5′ 방향, (나)는 3′ 방향임을 알 수 있다. 리보솜은 (나)(3′) 쪽으로 이동한다.

오답 피하기 ㄷ. ㉠은 개시 코돈 AUG에 의해 지정되는 메싸이오닌이고, ㉡은 폴리펩타이드 합성 중에 새로 첨가되는 아미노산이다. ㉠은 ㉡보다 폴리펩타이드 사슬에 먼저 결합한 것이다.

08 번역

정답 맞히기 ㄴ. 그림은 번역 중 종결을 나타낸 것으로 코돈 ㉠은 종결 코돈이다. 염기 서열 5′−AUG−3′은 개시 코돈이고, 종결 코돈에는 5′−UAA−3′, 5′−UAG−3′, 5′−UGA−3′이 있다.

ㄷ. ⓐ는 RNA 가공 과정을 거쳐 형성된 mRNA로 엑손으로만 구성되고, 인트론이 존재하지 않는다.

오답 피하기 ㄱ. 폴리펩타이드 Ⅰ은 아미노산 7개로 구성되므로 Ⅰ에 존재하는 펩타이드 결합의 수는 6이다.

09 유전자 발현

ⓒ에 해당하는 코돈은 5′−UCG AAU CCU AUU GUC−3′이고, 아미노산 서열은 '세린−아스파라진−프롤린−아이소류신−발린'이다.

모범 답안 세린−아스파라진−프롤린−아이소류신−발린이다.

10 유전자 발현

X를 구성하는 아미노산의 수는 7개이므로 X에 존재하는 펩타이드 결합은 6개이다.

11 유전자 발현

정답 맞히기 ㄱ. DNA에서 전사 주형 가닥에는 3′−TAC−5′이 있고, 전사 주형 가닥의 상보적 가닥에는 5′−ATG−3′이 있다. 제시된 DNA 가닥의 염기 서열에는 3′−TAC−5′이 있으므로 제시된 DNA는 주형 가닥이고, 이로부터 전사되어 처음으로 만들어진 mRNA의 염기 서열은 다음과 같다.

5′−AUAUGAUUCCGCUUAUCGAAUCCUAUUGUCUAAAUUGAA−3′

이로부터 7개의 뉴클레오타이드(ⓐ)가 제거되고, 15개의 뉴클레오타이드(ⓒ)를 사이에 두고 5개의 뉴클레오타이드(ⓑ)가 제거되어, 아미노산 서열 '메싸이오닌−아이소류신−세린−아스파라진−프롤린−아이소류신−발린'이 합성되므로 ⓐ, ⓑ, ⓒ와 아미노산 서열은 그림과 같다.

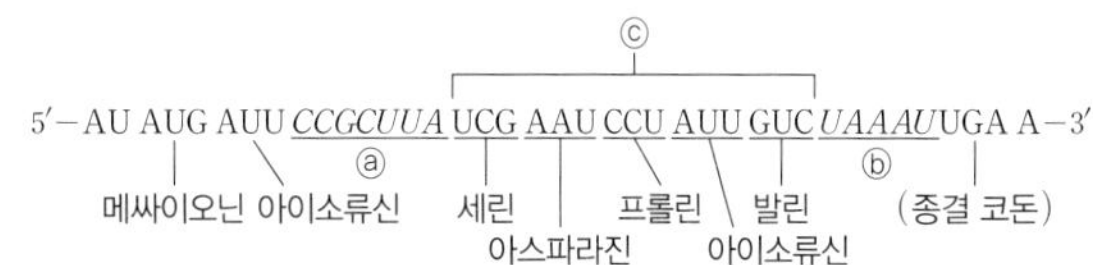

ⓐ의 5′ 말단 염기는 사이토신(C)이다.

ㄴ. X에서 아이소류신을 암호화하는 코돈의 종류는 AUU로 서로 같다.

오답 피하기 ㄷ. X의 7번째 아미노산은 발린으로 발린을 지정하는 코돈은 GUC이고, 이 코돈에 결합하는 tRNA의 안티코돈은 GAC이다. 따라서 X의 7번째 아미노산을 운반하는 tRNA의 안티코돈에서 5′ 말단 염기는 구아닌(G)이다.

12 유전자 발현

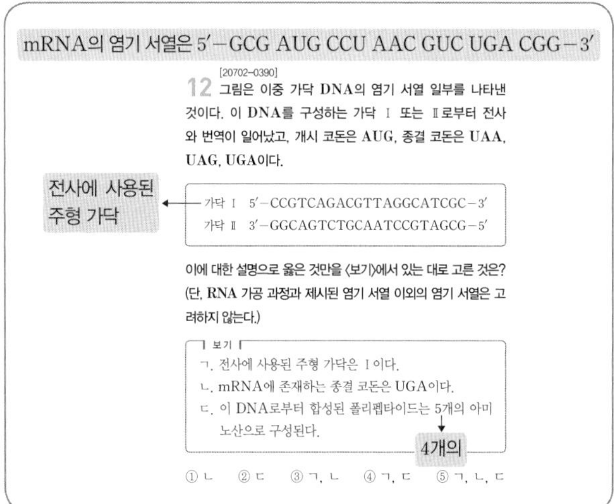

mRNA의 염기 서열은 5′−GCG AUG CCU AAC GUC UGA CGG−3′
[20702-0390]
12 그림은 이중 가닥 DNA의 염기 서열 일부를 나타낸 것이다. 이 DNA를 구성하는 가닥 Ⅰ 또는 Ⅱ로부터 전사와 번역이 일어났고, 개시 코돈은 AUG, 종결 코돈은 UAA, UAG, UGA이다.
전사에 사용된 주형 가닥
가닥 Ⅰ 5′−CCGTCAGACGTTAGGCATCGC−3′
가닥 Ⅱ 3′−GGCAGTCTGCAATCCGTAGCG−5′
이에 대한 설명으로 옳은 것만을 <보기>에서 있는 대로 고른 것은? (단, RNA 가공 과정과 제시된 염기 서열 이외의 염기 서열은 고려하지 않는다.)
보기
ㄱ. 전사에 사용된 주형 가닥은 Ⅰ이다.
ㄴ. mRNA에 존재하는 종결 코돈은 UGA이다.
ㄷ. 이 DNA로부터 합성된 폴리펩타이드는 5개의 아미노산으로 구성된다.
4개의
① ㄴ ② ㄷ ③ ㄱ, ㄴ ④ ㄱ, ㄷ ⑤ ㄱ, ㄴ, ㄷ

정답 맞히기 ㄱ. 전사에 사용된 주형 가닥은 Ⅰ이다.

ㄴ. DNA로부터 전사와 번역이 모두 일어나려면 전사된 mRNA에 개시 코돈인 5′−AUG−3′이 있어야 하고, 이 코돈은 DNA 3′−TAC−5′으로부터 전사된 것이다. 3′−TAC−5′을 갖는 가닥은 Ⅰ이므로 전사에 사용된 주형 가닥은 Ⅰ이다. Ⅰ로부터 합성된 mRNA의 염기 서열은 5′−GCGAUGCCUAACGUCUGACGG−3′이고, 폴리펩타이드 합성에 사용된 염기 서열은 5′−GCG **AUG CCU AAC GUC UGA** CGG−3′이므로 종결 코돈은 UGA이다.

오답 피하기 ㄷ. 종결 코돈 UGA가 지정하는 아미노산은 없으므로 이 DNA로부터 합성된 폴리펩타이드는 4개의 아미노산을 갖는다.

신유형·수능 열기

본문 203~204쪽

01 ③ 02 ② 03 ④ 04 ④ 05 ① 06 ⑤

01

정답 맞히기 ㄱ. w의 주형 가닥 DNA로부터 합성된 mRNA와 이로부터 합성된 W의 아미노산 서열은 표와 같다.

5′−U **AUG UAC GUA AUU CAU AGC UAC UAA** A−3′
메싸이오닌-타이로신-발린-아이소류신-히스티딘-세린-타이로신-(종결 코돈)

W의 5번째 아미노산은 히스티딘이다.

ㄴ. x는 w의 전사 주형 가닥에 연속된 2개의 사이토신(C)이 1회 삽입된 돌연변이 유전자이므로 x의 mRNA에는 연속된 2개의 구아닌(G)이 1회 삽입되어 있다. X에 존재하는 펩타이드 결합의 수는 5이므로 X에 존재하는 아미노산의 수는 6이다. 따라서 w의 mRNA에서 7번째 아미노산인 타이로신을 지정하는 코돈 UAC에 연속된 2개의 구아닌(G)이 1회 삽입되어 종결 코돈 UAG가 생성되었음을 알 수 있다. x로부터 전사된 mRNA와 이로부터 합성된 X의 아미노산 서열은 표와 같다.

5′−U **AUG UAC GUA AUU CAU AGC UAG** GCU AAA−3′
메싸이오닌-타이로신-발린-아이소류신-히스티딘-세린-(종결 코돈)

X는 서로 다른 종류의 아미노산으로 구성된다.

오답 피하기 ㄷ. W가 합성될 때 사용된 종결 코돈은 UAA이고, X가 합성될 때 사용된 종결 코돈은 UAG로 서로 다르다.

02

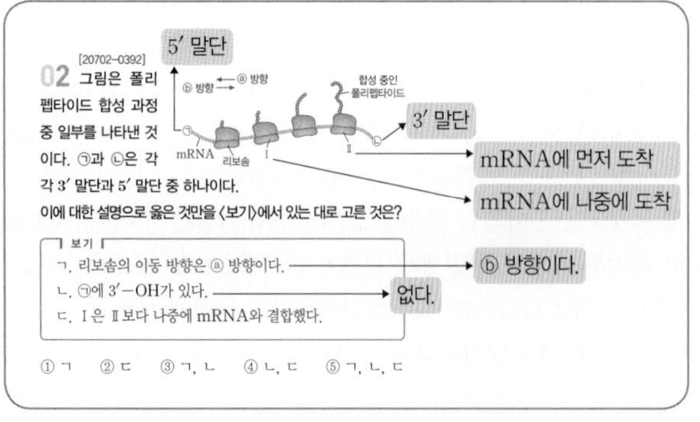

[20702-0392]
02 그림은 폴리펩타이드 합성 과정 중 일부를 나타낸 것이다. ㉠과 ㉡은 각각 3′ 말단과 5′ 말단 중 하나이다.
이에 대한 설명으로 옳은 것만을 <보기>에서 있는 대로 고른 것은?
5′ 말단
3′ 말단
ⓑ 방향
ⓐ 방향
합성 중인 폴리펩타이드
mRNA
리보솜
Ⅰ
Ⅱ
mRNA에 먼저 도착
mRNA에 나중에 도착
보기
ㄱ. 리보솜의 이동 방향은 ⓐ 방향이다.
ㄴ. ㉠에 3′−OH가 있다.
ㄷ. Ⅰ은 Ⅱ보다 나중에 mRNA와 결합했다.
ⓑ 방향이다.
없다.
① ㄱ ② ㄷ ③ ㄱ, ㄴ ④ ㄴ, ㄷ ⑤ ㄱ, ㄴ, ㄷ

정답 맞히기 ㄷ. 리보솜은 mRNA의 5′ → 3′ 방향으로 이동하면서 mRNA의 정보에 따라 폴리펩타이드를 합성한다. 합성 중인 폴리펩타이드의 길이는 Ⅰ에서가 Ⅱ에서보다 짧으므로 Ⅰ은 Ⅱ보다 나중에 mRNA와 결합하였다.

오답 피하기 ㄱ. 리보솜은 mRNA의 5′ → 3′ 방향으로 이동하면서 폴리펩타이드를 합성하므로 리보솜의 이동 방향은 ⓑ 방향이다.

ㄴ. mRNA에서 ㉠은 5′ 말단이고, ㉡은 3′ 말단이다. 5′ 말단에는 인산기가 노출되어 있고, 3′ 말단에는 3′−OH가 노출되어 있다.

03

정답 맞히기 ㄴ. ㉠을 첨가한 최소 배지에서 야생형, Ⅰ~Ⅲ 모두 생장하였으므로 ㉠은 아르지닌이다. Ⅰ은 최소 배지+㉡ 혹은 ㉢ 배지에서는 생장하지 못하고, 최소 배지+㉠ 배지에서는 생장하므로 유전자 c에 돌연변이가 일어난 것이고, Ⅱ는 최소 배지+㉠ 혹은 ㉡ 혹은 ㉢ 배지에서 모두 생장하였으므로 유전자 a에 돌연변이가 일어난 것이다.

ㄷ. Ⅲ은 유전자 b에 돌연변이를 가지지만, 유전자 c는 정상이므로 효소 C가 합성되어 최소 배지+㉡(시트룰린) 배지에서 시트룰린을 아르지닌으로 전환시킬 수 있다.

오답 피하기 ㄱ. ㉠은 아르지닌, ㉡은 시트룰린, ㉢은 오르니틴이다.

04

정답 맞히기 ㄴ. ㉡은 메싸이오닌을 가진 tRNA로 P 자리에 있다.

ㄷ. (나)에서 mRNA의 코돈과 ㉡(tRNA)의 안티코돈은 염기 사이의 수소 결합에 의해 연결되어 있다.

오답 피하기 ㄱ. 효소 E는 RNA를 합성하는 RNA 중합 효소이다. ㉠과 ㉡은 서로 다른 종류의 RNA이고, ㉡은 tRNA이므로 ㉠은 mRNA 또는 rRNA이다.

05

정답 맞히기 ㄱ. DNA를 구성하는 염기는 상보적 염기쌍을 형성한다. mRNA는 이중 가닥 DNA 중 한쪽 가닥을 주형으로 하여 합성되고, 주형 가닥의 염기쌍과 상보적 염기쌍을 갖는다. 코돈은 3개의 염기로 구성되고, 1개의 코돈은 1개의 아미노산을 지정한다.

문제에서 제시된 자료의 염기를 모두 해석하면 다음과 같다.

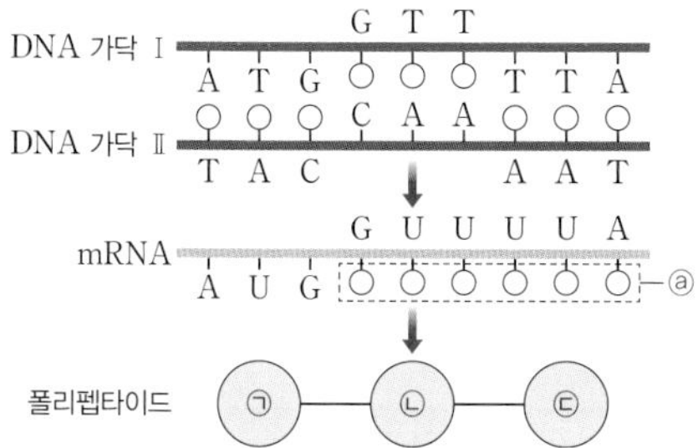

코돈 GUU는 아미노산 ㉡을 지정한다.

오답 피하기 ㄴ. 전사에 사용된 주형 가닥은 Ⅱ이고, 주형 가닥 DNA의 염기와 전사된 mRNA는 상보적 염기를 갖는다.

ㄷ. ⓐ를 구성하는 염기는 GUUUUA이므로 퓨린 계열(A 혹은 G) 염기의 수는 2, 피리미딘 계열(U 혹은 C) 염기의 수는 4이므로 ⓐ에서 $\frac{\text{퓨린 계열 염기의 수}}{\text{피리미딘 계열 염기의 수}}=\frac{2}{4}=\frac{1}{2}$이다.

06

ⓐ ⓑ
3′－TACCGGTTAACCATTT－5′
DNA 가닥 Ⅰ ①－㉣㉠㉡㉡㉢㉢㉣㉣㉠㉠㉡㉡㉠㉣㉣㉣－② — 전사의 주형 가닥
DNA 가닥 Ⅱ ②－㉠㉣㉢㉢㉡㉡㉠㉠㉣㉣㉢㉢㉣㉠㉠㉠－①
5′－ATGGCCAATTGGTAAA－3′
염기 사이의 수소 결합 수 10
염기 사이의 수소 결합 수 8
전사된 mRNA 5′－AUGGCCAAUUGGUAAA－3′
(개시 코돈) 메싸이오닌
알라닌
아스파라진
트립토판
(종결 코돈)

정답 맞히기 ㄱ. A은 T과 수소 결합 2개를, G은 C과 수소 결합 3개를 형성하므로 4개의 염기쌍에서 염기 사이의 수소 결합 수는 최소 8에서 최대 12이다. ㉠은 ㉣과, ㉡은 ㉢과 상보적 염기쌍을 형성한다. ⓑ의 ㉠과 ㉣ 사이에 형성된 수소 결합 수는 8(=2×4) 혹은 12(=3×4)인데, ⓐ에서 형성된 염기쌍의 수보다 2만큼 적으므로 ⓑ에서 형성된 수소 결합 수는 8이고, ⓐ에서 형성된 수소 결합 수는 10이다. 따라서 ㉠과 ㉣은 각각 A과 T 중 하나이고, ㉡과 ㉢은 각각 G과 C 중 하나이다. ㉠은 퓨린 계열 염기이므로 ㉠은 A이고, ㉣은 T이다. 4개의 아미노산으로 구성된 폴리펩타이드 X의 합성은 개시 코돈에서 시작해서 종결 코돈에서 끝나므로 X를 암호화하는 mRNA의 염기 수는 15이다. x는 16개의 염기쌍으로 구성되므로 전사된 mRNA는 x의 가장 좌측의 첫 번째 염기부터 전사되거나 두 번째 염기부터 전사되어야 한다. x의 가장 좌측의 두 번째 염기부터 전사된 것은 개시 코돈 AUG가 생성될 수 없으므로 전사는 x의 가장 좌측부터 일어났고, 종결 코돈을 암호화하는 DNA는 ㉠(A)과 ㉣(T)으로 구성되므로 UAA임을 알 수 있다. 따라서 전사 주형 가닥은 Ⅰ이다.

ㄴ. ①은 3′ 말단이고, ②는 5′ 말단이다.

ㄷ. X를 구성하는 아미노산은 메싸이오닌, 알라닌, 아스파라진, 트립토판으로 4종류이다.

11 유전자 발현의 조절

탐구 활동

본문 215쪽

1 해설 참조　　2 해설 참조　　3 해설 참조

1

오페론은 하나의 프로모터에 의해 여러 개의 유전자 발현이 함께 조절되는 유전자 발현 조절 단위이다.

모범 답안 젖당 오페론은 '프로모터+작동 부위+유전자 1+유전자 2+유전자 3'으로 구성된다.

2

프로모터에 돌연변이가 일어나면 RNA 중합 효소가 프로모터에 결합하지 못하고 젖당 분해 효소 유전자의 전사와 번역이 일어나지 않는다. 억제 단백질이 작동 부위에는 결합할 수 있지만 젖당(젖당 유도체)과 결합할 수 없으면 RNA 중합 효소가 프로모터에 결합하지 못하므로 젖당 분해 효소 유전자의 전사와 번역이 일어나지 않는다.

모범 답안 돌연변이 2와 4이다. 돌연변이 2는 프로모터에 돌연변이가 일어나 RNA 중합 효소가 결합할 수 없기 때문이다. 돌연변이 4는 조절 유전자에 돌연변이가 일어나 억제 단백질이 젖당 유도체와 결합하지 못하고 작동 부위에 계속 결합해 있기 때문이다.

3

억제 단백질이 없으면 RNA 중합 효소는 프로모터에 결합할 수 있고, 젖당 분해 효소 유전자의 전사와 번역이 일어난다. 억제 단백질이 생성되더라도 작동 부위에 결합하지 못하면 RNA 중합 효소는 프로모터에 결합하여 젖당 분해 효소 유전자의 전사와 번역이 일어난다.

모범 답안 돌연변이 1과 3이다. 돌연변이 1은 억제 단백질이 합성되지 않아 RNA 중합 효소가 프로모터에 결합하는 것을 방해할 수 없기 때문이다. 돌연변이 3은 억제 단백질이 작동 부위에 결합하지 못하므로 RNA 중합 효소가 프로모터에 결합할 수 있기 때문이다.

내신 기초 문제

본문 216~218쪽

01 ④	02 ⑤	03 ③	04 ②	05 ①
06 ㄴ	07 ㄱ, ㄴ, ㄷ		08 ②	09 ③
10 ②	11 ⑤	12 ③	13 ③	14 ④
15 ①	16 ④	17 ③	18 ①	

19 ㉠:젖당, ㉡: 포도당, ㉢:젖당 분해 효소　　20 B, C

01

정답 맞히기 ㄱ. 이 세포에서는 전사와 번역이 일어나고, 번역 과정에 리보솜이 관여한다.
ㄴ. 유전자 a는 단백질 A를 암호화하고, 유전자 b는 단백질 B를 암호화한다.

오답 피하기 ㄷ. 이 세포에서 단백질 A의 양이 단백질 B의 양보다 많으므로 유전자 b는 유전자 a보다 적게 발현되었다.

02

정답 맞히기 ㄱ. 대장균은 젖당과 포도당을 모두 에너지원으로 이용할 수 있다.
ㄴ. 대장균은 젖당 오페론을 갖는데, 젖당 오페론에는 젖당을 포도당과 갈락토스로 분해하는 효소의 유전자가 존재한다.
ㄷ. 대장균의 에너지원으로 포도당은 바로 이용 가능하지만, 젖당은 포도당과 갈락토스로 분해시킨 뒤 이용 가능하다. 대장균을 포도당과 젖당이 모두 있는 배지에서 배양하면, 포도당이 젖당보다 먼저 에너지원으로 이용되고, 젖당이 나중에 에너지원으로 이용된다.

03

정답 맞히기 ㄷ. 구조 유전자는 젖당 이용에 필요한 효소에 대한 암호화 부위로 젖당 분해 효소 유전자, 투과 효소 유전자, 아세틸전이 효소 유전자가 포함되어 있다.

오답 피하기 ㄱ. 젖당 오페론은 프로모터, 작동 부위, 구조 유전자로 구성되고, 조절 유전자는 젖당 오페론에 포함되지 않는다.
ㄴ. 작동 부위는 억제 단백질이 결합하는 부위이고, 프로모터는 RNA 중합 효소가 결합하는 부위이다.

04

정답 맞히기 ㄷ. 대장균을 포도당은 없고 젖당이 있는 배지에서 배양하면 대장균의 젖당 오페론에서 구조 유전자가 발현되어 젖당이 포도당과 갈락토스로 분해된다. 이때 젖당 유도체는 젖당 오페론의 조절 유전자에서 발현된 억제 단백질과 결합한다.

오답 피하기 ㄱ. 젖당 유도체와 결합한 억제 단백질은 구조 변형이 일어나 젖당 오페론의 작동 부위에 결합할 수 없다.

ㄴ. 젖당 유도체와 결합한 억제 단백질은 작동 부위에 결합하지 못하고, RNA 중합 효소가 프로모터에 결합하여 구조 유전자로부터 전사가 일어나 mRNA가 합성될 수 있다.

05

정답 맞히기 ㄱ. ㉠은 프로모터로 RNA 중합 효소가 결합하여 전사가 시작되는 부위이다.

오답 피하기 ㄴ. ㉡은 작동 부위로 조절 유전자에서 번역된 억제 단백질이 결합하는 부위이다.

ㄷ. ㉢은 구조 유전자로 젖당 분해 효소가 암호화되어 있고, 포도당 분해 효소가 암호화되어 있지는 않다.

06

정답 맞히기 ㄴ. 전사 개시 복합체는 RNA 중합 효소와 여러 전사 인자들, 기타 여러 단백질 등이 조립되어 만들어진 복합체로 전사가 일어나도록 한다.

오답 피하기 ㄱ. 유전자 발현이 일어날 때는 다양한 종류의 효소가 필요하다. 염색질이 염색체로 응축되어 있으면 효소가 유전자에 결합할 수 없어 유전자 발현이 활발하지 못하다.

ㄷ. 전사 촉진 인자는 조절 부위에 결합하여 전사를 촉진할 수 있고, 조절 부위와 떨어져 있으면 전사를 촉진할 수 없다.

07

정답 맞히기 ㄱ. 전사와 번역이 다른 시기, 다른 장소에서 일어나는 진핵생물은 전사, 전사 후, 번역, 번역 후의 모든 단계에서 유전자 발현이 조절된다. RNA에서 인트론을 제거하고 엑손끼리 연결시키는 RNA 가공 과정에서도 유전자 발현 조절이 일어난다.

ㄴ. mRNA의 분해 속도를 늦추면 단백질 합성량이 많아지고, mRNA 분해 속도를 빠르게 하면 단백질 합성량이 적어진다.

ㄷ. 단백질 분해 속도를 늦추면 단백질에 의한 형질 발현이 오래 지속되고, 단백질 분해 속도를 빠르게 하면 단백질에 의한 형질 발현이 오래 지속되지 않는다.

08

정답 맞히기 ㄴ. 오페론에는 RNA 중합 효소가 결합하는 프로모터가 존재한다.

오답 피하기 ㄱ. 오페론에는 여러 개의 유전자가 존재하므로 여러 개의 유전자가 발현되거나 억제된다.

ㄷ. 오페론은 프로모터, 작동 부위, 기능을 갖는 다양한 유전자들이 모여 있는 유전자 집단으로 DNA에 존재한다.

09

정답 맞히기 ㄷ. 진핵세포에서 유전자 발현 부위는 염색질의 응축 정도가 낮고, 유전자가 발현되지 않는 부위는 염색질의 응축 정도가 높다.

오답 피하기 ㄱ. 원핵세포의 유전자 발현 조절은 여러 개의 유전자가 하나의 단위로 조절받는 오페론 단위로 일어나고, 진핵세포의 유전자 발현 조절은 오페론 단위가 아닌 유전자 단위로 일어난다.

ㄴ. 진핵세포에서 전사는 핵에서, 번역은 세포질에서 일어난다. 진핵세포에서 전사와 번역은 서로 다른 장소에서 일어난다.

10

정답 맞히기 ㄷ. 분화 중인 세포들은 분화에 필요한 단백질들을 생성하면서 고유의 형태와 기능을 갖춘다.

오답 피하기 ㄱ. 사람의 다양한 기관 형성에 관여하는 전사 인자에는 공통된 전사 인자도 있지만, 서로 다른 전사 인자도 있다.

ㄴ. 세포의 분화는 특정 유전자가 발현되어 일어나므로 세포가 가지는 유전자의 수는 분화 이전 세포와 분화 이후 세포가 같다.

11

정답 맞히기 ㄱ. 수정란의 세포 분열과 세포 분화를 통해 분화된 세포가 형성된다. 분화된 세포는 수정란의 유전체와 동일하다.

ㄴ. 사람의 이자 세포는 이자 세포를 형성하는 유전자가 발현되어 생성된 세포로 분화된 세포의 예이다.

ㄷ. 분화된 세포는 분화되기 전 세포와 유전체 구성이 같고, 하나의 개체를 형성할 수 있는 완전한 유전체를 갖는다.

12

정답 맞히기 ㄱ. 진핵세포에서 RNA 중합 효소는 단독으로 전사를 시작할 수 없으며, 여러 전사 인자들과 함께 프로모터에 결합하여 전사 개시 복합체를 형성하여야 전사를 시작할 수 있다. ㉠은 전사 인자, ㉡은 RNA 중합 효소이다.

ㄴ. 전사 개시 복합체의 형성, RNA 중합 효소와 프로모터의 결합은 모두 핵에서 일어난다.

오답 피하기 ㄷ. ㉡은 RNA 중합 효소로 단독으로 전사를 시작할 수 없다.

13

정답 맞히기 ㄱ. 혹스 유전자는 호미오 박스라는 특정 염기 서열을 공통으로 가지는 유전자들이며, 유전자 산물은 전사 인자이다.
ㄷ. 초파리의 수정란은 발생 초기에 체절 형성에 관여하는 유전자의 활동으로 각각의 체절로 구분된다. 초파리의 수정란에서 체절 형성 유전자가 발현되지 않으면 체절이 형성되지 않는다.

오답 피하기 ㄴ. 초파리에서 입 형성 유전자와 더듬이 형성 유전자의 염기 서열은 서로 다르다.

14

정답 맞히기 ㄱ. 세포 분화가 일어나기 위해서는 전구 세포로부터 특정 세포로의 결정이 일어나야 한다. 과정 Ⅰ에서 근육 세포로의 분화가 결정되고, 근육 세포 형성에 관여하는 유전자의 발현이 일어나기 시작한다.
ㄴ. 과정 Ⅱ에서 근육 모세포가 융합하여 다핵 세포가 형성된다. 다핵 세포는 근육 세포로 성장한다.

오답 피하기 ㄷ. ㉠은 배아 전구 세포이고, ㉡은 근육 모세포이다. ㉠(배아 전구 세포)을 구성하는 유전체의 일부가 발현되어 ㉡(근육 모세포)이 형성된 것으로 ㉠(배아 전구 세포)과 ㉡(근육 모세포)의 유전체 구성은 동일하다.

15

정답 맞히기 ㄴ. (나)에서 B가 발현되었으므로 (나)에는 B 발현에 필요한 전사 인자가 있다.

오답 피하기 ㄱ. (가)와 (나)는 세포 분화를 통해 형성된 세포이고, 분화가 일어난 세포도 유전체 구성이 같기 때문에 (가)와 (나) 모두 B를 갖는다.
ㄷ. (가)와 (나)에서 A와 B가 발현되기 위해서는 서로 다른 전사 개시 복합체가 형성되어 A와 B의 전사가 일어나야 한다.

16

정답 맞히기 ㄴ. 혹스 유전자는 호미오 박스라고 하는 특정 염기 서열을 공통으로 가지는 유전자이다. *Ubx* 혹스 유전자에는 호미오 박스가 있고, 이 부분이 번역되면 DNA에 결합할 수 있는 호미오 도메인이 된다.
ㄷ. 혹스 유전자 발현으로 합성된 전사 인자는 특정 유전자의 발현을 조절하고, 몸의 정확한 위치에 고유한 기능을 수행하기에 적합한 기관 형성을 유도한다. *Ubx* 유전자는 T_3에서 특정 기관 형성에 관여한다.

오답 피하기 ㄱ. 초파리 배아에서 각 체절을 구성하는 세포의 유전체 구성은 모두 같으므로 *Ubx* 혹스 유전자는 T_1과 T_2에 모두 존재한다.

17

정답 맞히기 ㄱ. (가)의 전사 부위 X에 인트론이 존재하고, 여러 개의 조절 부위를 가지므로 (가)는 진핵생물의 세포이고, 핵막이 존재함을 알 수 있다.
ㄴ. X에는 아미노산을 암호화하지 않는 인트론이 있다.

오답 피하기 ㄷ. 조절 부위에 조절 단백질이 결합하여 유전자 발현이 조절된다. ㉠에는 조절 부위 A~C가 있고, 각 조절 부위의 염기 서열이 각각 다르므로 ㉠에 결합할 수 있는 조절 단백질의 종류는 최소 3종류이다.

18

정답 맞히기 ㄱ. 전사 인자는 전사 인자 결합 부위에 결합하여 전사 개시 복합체를 형성하여 전사 개시를 촉진한다. X는 전사 개시 복합체, ⓐ는 전사 인자 결합 부위, ⓑ는 전사 인자이다.

오답 피하기 ㄴ. 전사 개시 복합체 X는 핵에서 형성되고, 핵에서 전사가 일어나게 한다.
ㄷ. 전사 개시 복합체는 전사 개시 조절 단계에서 유전자 발현을 조절하므로 (가) 단계는 전사 개시 조절 단계이다. 단백질 가공 조절 단계는 번역 후 단백질의 절단 및 결합이 이루어지는 단계로 세포질에서 일어난다.

19

대장균은 포도당과 젖당이 섞여 있는 배지에서 포도당을 젖당보다 먼저 에너지원으로 사용한다. 따라서 농도가 먼저 감소하는 ㉡은 포도당, 나중에 감소하는 ㉠은 젖당이다. 젖당이 감소하는 이유는 젖당 분해 효소에 의해 분해되었기 때문이므로 ㉢은 젖당 분해 효소이다.

20

젖당 오페론에서 구조 유전자의 전사가 일어나는 구간은 B와 C이다. 대장균은 B와 C에서 포도당이 고갈되어 젖당을 에너지원으로 이용해야 한다. 젖당(젖당 유도체)은 젖당 오페론의 조절 유전자에서 발현된 억제 단백질과 결합하여 억제 단백질의 구조 변형을 일으키고, 억제 단백질이 작동 부위에 결합하는 것을 방해한다. 이때 RNA 중합 효소는 프로모터에 결합하여 젖당 오페론에서 구조 유전자의 전사가 일어난다.

실력 향상 문제

본문 219~221쪽

01 ⑤	**02** ①	**03** ①	**04** ⑤	**05** ②
06 ③	**07** ④	**08** ②	**09** ③	**10** D, E, F
11 해설 참조				

01 젖당 오페론

정답 맞히기 ㄱ. 대장균을 젖당과 포도당이 모두 들어 있는 배지에서 배양하면, 대장균은 포도당을 먼저 에너지원으로 이용한 후 포도당이 고갈되면 젖당을 에너지원으로 이용한다. t_1에서 대장균의 에너지원으로 포도당이 이용되고, t_2에서 대장균의 에너지원으로 젖당이 이용된다.

ㄴ. t_2에서 젖당 분해 효소가 합성되고 있으므로 젖당 분해 효소 유전자가 암호화되어 있는 젖당 오페론의 프로모터에 결합하는 RNA 중합 효소가 있다.

ㄷ. t_2에서 젖당(젖당 유도체)과 결합하는 억제 단백질이 있다. 젖당(젖당 유도체)과 결합한 억제 단백질은 젖당 오페론의 작동 부위에 결합하지 못하고, RNA 중합 효소는 프로모터에 결합하여 젖당 오페론의 구조 유전자를 전사시킨다.

02 젖당 오페론의 구조

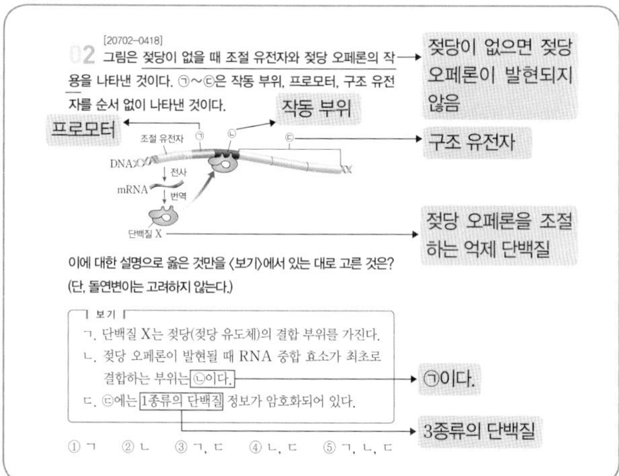

정답 맞히기 ㄱ. 단백질 X는 젖당 오페론의 조절 유전자에서 발현된 억제 단백질이다. 젖당이 없을 때 억제 단백질은 작동 부위에 결합하여 RNA 중합 효소가 프로모터에 결합하는 것을 방해한다. 젖당이 있을 때 억제 단백질은 젖당(젖당 유도체)과 결합하여 구조 변형이 일어나 작동 부위에 결합할 수 없다. 따라서 단백질 X(억제 단백질)는 젖당(젖당 유도체)의 결합 부위를 가진다.

오답 피하기 ㄴ. 젖당 오페론이 발현될 때 RNA 중합 효소가 최초로 결합하는 부위는 프로모터인 ㉠이다. ㉡은 억제 단백질이 결합하는 작동 부위이다.

ㄷ. ㉢은 구조 유전자로 젖당 분해 효소, 투과 효소, 아세틸 전이 효소의 단백질 정보가 암호화되어 있다.

03 젖당 오페론

정답 맞히기 ㄱ. 젖당 오페론의 조절 유전자가 결실된 대장균은 포도당이 없고 젖당이 있는 배지에서 '젖당 분해 효소가 합성됨', '젖당 오페론의 프로모터와 RNA 중합 효소가 결합함'은 일어나고 '억제 단백질과 젖당(젖당 유도체)이 결합함'은 일어나지 않는다. 프로모터가 결실된 대장균은 포도당이 없고 젖당이 있는 배지에서 '젖당 분해 효소가 합성됨', '젖당 오페론의 프로모터와 RNA 중합 효소가 결합함'은 일어나지 않고, '억제 단백질과 젖당(젖당 유도체)이 결합함'은 일어난다. 작동 부위가 결실된 대장균은 포도당이 없고 젖당이 있는 배지에서 '젖당 분해 효소가 합성됨', '젖당 오페론의 프로모터와 RNA 중합 효소가 결합함', '억제 단백질과 젖당(젖당 유도체)이 결합함'이 모두 일어난다. 따라서 Ⅰ은 프로모터가 결실된 대장균이고, Ⅱ는 젖당 오페론의 조절 유전자가 결실된 대장균이다. ⓑ는 '억제 단백질과 젖당(젖당 유도체)이 결합함' 이고, ⓐ와 ⓒ는 각각 '젖당 분해 효소가 합성됨', '젖당 오페론의 프로모터와 RNA 중합 효소가 결합함' 중 하나이다.

오답 피하기 ㄴ. 야생형 대장균은 포도당이 있고 젖당이 없는 조건에서 ⓑ(억제 단백질과 젖당(젖당 유도체)이 결합함)가 일어나지 않는다.

ㄷ. ⓒ는 '젖당 분해 효소가 합성됨', '젖당 오페론의 프로모터와 RNA 중합 효소가 결합함' 중 하나이다.

04 근육 세포의 분화

정답 맞히기 ㄱ. 정상 근육 모세포에서 유전자 a에 의해 전사 인자 A가 합성되었고, A에 의해 유전자 b의 발현이 촉진되어 전사 인자 B가 합성되었고, 전사 인자 B에 의해 유전자 d의 발현이 촉진되어 전사 인자 D가 합성되었다. 전사 인자 A의 결합 부위가 결실되면 유전자 b와 d가 모두 발현되지 않고, 전사 인자 B의 결합 부위가 결실되면 유전자 b는 발현되고, 유전자 d는 발현되지 않는다. 따라서 (가)는 A의 결합 부위가 결실된 돌연변이 근육 모세포이고, (나)는 B의 결합 부위가 결실된 돌연변이 근육 모세포이다. (나)(B의 결합 부위가 결실된 돌연변이 근육 모세포)에서 발현된 ㉡은 b이고, 발현되지 않은 ㉠은 d이다.

ㄴ. D는 근육 세포를 구성하는 단백질의 유전자 발현을 촉진하는 전사 인자이고, 전사 개시 복합체를 구성한다.

ㄷ. (가)는 A의 결합 부위가 결실된 돌연변이 근육 모세포, (나)는 B의 결합 부위가 결실된 돌연변이 근육 모세포이다.

05 발생과 유전자의 선택적 발현

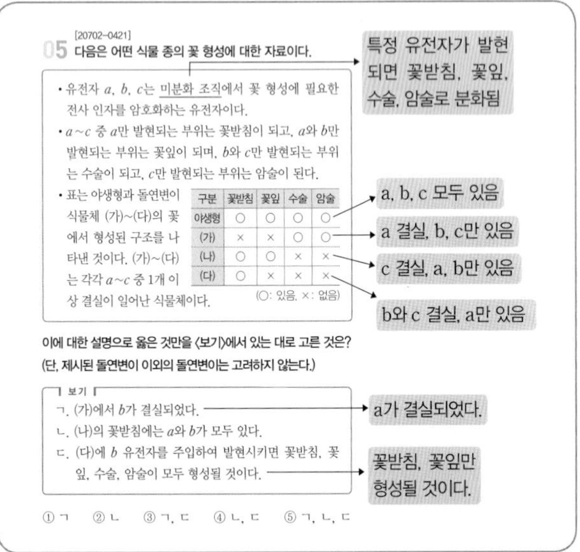

정답 맞히기 ㄴ. (나)에서 꽃받침과 꽃잎만 형성되었으므로 a와 b가 발현되었고, c가 결실되었음을 알 수 있다. (나)의 꽃받침에는 a와 b가 있고, c가 없다.

오답 피하기 ㄱ. (가)에서 수술과 암술만 형성되었으므로 b와 c가 발현되었고, a가 결실되었음을 알 수 있다.

ㄷ. (다)에서 꽃받침만 형성되었으므로 a만 발현되었고 b와 c가 결실되었음을 알 수 있다. (다)에 b 유전자를 주입하여 발현시키면 (다)에는 a와 b가 발현되므로 a만 발현되는 부위에서 꽃받침이 형성되고, a와 b가 발현되는 부위에서 꽃잎이 형성될 것이다.

06 유전자 발현 조절

정답 맞히기 ㄱ. x는 전사 인자 결합 부위 모두에 전사 인자가 결합해야 전사되고, y와 z는 각각 전사 인자 결합 부위 중 하나에만 전사 인자가 결합해도 전사된다. ㉠~㉣ 중 ㉠, ㉡, ㉢만 있는 세포에서는 x~z가 모두 전사되므로 ㉠~㉢은 A 결합 전사 인자, B 결합 전사 인자, D 결합 전사 인자를 순서 없이 나타낸 것이고, ㉢은 D 결합 전사 인자이며, ㉣은 C 결합 전사 인자이다. 표의 Ⅰ에서 ㉠~㉣ 중 합성된 전사 인자 수가 1이고, x~z 중 발현된 유전자 수가 2이므로 Ⅰ에서 합성된 전사 인자는 C 결합 전사 인자인 ㉣이고, 발현된 유전자는 y와 z임을 알 수 있다.

ㄷ. Ⅲ에서 ㉠~㉣ 중 합성된 전사 인자 수가 3이고, x~z 중 발현된 유전자의 수가 3이므로 합성된 전사 인자는 A 결합 전사 인자, B 결합 전사 인자, D 결합 전사 인자이다. Ⅲ에서 합성된 전사 인자는 ㉠, ㉡, ㉢이다.

오답 피하기 ㄴ. Ⅱ에서 ㉣(C 결합 전사 인자)이 합성되면 y와 z가 발현되므로 x~z 중 발현되는 유전자의 수는 2이고, ㉠과 ㉡(A 결합 전사 인자와 B 결합 전사 인자)이 합성되면 y가 발현되므로 x~z 중 발현되는 유전자의 수는 1이다. 따라서 Ⅱ에서 ㉡과 ㉡이 합성된다.

07 마이오신과 액틴 유전자의 발현

정답 맞히기 ㄴ. 사람을 구성하는 세포는 핵을 가진 진핵세포이고, 단백질 B는 액틴 유전자의 전사 인자 결합 부위에 결합하여 액틴 유전자의 전사를 촉진한다. 따라서 단백질 B는 핵에서 과정 Ⅰ을 촉진한다.

ㄷ. 유전자 a로부터 단백질 A가 합성되고, 단백질 A는 유전자 b의 발현을 촉진하여 단백질 B가 합성된다. 단백질 B는 액틴 유전자의 전사 인자 결합 부위에 결합하여 액틴 유전자의 발현을 촉진한다. mRNA로부터 액틴 단백질이 합성되는 과정 Ⅱ는 번역으로 이 과정이 일어나기 위해서는 단백질 A와 B가 모두 필요하다.

오답 피하기 ㄱ. 사람을 구성하는 체세포의 유전체 구성은 동일하므로, 모든 체세포에 유전자 a와 b가 존재한다. 따라서 유전자 a와 b가 근육 세포에만 존재하는 것은 아니다.

08 진핵생물의 유전자 발현 조절

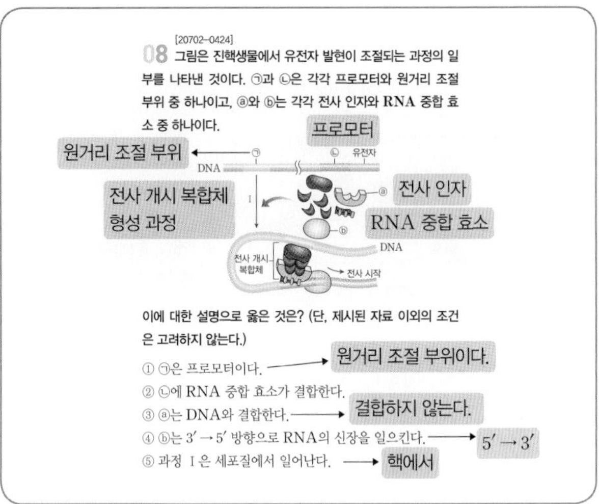

정답 맞히기 ② ㉠은 전사 인자가 결합하는 원거리 조절 부위, ㉡은 RNA 중합 효소가 결합하는 프로모터이다.

오답 피하기 ① ㉠은 원거리 조절 부위, ㉡은 프로모터이다.

③ ⓐ는 전사 인자이고, 자료에서 ⓐ(전사 인자)는 다른 전사 인자와 결합하였고, DNA와는 결합하지 않았다.

④ ⓑ는 RNA 중합 효소이다. RNA 중합 효소는 5′ → 3′ 방향으로 리보스를 당으로 갖는 뉴클레오타이드의 신장을 일으킨다.

⑤ 과정 Ⅰ은 전사 개시 복합체 형성에 의한 전사로 핵에서 일어난다.

09 기관 형성과 유전자 발현

정답 맞히기 ㄱ. ㉡(다리를 형성하는 세포군)에서 *ey* 유전자를 발현시켰더니 눈 구조가 형성되었으므로 *ey* 유전자는 눈 구조 형성에 관여하는 단백질을 암호화함을 알 수 있다.

ㄷ. (나)의 다리를 형성하는 세포군에 눈을 형성하는 전사 인자인 *ey* 유전자를 발현시켰더니 다리에 눈이 형성되었다. 이를 통해 초파리 배아에서 비정상적인 유전자 발현은 비정상적인 기관 형성을 일으킬 수 있다는 사실을 알 수 있다.

오답 피하기 ㄴ. 초파리 배아를 구성하는 각 세포의 유전체 구성은 동일하고, 어떤 유전자가 발현되느냐에 따라 초파리 성체의 기관이 형성된다. ㉠(눈을 형성하는 세포군)과 ㉡(다리를 형성하는 세포군)의 유전자 구성은 동일하다.

10 혹스 유전자

혹스 유전자는 초파리 배아에서 몸의 각 체절에서 만들어질 기관을 결정하는 핵심 조절 유전자들이다. 배아의 체절에 따라 발현되는 혹스 유전자는 차이가 있다. 머리 체절에서는 A, B, C가 발현되고, 가슴 체절에서는 C, D, E, F가 발현되며, 배 체절에서는 G, H가 발현된다. 가슴 체절에서만 발현되는 혹스 유전자는 D, E, F이다.

11 혹스 유전자

배아의 각 체절에서 혹스 유전자가 정상적으로 발현되어야 초파리 성체의 각 체절에 정상적인 기관이 형성된다. A는 배아의 머리 체절에서 발현되는 혹스 유전자이고, 초파리 성체의 머리 체절에서 기관 형성에 관여한다.

모범 답안 A는 배아의 머리 체절에서 발현되는 혹스 유전자로 초파리 성체의 머리 체절에서 기관 형성에 관여한다. 배아의 가슴 체절에서 A가 과다 발현되면 돌연변이 초파리 성체의 가슴 체절에서는 머리 체절에서 형성되는 기관이 형성될 수 있다.

신유형·수능 열기

본문 222~223쪽

01 ③ 02 ① 03 ④ 04 ⑤ 05 ④
06 ① 07 ④

01

정답 맞히기 ㄱ. ㉠은 억제 단백질을 암호화하는 조절 유전자, ㉡은 RNA 중합 효소가 결합하는 프로모터, ㉢은 억제 단백질이 결합하는 작동 부위, ㉣은 젖당 분해 효소와 투과 효소 등을 암호화하는 구조 유전자이다.

ㄴ. 오페론은 하나의 프로모터에 의해 여러 개의 유전자 발현이 함께 조절되는 유전자 발현 조절 단위이다. 젖당 오페론은 ㉡(프로모터), ㉢(작동 부위), ㉣(구조 유전자)로 구성된다.

오답 피하기 ㄷ. 자료에서 억제 단백질은 젖당(젖당 유도체)과 결합하지 않고 ㉢(작동 부위)에 결합하였으므로 배지 X에는 젖당이 없음을 알 수 있다. 따라서 포도당은 없고 젖당이 있는 배지는 X에 해당하지 않는다.

02

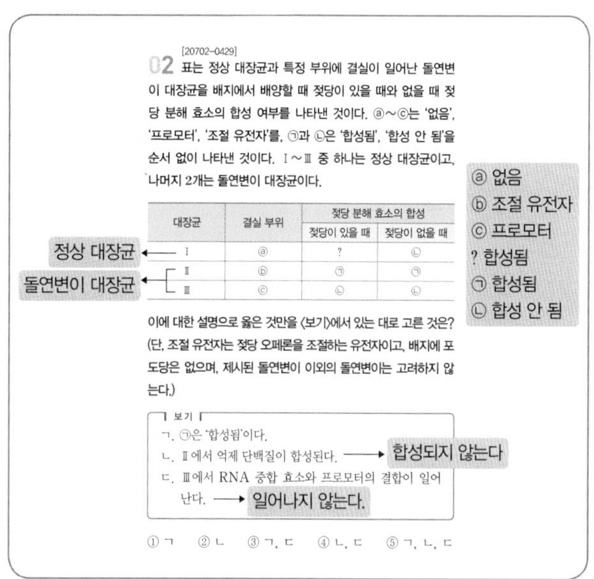
[20702-0429]

02 표는 정상 대장균과 특정 부위에 결실이 일어난 돌연변이 대장균을 배지에서 배양할 때 젖당이 있을 때와 없을 때 젖당 분해 효소의 합성 여부를 나타낸 것이다. ⓐ~ⓒ는 '없음', '프로모터', '조절 유전자'를, ㉠과 ㉡은 '합성됨', '합성 안 됨'을 순서 없이 나타낸 것이다. Ⅰ~Ⅲ 중 하나는 정상 대장균이고, 나머지 2개는 돌연변이 대장균이다.

대장균	결실 부위	젖당 분해 효소의 합성	
		젖당이 있을 때	젖당이 없을 때
Ⅰ	ⓐ	?	㉡
Ⅱ	ⓑ	㉠	㉠
Ⅲ	ⓒ	㉡	㉡

이에 대한 설명으로 옳은 것만을 <보기>에서 있는 대로 고른 것은? (단, 조절 유전자는 젖당 오페론을 조절하는 유전자이고, 배지에 포도당은 없으며, 제시된 돌연변이 이외의 돌연변이는 고려하지 않는다.)

보기
ㄱ. ㉠은 '합성됨'이다.
ㄴ. Ⅱ에서 억제 단백질이 합성된다.
ㄷ. Ⅲ에서 RNA 중합 효소와 프로모터의 결합이 일어난다.

① ㄱ ② ㄴ ③ ㄱ, ㄷ ④ ㄴ, ㄷ ⑤ ㄱ, ㄴ, ㄷ

정답 맞히기 ㄱ. 정상 대장균은 젖당이 있을 때 젖당 분해 효소가 합성되고, 젖당이 없을 때 젖당 분해 효소가 합성되지 않으므로 표에서 ㉠과 ㉡이 모두 나타나는 대장균이다. 따라서 Ⅰ은 정상 대장균이고, ㉠은 '합성됨', ㉡은 '합성 안 됨'이다.

오답 피하기 ㄴ. 조절 유전자의 결실이 있는 대장균은 젖당이 있을 때와 없을 때 모두 젖당 분해 효소가 합성되므로 Ⅱ는 조절 유전자의 결실이 있는 돌연변이 대장균이고, Ⅲ은 프로모터의 결실이 있는 돌연변이 대장균이다. 따라서 ⓑ는 '조절 유전자', ⓒ는 '프로모터'이다. 조절 유전자의 결실이 있는 돌연변이 대장균 Ⅱ에서는 억제 단백질이 합성되지 않는다.

ㄷ. 프로모터의 결실이 있는 돌연변이 대장균 Ⅲ에서는 RNA 중합 효소와 프로모터의 결합이 일어나지 않는다.

03

정답 맞히기 ㄱ. 젖당의 유무에 따라 젖당 분해 효소의 mRNA

양이 조절되는 A는 야생형 대장균, B는 젖당 오페론의 조절 유전자에 돌연변이가 일어난 대장균이다. 젖당이 있을 때 젖당 분해 효소의 mRNA 양이 증가하므로 ㉠은 '젖당 첨가', ㉡은 '젖당 제거'이다. A(야생형 대장균)에서는 젖당 유무와 상관없이 조절 유전자가 발현되므로 t_1일 때 A(야생형 대장균)에서 젖당 오페론의 조절 유전자가 발현된다.

ㄴ. B는 젖당 오페론의 조절 유전자에 돌연변이가 일어난 대장균이다. 조절 유전자에서 발현된 억제 단백질이 젖당(젖당 유도체)의 결합 부위를 갖지 않는다면 배지에 젖당이 있더라도 억제 단백질은 젖당 오페론의 작동 부위에 결합하여 RNA 중합 효소가 프로모터에 결합하는 것을 방해할 수 있고, 젖당 분해 효소 유전자의 mRNA 양이 증가하지 않게 된다. 젖당(젖당 유도체)의 결합 부위를 갖지 않는 억제 단백질은 B에서 생성된 억제 단백질에 해당한다.

오답 피하기 ㄷ. A는 야생형 대장균으로 젖당을 에너지원으로 이용하여 생장한다. 따라서 A(야생형 대장균)가 배양되고 있는 배지에서 젖당의 농도는 t_1에서가 t_2에서보다 높다.

04

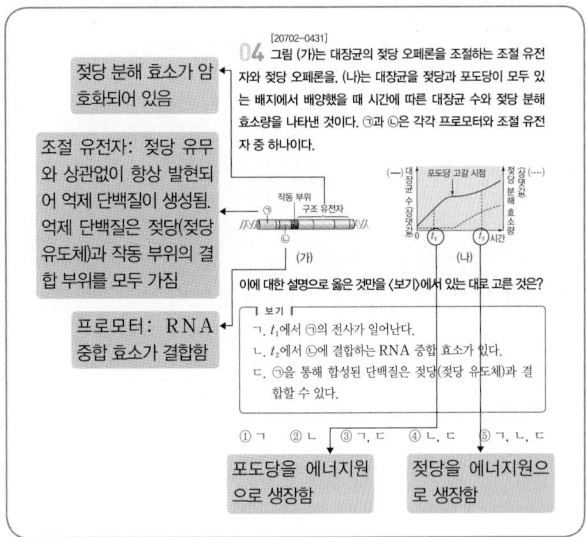

정답 맞히기 ㄱ. ㉠은 젖당 오페론을 조절하는 조절 유전자, ㉡은 RNA 중합 효소가 결합하는 프로모터이다. ㉠(젖당 오페론을 조절하는 조절 유전자)은 젖당 유무와 상관없이 항상 발현되므로 t_1에서 ㉠(젖당 오페론을 조절하는 조절 유전자)의 전사가 일어난다.

ㄴ. t_2에서 젖당 분해 효소가 합성되고 있으므로 ㉡(프로모터)에 결합하는 RNA 중합 효소에 의한 젖당 분해 효소 유전자의 전사가 일어나고 있다.

ㄷ. ㉠(젖당 오페론을 조절하는 조절 유전자)을 통해 합성된 단백질은 억제 단백질로 작동 부위 결합 부위와 젖당(젖당 유도체) 결합 부위를 모두 갖는다.

05

정답 맞히기 ㄴ. ㉡은 c가 결실된 돌연변이 개체이고, c가 발현되어야 할 부위에 a가 발현된다. ㉡의 Ⅲ에서 발현되는 유전자는 a, b이고, Ⅲ은 꽃잎으로 분화된다.

ㄷ. 분화가 끝난 세포도, 분화가 일어나기 전의 세포와 유전체 구성이 동일하므로 정상 꽃에서 ⓐ(꽃잎)의 세포에는 A, B, C가 결합하는 부위가 모두 존재한다.

오답 피하기 ㄱ. ㉠은 a가 결실된 돌연변이 개체이고, a가 발현되어야 할 부위에 c가 발현되므로 Ⅰ로부터 암술이, Ⅱ로부터 수술이, Ⅲ으로부터 수술이, Ⅳ로부터 암술이 형성된다. 따라서 ㉠에서 꽃받침은 형성되지 않는다.

06

정답 맞히기 ㄱ. 진핵생물에서는 일반적으로 조절 유전자가 발현되어 조절 단백질이 만들어지면, 이 조절 단백질이 또 다른 조절 유전자의 발현을 조절하는 과정이 연쇄적으로 일어난다. 이때 가장 상위의 조절 유전자를 핵심 조절 유전자라고 한다. 자료에서 마이오디 유전자는 근육 세포에서 마이오신, 액틴과 같은 근육 세포 특유의 단백질 합성을 총괄적으로 조절하는 핵심 조절 유전자이다.

오답 피하기 ㄴ. 마이오디 단백질은 다른 조절 유전자의 전사를 촉진하는 전사 촉진 인자로 작용했다.

ㄷ. 마이오신 유전자는 모든 체세포에 존재하는 유전자로, 근육 모세포에만 존재하지는 않는다.

07

정답 맞히기 ㄱ. 유전자 x의 전사 인자 결합 부위와 유전자 y의 전사 인자 결합 부위에 결실이 일어나면 x와 y의 전사는 일어나지 않는다. 표의 (다)에서 x의 전사 인자 결합 부위는 ㉢임을 알 수 있다. 표의 (라)에서 x의 전사가 촉진되지 않고, y의 전사만 촉진되었으므로 y가 암호화하는 Y가 x의 전사 인자임을 알 수 있다. 따라서 Y는 ㉢에 결합하는 x의 전사 인자이다.

ㄴ. y의 전사는 전사 인자가 ㉣~㉦ 중 연속된 두 부위에 결합하는 경우에만 촉진된다. (다)에서 ㉣이 제거되었음에도 y가 전사되었으므로 ㉤, ㉥ 혹은 ㉥, ㉦이 y의 전사 인자 결합 부위가 될 수 있

다. (마)에서 ㉥이 제거되었으므로 y의 전사는 촉진되지 않고, y에 의한 Y의 합성이 일어나지 않으므로 x의 전사도 일어나지 않는다. 따라서 (마)에서 전사가 촉진되는 유전자는 없다.

오답 피하기 ㄷ. (라)에서 세포는 Y의 결합 부위이며, x의 전사를 촉진하는 전사 인자 결합 부위인 ㉢이 결실되어 있다.

단원 마무리 문제

본문 226~229쪽

01 ④	02 ②	03 ①	04 ①	05 ③
06 ③	07 ②	08 ⑤	09 ④	10 ③
11 ⑤	12 ②	13 ③		

01

정답 맞히기 ㄱ. 단백질 합성 과정 중인 리보솜에서 E 자리가 제시된 자료의 우측에 있고, ⓐ(mRNA)의 우측 염기 서열이 개시 코돈인 AUG이므로 자료에서 리보솜의 이동 방향은 좌측 방향이다. 따라서 리보솜으로부터 (가)는 (나)보다 나중에 방출된다.

ㄴ. ㉠에는 아미노산이 2개 연결되어 있으므로 펩타이드 결합이 존재한다.

오답 피하기 ㄷ. ⓐ(mRNA)의 염기 서열은 AUG UGC AAG UGC AUG이므로 합성되는 폴리펩타이드의 아미노산 서열은 '메싸이오닌-시스테인-라이신-시스테인-메싸이오닌'으로 합성된 폴리펩타이드에서 메싸이오닌의 수는 2이다.

02

정답 맞히기 ㄷ. X는 20개의 염기쌍을 갖는다. AT 염기쌍의 수를 x, GC 염기쌍의 수를 y라 하면 $x+y=20$, $2x+3y=49$이다. 따라서 $x=11$, $y=9$이다. (가)에서 x는 4, y는 2이므로 X에서 (가)를 제외한 x의 수는 $11-4=7$, y의 수는 $9-2=7$이다. 따라서 X에서 (가)를 제외한 DNA에서 퓨린 계열 염기(A 혹은 G)의 개수는 $7+7=14$개이다.

오답 피하기 ㄱ. 가닥 Ⅰ과 가닥 Ⅱ는 서로 상보적 염기쌍을 형성하므로 가닥 Ⅰ의 A, T, G, C의 수는 각각 가닥 Ⅱ의 T, A, C, G의 수와 같다. mRNA에서 U의 비율이 25 %이므로 주형 가닥 DNA에서 A의 비율이 25 %이다. 따라서 mRNA의 주형 가닥은 가닥 Ⅱ이다. 이 자료를 종합한 염기 비율은 표와 같다.

구분	염기 비율(%)					
	A	G	T	C	U	계
가닥 Ⅰ	30	㉠(30)	㉡(25)	?(15)	0	100
가닥 Ⅱ	25	15	㉢(30)	30	0	100
mRNA	㉣(30)	㉤(30)	㉥(0)	㉦(15)	25	100

㉠~㉦ 중 가장 작은 수는 ㉥이다.

ㄴ. mRNA의 주형 가닥은 가닥 Ⅱ이다.

03

정답 맞히기 ㄴ. 효소 A는 DNA 중합 효소이고, 효소 B는

RNA 중합 효소이다. 효소 A(DNA 중합 효소)는 프라이머를 필요로 하고, 효소 B(RNA 중합 효소)는 프라이머를 필요로 하지 않는다.

오답 피하기 ㄱ. DNA 신장, RNA 신장은 모두 5′ 말단 → 3′ 말단 방향으로 일어나므로 (나)에서 ㉡은 5′ 말단임을 알 수 있고, ㉠은 3′ 말단이다. ㉡(5′ 말단)에는 인산기가 있고, ㉠(3′ 말단)에는 수산기(−OH)가 있다.

ㄷ. 효소 B(RNA 중합 효소)는 주형 가닥에 대해 ㉠(3′ 말단) → ㉡(5′ 말단) 방향으로 이동하면서 주형 가닥 DNA에 상보적인 RNA를 5′ 말단 → 3′ 말단 방향으로 신장시킨다.

04

정답 맞히기 ㄱ. ㉠은 전사 인자가 결합하는 조절 부위, ㉡은 RNA 중합 효소가 결합하는 프로모터이다.

오답 피하기 ㄴ. A는 전사 인자, B는 RNA 중합 효소이다. A(전사 인자)는 B(RNA 중합 효소)가 ㉡(프로모터)에 결합하는 과정을 촉진한다.

ㄷ. 이 과정은 전사 개시 복합체가 형성되는 과정으로 진핵세포의 핵에서 일어난다.

05

정답 맞히기 ㄱ. ㉠이 ^{15}N, ㉡이 ^{14}N라면 표의 G_0에서 나타난 B는 하층($^{15}N-^{15}N$)이고, G_1에서 나타난 A는 중층($^{14}N-^{15}N$), 나머지 C는 상층($^{14}N-^{14}N$)이다. G_4의 DNA를 추출하여 원심 분리하면 중층($^{14}N-^{15}N$), 하층($^{15}N-^{15}N$)에서 DNA가 나타나므로 주어진 조건을 만족하지 않는다. 따라서 ㉠이 ^{14}N, ㉡이 ^{15}N이다.

ㄴ. $^{14}N-^{14}N$를 가지는 G_0을 ㉡(^{15}N)이 포함된 배지에서 배양하여 얻은 G_1의 DNA를 추출한 후 원심 분리하여 나타난 A는 중층($^{14}N-^{15}N$), 나머지 C는 하층($^{15}N-^{15}N$)이다. $^{14}N-^{15}N$를 가지는 G_1을 ㉡(^{15}N) 배지에서 배양하여 얻은 G_2의 DNA를 추출한 후 원심 분리하면 A(중층)와 C(하층)에서 DNA가 0.5 : 0.5의 비율로 나타난다. G_2를 ㉠(^{14}N)이 포함된 배지에서 배양하여 얻은 G_3의 DNA를 추출하여 원심 분리하면 A(중층)와 B(상층)에서 DNA가 0.75 : 0.25의 비율로 나타난다. 따라서 ⓐ는 0.75, ⓑ는 0, ⓒ는 0.5이다.

오답 피하기 ㄷ. ㉠이 ^{14}N, ㉡이 ^{15}N이므로 DNA의 질소가 모두 ㉠(^{14}N)인 대장균(G_0)의 DNA를 추출한 후 원심 분리하여 나타난 B는 상층($^{14}N-^{14}N$)이다.

06

정답 맞히기 ㄱ. DNA 복제 분기점의 이동 방향은 좌측 방향이므로 Ⅰ이 Ⅱ보다 나중에 합성되었다.

ㄴ. DNA는 역평행 구조를 갖고, DNA 복제 중 합성 중인 가닥은 주형 가닥 염기의 상보적인 염기가 5′ 말단에서 3′ 말단 방향으로 신장된다. 자료의 선도 가닥에서 좌측 끝은 3′ 말단이므로 ⓐ는 5′ 말단이다.

오답 피하기 ㄷ. 효소 A는 DNA 중합 효소이다. 효소 A(DNA 중합 효소)는 합성 중인 가닥의 ⓑ(5′ 말단)에 새로운 뉴클레오타이드를 연결시킬 수 없다.

07

정답 맞히기 ㄷ. ㉢ 처리 후 배지에서 발견된 ⓑ(살아 있는 S형 균)에는 살아 있는 R형 균이 S형 균으로 형질 전환하여 생성된 세균과 S형 균이 분열하여 생성된 세균이 있다.

오답 피하기 ㄱ. ⓐ(살아 있는 R형 균)는 피막을 갖지 않고, 살아 있는 S형 균은 피막을 갖는다.

ㄴ. 형질 전환을 일으키는 물질은 DNA이므로 DNA 분해 효소를 처리하면 살아 있는 R형 균이 살아 있는 S형 균으로 형질 전환되지 않는다. 자료에서 ㉡을 처리했을 때 살아 있는 S형 균이 관찰되지 않았으므로 ㉡은 DNA 분해 효소이고, ㉠과 ㉢은 각각 단백질 분해 효소와 탄수화물 분해 효소 중 하나이다. 따라서 ㉠의 기질은 단백질 혹은 탄수화물 중 하나이다.

08

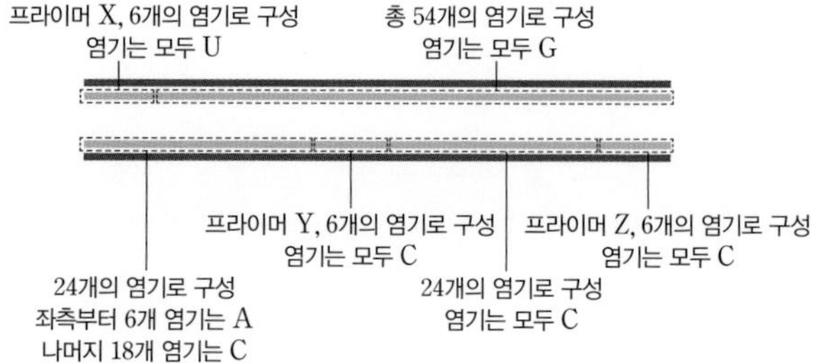

정답 맞히기 ㄱ. (가)와 (나)의 염기가 상보적이고, Ⅰ과 Ⅱ+Ⅲ의 염기가 상보적이다. Ⅱ가 Ⅲ보다 먼저 합성되었으므로 복제 분기점의 이동 방향은 우측 방향이다. Ⅰ의 좌측에 프라이머 X가, Ⅱ의 우측에 프라이머 Y가, Ⅲ의 우측에 프라이머 Z가 존재한다. (가)와 Ⅰ은 각각 60개의 염기로 구성되고, (가)와 Ⅰ 사이의 염기 간 수소 결합의 총개수는 174개이므로 AT(U) 염기쌍의 수를 x, GC 염기쌍의 수를 y라 하면 $x+y=60$, $2x+3y=174$이다. 연립 방정식을 통해 x와 y를 구하면 $x=6$, $y=54$이다. Ⅰ에서 피리미딘 계열로 구성된 프라이머 X는 6개의 뉴클레오타이드로 구성되므로 X를 구성하는 염기는 U이다. Ⅰ에서 X를 제외한 나머지 부분은 G과 C 중 하나인데, 이 부분은 피리미딘 계열 염기로 구성된 Ⅱ의 프라이머 Y와 Ⅲ의 프라이머 Z의 염기 서열과 상보적이므로 Ⅰ에서 X를 제외한 나머지 부분은 G으로 구성된다. Ⅰ에서 T+U+C의 수는 6, G의 수는 54이므로 $\frac{T+U+C}{G}=\frac{6}{54}=\frac{3}{27}$이다.

ㄴ. 염기 ⓑ와 염기 ⓒ는 모두 사이토신(C)이다.

ㄷ. Ⅱ와 (나) 사이의 염기 간 수소 결합의 총개수는 $(2\times6)+(3\times24)=84$개이다.

09

정답 맞히기 ㄴ. 전사 후 가공 조절에서는 인트론 제거, 엑손 재조합, 5′ 말단과 3′ 말단의 변형이 일어난다.

ㄷ. ⓐ는 뉴클레오솜을 구성하는 DNA로 유전 정보가 저장되어 있다.

오답 피하기 ㄱ. (나)는 염색질 응축 조절 과정으로 ㉠(염색질 응축 조절) 단계에서 일어난다. 염색질이 응축되어 있을수록 유전자 발현이 일어나기 어렵다.

10

정답 맞히기 ㄱ. Ⅰ~Ⅲ은 a~c 중 서로 다른 하나에 돌연변이가 일어난 것이고, Ⅰ~Ⅲ 모두 아르지닌을 합성할 수 없다. 야생형과 Ⅰ~Ⅲ을 최소 배지에서 배양했을 때 ㉡ 합성은 Ⅰ~Ⅲ에서 일어나지 않았으므로 ㉡은 아르지닌이고, ㉢ 합성은 3곳에서 일어났으므로 ㉢은 오르니틴이다. 나머지 ㉠은 시트룰린이다.

ㄴ. 유전자 a에 돌연변이가 있는 붉은빵곰팡이는 최소 배지에 ㉠(시트룰린)이 첨가된 조건에서 ㉡(아르지닌)은 합성되고, ㉢(오르니틴)은 합성되지 않는다. 따라서 Ⅰ은 a에 돌연변이가 일어난 것이다.

오답 피하기 ㄷ. 유전자 b에 돌연변이가 있는 붉은빵곰팡이는 최소 배지에 ㉠(시트룰린)이 첨가된 조건에서 ㉡(아르지닌)과 ㉢(오르니틴)이 모두 합성될 수 있다. 따라서 Ⅲ은 b에 돌연변이가 일어난 것이고, 나머지 Ⅱ는 c에 돌연변이가 일어난 것이다. b에 돌연변이가 있는 Ⅲ은 ㉢(오르니틴)을 ㉠(시트룰린)으로 전환시킬 수 없다.

11

정답 맞히기 ㄱ. 동물은 발생 초기 단계에서 몸의 각 기관이 정확한 위치에 형성되어야 하는데, 이 과정에 관여하는 유전자를 혹스 유전자라고 한다. 초파리는 3번 염색체에 혹스 유전자 8개가 배열되어 있다. a~c는 머리 부분의 체절에서 형성되는 기관 형성에 관여한다.

ㄴ. 초파리 배아의 각 체절에는 a~h가 모두 존재하고, a~h 중 특정 유전자가 발현되어 특정 전사 인자가 생성된다.

ㄷ. h는 초파리 배아의 뒤쪽에서 형성되는 기관 형성에 관여한다. h가 결실된 초파리는 배 뒤쪽에서 형성되는 기관 형성에 이상이 있을 것이다.

12

정답 맞히기 ㄷ. 배지 Ⅲ은 포도당과 젖당이 모두 ㉡(있음)의 조건이므로 대장균은 포도당을 젖당보다 먼저 에너지원으로 이용한다.

오답 피하기 ㄱ. A는 RNA 중합 효소가 결합하는 프로모터, B는 억제 단백질이 결합하는 작동 부위이다. DNA 중합 효소는 복제 원점에 결합하여 DNA를 복제한다.

ㄴ. 그림의 과정은 억제 단백질이 작동 부위인 B에 결합하여 있고, 배지 Ⅰ에서 일어난다고 했으므로 배지 Ⅰ에 젖당은 존재하지 않는다. 따라서 ㉠은 '없음', ㉡은 '있음'이다. 배지 Ⅱ는 포도당과 젖당의 조건이 모두 ㉠(없음)이므로 구조 유전자의 전사가 일어나지 않는다.

13

정답 맞히기 ㄱ. X의 아미노산 서열과 코돈은 표와 같다.

아미노산	메싸이오닌	류신	라이신	아르지닌	시스테인	종결 코돈
코돈	AUG	CUU CUA CUG	AAA AAG	CGU CGC CGA	UGU UGC	UAA UAG UGA

Y는 X보다 펩타이드 결합의 수가 1개 적으므로 아미노산의 개수는 4개이다. y는 x의 주형 가닥에 ㉠ 1개가 삽입된 것으로 코돈의 UGC 혹은 UGU가 종결 코돈인 UGA 혹은 UAG로 바뀌어야 한다. 따라서 주형 가닥에 T이 삽입되어야 코돈에서 A이 삽입되므로 ㉠은 타이민(T)이다.

ㄷ. Z를 암호화하는 mRNA에서 사이토신(C)의 개수가 6개라는 조건을 고려하면 Z의 아미노산 서열과 코돈은 표와 같다.

아미노산	메싸이오닌	프롤린	라이신	아르지닌	아르지닌	종결 코돈
코돈	AUG	CCU CCA CCG	AAA AAG	CGC	CGC	UAA UAG UGA

Z에서 아르지닌 ⓐ와 ⓑ를 암호화하는 코돈의 염기 서열은 CGC로 같다.

오답 피하기 ㄴ. z는 x의 전사 주형 가닥에서 아데닌(A) 2개가 모두 ㉡으로 치환된 것이며, x의 mRNA에서는 U이 다른 염기로 치환된 것이다. Z의 아미노산 서열과 코돈은 표와 같다.

아미노산	메싸이오닌	류신 → 프롤린	라이신	아르지닌	시스테인 →아르지닌	종결 코돈
코돈	AUG	CUU →CCU CUA →CCA CUG →CCG	AAA AAG	CGC	UGC →CGC	UAA UAG UGA

코돈에서 U이 C으로 바뀌었으므로 ㉡은 구아닌(G)이고, 퓨린 계열 염기에 속한다.

Ⅴ. 생물의 진화와 다양성

12 생명의 기원

탐구 활동

본문 241쪽

1 해설 참조 2 해설 참조

1

화학적 진화설은 원시 대기를 이루는 환원성 기체로부터 간단한 유기물, 복잡한 유기물, 유기물 복합체 단계를 거쳐 원시 생명체가 탄생하였다는 가설이다.

모범 답안 원시 대기의 혼합 기체로부터 간단한 유기물이 합성되었다는 것을 실험을 통해 입증하였다.

2

최근 연구에 따르면 원시 대기에는 화산에서 방출된 이산화 탄소 등의 많은 산화물이 있었을 것으로 추정된다.

모범 답안 원시 대기에서 이산화 탄소 등의 많은 산화물에 의해 산화 작용이 일어나 유기물이 생성되어 축적되기 어려웠을 것이다.

내신 기초 문제

본문 242~244쪽

01 ①	02 ②	03 ③	04 ③	05 ②
06 ④	07 ②	08 리보자임		09 ②
10 ⑤	11 ①	12 스트로마톨라이트		13 ④
14 ④	15 군체	16 ②	17 ⑤	18 ②

01

정답 맞히기 오파린과 홀데인은 화학적 진화설에서 원시 지구 대기가 수소(H_2), 메테인(CH_4), 수증기(H_2O), 암모니아(NH_3)와 같은 환원성 기체로 구성되어 있었고, 산소(O_2)는 거의 없었을 것으로 추정하였다.

02

정답 맞히기 ㄴ. 밀러와 유리의 실험에서 전기 방전은 원시 지구의 번개와 같은 방전 현상을 재현한 것으로 환원성 기체로부터 간단한 유기물이 합성되는 과정의 에너지원으로 작용한다.

오답 피하기 ㄱ. 밀러와 유리의 실험은 심해 열수구설이 아닌 화학적 진화설 중 일부를 입증하는 실험이다.

ㄷ. 코아세르베이트는 유기물 복합체이다. 실험 결과 U자관에서 아미노산과 같은 간단한 유기물이 검출된다.

03

정답 맞히기 ③ 심해 열수구는 마그마에 의해 뜨거워진 해수가 분출되는 곳이다. 화산 활동 등으로 지속적인 열에너지가 공급되며 수소, 암모니아, 메테인과 같은 환원성 물질이 풍부하다.

오답 피하기 ① 현재 심해 열수구에서 여러 종류의 미생물과 동물이 발견된다.

② 심해 열수구는 빛이 도달하지 않으므로 광합성 원핵생물과 퇴적물이 섞여 층층이 쌓여 만들어진 암석 구조인 스트로마톨라이트가 생성될 수 없다.

④ 심해 열수구는 열에너지와 환원성 물질이 풍부해서 유기물이 합성될 수 있는 조건을 갖추고 있다.

⑤ 심해 열수구는 오파린의 화학적 진화설이 아닌 최근의 연구에서 원시 생명체의 탄생 장소로 주목받고 있다.

04

정답 맞히기 ③ A는 간단한 유기물, B는 복잡한 유기물, C는 유기물 복합체이다. 아미노산과 뉴클레오타이드는 간단한 유기물, 단백질과 핵산은 복잡한 유기물, 코아세르베이트와 마이크로스피어는 유기물 복합체의 예에 해당한다.

05

정답 맞히기 ② 코아세르베이트는 단백질, 탄수화물, 핵산의 혼합물로부터 액상의 막에 둘러싸인 작은 액체 방울 모양이다.

오답 피하기 ①, ③, ④, ⑤ 오파린이 실험을 통해 합성한 코아세르베이트는 원핵생물이 아닌 유기물 복합체에 해당한다. 코아세르베이트는 일정 크기 이상이 되면 분열하는 특성이 있지만 세포가 아니므로 세포 분열을 통해 증식하지 못하고, 독립 영양 생물이 아니므로 무기물로부터 유기물을 합성할 수 없다.

06

정답 맞히기 ④ 마이크로스피어의 막을 구성하는 성분은 단백질이고, 리포솜의 막을 구성하는 성분은 인지질이다.

07

정답 맞히기 ㄴ. DNA는 유전 정보 저장 기능이 있고, 효소 기능이 없다.

오답 피하기 ㄱ. 이중 나선 구조의 DNA가 단일 가닥의 RNA(리보자임)보다 안정적인 구조이다.

ㄷ. DNA는 효소 기능이 없고, RNA(리보자임)와 단백질은 효소 기능이 있다.

08

리보자임은 RNA 단일 가닥을 구성하는 염기끼리 상보적 결합을 하여 복잡한 모양으로 접히면서 입체 구조가 다양하게 나타나고, 유전 정보의 저장 기능과 효소 기능이 모두 있다.

09

정답 맞히기 ㄴ. 그림은 DNA-RNA-단백질 기반 체계를 나타낸 것이다. DNA가 유전 정보의 저장, RNA가 유전 정보의 전달, 단백질이 촉매(효소)의 기능을 담당한다.

오답 피하기 ㄱ. RNA 기반 체계는 RNA가 유전 정보의 저장과 전달, 촉매(효소) 기능을 모두 담당한다.

ㄷ. RNA 우선 가설에서 최초의 생명체가 가진 유전 정보 체계는 RNA 기반 체계이다.

10

정답 맞히기 ⑤ 최초의 원핵생물인 무산소 호흡을 하는 원핵생물들이 번성한 결과 바닷속 유기물의 양이 감소하였다.

오답 피하기 ①, ②, ③, ④ 지구에 출현한 최초의 원핵생물은 바다와 대기 중에 산소가 거의 없었으므로 무산소 호흡으로 유기물을 분해하여 에너지를 얻는 종속 영양 생물로 바닷속에서 출현하였을 것으로 추정된다. 원핵생물은 막으로 둘러싸인 핵과 막성 세포 소기관이 없는 생물이다.

11

정답 맞히기 ㄱ. 광합성 결과 산소가 생성되므로 광합성 원핵생물에 의해 대기 중 산소의 농도가 증가하였다.

오답 피하기 ㄴ. 산소 호흡 생물이 무산소 호흡 생물보다 에너지 효율이 높다.

ㄷ. 광합성 원핵생물의 출현으로 대기 중 산소의 농도가 증가하면서 무산소 환경에서 살아가던 생물은 사멸하거나, 일부는 살아남아 오늘날의 무산소 호흡 생물로 진화하였다.

12

스트로마톨라이트는 남세균과 같은 광합성을 하는 원핵생물과 퇴적물이 섞여 층층이 만들어진 암석 구조이다. 약 35억 년 전에 형성된 암석층인 스트로마톨라이트에서 광합성을 하는 원핵생물이 화석 형태로 발견되었다.

13

정답 맞히기 ㄴ. (가) 과정에서 원핵생물의 세포막이 안으로 함입되어 핵, 소포체, 골지체 등과 같은 세포 소기관으로 분화된다.

ㄷ. A는 소포체, B는 핵이다. 세포막의 함입 결과 생성된 소포체와 핵은 모두 세포막과 같은 인지질 2중층이 있다.

오답 피하기 ㄱ. 막 진화설은 핵, 소포체, 골지체와 같은 막으로 구성된 세포 소기관을 갖는 원시 단세포 진핵생물의 출현에 대한 가설이다.

14

정답 맞히기 ①, ②, ③, ⑤ 세포내 공생설은 독립적으로 생활하던 산소 호흡 세균과 광합성 세균이 숙주 세포와 공생하다가 각각 미토콘드리아와 엽록체로 분화되었다는 가설이다. 미토콘드리아와 엽록체가 원핵생물과 유사한 원형 DNA와 리보솜을 가지고 있는 것은 세포내 공생설의 증거이다.

오답 피하기 ④ 엽록체를 가지게 된 진핵생물은 현생 독립 영양 생물의 조상이 되었다.

15

단세포 진핵생물의 군체는 같은 종류의 단세포 진핵생물들이 서로 연결하여 같이 생활하고 있는 것으로 단세포 진핵생물과 다세포 진핵생물의 중간형이다.

16

정답 맞히기 ㄴ. 대기에 오존층이 형성되어 강한 자외선이 상당 부분 차단된 후 육상 생물이 출현하였다.

오답 피하기 ㄱ. 육상 생물에는 원핵생물, 단세포 진핵생물, 다세포 진핵생물이 있다.

ㄷ. 바닷속 생물이 육상으로 진출하면서 생물 다양성이 더욱 빠르게 증가하였다.

17

정답 맞히기 ①, ②, ③, ④ 원시 생명체의 진화 과정에서 광합성 원핵생물이 출현하고 번성하면서 바닷속 유기물의 양과 대기 중의 산소 농도가 증가하였다. 이후 산소 호흡 원핵생물, 단세포 진핵생물, 다세포 진핵생물이 출현하였고, 대기에 오존층이 형성된 후 육상 생물이 출현하였다.

오답 피하기 ⑤ 무산소 호흡 원핵생물은 광합성 원핵생물 이전에 출현하였다.

18

정답 맞히기 ㄴ. 독립 영양을 하는 단세포 진핵생물은 세포 호흡을 통해 ATP를 합성하는 미토콘드리아를 갖는다.

오답 피하기 ㄱ. 최초의 생명체는 무산소 호흡을 하는 원핵생물이다. 스트로마톨라이트에서는 최초의 생명체가 아닌 광합성을 하는 원핵생물의 화석이 발견되었다.

ㄷ. 최초의 다세포 진핵생물이 출현한 이후 육상 생물이 출현하였다.

실력 향상 문제

본문 245~247쪽

01 ⑤	02 ③	03 ②	04 ③	05 ①
06 ⑤	07 해설 참조		08 ⑤	09 ③
10 해설 참조		11 ①	12 ④	13 ⑤
14 ④				

01 밀러의 실험

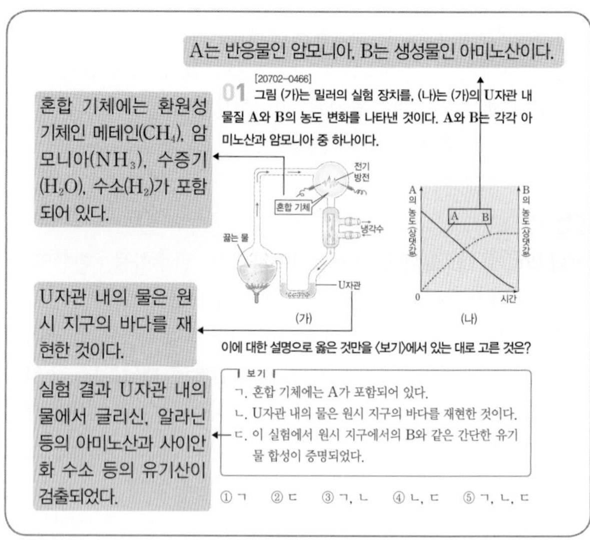

A는 반응물인 암모니아, B는 생성물인 아미노산이다.
혼합 기체에는 환원성 기체인 메테인(CH_4), 암모니아(NH_3), 수증기(H_2O), 수소(H_2)가 포함되어 있다.
U자관 내의 물은 원시 지구의 바다를 재현한 것이다.
실험 결과 U자관 내의 물에서 글리신, 알라닌 등의 아미노산과 사이안화 수소 등의 유기산이 검출되었다.
[20702-0466]
01 그림 (가)는 밀러의 실험 장치를, (나)는 (가)의 U자관 내 물질 A와 B의 농도 변화를 나타낸 것이다. A와 B는 각각 아미노산과 암모니아 중 하나이다.
전기 방전
혼합 기체
냉각수
끓는 물
U자관
(가)
(나)
A의 농도(상댓값)
B의 농도(상댓값)
시간
이에 대한 설명으로 옳은 것만을 <보기>에서 있는 대로 고른 것은?
보기
ㄱ. 혼합 기체에는 A가 포함되어 있다.
ㄴ. U자관 내의 물은 원시 지구의 바다를 재현한 것이다.
ㄷ. 이 실험에서 원시 지구에서의 B와 같은 간단한 유기물 합성이 증명되었다.
① ㄱ ② ㄷ ③ ㄱ, ㄴ ④ ㄴ, ㄷ ⑤ ㄱ, ㄴ, ㄷ

정답 맞히기 ㄱ. 혼합 기체에는 암모니아(A)가 포함되어 있다.

ㄴ. 냉각 장치를 통과한 물은 원시 지구의 비를 재현한 것이고, U자관 내의 물은 비에 의해 생성된 원시 지구의 바다를 재현한 것이다.

ㄷ. 밀러의 실험에서 오파린과 홀데인의 화학적 진화설 중 원시 지구에서의 아미노산(B), 유기산과 같은 간단한 유기물 합성이 증명되었다.

02 화학적 진화를 통한 원시 생명체의 탄생

정답 맞히기 ㄱ. 폭스의 실험은 원시 지구에서 아미노산과 같은 간단한 유기물에서 아미노산 중합체와 같은 복잡한 유기물 형성 과정인 (가) 과정을 증명하였다.

ㄷ. 원시 생명체는 화학적 진화 과정을 거쳐 유기물과 에너지가 풍부한 원시 지구의 바다에서 출현하였다.

오답 피하기 ㄴ. 최초의 원시 생명체는 핵막이 없는 원핵생물이므로 (나) 과정에서 핵막이 형성되지 않았다.

03 막 구조를 갖는 유기물 복합체

정답 맞히기 ㄴ. (가)는 리포솜, (나)는 코아세르베이트, (다)는 마이크로스피어이다. 코아세르베이트(나)는 주변 환경의 물질을 흡수하면서 크기가 커지고 일정 크기 이상이 되면 분열하는 특성이 있다.

오답 피하기 ㄱ. (가)~(다)는 모두 원시 생명체가 아닌 막 구조를 갖는 유기물 복합체이다.

ㄷ. (가)~(다) 중 현재의 세포막과 막 구조가 가장 유사한 것은 인지질 2중층의 막 구조를 갖는 리포솜(가)이다.

04 원시 지구에서 출현한 최초의 생명체

정답 맞히기 A, B. 원시 지구에 출현한 최초의 생명체는 세포 내부 환경을 안정적으로 유지하고 물질의 출입을 조절하는 막으로 둘러싸여 있고, 효소와 유전 물질을 가지고 있어 물질대사와 자기 복제 능력이 있다.

오답 피하기 C. 최초의 생명체는 원시 바다에 축적된 유기물을 분해하여 에너지를 얻는 무산소 호흡을 하는 종속 영양 생물이다.

05 원시 생명체의 탄생과 진화

정답 맞히기 ㄱ. ㉠은 무산소 호흡 세균, ㉡은 광합성 세균, ㉢은 산소 호흡 세균이고, ⓐ는 CO_2, ⓑ는 O_2이다.

오답 피하기 ㄴ. 광합성 세균(㉡)은 원핵생물이므로 막으로 둘러싸인 핵과 엽록체와 같은 막성 세포 소기관이 없다.

ㄷ. 산소 호흡 세균(㉢)의 출현 시기에 무산소 호흡 세균(㉠)과 광합성 세균(㉡)이 모두 존재했다.

06 세포내 공생설

정답 맞히기 ㄱ. ㉠은 산소 호흡 세균, ㉡은 광합성 세균이다.

ㄴ. 광합성 세균(㉡)은 광합성을 통해 빛에너지를 화학 에너지로 전환한다.

ㄷ. (가)는 미토콘드리아와 엽록체를 갖는 현생 독립 영양 진핵생물의 조상에 해당한다.

07 세포내 공생설의 증거

독립적으로 생활하던 산소 호흡을 하는 원핵생물(산소 호흡 세균)과 광합성을 하는 원핵생물(광합성 세균)이 숙주 세포에 세포내 섭취를 통해 들어가 공생하면서 각각 미토콘드리아와 엽록체로 분화되었다.

모범 답안 미토콘드리아와 엽록체는 원핵생물과 유사한 원형 DNA와 리보솜을 가지고 있어서 자기 복제를 하여 증식한다. 미토콘드리아와 엽록체는 숙주 세포에 들어갈 때 세포내 섭취를 통해 숙주의 세포막에 둘러싸인 결과 2중막 구조를 갖는다.

08 리보자임

정답 맞히기 ㄱ, ㄴ, ㄷ. 리보자임(Ribozyme)은 유전 정보 저장 기능과 효소의 기능이 모두 있다는 뜻이다. 리보자임은 자기 복제가 가능하며, 뉴클레오타이드가 공급되면 다른 효소 없이도 RNA 중합 효소로 작용하여 주형 RNA로부터 상보적 RNA 복사본을 합성한다.

09 다세포 진핵생물의 출현

정답 맞히기 ㄱ, ㄴ. 단세포 진핵생물은 (가) 과정에서 군체를 형성하고, (나) 과정에서 세포의 형태와 기능이 분화되면서 다세포 진핵생물이 출현하였다.

오답 피하기 ㄷ. 다세포 진핵생물의 출현 이후에도 단세포 진핵생물과 군체를 형성하는 단세포 진핵생물은 모두 존재한다.

10 육상 생물의 출현

광합성을 하는 독립 영양 생물의 출현에 의한 대기 중 산소 농도 증가로 오존층이 형성되어 육상 생물 출현 환경이 조성되었다.

모범 답안 대기 중 산소 농도의 증가로 오존층이 형성되어 유해한 자외선을 상당 부분 차단함으로써 바닷속 생물이 육상으로 진출할 수 있게 되었다.

11 유전 물질과 효소

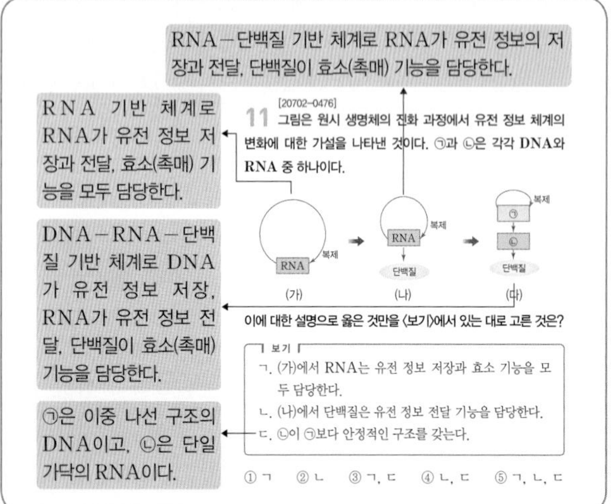

RNA–단백질 기반 체계로 RNA가 유전 정보의 저장과 전달, 단백질이 효소(촉매) 기능을 담당한다.
RNA 기반 체계로 RNA가 유전 정보 저장과 전달, 효소(촉매) 기능을 모두 담당한다.
DNA–RNA–단백질 기반 체계로 DNA가 유전 정보 저장, RNA가 유전 정보 전달, 단백질이 효소(촉매) 기능을 담당한다.
㉠은 이중 나선 구조의 DNA이고, ㉡은 단일 가닥의 RNA이다.
[20702-0476]
11 그림은 원시 생명체의 진화 과정에서 유전 정보 체계의 변화에 대한 가설을 나타낸 것이다. ㉠과 ㉡은 각각 DNA와 RNA 중 하나이다.
복제
RNA
단백질
㉠
㉡
(가)
(나)
(다)
이에 대한 설명으로 옳은 것만을 <보기>에서 있는 대로 고른 것은?
보기
ㄱ. (가)에서 RNA는 유전 정보 저장과 효소 기능을 모두 담당한다.
ㄴ. (나)에서 단백질은 유전 정보 전달 기능을 담당한다.
ㄷ. ㉡이 ㉠보다 안정적인 구조를 갖는다.
① ㄱ ② ㄴ ③ ㄱ, ㄷ ④ ㄴ, ㄷ ⑤ ㄱ, ㄴ, ㄷ

정답 맞히기 ㄱ. RNA 기반 체계(가)에서 RNA는 유전 정보 저장과 효소 기능을 모두 담당한다.

오답 피하기 ㄴ. RNA–단백질 기반 체계(나)에서 RNA가 유전 정보의 저장과 전달, 단백질이 효소 기능을 담당한다.

ㄷ. 이중 나선 구조의 DNA(㉠)가 단일 가닥의 RNA(㉡)보다 안정적인 구조를 갖는다.

12 원핵생물과 진핵생물

정답 맞히기 ㄴ. '핵막이 있다.'는 진핵생물에만 해당하는 특징이고, '유전 물질이 있다.'는 원핵생물과 진핵생물에 모두 해당하는 특징이다. 그러므로 '×'가 있는 ㉡은 '핵막이 있다.'이다. A는 진핵생물, B는 원핵생물이다. 진핵생물(A)과 원핵생물(B)에는 모두 RNA가 있다.

ㄷ. 원시 지구에서 최초의 원핵생물(B)이 최초의 진핵생물(A)보다 먼저 출현하였다.

오답 피하기 ㄱ. ㉠은 '유전 물질이 있다.'이다.

13 원핵생물의 출현

정답 맞히기 ㄱ. A는 무산소 호흡을 하는 종속 영양 생물, B는 광합성을 하는 독립 영양 생물, C는 산소 호흡을 하는 종속 영양 생물이다. A~C는 모두 물질대사와 자기 복제 능력이 있다.

ㄴ. 광합성 세균인 남세균은 광합성을 하는 독립 영양 생물(B)에 속한다.

ㄷ. C는 산소 호흡을 하는 종속 영양 생물이므로 O_2를 이용하여 유기물을 분해한다.

14 원핵생물의 탄생과 진화

정답 맞히기 ㄴ. ㉠은 원핵생물, ㉡은 단세포 진핵생물, ㉢은 다세포 진핵생물이다. 대기 중 산소 농도는 광합성을 하는 독립 영양 원핵생물의 출현 이후인 최초의 단세포 진핵생물(㉡)이 출현했을 때가 최초의 원핵생물(㉠)이 출현했을 때보다 높다.

ㄷ. 동물은 다세포 진핵생물(㉢)에 해당한다.

오답 피하기 ㄱ. 원핵생물(㉠)은 막으로 둘러싸인 핵이 없으므로 유전 물질이 세포질에 존재한다.

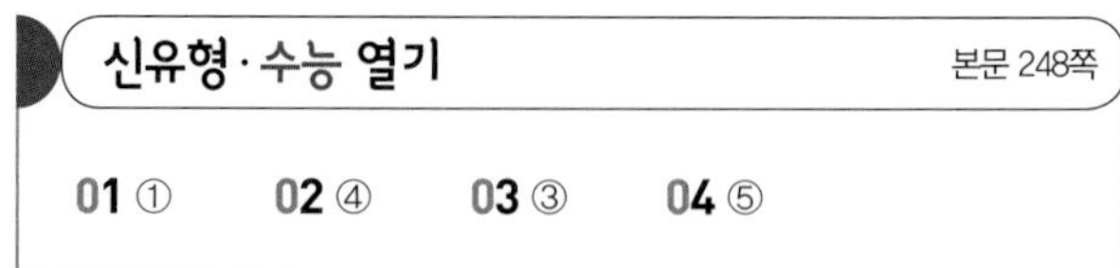

신유형·수능 열기

본문 248쪽

01 ① 02 ④ 03 ③ 04 ⑤

01

정답 맞히기 ㄱ. A는 광합성 세균, B는 산소 호흡 세균이다. 광합성 세균(A)은 광합성을 통해 스스로 무기물로부터 유기물을 합성하는 독립 영양 생물이다.

오답 피하기 ㄴ. 산소 호흡 세균(B)은 원핵생물이므로 미토콘드리아와 같은 막성 세포 소기관이 없다.

ㄷ. (가)는 광합성, (나)는 산소 호흡이다. 산소 호흡 세균(B)은 종속 영양 생물이므로 광합성(가)은 일어나지 않고 산소 호흡(나)은 일어난다.

02

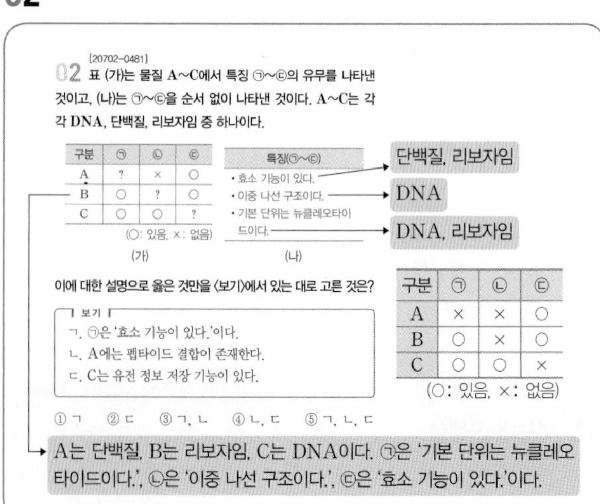

구분	㉠	㉡	㉢
A	×	×	○
B	○	×	○
C	○	○	×

(○: 있음, ×: 없음)

정답 맞히기 ㄴ. '이중 나선 구조이다.'는 A~C 중 DNA에만 있는 특징이므로 ㉡은 '이중 나선 구조이다.'이고, C는 DNA이다. 단백질은 특징 ㉠~㉢ 중 '효소 기능이 있다.'만 있으므로 A는 단백질이고, ㉢은 '효소 기능이 있다.'이다. B는 리보자임이고, ㉠은 '기본 단위는 뉴클레오타이드이다.'이다.
ㄷ. DNA(C)는 유전 정보 저장 기능이 있다.
오답 피하기 ㄱ. ㉠은 리보자임(B)과 DNA(C)에 있는 특징인 '기본 단위는 뉴클레오타이드이다.'이다.

03

정답 맞히기 ㄱ. (가)는 막 진화설, (나)와 (다)는 세포내 공생설이다.
ㄷ. A는 핵, B는 미토콘드리아, C는 엽록체이고, A~C에는 모두 DNA가 있다.
오답 피하기 ㄴ. 광합성을 하는 원핵생물(㉠)의 세포막은 2중막 구조가 아니고, 광합성을 하는 원핵생물이 숙주 세포에서 공생하다가 분화된 엽록체(C)는 2중막 구조이다.

04

정답 맞히기 ㄱ. (가)는 광합성 세균, (나)는 단세포 진핵생물, (다)는 육상 생물이다. 광합성 세균(가) 출현 이후 산소 호흡을 하는 종속 영양 생물이 출현하였다.
ㄴ. 단세포 진핵생물(나) 중 서로 연결하여 같이 생활하는 군체를 형성하는 생물이 있다.
ㄷ. 지구 대기에 오존층이 형성되어 유해한 자외선을 상당 부분 차단함으로써 육상 생물(다)이 출현하였다.

13 생물의 분류와 다양성

탐구 활동

본문 261쪽

1 해설 참조　　2 해설 참조

1

A는 (가)~(마) 중 (나)와 나머지 종들을 구분하는 형질, B는 (라)와 (가), (다), (마)를 구분하는 형질, C는 (가)와 (다), (마)를 구분하는 형질, D는 (다)와 (마)를 구분하는 형질이다.
모범 답안 A는 몸통의 모양, B는 팔의 유무, C는 더듬이의 유무, D는 다리의 유무이다.

2

계통수를 분석하면 생물종 사이의 유연관계와 진화 경로를 파악할 수 있다.
모범 답안 (마)-(다)-(가)-(라)-(나), 계통수에서 가까운 분기점을 공유할수록 공통적인 형질의 수가 많고 생물종 사이에 유연관계가 가깝다.

내신 기초 문제

본문 262~264쪽

01 ③　02 ④　03 ③
04 C-B-A-(D, E)-F　05 ①　06 ⑤
07 ⑤　08 ②　09 ③　10 ⑤　11 ①
12 ②　13 ②　14 ④　15 절지동물문
16 ⑤　17 A: 말미잘, B: 예쁜꼬마선충, C: 창고기
18 ③

01

정답 맞히기 ㄱ. 종은 생물 분류의 가장 기본이 되는 분류군으로, 생물 분류에서 같은 무리로 묶을 수 있는 최소한의 단위이다.
ㄷ. 생물학적으로 종을 구별할 때 가장 중요한 기준은 생식적 격리의 여부이다. 생물학적 종은 자연 상태에서 서로 교배하여 생식 능력이 있는 자손을 낳을 수 있는 개체들의 무리를 의미한다.
오답 피하기 ㄴ. 오늘날에는 종을 형태적 종의 개념보다 생물학적 종의 개념으로 설명한다.

02

정답 맞히기 ④ 분류의 단계는 분류군의 범위를 넓혀 가면서 종, 속, 과, 목, 강, 문, 계, 역의 8단계이다. 과보다 목이 범위가 넓은 분류군이므로 같은 과에 속하는 생물은 반드시 같은 목에 속한다.

오답 피하기 ① 분류의 단계 중 역이 계보다 넓은 범위의 분류군이다.

② 계층적인 생물 분류는 생물의 유연관계에 기초한다.

③ 공통적인 특징이 많은 종을 모아 하나의 속으로 묶을 수 있다.

⑤ 먼 공통 조상을 공유하는 생물들이 가까운 공통 조상을 공유하는 생물들보다 넓은 범위에서 분류군을 형성한다.

03

정답 맞히기 ③ 이명법으로 사람의 학명을 표기하면 *Homo sapiens* Linné이다. 이명법은 속명과 종소명으로 구성되며, 종소명 뒤에 명명자의 이름을 쓴다. 속명과 종소명은 이탤릭체로 표기하며 속명의 첫 글자는 대문자, 종소명의 첫 글자는 소문자로 표기한다. 명명자는 정자체로 표기하고, 이름의 첫 문자만 쓰거나 생략할 수도 있다.

04

계통수에서 최근에 가지가 갈라진 종일수록 즉, 가까운 분기점을 공유할수록 생물종 사이의 유연관계가 가깝다. C는 B와 유연관계가 가장 가깝고, 그 다음으로는 A와 유연관계가 가까우며, D와 E, 그리고 F 순으로 유연관계가 가깝다.

05

정답 맞히기 ㄱ. 린네는 생물을 식물계와 동물계로 분류한 2계 분류 체계를 제시하였다.

오답 피하기 ㄴ. 5계 분류 체계에서는 세균을 원핵생물계로 분류한다. 3역 6계 분류 체계에서는 5계 분류 체계의 원핵생물계가 세균역의 진정세균계와 고세균역의 고세균계로 나뉜다.

ㄷ. 3역 6계 분류 체계에서 메테인 생성균은 고세균계에 속한다.

06

정답 맞히기 ㄱ. A는 세균역, B는 고세균역이다. 세균역(A)과 고세균역(B)에 속하는 생물은 모두 원핵생물로 핵막이 없다.

ㄴ. 3역 6계의 분류 체계에서 균계와 동물계의 유연관계가 균계와 식물계의 유연관계보다 가까우므로 ㉠은 식물계, ㉡은 균계이다.

ㄷ. 균계(㉡)에 속하는 생물은 대부분 다세포 생물이지만 효모와 같은 단세포 생물도 있다.

07

정답 맞히기 ⑤ 진핵생물역의 식물계와 동물계는 모두 다세포 진핵생물이다.

오답 피하기 ① 남세균은 진정세균계에 속한다.

② 고세균계에 속하는 극호열균은 세포벽에 펩티도글리칸 성분이 없다.

③ 아메바는 원생생물계, 효모는 균계에 속한다.

④ 균계에 속하는 효모, 곰팡이, 버섯 등은 모두 종속 영양 생물이다.

08

정답 맞히기 ㄴ. 식물계는 광합성 색소가 있는 엽록체가 있어 광합성을 하는 독립 영양 생물이다.

오답 피하기 ㄱ. 식물계는 주성분이 셀룰로스인 세포벽이 있고, 균계의 세포벽은 주로 키틴질로 이루어져 있다.

ㄷ. 녹조류 계통에 속하는 생물이 식물계의 다양한 식물로 분화하였다.

09

정답 맞히기 ㄱ. 그림은 선태식물 중 태류식물문에 속하는 우산이끼이다. 우산이끼는 엽록소 a, 엽록소 b, 카로티노이드 등의 광합성 색소를 갖는다.

ㄴ. 우산이끼는 관다발이 없는 비관다발 식물이다.

오답 피하기 ㄷ. 우산이끼가 속하는 선태식물은 뿌리, 줄기, 잎이 분화되지 않아 뿌리, 줄기, 잎의 구분이 뚜렷하지 않다.

10

정답 맞히기 ㄱ. 비종자 관다발 식물은 포자로 번식하며, 그늘지고 습한 곳에 서식한다.

ㄴ. 비종자 관다발 식물은 형성층이 없고 헛물관과 체관으로 이루어진 관다발이 있다.

ㄷ. 석송류의 석송과 양치식물문의 고사리, 쇠뜨기 등은 비종자 관다발 식물에 속한다.

11

정답 맞히기 ㄱ. 겉씨식물은 꽃잎과 꽃받침이 발달하지 않고, 암수 생식 기관이 따로 형성된다.

오답 피하기 ㄴ. 겉씨식물은 씨방이 없어 밑씨가 겉으로 드러나고, 속씨식물은 씨방이 있어 밑씨가 씨방에 싸여 있다.

ㄷ. 겉씨식물의 관다발은 헛물관과 체관, 속씨식물의 관다발은 물관과 체관으로 이루어져 있다.

12

정답 맞히기 ㄴ. A는 2가지 특징을 가지므로 비종자 관다발 식물인 석송, B는 3가지 특징을 모두 가지므로 종자식물인 민들레, C는 1가지 특징만을 가지므로 비관다발 식물인 뿔이끼이다.

오답 피하기 ㄱ. ㉠은 2가지 식물에 해당하는 특징이므로 '뿌리, 줄기, 잎이 분화되어 있다.', ㉡은 3가지 식물에 모두 해당하는 특징이므로 '엽록체가 있다.', ㉢은 1가지 식물에만 해당하는 특징이므로 '종자로 번식한다.'이다.

ㄷ. 민들레(B)는 관다발이 있고, 뿔이끼(C)는 관다발이 없다.

13

정답 맞히기 ㄴ. 해면동물은 배엽을 형성하지 않아 진정한 의미의 조직이 없다.

오답 피하기 ㄱ. 2배엽성 동물은 자포동물이다.

ㄷ. 목욕해면, 화산해면 등은 해면동물에 속하고, 해파리, 히드라, 말미잘, 산호 등은 자포동물에 속한다.

14

정답 맞히기 ①, ②, ③, ⑤ 연체동물과 환형동물은 모두 3배엽성 동물, 좌우 대칭 동물, 촉수담륜동물이고, 발생 과정 중 담륜자(트로코포라) 유생 시기를 거치는 동물이 있다.

오답 피하기 ④ 연체동물과 환형동물은 모두 원구가 입이 되는 선구동물이다.

15

몸이 좌우 대칭이고 원구가 입이 되는 선구동물 중 탈피동물은 선형동물과 절지동물이다. 선형동물은 몸에 체절이 없고 절지동물은 몸에 체절이 있고 단단한 외골격을 가진다.

16

정답 맞히기 ㄱ, ㄴ, ㄷ. 극피동물은 순환계와 호흡계 역할을 하는 수관계가 발달하였고, 수관계와 연결된 돌출된 관족을 움직여 운동을 한다. 극피동물은 발생 과정 중 외배엽과 내배엽 사이에 중배엽을 형성하여 외배엽, 내배엽, 중배엽을 갖는 3배엽성 동물이다.

17

말미잘, 창고기, 예쁜꼬마선충 중에서 방사 대칭 동물인 A는 말미잘, 좌우 대칭 동물 중 선구동물인 B는 예쁜꼬마선충, 후구동물인 C는 창고기이다.

18

정답 맞히기 ㄱ. 척추동물은 원구가 항문이 되는 후구동물이다.

ㄴ. 척추동물은 발생 초기에 척삭을 가지지만 성체로 자라면서 척추로 대치된다.

오답 피하기 ㄷ. 우렁쉥이(멍게)는 척삭동물 중 유생 시기에만 척삭을 갖는 미삭동물에 속한다.

실력 향상 문제

본문 265~267쪽

01 ②	02 ⑤	03 ⑤	04 ④	05 해설 참조
06 ②	07 ③	08 ⑤	09 ①	10 ③
11 ④	12 ⑤	13 해설 참조		

01 생물학적 종의 개념

정답 맞히기 ㄴ. 암말 A와 수탕나귀 B의 교배로 태어난 자손 ㉠은 노새이다.

오답 피하기 ㄱ. A와 B의 교배로 태어난 자손이 생식 능력이 없으므로, A와 B는 서로 다른 종이고 생식적으로 격리되어 있다.

ㄷ. 진돗개 C와 불도그 D의 교배로 태어난 자손이 생식 능력이 있으므로, C와 D는 같은 종이고 생식적으로 격리되어 있지 않다.

02 학명

정답 맞히기 ㄱ. (가)의 학명은 이탤릭체인 속명과 종소명, 정자체인 명명자 순으로 표기되어 있으므로 이명법을 사용하였다.

ㄴ. (가)~(라)는 모두 참나무과에 속하므로, 과보다 넓은 범위의 분류군인 목이 모두 같다.

ㄷ. (다)와 (라)는 속명이 같으므로 같은 속에 속한다. 같은 속에 속하는 (다)와 (라)의 유연관계가 서로 다른 속에 속하는 (다)와 (나)의 유연관계보다 가깝다.

03 계통수

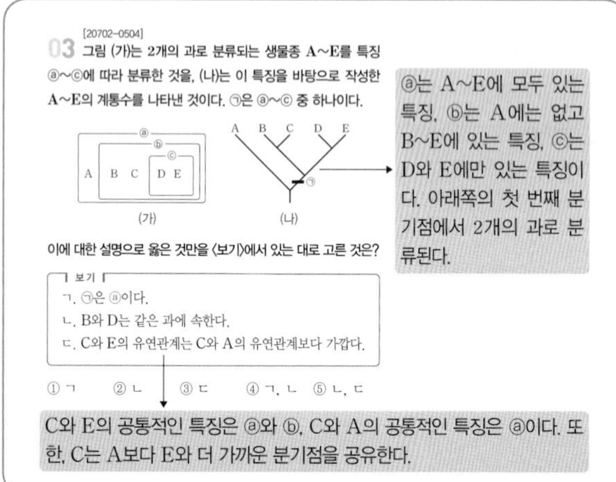

정답 맞히기 ㄴ. 2개의 과로 분류되므로 A가 1개의 과, B~E가 다른 1개의 과에 속한다.

ㄷ. C와 E는 C와 A보다 계통수에서 가까운 분기점을 공유하고 공통적인 특징의 수가 많다. 그러므로 C와 E의 유연관계는 C와 A의 유연관계보다 가깝다.

오답 피하기 ㄱ. ㉠은 A에는 없고 B~E에는 있는 특징이므로 ⓑ이다.

04 3역 6계 분류 체계

정답 맞히기 ㄴ. (가)는 핵막이 있으므로 진핵생물역, (나)는 펩티도글리칸 성분의 세포벽이 있으므로 세균역, (다)는 고세균역이다. 세균역(나)은 핵막이 없고, 고세균역(다)은 펩티도글리칸 성분의 세포벽이 없다.

ㄷ. 고세균역(다)과 진핵생물역(가)의 유연관계는 고세균역(다)과 세균역(나)의 유연관계보다 가깝다.

오답 피하기 ㄱ. 진핵생물역(가)에 속하는 생물은 단세포 생물과 다세포 생물이 있다.

05 3역 6계 분류 체계

3역 6계 분류 체계에서 대장균(A)은 세균역의 진정세균계에 속하고, 고사리(B), 오징어(C), 짚신벌레(D), 푸른곰팡이(E)는 각각 진핵생물역의 식물계, 동물계, 원생생물계, 균계에 속하며, 메테인 생성균(F)은 고세균역의 고세균계에 속한다.

모범 답안

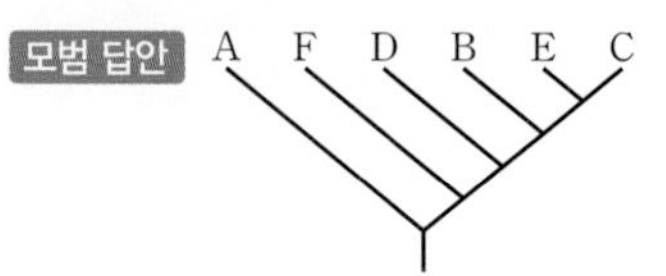

06 원생생물계, 균계, 식물계의 특징

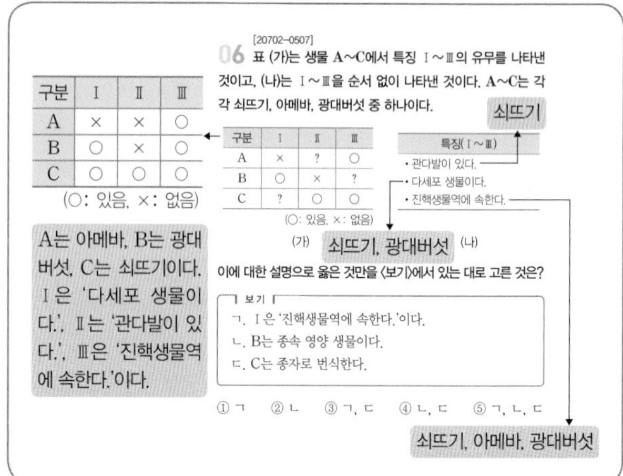

정답 맞히기 ㄴ. 쇠뜨기는 비종자 관다발 식물이고, 아메바와 광대버섯은 각각 원생생물계와 균계에 속한다. '진핵생물역에 속한다.'는 A~C 모두에 해당하는 특징이므로 Ⅲ이고, 쇠뜨기는 Ⅰ~Ⅲ이 모두 있으므로 C이다. '다세포 생물이다.'는 2가지 생물에 있는 특징이므로 Ⅰ이고, '관다발이 있다.'는 1가지 생물에 있는 특징이므로 Ⅱ이다. B는 Ⅰ과 Ⅲ이 있으므로 광대버섯이고, A는 아메바이다. 균계에 속하는 광대버섯(B)은 종속 영양 생물이다.

오답 피하기 ㄱ. Ⅰ은 광대버섯(B)과 쇠뜨기(C)에 있는 특징인 '다세포 생물이다.'이다.

ㄷ. 비종자 관다발 식물인 쇠뜨기(C)는 포자로 번식한다.

07 식물계의 분류

정답 맞히기 ㄱ. (가)는 고사리, (나)는 솔이끼이다. 비종자 관다발 식물인 고사리(가)는 뿌리, 줄기, 잎의 구분이 뚜렷하다.

ㄷ. 고사리(가)와 솔이끼(나)는 모두 엽록체가 있어 광합성을 하는 독립 영양 생물이다.

오답 피하기 ㄴ. 솔이끼(나)는 비관다발 식물이다.

08 식물계의 분류

정답 맞히기 ㄱ. A는 씨방이 있으므로 속씨식물인 장미, B는 겉씨식물인 소나무, C는 비종자 관다발 식물인 석송, D는 비관다발 식물인 우산이끼이다. 우산이끼(D)는 관다발이 없고 나머지는 관다발이 있으므로, '관다발 있음'은 ㉠에 해당한다.

ㄴ. 석송(C)은 포자로 번식하고 장미(A)와 소나무(B)는 종자로 번식하므로, '종자 형성함'은 ㉡에 해당한다.

ㄷ. 겉씨식물인 소나무(B)와 비종자 관다발 식물의 석송류인 석송(C)은 모두 헛물관이 있다.

09 외떡잎식물과 쌍떡잎식물

정답 맞히기 ㄱ. (가)는 떡잎 수가 1장인 외떡잎식물, (나)는 떡잎 수가 2장인 쌍떡잎식물이다.

오답 피하기 ㄴ. 외떡잎식물(가)의 잎맥 ㉠은 나란히맥, 쌍떡잎식물(나)의 잎맥 ㉡은 그물맥이다.

ㄷ. 외떡잎식물에 속하는 벼의 뿌리는 수염뿌리이다.

10 동물계의 분류

정답 맞히기 ㄷ. 촉수담륜동물인 (가)와 (나)는 각각 플라나리아와 지렁이 중 하나이고, 탈피동물인 (다)는 거미, 후구동물인 (라)는 창고기이다. 창고기(라)는 두삭동물로 일생 동안 척삭을 가진다.

오답 피하기 ㄱ. 편형동물인 플라나리아의 몸은 납작하고, 환형동물인 지렁이의 몸은 긴 원통형이다.

ㄴ. 거미(다)는 절지동물 중 거미류에 속한다.

11 연체동물과 선형동물

정답 맞히기 ㄴ. '담륜자(트로코포라) 유생 시기를 거친다.'는 연체동물인 대합은 있지만 선형동물인 선충은 없는 특징이므로 ㉠이고, '몸이 좌우 대칭이다.'는 대합과 선충의 공통점인 ㉡이다. ㉠이 있는 A는 대합이고, B은 선충이다.

ㄷ. 탈피동물인 선충(B)은 성장 과정에서 탈피를 한다.

오답 피하기 ㄱ. A는 대합이다.

12 선구동물과 후구동물

정답 맞히기 ㄱ. A는 원구가 입이 되는 선구동물인 연체동물이고, B는 원구가 항문이 되는 후구동물인 극피동물이다.

ㄴ. 해삼은 극피동물(B)에 속한다.

ㄷ. 연체동물(A)과 극피동물(B)은 모두 외배엽, 내배엽, 중배엽을 형성하는 3배엽성 동물이다.

13 동물계의 분류

연체동물, 절지동물, 척삭동물 중 척삭이 없고 외골격이 있는 (가)는 절지동물, 척삭이 없고 외투막이 있는 (나)는 연체동물, 척삭이 있는 (다)는 척삭동물이다. 절지동물(가)과 환형동물은 몸에 체절이 있고, 연체동물(나)과 극피동물은 몸에 체절이 없다.

모범 답안 (가): 절지동물, (나): 연체동물, (다): 척삭동물, ㉠: 몸에 체절이 있다. ㉡: 몸에 체절이 없다.

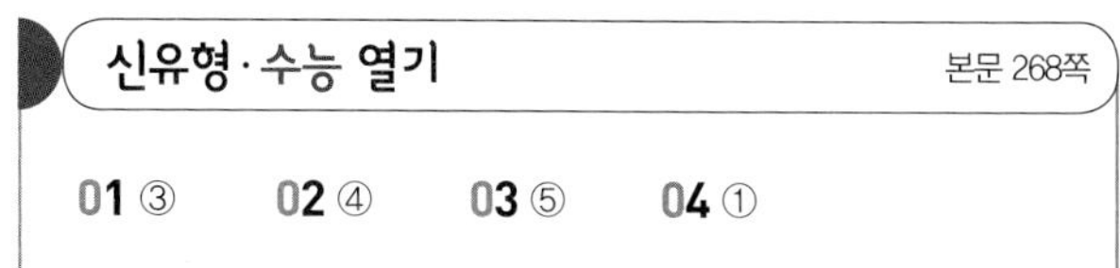

신유형·수능 열기

본문 268쪽

01 ③ **02** ④ **03** ⑤ **04** ①

01

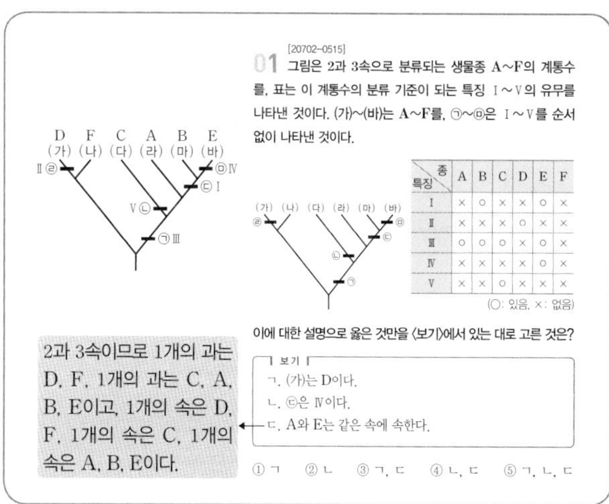

[20702-0515]

01 그림은 2과 3속으로 분류되는 생물종 A~F의 계통수를, 표는 이 계통수의 분류 기준이 되는 특징 Ⅰ~Ⅴ의 유무를 나타낸 것이다. (가)~(바)는 A~F를, ㉠~㉤은 Ⅰ~Ⅴ를 순서 없이 나타낸 것이다.

특징＼종	A	B	C	D	E	F
Ⅰ	×	○	×	×	○	×
Ⅱ	×	×	×	○	×	×
Ⅲ	○	○	○	×	○	×
Ⅳ	×	×	×	×	○	×
Ⅴ	×	×	○	×	×	×

(○: 있음, ×: 없음)

이에 대한 설명으로 옳은 것만을 〈보기〉에서 있는 대로 고른 것은?

보기
ㄱ. (가)는 D이다.
ㄴ. ㉢은 Ⅳ이다.
ㄷ. A와 E는 같은 속에 속한다.

① ㄱ ② ㄴ ③ ㄱ, ㄷ ④ ㄴ, ㄷ ⑤ ㄱ, ㄴ, ㄷ

2과 3속이므로 1개의 과는 D, F, 1개의 과는 C, A, B, E이고, 1개의 속은 D, F, 1개의 속은 C, 1개의 속은 A, B, E이다.

정답 맞히기 ㄱ. (가)는 Ⅱ(㉣)가 있는 D이다.

ㄷ. 2과 3속으로 분류되므로, A, B, E는 같은 속에 속한다.

오답 피하기 ㄴ. ㉢은 B(마)와 E(바)에는 있고 나머지에는 없는 Ⅰ이다.

02

정답 맞히기 ㄴ. 효모는 핵막이 있고 메테인 생성균은 핵막이 없으므로, '핵막이 있는가?'는 ㉡에 해당한다.

ㄷ. 3역 6계 분류 체계에서 남세균은 세균역, 메테인 생성균은 고세균역에 속한다.

오답 피하기 ㄱ. 효모와 메테인 생성균은 펩티도글리칸 성분의 세포벽이 없고, 남세균은 펩티도글리칸 성분의 세포벽이 있으므로 '펩티도글리칸 성분의 세포벽이 있는가?'는 ㉠에 해당하지 않는다.

03

정답 맞히기 ㄱ. C는 장미과이므로 장미목이고, F는 벼과이므로 벼목이다. 2개의 목으로 분류하였으므로 ㉠과 나머지 4종은 서로 다른 목이다. 계통수는 6종 중 5종의 계통수이고 벼목이 3종 이상이므로 ㉠은 장미목으로 B와 C 중 하나이다. 장미는 속씨식물이므로 장미목 장미과에 속하는 ㉠은 밑씨가 씨방에 싸여 있다.

ㄴ. A~F는 3개의 과로 분류된다. E가 벼목의 부들과이므로 나머지 A, D, F는 벼목의 벼과이다.

ㄷ. 벼목의 벼과이며 속명이 같은 A와 F는 각각 ㉢과 ㉣ 중 하나이고, D는 ㉡이다. E와 A는 벼목에 속하고 B는 장미목에 속한다. 또한, E는 B보다 A와 가까운 분기점을 공유하므로 E와 A의 유연관계는 E와 B의 유연관계보다 가깝다.

04

정답 맞히기 ㄱ. A는 해면동물인 목욕해면, B는 자포동물인 히드라, C는 선형동물인 회충, D는 극피동물인 성게이다. ㉠은 '진정한 의미의 조직이 없다.', ㉡은 '몸이 방사 대칭이다.', ㉢은 '탈피를 한다.'이다. 자포동물인 히드라(B)에는 자세포가 있다.

오답 피하기 ㄴ. ㉡은 '몸이 방사 대칭이다.'이다.

ㄷ. 선형동물인 회충(C)은 선구동물, 극피동물인 성게(D)는 후구동물이다.

14 생물의 진화

탐구 활동

본문 280쪽

1 해설 참조　　2 해설 참조

1

멘델 집단은 집단의 크기가 매우 큰 집단이어야 한다. 5회 반복해서 대립유전자를 꺼내면 대립유전자가 10개가 되고 50회 반복해서 대립유전자를 꺼내면 대립유전자가 100개가 된다. 이처럼 반복 횟수가 많아지는 것은 집단의 크기가 큰 것을 의미한다.

모범 답안 반복 횟수가 많아질수록 대립유전자 빈도의 이론값에 가까워지기 때문이다.

2

흰색 바둑알 50개, 검은색 바둑알 50개를 넣었을 때는 대립유전자 A의 빈도와 a의 빈도가 각각 0.5일 때이고, 흰색 바둑알 70개, 검은색 바둑알 30개를 넣었을 때는 대립유전자 A의 빈도와 a의 빈도가 각각 0.7, 0.3일 때이다.

모범 답안 흰색 바둑알 50개, 검은색 바둑알 50개를 넣었을 때는 대립유전자 A의 빈도와 a의 빈도가 각각 0.5에 가깝게 나올 것이고, 흰색 바둑알 70개, 검은색 바둑알 30개를 넣었을 때는 대립유전자 A의 빈도는 0.7, a의 빈도는 0.3에 가깝게 나올 것이다.

내신 기초 문제

본문 281~283쪽

01 ⑤	02 ①	03 ③	04 ④	05 ④
06 ⑤	07 ③	08 ⑤	09 ④	10 ③
11 ②	12 ④	13 ④		

01

정답 맞히기 ㄱ. (가)는 진화의 증거 중 비교해부학적 증거이다. 발생 기원이 다른 새의 날개와 잠자리의 날개가 환경에 적응하여 형태나 기능이 비슷해진 것은 비교해부학적 증거이므로 (가)의 예이다.

ㄴ. (나)는 진화의 증거 중 진화발생학적 증거이다. 사람, 닭, 돼지 배아의 발생 초기 모습을 비교하여 진화 과정을 알아보는 것은

진화발생학적 증거이므로 (나)의 예이다.
ㄷ. (다)는 진화의 증거 중 분자진화학적 증거이다. 여러 생물에서 헤모글로빈의 아미노산 조성 및 서열을 비교하는 것은 분자진화학적 증거이므로 (다)의 예이다.

02

정답 맞히기 ㄱ. 고래의 가슴지느러미, 박쥐의 날개는 형태나 기능은 다르지만 발생 기원이 동일한 상동 형질(상동 기관)의 예이다.

오답 피하기 ㄴ. 상동 형질(상사 기관)의 예인 (가)와 상사 형질(상사 기관)의 예인 (나)는 모두 진화의 증거 중 비교해부학적 증거에 해당한다.
ㄷ. 고래의 가슴지느러미와 잠자리의 날개는 발생 기원도 다르며 현재의 형태나 기능도 다르므로 상사 형질(상사 기관)의 예가 아니다.

03

정답 맞히기 ㄱ. 고래의 뒷다리는 현재 흔적으로만 남아 있으므로 흔적 기관이다.
ㄴ. 고래 조상 화석에서 완전한 다리 4개가 발견되었으며 이후의 화석에서 뒷다리가 점차 퇴화되고 지느러미로 발달한 것으로 보아 고래가 육상 포유류로부터 진화하였음을 알 수 있다.

오답 피하기 ㄷ. 고래 화석은 진화의 증거 중 화석상의 증거에 해당한다.

04

정답 맞히기 ㄱ. 여러 생물의 사이토크롬 c를 구성하는 아미노산 서열을 비교하여 생물 간의 유연관계를 알 수 있는 것은 진화의 증거 중 분자진화학적 증거에 해당한다.
ㄷ. 여러 생물들의 사이토크롬 c를 구성하는 아미노산 서열을 사람의 사이토크롬 c와 비교하여 유연관계를 알아보는 그래프이지만, 사람과 침팬지의 사이토크롬 c 구성 아미노산 서열에 차이가 없기 때문에 침팬지와 다른 생물들의 유연관계도 알 수 있다. 침팬지와 뱀 사이에 사이토크롬 c의 차이 나는 아미노산 수는 20이고 침팬지와 거북 사이에 사이토크롬 c의 차이 나는 아미노산 수는 31이므로 침팬지와 뱀의 유연관계가 침팬지와 거북의 유연관계보다 가깝다.

오답 피하기 ㄴ. 사람과 닭 사이에 사이토크롬 c의 차이 나는 아미노산 수는 18이고 사람과 개 사이에 사이토크롬 c의 차이 나는 아미노산 수는 13이므로, 사람과 개의 유연관계가 사람과 닭의 유연관계보다 가깝다.

05

정답 맞히기 ④ 변이와 자연 선택에 따른 진화의 과정을 순서대로 나타내면 다음과 같다.
(라) 생물은 살아남을 수 있는 것보다 더 많은 수의 자손을 생산하며, 자손들 사이에는 유전되는 변이가 존재한다.
(나) 과잉의 자손들 사이에 생존 경쟁이 일어난다.
(다) 특정 변이를 가진 개체는 환경에 적응하기 유리하여 더 잘 생존하고 생식한다.
(가) 집단 내에는 환경 적응에 유리한 형질을 가진 개체의 빈도가 높아지게 된다.

06

정답 맞히기 ㄴ. 형질 (가)에 대한 대립유전자는 사냥 이전에는 3종류였는데 사냥 이후에는 1종류만 남게 되었으므로 대립유전자 1종류만으로 유전자형이 구성되는 동형 접합성만 남게 되었다.
ㄷ. 사냥, 포획과 같은 우연한 사건에 의해 유전자풀에 변화가 생기는 것은 유전적 부동에 의한 유전자풀의 변화이므로 유전적 부동으로 코끼리바다표범 집단의 유전자풀의 변화를 설명할 수 있다.

오답 피하기 ㄱ. 사냥으로 인해 모집단의 일부만 살아남은 사례이므로 창시자 효과가 아니라 병목 효과를 설명할 수 있다.

07

정답 맞히기 ㄱ. 나비 집단은 유전적 평형이 유지되는 멘델 집단이므로, 세대를 거듭해도 유전자형 Aa의 빈도인 (가)는 일정하다.
ㄴ. 대립유전자 A의 빈도를 p, a의 빈도를 q라고 할 때, AA의 빈도는 p^2이므로 $p^2=0.36$이고 $p=0.6$, $q=0.4$이다. (나)는 유전자형이 aa이므로 그 빈도는 q^2인 0.16이다.

오답 피하기 ㄷ. 멘델 집단에서는 모든 구성원의 생식률이 동일하다.

08

정답 맞히기 ㄱ. 대립유전자 X_1과 X_2의 빈도는 화산 폭발 전과 후가 달라졌으므로 화산 폭발로 A의 유전자풀이 변했다.
ㄴ. 화산 폭발과 같은 우연한 사건에 의한 유전자풀의 변화이므로 유전적 부동에 의한 진화가 일어난 것이다.
ㄷ. 대립유전자가 X_1과 X_2로 2종류일 때 집단에서 대립유전자 X_1의 빈도+대립유전자 X_2의 빈도는 1이므로 A와 B에서 동일하다.

09

정답 맞히기 ① 멘델 집단은 유전적 평형이 이루어지는 집단으로 집단의 크기가 충분히 커야 한다.

② 멘델 집단은 진화가 일어나지 않아야 하므로 돌연변이가 일어나지 않아야 한다.

③ 멘델 집단 내 구성원 각각의 생식력이 동일해야 한다.

⑤ 특정 대립유전자에 대한 자연 선택이 작용하지 않아야 한다.

오답 피하기 ④ 멘델 집단은 다른 집단과의 유전자 흐름이 없어야 하므로 다른 집단과의 교배가 자유롭게 일어나면 안 된다.

10

정답 맞히기 ㄱ. ㉠과 ㉡은 종소명이 다르므로 서로 다른 종이다. 따라서 생식적으로 격리되어 있다.

ㄴ. ㉠과 ㉡은 같은 종의 영양다람쥐에서 분화되어 나왔으므로 공통 조상에서 분화되어 나왔다.

오답 피하기 ㄷ. 진화의 증거 중 생물지리학적 증거에 해당한다.

11

정답 맞히기 ㄴ. 고리종에서 고리의 양쪽 끝에 위치한 두 집단은 생식적으로 격리되어 있다.

오답 피하기 ㄱ. 고리종은 실제 존재하며 진화가 연속적이고 점진적이라는 것을 보여주는 사례이다.

ㄷ. 서로 다른 종이 고리 모양으로 분포한다면 이들 사이에 유전자 흐름은 없다. 고리종이란 한 종을 이루는 서로 다른 집단이 고리 모양으로 분포되어 있을 때, 인접한 집단 간에는 유전자 흐름이 유지되고 고리의 양 끝에 위치한 두 집단 간에는 생식적으로 격리되어 있는 것을 말한다.

12

정답 맞히기 ㄱ. 바다라고 하는 물리적 장벽이 생겼으므로 바다는 지리적 격리에 해당한다.

ㄷ. (가)에서는 바다가 형성되기 전이므로 A의 개체 사이에 유전자 흐름이 일어났다.

오답 피하기 ㄴ. ㉠ 과정에서 A와 A_1은 서로 다른 종이므로 유전자풀이 다르다.

13

정답 맞히기 ① 종분화가 일어나려면 두 집단 사이에 생식적 격리가 일어나야 하며, 생식적 격리가 일어나는 많은 요인 중 지리적 격리가 대표적이므로 지리적 격리는 종분화의 주요 원인이다.

② 종분화란 한 종에 속했던 두 집단 사이에 생식적 격리가 발생하여 서로 다른 종으로 나뉘는 과정이다.

③ 종분화가 일어난 두 집단이 나중에 다시 만나도 두 집단의 개체 사이에 생식적 격리가 생겨서 생식 능력이 있는 자손이 태어날 수 없다.

⑤ 종분화는 두 집단 사이에 유전자 흐름이 차단될 때 일어날 수 있다.

오답 피하기 ④ 종분화는 새로운 종이 생기는 것이므로 유전자풀의 변화가 없이는 종분화가 일어날 수 없다.

실력 향상 문제

본문 284~286쪽

01 ②	02 ⑤	03 ①	04 ②	05 ②
06 ③	07 해설 참조		08 ⑤	09 ①
10 ⑤	11 ⑤	12 ⑤		

01 고래 화석

정답 맞히기 ㄴ. 고래 화석을 비교 분석해 본 결과 뒷다리가 점차 퇴화하였으므로 뒷다리뼈가 큰 (가)가 뒷다리뼈가 작은 (라)보다 먼저 출현하였다.

오답 피하기 ㄱ. (라)는 뒷다리뼈가 조금 남아 있고 (다)는 뒷다리뼈가 남아 있지 않으므로 현생 고래는 (다)이다.

ㄷ. (다)가 (나)보다 수중 생활에 적응이 잘 된 형태이다.

02 진화의 증거

정답 맞히기 ㄴ. (나)는 상동 형질(상동 기관)에 대한 예이다. (나)를 통해 비둘기, 원숭이, 호랑이가 공통 조상에서 진화되었음을 알 수 있다.

ㄷ. 발생 기원은 다르나 생김새가 비슷한 것은 상사 형질(상사 기관)이다. 완두의 덩굴손과 포도의 덩굴손은 상사 형질(상사 기관)에 대한 예에 해당한다.

오답 피하기 ㄱ. (가)는 화석 분석을 통해 과거 생물이 살았던 시대를 알아내는 것이므로 진화의 증거 중 화석상의 증거에 해당한다.

03 분자진화학적 증거

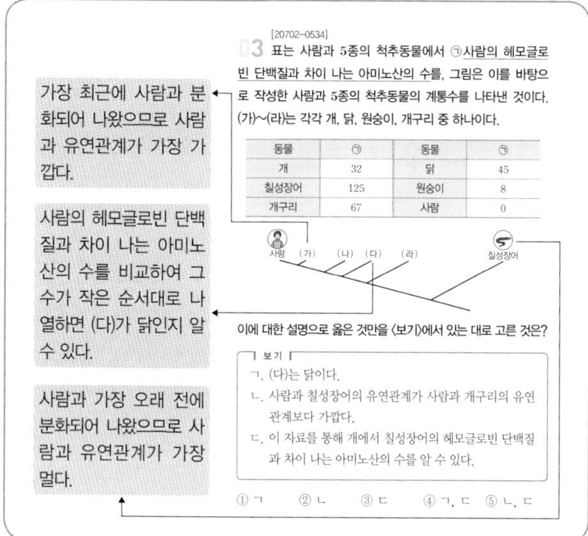

[20702-0534]
03 표는 사람과 5종의 척추동물에서 ㉠사람의 헤모글로빈 단백질과 차이 나는 아미노산의 수를, 그림은 이를 바탕으로 작성한 사람과 5종의 척추동물의 계통수를 나타낸 것이다. (가)~(라)는 각각 개, 닭, 원숭이, 개구리 중 하나이다.
동물 ㉠ 동물 ㉠
개 32 닭 45
칠성장어 125 원숭이 8
개구리 67 사람 0
사람 (가) (나) (다) (라) 칠성장어
이에 대한 설명으로 옳은 것만을 〈보기〉에서 있는 대로 고른 것은?
보기
ㄱ. (다)는 닭이다.
ㄴ. 사람과 칠성장어의 유연관계가 사람과 개구리의 유연관계보다 가깝다.
ㄷ. 이 자료를 통해 개에서 칠성장어의 헤모글로빈 단백질과 차이 나는 아미노산의 수를 알 수 있다.
① ㄱ ② ㄴ ③ ㄷ ④ ㄱ, ㄷ ⑤ ㄴ, ㄷ
가장 최근에 사람과 분화되어 나왔으므로 사람과 유연관계가 가장 가깝다.
사람의 헤모글로빈 단백질과 차이 나는 아미노산의 수를 비교하여 그 수가 작은 순서대로 나열하면 (다)가 닭인지 알 수 있다.
사람과 가장 오래 전에 분화되어 나왔으므로 사람과 유연관계가 가장 멀다.

정답 맞히기 ㄱ. 사람의 헤모글로빈 단백질과 가장 차이가 적은 원숭이가 (가)이고 그 다음 순서인 개가 (나)이며 (다)는 닭이다.

오답 피하기 ㄴ. 칠성장어는 사람의 헤모글로빈 단백질과 차이 나는 아미노산의 수가 125이고 개구리는 사람의 헤모글로빈 단백질과 차이 나는 아미노산의 수가 67이므로 사람과 개구리의 유연관계가 사람과 칠성장어의 유연관계보다 가깝다.

ㄷ. 이 자료는 5종의 척추동물에서 사람의 헤모글로빈 단백질과 차이 나는 아미노산의 수를 통해 사람과 다른 동물과의 유연관계를 알 수 있는 자료이므로, 개에서 칠성장어의 헤모글로빈 단백질과 차이 나는 아미노산의 수를 알 수 없다.

04 생물지리학적 증거

정답 맞히기 ㄴ. 갈라파고스 군도에 서식하는 다양한 핀치는 먹이에 따른 부리 모양이 서로 다르다.

오답 피하기 ㄱ. 갈라파고스 군도의 각 섬마다 분포하는 다양한 핀치는 진화의 증거 중 생물지리학적 증거에 해당한다.

ㄷ. 곤충을 먹는 핀치의 부리와 종자를 먹는 핀치의 부리는 발생기원이 같으므로 상사 형질(상사 기관)의 예가 아니다.

05 자연 선택

정답 맞히기 ㄴ. 기린 집단에서 목이 긴 기린과 목이 짧은 기린이 있었으므로 기린의 목 길이는 변이에 해당한다.

오답 피하기 ㄱ. 유전적 부동이 아니라 자연 선택에 의한 진화의 사례이다.

ㄷ. 목이 긴 기린과 목이 짧은 기린 중 목이 긴 기린이 자연 선택되었다.

06 유전자풀의 변화

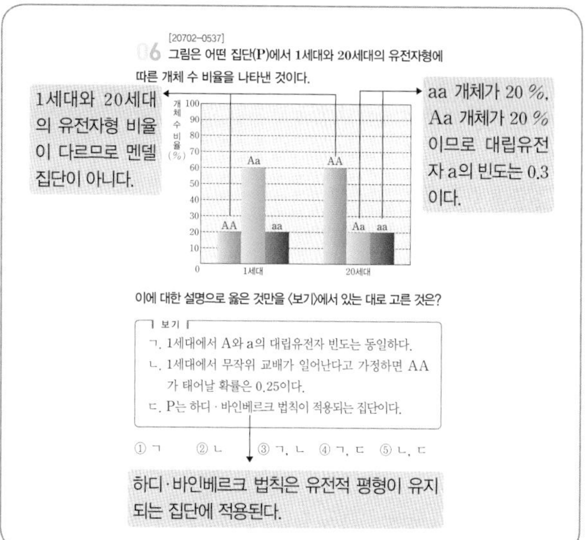

[20702-0537]
06 그림은 어떤 집단(P)에서 1세대와 20세대의 유전자형에 따른 개체 수 비율을 나타낸 것이다.
개체 수 비율 (%)
AA Aa aa
1세대 20세대
이에 대한 설명으로 옳은 것만을 〈보기〉에서 있는 대로 고른 것은?
보기
ㄱ. 1세대에서 A와 a의 대립유전자 빈도는 동일하다.
ㄴ. 1세대에서 무작위 교배가 일어난다고 가정하면 AA가 태어날 확률은 0.25이다.
ㄷ. P는 하디·바인베르크 법칙이 적용되는 집단이다.
① ㄱ ② ㄴ ③ ㄱ, ㄴ ④ ㄱ, ㄷ ⑤ ㄴ, ㄷ
1세대와 20세대의 유전자형 비율이 다르므로 멘델 집단이 아니다.
aa 개체가 20 %, Aa 개체가 20 %이므로 대립유전자 a의 빈도는 0.3이다.
하디·바인베르크 법칙은 유전적 평형이 유지되는 집단에 적용된다.

정답 맞히기 ㄱ. 1세대에서 AA의 비율이 0.2, Aa의 비율이 0.6, aa의 비율이 0.2이므로 대립유전자 A의 빈도는 0.5, a의 빈도도 0.5이다. 따라서 A와 a의 대립유전자 빈도는 동일하다.

ㄴ. 1세대에서 대립유전자 A의 빈도가 0.5이므로 무작위 교배가 일어난다고 가정하면 AA가 태어날 확률은 $0.5 \times 0.5 = 0.25$이다.

오답 피하기 ㄷ. 하디·바인베르크 법칙이 적용되는 집단은 세대를 거듭해도 유전적 평형이 유지되어야 한다. P는 1세대와 20세대의 유전자형에 따른 개체 수 비율이 다르므로 하디·바인베르크 법칙이 적용되는 집단이 아니다.

07 자연 선택

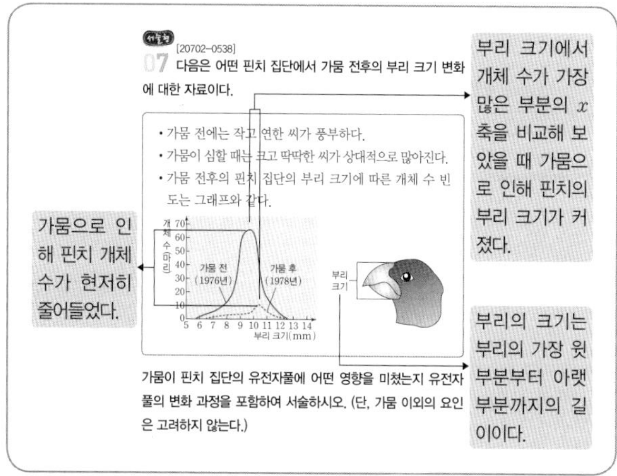

서술형
[20702-0538]
07 다음은 어떤 핀치 집단에서 가뭄 전후의 부리 크기 변화에 대한 자료이다.
• 가뭄 전에는 작고 연한 씨가 풍부하다.
• 가뭄이 심할 때는 크고 딱딱한 씨가 상대적으로 많아진다.
• 가뭄 전후의 핀치 집단의 부리 크기에 따른 개체 수 빈도는 그래프와 같다.
개체 수(마리)
가뭄 전 (1976년)
가뭄 후 (1978년)
부리 크기(mm)
부리 크기
가뭄이 핀치 집단의 유전자풀에 어떤 영향을 미쳤는지 유전자풀의 변화 과정을 포함하여 서술하시오. (단, 가뭄 이외의 요인은 고려하지 않는다.)
부리 크기에서 개체 수가 가장 많은 부분의 x축을 비교해 보았을 때 가뭄으로 인해 핀치의 부리 크기가 커졌다.
가뭄으로 인해 핀치 개체 수가 현저히 줄어들었다.
부리의 크기는 부리의 가장 윗부분부터 아랫부분까지의 길이이다.

가뭄이 있기 전에는 작고 연한 씨가 많았고 가뭄이 심할 때에

는 크고 딱딱한 씨가 많았으므로 가뭄으로 인해 환경이 변했음을 알 수 있다. 가뭄 전인 1976년 핀치 부리의 평균 크기는 약 9.6 mm 정도였는데 가뭄 후인 1978년 핀치 부리의 평균 크기는 약 10.3 mm 정도로 커졌다. 집단 내 다양한 변이를 가진 개체 중 가뭄으로 인한 환경의 변화에 유리한 형질을 가진 개체가 자연 선택되었다.

모범 답안 가뭄 전에는 작고 연한 씨가 풍부해서 핀치 부리의 크기가 9.6 mm 정도여도 잘 먹을 수 있었으나 가뭄으로 인해 크고 딱딱한 씨가 많아졌을 때는 작은 부리를 가진 핀치보다 부리의 크기가 10.3 mm 정도로 큰 부리를 가진 핀치가 생존 경쟁에서 이겨 더 잘 생존하고 생식하게 되었다. 그 결과 집단 내 부리 크기에 대한 유전자풀이 변하였다.

08 멘델 집단

정답 맞히기 ㄴ. 멘델 집단은 집단 내 개체들 각각의 생식률이 동일하므로 개체당 낳는 자손의 수는 진회색 달팽이와 흰색 달팽이가 같다.

ㄷ. 대립유전자 A의 빈도를 p, a의 빈도를 q라고 하면 $p+q=1$이며, 멘델 집단에서는 세대를 거듭해도 p와 q가 변하지 않는다. 따라서 1세대에서 대립유전자 A의 빈도(p)와 3세대에서 대립유전자 a(q)의 빈도를 합한 값은 1이다.

오답 피하기 ㄱ. 2세대에서 진회색 달팽이의 빈도는 $\frac{10}{1000}$이므로 0.01이다.

09 하디·바인베르크 법칙

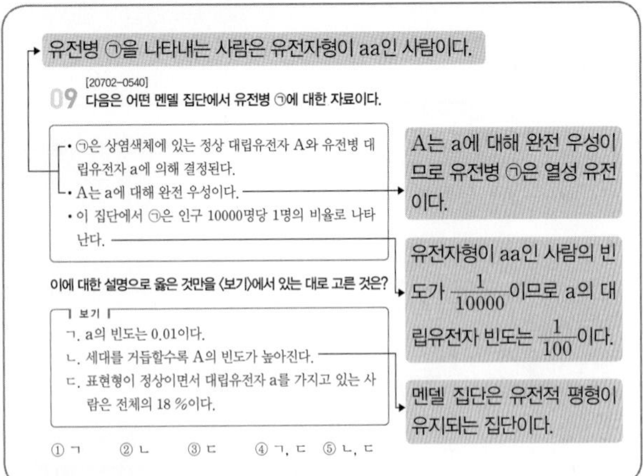

정답 맞히기 ㄱ. 정상 대립유전자 A의 빈도를 p, 유전병 대립유전자 a의 빈도를 q라고 하면, 유전병 ㉠인 사람의 빈도(q^2)가 $\frac{1}{10000}$이므로 q는 $\frac{1}{100}$이다.

오답 피하기 ㄴ. 멘델 집단은 유전적 평형이 유지되는 집단이므로 세대를 거듭해도 A의 빈도가 변하지 않는다.

ㄷ. 표현형이 정상이면서 대립유전자 a를 가지고 있는 사람은 유전자형이 Aa이다. $q=\frac{1}{100}$, $p=\frac{99}{100}$이므로 Aa의 빈도는 $2pq=2\times\frac{1}{100}\times\frac{99}{100}=\frac{198}{10000}$이다. 따라서 표현형이 정상이면서 대립유전자 a를 가지고 있는 사람은 전체의 1.98 %이다.

10 유전적 부동

정답 맞히기 ㄱ. ㉠과 같은 우연한 사건으로 인한 유전자풀의 변화는 유전적 부동의 예이다.

ㄴ. 대멸종 이후 지구 환경이 변했고 그 환경에 유리한 형질을 가진 새로운 종(㉡)이 등장하였으므로 자연 선택은 새로운 종이 등장한 원인 중 하나이다.

ㄷ. 전에는 없었던 새로운 종들이 대멸종 후에 등장하였으므로 대멸종 전과 후에 지구상의 생물종 구성에 변화가 있다.

11 하디·바인베르크 법칙

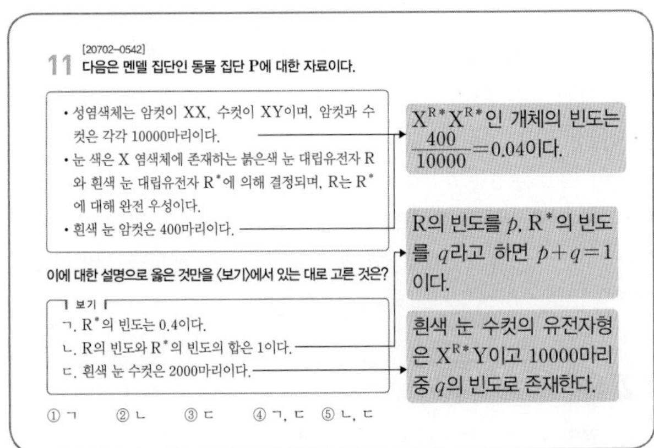

정답 맞히기 ㄴ. 눈 색을 결정하는 유전자가 R와 R^*이므로 R의 빈도와 R^*의 빈도의 합은 항상 1이다.

ㄷ. 붉은색 눈 대립유전자 R의 빈도를 p, 흰색 눈 대립유전자 R^*의 빈도를 q라고 하면, 흰색 눈 암컷($X^{R^*}X^{R^*}$)의 수가 400마리이므로 $q^2=\frac{400}{10000}=0.04$, $q=0.2$, $p=0.8$이다. 암컷과 수컷의 개체 수가 각각 10000마리이므로 흰색 눈 수컷($X^{R^*}Y$)의 개체 수는 $10000\times q=10000\times 0.2=2000$마리이다.

오답 피하기 ㄱ. R^*의 빈도는 0.2이다.

12 종분화

정답 맞히기 ㄱ. 파나마 지협이 생성된 시기는 약 3백만 년 전이고 다세포 진핵생물이 출현한 것은 10억 년 이상이 되었으므로 파나마 지협이 생성된 시기 이전에 다세포 진핵생물이 출현하였다.

ㄴ. A와 B는 서로 다른 종이므로 태평양에 서식하는 B와 대서양에 서식하는 A 사이에 생식적 격리가 있다.

ㄷ. 파나마 지협을 경계로 태평양과 대서양에 서로 다른 동물 종이 분포하는 것은 같은 종의 생물이 지리적으로 격리되어 오랜 세월이 흐르면 서로 다른 종으로 분화할 수 있는 예로 생물지리학적 증거이다.

신유형·수능 열기

본문 287쪽

01 ① **02** ④ **03** ⑤ **04** ⑤

01

정답 맞히기 ㄱ. 대립유전자 A의 빈도(p)가 0.5일 때 꽃 색이 붉은색인 개체의 비율이 0.5보다 크므로 붉은색 대립유전자 A는 흰색 대립유전자 A^*에 대해 완전 우성이다.

오답 피하기 ㄴ. A의 빈도가 A^*의 빈도보다 2배 크므로 A의 빈도는 $\frac{2}{3}$이다. 꽃 색이 붉은색인 개체(AA)의 빈도는 $p^2+2pq = \frac{2}{3}\times\frac{2}{3}+2\times\frac{2}{3}\times\frac{1}{3}=\frac{8}{9}$이다.

ㄷ. p가 0.5인 집단에서는 $q=1-p$이므로 q가 0.5이다. 따라서 꽃 색이 붉은색인 개체의 빈도는 $p^2+2pq=0.5\times0.5+2\times0.5\times0.5=0.75$이고 흰색인 개체의 빈도는 $q^2=0.5\times0.5=0.25$이므로 꽃 색이 붉은색인 개체의 빈도가 흰색인 개체의 빈도보다 크다.

02

정답 맞히기 ㄱ. ABO식 혈액형의 대립유전자 I^A의 빈도를 p, I^B의 빈도를 q, I^O의 빈도를 r라고 하면 $p+q+r=1$이다. O형이 100명 있으므로 $r^2=\frac{100}{10000}=0.01$, $r=0.1$이다. A형(I^AI^A, I^AI^O)이 3500명이므로 $p^2+2pr=\frac{3500}{10000}=\frac{35}{100}$, $r=0.1$이므로 $p^2+0.2p=0.35$, $p=0.5$이다. B형(I^BI^B, I^BI^O)이 2400명이므로 $q^2+2qr=\frac{2400}{10000}=\frac{24}{100}$, $r=0.1$이므로 $q^2+0.2q=0.24$, $q=0.4$이다. 따라서 $p+q=0.9$이다.

ㄴ. 유전자형이 I^AI^O인 사람의 빈도는 $2pr=2\times0.5\times0.1=0.1$이다.

오답 피하기 ㄷ. 유전자형이 이형 접합성인 사람(I^AI^O, I^BI^O, I^AI^B)의 빈도는 $2pq+2pr+2qr=2(0.20+0.05+0.04)=2\times0.29=0.58$이다.

03

정답 맞히기 ㄱ. (가)와 (다)는 서로 다른 종이므로 생식적으로 격리되었다.

ㄴ. (가)의 유전자풀은 A_1과 A_2로 구성되어 있고 (나)의 유전자풀은 A_1로 구성되어 있으므로 (가)와 (나)의 유전자풀에는 동일한 대립유전자가 존재한다.

ㄷ. ㉠ 이전에는 A_1이 5개, A_2가 1개 존재하였으나 ㉠에서 자연선택이 일어난 이후 A_2가 사라지고 A_1만 존재하였으므로 ㉠에서 A_2를 가진 개체보다 A_1을 가진 개체가 생존과 번식에 더 유리하다.

04

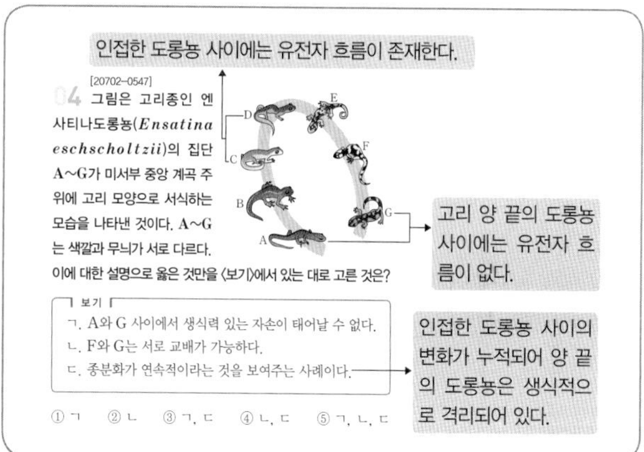

인접한 도롱뇽 사이에는 유전자 흐름이 존재한다.
[20702-0547]
04 그림은 고리종인 엔사티나도롱뇽(*Ensatina eschscholtzii*)의 집단 A~G가 미서부 중앙 계곡 주위에 고리 모양으로 서식하는 모습을 나타낸 것이다. A~G는 색깔과 무늬가 서로 다르다.
A
B
C
D
E
F
G
이에 대한 설명으로 옳은 것만을 〈보기〉에서 있는 대로 고른 것은?
보기
ㄱ. A와 G 사이에서 생식력 있는 자손이 태어날 수 없다.
ㄴ. F와 G는 서로 교배가 가능하다.
ㄷ. 종분화가 연속적이라는 것을 보여주는 사례이다.
① ㄱ ② ㄴ ③ ㄱ, ㄷ ④ ㄴ, ㄷ ⑤ ㄱ, ㄴ, ㄷ
고리 양 끝의 도롱뇽 사이에는 유전자 흐름이 없다.
인접한 도롱뇽 사이의 변화가 누적되어 양 끝의 도롱뇽은 생식적으로 격리되어 있다.

정답 맞히기 ㄱ. A와 G는 고리의 양 끝에 존재하므로 이들 사이에서 생식력 있는 자손이 태어날 수 없다.

ㄴ. F와 G는 고리종 내에서 인접한 집단이므로 서로 교배가 가능하다.

ㄷ. 고리종은 종분화가 연속적이라는 것을 보여주는 대표적인 사례이다.

단원 마무리 문제

본문 290~293쪽

01 ①	02 ⑤	03 ④	04 ①	05 ③
06 ②	07 ③	08 ②	09 ③	10 ③
11 ④	12 ③	13 ③	14 ①	15 ②
16 ①				

01

정답 맞히기 ㄱ. (가)는 무기물로부터 간단한 유기물을 합성한 밀러와 유리의 실험이므로 ㉠이 일어날 수 있음을 입증하기 위한 실험이다.

오답 피하기 ㄴ. (가)의 U자관에서는 아미노산과 같은 간단한 유기물이 발견되었으며 리포솜은 발견되지 않았다.

ㄷ. 세포내 공생은 산소 호흡 세균과 광합성 세균과 같은 원핵생물이 원시 원핵생물로 들어가 공생한 것으로 원시 생명체 이후의 단계에서 일어났다.

02

펩타이드 결합을 가지는 것은 ㉠~㉢ 중 단백질 뿐이므로 Ⅲ은 '펩타이드 결합을 가짐'이고 ㉠은 단백질이다. '펩타이드 결합을 가짐'을 제외한 나머지 특징을 모두 가지고 있는 것은 리보자임이므로 ㉡은 리보자임이다. 따라서 ㉢은 DNA이다. 단백질(㉠)은 촉매 작용을 하는데 DNA는 촉매 작용을 하지 않으므로 Ⅱ는 '촉매 작용을 함'이고 ⓑ는 '×'이다. Ⅰ은 '유전 정보를 저장함'이고 DNA(㉢)는 유전 정보를 저장하고 단백질(㉠)은 유전 정보를 저장하지 않으므로 ⓐ는 '×'이다.

특징 \ 물질	㉠ (단백질)	㉡ (리보자임)	㉢ (DNA)
Ⅰ (유전 정보를 저장함)	ⓐ(×)	○	?(○)
Ⅱ (촉매 작용을 함)	○	○	ⓑ(×)
Ⅲ (펩타이드 결합을 가짐)	○	×	×

(○: 있음, ×: 없음)

정답 맞히기 ㄱ. 단백질(㉠)과 DNA(㉢)는 모두 원핵생물에 존재한다.

ㄴ. ㉡은 Ⅰ과 Ⅱ의 특징을 모두 가지며, Ⅲ의 특징을 가지지 않으므로 리보자임이다.

ㄷ. 위의 설명대로 ⓐ와 ⓑ는 모두 '×'이다.

03

특징 \ 세포 소기관	㉠ (미토콘드리아)	㉡ (엽록체)
Ⅰ (리보솜을 가짐 또는 2중막 구조를 가짐)	○	○
Ⅱ (빛 에너지를 이용하여 유기물을 합성함)	×	○
Ⅲ (2중막 구조를 가짐 또는 리보솜을 가짐)	(A)(○)	(B)(○)

(○: 있음, ×: 없음)

정답 맞히기 ㄴ. ⓐ는 산소 호흡 세균이고 ⓑ는 광합성 세균이다. 광합성 세균인 ⓑ는 특징 Ⅱ(빛에너지를 이용하여 유기물을 합성함)를 가진다.

ㄷ. Ⅲ은 '2중막 구조를 가짐' 또는 '리보솜을 가짐'이다. 미토콘드리아와 엽록체는 모두 2중막 구조를 가지며 리보솜도 가지므로 (A)와 (B)는 모두 '○'이다.

오답 피하기 ㄱ. ㉠(미토콘드리아)의 외막은 ⓐ의 막이 아니라 공생 관계를 형성한 원시 원핵세포의 세포막에서 유래하였다.

04

정답 맞히기 ㄱ. A~C는 각각 세균역, 고세균역, 진핵생물역이므로 계보다 더 큰 규모의 분류군을 나타낸다.

오답 피하기 ㄴ. ㉠은 동물계, ㉡은 원생생물계이다. 짚신벌레는 원생생물이므로 ㉡에 속한다.

ㄷ. B는 고세균역이고, ㉡은 원생생물계이므로 B에 속하는 생물은 ㉡에 속하지 않는다.

05

정답 맞히기 ㄱ. 남세균, 쇠뜨기, 말미잘 중 핵막이 없는 생물은 남세균 뿐이므로 (다)는 '핵막이 없다.'이고 Ⅱ는 남세균이다. 쇠뜨기와 말미잘 중 종속 영양 생물은 말미잘이므로 (나)가 '종속 영양 생물이다.'이고 Ⅲ은 말미잘, Ⅰ은 쇠뜨기이며 ㉠은 '×'이다.

ㄷ. '핵막이 없다.'는 (다)이고, '종속 영양 생물이다.'는 (나)이며, '크리스타를 갖는 세포 소기관이 있다.'는 (가)이다.

오답 피하기 ㄴ. Ⅰ은 쇠뜨기이며 식물계인 D에 속한다.

06

정답 맞히기 ㄴ. 관다발이 있는 식물은 고사리와 옥수수이므로 Ⅰ은 옥수수이다. 고사리와 석송이 비종자 관다발 식물이고 옥수수는 종자식물이므로 (나)에서 ⓐ는 옥수수이고 ⓑ와 ⓒ는 각각 고사리와 석송 중 하나이다.

오답 피하기 ㄱ. 솔이끼, 고사리, 옥수수 중 관다발이 있는 식물은 고사리와 옥수수이다. 옥수수와 고사리 중 헛물관을 가지는 것은 고사리이므로 '헛물관이 있는가?'는 ㉠에 해당하지 않는다.

ㄷ. ⓑ와 ⓒ는 각각 비종자 관다발 식물인 고사리와 석송 중 하나이므로 ⓒ는 형성층을 가지지 않는다.

07

정답 맞히기 ㄱ. (가)는 선구동물이므로 촌충과 거미 중 하나이다. D는 우렁쉥이이다. 따라서 (가)와 D는 모두 중배엽을 가진다.

ㄷ. 거미, 촌충, 해파리, 우렁쉥이 중 방사 대칭 동물은 해파리이므로 (라)는 해파리이다.

오답 피하기 ㄴ. (다)는 우렁쉥이이다.

08

정답 맞히기 ② (가) 말의 화석을 비교하여 말의 발가락 수가 변해온 과정을 알아보는 것은 진화의 증거 중 화석상의 증거에 해당한다.

(나) 개의 앞다리와 닭의 날개는 발생 기원이 같으나 형태나 기능은 다른 상동 형질(상동 기관)의 예이며, 이것은 진화의 증거 중 비교해부학적 증거에 해당한다.

(다) 동남아시아에 태반이 발달한 태반류가 분포하는 반면, 오스트레일리아에 태반이 발달하지 않은 유대류가 분포하는 것은 진화의 증거 중 생물지리학적 증거에 해당한다.

09

정답 맞히기 ㄷ. 가뭄이 일어났을 때 핀치 집단의 부리 크기에 따른 생존율이 다르므로 가뭄으로 인해 핀치 집단에서 자연 선택이 일어났다.

오답 피하기 ㄱ. 가뭄 전 작은 부리를 가진 핀치의 빈도는 $\frac{6400}{10000}$ $=0.64$이다.

ㄴ. 가뭄이 일어났을 때 핀치 집단의 부리 크기에 따른 생존율이 다르므로 핀치 집단은 가뭄 전후로 유전자풀이 변하였다.

10

정답 맞히기 ㄱ. ⓐ는 '종'보다 상위 분류 단계이면서 '과'보다는 하위 분류 단계이므로 '속'이다.

ㄷ. 무당개구리는 척삭동물문에 속한다.

오답 피하기 ㄴ. 호랑이는 포유강에 속하고 무당개구리는 양서강에 속하므로 호랑이와 무당개구리 각각이 속하는 '목' 단계인 ㉠과 ㉡의 목명은 다르다.

11

정답 맞히기 ① 10마리의 달팽이가 가지고 있는 대립유전자 20개 중 A는 모두 4개이므로 A의 빈도는 $\frac{4}{20}=0.2$이다.

② 흰색 달팽이의 빈도는 10마리 중 7마리이므로 0.7이다.

③ 달팽이 껍데기 색깔은 대립유전자 A와 a에 의해 결정되므로 A의 빈도와 a의 빈도의 합은 1이다.

⑤ 무작위 교배가 이루어진다면 다음 세대(F_1)에서 진회색 대립유전자 빈도는 0.2, 흰색 대립유전자 빈도는 0.8로 유지되므로 흰색 달팽이의 개체 수 빈도는 $0.8\times0.8=0.64$, 진회색 달팽이 빈도는 $0.2\times0.2+2\times0.2\times0.8=0.36$이다. 따라서 진회색 달팽이보다 흰색 달팽이의 개체 수가 더 많다.

오답 피하기 ④ 전체 10마리 중 유전자형이 이형 접합성(Aa)인 달팽이는 2마리이므로 빈도는 0.2이다.

12

정답 맞히기 ㄱ. 그림에서 Ⅰ은 유전자형 AA의 빈도, Ⅱ는 유전자형 Aa의 빈도, Ⅲ은 유전자형 aa의 빈도이다. $p+q=1$이므로 대립유전자 a의 빈도(q)가 0.5라면 대립유전자 A의 빈도(p)도 0.5이다. 대립유전자 a의 빈도가 0.5일 때 유전자형 Aa의 빈도(y_2)는 0.5, 유전자형 aa의 빈도(y_1)는 0.25이므로 $y_2=2y_1$이다.

ㄷ. $p=0.75$인 집단에서는 $p=\frac{3}{4}$이므로 $q=\frac{1}{4}$이다. 따라서 $p=0.75$인 집단에서 유전자형이 Aa인 개체의 빈도는 $2pq=2\times\frac{3}{4}\times\frac{1}{4}=\frac{6}{16}$이다.

$p=0.25$인 집단에서는 $p=\frac{1}{4}$이므로 $q=\frac{3}{4}$이다. 따라서 $p=0.25$인 집단에서 유전자형이 aa인 개체의 빈도는 $q^2=\frac{3}{4}\times\frac{3}{4}=\frac{9}{16}$이다. 각 집단의 개체 수가 동일하므로

$\frac{p=0.75\text{인 집단에서 유전자형이 Aa인 개체 수}}{p=0.25\text{인 집단에서 유전자형이 aa인 개체 수}}=\frac{p=0.75\text{인 집단에서 유전자형이 Aa인 개체 수의 빈도}}{p=0.25\text{인 집단에서 유전자형이 aa인 개체 수의 빈도}}$이므로 $\frac{6}{16}\div\frac{9}{16}=\frac{2}{3}$이다.

오답 피하기 ㄴ. 유전자형 Aa의 빈도와 aa의 빈도가 같으면 $2pq=q^2$이므로 $2p=q$이고, $p+q=1$이기 때문에 $p=\frac{1}{3}$이다. 유전자형 AA의 개체 수가 400이기 때문에 각 집단의 전체 개체

수를 T라고 한다면 $T \times p^2 = T \times \left(\frac{1}{3}\right)^2 = 400$이고 $T = 3600$이다.

13

Ⅰ과 Ⅱ는 모두 멘델 집단이고 검은색 털 대립유전자(A)는 흰색 털 대립유전자(a)에 대해 완전 우성이므로 Ⅰ과 Ⅱ에서 유전자형이 AA와 Aa인 개체는 검은색 털을 가졌고 aa인 개체는 흰색 털을 가졌다. Ⅰ에서 대립유전자 A의 빈도를 p_1, a의 빈도를 q_1이라 하고, Ⅱ에서 대립유전자 A의 빈도를 p_2, a의 빈도를 q_2라고 했을 때, $p_1+q_1=p_2+q_2=1$이다. Ⅰ에서 유전자형이 aa인 개체 수는 유전자형이 AA인 개체 수의 4배이므로

$q_1^2=4p_1^2$이고 $q_1=2p_1$이다.

$p_1+q_1=1$이므로 이를 대입하면

$q_1=2(1-q_1)$이고 이를 풀면 $q_1=\frac{2}{3}$이고 $p_1=\frac{1}{3}$이다.

$\frac{\text{Ⅰ에서 흰색 털 개체의 비율}}{\text{Ⅱ에서 흰색 털 개체의 비율}}=\frac{16}{25}$이므로

$\frac{q_1^2}{q_2^2}=\frac{16}{25}$이고, $\frac{q_1}{q_2}=\frac{4}{5}$이다.

$q_1=\frac{2}{3}$이므로 이를 대입하면 $q_2=\frac{5}{6}$, $p_2=\frac{1}{6}$이다.

정답 맞히기 ㄱ. $p_1+p_2=\frac{1}{3}+\frac{1}{6}=\frac{3}{6}=\frac{1}{2}$이다.

ㄷ. Ⅱ에서 검은색 털 개체의 빈도는

$p_2^2+2p_2q_2=\left(\frac{1}{6}\right)^2+2\times\frac{1}{6}\times\frac{5}{6}=\frac{11}{36}$이다.

오답 피하기 ㄴ. Ⅰ에서 유전자형이 이형 접합성인 개체의 빈도는

$2p_1q_1=2\times\frac{1}{3}\times\frac{2}{3}=\frac{4}{9}$이다.

14

정답 맞히기 ㄱ. X_2와 X_3은 서로 다른 생물학적 종이므로 생식적으로 격리되어 있다.

오답 피하기 ㄴ. X_3은 육지의 X_1이 섬으로 이주하여 분화된 것이므로 X_1으로부터 분화되어 나왔다.

ㄷ. 섬에 있는 X_3이 다른 섬으로 이주한 이후 각 섬에서 여전히 X_3으로 남아 있으므로 지리적 격리가 일어나더라도 항상 종분화가 일어나는 것은 아니다.

15

정답 맞히기 ㄴ. 산맥에 의한 지리적 격리로 종분화가 일어났다.

오답 피하기 ㄱ. (가) 이후 A가 여전히 산맥의 양쪽에 남아 있으므로 (가)에서 A의 종분화가 일어나지 않았다.

ㄷ. B와 C는 서로 다른 생물학적 종이므로 산맥이 사라진 후에도 이들 사이에 생식 능력이 있는 자손이 태어날 수 없다.

16

정답 맞히기 ㄱ. ㉠과 ⓐ는 서로 다른 고리종에 속하므로 유전자풀이 다르다.

오답 피하기 ㄴ. ⓐ와 ⓔ는 서식지의 거리가 ㉠과 ㉤에 비해 가깝다하더라도 고리의 양 끝에 분포하므로 생식적으로 격리되어 있다.

ㄷ. 서로 다른 고리종을 이루고 있는 ㉤과 ⓑ 사이에서는 생식 능력이 있는 자손이 태어날 수 없다.

Ⅵ. 생명 공학 기술과 인간 생활

15 생명 공학 기술과 인간 생활

탐구 활동 본문 304쪽

1 해설 참조 **2** 해설 참조

1

가위는 플라스미드 모형과 인슐린 유전자가 있는 선형 DNA 모형의 특정 염기 서열 5′−GAATTC−3′의 G과 A 사이를 자르는 역할을 하고, 투명 테이프는 자른 인슐린 유전자 조각과 자른 플라스미드 조각을 붙이는 역할을 한다.

모범 답안 가위는 제한 효소 *Eco*RⅠ, 투명 테이프는 DNA 연결 효소에 해당한다.

2

5′−AATT−3′의 서열을 가진 말단은 3′−TTAA−5′의 서열을 가진 말단과 상보적이다.

모범 답안 *Eco*RⅠ의 제한 효소 인식 부위가 잘리게 되면 동일한 제한 효소로 잘린 부위끼리 상보적으로 결합할 수 있는 염기 서열을 가지고 있으므로 붙을 수 있다.

내신 기초 문제 본문 305~306쪽

01 5′−AATT−3′ **02** ② **03** ③ **04** ① **05** ② **06** ③ **07** ③ **08** ④ **09** ⑤ **10** ①

01

동일한 제한 효소로 자른 DNA 조각은 잘린 부위의 서열이 동일하다. A은 T과 상보적으로 결합하고 C은 G과 상보적으로 결합하므로 이를 이용하면 Ⅰ에 들어갈 염기 서열은 5′−AATT−3′이다.

02

정답 맞히기 ㄴ. B 림프구는 항체를 생산할 수는 있지만 생존 기간이 짧으며 암세포는 오래 생존할 수 있지만 항체를 생산할 수 없다. B 림프구와 암세포를 융합시킨 잡종 세포는 항체 생성 능력과 오랜 생존 능력을 모두 가지고 있으므로 이를 이용하여 반영구적으로 항체를 생산할 수 있다.

오답 피하기 ㄱ. B 림프구의 핵 대신 암세포의 핵을 치환하는 것이 아니라 B 림프구와 암세포를 융합하는 것이다.

ㄷ. 생존 기간이 길면서 항체를 생성하는 능력을 가진 세포가 필요하므로 B 림프구와 암세포를 융합한다.

03

정답 맞히기 ③ 해충 저항성 옥수수를 만드는 실험 과정은 다음과 같다.

(라) 해충 저항성 유전자를 분리하고, 이를 플라스미드에 삽입하여 재조합 플라스미드를 만들었다.

(가) 재조합 플라스미드를 토양 세균에 도입하였다.

(다) 형질 전환된 토양 세균을 옥수수 세포에 감염시켰다.

(나) 토양 세균에 감염된 옥수수 세포를 조직 배양하였다.

(마) 조직 배양한 옥수수를 성장시켜 해충 저항성이 있는지 확인하였다.

04

정답 맞히기 ㄱ. A의 일부 조직을 배양하여 새로운 개체로 만들었으므로 A와 B는 유전적으로 동일하다.

오답 피하기 ㄴ. ㉠은 미분화 조직으로 호르몬 처리를 어떻게 해주느냐에 따라 당근의 다양한 기관으로 자랄 수 있지만 당근이 아닌 다른 종의 식물로 자랄 수는 없다.

ㄷ. 세포 융합 기술을 이용한 것이 아니라 조직 배양 기술을 이용하였다.

05

정답 맞히기 ㄴ. B는 난자를 제공한 양이므로 암컷이고 C는 대리모 양이므로 암컷이다. 따라서 B의 체세포와 C의 체세포의 성염색체 구성은 동일하다.

오답 피하기 ㄱ. A의 핵을 이식하여 개체로 발생시켰으므로 A와 D의 핵 DNA가 같다.

ㄷ. A는 핵을 제공하고 B는 난자를 제공하였으므로 D의 미토콘드리아 DNA는 B의 난자에서 유래되었다.

06

정답 맞히기 ㄷ. 단일 클론 항체(㉠)을 다량 얻기 위해서는 잡종 세포를 배양해야 하므로 조직 배양 기술이 이용되었다.

오답 피하기 ㄱ. B 림프구인 (가)는 생존 기간이 짧으며 융합 세포인 (나)는 생존 기간이 반영구적이다.
ㄴ. ㉠은 유방암 항원에 대한 항체를 생산하는 B 림프구를 이용하여 만들었으므로 골수암이 아니라 유방암 치료에 이용된다.

07

정답 맞히기 학생 A: 배아 줄기세포는 미분화 상태로 배양 조건에 따라 어떤 종류의 세포로도 분화할 수 있는 줄기세포이므로 모든 세포와 조직으로 분화할 수 있다.
학생 C: 유도 만능 줄기세포는 이미 분화가 끝난 체세포를 역분화시켜 배아 줄기세포처럼 다양한 세포로 분화될 수 있도록 되돌린 세포이다. 따라서 일반 체세포도 역분화시켜 줄기세포로 만들 수 있다.
오답 피하기 학생 B: 성체 줄기세포는 성체의 지방, 골수, 탯줄 혈액 등에서 얻는다.

08

정답 맞히기 ㄱ. 정상 유전자가 삽입된 골수 세포를 A의 골수에 이식하였으므로 유전자 치료를 받은 A의 골수에는 정상 유전자(㉠)가 있다.
ㄷ. 바이러스를 통해 정상 유전자를 운반하므로 재조합된 바이러스(㉡)는 DNA 운반체 역할을 한다.
오답 피하기 ㄴ. 생식세포가 아니라 체세포인 골수 세포에 정상 유전자가 삽입되어 이식되었으므로 유전자 치료를 받은 A가 결혼하여 아이를 낳을 때, 이 아이는 A로부터 ㉠을 물려받지 않는다.

09

정답 맞히기 ㄴ. 제초제 내성 유전자를 도입한 벼와 같이 특정 유전자가 발현되도록 조작한 생물체를 LMO라고 한다.
ㄷ. 유전자 재조합 기술은 LMO 생산에 사용되는 대표적인 기술 중 하나이다.
오답 피하기 ㄱ. 자연 교배를 통해 종분화한 식물은 LMO가 아니다. LMO는 인위적으로 유전자를 변형시킨 생물체이다.

10

정답 맞히기 ① (가) 서로 다른 두 종류의 세포를 융합시켜 두 세포의 성질을 모두 갖는 잡종 세포를 만드는 것은 세포 융합 기술에 대한 설명이다.
(나) 핵을 제거하여 세포질만 남은 세포에 다른 세포의 핵을 이식하는 것은 핵치환 기술에 대한 설명이다.
(다) 특정 유전자를 분리한 후 다른 DNA와 결합시켜 재조합 DNA를 만드는 것은 유전자 재조합 기술에 대한 설명이다.

실력 향상 문제

본문 307~308쪽

01 ②	02 해설 참조	03 ③	04 ②
05 ④	06 ③	07 ③	08 해설 참조

01 유전자 재조합

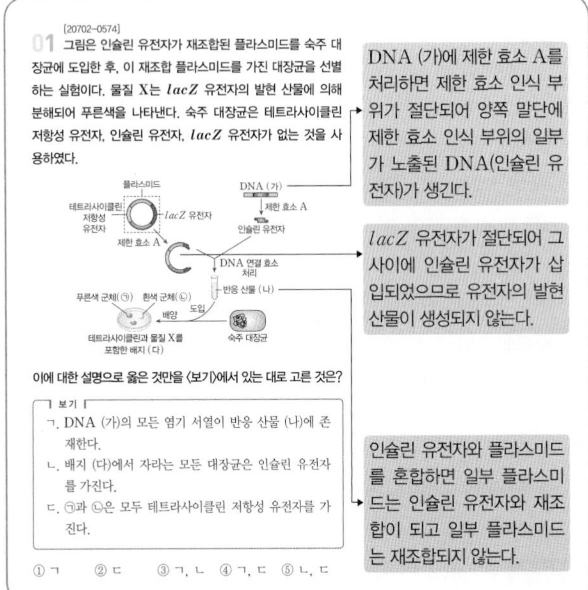
[20702-0574]
01 그림은 인슐린 유전자가 재조합된 플라스미드를 숙주 대장균에 도입한 후, 이 재조합 플라스미드를 가진 대장균을 선별하는 실험이다. 물질 X는 *lacZ* 유전자의 발현 산물에 의해 분해되어 푸른색을 나타낸다. 숙주 대장균은 테트라사이클린 저항성 유전자, 인슐린 유전자, *lacZ* 유전자가 없는 것을 사용하였다.

이에 대한 설명으로 옳은 것만을 <보기>에서 있는 대로 고른 것은?

보기
ㄱ. DNA (가)의 모든 염기 서열이 반응 산물 (나)에 존재한다.
ㄴ. 배지 (다)에서 자라는 모든 대장균은 인슐린 유전자를 가진다.
ㄷ. ㉠과 ㉡은 모두 테트라사이클린 저항성 유전자를 가진다.

① ㄱ ② ㄷ ③ ㄱ, ㄴ ④ ㄱ, ㄷ ⑤ ㄴ, ㄷ

DNA (가)에 제한 효소 A를 처리하면 제한 효소 인식 부위가 절단되어 양쪽 말단에 제한 효소 인식 부위의 일부가 노출된 DNA(인슐린 유전자)가 생긴다.

lacZ 유전자가 절단되어 그 사이에 인슐린 유전자가 삽입되었으므로 유전자의 발현 산물이 생성되지 않는다.

인슐린 유전자와 플라스미드를 혼합하면 일부 플라스미드는 인슐린 유전자와 재조합이 되고 일부 플라스미드는 재조합되지 않는다.

정답 맞히기 ㄷ. ㉠과 ㉡은 모두 테트라사이클린이 포함된 배지에서 생존하였으므로 테트라사이클린 저항성 유전자를 가진다.
오답 피하기 ㄱ. DNA (가)를 제한 효소 A로 처리했을 때 생성된 조각 중 제한 효소 A로 절단된 말단을 양쪽에 가진 조각만이 플라스미드에 재조합되어 반응 산물 (나)에 존재한다.
ㄴ. 배지 (다)에서 자라는 모든 대장균은 테트라사이클린 저항성 유전자를 가진다. 인슐린 유전자를 가지는 대장균은 흰색 군체를 구성하는 대장균이다.

02 중합 효소 연쇄 반응(PCR)

모범 답안 (1) (가)는 DNA 변성 과정으로 이중 나선 DNA가 단일 가닥으로 분리된다. (나)는 프라이머 결합 과정으로 목적 DNA의 말단 부위와 상보적 염기 서열로 이루어진 프라이머가 목적 DNA의 단일 가닥에 붙는다. (다)는 DNA 합성 과정으로 프라이머의 3′ 말단에서부터 새로운 DNA 가닥이 합성된다.
(2) (가)~(다) 중 (가)는 DNA 이중 가닥의 수소 결합이 모두 풀려야 하므로 온도가 가장 높고, (나)는 프라이머가 수소 결합을 통해 목적 DNA에 붙어야 하므로 온도가 가장 낮다. (다)의 온도는 (가)와 (나)의 중간에 해당한다.

03 유전자 치료

정답 맞히기 ㄱ. 정상 DNA를 바이러스 DNA에 삽입하여 재조합 DNA를 만드는 과정에서 유전자 재조합 기술이 이용되었다.
ㄴ. 정상 DNA와 바이러스 DNA를 연결 효소로 연결하여 재조합 DNA ㉠을 만들기 때문에 ㉠을 만드는 과정에서 DNA 연결 효소가 사용되었다.

오답 피하기 ㄷ. 바이러스 DNA에 정상 DNA를 삽입하여 재조합 DNA를 만들기 때문에 재조합 DNA를 도입한 바이러스(㉡)에는 정상 DNA 뿐만 아니라 바이러스 DNA도 있다.

04 유전자 재조합

정답 맞히기 ㄴ. 플라스미드에 인슐린 유전자를 삽입하여 대장균에 도입하였으므로 DNA 운반체로 플라스미드가 사용되었다.

오답 피하기 ㄱ. (가)에서 ㉠에 의해 절단된 부위는 두 곳이며, (나)에서 ㉠에 의해 절단된 부위는 한 곳이다.
ㄷ. ⓐ에는 재조합 플라스미드가 도입되지 않았고 ⓑ에는 재조합 플라스미드가 도입되었으므로 ⓐ와 ⓑ 중 ⓑ에만 인슐린 유전자가 들어 있다.

05 단일 클론 항체와 유전자 재조합

정답 맞히기 ㄱ. 세포 ㉠과 골수암 세포를 융합시켜 잡종 세포를 얻는 과정인 (다)에서 세포 융합 기술이 사용되었다.
ㄷ. (사)에서 생성된 항체 ㉢은 유전자 ㉡이 발현되어 만들어진 것이다. 따라서 유전자 ㉡을 가지고 있는 세포 ㉠에서 생성된 항체를 이용하여도 병원체 바이러스와 항원 항체 반응이 일어난다.

오답 피하기 ㄴ. 바이러스를 치료하는 항체 ㉢을 암호화하고 있는 유전자 ㉡은 바이러스에는 없다.

06 줄기세포

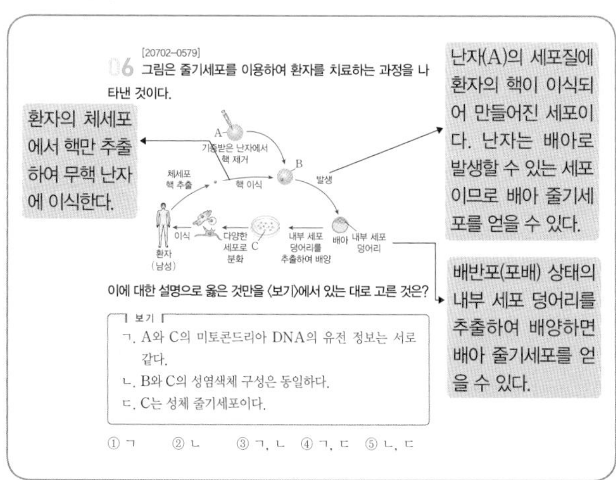

정답 맞히기 ㄱ. A는 난자이며 핵을 제외한 세포질을 제공하여 C를 형성하므로 A와 C의 미토콘드리아 DNA의 유전 정보는 서로 같다.
ㄴ. B가 발생을 진행하여 배아가 되고 배아에서 내부 세포 덩어리를 추출하여 배양한 것이 C이므로 B와 C의 성염색체 구성은 동일하다.

오답 피하기 ㄷ. C는 무핵 난자에 체세포 핵을 이식하여 만든 배아 줄기세포이다.

07 핵치환

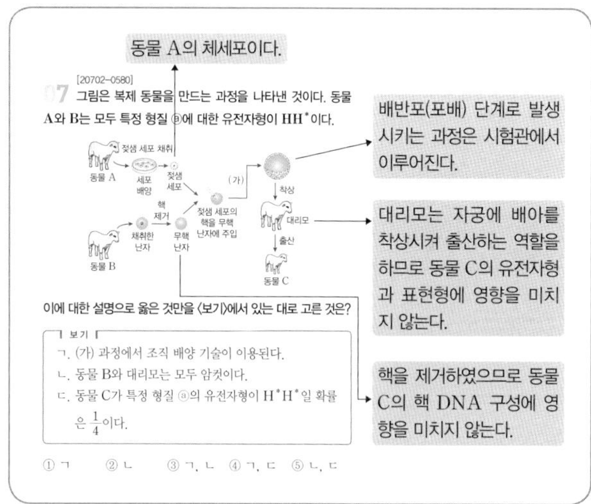

정답 맞히기 ㄱ. (가) 과정은 핵치환된 세포를 배반포(포배) 상태로 배양하는 과정이므로 이 과정에서 조직 배양 기술이 이용된다.
ㄴ. 동물 B는 난자를 제공했으므로 암컷이고, 대리모는 출산이 가능한 동물이므로 암컷이다.

오답 피하기 ㄷ. 동물 C는 동물 A(유전자형 HH^*)의 체세포로부터 분리한 핵을 이용하여 만든 동물이므로 특정 형질 ⓐ의 유전자형이 H^*H^*일 확률은 0이다.

08 줄기세포

난자의 핵을 제거하여 무핵 난자를 만든 다음 체세포의 핵을 이식하여 배아를 발생시킨 후 배아 줄기세포를 얻을 수 있다. 이때 배아 줄기세포의 핵의 유전 정보는 체세포의 핵을 제공한 사람의 유전 정보이다.

모범 답안 A로부터 기증받은 난자에서는 핵을 제거하였으므로 A의 핵에 있는 유전 정보는 핵치환된 세포에 남아 있지 않다. 무핵 난자에 B의 핵을 이식하였으므로 핵치환된 세포의 핵에 있는 정보는 B의 유전 정보이다. 따라서 줄기세포로부터 분화된 골수, 신경, 간세포의 핵에 있는 유전 정보는 B와 동일하다.

신유형·수능 열기

본문 309쪽

01 ① **02** ② **03** ① **04** ③

01

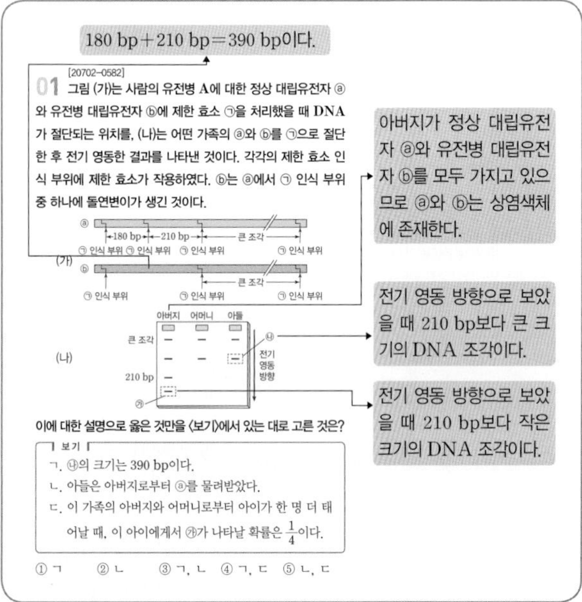
[20702-0582]

01 그림 (가)는 사람의 유전병 A에 대한 정상 대립유전자 ⓐ와 유전병 대립유전자 ⓑ에 제한 효소 ㉠을 처리했을 때 DNA가 절단되는 위치를, (나)는 어떤 가족의 ⓐ와 ⓑ를 ㉠으로 절단한 후 전기 영동한 결과를 나타낸 것이다. 각각의 제한 효소 인식 부위에 제한 효소가 작용하였다. ⓑ는 ⓐ에서 ㉠ 인식 부위 중 하나에 돌연변이가 생긴 것이다.

이에 대한 설명으로 옳은 것만을 <보기>에서 있는 대로 고른 것은?

보기

ㄱ. ㉯의 크기는 390 bp이다.

ㄴ. 아들은 아버지로부터 ⓐ를 물려받았다.

ㄷ. 이 가족의 아버지와 어머니로부터 아이가 한 명 더 태어날 때, 이 아이에게서 ㉮가 나타날 확률은 $\frac{1}{4}$이다.

① ㄱ ② ㄴ ③ ㄱ, ㄴ ④ ㄱ, ㄷ ⑤ ㄴ, ㄷ

정답 맞히기 ㄱ. ㉯는 210 bp보다 큰 크기의 DNA 조각이므로 180 bp+210 bp=390 bp이다.

오답 피하기 ㄴ. 아버지는 정상 대립유전자 ⓐ와 유전병 대립유전자 ⓑ를 모두 가지고 있고 아들은 유전병 대립유전자 ⓑ만 가지고 있으므로 아들은 아버지로부터 ⓑ를 물려받았다.

ㄷ. 아버지는 정상 대립유전자 ⓐ와 유전병 대립유전자 ⓑ를 모두 가지고 있어서 유전자형이 ⓐⓑ이고 어머니는 유전병 대립유전자만 가지고 있어서 유전자형이 ⓑⓑ이다. ⓐ와 ⓑ의 우열 관계에 상관없이 이 가족의 아버지와 어머니로부터 아이가 한 명 더 태어날 때, 이 아이에게서 ㉮가 나타날 확률은 $\frac{1}{2}$이다.

02

정답 맞히기 ㄴ. 토마토의 원형질체와 감자의 원형질체를 융합한 잡종 세포를 배양하는 과정에서 조직 배양 기술이 이용된다.

오답 피하기 ㄱ. (가)는 유전자를 재조합하는 과정이 아니라 세포를 융합하는 과정이므로 DNA 연결 효소가 필요하지 않다.

ㄷ. 토마토와 감자의 유전 정보가 모두 식물 A 속에 들어 있으므로, 식물 A의 핵 속 유전 정보는 토마토와 동일하지 않다.

03

정답 맞히기 ㄱ. B 림프구는 ㉠을 만들어내는 세포이므로 ㉠에 대한 유전자가 있다.

오답 피하기 ㄴ. 융합되지 않은 세포 중 B 림프구는 항체를 생산할 수 있다.

ㄷ. ㉠은 유방암 세포와 항원 항체 반응을 일으키는 항체이므로 ㉠에 항암제를 부착하여 유방암을 치료할 수 있다.

04

정답 맞히기 ㄱ. ㉠과 ㉡은 항생제가 포함된 배지에서 살아남았으므로 각각 B와 C 중 하나이다. 푸른색 군체의 대장균은 젖당 분해 효소를 만들었고 흰색 군체의 대장균은 젖당 분해 효소를 만들지 못했다. 따라서 젖당 분해 효소 유전자가 그대로 있는 C는 ㉠이고 젖당 분해 효소 유전자가 절단되어 인슐린 유전자가 삽입된 B는 ㉡이다.

ㄴ. 항생제와 물질 X가 첨가된 배지에서 푸른색 군체와 흰색 군체가 자랐으므로 젖당 분해 효소 유전자가 절단되어 그 속에 인슐린 유전자가 삽입되었다. 따라서 ⓐ는 젖당 분해 효소 유전자이고 ⓑ는 항생제 저항성 유전자이다.

오답 피하기 ㄷ. (나)의 ㉠과 ㉡ 중 인슐린 유전자가 삽입된 ㉡만 인슐린을 만들어낼 수 있다.

단원 마무리 문제

본문 311~312쪽

01 ② **02** ③ **03** ① **04** ① **05** ②
06 ⑤ **07** ① **08** ⑤

01

정답 맞히기 ② (가) 약재용 식물체의 일부를 이용하여 캘러스로 만든 뒤 이를 이용하여 약재용 식물을 대량으로 생산하게 된 것은 생명 공학 기술 중 조직 배양 기술이 이용된 사례이다.

(나) 멸종 위기에 있는 호랑이를 체세포 복제하여 개체 수를 늘리게 된 것은 생명 공학 기술 중 핵치환 기술이 이용된 사례이다.

(다) 범죄 현장에서 범인이 남긴 혈액에서 소량의 DNA를 증폭시킨 후 유전자 지문을 확인한 것은 생명 공학 기술 중 중합 효소 연쇄 반응(PCR)이 이용된 사례이다.

02

정답 맞히기 ㄷ. (다)는 프라이머로부터 DNA가 합성되는 과정이므로 DNA 중합 효소가 사용된다.

오답 피하기 ㄱ. (가)는 DNA 이중 가닥이 단일 가닥으로 풀리는 과정으로 온도를 높여 주면 효소 작용 없이도 진행된다. 따라서 (가)에서 제한 효소가 사용되지 않는다.

ㄴ. (나)는 DNA 단일 가닥에 프라이머를 부착시키는 과정으로 (가) 과정에 비해 온도를 낮추어 주면 프라이머가 주형 가닥에 부착하게 된다. 따라서 (나)에서 DNA 연결 효소가 사용되지 않는다.

03

정답 맞히기 ㄱ. (가)는 수정란의 배아로부터 만든 줄기세포이므로 배아 줄기세포이다.

오답 피하기 ㄴ. (나)는 환자의 골수를 추출하여 얻은 줄기세포이므로 골수에서 분화할 수 있는 세포로만 분화할 수 있고 피부 세포로는 분화할 수 없다.

ㄷ. (다)는 환자의 체세포로부터 역분화시킨 줄기세포이므로 유전자 구성이 환자의 체세포와 동일하다. 따라서 (다)는 환자와 유전자 구성이 같은 세포로 분화한다.

04

정답 맞히기 ㄱ. A는 B 림프구이므로 항체를 생성할 수 있다.

오답 피하기 ㄴ. ㉠은 A가 아니라 위암 세포와 항원 항체 반응을 일으킨다.

ㄷ. ㉠은 위암 세포를 항원으로 주입시켜 추출한 B 림프구를 이용하여 만든 항체이므로 골수암이 아니라 위암을 치료할 수 있다.

05

정답 맞히기 ㄴ. (나)는 온도가 가장 낮은 단계이므로 (나)에서 프라이머가 결합한다.

오답 피하기 ㄱ. DNA의 염기 서열 중에 3중 수소 결합을 하는 구아닌(G)과 사이토신(C)이 많이 포함되어 있으면 (가)의 온도가 더 높아져야 한다.

ㄷ. PCR에 사용되는 DNA 중합 효소는 92 ℃에서 기능이 없어지면 안된다. 이 과정에서 사용되는 DNA 중합 효소는 내열성 효소로 고온에서도 기능이 유지되는 효소이다.

06

선형의 DNA를 제한 효소로 자를 경우 제한 효소 인식 부위가 1개일 때 2개의 DNA 조각이 나온다. 제한 효소 인식 부위가 1개인 두 종류의 제한 효소로 자를 경우 3개의 DNA 조각이 나온다.

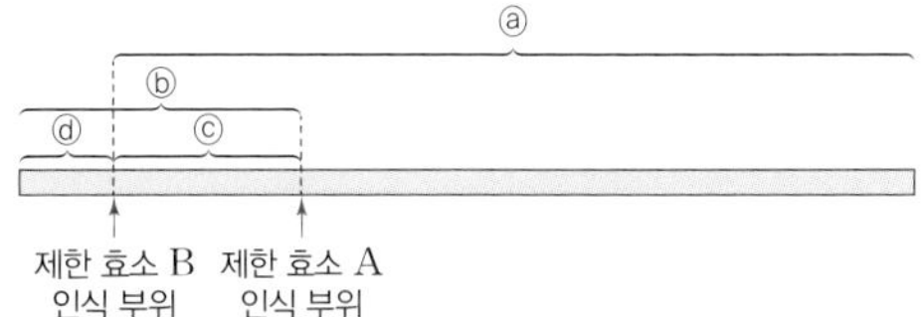

정답 맞히기 ㄱ. A와 B를 동시에 처리한 Ⅲ의 결과를 보았을 때 B만 처리한 Ⅱ의 결과인 ⓐ가 사라졌으므로 ⓐ에 A의 인식 부위가 있다.

ㄴ. A와 B를 동시에 처리한 Ⅲ의 결과를 보았을 때 A만 처리한 Ⅰ의 결과인 ⓑ가 사라졌으므로 ⓑ에 B의 인식 부위가 있다.

ㄷ. ⓑ를 B로 처리하면 ⓒ와 ⓓ가 되므로 ⓒ와 ⓓ를 더하면 ⓑ가 된다.

07

정답 맞히기 학생 A: LMO와 GMO는 혼용되어 사용되기도 하지만 생식과 번식이 가능한 생물체 그 자체를 강조한 용어는 LMO이고, GMO는 유전자가 변형된 생물체뿐만 아니라 그 생물체를 가공해서 만든 살아 있지 않은 것까지도 포함하는 용어이다.

오답 피하기 학생 B: LMO는 인위적으로 유전자를 변형시킨 생물이며 자연적으로 유전자 변이가 일어난 생물은 LMO가 아니다.

학생 C: LMO는 이미 여러 생명 공학 기술을 통해 만들어졌다.

08

정답 맞히기 ㄱ. 성체의 피부에서 채취하여 만든 A를 피부 세포뿐만 아니라 신경 세포로도 분화시켰으므로 A는 역분화를 통해 만들어진 유도 만능 줄기세포이다.

ㄴ. B는 성체의 골수에서 채취하였으므로 성체 줄기세포이다.

ㄷ. C는 배아로부터 만들어진 배아 줄기세포이다. 배아 줄기세포 (C)로부터 분화된 피부 세포와 신경 세포의 유전자 구성은 배아 줄기세포와 동일하다.

본문 인용 사진 출처

북앤포토 9쪽(혹의 현미경과 세포 그림), 13쪽 · 93쪽(식물 세포 광학 현미경), 13쪽(염색체 전자 현미경), 15쪽(파스퇴르), 40쪽(짚신벌레 광학 현미경), 164쪽(브로콜리 DNA), 238쪽(스트로마톨라이트), 238쪽(산화 철 띠를 포함하는 퇴적암 지층), 254쪽 · 266쪽(솔이끼), 255쪽 · 266쪽(고사리), 255쪽(쇠뜨기), 258쪽(해파리), 258쪽(플라나리아), 258쪽(달팽이), 259쪽(지렁이), 259쪽(예쁜꼬마선충), 259쪽(거미), 259쪽 · 264쪽(불가사리), 271쪽(사람의 배아), 271쪽(닭의 배아), 278쪽 · 283쪽(해리스영양다람쥐), 278쪽 · 283쪽(흰꼬리영양다람쥐)

A. BARRINGTON BROWN, ©GONVILLE & CAIUS COLLEGE / SCIENCE PHOTO LIBRARY / 게티이미지코리아 10쪽(왓슨과 크릭)

©Hi-Story / Alamy Stock Photo / booknfoto 10쪽(다윈)

©Caleb Foster / Dreamstime.com 13쪽(세포 분열 형광 현미경)

©Austrian National Library/Interfoto / Alamy Stock Photo / booknfoto 15쪽(란트슈타이너)

©Keith R. Porter / Science Source / booknfoto 40쪽 · 52쪽 · 93쪽(짚신벌레 투과 전자 현미경)

©BSIP SA / Alamy Stock Photo / booknfoto 40쪽 · 52쪽 · 93쪽(짚신벌레 주사 전자 현미경)

©Don W. Fawcett / Science Source / booknfoto 58쪽(인지질 2중층)

©BSIP SA / Alamy Stock Photo / booknfoto 64쪽(백혈구의 식세포 작용)

©PROFESSORS P. MOTTA & T. NAGURO / SCIENCE PHOTO LIBRARY / 게티이미지코리아 99쪽(미토콘드리아)

©Science History Images / Alamy Stock Photo / booknfoto 99쪽 · 125쪽(엽록체)

©CIMAT / Science Source / booknfoto 110쪽(효모)

©Mediscan / Alamy Stock Photo / booknfoto 111쪽(젖산균)

©blickwinkel / Alamy Stock Photo / booknfoto 125쪽(엽록체)

© Science History Images / Alamy Stock Photo / booknfoto 162쪽(DNA의 X선 회절 사진)

©POWER AND SYRED / SCIENCE PHOTO LIBRARY / 게티이미지코리아 213쪽(정상 초파리)

SCIENCE VU / DR. F. RUDOLPH TURNER, VISUALS UNLIMITED / SCIENCE PHOTO LIBRARY / 게티이미지코리아 213쪽(더듬이 대신 다리가 생긴 초파리)

©NOAA 233쪽(심해 열수구)

©Maximilian Buzun / Alamy Stock Photo / booknfoto 234쪽(코아세르베이트)

©STEVE GSCHMEISSNER / SCIENCE PHOTO LIBRARY / 게티이미지코리아 234쪽(마이크로스피어)

©National Cancer Institute / Science Source / booknfoto 234쪽(리포솜)

©DC / Science Source / booknfoto 252쪽(극호염균)

©Ted Kinsman / Science Source / booknfoto 252쪽(극호열균)

©DENNIS KUNKEL MICROSCOPY / SCIENCE PHOTO LIBRARY / booknfoto 252쪽(메테인 생성균)

©Avalon / Photoshot License / Alamy Stock Photo / booknfoto 254쪽 · 263쪽(우산이끼)

©Kathy Merrifield / Science Source / booknfoto 254쪽(뿔이끼)

©Michael P. Gadomski / Science Source / booknfoto 255쪽(석송)

Aplysina archeri / ©Nick Hobgood / wikimedia CC BY-SA 3.0 258쪽(목욕해면)

Norbert Wu / Minden Pictures / Nature in Stock 259쪽(창고기)

©Universal Images Group North America LLC / Alamy Stock Photo / booknfoto 271쪽(돼지의 배아)

©SINCLAIR STAMMERS / SCIENCE PHOTO LIBRARY / 게티이미지코리아 271쪽(쥐의 배아)

©Nature Picture Library / Alamy Stock Photo / booknfoto 278쪽(코르테즈 무지개 놀래기)

©Danita Delimont / Alamy Stock Photo / booknfoto 278쪽(파란머리 놀래기)

Ⅰ. 생명 과학의 역사

1 생명 과학의 역사

탐구 활동
본문 015쪽

1 해설 참조　2 해설 참조

내신 기초 문제
본문 016~017쪽

01 ⑤　02 ②　03 ⑤　04 ①　05 ④
06 ⑤　07 ③　08 ⑤　09 ③　10 ④
11 제한 효소, DNA 연결 효소

실력 향상 문제
본문 018~019쪽

01 ④　02 ③　03 ③　04 ⑤　05 ②
06 ③　07 ⑤　08 ②　09 해설 참조

신유형·수능 열기
본문 020쪽

01 ④　02 ①　03 ⑤　04 ④

단원 마무리 문제
본문 022~023쪽

01 ⑤　02 ①　03 ④　04 ⑤　05 ④
06 ③　07 ⑤　08 ④

Ⅱ. 세포의 특성

2 생명체의 구성 물질

탐구 활동
본문 033쪽

1 해설 참조

내신 기초 문제
본문 034~035쪽

01 A: 조직, B: 조직계, C: 기관, D: 기관계　02 ④
03 ⑤　04 ③　05 (1) (가): 탄수화물, (나): 단백질, (다): 중성 지방 (2) 질소(N)　06 ③　07 ③
08 ①　09 ⑤　10 ③

실력 향상 문제
본문 036~037쪽

01 ⑤　02 ⑤　03 ③　04 해설 참조　05 ①
06 ⑤　07 ②　08 ④　09 해설 참조

신유형·수능 열기
본문 038쪽

01 ③　02 ②　03 ⑤　04 ①

3 세포의 특성

탐구 활동
본문 048쪽

1 해설 참조　2 해설 참조

내신 기초 문제
본문 049~051쪽

01 ②　02 ⑤　03 ①　04 ④
05 (1) A: 중심체, B: 골지체, C: 미토콘드리아, D: 매끈면 소포체, E: 핵 (2) A　06 (가): 리보솜, (나): 거친면 소포체
07 ⑤　08 ④　09 ①　10 ④　11 ①
12 ③　13 ②　14 ⑤　15 소포체, 골지체, 리소좀
16 ①　17 ③　18 ①
19 핵, 엽록체, 미토콘드리아　20 ⑤

실력 향상 문제
본문 052~054쪽

01 ③　02 ④　03 ②　04 ⑤　05 해설 참조
06 ①　07 ④　08 해설 참조　09 ④
10 ⑤　11 ③　12 ①　13 해설 참조
14 ②　15 ⑤

신유형·수능 열기
본문 055~056쪽

01 ①　02 ①　03 ④　04 ③　05 ②
06 ⑤　07 ④　08 ②

4 세포막

탐구 활동
본문 066쪽

1 해설 참조　2 해설 참조　3 해설 참조

내신 기초 문제
본문 067~069쪽

01 ⑤　02 ⑤　03 유동 모자이크막 모델
04 ②　05 ⑤　06 ①　07 ④　08 ③
09 ①　10 ②　11 ③　12 ④　13 ⑤
14 C: 능동 수송, D: 세포내 섭취　15 ③　16 ②
17 원형질 분리

실력 향상 문제
본문 070~072쪽

01 ③　02 ②　03 해설 참조　04 ②
05 ④　06 ①　07 ⑤　08 ④　09 ②
10 ⑤　11 ③　12 해설 참조　13 ③

신유형·수능 열기
본문 073~074쪽

01 ①　02 ④　03 ⑤　04 ②　05 ③
06 ④　07 ⑤　08 ③

5 효소

탐구 활동
본문 081쪽

1 해설 참조　2 해설 참조

내신 기초 문제
본문 082~084쪽

01 (1) A−B 또는 D−B−C (2) C, C　02 ②
03 ⑤　04 ⑤　05 보조 인자　06 ①
07 ④　08 ②　09 ⑤　10 ③　11 ③
12 ⑤　13 비경쟁적 저해제　14 ③　15 ②
16 ④　17 가수 분해 효소　18 주효소

실력 향상 문제
본문 085~087쪽

01 ④　02 해설 참조　03 ③　04 ⑤
05 ①　06 해설 참조　07 ④　08 ②
09 ③　10 ①　11 ④　12 ②　13 ③
14 ⑤

신유형·수능 열기
본문 088~089쪽

01 ③　02 ⑤　03 ⑤　04 ①　05 ⑤
06 ①　07 ③　08 ①

단원 마무리 문제
본문 092~095쪽

01 ⑤　02 ①　03 ③　04 ①　05 ③
06 ②　07 ①　08 ⑤　09 ③　10 ④
11 ⑤　12 ①　13 ②　14 ②　15 ⑤
16 ⑤　17 ④　18 ①

Ⅲ. 세포 호흡과 광합성

6 세포 호흡과 발효

탐구 활동
본문 113쪽

1 해설 참조　2 해설 참조　3 해설 참조

내신 기초 문제
본문 114~117쪽

01 ②　02 A: 스트로마, B: 틸라코이드, C: 그라나, A
03 ⑤　04 ④　05 해당 과정, TCA 회로　06 ②
07 ⑤　08 ㉠: NADH, ㉡: CO_2, ㉢: ATP　09 ④
10 ③　11 ④　12 ㉠: Y, ㉡: X　13 ③
14 ③　15 ④　16 ④　17 (다)　18 ③
19 ①　20 ㉠: 젖산 발효, ㉡: 알코올 발효, ⓐ: 없음, ⓑ: 있음　21 ③

실력 향상 문제
본문 118~121쪽

01 ④　02 ③　03 ④　04 ⑤　05 ①
06 ⑤　07 ③　08 ②　09 ②　10 ②
11 해설 참조　12 ⑤　13 ①　14 ③
15 ②　16 해설 참조　17 해설 참조

신유형·수능 열기
본문 122~123쪽

01 ④　02 ①　03 ③　04 ③　05 ③
06 ③　07 ⑤　08 ⑤

7 광합성

탐구 활동
본문 139쪽

1 해설 참조　2 해설 참조

내신 기초 문제
본문 140~143쪽

01 ④　02 ⑤　03 ④　04 ④
05 잔토필: 0.8, 엽록소 b: 0.2　06 ①　07 ④
08 ②　09 ②　10 ④　11 ⑤
12 해설 참조　13 ⑤　14 ④　15 ③
16 (1) X: 3PG, Y: PGAL, Z: RuBP
(2) ㉠: 6, ㉡: 6, ㉢: 1, ㉣: 3　17 ①　18 ③
19 ①　20 ⑤

실력 향상 문제
본문 144~147쪽

01 ⑤　02 ⑤　03 ③　04 해설 참조
05 ②　06 해설 참조　07 ①　08 ④
09 ③　10 ⑤　11 ③　12 ①　13 ⑤
14 ①　15 ⑤　16 ⑤

신유형·수능 열기
본문 148~149쪽

01 ④　02 ②　03 ⑤　04 ①　05 ④
06 ⑤　07 ③　08 ③

단원 마무리 문제
본문 152~155쪽

01 ③　02 ⑤　03 ⑤　04 ③　05 ①
06 ⑤　07 ⑤　08 ④　09 ①　10 ⑤
11 ①　12 ③　13 ③　14 ⑤　15 ③
16 ②

Ⅳ. 유전자의 발현과 조절

8 유전체와 유전자

탐구 활동
본문 164쪽

1 해설 참조 2 해설 참조 3 해설 참조

내신 기초 문제
본문 165~167쪽

01 ③ 02 ② 03 ③ 04 ⑤ 05 ⑤
06 ① 07 ② 08 ③ 09 ③ 10 ①
11 ① 12 ③ 13 ② 14 ① 15 ④
16 ④ 17 (라) 18 ②

실력 향상 문제
본문 168~170쪽

01 ⑤ 02 ③ 03 ① 04 ④ 05 ⑤
06 ⑤ 07 ① 08 ④ 09 ② 10 해설 참조
11 ② 12 ② 13 ①

신유형·수능 열기
본문 171~172쪽

01 ② 02 ⑤ 03 ④ 04 ④ 05 ①
06 ① 07 ③

9 DNA의 복제

탐구 활동
본문 178쪽

1 해설 참조 2 해설 참조 3 해설 참조

내신 기초 문제
본문 179~180쪽

01 ③ 02 ① 03 ④ 04 ④
05 (다) → (가) → (나) → (라) 06 ① 07 ⑤
08 ⑤ 09 ③ 10 ④ 11 ③

실력 향상 문제
본문 181~182쪽

01 ① 02 ④ 03 ② 04 해설 참조
05 ④ 06 ④ 07 ⑤

신유형·수능 열기
본문 183쪽

01 ④ 02 ③ 03 ④

10 유전자 발현

탐구 활동
본문 196쪽

1 해설 참조

내신 기초 문제
본문 197~199쪽

01 ⑤ 02 ① 03 ④ 04 ③ 05 ①
06 ② 07 ① 08 ④ 09 ⑤ 10 ③
11 ② 12 ① 13 ④ 14 ③ 15 ④
16 ⑤ 17 ② 18 ① 19 ④

실력 향상 문제
본문 200~202쪽

01 ② 02 ④ 03 ④ 04 ② 05 ④
06 ② 07 ③ 08 ④ 09 해설 참조
10 6개 11 ③ 12 ③

신유형·수능 열기
본문 203~204쪽

01 ③ 02 ② 03 ④ 04 ④ 05 ①
06 ⑤

11 유전자 발현의 조절

탐구 활동
본문 215쪽

1 해설 참조 2 해설 참조 3 해설 참조

내신 기초 문제
본문 216~218쪽

01 ④ 02 ⑤ 03 ③ 04 ② 05 ①
06 ㄴ 07 ㄱ, ㄴ, ㄷ 08 ② 09 ③
10 ② 11 ⑤ 12 ③ 13 ③ 14 ④
15 ① 16 ④ 17 ③ 18 ①
19 ㉠:젖당, ㉡: 포도당, ㉢:젖당 분해 효소 20 B, C

실력 향상 문제
본문 219~221쪽

01 ⑤ 02 ① 03 ① 04 ⑤ 05 ②
06 ③ 07 ④ 08 ② 09 ③ 10 D, E, F
11 해설 참조

신유형·수능 열기
본문 222~223쪽

01 ③ 02 ① 03 ④ 04 ⑤ 05 ④
06 ① 07 ④

단원 마무리 문제
본문 226~229쪽

01 ④ 02 ② 03 ① 04 ① 05 ③
06 ③ 07 ② 08 ⑤ 09 ④ 10 ③
11 ⑤ 12 ② 13 ③

V. 생물의 진화와 다양성

12 생명의 기원

탐구 활동 본문 241쪽

1 해설 참조 2 해설 참조

내신 기초 문제 본문 242~244쪽

01 ① 02 ② 03 ③ 04 ③ 05 ②
06 ④ 07 ② 08 리보자임 09 ②
10 ⑤ 11 ① 12 스트로마톨라이트 13 ④
14 ④ 15 군체 16 ② 17 ⑤ 18 ②

실력 향상 문제 본문 245~247쪽

01 ⑤ 02 ③ 03 ② 04 ③ 05 ①
06 ⑤ 07 해설 참조 08 ⑤ 09 ③
10 해설 참조 11 ① 12 ④ 13 ⑤
14 ④

신유형·수능 열기 본문 248쪽

01 ① 02 ④ 03 ③ 04 ⑤

13 생물의 분류와 다양성

탐구 활동 본문 261쪽

1 해설 참조 2 해설 참조

내신 기초 문제 본문 262~264쪽

01 ③ 02 ④ 03 ③
04 C−B−A−(D, E)−F 05 ① 06 ⑤
07 ⑤ 08 ② 09 ③ 10 ⑤ 11 ①
12 ② 13 ② 14 ④ 15 절지동물문
16 ⑤ 17 A: 말미잘, B: 예쁜꼬마선충, C: 창고기
18 ③

실력 향상 문제 본문 265~267쪽

01 ② 02 ⑤ 03 ⑤ 04 ④ 05 해설 참조
06 ② 07 ③ 08 ⑤ 09 ① 10 ③
11 ④ 12 ⑤ 13 해설 참조

신유형·수능 열기 본문 268쪽

01 ③ 02 ④ 03 ⑤ 04 ①

14 생물의 진화

탐구 활동 본문 280쪽

1 해설 참조 2 해설 참조

내신 기초 문제 본문 281~283쪽

01 ⑤ 02 ① 03 ③ 04 ④ 05 ④
06 ⑤ 07 ③ 08 ⑤ 09 ④ 10 ③
11 ② 12 ④ 13 ④

실력 향상 문제 본문 284~286쪽

01 ② 02 ⑤ 03 ① 04 ② 05 ②
06 ③ 07 해설 참조 08 ⑤ 09 ①
10 ⑤ 11 ⑤ 12 ⑤

신유형·수능 열기 본문 287쪽

01 ① 02 ④ 03 ⑤ 04 ⑤

단원 마무리 문제 본문 290~293쪽

01 ① 02 ⑤ 03 ④ 04 ① 05 ③
06 ② 07 ③ 08 ② 09 ③ 10 ③
11 ④ 12 ③ 13 ③ 14 ① 15 ②
16 ①

VI. 생명 공학 기술과 인간 생활

15 생명 공학 기술과 인간 생활

탐구 활동 본문 304쪽

1 해설 참조 2 해설 참조

내신 기초 문제 본문 305~306쪽

01 5′−AATT−3′ 02 ② 03 ③ 04 ①
05 ② 06 ③ 07 ③ 08 ④ 09 ⑤
10 ①

실력 향상 문제 본문 307~308쪽

01 ② 02 해설 참조 03 ③ 04 ②
05 ④ 06 ③ 07 ③ 08 해설 참조

신유형·수능 열기 본문 309쪽

01 ① 02 ② 03 ① 04 ③

단원 마무리 문제 본문 311~312쪽

01 ② 02 ③ 03 ① 04 ① 05 ②
06 ⑤ 07 ① 08 ⑤

EBS

생명과학 II

정답과 해설

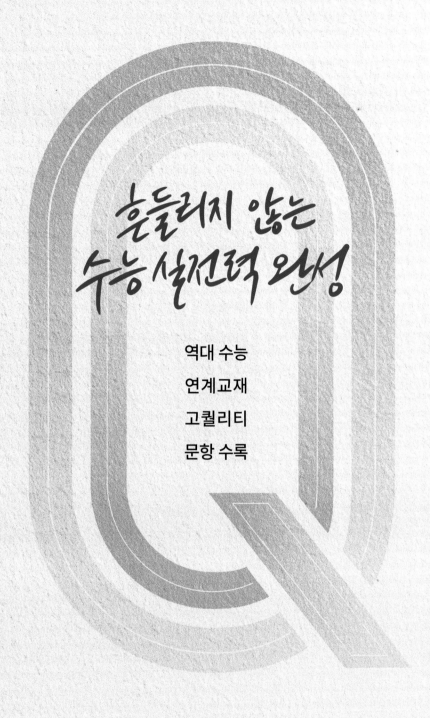

고1~2, 내신 중점

구분	고교 입문 >		기초 >	기본 >	특화	+ 단기
국어	고등예비 과정	내 등급은?	윤혜정의 개념의 나비효과 입문 편 + 워크북 어휘가 독해다! 수능 국어 어휘	기본서 올림포스	국어 특화: 국어 독해의 원리 / 국어 문법의 원리	단기 특강
영어			정승익의 수능 개념 잡는 대박구문 주혜연의 해석공식 논리 구조편	올림포스 전국연합 학력평가 기출문제집 유형서 올림포스 유형편	영어 특화: Grammar POWER / Listening POWER / Reading POWER / Voca POWER 영어 특화: 고급영어독해	
수학			기초: 50일 수학 + 기출 워크북 매쓰 디렉터의 고1 수학 개념 끝장내기		고급: 올림포스 고난도 수학 특화: 수학의 왕도	
한국사 사회				기본서 개념완성	고등학생을 위한 多담은 한국사 연표	
과학			50일 과학	개념완성 문항편	인공지능: 수학과 함께하는 고교 AI 입문 / 수학과 함께하는 AI 기초	

과목	시리즈명	특징	난이도	권장 학년
전 과목	고등예비과정	예비 고등학생을 위한 과목별 단기 완성		예비 고1
국/영/수	내 등급은?	고1 첫 학력평가 + 반 배치고사 대비 모의고사		예비 고1
	올림포스	내신과 수능 대비 EBS 대표 국어·수학·영어 기본서		고1~2
	올림포스 전국연합학력평가 기출문제집	전국연합학력평가 문제 + 개념 기본서		고1~2
	단기 특강	단기간에 끝내는 유형별 문항 연습		고1~2
한/사/과	개념완성&개념완성 문항편	개념 한 권 + 문항 한 권으로 끝내는 한국사·탐구 기본서		고1~2
국어	윤혜정의 개념의 나비효과 입문 편 + 워크북	윤혜정 선생님과 함께 시작하는 국어 공부의 첫걸음		예비 고1~고2
	어휘가 독해다! 수능 국어 어휘	학평·모평·수능 출제 필수 어휘 학습		예비 고1~고2
	국어 독해의 원리	내신과 수능 대비 문학·독서(비문학) 특화서		고1~2
	국어 문법의 원리	필수 개념과 필수 문항의 언어(문법) 특화서		고1~2
영어	정승익의 수능 개념 잡는 대박구문	정승익 선생님과 CODE로 이해하는 영어 구문		예비 고1~고2
	주혜연의 해석공식 논리 구조편	주혜연 선생님과 함께하는 유형별 지문 독해		예비 고1~고2
	Grammar POWER	구문 분석 트리로 이해하는 영어 문법 특화서		고1~2
	Reading POWER	수준과 학습 목적에 따라 선택하는 영어 독해 특화서		고1~2
	Listening POWER	유형 연습과 모의고사·수행평가 대비 올인원 듣기 특화서		고1~2
	Voca POWER	영어 교육과정 필수 어휘와 어원별 어휘 학습		고1~2
	고급영어독해	영어 독해력을 높이는 영미 문학/비문학 읽기		고2~3
수학	50일 수학 + 기출 워크북	50일 만에 완성하는 초·중·고 수학의 맥		예비 고1~고2
	매쓰 디렉터의 고1 수학 개념 끝장내기	스타강사 강의, 손글씨 풀이와 함께 고1 수학 개념 정복		예비 고1~고1
	올림포스 유형편	유형별 반복 학습을 통해 실력 잡는 수학 유형서		고1~2
	올림포스 고난도	1등급을 위한 고난도 유형 집중 연습		고1~2
	수학의 왕도	직관적 개념 설명과 세분화된 문항 수록 수학 특화서		고1~2
한국사	고등학생을 위한 多담은 한국사 연표	연표로 흐름을 잡는 한국사 학습		예비 고1~고2
과학	50일 과학	50일 만에 통합과학의 핵심 개념 완벽 이해		예비 고1~고1
기타	수학과 함께하는 고교 AI 입문/AI 기초	파이선 프로그래밍, AI 알고리즘에 필요한 수학 개념 학습		예비 고1~고2